Christian Grunert
Gartenblumen von A bis Z

Ein Handbuch
für Freunde der Stauden,
Blumenzwiebeln, Sommerblumen
und Rosen

Christian Grunert

Gartenblumen
von A bis Z

Neumann Verlag

Leipzig · Radebeul

Christian Grunert verstarb 1975.
Die Neubearbeitung besorgte ab 5. Auflage 1982
Alfred Frübing, Berlin.

Grunert, Christian:
Gartenblumen von A bis Z :
e. Handbuch für Freunde d. Stauden, Blumenzwiebeln,
Sommerblumen u. Rosen / Christian Grunert.
Zeichn. : Kurt Schulze. — 7. Aufl. /
d. Neubearb. besorgte Alfred Frübing.
— Leipzig ; Radebeul : Neumann Verlag, 1989. —
608 S. : 890 Ill. (z. T. farb.)

ISBN 3-7402-0065-0

NE: Frübing, Alfred [Bearb.]

ISBN 3-7402-0065-0

7. Auflage 1989
Alle Rechte vorbehalten
© Neumann Verlag Leipzig · Radebeul, 1982
VLN 151-310/128/89 · LSV 4349
Gestaltung: Heide Siegemund
Zeichnungen: Kurt Schulze
Satz, Reproduktionen und Druck: (140) Druckerei
Neues Deutschland Berlin
Buchbinderische Weiterverarbeitung: INTERDRUCK Leipzig
Printed in the German Democratic Republic
Bestell-Nr. 798 933 8

03000

Aus dem Vorwort zur 1. Auflage

Ein Garten, eine Grünanlage oder ein Park, die sachkundig angelegt, reich bepflanzt wurden und ordnungsgemäß gepflegt werden, sind eine Augenweide. Es gefällt uns und stimmt uns heiter, zu sehen, wie alles gedeiht, wie die Pflanzen zusammenpassen und ein Bild ergeben. Bald freuen wir uns über das Ganze, bald über einzelne Gewächse oder Teile von solchen. Aber diese Harmonie, das gute Gedeihen, der schöne Anblick sind keine Selbstverständlichkeiten, mag es auch manchmal scheinen, als habe sich alles von allein so gefügt und entwickelt. Tatsächlich ist ein schöner Garten oder eine gut wirkende Anlage so etwas wie ein Kunstwerk. Sie machen Arbeit und verlangen umfangreiche Kenntnisse des Materials und seiner Wirkungen. Das „Material" sind die vorhandenen oder gepflanzten Bäume und Sträucher, weiterhin die Stauden, die Zwiebel- und Knollengewächse und die Einjahrsblumen. Davon wiederum bilden Bäume und Sträucher den beständigen Teil des Gartens oder der Anlage und geben gleichsam den Rahmen, das Grundgerüst ab. Die Stauden, die Zwiebel- und Knollenpflanzen, die Annuellen dagegen kommen und gehen, tauchen auf und verschwinden und lassen sich leicht auswechseln. Sie sind etwa wie das Schauspiel oder die Oper, welche über die Bretter gehen, während die Bäume und Sträucher mit der eigentlichen Bühne als dem ständigen Schauplatz verglichen werden können. Und mit den verschiedenen Szenen und Schauspielen oder Opern auf der Bühne von Garten oder Anlage beschäftigt sich dieses Buch.

Gartenpflanzen brauchen auch im Gegensatz zu den üblichen Bäumen und Sträuchern meistens eine individuelle Pflege, stellen oft besondere Ansprüche und haben Eigenheiten, die man berücksichtigen muß. Nur wenn ihnen nichts abgeht, wachsen Stauden, Zwiebel- und Knollengewächse und Annuelle freudig, leben sie so lange als möglich, blühen sie reich und vermehren sich. Die nötigen Kenntnisse für solche Erfolge und überhaupt eine Darstellung der vorhandenen Arten und Sorten will das vorliegende Buch bringen.

Es werden darin rund 500 Gattungen und etwa 1600 Arten samt ihren wichtigsten Sorten behandelt. Auf den ersten Blick kann die Zahl der aufgenommenen Pflanzen hoch erscheinen, aber sie ist buchstäblich ein Nichts gegenüber der Natur. Denn es gibt gegen 300 000 Pflanzenarten, es gibt allein über 20 000 Orchideenspezies und überdies noch mehrere tausend Sorten, die der Mensch gezüchtet hat. Es gibt Riesensortimente von Dahlien, Rosen, Chrysanthemen, Pfingstrosen, Schwertlilien, Tulpen und Narzissen. Dem steht gegenüber, daß sich selbst in großen Gärten oder sehr weitläufigen Anlagen stets nur eine kleine Auswahl aller verwendbaren Gewächse unterbringen läßt und zu finden ist. Leider sind es vielfach die gleichen, obwohl große Mannigfaltigkeit möglich ist. Es gibt also eine Vielfalt an Gartengewächsen, und zu den Aufgaben eines Buches über Gartenblumen gehört es, diese Fülle zu spiegeln, und nicht etwa, sie zu verkleinern. Dennoch enthält der Band nur eine Auswahl, und so manche Pflanze, die vielleicht erwähnenswert ist, wurde nicht aufgeführt. Das hat objektive Gründe. Ein gewisser Umfang des Buches durfte nicht überschritten werden. Der Band würde unhandlich und zu teuer. Es wäre unangebracht, allzu anspruchsvolle oder heikle Arten anzuführen, die man nur ausnahmsweise fortbekommt. Aber auch zu alltägliche Blumen, die auf jedem Feldrain, auf allen Waldblößen zu finden sind, konnten wegbleiben. Der Garten und selbst der weiträumigste Park sind alles andere als unberührte, freie Natur, auch nicht ein Museum der Pflanzenwelt oder eine Versuchsstation. Der Garten ist nur eine Ergänzung oder Erweiterung der Wohnung und wie diese begrenzt. Aber es gibt viele, zum Teil recht starke Unterschiede des Klimas, der Böden, der Lage und anderer Faktoren einschließlich der Größe der Gärten oder Anlagen. Und für jeden Boden, jede Besonderheit des Standortes gibt es angemessene Pflanzen, wie es auch große und kleine, hohe und niedrige, anspruchslose und leicht wachsende Arten gibt, doch ebenso nicht wenige, die eine besondere Zurichtung des Standortes wünschen, sonst gedeihen sie nicht. All solche Unterschiede und manche Einzelheit mehr galt es zu berücksichtigen. Es durften also weder zu viele noch zu wenige Arten aufgenommen werden. Der Verfasser hofft, daß er's ungefähr richtig getroffen hat.

Den Hauptinhalt des Buches bildet die alphabetische Darstellung der gegen 500 Gattungen. Diesem Teil ist ein genereller vorangestellt, in welchem allgemeine Fragen erörtert wurden. In diesem Teil wird zum Beispiel erläutert, was ein *frischer Boden* oder was *absonniger Standort* in der Natur und im Garten sind und bedeuten. In der alphabetischen Darstellung werden die Pflanzen kurz beschrieben, wird über ihren Gartenwert gesprochen, sind Ansprüche, bei Stauden die normale Lebensdauer, die Höhe und Wuchsform, die Blütezeit, die Farben und sonstige wichtige Eigenschaften aufgeführt. Es wird angegeben, wie man sie zu pflegen, auf welche besondere Eigenheiten man dabei zu achten hat, und es wird ausführlich auf die Anzucht und Verwendung eingegangen.

Das Buch wendet sich an alle, die mit Gartenblumen zu tun haben, sei es aus Neigung oder Liebhaberei, als Besitzer eines Gartens oder von Berufs wegen.

Vorwort zur 5., neubearbeiteten Auflage

Seit dem Erscheinen der letzten von Christian Grunert besorgten Auflage sind etwa sieben Jahre vergangen. Das Signal des Verlages zur Vorbereitung der nun vorliegenden Auflage verpflichtete daher den vom Autor bestimmten Bearbeiter zu gründlicher Durchsicht, Verbesserung und teilweiser Neubearbeitung des Textes, galt es doch, die seitherigen Erkenntnisse und die neuen Erfahrungen mit Gartenblumen einzuarbeiten, die Sortimente zu ergänzen, ausgelaufene Sorten zu streichen und die botanische Nomenklatur der im Buch genannten Pflanzen auf den gegenwärtigen Stand zu bringen.

Die Konzeption des Buches, wie sie der Autor seiner Arbeit zugrunde legte, das „Weder zuviel noch zuwenig", und die Auswahl der Pflanzen konnten im großen ganzen beibehalten werden, lediglich einige heikle und im Handel nicht mehr geführte Arten sind weggelassen worden. Nötig war dagegen die Aufnahme und Beschreibung bestimmter neuer Gattungen, vor allem solcher, die durch Teilung vorhandener oder durch gänzliche Aufteilung bisheriger Gattungen entstanden sind. In diesen Fällen findet der Leser Verweise, die von den geläufigen alten zu den heute gültigen, korrekten Namen hinführen. Die neuen Gattungsnamen werden erklärt, wie es Christian Grunert stets gehalten hat.

Jede Beschreibung einer Art beginnt mit dem durch Fettdruck hervorgehobenen Namen der Art, diesem folgen die Autoren des Namens und wichtige Synonyme. Solche scheinbar überflüssigen Angaben schließen Verwechslungen aus, und der interessierte Leser kann der bisherigen systematischen Einordnung der Art nachgehen, er kann ablesen, wer sie zuerst benannt hat, denn dessen Name bleibt erhalten und steht in Klammern, wenn die Art später eine neue Einordnung erfährt und damit ein neuer Namensautor hinzukommt. Die Sortennamen werden nach internationaler Regel durch halbe Anführungszeichen oben gekennzeichnet. Die Akzente auf den botanischen Namen geben an, welche Silbe zu betonen ist, sie sind nicht Bestandteil des Namens.

Möge diese von vielen Gartenfreunden seit langem erwartete Auflage dieselbe Anerkennung finden wie die bisherigen.

Berlin, im Herbst 1981   Alfred Frübing

Zeichenerklärung

- ☉ einjährige (annuelle) Pflanze
- ☉ zweijährige (bienne) Pflanze
- ♃ ausdauernde (perenne) Pflanze oder Staude
- △ Zwiebel- oder Knollengewächs
- ○ für volle Sonne
- ◐ für Halbschatten
- ● für Schatten
- ◒ Frühjahrsblüher
- ◓ Vorsommerblüher
- ◑ Hochsommerblüher
- ◔ Herbstblüher
- △ Steingartenpflanze
- ∥ für Einfassungen geeignet
- ≈ für Wasser geeignet, auch feuchter Standort
- ♡ schmückendes Laub
- ✕ für Schnittblumengewinnung
- ○ Bienenpflanze
- ∧ Winterschutz nötig oder empfehlenswert

Abkürzungen

ssp.	= subspecies	= Unterart
var.	= varietas	= Varietät
f.	= forma	= Form
cv.	= cultivar	= Kulturvarietät = Sorte
×	= Hybride	
syn.	= synonym	= gleichbedeutend, aber ungültig

Die Namen der Autoren von Pflanzennamen werden abgekürzt, wenn es sich um lange und häufig vorkommende Namen handelt. Steht ein f. hinter dem Namen, dann ist der Sohn (filius) des Angegebenen gemeint.

emend.	= emendatus	= abgeändert durch...
ex	= aus (dem Werk von)...	
hort.	= hortorum	= der Gärten
non	= nicht	
nec	= auch nicht	
p. p.	= pro parte	= zum Teil
auct.	= auctorum	= der Autoren

Inhaltsverzeichnis

Vorworte   5

  Zeichenerklärung   6
  Abkürzungen   6

Über Stauden und Staudenpflanzungen   9

Allgemeine Bemerkungen   9

Einteilung nach Höhe, Blütezeiten, Charakter und ähnlichen Merkmalen   10

  Aufteilung nach Höhe   10
    Niedrige Stauden   10
    Mittelhohe Stauden   12
    Hohe Stauden   15
    Großstauden   16
  Aufteilung der Stauden nach dem „Charakter"   16
    Polsterstauden   17
    Blattstauden, Gräser, Farne   18
    Blütenstauden   21
    Wildstauden   24
    Sumpfstauden   26
    Wasserpflanzen   27
    Monokarpe Stauden   27
Über besondere Ansprüche an den Standort   28

  Die Bodenansprüche der Stauden   28
    Der trockene Standort   28
    Der Standort mit frischem Boden   31
    Der kalkhaltige Boden   32
    Der saure Boden   32
    Der absonnige Standort   35
    Der halbschattige und schattige Standort   36
  Stauden, die Winterschutz brauchen   39
    Kälteschutz   40
    Schutz vor zuviel Winternässe   41
    Schutz vor Sonne und scharfem Wind   41

Pflanzung und Pflege der Stauden, über Staudenrabatten und Staudenverwendung   42

  Bodenvorbereitung   42
  Das Pflanzen der Stauden   42
  Die Pflanzzeiten   44
  Die laufende Pflege   45
  Über das Erneuern und „Umlegen" von Staudenpflanzungen   47
  Über Pflanzpläne und Staudenpflanzungen überhaupt   51
    Allgemeines   51
  Über Trockenmauern   52
    Stauden für Plattenwege und Treppen   54
    Über Alpina   55

Über Steinbeete und Troggärtchen   57
Über Wasserbecken im Garten   58
Über Heide- und Wildstaudengärten und Pflanzungen ähnlicher Art   60
Über Staudenwiesen   61
Stauden als „Nutzpflanzen"   63
  Stauden für die Schnittblumengewinnung   63
  Stauden zum Treiben, Stauden zum Verfrühen   66
  Stauden für Töpfe, Balkonkästen, Grabbepflanzung usw.   68
Über Staudenvermehrung und Staudenanzucht   69
  Vermehrung aus Samen   69
  Die vegetative Vermehrung   73
  Über die Anzucht von Stauden   75

Über Zwiebel- und Knollengewächse   77

Allgemeine Bemerkungen   77
Über winterharte, schutzbedürftige und nicht winterharte Zwiebel- und Knollengewächse   78
  Über die Ansprüche der Zwiebel- und Knollengewächse   79
    Der Standort in Licht oder Schatten   79
    Ansprüche an den Standort   80
  Über das Legen oder Pflanzen von Zwiebel- und Knollengewächsen   81
  Wohin im Garten mit den Zwiebel- und Knollengewächsen?   82
  Über das Verwildern von Zwiebel- und Knollengewächsen   83
  Die laufende Pflege   84
  Aufnehmen und Neulegen   85
  Über die Vermehrung von Zwiebel- und Knollengewächsen   86
  Kleiner Arbeitskalender für Zwiebeln und Knollen   86

Über Einjahrsblumen   88

Allgemeine Bemerkungen   88
Über die Ansprüche der Einjahrsblumen   89
Über die Verwendung von Sommerblumen   90
  Einjahrsblumen für geschlossene Pflanzungen   90
  Einjahrsblumen für die Schnittblumengewinnung   91
  Einjahrsblumen für Balkonkästen und Schalen oder Kübel   92
  Weitere besondere Verwendungsmöglichkeiten   94

Einjährige Kletterpflanzen   95

Über die Anzucht und Pflege der Einjahrsblumen 96
   Aussaat an Ort und Stelle 96
   Aussaat auf Saatbeete, in Frühbeete oder Saatschalen 106
Die laufende Pflege 108

Gartenblumen in alphabetischer Reihenfolge 109

Verwendete Literatur 588

Bildnachweis 590

Register 591

Über Stauden und Staudenpflanzungen

Allgemeine Bemerkungen

Stauden sind Kräuter, die wiederholt blühen und fruchten, also ausdauern. Ihre oberirdischen Organe enthalten keine oder nur wenige verholzende Elemente und sterben im Herbst durch den Frost oder schon früher durch die Einwirkung von Trockenheit ab. Übrig bleiben nur der im Boden steckende Erdstamm und seine Knospen. In ihrem unterirdischen Teile liegt die Dauerhaftigkeit der Stauden. Sie werden auch Geophyten genannt; in diesem Begriffe stecken die griechischen Wörter ge = Erde und phyton = Gewächs. In der gärtnerischen und botanischen Literatur haben sie als Symbol ein altes Zeichen für Dauerhaftigkeit: ♃

Es gibt vier Typen von Geophyten. Es sind dies 1. Stauden, welche ein unterirdisches Rhizom, auch Erdstamm genannt, haben; 2. die Zwiebelgeophyten mit einer Zwiebel, wie wir sie bei Narzissen und Hyazinthen sehen; 3. die Knollengeophyten... sie haben verdickte Glieder des Vegetationskörpers, und man unterscheidet Sproß- und Wurzelknollen, von denen letztere keine Augen bekommen und reine Speicherorgane sind, wie zum Beispiel die Knollen der Dahlie; und 4. die Rübengeophyten, deren Keimstengel und Primärwurzel sich allmählich zum Speicher entwickeln, aus welchem im nächsten Jahre der Sproß kommt... Beispiele sind Freilandgloxinie und Ballonglocke. Auch Zwiebel- und Knollengewächse sind also Stauden.

Es gibt aber auch Stauden, Gräser und Farne, die wintergrün bleiben, deren oberirdische Teile also nicht alljährlich absterben oder „einziehen", wie der Gärtner sagt. Man findet das viel bei den Rosettenstauden und bei Arten, die in Strichen mit milderem Klima auftreten. Ihre Blätter sind xerotisch, und sie bilden oft dichte Kugelpolster mit tief in den Boden dringenden oder sich stark verzweigenden Wurzeln. Rosettenstauden gibt es vor allem in den oberen Lagen der Berge, ebenso in polnahen Gebieten und häufig auch in Landschaften mit einem langen, heißen und trockenen Sommer. Dort ist auch die Heimat vieler Zwiebel- und Knollengewächse.

Man findet viele Stauden an Plätzen mit extremen Bedingungen. Entweder ist der Winter sehr lang und schneereich, so daß die Pflanzen nur wenige Monate Vegetationszeit haben, oder der Sommer wird glühend, und alles Laub verdorrt unter seinem Feuer oder muß sich gegen zu starke Verdunstung schützen. Auch wachsen zahlreiche Stauden unter Bäumen, in Wald und Busch, wo nur im Frühling ausreichend Licht auf den Boden dringt. Man kann daher die Stauden als Lebenskünstler der Pflanzenwelt bezeichnen, doch gibt es solche auch unter den Annuellen, den Bäumen und in den Sonderformen der Kakteen und Sukkulenten.

Biologisch sind Stauden Ergebnisse der Anpassung an die Boden- und Klimaverhältnisse, an die Wachstumsbedingungen des natürlichen Standortes. Manche Forscher sprechen von Angleichung, von Entsprechung oder Ausgleich. Anpassungen gibt es auch im Tierreiche. Dort fallen sie uns zuweilen direkt ins Auge. Merkwürdig und erstaunlich jedoch ist die große Mannigfaltigkeit in der Anpassung oder Angleichung. Gelegentlich hat man das Empfinden: Manche Arten passen sich auf eine ganz eigene Weise an und reagieren auf die Umwelt fast „individuell". „Neue" Pflanzen entstehen jedoch nicht nur, indem sich vorhandene an andere Standorte anpassen, etwa durch Mutation, sondern auch durch Züchtung.

Die meisten Stauden sind Spermatophyten, d. h. Gewächse mit Blüten, die Fortpflanzungsorgane enthalten und Samen ausbilden. Ausnahmen sind die Farne. Die Mannigfaltigkeit der Arten und Varietäten ist bei vielen Gattungen groß und wurde häufig durch Züchtung noch gesteigert. Einzelne sind bereits seit Jahrtausenden Gartenzierden. Im Mittelalter wuchsen in den Gärten Mitteleuropas ebenfalls zahlreiche Stauden: Eisenhut, Rittersporn, *Dianthus* und *Tulipa*, *Hesperis matronalis*, Maiglöckchen, Päonien und Ranunkeln. Man findet sie auch heute noch landauf und landab. Modern jedoch ist die Art, wie in unseren Tagen Stauden gepflanzt werden: in Mengen, dominierend; nach dem Vorbilde der Natur, aber auch stark stilisiert. In unsern Tagen sind Stauden häufiger zu sehen als je zuvor, wurden sie ein unentbehrliches Material der Garten- und Landschaftsgestaltung.

Dem entspricht der Aufschwung der Staudenkulturen in aller Welt. Rege ist auch die Züchtung und die Suche nach bisher unentdeckt gebliebenen Arten.

Heute kommt dazu noch die Sichtung und Erprobung, die das Beste vom Guten und das Gute vom Überflüssigen, vom Unbrauchbaren und Heiklen scheidet. Der Initiator dieser Sichtung ist Karl Foerster (1874–1970), der als Staudenzüchter weltbekannt geworden ist. Die Sichtung wird an verschiedenen Plätzen durchgeführt. Denn man muß die starken Klimaunterschiede berücksichtigen. Es sei hier aber eingefügt, daß man im Garten den Boden durch Einarbeiten von Dünger verbessern kann, daß sich durch Gießen oder durch Verregnen von Wasser der Feuchtigkeitsgehalt von Luft und Erdreich steigern läßt.

In der freien Natur treten Stauden an allen denkbaren Standorten auf. Sie wachsen in voller Sonne und im tiefen Schatten, auf den Gipfeln der Berge und unten auf der Talsohle, an warmen Plätzen und an sehr kühlen. Sie stehen in sehr flachen und in tiefgründigen Böden, in rohen oder mürben, in armen oder nährstoffreichen, in trockenen oder frischen. Man findet welche an sumpfigen Plätzen und auch im Wasser stehend. Manche brauchen saures, andere neutrales und weitere alkalisches Erdreich. Beträchtlich sind auch die Unterschiede im Wuchscharakter. Sie blühen fast zu jeder Jahreszeit: vom Februar an, wo die ersten Krokusse erscheinen, bis tief in den Winter hinein, wenn die Schneerosen ihre Blüten bringen. Ferner werden Stauden stattlich oder zwergig. Manche erreichen höheres Alter, andere nur wenige Jahre.

Einteilung nach Höhe, Blütezeiten, Charakter und ähnlichen Merkmalen

Es hat sich als nützlich erwiesen, die Stauden nach ihren Eigenschaften in Listen zusammenzufassen. Das erleichtert den Überblick, ermöglicht uns, die erste, grobe Auswahl zu treffen.

Aufteilung nach Höhe

Die Wuchshöhe der verschiedenen Arten, Varietäten und Sorten ist für die Wirkung, also schon für die Auswahl und Verwendung der Stauden von Bedeutung. Die Wuchshöhe am gewählten Standort hängt unter anderem von der Güte des Bodens, von den wechselnden Niederschlägen der verschiedenen Jahre und auch der Pflege ab: ob gedüngt, gewässert, der Boden gelockert, das Unkraut ferngehalten wird. Die Pflanzen können auch weitläufig stehen und sich normal entwickeln, aber auch zu dicht und sich dann gegenseitig in die Höhe drücken. Sie können auf armen Böden ihre volle Größe nicht erreichen, und selbst bei günstigsten Voraussetzungen werden niedrige Stauden nicht mittelhoch und solche nicht brusthoch. Es gibt – wenn man Stauden auf ihre Größenunterschiede ansieht – eine große Menge niedriger Arten, nicht viel weniger mittelhohe, aber nur eine geringe Anzahl hoher und eine noch kleinere Menge übermannshoher. Das entspricht den Verhältnissen in der Natur.

Die Stauden werden hier in vier Wuchshöhen eingeteilt: niedrige, mittelhohe, hohe und übermannshohe oder Großstauden.

Niedrige Stauden

Das sind solche, deren Laubmasse bis 20 cm hoch wird. Viele haben sitzende Blüten, bei andern ragen diese über das Laub hinaus. Sofern sie nicht höher als 30 cm werden, sind sie zu den niedrigen Arten gestellt. Nicht wenige eignen sich für flächige bodenbedeckende Pflanzungen und selbst als nicht betretbaren „Rasenersatz".

Acaena
Acantholimon
Achillea ageratifolia
– atrata
– chrysocoma
– clavennae
– × kellereri
– serbica
– umbellata
Acinos
Adonis
Aëthionema
Ajuga
Alyssum
Anacyclus
Anaphalis triplinervis
Anchusa cespitosa
Androsace
Anemone apennina
– blanda
– canadensis
– narcissiflora
– nemorosa
– ranunculoides
– sylvestris
Antennaria
Anthemis marschalliana
Armeria juniperifolia
– maritima
Arnebia pulchra
Arnica longifolia
– sachalinensis
Artemisia nitida
– schmidtiana
Asarum
Aster × alpellus
– alpinus
– Dumosus-Hybriden, niedrige Sorten
– farreri
– tongolensis
– yunnanensis

Astilbe chinensis var. pumila
— simplicifolia
Astragalus
Astrantia minor
Athamanta cretensis
Aubrieta
Azorella
Bergenia
Buglossoides purpurocaerulea
Calceolaria polyrrhiza
Caltha palustris
Campanula carpatica
— cochleariifolia
— garganica
— portenschlagiana
— poscharskyana
Cardamine
Carlina
Centaurium z. T.
Cerastium
Ceratostigma plumbaginoides
Chiastophyllum
Chrysanthemum z. T.
Chrysopsis
Convallaria
Coreopsis rosea 'Nana'
Cornus canadensis
— suecica
Coronilla vaginalis
Cortusa matthioli
Corydalis
Cotula squalida
Cymbalaria hepaticifolia
— muralis
— pallida
Cypripedium parviflorum
Dianthus
Dicentra eximia
— formosa
Dodecatheon
Doronicum orientale
Draba
Dracocephalum ruyschiana
Epimedium
Erigeron aurantiacus
Eriogonum
Eriophyllum lanatum
Erodium
Erysimum helveticum
— pulchellum
Euphorbia capitulata
— myrsinites
Filipendula rubra 'Pygmaea'
— vulgaris
Gaillardia-Hybriden, niedrige
Galeobdolon
Gentiana acaulis
— cruciata
— doeringiana

— farreri
— × macaulayi
— septemfida
— sino-ornata
Geranium dalmaticum
— endressii
— macrorrhizum
— sanguineum
— subcauléscens
Geum coccineum 'Borisii'
— — 'Gladys Perry'
Glecoma hederacea
Globularia
Goniolimon tataricum
Gypsophila cerastioides
— × monstrosa
— repens
— × suendermannii
Haberlea
Haplophyllum
Hebe
Helianthemum
Helleborus niger
Hepatica nobilis
— transsylvanica
Herniaria
× Heucherella
Hieracium
Horminum pyrenaicum
Hosta lancifolia
— undulata
Houstonia
Hutchinsia
Hylomecon japonica
Hypericum
Iberis
Incarvillea mairei
Inula ensifolia
— hirta
Iris aucheri
— × chrysophor
  cristata
— gracilipes
— graminea
— Pumila-Hybriden
Lamium
Lavandula angustifolia
  'Hidcote Blue'
Leontopodium
Lewisia
Limonium bellidifolium
— latifolium
— tataricum
Linaria
Linum flavum 'Compactum'
Lysimachia nummularia
Maianthemum bifolium
Matricaria oreades
Meconopsis cambrica

11

Mentha requienii
Mertensia
Meum athamanticum
Mimulus guttatus
Minuartia
Mitella caulescens
— pentandra
Moltkia petraea
Muehlenbeckia axillaris
Myosotis alpestris
— palustris
Nepeta mussinii
Oenothera missouriensis
— perennis
Omphalodes
Opuntia
Origanum vulgare 'Compactum'
Oxalis acetosella
— enneaphylla
— lasiandra
— magellanica
Pachysandra terminalis
Papaver burseri
— kerneri
— rhaeticum
— sendtneri
Paronychia
Penstemon alpinus
— caespitosus
— hallii
— menziesii
— newberryi
Petrorhagia saxifraga
Phlomis herba-venti
Phlox amoena
— divaricata
— douglasii
— stolonifera
— subulata
Phuopsis stylosa
Plagiorhegma
Pleione
Polemonium reptans
Polygonum affine
— macrophyllum
— vacciniifolium
Potentilla alba
— ambigua
— aurea
— fragiformis
— neumanniana
— × tonguei
Primula: alle, außer Etagenprimel u. P. florindae
Prunella grandiflora
— × webbiana
Pterocephalus perennis
Pulmonaria
Pulsatilla halleri
— vulgaris

Ramonda
Ranunculus gramineus
Raoulia
Roscoea alpina
— purpurea
Rubus arcticus
Sagina
Sanguinaria canadensis
Sanicula europaea
Saponaria caespitosa
— ocymoides
— ×olivana
Satureja montana ssp. illyrica
Saxifraga
Scabiosa graminifolia
— lucida
Scutellaria alpina
— orientalis
— scordifolia
Sedum: alle, außer S. spectabile, S. telephium
Sempervivum
Senecio abrotanifolius
— adonidifolius
— incanus
Silene alpestris
— maritima
— schafta
Sisyrinchium angustifolium
— bermudiana
Soldanella
Solidago cutleri
Stachys byzantina
— nivea
Symphytum grandiflorum
Synthyris stellata
Telekia speciosissima
Teucrium chamaedrys
Thymus, alle Arten
Tiarella
Tolmiea
Trifolium repens
Veronica armena
— fruticulosa
— orientalis
— prostrata
Viola, alle ausdauernden Arten
Vitaliana primuliflora

Mittelhohe Stauden

Sie werden zwischen 35 und 75 cm hoch. Manche blühen aus einem Schopf Blätter heraus wie Erigeron, Trollius und Astilben, andere bringen den Flor endständig wie die Phlox-Arendsii-Hybriden. Auch in dieser Größengruppe gibt es zahlreiche Stauden, viele gehören zu den schönsten und unersetzlichen. Sie eignen sich für Gärten aller Größen, und man kann sie gelegentlich auch in Massen verwenden. Sie passen in bunte Blumenbeete, zu Gehölzen, Koniferen und Rosen, einzelne als Einsprengsel in Rasenflächen. Manche sind als Schnittblumen allgemein beliebt. Die Auswahl ist groß.

Acanthus dioscoridis var. perringii
Achillea clypeolata
– filipendulina 'Coronation Gold'
– Hybriden
– millefolium
– ptarmica
Actaea
Alchemilla xanthochlora
Alstroemeria
Amsonia
Anaphalis margaritacea
Anchusa azurea 'Royal Blue'
Anemone hupehensis
– Japonica-Hybride 'Heinrich'
Anthemis tinctoria
Anthericum liliago
– ramosum
Aquilegia caerulea
– canadensis
– skinneri
– vulgaris
Arnica chamissonis
Artemisia lactiflora
Asclepias tuberosa
Aster amellus
– Dumosus-Hybriden, hohe Sorten
– novi-belgii, niedrige Sorten
– sedifolius
Astilbe-Arendsii-Hybriden
– Japonica-Hybriden
Astrantia major
Athamanta turbith ssp. haynaldii
Bletilla striata
Boykinia aconitifolia
– tellimoides (= Peltoboykinia)
Brunnera macrophylla
Caltha palustris
Campanula glomerata
– persicifolia
Catananche caerulea
Centaurea dealbata
– montana
– pulcherrima
Centranthus ruber
Chelone lyonii
– obliqua
Chrysanthemum coccineum
  außer niedrigen Sorten
– Indicum-Hybriden, niedrige Sorten
– Koreanum-Hybriden, niedrige Sorten
– leucanthemum

– maximum, einzelne Sorten
Codonopsis ovata
Coreopsis lanceolata
– verticillata
Coronilla coronata
Crinum bulbispermum
– × powellii
Cypripedium calceolus
– reginae
Delphinium, Belladonna-Sorten
– cashmerianum
– grandiflorum
– zalil
Dianthus plumarius: Edelfedernelken
– superbus
Dicentra spectabilis
Doronicum columnae
– pardalianches
– plantagineum
Eremurus stenophyllus
Erigeron speciosus
Eryngium alpinum
– bourgatii
– maritimum
– × oliverianum
– planum 'Blauer Zwerg'
Euphorbia polychroma
Filipendula purpurea
Gaillardia
Galax aphylla
Gentiana asclepiadea
– dahurica
– lutea
Geranium macrorrhizum
– meeboldii 'Johnson's Varietät'
– platypetalum
Geum chiloense
– coccineum
– Hybriden
– rivale
Gypsophila paniculata 'Nana Plena'
Helenium bigelovii
– hoopesii
– Hybriden, einige Sorten
Heliopsis helianthoides var. scabra
Helleborus-Hybriden
– niger var. altifolius
Hemerocallis aurantiaca
– dumortieri
– Hybriden, einzelne Sorten
– middendorffii
Hesperis matronalis
Heuchera-Hybriden
– sanguinea
× Heucherella tiarelloides
Hosta decorata
– fortunei
– plantaginea
– sieboldiana

Hosta ventricosa
Hyssopus officinalis
Incarvillea delavayi
Iris bucharica
— bulleyana
— chrysographes
— forrestii
— fulva
— germanica
— halophila
— hoogiana
— kaempferi
— korolkowii
— laevigata
— magnifica
— sanguinea
— sibirica
— spuria
— stolonifera
— wilsonii
Jasione laevis
Kirengeshoma palmata
Kniphofia-Hybriden
Lathyrus vernus
Lavandula angustifolia
Liatris scariosa
— spicata
Lindelofia longiflora
Linum narbonense
— perenne
Lupinus perennis
— Polyphyllus-Hybriden
Lychnis chalcedonica
— flos-jovis
— viscaria
Lysimachia clethroides
Lythrum virgatum
Meconopsis betonicifolia
Morina longifolia
Nepeta × faassenii
— grandiflora
Oenothera tetragona
Paeonia mlokosewitschii
— officinalis
— × smouthii
— tenuifolia
— veitchii
— wittmanniana
Papaver nudicaule
— orientale, einige Sorten
Paradisea liliastrum
Peltiphyllum peltatum
Peltoboykinia
Penstemon barbatus
— campanulatus
— Hybriden
Phlox-Arendsii-Hybriden
— maculata
— Paniculata-Hybriden

Physalis alkekengi
Physostegia virginiana, einige Sorten
Phyteuma scheuchzeri
Platycodon grandiflorus
Podophyllum hexandrum
Polemonium caeruleum
Polygonatum
Polygonum bistorta
Potentilla atrosanguinea
— fruticosa
— Hybriden
— nepalensis
— recta
Primula: Etagenprimel
— florindae
Ranunculus acris
— aconitifolius
Roscoea cautleoides
— humeana
Rudbeckia fulgida
— — var. deamii
— — var. speciosa
— laciniata 'Goldquelle'
Ruta graveolens
Salvia jurisicii
— officinalis
— × superba
Santolina
Saponaria officinalis
Satureja montana
Scabiosa caucasica
— ochroleuca
Scutellaria baicalensis
Sedum spectabile
— telephium
Silene dioica
Sisyrinchium striatum
Smilacina stellata
Solidago-Hybriden
— virgaurea
Stachys grandiflora
Stokesia laevis
Symphytum officinale
Tellima grandiflora
Thalictrum dipterocarpum
— foetidum
Thermopsis fabacea
Trachystemon orientalis
Tradescantia-Andersoniana-Hybriden
Tricyrtis hirta
— macropoda
Trillium catesbaei
— erectum
— grandiflorum
— sessile
Trollius chinensis
— europaeus
— Hybriden
— yunnanensis

Uvularia grandiflora
— perfoliata
Verbascum nigrum
Veronica gentianoides
— longifolia
— spicata
Wulfenia carinthiaca
Zauschneria californica
Zigadenus elegans

Hohe Stauden

Sie werden 80 bis 150 cm hoch, einzelne könnte man noch zu den mittelhohen rechnen. Hohe Stauden wachsen häufig auch in die Breite und nehmen mit der Zeit viel Platz ein. Es gibt aber Ausnahmen, Eremurus zum Beispiel. Diese Größengruppe enthält ebenfalls eine Reihe sehr wichtiger und allgemein beliebter Arten. Nicht wenige brauchen einige Jahre, ehe sie ihre volle Größe erreichen, dafür können sie allgemein länger an ihrem Platz verbleiben. Damit sie trotzdem nicht nachlassen, ist gerade bei hohen Stauden, die zugleich in die Breite gehen, ausreichendes Wässern und Düngen unbedingt notwendig. Wird es vernachlässigt, bekommen die Bestände unten braunes Laub und verkahlen, was scheußlich aussieht. In kleinen und mittleren Gärten soll man hohe Stauden nur in ausgewählten, besonders schönen Sorten verwenden und nicht zu viele anpflanzen. In großen Gärten und Parken dagegen kann man sie in Massen pflanzen, so daß sie einzelne Partien förmlich beherrschen. So findet man zuweilen ausgedehnte Bestände von Delphinium, Phlox, Herbstanemonen oder Lupinus polyphyllus, Chrysanthemum maximum oder Campanula. Manche hohen Stauden stagnieren nach der Blüte und welken allmählich ab..., als Muster sei Papaver orientale aufgeführt. Man soll ihr Laub fortnehmen, wenn es völlig abgetrocknet und braun geworden ist, muß aber solchen Arten als Nachbarn oder Vorpflanzung Stauden geben, welche das Abwelken und späterhin den leer gewordenen Platz verdecken. Die abgeblühten Stengel von Chrysanthemum maximum, Rittersporn und Campanula soll man unbedingt wegschneiden, aber nur bis hinunter zur Blattmasse. Grünes Laub muß stehenbleiben, denn es wird von den Pflanzen gebraucht.

Acanthus balcanicus
— mollis
— spinosus
Achillea filipendulina
Aconitum × arendsii
— carmichaelii var. wilsonii
— fischeri
— napellus
— paniculatum
— vulparia
Adenophora liliifolia
— potaninii
Alstroemeria aurantiaca
Anchusa azurea
Anemone-Japonica-Hybriden
— vitifolia
Aquilegia chrysantha
Aralia cordata
— racemosa
Artemisia lactiflora
Aruncus dioicus
Asparagus filicinus
Asphodeline lutea
Aster cordifolius
— ericoides
— × frikartii
— lateriflorus
— novae-angliae
— novi-belgii
Astilbe-Arendsii-Hybriden, die meisten Sorten
— thunbergii
Boltonia
Campanula lactiflora
— latifolia
Centaurea macrocephala
Ceratostigma willmottianum
Chrysanthemum-Indicum-Hybriden,
  die meisten Sorten
— Koreanum-Hybriden, die meisten Sorten
— maximum, die meisten Sorten
— zawadskii var. latilobum, die meisten Sorten
Cimicifuga
Cirsium rivulare
Clematis heracleifolia
— integrifolia
— recta
Codonopsis clematidea
Coreopsis grandiflora
Coronilla varia
Delphinium-Hybriden
Dictamnus
Digitalis
Doronicum plantagineum 'Excelsum'
Echinacea
Echinops
Eremurus himalaicus
— × isabellinus
— × tubergenii
Eryngium amethystinum
— planum
— yuccefolium
— × zabelii
Eupatorium cannabinum
Euphorbia palustris
Filipendula rubra
— ulmaria

Galega officinalis, Sorten
Gillenia trifoliata
Gypsophila paniculata
Helenium-Hybriden
Helianthus atrorubens
— *decapetalus*
Heliopsis helianthoides var. *scabra*
Hemerocallis citrina
— *fulva*
— *lilio-asphodelus*
Inula helenium
Iris germanica, hohe Sorten
— × *monaurea*
— *monnieri*
— × *monspur*
— *sibirica*, hohe Sorten
— *spuria*, hohe Sorten
Kirengeshoma palmata
Kniphofia-Hybriden
— *uvaria*
Ligularia dentata
— × *hessei*
— *przewalskii*
Lobelia siphilitica
Lupinus-Polyphyllus-Hybriden
Lysimachia punctata
Lythrum salicaria
Monarda-Hybriden
Morina longifolia
Paeonia delavayi
— Lactiflora-Hybriden
— Suffruticosa-Hybriden
Papaver orientale
Perovskia atriplicifolia
Phlomis russeliana
Phlox-Paniculata-Hybriden
Phygelius capensis
Physostegia virginiana
Phytolacca americana
Polygonatum commutatum
Polygonum polystachyum
— *sericeum*
— *weyrichii*
Rheum
Rodgersia
Rudbeckia laciniata 'Goldball'
Scabiosa caucasica
Sidalcea candida
— *malviflora*
Silene dioica
Solidago graminifolia
— Hybriden
Telekia speciosa
Thalictrum aquilegifolium
— *dipterocarpum*
— *flavum* ssp. *glaucum*
Trollius chinensis
Verbascum, außer *V. nigrum*
Veronica virginica

Großstauden

Sie werden 150 bis 250 cm hoch und noch größer, aber es vergehen in der Regel mehrere Jahre, bis sie voll ausgewachsen sind. Sie brauchen viel Platz und sollen frei stehen, damit sie wirken. In der Natur treten sie an Stellen mit tiefgründigen, fruchtbaren, häufig auch frischen Böden auf. Sie eignen sich nur ausnahmsweise für kleine oder mittlere Gärten, lassen sich einzeln oder zu wenigen gehäuft verwenden. Für kleine Gärten kommen höchstens Arten in Betracht, die den ganzen Sommer hindurch ordentlich aussehen. Es ist unerläßlich, den Standort gut herzurichten und bei Trockenheit zu wässern, ferner von Zeit zu Zeit zu düngen. Nur so bekommt man imposante, vollkommen sich entwickelnde Exemplare. Einzelne Arten eignen sich auch zum Verdecken von Zäunen, Mauern, Schuppenwänden und ähnlichem. Manche ziehen nach dem Flor völlig ein, man muß also deckende Stauden für sie vorsehen, so für *Eremurus* und *Inula magnifica*.

Aconitum carmichaelii 'Parker's Varietät'
Aralia cordata
— *racemosa*
Aruncus dioicus
Coreopsis tripteris
Crambe maritima
Delphinium-Hybriden
Echinops sphaerocephalus
Eremurus elwesii
— *robustus*
Eupatorium purpureum
Gunnera
Helenium-Hybriden
Helianthus rigidus
— *salicifolius*
— *tuberosus*
Heracleum
Inula magnifica
Ligularia wilsoniana
Macleaya
Polygonum polystachyum
— *weyrichii*
Rheum palmatum
Rudbeckia-Nitida-Sorten
Silphium perfoliatum
Vernonia

Aufteilung der Stauden nach dem „Charakter"

Das Wort Charakter geht auf das griechische charassein = einritzen zurück, daraus entstand der Begriff charakter = Gepräge, das spätmittelhochdeutsche karakter = Schrift- und Zauberzeichen, und schließlich wird es seit dem 18. Jahrhundert im übertragenen Sinne gebraucht. Charakter bedeutet jetzt „Gesamtheit der kennzeichnenden Wesensmerkmale". Man wendet das Wort in diesem Sinne auf vieles an: auf den einzelnen Menschen, auf Tiere, auf Bücher, auf Kunstepochen... und auch auf die Pflanzen. In der Botanik gibt es zum Beispiel den Begriff *Charakterpflanzen*, womit Arten gemeint sind, welche in bestimmten Pflanzengesellschaften regelmäßig auftreten und deren Bild mitbestimmen. Ferner spricht man vom Wuchscharakter der Bäume.

Den Charakter von Stauden kann man nach den Standorten bestimmen, an denen sie in der Natur auftreten. Man unterscheidet z. B. Wald-, Felsen-, Bachuferstauden. Man geht aber auch häufig von einer oder mehreren Eigenschaften oder Merkmalen und Eigenheiten aus, die gärtnerisch, bei der Verwendung im Garten wichtig sind. Man hält sich dabei an das Aussehen, an den Wuchs, an die Eignung zu gewissen Zwecken... teilt also nach unseren Bedürfnissen ein. Diese sind bekanntlich sehr mannigfaltig, und leicht käme man zu einer weit in Einzelheiten reichenden Aufgliederung. Das sei hier vermieden. Um die Übersicht zu erleichtern, werden nur folgende Gruppen aufgestellt: Polsterstauden, Blattstauden, Blütenstauden, Wildstauden, Sumpfstauden, Wasserpflanzen, Monokarpe Stauden. Die Ansprüche an Boden und Standort, ferner spezielle Verwendungsmöglichkeiten bleiben unberücksichtigt.

Polsterstauden

Das sind niedrig bleibende Stauden, die Ausläufer treiben, daher flächig wachsen und den Boden bedecken. Ausläufer sind unter- oder oberirdische Sprosse, welche sich nach den Seiten, also in der Horizontalen, ausbreiten und dabei Wurzeln und neue Vegetationsknospen bilden. Es entstehen zusammenhängende Polster und Teppiche: Sie werden durch zahlreiche frisch gebildete Wurzeln ernährt und gut verankert... das ist das Entscheidende. Nicht wenige niedrige Stauden bilden aus dem Wurzelhals ebenfalls Seitentriebe, aber diese wachsen bald nach oben, und es entstehen Horste... zum Beispiel bei *Iberis sempervirens*. Arten, deren Triebe am Boden liegen, aber keine Wurzeln schlagen wie bei einzelnen Helianthemum-Sorten, zählen nicht zu den Polsterstauden. Die Teppiche werden nur an zusagenden Standorten und bei einer gewissen Pflege dicht und dauerhaft. Die Pflanzen dürfen nicht exponiert stehen, der Boden muß alkalisch oder sauer sein, wie die Arten das brauchen. Damit die Pflanzen nicht hungern, soll man dem Erdreich ausreichend langsam löslichen Dünger und Humus zusetzen. So sorgt man auf Jahre hinaus vor. Man dünge mit Maßen, sonst leiden die Polster im Winter stark. Unerläßlich ist, eingewachsene, in die Breite gelaufene Polster etwa jeden zweiten Spätherbst dünn mit Düngetorf oder sehr guter, unkrautfreier Erde zu überstreuen. So führt man ihnen neue Nahrung zu.

Polsterstauden eignen sich für breite Einfassungen, zur Bepflanzung von Grabflächen, als Bodendecke, für nicht zu steile Böschungen als sichernder Bewuchs, fürs Alpinum, teilweise auch für Trockenmauern und als Rasenersatz... obwohl sich Rasen in Wirklichkeit überhaupt nicht „ersetzen" läßt, aber man sagt so. Man soll großflächig arbeiten und Polsterstauden niemals in kleinem Korn bunt durcheinander setzen.

Achillea, niedrige
Acinos
Ajuga reptans
Alchemilla
Antennaria
Artemisia nitida
Astilbe chinensis var. *pumila*
Calceolaria polyrrhiza
Campanula garganica
– *portenschlagiana*
– *poscharskyana*
Chiastophyllum oppositifolium
Cornus
Dentaria heptaphylla
Dryas
Epilobium purpuratum
Gentiana sino-ornata
Glecoma hederacea
Hieracium × *rubrum*
Lamium
Lysimachia nummularia
Minuartia laricifolia
Mitella caulescens
– *pentandra*
Muehlenbeckia axillaris
Omphalodes verna
Petrorhagia
Polygonum affine
– *vacciniifolium*
Prunella
Rubus arcticus
Saponaria ocymoides
Sedum album
– *anacampseros*
– *forsteranum*
– *lydium*
Symphytum grandiflorum
Tellima grandiflora
Tiarella cordifolia
Trifolium repens
Veronica prostrata
Viola labradorica
– *odorata*
Waldsteinia ternata

Polsterstauden, die wintergrün bleiben

Acaena
Acantholimon
Arabis
Arenaria
Aubrieta

17

Azorella trifurcata
Cerastium
Cotula squalida
Dianthus deltoides
– gratianopolitanus
– plumarius
Epimedium perralderanum
Eriogonum
Herniaria
Hypericum calycinum
Jovibarba
Matricaria oreades
Minuartia graminifolia
Pachysandra terminalis
Paronychia
Phlox amoena
– douglasii
– stolonifera
– subulata
Raoulia
Sagina subulata
Saxifraga cespitosa
– cuneifolia
– × geum
– hypnoides
– muscoides
– trifurcata
– umbrosa
Sedum floriferum
– hybridum
– spurium 'Album Superbum'
Stachys byzantina
Thymus
Tolmiea
Vinca minor
Vitaliana primuliflora

Polsterstauden, die bald einziehen

Convallaria majalis
Galium odoratum
Phuopsis stylosa

Blattstauden, Gräser, Farne

Dies sind Stauden mit auffälligem Blattwerk. Es kann in seiner Gesamtheit, durch seine Anordnung wirken, aber auch durch Größe, Form, Färbung und andere Eigenheiten des Laubes unsern Blick auf sich ziehen. Natürlich blühen alle sogenannten Blattstauden, und manche sogar reichlich und ansehnlich, aber ihr Flor kommt uns wie eine Zugabe vor. Das Gegenteil sind die Blütenstauden, deren Hauptmerkmal und wichtigstes Kennzeichen der volle und üppige Flor ist, dem gegenüber die Belaubung zurücktritt und im künstlerischen Sinne nur wenig Bedeutung hat. Selbstverständlich gehören auch die Gräser und Farne und die Polsterstauden mit wintergrünen Blättern zu den Blattstauden, doch werden letztere nicht aufgeführt.

Es gibt niedrige bis riesige Blattstauden. Da ihre Hauptwirkung im Laube liegt, muß man alles tun, um dieses zu erhalten. Große Arten sollen windgeschützt stehen, sonst kann der Sturm ihren Blätterschmuck abreißen oder zerfetzen. Bei Trockenheit ist zu wässern, da Wassermangel zuerst mit dem Abbau des Laubes beantwortet wird. Auch vor Spätfrösten sind die Bestände zu schützen, weil diese den zarten Austrieb vernichten können. Eine Sonderform der Blattstauden sind jene Arten, die gedrungene Kugelpolster bilden wie *Acantholimon*. Sie stammen fast alle aus sehr trockenen Strichen oder aus den oberen Regionen der Gebirge. Meistens haben sie tiefgehende Wurzeln, die sich in feinste Felsspalten und Gesteinsfugen drängen. Sie eignen sich für Trockenmauern und Alpina. Die großen Umbelliferen mit ihren riesigen Blütenschirmen wie Heracleum wirken gut, wenn die Infloreszenzen gegen den Himmel stehen. Einzelne Blattstauden kann man als Einfassung verwenden. In Massen lassen sich nur klein bleibende Arten wie *Armeria maritima*, *Sedum* oder *Sempervivum* pflanzen.

Besondere Sorgfalt ist nötig, wenn man Blatt- und Blütenstauden zusammenbringen will. Überwiegen die Blattstauden, darf man dazu nur weißblumige Blütenstauden setzen, glühende Töne würden störend wirken. Dominieren die Blütenstauden, sollen die Blattstauden nur den Untergrund bilden.

1. Eigentliche Blattstauden

Acanthus
Achillea chrysocoma
– clavennae
– clypeolata
– × kellereri
– umbellata
Alchemilla
Anaphalis triplinervis
Artemisia schmidtiana
Astrantia
Athamanta
Bergenia
Boykinia tellimoides
Carlina
Cimicifuga – bis zum Flor
Corydalis scouleri
Dicentra formosa 'Bountiful'
Dictamnus – bis zum Flor
Echinops – bis zum Flor
Epimedium – nach dem Flor
Eryngium
Euphorbia myrsinites
Filipendula vulgaris
Haberlea
Heuchera
Hosta
Kirengeshoma palmata
Lewisia cotyledon
Morina longifolia

Opuntia
Peltiphyllum peltatum
Perovskia
Plagiorhegma dubium
Potentilla fruticosa
Primula × pubescens
Ramonda
Santolina
Saxifraga cortusifolia
– longifolia
Sedum spectabile
– telephium
Stachys byzantina
Thalictrum flavum ssp. glaucum
Verbascum, bis zum Flor
Yucca

Stauden, die Kugelpolster bilden

Acantholimon
Androsace
Armeria juniperifolia
– maritima
Astragalus
Erodium reichardii
Genista – einzelne Arten
Saxifraga cotyledon
– paniculata
Sedum cauticolum
– sieboldii
Sempervivum

Ferner sind an Großstauden anzuführen

Aralia
Astilboides
Gunnera
Helianthus salicifolius
Heracleum
Macleaya
Polygonum weyrichii
– polystachium
Rheum
Rodgersia

2. Gräser

Der Begriff Gräser ist die Sammelbezeichnung für Pflanzen, welche den Familien *Gramineae, Juncaceae* und *Cyperaceae* angehören. Sie ähneln sich in der Tracht, während die Blüten stärker voneinander abweichen, aber es fällt wenig auf, denn diese sind klein und einfach gebaut. Alle werden durch den Wind bestäubt. Am wichtigsten ist die Familie der *Gramineen.* Sie umfaßt gegen 4000 Arten, ist über die ganze Erde verbreitet und bedeckt nicht selten riesige Flächen. Sie enthält auch eine Reihe wichtiger Nutzpflanzen. Alle unsre Getreidearten, die Wiesen- und Weidegräser, ferner Mais und Zuckerrohr, der Reis und die in den Tropen auftretenden Bambusse sind Gramineen. Gräser haben stielrunde Halme: in der Regel hohle Stengel, die durch Knoten gegliedert sind und durch diese zugleich fest und gefügig werden. Das Wort Halm kommt vom griechischen kalamos = Rohr her. Im unteren Teile bringen die Halme die Blätter, und oben tragen sie endständig die Blütenstände. Form und Farbe, Länge und Breite, Biegung und Fall der Blätter sind sehr verschieden, desgleichen Größe und Gestalt, Tönung und Bau der Ähren und Rispen. Worin die Eigenart, der Zauber der Gräser liegt, läßt sich, obwohl man es fühlt, kaum sagen. Wenn starker Wind über eine Wiese oder ein Getreidefeld dahinfegt, biegen sich die Halme, und die Blätter rascheln und erinnern uns an die Wellen von Meer und See, aber auch der leiseste Windhauch bewegt sie. Gräser sind ein natürliches Mobile, sind Gespielinnen der Lüfte, des Windes, sind „Symbole ihrer selbst", um ein Wort Novalis' zu gebrauchen.

Obwohl manche sehr groß werden, einzelne exotisch wirken, obwohl sie häufig an unwirtlichen Plätzen wachsen, sind ihr Reiz und ihre Wirkung subtil. Sie „fallen uns nicht ins Auge" ... diese Redensart einmal wörtlich genommen.

Es gibt niedrige, mittelhohe bis übermannsgroße Gräser. Die niedrigen eignen sich für Kanten, zur Bepflanzung größerer Flächen und passen vereinzelt als Einsprengsel in Staudenteppiche oder zwischen Steingartengewächse. Auch die mittelhohen kann man in Massen verwenden, die Großgräser dagegen in der Regel nur in kleinen Gruppen oder einzeln stehend. Viele werden alt und bedürfen fast keiner Pflege. Manche bedecken mit den Jahren große Flächen und erdrücken alle zarteren Nachbarn. Im allgemeinen passen Gräser gut in Wildstauden- und Heidegärten, an die Grenzen von Gärten, welche in die freie Landschaft übergehen. Niedrige und mittelhohe Arten eignen sich als Einsprengsel für Staudenteppiche und ebenso zwischen Blütenstauden. Gräser können sogar im Garten dominieren, aber man muß dann alle andern Pflanzen als Ergänzung verwenden. Als Gartenzierden „entdeckt" und vielfach auch eingeführt hat sie Karl Foerster.

○ = für sonnigen Standort. ◐ = für halbschattige Standorte. ● = für schattige Plätze. ⋏ = Winterschutz nötig. (⋏) = Winterschutz im ersten Jahre

Niedrige Gräser

Alopecurus pratensis 'Variegatus' ○
Carex baldensis ○
– firma ○
– fraseri ◐
Festuca cinerea ○
– pumila ○
– scoparia ○

Mittelhohe und hohe Gräser

Arrhenatherum elatius ○
Avenella flexuosa ○
Briza media ○/◐

Carex grayi ◐
— morrowii ◐/●
— pendula ◐
— sylvatica ●
Dactylis glomerata 'Variegata' ○/◐
Deschampsia cespitosa ◐/○
Elymus arenarius ○
Festuca amethystina ○
Glyceria maxima 'Variegata' ○
Helictotrichon sempervirens ○
Molinia caerulea ○/◐
Pennisetum alopecuroides ○ (∧)
Phalaris arundinacea 'Picta' ◐
Stipa barbata ○
— capillata ○
— pennata ○

Großgräser

Achnatherum calamagrostis ○ ∧
Cortaderia selloana ○ ∧
Elymus giganteus ○
Miscanthus sacchariflorus ○ ∧
— sinensis ∧
— — 'Gracillimus' ○
Molinia arundinacea ○/◐
Panicum virgatum ○
Spartina pectinata ○/◐
Stipa gigantea ○

Wassergräser

Glyceria maxima ○
Scirpus lacustris ○
— tabernaemontani ○/◐

3. Farne

Farne sind Landpflanzen mit meistens gestielten, verschieden großen, ganzen oder gefiederten, mit reicher Nervatur ausgerüsteten Blättern, die Wedel genannt werden. Sie produzieren keinen Samen, sondern Sporen und gehören in die Abteilung der *Pteridophyta*. Es findet ein regelmäßiger Generationswechsel statt zwischen den aus einer befruchteten Eizelle sich entwickelnden, diploiden Sporophyten und dem Gametophyten. Der Gametophyt bildet sich aus Sporen und bringt Eizellen und Spermatozoiden hervor, welche annähernd die Funktion des Blütenstaubes der Blütenpflanzen haben. Die Sporenträger sitzen unter kleinen Hauben, die man als Punkte, Striche oder Tüpfelchen meistens auf der Unterseite der Wedel findet. Es gibt fruchtbare Wedel und sterile, die sterilen bilden keine Sporangien = Sporenträger. Ferner setzen einzelne Farne auf ihren Wedeln Adventiv-, also Brutknospen an, welche sich bei einer gewissen Größe ablösen, auf dem Boden Wurzeln schlagen und so zur Verbreitung beitragen. Ferner werden manche Farne durch Ausläufer vermehrt, auch durch Teilung. Die häufigste und ergiebigste Vermehrungsart ist die Anzucht aus Sporen. Sie ist kompliziert und langwierig und nur eine Arbeit für Spezialisten. Deshalb wird sie hier nicht dargelegt.

Farne gibt es fast überall auf der Erde, in sehr kalten Gebieten sind sie selten oder fehlen völlig. Viele Arten treten in den Tropen auf und erreichen dort die Größe von Bäumen. Artenreich ist auch die gemäßigte Zone der nördlichen Erdhälfte. Manche sind Kosmopoliten, andere kommen nur in kleinen Gebieten vor. Im allgemeinen findet man sie auf frischen bis feuchten Böden und an halbschattigen bis schattigen Standorten. Doch gibt es auch Ausnahmen, die selbst starke Trockenheit und volle Sonne ohne weiteres vertragen. Einzelne sind wintergrün. Großen Nutzwert haben sie nicht. Die Unterschiede bestehen in der Größe und Form der Wedel, in deren Fiederung, in Form und Größe der Sporenbehälter und ihrer Hüllen (Sori genannt). Die Mannigfaltigkeit ist erstaunlich, wird aber mit wenigen, einfachen Mitteln erreicht: Durch die verschiedenartige Form und Gestaltung der Wedel. Die Hauptfarbe ist das Grün in zahlreichen Abstufungen, dazu kommt noch das Braun, Rotbraun und Gelbbraun der Stiele. Die Schönheit und der Zauber der Farne sind wie bei den Gräsern sublim, von ganz eigener Art, und nicht zu beschreiben. Alle haben etwas merkwürdig Urtümliches an sich... tatsächlich gehören die Farne zu den älteren Gewächsen unsrer gesamten Flora. Sie entstanden noch vor den Koniferen. Manchmal wirken sie wie Einsiedler. Das mag damit zusammenhängen, daß sie bei der Befruchtung nicht wie die Blütenpflanzen auf den Wind oder auf Tiere — Bienen, Hummeln, Kolibris, Schmetterlinge, Schwebefliegen — angewiesen sind: Es sind nur einige Tropfen Wasser nötig. Die Spermatozoiden können sich nur im Wasser zur Eizelle hin bewegen.

Es gibt niedrige, mittelhoch und bis brusthoch werdende Farne. Viele eignen sich besonders gut für absonnige und auch tiefschattige Plätze und sind dort unübertrefflich. Die Ansprüche an den Boden und den Standort sind verschieden. Im allgemeinen wünschen sie humusreiche, lockere Erde, die auch von Gesteinsbrocken durchsetzt sein kann. Will man Farne ansiedeln, lockere man den Boden tief und arbeite gejauchte Torfbrocken und verrottendes Laub ein. Günstig ist, die Pflanzungen in den ersten zwei, drei Jahren mit altem Laub, grobem Torf oder sonstigem lockerem Material abzudecken. Die beste Pflanzzeit ist das Frühjahr. In der Regel dauert es einige Jahre, bis die Bestände ihre volle Größe und Schönheit erreichen. Dem steht gegenüber, daß Farne jahrzehntelang am gleichen Platz stehenbleiben können und kaum laufende Pflege erfordern. Farne sind im allgemeinen sehr zäh. Ein paar Arten wuchern stark und können dadurch lästig oder für alle zarteren Nachbarn gefährlich werden... man pflanze sie für sich. Die meisten Farne kann man in Massen verwenden, und es entstehen waldartige Szenerien. Man kann sie aber auch in kleinen Gruppen setzen: in Waldstaudenpflanzungen einstreuen, in Teppiche von *Vinca, Alchemilla* oder *Astilbe chinensis* var. *pumila* fügen.

○ = verträgt Sonne. ◐ = für halbschattige Standorte. ● = für tiefen Schatten. wu = wuchernd. wi = wintergrün

Niedrige Farne

Asplenium ruta-muraria ○/◐
– *trichomanes* ◐/●
Blechnum penna-marina ◐/○
Phyllitis scolopendrium
  'Crispa' ◐/●
–– 'Undulata' ◐/●
Polypodium vulgare, Sorten ◐ wi
Woodsia ilvensis ◐
– *obtusa* ○/◐

Mittelhohe Farne

Adiantum pedatum ◐
Athyrium filix-femina ◐/●
Blechnum spicant ◐/●
Currania robertiana ○/◐
Dryopteris cristata ◐/●
Onoclea sensibilis ○/◐ wu
Phyllitis scolopendrium ◐/●
Polypodium vulgare ◐ wi
Polystichum acrostichoides wi ◐/●
– *lonchitis* wi ◐/●
– *setiferum*, Sorten ◐/●

Hohe Farne

Athyrium filix-femina ◐/●
Dryopteris austriaca ◐/●
– *filix-mas* ◐/●
– *pseudo-mas* ◐/○
Matteuccia pensylvanica wu ○/◐
– *struthiopteris* wu ○/◐
Osmunda cinnamomea (○)/◐
– *claytoniana* (○)/◐
– *regalis* (○)/◐
Polystichum setiferum ◐

Blütenstauden

Mit diesem häufig gebrauchten, manchmal falsch angewandten, aber unentbehrlichen Begriff sind Stauden gemeint, die wir hauptsächlich ihres üppigen Flors wegen schätzen. Ohne ihn würden sie unsere Aufmerksamkeit kaum erregen. Viele bilden zur Blütezeit weithin sichtbare, geschlossene Farbflecken. Blütenstauden bringen also Feuer, Abwechslung, starke Kontraste und Tonunterschiede in die Gärten. Manche blühen überreich wie die meisten unserer Sommerblumen. Um solche Stauden geht es hier, mag auch die Abgrenzung manchmal schwierig sein. Bei den Blütenstauden sind die Schauapparate besonders gut ausgebildet. Von vielen Arten verwenden wir aber nicht mehr die natürliche Stammform, sondern pflanzen Sorten.

Die Züchter haben sich schon früh mit ihnen befaßt, und manche Blütenstaude ist altes Gartengut. Die Unterschiede gegenüber den Ausgangsformen sind häufig sehr groß.

Allgemein wachsen Blütenstauden in jedem normalen Gartenboden, bedürfen aber einer gewissen Pflege, wenn sie ihr Optimum erreichen sollen. Bei Trockenheit soll man gründlich wässern, auch ist nötig zu düngen. Manche Arten können lange an ihrem Platz verbleiben, so die Pfingstrosen; andere müssen schon bald wieder aufgenommen, geteilt und neu gesetzt werden, zum Beispiel *Chrysanthemum coccineum*, das nach zwei Jahren umgepflanzt werden muß.

Die meisten Blütenstauden wünschen volle Sonne, einzelne brauchen oder vertragen Halbschatten. Man pflanze nicht zu eng, damit die Büsche sich ausbreiten können. Arten, die im Frühjahr oder Vorsommer blühen und danach zurückgehen, muß man mit deckenden Pflanzen zusammensetzen. Die abgeblühten Blumen oder Blütenstände soll man unbedingt fortschneiden. Sie sehen unschön aus, und die Ausbildung von Samen, auf den man normalerweise keinerlei Wert legt, kostet die Pflanzen Kräfte. Auch können ausgefallene und auflaufende Samen als Unkraut lästig werden.

Als Einheit betrachtet, blühen Stauden vom zeitigen Frühling bis tief in den Herbst hinein, aber jede Art hat ihre eigene Blütezeit. Dazu kommen bei vielen Blütenstauden neben dem Hauptflor die Vor- und die Nachblüte. Im folgenden wird grundsätzlich nur vom Hauptflor gesprochen, wie wichtig auch gelegentlich die Verlängerungen sein mögen. Wieviel Blütezeiten gibt es aber? Die Ansichten gehen auseinander. Als Beispiel dafür sei der Titel eines Buches von Karl Foerster angeführt: *Der Steingarten der sieben Jahreszeiten*. Tatsächlich kommt man, wenn man die Vorgänge in der Natur analysiert, ihre Bedingungen und ihren Rhythmus abwägt, auf vier Hauptblütezeiten unsrer Blütenstauden, ja der gesamten Flora: Es sind 1. der Frühling samt Vorfrühling, 2. der Vorsommer, 3. der Hochsommer und 4. der Herbst.

1. Blütenstauden des Frühlings

In allen Ländern mit einem richtigen Winter, der manchmal dunkel und unwirtlich ist, sind die ersten Blumen im Frühjahr ein wahres Glück, ein Augen- und Herzenstrost. Man findet daher Frühlingsblüher fast in jedem Garten und in sämtlichen öffentlichen Anlagen. Wo sie fehlen, ist es unerläßlich, welche zu pflanzen. Sie sind gegen Fröste und nicht zu arge Kälte ziemlich unempfindlich. Sommer und Herbst bestimmen ihre Entwicklung und ihr Gedeihen im nächsten Jahre, denn in dieser Zeit legen sie ihre Blüten an. Im Frühling zehren sie aus den Reserven und machen nach dem Ende des Flors einen erschöpften Eindruck. Tatsächlich folgt auf die Blütezeit eine Umstellung, welche in die vegetative Regeneration einmündet. Die meisten Blütenstauden des Frühlings bleiben niedrig.

Zeitlich umfaßt der Frühling die Spanne von Ende März bis etwa Mitte Mai oder nur wenig darüber hinaus. Die wichtigsten Arten, die im Frühjahr eine geschlossene Farbfläche bilden, sind:

Alyssum saxatile
Arabis
Armeria maritima
Aster alpinus
Aubrieta
Dianthus plumarius
Doronicum orientale
Iris pumila
Phlox divaricata
— *douglasii*
— *subulata*
Primula elatior
— *Elatior-Hybriden*
— *juliae*
— *Juliae-Hybriden*
— × *pubescens*
— *vulgaris*
Saxifraga-Arendsii-Hybriden
— *Kabschia-Gruppe*
— *oppositifolia* var. *latina*
Veronica prostrata
Viola-Cornuta-Hybriden
— *gracilis*

2. Blütenstauden des Vorsommers

Der Vorsommer schließt sich ohne Übergang an den Frühling an. Er beginnt etwa Mitte Mai und währt bis gegen Ende Juni. Die Pflanzen werden vielfach mittelhoch und auch schon hoch. Sie haben viel mehr Laub als die typischen Frühlingsblüher; bei welchen die Blätter zuweilen erst gegen Ende des Flors erscheinen. Man sieht, daß die Blütenstauden mit der Entfaltung der Blattmassen zunehmen... schöne Beispiele dafür sind *Chrysanthemum coccineum, Aster tongolensis, Centaurea dealbata, Campanula portenschlagiana.* Starke Spätfröste im Verlaufe des Mai können die Knospen mancher Vorsommerblüher schädigen, und die Pflanzen — als Beispiel seien *Chrysanthemum coccineum* und *Päonia* aufgeführt — bringen dann weniger und verkrüppelte Blumen. Die Auswahl ist reich, und einige Arten sind zur Gewinnung von Schnittblumen sehr wichtig. Man kann die Größe und Ausfärbung der Blüten steigern, indem man bald nach dem Austreiben leichtlöslichen Volldünger streut und bei Trockenheit wässert. Die Vermehrung durch Teilung erfolgt entweder ganz zeitig oder nach der Blüte.

Achillea millefolium
— *ptarmica*
Alstroemeria
Amsonia
Anthericum liliago
Aquilegia
Aruncus
Aster × *alpellus*
— *farreri*
— *tongolensis*
Astilbe-Arendsii-Hybriden
— *japonica*
Campanula carpatica
— *garganica*
— *persicifolia*
— *portenschlagiana*
— *poscharskyana*
Centaurea, fast alle
Centranthus, bis August
Chrysanthemum coccineum
— *leucanthemum*
— *maximum*, teilweise
Coreopsis grandiflora
— *lanceolata*
Delphinium-Hybriden, teilweise
Dianthus gratianopolitanus
Erigeron
Euphorbia polychroma
Geum
Helenium bigelovii
— *hoopesii*
Helianthemum
Hemerocallis, einzelne
Hesperis matronalis
Heuchera
Incarvillea, teilweise
Inula ensifolia 'Compacta'
Iris germanica (Media-Gruppe)
— *kaempferi*, auch Hochsommer
— *sibirica*
— *spuria*
Lychnis viscaria
Lythrum, teilweise
Paeonia-Lactiflora-Hybriden
— *officinalis*
— *suffruticosa*
— *Suffruticosa-Hybriden*
Penstemon barbatus
Phlox-Arendsii-Hybriden, teilweise
Polemonium × *richardsonii*
Primula, Etagenprimel, teilweise
Prunella grandiflora
Ranunculus acris 'Multiplex'
Salvia × *superba*, teilweise
Saponaria ocymoides
Sisyrinchium striatum
Stachys grandiflora, teilweise
Thalictrum aquilegifolium
Trollius, auch im Frühling
Veronica austriaca ssp. *teucrium*
— *virginica*, auch später

Blütenstauden des Vorsommers,
die nach dem Flor allmählich zurückgehen

Anchusa azurea
Anthemis tinctoria
Dicentra spectabilis
Dodecatheon
Doronicum plantagineum
Eremurus
Eryngium, teilweise
Lupinus-Polyphyllus-Hybriden
Papaver orientale
Paradisea liliastrum

3. Blütenstauden des Hochsommers

Der Hochsommer umfaßt die Monate Juli und August, setzt aber nicht unbedingt am 1. Juli ein. Manche Vorsommerstaude blüht weiter, weil Witterung, Düngung und die sonstigen Wachstumsfaktoren günstig sind, oder weil sie verhältnismäßig spät in Flor gekommen ist. Im allgemeinen blüht eine Staude je nach Art, Sorte und Standortverhältnissen 10 bis 30 Tage lang. Viele Hochsommerblüher werden hoch und bringen ihre Blumen nicht in besonderen Blütenständen, sondern am Ende der Triebe als Trauben, Wickel, Rispen oder Dolden. Bei vielen bilden die Triebe an ihrer Basis laufend neue Wurzeln, als Beispiele seien Helenium-Sorten und *Phlox paniculata* erwähnt. Die Pflanzen zehren anfangs von Reserven, nun ziehen sie alles, was sie brauchen, aus dem Erdreich. Alle legen schon im Vorsommer die Knospen fürs nächste Jahr an, so daß diese zur Zeit des Flors bei den meisten vollkommen fertig sind. Die Dauer und die Schönheit der Blüte hängen von vielen Faktoren ab und werden von der Witterung stärker beeinflußt als im Frühling und Vorsommer. Heißes, trockenes Wetter, scharfe Winde verkürzen den Flor manchmal beträchtlich. Die Büsche bleiben dann klein, die Blüten erreichen nicht ihre übliche Größe, die Farben leiden und werden grau. Gut erhaltene Bestände, die laufend gepflegt und von Anfang an gründlich gewässert werden, sind widerstandsfähig. Langer Regen und kühles Wetter oder Unwetter sind ebenfalls ungünstig. Die Pflanzen stocken in der Entwicklung oder schießen zu sehr ins Kraut oder werden umgeworfen. Natürlich leiden auch die Farben. Sie bekommen kein Feuer und sehen verwaschen aus. Bei zu dichtem Stand, durch Schatten, der fehl am Platze ist, durch Hunger und zeitweiligen Wassermangel vorher wird die Wirkung von viel Regen und Sturm verstärkt. Man kann nur vorbeugen: durch weites Pflanzen und durch Pflege. Auch sollten alle hohen Stauden einen Pfahl bekommen, den man hinter die Büsche fest in den Boden schlägt und an den die Triebe mit einer Schnur angeheftet werden. Wiederum ist es unerläßlich, die abgeblühten Blumenstände wegzunehmen, um Samenansatz und Samenwurf zu verhindern.

Das Farbenspiel ist nicht mehr so reich, die Töne sind nicht mehr so strahlend wie im Frühling und Vorsommer. Nicht wenige Hochsommerstauden haben gelbe Blumen. Man darf sie nicht zu reichlich verwenden, sonst entsteht eine gewisse Einförmigkeit. Die wichtigsten Hochsommer-Blütenstauden sind:

Achillea filipendulina
Aconitum
Aruncus, auch Vorsommer
Asclepias tuberosa
Aster amellus
— × *frikartii*
Astilbe-Arendsii-Hybriden, Spätblüher
Buphthalmum
Centranthus
Chrysanthemum-Maximum-Sorten
Coreopsis grandiflora
Crambe maritima
Delphinium-Hybriden
Echinops
Eupatorium cannabinum, auch Herbst
Filipendula
Gaillardia
Galega
Geranium-Hybriden
— *platypetalum*
Helenium-Sorten, viele
Helianthus decapetalus
— *rigidus*
Heliopsis helianthoides var. *scabra*
Hemerocallis-Sorten
Iris kaempferi, teilweise
Kniphofia
Lathyrus latifolius
Liatris
Ligularia
Lobelia siphilitica
Lychnis chalcedonica, teilweise
Lysimachia, außer *L. nummularia*
Lythrum, teilweise
Mimulus
Monarda
Oenothera tetragona
Penstemon-Hybriden
Phlox-Arendsii-Hybriden, teilweise
— *maculata*
— *paniculata*
Physostegia
Platycodon
Potentilla atrosanguinea
— *Hybriden*
— *recta*
Primula, Etagenprimel teilweise
— *florindae*
Prunella grandiflora, teilweise
Rudbeckia, alle, auch Herbst
Salvia × *superba*, teilweise
Saponaria officinalis
Scabiosa caucasica
Sedum spectabile

Sidalcea
Solidago-Sorten
— *virgaurea*
Stachys grandiflora, teilweise
Stokesia laevis
Telekia
Thalictrum flavum ssp. *glaucum*
Veratrum
Verbascum, blühende
Veronica longifolia
— *virginica*, teilweise
Yucca

4. Blütenstauden des Herbstes

Der Herbst umfaßt die Monate September und Oktober. Er schließt sich an den Hochsommer an, löst diesen beinahe ab, aber die Flora hat einen ganz andern Charakter. Es treten völlig neue Arten auf, die in ihrer Tracht, in ihren Farben eine eigene Note aufweisen. Der Verlauf des Flors hängt stark von der Witterung ab, auch von der des Hochsommers. Ist dieser sehr heiß und trocken und bleibt es im Herbst dabei, leidet die Blüte aller Herbstblüher. Die schon kühler werdenden Nächte ändern das nicht, die Blumen bleiben zu matt in den Farben und vergehen zu rasch, die Büsche haben von Anfang an zu viele verwelkte oder gilbende Blätter.

Durch häufiges und gründliches Wässern während des Sommers lassen sich solche Fehlentwicklungen fast völlig verhindern. Ist der Hochsommer zu kühl und regenreich, folgt ihm häufig ein geradezu strahlender Herbst, in dem die Natur nachzuholen scheint, was im Sommer ausblieb. Dann färbt sich nicht nur das Laub aller aus Nordamerika stammenden Gehölze feuriger und tiefer als sonst, sondern es entfalten auch die Herbstastern ihre ganze Pracht, und jede einzelne Blume badet im Licht und breitet sich der Sonne hin. Und die Büsche wimmeln von Bienen, Hummeln, Schmetterlingen und anderen kleinen Insekten, denen noch einmal, ehe es Winter wird, ein reicher Tisch gedeckt ist. Dann blühen die Chrysanthemen lebhafter als üblich, und sie duften sogar deutlich. Dann sieht es aus, als wollten die Herbstanemonen sich selbst übertreffen, ebenso die Silberkerzen und die Nachzügler bei Eisenhut, Rudbeckia und Rittersporn. Ist aber der Herbst regenreich und feucht, fällt der ganze Flor beinahe aus... oder es kommt uns immerhin so vor. Eine große Gefahr sind ferner zu zeitige erste Fröste. Sie haben keine abtötende oder auch bloß stark hindernde Kraft, aber wiederholter Reif löst in den Pflanzen Reaktionen aus, die ihre Tendenz zum Rückzug in die unterirdischen, perennierenden Teile begünstigen. Kein Wiederaufleben von Schönwetter hebt diesen Zug noch einmal auf. Droht Frost, so läßt sich der Flor noch eine kurze Zeit retten, indem man die Stengel schneidet und die Blumen ins Zimmer zum Nachblühen stellt. Gegen Mitte Oktober schließlich werden die Blumen im Garten seltener, und auch die Spätsorten unter den Chrysanthemen bilden keinen Ersatz für den so reichen Septemberflor. Unser normaler Aufenthaltsort ist dann das Zimmer, nicht mehr der Garten.

Die wichtigsten Herbstblüher sind:

Anemone hupehensis
— *Japonica*-Hybriden
— *vitifolia*
Aster cordifolius
— *Dumosus*-Hybriden
— *ericoides*
— *novae-angliae*
— *novi-belgii*
Chrysanthemum-Indicum-Hybriden
— *Koreanum*-Hybriden
— *zawadskii* var. *latilobum* (Ch. rubellum)
Echinacea purpurea
Gentiana sino-ornata
Helenium-Hybriden, Spätsorten
Helianthus atrorubens
Phlox, Spätsorten
Rudbeckia laciniata
Sedum telephium
Solidago, Spätsorten

Wildstauden

Den Begriff Wildstaude findet man nur in Katalogen, Büchern und sonstigen Veröffentlichungen der jüngeren Zeit, früher war er nicht üblich. Was damit bezeichnet wird, läßt sich nicht mit einigen Worten sagen, zumal es zwei Bedeutungen gibt: eine umfassende und eine eingeschränkte.

Im weitesten Sinne versteht man darunter alle jene Stauden, die wir so verwenden, wie sie in der freien Natur, in der Wildnis, auftreten. Das Gegenteil sind jene Arten und Sorten, die durch Züchtung entstanden sind und daher Kulturvarietäten heißen. Ihre Ausgangsformen haben nur für Botaniker, Genetiker, Züchter, für die historisch arbeitenden Pflanzenkundler Wert. Natürlich waren anfangs alle Kulturstauden reine Wildstauden, denn sie stammen ebenfalls aus der freien Natur. Sie haben aber neue Züge angenommen, manche Eigenheiten verloren. Sie bedürfen allesamt der gärtnerischen Pflege, sonst gehen sie allmählich zugrunde. In der Regel müssen sie vegetativ vermehrt werden. Es sind vor allem die Blütenstauden mit ihren teilweise riesigen Sortimenten und auch eine Reihe Polsterstauden.

Doch auch diejenigen Arten, die wir zusammengefaßt Wildstauden nennen und die keine Sorten hervorgebracht haben, sondern allenfalls Subspezies oder Formen aufweisen, weichen in Wirklichkeit von den Beständen in der Wildnis ab und übertreffen sie etwas. Viele Wildstauden werden seit langem in Gärten gehalten, auch in Staudengärtnereien kultiviert, und man hat dort als Samenträger unwillkürlich – und weil es so Vorschrift ist – die am reichsten und schönsten blühenden, die gut gewachsenen Exemplare ausgesucht und solche auch bei Teilung als Mutterpflanzen verwendet. Die so allmählich erreichten Steigerungen sind im allgemeinen gering, doch nicht ohne Wert. Der Unterschied hingegen zwischen den Sorten der Kulturstauden, etwa von *Phlox paniculata,* und ihrer Urform, die im Osten der Vereinigten Staaten in Auenwäldern wild wächst, ist so groß, daß man beide für zwei verschiedene Arten halten könnte.

Im engeren Sinne – so wie Gartenarchitekten und Landschaftsgestalter den Begriff auffassen – sind Wildstauden jene Arten innerhalb des Staudenreiches, die sich an zusagenden Plätzen in Garten und Park verhalten, als seien sie dort angestammt. Sie halten lange aus, bedürfen fast keiner Pflege, breiten sich oft durch Samenwurf oder Ausläufer aus und werden auch gartenflüchtig. In ihren Ansprüchen ähneln sie den Stauden, die bei uns in Wald und Feld, in Hain und Flur, am Bachufer und in der Auenlandschaft auftreten. Einmal gesetzt, werden sie feste Bestandteile der Gärten und Parke. Die Goldrute dagegen ist keine Wildstaude, sondern ein Unkraut. Im erweiterten Sinne des Begriffes sind etwa 40 % aller in Staudenbetrieben kultivierten Arten reine Wildarten, ferner viele Farne, die meisten Gräser und auch viele Liebhaberstauden... von *Acaena* angefangen über *Waldsteinia* bis zu *Yucca.* Im engeren Sinne kommt man nur auf 100 Arten. Sie wachsen in der freien Natur teils an sonnigen, trockenen Plätzen und brauchen in Garten und Park ebensolche Standorte, ja eignen sich besonders dafür, teils wachsen sie an Stellen mit humusreichem, frischem Boden und unter Bäumen, im lichten oder tiefen Schatten. Manche gehören zu den Charakterarten einzelner Assoziationen und treten in großen Mengen auf. Dem entspricht, daß man viele Wildstauden (im engeren Sinne) gern massenweise verwendet. Eine gelungene Pflanzung darf also an die Natur erinnern, soll aber etwas über diese hinausgehen, eine Steigerung bieten. Widersinnig und stillos jedoch wäre, exotisch aussehende Arten wie *Acanthus* oder *Yucca* in Massen als Wildstauden verwenden zu wollen. Summarisch ist zu sagen, daß in großen Gärten und Parken große Bestände von Wildstauden besser wirken als Kulturstauden.

1. Wildstauden (im engeren Sinne) für Gehölzränder und absonnige bis schattige Plätze

Achillea grandiflora
Actaea spicata
Adenophora
Anemone canadensis
– *nemorosa*
– *sylvestris*
Aruncus dioicus
Asarum europaeum
Astilbe chinensis var. *pumila*
Astrantia major
Buglossoides purpurocaerulea
Campanula latifolia
Cimicifuga
Clematis recta
Codonopsis
Corydalis cava
– *scouleri*
Dicentra eximia
Dictamnus albus
Digitalis lutea
– *purpurea*
Epimedium
Eupatorium cannabinum
Galax urceolata
Galium odoratum
– *rubrum*
Geranium macrorrhizum
Gillenia trifoliata
Glecoma hederacea
Inula helenium
Lathyrus vernus
Lysimachia punctata
Pachysandra terminalis
Polygonatum commutatum
– *multiflorum*
Polygonum bistorta
– *weyrichii*
Pulmonaria angustifolia
– *rubra*
Solidago graminifolia
– *virgaurea*
Stachys grandiflora
Symphytum grandiflorum
Tellima grandiflora
Tiarella wherryi
Tolmiea menziesii
Vinca minor
Viola labradorica
Waldsteinia ternata
ferner zahlreiche Gräser und Farne

2. Wildstauden (im engeren Sinne) für sonnige, offene Plätze und normalen bis leicht trockenen Boden

Achillea clypeolata
Amsonia tabernaemontana
Anthericum liliago
– *ramosum*
Artemisia lactiflora
Boltonia asteroides
   var. *latisquama*
Buphthalmum salicifolium
Centranthus ruber
Coronilla varia
Dianthus arenarius

Dianthus cruentus
Digitalis ferruginea
— *grandiflora*
Dracocephalum ruyschiana
Galega officinalis
Gentiana lutea
Geranium platypetalum
Helenium hoopesii
Hieracium aurantiacum
Inula hirta
Ligularia przewalskii
Linum perenne
Lobelia siphilitica
Lupinus perennis
Lychnis flos-jovis
Nepeta × *faassenii*
— *mussinii*
Oenothera tetragona
Phlomis russeliana
Phytolacca americana
Polemonium caeruleum
Polygonum polystachyum
— *sericeum*
— *weyrichii*
Potentilla nepalensis
— *recta*
Prunella grandiflora
Rudbeckia fulgida var. *deamii*
— *laciniata*
Salvia jurisicii
— *officinalis*
— × *superba*
Saponaria officinalis
Scabiosa ochroleuca
Scutellaria baicalensis
Senecio abrotanifolius
Silene dioica
Stachys grandiflora
Thermopsis fabacea
Trollius chinensis (nicht trocken)
Veratrum album (nicht trocken)
— *nigrum*
Verbascum, alle Arten
Veronica longifolia
— *virginica*
ferner zahlreiche Gräser
  und einige Farne

Sumpfstauden

Diese Stauden treten in der Natur an Plätzen mit sehr feuchtem Erdreich auf, das man in der Nähe von Flüssen und Bächen, an den Rändern von Teichen, in Senken und an Plätzen mit hohem Grundwasserstand und nur wenig oder gar nicht durchlässigem Untergrund findet. Das sich ansammelnde Wasser fließt nicht oder unzureichend ab. Nach Hochwasser bilden sich in Flußauen und Wäldern gelegentlich sumpfige Stellen. Ihre Flora ist wenig artenreich, und es fehlen lebhafte Töne, oft herrschen Farne und Gräser vor. Die an solchen Plätzen auftretenden Pflanzen vertragen aber keinerlei Überflutung, auch wenn das Wasser vorübergehend nur 3 cm hoch steht. Manche sind schon gegen zu hohen Grundwasserstand empfindlich, zum Beispiel *Ligularia*. Dem Wassergehalt nach ist der sumpfige Boden ein Mittelding zwischen „frischem Boden" und Gewässer. Frischer Boden ist von Natur aus kühl und feucht, aber weder naß noch sumpfig. Manche Staude, die frischen Boden wünscht, verträgt auch sumpfige Standorte und wird dort zuweilen üppig, kann vor allem in voller Sonne stehen, was sie sonst wenig verträgt. Erwähnt seien Astilben. Umgekehrt gedeihen richtige Sumpfstauden in frischen Böden nur ausnahmsweise. Alle unten aufgeführten Arten eignen sich zur Bepflanzung von Teichrändern, zur Einfassung von ebenerdigen Wasserbecken, für die Ufer flacher, langsam fließender Rinnsale. In der Regel werden die Pflanzen mit der Zeit sehr breit, brauchen also mit den Jahren viel Platz. Schon bei der Pflanzung muß man das berücksichtigen, also ziemlich weit setzen. Man verwendet auch niemals zu viele Arten. Künstlich läßt sich im Garten sumpfiges Gelände schaffen, indem man eine muldenförmige Grube aushebt, ihren Boden mit Lehm oder Ton abdeckt, diesen feststampft und darüber schließlich die Erde breitet, in welche die Pflanzen kommen. Zuletzt läßt man Wasser zu ... es darf aber nicht stehen. Sumpfstauden sind:

Astilboides tabularis
   (*Rodgersia tabularis*)
Caltha palustris
Cirsium rivulare
Eupatorium cannabinum
Euphorbia palustris
Filipendula purpurea
— *rubra*
— *ulmaria*
Glyceria maxima
Hibiscus moscheutos
Iris chrysographes
— × *chrysophor*
— *forrestii*
— *fulva*
— *kaempferi*
— *laevigata*
— *sanguinea*
— *sibirica*
Ligularia, außer *L. przewalskii*
Lobelia siphilitica
Lysichitum
Lythrum
Mimulus cardinalis
— *cupreus*
— *guttatus*
— *luteus*

Myosotis palustris
Peltiphyllum peltatum
Polygonatum
Primula beesiana
– *Bullesiana-Hybriden*
– *bulleyana*
– *florindae*
– *japonica*
– *rosea*
Trollius europaeus
– *Hybriden*
Typha
Vernonia

Wasserpflanzen

Es sind dies Stauden für Wasserbecken, Teiche und für Bäche, die langsam dahinfließen. Die Pflanzen ragen aus dem Wasser heraus. Es gibt auch Unterwasserstauden, doch werden sie hier nicht behandelt. Wasserpflanzen *sollen* im Wasser stehen, sumpfiges Gelände genügt nicht! Die Ansprüche sind verschieden, und es ist unerläßlich, sie zu beachten, insbesondere, welche Wassertiefe jede Art braucht. Einzelheiten darüber sind im speziellen Teil zu finden. Über Einrichtung und Bepflanzung von Wasserbecken ist der Abschnitt *Über Wasserbecken im Garten* S. 58ff. nachzuschlagen.
Im vorliegenden Buch sind folgende Wasserstauden behandelt:

Glyceria maxima
Hippuris vulgaris
Iris fulva
– *laevigata*
– *pseudacorus*
Nuphar
Nymphaea
Sagittaria
Scirpus lacustris
– *tabernaemontani*
Typha

Monokarpe Stauden

In der Bezeichnung monokarp stecken die griechischen Wörter monos = einzig, allein und karpos = Frucht; sie bedeuten, daß monokarpe Pflanzen nur einmal blühen und fruchten und dann absterben. Allgemein bekannt ist, daß viele Agaven Mexikos monokarp sind. Ferner findet man diesen Zug bei den meisten Sommerblumen und Biennen und auch bei verschiedenen Stauden. Zu diesen gehören *Saxifraga longifolia* und die blühenden Rosetten von *Sempervivum*. Bienne nennen wir Gewächse, die im ersten Jahre eine Rosette bilden, mit welcher sie überwintern, und im zweiten Jahre – im Frühling oder Sommer – die Blütenstände bringen, die fruchten. Danach stirbt das Exemplar ab. Monokarpe Stauden wie *Saxifraga longifolia* werden auch *Halbstauden* genannt; für *Meconopsis*, *Digitalis* und *Verbascum*, sofern sie im zweiten Jahre in Flor kommen, darf man diese Bezeichnung aber nicht verwenden. Einige unsrer beliebtesten Frühlingsblumen sind Bienne, wie Stiefmütterchen, Bellis, Vergißmeinnicht und die anschließend blühenden Pflanzen Bartnelke, Fingerhut und Stockrose.
In der Pflanzenwelt gibt es eine Menge Bienne. Sie treten dort auf, wo der Frühling entweder erst sehr spät beginnt oder aber bald endigt und von einem heißen, trockenen Sommer abgelöst wird, dem ein milder, ziemlich langer, regenreicher Herbst folgt. Der Samen reift während des Sommers und fällt aus, aber er keimt erst unter den günstigen Bedingungen des Herbstes. Die Pflanzen bilden ihre Rosetten und überwintern in diesem Stadium ihrer Entwicklung.

1. Kulturbienne

Die meisten der unten aufgeführten Arten sind allgemein bekannt und werden sehr viel verwendet. Sie eignen sich für bunte Blumenbeete, einzelne auch zum Verwildern oder für den Steingarten. *Papaver nudicaule* liefert wunderhübsche Schnittblumen, wird zu deren Gewinnung da und dort sogar angebaut und läßt sich auch in kalten Kästen etwas verfrühen. Alle blühen reich und farbenfroh.

Alcea ficifolia
– *rosea*
Bellis perennis
Campanula medium
Dianthus barbatus
Digitalis lutea
– *purpurea*, Sorten
Erysimum × *allionii*
Lychnis-Arkwrightii-Hybriden
– *Haageana-Hybriden*
Papaver nudicaule
Die letzten drei lassen sich auch als Einjahrsblumen behandeln

2. Wildbienne und monokarpe Stauden

Sie sind eine Art Seitenstück zu den Wildstauden. Viele treten in Gebieten mit trocknem Klima auf, aber sie stehen auch auf fruchtbaren Böden. Ausnahmen bilden *Meconopsis*, *Primula vialii* und der Alpenmohn. Scheinmohn und Orchideen-Primel wachsen in tiefgründigen, frischen Böden und im lichten Schatten, doch ist in ihrer Heimat der Winter sehr lang und schneereich. Alpenmohn wächst auf frischen, leicht sauren Böden, steht jedoch in voller Sonne. Eine ganze Reihe der anschließend aufgeführten Arten werden stattlich und passen gut zu Wildstauden, manche besonders in Heide- und Gräsergärten, auch in Tuffs mitten im Rasen oder in Beete von Sommerblumen und Teppichstauden. Wenn irgend möglich, setze man sie bereits als jüngere Exemplare an den endgültigen Standort, insbesondere ist dies bei Arten nötig, die eine lange Pfahlwurzel bilden... sie darf während ihres Wachstums nicht gestört werden. Für die meisten sind das Frühlingsende und der Vorsommer die beste Zeit zur Aussaat, und im Juli bis Mitte August bringt man sie auf Anzuchtbeete oder an den vorgesehenen Platz. Im Frühjahr kann man sie nur versetzen, wenn sie in Töpfen gehalten wurden. Man pikiere zuerst in kleine Töpfe und pflanze mehrmals in jeweils nur wenig größere um; nur so bleiben sie ständig im Trieb und verzwergen nicht, was man unbedingt verhüten muß. Erst im Endtopf dürfen sich die Wurzeln etwas verfilzen. Die Kulturbienen dagegen zieht man häufig auf Anzuchtbeeten heran, und sie vertragen es, daß man sie im Frühling versetzt. Die Wildbienen stellen keine großen Ansprüche. Guter Boden ist jedoch sehr günstig, weil sie darin stattlich werden und ihre volle Schönheit tatsächlich erreichen. Sobald sie im Frühling anfangen zu wachsen, kann man ihnen eine schwache Gabe eines Volldüngers geben. Bei Arten, die sich gern stark aussamen — *Onopordum tauricum* zum Beispiel —, schneide man den Blütenstengel gegen Ende des Flors heraus, sonst werden sie leicht zum Unkraut. Fragwürdig im Erfolg und auch widersinnig wäre, den Blütenstand auch bei den übrigen wegzunehmen, wie das zuweilen empfohlen wird, damit die Exemplare an ihrer Basis neue Blattrosetten bilden und im nächsten Jahre erneut blühen. Ein solcher erzwungener Flor ist in der Regel kümmerlich, und die Blattrosetten erreichen niemals ihre übliche Ausbildung. Der kupierte Stengel trocknet stets etwas zurück, und die sich einstellenden Nebenrosetten sitzen an halbdürrem Holz.

☉ = wird auch einjährig gezogen. ◐ = will frischen Boden und absonnigen Standort. (♃) = blüht erst nach Jahren, und die Rosetten sterben danach ab

Carlina acanthifolia
Catananche caerulea
Cirsium altissimum
Echinops sphaerocephalus
Eryngium giganteum
Erysimum perovskianum ☉
Heracleum mantegazzianum (♃)
Meconopsis integrifolia ◐
— *robusta* ◐
Onopordum tauricum
Papaver burseri ☉
Primula vialii ◐
Salvia aethiopis
— *argentea*
— *carduacea*
— *sclarea*
Saxifraga longifolia (♃)
Sempervivum, blühende Rosetten
Verbascum bombyciferum
— *longifolium* var. *pannosum*
— *nigrum*

Über besondere Ansprüche an den Standort

Die Bodenansprüche der Stauden

Es ist allgemein bekannt, daß viele Pflanzen an den Standort, besonders an den Boden, bestimmte Ansprüche stellen. Das gilt auch für so manche Staude. Die Ansprüche sind sehr verschieden und müssen berücksichtigt werden, dies um so sorgfältiger, je mehr sie von den üblichen Verhältnissen im Garten abweichen. Maßgebend sind die Umstände und Bedingungen der Plätze, wo die Arten in der freien Natur, in der Wildnis auftreten, sie muß man prüfen und nachzubilden versuchen. Natürlich sind dem Grenzen gesetzt. Selbst solche Kulturvarietäten, die schon seit Jahrhunderten im Garten wachsen und gedeihen, stellen gewisse Ansprüche. Vor allem brauchen sie laufende Pflege. Aber man muß noch weiteres beachten. Alle zur Familie der Hahnenfußgewächse gehörenden Gattungen, wie Rittersporn, Eisenhut, Anemonen, Pfingstrosen, Silberkerzen, Trollblumen, wünschen tiefgründige, nahrhafte und möglichst etwas frische Böden; in trockenen Böden, die sich leicht erhitzen und ausdörren, leiden sie und können sogar eingehen. Dennoch läßt sich sagen, daß die allermeisten Kulturstauden in jedem normalen Gartenland fortkommen, daß nur einzelne tiefen Schatten wünschen, manche aber leicht absonnige Standorte ohne Einbuße hinnehmen. Wird der Boden gut hergerichtet, hält man ihn frei von Unkraut, düngt und wässert man, schneidet man die abgeblühten Blumen fort, hat es keinerlei Bedeutung, ob ein Boden sandig und von Natur aus etwas arm ist oder schwer und nährstoffreich. Durch sachgemäße Pflege erreicht man, daß die Kulturvarietäten fröhlich gedeihen. Nasse und extrem schwere Böden freilich, desgleichen sehr flache oder ausgesprochen trockene, besonders kalkreiche oder saure Böden eignen sich für Kulturhybriden und Sorten wenig oder überhaupt nicht. Doch gibt es sogar für derartig abweichende Böden eine Reihe von Wildarten, und das ist einer der großen Vorzüge des Staudenreiches.

Der trockene Standort

Der trockene Standort ist in Gebieten mit subtropischem und auch mit gemäßigtem Klima ziemlich häufig. Seine Kennzeichen sind mittelstarke bis geringe Niederschläge, die auf bestimmte Jahreszeiten beschränkt sind, und durchlässiger, lockerer Boden in offener Lage mit verhältnismäßig tiefem Grundwasser. Man findet trockene Standorte im Regenschatten großer Berge, auf Hängen, die nach Süden abfallen, auf Geröllhalden und Kuppen und in sämtlichen verkarsteten Gebirgen, in Strichen mit sehr sandigem Boden. Pflanzensoziologisch und pflanzengeographisch gibt es zwei Typen von trockenen Standorten: die Heide und die Trift. In beiden werden die Gewächse stark von Sonne, Wärme und Trockenheit geprägt. Die Heide besteht vor allem aus niedrigen, immergrünen Gehölzen in nur wenigen Arten, die kleines, hartes und vielfach immergrünes Laub haben und gesellig auftreten. Sie bedecken manchmal große Flächen. Man unterscheidet die Nordische Heide, welche in Nord- und Mitteleuropa zu finden ist, und die Mediterrane Heide, die auch Macchia heißt. Sie ist nicht nur auf den Mittelmeerraum beschränkt. Der teilweise stark zerklüftete und auch schwere Boden trägt zahlreiche Arten von kleinen bis etwa hüfthohen Sträuchern, ferner Stauden und Zwiebelgewächse und vereinzelt auch Annuelle. Wichtig ist der ergiebige Winterregen, auf den allerdings ein langer Sommer mit hoher Wärme und wenig Niederschlägen folgt. Doch befähigt die xerotische Tracht die Gewächse, Hitze und Trockenheit zu überstehen. Wärme und Feuchtigkeit, diese beiden großen Förderer der vegetativen Entfaltung, treten in den Macchien nicht vereint, sondern zu verschiedenen Jahreszeiten auf, doch besteht zwischen beiden ein gewisses Gleichgewicht. In den Wüsten, die nicht selten bis an die Macchien heranreichen, ist das Verhältnis viel ungünstiger. Außer im Mittelmeergebiet, dessen reiche Flora Rikli in einem schönen Werk ausführlich geschildert hat, gibt es Macchien im Kapgebiet, in Australien, in Kalifornien und in Chile.

Die Triften sind auf die kühleren Regionen unsres Erdballs beschränkt. Man findet sie ebenfalls in niederschlagsarmen Gebieten. Als Pflanzen herrschen Stauden und niedrige Sträucher vor mit stark xerotischen oberirdischen Organen. Sie bedecken selbst in polaren Zonen weite Flächen mit sandigem oder wenig durchlässigem Boden. Ferner gibt es Triften auf den Schotterzungen der Alpen und auf trockenen Hügeln mit Muschelkalkunterlage. Gelegentlich ist die Flora artenreich, aber sie überzieht den Boden nur ausnahmsweise mit einer geschlossenen Decke. Die Pflanzen blühen vor allem im Frühling; je weiter das Jahr vorrückt, um so eintöniger wird die Landschaft. Triften haben sich auch in den höheren Regionen der meisten Gebirge gebildet, und sie heißen dann „montane" oder „alpine Triften". Man findet sie an Hängen, wo das Erdreich steinig ist und in dünner Schicht auf dem Felsgrund aufliegt. Die Pflanzen bilden kurze, dicht an den Boden sich anschmiegende Polster mit zwergigen, ledrigen oder behaarten oder sukkulenten Blättern, aber sie blühen fast alle reich mit manchmal erstaunlich großen Blüten in weithin leuchtenden Farben. Zuweilen duften nicht nur die Blumen, sondern auch das Laubwerk. Die arktischen Triften bieten fast das gleiche Bild, und die Wachstumsverhältnisse sind fast dieselben, die Ursachen jedoch stark verschieden. Regen- und Trockenperioden sind in den Triften weniger ausgeprägt als in der Heide und der Macchia, aber lange Winter mit großer Kälte und viel Schnee verkürzen die Aperzeiten. Merkwürdigerweise sind manche Arten, die in Triften auftreten, gegen stehende Nässe sehr empfindlich.

Obwohl durch Landwirtschaft und allgemeine Besiedlung die ursprüngliche Landschaft Mitteleuropas und auch anderer Gebiete der Erde völlig verändert worden ist, gibt es noch allerorts Reste von Heiden und Triften. Sie haben sich besonders in Heidelandschaften und in bergigen Gegenden erhalten und treten uns dort als Hänge, Kuppen und Geröllfelder entgegen. Vielfach sind sie ebenfalls der Bebauung erschlossen, aber die Häuser stehen weitläufiger und oft inmitten von Gärten. Natürlich sich für Gärten mit trockenem Standort jene Arten am besten, die in der freien Natur an trockenen Standorten auftreten. Es fehlt ihnen zwar das Üppige der Flora wasserreicher Fluren, dafür erfreuen sie uns immer wieder durch ihre Bescheidenheit, durch ihr Anpassungsvermögen und durch den Silberglanz der behaarten Blätter.

Künstlich herrichten lassen sich typische Standorte für xerophytische Gewächse nur schwer und unter großen Kosten. In botanischen Gärten, zu deren Aufgaben ja auch die Anlage von Florenbildern gehört, dürfte der Aufwand aber angebracht sein. Man muß, wenn man keine natürliche Kuppe, keinen Hang zur Verfügung hat, solche durch Aufschüttung schaffen. Die nach Süden zeigenden Seiten sind zunächst 20 bis 40 cm hoch mit Geröll und Schotter zu überziehen, die mit Erde durchsetzt sein müssen, und darauf gehört später eine 10 bis 25 cm dicke Schicht guten, reichlich mit grobem Sand und Gesteinsgrus sowie Splitt gemischten Mutterbodens. Natürlich muß man auch große Steine einarbeiten. Sie dürfen aber nur ein Viertel bis ein Drittel ihrer Masse aus der Erde herausragen und sollen flach daliegen. Bepflanzen kann man erst, wenn sich alles gesetzt hat.

Auch von Ost nach West verlaufende Trockenmauern eignen sich zur Besiedlung mit Arten, die trockene Standorte wünschen. Man setze stets junge Exemplare oder in Töpfen kultivierte Pflanzen. Die Auswahl ist groß, aber man verwende jedesmal nur eine kleinere Anzahl von Arten. Sonst wird das Bild verworren.

Die geeigneten Pflanzen erkennt man nach einiger Übung auf den ersten Blick: Sie haben einen gestauchten oder polsterartigen Wuchs, kleine bis mittelgroße Blätter, die durch ihre Form, durch die derbe Oberfläche, durch Behaarung und andere Einrichtungen gegen zu starke Verdunstung geschützt sind. Es seien aufgeführt:

Acantholimon
Achillea, Arten mit silbrigem Laub

Aëthionema
Ajuga genevensis
Alyssum
Anacyclus depressus
Anaphalis margaritacea
— triplinervis
Antennaria
Anthemis marschalliana
Anthericum
Arenaria
Arnebia pulchra
Artemisia, alle niedrig bleibenden
Asclepias tuberosa
Asphodeline
Astragalus
Aubrieta
Calluna vulgaris (sauren Boden!)
Carlina acaulis
Catananche
Centaurea dealbata
— montana
— pulcherrima
Centranthus
Cerastium
Chrysopsis villosa 'Rutteri'
Coronilla coronata
— vaginalis
Delphinium zalil
Dianthus arenarius
— deltoides
— gratianopolitanus
Dictamnus
Draba
Erigeron aurantiacus
Eriogonum
Eriophyllum lanatum
Erodium, besonders E. manescavii
Eryngium, außer E. yuccifolium
Erysimum helveticum
— pulchellum
Euphorbia polychroma
Filipendula vulgaris
Genista
Gypsophila
Helianthemum
Herniaria
Hieracium
Hypericum polyphyllum
Iberis saxatilis
— sempervirens
Inula ensifolia
Iris germanica
— der Media-Gruppe
— pumila
— xiphium
Ixiolirion

Jasione laevis
Lavandula
Leontopodium alpinum
Linum narbonense
— perenne
Lupinus perennis
Lychnis flos-jovis
Matricaria oreades
Minuartia graminifolia
— laricifolia
Moltkia petraea
Morina longifolia
Nepeta
Oenothera missouriensis
Opuntia
Origanum vulgare
Paronychia
Perovskia
Petrorhagia saxifraga
Phlomis herba-venti
Polygonum affine
Pulsatilla vulgaris
Raoulia
Ruta
Salvia jurisicii
— ×superba
Santolina
Saxifraga granulata
— paniculata
Scabiosa graminifolia
— lucida
— ochroleuca
Scutellaria orientalis
Sedum hybridum
— kamtschaticum
— spectabile
— telephium
Sempervivum
Senecio abrotanifolius
— adonidifolius
Silene maritima
Solidago graminifolia
— virgaurea
Stachys byzantina
Stokesia laevis
Telekia speciosissima
Teucrium chamaedrys
Thalictrum foetidum
Thermopsis fabacea
Thymus praecox var. pseudolanuginosus
— serpyllum
— villosus
Verbascum
Veronica orientalis
— spicata
Zauschneria californica

Der Standort mit frischem Boden

Drückt man Erde eines trockenen Standortes zusammen, so fällt sie sofort oder bald wieder auseinander; Erde von Standorten mit frischem Boden behält ihre Form; Erde von feuchten Standorten tropft. Zur Bildung von frischen Böden tragen verschiedene Faktoren und Umstände bei, von welchen die meisten zusammentreffen und einigermaßen gleichmäßig verteilt sein müssen. So muß der Anteil an Humus ziemlich hoch sein, der Boden muß infolge hohen Grundwasserstandes oder reichlicher Niederschläge immer feucht sein, wozu natürlich auch die Lage der Flächen beiträgt. Offene, ständig starken Winden ausgesetzte Gebiete können keinen frischen Boden aufweisen, denn die bewegte Luft entzieht dem Erdreich laufend Wasser. In der Natur findet man frische Böden vor allem im kalt-temperierten Gürtel der Nord- und Südhälfte unsrer Erde, darüber hinaus in den mittleren und oberen Regionen der verschiedenen tropischen und subtropischen Gebirge. Beschatteter Boden ist in der Regel ebenfalls frisch. Frischer Boden sieht schwärzlich oder dunkelbraun aus, krümelt leicht und riecht angenehm leicht sauer. Seine Pflanzendecke ist artenreich und häufig üppig, ebenso die Bakterienflora innerhalb der Krume. Die Bestände haben allzeit ausreichend Wasser und vielfach genügend Nährstoffe zu ihrer Verfügung, sie brauchen nicht wie die Xerophyten damit zu sparen. In Mitteleuropa gibt es frischen Boden insbesondere in Flußlandschaften, in Tälern und Niederungen, auf der Regenseite der Gebirge, auf Hängen mit dicker Erdkrume, die nach Norden geneigt sind, natürlich auch im Walde und auf fetten Wiesen. Unter Bäumen tritt als weitere Eigenheit die Beschattung der auf dem Boden wachsenden Pflanzen hinzu. Frischer Boden ist für alle Arten, die ihn brauchen, unerläßlich. Wer diese Forderung nicht beachtet, muß mit Verlusten und Kümmerwuchs rechnen. Viele Kulturstauden wünschen frischen Boden. Wird von Natur aus frischer Boden seiner angestammten Pflanzendecke beraubt oder ständig bearbeitet, kann er allmählich trockener und mobiler werden, der Wind nimmt dann feinste Teilchen auf und führt sie fort, was bei frischem Boden niemals vorkommt. Wir können das Austrocknen aber verhüten, indem wir den Boden ständig bedecken. Dies kann durch die Bepflanzung geschehen oder durch kurzen, etwas strohigen Mist, durch halb verrottetes, mit holzigen Abfällen von Bäumen und Sträuchern durchsetztes Laub. Man kann auch vergilbendes Gras oder angefeuchteten Torf verwenden. Der Überzug muß bei Bedarf erneuert werden und soll stets eine geschlossene Fläche bilden. Man kann frischen Boden auch künstlich schaffen. An exponierten Stellen, wie Südhängen mit flacher Krume, Kuppen von Erhebungen, dem Winde ständig ausgesetzten Flächen, hat man mit Änderungsversuchen begreiflicherweise keinen Erfolg, auch nicht auf extrem sandigen oder sehr schweren Böden. Nur normaler, bloß etwas zu trockener Boden läßt sich in frischen umwandeln, aber es dauert mehrere Jahre, bis man am Ziele ist. Und auch dann noch darf man die Flächen nicht völlig sich selbst überlassen. In die mittlere Bodenschicht muß man feuchten, gejauchten Torf einbringen – am besten, indem man rigolt und in die oberste Schicht guten Kompost, Torf und mürben Lehm oder halb zergangenes Laub einarbeitet. Wieviel davon nötig ist, läßt sich nur durch Bodenanalysen genau festlegen. Oben ist ständig mit grobem, luftdurchlässigem Material abzudecken, und die Partien sind bei einsetzender Trockenheit öfter zu übersprühen oder einzunebeln. Starkes und häufiges Wässern allein macht keinen Boden frisch, zunächst muß seine Wasserhaltekraft gestärkt werden. Man soll auch nicht mit dem Schlauch wässern, ferner so wenig als möglich hacken... das darf erst geschehen, wenn man sein Ziel erreicht hat. Eine gute Bedeckung nützt mehr!

Ist der Grundwasserstand ziemlich niedrig, genügt das Einarbeiten von wasserhaltenden Substanzen nicht. Man muß dann mehrere Stränge Dränröhren eingraben, in welche man von Zeit zu Zeit Wasser laufen läßt; die Röhren sollen in Kies oder groben Sand gebettet werden. Oder man hebt die gesamte Fläche reichlich 50 cm tief aus, überzieht den Boden der Grube etwa 5 cm hoch mit Lehm oder Ton, stampft diesen mäßig fest und füllt die Vertiefung wieder mit Erde auf. Das alles ist kostspielig und nur im kleinen möglich. Doch darf man die Stücke, die man ändern will, niemals zu klein nehmen, denn man muß mit Randeinflüssen rechnen, welche den gewünschten Effekt beeinträchtigen. Ausreichend frischer und guter Boden ergibt kraftvolle Pflanzen, und die Bestände wachsen bald zusammen. Hat man weit genug gepflanzt, liegt darin kein Nachteil. Es ist sogar günstig, da die Erde vollkommen von Pflanzen bedeckt und beschattet wird und weder Wind noch Sonne ihr Feuchtigkeit direkt zu entziehen vermögen. Mit der laufenden Pflege hat man fast keine Arbeit mehr, und die Stauden können in der Regel lange stehenbleiben, ohne daß man sie umlegen muß. Frischen Boden brauchen die folgenden Arten (Stauden, die schattige oder halbschattige Standorte brauchen, sind in die Liste *nicht* aufgenommen, sie werden auf S. 38 bis 39 aufgeführt):

Achillea ptarmica
Aconitum
Alstroemeria aurantiaca
Anemone hupehensis
– Japonica-Hybriden
– vitifolia
Aquilegia
Arabis × *arendsii*
Aruncus dioicus
Asparagus
Astilbe (mit leichtem Schatten)
Astilboides
Brunnera macrophylla
Buphthalmum salicifolium

Calceolaria polyrrhiza
Caltha
Campanula persicifolia
Cardamine pratensis 'Plena'
Centaurium pulchellum
– scilloides
Cimicifuga, auch leicht schattig
Clematis integrifolia
Cotula squalida
Cypripedium
Dicentra spectabilis
Dracocephalum ruyschiana
Eryngium yuccifolium
Eupatorium cannabinum
Filipendula purpurea
– rubra
– ulmaria
Gentiana, fast alle
Gunnera
Hemerocallis
Hepatica nobilis
Heracleum
Heuchera
Hosta
Iris sanguinea
– sibirica
– spuria
– xiphioides
Lathyrus latifolius
Ligularia (ziemlich feucht)
Lysimachia
Lythrum
Meconopsis
Mimulus
Myosotis
Paeonia, sämtliche Arten
Peltiphyllum peltatum
Phlox, fast alle
Physostegia
Polemonium
Polygonum macrophyllum
– vacciniifolium
Primula, alle außer P. × pubescens
Prunella, wenn sonnig stehend
Ranunculus acris 'Multiplex'
Rheum
Rodgersia
Rudbeckia, wenn möglich
Sagina subulata
Saxifraga der Sektion Kabschia
– cespitosa
– hypnoides
– muscoides
– trifurcata
Sidalcea
Silene dioica
Soldanella
Symphytum officinale
Telekia

Thalictrum aquilegifolium
– dipterocarpum
– flavum ssp. glaucum
Tradescantia
Trollius
Veratrum
Vernonia
Veronica gentianoides
Vinca minor
Viola-Cornuta-Hybriden
– gracilis
– odorata
Vitaliana

Der kalkhaltige Boden

Von manchen Gewächsen ist bekannt, daß sie vor allem auf kalkhaltigen Böden vorkommen. Daneben gibt es Arten, die saure Böden besiedeln. Kalkboden ist ein Boden, der aus kalkhaltigem Gestein hervorgegangen ist, aber auch Böden, deren Kalk ausgewaschen wurde, heißen in der Bodenkunde so. Reine Kalkböden enthalten 50% und mehr kohlensauren Kalk, sind aber verhältnismäßig selten. Böden mit geringerem Kalkgehalt dagegen gibt es an vielen Stellen der Erde. Böden mit 40% und mehr Kalkgehalt sind für gärtnerische Kulturen ungeeignet, überdies sehr trocken, erwärmen sich rasch, kühlen auch schnell wieder ab und haben keine große Wasserhaltekraft. Sie sind sehr „aktiv", d. h., sie zersetzen die organischen Abfallstoffe der Pflanzen – zu Boden gefallenes Laub, Rinde, Fruchthüllen und dergleichen – schneller als jeder sonstige Boden. Kalkböden gibt es an mehreren Stellen der Alpen und in weiteren Gebirgen, oft direkt neben Urgesteins- oder Eruptivböden.

Je höher der Kalkgehalt, um so größer ist sein Einfluß auf das Pflanzenkleid und um so typischer sind die Gewächse. Auf Kalkböden auftretende Arten heißen *kalkholde* Pflanzen. Ihr Gegenteil sind die *kalkfliehenden*. Eine Reihe Arten treten ausschließlich oder vorwiegend auf Kalkböden auf und gestatten uns, Schlüsse auf den Boden und bestimmte Eigenschaften zu ziehen. Sie heißen Zeiger-, Leit- oder Charakterpflanzen. Kalk lieben zum Beispiel *Daphne mezereum, Erica carnea, Stipa pennata, Taxus baccata, Cypripedium calceolus, Gypsophila repens, Pulsatilla vulgaris, Anemone sylvestris, Dictamnus, Primula auricula, Aster amellus, Carlina acaulis* und weitere. Wo solche Arten wild wachsen, ist der Boden kalkhaltig oder liegt die Erdschicht auf einer Unterlage von Kalkgestein auf. Tatsächlich *brauchen* den Kalk nur verschiedene Arten der Hochgebirgsflora und nehmen ihn auch auf. Sie heißen *kalkstet*. Man kann sie vielfach an den Kalkgrübchen erkennen, die an den Rändern der Blätter sitzen und wie weiße Pünktchen aussehen. Die *Kalkholden* brauchen Kalk nicht unbedingt, sind aber an die physikalischen und chemischen Eigenschaften des Kalkbodens gebunden: an seinen Reichtum an Nährstoffen und an die neutrale bis alkalische Reaktion, also an sekundäre Eigenschaften des Kalkbodens. Wird aus schwach saurem Boden durch Kalkung oder Düngung mit alkalischem Dünger neutraler oder leicht alkalischer, wachsen die meisten kalkholden Pflanzen darauf so gut wie in echten Kalkböden. Zum Beispiel werden *Quercus petraea* und *Fagus silvatica* bei uns auf kalkreichen Böden besonders üppig, aber sie entwickeln sich auch auf kalkarmen zu stattlichen und schönen Beständen, wenn die klimatischen Verhältnisse und gewisse physikalische Eigenschaften des Bodens dies begünstigen.

Ob ein Boden alkalisch, neutral oder sauer ist, läßt sich durch Messung des pH-Wertes leicht feststellen, man bekommt dabei die pH-Zahl. Man gibt eine Bodenprobe in ein kleines Glasgefäß – gut eignen sich Reagenzgläser –, fügt einige Tropfen eines Indikators dazu und kann nach der Farbe, welche die Lösung annimmt, an einer Skala die pH-Zahl ablesen. Böden mit der Zahl 6,5 bis 7,2 sind neutral, über 7,2 alkalisch, also für kalkholde Pflanzen gut geeignet. Böden mit der Zahl 6 und darunter sind sauer, kalkholde und kalkstete Gewächse darf man nicht darauf pflanzen. Verstößt man gegen diese Regel, sind Mißwuchs und Ausfälle unvermeidlich. Alle als Kalkanzeiger angeführten Pflanzen sind für neutrale oder schwach saure Böden ungeeignet. Kalkhaltige Böden sind in der Regel trocken. Saure Böden kann man an ihrem Geruch und an ihrer dunklen Färbung unschwer erkennen, bei neutralen und alkalischen ist dies nur dem geübten Fachmann möglich, da bei diesen Farbe und Geruch nicht so typisch auftreten. Im großen und ganzen ist saurer Boden auf der Erde häufiger als alkalischer. Kalkreiche Böden findet man vor allem in trockenen Gebieten, in Steppen, Wüsten und verkarsteten Gebirgen.

Ob man den pH-Wert eines Bodens kennen muß, läßt sich nur von Fall zu Fall entscheiden. Soll eine Grünanlage neu angelegt werden, setzt man in der Regel Gehölze, die auch ringsum in Gärten oder bestehenden Anlagen wachsen. Dazu braucht man die Zahl nicht. Bei regeneriertem Gelände aber ist die Feststellung der Bodenazidität wichtig. Ob man leicht sauren Boden in neutralen bis schwach alkalischen umwandeln soll, hängt davon ab, ob man kalkholde Arten pflanzen will oder gar braucht. Extrem saure Böden eignen sich für Veränderungen der pH-Werte schlecht. Saure Böden werden durch Kalk neutral oder alkalisch, verschiedene Handelsdünger vermindern den Säuregrad. Bevor man sie zu diesem Zweck nimmt, hole man sich aber den Rat eines Bodenfachmannes. Zur Erhöhung der pH-Zahl um eine Ziffer sind für 10 m^2 etwa 6 kg kohlensaurer Düngekalk nötig. Man kann auch Kalkmergel streuen. Bei größeren Steigerungen verteile man das „Aufkalken" über mehrere Jahre. Der Kalkgehalt und die Azidität, auch künstlich erreichte, sind aber nicht konstant, sondern werden durch Witterung, Düngung oder Anbau beeinflußt. Man muß also von Zeit zu Zeit den pH-Wert nachprüfen und notfalls erneut kalken. Saure Düngemittel und Stalldung, der sich bald in Humus verwandelt, drücken die pH-Zahl nach unten. Bei kalksteten Hochalpinen soll nicht nur die Erde, in welche man sie bringt, Kalk enthalten, auch die Steine ringsum müssen Kalkgestein sein. Auf die gesamte Pflanzenwelt bezogen, sind die kalksteten samt den kalkholden Pflanzen eine Minderheit.

Kalkhaltige Erden werden vor allem für Alpina gebraucht, die auch Arten der Hochgebirgsflora aufnehmen sollen.

Stauden, die neutralen bis leicht alkalischen Boden brauchen

Acantholimon
Acanthus
Adonis
Aethionema
Anemone narcissiflora
– *sylvestris*
Apios americana
Arnebia pulchra
Asplenium ruta-muraria
Aster amellus
Astrantia major
Athamanta cretensis
Aubrieta
Carlina
Catananche caerulea
Chrysantheum maximum
Clematis recta
Cymbalaria pallida
Dianthus, außer *D. deltoides*
Dictamnus
Draba
Erica herbacea
Erysimum helveticum
– *pulchellum*
Gentiana acaulis
– *dinarica*
Globularia nudicaulis
Gypsophila repens
– × *suendermannii*
Haberlea
Helleborus niger
Hesperis matronalis
Heuchera, am besten neutral
Horminum pyrenaicum
Hyssopus officinalis
Iberis, wenigstens neutral
Lavandula
Leontopodium, außer *L. souliei*
Mertensia, neutral
Meum athamanticum
Opuntia, mindestens neutral
Paeonia officinalis, neutral bis leicht alkalisch
Phyteuma scheuchzeri
Primula vialii, neutral
Pterocephalus perennis ssp. *perennis*

Pulsatilla vulgaris
Rosa
Ruta
Saponaria ocymoides
Saxifraga, Sekt. Euaizoonia,
  außer *S. cotyledon*
Silene alpestris
Teucrium chamaedrys
Veronica fruticulosa
Vitaliana
Wulfenia

Kalkstete Stauden, die kalkhaltigen Boden bekommen müssen

Achillea atrata
Anaphalis triplinervis
Androsace lactea
— *primuloides*
— *sarmentosa*
— *villosa*
Coronilla
Cortusa matthioli
Cypripedium calceolus var. *calceolus*
Festuca pumila
Gentiana clusii
— *lutea*
Globularia cordifolia
Helianthemum canum
Hutchinsia
Lathyrus vernus
Papaver burseri
Primula auricula
Satureja
Saxifraga, Sekt. Kabschia, fast alle
Scabiosa graminifolia
Senecio incanus ssp. *carniolicus*
Telekia speciosissima

Der saure Boden

Der saure Boden ist begrifflich, jedoch nicht der Sache nach das Gegenteil des kalkhaltigen. Er reagiert bei der Prüfung sauer. Sein Hauptmerkmal ist der Gehalt an Rohhumus. Dieser entsteht nicht durch Verwitterung, sondern durch Zersetzung von Pflanzenabfällen und tierischen Überresten. Saurer Boden kommt in der Natur überall dort vor, wo es reichliche Niederschläge gibt und diese zeitweilig höher sind als die Verdunstung. Das überschüssige Wasser fließt nach unten ab und laugt dabei den Boden aus oder staut sich, und es entstehen Moore, Sümpfe und Niederungen. Saurer Boden ist arm an Nährsalzen, er enthält nur wenig Luft und erwärmt sich schlecht, weshalb auch das Bakterienleben schwach ist. In sauren und sehr sauren Böden zersetzen sich die Pflanzenreste langsam, da Wärme, Sauerstoff und Kleinlebewesen mangeln. Die Zersetzung wird überdies durch die Beschaffenheit der Abfälle erschwert, denn die Nadeln, die Blätter und die Holzreste sind zäh, mit Wachs überzogen. Laubstreu zersetzt sich unter günstigen Bedingungen innerhalb eines Jahres, die Nadelstreu im Walde braucht dazu bei ungünstigen Verhältnissen bis 8 Jahre!

Saure Böden finden sich vor allem in niederschlagsreichen Gebieten mit kühlem Klima. Dort ist der Podsol-Boden sehr häufig... ein Boden, dessen obere Schicht stark ausgelaugt ist und auf dem nicht viel gedeiht. Es gibt Landschaften mit sauren Böden in Nordeuropa, in den höheren Regionen der Mittelgebirge, an den Küsten von Ost- und Nordsee, in den Fichtenwäldern und Tundren Asiens und Nordamerikas und in Mitteleuropa auf den Bodenformationen, die heute noch mit Heide bestanden sind. Torf und Moorerde sind typische Bestandteile saurer Böden. Beide enthalten fast keine Nährstoffe, Torf ist also kein „Dünger". Er wird aber der Erde zugesetzt, weil er diese lockert und viel Wasser aufzunehmen vermag, also die Wasserhaltekraft steigert. Torf ist faserig. Moorerde dagegen sehr fein, sie sieht schwarz aus und nimmt Wasser schlecht an. Torf und Nadelerde werden bei der Kultur von Eriken, Azaleen und Kamellien in großen Mengen gebraucht.

Sauer ist auch der Alpenhumus. Man findet ihn vor allem auf Kalkuntergrund in zuweilen mächtiger Dicke. Er besteht aus völlig vererdeten Pflanzenteilen und ist trotz seiner sauren Reaktion fruchtbar. In ihm wurzeln gelegentlich ansehnliche Wälder. Zu seiner Entstehung hat ein wärmeres Klima beigetragen, das im Gebiete der Alpen zeitweilig geherrscht hat.

Der Säuregrad ist verschieden, und man unterscheidet den „sehr sauren Boden" mit dem pH-Wert 3 bis 4,5; den „sauren Boden" mit den Werten 4,6 bis 5,5 und den „schwach sauren Boden" mit Werten zwischen 5,6 und 6,4. Viele unsrer Kulturböden sind, da sie ständig Pflanzen- und Tierabfälle zugeführt bekommen, schwach sauer, und die allermeisten unsrer Nutzpflanzen gedeihen in solchem Boden am besten. Als Zeigerpflanzen für saure Böden seien erwähnt: Simse und Wollgras, die Heidenelke (*Dianthus deltoides*), die Krähenbeere, der Sonnentau, der Hederich, Stechginster und Besenginster, das Heidekraut, die Rostrote Alpenrose (*Rhododendron ferrugineum*), die Ackerhundskamille und *Arnica montana*. Die typischen Landschaften mit saurem Boden sind die Heide, das Moor und die Tundra. Sie wirken etwas schwermütig, und dunkle Töne herrschen vor.

Je saurer der Boden, um so spezieller ist die Pflanzendecke, um so empfindlicher sind die auftretenden Arten gegen Veränderungen der pH-Zahl. In der Regel wird die Nahrungsaufnahme schon bei einer geringen Erhöhung derselben gestört. Die Bestände verzwergen und bekommen die Gelbsucht oder Bleichsucht; zuletzt gehen sie völlig ein. Auf Strichen oder Gelände mit saurem Boden *muß* man also Arten verwenden, die ihn brauchen, und es wäre widersinnig, neutrale oder kalkholde Gewächse zu setzen. Das gilt vor allem für eine Reihe von Hochgebirgsstauden, ferner für *Calluna vulgaris, Erica tetralix* und *Rubus arcticus.* Will man Gewächse im Garten unterbringen, die sauren Boden verlangen, ist es unerläßlich, den anstehenden Boden herzurichten. Man macht ihn „sauer", indem man reichlich Torfmull, Heide- und Walderde einarbeitet und nicht mehr kalkt.

Man kann auch sauren Dünger zusetzen... aber nur nach Anweisung eines Bodenspezialisten. Die gewünschte niedrige pH-Zahl wird erst mit der Zeit erreicht. Ferner ist wichtig, daß man mit kalkfreiem Wasser gießt und übersprüht, daß man für die Partien eines Alpinums, in welche Arten kommen sollen, die sauren Boden wünschen, kein Kalkgestein nimmt. Will man ein ziemlich naturgetreues Stück Moorlandschaft außerhalb mooriger Gegenden schaffen, errichtet man am besten eine Art gemauertes Becken. Der Boden braucht nicht wasserdicht zu sein, und die Wände werden so dünn wie möglich gehalten. Sie haben nur zu verhindern, daß die umgebende Erde die pH-Zahl des Moorpflanzenbeetes zu rasch ändert.

Sauren Boden wünschen

Adiantum pedatum (leicht sauer)
Alchemilla alpina
Androsace carnea samt Unterarten
Anemone blanda
– *Japonica-Hybriden*
Astrantia minor
Calceolaria polyrrhiza
Calluna vulgaris
Carex fraseri
Centaurium scilloides
Chelone lyonii
– *obliqua*
Cirsium rivulare
Cornus canadensis
– *suecica*
Cypripedium calceolus
  var. *pubescens* (leicht sauer)
– *reginae* (leicht sauer)
Dianthus deltoides
Dicentra (alle leicht sauer)
Dryas
Erica tetralix
Erythronium
Galax urccolata
Gentiana farreri (leicht sauer)
– ×*macaulayi*
– *sino-ornata*
Geum rivale (leicht sauer)
Hylomecon japonica
Lewisia
Lupinus-Polyphyllus-Hybriden,
  (leicht sauer)
Mitella
Myosotis palustris
Oxalis acetosella
Phlox, alle
Plagiorhegma dubium
Polemonium reptans
Primula minima
– *saxatilis* (leicht sauer)
– *sieboldii*
Raoulia (schwach sauer)
Rubus arcticus
Sanguinaria
Saxifraga cotyledon (schwach sauer)
– *cuneifolia*
– × *geum*
– *hypnoides*
– *muscoides*
– *trifurcata* (schwach sauer)
– *umbrosa*
Scirpus
Sedum spathulifolium
Sempervivum arachnoideum
– *montanum*
Sidalcea (schwach sauer)
Smilacina stellata
Synthyris stellata
Thalictrum dipterocarpum
  (leicht sauer)
Tiarella cordifolia
Tricyrtis
Uvularia
Vinca minor (leicht sauer)

Stauden, die kalkempfindlich sind und keinen sauren Boden brauchen, sondern Urgestein

Gentiana alpina
Houstonia
Minuartia laricifolia
Senecio incanus

Der absonnige Standort

In der Natur gibt es den absonnigen Standort vor allem in den großen Gebirgen. Man findet ihn dort und auch in hügeligem Gelände auf Nordhängen, an der Nordseite aufragender Wände oder Massive. Die Sonnenstrahlen treffen nur in spitzem Winkel auf das Erdreich und werden häufig reflektiert. Die Pflanzen erhalten aber mehr Licht als die im Walde unter Bäumen auftretenden Arten. Tatsächlich sind absonnige und schattige Standorte völlig verschieden. Fast immer ist der Boden auf den Nordseiten von gleicher Herkunft und Art wie auf den Südseiten. Aber da die Kraft der Sonne fehlt, ist er kühler und infolge der niedrigen Luft- und Bodentemperatur weniger aktiv. Daher wachsen in der Regel auf der Nord- und der

Südseite des gleichen Rückens stark voneinander abweichende und verschiedene Arten. Gelegentlich ist der Boden auf der Südseite alkalisch, auf der Nordseite neutral bis sauer. Meistens findet man auf den Nordhängen weniger Arten, und das Bild ist eintöniger. Lebhafte Farben und Duft, der die Luft würzt, fehlen, auch die Tierwelt ist ärmer. Der nackte Fels tritt häufiger zutage, die Pflanzendecke ist dünner, oft durchbrochen. Besonders steile Nordhänge sind spärlich bewachsen und sehen öde aus.

Absonnige Standorte gibt es ferner im Grunde tiefer Schluchten und an der Nordseite mächtiger Wälder mit Riesenbäumen. An solchen Plätzen ist das Erdreich fast immer frisch und humusreich. An frei liegenden Nordhängen dagegen sieht es anders aus: Da der Wind ungehindert über sie hinfährt, trocknet er den Boden aus und trägt ihn auch teilweise ab. Es wachsen dort nur zähe und harte Arten. Liegt ein flacher Nordhang aber geschützt und ist seine Erde humusreich und frisch, kann man auch zahlreiche Gewächse antreffen, die normalerweise im Walde an halbschattigen bis schattigen Plätzen auftreten. Sie bleiben aber gedrungener und bekommen derbere Blätter.

Im Garten sind absonnige Standorte selten, in größeren öffentlichen Anlagen der Städte häufiger. Man findet sie an der Hinterfront hoher Häuser, an der Nordseite von riesigen Baumgruppen, entlang von Mauern oder bewachsenen Zäunen. Der Boden kann gut oder schlecht sein. Schlechten muß man sorgfältig herrichten: tief lockern, Rindermist oder Düngetorf, notfalls sperrige Abfälle von Pflanzen einarbeiten, wenn die Krume luftiger werden soll. Ferner muß man dafür sorgen, daß die Flächen bewässert und eingenebelt werden können. Das macht zuweilen viel Arbeit, aber der Aufwand lohnt sich. Oft sehen gerade absonnige Partien verwahrlost aus, und niemand kümmert sich um sie, obwohl es ringsum an Grün mangelt. Wird das Gelände ordnungsgemäß hergerichtet, ist die Hauptarbeit bereits getan, denn die eingewachsenen Bestände brauchen — wenn man die richtigen Arten gesetzt hat — nur wenig Pflege. Für absonnige Standorte mit gut hergerichteten Pflanzflächen eignen sich alle Blatt-, Blüten- und Polster- oder bodenbedeckenden Stauden, die auf den Seiten 17 bis 26 angeführt sind, sofern diese nach dem Flor nicht einziehen und nicht sonnige, warme Plätze wünschen. Man kann an absonnige Standorte auch Stauden für halbschattige Lagen setzen. Deren oberirdische Organe dürfen aber nicht zu bald verschwinden. Die Auswahl ist sehr groß, am besten kommt man mit unempfindlichen Sorten und Arten zurecht.

Von den Blumenzwiebeln sind Schneeglöckchen und Märzbecher für absonnige Lagen besonders geeignet. Man achte ferner auf die Eignung der Gehölze als Partner der Stauden. Außer Nadelgehölzen kommen verschiedene wintergrüne Berberis, Viburnum und die Lorbeerkirsche sowie einige sommergrüne Liguster, Lonicera und Schneebeeren in Frage.

Der halbschattige und schattige Standort

Solche Standorte gibt es in der Natur sehr viele: in Wäldern und Hainen, unter Büschen, in Auenlandschaften. Und häufig findet man unter den Bäumen und Sträuchern am Boden eine zweite Pflanzenschicht aus Stauden, Gräsern, Farnen, Zwiebelgewächsen oder auch bloß von Moosen. Aber diese Flora ist, da Wälder in den verschiedensten Gebieten der Erde vorkommen, alles andere als einheitlich oder einförmig. Das allgemeine Klima in den verschiedenen Breitengraden und das spezielle der zahlreichen Standorte, die Mächtigkeit und Güte des anstehenden Bodens, seine Herkunft, sein Untergrund, die Menge der Niederschläge, das Alter der Bäume, die verschiedenen Arten der Gehölze und noch manche Eigenheit mehr: Sie alle wirken auf den Unterwuchs ein oder bestimmen ihn.

Die ökologische Formation, aus der fast alle Stauden stammen, welche sich für halbschattige und schattige Standorte eignen, ist der *Sommerwald = Therodrymium*. Es ist der Wald der winterkalten Gebiete unsres Erdballs, er tritt auf der nördlichen Hälfte stärker auf als auf der südlichen, wo die Voraussetzungen ungünstiger sind. Dafür ist die Südhälfte reicher an immergrünen Tropenwäldern. Im Sommerwald wachsen die Bäume, Sträucher, Stauden, Gräser und Farne nur während der milden Jahreszeit und machen im Winter eine Ruhe durch. Sie werfen die Blätter ab und stehen kahl, aber nicht ohne Schutz da. Bei den Stauden ruht das Rhizom im Schoß der Erde. Sobald es im Frühling warm wird, beginnen die Säfte zu kreisen, die gespeicherten Assimilate wandern in die Blütenknospen und in das sich entfaltende Laub. Vielfach blühen Waldstauden und Bäume vor dem Erscheinen der Blätter, weil die Lichtverhältnisse günstiger sind und die Befruchtung leichter erfolgen kann. Auch die Windblütler werden in kahlem Zustand leichter bestäubt. Es herrscht richtiges „Wachswetter", und der Stoffwechsel ist lebhaft, der Zuwachs ansehnlich. Man kann mit den Augen verfolgen, wie die Triebe sich Tag für Tag strecken, die Blätter sich ausbreiten und fester werden. Von Anfang Juli an jedoch hört das Längenwachstum auf, und die Pflanzen legen die Knospen für das nächste Jahr an. Die Assimilate wandern in den Stamm, ins Rhizom und in die Zwiebel, wo sie über Winter deponiert bleiben. Schließlich färbt sich infolge der hochsommerlichen Trockenheit und Lichtfülle das Laub und fällt zuletzt ab. Die Knospen stecken in derben Schutzhüllen, durch welche auch der stärkste Frost nicht zu dringen vermag. Die Kronen sind die Blätterlast los und dadurch imstande, Schneeschichten zu tragen. In milden Gegenden besteht der Sommerwald fast ausschließlich aus Laubgehölzen aller Art, wenn diese auch an den verschiedenen Plätzen jeweils nur in wenigen Spezies auftreten. In kalten und unwirtlichen Gegenden wird er von Koniferen gebildet, dort ist auch die Bodenflora ärmer, zuweilen fehlt sie völlig.

Obwohl die Kronen und ihr Blätterdach einen größeren Teil des Sonnenlichtes abhalten, sind die Wachstumsverhältnisse in Laubwäldern auf dem Boden nicht schlecht, in mancher Hinsicht sogar ausgesprochen günstig, manchmal allerdings etwas einseitig. Nicht selten ist die Erde tiefgründig und humusreich, und aus den vererdenden Pflanzenresten bildet sich alljährlich weiterer Humus. Da die grünen Abfälle auch Holzteile enthalten – Aststücke, Rinde und Borke, Zapfen und Frucht- oder Samenhüllen –, ist der Boden locker und luftig. Man hat ihn oft und sehr treffend mit einem Schwamm verglichen, weil er viel Wasser aufnehmen und es auch speichern kann. Ebenso vermag die Luft leicht einzudringen, deren Sauerstoff für den Ablauf chemischer und physikalischer Prozesse im Boden nötig ist. Normalerweise trocknet Laubwaldboden niemals stärker aus, denn Wind und Sonne, die das besorgen, werden durch die Kronen und die Masse der Stämme abgehalten. So gibt es auch nicht jene großen und oft gefährlichen Temperaturschwankungen, die im offenen Gelände auftreten. Die Gefährdung durch Trockenheit ist gering, und die Pflanzen brauchen sich nicht dagegen zu schützen. Sie brauchen auch keine tiefdringenden oder weitumherstreifenden Wurzeln zum Halten und zur Ausnützung der Bodenfeuchtigkeit... es ist daran kein Mangel. Andererseits sind die Blätter des Unterwuchses dünner und leichter verletzlich. Sie haben breite Spreiten, zahlreiche und große Spaltöffnungen, die Epidermis ist fein. Sie stellen sich ständig so, daß sie voll vom Licht getroffen werden. Eigenartig ist die Periodizität ihrer jährlichen Entwicklung. Die lichtreichste Zeit für die meisten Arten der Bodenflora ist das Frühjahr, wenn die Sonne noch ungehindert auf die Erde trifft und einwirken kann. Die Triebe kommen rasch ans Licht und fangen vielfach sofort an zu blühen. Tatsächlich sieht in begünstigten Gebieten der Waldboden im Frühling sehr bunt aus. Er ist voller Blumen, und die bestäubenden Insekten finden einen üppig gedeckten Tisch. Die Anpassung an das Licht geht bei manchen Arten so weit, daß sie im Laufe der anschließenden Wochen, wenn die Kronen dichter und dichter werden, schon wieder anfangen zu vergilben und schließlich ganz abzuwelken. Berühmte Beispiele für dieses frühe Verschwinden sind bei uns Buschwindröschen, Lerchensporn und der Aronstab, die Zehrwurz. Je mächtiger das Laubdach ist oder im Laufe von Jahrzehnten wird, um so schwieriger haben es die Bodenkräuter, sie können sogar völlig aussterben. Unter großen Buchen gibt es zuweilen als Unterwuchs nur noch Saprophyten. In den Anfangsjahren und in lichten Beständen von Laubgehölzen mit dünnem Laubdach aber wachsen zahlreiche Stauden noch bis weit in den Sommer hinein. Die Pflanzen profitieren nicht nur von der größeren Menge Licht, sondern vor allem vom höheren Kohlensäuregehalt des offenen Waldbodens, dessen Wirkung beträchtlich ist.

Ausgedehnte Sommerwälder mit reicher Bodenflora von Perennen jeder Art gibt es im Südosten der Vereinigten Staaten, woher auch die meisten amerikanischen Laubgehölzarten stammen, die man bei uns pflanzt und die in ihrer herrlichen Herbstfärbung unsre heimischen Arten weit übertreffen. Ferner gibt es riesige Sommerwälder in Japan und Mittelchina, ebenfalls reich an Arten, und an der Südostküste des Schwarzen Meeres. In Europa wird der Sommerwald allmählich ärmer und der Unterwuchs ebenfalls. Stellenweise geht er schon in die ungünstigere Form des Trockenwaldes über, und schließlich dominieren im Norden die Koniferen als Gewächse härterer Verhältnisse. Unter Koniferen wird die Bodenflora unbedeutend.

Auch in den Gärten in Stadt und Land, in den Grünanlagen, auf Friedhöfen und in Parken gibt es sehr viele halbschattige oder tiefschattige Stellen, aber nur ausnahmsweise herrschen dort die gleichen oder auch nur ähnliche Wachstumsbedingungen wie in der freien Natur im Walde. Meist weichen sie von den natürlichen stark ab. Leider wird das nur selten beachtet; Mißerfolge und Einbußen sind die unausweichlichen Folgen.

Vergleicht man die Verhältnisse im Walde und in der Auenlandschaft mit den Umständen, unter denen Bäume und Sträucher in Gärten und Anlagen der Städte wachsen, erkennt man Unterschiede. Im Wald stehen die Bäume in großen Beständen beisammen, und der Boden wird weder genutzt noch bearbeitet... Beeren- oder Pilzesammeln ist keine Nutzung im eigentlichen Sinne. In Gärten, auf Friedhöfen, in Grünanlagen stehen Bäume nur vereinzelt oder in mäßig großen Gruppen und Beständen beisammen, der natürliche Zusammenhang der Böden wird durch Wege, Straßen, Rohrleitungen und anderes unterbrochen, der Boden wird meistens auch unter Bäumen und Sträuchern bearbeitet, das Laub im Herbst fortgerecht. Dadurch fehlt in der Stadt jener Schutz völlig, den der Boden im Walde ganz natürlich hat, und es bildet sich niemals Humus. Daher ist in der Stadt der Boden unter Bäumen und Sträuchern trockener, ärmer an Humus, nicht so luftig wie im Walde, er vermag nicht als Schwamm zu wirken. Das günstige Kleinklima, die hohe Abgabe von Kohlensäure fehlen. Der Wind wird nicht abgehalten, die Temperaturschwankungen werden nicht gemildert. Meistens fehlt es in den Städten auch an Grundwasser. Dazu kommt noch, daß einzeln oder in kleinen Gruppen stehende Bäume ihre Kronen viel stärker und weiter ausbreiten und ausbilden können als Bäume, die in geschlossenen Beständen beisammenstehen, wo einer den andern im Zaume hält. Insgesamt sind die Voraussetzungen für eine Bodenflora unter den Bäumen in Gärten und in Grünanlagen der Städte ungünstiger als in der Natur. Aber auch hier vermag der Mensch helfend einzugreifen.

Die Frage ist also: Was kann und muß man tun, was läßt sich bestimmt erreichen, was dagegen nicht? Entscheidungen sind nur von Fall zu Fall möglich, aber es gibt einige Grundsätze, die nicht verletzt werden dürfen. Die Hauptregel lautet: *Sich an die Natur halten!* In der Praxis heißt das:

1. Will man unter Bäumen und Sträuchern eine Bodenflora ansiedeln, muß der Boden und oft auch der ganze Standort hergerichtet und gründlich bearbeitet werden. Man muß tief aufgraben und dabei große Mengen feuchten, groben Torf, untermischt mit Hornspänen und halbverwestem Laub, einbringen und gleichmäßig verteilen. Denn man muß die Wasserhaltekraft und den Humusgehalt des vorhandenen Bodens steigern. Diese Arbeiten sind im Herbst zu verrichten, über Winter läßt man die Flächen liegen. Im Frühling soll so bald als möglich gepflanzt werden.

2. Man wähle unempfindliche Arten und setze sie, sofern es sich ermöglichen läßt, mit festem Topfballen. Notfalls muß man die Bestände ein Jahr vorkultivieren. Für Grünanlagen eignen sich am ehesten Arten, die entweder wintergrün bleiben oder erst im Spätsommer oder Herbst ihr Laub verlieren. Man pflanze bei sehr großen Flächen Nester oder Horste, die sich mit der Zeit von selbst ausbreiten. Bei kleineren Standorten pflanze man geschlossen und ziemlich eng. Nicht alle Arten sind gegen die von oben kommenden großen Tropfen unempfindlich.

3. In den ersten zwei, drei Jahren nach der Pflanzung müssen die Bestände bei Trockenheit gewässert werden, am besten durch Sprüh- oder Nebeldüsen. Wintergrüne Arten sollen im Herbst eine Sondergabe von Wasser bekommen, damit sie Vorrat an Feuchtigkeit im Boden haben und nicht in Gefahr geraten zu vertrocknen. Die Pflanzen verdunsten ja auch im Winter.

4. Sofort nach dem Pflanzen sind die Flächen geschlossen mit Düngetorf und halbverrottetem Laub, das auch holzige Teile enthalten soll, zu bedecken oder zu mulchen. Dieser Schutz des Bodens gegen Wasserverluste muß so lange gewährt werden, bis die Pflanzen zusammengewachsen sind.

5. Flächen mit eingewachsenen Beständen soll man nicht betreten, das Laub liegen lassen und auch sonst alles sich selbst überlassen. Wachsen die Pflanzen über den ihnen zugedachten Platz hinaus, dämme man sie nur ein, wenn sie dabei zartere Arten ersticken.

6. Will man unter die in Gärten und Anlagen so häufig gepflanzten, meistens aber viel zu eng stehenden Blütensträucher auch Bodenstauden setzen, so müssen erst eine Reihe Sträucher herausgenommen werden, dann werden die restlichen sich nach allen Seiten strecken – Platz ist ja nun da – und erst danach kann man ans Werk gehen. Die Flecken sind in der oben geschilderten Weise herzurichten, und schließlich werden sie bepflanzt. Die Sträucher müssen ziemlich weitläufig stehen.

7. Die Bestände können, wenn sie sich wohl fühlen, jahrelang ihren Dienst tun. Sie mehren das Grün in Stadt und Garten und sind Staubfänger. Etwa alle drei Jahre sollte man über die Fläche als Nachdüngung gejauchten Torf oder nährstoffreiche, unkrautfreie Komposterde verstreuen.

8. Für größere Flächen sind jene Arten günstig, die Ausläufer treiben. Im allgemeinen haben Schattenstauden keine tief in den Boden dringenden Wurzeln, dennoch muß die Erde zunächst einmal bis wenigstens 60 cm tief gelockert werden, damit sie durchlässig wird. Gräser und Farne, die sich für schattige und halbschattige Plätze eignen, sind in den Listen auf S. 19 bis 21 aufgeführt.

Für halbschattige Standorte eignen sich

Aconitum hemsleyanum
— *volubile*
Ajuga reptans
Alchemilla
Arum
Boykinia
Brunnera
Buglossoides
Cardamine heptaphylla
Dodecatheon
Galax urceolata
Haberlea
Kirengeshoma
Lathyrus vernus
Lysimachia nummularia
Omphalodes verna
Primula: außer *P.* × *pubescens*
  alle absonnig, keine heißen Standorte!
Pulmonaria
Ramonda
Sanguinaria
Saxifraga, moosartige, absonnig
— *cortusifolia*
— *cuneifolia*
— × *geum*
— *umbrosa*
Smilacina stellata
Tellima
Tiarella wherryi
Tolmiea menziesii
Tricyrtis
Trillium
Viola labradorica
— *palmata*
Waldsteinia geoides

Schattenstauden (HS = Halbschatten)

Aconitum vulparia
Actaea
Anemone hupehensis
— Japonica-Hybriden
— *sylvestris*

– vitifolia
Aruncus dioicus
Asarum europaeum
Astilbe-Arendsii-Hybriden
– *japonica*
– *simplicifolia*
– *thunbergii*
Astrantia minor
Azorella
Bletilla
Calceolaria polyrrhiza
Campanula latifolia
Chelone obliqua
Cimicifuga
Codonopsis
Cornus
Cortusa matthioli
Cypripedium
Dicentra eximia
– *formosa*
Doronicum pardalianches
Erythronium
Geum rivale
Gillenia trifoliata
Helleborus-Hybriden
– *niger*
Hemerocallis, vertragen teilweise HS
Heuchera, HS in trockenen Böden!
× *Heucherella*
Horminum pyrenaicum, verträgt HS
Hosta, vertragen HS und Schatten
Houstonia
Meconopsis, lichten Streuschatten!
Mertensia primuloides
Mitella
Origanum vulgare, verträgt HS
Pachysandra terminalis
Peltiphyllum peltatum (nicht unbedingt)
Phlox stolonifera
Phuopsis (nicht unbedingt)
Pleione bulbocodioides
Podophyllum hexandrum
Primula alpicola
– *polyneura*
– *saxatilis*
– *sieboldii*
Ranunculus aconitifolius
Rodgersia (nicht unbedingt)
Roscoea (nicht unbedingt)
Saxifraga hypnoides var. *spathulata*, verträgt auch tiefen Schatten
Sedum anacampseros
Synthyris
Thalictrum dipterocarpum, lichter HS
Trachystemon orientalis
Tropaeolum speciosum, der Fuß der Pflanze
Uvularia
Viola odorata

Waldsteinia ternata
Wulfenia

Schattenstauden, die besonders dauerhaft sind

Adenophora
Anemone sylvestris
Asarum europaeum
Astilbe chinensis var. *pumila*
Astrantia major
Bergenia
Buglossoides purpurocaerulea
Cardamine trifolia
Convallaria
Corydalis scouleri
Epimedium
Galeobdolon
Galium odoratum
Glecoma
Pachysandra terminalis
Polygonatum
Sanicula
Saxifraga hypnoides var. *spathulata*
– *umbrosa*
Symphytum grandiflorum
Tiarella cordifolia
Vinca minor
Waldsteinia ternata

Schattenstauden, die bald nach der Blüte einziehen

Anemone canadensis
– *nemorosa*
Corydalis, außer *C. lutea*
Galium odoratum
Hylomecon japonica
Maianthemum

Schattenstauden, die wintergrün bleiben

Asarum europaeum
Bergenia
Cardamine trifolia
Epimedium (z. T.)
Haberlea
Hepatica nobilis
– *transsylvanica*
Hypericum calycinum
Pachysandra terminalis
Ramonda
Saxifraga umbrosa
Tolmiea menziesii
Vinca minor, auch HS

Stauden, die Winterschutz brauchen

Eine Reihe Stauden brauchen bei uns unbedingt Winterschutz. Manche sind gegen starke Kälte empfindlich, andern schadet die Winternässe, die oft lange anhält. Für sie ist Winterschutz unerläßlich, und wenn man ihn versäumt, gehen sie ein oder leiden schweren Schaden. Weiterhin schützt man frische Staudenpflanzungen im ersten Winter, auch wenn sie im Frühjahr gesetzt wurden. Alle andern Stauden werden wie die Saaten auf den Feldern vom Schnee ausreichend, ja unübertrefflich geschützt, sofern welcher fällt und lange genug liegt. Bleibt er aber aus oder fällt nur wenig, gibt es bei Barfrösten mit tiefen Temperaturen große und *allgemeine* Verluste. Nur zufällig besonders geschützt stehende Exemplare oder Bestände bleiben verschont. Daran wird sich auch nur wenig oder nichts ändern lassen, denn die Kälte-Resistenz-Züchtung ist die schwierigste von allen Resistenz-Züchtungen. In der Regel wird nach solchen Verlusten erwogen, ob man die am stärksten getroffenen Arten und Sorten nicht völlig aufgeben und aus den Sortimenten streichen sollte. Es gibt Befürworter und Gegner solcher Gedanken.

Kälteschutz

Gegen zu starken Frost schützt man häufig durch Aufschütten von Laub, über das ein alter Korb gestülpt oder Reisig gelegt wird, damit es nicht fortgeweht werden kann. *Das Laub soll locker liegen und trocken sein,* so daß die Luft Zutritt hat. Leider wird es durch Schnee oder Regen allmählich zusammengedrückt und bildet zuletzt eine fest zusammenklebende Masse, die in ungünstigen Fällen zu einem Eisklumpen wird und mehr schadet als nützt. Normalerweise genügt Laubschüttung, aber sie kann auch ihren Zweck verfehlen. Der Vorteil des Laubes ist, daß es überall zur Verfügung steht und nur gesammelt zu werden braucht. Ein besseres Material ist Nadelstreu: die im Walde auf dem Boden liegenden, braun gewordenen, aber noch unverwesten, ziemlich festen Nadeln von Kiefer und auch Fichte. Man muß sie aber sammeln und transportieren, und die Förster haben es nicht gern, wenn man Nadelstreu holt. Sie soll im Walde bleiben und dort ihren natürlichen Dienst tun. Nadelstreu ist luftdurchlässig und stark feuchtigkeitsabweisend, wenn sie hoch genug liegt. Sie bildet niemals wie in ungünstigen Fällen das Laub eine Art Eispanzer. Nadelstreu erwärmt sich auch nicht, was bei Laub im Herbst manchmal vorkommt. Wenn es stark regnet und dabei verhältnismäßig mild ist, fängt das Laub an, sich stürmisch zu zersetzen. Dabei kann auch der Boden erwärmt werden, was den Pflanzen schadet. Ähnliche Vorzüge wie die Nadelstreu hat trockner, grobbrockiger Torf. Dieser läßt, wenn er locker liegt, die Luft durch, nimmt Wasser schwer an und ist überdies steril, enthält außerdem nicht wie das Laub Samen von Bäumen, die später im Garten aufgehen und als Unkraut zu beseitigen sind. Der Nachteil des Torfes ist, daß er Geld und Transport kostet und daß er als Deckmaterial unbedingt trocken und grob sein muß. Ferner kann man zum Bedecken Maschinenhobelspäne benutzen. Sie sind grob, luftdurchlässig und nehmen kein Wasser an. Aber es gibt sie nicht überall, auch sehen sie „weiß" aus und stören farblich. Wo man sie ohne weiteres bekommt, sollte man sie dennoch verwenden und die Hügel mit Reisig „begrünen" oder mit schwarzer Folie abdecken. Sägespäne und Holzwolle sind nicht geeignet. Sägespäne lassen die Luft nicht genügend durch, Holzwolle ist zu teuer und zu durchlässig. Außer diesen organischen Materialien kommen heute auch Kunststoffe, vor allem Thermoplaste wie Schaumpolystyrol, zur Verwendung. Auch sie sind wasserabweisend und luftdurchlässig, dazu steril und leicht. Ein Vorteil solcher Plaststoffe ist, daß man sie im Frühling aufsammeln und im nächsten Jahr wieder nehmen kann, was bei den andern Deckmitteln nicht möglich ist. Es würde sich auch kaum lohnen, organisches Material zu lagern.

Das Material soll 20 bis äußerstens 30 cm hoch aufgeschüttet werden. Um zu verhindern, daß es der Wind fortträgt, kann man — wie bereits erwähnt — Reisig auflegen. Man kann auch Sack- oder Schattenleinenreste darüberbreiten und beschwert diese an den Rändern mit Steinen. Auch Folie ist geeignet, man muß sie nur an den Kanten mit Steinen beschweren und dabei etwas Spielraum lassen, damit die Luftzufuhr nicht unterbunden wird. Man sollte die Folienstücke ungefähr Anfang März fortnehmen, um den Zufluß von Luft zu erhöhen. „Schön" sieht der Winterschutz selten aus; nur wenn man mit Reisig abdeckt, läßt sich ein erträglicher Anblick erreichen. Entfernen soll man den Winterschutz je nach der Witterung ungefähr von Mitte März bis Anfang April. Man darf ihn nicht zu früh wegnehmen, sonst könnten Spätfröste noch Schaden anrichten und den ganzen Aufwand zunichte machen. Man darf aber auch nicht zu lange warten. Die Pflanzen fangen an zu treiben, und dem vorzeitigen Austrieb droht, weil er zu weich ist, ebenfalls Schaden durch Fröste.

Acanthus mollis
— *spinosus*
Alstroemeria
Anchusa azurea, ältere Stöcke, die reich geblüht haben
Anemone hupehensis
— *Japonica-Hybriden*
— *vitifolia,* vorsorglich
Asparagus filicinus (vorsorglich)
Blechnum penna-marina (vorsorglich)
Bletilla
Ceratostigma
Chelone lyonii
— *obliqua*
Clematis heracleifolia
— *integrifolia*
Crinum
Epilobium
Epimedium, in exponierten Lagen
Eremurus, an exponierten Stellen

Erythronium, z. T. die amerikanischen Arten
Fuchsia magellanica und Sorten
— *thymifolia*
Geum chiloense
Globularia, besser als ohne
Gunnera, sehr stark schützen!
Helianthus atrorubens, in exponierten Lagen
Hibiscus moscheutos
Hosta plantaginea, in rauhen Lagen
Hypericum calycinum
Hyssopus officinalis, an exponierten Stellen
Incarvillea, vorsorglich
Iris der Sektion Evansia
— der Sektion Regelia
— der Sektion Xiphium (teilweise)
— *kaempferi*, in rauhen Lagen
Kniphofia, sehr wichtig!
Lavandula, vorsorglich
Mentha requienii
Mimulus, vorsorglich, außer *M. guttatus*
Moltkia
Opuntia, sehr nötig!
Oxalis, außer *O. acetosella*
Paronychia, in rauhen Lagen, auch vorsorglich
Penstemon, die meisten
Petrorhagia saxifraga, gefüllte
Rosa, durch Anhäufeln!
Roscoea
Ruta, vorsorglich
Santolina
Scutellaria orientalis, in rauhen Lagen
Stokesia
Teucrium, vorsorglich
Tricyrtis, in rauhen Lagen
Tropaeolum speciosum
— *tuberosum*
  (Diese beiden Arten können auch wie Dahlien überwintert werden.)
Viola-Cornuta-Hybriden, großblumige Sorten, in rauhen Lagen
Zauschneria

Schutz vor zuviel Winternässe

Manche Stauden sind gegen stehende Winternässe sehr empfindlich. In der Natur wachsen sie an Plätzen, wo die Niederschläge und das Schmelzwasser des Schnees infolge der Durchlässigkeit des Bodens oder gewisser Besonderheiten des Standortes sich niemals stauen, sondern ablaufen. Meistens behalten sie über Winter ihr grünes Laub. Man setze sie von vornherein an gut dränierte Stellen: in Felsfugen, in Schotter oder auf die Gipfel von künstlichen Erhebungen, auf die Kronen von Trockenmauern. Ziehen sie früh ein, deckt man über die Bestände zunächst Glasscheiben oder legt Folie auf. Als Schutz gegen Winternässe eignen sich Nadelstreu, trockener, grober Torf, Maschinenhobelspäne und Plastschnitzel, Laub dagegen gar nicht. Um diese Materialien gegen Verwehung zu schützen, nehme man Stücke von Plastfolie, die das Wasser überhaupt nicht durchläßt. Die Schicht soll höchstens 15 cm dick sein. Man bringe sie bereits im Herbst auf, sofern dieser sehr regenreich ist. Bei trockenem Herbst warte man damit bis zu den ersten stärkeren Frösten. Das ist auch bei Kälteschutz nötig. Das Erdreich um die schutzbedürftigen Bestände soll durch Kälte leicht gehärtet sein. Man kann so am ehesten verhüten, daß Mäuse unter der Schutzschicht überwintern.

Bletilla
Delphinium zalil
Eriophyllum
Lewisia, sehr nötig!
Lindelofia, sehr nötig!
Petrorhagia saxifraga, gefüllte
Pterocephalus parnassii
Raoulia, sehr empfindlich
Santolina
Stokesia
Zauschneria

Schutz vor Sonne und scharfem Wind

Diesen Schutz brauchen vor allem Stauden, deren Laub über Winter grün bleibt. Im zeitigen Frühling wird es nicht selten an manchen Tagen sehr schön und warm, aber die Nächte sind bitterkalt. Sonnenschein und Wärme regen die Pflanzen zum Treiben an, der Frost der Nacht ist dafür Gift. Um Schäden, die sich durch diesen krassen Wechsel von Wärme und tiefen Temperaturen einstellen, zu vermeiden, überdeckt man die wintergrünen Stauden im Spätherbst mit Reisig. Es wirft Schatten und vermindert dadurch die Wirkung von Sonnenschein und Wärme. Das Reisig schützt auch gegen scharfe Winde, die den Blättern zuviel Feuchtigkeit entziehen. Da infolge des Frostes im Boden kein Wasser nachströmt, werden die Blätter braun und gehen den Pflanzen verloren. Das Reisig vermag den Ansturm des Windes zu brechen. Es soll nur Fichten- oder Kiefernreisig aufgelegt werden, niemals Laub oder anderes Material, auch Folie ist ungeeignet. Sie würde als Wärmefang wirken, und es gäbe zu frühen Austrieb... also gerade das, was verhindert werden soll.

Acaena
Acantholimon
Arabis, wenn exponiert stehend
Asarum, wenn sonnig stehend
Athyrium filix-femina, Sorten mit Kammwedeln

Epimedium, in exponierten Lagen
Erica
Helianthemum
Helleborus
Heuchera
Hyssopus officinalis
Iberis

Moltkia, in rauhen Lagen
Opuntia, sehr nötig!
Ramonda

Ferner ist nötig:
Rosmarinus im Kalthaus überwintern
Salvia patens frostfrei überwintern

Pflanzung und Pflege der Stauden, über Staudenrabatten und Staudenverwendung

Bodenvorbereitung

Stauden werden häufig in Rabatten oder geschlossenen Flächen gepflanzt, aber auch einzeln vor Sträucher, in den Rasen, an den Rand von Wasserbecken und in bunte Blumenbeete als Einsprengsel gesetzt.
Es ist unerläßlich, das Land sorgfältig herzurichten, denn nicht wenige Stauden können viele Jahre an ihrem Platz verbleiben. Je besser die Standorte bearbeitet und dafür vorbereitet werden, um so sicherer wird der gewünschte Zweck erreicht, um so schöner und ansehnlicher werden die Bestände. Der Boden soll tief gelockert werden, am besten ist, ihn zwei Spatenstiche tief zu rigolen und dabei gejauchten Torf, Hornspäne, notfalls Kalk einzubringen und diese gut zu verteilen. In so zubereiteten Boden dringt Luft ein, er erwärmt sich leicht, nimmt viel Wasser auf und speichert es, er ist mit Nährstoffen angereichert worden. Alle Vorbedingungen für die Entwicklung und das Gedeihen von Pflanzen sind für viele Jahre vorhanden. Und darauf kommt es an, dies kann nicht oft genug gesagt werden. Sorgfältiges Herrichten der Plätze für Stauden kostet Zeit, läuft auch ins Geld, aber beides kommt wieder herein. Man hat mit der laufenden Pflege weniger Arbeit und braucht nicht bereits nach einigen Jahren einzelne Exemplare zu ersetzen, was immer Flickwerk ist. Die völlige Erneuerung wird viel später nötig als bei Pflanzungen, deren Boden nicht sorgfältig hergerichtet ist. Stauden, die in gut bearbeitetem Erdreich stehen, bilden eine Gemeinschaft, und es wird bald eine Ausgeglichenheit erreicht, wie man sie in der Natur fast überall findet. Man sollte den Platz für zukünftige Pflanzungen im Herbst herrichten: So nimmt die Erde alle Winternässe auf, sie setzt sich bis zum Frühling. Im Sommer und Hochsommer ist beim Rigolen der Wasserverlust ziemlich hoch, noch größer im Frühling, denn dann geht die ganze in den Boden gedrungene Winternässe verloren. In der Praxis wird sich nicht immer so arbeiten lassen. Es ist jedoch nötig, aufzuzeigen oder anzugeben, was gärtnerisch und technisch vernünftig ist. Beim Herrichten sollen Unkräuter, Steine und sonstiger Unrat herausgelesen werden, auch die Reste von Baumwurzeln. Das Pflanzbett für Schattenstauden ist besonders sorgfältig anzulegen. Und auch bei Stauden, die man einzeln zwischen Sommerblumen, in den Rasen, vor Sträucher oder Zäune setzt, soll tief gelockert und Vorratsdünger eingebracht werden. Frischer Stalldung darf nicht verwendet werden, denn er ist für viele Stauden förmlich ein tödliches Gift, auch bei der Anzucht.
Es gibt nur wenige Stellen, die für Stauden gänzlich ungeeignet sind: Landstücke mit sehr schwerem Boden, der sich nicht verbessern läßt; Flächen, deren Erdschicht nur wenige Zentimeter hoch ist und Fels, dicke Schichten von blankem Kies oder von Lette bedeckt. Solche Lagen eignen sich aber für Gärten überhaupt nicht.

Das Pflanzen der Stauden

Da viele Stauden lange, kräftige Wurzeln haben oder einen mindestens faustgroßen Ballen bilden, manche aus Töpfen kommen, braucht man zum Pflanzen einen Handspaten, das Pflanzholz genügt nicht. Für größere, geschlossene Pflanzungen ist ein Pflanzplan unerläßlich, und man muß verstehen, danach zu arbeiten. Zur Planung gehört, daß genau errechnet wird, wieviel Stück von jeder Art nötig sind. Der Plan wird im Zimmer aufgestellt und kurz vor dem Pflanzen in die Wirklichkeit übertragen. Auch dazu gehört Übung. Es läßt sich natürlich auch aus dem Stegreif pflanzen, aber das gelingt selten: Man muß sich mindestens notiert haben, wie man es haben will, muß die Sorten festlegen, die nötigen Mengen zusammenstellen. Dazu gehört lange Erfahrung. Hat man den Plan aufs Gelände übertragen, werden die Pflanzen ausgelegt und – falls dies nötig ist – wird noch etwas korrigiert. Dann ist sofort zu pflanzen. Man sollte dies weder bei vollem Sonnenschein oder bei Regen tun, noch in nassen oder zu trockenen Boden pflanzen ... so lauten die Vorschriften, aber sie lassen sich nicht immer strikt einhalten. Bei hoher Wärme und Sturm welken die Stauden stark, nasser Boden klumpt, trockener fällt zusammen. Man sollte auch nicht auf das hergerichtete Gelände treten, sondern Bretter auslegen, die natürlich parat sein müssen. Wichtig ist ferner, daß alles zügig vor sich geht. Dergleichen Forderungen sind Selbstverständlichkeiten, doch werden sie nicht immer eingehalten. Stauden vertragen es durchaus, daß sie aus der Erde genommen und eine Weile, selbst Tage unterwegs sind und erst dann wieder gesetzt werden, je kürzer aber die Zwischenzeit ist, um so günstiger. Die Lebensprozesse innerhalb der Pflanzen gehen ja weiter, wenn auch eingeschränkt und unvollkommen: Sie atmen, verdunsten, die Säfte zirkulieren ... und dabei zehren sie von den angesammelten Vorräten, denn Nachschub gibt es nicht. Werden die Reserven zu stark erschöpft, kann man nicht mehr damit rechnen, daß die Exemplare Wurzeln schlagen und sich erholen. So eignen sich Stauden, die sehr welk geworden sind, nicht mehr zum Pflanzen. Man soll daher die für die Pflanzungen vorgesehenen Mengen und Posten schonend behandeln: sie nicht in die Sonne stellen, sondern an einen geschützten Platz ... sie mit Schattenleinen überdecken und erst mit Auslegen beginnen, wenn der Plan übertragen ist.

Stauden, die von außerhalb mit der Bahn ankommen, sollten nicht sofort an die Pflanzstellen gebracht werden, sondern zunächst in einen Schuppen, auf einen besonderen Arbeitsplatz oder in den Einschlag. Man packt sie aus, kontrolliert, ob alles geliefert ist oder ob Ersatz geschickt wurde. Dann putzt man die Stauden und legt sie in Handkästen, steckt auch die Etiketten bei, da viele Sorten nur ausnahmsweise erkennen lassen. Es ist unerläßlich, daß alle Reste, gebrochenen Zweige, geknickte Wurzeln, welkes Laub und zu lang gewordene Triebe und Blütenstiele entfernt und weggeschnitten werden! Nur bei Stauden, die aus Töpfen stammen, braucht man nicht so scharf vorzugehen. Natürlich findet jeder Blumenfreund, daß es schade um die Blumen sei, die weggenommen werden ... aber es ist nicht schade, sondern nötig. Die Stauden wurden durch das Ausgraben gestört, und so können sie sich auch nicht normal weiterentwickeln. Sie müssen erst Wurzeln treiben, also einwachsen!

Die Wurzeln selbst schneidet man beim Putzen nicht, sondern erst im Augenblick des Pflanzens. Das ist ebenfalls unerläßlich, denn die Wurzelenden, an denen die Wasser und Nährstoffe aus dem Boden aufnehmenden Saughaare sitzen, sind sehr empfindlich, sie vertrocknen bald und sterben dann ab.

An vertrockneten, abgestorbenen Enden aber bilden sich keine neuen Wurzelhaare. Daher muß man die Wurzeln kürzen, bis man an noch intakte Partien kommt. Normalerweise erreicht man das, indem man um wenige Zentimeter zurückschneidet. Anschließend muß man sofort pflanzen. Nur dann dringt keine Luft neu in die Saftbahnen und weiteres Eintrocknen unterbleibt. Starke, fleischige Wurzeln, wie sie bei *Papaver orientale*, *Gypsophila paniculata*, *Crambe*, *Eryngium*, *Eremurus* und weiteren zu finden sind, darf man nicht schneiden, da sie „bluten" können, also Saft verlieren. Man entferne bloß die abgebrochenen, gedrückten oder geknickten Wurzelteile.

Zum Pflanzen gehört also außer dem Handspaten ein kleiner dichter Korb für die Wurzelreste und selbstverständlich ein scharfes Messer oder eine tadellos schneidende Schere. Beim Pflanzen selbst ergreift man das Exemplar, das man setzen will, bildet mit der rechten Hand eine Grube, hält die Pflanze hinein, um festzustellen, ob das Loch breit und tief genug ist, wenn ja, nimmt man sie rasch zurück, schneidet über dem in Reichweite stehenden Korb die Wurzeln kürzer, dann hält man die Staude wieder in die Grube – und zwar senkrecht und in die Mitte – und füllt von allen Seiten behutsam Erde ein. Zuletzt drückt man vorsichtig, aber gründlich fest. Die Wurzeln *müssen unbedingt* gerade in den Boden kommen außer bei Arten, deren Rhizom schräg oder waagerecht im Erdreich steckt. Krumme und umgebogene Wurzeln befördern kein Wasser, arbeiten überhaupt kaum, erst oberhalb der Biegung bilden sich neue Wurzelhaare, der untere Rest stirbt ab und verstockt schließlich oder fault. Die Pflanzen selbst kümmern lange oder gehen im Laufe des Sommers oder auch erst im Winter zugrunde! Man darf beim Pflanzen auch keine Hohlräume stehenlassen, denn in ihre Luft hinein werden von den Wurzeln wohl Saughaare getrieben, sie vertrocknen jedoch, da sie nicht auf Erdpartikel treffen. Die Pflanzen sollen so tief in den Boden kommen, wie sie vorher gestanden haben. Sie stocken, wenn man sie zu hoch oder zu tief setzt. Wenn Stauden einen verfilzten Topfballen haben, lockere man diesen mit einem Stäbchen. Wichtig ist ferner, daß die Ballen naß sind. Trocken gepflanzte Ballen nehmen beim Angießen kein Wasser an, und als unausbleibliche Folge kümmern die Exemplare oder vertrocknen. Die in ausgetrockneten Ballen steckende Luft läßt sich nur durch längeres Eintauchen in Wasser wieder austreiben. Sobald keine Blasen mehr aufsteigen, sind die Ballen ausreichend feucht. Günstig ist, wenn in Töpfen stehende Stauden erst beim Setzen ausgetopft werden. Die Ballen trocknen dann nicht so leicht und stark aus. Nach dem Pflanzen gießt man sofort an, und zwar jedes Exemplar für sich und mit einem nicht zu derben Strahl aus der Kanne oder dem Schlauch. Mit dem Regner angießen zu wollen, den man am Schluß aufstellt und ein paar Stunden laufen läßt, wäre widersinnig und sogar grundfalsch. Man gießt nicht, um den gesetzten Pflanzen ausreichend Wasser zuzuführen, denn bis sie keine neuen Wurzelhaare gebildet haben, vermögen sie überhaupt keins aufzunehmen, sondern

43

man gießt an, um die Erde fest an die Wurzeln zu schlemmen, damit diese vollkommenen Bodenschluß bekommen. Das ist zunächst wichtig.

Günstig ist, wenn man die noch feuchten Pflanzscheiben mit durchnäßtem (aber nicht triefendem) Torf oder verrottetem Stalldung belegen kann. So trocknet die Erde nicht aus und wird nicht hart, was unweigerlich geschieht, wenn die Sonne auf die bloße nasse Krume trifft. Kann man nicht belegen, sollte man bereits am nächsten Tage so zeitig als möglich die Pflanzscheiben leicht auflockern, um auf diese Weise das Hartwerden und Verkrusten zu verhindern.

Auch das sind Selbstverständlichkeiten, und es ist vielleicht überflüssig, darauf einzugehen. Aber gute Pflanzen, sorgfältige Bodenvorbereitung und sorgfältiges Setzen der Stauden sind die Voraussetzungen für alles, was später kommt und was entstehen soll.

Man pflanze weder zu eng noch zu weit. Nicht selten wird absichtlich zu dicht gesetzt. Der Bestand schließt sich dadurch bald, und alles sieht schon nach verhältnismäßig kurzer Zeit vollkommen und schön aus. Nach zwei, drei weiteren Jahren jedoch stehen bereits viele Stauden, insbesondere alle, die kräftig wachsen, viel zu nahe zusammen und bedrängen sich, eine Art Konkurrenz um Platz und Nahrung beginnt. Als Ausweg wird vorgeschlagen, dann jede zweite Pflanze herauszunehmen und so Platz zu schaffen: Doch nur selten wachsen die verbliebenen Exemplare wirklich ein zweites Mal zusammen, meist bilden sie einen Wirrwarr. Häufig machen sich auf den leer gewordenen Stellen die robusteren Arten breit und bringen die Pflanzung, das ganze Bild aus dem Gleichgewicht. Auch ist das Herausnehmen eine zusätzliche und manchmal völlig fruchtlose Arbeit, denn oft kann man die ausgehobenen Exemplare überhaupt nicht verwenden und muß sie wegwerfen. Oder sie werden mehr schlecht als recht irgendwohin gepflanzt, wo sie nicht das mindeste nützen.

Ebenso fragwürdig wäre, in die Lücken zunächst Sommerblumen oder krautartige Pflanzen, wie Canna, Pelargonien, Heliotrop, zu setzen.

So wenig man zu eng setzen darf, so wenig sind weite Abstände günstig. Es dauert zu lange, bis die Pflanzung zusammengewachsen ist und ein geschlossenes Bild ergibt. In den ersten zwei oder gar drei Jahren bleibt zuviel leerer Zwischenraum. Das sieht unschön aus, und bald geht Unkraut auf, das man niederhalten muß, sonst wird es zur Plage.

Folgende allseitige Abstände sind einzuhalten:
1. für kleine, schwachwüchsige Polsterstauden (*Campanula cochleariifolia*) etwa 10 cm Entfernung von Mitte zu Mitte;
2. für normal wachsende Polsterstauden 12 bis 18 cm Entfernung;
3. für starkwüchsige Polsterstauden (*Cerastium, Aubrieta, Campanula portenschlagiana* und *C. poscharskyana*) 18 bis 22 cm Abstand;
4. für normal wachsende mittelhohe Stauden je nach Größe und Triebkraft 30 bis 60 cm und auch noch etwas weiter... dies insbesondere bei kräftigen Wachsern;
5. für hohe Stauden je nach Wuchskraft, Größe und Dauerhaftigkeit 60 bis 90, ja selbst 100 cm Entfernung;
6. für Großstauden 100 bis 150 cm Zwischenraum.

Bei den Abständen mittelhoher Stauden und aller größer werdenden Arten ist zu unterscheiden, ob diese in größeren Mengen beisammenstehen und eine geschlossene Fläche bilden sollen oder ob sie in kleinen Horsten von drei bis fünf Exemplaren in Rasen oder Teppiche niedriger Stauden kommen. Will man nur einzeln aufragende Gruppen, kann man die Abstände etwas verringern.

Wichtig ist schließlich, daß alle Stauden, die man setzt, ungefähr gleich groß oder gleich stark sind, sonst gibt es mißliche Unterschiede. Wenn man zum Beispiel die Bestände bei einer Sorte von *Chrysanthemum-Indicum-Hybriden* in 11-cm-Töpfen kultiviert wurden und bei der nächsten Sorte aus 7-cm-Töpfen stammen, werden die einen viel stattlicher und bringen mehr Triebe als die andern, die kleiner bleiben. Dagegen hilft auch nicht, daß man die Sorte mit den 7-cm-Ballen dichter setzt und mehr Exemplare verwendet. Das läßt sich nicht immer einhalten, aber es bedarf keiner ausführlichen Erörterung, daß Unterschiede in Größe und Qualität stören und sich erst nach Jahren, manchmal überhaupt nicht ausgleichen.

Die Pflanzzeiten

Alle Stauden müssen zu Terminen oder Zeiten gepflanzt und verpflanzt werden, zu denen sie anwachsen können und nicht zu sehr gestört werden. Es muß auch technisch möglich sein. Der Winter ist daher bei uns völlig ungeeignet. Bei Stauden machen von dieser allgemeinen Hauptregel nur die in Töpfen kultivierten Bestände eine Ausnahme, denn man kann sie vom Frühjahr an bis in den Herbst hinein setzen, ohne daß Schäden eintreten werden. Zu spät darf man sie jedoch nicht in den Boden bringen, weil die Ballen bei Frost hochfrieren und die Pflanzen bestimmt vertrocknen, denn nichts entzieht ihnen soviel Wasser wie Kälte. Und die Ballen müssen gut durchfeuchtet sein.

Für fast alle übrigen Stauden sind im Frühling die Monate April bis etwa Mitte Mai und im Herbst September und Oktober als Pflanzzeiten üblich. Das gilt aber nur für Stauden, die in Gärten, Parke, Grünanlagen, auf Gräber oder in Balkonkästen und sonstige Gefäße kommen. In den Staudenkulturen pflanzt man auch im Juni, Juli oder August. Eine Ausnahme bilden ferner alle Bestände, die jeder selbst aus Samen herangezogen hat. Man pflanzt sie auf Beete oder auch an den vorgesehenen Platz, wenn sie groß genug geworden sind... doch auch sie nicht zu spät. Für die übrigen gibt es einen physiologisch günstigen Zeitpunkt: Er liegt bei den im Frühjahr und Vorsommer blühenden Arten im Spätsommer und zeitig im Frühling, bei den Hochsommer- und Herbstblühern im Frühling und reicht bis in den Vorsommer hinein. Entscheidend ist, daß die Exemplare entweder bereits fertig und ausgewachsen sind, also die Periode ihrer Entfaltung hinter sich haben *oder* damit eben anfangen wollen. Frühlings- und Vorsommerblüher setzen die Knospen fürs nächste Jahr nach der Blütezeit an und gehen mit sämtlichen Reserven in den Winter. Man kann sie daher am Schlusse ihrer Ausbildung, also etwa von Mitte August an, pflanzen oder verschicken, und sie werden weder gestört noch zurückgeworfen. Daher wachsen sie auch bald und leicht wieder ein. Man kann sie aber auch ganz zeitig im Frühling umsetzen, ehe sie in Trieb kommen. Blühende Frühlingsstauden ohne festen Ballen sollte man besser nicht aus dem Boden holen und verpflanzen. Die Hochsommer- und Herbstblüher gehen genau wie die Frühlingsblüher mit Knospen in den Winter, aber diese entwickeln sich erst zu Trieben im Laufe des Frühlings, und bis dahin schadet es nicht, wenn sie versetzt werden. Haben sie jedoch stärker zu wachsen angefangen, dann stört man sie, und es dauert vor allem bei Trockenheit lange, bis sie das Versetzen überwunden haben. Man soll daher Herbstastern, *Cimicifuga*, *Chrysanthemum-Indicum-Hybriden*, *Chrysanthemum-Koreanum-Hybriden* und *Chrysanthemum zawadskii* var. *latilobum* (C. rubellum) nicht im Herbst umsetzen, sondern erst im Laufe des Frühlings oder in den ersten Wochen des Vorsommers. Ebenso soll man alle Arten, die Frostschutz brauchen oder gegen Winternässe empfindlich sind, ferner alle wintergrün bleibenden Stauden nur im Frühling umsetzen. Sie erfrieren viel leichter, wenn sie wenige Wochen vor Eintritt der Kälte gestört werden.

Weitere Ausnahmen sind *Iris germanica* und Pfingstrosen, ferner alle Wasserpflanzen, insbesondere Seerosen. Für Iris ist die beste Verpflanz- und Vermehrungszeit die zweite Julihälfte; sie haben den Flor hinter sich, und die Nebenaugen fangen an, frische Wurzeln zu ziehen ... das ist das gegebene Stadium. Pfingstrosen lassen sich am vorteilhaftesten von Anfang August an aufnehmen, teilen und neu setzen: Erst Mitte August beginnen sie, neue Wurzeln zu treiben. Seerosen soll man nicht vor Mai pflanzen, das Wasser muß schon erwärmt sein, man kann damit bis Mitte Juni fortfahren.

Die laufende Pflege

Ein Garten oder ein Park, der sich selbst überlassen bleibt, verwildert. Er kehrt in den Bereich der unbebauten Fluren zurück. Jeder Garten, jede Pflanzung bedarf der Wartung, der Pflege, der Hand, die fördert oder eindämmt. Sorgfältige Bodenvorbereitung, richtige Planung, die Verwendung geeigneter Arten und Sorten, vorschriftsmäßiges Pflanzen ersparen oder verkleinern wenigstens so manche spätere Arbeit beim Pflegen.

Die laufende Pflege besteht in den ersten Jahren vor allem im Lockern und Sauberhalten, notfalls muß man wässern und auch gelegentlich düngen. Ferner gehört von Anfang an der Winterschutz der bedürftigen Arten zur laufenden Pflege. Und es ist überdies nötig, ständig alle abgeblühten Stengel oder Blütenköpfe zu entfernen. Sie sehen häufig unschön aus und stören den Eindruck. Außerdem sind sie unerwünscht, denn Samenträger werden für sich kultiviert, und die Ausbildung von Samen kostet den Pflanzen Kraft. Nach dem Herbst zu aber lasse man die abgeblühten Triebe aller jener Arten stehen, die keinen oder nur wenig Samen ansetzen, wie Chrysanthemen, *Anemone-Japonica-Hybriden*, *Cimicifuga*, bei denen meistens auch das Laub noch lange grün bleibt. Auch die Blätter wintergrüner Stauden soll man stehenlassen, es sei denn, sie sind braun geworden oder haben vom Frost gelitten. Diese soll man mit einer Schere wegschneiden. Je mehr die Flächen zusammenwachsen und eine geschlossene Pflanzendecke bilden, wie es in der freien Natur üblich ist, um so weniger Arbeit macht die Pflege. Hacken oder andere Arten der Bodenlockerung werden unmöglich, und auch das Unkraut kommt schwerer auf. Man muß nur laufend die abgeblühten Blumenstengel herausschneiden und bei großer, langer Trockenheit gründlich wässern. Völlig verkehrt ist, was man immer wieder sieht, im Herbst die Stauden völlig herunterzuschneiden und zwischen ihnen umzugraben, wo immer noch ein freies Fleckchen Erde zu finden ist. Fast alle Stauden weisen an ihren Rändern Knospen auf, aus welchen im nächsten Jahre die Triebe kommen, und die Knospen bilden auch Wurzeln, mit denen die späteren Triebe Nahrung aus dem Boden ziehen und fest stehen: Gräbt man um, sticht man diese Wurzeln unwillkürlich mit ab und zwingt die Pflanzen, nochmals welche zu bilden, also zu einer Energievergeudung. Man lockere den Boden nur oberflächlich mit einem Gerät, das kurze Zinken hat. Direkt um die Pflanzen aber lasse man alles unberührt. Viel ersprießlicher ist, die bloße Erde zwischen den Stöcken mit gejauchtem Torf oder kurzem, gut verrottetem Mist zu bedecken. Man kann dazu auch gute, unkrautfreie Komposterde nehmen, die durch Volldünger etwas zu verbessern wäre.

Das Bedecken mit einem angereicherten Material, das den hinzugefügten Dünger nur allmählich abgibt, ist bei Staudenpflanzungen die beste, sicherste und einfachste Art zu düngen. Wenn man Volldünger ausstreut oder aufgelöst vergießt, oder wenn man verdünnte Jauche verwendet, so kommt es während der Vegetationszeit zu Stoßwirkungen. Die Pflanzen nehmen Dünger auf, verarbeiten ihn rasch, und dann ist der Effekt zu Ende. Bei kurzlebigen Arten wie Einjahrsblumen oder Gemüse ist diese Wirkungsweise der Dunggüsse erwünscht; bei ausdauernden Gewächsen sollen zusätzliche Nährstoffe langsam zufließen. Der Torf kann fein oder auch grob sein. Man wirft ihn in einen Behälter mit verdünnter Jauche, läßt ihn einige Tage vollsaugen und kann ihn direkt ausstreuen, aber auch herausnehmen, ablaufen und trocknen lassen. Hat man keine Jauche oder muß man sie vermeiden, kann man den Torf auch in Volldüngerlösungen einweichen. Er soll möglichst trocken sein, damit er viel Düngerlösung aufzunehmen vermag, die Aufnahmefähigkeit von feuchtem Torf ist gering. Eingewachsene Bestände, die ihre volle Größe erreicht haben, sollten alljährlich eine neue derartige Humusdecke bekommen, und zwar entweder im Spätherbst oder im Frühjahr. Dieser Termin ist günstiger, weil der ausgewaschene Dünger nicht nutzlos wegfließt, er kommt den Pflanzen sofort und direkt zugute.

Vor allem Bestände, die lange an ihrem Platz bleiben können – sie werden im nächsten Abschnitt in einer Liste aufgeführt –, *müssen* auf diese Weise mit Nahrung versorgt werden, sonst lassen sie nach. Auch Polsterstauden, die über Winter grün bleiben, sind so zu düngen. Der Torf oder die Erde sollen fein gesiebt sein, und man streue sie vorsichtig *in die Polster*. Diese Arbeit ist das sogenannte „Top-dressing" englischer Gartenbücher. Die beste Zeit für das Düngen von Polsterstauden ist nach der Blüte, ehe sie neu durchtreiben, oder zeitig im Frühling, bevor ihre Rosetten anfangen sich zu strecken. Das eingestreute Material muß handfeucht sein. Es gibt auch Fälle, wo die laufende Pflege schwierig ist: etwa, wenn *zu viele* Arten und Sorten durch- oder nebeneinander stehen. Noch schlimmer wird es, sobald deren Ansprüche verschieden sind. So soll man auch niemals Kulturstauden wie Phlox, Rittersporn, Astilben, die gewässert und gedüngt werden müssen, in Teppiche oder auch bloß in die Nähe von Arten setzen, die Trockenheit lieben. Zusammen gehört stets, was die gleiche Pflege braucht, die gleichen Bedürfnisse hat. Ferner sollte man schwach und kräftig wachsende Arten getrennt halten, sonst muß man die starken Wachser ständig eindämmen, und die schwachwüchsigen möchte man ständig schützen und poussieren. Das kostet Zeit und kann auch verwirren. Ebensowenig pflanze man kurzlebige Stauden neben hohe, die aber zehn Jahre und noch länger an ihrem Platze stehen können. Die einen verschwinden schon bald, nachpflanzen läßt sich mit Erfolg nur ausnahmsweise. Oft lassen die starken Wachser die neu gesetzten Exemplare nicht einmal richtig Wurzeln schlagen. Man darf Pflanzen nicht nur nach ästhetischen Grundsätzen oder Vorstellungen setzen und benachbarn, sondern muß auch an die Pflege, also praktisch denken. Die Arten müssen nach Wuchskraft, Ansprüchen und Dauerhaftigkeit zusammenpassen.

Bei Polsterstauden drohen zwei Gefahren, vor allem bei solchen, deren auf dem Boden aufliegende Triebe nur *wenige* Wurzeln treiben: Sie können innen verkahlen und in die Breite gehen, aber an den Rändern zugleich zu dünn werden. Diesem Mißstand läßt sich vorbeugen. Er tritt nicht ein, wenn man die Pflanzgrube oder Fläche sorgfältig herrichtet und Düngetorf oder guten Kompost als Vorratsdünger einarbeitet. Ferner ist nötig, etwa vom 3. Standjahr an die Exemplare durch Bestreuen mit Kompost oder Düngetorf zusätzlich zu versorgen. Weiterhin ist unerläßlich, alljährlich einen Teil der Triebe etwa auf die Hälfte zurückzuschneiden, so daß sie am verbliebenen Rest, also innen austreiben. Diese Arbeit geschieht am besten bald nach dem Flor oder im zeitigen Frühjahr. Sie läuft auf ein ständiges Verjüngen der Exemplare hinaus. Schwierig wird das zusätzliche Düngen bei Pflanzen, die in Trockenmauern stecken, denn Düngetorf läßt sich dort nicht ausstreuen. Was bei solchen hilft und not tut, wird in dem Abschnitt „*Über Trockenmauern*" behandelt.

Die zweite Gefahr ist, daß Polster unförmig werden und in den Weg wachsen oder über Nachbarn hinweg und diese ersticken. Das kommt vor allem in Gärten mit gutem Boden vor, wo die Pflanzen ständig aus dem vollen schöpfen können. Mit dieser Schwierigkeit läßt sich leichter fertig werden. Man sticht die Polster, ehe sie zu üppig werden, mit einem scharfen Spaten zurück oder gräbt die Ränder aus und verkleinert so die bedeckten Flächen. Die beste Zeit ist nach dem Flor oder bei Hochsommerblühern das Frühjahr. Man kann ziemlich forsch arbeiten und muß das Eindämmen notfalls wiederholen.

Und was hat zu geschehen, wenn die Pflanzen eingehen, seien es Exemplare, die für sich stehen, oder solche, die zu einem geschlossenen Teppich, zu einer Kante gehören? Das läßt sich nur von Fall zu Fall entscheiden. Geht zum Beispiel von einer Dreiergruppe von Phlox, Chrysanthemum, Astilben und ähnlichen Arten ein Stock ein, so wäre es ein sehr zweifelhafter Versuch, das ausgefallene Exemplar ersetzen zu wollen... es sei denn, die ganze Gruppe ist noch sehr jung, und die Unterschiede zwischen vorhandenen Pflanzen und hinzugefügten sind klein. Fallen Exemplare in Teppichen oder Kanten aus, ist es besser, die Triebe von Nachbarn über die kahl gewordene Stelle zu ziehen, als den Platz umzugraben und Ersatz zu pflanzen. Bekommt eine Kante oder ein Teppich zu viele Löcher, bleibt nichts übrig, als sie völlig zu erneuern, flicken hilft nicht. Fügt man aber irgendwo eine Pflanze als Ersatz ein, so muß man auf sie besonders achten und sich um ihre Entwicklung kümmern: also wässern, düngen und schneiden, sobald es nötig wird. Der entstehende Aufwand ist klein, aber er kompliziert die Pflege, und man darf die erforderlichen Handreichungen nicht vergessen. Regelmäßigkeit ist unerläßlich.

Verhältnismäßig viel Mühe hat man mit schwierigen Arten und mit den meisten Liebhaberpflanzen. Man versteht unter dieser Sammelbezeichnung sowohl Gewächse, die botanisch interessant sind, als auch Arten, welche eine besondere Pflege brauchen, höhere Ansprüche stellen, denen man unbedingt gerecht werden soll. Bei vielen muß man den Standort eigens herrichten, braucht dazu besondere Erde, muß sehr gut dränieren, muß Felsspalten schaffen, oder man hat für feuchte Luft zu sorgen, muß den Boden kühlen und berieseln, der Winterschutz macht viel Mühe. Man muß immer ein Auge für die Bestände haben und hat immerzu mit den Pflanzen Arbeit. Der Lohn dafür ist die Genugtuung, die Freude, daß man mit den Schwierigkeiten fertig geworden ist und etwas erreicht hat, was nicht jedem gelingt. Natürlich gehört zur Sache, daß man sich mit solch einem Lohn begnügt.

Die Pflege ist aber auch nichts Starres, das nach Schema F abläuft. Sie muß sich vielmehr nach so manchen Veränderungen im Garten richten, und es ist nötig, auf diese zu achten.

Stehen zum Beispiel im eigenen Garten oder entlang des Gehweges einer Grünanlage Bäume, merkt man kaum, wie diese allmählich größer werden. Dabei beanspruchen sie mehr Platz, schicken ihre Wurzeln weiter umher, ziehen mehr Wasser und Nahrung an sich. Auch werfen sie mehr Schatten, und dieser wird dichter. Exemplare, die früher in voller Sonne standen und sie auch wünschen, bekommen nun Schatten, und allgemein wird dem Garten mehr Wasser entzogen als anfangs, der Boden stärker ausgesogen. Man muß daher infolge des allmählichen Zuwachses der Bäume mehr wässern, auch stärker düngen, muß einzelne Pflanzen versetzen und andere an ihren Platz bringen. Auch alles, was in der Stadt oder deren Nähe zum weiteren Absinken des Grundwassers führt, kann auf den Garten und damit auf die notwendige Pflege einwirken: die neuen Leitungen, die gelegt werden, der Abbau von Bodenschätzen wie Braunkohle, das Anzapfen und Einfangen von Quellen, die bisher frei waren, die Betonierung von Flußufern. Vor allem wird dadurch das Wasser knapper oder der Boden trockener. Und da sich solche Einflüsse und Entwicklungen nicht unterbinden lassen, muß man ihren Folgen entgegentreten.

Über das Erneuern und „Umlegen" von Staudenpflanzungen

Jeder, der Stauden in seinem Garten hat oder sich aus Neigung oder von Berufs wegen mit ihnen befaßt, macht die Erfahrung, daß sie sich verändern, daß sie alt werden und manche auch eingehen... still verschwinden. Sie lassen im Trieb nach, sie blühen spärlicher, die Blumen werden kleiner oder gar unansehnlich. Das ist in der freien Natur nicht anders, wir achten bloß nicht darauf. Es gibt für diesen ständigen Wandel verschiedene Ursachen, die sich nicht in jedem einzelnen Falle klar erkennen lassen. Doch auch wenn man jede Einzelheit weiß, ist man häufig völlig machtlos. Gegen das Altern zum Beispiel wächst kein Kraut, und alles, was da lebt, muß zuletzt doch sterben.

Merkwürdigerweise jedoch gibt es bei nicht wenigen Pflanzen – insbesondere bei Gehölzen und Stauden – eine Art von Ausnahme: wenn man sie teilt oder veredelt und sonstwie *vegetativ* vermehrt. Daher ist auch die vegetative Vermehrung eine der wichtigsten Arbeiten und Möglichkeiten des Gartenbaues. Ob es beispielsweise 1000 Pflanzen der Ritterspornsorte 'Berghimmel' auf der Erde gibt oder 50 000 oder ein Vielfaches davon und wo diese auch stehen: Sie alle sind nicht Nachkommen, sondern Teile des ersten Exemplars, das als „Individuum" gar nicht mehr vorhanden sein kann und es auch nicht braucht. Man hat es entweder aufgeteilt und Stecklinge davon gemacht, oder man hat es stehengelassen, und dabei ist es schließlich eingegangen. Das gleiche gilt von den Beständen aller Phlox-, Astilben-, Pfingstrosen- oder Erigeron-Sorten, von sämtlichen Blutbuchen oder den Sorten von Chamaecyparis. Man teilt sie, macht Stecklinge oder Abrisse, veredelt sie – je nachdem, was am günstigsten ist – und erhält sie auf diese Weise Jahrzehnte hindurch, auch noch länger. Läßt man die Pflanzen aber stehen und vermehrt nicht mehr ungeschlechtlich, so stirbt die Sorte aus. Bei all jenen Gewächsen, Arten und Rassen, die man durch Samen vermehrt, ist es ohne Bedeutung, wenn die Bestände eingehen: Sobald sie Samen angesetzt und wir welchen geerntet haben, ist der Fortbestand gesichert. Sorten dagegen, die vegetativ vermehrt werden, vermögen sich nicht selbst zu erhalten und erzeugen auch von sich aus nichts, was dies ermöglicht: Sie bedürfen immer und immer wieder menschlicher Arbeit, menschlicher Eingriffe. Deshalb gibt es im Staudengarten ständig zu tun, überhaupt in jedem Garten. Nur die freie Natur bedarf unser nicht. Entscheidend ist zu wissen, wie alt die verschiedenen Stauden normalerweise werden. Auf Ausnahmen kann man keine Rücksicht nehmen, sie bestätigen zwar, wie es heißt, die Regel, aber sie folgen ihr nicht.

Und es gibt auch kein Gesetz, keine Hypothese, welche für das Alter und das Altwerden von Mitgliedern der verschiedenen Familien und für diese selbst gelten, so daß es nur darauf ankäme, sie logisch anzuwenden. Tatsächlich steht dem die Zahl der Ausnahmen entgegen. Man findet zum Beispiel in der Familie *Ranunculaceae* manche Gattung, bei welcher die Pflanzen viele Jahre alt werden: die Pfingstrosen, Leberblümchen, Anemonen und Christrosen, aber ihnen stehen Aquilegien gegenüber, die selten älter als drei Jahre werden. Auch beim Rittersporn kommt das vor. Allgemein werden Bäume alt, aber auch bei ihnen gibt es große Unterschiede. Das Alter schwankt auch von Land zu Land: Arten aus milderen Gebieten, Arten mit besonderen Ansprüchen, denen man nicht völlig gerecht werden kann, erreichen bei uns kaum ihr „natürliches" Alter. Man kommt gelegentlich also zu zwei verschiedenen Zahlen, für uns jedoch ist entscheidend, mit welchem Alter man hier rechnen darf oder soll.

Versuche im großen, zu genauen Zahlen zu kommen, sind bisher nicht angestellt worden. Man hat Umfragen veranstaltet und sich an Blumenliebhaber, Staudenkultivateure, botanische Gärten, Leiter oder Spezialisten in Stadtgartenämtern gewandt. Die Antworten fußen zum Teil auf genauen Aufzeichnungen, zum Teil auf Erfahrungen und Beobachtungen. Ziemlich genau steht fest, welche Stauden nicht alt werden.

Kurzlebige Stauden

Aëthionema
Aquilegia
Arabis × arendsii
Aster andersonii
— yunnanensis
Campanula persicifolia
Coreopsis grandiflora
— lanceolata
— rosea
Cymbalaria hepaticifolia
— muralis
Delphinium-Hybriden: Pacific-Gruppe
Dianthus superbus
Digitalis grandiflora
— ferruginea
— lutea
Erigeron aurantiacus
Eryngium giganteum
Helianthus atrorubens, wandert!
Hesperis, gefülltblühende
Houstonia
Hutchinsia
Iris, Zwiebel-Iris etwas unsicher
Leontopodium alpinum
Linum flavum
Lupinus-Polyphyllus-Hybriden z. T.
Mentha requienii
Papaver burseri
Physostegia, unsicher!
Polygonum vacciniifolium
Primula farinosa
— Juliae-Hybriden z. T.
— vialii
— vulgaris
Thalictrum dipterocarpum
Viola-Cornuta-Hybriden, besonders die großblütigen

Kurzlebige Stauden, die leicht auswintern

Anchusa azurea
— cespitosa
Antennaria
Anthemis tinctoria
Catananche caerulea
Delphinium nudicaule
Euphorbia myrsinites
Gaillardia
Mimulus cardinalis
— cupreus
— luteus
Penstemon, fast alle
Petrorhagia, gefüllte
Raoulia
Stokesia
Thymus × citriodorus
— praecox var. pseudolanuginosus
— vulgaris

Langlebige Stauden

Damit sind Arten gemeint, die bis zehn Jahre und länger an ihrem Platz stehenbleiben können und nicht oder kaum nachlassen. Voraussetzung sind allerdings zusagende Verhältnisse und Pflege.

Acantholimon
Acanthus
Aconitum
Actaea
Adonis
Alchemilla
Alstroemeria aurantiaca
Amsonia
Androsace
Anemone canadensis
— narcissiflora
— nemorosa
— sylvestris
— vitifolia
Anthericum
Arabis caucasica, häufig
Arenaria tetraquetra
Artemisia
Arum
Aruncus
Asarum
Asclepias tuberosa
Asparagus
Asphodeline
Astilbe-Arendsii-Hybriden, nur an völlig zusagenden Plätzen!
— thunbergii, wie Astilbe-Arendsii-Hybriden
Astragalus
Athamanta
Aubrieta, häufig
Azorella
Bergenia
Bletilla
Boykinia
Brunnera
Buphthalmum
Calluna
Caltha palustris
Campanula garganica
— lactiflora
— latifolia
— portenschlagiana
— poscharskyana
Carlina acaulis
Centaurea dealbata
— macrocephala
— pulcherrima
Centranthus
Cerastium
Cimicifuga
Clematis recta
Convallaria

Cornus
Coronilla
Corydalis
Cypripedium
Dianthus arenarius
— deltoides
— gratianopolitanus
— plumarius, nur einfache und kleinblumige
Dicentra eximia
— formosa
— spectabilis, ausnahmsweise!
Dictamnus
Dryas
Epimedium
Eranthis
Erica herbacea
Eriogonum
Euphorbia polychroma
Farne, die meisten
Filipendula
Galega
Genista lydia
— sagittalis
— tinctoria
Gentiana asclepiadea
— cruciata
— lutea
— septemfida
Geranium platypetalum
Gillenia
Glecoma
Gypsophila cerastioides
— repens
Haberlea
Helenium bigelovii
Helianthus decapetalus
— rigidus
— salicifolius
Heliopsis
Helleborus
Hemerocallis
Hepatica nobilis
  transsylvanica
Herniaria
Hieracium
Horminum pyrenaicum
Hosta
Hylomecon
Iberis sempervirens, zuweilen
Inula
Iris bulleyana
— chamaeiris
— chrysographes
— × chrysophor
— forrestii
— fulva
— graminea
— × monaurea
— × monspur

— pseudacorus
— sibirica
— spuria
Jasione
Kirengeshoma
Lathyrus latifolius
Lavatera thuringiaca
Ligularia
Lysichitum
Macleaya
Meum athamanticum
Minuartia graminifolia
— laricifolia
Mitella
Monarda
Nepeta
Nuphar
Nymphaea
Opuntia
Origanum vulgare
Pachysandra
Paeonia delavayi
— Lactiflora-Hybriden
— mlokosewitschii
— officinalis
— peregrina
— Suffruticosa-Hybriden
— tenuifolia
— veitchii
Paradisea
Paronychia kapela ssp. serpyllifolia
Peltiphyllum
Phlomis russeliana
Phlox divaricata
— maculata
— stolonifera
Phytolacca
Podophyllum
Polygonum polystachyum
Potentilla fruticosa
Pulsatilla vulgaris
Ramonda
Rheum
Rodgersia
Rudbeckia fulgida, Varietäten
— laciniata
Salvia officinalis
— × superba
Sanicula
Saponaria ocymoides
Saxifraga cortusifolia
— granulata
— paniculata
— umbrosa
Scutellaria
Sedum anacampseros
— ewersii
— floriferum
— reflexum

49

— *sieboldii*
— *spectabile*
— *telephium*
Sempervivum
Silene alpestris
— *maritima* 'Weißkehlchen'
Silphium perfoliatum
Sisyrinchium striatum
Smilacina
Solidago
Stachys grandiflora
Telekia
Tellima
Thermopsis
Tiarella
Trachystemon
Tricyrtis
Trollius, nur bei völlig zusagendem Standort
Typha
Veratrum
Veronica austriaca ssp. *teucrium*
— *fruticulosa*
— *gentianoides*
— *spicata*
— *subsessilis*
— *virginica*
Viola labradorica
Waldsteinia
Yucca

Langlebige Stauden, die wuchern

Achillea millefolium
— *ptarmica*
Aralia
Boltonia
Buglossoides purpurocaerulea
Cirsium rivulare
Cotula
Echinops ritro
Epilobium purpuratum
Lamium
Lysimachia
Physalis
Polygonum affine
— *sericeum*
— *weyrichii*
Prunella
Rudbeckia lacinata
Saponaria officinalis
Sedum hybridum
— *spurium*, einzelne Sorten
Senecio abrotanifolius
Stachys byzantina
Symphytum

Langlebige Stauden machen zuletzt fast keine Arbeit. Man hat die Blütenstengel wegzuschneiden und muß mit Düngetorf belegen. Sie lassen sich aber, sobald sie richtig eingewachsen sind, überhaupt nicht mehr oder nur ausnahmsweise versetzen. Das ist bei der Planung unbedingt zu berücksichtigen. Man muß sie stehenlassen, bis sie eingehen; sind sie im Wege oder stören sie, bleibt nichts übrig, als sie herauszuhacken. Bei Arten, die Ausläufer treiben, lassen sich die wüchsigsten noch verwenden. Stattliche Exemplare treiben, wenn man sie umsetzt, keine neuen Verzweigungen oder Spitzen und kaum noch frische Wurzelhaare, weil ihr Wurzelstock zu alt dafür ist, und so gehen die Pflanzen ein oder kümmern lange. Das ist auch zu gewärtigen, wenn man sie mit einem großen, intakten Ballen ausgräbt und mit diesem umsetzt. Es kann gelingen, doch ist darauf kein Verlaß.

Kurzlebige Stauden läßt man sich zu Tode blühen oder langsam eingehen. Manchmal tauchen sie im nächsten und zuweilen auch in weiteren Jahren immer wieder auf, aber sie erreichen niemals die Schönheit und Fülle des ersten Jahres. Da sie nicht schaden, läßt man sie aus Sentimentalität häufig stehen, obwohl sie den Garten nicht verschönern. Es ist besser, sie herauszuholen und frische an ihren Platz zu setzen. Bei kurzlebigen Stauden sind laufende Neuanzucht, Nachkauf und Erneuerung nötig oder ständig wiederholte vegetative Vermehrung wie zum Beispiel bei *Chrysanthemum coccineum*. Bei diesem bringen nur immer wieder geteilte und frisch gesetzte Bestände schöne, große Blumen auf geraden, hohen Stielen. Das Teilen regeneriert oder stimuliert also die Stauden, vor allem, wenn es regelmäßig und zum günstigsten Zeitpunkt geschieht.

Außer den beiden Gruppen der lang- und der kurzlebigen Stauden gibt es eine dritte. Sie umfaßt Stauden, welche drei, vier, fünf oder noch mehr Jahre an ihrem Platz bleiben können; nach dieser Zeit muß man sie aufnehmen, teilen (sofern das möglich ist) und wieder pflanzen oder ersetzen. Vor allem ist das bei den meisten Kulturstauden unerläßlich... von *Aster amellus* angefangen bis zu *Trollius*. Die Pflanzen blühen nicht mehr reich und stagnieren im Wuchs. Ihr vielfach überreicher Flor hat den Boden völlig ausgesogen, so daß Nahrungsmangel eingetreten ist. Dem läßt sich durch regelmäßiges Düngen etwas entgegenwirken. Nicht selten sind die Wurzelmassen so dicht geworden, daß zwischen den Wurzeln überhaupt kein Boden mehr vorhanden ist, sie haben ihn verdrängt. Wahrscheinlich ist das umgebende Erdreich auch durch Ausscheidungen der Wurzelspitzen einseitig verändert oder „vergiftet" worden, wie man den Zustand nennt. Es dürften also mehrere Faktoren zusammenkommen. Der Ausweg ist das Verpflanzen nach verschieden vielen Jahren, die Unterschiede dürften artbedingt sein. Wann es nötig wird, kann man den Beständen meistens ansehen, auch ist es im „Speziellen Teil" des Buches im Abschnitt „Bewertung, Verwendung, Anzucht" erwähnt.

Es gibt zwei Möglichkeiten: Man teilt von Fall zu Fall, also wenn es für die einzelnen Arten, die man im Garten stehen hat, nötig ist... oder man arbeitet verallgemeinernd und teilt alle Stauden nach vier bis sechs Jahren grundsätzlich. Die zuerst aufgeführte Möglichkeit ist in kleinen Gärten mit wenigen Stauden, ferner für Alpina und andere besondere Anlagen angebracht, die zweite ist bei großen, geschlossenen Pflanzungen üblich, die nach einem Plan angelegt wurden und ein Bild ergeben. Und hierfür gibt es nochmals zwei Möglichkeiten: Man kann an einen neuen Platz pflanzen oder den bisherigen nochmals benutzen. Ob und welche der bisherigen Stauden man aufteilen und wieder verwenden kann, läßt sich nur von Fall zu Fall entscheiden. Es ist selten mit allen möglich. Die Pflanzen müssen gesund und triebkräftig sein, die Sorten sollen sich bewährt haben. Völlig falsch wäre, die Büsche mit großem Ballen auszuheben und nach gründlicher Erneuerung der Erde wieder zu setzen und dabei bloß am Rande einzukürzen oder zu halbieren. *Man braucht regenerierte Bestände.*

In der Praxis geht das „Umlegen" oder Erneuern einer geschlossenen Pflanzung ungefähr wie folgt vor sich. Wenn man sich überzeugt hat, daß es angebracht ist, nimmt man die verschiedenen Stauden, sobald sie abgeblüht sind, aus der Erde, schneidet die Stengel herunter und prüft, ob sie sich teilen lassen. Ist es möglich, teilt man sofort und pflanzt die gewonnenen Stücke auf ein Kulturbeet oder schlägt sie sorgfältig ein, notiert auch, wie viele es sind. So fährt man fort und räumt den bisherigen Platz bis Mitte September. Dann wird er gut hergerichtet, so daß man im Frühjahr wieder besetzen kann. Auf Spätblüher darf man keine Rücksicht nehmen; man muß sie ebenfalls herausnehmen, nicht teilen und einschlagen, sondern die Teilstücke vorsorglich in Töpfe pflanzen und diese über Winter in ein leeres Frühbeet oder an einen recht geschützten Platz räumen. Der Einschlag muß ebenfalls geschützt liegen, und man deckt ihn über Winter vorsorglich mit Reisig ab. Nebenbei ist ein neuer Bepflanzplan auszuarbeiten. Er kann dem bisherigen ähneln oder von ihm abweichen, ihn vielleicht verbessern. Dabei stellt sich auch heraus, ob man zu den vorher verwendeten Sorten neue hinzunehmen oder einzelne ersetzen sollte.

Das erwähnte Teilen ist in der Staudenkultur gang und gäbe. Es ist weder eine schwere noch eine schwierige Arbeit, doch sind Geschick und Überlegung nötig... es zu beschreiben ist weniger leicht. Man legt die Ballen vor sich hin und prüft genau, ob die Pflanzen ausreichend gesunde Wurzeln haben und ob die Stengel an ihrer Basis mit Knospen besetzt sind. Wenn ja, kommen die Stöcke fürs Teilen in Betracht. Haben sie einige kräftige, verholzte Triebe, wie *Heliopsis* und *Phlox paniculata*, packt man mehrere und versucht behutsam, die Ballen auseinander zu drücken oder zu zerreißen. Manchmal ist dazu viel Kraft nötig, vielleicht auch Wiederholung, denn man braucht ungefähr faustgroße Stücke. Natürlich schneidet man die Wunden sauber glatt. Dann nimmt man das Teilstück so in die Faust, daß es oben nur wenig überragt, und kürzt die Wurzeln bis zum unteren Ende der Faust. Zuletzt taucht man die Stücke ins Wasser und legt sie in einen Handkasten ab, und schließlich schlägt oder töpft man ein. Haben die Pflanzen keine verholzenden Stengel oder Triebe, wie Päonien und Rittersporn, muß man den Klumpen allmählich in angemessen große Stücke zerschneiden. Bei sehr großen Ballen kann man mit dem Spaten vorteilen und mit einem kräftigen, scharfen Messer die Arbeit vollenden.

Man muß mit Überlegung vorgehen, sonst bekommt man zuviel Abfall, und an den Augen bleiben zuwenig Wurzeln. Ballen, die aus den Wurzeln und einer dichten Rosette von zahlreichen Blättern bestehen, lassen sich ebenfalls nur mit dem Spaten und anschließend mit dem Messer aufteilen, ...besonders, wenn sie 30 cm und mehr breit sind. Bei ihnen sind zur Weiterverwendung vor allem Stücke vom Rand geeignet. Der Einschlag, in den die Teilpflanzen kommen, ist ein etwa 20 cm tiefer Graben mit schrägen Seiten. Man hebt ihn an einem geschützten Platz aus und glättet Boden und Wände sorgsam, dann stellt man die Ballen dicht an dicht hinein, steckt zu jeder Sorte das gehörige Etikett, zieht mit Erde zu und füllt so hoch an, daß auch der Wurzelhals im Boden steckt, tritt und klopft fest und wässert schließlich gründlich. Die Teilstücke dürfen nicht zu klein sein. Es wäre unklug, dies dadurch ausgleichen zu wollen, daß man einfach mehrere zusammenpflanzt.

Solitärpflanzen auch von Kulturformen braucht man nicht bereits nach den üblichen Jahren aufzunehmen, zu teilen und zu regenerieren. Wenn sie gut stehen, Luft und Licht um sich haben und sorgsam gepflegt werden, tun sie manchmal 10 Jahre und mehr ihren Dienst und bilden imponierende Schaustücke. Lassen sie schließlich doch nach, sind sie fürs Teilen nicht mehr zu gebrauchen.

Über Pflanzpläne und Staudenpflanzungen überhaupt

Allgemeines

Um gute Pflanzpläne aufstellen zu können, sind mancherlei Kenntnisse nötig. Man muß das allgemeine und das ganz lokale Klima der zukünftigen Pflanzungen gut kennen. Man muß sich über den Boden und seine Eigenschaften im klaren sein. Und man muß umfassend die vielen Stauden mit allen ihren großen und kleinen Charakterzügen kennen, muß wissen, welche Ansprüche sie stellen, wie alt sie werden, zu welchen Nachbarn sie passen. Es ist überdies nötig, die Arten und Sorten ständig zu beobachten und zu prüfen, ob sie zufriedenstellen oder nachlassen und enttäuschen und warum wohl. Man muß also sein Wissen und sein Urteil immer wieder mit der Wirklichkeit konfrontieren. Ferner ist zum Aufstellen von Pflanzplänen eine gewisse Phantasie unerläßlich, man muß sich von der zukünftigen Pflanzung ein Bild zu machen verstehen und auch wissen, ob es schön ist.

Mängel und Fehler sieht man erst, wenn die Pflanzung schon steht, und es bleibt nichts übrig, als einzelne oder mehrere Exemplare zu versetzen... das ist aber weder ideal noch für die Pflanzen günstig. Im Gegenteil, sie werden nochmals gestört und verlangen eine Weile eine Sonderpflege. Pflanzpläne müssen auch auf die Umgebung Rücksicht nehmen, denn die Pflanzungen sollen sich in diese einfügen und dazu passen. Häufig sind sie nur ein Teil der Gesamtplanung eines Gartens samt Haus, die neu angelegt und gebaut werden. Und wie man für den Bau eines Hauses einen Architekten haben muß, so sollte man den Entwurf eines Gartens, die Aufstellung der Pflanzpläne und alles, was damit zusammenhängt, einem Gartenarchitekten oder Gartengestalter übertragen. Sie sind für diese Aufgaben ausgebildet worden und haben Erfahrungen aller Art gesammelt. In fast jedem zukünftigen Garten sind mehrere „Lösungen" möglich, und man sollte diese zunächst durchsprechen. Man sollte auch „praktisch" denken, zum Beispiel sich über die spätere Unterhaltung klarzuwerden versuchen: Was diese an Geld und Arbeit verschlingen dürfte, ob man selbst gärtnern möchte und kann oder wer sonst die Arbeit machen soll.

Man erwarte von einem Garten nichts Schwieriges oder Unmögliches... etwa, daß alles ständig blüht oder gut aussieht. Eine solche Unmöglichkeit ist zum Beispiel, in einem kleinen Garten eine *immerblühende Staudenrabatte* haben zu wollen. Sie ist keine deutsche Erfindung, sondern wurde um die Jahrhundertwende aus England eingeführt, wo sie *Perpetual Flowering Herbaceous Border* hieß. Damals entstanden in Deutschland die ersten Staudenbetriebe. Man hatte aber wenig Erfahrung, wie man diesen neuen Pflanzentyp verwenden sollte, und so hielt man sich zunächst an englische Vorbilder. Man findet die immerblühende Staudenrabatte noch heute in England, doch nur in sehr geräumigen Gärten und Parken oder Grünanlagen. Sie sind nämlich groß, und man braucht dafür viel Platz: Häufig ist sie 30 bis 40 m lang oder sogar noch länger und stets mindestens 3,5 m, einzelne selbst 6 m tief. Vielfach haben sie als Hintergrund eine stattliche Hecke aus Immergrünen. Die Sorten werden in großen Flecken gesetzt, und die Länge ist in mehrere gleich lange Abschnitte aufgeteilt, deren Bepflanzung sich wiederholt. So kommt Rhythmus in das Ganze. Die Rabatten brauchen ständig Pflege, sonst verwildern und verkommen sie. Die Unterhaltung kostet viel Arbeit und läuft stark ins Geld. Nicht selten fügt man Blütensträucher ein. Beliebt sind Strauch- oder Kletterrosen, deren Triebe man frei wachsen läßt. Leer werdende Stellen füllt man laufend mit Sommerblumen, Dahlien oder krautartigen Gewächsen, was den Aufwand erhöht. In vollem Flor sind solche Rabatten ein überwältigender Anblick. Aber sie sind reine Repräsentationspflanzungen. Die bunten Schätze des Staudenreiches werden zu Prunkbeeten vereinigt. Nachahmungen und „Miniaturausgaben" sind ein Unding, aber es hat sie gegeben. Bei uns hatten einzelne Städte in ihren Parken solche Schaurabatten angelegt, doch ist davon selten noch viel vorhanden. Der Aufwand ist zu groß. Man ist heutzutage der Meinung, daß Staudenrabatten etwa 2 Monate voll blühen und prächtig wirken können, mehr wäre nicht unmöglich, aber viel zu kostspielig und damit widersinnig. Ferner empfinden wir diese Monsterpflanzungen als Unnatur und grobe Übersteigerung, was sie in der Tat sind oder waren. Sie wirkten meistens durch die Masse und durch die Flut der Farben, die Formen der Pflanzen gingen unter. Diese Bevorzugung der Farbe gab und gibt es auch heute noch in der Züchtung, was jedoch einseitig ist. Die Natur macht solche Unterschiede nicht, sondern sie bietet alles in Harmonie. Glücklicherweise haben wir den Sinn und das Verständnis für die Schönheit natürlicher Formen, für den Schnitt der Blätter, für das Gewirr kahler Zweige von Bäumen und Sträuchern, für die Architektur der Gewächse wiedererlangt. Die großartigen Bildbände Ernst Häckels mit Wiedergaben von Urtierchen, die Fotografien von Ernst Blossfeld und andren, die Pflanzendetails zeigen, und japanische Vorbilder haben uns die Augen geöffnet.

Im Gegensatz zu jenen teuren Monsterpflanzungen von damals stellen wir uns jetzt die Bepflanzung unsrer Gärten und Anlagen schlichter vor und planen entsprechend. Geschlossene Teppiche von Polsterstauden, die als grüne oder abweichend getönte Fläche wirken, sind auch in kleinen Gärten üblich geworden. Man begnügt sich oft mit wenigen Blütenstauden und setzt sie einzeln oder in kleinen Gruppen; so kommt ihr Bau gut heraus, und wir werden nicht durch ein Übermaß von Farben erregt. Unsere Gärten beginnen insofern den japanischen zu ähnlen, deren Hauptmerkmal die äußerst geschmackvolle, etwas sparsame Verwendung der Pflanzen ist. Zusammenfassend kann man sagen: Sie sollen natürlich, praktisch und zugleich schön, stilvoll und delikat sein. Wichtig ist, daß alles *beinahe* von selbst gut gedeiht. Unentbehrlich sind bei Staudenpflanzungen Gehölze, denn in der freien Natur treten beide vielfach zusammen auf. Ein Steingarten ohne niedrige Sträucher aus der Bergflora ist nur halbe Sache! Ferner werden Steine heute viel mehr als früher verwendet: für die Wege, für Trockenmauern und Treppen, als Stützmauern. Ja, man findet da und dort sogar schöne, große Findlinge in den Garten gelegt. Auch das haben wir von den Japanern gelernt.

Über Trockenmauern

Stützmauern in abschüssigem Gelände gehören zu den ältesten Agrarbauten der Menschen, denn terrassierte Flächen lassen sich leichter bearbeiten als geneigte, auch ist die Gefahr gebannt, daß bei Wolkenbrüchen oder Landregen die Erde weggeschwemmt wird. Ohne Stützmauern gäbe es an vielen Hängen keine Bodennutzung und an den warmen Südlehnen im Rheintal, von Mosel, Nahe und Unstrut oder bei Meißen an der Elbe keinen Weinbau. Gärten an Hängen brauchen ebenfalls Terrassen.

Die Trockenmauer hat jedoch meistens einfachere Aufgaben und einen anderen Zweck. Sie kann natürlich Höhenunterschiede überwinden, ist aber häufig nur ein Mittel der Gliederung und Gestaltung. Es ist hier nicht der Platz, auf den Bau von Trockenmauern einzugehen. Darüber gibt es Spezialliteratur. Gesagt sei nur, daß Trockenmauern leicht nach hinten geneigt sein müssen, damit der Regen auf die Fläche treffen kann, daß ein festes Fundament da sein oder geschaffen werden muß, und daß sich mit steigender Höhe die Kosten vergrößern und mehr Sorgfalt nötig ist. In der Regel bepflanzt man die Trockenmauern und ahmt damit die Natur nach. Denn wie man häufig sehen kann, haben sich auf Stützmauern in Weinbergen die verschiedensten Gewächse angesiedelt. Samen, den der Wind angeweht hatte, war in den mit Erde gefüllten Fugen gekeimt, und daraus ist allmählich ein manchmal dichter Bewuchs geworden. Im Garten verläßt man sich nicht auf den Wind, sondern bepflanzt die Trockenmauern. Dafür eignen sich auch eine ganze Reihe Stauden. Man muß sie jedoch *während* der Errichtung der Trockenmauern einfügen, es sei denn, daß man Dränageröhren einbaut, die sich auch später besetzen lassen. Welche Pflanzen man verwenden kann, hängt von der Lage zur Sonne ab: ob die Mauer von Osten nach Westen verläuft oder von Norden nach Süden, ob sie viel Sonne oder den halben Tag Schatten bekommt oder gar nach Norden zeigt. Die Erde, die zwischen die Fugen kommt, soll völlig abgelagert, also frei von sich noch zersetzenden Pflanzenresten, kräftig und schwer sein. Sie möchte auch unkrautfrei sein, ebenso keinen Unkrautsamen enthalten. Zu sandige Erde wird zu leicht vom Winde ausgeblasen. Da man die Gewächse nicht düngen kann, ist es nötig, daß die Erde an der Rückseite mit gejauchtem Torf oder guter Erde vermischt wird, um wenigstens etwas für später vorzusorgen. Im allgemeinen bleiben die in Mauern wachsenden Exemplare kleiner und brauchen weniger Nahrung als die Bestände auf Beeten oder auf den Mauerkronen. Man soll niemals zu dicht bepflanzen, es sieht besser aus, wenn der Stein stellenweise frei bleibt, da er ja die Grundsubstanz ist. Man nehme auch nicht zu viele verschiedene Arten. Für niedrige und kurze Mauern eignen sich Arten und Sorten, die zierlich bleiben, man kann sogar etwas ausgefallene Gewächse verwenden. Für lange und hohe Trockenmauern wähle man wüchsige Arten.

Für sonnig liegende Mauern kann man nehmen:

Acantholimon
Alyssum saxatile
Androsace primuloides
Arabis
Artemisia schmidtiana 'Nana'
Aubrieta
Campanula carpatica
— garganica
— portenschlagiana
— poscharskyana
Cerastium
Dianthus gratianopolitanus
— petraeus
— plumarius, einfach blühende und kurzstielige Sorten
Geranium, niedrige
Gypsophila repens
Haplophyllum patavinum
Leontopodium alpinum
Minuartia
Nepeta
Oenothera missouriensis
Phlox subulata, kräftig wachsende Sorten
Polygonum affine
Prunella × webbiana
Pterocephalus perennis ssp. perennis
Saponaria ocymoides
Saxifraga
— callosa ssp. callosa
— cotyledon
— crustata
— hostii
— paniculata
Scutellaria scordifolia
Sedum, verschiedene Arten
Sempervivum
Silene alpestris
Stachys byzantina

Für stärker beschattete Partien von Trockenmauern eignen sich:

Corydalis lutea
Cymbalaria hepaticifolia
— muralis
Haberlea
Lysimachia nummularia
Polygonum affine
Ramonda
Saxifraga umbrosa
Silene alpestris
verschiedene kleine Farne und Gräser

Eingegangene Exemplare lassen sich nicht erneuern, denn man müßte die Ersatzpflanzen mit Gewalt in die Fugen drücken. Das wäre „Pflanzenquälerei", und sie wüchsen nur ausnahmsweise an. Ähnlich widersinnig wäre, die Mauer halb einzureißen. Denn dabei müßte man auch manche doch lebendige, fest eingewurzelte Stauden entfernen und gefährden. Es wäre auch eine heikle und langwierige Arbeit, das alte Gefüge wiederherzustellen. Hat man Dränageröhren in die Mauern eingebaut, ist das Auswechseln von abgestorbenen Stöcken eher möglich. Man zieht die alte Pflanze heraus, füllt angefeuchtete Erde ein und schiebt zuletzt die Staude behutsam in den Hohlraum. Dann umfüttert man den Ballen mit Boden und drückt diesen mit einem Stäbchen fest. Gegen Tonröhren wird eingewandt, daß sie in der Mauer ein „Fremdkörper" sind, was auch stimmt. Aber sie werden bald von den sich entwickelnden Blattmassen verdeckt. Unerläßlich ist, die Tonröhren vor dem Einbauen gründlich zu wässern und sich vollsaugen zu lassen, damit sie keine Feuchtigkeit aus dem Boden ansaugen.

Im ganzen ist das Aufführen und wirkungsvolle Bepflanzen von Trockenmauern eine Arbeit, zu der große Sorgfalt, reiche Erfahrung im Umgang mit Stein und Pflanzen und überdies Geschick nötig sind. Sie wird meistens von Spezialisten ausgeführt, die man „Steinarbeiter" nennt. Man soll Trockenmauern nur im Frühjahr und Vorsommer oder wenig darüber hinaus ausführen, im Herbst nicht. Man kann in dieser Jahreszeit aber das Fundament für eine hohe, starke Mauer anlegen. Wird es während des Bauens und Bepflanzens heiß und trocken, beschatte man die fertigen Stücke mit Reisig oder Leinewand und neble von Zeit zu Zeit alles ein. Eine große Erleichterung ist, wenn man für das Bepflanzen Bestände mit Topfballen nehmen kann. Ganz zu Anfang muß man sich die nötigen Steine auswählen und beschaffen, die bereits im Steinbruch vorsortiert und auch etwas bearbeitet sein möchten.

Oben werden Trockenmauern reicher bepflanzt. Man kann dabei auch aufrecht wachsende Stauden verwenden, ferner Blumenzwiebeln und selbst zwergige oder flach wachsende Gehölze wie *Juniperus chinensis* 'Pfitzeriana' und ähnliche.

Stauden für Plattenwege und Treppen

Wo man Stützmauern aufgeführt hat, dort sind meist auch Stufen und Treppen nötig, um die Höhenunterschiede bewältigen zu können. Sicher sind Treppen als Bauwerk so alt wie Mauern jeder Art. Es gibt eine riesige Literatur über sie und berühmte Künstler des Treppenbaues. Auch im Garten sind sie zuweilen nötig, und sie lassen sich samt den Treppenwangen, wenn sie ohne Mörtel und mit ausreichend breiten Fugen aufgeführt werden, genau wie Trockenmauern bepflanzen. Ob man es tun oder unterlassen soll, hängt von der Größe und vom ganzen Charakter des Gartens oder der Anlage ab. Der Flor, der aus den Ritzen quillt, zeugt von der Anspruchslosigkeit und zugleich von der Lebenskraft auch kleiner Gewächse, die an schwierigen Plätzen fröhlich gedeihen. Solche Eindrücke oder Szenerien sind jedoch nicht überall nötig, ja, sie können stören. Große Freitreppen zum Beispiel oder schmale Stufenpfade bepflanzen zu wollen, wäre Unsinn. Treppen und Wangen muß man, während man sie aufführt, bepflanzen. Dabei ist Zurückhaltung und sorgfältige Auswahl nötig. Die Pflanzen dürfen den Fuß nicht behindern. Sie dürfen also nur an Flecken stehen, die völlig abseits von den benutzten und begangenen Teilen der Stufen liegen, und sie dürfen nicht wuchern. Tritt man auf stark betaute oder vom Regen nasse Polster, kann man ausrutschen und hinfallen. Eine Treppe, die wenig begangen wird, wächst eher zu als eine, über die täglich mehrere Benutzer steigen. Zum Bepflanzen eignen sich alle Arten, die für niedrige Trockenmauern üblich sind.

Auch Plattenwege gibt es schon seit langer Zeit, desgleichen mit Platten ausgelegte Sitzplätze und Höfe. Man hatte sie bereits im alten Persien, in griechischen und römischen Atriumgärten. Desgleichen waren sie bei den Chinesen und Japanern üblich und bildeten häufig sogar ein Mittel der Gestaltung. Ein Plattenweg ist natürlicher als ein mit allen Finessen gebauter Asphaltweg und billiger als ein regelrechter Kiesweg. Aber er paßt nicht überall hin. Natürlich müssen Plattenwege, genau wie jeder sonstige Weg, einen Zweck haben: Sie sollen zu bestimmten Partien oder Punkten des Gartens führen, damit wir diese trockenen Fußes erreichen können.

Werden die Fugen nicht mit Mörtel oder Teer ausgegossen, stellen sich immer Gräser oder auch Unkräuter ein, und es liegt nahe, statt dessen geeignete Stauden zu pflanzen. Diese vermögen zwar die Unkräuter nicht völlig zu unterdrücken, aber sie halten sie in Grenzen. Auch muß man durch Jäten nachhelfen. Will man Stauden in Fugen pflanzen, sollten diese nicht schmaler als 4 cm sein, zu breit ebenfalls nicht. Die Platten müssen schrittgerechte Abstände haben. Man kann während des Verlegens bepflanzen oder hinterher, wobei man aber die justierten Platten wieder anheben muß. Es sind unempfindliche Arten nötig, die vertragen, daß man gelegentlich auf sie tritt. Ständig ist dem keine Polsterstaude gewachsen.

Für Plattenwege in sonniger Lage eignen sich:

Acaena buchananii
— *magellanica*
— *microphylla*
Antennaria dioica
— *parvifolia*
Cotula squalida
Herniaria
Matricaria oreades
Muehlenbeckia axillaris
Paronychia kapela ssp. *serpyllifolia*
Thymus serpyllum u. Sorten

Bei breiten Plattenwegen, zwischen den Platten am Rande eines geräumigen Sitzplatzes und vielleicht auch zwischen den Einfassungsplatten von Wasserbecken kann man gelegentlich auch größere Stauden einfügen: *Iberis, Festuca, Sempervivum, Sedum* und selbst *Papaver nudicaule*. Jeder, der vorübergeht, wird einen kleinen Bogen um die Pflanzen schlagen.

Für absonnige Plattenwege eignen sich:

Cotula squalida
Epilobium purpuratum

Lysimachia nummularia
Paronychia kapela ssp. *serpyllifolia*
Sagina subulata
  und alle vorher aufgeführten *Acaena*, ebenso
  Saxifraga umbrosa.

Über Alpina

Ein Alpinum ist eine besonders geschaffene Anlage, in welche man Perennen, Gehölze und Zwiebelgewächse aus den verschiedenen höheren Gebirgen der Erde pflanzt. Nur wer Neigung zu dieser Flora hat, wird sich ein Alpinum anlegen oder anlegen lassen. Für die Anlage und die laufende Pflege sind Spezialkenntnisse nötig, man muß sich ständig um die Anlage kümmern, stets gibt es etwas zu tun. Die Pflege von Alpinen ist sogar Gegenstand einer Liebhaberei.
Am leichtesten kann man ein Alpinum in felsigem Gelände, auf steinigen Hängen oder den Flanken von Hügeln einrichten, aber es ist auch mitten im Tiefland auf einer ebenen Fläche möglich. Man muß dann aufschütten. Ein natürlich wirkendes Alpinum zu schaffen ist niemals einfach, selbst in günstigem Gelände nicht. Man muß sich an Vorbilder in der Natur halten, dabei aber die Größenverhältnisse des Gartens berücksichtigen.
In der freien Wildnis der Berge sind die natürlichen Szenerien zuweilen so groß wie eine kleine Stadt, im Garten hat man dagegen nur einige Quadratmeter zur Verfügung. Wichtig, ja unerläßlich sind Alpina in botanischen Gärten, die auch häufig großartige Anlagen aufweisen. Auch für Schul- und andere Lehrgärten sind sie oft nötig. Weil jedoch verschiedene Hochalpina im Tieflande kümmern oder überhaupt nicht zu halten sind, haben einzelne botanische Gärten oder wissenschaftliche Institute in den Gebirgen der näheren oder weiteren Umgebung, selbst im Vorgelände der Alpen regelrechte Zweiggärten für die Alpenflora und ihre schwierigen Arten geschaffen. Die Wachstumsbedingungen sind nicht genauso wie in den hohen Regionen der Massive, aber weit günstiger als im Tieflande. Die Luft ist klarer, Luft- und Bodenfeuchtigkeit sind größer, und über Winter liegt eine dicke Schneedecke, die sicherer ist als jeder künstliche Winterschutz. In der DDR gibt es solche Spezialgärten für Alpengewächse in Schellerhau im Osterzgebirge und bei Oberhof im Thüringer Wald. In der ČSSR und in Polen liegen sie in den Karpaten. In den Alpen gibt es mehrere. Man muß sich von vornherein klar sein, daß die Pflege und Haltung von Felsenpflanzen im Tieflande manche Schwierigkeit bereitet und daß es Grenzen gibt, die auch erfahrene Kultivateure nicht zu übersteigen vermögen. Doch bleiben noch sehr viele Arten übrig, die leicht gedeihen oder nicht zu großen Aufwand erfordern. Selbst für mehrere hundert Alpine braucht man nicht viel Platz, sondern sie lassen sich in einem Steingarten unterbringen.
Worin bestehen die Unterschiede zwischen den natürlichen Standorten und unsern Gärten im Tieflande? In den Bergen ist die Luft reiner, daher die Gefahr des Verschmutzens gering, was natürlich bei Gewächsen mit behaarten Oberflächen und winzigen Spaltöffnungen etwas ausmacht. Die Luft erwärmt sich auch rascher und kühlt schneller wieder ab und damit der Boden. Das hat Vorteile und... Nachteile! Die Luftfeuchtigkeit ist hoch, was die Gefahr zu starker Verdunstung mindert. Der Boden enthält viele mineralische Substanzen und Spurenelemente, er führt häufig viel Wasser, ist jedoch so gut dräniert und durchlüftet, daß er nicht idealer sein könnte. Vielfach steht der Alpenhumus in dicken Schichten an. Über Winter liegt fast überall hoher Schnee, der freilich oft erst im Mai schmilzt, und Ende August setzt der Winter schon wieder ein. Die Pflanzen haben also nur eine kurze Wachstumszeit und bleiben daher klein. Dafür werden viele alt und durch die Zahl der Jahre stattlich. Im Tieflande ist die Luft trockener und trüber, es gibt viele sehr warme Nächte, die Wachstumszeit reicht von Ende März bis in den Oktober hinein, der Boden ist durch die Kultur verändert. Es gibt – wie man sieht – beträchtliche Unterschiede. Und man vermag diese nur zu mildern.
Wer sich ein Alpinum anlegen will, braucht dazu ein Gelände, das in voller Sonne und offen daliegt, aber auch nicht allzu exponiert. Günstig ist die Nähe von Wasserflächen, da sie durch die Verdunstung die Luftfeuchtigkeit erhöhen. Ungünstig ist die Nähe von Wiesen oder Unland, deren Samen der Wind auf die Anlage befördern wird, so daß diese verunkrauten kann. Viel Unkraut im Alpinum ist nicht nur eine Plage, sondern wird zuweilen zu einer tödlichen Gefahr! Durch Rauch und Abgase getrübte und verunreinigte Luft ist ebenfalls abträglich, ihr Niederschlag wird durch den Regen nicht immer völlig weggewaschen. Der Boden, den man verwendet, sei es, daß er den Untergrund für die Anlage bildet, sei es, daß er als Pflanzerde dient, soll völlig frei von Unkrautresten und Wurzeln sein, auch frei von Unkrautsamen, was leicht sagt, aber schwer zu verwirklichen ist. Der Boden darf nicht zu leicht sein, sandigen sollte man durch Zusätze von mürbem Lehm oder völlig verrotteter Rasenerde schwerer machen. Wichtig ist zugleich, daß das Wasser ablaufen oder versikkern kann: Man muß also Schotter und Schutt oder groben Sand beifügen, und dies ziemlich reichlich. Das Wasser darf aber auch nicht so knapp sein oder werden, daß die Anlage bei heißem Wetter austrocknet und ausdörrt. Nicht alle Alpinen sind Xerophyten. Staubtrocken gewordene Erde nimmt später Regen nur schwer auf, und wenn es zu stark regnet, wird sie mit weggeschwemmt! In jedes Alpinum gehört daher ein Anschluß an die Wasserleitung. Aber man soll nicht sprengen oder den Regner laufen lassen, sondern durch Wasserstaub befeuchten. Die Düsen sollen zeitig früh angestellt werden und als Tauspender wirken. Setzt man Arten, die in ständig feuchtem Geröll stehen wollen, muß man eine kleine Quelle oder ein

Rinnsal schaffen... entweder durch eine Abzweigung von der Wasserleitung oder durch einen kleinen Tümpel, der unten langsam ausrinnt und von oben laufend nachgefüllt wird, oder durch Eingraben einer Flasche, in die man Wasser füllt, das durch ein Röhrchen im Stöpsel wegtropft. Ohne solche Kniffe und Einrichtungen kommt man nicht aus, wenn man Alpine von den verschiedenen natürlichen Standorten halten und fortbringen will. Der Gang der Arbeiten ist folgender:

Zuerst gilt es, das Gelände auszuwählen und grob herzurichten. In Hanglagen gehört dazu, Wege einzufügen, Wasserleitung zu legen, Erde heranzuschaffen und Pflanzgruben auszuheben.

Im Tieflande dagegen ist es nötig, das Gelände zu modellieren. Man braucht Gipfel, Buckel und Partien, wo der Stein vorherrscht, ferner Lehnen, kleine Abhänge, Fels- und Erdbänke, überdies Tälchen oder Mulden samt Abzweigungen. Ebenso sind Wege nötig. Durch solche Erhöhungen und Vertiefungen wird sowohl die Nutzfläche vergrößert als auch die „Ansicht" verbessert. In den Alpen herrschen ja auch Berge und Abhänge vor. Am besten fertigt man sich eine Skizze an, wie alles aussehen und werden soll. Man muß jede Einzelheit gründlich erwägen, denn wenn sich herausstellt, daß man Fehler gemacht hat, ist es zu spät. Sie wieder auszumerzen ist umständlich, oft sogar unmöglich. Ein Neuling kommt ohne Ratschläge oder Unterstützung durch Fachleute, die im Bau von Alpina Erfahrung haben, kaum aus.

Hat man den Boden modelliert und es richtig getroffen, folgt das Plazieren der Steine. Man soll stets nur eine Gesteinsart verwenden. Es sind viele Steine und die verschiedensten Größen nötig. Man kann zwei Typen von Steinen unterscheiden: gebrochene, starke Blöcke mit Kanten und Findlinge mit abgeschliffenen Rändern. Beide Arten eignen sich, aber nur jede allein! Als Grundstock braucht man einige sehr große Brocken und gruppiert um und auf diese kleinere Steine. Liegen sie fest und gut, füllt man Erde auf und bekommt auf diese Weise Bänke oder leicht geneigte größere Flächen. Um sie zu beleben und dem Boden Halt zu bieten, kann man diese zuletzt durch einige kleine Steine zusätzlich modellieren und völlig durchgestalten. Die Steine in den mittleren und oberen Partien sollen verhältnismäßig weit aus dem Boden ragen und können auch terrassenförmig oder ansteigend fest aufeinandergetürmt werden... in den unteren Partien dürfen sie nur zur Hälfte oder noch weniger frei daliegen, denn unten sammelt sich auch in der Natur alles Geröll und das von Regen oder Flüssen in die Täler beförderte Erdreich an, so daß es überwiegt. Das richtige Plazieren der Steine ist eine Kunst. Falsch aufgebaute Brocken zerstören das Bild und den Eindruck völlig, und man kann das auch durch kluge Verteilung der Pflanzen nicht wettmachen. Ebenso wichtig ist, daß die Steine absolut fest und sicher liegen. Sehr schwere brauchen einen gestampften Platz als Unterlage oder gar einige grobe Brocken als Unterfütterung. Es darf nicht vorkommen, daß die großen Steine, die den oberen Abschluß bilden, allmählich in die Erde rutschen. Man kann – gelegentlich – gesunkene Schiffe heben, mit abgesackten Steinen ist das nicht möglich. Für die großen Brocken braucht man als Transporthilfsmittel Kräne oder Seilwinden oder Dreiböcke. Das Legen der Steine ist eine harte und langwierige Arbeit, hasten wäre verkehrt. Es kann auch vorkommen, daß man einen Brocken etwas drehen, ein wenig anders unterbringen muß. Die Steine sollen unbedingt auf die „faule" Seite zu liegen kommen, so heißt die Seite des Schwerpunktes und der breitesten Lagerfläche. Nur auf dieser ruhen sie sicher und fest. Überdies sollen die Steine leicht nach hinten geneigt sein: Das Erdreich hält besser, und das Regenwasser läuft nicht ab, sondern wird nach innen geleitet und kommt der Wasserführung der Anlage zugute. Beim Plazieren möchten auch Meißel und Fäustel parat liegen, damit man Ecken abschlagen, einen Stein verkleinern oder sonstwie formen kann. Alles muß zueinander passen und eine Art Einheit bilden. Es dürfen keine Hohlräume bleiben, in alle Fugen und Löcher oder Gruben ist Erde zu füllen, und man drücke oder stoße sie auch fest. Felsspalten sind aber zugleich als Standort für eine lange Reihe besonders anspruchsvoller oder heikler Arten nötig... man darf also nicht jede Fuge verfüllen. Für solche Stauden braucht man vor allem schräg laufende Fugen. Man kann sie „bauen" und auch mit dem Meißel in den Stein schlagen. Es sind in allen vier Himmelsrichtungen Spalten zu schaffen, denn das Lichtbedürfnis der Alpinen ist sehr verschieden und muß genau berücksichtigt werden.

Schließlich geht man ans Pflanzen. Man verwende also gärtnerisch vorkultivierte Bestände, und die Zahl der Arten und Sorten soll groß sein. Große Teppiche und einheitliche Flächen schaffe man nur ausnahmsweise, man setze lieber von jeder Art nur ein oder zwei Pflanzen und lasse sie sich selbst ausbreiten. Die Beschaffung der vielen Arten ist nicht immer leicht, da sie in den üblichen Staudenbetrieben nicht geführt und kultiviert werden. In botanischen Gärten zieht man sich die nötigen Bestände häufig selbst, und auch Liebhaber tun dies oft. Von ihnen kann man am ehesten Pflanzen erhalten, ferner gibt es einige Spezialbetriebe, die Alpine kultivieren. Das Ausgraben von Pflanzen am natürlichen Standort ist verwerflich. Allenfalls ist erlaubt, Samen und Früchte zu sammeln. Man pflanze zuerst die Nadel- und Laubgehölze, die unbedingt in ein Alpinum gehören. Man legt die Exemplare aus und prüft, ob sie am richtigen Platz sind, man muß sich auch vorstellen, welchen Raum sie später einnehmen werden, wohin ihre Wurzeln dringen, wieviel und wohin sie Schatten werfen, wenn sie größer sind. Sind sie eingewachsen, kann man sie nicht versetzen, wie überhaupt im Alpinum das nachträgliche Korrigieren von Fehlern nur ausnahmsweise möglich ist. Nach den Gehölzen kommen die Stauden an die Reihe. Man pflanzt sie Partie um

Partie, nicht einmal hier, dann wieder dort. Die Ansprüche an den Boden, an die Wasserführung, an Sonne und Beschattung sind sehr mannigfaltig, und man muß sie unbedingt genau erfüllen. Es ist aber in diesem Buche unmöglich, auf die vielen Details einzugehen. Meistens sind die Pflanzen, die man bekommt, klein, so daß die Anlage zunächst leer aussieht. Es wäre falsch, anfangs dichter zu stellen oder gar Sommerblumen oder wüchsige Arten als Füllsel einzufügen. Sommerblumen können sich aussamen und zur Plage werden; bei den wüchsigen Arten muß man ständig aufpassen, daß sie schwache Wachser nicht bedrängen. Zum Alpinum gehört Geduld! Ist es aber richtig angelegt, sind die Pflanzen an den zusagenden Platz gekommen, pflegt man laufend, so kann man es Jahrzehnte hindurch haben, ohne daß irgendwelche Eingriffe oder Erneuerungen nötig werden. Das ist einer der Vorzüge solcher Anlagen, auf den hier ausdrücklich hingewiesen sei. Natürlich muß man darauf achten, daß nicht eine einzige Art sich allzu stark ausbreitet. Man muß also im Auge behalten, wie die Polster sich entwickeln, wo überall Sämlinge auftauchen, und hat notfalls zu jäten oder zurückzuschneiden.

Über Steinbeete und Troggärtchen

Beide sind ein „Ersatz" für das Alpinum. Ein Steinbeet läßt sich in fast jedem Garten anlegen. Wie im Alpinum kann man darin außer den üblichen Pflanzen der Berge auch schwierige und heikle Arten unter- und fortbringen. Man kann es auf ebener Erde anlegen, es läßt sich aber auch eine Böschung vorm Hause dazu verwenden. Die Beete können von Norden nach Süden und von Osten nach Westen verlaufen. Auf solchen kann man vor allem Arten unterbringen, die einen vollsonnigen Standort wünschen. Pflanzen dagegen, die auf einem Nord-Süd-Beet stehen, bekommen für einige Stunden am Tage nur indirekt Licht. Die Beete werden 120 bis 180 cm breit gehalten; breiter ist ungünstig, weil man nicht überall hinlangen kann, was für die Pflege nötig ist. Für die Länge gibt es keine Norm, allzu lang jedoch ist unpraktisch, denn man müßte zuviel Umwege laufen. Man steckt die Fläche, die rechtwinklig sein soll, ab, hebt etwa 25 cm tief den gewachsenen Boden aus, füllt die Grube fast bis zum Rande mit Schotter aus und errichtet auf dieser Unterlage das eigentliche Steinbeet. Man kann die Erde allmählich ansteigen lassen, so daß ein kleiner Hügel entsteht mit einer allmählich ansteigenden Vorder- und einer steil abfallenden Rückseite – dies ist besonders bei Beeten nötig, die von Ost nach West verlaufen. Oder man kann Terrassen und Erdbänke schaffen, auf welchen man die Alpinen unterbringt. Es sind wie im Alpinum verschiedene Erdarten nötig, man braucht Spalten und Flächen, die besonders trocken sind, desgleichen berieselte Geröllfelder für Arten, die frischen, gekühlten Boden wünschen. Natürlich braucht man auch Steine und feinen sowie groben Schotter. Nötig ist ferner ein Wasseranschluß, damit man einnebeln kann. Freilich sieht ein Steinbeet niemals so malerisch aus wie ein Alpinum. Aber es läßt sich leichter schaffen. Wo man die Flora der Berge und einzelne Hochalpine vor allem zu Lehr- oder Demonstrationszwecken braucht, kommt man mit einem Steinbeet aus. Natürlich verlangt es wie das Alpinum laufende Pflege. Wichtig ist auch hier, Unkräuter und schädliche Tiere wie Schnecken fernzuhalten.

Der Gedanke, in Steintrögen Alpina einzurichten, kam in den zwanziger und dreißiger Jahren unsres Jahrhunderts auf. Troggärten ähneln in einzelnen Zügen den Gartenschalen aus Ton oder anderm Material, in die man Pflanzen setzt und die auf Sitzplätzen, Gartenterrassen, auch neben Eingängen und selbst auf Straßen und Plätzen aufgestellt werden und ein Quasi-Beet bilden. Steintröge haben den Vorzug, daß sie sehr dauerhaft sind und weder durch Frost gesprengt noch durch Stöße ernsthaft beschädigt werden können. In der Regel sind die Wände 10 cm dick, als Material ist jedes Gestein geeignet. Die Liebhaber und Freunde dieser Alpinenpflanzungen verwenden teils besonders hergerichtete, also ausgehöhlte Steine, die man notfalls auf Füße aus Stein oder Holz aufbockt, oder sie nehmen ausgediente Futtertröge für Schweine, alte Tränktröge für Pferde und alte Schmiedetröge, in deren Wasser das heiße Eisen zum Abkühlen gesteckt wurde. Die Tröge bestehen allesamt aus einem Stück, und für die Größe gibt es keine Vorschriften. Ein Nachteil – wenn man so will – ist, daß sie schwer sind und gefüllt sich kaum noch transportieren und an einen andern Platz räumen lassen. Man stellt sie auf Terrassen, Sitzplätzen, Treppenwangen und dort auf, wo man sich häufig aufhält oder vorüberkommt. Südseiten als naher Hintergrund sind ungünstig. Sie strahlen viel Hitze zurück, was nicht alle Alpinen vertragen. Auch große Tröge brauchen nur wenig Platz.

Die Tröge müssen an der tiefsten Stelle ein ausreichend großes Abzugsloch haben, und dieses muß so frei liegen, daß die austretende Flüssigkeit auch wegfließen kann. Über das Abzugsloch legt man innen ein grob durchlöchertes Stück Zinkblech, das als Sieb wirkt. Dann füllt man etwa bis zur Hälfte groben Schotter ein und auf diesen zunächst eine Schicht Torfmull als Abdeckung und zuletzt die nötige Erde. Sie soll je nach den verwendeten Pflanzen alkalisch oder leicht sauer sein. Für alkalische Erde braucht man dazu Torf, alte Rasenerde, scharfen Sand und Gesteinsgrus; für saure Erde ist saurer Lehm, Heideerde, Quarzsand und Urgesteins- oder Granitgrus zu nehmen, die Tröge sollen aus Granit oder Porphyr sein und nicht aus Kalkstein. Oben fügt man einzelne Steine ein, und das Ganze kann mit Grus oder Kies abgedeckt werden. Nach dem Füllen gießt man gründlich an und läßt sich alles wenigstens eine Woche setzen. Schließlich wird gepflanzt. Man kann seiner Phantasie die Zügel schießen lassen und der Vorliebe für bestimmte Typen von Alpinen nach Herzenslust huldigen. Die Erde sollte gedämpft sein, damit man nicht zu jäten braucht. Die Pflege besteht darin, daß man die Tröge gegen Abend zart einnebelt, an sehr heißen Tagen auch kräftig gießt und das Einnebeln über Tag wiederholt. Über Winter decke man mit Reisig ab.

Nur nebenbei sei erwähnt, daß es sogar Liebhaber gibt, die Alpine in Balkonkästen aus Asbestzement oder anderm festem Material auf der Fensterbank halten, und daß die Pflanzen fröhlich gedeihen. Selbstverständlich müssen sie gut gepflegt werden. Grundsatz ist: die Füße kühl, aber der Kopf verträgt Hitze.

Über Wasserbecken im Garten

Ohne Wasser gibt es keinen Pflanzenwuchs. Im Garten wird es zum Gießen verwendet, und gelegentlich werden Wasserbecken angelegt. Sie wirken als Spiegel, und man kann darin Pflanzen unterbringen, die im Wasser stehen wollen. Das Wasser bereichert und belebt dann den Garten. Ferner trägt es zur Verbesserung der Luft bei, indem es Staub anzieht und durch Verdunstung die Luft weicher und frischer macht. Höhere Luftfeuchtigkeit kommt auch sämtlichen Pflanzen zugute: Sie brauchen weniger zu verdunsten, und ihr Wasserbedarf ist geringer. Doch ist das eine Nebenwirkung, an die niemand denkt, und man legt ihretwegen keine Wasserbecken an. Die Hauptwirkung ist ästhetischer Natur. Insgesamt kann man in Gärten mancherlei Wasserbehälter antreffen:

Da gibt es die Tonne, in der man das auf Dächer fallende Regenwasser sammelt, damit man es nutzen kann... Regenwasser ist mild, sauerstoffreich und viel wärmer als das Leitungswasser, es ist „natürliches" und für viele Pflanzen das „ideale" Wasser. Da gibt es die Vogeltränken und Vogelbäder und die Brunnen- und Schöpfbecken, vor allem dort, wo man eine Quelle oder einen Brunnen im Garten hat... in den Städten eine große Seltenheit. Dann gibt es das Zierbecken, das architektonische Aufgaben hat, und den Springbrunnen, der nur des aufsteigenden und sprudelnden Wasserstrahls wegen da ist und zu den ältesten Ergänzungen des Gartens gehört. Und es gibt den aus Kalifornien übernommenen Reflecting Pool. Er ist ein nur 20 bis 25 cm tiefes, aber ziemlich großes, meistens rechteckiges Becken, das in unmittelbarer Nähe des Hauses oder eines Sitzplatzes angelegt wird, damit sich die Landschaft und der Himmel, vielleicht Bergzüge darin spiegeln. Es muß frei daliegen, die Landschaft soll großartig und farbig sein, ferner die Luft sehr klar und rein. In Wirklichkeit ist der Reflecting Pool jedoch keine amerikanische Erfindung und schon gar nicht ein Vorrecht und Renommierstück versnobter reicher Leute... alle Alpenseen, deren Wasserfläche eine berühmte Wand spiegelt, sind welche, und schon im Altertum wurden Prunk- und Kultbauten häufig an den Ufern von Flüssen errichtet, in denen sie sich spiegeln sollten.

Weiterhin gibt es das Planschbecken für die Kinder und da und dort sogar ein Badebecken für die Erwachsenen. All diese Becken und Wasserflächen haben mit der Pflanzenwelt, insbesondere mit Stauden, direkt nichts zu tun. Es wird deshalb hier nicht weiter auf sie eingegangen. Natürlich kann man Stauden in die Nähe solcher Becken pflanzen.

Schließlich gibt es Becken, deren Zweck es ist, Wasserpflanzen aufzunehmen. In fast jedem natürlichen Wasser auf der Erde findet man Pflanzen oder Tiere, meistens beide zusammen, aber nur einzelne Gewächse eignen sich für Wasserpflanzenbecken im Garten. Über deren Form und Größe gibt es keine Vorschriften, sie sollen sich nur in den Garten einfügen. Große Becken kosten viel Geld und müssen stabiler sein als kleine, die nur einen geringen Wasserdruck auszuhalten haben. Auch bei der Ausführung hat man freie Hand. Manche kommen mit einer Mulde aus, die etwa 20 cm hoch mit *reinem* Ton oder Lehm ausgekleidet wird, der gut festgestampft werden muß. Man kann diese Lehmschicht mit Bahnen von teerfreier Dachpappe abdecken und braucht die Bahnen nicht unbedingt zu verkleben. Diese Mulden lassen sich auch mit Beton auskleiden... ein kompliziertes Verfahren, auf das hier nicht eingegangen werden soll. Eine andere Möglichkeit besteht darin, vorgeformte Becken aus Asbestzement oder ein halbiertes Faß einzugraben. Man kann sich auch die Becken aus Stahlbeton errichten lassen. Die Becken müssen dicht sein und ihr Untergrund fest, er darf nicht arbeiten oder nachgeben. Günstig ist, wenn man über Winter das Wasser ablassen kann. Das sollte bei allen Becken, die weniger als 60 cm tief sind, unbedingt geschehen. Becken von 1 m Tiefe dagegen frieren normalerweise nicht ein... man muß aber, damit es keine Frostrisse gibt, sobald sich eine Eisdecke gebildet hat, einen Teil des Wassers ablassen. Zwischen Wasserfläche und Eisdecke entsteht dabei ein Hohlraum, der gut isoliert. Taut die Eisdecke, muß man bei erneuter Bildung wieder Wasser ablassen, doch läßt sich das nicht noch mehrere Male wiederholen. Die Wasserschicht wird zu dünn, und es besteht die Gefahr, daß sie bis auf den Grund gefriert, was für die Pflanzen nicht gut ist. Man muß also notfalls mitten im Winter das Becken wieder nachfüllen. In entleerten Becken sind die Pflanzen mit Laub oder anderm Deckmaterial gut zu schützen. Das Abzugsloch muß an der tiefsten Stelle liegen und soll, damit das Abflußrohr nicht verstopft, mit einem haltbaren, feinen Sieb versehen werden. Wichtig ist ferner ein Überlauf, durch welchen bei starkem Regen das überschüssige Wasser abfließen kann. Der Überlauf braucht kein Stutzen zu sein, der in das Ablaufrohr mündet. Bei kleinen Becken genügt schon eine Kerbe am Rande. Man läßt das überlaufende Wasser in einen kleinen Sickerschacht abfließen, oder man verwendet es für ein Sumpfpflanzenbeet, das unweit des Beckens liegen soll. In der Regel ist es nötig, von Zeit zu Zeit das verdunstete Wasser zu ersetzen, also die Becken nachzufüllen.

Man kann sich dazu einen kleinen Zulauf bauen lassen... etwa in Verbindung mit einer Plastik oder einer höher liegenden Überlaufschale. Der Gartenschlauch tut's aber auch und genausogut. Springbrunnen sind für Becken, die man bepflanzen will, nicht geeignet. Alle aus dem Wasser herausragenden Arten wünschen ruhiges, stilles Wasser. Becken, die weniger als 30 cm tief sind, kommen für die schönsten aller Wasserpflanzen, für die Seerosen, nicht in Betracht, sie sind für diese zu flach. Auf dem Grund liegt noch die Erde auf und verringert die Wassertiefe. Man kann Becken aber verschieden tief anlegen, indem man Stufen einbaut und so flache Partien und tiefere erhält.

Wenn man auf den Boden Erde aufbringt und in diese pflanzt, stehen die Exemplare frei, und ihre Wurzeln können sich ausbreiten. Die Erdschicht soll wenigstens 15 cm hoch sein, und man decke sie mit Kies oder Sand ab, um das Wasser sauberzuhalten. Bei kleinen und mittelgroßen Becken setzt man häufig bloß Betonringe auf den Boden und füllt nur diese mit Erde, oder man pflanzt in Körbe, Holzkästchen, kleine Kübel und ähnliche Gefäße, die man ins Wasser stellt und notfalls über Winter wieder heraushold und außerhalb des Beckens überwintert. Die Gefäße müssen stabil sein. Wichtig ist gute, gehaltvolle Erde. Eine erprobte Mischung besteht je zur Hälfte aus mürber Rasenerde und Garten- oder Ackererde, dazu gibt man etwas Rindermist und Hornspäne, arbeitet alles mehrere Male gründlich durch und läßt über Winter den Frost einwirken. Dann ist die Erde fertig zum Verbrauch. Mineraldünger darf nicht zugesetzt werden, denn er löst sich im Wasser auf, geht also den Pflanzen verloren, dient aber den Algen als Nahrung... und nichts ist unerwünschter als Algen! Teichschlamm eignet sich nicht für Wasserbecken. Die Erde soll neutral oder ein wenig sauer sein. Kalkhaltige Erde ergibt kalkhaltiges Wasser, und bei Kalk im Wasser gedeihen die Algen besser als in leicht saurem. Die erwähnte Erdmischung kann man auch direkt in die Becken einfüllen.

Wichtig ist, daß das Wasser sauber bleibt. Gegen Verschmutzung durch Staub läßt sich wenig tun. Blätter fischt man nach Möglichkeit heraus. Es ist aber kein Ausweg, wenn man das Wasser ständig abläßt und erneuert. Gegen Algen und gegen verschiedene unerwünschte tierische Bewohner helfen vor allem Fische und einzelne Schnecken. Zusammen bilden sie ein geschlossenes biologisches System. Manche Fische leben von Pflanzenkost, also von Algen und von den Blättern der im Wasser gedeihenden Gewächse, andere sind Fleischfresser und verzehren kleine Kerbtiere, Schnecken und die Larven der Mücken, die auf jedem stehenden Gewässer zu finden sind. Ohne Fische im Wasserbecken wird man der Mückenplage niemals Herr werden. Man braucht aber Fische, welche in dem verhältnismäßig sauerstoffarmen — weil unbewegtem, also stehendem — Wasser gedeihen. Man setze Goldfische oder bunte Karauschen, auch Orfen oder Schleien in die Becken. Die Tiere sollten nicht zu klein sein; man soll sie gut beobachten können, wenn man ins Wasser blickt. Günstig sind etwa 1 m tiefe Becken, weil man darin die Fische überwintern kann. Die Tiere halten in solchen Becken wie in der freien Natur eine Winterruhe, aber sie leiden auch keinen Schaden, wenn man sie im Spätherbst in ein Aquarium überführt. Man muß sie dann eben laufend füttern und das Aquarium besorgen. Weitere nützliche Bewohner eines Pflanzenbeckens sind die Posthorn- und die Sumpfdeckelschnecken. Sie leben von Algen und auch von verfaulenden Pflanzenresten. Hat man Fische oder Schnecken, ist es aber auch nötig, Unterwasserpflanzen in das Becken zu setzen: Sie scheiden tagsüber den Sauerstoff aus, den die Tiere zur Atmung brauchen. Man kann die Wassernuß *(Trapa natans)* und die Wasserfeder *(Hottonia palustris)* einsetzen, bei welcher nur die Blütenstände mit den rosa Blümchen aus dem Wasser herausragen. Tannenwedel *(Hippuris vulgaris)* ist weniger geeignet, da er kalkhaltiges Wasser wünscht, Kalk aber die Algen begünstigt.

Irgendwelche Pflege braucht ein Wasserpflanzenbecken nicht, sofern das biologische Gleichgewicht zwischen Tier und Pflanze in Ordnung ist. Man muß nur gelegentlich Wasser nachfüllen. Die Pflanzen sollten nicht überwiegen, denn man hat dann vom Wasser „nichts mehr". Wo es als Spiegel wirken soll, dürfen die Gewächse nicht viel mehr als ein Drittel der Gesamtfläche einnehmen. Man kann aber Becken auch nur wegen der Wasserpflanzen schaffen, dann sollen die Pflanzen vorherrschen. Doch muß auch in diesem Falle eine freie Wasserfläche bleiben, denn Seerosen wollen „schwimmen". Ferner beschränke man sich stets auf wenige Arten, sonst wird das Bild unruhig, also stilwidrig. Man wähle nur Pflanzen, die in Größe, Form und Wuchskraft der Größe und Tiefe der Becken entsprechen... insbesondere ist Vorsicht bei stark wuchernden Wasserpflanzen geboten. Alle Schilfarten und der Rohrkolben eignen sich nur für große Becken, ansehnliche Teiche oder für die Ufer von Bächen.

Im Frühling muß man den Rest des alten Wassers völlig ablassen und neues einlaufen lassen. Hinterher wird häufig der Algenwuchs sehr stark und droht das ganze Becken auszufüllen. Dagegen läßt sich wenig tun, es ist ein ganz natürlicher Vorgang, der nach einigen Wochen abklingt. Die Algen haben ihre Winterruhe hinter sich und fangen, sobald sie zusagende Verhältnisse haben, mit allen Kräften an, sich zu entwickeln. Das hat aber sein Ende, wenn die neu mit ins Wasser gekommenen Nährstoffe aufgebraucht sind und die unerwünschten Einwohner keinen Nachschub mehr erhalten. Sie gehen dann zurück. Ganz verkehrt wäre, das veraltete Wasser abzulassen, in wenigen Wochen wäre das Becken nochmals grün. Auch erreicht das Wasser niemals die für fast alle Wasserpflanzen nötige Wärme, wenn man immer wieder neues einläßt, das ja nicht vorgewärmt ist.

In jedem zweiten oder dritten Frühjahr muß man das

Becken vor dem Füllen gründlich reinigen. Der Kies oder der Sand, mit dem man die Erde bedeckt hat, ist unter einer Schicht von zu Boden gesunkenem Staub, Fäkalien der Fische, faulenden Pflanzenteilen, ins Wasser gefallenen und nicht herausgefischten Blättern und anderem Unrat verschwunden. Man muß alles bis auf die Erde abkratzen, auch auflesen, was nicht ins Becken gehört, und zuletzt den Boden wieder mit frischem Kies oder Sand bedecken. Auch die Wände soll man reinigen, darf dazu aber keine Chemikalien verwenden. Im ganzen bleibt bei dieser Pflege das Wasser klar, doch wird es dunkel. Es nimmt bald nach der vorübergehenden Veralgung im Frühjahr eine bräunlichgelbe Farbe an, die an Töne von Rembrandt erinnert.

Kleine Becken müssen, wie bereits erwähnt, über Winter entleert werden. Bei ihnen ist überhaupt die Gefahr größer, daß sie durch Frost Schaden leiden, denn er kann auch von unten eindringen, wenn es sehr tief friert. Es ist unbedingt nötig, die Pflanzen mit Laub oder anderm Material zu schützen. Stehen die Pflanzen in Kübeln, Kästen oder andern Gefäßen, die nicht zu groß und schwer sind, soll man sie herausnehmen und in einem Keller oder Schuppen überwintern, der eben frostfrei bleibt. Man decke die Gefäße ringsum mit Torfmull ein, damit die Erde nicht völlig austrocknet, sonst leiden die Pflanzen Schaden. Über entleerte Becken gehört eine Art Dach, das den Frost abhält und verhindert, daß Regen und Schnee das Becken unerwünscht füllen. Solch ein Dach ziert nicht, es kann jedoch erträglich aussehen.

In den freien Grund auspflanzen kann man nur in Teiche oder sehr große Becken, deren Boden weithin mit Erde bedeckt ist. Die Exemplare werden oft riesig und brauchen viel Platz. Man setze sie von vornherein so weit auseinander, daß sie sich nicht gegenseitig beeinträchtigen können. Eingewachsene Bestände lassen sich kaum oder nur sehr schwer eindämmen, und sie herauszuholen und zu teilen, um sie neu zu pflanzen, ist noch schwieriger.

In großen Gärten und Parken ist ein Becken oder ein Teich ein Detail, in kleinen Gärten kann es, auch wenn es nicht stattlich ist, das Herzstück oder eine Art Mittelpunkt sein... wenn man es darauf anlegt.

Über Heide- und Wildstaudengärten und Pflanzungen ähnlicher Art

Heide gibt es vor allem in Nord- und Nordwesteuropa, und sie bedeckt meistens große Flächen. Die wichtigste Pflanze ist *Calluna vulgaris*, ein allgemein bekanntes Zwerggehölz xerophytischen Charakters. Es wächst gesellig und tritt nur auf leicht sauren, armen, sandigen, stark ausgewaschenen Böden auf. Landschaftlich ist eine Heide zur Blütezeit von großem Reiz, aber doch sonst zieht sie so manchen Menschen an. Es herrschen Einsamkeit, Stille und eine gewisse Zeitlosigkeit. Man empfindet sie als wohltuend, wenn man das Getriebe und die Hast, den Lärm der Großstadt hinter sich gelassen hat.

Es wäre recht gewagt, außerhalb der natürlichen Heidegebiete, zu denen wir auch die Kiefernheiden zählen, künstlich eine Heidelandschaft schaffen zu wollen. Es geht kaum. Und doch versucht man es immer wieder einmal. Schon vor 60 Jahren bemerkte Willy Lange in *Gartengestaltung der Neuzeit:* „Der Heidegarten hat aber die Phantasie der Gartenästheten nicht zur Ruhe kommen lassen"... man darf auch die Gartenfreunde und Gartengestalter einbeziehen.

Es gibt zwei große, grundverschiedene Vorstellungen vom Garten – den Nutzgarten außer Betracht gelassen –. Man stellt ihn sich als Ort größter Üppigkeit und paradiesischer Fülle vor, wozu wir durch unsre Pflege beitragen, oder als ein Refugium, wo wir uns ausruhen, erholen, fast ein Teil der Natur werden können, und alles gedeiht fast von selbst. Ein Garten dieser Art wäre der Heidegarten.

Er läßt sich nur dort schaffen, wo die Voraussetzungen vorhanden sind. Es gibt genug Heidelandschaften auch mitten in unsrer Kulturlandschaft. Der Boden ist arm und sandig, und überall findet man die Kiefer. Gerade sie ist eines der Charaktergehölze der Heide. Man gibt sich große Mühe und scheut weder Kosten noch Arbeit, auch in sandigen Gegenden die üblichen Gärten und Parke anzulegen mit Wegen, Sträuchergruppen, Laubgehölzen und Blumenbeeten. Heidegärten und Heideparke wären viel natürlicher und praktischer! Man erspart die Verbesserung und Herrichtung des Bodens, man braucht keine gebauten Wege, man muß nur einmal pflanzen und hat mit der laufenden Pflege wenig Arbeit.

Wichtig ist, daß Heide dort, wo sie von Natur aus auftritt, nicht beseitigt wird, daß man den Boden nicht bearbeitet und nicht danach trachtet, ihn zu „verbessern". Boden und Bewuchs bilden ein geschlossenes biologisches System, das sich im Laufe der Zeiten entwickelt hat und in das man nicht eingreifen sollte. Man beherzige das schöne Wort Hölderlins: „... und schone der Wildnis, göttlich gebaut". Aber man kann ergänzen, vorsichtig steigern, einzelne Nuancen verstärken und heraustreten lassen.

Günstig sind zum Beispiel farbliche Ergänzungen durch blau- oder silbergraue Gräser, durch *Artemisia ludoviciana* und auch *A. schmidtiana*. Man kann andere Erika-Arten einfügen... nicht jedoch *Erica herbacea* (Erica carnea), die südlicher auftritt und kalkhaltigen Boden wünscht. Man kann auch Gehölze verwenden, wie sie in der Heide vorkommen. Unerläßlich sind aber große Horste von Kuhschellen, da sie in der Heide wachsen, freilich nur verstreut. Sogar Krokus eignen sich, wie unglaubwürdig das zunächst auch klingen mag... es gibt einige Beispiele dafür, daß sie absolut in den Heidegarten „passen" und nicht stören. Die Heidenelke, *Dianthus deltoides*, sollte niemals fehlen. Sogar der blanke sandige Boden darf da und dort bleiben und einen Farbfleck bilden. Es ist nicht nötig, daß die verschiedenen Stauden jedesmal in großen Horsten beisammenstehen, manchmal genügen auch nur wenige Exemplare.

Bei parkähnlichen Anlagen kann man sogar das Unkraut ungestört wachsen lassen... die anspruchsvollen Gartenunkräuter gedeihen sowieso nicht. Es ist einzig nötig, die Calluna- und Erika-Bestände von Zeit zu Zeit mit einer Heckenschere etwas zurückzusetzen, damit sie nicht zu „Besen" werden. Insgesamt sind Heidegärten oder Heideparke standortsgemäße Gärten und keine Anlagen im eigentlichen Sinne.

Für echte Heidegärten eignen sich die anschließend aufgeführten Stauden und Gehölze. Es werden auch Arten genannt, die im Buche nicht behandelt sind, insbesondere eine Reihe typischer Wildarten. Man pflanzt die Stauden oder sät an Ort und Stelle und läßt sie von selbst größer werden. Man kann auch auf ein im Gelände liegendes Saatbeet aussäen und von da aus die Jungpflanzen breit setzen. Bei manchen Arten sind kleine Exemplare sogar besser geeignet als ausgewachsene... z. B. bei *Pulsatilla*, *Carlina* und *Calluna*. Wichtig sind schließlich einige Findlinge, die notfalls als Sitzplatz dienen können.

Stauden

Adonis vernalis
Alyssum montanum
Anaphalis
Antennaria
Anthericum liliago
Armeria maritima
Aster sedifolius (nur wenig!)
Campanula latifolia
Carlina (braucht aber Kalk!)
Centaurea pulcherrima
Cerastium tomentosum (sparsam)
Dianthus arenarius
– *deltoides*
Eryngium planum
Galium rubrum
Geranium dalmaticum
Helianthemum
Herniaria
Hieracium
Hypericum polyphyllum
Inula hirta
Matricaria oreades
Potentilla aurea u. a.
Pulsatilla vulgaris
Salvia × *superba*
Sedum acre
Thymus serpyllum
– *villosus*
Verbascum olympicum
Veronica orientalis
– *prostrata*
– *spicata*

Gräser

Carex
Festuca amethystina
– *cinerea*
– *scoparia*
Koeleria glauca
Stipa, verschiedene

Gehölze

Außer Kiefern und Säulenwacholder:

Arctostaphylos uva-ursi
Bruckenthalia spiculifolia
Calluna vulgaris und Sorten
Cytisus scoparius (Vorsicht, wird leicht zu Unkraut!)
Empetrum nigrum
Erica cinerea
– *tetralix*
– *vagans*
Genista hispanica
– *horrida*
– *radiata*
– *sagittalis*
– *sylvestris* var. *pungens*

Entsprechendes läßt sich von Wildstaudengärten und von der Bepflanzung sumpfiger Stellen sagen. Es ist einfacher, und es ist logisch, Gärten und auch Grünanlagen, die in eine noch ziemlich ursprüngliche Landschaft kommen sollen, an diese anzupassen. Die Natur dort umzuändern, ist eine sehr kostspielige Arbeit. Auch muß man damit rechnen, daß der ursprüngliche Zustand sich allmählich und unversehens von selbst wieder herstellt. Damit wäre aller Aufwand vertan. Das Gegenteil – etwa in einem recht trockenen Strich unbedingt eine Sumpflandschaft schaffen zu wollen – liefe auf das gleiche hinaus. Solche Pflanzungen sind in botanischen Gärten nötig, sonst aber kaum. Im Garten und im streng geometrisch angelegten Park mit ständig gepflegten Rasenflächen und bunten Beeten von krautartigen Gewächsen nebst einigen Sommerblumen sind sie nicht nötig, sie würden eher stören. Welche Arten Stauden für sumpfige Plätze und große, freie Wildstaudenpflanzungen zu nehmen sind, ist in den Listen auf S. 24 bis S. 26 nachzulesen.

Über Staudenwiesen

Staudenfluren oder Wiesen, die als Pflanzen nur Stauden aufweisen, gibt es in der Natur nicht selten. Eine Wiese ist eine baumlose, mit einer zusammenhängenden Pflanzendecke bestandene Fläche, auf der Gräser vorherrschen. In Gebieten mit verkürzter Vegetationszeit – durch lange Winter mit viel Schnee oder durch einen glühenden, sehr trockenen Sommer verkürzt – sind Stauden häufiger und überwiegen. Solche Staudenwiesen gibt es in den Alpen, in den Pyrenäen, auf dem Balkan, im Norden Europas. Sie bedecken in Asien, Nord- und Südamerika und auch in Neuseeland oft riesige Flächen, und überall findet man andere Arten. Im allgemeinen ist der Boden fruchtbar und frisch, manchmal sogar etwas naß. Die Anzahl der Arten schwankt von Staudenwiese zu Staudenwiese, bleibt aber auf jeder einzelnen ziemlich konstant.

Manche von Klima und Boden besonders begünstigte Staudenwiesen enthalten bis 60 Arten von Perennen; sie fangen im Mai an zu blühen, und eine Art löst die andere ab bis tief in den Herbst hinein. In ungünstigen Lagen dagegen findet man nur 15 und wenig mehr Arten.

Auch in großen Parken und Gärten hat es solche Staudenwiesen gegeben oder gibt es noch welche. Geradezu berühmt war früher die Staudenwiese im Botanischen Garten von Dahlem auf dem Abhange des Hügels, der Pflanzen aus dem Himalaja beherbergt. Auf ihr wuchsen 15 Arten Gräser und über 80 Arten von Stauden und Biennen, und sie hat sich mehrere Dutzend Jahre ohne große Schwankungen im Bestand gehalten. Man hatte sie angelegt, aber die Zahl der Arten war anfangs viel geringer: Aus den umgebenden Teilen des Gartens kamen ständig neue hinzu.

Solch eine Wiese anzulegen, ist gar nicht so schwierig, wie man zunächst befürchten mag. Die wichtigste Arbeit ist die Auswahl der geeigneten Arten. Man muß zuerst den Boden genau untersuchen und feststellen, ob Sand oder Lehm vorherrscht, ob trockene oder frische bis feuchte Wiesen in der Nähe sind. Die Wiese muß ziemlich groß sein und völlig frei liegen. Wiesen, vor allem kleinere, inmitten von Gruppen großer, alter Bäume sind ungeeignet, denn sie sind so dicht von den umherstreichenden Wurzeln der Gehölze durchzogen, daß auf ihnen nicht viel gedeihen kann. Und es würde auch nichts nützen, die Wurzeln zu entfernen, sie wachsen wieder nach. Hat man aber eine große freie Fläche, kann man den Versuch wagen. Man muß das Gelände gut pflügen oder graben, Steine und perennierende Unkräuter auslesen, düngen, vor allem guten Kompost einarbeiten. Einen Teil der Stauden muß man im Herbst pflanzen, die meisten jedoch säe man im Frühjahr an Ort und Stelle oder pflanze Sämlinge aus dem Saatbeet. Es eignen sich nur anspruchslose Wildarten für solche Staudenwiesen; auch müssen die Pflanzen leicht und rasch keimen. Man säe so zeitig, wie es überhaupt möglich ist. Sämtliche Samen sind vor dem Aussäen zu mischen, denn die Wiese muß bunt werden, und alles soll wie auf einer unsrer Wiesen völlig durcheinanderstehen! Horste oder Gruppen wären widersinnig und könnten, wenn die Pflanzen – aus welchem Grunde auch – zurückbleiben oder absterben, leere Stellen bilden. Das ist unbedingt zu vermeiden. *Natürlich muß die Wiese gemäht werden, doch nur einmal im Jahre!* Es sollte auch nicht alljährlich zum gleichen Termin geschehen, man hat von Mitte bis Ende Mai und gegen Ende Juni Spielraum. Schwankende Termine sind biologisch nötig: Es wird dabei die gleiche Pflanzenart nicht immer wieder im gleichen Stadium getroffen, sondern vielleicht einmal mitten im Flor, ein anderes Mal nach dessen Beendigung oder auch einmal vor der Blüte. Dadurch wird teils der Flor und damit die Samenbildung überhaupt verhindert, teils blühen die Bestände einer Art zwar, aber sie bringen keinen Samen, oder sie blühen, fruchten, bringen Samen und bleiben so nicht ohne Nachwuchs. Stellt man fest – es ist nötig, die Wiese ständig zu beobachten –, daß eine Art seltener wird, was verhindert werden sollte, so steckt man einige Pflanzen oder Samenträger aus und umgeht diese beim Mähen. Die gemähten Teile dürfen nicht auf der Wiese trocknen, man räume sie bald weg. Es ist nicht ratsam, häufig und reichlich zu düngen, denn dadurch werden vor allem die Gräser gefördert und breiten sich stärker aus als die Blütenstauden. Weitere Pflege ist nicht nötig. Eine Staudenwiese, die richtig angelegt ist und die für den Boden und die übrigen Verhältnisse angemessenen Arten aufweist, ist nicht selten schöner und bunter als irgendeine Staudenrabatte, für die man sehr schwierige Pflanzpläne aufgestellt hat und die dennoch nicht den geschlossen Bestand gibt. Es sind dafür aber stets eine Reihe von Wildstauden nötig, die in unserm Buche nicht beschrieben werden. Man kann sie jedoch in jeder „Flora" finden und wird auch in botanischen Gärten Auskünfte erhalten. Dort wird man wahrscheinlich auch für einen großen Teil der benötigten Arten die Samen bekommen, denn gehandelt werden sie nicht. Anschließend sind in zwei Listen geeignete Arten für Wiesen auf trockneren Standorten mit sandigem Boden und für Wiesen mit humusreichem, frischem Boden aufgeführt. Nicht alle sind im speziellen Teil des Buches beschrieben, man kann nach Belieben noch weitere Arten hinzufügen. Der Masse der Samen ist zuletzt etwa 15 % Gräsersamen hinzuzufügen, dann mischt man nochmals.

Trockener Standort, sandig-lehmiger Boden

Achillea millefolium
Acinos alpinus
Adonis vernalis
Agrimonia eupatoria
Ajuga genevensis
Anchusa officinalis
Anthemis tinctoria
Anthericum liliago
Aster amellus
Campanula glomerata
Centaurea stoebe
Coreopsis lanceolata
Coronilla varia
Dianthus arenarius
– carthusianorum
– deltoides
– gratianopolitanus
Epilobium angustifolium
Erigeron speciosus
Filipendula vulgaris
Gaillardia aristata

Geranium platypetalum
– sanguineum
Helianthus rigidus
Heliopsis helianthoides
Hieracium umbellatum
Hypericum perforatum
Inula germanica
– hirta
Linaria genistifolia
– vulgaris
Linum austriacum
– flavum
Lychnis viscaria
Melandrium album
Oenothera biennis
Potentilla argentea
– heptophylla
Prunella
Pulsatilla pratensis
– vulgaris
Ranunculus acris
Salvia jurisicii
– pratensis
Scabiosa canescens
Silene alba
– chlorantha
Solidago virgaurea
Stachys recta
Thalictrum minus
Trifolium pratense
– spadiceum
Verbascum phoeniceum
Veronica officinalis
– spicata

Geum rivale
Gladiolus communis
– palustris
Inula britannica
Lotus uliginosus
Lychnis flos-cuculi
Lysimachia vulgaris
Lythrum salicaria
Odontites vulgaris
Pedicularis sylvatica
Phyteuma nigrum
– spicatum
Pimpinella anisum
Polemonium caeruleum
Polygonum bistorta
Potentilla recta
Prunella grandiflora
Ranunculus acris
Sanguisorba officinalis
Saponaria officinalis
Stellaria graminea
Thalictrum flavum
– lucidum
Trollius europaeus
– Sorten
Valeriana dioica
– officinalis
Veronica longifolia
Viola stagnina
– tricolor
– uliginosa

Humusreicher, frischer bis leicht feuchter Boden

Achillea ptarmica
Ajuga reptans
Astrantia major
Barbarea vulgaris
Campanula alliariifolia
– patula
– rapunculoides
Cardamine pratensis
Carduus personatus
Centaurium pulchellum
Cirsium helenioides
– rivulare
– tuberosum
Cnidium dubium
Colchicum autumnale
Euphrasia officinalis
Filipendula ulmaria
Fritillaria meleagris
Galium boreale
– palustre
– uliginosum
Gentiana lutea
Geranium palustre

Stauden als „Nutzpflanzen"

Verschiedene Stauden werden nicht nur in Gärten und Anlagen gepflanzt, wo sie schmücken sollen, sondern auch zu bestimmten Zwecken in Gartenbaubetrieben kultiviert. Und dies geschieht schon seit langem. Es sind Arten, die marktgängige, beliebte und sogar unentbehrliche Schnittblumen bringen; ferner Stauden, die sich verfrühen lassen, weiterhin Stauden für Töpfe und Balkonkästen und schließlich Polsterstauden für die Grabbepflanzung. Dergleichen Arten werden nicht nur in Staudenbetrieben vermehrt, sondern ebenso in zahlreichen Zierpflanzengärtnereien, die andere Stauden nicht brauchen und sich damit auch nicht abgeben. Manche sind sehr wichtig.

Stauden für die Schnittblumengewinnung

Man kann von sehr vielen Stauden Blumen schneiden, jedoch werden nur verhältnismäßig wenige Arten oder Sorten zum Zwecke der Schnittblumengewinnung angebaut. Sie blühen vor allem im Frühling und Vorsommer. Zu dieser Zeit gibt es im Freiland wenige Blumen, die sich schneiden lassen. Wenn im Laufe des Juli die Einjahrsblumen in Flor kommen – Löwenmaul, die ersten Astern, Centaurien, Levkojen, *Chrysanthemum segetum*, Chabaud-Nelken und weitere –, treten Stauden zur Schnittblumengewinnung in den Hintergrund, man greift dann lieber zu Einjahrsblumen. Nur noch wenige Arten, wie Rittersporn, *Helianthus atrorubens*, *Gypsophila paniculata*, manchmal auch *Solidago*, lassen sich im Hochsommer oder Herbst absetzen. Natürlich richten sich die Anbauer danach. Es gehört aber nicht zu den Aufgaben dieses Buches, die Kultur der verschiedenen Schnittstauden in allen ihren mannigfachen Einzelheiten zu beschreiben. Hier seien nur die wichtigsten Grundsätze für den Anbau vorgebracht und eine Liste der marktgängigen Arten und Sorten eingerückt.

Die Bestände müssen regelrecht kultiviert werden. Man verfehlt den Zweck und vermindert den Ertrag, wenn man die Pflanzen völlig oder beinahe ganz sich selbst überläßt. Es ist Land in guter Tracht nötig, das unkrautfrei sein soll. Man muß wässern können; das Gelände soll geschützt und in voller Sonne liegen. Es ist unerläßlich, zu hacken und zu düngen. Entscheidend für den Ertrag ist ferner, daß zu passendem Termin und regelmäßig geteilt wird. *Chrysanthemum coccineum* zum Beispiel sind nach 2 Jahren neu zu teilen, sonst bringen sie zu kleine Blumen. Der Turnus des Teilens läßt sich auch durch Düngung nicht verlängern. Vielfach sind für die gleichmäßige Ernte zwei Quartiere günstig: eins, das den vollen Ertrag bringt, ein zweites mit Nachwuchs, der erst im nächsten oder in kommenden Jahren genug abwirft. Wichtig ist natürlich auch, die Güte- und Preisbestimmungen einzuhalten. Arten, die besonders lange an ihrem Platz bleiben können, wie Päonien, *Rudbeckia laciniata* und *Gypsophila*, sollte man in ein Quartier für sich setzen. Die Leistungsfähigkeit solcher Bestände hängt ganz besonders von der sorgfältigen Pflege und Düngung ab. Sie bringen auch erst im zweiten oder dritten Jahre nennenswerte Erträge. Man muß daher bereits zwei, drei Jahre vor dem normalen Ende der größten Erträge die Nachfolgebestände pflanzen. Bei der Wahl der Sorten ist zu beachten, daß die frühen und mittelfrühen marktgängiger sind als späte. Man sieht sich alles über, auch Schnittblumen. Daher werden die späten Sorten nicht mehr so gern gekauft wie die frühen. Aufzeichnungen über Ertrag und Absatz sind sehr nützlich, vor allem, wenn sie genau und durch Jahre hindurch gemacht werden. Man halte auch die Termine des Flors fest. Ferner achte man auf den Blühbeginn der verschiedenen Sorten, besonders bei Neuheiten.

Bestände, die lange stehenbleiben können, werden meistens in Reihen aufgepflanzt. Arten, die man bald und oft teilen muß, hält man auf Beeten. Entsprechend können die Abstände bei den Stauden, die man häufig aufnehmen muß, klein sein, bei den andern weit. Man richte sie aber stets so ein, daß man mit Maschinen hacken kann.

Für jede Schnittblume gibt es einen günstigen Erntezeitpunkt. Alle Blumen, die groß sind und sich lange halten, lassen sich im Aufblühen schneiden. Auch Blumen, die rasch vergehen, wie *Trollius*, soll man früh schneiden. Man schneide nur mit dem Messer. Die Blätter sollten bis auf einzelne abgestreift werden, denn sie verdunsten Wasser, und zu viele vermindern gelegentlich sogar die Haltbarkeit. Man schneide morgens, wenn der Tau verflogen ist, oder am Nachmittag. In den heißesten Stunden des Tages unterbreche man diese Arbeit. Nasse Blumen soll man nicht schneiden, denn sie bekommen leicht Flecke. Wenn es sich einrichten läßt, bündle man gleich beim Schneiden, stelle sie aber so bald wie möglich tief in frisches Wasser. Es muß für jede Benutzung erneuert werden. Kurz vor dem Einstellen schneide man die Stiele nochmals nach, sie saugen dann besser Wasser an. Bei angewelkten Bündeln ist das Nachschneiden die einzige Möglichkeit, sie überhaupt noch zu retten. Bei einzelnen Staudenblumen müssen die Stielenden vor dem Einstellen kurz in kochendes Wasser getaucht werden, nur dann halten sie sich überhaupt. Dies ist nötig bei Astilben, *Anthemis tinctoria*, *Helianthus decapetalus* und *H. rigidus*.

Laub sollte nicht mit ins Wasser kommen, es fault leicht und verdirbt das Wasser sehr bald. In den Gefäßen möchten die Bündel locker stehen, man kann sie sogar vorher noch in Papier rollen, um zu verhüten, daß die Stiele sich beim Herausnehmen verheddern. Die Gefäße gehören in einen hellen, luftigen, kühlen Raum, Sonnenschein darf nicht auf die Blumen treffen. Die Gefäße sollen so nahe am Fenster stehen, daß die Blumen sich nicht nach dem Licht biegen. Das Einrollen hilft aber dagegen.

In der folgenden Liste sind die allerwichtigsten Stauden für den Blumenschnitt mit ✕ gekennzeichnet; unwichtige, die man „auch schneiden" kann, werden gar nicht erwähnt.

Achillea filipendulina ✕
– *ptarmica* ✕
Aconitum
Alstroemeria aurantiaca ✕
Anemone sylvestris ✕
Anthemis tinctoria
Aquilegia
Arabis caucasica 'Plena' ✕
Aruncus dioicus ✕
Aster alpinus ✕
– *amellus*
– *farreri* 'Berggarten' ✕
– *novae-angliae*, neuere Sorten
– *novi-belgii*, nicht alle Sorten haltbar
– *tongolensis* ✕
Astilbe-Arendsii-Hybriden
– *japonica*
Campanula glomerata 'Superba' ✕
– *persicifolia*
Catananche caerulea
Centaurea dealbata ✕
– *macrocephala*

– montana
– pulcherrima
Chrysanthemum coccineum ✂
– leucanthemum ✂, frühe Sorten
– maximum ✂, Sorten!
– zawadskii var. latilobum ✂
Clematis recta
Convallaria majalis ✂
Coreopsis grandiflora
   'Goldkind' u. a. ✂
– lanceolata ✂
Delphinium-Hybriden ✂, wenig haltbar, aber dekorativ!
– zalil
Dianthus plumarius ✂, besonders „Edel-Federnelken"
Digitalis purpurea, zur Dekoration
Doronicum orientale ✂
– plantagineum 'Excelsum' ✂
Echinops ✂
Eremurus ✂, am besten kleinere
Erigeron-Hybriden ✂
Eryngium ✂
Filipendula ulmaria ✂
– vulgaris 'Plena'
Gaillardia ✂
Gentiana acaulis ✂
– septemfida var. hascombensis ✂
– sino-ornata ✂
Geum, wenig haltbar, gute Farbwirkung
Gypsophila paniculata 'Plena' ✂
– 'Flamingo' ✂
Helenium bigelovii ✂
– hoopesii
– Hybride 'Moerheim Beauty' u. a. ✂
Helianthus atrorubens ✂
– decapetalus
– rigidus
Heliopsis helianthoides var. scabra, bes. 'Hohlspiegel' ✂
Helleborus niger ✂
Hemerocallis, dekorativ, alte Blüten müssen täglich
   ausgezupft werden
Hesperis matronalis 'Alba Plena'
Heuchera, reizend, sehr zierlich
Hosta plantaginea, wenig bekannt
Inula hirta
Iris germanica, nicht alle Sorten
– kaempferi
– × monaurea
– monnieri
– × monspur
– sibirica
Kniphofia ✂
Liatris ✂
Ligularia przewalskii
Lupinus-Polyphyllus-Hybriden ✂
Lychnis chalcedonica
– viscaria 'Plena' ✂
Macleaya cordata, dekorativ
Monarda, wenig bekannt, sehr haltbar
Myosotis palustris ✂

Oenothera tetragona, dekorativ
Paeonia-Lactiflora-Hybriden ✂
– officinalis, gefüllt blühende ✂
– Suffruticosa-Hybriden
– tenuifolia
Papaver nudicaule ✂
– orientale ✂, wenig haltbar, aber sehr dekorativ
Penstemon-Barbatus-Hybriden
Phlox divaricata
– maculata, sehr haltbar
– Paniculata-Hybriden, wenig haltbar, aber sehr
   dekorativ
Polemonium × richardsonii
Primula elatior ✂
– florindae
– × pubescens ✂
– rosea, wenn langstielig
– vialii
Roscoea
Rudbeckia laciniata ✂
– purpurea
Scabiosa caucasica ✂
Sidalcea
Sisyrinchium striatum
Solidago ✂
Stachys grandiflora
Thalictrum aquilegifolium, dekorativ!
– dipterocarpum
Trillium grandiflorum
Trollius chinensis
– Hybriden ✂
– yunnanensis
Viola cornuta, kleinblumige ✂
– gracilis
– odorata ✂
Yucca

Die Blumen oder Blütenstände einiger Stauden lassen sich trocknen und werden dafür ebenfalls angebaut. Man muß sie teils erblüht, teils kurz davor schneiden. Man bündle sofort in nicht zu große Bunde und hänge sie danach an einem absonnigen, aber luftigen Platz auf. Schwefeln oder auf andere Weise präparieren ist nicht nötig. Es seien aufgeführt:

Achillea filipendulina
Carlina acaulis ssp. simplex
Echinops humilis
– ritro, zeitig schneiden
Eryngium
Gypsophila paniculata 'Plena'
Leontopodium alpinum
Limonium latifolium
– tataricum (= Goniolimon)
Physalis alkekengi

Ferner kann man auch die Blütenstiele zahlreicher Gräser trocknen, am prächtigsten wirkt Cortaderia selloana. Die Blütenstände des Lavendels werden ebenfalls geschnitten und getrocknet, man nimmt sie für Duftbeutelchen, die zwischen die Wäsche kommen.

Stauden zum Treiben, Stauden zum Verfrühen

Treiben und Verfrühen ist zweierlei, beide Begriffe werden aber häufig verwechselt. Darum sei hier die klare und präzise Definition von H. Rupprecht aus seinem im Neumann Verlag erschienenen Werk „Treiben und Verfrühen von Blütengehölzen" zitiert: „Treiberei ist das mit allen verfügbaren gärtnerischen und technischen Hilfsmitteln betriebene Entfalten und Wachsen der von der Pflanze bereits angelegten, vorentwickelten, ruhenden Teile auf Kosten vorhandener Reservestoffe, wobei die Ruhezeit abgeschlossen sein kann oder andernfalls gewaltsam gebrochen werden muß. Sie ist, bezogen auf den Fortbestand des Individuums, fast immer ein rücksichtsloses Verfahren von kurzer Zeitdauer."

„Das Verfrühen ist eine gärtnerische Maßnahme, um Pflanzen mit reservereichen Dauerorganen (Holzkörper, Zwiebeln, Knollen, Rhizome, Wurzelstöcke usw., aber nicht Samen), deren ruhende Teile aber noch nicht die uns als Produktionsziel interessierenden Organe (im Zierpflanzenbau gewöhnlich die Blüten) angelegt und vorentwickelt haben, vorzeitig und kurzfristig zum Wachsen und zur Entwicklung zu bringen."

Die wichtigste Staude für die Treiberei ist das Maiglöckchen. Dreijährige Keime bringen ihre Blütenstiele bei früher Treiberei bereits von Ende November an, man braucht dazu allerdings Eiskeime. Aber die Anzucht von Maiblumen hat mit Staudenkultur nicht das mindeste zu tun, sie ist eine Spezialität. Es ist hier nicht möglich, auf den Anbau einzugehen; es hätte auch wenig Sinn, da er sich bloß in Gebieten lohnt, wo die Voraussetzungen günstig sind.

Die übrigen Stauden, von denen hier zu sprechen ist, lassen sich nur verfrühen. Man kann die nötigen Bestände in kalte Kästen pflanzen und auch in diesen kultivieren, und man kann sie im Freiland anbauen und umbaut die Bestände im Frühling oder Spätherbst. Zum Verfrühen selbst ist keine Heizung nötig, wie es auch falsch wäre, die Pflanzen in ein warmes Gewächshaus zu räumen, damit sie dort rasch in Flor kommen. In der Regel ergibt höhere Wärme nur Mißerfolge! Aber ein Heizungsstrang für Blocks oder Kästen ist unerläßlich, damit man die ins Wachsen gekommenen Bestände vor dem Einfrieren bewahren kann, falls es noch einmal Kälte gibt. Mit Rückschlägen der Witterung muß man rechnen.

Der Erfolg hängt weitgehend von der Pflege und Kultur im Jahre vorher ab. Selbstverständlich müssen die Bestände saubergehalten werden, muß man Schädlinge bekämpfen, muß man düngen, den Boden lockern und bei Trockenheit ausreichend wässern. Nur dann bilden die Exemplare zahlreiche Triebe oder Triebknospen für das kommende Jahr. Die Bestände sollen nicht zu eng stehen, sonst vergeilen die erscheinenden Sprosse und werden wertlos. Aber sie dürfen auch nicht zu weitläufig stehen, denn man muß vom Quadratmeter eine bestimmte Anzahl Stiele oder Blumen ernten, damit man auf die Kosten kommt. Wenn man Freilandbestände überbauen will, sollen diese in fensterbreiten Beeten gepflanzt werden. Die beiden äußeren Reihen sind so weit einzurücken, daß man die Bretter ohne weiteres unterbringt. Es wäre Pflanzen- und Zeitvergeudung, wenn man erst einzelne Exemplare ausgraben müßte. Wichtig ist, bei Freilandquartieren ausreichend breite Wege zu lassen, sonst werden Pflanzen zertreten. Ob man bereits im Spätherbst die Bretter anbringen soll oder erst im Frühjahr, ist schwierig zu entscheiden. Man entlastet sich durch Umbauen im Spätherbst fürs Frühjahr, wo es sowieso viel Arbeit gibt, aber die Bretter sind der Witterung länger ausgesetzt. Für das Umbauen im Spätherbst oder Vorwinter spricht auch noch, daß man die Pfähle leicht in den Boden bekommt, im Frühling muß man warten, bis der Frost aus der Erde ist. Wo das Verfrühen eine Art Hauptkultur bildet, kann man die Einfassung als Zementsockel aufführen, auf den im geeigneten Augenblick die Bretter einfach aufgesetzt werden. Wahrscheinlich ist das Verfrühen überhaupt erst bei einem gewissen Umfang und bei Regelmäßigkeit wirtschaftlich. Gelegenheitsproduktion dürfte nichts einbringen. Ganz unsinnig ist es, das Verfrühen sozusagen von heute auf morgen anfangen zu wollen und sich dazu etwa Mitte Januar zu entschließen... nur weil man Bestände von Stauden hat, die sich verfrühen lassen.

Im einzelnen ist das Folgende wichtig. Es werden nur Stauden aufgeführt, mit denen bereits gute Erfahrungen gemacht wurden.

Arabis caucasica 'Plena'. Am besten ist, sie in kalten Kästen zu halten. Die Erde soll durchlässig und sehr humusreich sein. Die Bestände sind nach dem 3. Jahre zu erneuern. Fenster sollte man auflegen, ehe starke Kälte anbricht und viel Schnee zu fallen droht. Arabis wintert leicht aus. Man lasse aber Luft stehen. Das Verfrühen kann Anfang bis Mitte März beginnen, man hält geschlossen und deckt über Nacht, notfalls muß der Kasten einen Umschlag erhalten. Sind die Blütenstengel so weit, daß die untersten Blumen Farbe zeigen, decke man den Kasten einen Tag nicht auf: so werden die Stiele länger. Man pflückt die Blumen, wenn die Rispen zur Hälfte offene Blüten aufweisen.

Astilbe japonica wird als Topfpflanze verkauft; man braucht also immer neue Klumpen. Diese sollen aus zügiger Kultur stammen; ältere, verhärtete sind wertlos, da sie schlecht blühen. Die Klumpen möchten wenigstens 5 starke Nasen haben; je mehr, um so mehr Blütenstiele bringen sie. Man topft im Spätherbst ein kann die Ballen dabei etwas verkleinern, es sind 14 cm breite Töpfe und breitere nötig. Die Töpfe kommen in einen leeren Kasten und sollen mit Torf bedeckt werden. Von Februar an kann man sie ins Gewächshaus holen, Wärme +10 bis 14 °C, bei sehr starker Sonne muß man schattieren. Man lüfte fleißig, sonst bekommen die Astilben Läuse. Bei starker Erwärmung kann man leicht übersprühen, besser ist aber, die Wege naß zu machen. Erscheinen die Blütenstiele, besprühe man die Pflanzen nicht mehr, damit diese nicht faulen. Wichtig ist, die Töpfe in Untersetzer zu stellen, denn Astilben brauchen viel Wasser. Man kann beim Blütenschieben auch leicht mit verdünnter Jauche düngen... Mineraldüngerlösungen dagegen sind Gift! Sobald die Rispen sich voll entfaltet haben und Farbe zeigen, muß man abhärten. Bei frühem Aufstellen sind die Sätze in etwa 12 Wochen verkaufsfertig, später braucht man immer weniger Zeit, von Mai an nur noch 5 oder 6 Wochen. Im Verlauf der Kultur wird viel Platz gebraucht, denn die Töpfe müssen hell und luftig, also weit stehen.

Chrysanthemum coccineum, das Pyrethrum oder die Bunte Margerite, läßt sich um 8 bis 14 Tage verfrühen. Man braucht eingewachsene Bestände, die umbaut werden. Sie auszugraben und im Haus aufzustellen, führt zu Mißerfolg: Die Ballen treiben Laub, die Blüten aber faulen als Knospe, teils bereits unten, teils kurz vor dem Aufbrechen. Man soll die Fenster nie vor Mitte März auflegen, eine Woche später ist besser. Man braucht hohe Wände, denn Bunte Margeriten werden unter Glas bis 70 cm hoch. Je näher die Blütezeit heranrückt – man kann das an den Knospen erkennen –, um so mehr Luft muß man geben. Zum Verfrühen sind bei trübem Wetter nur +4 bis 6 °C nötig, bei Sonnenschein soll die Temperatur nicht über +12 °C steigen, +10 °C genügen auch. Man hat von Beständen, die im Jahre vorher vor der Blüte geteilt und gepflanzt wurden, den größten Ertrag an guten Schnittstielen. Die Pflanzen lassen sich nicht ein zweites Mal verfrühen, man nehme sie zur Vermehrung.

Dicentra spectabilis, das Tränende Herz, läßt sich wie Astilben in Töpfen treiben. Man kann die ganzen Pflanzen verkaufen oder die Blumen schneiden. Sie sehen apart aus, erreichen aber nicht die Wirkung von Tulpen, Narzissen, Flieder oder Rosen und andern gängigen Schnittblumen. Man braucht kräftige Pflanzen aus zweijähriger Vorkultur und kann im Spätherbst eintopfen oder auch erst kurz vor dem Aufstellen. Die Erde soll humusreich sein. Man kann die Wurzeln kürzen. Es sind etwa 12 cm breite Töpfe nötig. Aufstellen sollte man nicht vor Ende Januar, ab Mitte Februar ist vorteilhafter. Die Bestände brauchen anfangs +6 bis 8 °C Wärme, später kann sie bis auf +14 °C ansteigen. Bei Erscheinen der Blüten soll die Temperatur wieder sinken. Bis zum Flor vergehen ungefähr 5 Wochen.

Doronicum orientale liefert recht aparte Schnittblumen. Man kann überbauen oder die Klumpen, in Kästen gesetzt, in Häusern auf den Boden oder auf die Tische stellen. Sie sollen erst im Spätherbst aufgenommen werden und sind so einzuschlagen, daß man leicht an sie herankann. Geringer Frost ist günstig. Man setze etwa ab Mitte März zum Treiben auf oder lege zu diesem Termin Fenster über die Bestände. Die Sorte 'Lichtspiegel' liefert besonders schöne Blumen. Der Flor beginnt nach 4 bis 6 Wochen. Es sind nur wenige Grad Wärme nötig, einige Tage Sonne dagegen tun Wunder. Eingewurzelte Bestände lassen sich zweimal verfrühen. Man kann ziemlich knospig schneiden... etwa, wenn die Randblüten anfangen, sich nach der Seite zu biegen.

Euphorbia polychroma läßt sich leicht und sicher verfrühen, man sieht sie aber nirgends. Es sind starke Klumpen nötig, die man im Spätherbst aushebt und so einschlägt, daß man gut an sie herankann. Von Ende Januar an setzt man in Kästen, Ballen an Ballen, und räumt in ein helles Haus mit +4 bis 6 °C. In 6 bis 8 Wochen sind die Pflanzen fertig. Die Blumen lassen sich schneiden wie bei andern Euphorbien, sie müssen aber gut ausgefärbt sein. Man kann sie auch in Töpfe setzen und im Kasten langsam in Blüte kommen lassen; für Töpfe sind kleine Ballen günstiger.

Helleborus niger, die Christrose, wird vielfach verfrüht, denn von Treiberei kann keine Rede sein. Anzucht der nötigen Bestände und Behandlung beim Verfrühen sind unter *Helleborus* beschrieben. Erwähnt sei, daß man sorgfältig auslesen sollte, um die Qualität und die Blütenzahl ständig hoch zu halten oder gar zu steigern. Man kann bei richtiger Handhabung bereits nach 18 Tagen Blumen ernten. Sie können halb offen geschnitten werden und vertragen selbst weiten Transport. Im Zimmer stehen sie am besten zwischen dem Doppelfenster: je kühler, um so länger halten sie sich.

Hesperis matronalis 'Alba Plena' wurde früher viel verfrüht. Die Blütenstände erinnern an Levkoje, die Kultur ist einfacher als bei dieser jetzt recht vervollkommneten Einjahrsblume. Man braucht einjährige Pflanzen. Um zu größeren Posten zu kommen, stellt man im Februar/März die Mutterpflanzen im Haus auf Tische auf, gibt +14 bis 16 °C — höhere Temperatur ist ungünstig, da die Triebe zu weich werden —, schneidet laufend alle Austriebe, die sich als Stecklinge eignen, und steckt sie in ein mäßig warmes Vermehrungsbeet oder in Handkästen, die man darin aufstellt. Nach dem Bewurzeln pikiert man zunächst in Handkästen, und aus diesen pflanzt man im Laufe des Mai auf Freilandbeete oder in kalte Kästen aus. Zum Verfrühen, überhaupt zur Schnittblumengewinnung eignen sich nur junge Bestände, ältere nicht. Die Pflanzen brauchen etwas lehmigen, alkalischen, fruchtbaren Boden. Während des Wachstums soll man reichlich wässern und auch gelegentlich flüssig düngen. Im Spätherbst hebt man die Bestände aus und setzt sie in Handkästen, die geschützt stehen sollen. Anfang Februar kann man sie ins Gewächshaus holen, darf aber zunächst nur +5 bis 8 °C geben; erst wenn die Blütenstiele erscheinen, sind bis +15 °C statthaft. Man kann sie auch im kalten Kasten lassen und umbaut. Der Flor setzt 2 bis 3 Wochen vor der Freilandblüte ein.

Hosta undulata mit weißbunten Blättern wird alljährlich in großen Mengen verfrüht. Die Pflanzen eignen sich mit ihrem frischen Grün und dem Weiß der Streifen vorzüglich für Schalen, die noch andere Blumen enthalten, welche aber einen hellen Gegensatz gut gebrauchen können. Sie sind unempfindlich, und das Verfrühen bereitet keinerlei Schwierigkeiten. Behandlung und Anzucht sind bei *Hosta* beschrieben.

Paeonia-Lactiflora-Hybriden sind als Stauden für die Schnittblumengewinnung allgemein bekannt. Der Flor läßt sich auch verfrühen. Man braucht aber eingewachsene Bestände, die wenigstens 5 Jahre alt sein und sehr gut gepflegt werden müssen. Man verfrüht in provisorischen Blockbauten oder in Doppelkästen, es ist ein Heizstrang nötig. Die Fenster werden Anfang März aufgelegt, die Wärme darf nicht höher als auf +12 bis 15 °C ansteigen; wird es wärmer, muß man *sofort* lüften. Der Schnitt beginnt gegen Anfang Mai. Das Verfrühen lohnt sich nur, wenn man je Pflanze wenigstens 20 Blumen schneiden kann, denn das Umbauen und Auflegen der Fenster kosten viel Zeit. Die Fenster sollen bis zum Ende des Flors liegenbleiben. Hat man sie abgenommen, ist zuerst eine Art Ruheperiode einzuschalten, in der man die Pflanzen einfach sich selbst überläßt. Anfang Juli aber wird aufgelockert und gründlich gewässert, etwas später auch gedüngt. Man kann die Bestände etwa sechs Jahre immer wieder verfrühen, dann läßt der Ertrag nach. Bis dahin sollte ein zweiter Satz bereitstehen. Es kommen vor allem frühblühende Sorten in Betracht. Sehr gute Erfolge hat man mit der schon alten Sorte 'Festiva Maxima' gehabt. – Die Bauernpfingstrose, *P. officinalis*, dagegen läßt sich nicht verfrühen, bringt dafür auch zu wenig Blüten je Exemplar.

Phlox divaricata wurde früher viel verwendet. Man verkaufte sowohl die blühenden Pflanzen in Töpfen als auch den Schnitt. Es sind kräftige Pflanzen nötig, die man im Herbst eintopfen oder in Handkästen einschlagen kann. Von Anfang März an räume man in ein helles, nur mäßig warmes Haus. Die Wärme soll nicht über +12 °C steigen. Hält man die Bestände zur Gewinnung von Schnittblumen in kalten Kästen, können sie drei Jahre hintereinander verfrüht werden, dann muß man aufnehmen und teilen. Nach dem Flor schneide man die Triebe zurück und belege die Flächen mit gejauchtem Torfmull.

Primula vulgaris, die stengellose Primel, eignet sich verfrüht vor allem zur Bepflanzung von Schalen und wird dazu reichlich genommen. Die Büsche dürfen aber nicht übermäßig groß sein. Man sät zeitig im Frühjahr aus, pikiert und pflanzt auf Beete mit humusreichem Boden, im Spätherbst setzt man in Kästen, stellt sie geschützt auf und kann sie von Ende Januar an ins Gewächshaus holen. Die Primeln sollen hell, aber kühl stehen: +5 bis 8 °C Wärme genügen; bei höheren Temperaturen treibt das Laub zu stark und vermindert die Wirkung der Blüten.

Primula elatior, das Gartenhimmelschlüsselchen, ist eine beliebte Schnittblume und wird zuweilen in großen Mengen kultiviert. Man braucht alljährlich frisch gepflanzte Bestände; es ist zwecklos, die Pflanzen mehrere Jahre an ihrem Platz zu belassen und zu versuchen, sie zu verfrühen. Der Boden für die Anzucht soll nährstoffreich und nicht zu trocken sein. Gut bewährt hat sich, ihn mit reichlich Düngetorf zu verbessern. Auch ist es günstig, die Beete nach dem Pflanzen mit feuchtem Torf zu bedecken. Man kann aus Samen und durch Teilung vermehren. Das Verfrühen ist unter *Primula* im Abschnitt Doldenprimeln beschrieben.

Trollius-Hybriden und *Viola odorata* lassen sich ebenfalls verfrühen. Man kann nur überbauen. Die Ballen im Herbst auszuheben und im zeitigen Frühling in ein Haus zu räumen lohnt nicht. Ungünstig ist, daß Trollblumen sich nicht lange halten.

Stauden für Töpfe, Balkonkästen, Grabbepflanzung usw.

Es handelt sich in diesem Abschnitt nicht um Stauden, die normalerweise in Töpfen herangezogen und mit Topfballen verkauft werden, sondern um Stauden, die man im Blumengeschäft „als Topfpflanzen" kaufen kann und daheim auch als solche verwendet. Im vorigen Kapitel wurden bereits einige angeführt: *Astilbe japonica*, *Dicentra spectabilis*, *Euphorbia polychroma*, *Hosta* und *Phlox divaricata*. Auch das Gartenhimmelschlüsselchen kann man in Töpfen kaufen, überdies *Bellis* und gelegentlich auch *Doronicum orientale*, ferner Christrosen. Keine dieser Pflanzen läßt sich aber jahrelang im Zimmer weiterpflegen, sondern man muß sie nach dem Flor ins Freie pflanzen und kann sie manchmal nach Jahren wieder eintopfen und im Zimmer zur Blüte kommen lassen.

Auch *Saxifraga cotyledon*, einzelne Sedum-Arten und andere sukkulente Stauden werden in Blumengeschäften angeboten und auch zur Bepflanzung von Schalen verwendet. Doch sind auch sie bis auf wenige Ausnahmen keine Topfgewächse, die man dauernd im Zimmer halten kann. Ausnahmen sind *Sedum sieboldii* und seine buntlaubige Kulturvarietät und *Glecoma hederacea* 'Variegata', welche sich als Hängepflanze gut verwenden läßt. Sie eignen sich aber nur für luftige kühle Räume und machen teilweise auch ihre natürliche Ruhezeit durch, in welcher sie die oberirdischen Teile abwerfen, nur *Sedum sieboldii* kann immer grün bleiben. Es ist auch die einzige Art, die man in Töpfen kultivieren kann, alle übrigen sind auf Beeten heranzuziehen, und man topft sie im Herbst, einzelne auch im Frühjahr ein. *Saxifraga cotyledon* und die beiden Sedum kann man auch in voller Blüte ausheben und in Töpfe setzen. Die Bestände sind, wenn trockene Witterung herrscht, vorher gründlich zu wässern, damit die Pflanzen gut Ballen halten. Nach dem Topfen stelle man sie an einem absonnigen, geschützten Platz auf oder schattiere einige Tage. Auch *Sedum sieboldii* wird stattlicher, wenn man zuerst im Freiland kultiviert. Dabei ist Sorgfalt nötig: Die heranwachsenden Pflanzen sind sauberzuhalten, die Erde ist zu lockern, es muß gegossen und vielleicht auch gedüngt werden: Die Exemplare sollen stattlicher werden als bei der üblichen Anzucht.

Groß ist die Zahl der Stauden, die man in breite Schalen oder Kübel pflanzen kann und die man dann auf Terrassen, Sitzplätzen oder auf Treppenwangen aufstellt. Für diese Zwecke eignen sich fast alle Blattstauden mit derbem oder filzigem Laub, nur dürfen sie nicht zu hoch werden. Man kann *Stachys byzantina* so gut dafür nehmen wie Funkien-Arten mit breiten Blättern, *Rudbeckia* 'Goldsturm' so gut wie *Penstemon*-Hybriden. Groß ist auch die Menge der Stauden für Blumenkästen. Es eignen sich sukkulente Arten dafür und für Nordfenster auch einzelne Stauden, die halbschattigen oder absonnigen Standort wünschen. Man nehme nicht zu hoch wachsende, die auch keine „besonderen" Ansprüche stellen. Es ist unmöglich, alle geeigneten Arten hier aufzuführen.

Erwähnt sei aber noch eine weitere Verwendungsmöglichkeit für niedrige Stauden: die Bepflanzung von Gräbern. Manche Gewächse lassen sich nur für flache Gräber nehmen und bilden dort eine Art Rasen, andere kann man auch zur Bekleidung der Hügel verwenden. Dies gilt vor allem für *Sedum spurium* und *S. hybridum*. Man pikiert einfach die Hügel mit etwa 5 cm langen Spitzen voll, und in Bälde sind sie grün überzogen. In manchen Gegenden sieht man Stauden auf Gräbern häufig, in andern nur ausnahmsweise. Die Auswahl ist so groß, daß es für jeden Boden, jeden Standort zusagende Arten gibt. Einige können viele Jahre ihren Dienst tun, und man sollte sie nur von Zeit zu Zeit über Winter einmal mit Düngetorf überstreuen.

Schließlich sei darauf hingewiesen, daß verschiedene Stauden als Bienennährpflanzen wichtig sind. Man muß sie aber stets in größeren Mengen pflanzen. Ferner gibt den Ausschlag, ob es in der Nähe keine andern Pollen- oder Nektarquellen gibt, die besser am Wege liegen und ergiebiger sind.

Den größten Wert haben frühblühende oder späte Stauden: also *Erica herbacea* (E. carnea) und Krokus, die man in der Nähe der Bienenstände in Massen haben sollte, und Herbstastern, welche an schönen Tagen von Bienen, Hummeln und Schmetterlingen richtig wimmeln. Gern beflogen werden auch die meisten Umbelliferen. Gefülltblühende Sorten sind als Bienenweide wertlos.

Über Staudenvermehrung und Staudenanzucht

Staudenkultur ist ein Spezialzweig innerhalb des Gartenbaues, aber es gehört nicht zu den Aufgaben dieses Buches, den Betrieb einer Staudengärtnerei in allen Phasen zu schildern.

Hier sollen nur Grundzüge für Vermehrung und Anzucht behandelt werden. Es gibt zwei Hauptarten von Vermehrung: die generative, durch Samen und Sporen, und die vegetative, durch Teilen, Stecklinge, Rißlinge, Wurzelschnittlinge, Veredlung oder Senker.

Vermehrung aus Samen

In der Natur gibt es bis auf einzelne Ausnahmen allgemein die Vermehrung aus Sporen und Samen, die zu diesem Zwecke von den Pflanzen gebildet werden. Ausnahmen sind zum Beispiel einzelne *Sempervivum*-Arten, deren Tochter- oder Nebenrosetten sich sehr leicht von den Mutterpflanzen ablösen, fortrollen oder fortgeweht werden und an zusagenden Plätzen schließlich Wurzeln schlagen und eine neue Pflanze bilden ... aber auch solche Arten blühen und erzeugen Samen. Im Gartenbau dagegen ist die vegetative Vermehrung sehr weit verbreitet. Für die Gewinnung sortenechten Nachwuchses ist sie unerläßlich. Man vermehrt aber auch ungeschlechtlich, wenn Samen bei uns selten angesetzt wird oder nicht richtig ausreift oder wenn die Anzucht aus Samen sehr viel länger dauert und umständlicher ist als Teilung und dergleichen. Man teilt auch dann, wenn man nur wenige neue Exemplare braucht und eine ergiebige Mutterpflanze zur Verfügung hat. Ob generative oder vegetative Vermehrung günstiger ist, hat man durch die Erfahrung herausgefunden, an die man sich aber nicht unbedingt zu halten braucht. Man kann also aussäen, wenn man ausreichend Samen von einer Staude hat, die hier normalerweise keinen bringt.

Stauden werden in der Regel nicht an Ort und Stelle gesät, wie dies bei einzelnen Sommerblumen (*Lobularia, Calendula* u. a.) möglich und üblich ist. Man sät ins Freie auf besonders hergerichtete Saatbeete oder ins Frühbeet aus und legt Fenster auf, oder man sät in Handkästen, Schalen oder Töpfe, die teils im Freien, teils in Frühbeeten oder in einem warmen Gewächshaus aufgestellt werden. Ins Freiland sät man Stauden, deren Samen nicht zu fein ist und der ziemlich bald aufläuft. Man kann aber auch schwer keimende Stauden ins Freie säen, wenn die Körner groß genug sind und wenn man das Saatbeet ständig unkrautfrei halten kann. In Frühbeete sät man feinere Sämereien, ferner Samen, die zum Keimen höhere

Wärme brauchen, und schließlich Stauden, die bei zeitiger Aussaat unter Glas bis zum Herbst verkaufsfertig werden, bei Aussaat ins Freiland dieses Ziel jedoch nicht sicher erreichen. In Handkästen und Schalen oder Töpfe kann man säen, wenn man kein Frühbeet zur Verfügung hat, wenn man nur wenige Pflanzen braucht oder wenn die Arten sehr feinen und empfindlichen Samen haben. Fast alle Stauden, die man zuerst einmal pikieren und später in Töpfe setzen muß, werden gern in Schalen oder Handkästen gesät, weil sich aus diesen leichter pikieren läßt. Ferner sät man in Töpfe, Schalen und dergleichen solche Arten, die zunächst Frosteinwirkung brauchen und, anschließend ins Haus geholt, rasch und sicher keimen.

Über den Samen

Der Samen ist bei jeder Aussaat das allerwichtigste. Er muß rein, echt und frisch sein. Man kann viele Stauden als Samen kaufen, denn der Anbau von Stauden zur Samengewinnung ist weit verbreitet. Arten und Sorten, welche leicht Samen ansetzen, werden allgemein angeboten. Arten, deren Sämereien nur für Spezialisten Wert haben, bekommt man nur in Staudenbetrieben, die Samenbau als Nebenzweig betreiben. Seltene Arten und Raritäten gibt es in botanischen Gärten, bei den Kultivateuren solcher Stauden und überdies bei einigen wenigen Samenhandlungen, deren Spezialität der Handel mit ausgefallenen oder seltenen Arten ist. Man kann sich aber auch seinen Samen selbst ziehen, muß dabei natürlich die für Samenbau und Samengewinnung gültigen Regeln und Vorschriften strikt einhalten. Es sei dazu nur erwähnt, daß die Samenträger gesund sein und alle wesentlichen Eigenschaften der Arten aufweisen müssen. Auch die übrigen Exemplare des Bestandes dürfen nur wenig vom Samenträger abweichen, damit sie nicht als Pollenlieferanten den Standard drücken. Man zeichnet sich die Samenträger mit einem Stabe aus und muß ständig darauf achten, daß die Kapseln, Schoten oder Klausen nicht aufspringen und den Samen freigeben, der rasch ausfallen kann. Bei Arten, deren Samen mit Flugeinrichtungen versehen sind, wie *Pulsatilla vulgaris*, ist besondere Aufmerksamkeit nötig, denn schon ein leiser Windhauch kann die ganze erhoffte Ernte fortblasen. In Wirklichkeit sind Samenbau, Ernte und Aufbewahrung ein Spezialfach und so umfangreich und vielgestaltig, daß hier auf weitere Einzelheiten des Eigenbaues nicht eingegangen werden kann. Man muß den geernteten Samen an einem luftigen, kühlen Ort trocknen und nachreifen lassen, dann wird er gereinigt und schließlich in Beutel, Tüten oder sonstige Behältnisse gefüllt. Er muß kühl und luftig aufbewahrt werden. Die Haltbarkeit ist verschieden: Es gibt Stauden, deren Samen schon nach einem halben Jahre nur noch spärlich auflaufen, und andere, deren Samen sich bei sachgemäßer Lagerung 6 und sogar 10 Jahre halten und nach dieser Zeit einwandfrei keimen. Selbstverständlich gehört auf jeden Samenbehälter der genaue Name der Pflanze und überdies das Erntejahr; nur so hält man fest, wie alt die Samen sind. Es wäre widersinnig, die Ernten verschiedener Jahre in die gleichen Tüten abzufüllen, man bekäme ein Gemisch, auf das wenig Verlaß ist. Sind Samen mehrere Jahre alt und zweifelt man, ob sie noch keimen oder wie, kann man sich durch eine Keimprobe Gewißheit verschaffen. Man zählt 50 oder 100 Korn ab und kann sie in kleine Töpfe mit sehr sandiger Erde oder auf Fließpapier ausstreuen oder zwischen Lappen legen, welche ständig gut feucht gehalten, an einem warmen Ort aufgestellt und vor Sonnenstrahlen geschützt werden müssen. Nach einer Reihe von Tagen läuft der Samen auf, und man nimmt täglich die gekeimten Körner fort. Was zuletzt liegenbleibt oder nur sehr schlecht aufläuft, wird gezählt und in Beziehung zur Menge der ausgestreuten Samen gebracht: So bekommt man die Keimprozente. Wichtig ist überdies noch die Keimkraft, das heißt die Fähigkeit des Samenkorns, sich unter bestimmten Bedingungen zu einem selbständig assimilierenden Individuum zu entwickeln. Ob man Samen, der schlechte Ergebnisse bringt und Mängel zeigt, dennoch verwenden oder lieber wegtun soll, läßt sich nur von Fall zu Fall entscheiden. Kann man ohne weiteres neuen Samen der gleichen Art kaufen, wäre es unklug, den schlecht keimenden auszusäen. Bei Arten jedoch, deren Samen man schwer oder nur durch Zufall erhält, ist es angebracht, auch schlecht auflaufenden Samen zu verwenden.

Im allgemeinen kaufe man nur so viel Samen, wie man zunächst braucht, und ziehe auch nicht mehr. Dazu muß man ungefähr wissen, wieviel Korn üblicherweise auf ein Gramm gehen. Man bedenke aber, daß niemals sämtliche Samen auflaufen! Auf ein Gramm gehen etwa Korn bei

Aconitum	500
Adonis vernalis	100
Anchusa azurea	40
Aquilegia caerulea	500
Aster alpinus	750
— amellus	650
— novi-belgii	400
Astilben	20 000
Aubrieta	2 000
Campanula carpatica	12 000
— persicifolia	8 000
— poscharskyana	8 000
Centaurea macrocephala	40
— montana	80
Chrysanthemum coccineum	800
— leucanthemum	650
— maximum	500
Coreopsis grandiflora	350
Cyclamen hederifolium	150
Delphinium-Hybriden	300
Dianthus deltoides	4 000
— gratianopolitanus	700
Dicentra spectabilis	170

Dictamnus	100
Doronicum orientale	1 500
Echinacea purpurea	300
Eremurus robustus	100
Gaillardia-Hybriden	250
Gentiana acaulis	2 000
– asclepiadea	4 000
– lutea	3 500
– septemfida	10 000
Geum coccineum	350
Gypsophila paniculata	500
Helenium hoopesii	350
Helleborus niger	70
Heuchera sanguinea	20 000
Iberis sempervirens	300
Incarvillea delavayi	400
Lathyrus latifolius	20
Leontopodium alpinum	6 000
Ligularia dentata	120
– przewalskii	450
Linum narbonense	250
Lupinus-Polyphyllus-Hybriden	40
Lychnis chalcedonica	1 800
Oenothera missouriensis	200
Papaver burseri	8 000
– nudicaule	12 000
– orientale	1 800
Phlox-Paniculata-Hybriden	70
Platycodon	800
Primula beesiana	4 000
– denticulata	20 000
– elatior	1 000
– japonica	5 000
– × pubescens	4 000
– rosea	7 000
– vialii	28 000
– vulgaris	900
Pulsatilla vulgaris	150
Saxifraga paniculata	25 000
Silene schafta	2 200
Thalictrum dipterocarpum	650
Trollius	800
Verbascum olympicum	3 500
Viola cornuta	600
– odorata	250

Aussaat und Keimung

Erwähnt wurde bereits, daß Stauden verschieden schnell auflaufen, aber es gibt noch weitere Unterschiede. Daß Stauden unregelmäßig keimen, ist ein Behelf der Natur, durch den sie den Fortbestand von Arten sichert, welche in Strichen mit stark schwankender Witterung und dazu an ungünstigen Plätzen auftreten. Man nennt sie Langsam- und auch Schwerkeimer. Es ist schwer oder überhaupt nicht möglich, die Keimhemmungen zu brechen. Sät man ihren Samen aber sofort nach der Reife, noch ehe die Schale hart wird, in Gefäße, die gut feucht zu halten und an einen warmen, geschützten Platz zu stellen sind, dann keimen sie häufig schon sehr bald. Sind die Samen aber älter, dann sollte man sie vor dem Ausstreuen einige Tage zwischen Fließpapier legen, das ständig feucht bleiben muß, oder man kann sie vorsichtig klopfen, so daß die Schale leichte Risse bekommt, man kann sie auch, falls sie groß genug sind, mit einer Zange anknacken. Dazu gehört Fingerspitzengefühl, auch zum Klopfen. Außer den Schwerkeimern gibt es noch die Frostkeimer: Man sät diese in Schalen oder Handkästen, die durchfrieren müssen. Hinterher holt man sie in ein warmes Gewächshaus, sie laufen alsbald sehr reichlich auf. Ferner gibt es Licht- und Dunkelkeimer. Die Aussaaten der Lichtkeimer behandelt man wie alle Saaten, die Saatflächen der Dunkelkeimer *müssen* bis zum Auflaufen verdunkelt werden, aber nicht länger. Es gibt auch den Normalfall, daß die Samen bald auflaufen und keiner besonderen Behandlung bedürfen.

Diese Unterschiede muß man in der Praxis beachten. Sie führen zu verschiedenen Saatzeiten. Am einfachsten lassen sich die normal auflaufenden Arten behandeln: Man sät sie je nach der Feinheit der Samen und der Menge, die man heranziehen will, in Töpfe oder Schalen, ins Frühbeet und auch auf Freilandsaatbeete. Diese sollen geschützt liegen, die Erde möchte in guter Dungkraft stehen, durchlässig und frei von Unkrautsamen sein. Damit die Sämlinge besser Wurzeln bilden und besser Ballen halten, setze man schwach gedüngten Torf zu. Man darf erst säen, wenn sich im Frühling das Land gut bearbeiten läßt. Man richtet die Fläche her, harkt sie oben völlig glatt, dann drückt man mit einem Brett oder einem Stock Rillen in den Boden und sät in diese aus, so weitläufig, wie es der Samen erfordert. Dann wird mit sandiger Erde zugestreut, leicht festgeklopft und ganz dünn klarer Torf aufgestreut, der gegen Austrocknen und Verkrusten schützen soll. Es ist selbstverständlich, daß zu jeder Art und Sorte ein Etikett gehört, auf das man den Namen und vielleicht auch den Aussaattag schreibt. Daneben kann man diese Einzelheiten in ein Tagebuch eintragen, für jede Art oder Sorte etwa eine halbe Seite freihaltend, so daß man später hinzusetzen kann, wann ausgepflanzt wurde, zu welchem Termin die Bestände verkaufsstark waren und dergleichen mehr. Die Saatbeete sind bei Bedarf zu wässern, alles aufgehende Unkraut muß sofort gezupft werden, und wenn der Boden durch viel und starken Regen hart geworden ist, soll man auch lockern, was sich bei Reihensaat sehr leicht machen läßt. Sobald die heranwachsenden Pflanzen ausreichend erstarkt sind, pflanzt man breit... sei es an den vorgesehenen Platz oder auf Anzuchtbeete oder auch in Töpfe. Man warte damit nicht zu lange, sonst werden die Sämlinge zu groß oder – bei zu dichtem Stand – geil und überständig. Man kann diese Normalkeimer auch im Hochsommer aussäen und überwintert sie im Saatbeet: Damit spart man im Frühjahr die Arbeit des Säens und bekommt sehr kräftige und stabile Setzlinge... muß diese aber unbedingt bald breitpflanzen. Mit Stauden, die zum Auflaufen höhere Wärme brauchen und daher ins Frühbeet ausgesät werden, verfährt man entsprechend. Günstig ist, wenn man in sterilisierte Erde säen kann, man braucht dann kaum mit Unkraut zu rechnen. Man muß nur genau aufpassen, wann die Samen keimen; dann ist sofort zu lüften, damit die Keimlinge kurz und gedrungen bleiben. Daher ist es besonders nötig, Arten in die einzelnen Fenster zu bringen, die ungefähr zur gleichen Zeit auflaufen.

Bei den Samen, die man, weil sie so fein sind, in Töpfe, Schalen oder Handkästen aussät, ist es im Grunde nicht anders. Die Gefäße müssen stabil und intakt sein. Günstig ist, sie vor jeder Aussaat nicht nur zu säubern, sondern zu brühen oder mit chemischen Mitteln zu sterilisieren. Wichtig ist guter Abzug; in den Boden gehören ein oder mehrere ausreichend große Löcher, unter die Erde je nach der Höhe der Gefäße eine 2 bis 4 cm starke Lage von Kies oder Splitt. Die Erde soll gedämpft sein, und man setze ihr Torfmull und Sand zu. Für sehr feine Sämereien braucht man obenauf fein gesiebte Erde, die übrige möchte gröber sein, da bei größerem Korn das Wasser besser abläuft. Man füllt also die Saatgefäße, streicht die Erde vollkommen glatt, drückt leicht fest, und dann wird der Samen ausgestreut, so dünn und gleichmäßig, wie man es vermag. Stärkere Samen sind mit Erde abzudecken; feine nicht, man drücke sie nur nochmals mit einem glatten Brettchen etwas fest. Schließlich gießt man an; bei feinen Samen ist es günstiger, die Gefäße in eine Wanne mit etwas Wasser zu stellen, so daß sie die nötige Feuchtigkeit ansaugen. Die Gefäße sind so aufzustellen, daß sie etwas hohl stehen: auf Stäbe, kleine Töpfe und dergleichen. So kann das überschüssige Wasser stets ablaufen. Natürlich dürfen die Sämereien nie trocken werden, und die Sonne sollte nicht direkt auf sie fallen. Sobald die Keimung einsetzt, wässere man sehr vorsichtig, um zu verhüten, daß die Sämlinge umfallen. Auch räume man die Saatgefäße bald in einen kühleren Raum, denn die Keimlinge sollen kurz und gedrungen bleiben. Später wird pikiert, und zuletzt bringt man die Pflanzen in Töpfe oder pflanzt sie auf die Anzuchtbeete aus bzw. an den vorgesehenen Standort. Selbstverständlich müssen die Bestände bis dahin gut abgehärtet werden. Als Erde nimmt man in Normalfällen abgelagerte Komposterde, beim Pikieren kann man etwas Rasenerde hinzufügen.

Wann in Gefäße aussäen soll, hängt von den Arten oder Sorten ab: Werden sie bei zeitiger Aussaat bis zum Herbst fertig, ist es vernünftig, im Laufe des Februars oder März auszusäen. Brauchen sie zur Entwicklung mehr als einen Sommer, steht einem der Termin frei. Ungünstig jedoch ist, etwa erst im August oder noch später auszusäen und mit vollen Saatkisten oder mit gegen Ende September pikierten Beständen in den Winter zu gehen: Da die Gefäße im Freien bleiben müssen, gibt es durch Auswintern leicht Verluste, die hoch und sogar total sein können.

Stauden, die zum Keimen Frosteinwirkung brauchen, sät man gegen Ende Oktober. Man sät gern in Gefäße, weil man diese später ins Gewächshaus holen kann, wo die Samen rasch auflaufen. Man braucht also nicht so lange zu warten wie draußen in der Natur und bekommt dadurch in der Anzucht einen Vorsprung. Für Frostkeimer sind besonders stabile, völlig intakte Gefäße nötig, welchen die Unbilden der Witterung nichts anzuhaben vermögen. Die Samen muß man etwas stärker überstreuen, als es sonst üblich ist, denn die Abdeckung wird durch Nässe und Frost allmählich verdichtet, also dünner. Die Gefäße gehören an einen geschützten Platz, wo sie vor Vögeln und anderen Tieren, auch vor schweren Stürmen sicher sind, notfalls muß man mit Drahtgeflecht überdecken. Es sind wenigstens −10 bis 12 °C nötig, −2 bis 3 °C genügen nicht. Man hole die Gefäße nicht zu früh ins Gewächshaus, etwa erst Mitte Februar. Behandlung mit künstlicher Kälte ist kein voller Ersatz für den natürlichen Frost, denn auch der Schnee oder das Schneewasser wirken auf die Samen ein.

Für echte Schwerkeimer sind ganz besonders dauerhafte Saatgefäße nötig. Die Samen müssen ebenfalls dem Frost ausgesetzt werden, es nützt aber wenig, sie dann im Februar ins Warme zu holen. Die Gefahr solcher Aussaaten ist, daß man sie vergißt und nicht laufend feucht und unkrautfrei hält; ferner kann die Erde versauern oder vermoosen. Deshalb ist völlig abgelagerte, nicht zu leichte Erde nötig. Die Dränage muß tadellos funktionieren. Und die Saatgefäße, die an einen absonnigen Platz gehören, sollen mit fein geriebenem oder geschnittenem Sphagnum oder mit mittelfein gemahlenem Bimskies abgedeckt werden. Das Material muß porös sein, damit Luft ans Saatbett gelangen kann, es soll die Oberfläche beschatten und vor dem Verkrusten und Vermoosen schützen... Torfmull eignet sich nicht. Unerläßlich ist dauerhafte Etikettierung, und sehr nützlich sind Aufzeichnungen über alle Einzelheiten solcher Anzuchten.

Überdies gibt es eine Reihe Stauden, die nach dem Aussäen nicht schattiert werden dürfen, sondern ständig volles Licht brauchen, sie heißen daher Lichtkeimer. Man kann sie nicht ins Frühbeet aussäen, wo man an zu sonnigen Tagen unbedingt Schatten legen muß. Man sät sie vielmehr gern in Gefäße und stellt diese frei an einen absonnigen Platz, nicht jedoch in den Schatten von Bäumen und Sträuchern. Ihre allgemeine Behandlung gleicht der aller übrigen Aussaaten.

Folgende Staudensamen wünschen eine besondere Behandlung:
DK = Dunkelkeimer, bis zum Auflaufen dunkel halten; LK = Lichtkeimer, nicht schattieren, sondern an einen absonnigen Platz stellen; DF = Dunkel-Frost-Keimer, die Samen müssen erst richtig durchfrieren und sollen bis zum Auflaufen abgedeckt oder im Gewächshaus unter einem Tisch aufgestellt werden; LF = Licht-Frost-Keimer, die Samen müssen richtig durchfrieren, dann holt man sie ins Gewächshaus und stellt sie hell auf, muß nur vor greller Sonne etwas schützen.

Acanthus	DK
Aconitum	DF
Adonis vernalis	LF
Anemone, am besten	DF
Aquilegia, beste Ergebnisse bei	LF
Asparagus	DF
Campanula, alpine, beste Ergebnisse bei	LF
Carlina acaulis	DF
Chiastophyllum oppositifolium	DF
Delphinium-Hybriden	DK
– zalil	DF
Dicentra spectabilis	DF
Dodecatheon	DF
Dryas	DF
Eranthis hyemalis	DF
Eryngium	LF
Gentiana acaulis	DF
– asclepiadea	LF
– sino-ornata	LF
Helleborus-Hybriden	DF
– niger	DF
Heuchera	LK
Incarvillea	LK
Iris, vielfach	DF
Kniphofia	DF
Lupinus-Polyphyllus-Hybriden, beste Ergebnisse bei	LF
Lychnis	LK
Meconopsis cambrica	LF
Papaver burseri	LF
– nudicaule	LK
Phlox paniculata	DF
Polemonium caeruleum	DF
Primula acaulis	LK
– elatior, beste Ergebnisse bei	DF
– alle Etagenprimeln	LF
– florindae	LF
– alle Kugelprimeln, beste Ergebnisse bei	DK
– pubescens	LF
– rosea, sofort nach der Ernte	DK
später	LF
– sieboldii	DF
Pulsatilla	DF
Saxifraga	LF
Sedum	LK
Sempervivum	LF
Soldanelle	LF
Thalictrum dipterocarpum	LK
Trollius, alle	DF
Verbascum	LK
Viola cornuta	LK

Die vegetative Vermehrung

Im Prinzip lassen sich alle Pflanzen ungeschlechtlich vermehren, aber mit Arten, die eine einzige lange Pfahlwurzel bilden, hat man Schwierigkeiten. Doch sind das theoretische Erkenntnisse, denn es steht ziemlich genau fest, welche Arten wir durch Stecklinge, Teilung, Senker, Abrisse oder Wurzelschnittlinge vermehren, und man kann es den Pflanzen auch ansehen, wenn auch nicht sämtlichen. Man bekommt aber bei ungeschlechtlicher Vermehrung niemals so viele Exemplare wie bei geschlechtlicher. Ferner braucht man Frühbeete oder sogar eine „Vermehrung" und andere besondere Einrichtungen. Die Pflege ist umständlicher und muß sorgfältig durchgeführt werden, und man ist enger an bestimmte Termine gebunden.

Vermehren durch Teilen

Das Vermehren durch Teilen ist die einfachste Art der ungeschlechtlichen Vermehrung. Man braucht dazu Mutterpflanzen, die man sich stets erst beschaffen oder selbst heranziehen muß. Alle Phlox-, Rittersporn-, Päonien- und sonstigen Sorten muß man kaufen, oder man bekommt sie geschenkt oder bringt sie durch Tausch an sich ... auf jeden Fall ist man auf andere Betriebe, auf Freunde, auf Besitzer der Züchtungen angewiesen. Ohne Zukauf und sonstigen Zufluß von Sorten, insbesondere von Neuzüchtungen, die sich rein nur vegetativ vermehren lassen, ist kein Bestand und kein Fortschritt in der Staudenkultur möglich. Daher sind Kataloge und Prospekte mit genauen, gelegentlich auch ausführlichen Beschreibungen sowie der Besuch von Schau- und Sichtungsgärten unerläßlich. Wie viele Mutterpflanzen man zur Erlangung einer bestimmten Menge von Nachwuchs braucht, ist im speziellen Teil bei den meisten Arten im Abschnitt über Bewertung, Verwendung und Anzucht angegeben. Es sind aber nur Faustzahlen, die gut stehende, gesunde, sorgfältig kultivierte Bestände voraussetzen. Bei manchen Arten ist es üblich, die Mutterpflanzen auf besonderen Beeten zu halten oder heranzuziehen, bei anderen läßt man einen Teil des Bestandes einfach stehen und teilt diese Exemplare so bald wie möglich auf. Stärkere und ältere Mutterpflanzen bringen nicht immer entsprechend mehr Teilpflanzen, auch sind diese manchmal nicht mehr sehr wüchsig. Im allgemeinen kann man sagen, daß sich rasch wachsende Stauden, wie *Chrysanthemum coccineum, Erigeron, Aster alpinus* und *A. tongolensis,* jedes Jahr teilen lassen und bis zum Herbst die übliche Verkaufsstärke erreicht haben; sie lassen sich in drei bis fünf lebensfähige Teilstücke zerlegen. Das Teilen selbst wurde bereits auf S. 51 eingehend beschrieben, so daß hier nicht mehr viel anzuführen bleibt. Wichtig ist der günstige Termin: in einer Ruheperiode, vor einem neuen Trieb, vor der Weiterentwicklung der vegetativen Teile. In voller Blüte stehende Bestände darf man niemals teilen! Man darf auch nicht zu weit ins Jahr hineinkommen, denn während der heißen Monate ist die hemmende Wirkung von Hitze und Trockenheit stärker als die Stimulation, die vom Teilen und Verpflanzen ausgeht.

Vermehren durch Stecklinge

Das Vermehren durch Stecklinge ist neben dem Teilen wohl die am häufigsten angewandte vegetative Vermehrungsart. Sie ist nicht wie das Teilen bei den meisten Stauden möglich, sondern nur bei sehr viel weniger Arten. Es gibt Kopf- und Triebstecklinge. Die Triebstecklinge heißen auch grundständige Stecklinge, denn man muß sie an ihrer Basis mit einem kurzen Stück Ansatz schneiden. Man darf den Steckling nicht zu klein oder kurz schneiden, sonst ist er schwer zu fassen. Er darf aber auch nicht zu lang und groß sein, weil er dann zu viele (verhältnismäßig!) Blätter aufweist, die ernährt und versorgt werden möchten, was aber über die Leistungsfähigkeit der Stecklinge hinausgeht. Sie bekommen dann braune Blätter und bilden vielleicht auch Kallus, aber zur Bildung von Wurzeln reicht es nicht mehr. Der Steckling darf auch nicht zu weich sein, sonst fault er, und nicht zu hart. Verhärtete Stengel- oder Sproßteile bilden gelegentlich Kallus, der sogar groß werden kann, Wurzeln jedoch folgen nicht. Es ist also junges aktives Gewebe von einer gewissen Festigkeit nötig, in dem auch Reserven stecken. Ohne diese vermögen Stecklinge nicht am Leben zu bleiben, um Kallus und Wurzeln zu bilden. Der ganze Vorgang und seine Voraussetzungen sind bisher nur wenig erforscht. Man weiß bloß, daß es Wuchsstoffe gibt, die in der Nähe der Vegetationsspitzen gehäuft auftreten und vieles, was dort geschieht, bestimmen oder beeinflussen. Ein Phlox-Steckling soll ein Paar völlig ausgebildete Laubblätter aufweisen, ein zweites Paar, das noch schräg nach oben gerichtet ist, und schließlich das Herz, das mehr oder weniger kräftig sein kann; er muß sich leicht schneiden lassen. Mit der Zeit bekommt man es ins Gefühl, ob der Steckling zu hart oder zu weich ist. Stets muß man unter einem Blattpaar schneiden. Laub zu kürzen ist nicht ratsam, denn das Verheilen der Wunden kostet Kräfte, die bei weiteren „Aufgaben" fehlen. Obwohl der Steckling nur ein Teilchen der Pflanze ist, ist er etwas Wertvolles, und man sollte ihn auch so behandeln.

Stecklingsvermehrung ist nur im Stadium der Strekkung und des flotten Wachstums der Triebe möglich, also bald nach dem Austreiben. Sie stecken dann noch voller „Energien", denn sie sollen die ganze Pflanze aufbauen. Später folgt die Blühperiode, alle Kräfte werden für den Flor und die sich entwickelnden Samen gebraucht. Die meisten Stecklinge gibt es von Ende April bis äußerstens Mitte Juni. Man stecke alle Arten nach der Blütezeit: was zunächst blüht, also zuerst. Immer sind Aufzeichnungen günstig: wann man steckt, wieviel, mit welchem Erfolg usw. Man kann nur ausnahmsweise damit rechnen, daß sämtliche Stecklinge sich bewurzeln.

Ehe man die Stecklinge schneidet, müssen das Vermehrungsbeet oder das Frühbeet oder die Gefäße, in die sie kommen sollen, oder die Erde samt den Töpfen, die man braucht, fix und fertig sein. Kleine und wenige Stecklinge steckt man in Schalen, Töpfe oder Handkästen, die in der üblichen Weise herzurichten sind. Unten gehört eine Schicht Schotter oder Scherben auf den Boden, darüber kommt eine Lage Komposterde, und obenauf bringt man ein Gemisch, das zu gleichen Teilen aus Sand, Komposterde und Torfmull besteht. Man muß sorgfältig füllen, gut andrücken und eine Weile vor der Verwendung auch angießen. Die Erde soll feucht sein, sonst fallen die Löcher, die man sticht, sofort wieder ein. Dann erst beginnt die eigentliche Arbeit: man nimmt die Stecklinge von den Pflanzen, schneidet sie zurecht, wirft sie für eine Weile in ein Gefäß mit frischem Wasser, legt sie in einen Handkasten ab, bis man einen gewissen Vorrat hat... und schließlich steckt man. Man zieht Linien mit einem spitzen Hölzchen ein angemessen tiefes Loch, schiebt den Steckling hinein und drückt zuletzt mit den Fingern oder mit dem Hölzchen fest an. Der Steckling muß gerade stehen und darf sich nicht ohne weiteres wieder herausziehen lassen. Man stecke so eng, daß die Stecklinge sich eben berühren oder ein kleiner Zwischenraum bleibt: auf diese Weise bildet sich zwischen ihnen stehende Luft, und sie beschatten sich selbst und die Erde.

Ist ein Gefäß voll gesteckt, wird vorsichtig angegossen, damit die Erde völlig an die Stecklinge gespült wird und keine Hohlräume bleiben. Dann legt man eine Glasscheibe auf und räumt an einen zugfreien, mäßig warmen Platz (Unterwärme ist nicht unbedingt nötig) und legt Papier zur Schattierung auf. Entscheidend ist, daß die Stecklinge immer frisch bleiben, daß sie ständig feuchte Luft haben (aber über Nacht sollen die Blätter trocken sein), daß man auch nicht zu viel Wasser gibt. Sobald sie Wurzeln bilden, müssen sie etwas Luft bekommen.

Im Vermehrungsbeet oder im Frühbeet ist genauso zu verfahren. Stark wachsende Stecklinge muß man in Bälde pikieren oder topfen, einzelne kann man nach ausreichender Abhärtung auch gleich auf Anzuchtbeete oder an den vorgesehenen Platz auspflanzen. Alle Sorten oder Arten, die man steckt, sind genau zu etikettieren.

Vermehren durch Wurzelschnittlinge

Es gibt Stauden, die sich weder durch Teilen noch durch Stecklinge, sondern allein durch Wurzelschnittlinge sortenecht vermehren lassen. Das Regenerationsvermögen tritt in den Wurzeln auf. Man braucht je nach Art stricknadel- bis etwa bleistiftstarke, gerade und gesunde Wurzeln, die man abschneidet und in 5 bis 7 cm lange Stücke aufteilt. Die schwachen Enden nehme man nur, wenn man auf jedes Stückchen

Wurzel angewiesen ist. Die Stücke werden in Handkästen gesteckt oder flach ausgelegt, und diese können in einem kühlen Gewächshaus zunächst unter die Tische geräumt werden. Die Erde soll durchlässig sein, man setze Torfmull zu, damit die Jungpflanzen besser Ballen halten. Treiben die Wurzelstücke durch, sind die Kästen ans Licht zu holen, höhere Wärme ist nicht nötig. Schließlich topft man ein und kultiviert in Töpfen weiter oder pflanzt aus diesen später aus. Wurzelschnittlinge ohne guten Ballen wachsen im Freiland kaum weiter und werden niemals innerhalb der üblichen Anzuchtdauer verkaufsstark. Die günstigste Zeit für das Schneiden und Legen der Wurzelschnittlinge ist der Spätherbst. Man kann die Mutterpflanzen auch einschlagen und mitten im Winter die eigentliche Vermehrung durchführen. Durch Wurzelschnittlinge sind folgende Stauden sortenecht vermehrbar:

Acanthus
Anchusa azurea
Anemone hupehensis
– Japonica-Hybriden
– vitifolia
Arnebia pulchra
Brunnera macrophylla
Centaurea dealbata
– montana
Eryngium
Papaver orientale
Phlox paniculata
Polygonum polystachyum
Rodgersia
Silphium
Symphytum
Verbascum-Namensorten

Am meisten werden *Anchusa, Anemone, Eryngium, Papaver orientale* und *Verbascum* auf diese Weise vermehrt. Bei *Phlox paniculata* ist es unbedingt erforderlich, durch Wurzelschnittlinge zu vermehren, wenn die Bestände mit Älchen verseucht sind. Nur so bekommt man gesunden Nachwuchs.

Vermehren durch Absenken

Dies ist eine Vermehrungsart, deren sich vor allem Laien gern bedienen, im Gartenbau findet man sie selten. Das Ergebnis ist zahlenmäßig gering, und man hat verhältnismäßig viel Arbeit. Am meisten ist das Absenken bei Nelken üblich. Man lockert den Boden rings um die Mutterpflanze auf, streut einen Ring mit sandiger Erde um diese und hakt die Triebenden mit Draht vorsichtig fest. Zuvor schneidet man schräg in einen noch halbwegs weichen Knoten in der Nähe der festgehakten Stelle. Die Erde muß ständig feucht gehalten werden, und es dauert mehrere Wochen, ehe die Triebe anfangen, Wurzeln zu bilden. Man läßt sie gern bis zum nächsten Frühjahr an der Mutterpflanze und trennt sie erst ab, wenn jeder beinahe ein selbständiges Exemplar geworden ist. Dieses Absenken ist ferner bei einigen *Arabis*, bei *Phlox subulata*, *Aubrieta* und *Gentiana sino-ornata* möglich, bei welchen aber der Schnitt durch einen Knoten unterbleiben soll. Der Vorzug des Absenkens liegt darin, daß keinerlei Hilfsmittel nötig sind und man am Ende doch neue Pflanzen zur Verfügung hat.

Über die Anzucht von Stauden

Die Einzelheiten, auf die man bei der Anzucht der verschiedenen Stauden achten muß, sind im Speziellen Teil unter *Bewertung, Verwendung, Anzucht* angegeben. Hier sei nur auf einige allgemeine Grundsätze eingegangen. Wichtig ist, daß man nur gesunde, wüchsige Sämlinge, Stecklinge oder Teilstücke pflanzt. Man hat in der Kultur von Stauden die Aufgabe, kräftige, einigermaßen gleich starke, gesunde und sortenechte Bestände heranzuziehen, die so bald als möglich ihre Verkaufsstärke erlangen. Das gelingt nur, wenn man zum richtigen Termin vermehrt und, sobald es nötig ist, auspflanzt oder topft und anschließend gut pflegt. Mit je mehr Arten und Sorten man zu tun hat, um so schwieriger wird es, alle Termine genau einzuhalten und nicht in Verzug zu geraten. Man braucht auf jeden Fall einen genauen Aussaat- und Stecklingsvermehrungsplan, zu dessen Aufstellung freilich Erfahrung unerläßlich ist. Ob dieser Plan sich genau einhalten läßt, kann man vorher schwer sagen. Man muß kontrollieren und bei Verzögerungen zu ergründen trachten, woher sie stammen. Abhängigkeit vom Wetter besteht, aber sie ist geringer als in der sonstigen Landwirtschaft, denn viele Arbeiten lassen sich bei Regen in Arbeitsräumen oder Gewächshäusern ausführen.
Es bürgert sich immer mehr ein, viele Staudenarten in Töpfen zu kultivieren... und dies, obwohl dazu Töpfe und hergerichtete Erde nötig sind und das Eintopfen mehr Arbeit macht als das Pflanzen auf Beete. Doch steht diesem Aufwand gegenüber, daß man viel weniger Platz braucht, daß es große Ersparnisse beim Unterbringen und beim Versand gibt. Günstig ist ferner, daß man in Töpfen kultivierte Bestände vom Frühling bis in den Herbst hinein versenden und daß der Gartenfreund sie, ohne Verluste befürchten zu müssen, selbst im glühendsten Sommer pflanzen kann. Auch der Liebhaber sollte diejenigen Stauden, die sich in Töpfen kultivieren lassen, in solche setzen. Denn er wird von Terminen unabhängiger, und die Pflanzen stehen ihm fast jederzeit zur Verfügung. Erwähnt sei ferner, daß man viele Stauden im Winter eintopfen kann, wenn man draußen keinen Handgriff zu tun vermag.
Die frisch bepflanzten Töpfe werden bis zum Rand in den Boden eingesenkt, am besten in einem Kasten, so daß sie zunächst mit Fenstern, später außerdem oder allein mit Schattenleinen überdeckt werden können. Wärme und Schutz gegen Wind und Sonne sind be-

sonders zum Anfang der Kultur nötig, denn die Töpfe trocknen leicht aus; besonders gefährdet sind Pflanzen in Töpfen mit geringem Durchmesser. Für kleine *Sedum*, wie *S. oreganum* und *S. spathulifolium*, *Soldanella* und andere zierliche Stauden genügen 5-cm-Töpfe, sonst verwendet man 6- bis 8-cm-Töpfe, größere kommen allenfalls für *Astragalus, Dryas, Genista, Hypericum, Pachysandra* und andere Arten mit verholzender Wurzel in Frage, aber auch für *Sedum sieboldii*. Für Stauden mit fleischigen oder rübenartigen Wurzeln, wie sie für Enzian eigentümlich sind, wählt man besonders tiefe Töpfe.

Allgemein wird in Ton-, Plast- oder Torftöpfen kultiviert. Ihre Verwendung sichert gutes Anwachsen am Pflanzort zu jeder Vegetationszeit. Für längere Anzucht sind Ton- und Plasttöpfe unentbehrlich. Torftöpfe können bei einer Kulturdauer von nur wenigen Monaten verwendet werden. Papptöpfe eignen sich für raschwachsende Jungpflanzen bei schnellem Umschlag. Man findet sie zum Beispiel mit *Aster amellus, Aster novae-angliae, Papaver orientale, Anemone-Japonica-Hybriden* oder mit Ziergräsern im Frühjahrsangebot, also mit Stauden, deren Wurzelsystem im Jungpflanzenstadium büschelartig ist, bei denen also die Wandung des Topfes nicht von Wurzeltrieben durchbrochen wird, die ins benachbarte Erdreich streben. Stauden mit umherstreichenden fadenförmigen oder spindelförmigen, also kaum zur Ballenbildung neigenden Wurzeln sowie Stauden mit sich nach allen Seiten flach ausbreitenden Rhizomen gehören in Ton- oder Plasttöpfe.

Folgende, in diesem Buch behandelte Stauden sollten *stets in Töpfen kultiviert und nur in Töpfen vom Handel angeboten werden:*
Acaena (bildet keine Ballen)
Aëthionema (in tiefe Töpfe)
Alyssum saxatile 'Plenum'
Androsace (alle Arten und Varietäten)
Anemone-Japonica-Hybriden
Anemone vitifolia
Arabis caucasica
– ferdinandi-coburgi
Armeria juniperifolia (und Sorten)
Astragalus (alle; in tiefe Töpfe)
Aubrieta (Arten und Sorten)
Azorella trifurcata
Buglossoides purpurocaerulea (umherstreichende Wurzeln)
Campanula carpatica (und Sorten)
– – var. turbinata (und Sorten)
– garganica (und Sorten)
– portenschlagiana (und Sorten)
– poscharskiana (und Sorten)
Ceratostigma plumbaginoides
– willmottianum
Chrysanthemum arcticum
Corydalis lutea
– ochroleuca
Cymbalaria muralis 'Globosa'
– pallida
Dodecatheon (alle Arten und Sorten)
Draba (alle Arten)
Dryas (alle; Pfahlwurzel)
Genista (alle; empfindliche Wurzeln!)
Gentiana (fleischige Wurzel, in tiefe Töpfe)
– cruciata
– farreri
– sino-ornata
Geranium dalmaticum
– subcaulescens
Helianthemum (alle; in tiefe Töpfe)
Houstonia caerulea
– serpyllifolia
Hutchinsia alpina
Hypericum calycinum
– olympicum (und Sorte 'Citrinum')
– polyphyllum
Linaria alpina
Matricaria oreades
Papaver burseri
– kerneri
– rhaeticum
– sendtneri
Petrorhagia saxifraga (und Sorten)
Plantago nivalis
Polygonum affine
– bistorta
Potentilla neumanniana 'Nana' (und andere niedrig bleibende Arten)
Santolina chamaecyprissus (samt Unterarten)
– rosmarinifolia
Saxifraga (verschiedene Arten)
Scutellaria scordifolia (aus Brutknöllchen)
Sedum cauticolum
– sieboldii
– spathulifolium
– oreganum (und andere teppichbildende Arten)
Silene alpestris 'Plena'
– dioica 'Roseum Plenum'
– maritima 'Plena' und 'Weißkehlchen'
– schafta 'Splendens'
Soldanella alpina
Vinca minor (und Sorten)
Vitaliana primuliflora

Über Zwiebel- und Knollengewächse

Allgemeine Bemerkungen

Ohne Zwiebel- und Knollengewächse ist ein Garten so wenig vollkommen wie eine Wohnung ohne Topfblumen. Ob man sie als Stauden bezeichnen und zu diesen rechnen darf, soll hier unerörtert bleiben. Die Praxis hält sie auseinander. Stauden- und Blumenzwiebelkulturen sind zweierlei, sie werden nicht zusammen betrieben... von wenigen Ausnahmen abgesehen. Gleich dem Erdstamm oder Rhizom der Stauden sind Knollen und Zwiebeln Speicher- und Schutzeinrichtungen, welche die Pflanzen in den Stand setzen, ungünstige Zeiten zu überstehen. Daher treten Zwiebel- und Knollengewächse von Natur aus häufig in Gebieten auf, wo entweder der Sommer sehr heiß und trocken oder die Wachstumszeit sehr kurz ist. Solch ein Zwiebelgewächs ist zum Beispiel das Schneeglöckchen. Es wächst in der freien Natur unter Sträuchern, blüht, ehe diese ihre Blätter getrieben und entfaltet haben, und zieht ein, wenn die Büsche oben voll belaubt sind und kein Sonnenstrahl mehr den Boden erreicht. Zwiebeln und Knollen sind das Wichtigste solcher Gewächse, denn in ihnen steckt das Leben, und sie sichern den Bestand der Art. Das Laub und die Blüten tauchen auf, aber schon bald sind sie wieder verschwunden, und es sieht an ihrem Standort aus, als wachse gar nichts, als gedeihe und stehe dort nichts und als habe es nie etwas anderes gegeben als den kahlen Boden, auf den unser Blick fällt. Man kann es keinem Garten im August ansehen, ob im Frühling darin Tulpen geblüht haben. Zuweilen hat man bei Zwiebelgewächsen den Eindruck, daß sie zwei Leben führen: eins im Schoß der Erde und ein zweites außerhalb derselben, doch ist dieses nur ein Gastspiel, ein Ausflug, ein Besuch. Aber dergleichen Empfindungen und Einsichten, solche Schlüsse und Beobachtungen reichen nicht hin, die Phänomene Zwiebel und Knolle völlig zu erfassen und zu ergründen. Denn Zwiebeln und Knollen sind nicht die einzigen, auch nicht die wichtigsten Wege und Mittel oder Verfahren der Natur, mit den Schwierigkeiten besonderer Standorte fertig zu werden..., es gibt deren vielmehr eine ganze Reihe, und jede Möglichkeit wird in sich noch variiert.

Eine *Zwiebel*, die ruhend im Boden steckt, ist fast eine fertige, aber abgeänderte, stark metamorphosierte Pflanze. Sie besitzt eine scheibenförmige Basis, die ein umgewandelter Sproß ist und Zwiebelkuchen heißt. Aus dem Zwiebelkuchen treten unten die Wurzeln hervor, oben sitzen auf ihm die Zwiebelschuppen, und er treibt auch die Blumen, mögen sie einzeln auf langen Stielen thronen wie die Narzissen oder eine Traube bilden wie die Hyazinthen. Die Zwiebelschuppen werden teils aus Niederblättern gebildet, teils sind sie die verdickten Teile von Laubblättern, deren obere Hälften nach einer Weile absterben, wie man dies am Laub der Narzissen alljährlich beobachten kann. Man unterscheidet Schalen- und Schuppenzwiebeln. Eine Schalenzwiebel haben die Tulpen und die Küchenzwiebel, sie bilden einen geschlossenen Körper. Schuppenzwiebeln findet man bei allen Lilien, bei ihnen ist der Blattgrund schuppig. Es gibt Zwiebeln, die mit einer festen, häutigen Schutzhülle allseitig umgeben sind, und Zwiebeln ohne solchen Schutz, wie Schneeglöckchen und alle Lilien. Nackte Zwiebeln leiden Schaden, wenn sie ohne Schutz gelagert werden. Bei manchen Arten können die Zwiebeln mehrere bis viele Jahre alt werden, bei andern bilden sich alljährlich neue oder mehrere neue, z. B. bei den Tulpen. Alle Zwiebeln bringen Tochter- oder Brutzwiebeln, deren Menge sehr schwankt. Sie können im Innern der Zwiebel an der Basis der Schuppen entstehen, oder sie werden außerhalb der alten Zwiebel angesetzt. Mutter- und Tochterzwiebeln können beisammenbleiben und von einer gemeinsamen Schale umgeben sein, die erst beim Größerwerden der Nebenzwiebeln gesprengt wird. Alle Zwiebelgewächse vermögen außer solchen Brutzwiebeln in ihren Blüten Samen anzusetzen.

Eine *Knolle* ist ein fleischiger, verdickter Sproßteil von ei- bis kugelförmiger Gestalt. Knollen bilden in der Regel eine einheitliche Masse, bestehen also nicht aus Zwiebelboden und Schalen. Sie treten an verschiedenen Teilen der Gewächse unter- und auch oberirdisch auf, oder am Ende von Stolonen wie bei der Kartoffel. Sie sind zuweilen reine Speicherorgane wie bei den Dahlien, deren Knollen nicht auszutreiben vermögen, die Augen sitzen vielmehr an der Basis des vorjährigen Stengels. Knollen können aber auch an einer bestimmten Stelle oder verteilt Augen oder Knospen besitzen, die zu gegebener Zeit ausschlagen und die Sprosse der Pflanzen entwickeln. Solche Knollen sind wie die Zwiebeln ruhende Gewächse. Alle Knollen sind von einer häutigen oder korkigen Hülle umgeben, die dick werden kann und mit der Knolle mitwächst. Manche Knollen werden alt und sehr groß – als Beispiel seien die Knollen von Cyclamen genannt. Andere werden alljährlich neu gebildet wie die Knollen von Gladiolen und Krokus. Zwischen Knollen und Zwiebeln gibt es Übergänge, die Zwiebelknollen genannt werden: sie haben die Form von Zwiebeln und eine häutige Schale. Man findet sie zum Beispiel bei den Zwiebel-Iris, also bei bestimmten Arten einer Gattung, von welcher andere Arten typische Rhizome aufweisen.

Zwiebeln und Knollen sind keine Charaktereigenschaften von Familien, sie treten aber gattungsweise auf oder sind artentypisch. Sehr viele gibt es in der Familie der Liliengewächse und der dieser nahestehenden Familie der Amaryllisgewächse, auch bei den *Iridaceae* kommen sie häufiger vor als in den meisten übrigen Familien. Das Hauptverbreitungsareal liegt in Gebieten mit subtropischem und mit mildem gemäßigtem Klima. In Steppen und wüstenhaften Strichen sind sie anzutreffen, aber auch in niederschlagsreichen, waldigen Arealen mit tiefem Humusboden treten sie stark auf. Man findet dort vor allem Lilien. Die Blütezeit ist unterschiedlich: Die ersten kommen auch bei uns bereits im Februar/März in Flor, die Hauptblütezeit der Dahlien ist der Spätsommer, auch manche Lilien, wie *L.speciosum*, blühen nicht früher. Es gibt vieles, was allen Zwiebel- und Knollengewächsen gemeinsam ist, aber auch zahlreiche Unterschiede. Daher lassen sie sich nicht einheitlich, sondern fast nur individuell behandeln. Eine Reihe sind reine Gartenzierden, aber verschiedene auch wichtige „Nutzpflanzen". Sie werden alljährlich in riesigen Mengen kultiviert, in alle Welt verschickt, von Gärtnern getrieben und zur Blüte gebracht, wie Tulpen, Narzissen, Anemonen und Ranunkeln. Es gibt auch Arten, die erlesene Schnittblumen liefern, vor allem bei den Lilien. Natürlich fehlen weder schwierige oder anspruchsvolle Arten, noch Arten für Liebhaber und Raritätensammler. Die Züchtung ist rege, und jedes Jahr werden Neuheiten angeboten.

Über winterharte, schutzbedürftige und nicht winterharte Zwiebel- und Knollengewächse

Wenn auch beinahe jede Art „individuell" behandelt sein will, wie oben gesagt wurde, so gibt es doch für uns in Mitteleuropa zwei große Gruppen dieser Gewächse: die winterharten und die nicht winterharten Arten, welche man unbedingt frostfrei überwintern, also aus dem Boden holen muß. Dazu kommt noch eine Zwischengruppe, welche Arten umfaßt, die man in der Erde lassen kann, aber gut decken muß. Im vorliegenden Buche sind gegen 50 Gattungen aufgeführt, bei welchen alle oder auch nur einzelne Arten Knollen oder Zwiebeln bilden. Von diesen müssen frostfrei überwintert werden:

Acidanthera
Begonia, Knollenbegonien
Canna
Crocosmia (kann auch unter starker Laubdecke draußen bleiben)
Dahlia
Gladiolus
Gloriosa
Ornithogalum thyrsoides
Ranunculus asiaticus (in milden Gegenden auch unter dicker Laubdecke ziemlich winterhart)
Salvia patens
Sparaxis
Sprekelia
Tigridia

Die Arten sind auch verschieden zu überwintern: einige trocken lagernd und in Beutel abgefüllt oder auf Tischen ausgebreitet, andere müssen in Sand oder Torfmull gebettet werden, und einzelne soll man in den Töpfen, in die man sie gelegt hat, überwintern. Was jeweils nötig ist, kann man bei den verschiedenen Arten unter *Bewertung, Verwendung, Anzucht* nachlesen.

Die Zwiebel- und Knollengewächse der folgenden Tabelle *brauchen* Winterschutz. Sie müssen teils vor starker Kälte, teils vor zu viel Nässe geschützt werden. Für diese ist natürlich der Standort von vornherein besonders zu wählen und gut zu dränieren. Manchmal brauchen einzelne im Hochsommer oder Herbst Schutz gegen Niederschläge. Über Winter hilft ein Bedecken mit trockenem Material, das wenig Feuchtigkeit annimmt, und darüber gehört zuletzt ein Stück Folie.

Es brauchen Winterschutz:
Alstroemeria
Anemone coronaria
— × *fulgens*
Camassia
Crinum
Crocosmia (in kalten Gegenden ist es besser, auszugraben und im Keller zu überwintern)
Erythronium, alle Arten außer *E. denscanis*
Galtonia
Iris, verschiedene, siehe im Speziellen Teil
Lilium, einzelne, siehe im Speziellen Teil
Oxalis, alle außer *O. acetosella*
Scilla, einzelne in rauhen Gegenden

Die wichtigsten und am meisten angepflanzten Arten jedoch, wie Tulpen und Narzissen, Hyazinthen und Krokus, Schneeglöckchen, Kaiserkronen und viele

Lilien, Winterling, Traubenhyazinthen und die Freiland-Alpenveilchen, sind völlig winterhart... sofern sie an einem Platz stehen, der ihnen zusagt.

Über die Ansprüche der Zwiebel- und Knollengewächse

Die Arten, welche sich für unsre Gärten eignen, kommen aus den verschiedensten Gebieten der Erde. Die Tulpen stammen aus Kleinasien mit Ausstrahlungen bis nach dem Süden der Sowjetunion. Auch die Hyazinthen kommen aus dem Orient. Die Narzissen dagegen sind auf der andern Seite des Mittelmeeres zu Hause: die Mehrzahl der Arten auf der Iberischen Halbinsel, weitere in Nordafrika, in Südfrankreich und in Teilen der Alpen. Die Krokusse haben in Kleinasien und auf dem Balkan ihre Heimat. *Iris* treten sowohl in Kleinasien und den angrenzenden Gebieten als auch in Spanien, Portugal und Nordafrika auf. Die Gladiolen und Montbretien stammen aus Südafrika, *Camassia* aus Kalifornien. *Tigridia* und Dahlien sind in Mittelamerika zu Hause, woher wir auch die *Sprekelia* erhielten. Allein das Schneeglöckchen wächst bei uns wild, und man findet es von den Pyrenäen bis hinüber nach Polen, weitere *Galanthus*-Arten treten in Kleinasien auf. Lilien gibt es verstreut in Europa, in Nordamerika, reichlich in Mittel- und Ostasien, wo ihr Verbreitungsareal vom Amur bis nach Nepal reicht, auch finden sich in Japan eine Reihe sehr schöner Arten. Die Voreltern der Knollenbegonien wachsen in Brasilien und Bolivien wild, das Blumenrohr ist eine indische Pflanze.

Der Standort in Licht oder Schatten

Wenn man vom Standort ausgeht, gibt es zwei ganz verschiedene Typen von Zwiebel- und Knollengewächsen. Eine Menge Arten treten in offenen Landschaften in voller Sonne auf, teilweise ist der Boden schwer und wird hart, Winter und Frühling bringen Regen, der Sommer wird heiß und sehr trocken..., in solchen Verhältnissen wachsen die Tulpen, die Zwiebeliris und die Krokusse. Nicht wenige finden wir aber auch an absonnigen bis halbschattigen Plätzen, in frischen, humusreichen Böden wurzelnd, häufig ist der Fuß beschattet, der Blütenstand dagegen badet im Licht, überall aber fließt das Wasser ab, denn die Standorte weisen eine tadellose natürliche Dränage auf. Einzig der Aronstab ist eine Ausnahme, seine Knollen stecken in feuchtem bis schlammigem Erdreich. Verschieden ist ferner die Beziehung zum Kalk: Manche Arten gedeihen nur in alkalischen oder regelrecht kalkhaltigen Böden, anderen ist Kalk gefährlich. Summarisch darf man sagen, daß es Steppen- und Waldbewohner gibt. Es ist unbedingt nötig, auf die Herkunft der Arten zu achten, sich mit den Merkmalen der Standorte zu beschäftigen und sie im Garten nachzuschaffen, soweit dies möglich ist,... oder auf manche Arten zu verzichten! Knollen- und Zwiebelgewächse sind nicht sehr anpassungsfreudig und vermögen sich gegen konträre Verhältnisse nicht durchzusetzen. Die Ursache liegt vielleicht darin, daß sie als Pflanzentypus bereits eine weitgehende Spezialisierung bedeuten, weitere Anpassung ist dann schwierig. Ausnahmen sind die Kulturvarietäten, also die Sorten von Hyazinthen, Tulpen und Narzissen; sie wachsen in aller Welt sicher, aber man muß sie immer neu anschaffen.

Der Gartengestalter, der Praktiker, der Blumenfreund müssen also prüfen, ob in Garten, Park oder in der Grünanlage freie, offene Stellen zur Verfügung stehen oder ob im Areal Sträucher und Bäume vorherrschen, ob es vollsonnige oder absonnige, halbschattige bis schattige Plätze sind, wohin Zwiebeln und Knollen kommen sollen.

Zwiebeln und Knollen für locker stehende Sträucher und den Streuschatten größerer Bäume

Chionodoxa
Cyclamen
Eranthis hyemalis
Erythronium
Galanthus nivalis
Leucojum vernum
Lilium martagon, typische Waldlilie, bei andern soll nur der Fuß beschattet sein
Narcissus, die Kulturvarietäten
Ornithogalum umbellatum
Puschkinia scilloides
Scilla
Tulipa sylvestris

Leichte Beschattung vertragen, aber brauchen nicht, doch möchte der Boden frisch sein, wenn sie in voller Sonne stehen

Allium karataviense
— moly
Colchicum
Crocus byzantinus
— chrysanthus
— kotschyanus
— neapolitanus
— sativus
— speciosus
— tommasinianus
Fritillaria, alle außer *F. pallidiflora*
Galtonia
Ixiolirion
Lilium bulbiferum
— candidum
— chalcedonicum
— hansonii
— Imperiale-Sorten
— lancifolium (L. tigrinum)
— pardalinum
— speciosum

Muscari armeniacum
- botryoides
- racemosum
Oxalis adenophylla

Volle Sonne brauchen oder vertragen

Allium, außer *A. karataviense* und *A. moly*
Camassia
Colchicum
Crocus angustifolius
- biflorus
- flavus
- imperati
- sieberi
Fritillaria pallidiflora
Hyacinthus
Iris, alle Zwiebel-Iris
Lilium bulbiferum ssp. croceum
- canadense
- Hybriden
- pumilum
- regale
Muscari comosum
Narcissus, alle Wildformen
Sternbergia
Tulpen, außer *T. sylvestris*

Die nicht winterharten Zwiebel- und Knollengewächse brauchen einen vollsonnigen Standort bis auf Knollenbegonien, welche unbedingt halbschattig stehen müssen.

Ansprüche an den Standort

So verschieden die Heimat und die Standorte sind, so verschieden sind auch die Böden, in welchen die zahlreichen Arten in der freien Natur wurzeln. Natürlich lassen sich nicht sämtliche Unterschiede berücksichtigen, und nicht jeder Boden läßt sich nachbilden. Es liegt aber auf der Hand, daß Blumenzwiebeln und Knollen einen tief und gut gelockerten Boden brauchen. Denn auch die im Erdreich steckenden Zwiebeln oder Knollen atmen und haben — wie alle Lebewesen — einen Gasaustausch, und sie gedeihen nur, wenn dieser ungehindert oder wenig eingeschränkt stattfinden kann. Auch muß die Kruste gestatten, daß der zum Licht strebende Trieb den Boden zu durchbrechen vermag, was eine gewisse Durchlässigkeit bedingt. Nur nebenbei sei bemerkt, daß manche Lilienzwiebeln ein sehr großes Luftbedürfnis haben. Praktisch heißt das: der Boden, in den sie kommen, muß vorher sorgfältig und tief gelockert werden... dies ist eine der wichtigsten Voraussetzungen für ihr Gedeihen. Unerläßlich ist also, lockerndes Material, wie groben Torf, schwer zersetzbare Pflanzenreste (zerkleinertes Abfallholz) oder großkörnigen Bimskies, einzuarbeiten, um jede nachträgliche Bodenverdichtung zu unterbinden.

Wichtig ist auch der Kalkgehalt oder das völlige Fehlen von Kalk für eine Reihe von Arten. Solche, die alkalische Reaktion wünschen, brauchen in der Regel tatsächlich Kalk, eine pH-Zahl oberhalb der Neutralitätsgrenze allein genügt nicht.

Kalk im Boden brauchen

Allium flavum
- narcissiflorum
Bulbocodium vernum
  (Colchicum bulbocodium)
Colchicum autumnale
Cyclamen, die meisten
Lilium chalcedonicum
- henryi
- martagon
- monadelphum

Gegen Kalk sehr empfindlich sind

Lilium auratum
- pardalinum
- speciosum

Bei *Lilium davidii* var. *willmottiae* gibt es Herkünfte, die Kalk vertragen, und andere, die sehr empfindlich sind.
Zu beachten ist gerade bei Zwiebel- und Knollengewächsen ferner, daß manche einen ausgesprochen warmen Standort wünschen, insbesondere zum Ausreifen im Spätsommer und Herbst. Vor allem Arten aus subtropischen Gebieten brauchen Wärme. In gebirgigen, kalten Lagen versuche man gar nicht erst, solche Gewächse einzubürgern, denn das ist unmöglich. Man pflanze oder lege die Zwiebeln oder Knollen so, daß sich am Standort die Wärme sammeln kann, notfalls muß man durch Steine, die man entsprechend gruppiert, einen Wärmefang schaffen. Man kann aber über solche Arten auch Glasglocken stülpen oder den Platz mit durchsichtiger Folie abdecken. Dabei muß die Luft zirkulieren können.

Warme Standorte brauchen

Allium narcissiflorum
- oreophilum
- stipitatum
Bulbocodium vernum
  (Colchicum bulbocodium)
Corbularia bulbocodium
  (Narcissus bulbocodium)
Cyclamen neapolitanum
Eranthis cilicica
Narcissus cyclamineus
- jonquilla
- minor
- tazetta

– triandrus
Sternbergia
Tulipa batalinii
– eichleri
– hageri
– praestans
– tarda
Zwiebel-Iris

Über das Legen oder Pflanzen von Zwiebel- und Knollengewächsen

Alle im Frühling oder Vorsommer blühenden Zwiebeln und Knollen und auch die Herbstzeitlosen *müssen* im Spätsommer oder Anfang Herbst gesteckt oder gelegt werden. Die Wachstumsverhältnisse am natürlichen Standort schreiben das vor. Jedes Zwiebelgewächs treibt nach der sommerlichen Ruhezeit frische Wurzeln, mögen die alten ganz abgestorben oder noch erhalten sein. Die Wurzeln sind meistens fest und vielfach auch kräftig, zugleich jedoch empfindlich, und die Pflanze vermag sie bei Verlust gar nicht oder bloß unvollkommen zu ersetzen. Selbst auf dem Lager, dessen Temperatur so gehalten wird, daß die Ruhe der Zwiebeln und Knollen anhält, treiben sie zuletzt doch Wurzeln. Daher ist es auch bis auf einzelne Ausnahmen – zu denen die Klauen von Anemonen gehören – unmöglich, Blumenzwiebeln oder Knollen jahrelang zu lagern. Dazu eignet sich im allgemeinen nur Samen. Je eher man legt, um so besser, denn um so fester wurzeln die Zwiebeln ein, und sie haben eine verhältnismäßig lange Zeit vor sich, aus dem Boden auch Feuchtigkeit und Nährstoffe aufzunehmen. *Colchicum*, herbstblühende Krokus, *Sternbergia* und *Lilium candidum* sollten bereits im August in die Erde kommen. Der September und die erste Hälfte des Oktobers sind die Hauptpflanzzeit für alle andern Arten mit Ausnahme von Steppeniris – das sind die Arten der Sektionen Regelia und Onocyclus mit ihren Hybriden – und *Ostrowskia*, welche nicht vor Mitte November in den Boden dürfen. Denn sonst treiben sie noch Laub, das natürlich erfriert, was die Pflanzen schwächen würde.

Lange bevor man die Zwiebeln oder Knollen legt, ist der Boden herzurichten, und dabei sollen Kompost und Düngetorf eingebracht werden, die aber auch in die tieferen Schichten gelangen müssen: Dort stecken die Wurzeln, und für sie ist die Nahrung bestimmt! Man grabe aber niemals frischen Dung ein. Er ist reich an Fäulnisbakterien, und diese befallen auch die Zwiebeln. Ebenso ungünstig ist, reichlich Mineraldünger zu streuen; er forciert zunächst das Wachstum, ist er jedoch aufgebraucht, treten Stockungen ein, denn man kann nicht immer wieder neu streuen... der Boden würde zu sehr verändert.

Die verschiedenen Arten stecken verschieden tief im Boden, und ungefähr ebenso tief müssen wir sie legen. Als Faustregel gilt, daß eine Zwiebel drei bis viermal so tief kommen soll, wie sie selbst groß ist. Eine 5 cm hohe Zwiebel gehört also 15 bis 20 cm tief ins Erdreich. Bei Zwiebel- und Steppeniris, einigen Lilien, einzelnen Wildtulpen und den Narzissenarten mit kleinen Zwiebeln ist es günstig, direkt unter den Zwiebelboden etwa 1 cm hoch Sand zu bringen. Er schützt vor stehender Nässe unmittelbar unter dem Boden. Es ist weniger gefährlich, etwas zu tief zu legen als zu flach. Die Erddecke ist stets ein Frost- und Winterschutz und sollte die natürliche Dicke haben. Besonders gebildete und beschaffene Wurzeln vermögen zwar die Zwiebeln in die richtige Tiefe zu ziehen, aber man versuche von vornherein, ihnen diese Arbeit abzunehmen. Am schönsten läßt sich der ganze Vorgang an Pflänzchen beobachten, welche von selbst aufgelaufen sind. Die Samen fallen auf die Oberfläche und treiben zunächst eine verhältnismäßig kräftige Wurzel, die gerade in den Boden hinabdringt. Dann erscheint ein Blättchen, oder es wird nur eine Miniaturzwiebel gebildet oder beides zusammen, aber schon im nächsten Jahre muß man leicht nachgraben, wenn man die Zwiebel finden will. Knollen von Arten, die in der freien Natur an Plätzen auftreten, wo es im Sommer sehr heiß und trocken wird, stecken häufig besonders tief: Sie müssen sich in Zonen hinabziehen, die nicht austrocknen! Nach dem Legen glätte man die Erde wieder und gieße zuletzt an. Es ist nötig, daß der Boden fest an die Bulben gespült wird, so daß keine Hohlräume bleiben. Man sollte im ersten Winter auch leicht mit Laub oder Nadelstreu abdecken, denn wirklich fest eingewurzelt sind die Zwiebeln noch nicht. Kommt man aus irgendeinem Grunde erst nach Mitte Oktober zum Stecken, ist dieser Schutz unerläßlich, um Frostschäden zu verhüten.

Ungefähr so tief, wie die Zwiebeln gelegt werden, so weit sollen sie auch voneinander entfernt stehen. Da die Blüten bei allen Arten durch ihre Farbe oder vor allem durch diese wirken und bei manchen ziemlich zierlich sind, lege man stets mehrere einer Sorte oder Art in Horsten aus, natürlich kann man auch an geeignete Plätze Hunderte von Zwiebeln setzen. Man vermeide dabei aber streng geometrische Figuren. Mehrere Arten bunt durcheinander zu legen ist möglich, man muß sie jedoch völlig aufeinander abstimmen! Zuweilen hilft gegen allzugroße Einheitlichkeit schon, zwei Farben einer einzigen oder nahestehender Arten zu mischen... also in Teppiche blauer *Scilla* einige weiß blühende einzustreuen, dagegen wären rosa Tupfen ein koloristischer Mißgriff.

Wohin im Garten mit den Zwiebel- und Knollengewächsen?

Es gibt keine Regeln, die festlegen, wohin man im Garten Zwiebeln und Knollen setzen soll, von den ökologischen und biologischen Grundsätzen abgesehen, die selbstverständlich eingehalten werden müssen. Es ist klar, daß man *Galanthus* nicht an einen heißen Fleck in voller Sonne setzen wird, denn jeder Gärtner ist eo ipso darauf aus, daß jedes Gewächs an den Platz kommt, der ihm zusagt. Daneben gibt es auch ästhetische oder gartenkünstlerische Fragen. Fast alle im Frühling und Frühsommer blühenden Arten welken nach dem Flor ab, so daß nach einigen Wochen ein leerer Fleck übrigbleibt. Das ist unvermeidlich, die kahle Stelle wird aber häufig als ein Manko, als ein Schönheitsfehler angesehen. Bei jenen Arten, die unter Sträuchern oder Bäumen stehen (weil das nötig ist), wird das Abwelken nicht als störend empfunden, auch in der freien Natur nicht. Aber mitten im Garten fällt ein kahles Stück auf, und man fragt sich, ob sich das wohl vermeiden läßt. Es ist, um die Antwort vorwegzunehmen, gelegentlich und in gewissem Maße möglich, generell und völlig jedoch nicht. Das gilt vor allem für die Arten aus der Steppe, für die Humuswurzler der Wälder weniger, da sie nicht alle sofort nach dem Flor abwelken.

Unser Winter gleicht dem Winter in der Heimat der Steppenzwiebeln stark, desgleichen der Frühling. Der Sommer dagegen verläuft völlig anders. Er ist bei uns die Zeit kräftigen Wachstums. Regen und Wärme wechseln sich ab, viele Pflanzen kommen in Blüte und breiten sich weiter aus, insbesondere Stauden, Einjahrsblumen und auch Gehölze. In der Heimat der typischen Steppenzwiebeln aber wird es heiß und trocken, die Landschaft sieht leer und öde aus, die Fluren sind nur spärlich mit Xerophyten besetzt. Es ist warm, doch fehlt es dem Wasser völlig, und alles Wachstum stockt. Entsprechend entwickeln sich die Zwiebel- und Knollengewächse solcher Gebiete langsam. Demzufolge wäre es richtig, sie bei uns nach dem Absterben des Laubes aus dem Boden zu holen und im Herbst wieder zu legen, wenn es auch nicht dasselbe ist wie eine durch heiße, regenlose Witterung erzwungene Ruhe. Man tut es aber nicht gern, es ist auch nicht immer möglich, und es würde viel Arbeit machen. Stehen solche Arten, die fast alle im Frühling oder Vorsommer blühen, in der Nachbarschaft von Sträuchern oder Stauden, die sich erst im Vorsommer entfalten und im Hochsommer oder Herbst in Flor kommen, tritt annähernd das ein, was die Steppenzwiebeln in ihrer Heimat durchmachen: Das Wasser wird von ihnen abgehalten, weil es die Nachbarn aufnehmen. Nötig ist jedoch, daß die Wurzeln solcher Pflanzen ihren Einzugsbereich entweder oberhalb der Knollen und Zwiebeln haben oder weit unterhalb derselben! Durchziehen sie dagegen die Schicht, in welcher die Zwiebeln stecken, nehmen sie so viel Wasser und Nahrung auf, daß jene allmählich aus Mangel an Nährstoffen zurück- und schließlich wegbleiben. Das tritt vor allem unweigerlich dann ein, wenn man Blumenzwiebeln nicht weit genug entfernt von kräftigen Wachsern, wie *Erigeron*, *Phlox*, *Chrysanthemum maximum*, *Helenium*, *Lythrum*, Herbstastern und Rudbeckien, setzt. Es wird empfohlen, Tulpen, Kaiserkronen und hoch werdende Zwiebel-Iris in Blumenbeete mit Stauden einzufügen. Tatsächlich kann man damit die Wirkung steigern... um jedoch an den Zwiebelgewächsen lange Freude zu haben, darf man sie nur neben Stauden setzen, die sie nicht beeinträchtigen. Geeignete Nachbarn sind Perennen mit einer langen Pfahlwurzel, sonstige Tiefwurzler aller Art und wirkliche Flachwurzler, also *Eryngium*, *Crambe* und andere Doldenblütler, *Asphodeline* und *Paradisea*, Gräser, die nicht wuchern, Ginster und Strauchrosen. Man muß immer zuerst prüfen, ob das Wurzelwerk der Stauden oder Gehölze, die gepflanzt werden sollen, den Zwiebeln Abbruch tun könnte; ist damit nicht zu rechnen, kommen jene als Nachbarn in die engere Wahl.

Häufig wird empfohlen, Krokusse, Tulpen, kleine Zwiebel-Iris, *Colchicum*, *Muscari* und andere Arten in Teppiche von Polsterstauden zu legen, um die Szenerie zu steigern. Wer dies unternimmt oder solche Versuche beobachtet, wird bald gewahr, daß die Zwiebeln nach einigen Jahren wegbleiben, obwohl die Arten nicht eigentlich heikel, eher hart und beständig sind. Zu sagen ist, daß es diesen Überwuchs in der Heimat der meisten Arten nicht gibt. Doch freie Natur und Garten sind zweierlei. Man kann kräftig wachsende, robuste Zwiebel- und Knollengewächse sehr wohl in Polster einfügen, aber die Stauden dürfen nicht sehr starke Wachser sein. *Aubrieta*, *Thymus*, *Cotula squalida*, *Phlox subulata*, *Cerastium tomentosum*, *Hieracium*, *Sagina* und *Paronychia* zum Beispiel bilden nicht nur dichte, feste Teppiche, sondern haben im Erdreich zugleich ein dichtes, geschlossenes Wurzelwerk. Die Polster und ihre Wurzeln fangen alle Niederschläge völlig auf, und so gelangt in die tieferen Schichten, in welchen die Zwiebeln stecken würden, weder Feuchtigkeit, noch Luft, noch Nahrung.

Dazu sei noch angeführt, daß selbst ein ausgiebiger Landregen nur etwa 15 cm tief in lehmigen Boden eindringt, sofern derselbe kahl oder bloß schwach bestanden ist, bei dichtem Überwuchs nicht einmal so weit. Summarisch ist zu sagen, daß Polsterstauden, deren auf dem Boden aufliegende Triebe sich reichlich bewurzeln, als Überpflanzen für Zwiebeln und Knollen wenig geeignet sind. Wenn solche Polster gar an einem heißen, recht sonnigen und trockenen Platze stehen, wo sie besonders fest und zäh werden und ebenso ihr Wurzelwerk, dann sind die Zwiebeln von vornherein Todeskandidaten. Dagegen kann man als Überwuchs verwenden, ohne irgendwelchen Schaden gegenwärtigen zu müssen: *Petrorhagia saxifraga*, *Gypsophila repens*, *Alyssum montanum* und *A. ovirense*, *Helianthemum*, *Sedum sieboldii* und flach wurzelnde *Sedum* wie *S. album* und *S. lydium*, zarte Gräser, die man locker stellt, auch *Artemisia nitida, Hypericum polyphyllum, Genista sagittalis* und sogar *Salvia* × *superba*.

Man kann aber auch mit einigen Einjahrsblumen als Überwuchs die nach dem Flor allmählich kahl werdenden Flächen von Zwiebelgewächsen des Frühlings begrünen. Sie müssen einen niederliegenden Wuchs haben, sich leicht verwenden und heranziehen lassen und dürfen den Boden nicht stark verbrauchen. Solche Annuelle sind: *Lobularia maritima, Dorotheanthus bellidiformis, Nolana, Dimorphotheca* 'Tetra Goliath' und 'Tetra Polarstern', Portulakröschen, Gazanien, *Gypsophila elegans, Sanvitalia* und einige weitere. Man sät am besten gegen Ende April jedesmal einige Körner in kleine Töpfe, hält diese nach dem Auflaufen kühl und pflanzt schließlich, sobald es die Witterung erlaubt und die Zwiebeln sich völlig entfaltet haben, so daß sie nur noch blühen, zwischen und um diese aus. Man gräbt vorsichtig kleine Löcher, drückt behutsam an, gießt auch ... so werden die oberirdischen Teile der Zwiebeln nicht gestört und die unterirdischen nicht in Mitleidenschaft gezogen.

Ferner wird empfohlen, Krokusse, *Tulipa kaufmanniana, Muscari*-Arten und Narzissen in den Rasen zu setzen. Dazu ist ungefähr dasselbe zu sagen, wie bei stark wachsenden Polsterstauden als Überwuchs erwähnt wurde. Es sieht oft wunderhübsch aus, aber fast niemals für lange, denn regelmäßig gepflegter Rasen wird viel zu dicht und erstickt die Zwiebeln und Knollen oder hungert sie aus. Man muß also, wenn man die farbenfrohen Frühlingsboten im Rasen nicht entbehren will, immer wieder neu legen! Ferner darf man den Rasen erst dann schneiden, wenn das Laub der Zwiebel- und Knollengewächse abgestorben ist. Die Blätter sind wichtige Organe der Pflanzen und sollen ihnen niemals genommen werden, ehe sie nicht abgewelkt sind.

Schneeglöckchen, *Scilla, Eranthis, Chionodoxa* und Krokus sind uns lieb, weil sie die ersten Blumen des Frühlings sind, und ihre Blüten fallen uns stärker auf, da ringsum noch alles kahl ist. Sie werden kaum von andern Blumen und Farben beeinträchtigt. Je wärmer es aber wird, um so mehr Stauden kommen in Flor und ziehen unsern Blick auf sich. Der Reichtum der Gärten und Fluren tritt lebhafter hervor, und die Mannigfaltigkeit läßt sich kaum noch fassen. Aber auch bei den Zwiebel- und Knollengewächsen gibt es Steigerungen. Ihre Blumen werden nun größer, die Farben lebhafter, und als neuer, überaus wirksamer Ton tritt bei den Tulpen das Rot in zahlreichen Abstufungen auf. Dieses Rot und das lebhafte Gelb einzelner Trompetennarzissen sind äußerst wirksam, und schon wenige Exemplare der Pflanzen bilden farbliche Fixpunkte. Man kann jede Art für sich, aber auch neben alle Frühlingsstauden und zu anderen Zwiebelgewächsen stellen. Häufig werden Tulpen und Narzissen auch in großen Massen verwendet, doch ist dies nur in einem weiträumigen Gelände möglich. Legt man mehrere Sorten in verschiedenen Farben, ist es unerläßlich, die Töne und die Größe der Flächen, die sie einnehmen, gut aufeinander abzustimmen. Es muß eine gewisse Ausgeglichenheit herrschen.

Tulpen und Hyazinthen werden auch beetweise in Grünanlagen verwendet, die Tulpen zuweilen mit Unterpflanzung von Stiefmütterchen, Vergißmeinnicht oder Tausendschönchen. Das leuchtet weithin, und die Hyazinthen erfüllen an schönen Tagen die ganze Umgebung mit ihrem köstlichen Duft ... schon seinetwegen sind solche Beete verdienstlich! Nach dem Flor müssen die Zwiebeln aus dem Boden genommen und an einem absonnigen Platz in gutem Boden alsbald eingeschlagen werden, wo das Laub nachreifen und allmählich absterben kann ... solche Zwiebeln lassen sich im nächsten Jahre wieder verwenden. Schneidet man das Laub jedoch ab, werden die Zwiebeln fast wertlos.

Tulpen und andere Zwiebeln in Beete mit Busch- und Hochstammrosen zu legen, ist aus technischen Gründen nicht günstig. Die Rosen können nicht angehäufelt oder niedergelegt werden, denn man würde dabei Zwiebeln hochgraben oder beschädigen. Wer es einmal getan hat, wiederholt es nicht.

Über das Verwildern von Zwiebel- und Knollengewächsen

Im Garten soll eigentlich nichts verwildern, denn dann ist er keiner mehr. Aber einige Zwiebel- und Knollengewächse tauchen an allen möglichen und auch unerwarteten Stellen auf, wohin man sie nie gelegt hat. Und man freut sich darüber und ist beglückt. Die Schönheit wächst und nimmt zu, ohne daß wir dazu unsre Hand zu rühren brauchten ... ein seltener Fall! Als Verbreiter kommt der Wind nicht in Betracht. Die Samen sind verhältnismäßig schwer, und die Kapseln sitzen zu kurz über dem Boden, wo wenig Zug herrscht, auch weisen die Körnchen keinerlei Flugeinrichtungen auf. Nein, sie werden von den Ameisen breitgeschleppt, die sich so als Gärtner betätigen. Alle Samen der frühblühenden Arten haben ein kleines weißliches Anhängsel, das Öl enthält und dieses Öls wegen von den Ameisen sehr geschätzt ist. Ein Samenkorn wird daher eingetragen, angeknabbert, dann wieder fortgetragen oder einfach liegengelassen. So gerät Samen überallhin, denn Ameisen sind unruhige, bewegliche Tiere. Und die auftauchenden neuen *Scilla* und *Eranthis, Chionodoxa* und Schneeglöckchen sind sogar vitaler und beständiger als die Eltern, die man gekauft und an ausgesuchte Plätze gelegt hat. Sie sind bodenständig. Man kann diesen Zug auch ausnützen, indem man die aufgeführten Arten in kleinen Kolonien ansiedelt und sie bei ihrer Ausbreitung unterstützt. Dazu ist nicht viel nötig. Man darf im Garten nur wenig Laub harken, darf nicht zu viel herumhacken, darf das Gras, das in der Nähe von Bäumen und Sträuchern infolge ihres Schattens dünner wird, nicht häufig schneiden und auch die leeren Stellen nicht durch Nachsaat beseitigen wollen. Dort und auf allen schwach bestandenen Flecken sitzen in der Regel viele junge Pflänzchen, aber zunächst noch dicht unter der Oberfläche: Harke und Hacke würden sie losreißen oder köpfen. Auch Narzissen können verwildern. Sie brauchen aber ziemlich nährstoffreichen, tiefgründigen und frischen Boden, den es bei uns jedoch nur selten gibt. Die obenerwähnten zeitigen Arten verwildern am leichtesten. Sie tun es aber nur, wenn ihnen der Standort zusagt. Der Garten darf nicht zu trocken sein und zu heiß liegen, der Boden muß humusreich sein. Erzwingen läßt sich die Ausbreitung nicht. Im Herbst sollte man die kahlen Flächen dünn mit gutem Kompost überziehen, unter den gedüngter Torf zu mischen ist.

Die laufende Pflege

In der Natur bleiben die Zwiebeln und Knollen jahraus, jahrein dort, wo sie stecken, und sie blühen einmal reich, einmal setzen sie ganz aus oder bringen nur einen bescheidenen Flor. Im Garten wäre das nicht anders, doch kann man durch Pflege erreichen, daß sie alljährlich reich blühen. Voraussetzung ist natürlich ein gut hergerichteter Standort. Daneben ist das Wichtigste, daß man die Blätter nicht beschädigt oder wegschneidet, sondern sie auf jede Weise zu erhalten trachtet. Es ist Sache der Zwiebeln selbst, sich ihres Laubes zu entledigen. Die vergilbenden und absterbenden Blätter sehen nicht schön aus, und manchen Blumenfreund stören sie. Man muß das Vergilben und Absterben aber hinnehmen. Es gibt kein Mittel dagegen.
Nötig ist ferner zu düngen, aber erst, wenn die Bestände richtig eingewurzelt sind, also vom 2. Frühjahr an. Man verwende einen Volldünger, der nur wenig Chlor enthält. Mischungen mit folgenden Gehalten haben sich als besonders geeignet erwiesen: P_2O_5 — 12%, N — 12%, K_2O — 20% und CaO — 7,5%. Der Dünger soll granuliert sein und ist zu streuen, wenn sich die Blätter fast völlig entfaltet haben und die Wurzeln in höchster Tätigkeit sind. Dies ist bei den meisten Arten bei einer Bodentemperatur von +8 bis 10°C der Fall. Wird es wärmer, läßt die Energie in den Blättern und rückwirkend in den Wurzeln nach, denn die Pflanzen müssen sich gegen zu hohe Verdunstung schützen, was ihre Aktivität beeinträchtigt. Der günstige Zeitpunkt ist etwa Ende März bis gegen Mitte April. Später zu düngen ist gewagt und kann die Zwiebeln zu lange in Tätigkeit erhalten, so daß sie schlecht ausreifen. Bei allen Arten, die vor dem Laube blühen, dünge man ungefähr bei Vollflor, bei den übrigen, ehe die Blütenstiele auftauchen. Man muß diese Stadien genau einhalten oder — anders ausgedrückt — die Pflanzen beobachten und auf alle Kleinigkeiten sehen.

Bei den nicht winterharten Arten, die erst im April/Mai gelegt oder ausgepflanzt werden, ist entsprechend zu verfahren. Man dünge sie, wenn der Austrieb erscheint und die Pflanzen gut im Wuchs sind, also in der ersten Junihälfte. Knollenbegonien darf man nur flüssig düngen, und die Lösungen müssen sauer und sehr schwach sein; am besten düngt man sie mit verdünnter Jauche oder Hornspänewasser. Auch bei Lilien ist große Vorsicht nötig. Für sie ist die beste Düngung das Bedecken der Standorte mit gejauchtem Torf oder mit Kuhdung, der mit Torf versetzt ist. Man erledige diese Arbeit im Spätherbst oder zeitig im Frühling.
Zur laufenden Pflege gehört ferner der Schutz vor tierischen und pilzlichen Schädlingen. Ein arger Feind von Krokussen, Tulpen und auch Lilien sind Mäuse, an Narzissen und die andern Zwiebeln oder Knollen gehen sie gar nicht oder selten, der Gehalt an Bitterstoffen verhindert es. Sie können großen Schaden anrichten. Man muß auf die Einschlupflöcher der Gänge achten. Als Mittel gibt es das Giftgetreide, das aber oft nicht angenommen wird, wenn genügend andere Nahrungsmittel vorhanden sind. Besser sind daher Gaspatronen und die alte Mausefalle. Im Winter kann man die Baue vergasen. Für Tulpen und Lilien ist der gefährlichste Feind die Wühlmaus (*Arvicola terrestris*). Sie wird so groß wie eine Ratte, aber der Schwanz ist kürzer und der Kopf stumpfer. Sie baut ihre Nester an abseitigen Plätzen und auf Wiesen. Sie sind flacher als die Baue der Maulwürfe und die Hügel kleiner und gleichfalls flacher. Die Tiere fressen Wurzeln und Knollen. Man erkennt ihr Auftreten daran, daß da und dort Pflanzen plötzlich welken, zieht man sie aus dem Boden, sind die Wurzeln oder Knollen fort. Die Tiere werfen jährlich 2- bis 4mal, jeweils 2 bis 10 Junge; der erste Wurf wird noch im gleichen Jahre fruchtbar. Der Schaden kann enorm werden. Man bekämpft sie mit Wühlmausfallen, durch Auslegen von vergifteten Ködern. Die besten natürlichen Feinde sind Wiesel und Eulen.
Gelegentlich sind kleine Terrier tüchtige Wühlmausfänger; Katzen nur ausnahmsweise. In Grundstücken, die am Rande von Wiesen oder Unland liegen, und auch am Wasser ist die Bekämpfung immer zu wiederholen, denn die Tiere wandern ständig neu zu. Bei geschlossenen Gartenanlagen ist Gemeinschaftsbekämpfung nötig, ebenso bei starkem Auftreten das gemeindeweise Arbeiten. Krokusse lassen sich gegen Mäusefraß durch Mennige schützen, in der man die Knollen kurz vor dem Auslegen wälzt. Haftet sie schlecht, feuchte man die Knollen noch leicht an. Mennige ist jedoch sehr giftig, daher ist beim Hantieren größte Vorsicht nötig.
Der am weitesten verbreitete pilzliche Schädling ist der Grauschimmel (*Botrytis*-Arten). Man findet ihn bei Tulpen, Maiblumen, Lilien und fast allen anderen Zwiebelgewächsen, ferner bei krautartigen Pflanzen. Er tritt häufig auf absterbenden oder erkrankten Pflanzenteilen auf und bildet zuletzt einen grauen Rasen, der leicht stäubt. Trübe, feuchte Witterung, zu

enger Stand und dumpfer, eingeengter Standort begünstigen das Auftreten, auch unpassende Beschaffenheit des Bodens. Oft sind schon die Blumenzwiebeln, die man kauft, befallen, denn sie wurden zu warm und feucht gelagert. Direkte Bekämpfung ist schwierig, da der graue Rasen das Endstadium des Befalls bildet und der Schaden damit sein größtes Ausmaß erreicht hat. Das Auftreten wird durch Überdüngung mit Stickstoff begünstigt. Alle befallenen Pflanzenteile sind zu entfernen und zu verbrennen. Grauschimmel kündigt sich dadurch an, daß die befallenen Pflanzenteile mißfarbig und weich werden und anfangen zu faulen. Schon in diesem Stadium soll man sie entfernen. Vorbeugend kann man mit organischen Fungiziden spritzen.

Zur laufenden Pflege gehört sogar, daß man die Standorte aller Arten, die in Gebüschen oder im Schatten von Bäumen auftreten, nicht bearbeitet: weder dort umgräbt noch hackt oder das Laub fortrechelt. Das ist bereits erwähnt worden, hier sei noch hinzugefügt, daß die Laubdecke auch ein guter Schutz gegen Tropfenfall ist. Wer einmal im Regen unter einem Baum gestanden hat, weiß, daß die Regentropfen nur an bestimmten Stellen auftreffen, den Boden aushöhlen und verdichten. Stünde dort eine Zwiebel, so würde sie bei häufigem Regen und reichlichem Tropfenfall zerstört und die ringsumher aufwachsenden Sämlinge mit. Eine Laubdecke verhindert solche Auswirkungen. Aber sie sieht nicht schön aus, ferner besteht die Möglichkeit, daß Stürme die Blätter im Garten herumtreiben und die Unordnung noch größer wird. Man kann dem allen abhelfen, indem man im Spätherbst die Laubdecke einige Zentimeter hoch mit einem Gemisch von Torf und alter Laub- oder Komposterde überzieht. Zur laufenden Pflege gehört schließlich, daß viele Arten von Zwiebeln und Knollen nach einer bestimmten Anzahl von Jahren aufgenommen und neu gelegt werden müssen.

Aufnehmen und Neulegen

Alle laufend gepflegten Blumenzwiebeln blühen reicher, wachsen kräftiger als in der freien Natur, bringen nicht selten mehr Brutzwiebeln, nützen dabei jedoch den Boden, den ihre Wurzeln durchdringen, stark aus. Man geht dagegen durch alljährliches Düngen vor, aber dieses ist kein Allheilmittel. Die vielen Brutzwiebeln bedrängen sich, keine hat ausreichend Platz und Nahrung, und so bringen sie nur Laub. In der Natur ist der Druck durch Tochterzwiebeln niemals so stark, denn sie werden dort nicht so reichlich angesetzt wie im Garten. Wie viele Jahre die einzelnen Arten an ihrem Platz bleiben können, ist im Speziellen Teil angegeben. Manche Arten bringen alljährlich neue Zwiebeln hervor, und wenn sie günstig stehen, mehrere, aus welchen im übernächsten Jahre nochmals die drei- oder vierfache Menge wird. Bei andern Arten verläuft die vegetative Selbstvermehrung langsamer.

Nach vier bis sechs Jahren jedoch wird es für die allermeisten Arten Zeit, sie auszugraben, Mutter- und Brutzwiebeln zu trennen, diese nach der Größe zu sortieren und die Zwiebeln neu zu legen. Sie werden selten so groß sein wie die ersten Exemplare, die man sich gekauft hat und die aus regelrechten Kulturen stammen. Man hatte alles, was möglich und üblich ist, getan, daß sie stark werden und reichlich blühen ... es ist dies ein eigener Zweig des Gartenbaues, der besonders in Holland in hoher Blüte steht. Es gibt eine einzige Ausnahme: die Freilandalpenveilchen; man sollte sie am besten niemals verpflanzen oder erst nach vielen Jahren. Wann man *Galanthus nivalis*, *Scilla*, *Chionodoxa* und *Eranthis hyemalis* aufnehmen und neu legen soll, hängt von den Umständen ab. In der Regel sind sie nach den ersten Anlaufjahren durch Samen so stark und weit im Garten verstreut, daß man gar nicht sämtliche Zwiebeln und Knollen zu erreichen und zu finden vermag. Man kann bei ihnen also nur die alten Bestände in das Verfahren einbeziehen. Unerläßlich jedoch ist das Aufnehmen und Teilen bei sämtlichen anderen Arten, besonders wichtig bei Tulpen, Narzissen, Lilien, *Sternbergia* und *Camassia*, allen botanischen Krokussen und bei *Colchicum* mit seinen Kulturvarietäten. Sobald die Arten in ihre Ruhezeit eintreten, ist der beste Zeitpunkt für das Ausgraben gekommen. Später könnten sie schon anfangen, neue Wurzeln zu bilden, und wenn man sie dann stört, sind Schäden zu gewärtigen. Günstig ist, während der Blüte Zeichen in den Boden zu stecken und vielleicht sogar eine kleine Skizze anzufertigen, so daß man genau weiß, wo die verschiedenen Arten stehen und wie weit ihr Gebiet reicht. Man gräbt sie, sobald die Zeit gekommen ist, Strich für Strich aus und legt sie zunächst in Körbe oder Handkästen. Es braucht nicht betont zu werden, daß Vorsicht nötig ist, sonst zersticht man zu viele Zwiebeln oder Knollen ... beschädigte werfe man sofort in einen Abfallkorb, sie lassen sich nicht weiter verwenden. Erwähnt sei nur, daß die Bulben häufig tiefer sitzen, als man sie gelegt hat ... woher das kommt, wurde bereits erwähnt. Nötig ist, alle Brut- und Nebenzwiebeln oder Zwiebelschuppen aufzunehmen, aber man erreicht das nicht überall, es rutschen immer welche durch. Jede Art oder Sorte gehört in einen Korb für sich. Die Erde braucht man nicht abzuschütteln, sondern läßt sie trocknen, sie fällt dann von selbst ab. Die Körbe sollen nicht in voller Sonne stehen, auch nicht in starkem Wind. Bei Tulpen platzt sonst die Schale, einige Arten ohne derbe Außenhäute würden zu stark welken und ließen sich nicht mehr verwenden. Die Gefäße sollen so bald als möglich in einen Schuppen kommen, dort breitet man die Knollen und Zwiebeln auf Tischen aus und läßt sie durch die Luft abtrocknen. Arten, die rasch welken, sind sofort mit Torfmull zu bedecken oder in Sand zu betten. Dies ist bei sämtlichen Lilien nötig, ferner bei *Fritillaria imperialis* und allen *Galanthus*. Sobald die Erde abfällt, kann man ans Sortieren und Putzen gehen. Man schneidet oben den Rest des

Laubes oder der Blütenstengel fort, falls sie noch vorhanden sind, und unten die alten Wurzeln. Sortiert wird in mehrere Größen, je nach Art.

Das beste wäre, man könnte bis auf die allergrößten Zwiebeln oder Knollen alles, was man so erntet, zunächst auf Anzuchtbeete setzen, dort bis zur Blühstärke kultivieren und erst dann wieder in den Garten an die verschiedenen Plätze auslegen. Praktisch ist das aber nur ausnahmsweise möglich. Bei Tulpen-, Narzissen- und sonstigen besonders schönen und teuren Neuheiten dürfte sich der Aufwand jedoch lohnen, desgleichen bei Kaiserkronen, Lilien und bei Seltenheiten wie *Sternbergia*. In der Regel jedoch legt man wieder an die alten oder auch an neue Plätze im Garten. Es ist unerläßlich, diese vorher gründlich herzurichten und den Boden zu erneuern. Sofern es möglich ist, sollte man aber den Standort wechseln, wie das auch in Holland gang und gäbe ist. Im Laufe des Septembers — bei den Frühblühern und den im Herbst in Flor kommenden Arten schon in der zweiten Augusthälfte — wird dann wieder gelegt. Man verwende zunächst nur die stärksten, nach diesen die nächste Größe und so fort. Miniaturbrut gehört aber nicht in den Garten; man bringe sie eben doch auf Anzuchtbeete oder werfe sie weg.

Über die Vermehrung von Zwiebel- und Knollengewächsen

Alle Zwiebelgewächse werden sortenecht durch Tochterzwiebeln oder Brut vermehrt. Der Ertrag oder die Menge schwanken stark. Bei Hyazinthen kann man die Zahl durch Eingriffe in die Mutterzwiebeln stark steigern. Die reinen Arten und Unterarten werden vielfach durch die Brut vermehrt, es ist aber auch Anzucht aus Samen möglich. Man muß diesen in der Regel selbst sammeln, denn er wird nicht gehandelt. Lilien lassen sich überdies durch Zwiebelschuppen vermehren, das Verfahren ist im Speziellen Teil bei *Lilium* ausführlich beschrieben. Es wird natürlich bei allen Sorten angewandt und bei Arten, von denen schwer Samen zu erhalten ist. Durch Knollenteilung lassen sich die Sorten von *Eranthis* und die Knollenbegonien vermehren, diese ferner aus Samen und durch Stecklinge. *Cyclamen* lassen sich nur aus Samen heranziehen, Teilung ihrer Knollen ist unmöglich. Ebenfalls aus Samen werden Ranunkeln und Anemonen herangezogen.

Vermehrung und Anzucht gehen Hand in Hand und lassen sich nicht trennen. Bei den wichtigsten Arten, von denen alljährlich große Mengen gebraucht werden, erfolgt die Kultur in Spezialbetrieben. Denn es sind nicht nur Spezialkenntnisse und Erfahrungen nötig, sondern auch besonders beschaffene Lagerräume, Brutkammern und dergleichen. Wichtig ist ferner günstiger Boden und ein Klima, das zum Erfolg beiträgt. Nötig sind zum Beispiel humusreicher, gut durchlässiger Boden, der sich auch rasch erwärmt, und verhältnismäßig hoher Grundwasserstand. Solche Verhältnisse findet man nicht überall, und so ist die Blumenzwiebelkultur auf einige Gebiete beschränkt, in andern wenig lukrativ oder unmöglich. Das dürfte sich auch nicht ändern lassen, doch gibt es in den verschiedensten Ländern noch manche Gegenden, die sich nach Klima und Boden für einen ausgedehnten Anbau durchaus eignen. Entscheidend sind dann die nötigen Fachkenntnisse und Erfahrungen und die Beschaffung von gesunder, sortenechter Brut. Ferner müssen Maschinen besorgt und Lagerräume, Arbeitsschuppen und andere Baulichkeiten errichtet werden. Es ist unmöglich, hier auf alle Einzelheiten einzugehen.

Die Anzucht von Lilien und Freilandalpenveilchen ist auch außerhalb von Spezialbetrieben möglich und üblich, desgleichen die von Anemonen und Ranunkeln zur Schnittblumengewinnung; Voraussetzung dafür ist guter Samen. Überdies lassen sich sämtliche Zwiebel- und Knollengewächse im kleinen vermehren, sozusagen als Liebhaberei. Wie man dabei arbeiten muß, ist bei den verschiedenen Arten angegeben.

Kleiner Arbeitskalender für Zwiebeln und Knollen

Januar

Dahlienknollen und andere Knollen, die frostfrei überwintert werden, prüfen, ob sie gesund sind; notfalls nachputzen und erkrankte Exemplare sofort entfernen und vernichten, auch vorbeugend bei geeigneten Temperaturen lüften.

Februar

Canna und Knollenbegonien, von denen man Stecklinge schneiden will, eintopfen oder in Handkästen legen und warm stellen. Auch Dahlienknollen zur Vermehrung durch Stecklinge aufsetzen. Im Freien den Winterschutz der Vorfrühlingsblüher entfernen, falls die Witterung es erlaubt. Freilandalpenveilchen im Gewächshaus oder im Zimmer aussäen.

März

Weiter abdecken, sofern es warm genug ist, aber den Schutz nicht forträumen, damit man ihn bei erneuter Kälte gleich zur Hand hat. Knollenbegonienstecklinge schneiden, aber nur bis Mitte des Monats. Dahlienstecklingsvermehrung fortsetzen. *Anemone coronaria*, *A. × fulgens* und *Ranunculus asiaticus* für den Sommerflor ins Freiland auslegen und sofort etwa 6 cm hoch mit Torfmull bedecken.

April

An geschützten Stellen die Gladiolen legen. Stecklingsvermehrung von Dahlien fortsetzen. Anfang des

Monats die Knollenbegonien fürs Freiland in Töpfe oder Kästen legen und zunächst warm stellen, später kühler und luftiger halten... sie müssen bis gegen Ende Mai auspflanzfertig sein. Bewurzelte Dahlienstecklinge bei schönem Wetter lüften. *Gloriosa* in nicht zu große Töpfe setzen und an einem sonnigen, aber kühlen Platz in Trieb kommen lassen. Ende des Monats *Sprekelia* an einen sehr geschützten, warmen Platz auslegen. Schneeglöckchenhorste aufnehmen, teilen und am besten sofort wieder pflanzen. Alle abgeblühten Tulpen- und Narzissenblumen alsbald wegschneiden, die Tulpen kurz unter der Blume. Bis Mitte des Monats alle Frühjahrsblüher leicht düngen.

Mai

Die abgeblühten Blumen sind weiter laufend wegzuschneiden. Dahlienknollen auspflanzen. *Acidanthera, Tigridia* und letzte Gladiolen legen. Bei schönem Wetter die bewurzelten Dahlienjungpflanzen gut lüften und abhärten, aber nicht vor dem 20. Mai auspflanzen. Nach diesem Termin auch *Gloriosa* auspflanzen, desgleichen alle Lilien, die über Winter in Töpfen gehalten wurden. Samen von Arten sammeln, die man selbst aussäen will. Gegen Ende des Monats Knollenbegonien auspflanzen, nachdem diese ausreichend abgehärtet worden sind.

Juni

Sich nach Herbstzeitlose und herbstblühendem Krokus umtun. Tulpen, deren Laub völlig abgestorben ist, aufnehmen, wenn man sie neu legen will. Narzissen roden.

Juli

Narzissen und andere Zwiebeln roden. Gesammelte Blumenzwiebelsamen aussäen. Von Mitte Juli an die Rhizome von *Iris* der Sektionen Onocyclus, Regelia und ihren Hybriden aus der Erde nehmen und an einem trockenen, warmen Platz aufbewahren, höchstens in trockene Sägespäne betten. Immer wieder kontrollieren, daß kein Schimmel und keine Fäulnis aufkommen. Blumenzwiebeln bestellen.

August

Die im Herbst blühenden Zwiebeln und Knollen von Mitte des Monats an legen. Ferner *Lilium candidum* umpflanzen, sofern dies nötig ist. Flächen vorbereiten, auf die man Blumenzwiebeln bringen will.

September

Anemonen und Ranunkeln in ein Frühbeet oder in Handkästen aussäen, gut angießen und mit Torfmull abdecken. Hauptlegezeit für Lilien, Narzissen und frühe Tulpen; aber auch alle andern Zwiebeln können in die Erde kommen mit Ausnahme von Steppeniris. *Sparaxis* in Töpfchen oder Schalen legen, diese aber zunächst im Freien aufstellen. Gladiolen, sobald ihr Laub anfängt zu gilben, aus dem Boden holen und sofort das Kraut abschneiden.

Oktober

In der ersten Hälfte weiterhin die Zwiebeln und Knollen für den Frühjahrsflor legen. Nach den ersten Frösten die *Canna,* Dahlien und *Tigridia* aus dem Boden holen, zunächst gut abtrocknen lassen und auch anfangen zu putzen, zuletzt ins Winterquartier räumen, dort aber ständig viel lüften. Auch *Gloriosa, Sprekelia* und *Acidanthera* aus der Erde nehmen und sofort an den Platz räumen, wo sie überwintern sollen. Er muß warm sein! Töpfe mit *Sparaxis* ins Haus holen und an einem kühlen, hellen Platz aufstellen. Montbretien bedecken, wenn sie draußen bleiben sollen. Für den Winterschutz vorsorgen.

November

Auf Mäuse und Wühlmäuse achten, Giftkörner auslegen, Fallen stellen. Zum Abtreiben bestimmte Tulpen, Hyazinthen, Narzissen usw. so zeitig abdecken, daß der Frost sie nicht erreicht. Nach dem ersten Frost alle Arten, die Winterschutz brauchen, decken. In der zweiten Hälfte des Monats die im Juli aus dem Boden genommenen Rhizome der *Iris* aus den Sektionen Regelia und Onocyclus und deren Hybriden wieder in die Erde bringen und sofort gut bedecken. Auch alle zu spät gelegten Tulpen-, Narzissen- und anderen Zwiebeln sind zu bedecken, da sie noch nicht genügend eingewurzelt sein dürften. Dahlien und die übrigen Knollen oder Zwiebeln sind fertig zu putzen, zu zählen, notfalls aufzuschreiben und ins Lager zu räumen; dieses ist täglich zu lüften, solange die Witterung es erlaubt. Man muß achtgeben, daß keine Mäuse einwandern.

Dezember

In diesem Monat gibt es nicht viel zu tun. Man behalte das Winterlager im Auge, daß sich keine Krankheiten oder Schädlinge einstellen und Verluste verursachen. Nötig – wenn auch nicht im strengsten Sinne des Wortes – sind kleine Gänge durch den Garten, und man erinnere sich dabei dankbar an alles, was einem in den verflossenen Monaten Freude gemacht hat, befasse sich auch – aber nicht zu intensiv – mit den Fehlern und Sorgenkindern... und schwelge – ebenfalls mit Maßen! – in Vorfreuden auf den kommenden Frühling.

Über Einjahrsblumen

Allgemeine Bemerkungen

Die Natur und damit die Pflanzenwelt kennen keine Einjahrsblumen, sie wissen nicht, was ein Jahr ist, obwohl es dieses infolge des Umlaufs der Erde um die Sonne tatsächlich gibt. Aber Bezeichnungen wie „Einjahrsblumen" findet man in jeder Wissenschaft.

Die Pflanzen hängen vor allem vom Klima ab, das tatsächlich für ihre Entwicklung, ihre ganze Lebensweise und auch für ihr Äußeres eminent wichtig ist. Im großen ganzen gesehen, gibt es für den Pflanzenwuchs auf Erden zwei Hauptgebiete: einmal in den Tropen und Subtropen jene Striche, in welchen Wärme, Niederschläge und weitere Faktoren ein *ununterbrochenes* Wachstum erlauben... und zum andern die zahlreichen Areale mit gemäßigtem und kaltem Klima, wo die Pflanzen nur *im Sommer* oder in diesem entsprechenden Zeiten wachsen und sich weiterentwickeln, im Winter dagegen ruhen müssen. Zwischen beiden findet man zahlreiche Übergänge, denn in der Natur sind scharfe Grenzen und schroffe Unterschiede selten. Dem Wechsel unterliegen sämtliche in solchen Arealen auftretenden Arten, begegnen ihm und seinen Wirkungen aber recht verschieden. Sehr augenfällig ist die Anpassung bei unsern Laubgehölzen, die bekanntlich im Winter so wichtige Organe wie die Blätter völlig abwerfen und kahl zurückbleiben. Auch die Annuellen sind „eine Form der Anpassung" an die kalte Jahreszeit mit ihrem Eis und Schnee, an den gefrorenen Boden, an den Mangel an Licht. Doch gibt es Annuelle ebenso in sehr warmen Ländern, nur sind dort die Niederschläge für ein ganzjähriges Wachstum zu gering. Die typische Ruheform der Einjahrsgewächse ist ja der Samen, der sowohl tiefen Frost als auch enorme Trockenheit zu überstehen vermag... insbesondere bei Arten, die an Standorten mit derartigem Klima auftreten. Selbst in Vollwüsten, die man für völlig pflanzenleer hält und wo man kein Zwiebelgewächs, keinen Dornbusch, keine Kakteen sieht, kann man nach einem der sehr seltenen Regenfälle ein kurzes, unerwartetes Blühen antreffen, bei welchem zahlreiche Arten von Annuellen den Boden bedecken und uns blühendes Leben vorgaukeln. Die Arten bleiben klein, und die Pflanzen durchlaufen innerhalb von zwei bis sechs Wochen alle Stadien von der Bildung der Keimwurzel an bis zum Fruchten. Die Samen werden in den oft jahrzehntelangen Trockenheitsperioden in Fruchtkapseln aufbewahrt, deren Quellungsmechanismus sich bei Trockenheit immer fester um den kostbaren Inhalt schließt, ihn bei Niederschlägen jedoch sofort freigibt. Solch ein Gewächs, bei dem auch noch tote Teile der Sprosse die Samen umklammern, ist der annuelle Kreuzblütler *Anastatica hierochuntica* L., die „Rose von Jericho" des Volksmundes, welche in der ägyptisch-arabischen Wüste vorkommt. Doch gibt es solche „Hungerblümchenfluren" auch in Thüringen an wenigen, besonders beschaffenen Plätzen.

Annuelle oder Einjährige sind Gewächse, welche innerhalb einer Vegetationsperiode aus dem Samen, der aus einer früheren Generation stammt, aufkeimen, Laub und Sprosse ausbilden, blühen und schließlich fruchten, so daß am Ende das bleibt, womit der Kreislauf begann: das Samenkorn... aber es sind nun mehrere bis viele. Nicht immer brauchen einjährige Gewächse eine volle Vegetationsperiode, denn es gibt annuelle Unkräuter, wie Vogelmiere, Kreuzkraut und selbst Franzosenkraut, welche während eines Sommers in mehreren Generationen auftreten können, von denen die erste den Samen für die folgende liefert und so fort. Es gibt Sommer- und Winterannuelle. Die Sommerannuellen keimen wie unser Sommergetreide im Frühjahr und durchlaufen ihren Lebenszyklus bis gegen Ende des Sommers. Die Winterannuellen, wozu unser Wintergetreide gehört, keimen im Herbst oder Vorwinter und haben den Kreislauf ihrer Entwicklung bis zum nächsten Spätsommer beendet. Einzelne Unkräuter wie das Hirtentäschelkraut können als Sommer- wie als Winterannuelle auftreten. Annuelle heißen auch monozyklische Gewächse... monos = eins, kyklos = Jahreslauf, Kreislauf, und nach Troll sollen die Winterannuellen mit ① bezeichnet werden, für die Sommerannuellen ist das allgemein eingeführte Zeichen ☉. Der Vorschlag Trolls wird leider nicht oft befolgt; man setzt vielfach als Zeichen ☉ und nennt die Winterannuellen auch Bienne. In Wirklichkeit ist das falsch, denn Bienne sind Pflanzen, die für ihre vollständige Entwicklung vom Samenkorn bis zum Samenkorn zwei Vegetationsperioden brauchen, wie Petersilie, Möhren, Sellerie, Weißkohl, Kohl- und Futterrüben. Nur diese sind buchstäblich Bienne oder dizyklische Gewächse, während alle Stauden polyzyklisch auftreten... poly = viel. Die Einjahrsgewächse = Annuellen werden auch noch Thermophyten genannt; in dieser Bezeichnung stecken die griechischen Wörter thermos = warm und -phyton = Pflanze: es sind also Pflanzen, die sich nur bei einer bestimmten Wärme entwickeln und auch auf diese eingestellt sind.

Während bei Bäumen der Holzkörper, bei Zwiebelgewächsen die im Boden steckende Bulbe, bei Stauden das ausdauernde Rhizom den Fortbestand der Pflanzen selbst und damit der Art sichern, geschieht dies bei den einjährigen Kräutern ausschließlich durch das Samenkorn. Natürlich bringen alle Gewächse Samen oder Gebilde, die zur generativen Fortpflanzung dienen, aber manche Arten werden erst nach Jahren „mannbar", die nur einmal blühenden, sogenannten monokarpischen Pflanzen sterben dagegen ab, wenn sie erstmalig geblüht, gefruchtet und Samen gebildet haben. Die Annuellen bringen weder mehr Samen als ausdauernde Gewächse, noch ist dieser gegen Unbilden besser geschützt oder hält sich länger. Aber alle Samenkörner, auch die von Gehölzen und Stauden oder Zwiebelgewächsen, vermögen mehrere Vegetationsperioden ruhend zu überstehen, was keinem Rhizom, keiner Zwiebel oder Knolle, keinem entlaubten Baum möglich ist. Daher darf man sagen, daß der Samen die sicherste Form ist, mit welcher sich selbst jahrelang währende Ruhezeiten überbrücken lassen. Allerdings sind auch Samen nicht unbegrenzt haltbar. Wichtig sind ferner Bedingungen, die das Altern von Samen nicht beschleunigen. Am längsten lassen sich Sämereien in luftdicht abgeschlossenen, dunklen Behältern bei Kälte aufbewahren. So wenig wie Zwiebel und Knolle zu den Merkmalen erster Ordnung einer Familie oder Gattung gehören, so wenig gehört die Eigenschaft annuell dazu. Es gibt Annuelle unter den Ein- und unter den Zweikeimblättrigen, und man findet sie in einer ganzen Reihe von Familien. Ob eine Art oder auch sämtliche Arten einer Gattung Annuelle sind, hängt von ihrer Fähigkeit ab, je nach Vererbung und Anlage so oder so mit den Verhältnissen des Areals fertig zu werden.

Über die Ansprüche der Einjahrsblumen

Die Ansprüche von Annuellen sind nicht so mannigfaltig wie diejenigen verschiedener Stauden, Zwiebelgewächse und Gehölze. Umgekehrt kann man auch sagen, daß sie nicht so anpassungsfähig sind wie jene. Stauden und Zwiebelgewächse haben in vielen Familien Arten entwickelt, die an schattigen, absonnigen, sehr heißen oder sehr kühlen, trockenen oder nassen Standorten auftreten, Sommerblumen für solche Verhältnisse sind Ausnahmen oder fehlen völlig.

Die allermeisten unsrer Sommerblumen stammen aus Gebieten, wo der Winter als Regenzeit auftritt. Es wird fast niemals sehr kalt, und nirgends gefriert der Boden wie bei uns für Wochen und Monate. Aber während des eigentlichen Winters ist es so trocken oder so kühl – oft beides zugleich –, daß die im Boden ruhenden Samen nicht auflaufen. Erst nach der Wintersonnenwende, wenn es freundlicher wird und kräftiger regnet, regen sich die Keime. Bald sind die Fluren grün, und nur wenig später beginnt der Flor. Er ist heftig und bunt, hält aber nicht lange vor. Denn es wird täglich wärmer, die Niederschläge bleiben aus, die Pflanzen sterben ab, und übrig bleibt nichts als die Samen, in welchen die Gewächse den heißen, dörrenden Sommer und Herbst und auch einen Teil des Winters überdauern. Nur Exemplare, die in unmittelbarer Nähe von Quellen und Wasserläufen stehen, welche nicht eintrocknen und versiegen, oder die vom Tau des Meeres täglich genetzt werden, wachsen weiter, entwickeln sich zuweilen zu tropischer Üppigkeit und blühen bis fast zum Herbst.

Von diesen Tatsachen muß man ausgehen. Sommerblumen wollen also einen Standort in voller Sonne. Sie brauchen eine gewisse Wärme. Die Ansprüche an die Temperaturen sind jedoch verschieden: Viele Arten aus Kalifornien und aus Südafrika, einzelne auch von der Südseite des Mittelmeeres wollen höhere Wärme als zum Beispiel die Kornblumen, welche bei uns wild wachsen und als Unkraut auftreten. Unser Sommer ist gewöhnlich niederschlagsreicher und nicht so glühend wie der an den heimischen Standorten, was dazu führt, daß die Bestände nicht so rasch verblühen. Das ist ein Vorteil für uns, der aber durch Perioden mit großer Wärme und Trockenheit zunichte wird, wenn man nicht wässert. Sommerblumen sind also in der Pflege ziemlich anspruchsvoll und gegen Vernachlässigung empfindlicher als ausdauernde Gewächse, bei welchen sich Schäden durch geringe Versäumnisse wieder auswachsen und ausgleichen können.

Am besten geraten Sommerblumen in gutem, durch Bearbeitung und Düngung veredeltem Boden, wie er in vielen Gärten zu finden ist. Sie wachsen auch auf armen Böden, doch bleiben sie dort klein und manchmal fast unansehnlich. Sie sind also gegen Bodenmängel sehr empfindlich. Auch auf Überdüngung mit einem der Hauptnährstoffe reagieren sie stark. Ein Übermaß an Stickstoff zum Beispiel führt dazu, daß die Bestände ins Kraut schießen, sehr anfällig für Krankheiten, aber auch für Wassermangel werden und schlecht blühen. Auf Böden, die lange brach gelegen haben und auf denen eine Reihe Stauden sich förmlich zu Hause fühlen, kommen nur einzelne Sommerblumen, wie Ringelblumen, fort. Das gleiche gilt für Unlandflächen.

Die allermeisten Sommerblumen sind Sorten und daher anspruchsvoller als Wildkräuter. Wichtig ist auch die richtige Entfernung der einzelnen Exemplare voneinander. Sie ist auch bei Blumenzwiebeln und Stauden sehr wichtig, aber Stauden kann man in der Regel im nächsten Frühjahr oder Herbst weiter setzen, wenn sie zu eng gepflanzt wurden. Bei Sommerblumen ist das nur ausnahmsweise noch kurze Zeit nach dem Säen oder Pflanzen möglich. Weitläufiger Stand ist nötig, damit die Exemplare ein ausreichendes Einzugsgebiet für ihre Wurzeln haben und sich nicht gegenseitig

Nahrung, Licht und Bodenfeuchtigkeit wegnehmen. Die Wurzeln dringen ja niemals so tief in den Boden und streichen nicht so weit umher wie bei manchen Stauden oder bei Sträuchern und Bäumen: das kurze Leben der Einjahrsgewächse erlaubt solchen Aufwand nicht. Stehen die Bestände von Sommerblumen zu dicht, schieben sie sich zunächst gegenseitig in die Höhe, werden also spillrig, später kommt infolge des engen Standes Nahrungs- und Wassermangel dazu... im ganzen bleibt der Flor nach Dauer und Schönheit weit hinter jenem zurück, den man bei günstigster Weite erreichen kann.

Über die Verwendung von Sommerblumen

Sommerblumen lassen sich mannigfach verwenden. Man pflanzt sie einzeln oder bunt durcheinander an freie Plätze im Garten, wo sich noch ein freies Stückchen Erde finden läßt. Es ist aber nicht ratsam, oder wenigstens ist es gewagt, sie zwischen frisch gepflanzte Stauden zu setzen, um die Abstände, die zunächst noch ziemlich groß sind, zu nutzen und zu füllen. Ist das Land gut hergerichtet, schießen die Sommerblumen tüchtig ins Kraut, werden manchmal richtig feist und stören das ganze Bild; viel gefährlicher jedoch ist, daß sie die jungen Stauden bedrängen, ihnen Licht und Luft wegnehmen, über sie hinweg- oder in sie hineinwachsen, und die Stauden bleiben in ihrer Entwicklung zurück. Ferner kann Samen ausfallen und das Staudenbeet fürs erste verunkrauten, wenn auch nicht gefährlich. Entsprechendes gilt für leere Stellen im Alpinum. Man kann sie mit niedrigen oder kriechend wachsenden Annuellen füllen, aber es ist Vorsicht nötig, insbesondere wenn heikle oder schwachwüchsige Alpine in der Nähe stehen.

Einjahrsblumen für geschlossene Pflanzungen

Setzt man Einjahrsblumen im Garten an die vorhandenen freien Plätze, braucht man nicht auf künstlerische oder gestalterische Forderungen zu achten. Ganz anders jedoch in Parken und Grünanlagen, in den Gärten, die zu berühmten Bauwerken gehören, hier werden manchmal große Mengen Sommerblumen verwendet, die zusammen ein schönes Bild ergeben sollen. Bei solchen geschlossenen Massenpflanzungen müssen einige Regeln befolgt und eingehalten werden. Man hat zu unterscheiden, ob die Blumenbeete in einem ländlichen Park liegen, der mehr sich selbst überlassen als laufend gepflegt wird, wo man den Rasen nicht alle 14 Tage schneidet, wo nur ausnahmsweise gewässert werden kann... oder ob die Beete in der Großstadt an wichtigen, viel begangenen Stellen liegen und auffallen sollen. Wenn die Anlagen als Blickfang wirken wollen, sind die Arten und Sorten danach zu wählen: Man braucht Bestände, die als Pflanzen gut wirken und ohne weiteres geschlossene Farbflecken bilden, die Töne müssen rein sein, der Flor lange anhalten... besonders dies ist sehr wichtig! Die Höhen, die Farben und die Größe der Farbflecken müssen genau aufeinander abgestimmt werden. Nötig ist ferner, daß man an solchen betonten Stellen mehrere Male pflanzt: im Frühjahr mit Stiefmütterchen, Bellis, Lack oder Vergißmeinnicht; zum zweiten Mal nach Mitte Mai, wenn der Frühjahrsflor nachzulassen anfängt, und da und dort sogar gegen Herbstanfang das dritte Mal, da keine Sommerblume bis zu den ersten Frösten reichlich durchblüht. Für die erste Pflanzung im Frühling braucht man verkaufsstarke Exemplare, die regelrecht herangezogen oder zugekauft werden müssen. Für die Bepflanzung im Mai sind vorkultivierte und teilweise ebenfalls verkaufsstarke, also blühende Bestände nötig. Sie sollen auf den Beeten bald zusammengewachsen sein und schon wenige Wochen nach dem Setzen anfangen zu blühen. Die Beete müssen laufend gepflegt werden, auch Düngung ist angebracht. Für die gesamte Pflanzung braucht man einen Plan, ferner Bedarfslisten und eine Abstimmung der Anzucht auf die Pflanztermine. Man muß aber auch in den Großstädten unterscheiden zwischen Massenpflanzungen, die große Flächen bedecken und weithin wirken sollen, und den schmalen Streifen im Rasen vor wichtigen öffentlichen Gebäuden oder den Bändern, welche solche Gebäude mit Blumen einfassen. Bei den großen Pflanzungen sind vor allem Farben und deren gelegentliche Unterbrechung durch kontrastierende Arten wichtig, Arten mit mehrfarbigen Blumen in gedeckten Tönen dagegen weniger geeignet. Für die Bänder und Streifen, an denen man unmittelbar vorübergeht, lassen sich aber solche Blumen, deren Reize man nur aus der Nähe zu erkennen vermag, durchaus verwenden. Wichtig können Einfassungen sein, durch deren niedrigen Wuchs und deren Farbe die Blumen auf den Beeten aus dem Grün des Rasens, dem Grau von Steinen oder dem Graubraun der Wege abgehoben werden. Bei großen Massenpflanzungen braucht man neutrale Vermittler zwischen den grellsten Tönen, wozu sich vor allem Arten mit grauem Laub eignen, wie *Sideritis*, *Senecio bicolor* oder *Helichrysum petiolare*.

Bei Blumenbeeten in ländlichen Gegenden oder in großen Parken kommt man mit Arten weiter, die an Ort und Stelle gesät werden können, also keine Vorkultur verlangen. Dies sind u. a. *Calendula*, einjähriger Rittersporn, Kalifornischer Mohn, *Iberis*, mehrere Mohnarten, *Nigella*, *Lobularia maritima*, einjähriges Schleierkraut, Clarkien. Man kann sie mit einer Handsämaschine in Reihen säen, muß aber alsbald ausdünnen und dann noch einige Male durchhacken... mehr Arbeit hat man mit solch einfachem Schmuck nicht. Auch bei ihnen soll man die Farben, die Höhen, den Habitus und die Blütezeiten aufeinander abstimmen. Ein Nachteil ist die verhältnismäßig kurze Dauer der Blütezeit, die niemals auch nur bis Anfang Herbst durchhält. Man kann sich aber helfen, wenn man rechtzeitig aussät. Dadurch bekommt man einen frühen Flor; ist er vorüber, rauft man alles aus, richtet die Beete nochmals her und sät sofort das zweite Mal. Diese Aussaaten brauchen jedoch, da sie mitten im Sommer in den Boden kommen, der ausgetrocknet ist, eine sorgfältige laufende Pflege. Man muß die Erde bis zum Auflaufen feucht halten, notfalls schattieren und bei Trockenheit sofort wässern, sonst bleiben die Bestände zu klein und verfehlen ihre Wirkung. In sehr heißen, trocknen Sommern kann der Versuch mißlingen. Eine mehr oder weniger lange blütenlose Zeit läßt sich nicht vermeiden.

Einjahrsblumen für die Schnittblumengewinnung

Eine ganze Reihe Sommerblumen bringen zahlreiche, ansehnliche und haltbare Schnittblumen. Sie sind auch allgemein beliebt und werden in Gärtnereien extra als Schnittblumen angebaut. Weil die Kultur leicht ist, kann man im Sommer mit solchen Arten sogar den eigenen Bedarf an Schmuck für die Vasen decken. Ob man solche Einjahrsblumen auf besondere Beete pflanzt oder ob man die Blumen von den als Gartenzierden gesetzten Exemplaren schneidet, ist im Grunde ohne Bedeutung. Wenn man viele Schnittblumen braucht, ist es angebracht, eigene Beete anzulegen, wie dies in Gärtnereien üblich ist. Man braucht Land in guter Tracht, die Beete müssen in voller Sonne und geschützt liegen. Die Bestände wollen gut gepflegt, also gehackt, bewässert und gedüngt werden. Für einen ständigen Anbau braucht man Land zum Wechseln, denn einige Sommerblumen werden leicht krank, die Erreger stecken im Erdreich und dringen von dort aus in die Pflanzen ein oder befallen sie äußerlich. Besonders gefährdet sind Astern, Löwenmaul, Zinnien und *Lathyrus*. Manche Krankheiten lassen sich nur vorbeugend bekämpfen, wozu auch Bodenwechsel gehört.

Will man Sommerblumen für den eigenen Bedarf oder zum Verkauf in größeren Mengen heranziehen, so sind außer richtigem Standort und gutem Boden geeignete Sorten und Farben zu wählen. Rosa, Lachs und Rot in hellen Abstufungen sind besonders beliebte Farben, Weiß gilt als Totenfarbe — was freilich nicht immer beachtet wird —, und Blau, Violett, Braun und Purpurn werden wegen ihrer kalten Töne nicht so gern gekauft wie Blumen in warmen Farben. Gelb und Orange sind ebenfalls beliebt, wirken aber manchmal zusammen, manchmal im Verein mit kalten Farben am kräftigsten.

Beliebt sind auch bunte Sträuße, doch sollte man bei ihrer Zusammenstellung nicht alle denkbaren Farben verwenden.

Zur Schnittblumengewinnung nehme man vor allem die als Schnittblumensorten besonders bezeichneten Züchtungen. Sie sind dafür gezüchtet worden, und wichtige Eigenschaften wurden stark entwickelt. Entscheidende Eigenschaften gibt es mehrere: reine, haltbare Farbe, große Blumen oder stattlicher Blütenstand, früher Flor, reicher Flor, Remontieren oder auch Blüte zur gleichen Zeit, so daß man die Beete auf einmal abernten und neu bestellen kann. Dazu kommen noch individuelle Eigenschaften: die Form der Rispen oder Blumen, die Eignung für den Transport, lange Haltbarkeit, ohne daß die Farben verblassen.

Wichtig, ja entscheidend ist ferner, daß man nur gut vorkultivierte, kräftige, abgehärtete, gesunde Jungpflanzen setzt. Bei Arten, die wuchern und in die Breite wachsen oder hoch werden und leicht umfallen wie *Chrysanthemum segetum* und *Antirrhinum-Majus*-Riesen, soll man rechtzeitig starke Fäden ziehen oder die Beete mit Latten einfassen. Beugt man nicht vor und fallen die Büsche um oder werden sie zu breit, bekommt man krumme, also wertlose Stiele.

Ferner soll man mit der Anzucht so zeitig wie möglich beginnen, denn die ersten Blumen werden dringend gebraucht. Einige Sommerblumen lassen sich auch unter Glas anbauen, aber nicht eigentlich treiben. Ferner gibt es mehrere Arten, deren Blumen oder Blütenstände sich trocknen lassen und dann in Vasen kommen oder zur Immortellenbinderei verwendet werden können. Sehr wichtig ist, die erscheinenden Blumen ständig zu schneiden und nicht einige verblühen oder in Samen gehen zu lassen. Bei Samenansatz läßt der Flor bald nach, und es dauert nicht lange, bis er völlig aufhört. Sehr schön kann man dies an Wicken beobachten, wo man auch sofort sieht, daß die Blumen kleiner bleiben und die Stiele weniger Blüten bringen. Andererseits schwächt der laufende Schnitt die Pflanzen, denn man nimmt ihnen nicht nur Blüten, sondern auch Laub, und es entstehen Wunden, deren Verheilen Kräfte beansprucht, die anderswo fehlen.

Zur Gewinnung von Schnittblumen eignen sich:

Amberboa
Antirrhinum majus
Bellis
Calendula
Callistephus
Campanula medium
Centaurea
Cheiranthus
Chrysanthemum, mehrere Arten
Clarkia
Cleome, wenig bekannt
Coreopsis
Cosmos

Delphinium
Dianthus, mehrere Arten
Dimorphotheca, Tetra-Sorten
Euphorbia marginata
Gaillardia
Godetia
Gypsophila elegans
Helianthus
Iberis, mehrere Arten
Lathyrus odoratus
Lupinus, mehrere Arten
Matricaria, hohe Arten
Matthiola
Myosotis, hohe Sorten
Nigella
Papaver, verschiedene Arten
Penstemon
Phlox drummondii, hohe Sorten
Reseda odorata
Rudbeckia
Salpiglossis
Scabiosa atropurpurea
Tagetes, hohe Sorten
Tropaeolum
Viola-Wittrockiana-Hybriden
Zinnia

Zum Anbau unter Glas eignen sich:

Antirrhinum, Spezialsorten
Bellis
Calendula
Cheiranthus cheiri
Lathyrus odoratus
Matthiola incana, Sorten

Trockenblumen:

Ammobium
Gomphrena
Goniolimon
Helichrysum
Helipterum
Limonium
Lonas annua
Lunaria
Xeranthemum
verschiedene einjährige Gräser

Einjahrsblumen für Balkonkästen und Schalen oder Kübel

Regelrechte Zimmerpflanzen sind Sommerblumen bis auf vereinzelte Ausnahmen nicht. Man kann einige Arten, die sich blühend in Töpfe setzen lassen, wie Stiefmütterchen, *Bellis*, Zwergastern, *Ageratum*, Salvien, niedrige *Tagetes*, Petunien und einige weitere, während des Flors auf der Fensterbank aufstellen, aber man muß sehr viel lüften. In geschlossenen Räumen wäre es diesen Pflanzen viel zu heiß, sie würden bald in ihrer Wirkung nachlassen und wahrscheinlich auch verlausen. Doch für Balkonkästen und auch für große Schalen oder Kübel, die man am Hauseingang, auf dem Sitzplatz oder an markanten Punkten des Gartens aufstellt, eignen sich eine ganze Menge Einjahrsblumen. Und sie werden dazu heute noch häufiger genommen als früher. Sie lösen die aufrechten und hängenden Pelargonien ab, die in Balkonkästen dominierten, aber in der Vermehrung und Anzucht und mit der Überwinterung in Gewächshäusern viel zuviel Arbeit und sonstigen Aufwand brauchen. Es ist hier nicht der Ort, ausführlich darzulegen, wie Blumenkästen beschaffen sein sollen, wie man pflanzen und pflegen muß. Erwähnt sei nur, daß die Kästen stabil sein und fest stehen müssen, aber auch nicht zu klein oder schmal sein dürfen. Unten im Boden sind Abzugslöcher nötig, die auch bei Schalen und Kübeln aus Ton, Stein, Asbestzement oder Schaumpolystyrol nicht fehlen sollen. Wichtig ist ferner gute nährstoffreiche Erde. Günstig ist ein Gemisch, das zu je einem Drittel aus guter Lauberde, nährstoffreicher gedämpfter Komposterde und Sand mit gejauchtem Torfmull besteht. Für Knollenbegonien, die aber keine Einjahrsblumen sind, muß die Erde leicht sauer sein. Man richte die Erde schon im Herbst her und lasse über Winter den Frost auf sie einwirken, was immer ein Vorteil ist. Die Erde darf keinerlei Pflanzenreste enthalten, die sich noch in der Zersetzung befinden. Man fülle die Kästen einige Tage vor der Bepflanzung, damit sich das Erdreich setzt. Sie sollen bis fast an den Rand voll sein. Wichtig ist, reichlich zu wässern, denn die Kästen sind auf allen Seiten von Luft umgeben, und oft scheint auf die Vorderwand den ganzen Tag die Sonne... dadurch trocknet die Erde viel rascher und stärker aus. Ist die Erde in einem Kasten einmal tatsächlich völlig ausgetrocknet, hilft Gießen nicht mehr, man muß dann den ganzen Kasten in eine Wanne mit Wasser setzen und die Erde sich wieder vollsaugen lassen... ein ziemlich umständliches Geschäft! Unerläßlich ist auch, nachdem der Kasten völlig durchgewurzelt ist, zu düngen, denn die Erde ist bald ausgesogen. Am besten nimmt man dazu einen Volldünger. Man dünge bis Mitte August, und zwar etwa alle 14 Tage. Vor dem Düngen muß man wässern. Kommt Düngerlösung auf die Blätter, spüle man hinterher alles mit reinem Wasser ab, um Verbrennungen zu verhüten. Eine weitere wichtige Arbeit ist das laufende Ausputzen: Alle vergilbenden Blätter, alle abgeblühten Blumen oder Blütenstände müssen samt dem Kelch ausgebrochen oder weggeknipst werden. Setzen die Pflanzen Samen an, lassen sie im Flor nach und verfehlen sozusagen ihren Zweck. Was über die Erde und die laufende Pflege von Balkonkästen gesagt wurde, gilt genauso für Schalen und Kübel, die mit Sommerblumen bepflanzt werden.
Keine der Arten, die sich für Blumenkästen oder Schalen eignen, blüht vom Frühling bis Anfang Herbst durch. Will man bereits im Frühjahr Blumenschmuck in den Kästen oder Schalen haben, muß man zweimal

bepflanzen: etwa Anfang April mit Frühjahrsblühern und gegen Ende Mai zum zweiten Mal. Zu unterscheiden ist zwischen Arten, die man direkt in die Kästen aussäen kann, die man als kräftige Jungpflanzen oder als halbfertige Exemplare einsetzt und die man blühend in die Kästen oder Schalen bringt. Sommerblumen, die man direkt in die Kästen aussäen kann und dort heranwachsen läßt, muß man dünn säen und später auslichten. Sie bilden in der Regel eine dichte Fläche, aber ihr Flor hält nicht sehr lange an. Sät man etwa Mitte bis Ende April, so kommen sie im Laufe des Juni in Blüte, und gegen Anfang August ist diese zu Ende. Die Bestände sind gegen Versäumnisse beim Gießen und Düngen empfindlich.

Es eignen sich dafür:

Calendula, niedrige Sorten
Convolvulus tricolor, Sorten
Coreopsis, niedrige Sorten
Iberis
Ionopsidium
Lobularia maritima
Lychnis
Mimulus
Reseda
Silene
Tropaeolum, ist nicht vor dem 10. Mai zu säen und kann bei guter Pflege bis Sommerende blühen!

Einjahrsblumen, die man als kräftige Jungpflanzen oder halbfertige Bestände pflanzt, welche bereits die ersten Blumen aufweisen, haben eine Vorkultur von mehreren Wochen durchlaufen, und die meisten blühen bis Anfang Herbst. Sie sind also recht dankbar in der Verwendung.
Es sind dies:

Ageratum
Antirrhinum, niedrige
Begonia semperflorens
Godetia, blüht nicht bis zum Herbst durch
Impatiens balsamina blüht nicht bis zum Herbst durch
— *wallerana*
Lobelia erinus, einschließlich Hängelobelien
Nemesia ist nach dem ersten Flor etwas zurückzuschneiden
Petunia
Salvia splendens
Tagetes-Patula-Hybriden mit niedrigem Wuchs
Verbena-Hybriden

Sommerblumen, die man blühend oder farbenzeigend in Balkonkästen pflanzen kann, haben ebenfalls eine Vorkultur durchlaufen, die bei vielen sogar zwei Stadien umfaßt: eins im Frühbeet, das zweite im Freiland auf Beeten, wo die Bestände bis zur Blüte heranwachsen. Sie haben schon über die Hälfte ihres Lebens hinter sich. Nötig ist, die Pflanzen vor dem Ausheben gründlich zu wässern, damit sie gut Ballen halten. Der Flor setzt meistens sofort ein oder wird fortgesetzt, währt aber nicht lange. Man kann daher sagen, daß sich mit diesen Arten keine anhaltenden Lösungen schaffen lassen, sondern nur kurze, aber wirksame.
Es kommen dafür in Betracht:

Bellis
Callistephus, Buschastern
Campanula medium
Celosia argentea var. *cristata*
Celosia argentea var. *plumosa*
Cheiranthus cheiri
Coreopsis, niedrige bis mittelhohe
Impatiens balsamina
Kochia
Matthiola incana
Viola-Wittrockiana-Hybriden
Zinnia, niedrige

Man kann einfarbig oder bunt durcheinander pflanzen, kann sich auf eine Art beschränken und auch mehrere verwenden. Es gibt viele Möglichkeiten, und der Spielraum ist weit.
Bei der Bepflanzung von größeren Schalen oder Kübeln ist die Auswahl etwas kleiner, weil man auf kräftigere und anhaltende Wirkungen aus sein muß. Wichtig ist, wo die repräsentativen Gefäße stehen sollen: in voller Sonne, leicht beschattet, an einem geschützten Platz oder frei und offen allem Wind und Wetter ausgesetzt. Ferner muß man auf die Umgebung, auf den Hintergrund achten. Stehen die Kübel oder Schalen nahe vor einer Hauswand, hat man mit deren Tönung zu rechnen... das gleiche gilt, wenn eine Hecke oder Rasen den Hinter- oder Untergrund bilden. Blumen und Gefäße sollen davon abstechen und allein wirken, sich also nicht einfügen oder anschmiegen, denn die bepflanzten Gefäße sind durchaus etwas für sich. Die verwendeten Pflanzen und die Gefäße müssen zueinander passen, eine Art Komposition bilden. Ganz flache, breite Schalen, die auf dem Boden stehen, so daß man auf sie hinabblickt, kann man einheitlich oder gemischt mit niedrigen Arten, wie Stiefmütterchen, *Begonia semperflorens*, Tagetes-Patula-Hybriden von niedrigem Wuchs und dazu passenden sonstigen niedrigen Sommerblumen, besetzen. Höhere Schalen oder aufrechte, vasenförmige Kübel verlangen höher werdende Gewächse oder niedrige, in welche höhere einzufügen sind. Für solche Gefäße eignen sich auch Sommerblumen, die über den Rand wachsen und herunterhängen, also Hängepetunien, oder selbst ein Stück am Boden hinlaufen wie Kapuzinerkresse. Es gibt zahllose Möglichkeiten, insbesondere wenn man zur Bepflanzung auch krautartige Gewächse, wie Pelargonien, Calceolaria-Hybriden, Lantanen, Fuchsien und Heliotrop, *Vinca major* und ähnliche, mit verwendet. Je höher und breiter die Schalen oder Kübel

sind, um so ausladender müssen die Pflanzen wachsen, um so bewegter muß der Bewuchs werden, damit das Ganze nicht wie ein Biedermeierbukett aussieht.
Etwa hüfthohe und höhere, sehr schmale Vasen eignen sich wenig zur Bepflanzung. Alle Pflanzen sollen sehr gut vorkultiviert sein, am besten zieht man sie in Töpfen heran.

An Sommerblumen kommen für Schalen, Vasen oder Kübel in Betracht:

Abelmoschus
Ageratum, höher wachsende Sorten
Campanula medium, blüht aber nur kurz
Celosia argentea var. *plumosa*
Cheiranthus cheiri, Buschlack für Frühjahrsbepflanzung
Coreopsis, auch hohe
Dorotheanthus bellidiformis,
  als Bodendecke
Heliotropium
Impatiens wallerana, bei absonnigen Standorten
Kochia
Lobelia erinus, Hängelobelien
Lobularia maritima, als Bodendecke
Perilla, niedrige, als Einsprengsel
Petunia, auch hängende
Portulaca, als Bodendecke
Rudbeckia hirta 'Meine Freude'
Salvia, verschiedene Arten
Senecio bicolor
Tagetes-Erecta-Hybriden
— *Patula-Hybriden*
Tropaeolum
Viola-Wittrockiana-Hybriden

Weitere besondere Verwendungsmöglichkeiten

Es gibt deren mehrere, manche sind bekannt und werden häufig genutzt, andere werden vernachlässigt. Es seien hier aufgeführt:
1. Sommerblumen, die sich für provisorische Hecken eignen;
2. Sommerblumen, die sich als Bodendecke eignen;
3. Sommerblumen für sehr heiße Plätze;
4. Sommerblumen, die absonnig stehen sollen.

1. Über den Nutzen und Zweck von *Hecken* soll hier nicht gesprochen werden, sie sind wohlbekannt. In der Regel nimmt man Gehölze für die Hecken, doch dauert es seine Zeit, ehe diese zusammengewachsen und groß geworden sind. Auch gibt es Fälle, wo das Gelände bald geräumt werden muß, so daß es sich gar nicht lohnt, Hecken aus Gehölzen anzulegen. Dann kann man sich immerhin mit Hecken aus Einjahrsblumen behelfen. Ihr Vorteil ist, daß sie wenig kosten und nicht viel Arbeit machen, ihr Nachteil, daß man sie alljährlich erneuern muß und daß sie bis Mitte oder Ende Juni brauchen, ehe sie groß sind und etwas Schutz gewähren können. Zu exponiert darf eine Hecke aus Annuellen nicht stehen, da die Pflanzen nicht so stabil sind wie Gehölze und nicht dem gleichen Winddruck zu widerstehen vermögen wie diese. Man kann einzelne Arten an Ort und Stelle aussäen, muß dann jedoch auslichten; bei einigen ist es besser, ins Saatbeet zu säen und die Hecken zu pflanzen.

Es kommen folgende Annuelle in Frage:

Alcea ficifolia
Artemisia gmelinii
— *scoparia*
Cannabis
Cosmos
Helianthus
Hibiscus
Impatiens glandulifera
Kochia
Lavatera
Malope
Malva
Ricinus
Silybum
Tagetes, einzelne hohe Sorten
Zea mays

2. Sommerblumen als *bodendeckende Pflanzen*. Kahler Boden im Garten kann stören, ist auch unnatürlich, denn in der freien Natur herrscht die geschlossene Pflanzendecke vor... es sei denn, die Verhältnisse gestatten es nicht. Im Garten jedoch hat man es völlig in der Hand, daß jedes Fleckchen Erde etwas trägt. Man braucht nicht einmal die Flächen unter Rosenhochstämmen oder zwischen weitläufig gepflanzten Dahlien leer zu lassen, denn es gibt eine Reihe Einjahrsblumen, mit denen sich der Boden bedecken läßt. Die Arten bleiben niedrig und sind wenig anspruchsvoll; man braucht also nicht zu befürchten, daß sie die Rosen- oder Fuchsienhochstämme oder die Dahlien beeinträchtigen. Wichtig ist aber, die passenden Arten oder Farben zu wählen, vor allem bei Unterpflanzung von Rosen. Im Ton müssen die Rosenblüten dominieren. Als Bodendecke für weiße Rosen wären weiß blühende Lobularia-Maritima-Sorten wenig geeignet, die jedoch gut zu roten, lebhaft rosa oder orange Sorten passen. Gelb blühender Untergrund ist für tiefrote und reinweiße Rosen günstig. Für weiße und zartgelbe oder zartrosa Sorten kann man *Dorotheanthus bellidiformis*, *Sanvitalia* oder violett blühende *Lobularia maritima* nehmen. Am besten ist es, wenn man den Unterwuchs pflanzt, nur bei großen Flächen ist Aussaat an Ort und Stelle angebracht.

Als Bodendecke eignen sich die folgenden Annuellen:

Chrysanthemum multicaule
Dorotheanthus
Impatiens wallerana, niedrige Sorten

Lobularia maritima
Sanvitalia
Senecio bicolor
Sideritis candicans
Verbena peruviana
— tenera

3. Sommerblumen für sehr *heiße Plätze*. Es gibt in so manchem Garten Flecke, wo der Boden ziemlich warm wird und dabei auch trocken. Und wie eine Reihe Stauden an solchen Standorten am besten gedeihen und sich wohl fühlen, ist das auch bei verschiedenen Sommerblumen der Fall. Sie wachsen fröhlich an Böschungen, die nach Süden geneigt sind, vor Südwänden und an Südseiten von Mauern, wo andere Arten sich quälen und kümmern. Es ist also nicht nötig, solche Plätze leer zu lassen. Man muß aber zeitig säen oder pflanzen oder, wenn dies nicht möglich war, bis zum Auflaufen ständig vorsichtig wässern. Man kann die verschiedensten Szenerien schaffen, kann auch Sukkulenten oder Kakteen in Töpfen in die Sommerblumen einfügen. In nassen Sommern mißraten solche Pflanzungen.

Für trockene, heiße Plätze eignen sich:

Abronia
Arctotis
Clarkia breweri
— concinna
Dimorphotheca
Dorotheanthus
Gamolepis
Hunnemannia
Lasthenia
Layia
Lupinus, einzelne annuelle Arten
Mentzelia
Mesembryanthemum, verschiedene Arten
Portulaca
Salvia aethiopis
— carduacea und weitere
Ursinia
Venidium

4. Es gibt sogar einige Einjahrsblumen, die an absonnigen bis halbschattigen Plätzen fortkommen. Solche Plätze gibt es genug in den Gärten. Für sie eignen sich:

Centaurium pulchellum
Collinsia
Impatiens wallerana
Meconopsis-Arten
Mimulus
Nemophila
Nicotiana alata
Tropaeolum

Einjährige Kletterpflanzen

Das sind Pflanzen, die nicht aufrecht stehen, sondern dünne, lange Triebe haben und sich nicht selbst tragen können. Dafür halten sie sich an andern, festen Gewächsen. Sie umschlingen diese oder klammern sich mit Hilfe von Haftscheiben oder Ranken daran fest. Als Halt brauchen sie nicht unbedingt fremde Pflanzen, sie winden und klettern auch an Gestellen, Lattengerüsten, Mauerwänden, Fäden und Schnüren oder Netzen aus Kunststoff hoch. Es gibt kletternde Einjahrsblumen. Sogar unter diesen werden einige meterhoch und können große Flächen zuspinnen.
Kletterpflanzen sollen Zäune, Mauern und Hauswände begrünen und in manchen Fällen auch bekleiden oder verdecken. Man kann mit ihnen frei stehende grüne Wände errichten, durch die sich der Garten gliedern läßt oder die gegen Sicht schützen und an Sitzplätzen als Schutz vor Sonne oder Wind wirken. Mit Kletterpflanzen lassen sich Lauben zuspinnen oder sogar einfache Lauben schaffen. Oder man läßt sie an Säulen hochlaufen oder in alte Bäume hineinwachsen. Im ganzen sind sie eine Art zusätzliches „Grün"... dies Wort in der Bedeutung verwendet, die es bei Gartenarchitekten und Planungsdienststellen der Städte hat. Einige nicht sehr stark wachsende Arten eignen sich auch für Balkonkästen. Ferner kann man einzelne über den Boden hinlaufen lassen und zum Begrünen von Böschungen oder Lehnen verwenden. Wichtig ist, daß die Stangen, Gerüste, Spaliere, Zäune, Fäden oder Netze, welche als Halt und Stütze dienen, recht stabil sind, damit sie die Last der Blätter und Zweige auch bei Regen sicher zu tragen vermögen und nicht umsinken, zerreißen oder brechen.
Es ist hier aber nicht möglich, über alle Einzelheiten ausführlich zu sprechen. Hier sind nur die wichtigsten annuellen Kletterpflanzen aufgeführt. Wie sie heranzuziehen und zu behandeln sind, ist im Speziellen Teil bei den verschiedenen Arten dargelegt. Es kommen in Betracht:

Asarina
Cajophora
Cardiospermum
Cobaea

Cucurbita
Dolichos lablab
Eccremocarpus
Humulus
Ipomoea
Lathyrus odoratus

Pharbitis
Phaseolus coccineus
Quamoclit
Thunbergia
Tropaeolum, Majus-Gruppe
— *peregrinum*

Über die Anzucht und Pflege der Einjahrsblumen

Einjahrsblumen werden alljährlich aus Samen herangezogen und auch durch Samen vermehrt. Manche Arten kann man gleich an Ort und Stelle aussäen, für andere ist ein Saatbeet nötig, manchmal auch ein Frühbeet, wohin man zunächst aussät. Wenn die Setzlinge erstarkt sind, pflanzt man sie an den vorgesehenen Platz. Daneben gibt es eine dritte Gruppe: Diese Arten werden im Gewächshaus oder Frühbeet ausgesät, pikiert, später eingetopft und schließlich ausgepflanzt. Bei Winterannuellen kommen die Jungpflanzen nicht in Töpfe, sondern auf Anzuchtbeete und von diesen im Frühjahr an ihren endgültigen Standort.

Aussaat an Ort und Stelle

Dies ist die einfachste Art von Blumenzucht. Man braucht dazu außer den üblichen Gartengeräten, die auch sonst verwendet werden, nichts weiter als das Land und den Samen. Bei einer Reihe von Sommerblumen ist die Aussaat an Ort und Stelle unerläßlich, da sie sich nicht verpflanzen lassen; zu ihnen gehören u. a. die annuellen Adonisröschen, *Eschscholzia, Felicia, Gilia, Gypsophila elegans,* die einjährigen Mohnarten, mehrere annuelle Delphinium-Spezies und *Linaria*. Bei weiteren Arten ist es nicht unbedingt nötig, sie gleich an den vorgesehenen Platz auszusäen, aber es ist praktisch, weil die gepflanzten Bestände nicht üppiger und schöner werden oder länger blühen. Man spart also Arbeit.

Die Flächen, welche man besäen will, sollten bereits im Herbst umgegraben werden. Dabei arbeite man auch gleich Kompost oder völlig verrotteten Stalldung mit ein. Frischer Stalldung darf niemals verwendet werden. Selbstverständlich muß man beim Graben alle Steine und alle Unkrautwurzeln auslesen. Im Frühjahr braucht man das Land nur mit einer eisernen Harke oder einem Grubber aufzulockern, glatt zu rechen, und das Saatbeet ist fertig. Man bearbeitet nur die oberste Schicht und erhält damit dem Boden und den heranwachsenden Pflanzen die Winternässe; gräbt man erst im Frühjahr, so wird das Erdreich spatenstichtief gelockert, und die Winternässe geht bis in diese Tiefe verloren.

Man kann breitwürfig oder in Reihen säen und bei großen Flächen auch mit der Sämaschine. Breitwürfig säen ist nicht ganz einfach; man darf nämlich niemals zu dicht ausstreuen..., aber dazu gehört lange Übung. Selbstverständlich wäre es widersinnig, auf kleinen Flächen von der Größe eines viertel Quadratmeters Reihen zu ziehen, auf Beete jedoch sollte man nur in Reihen säen. Dann kann man später mit der Hacke lockern und das Unkraut bekämpfen. Bei breitwürfiger Aussaat ist das unmöglich; man kann überhaupt nicht hacken, und das Unkraut muß mit der Hand gezogen werden. Bei Reihensaat ist auch leichter zu düngen, indem man den Dünger zwischen die Reihen ausstreut und anschließend leicht eingrubbert. Bei breitwürfiger Aussaat muß man flüssig düngen, was mehr Arbeit macht als das Streuen.

Aufs Normalbeet von 120 cm Breite kommen je nach der Art 4 bis 6 Reihen. Man zieht mit dem Rechenstiel oder dem Reihenzieher 2 bis 3 cm tiefe Rillen, und dann wird gesät. Man säe wiederum so dünn wie möglich! Es gehen zwar nur ausnahmsweise alle Körnchen auf, trotzdem wird auch bei Reihensaat meistens viel zu dicht gesät und damit Samen verschwendet. Man muß sich vorstellen, wie groß die Pflanzen ausgewachsen werden und entsprechend weitläufig säen. Nach dem Säen zieht man die Reihen zu und klopft oder walzt die Erde vorsichtig fest, damit die Samen nicht hohl liegen. Je früher man sät, um so günstiger ist es, um so mehr können die auflaufenden Bestände noch die im Boden steckende Winternässe ausnutzen. Sät man erst im Mai oder Juni, ist es meistens nötig, die Saatbeete bis zum Keimen feucht zu halten und zu schattieren. Denn um diese Zeit ist die Erde bereits stark ausgetrocknet, auch muß man die Beete graben, weil der Boden hart geworden ist. Sobald die Keimlinge erscheinen, sollte man sofort hacken, um den Boden zu lockern, der durch Klopfen oder Walzen und ebenso durch das Gießen fest geworden ist. Gleichzeitig stört man das auflaufende Unkraut.

Sind die jungen Pflänzchen etwa fingerlang, also so groß, daß man sie gut greifen kann, ist der Zeitpunkt für eine äußerst wichtige Arbeit gekommen: für das Ausdünnen! Man hat dabei alle zu eng stehenden Sämlinge auszuraufen, so daß nur noch ein Teil der Gesamtmenge übrig bleibt. Nun stehen diese Pflanzen derart weitläufig, daß sie sich gegenseitig nicht beeinträchtigen, sondern zu stattlichen, normalen Exemplaren heranwachsen können. Man soll auf 5 bis

e zarten Frühlingsfarben des Blumengartens verblassen neben dem Leuchtfeuer der Darwin-Hybride 'Oxford', die als Kreuzung einer rwin-Tulpe und der Fosterana-Hybride 'Madame Lefeber' seit 1945 im Handel ist. Sie blüht Mitte bis Ende April, wird 60 cm hoch und auch als Schnittblume gut geeignet; die eiförmigen Blüten öffnen sich nur wenig. Man schneidet, wenn sich die Knospen färben.

Corbularia bulbocodium

Chionodoxa luciliae

Erythronium dens-canis

Fritillaria meleagris

Crocus chrysanthus 'Blue Pearl'

Crocus flavus 'Großer Gelber'

Reifrocknarzisse, Schneestolz, Schachbrettblume, Hundszahn und Krokus, Winterling, Schneeglöckchen, Puschkinie, Blausternchen u Märzbecher... viele haben treffende epische deutsche Volksnamen, denn sie gehören seit alters zu den von jedermann freudig begrüßt

Eranthis hyemalis

Galanthus elwesii

Galanthus nivalis

Puschkinia scilloides var. libanotica

Scilla sibirica

Leucojum vernum

sten Blumen des Jahres. Alle erwachsen aus kleinen Knollen und Zwiebeln, und viele sind Pflanzen der Auenwälder oder im Frühjahr ichter, später aber trockener Wiesen. Im Garten brauchen sie lockeren Laubhumus und einen im Frühjahr hellen Standort.

Adonis vernalis

Adonis amurensis

Hepatica transsylvanica

Plagiorhegma dubium

Sanguinaria canadensis

Pulsatilla halleri ssp. slavica

Alle diese Steingartenpflanzen blühen im April, *Adonis amurensis*, *Hepatica* und *Pulsatilla* setzen aber schon im März ein, *Adonis vernalis*, *Sanguinaria* und *Plagiorhegma* sind dagegen noch im Mai auf dem Plan.

Tulipa sprengeri

Tulipa fosterana 'Cantata'

Tulipa kaufmanniana

Kaufmanniana-Hybride 'Corona'

Tulipa praestans 'Füselier'

Tulipa tarda

rliche Wildtulpen mit zarten Farben gehören in den natürlichen Steingarten zwischen Polsterstauden und niedrige Gräser, Sorten mit chtenden Farben dagegen auf Frühlingsblumenbeete am Haus.

Sprekelia formosissima

Galtonia candicans

Gloriosa rothschildiana

Ranunculus asiaticus

Acidanthera bicolor var. murielae

Tigridia pavonia

Mehr oder weniger empfindliche Zwiebel- und Knollengewächse: *Galtonia* überwintert, *Acidanthera*, *Sprekelia*, *Tigridia* werden Ende April, *Gloriosa* Ende Mai ausgelegt. *Ranunculus* bleibt besser unter Glas.

Allium moly

Allium karataviense

Allium christophii

Allium oreophilum

Allium giganteum

Alstroemeria aurantiaca

Unter den Laucharten sind prächtige Gartenblumen: *Allium moly* und *A. karataviense* schmücken den Steingarten im Mai/Juni, *A. oreophilum* folgt im Juni/Juli, *A. christophii* und *A. giganteum* blühen erst im Sommer.

In Frühlingsstaudenpflanzungen mit *Adonis, Anemone, Brunnera, Doronicum, Matricaria, Euphorbia polychroma, Viola* sind Gruppe einfacher früher Tulpen oder von Wildtulpen-Hybriden angenehmer Blickfang.

12 cm Abstände ausdünnen. Viele Blumenfreunde bringen das Ausraufen nicht über sich, aber es muß sein, wenn sich die Bestände voll entwickeln sollen. Dünnt man nicht oder ungenügend aus, tritt das ein, was schon mehrfach geschildert worden ist: Die zu eng stehenden Pflanzen bedrängen sich gegenseitig, nehmen einander Nahrung, Wasser, Licht und Luft weg, vergeilen und kümmern schließlich, blühen bald, aber viel zu kurz. Wer es mit den Pflanzen gut meint, muß ausdünnen! Man kann die zu dicht stehenden Pflanzen herausziehen, kann sie abhacken oder mit einem Messer wegschneiden. Stehenbleiben sollen stets die kräftigen Exemplare. Rauft man aus, ist es günstig, nach getaner Arbeit zu gießen, damit die Erde wieder fest an die Wurzeln der verbliebenen Exemplare gespült wird. Es ist ferner günstig, gegen Nachmittag oder Abend auszudünnen.

Aussaat an Ort und Stelle ist bei folgenden Sommerblumen nötig oder üblich:

Sommerblumen, die am besten
an Ort und Stelle ausgesät werden

Adonis aestivalis
— annua
Agrostemma
Anagallis arvensis
Centaurea
Centranthus
Charieis
Clarkia
Collinsia
Collomia
Convolvulus
Cynoglossum
Delphinium ajacis
— consolida
— verdunense
Dolichos, im Mai!
Echium
Erysimum
Eschscholzia
Gilia
Gypsophila elegans
Iberis
Ionopsidium
Lasthenia (Baeria)
Lathyrus odoratus
Lavatera trimestris
Layia
Legousia
Limnanthes
Linaria
Linum
Lobularia
Lupinus
Malcolmia
Malva
Mentzelia
Nemophila
Nigella
Papaver
Phacelia
Phaseolus, im Mai!
Reseda
Salvia carduacea
— viridis (S. horminum)
Saponaria
Silybum
Tolpis

Ins Freie, aber auch ins Frühbeet
können ausgesät werden

Brachycome
Calendula
Clarkia
Coreopsis
Dracocephalum
Euphorbia marginata
Gaillardia
Godetia
Helianthus
Hibiscus
Malope
Matricaria
Polygonum orientale
Sanvitalia
Tropaeolum
Verbena rigida

Sommerblumen, die im Herbst
an Ort und Stelle ausgesät werden können

Calendula
Clarkia
Collinsia
Erysimum
Eschscholzia
Gilia
Godetia
Gypsophila
Legousia
Limnanthes
Malcolmia
Matricaria
Phacelia
Polygonum
Silybum

Bei folgenden Sommerblumen, die an Ort und Stelle gesät werden, ist es sehr ratsam, sie bereits im Herbst zu säen. Man säe ein wenig tiefer als im Frühling und schütze die Beete über Winter mit etwas Reisig.

Delphinium
Legousia
Nigella
Papaver
Saponaria

Aussaat auf Saatbeete, in Frühbeete oder Saatschalen

Theoretisch lassen sich sämtliche Sommerblumen ins Freiland und an Ort und Stelle aussäen. Man kann zum Beispiel beobachten, daß aus ausgefallenen Samen auf den Beeten Astern, Löwenmäulchen und selbst Petunien auftauchen, desgleichen manchmal in Massen Stiefmütterchen, Vergißmeinnicht oder Tausendschönchen. Aber diese von selbst aufgelaufenen Pflänzchen bleiben in der Regel klein und blühen nur wenig oder gar nicht oder erst, wenn der Sommer oder die übliche Florzeit fast vorüber sind, also zu spät. Manche aufgelaufenen Pflanzen wachsen zuerst sehr langsam, manche sind frostempfindlich und ließen sich erst gegen Mitte Mai ins Freie säen. All diese Nachteile und Gefahren kann man nur umgehen, wenn man die betreffenden Einjahrsblumen ins Frühbeet unter Glas aussät und manche in Saatschalen, die im Gewächshaus zu halten sind. Ohne diese gärtnerischen Hilfsmittel und Einrichtungen ist eine erfolgreiche Kultur nicht möglich. Der Liebhaber kann sie ersatzweise in Kästchen, Schalen oder Töpfe aussäen, die zunächst aufs Fensterbrett eines nicht zu warmen Zimmers kommen, aber manche Arten müssen pikiert werden, und dazu braucht man weiteren Platz. Wer eine sonnige Veranda hat, kann die pikierten Bestände darin aufstellen. Nötig ist, daß die Kästen in Fensterhöhe stehen und nicht auf dem Boden. Ferner ist ständig frische Luft zu geben, damit die Pflanzen nicht zu lang werden, sondern gedrungen bleiben und völlig abgehärtet sind, wenn man sie schließlich ins Freie setzen will. In einem Frühbeet hat man viel mehr Platz, auch ist das Arbeiten einfacher, und zum Lüften braucht man nur Hölzer unter die Fenster zu klemmen oder hebt diese ganz ab.

Man kann das Frühbeet mit Laub und auch mit Mist packen, so daß die Erde von unten her erwärmt wird, und es läßt sich dann von etwa Mitte März an benutzen. Kann man nicht packen, lege man ungefähr Anfang bis Mitte März Fenster auf, damit die Erde abtrocknet und sich durch das Sonnenlicht erwärmt... die Triebkraft eines ungepackten Frühbeetes ist geringer. Man wird es gegen Ende März besäen können. Die Erde sollte gedämpft sein, dann sind alle Krankheitskeime, alle tierischen Schädlinge und auch sämtlicher Unkrautsamen abgetötet. Man braucht keine Krankheiten zu befürchten und erspart sich das Jäten, das nur mit der Hand geschehen kann. Die Erde soll mittelschwer sein, also ein Gemisch aus Laub-, Mistbeet- und etwas Landerde. Man setze Torfmull zu; die Pflanzen halten dann besser Ballen. Man dämpfe bereits im Herbst und lasse die Erde über Winter durchfrieren. Für die Aussaaten ist eine 8 bis 12 cm dicke Erdschicht nötig. Packt man das Aussaatbeet, lasse man es zunächst zwei, drei Tage stehen, damit die Erde sich erwärmt und der Dunst durch Lüften einiger Fenster abziehen kann. Die Erde muß frostfrei sein, darf also keinerlei gefrorene Klumpen enthalten.

Man sät in Reihen oder breitwürfig. Reihensaat dauert länger, aber die Chance, bei dünnem Ausstreuen schöne, stämmige Setzlinge zu bekommen, ist größer. Zum breitwürfigen Säen gehört Übung und eine leichte Hand. Jede Sorte bekommt ein Etikett, auf dem ihr Name und vielleicht auch der Aussaattermin steht. Nach dem Ausstreuen werden die Samen dünn mit Erde überzogen, dann leicht angedrückt und schließlich vorsichtig mit angewärmtem Wasser angegossen. Die Erde muß das Wasser aufnehmen, es darf nicht ablaufen und schwemmen. Fenster, die man nicht gleich besät, deckt man am besten mit einer Strohmatte ab, vor allem, wenn die Sonne hell scheint, damit die Erde nicht zu stark ausdörrt, denn es ist schwierig, sie wieder gleichmäßig anzufeuchten! Die Aussaaten dürfen nicht trocken werden, sonst wird die Keimung gestört, so daß in schlimmen Fällen nicht ein Körnchen aufläuft. Die Aussaaten dürfen aber auch nicht zu naß gehalten werden, denn dann bekommen die Keimlinge „schwarze Beine" und fallen um. Der Befall durch sogenannte Vermehrungspilze, die Erreger dieser Krankheit, wird ferner durch zu engen Stand, also zu dichtes Säen, und zu hohe Wärme gefördert, was also beides schon aus hygienischen Gründen unbedingt zu vermeiden ist. Auch werden bei zu dichtem Säen die Setzlinge schwächlich und vergeilen leicht. Hat man zu dicht gesät, so hilft außer Lüften nur, die Aussaaten auszudünnen. Dies ist aber mühselig und bei richtiger Arbeitsweise vermeidbar. Stellt man fest, daß einzelne Keimlinge umfallen, daß man also die „Schwarzbeinigkeit" im Kasten hat, sind die betreffenden Stellen sofort abzulesen. Außerdem ist die leer gewordene Fläche einschließlich eines breiten Randes, der bis in die gesunden Bestände reichen muß, mit einem amtlich zugelassenen Pflanzenschutzmittel genau nach Vorschrift gründlich zu gießen. Man kann die Erde auch mit trockenem Sand, dem ein Bodendesinfektionsmittel trocken zugesetzt wird, überstreuen. Weiterhin soll man viel lüften und nur selten, dann aber am Morgen, durchdringend gießen. Manche Sommerblumen fallen besonders leicht um, wenn sie zu naß gehalten werden: *Kochia* und *Schizanthus* zum Beispiel.

Man muß sich also die Aussaaten täglich ansehen. Sobald die Samen keimen und die Keimlappen aus dem Boden geschoben haben, soll man lüften und auch sparsamer gießen. Nur so bekommt man stämmige Setzlinge, die auch ein gut verzweigtes Wurzelwerk besitzen. Die jungen Pflänzchen müssen nämlich, wenn man sie nach dem Auflaufen allmählich immer trockener hält, nach Wasser „auf Suche gehen" und zu diesem Zwecke beständig neue Wurzeln bilden. Dieses vergrößerte Wurzelwerk kommt den Pflanzen auch am endgültigen Standort zugute. Man sieht hier, daß kleine Ursachen weitreichende Wirkungen haben können... genauer ausgedrückt: dünnes Aussäen und richtige Behandlung der jungen Bestände sind für den Erfolg einer Kultur äußerst wichtig.

Drohen Nachtfröste, decke man das Frühbeet mit

Stroh- oder andern Matten ab. Dies ist um so nötiger, je kleiner der Abstand zwischen Glas und Erde ist. Sind die Nächte nur kühl oder gar mild, decke man nicht. Die Temperatur wird zwar im Kasten nachts stark absinken, doch ist das kein Nachteil. Fast überall sind die Nächte kühler als die Tage, und man würde diese Regel durchbrechen, wenn man Aussaaten am Tag wie bei Nacht gleich warm hielte. Wachsen die jungen Pflanzen gut, ist reichlich zu lüften. An schönen Tagen hebe man die Fenster ganz ab. Später sollen sie auch nachts unten bleiben. Nur so bekommt man völlig abgehärtete Bestände.

Was für die Aussaaten im Frühbeet gilt, ist auch bei Aussaaten in Schalen, Kästen oder Töpfe zu beachten, die zuerst im Gewächshaus zu halten sind. Dies ist vor allem bei den frühen Aussaaten nötig und für Arten, welche eine lange Vorkultur brauchen: bei *Ageratum,* bei den ersten Sätzen von *Antirrhinum,* bei *Begonia semperflorens, Lobelia erinus,* Petunien und *Salvia splendens.* Man sät sie bereits Anfang Januar, und die Sämlinge müssen bald pikiert werden. Auch dann bleiben sie zunächst noch im Gewächshause. Auf einen gepackten Kasten kann man sie nicht vor Mitte März räumen.

Frühbeete für Aussaaten braucht man von ungefähr Mitte bis Ende März an, zuerst leicht gepackte, später genügen kalte Kästen. Zuerst sät man die Arten, die ausgepflanzt einige Grad Kälte vertragen, wie *Chrysanthemum segetum, Antirrhinum* und *Callistephus, Coreopsis* und weitere. Die frostempfindlichen *Cosmos, Tagetes, Zinnia* und *Tithonia* darf man erst in der zweiten Aprilhälfte säen, damit die Setzlinge nicht zu lang und überständig werden. Die Winterannuellen schließlich sät man im Juni/Juli.

Braucht man große Mengen von Jungpflanzen, sollte man eine Keimprobe machen, damit man weiß, wie der Samen aufläuft. Die meisten Sommerblumensamen behalten ihre Keimkraft zwei und mehr Jahre, aber es gibt auch Ausnahmen. Am besten fährt man mit Samen der vorjährigen Ernte. Von manchen Sommerblumen werden Folgesaaten gemacht, man sät ebenfalls ins Frühbeet, braucht aber keinen Glasschutz mehr.

Folgende Sommerblumen werden meistens ins Frühbeet oder Gewächshaus ausgesät.

Abronia
Ageratum (Gewächsh.)
Alonsoa
Amaranthus
Ammobium
Anagallis monelli ssp. *linifolia*
Anchusa capensis
Antirrhinum
Arctotis
Argemone
Arnebia pulchra
Artemisia
Begonia semperflorens (Gewächsh.)
Browallia
Callistephus
Celosia
Chrysanthemum carinatum
– *coronarium*
– *segetum*
Cleome
Coreopsis
Cosmos
Datura
Dianthus caryophyllus,
  Chabaudnelken und weitere
– *chinensis*
Diascia
Dimorphotheca
Dorotheanthus
Gamolepis
Gaura
Gazania
Gomphrena
Goniolimon
Helichrysum
Heliotropium (Gewächsh.)
Helipterum
Hunnemannia
Impatiens (Gewächsh.)
Kochia
Lantana (Gewächsh.)
Limonium
Lobelia erinus (Gewächsh.)
Lonas
Matthiola
Mimulus
Mirabilis jalapa
Nemesia
Nicotiana
Penstemon-Hybriden (Gewächsh.)
Perilla
Petunia (Gewächsh.)
Phlox drummondii
Portulaca
Ricinus (Gewächsh.)
Rudbeckia hirta
Salvia coccinea
– *patens*
Scabiosa atropurpurea
Schizanthus (Gewächsh.)
Senecio bicolor
Sideritis
Stevia
Tagetes
Thelesperma
Tithonia
Ursinia
Venidium
Verbena
Xeranthemum
Zaluzianskya
Zinnia

Aussaat in ein Frühbeet ist ferner bei folgenden Winterannuellen üblich:

Bellis
Cheiranthus
Myosotis
Viola-Wittrockiana-Hybriden

Die laufende Pflege

Sind die Pflanzen genügend abgehärtet und ausreichend kräftig und ist der übliche Pflanztermin gekommen, wird schließlich ausgepflanzt. Die Bestände sollen einige Tage vorher gründlich gewässert werden, damit die Setzlinge gut Ballen halten. Ebenso gieße man die in Töpfen stehenden Anzuchten ausreichend: sie sollen mit feuchtem Ballen an den vorgesehenen Platz kommen. Selbstverständlich müssen die Beete und die Plätze im Garten, wo die Pflanzen ausgepflanzt werden sollen, fix und fertig daliegen. Man zieht zuerst die Reihen, es kommen 4 bis 6 aufs Normalbeet, dann hebt man die Setzlinge vorsichtig aus und pflanzt schließlich. Es ist eine grobe Unsitte, aus dem Bestand im Saatbeet die kräftigsten Exemplare „zu ziehen"... auf gut Deutsch gesagt, herauszuzupfen, denn dabei werden Wurzeln abgerissen. Intakte Wurzeln sind das Wichtigste, was die Setzlinge zum Anwachsen und beim Verpflanzen brauchen! Daß man weder bei Sturm noch bei brütender Hitze pflanzen sollte, ist zu bekannt, als daß darüber noch etwas zu sagen wäre.

Die Entfernungen in den Reihen liegen fest; sie sind bei den verschiedenen Arten im Speziellen Teil angegeben. Man setze nur gesunde, kräftige und – wenn irgend möglich – auch gleichmäßig starke Pflanzen. Erst dann und bei vorangegangener sorgfältiger Bodenvorbereitung auf der gesamten Pflanzfläche bekommt man einen gleichmäßigen, gut aussehenden Bestand, und wenn auch die Pflegearbeiten richtig ausgeführt werden, ist mit reichem Flor zu rechnen.

Nach dem Pflanzen gieße man an, am andern Tage lockere man die Gießstelle, sonst wird die Erde hart. Sind die Setzlinge angewachsen, was man daran erkennt, daß sie straff dastehen, kann man ihnen einen Auftrieb geben, indem man einen rasch wirkenden Volldünger ausstreut. Das ist sehr nützlich, und man sollte die kleine Mühe nicht scheuen. Der Dünger muß eingehackt werden. Bei starker Hitze und Trockenheit muß man wässern. Den größten Wasserbedarf haben heranwachsende Bestände, die fast täglich höher oder breiter werden. Außerdem muß man jegliches Unkraut fernhalten. Anfangs wird es beim Hacken unterdrückt. Was stehenbleibt und größer wird, muß man schließlich ausraufen. Man versuche, die Pflanzungen bis zum Beginn des Flors völlig sauber zu bekommen, damit man nicht in blühenden Beständen arbeiten muß. Blühende Bestände soll man auch hier nicht mehr von oben, sondern durch Rieselschläuche, die auf dem Boden liegen, wässern: so bleiben das Laub, die Knospen und die Blumen trocken. Nasse Blumen werden sehr oft fleckig und faulen sogar leicht. Das alles gilt auch für Sommerblumen, die man an Ort und Stelle gesät hat.

Gartenblumen
in alphabetischer Reihenfolge

A

Abelmóschus · Abelmosch, Moschuseibisch, Bisampappel
Malvaceae ☉ ○ ◐ ♡

Diese Gattung wurde von Friedrich Kasimir Medikus (1736–1808) begründet, einem vielseitigen Botaniker, der auch Gartendirektor in Schwetzingen und Mannheim war. Er schrieb unter anderem „Über einige künstliche Geschlechter aus der Malven-Familie" (1787). Bei einigen durch Linné der Gattung *Hibiscus* zugeordneten Arten stellte er charakteristische Besonderheiten der Gestalt von Griffel und Narbe fest, die eine eigene Gattung rechtfertigten. Den Namen für die neue Gattung übernahm er aus dem Arabischen, wo diese Pflanzen abu-el-mosk (Vater des Moschus) genannt werden. Denn die Samen duften nach Moschus, wenn man sie reibt; früher wurden sie als „Bisamkörner" oder „Moschuskörner" gehandelt und für Riechstoffe, Räuchermittel und Arzneien verwendet. Die heute zu *Abelmoschus* gezählten 15 Arten sind vor allem in Südostasien beheimatet. Einige sind Nutzpflanzen und werden auch in anderen Erdteilen angebaut. Für unsere Gärten hat nur eine Art Bedeutung.

Abelmóschus mánihot (L.) Medik. (syn. Hibiscus manihot L.) stammt aus Ostasien; in Indien ist diese Pflanze schon seit langem in Kultur. Sie wächst dort als ein sich verzweigender, bis 2,5 m Höhe erreichender Strauch mit handförmigen, 5- bis 9zähligen, langzipfeligen Blättern, deren Rand grob gezähnt ist, und 10 bis 20 cm breiten schwefelgelben Blüten mit dunkellila Fleck im Grunde. 1712 blühte die Art erstmals in England, einige Jahre später, einjährig gezogen, auch in Mitteleuropa. In Kultur ist heute meist die Sorte 'Sunset' mit goldgelben Blüten. Der Artname manihot ist indianischen Ursprungs, es ist der Name einer knollenbildenden Euphorbie (*Manihot esculenta* Crantz), die sich als Kulturpflanze von Brasilien aus über subtropische Gebiete Amerikas und Afrikas verbreitet hat, sie wird ihrer stärkereichen Knollen wegen angebaut. Unser Abelmoschus erinnert an diese Pflanze.

Bewertung, Verwendung, Anzucht: Man sät die nierenförmigen Samen im März ins Frühbeet, pikiert einmal, härtet ab und pflanzt nach den Spätfrösten auf einen warmen, aber nicht zu trockenen Platz im Garten. Der Boden soll humos, nährstoffreich und kalkhaltig sein, nur dann wird die Pflanze zu üppiger Entwicklung kommen und reich blühen. Sie eignet sich für ins Auge fallende Plätze. Man kann sie auch als Kübelpflanze behandeln und auf der Terrasse oder am Eingang des Hauses aufstellen.

Abrónia · Saftkrieche, Sandverbene
Nyctaginaceae ☉ ○ ◐ ○ ◐ ‖

Diese mit den Bougainvillea verwandten Gewächse stammen aus Nordamerika, wo sie in Gebieten mit subtropischem Klima vorkommen. Sie sind dort einjährige oder perennierende Kräuter oder Halbsträucher mit meistens auf dem Boden aufliegenden, 2- oder 3gabelig sich teilenden Trieben. Viele Arten sind behaart, manche haben eine rübenförmige Wurzel. Die Blätter sitzen gegenständig und werden schief-lanzettlich bis herzförmig. Die Blumen stehen in 8- bis 12blütigen Doldentrauben beisammen, sie werden groß und ansehnlich und haben eine Röhre mit einem Kronsaum von 5 Lappen; sie duften angenehm und stark. Die Gattung umfaßt gegen 30 Arten; verwendet werden nur zwei:

Abrónia frágrans Nutt. hat bis zu 50 cm lange Triebe und Blumen von 4 cm Breite, auch das Laub ist größer als bei den andern Arten. Die Blumen sind weiß und duften abends am stärksten. Die Pflanzen werden 25 bis 30 cm hoch.

Abrónia umbelláta Lam. wird 10 bis 20 cm hoch, die Triebe sind bis 25 cm lang, die Pflanzen verzweigen sich reichlich und klettern gelegentlich schwach. Sie bringen viele Blumen mit einer gelblichgrünen Röhre und purpurrosa Kronensaum. 'Grandiflora', seit 1873, wird etwas größer, bringt vor allem aber schönere, breitere Blüten, die lilarosa gefärbt sind und gelbe Schlundflecken haben.

Bewertung, Verwendung, Anzucht: Die Sandverbenen sind sehr brauchbare Kriechpflanzen für warme, trockene, vollsonnige Flecken; der Boden soll sandig-lehmig sein. Für absonnige Plätze mit kaltem oder nassem Boden sowie feuchtes Klima eignen sie sich nicht. Auch in nassen Sommern versagen sie. Man kann sie bei großen bunten Blumenbeeten als Einfassung, sonst als Bodendecke zwischen einzeln stehende, hohe Stauden oder annuelle Gewächse und zum Bekleiden von Böschungen nehmen. In Töpfe gesetzt, eignen sie sich als Hängepflanzen für helle, luftige Räume.

Bei uns werden die Abronien als Einjahrsblumen be-

Ac

Abrónia umbelláta

Acaéna microphýlla

handelt. Man sät im März unter Glas in leichte Erde, setzt später in Töpfe und aus diesen nach Mitte Mai an den vorgesehenen Platz mit Abständen von 20 bis 35 cm. Der Flor beginnt im Juli und zieht sich bis zum Frost hin. Man kann auch im August aussäen, dann eintopfen und in Töpfen kühl und hell überwintern; solche Posten blühen früher und reicher, bringen auch sicher Samen. Hängepflanzen setzt man einzeln oder bis zu drei Stück in entsprechend große Töpfe, die Erde soll kräftiger sein als bei der Anzucht.

Acaéna · Stachelnüßchen
Rosaceae ♃ ○ ◐ ◑ ◒ △ ♡ ⬡

Im Namen steckt das griechische Wort akaina = Dorn; es bezieht sich darauf, daß bei vielen Arten die Blütenachse außen mit Stacheln besetzt ist. Die Gattung umfaßt gegen 60 Arten, welche auf der südlichen Erdhälfte in Neuseeland, den Anden und versprengt in Mexiko auftreten. Sie werden kleine Sträucher, Halbsträucher oder immergrüne, auf dem Boden sich ausbreitende Stauden. Die Blätter erinnern an das Laub von Wildrosen und sind verschieden grün; die Blumen fallen kaum auf, mehr die kleinen, meistens rötlichen Früchtchen. Folgende Arten werden vor allem verwendet:

Acaéna buchanánii Hook. f. stammt aus Neuseeland und hat fast runde, kleine, leicht behaarte Blättchen von bläulich-silbergrauer Farbe. Die Pflanzen werden nur wenige Zentimeter hoch und bilden einen dichten Teppich, sie haben auch unterirdisch umherstreichende Triebe.

Acaéna magellánica (Lam.) Vahl (syn. A. glaucophylla Bitt.) aus Patagonien hat kahle, blaugrüne, bis 10 cm lange Blätter und bildet einen lockeren, bis 15 cm hohen Teppich. Die Art ist etwas empfindlich.

Acaéna microphýlla Hook f. wuchert nicht sehr, hat braungrüne Blättchen und bekommt auffällig rötliche Fruchtstände. Die Pflanzen werden daumenhoch und wirken gut. Leider ist die Art nicht völlig frosthart; sie verlangt absonnigen Standort.

Acaéna novae-zelándiae Kirk aus Neuseeland wird 15 cm hoch und höher, hat bis 8 cm lange, frischgrüne Blätter, bringt bis 1 m lange und noch längere Triebe und bekommt purpurne Früchte. Die Art braucht Platz und will nicht in voller Sonne stehen.

Bewertung, Verwendung, Anzucht: Die Stachelnüßchen bilden gute Bodendecken, zumal ihr verschieden getöntes Laub farbliche Abwechslung gestattet. Sie werden für Steingärten, im Heidegarten, als Untergrund zu Rosenhochstämmen oder Immergrünen, als Überwuchs von Zwiebelgewächsen und manchen Erdorchideen, als Rasenersatz und zur Begrünung von Gräbern genommen und eignen sich für alle diese Zwecke glänzend. Harte Arten können ihren Dienst viele Jahre tun, die empfindlicheren muß man immer wieder einmal erneuern.

Die Pflanzen gedeihen in jedem Gartenboden; nasser Standort ist jedoch ungünstig, ebenso zu trockener! Die Bestände wintern an solchen Plätzen häufig aus. Empfindliche Arten decke man mit Reisig ab, nicht zu dicht, sonst faulen die Triebe.

Vermehrt wird am besten durch Teilung. Man dreht jüngere, nicht mehr zu weiche Triebspitzen in Töpfe ein oder steckt Spitzen in Töpfe. Anfangs sollen diese Schatten bekommen, und man spritze öfter, über Winter ist Schutz nötig. Topfpflanzen sind vorteilhaft, weil Acaena keinen Ballen bilden. Am endgültigen Standort pflanze man mit 15 bis 30 cm Abständen, je nach Art und deren Wuchs.

Acantholímon · Igelpolster, Stechnelke
Plumbaginaceae ♃ ○ ◑ ◒ △ ∧ ⬡

Im Namen stecken die griechischen Wörter akantha = Dorn und leimon = eine Wiese von hartem Steppen-

Acantholímon glumáceum

Acantholímon oliviéri

gras; sie beziehen sich auf das grasartige Aussehen und die harten Blätter der Pflanzen. Diese sind Stauden oder Halbsträucher mit dicht an den Boden geschmiegten Trieben und hartem Laub; die Pflanzen bilden feste, zähe Polster. Die Blüten erscheinen in einfachen oder zusammengesetzten Ähren, die sich nur wenig über das Laub erheben. Die Gattung umfaßt etwa 80 Arten, welche in den Steppen und Bergen Kleinasiens bis weit in den Iran hinein vorkommen. Bei uns sind nur zwei Arten häufig zu sehen, sie sind recht winterhart.

Acantholímon glumáceum (Jaub. et Spach) Boiss. hat sehr dünnes, nadelartiges Laub und bildet ein festes grünes Polster. Die Blümchen werden rosa.

Acantholímon oliviéri (Jaub. et Spach) Boiss. (syn. A. venustum Boiss.) hat blaugrünes Laub und lebhaft rosarote Blumen.

Acantholímon venústum → **A. oliviéri**

Bewertung, Verwendung, Anzucht: Die Igelpolster sind Pflanzen für das Alpinum, wo man sie einzeln oder in kleinen Gruppen pflanzt. Sie wollen sonnigen, ziemlich trockenen, recht gut dränierten Standort; schön werden sie, wenn man sie in tiefe Fugen bringt. Als Erde ist eine Mischung aus Rasenerde, scharfem Sand und etwas Kalkschutt günstig. Im Winter schütze man sie leicht, aber luftig mit Reisig. Dazu eignet sich sehr gut Fichtenreisig. Eingewurzelte Exemplare lassen sich nicht umpflanzen.

Zur Vermehrung braucht man einen Bestand in einem flachen Steinbeet. Man schüttet dort die Polster bis zur Hälfte mit sandiger Erde an und hält diese ständig feucht. Bis zum nächsten Frühjahr haben die Ästchen Wurzeln geschlagen, man schneidet sie ab und setzt sie in ziemlich kleine Töpfe und durchlässige Erde. Nach etwa einem Jahr sind die Bestände verkaufsfähig. Die Anzucht dauert also zwei volle Jahre. Anzucht aus Samen ist auch möglich; sie braucht mindestens die gleiche Zeit, doch gehen die Samen nur ganz selten auf.

Ac

Acánthus · Akanthus
Acanthaceae ↲ ○ ◐ ◑ ♡ ∧

Im Namen der Pflanzen steckt das griechische Wort akantha = Stachel, Distel, Dornstrauch; es bezieht sich darauf, daß die meisten Arten dorniges Laub bekommen. Die Gattung ist gegen 20 Arten stark und tritt im Mittelmeerraum, ferner im tropischen Afrika und Asien auf. Für uns hier kommen nur Arten aus Südosteuropa in Betracht. Es sind mittelhohe bis hohe Stauden mit effektvollem dornig-fiederspaltigem Laub und langen Blütenähren mit weißen oder rosa Rachenblüten, welche von dorniggezähnten Tragblättern gestützt werden. Kunstgeschichtlich haben die Pflanzen Bedeutung, weil ihr Laub bei den Griechen als Motiv für schmückende Ornamente – reich ausgebildet an den Kapitellen der korinthischen Säulen – genommen wurde, aber man hielt sich auch an das Laub distelartiger Gewächse wie *Cirsium syriacum* und *Silybum marianum*.

Acánthus balcánicus Heyw. et B. K. Richards (syn. A. longifolius Host non Poir.) wird bis 1 m hoch und hat lange glänzendgrüne, oft dornenlose Blätter und rosa Blüten, die im Hochsommer erscheinen.

Acánthus dioscóridis L. var. *perríngii* Siehe (syn. A. perringii) ist der „Däumling" der Gattung: die Pflanzen werden nur 30 bis 50 cm hoch. Sie haben dennoch breite graugrüne, bedornte Blätter und im Sommer rosenrote Blumen.

Acánthus móllis L. hat ziemlich breite, etwas behaarte Blätter, die Blumen sind weiß oder auch rosa, die Pflanzen werden etwa 1 m hoch. Es gibt davon auch eine Sorte 'Latifolius', bei welcher die Blätter breiter und länger werden und die Blütenstände 150 cm hoch und höher.

Acánthus spinósus L. wird 60 bis 80 cm hoch und hat tief eingeschnittene, mit weißen Dornen versehene Blätter und weißliche Blüten mit violetten Zipfeln. Der Blütenstand ist dicht, überdies leicht behaart.

Bewertung, Verwendung, Anzucht: Akanthus pflanzt man vor allem wegen seiner ornamentalen Blätter, aber auch die Blütenstände sind ansehnlich. A. *dioscoridis* var. *perringii* eignet sich für größere Alpina, für Heide- und Wildstaudengärten, etwa in größere Flächen von *Festuca cinerea*. Die andern Arten werden gern in Massen für sich in großen Parken verwendet oder als Solitärstaude im Garten. Sie wollen einen sonnigen Standort und wachsen in jedem normalen Gartenboden; in Sandböden jedoch nur zufriedenstellend, wenn sie gedüngt werden. Alle sind gegen stehende Nässe empfindlich, und nasse Jahre schaden ihnen. Vermehrt wird aus Samen, durch vorsichtiges Teilen im Frühjahr (nicht im Herbst!) oder durch Wurzelschnittlinge. Man stecke diese senkrecht in Handkästen und bringe sie nach dem Austreiben in lange Töpfe. Mit solchen Pflanzen arbeitet es sich am besten, denn sie wachsen am neuen Platz sofort weiter. Man setze nur im Frühjahr. Eingewurzelte Exemplare lassen sich nicht verpflanzen. Normalerweise

Ac

Acánthus spinósus

Acánthus balcánicus

Achilléa × kelléreri

Achilléa filipendulína

werden die Bestände alt und immer üppiger; in sehr kalten Wintern erfrieren manchmal einzelne Pflanzen.

Achilléa · Schafgarbe, Garbe
Compositae ⚁ ○ ◐ ◓ ◑ △ ♡ ✕ ○

Die Pflanzen wurden schon bei Hippokrates nach Achilles, einem großen Helden des Trojanischen Krieges in Homers Ilias, benannt; aus welchem Grunde ist unbekannt.

Die Gattung umfaßt gegen 100 Arten, welche hauptsächlich in Gebieten mit gemäßigtem Klima der Alten Welt auftreten. Die meisten sind Stauden, und es gibt hohe, mittelhohe und niedrig bleibende Arten. Sie haben vielfach gefiederte Blätter, und die kopfigen Blüten stehen in der Regel in Doldentrauben beisammen. Sämtliche Schafgarben enthalten Bitterstoffe und ätherische Öle, welche den eigenartigen, manchmal strengen Geruch der Pflanzen verursachen. Einzelne Arten werden offizinell verwendet oder liefern Zusätze für Kräuterliköre. Achilleen haben weiße, gelbe oder stumpfkarminrote Blüten, auch das Laub ziert häufig. Einige gehören zu den beliebtesten Gartengewächsen, manche sind für die Schnittblumengewinnung wichtig.

Niedrig bleibende Arten

Achilléa ageratifólia (Sibth. et Sm.) Boiss. (syn. A. ageratifolia ssp. aizoon (Griseb.) Heimerl) vom Balkan wird 10 bis 20 cm hoch und hat grauweißes Laub, das nicht gefiedert, sondern tief gebuchtet ist. Die Blüten sind weiß, die Köpfe stehen einzeln, 2,5 cm breit. Die Pflanzen wachsen kriechend, für Steingärten geeignet. Juni/Juli.

Achilléa atráta L. wächst in den Kalkalpen in Geröll und ist gut für Alpina geeignet, die von Kennern gepflegt werden. Die Art wird gegen 10 cm hoch, hat teppichartigen, an Moos erinnernden Wuchs und weiße Blüten. Man muß in Geröll pflanzen, das nicht trocken werden darf, es ist also ein kleines Rinnsal nötig. Unerläßlich ist auch kalkhaltiges Gestein.

Achilléa aúrea → **A. chrysócoma**

Achilléa chrysócoma Friv. (syn. A. aurea Lam.) hat grüne, feingefiederte Blätter, polsterartigen Wuchs und lebhaft goldiggelbe Blüten. Das Laub wird 8 bis 15 cm hoch, die Blütenstiele erreichen 25 cm Höhe. Die Art wächst leicht, stellt keine Ansprüche, sie läßt sich für Steingärten, Einfassungen, für Trockenmauern und auch als Bodendecke benutzen.

Achilléa clavénnae L. (syn. A. argentea Vis.), der Weiße Speik, wächst auf der Südseite der Alpen wild. Die Pflanzen haben aschgraue, gebuchtete Blätter und weiße Blüten. Die Art wird 10 bis 15 cm hoch. Sie ist für Plätze mit gut durchlässigem Boden geeignet, ohne ausreichende Dränage gehen die Pflanzen ein oder stocken.

Achilléa × kelléreri Suenderm. ist eine spontane Hybride aus *A. clypeolata* und *A. pseudopectinata* und hat bis 15 cm lange, schmale, feingefiederte, silberweiße Blätter und weiße Blüten. Wüchsig, rasenbildend.

Achilléa sérbica Nym. (syn. A. ageratifolia var. serbica (Nym.) Hayek), in den Alpen und im Apennin vorkommend, ähnelt im Habitus *A. ageratifolia*, hat aber schmäleres, feingekerbtes, silbergrünes Laub, kleinere Blütenstände mit 1 bis 3 Blütenköpfen in Traubendolden, weiß. Flor im Mai/Juni, 3 Wochen vor *A. ageratifolia* beginnend.

Achilléa umbelláta Sibth. et Sm. aus Griechenland bildet gegen 10 cm hohe, geschlossene Polster und hat grauweiße, gebuchtete Blätter und recht große weiße Blumen. Habitus ähnlich *A. clavénnae*.

Achilléa millefólium   Achilléa ptármica

Mittelhohe und hohe Arten

Achilléa clypeoláta Sibth. et Sm. non hort. vom Balkan hat gegen 25 cm lange, stark silberfilzige, starre, tief gefiederte Blätter und bringt auf gegen 40 cm hohen Stielen flache, tellerförmige Blütenstände mit tief goldgelben Blumen. Sie ist eine Art Miniaturausgabe von *A. filipendulina*. Blütezeit Juni bis August und nach einer Ruhepause oft ein schöner zweiter Flor bis in den Oktober hinein.

Achilléa filipendulína Lam. (syn. A. eupatorium M. B.) aus dem Kaukasus ist die am meisten gepflanzte Art. Sie hat graugrünes Laub und bis 20 cm breite, etwas gewölbte Blütenschirme mit gelben Blumen. Die Stammart wird seltener verwendet, denn es gibt schöne Sorten: 'Gold Plate' (Goldplatte) – große, flache, etwa 20 cm breite Blütenschirme, 120 cm hoch werdend; 'Parkers Var.' – ähnlich, Dolden gewölbter, nicht so groß, 100 bis 150 cm hoch werdend; 'Coronation Gold' – mit fast grauem Laub, die Blütenköpfe sind bis 10 cm breit, dafür erscheinen sie den ganzen Sommer hindurch, die Züchtung ist also ein Dauerblüher, ferner werden die Pflanzen nur 60 bis 80 cm hoch, eignen sich also auch für kleinere Gärten. 'Schwellenburg', helles Goldgelb, nur 50 cm hoch. *A. filipendulina* ist eine der besten Garben zur Schnittblumengewinnung.

Achilléa-Hybriden. Dies sind Züchtungen, die aus Kreuzungen verschiedener Arten stammen. Die Pflanzen haben grünes, braungrünes oder graues Laub und verschieden große Blütenteller auf 40 bis 50 cm hohen Stielen, die sich auch verzweigen, was die Florzeit verlängert und die Farbwirkung vergrößert. Es sind gute Rabattenstauden, und sie eignen sich für bunte Pflanzungen, Schnittwert haben sie wenig. 'Schwefelblüte' gehört zu diesen Hybriden.

Achilléa millefólium L. hat wie Moos wirkende, tiefgrüne Blätter und bei der reinen Art weiße, rosa oder rote Blütenteller, die auf etwa 50 cm hohen Stielen erscheinen. Man verwendet im Garten aber nur Sorten. Gut sind 'Cerise Queen' – kirschrote Blüten, Ende Mai bis Juli blühend, und Karl Foersters 'Sammetriese' – später blühend und höher werdend, rot. Die Pflanzen wuchern, passen also nicht überall hin. Ein Mangel ist auch, daß die Sorten manchmal weiße Blütenschirme bringen, was sehr stört.

Achilléa ptármica L., die Bertramsgarbe, hat grüne bis graugrüne, schmale, gezähnte Blätter und kopfige Trauben schneeweißer, gefüllter Blüten, die sich abgeschnitten lange halten. Die Pflanzen fallen aus Samen nicht ganz echt, besser sind daher Sorten wie 'Die Perle' – etwa 60 cm hoch, und 'Perrys White' – etwas höher wachsend und lockerer im Aufbau. Beide blühen von Juni an oft mit Nachflor bis zum Herbst. Auch diese Art wuchert, und man wird sie schwer wieder los, wenn sie sich eingenistet hat.

Bewertung, Verwendung, Anzucht: Die aufgeführten hohen und mittelhohen Arten bedürfen keiner Empfehlung mehr. Es gibt daneben noch weitere für Parke, wie *A. grandiflora* Friv. vom Balkan, etwa 1 m hoch werdend und mit weißen, mittelgroßen Blütenschirmen; für den Garten eignen sie sich nicht. Allgemein wachsen die Arten dieser Gruppe in jedem normalen Boden und brauchen wenig Pflege. Sie können alt und stattlich werden, einzelne, wie bereits erwähnt, auch lästig. *A. ptarmica* wünscht etwas frischen Standort, die andern stehen besser trocken.

Die niedrig bleibenden Achilleen schmeicheln unserm Auge durch die Färbung des Laubes und den mannigfachen Schnitt der Blätter, manche überdies durch ihre großen Blüten. Es gibt außer den erwähnten noch zahlreiche weitere Arten und darunter recht heikle, die leicht eingehen.

Vermehrt wird durch Teilung im Frühling oder Sommer, aus Samen fallen sie nicht ganz echt. Die niedrigen Arten kultiviert man am besten in Töpfen mit sandig-lehmiger Erde.

Achnátherum · Rauhgras
Gramineae

Diese Gräser sind vor allem in den Alpen, in den Apenninen und in Gebirgen der Balkanhalbinsel verbreitet. Der Gattungsname ist aus den griechischen Wörtern für Spreu und Granne gebildet; die Deckspelze trägt eine Granne. Palisot de Beauvois (1752–1820), ein französischer Botaniker und Afrikareisender, begründete die Gattung. Er schrieb 1812 den „Essai d'une nouvelle Agrostographie", in welchem er Linné korrigierte, der das in den Kalkgebirgen vor allem an steinigen Hängen vorkommende mediterran-alpine Rauhgras zu *Agrostis* ordnete. Es ist ein Gras von beachtlichem Gartenwert. Sein heute gültiger Name ist

Achnátherum calamagróstis (L.) P. Beauv. (syn. Agro-

Ac

Acidanthéra bícolor

Ácinos alpínus

Aconítum carmichaélii

Aconítum napéllus

stis calamagrostis L., Stipa calamagrostis (L.) Wahlenb., Lasiagrostis calamagrostis (L.) Link). Solange die Bezeichnung Linnés galt, wurde es deutsch Röhrichtes Straußgras genannt (agrostis = Straußgras, calamus = Rohr). Der Name Rauhgras ist erst 1838 durch Übersetzung des Namens Lasiagrostis (lasios = dicht behaart, rauh) entstanden und bezieht sich auf die seidig, aber dicht behaarten Deckspelzen. Beide deutsche Namen sind also den wissenschaftlichen Namen nachgebildet und beziehen sich auf botanische Merkmale. Karl Foerster, der dieses Gras in den Handel brachte, ging dagegen von der Gesamterscheinung aus und nannte es wegen seiner schönen Wirkung im Herbst Goldährengras. Heute ist der Name Silberährengras populär geworden. Denn der bis 15 cm lange schweifartige Blütenstand schimmert mit seinen behaarten Deckspelzen silberweiß, erst mit fortschreitender Jahreszeit wird der Schimmer gelblich und braun. Dieses Gras wird bis 1 m hoch und bildet dichte Horste; die Halme spielen im Wind.

Bewertung, Verwendung, Anzucht: Man kann das Silberährengras in größere Natur- und Steingartenpartien einfügen, aber auch sparsam auf Staudenrabatten verwenden; Karl Foerster empfiehlt hierfür als Nachbarn *Helictotrichon sempervirens, Helenium* 'Rotkäppchen' und *Rudbeckia fulgida*, also Stauden, die mit den silberweißen Ähren und mit der Kamelhaarfarbe des Grases im Herbst harmonieren. Selbst im Rauhreif wirken die Halme noch reizvoll. Vermehrt wird aus Samen, der im Mai/Juni in sandige Erde gesät wird, die mäßig feucht zu halten ist. Die Saat geht nach 3 Wochen auf, aber selten gleichmäßig. Man kann die Horste auch teilen, wähle dafür aber nur junge und warte, bis sie nach der Winterruhe zu treiben beginnen. Eine dünne Decke Fichtenreisig sichert das gute Überwintern dieses Grases, das erst im 3. Jahr seine volle Schönheit zeigt.

Acidanthéra · Sterngladiole
Iridaceae △ ○ ◐ ◑ ✕ ∧

Im Namen stecken die griechischen Wörter akis = Spitze und anthera = Staubgefäß; sie beziehen sich auf die spitzen Pollenbeutel. Die Pflanzen sind mit den Gladiolen verwandt und erinnern auch an diese. Von den etwa 25 Arten, welche in Mittel- und Südafrika wild vorkommen, ist nur eine in Kultur:
Acidanthéra bícolor Hochst. var. **muríelae** Perry. stammt aus Äthiopien und wurde 1930 eingeführt. Das Gewächs hat kleine braunhäutige Knollen und schmale, schwertförmige, aber nicht sehr steife Blätter. Die Blüten sitzen etwas weitläufig an einer wenigblumigen Ähre; sie sind ziemlich groß (daher wirkt der Stengel voll) und erinnern an die Blüten der Gladiolen, haben jedoch lange Kronblattzipfel und sehen deshalb etwas sternförmig aus. Die Blumen werden etwa 12 cm breit, sind weiß und haben innen kastanienrote Flekken. Die Stiele werden gegen 60 cm hoch und sind nicht so starr wie die Gladiolenstengel. Acidanthera blüht im Hochsommer und Frühherbst. Die Blumen duften stark.

Bewertung, Verwendung, Anzucht: Die Pflanze hat sich durchgesetzt und wird in bunte Beete in Tuffs oder auch in Massen allein gepflanzt, ferner zusammen mit Einjahrsblumen aus Südafrika, zu welchen sie gut paßt. Man kann sie auch in Kübel pflanzen. Sie ist viel graziöser als die Gartengladiole.
Acidanthera ist nicht winterhart, man muß sie beinahe wie Gladiolen behandeln: im Herbst ausgraben, aber in Beuteln warm, trocken und luftig überwintern. Im

Laufe des April legt man sie wieder aus, 8 bis 10 cm tief, Abstand 12 bis 18 cm. Sie gedeihen in jedem normalen Gartenboden und wachsen am besten in voller Sonne, vertragen aber auch stundenweise etwas Halbschatten. Man kann sie in Töpfen vorkultivieren: im März 3 bis 6 Knollen in größere Töpfe voll kräftiger, mit Sand versetzter Erde, man stelle sie in ein Kalthaus oder in einen frostfreien Frühbeetkasten, härte ab und setze nach Mitte Mai an den vorgesehenen Platz. Man kann auch in Kübel oder Schalen pflanzen, muß sie dort aber laufend düngen, sonst bleiben sie zu klein und wirken nicht. Vermehrt wird durch Aufzucht der Brutzwiebeln, welche reichlich angesetzt werden. Man lege die Brut in ein Frühbeet und pflege sie gut. Die größten Knollen bringen im gleichen Jahr schon den ersten Flor. Auch Anzucht aus Samen ist möglich, doch dauert sie sehr lange.

Ácinos · Steinquendel
Labiatae ♃ ○ ◐ △ ○

Ácinos ist bei Dioskorides der Name eines wohlriechenden Lippenblütlers... welche Art er so nannte, ist nicht sicher festzustellen. Die Gattung, welche noch vor wenigen Jahren ebenso wie *Calamintha* und *Micromeria* zu *Satureja* gehörte, ist hauptsächlich im Mittelmeergebiet verbreitet. Der bei uns heimische Gemeine Steinquendel, *Acinos arvensis*, stammt ebenfalls aus dem Süden, ist also nicht urwüchsig, sondern als Neophyt anzusehen, er hat sich aber, einjährig wachsend, den mitteleuropäischen Verhältnissen angepaßt und gehört zu verschiedenen Trockenrasengesellschaften. Für den Garten ist allein geeignet **Ácinos alpínus** (L.) Moench (Calamintha alpina (L.) Lam., Satureja alpina (L.) Scheele), der Alpensteinquendel. Er ist als mediterrane Pflanze bis in die Alpen und den Jura verbreitet und kommt sowohl in der subalpinen Stufe als auch in Tälern vor, auf Magerwiesen, Felsen und Schuttflächen; auf Kalk ist er häufiger als auf alkalischen Böden. Der Alpensteinquendel ist eine 15 bis 25 cm hohe Langsproßstaude mit meistens niederliegenden Stengeln. Diese haben eirunde bis längliche, bis 2 cm lange Blätter und bringen in den oberen Blattwinkeln rotviolette Blütchen, die in Scheinquirlen zusammenstehen. Es gibt auch eine weißblühende Kulturvarietät. Die Blumen erscheinen von Juli bis September.

Bewertung, Verwendung, Anzucht: Der Alpensteinquendel ist eine aromatisch duftende, lockere Polster bildende Staude für trockene, sonnige Steingartenpartien, er gehört dort aber nicht in die oberen Stufen, ferner für trockene Hänge, Geröllflächen und Mauern. Die Pflanzen stellen keine Ansprüche. Als Nachbar für die violette Art wird die weißblühende *Gypsophila repens* empfohlen, deren zweite Blüte mit der des Alpensteinquendels zusammenfällt. Vermehrung aus Samen im zeitigen Frühjahr, aus Stecklingen im Frühsommer oder durch Teilung wie bei *Satureja*.

Aconítum · Eisenhut, Sturmhut
Ranunculaceae ♃ ○ ◐ ● ○ ✕ ○

Ac

Im Namen steckt das griechische Wort akoniton; so heißt bei Dioskorides eine Pflanze, die zum Vergiften von Wölfen und Panthern benutzt wurde; alle Arten der Gattung sind giftig. Aconitum werden mittelhohe bis stattliche, langlebige Stauden, haben fast alle einen knollig-rübigen Wurzelstock, handförmig gelappte Blätter und helmförmige Blüten, die in Trauben beisammen stehen. Die Gattung ist gegen 350 Arten stark, welche bis auf wenige Ausnahmen in gebirgigen Strichen der nördlichen Halbkugel auftreten. Im Tertiär trat das Genus in der Arktis auf und reichte im Süden bis zum nördlichen Wendekreis, doch wurde das ziemlich geschlossene Areal durch die Eiszeit zerrissen. Die ursprünglichsten, ältesten Arten haben sich im ostasiatischen Florenbereich erhalten, und dort gibt es auch die meisten Arten. Sämtliche *Aconitum* enthalten in fast allen ihren Teilen mehrere Alkaloide, besonders Akonitin, ein scharfes, schweres Gift, das schon in kleinen Mengen den Tod herbeiführen kann. Diese Wirkung war auch im Altertum allgemein bekannt: die Inder nahmen Akonitin als Pfeilgift, Griechen und Römer zum Töten von Tieren, gelegentlich sogar zur Hinrichtung von Verbrechern. Plinius nennt den Eisenhut ein „vegetabilisches Arsenik". Heute wird vor allem *A. napellus* noch offizinell verwendet. Zugleich sind viele Arten alte Gartenpflanzen.

Aconítum × aréndsii hort. ist eine Hybride von *A. carmichaelii* und deren var. *wilsonii*. Sie hat leuchtend dunkelblaue, ziemlich große Blüten in langen Trauben auf straffen, bis 100 cm hohen Stielen. Die Pflanzen blühen nach dem Herbst zu; *A. × arendsii* ist eine wertvolle Bereicherung des Sortiments.
Aconítum carmichaélii Debeaux (syn. A. fischeri Forb. et Hemsl. non Rchb.) stammt aus Ostasien und ist dort weit verbreitet. Die Pflanzen haben flaumig behaarte Stengel und handförmig-dreilappige, tief eingeschnittene Blätter, die Blumen werden dunkelblau und bilden eine geschlossene Doldenrispe, Höhe der Stöcke 50 bis 60 cm. Wichtiger und schöner sind var. *wilsónii* Munz, bis 1,8 m hoch mit violettblauen Blüten in üppigen Rispen, und 'Parkers Varietät', bei welcher das Laub heller, die Blumen lebhafter blau und die Pflanzen bis 2 m hoch werden. Blütezeit ab Hochsommer.
Aconítum físcheri Rchb. aus der Mandschurei, aber bis nach Kamtschatka verbreitet, wächst bis 1,5 m hoch. Die Pflanzen sind kahl und die Blumen stehen ziemlich locker, Farbe violettpurpurn, Florzeit August/September.
Aconítum hemsleyánum Pritzel aus Mittelchina ist eine kletternde Art mit 2 bis 3 m langen, kahlen Trieben. Die Blüten werden recht groß, sind violett und stehen in lockeren, bis 10blumigen Trauben beisammen. Die Art blüht im Juli, manchmal bis zum September.
Aconítum napéllus L. ist in ganz Europa wild anzutreffen und wurde schon früh in Gärten gepflanzt.

Ac

Actaéa spicáta

Adenóphora liliifólia

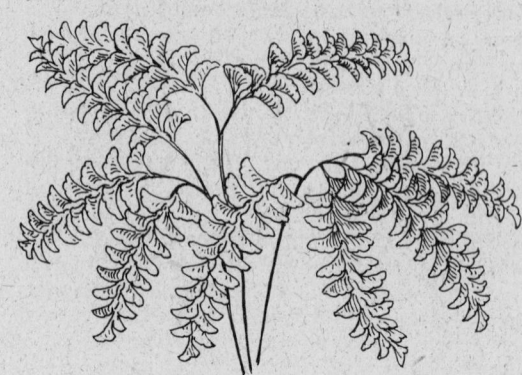

Adiántum pedátum

Die Büsche haben handförmige, 5- bis 7lappige Blätter, fast fiederartig geschlitzt mit lanzettlichen oder linealischen Zipfeln. Die Blüten werden tiefblau und stehen in einer vielblumigen, dichten Rispe; der Wuchs ist nicht so kräftig wie bei den übrigen Arten, Höhe 80 bis 100 cm. Schöner sind 'Album' mit bläulichweißen Blüten; 'Bicolor' mit blau und weißen Blumen, daher auch Bayerischer Eisenhut genannt; 'Carneum' mit rosafarbenen Blüten, doch hat die Farbe wenig Leuchtkraft; 'Sparks Var.' mit breit verzweigten Rispen, 1,2 bis 1,5 m hoch werdend; ferner 'Bressingham Spire' – etwa 100 cm hoch, straff aufrecht wachsend, mit ziemlich lebhaft blauen Blumen. Alle blühen von Ende Juni an bis weit in den August hinein. Die Exemplare wollen frischen Boden und etwas absonnige Standorte, sonst bekommen sie Läuse.

Aconítum paniculátum Lam., ebenfalls in Europa stark verbreitet, hat einen lockeren, etwas sparrigen Blütenstand. Die Blumen werden hell- und auch dunkelblau, vielfach mit grünlicher Helmkuppe. Die Art schwankt auch stark in der Höhe: von 50 bis 150 cm, Flor im Hochsommer.

Aconítum volúbile Pall. aus der Mandschurei ist wie *A. hemsleyanum* eine kletternde, aber nur 40 bis 80 cm lang werdende Art. Sie hat dreiteilige, am Rande grob gesägte Blätter und blüht in wenigblütigen, lockeren Trauben. Die Farbe schwankt: heller oder dunkler violett mit viel Grün, Florzeit ist der Hochsommer.

Aconítum vulpária Rchb. (syn. A. lycoctonum auct. non L.) ist eine sehr weit verbreitete Art, die auch in Europa vorkommt. Sie wird bis 1,5 m hoch, wächst nicht straff aufrecht, sondern etwas gespreizt und bringt blaßgelbe Blüten in ästigen, langen Trauben.

Bewertung, Verwendung, Anzucht: Der Eisenhut ist eine schon lange bekannte Gartenstaude, die alt und stattlich werden kann. Die Büsche sind etwas steif, und das Blau der Blumen ist häufig dunkel, man braucht also Weiß und Gelb bei den Nachbarn zur Aufhellung. Die Pflanzen wünschen kräftigen, frischen Boden und stehen gern etwas halbschattig; je frischer die Erde ist, um so sonniger können sie stehen. Heißen Standort vertragen sie schlecht. Man setzt Eisenhut in bunte Beete oder einzeln und in Gruppen aller Art; schön wirken sie zusammen mit *Anemone-Japonica-Hybriden*, deren graziöse Tracht einen zauberhaften Kontrast bildet. Die kletternden Arten dürfen nur in Halbschatten kommen; *A. vulparia* muß schattig stehen und braucht ziemlich feuchten, humosen Boden. Vermehrt wird durch Aufpflanzen von Tochterknollen und durch Aussaat. Man teile nur zeitig im Frühjahr sofort nach dem Austrieb. Aussaat im Spätherbst – am besten in Handkästen. Man lasse diese zunächst durchfrieren, hole sie dann in ein Kalthaus und stelle sie anfangs unter den Tisch. Keimt der Samen, muß man die Kästen ans Licht holen. Die Keimlinge sind allmählich abzuhärten, und wenn sie ausreichend groß sind, pikiere man sie ins Freie an einen absonnigen Platz. Im nächsten Frühjahr schult man auf, 6 Reihen aufs Beet. Die Bestände werden bis zum nächsten Frühling verkaufsstark.

Actáea · Christophskraut
Ranunculaceae ♃ ◐ ● ◓ ◯ ♡

Actaea ist ein alter Name, den schon Plinius verwendete, aber es läßt sich nicht sagen, welches Gewächs er damit meinte. Die Gattung umfaßt 6 Arten, welche teils in Nordeuropa bis hinüber zur Mandschurei, teils in Nordamerika auftreten. Sie haben einen kräftigen, kriechenden Wurzelstock und ansehnliche dreizählig-gefiederte Blätter. Die Blüten sind unscheinbar und fallen wenig auf, um so mehr die roten, weißen oder schwarzen Beerenfrüchte.

Actáea pachýpoda Elliott (syn. A. alba auct. non [L.]

Mill.) aus Nordamerika wird bis 60 cm hoch und hat ziemlich große, ornamentale Blätter. Sie bekommt weiße Beeren, die einzeln an roten Stielchen sitzen. Es gibt auch eine var. frúcto rúbro Bigel mit roten Beeren.

Actáea rúbra (Ait.) Willd. aus Nordamerika wird 30 bis 50 cm hoch, die Blätter sind recht dekorativ, die Beeren rot in dichter Traube.

Actáea spicáta L., in vielen Teilen Europas zu finden und fast in ganz Nordasien, hat 2- bis 3mal gefiederte Blätter und bringt schwarze Beeren, welche in einer gedrängten Traube sitzen. Diese Art wird gegen 40 cm hoch. Beide Arten sind giftig!

Bewertung, Verwendung, Anzucht: Actaea sind höchst wertvolle Stauden für leichten und selbst tiefen Schatten, wenn die Erde bedeckt werden soll. Sie brauchen aber frischen, humusreichen und einigermaßen tiefgründigen Boden. Sie zieren durch ihr Laub und vom Hochsommer an überdies durch ihre Früchte. Sie eignen sich alle für schattige Plätze, auch als Unterpflanzung unter Laubbäume, wenn diese nicht zu groß sind und zu dicht stehen. Je frischer, tiefgründiger und humoser der Standort, um so mehr wirken die Bestände. Sie können lange an ihrem Platz bleiben, doch überziehe man die Flächen von Zeit zu Zeit mit Düngetorf.
Vermehrt wird durch Teilung im Frühjahr und durch Aussaat. Der Samen muß durchfrieren, keimt aber auch dann unregelmäßig, Vermehrung durch Teilung ist günstiger. Die Pflanzen wachsen langsam heran und sind erst im zweiten Jahre verkaufsstark.

Adenóphora · Schellenblume, Becherglocke
Campanulaceae ♃ ◐ ● ◒ ♀

Im Namen stecken die griechischen Wörter aden = Drüse und phoras = tragend; der Sinn ist aber dunkel. Die Gattung *Adenophora* umfaßt gegen 20 Arten. Die meisten treten in Ostasien auf, hier in Europa nur einzelne. Die ostasiatischen Arten sind hier kaum zu haben und auch noch nicht erprobt. Die Becherglocken ähneln den Glockenblumen auf unsern Wiesen etwas. Sie sind Stauden und haben eine lange, harte Pfahlwurzel, dicht wechselständig und manchmal auch quirlig stehende Blätter, und kurzgestielte, nickende Glockenblumen. Die Blüten sind blau oder weiß, die Pflanzen werden 30 bis 100 cm hoch, der Flor kommt im Hochsommer, die Blüten bleiben verhältnismäßig klein.

Adenóphora liliifólia (L.) Ledeb. ex A.DC. (syn. Campanula liliifolia L.) wird gegen 1 m hoch und hat trichterförmig-glockige Blüten. Sie erscheinen in reichblütigen Rispen und sind hell-lilablau getönt, sie duften angenehm.

Adenóphora potanínii Korsh. aus Turkestan wird ebenfalls 1 m hoch, hat reichlich sich verzweigende Stengel, an deren Enden mattlila Blumen in kurzen Rispen sitzen.

Bewertung, Verwendung, Anzucht: Die Schellenblumen gehören nicht zu den Prunkstücken unter den Stauden, denn ihre Blumen bleiben zu klein und in der Farbe zu stumpf. Dennoch haben sie einen großen Vorzug: Sie vertragen Tropfenfall von Bäumen. Das ist eine sehr seltene Eigenschaft.
Sie wünschen einen absonnigen bis schattigen Standort, auch direkt unter Bäumen können sie stehen. Der Boden soll frisch und humusreich sein und zugleich gut durchlässig, da sie stehende Nässe nicht vertragen. Die Pflanzen können lange ihren Dienst als Bodendecke an solchen Plätzen tun. Sie lassen sich nur als junge Exemplare versetzen, weil ihre Pfahlwurzel sonst leidet.
Vermehrt wird durch Aussaaten oder durch grundständige Stecklinge. Man macht sie bald nach dem Austrieb und muß unten einen kleinen Fuß von der Ansatzstelle mit abschneiden, steckt in kleine Töpfe in sandige Erde, bringt ins Frühbeet und hält zunächst völlig geschlossen. Später topft man um und pflanzt im nächsten Frühling an den vorgesehenen Standort.

Adiántum · Venushaar, Haarfarn
Adiantaceae ♃ ◐ ● ♡

Im Namen stecken die griechischen Wörter a = nicht und diainein = benetzen; sie beziehen sich darauf, daß Wassertropfen stets an die Ränder der Fiedern abfließen. Von den Arten dieser Gattung ist besonders die nachstehende im Freiland weit verbreitet.

Adiántum pedátum L. stammt aus Nordamerika und tritt auch in Ostasien wild auf, in Japan heißt die Art Pfauenradfarn, was ein recht treffender Name ist. Die Pflanzen haben ein beschupptes, kriechendes Rhizom, das sich mit den Jahren vielfach verästelt, und bringen auf schwarzen, dünnen, aber festen, bis 50 cm hohen Stielen bis 30 cm lange, ebenso breite Wedel mit wechselständigen Fiedern von verschiedener Form. Die Wedel werden hellgrün und sind durch Spätfröste sehr gefährdet.

Bewertung, Verwendung, Anzucht: Es ist ein sehr schöner, graziler Farn. Die Pflanzen wollen einen halbschattigen Standort, vertragen sogar tieferen Schatten. Der Boden soll humusreich und leicht sauer, tiefgründig und frisch sein, jedenfalls nicht trocken; man richte den Standort durch Einarbeiten von Torfmull, etwas Moor- und Laub- oder Heideerde, dazu ausreichend Sand her. Vermehrt wird im zeitigen Frühling durch Teilung und durch Anzucht aus Sporen. Das ist keine Kunst, man muß aber die Farnanzucht aus Sporen beherrschen. Der Haarfarn kann jahrzehntealt werden und mit der Zeit eine quadratmetergroße Fläche einnehmen, er ist ein schöner Nachbar für *Cypripedium reginae*.

Ad

Adónis amurénsis   Adónis vernális   Aëthionéma grandiflórum   Agératum houstoniánum

Adónis · Adonisröschen
Ranunculaceae ☉ ♃ ○ ◐ ● ● ● ♡ ⬡

Adonis ist eine Gestalt aus der griechischen Mythologie: ein schöner Jüngling und Geliebter der Aphrodite. Er wurde durch einen Eber zerrissen, den ihr eifersüchtiger Ehemann geschickt hatte. Aphrodite aber ließ aus dem zu Boden rinnenden Blut eine Blume aufsprießen, eben das Adonisröschen. Daher bezeichnen wir einen schönen Mann als Adonis. Die Gattung ist gegen 20 Arten stark und hat zwei Sektionen: Adonia DC., zu welcher 10 einander sehr nahestehende annuelle Arten gehören, und Coniligo DC., welche die ausdauernden Arten umfaßt. Das Hauptverbreitungsareal des Genus ist der Mittelmeerraum mit Ausstrahlungen bis in die Mandschurei.

Einjährige Arten

Adónis aestivális L., das Sommer-Blutströpfchen, wuchs früher in ganz Mitteleuropa auf Äckern als hübsches Unkraut, heute findet man es kaum noch. Die Pflanzen werden 30 bis 50 cm hoch, haben fiederschnittiges, sehr zierlich aussehendes Laub und blutrote, schalenförmige Blumen mit einem schwarzen Tupf auf jedem Blütenblatt. Es gibt auch eine var. **citrína** Voss mit strohgelben Blumen. Beiden blühen zu Frühlingsende.
Adónis aléppica Boiss. wurde zuerst in der Umgebung von Aleppo gefunden und nach dieser Stadt benannt, ist also in Vorderasien zu Hause. In Syrien bedecken die Pflanzen zuweilen riesige Flächen. Sie haben ebenfalls zierliches Laub, werden nur 20 bis 25 cm hoch und bekommen dunkelrote, bis 4 cm breite Blüten. Je nach Aussaat blüht die Art im April oder Mai/Juni.
Adónis ánnua L. emend. Huds. (syn. A. autumnális L.), das Herbstfeuerröschen, ist in Südeuropa weit verbreitet. Die Pflanzen werden je nach Bodenqualität und Feuchtigkeit im Erdreich 10 bis 25 cm hoch. Sie haben dunkelrote, schwarz getupfte Blumen und blühen im Herbst.

Bewertung, Verwendung, Anzucht: Obwohl die annuellen Adonisröschen nicht zu den Blumen gehören, die „drei Sterne" verdienen, sind sie sehr alte Gartengewächse. In Sizilien, als es noch eine griechische Kolonie war, säte man sie zeitig im Frühling in Schalen aus, die beim Fest der Adonalien in Umzügen mitgeführt wurden. Sie galten als Symbol für die Vergänglichkeit von Schönheit und Jugend, des Lebens überhaupt. In Deutschland sind sie seit dem 16. Jahrhundert als Gartenblume nachgewiesen. Ihr Wert liegt in der einfachen Anzucht, den lebhaften Farben und im frühen Flor bei Herbstaussaat. Man säe an Ort und Stelle, am besten bereits im Herbst, sonst so zeitig wie möglich, aber nicht später als bis Mitte April, damit die Saaten nicht in die Maihitze kommen und dann klein bleiben. Die Pflanzen wünschen kalkhaltigen, eher etwas trockenen als feuchten Boden. Man kann breitwürfig säen oder in Reihen mit 15 cm Abständen; später dünne man etwas aus. Infolge Selbstaussaat kommen sie in der Regel lange Jahre hindurch von allein immer wieder. Man kann damit größere freie Flecken besetzen, sie als Einfassungen verwenden oder tuffweise in bunte Beete einstreuen.

Stauden-Adonis

Adónis amurénsis Regel et Radde aus der Mandschurei blüht sehr früh, in der Regel mit dem Winterling und vor Erscheinen des Laubes. Die Blumen sind ziemlich groß und leuchtend gelb. Die Blätter sind fein gefiedert, dunkelgrün, aber nicht glänzend, und werden bis 25 cm lang. 'Plena' bekommt grünlichgelbe, gefüllte Blüten; bei 'Ramosa' sind diese bräunlich angehaucht.
Adónis vernális L. wächst in Ost- und Mitteleuropa, auch im Mittelmeerraum wild und findet sich dort vor allem in sandigen Böden mit Untergrund von Gips oder Kalkgestein. Die Art blüht mit 5 bis 10 cm breiten, glänzend hellgelben Blumen im April/Mai; das Laub erscheint nach dem Flor.

Bewertung, Verwendung, Anzucht: Die aufgeführten ausdauernden Adonis-Arten gehören zu unsern besten Vorfrühlings- und Frühlingsstauden. Es gibt noch weitere Arten, zum Teil mit weißen und rosa Blumen, doch blühen sie zu klein oder zu spärlich. Im Sommer stirbt bei *A. amurensis* das Laub ab, und es entsteht ein leerer Fleck, den man, falls er stören sollte, mit niedrig bleibenden Sommerblumen besäen kann. Stauden-Adonis wünschen einen sonnigen Standort, sie passen in Stein- und Heidegärten, auch zu kleinen Gehölzen. An den Boden stellen sie keinerlei Ansprüche, nur naß darf er nicht sein. In strengen Wintern können die Bestände durch Frost stark leiden; wenn ein solcher vorausgesagt wird, überziehe man den Standort etwa handhoch mit trockener Erde oder Torf und decke ihn mit einem Stück Folie ab. Es dauert nach dem Setzen einige Jahre, bis sie fest eingewurzelt sind und anfangen, lebhaft zu wachsen, aber dann können sie sehr alt werden und größere Flächen bedecken. Man lasse sie lange ungestört.

Die Vermehrung ist langwierig und wenig ergiebig. Nur *A. vernalis* setzt bei uns Samen an; man sät sofort nach dem Ernten aus, sonst liegt die Saat ein ganzes Jahr, ohne sich zu rühren. Man muß unbedingt den Samen beizen, dann gibt es im Saatbeet keine Ausfälle! Die andern Arten teile man nach dem Einziehen des Laubes, was aber nur alle 3 bis 4 Jahre möglich ist.

Aëthionéma · Steintäschel
Cruciferae   ♃ ○ ◐ ◑ △ ♡ ○

Im Namen stecken die griechischen Wörter aethes = ungewöhnlich und nema = Faden; sie beziehen sich darauf, daß die größeren Staubblätter innen einen kleinen Zahn aufweisen. Die Gattung ist gegen 40 Arten stark, welche einjährige oder ausdauernde Kräuter oder Halbsträucher mit xerophytischer Tracht werden. Die Pflanzen haben kleine blaugrüne Blätter, dünne, sich teilende Triebe und blühen end- oder seitenständig mit ziemlich großen weißen oder rosa bis purpurnen Blüten, die in Trauben beisammenstehen. Die Heimat der Gattung ist der Nahe Osten mit Ausstrahlungen in angrenzende Gebiete.

Aëthionéma grandiflórum Boiss. et Hohen. ex Boiss. aus dem Elbrusgebirge wird 20 bis 25 cm hoch und blüht von Ende Mai bis in den August hinein lebhaft rosa. Die Art wächst leicht und sät sich selbst aus, wird aber nicht lästig.

Aëthionéma × warleyénse Bergm. (A. armenum × A. grandiflorum) sind Hybriden, welche in Warley, Essex, dem Wohnsitz von Ellen Ann Willmott, der bekannten englischen Förderin des Gartenbaues und Verfasserin von Fachbüchern, um 1912 entstanden sind. Sie ähneln *A. grandiflorum*, haben aber breitere Blätter, bis 6 mm große Blumen, und die Triebe liegen leicht auf dem Boden auf. 'Warley Rose' blüht rosa, 'Warley Ruber' tiefrot.

Bewertung, Verwendung, Anzucht: Die Steintäschel sind recht brauchbare Gewächse für Trockenmauern, Steingärten und trockene, steinige Hänge. Sie wünschen warmen, sonnigen, ziemlich trockenen Standort mit sandig-lehmigem Boden. Nässe vertragen sie schlecht. Man vermehrt aus Samen: Aussaat im zeitigen Frühjahr unter Glas, später einzeln oder zu mehreren in kleine, aber tiefe Töpfe pikieren und dort heranwachsen lassen. Mit Topfpflanzen arbeitet es sich gut. Stecklinge wachsen schlecht, auch Teilung hat wenig Erfolg.

Agératum · Ageratum, Leberbalsam
Compositae   ☉ ○ ◐ ◑ ‖ ✂

Im Namen der Pflanzen steckt das griechische Wort ageratos = nicht alternd, ewig jung; es nimmt auf den langen Flor Bezug, der in der Heimat der Gattung in Südamerika, Mittelamerika und in den Südstaaten der USA eigentlich nie völlig aufhört. Die Gattung umfaßt gegen 30 Arten, für uns hat aber nur eine Bedeutung. **Agératum houstoniánum** Mill. (syn. A. mexicanum Sims) ist in der Heimat ein kleiner Strauch und wird hier je nach Sorte 10 bis 60 cm hoch. Die Pflanzen verästeln sich reichlich und blühen in breiten Doldentrauben. Die Blumen sind bei jeder Sorte anders blau — hell bis dunkel —, daneben rosa und weiß, auch verschieden groß. Es gibt eine lange Reihe von Züchtungen, die kugelig und gedrungen, locker und breit ausladend und auch säulenförmig wachsen. Das Neueste sind tetraploide Sorten, sie sind wüchsig und bringen recht große Blüten. Schön sind die reinblaue 'Tetra Blaues Meer' und 'Enzett-Azur', mittelblau.

Bewertung, Verwendung, Anzucht: Ageratum sind beliebte, wichtige Pflanzen für bunte Beete, vor allem in öffentlichen Anlagen. Sie eignen sich auch für Gräber, als Topfgewächse, für Blumenkästen und blühende Wände. Sie blühen unermüdlich, erst der Frost beendet ihren Flor. Es gibt ferner einige hohe Sorten für Blumenschnitt, empfehlenswert 'Blauer Schnitt'; die Stiele halten sich 5 bis 8 Tage, aber das Laub hat einen strengen Geruch, der nicht jedermann zusagt, was die Brauchbarkeit des Ageratum als Schnittblume beeinträchtigt.

Vermehrt wird durch Aussaat und Stecklinge. Bei vegetativer Vermehrung bekommt man völlig gleichmäßige Bestände, die Anzuchten aus Samen spielen etwas. In der Regel werden Neuheiten von besonderer Schönheit aus Stecklingen herangezogen. Man braucht dazu je nach Bedarf große oder kleine Sätze von Mutterpflanzen, die man im Frühjahr ausliest, über Sommer ins Freie pflanzt, nach Mitte August wieder eintopft und hell und luftig bei +12 bis 14 °C überwintert. Meistens gehen im Winter einzelne Exemplare ein, was man mit veranschlagen muß. Von Mitte Januar an beginnt die Vermehrung, die laufend erfolgen kann. Die frühesten Sätze liefern gleichfalls Stecklinge. Man steckt in ein Gemisch von Sand und Torf-

Ag

Agrostémma gitágo

Ájuga genevénsis

Álcea ficifólia

Alcea-Rosea-Hybride

mull ins Vermehrungsbeet oder in Handkästen, gibt etwas Unterwärme, spritzt nur mäßig und beschattet notfalls leicht. Die Aussaat soll gegen Mitte Februar erfolgen. Man säe in sandige Erde und halte die Saatgefäße nicht zu feucht, pikiere, sobald dies möglich ist, und topfe die Sämlinge später in 6- bis 8-cm-Töpfe ein. Die Bestände sollen Anfang Mai in Flor kommen. Man darf sie aber nicht vor dem 20. ins Freie pflanzen, denn Ageratum sind sehr frostempfindlich.

Agrostémma · Kornrade
Caryophyllaceae ☉ ○ ◐ ◑ ✕

Im Namen dieser Pflanzen stecken die griechischen Wörter agros = Acker und stemma = Kranz, was zusammen etwa „Ackerzierde" bedeutet. Deutsch heißen sie Kornrade. Sie sind wie Kornblumen und Mohn hübsche Feldunkräuter. Zwischen Getreide werden die Pflanzen 50 bis 100 cm hoch, stehen sie frei, bleiben sie niedriger und verzweigen sich schon bald über dem Boden. Gartenwert haben 2 Arten.
Agrostémma gitágo L. ist die Kornrade unsrer Felder. Sie hat graufilziges Laub und blüht im Sommer mit mittelgroßen, purpurrosa bis purpurnen, leicht gestreiften Blumen. Die Pflanzen werden 30 bis 50 cm hoch.
Agrostémma grácilis Boiss. wächst auf Sizilien und ist wertvoller als unsre heimische Kornrade. Die Pflanzen bekommen ziemlich große rosarote Blumen mit hellerer Mitte, welche einzeln oder zu wenigen endständig an den Verzweigungen sitzen; da die Triebe aber vielfach verästeln, entsteht indirekt eine Art lockere Dolde. Cv. 'Milas', lilarosa, blüht von Juni bis mindestens Ende August. Wichtig ist, daß die Blumen sich abgeschnitten über eine Woche im Wasser halten.

Bewertung, Verwendung, Anzucht: Die Kornraden blühen nicht lange, aber sie bilden vom Auflaufen an mit ihrem Laub einen angenehm grauen Farbfleck, der später durch den Flor „illuminiert" wird. Man verwende sie für bunte Beete als koloristische Vermittler. *A. gracilis* liefert auch billige Schnittblumen.
Man sät zeitig im Frühjahr an Ort und Stelle. Später dünnt man auf 10 bis 15 cm Entfernung aus. Der Boden muß Kalk enthalten, der Standort soll in voller Sonne liegen und nicht feucht sein. Will man *A. gracilis* zur Schnittblumengewinnung nehmen, sät man 6 Reihen aufs Beet. Man fasse es mit Faden ein, da die Pflanzen nicht sehr standfest sind, sondern leicht umfallen und sich dann kaum noch verwenden lassen. Statt zu schneiden, rauft man einfach die ganze Pflanze aus.

Agróstis · Straußgras
Gramineae ☉ ○ ◐ ◑ ♡ ✕

Agrostis – alter griechischer Name für ein Gras, der übernommen wurde. Die Gattung umfaßt etwa 100 Arten, die fast über die ganze Erde verbreitet sind, einzelne werden für feine Grasnarben verwendet. *A. gigantea*, das Fioringras, ist als Futtergras bekannt. Die meisten aber sind zierlich und haben schmale Halme. Die Blütchen sitzen in einblütigen Ährchen.
Agróstis nebulósa Boiss. et Reut., das Nebelgras, wegen seines rauchgrauen Aussehens, ist einjährig, hat schmale, flache, gelegentlich auch etwas gerollte Blättchen und blüht im Hochsommer mit vielfach verästelten, bis 15 cm langen Rispen, bis 40 cm hoch.

Bewertung, Verwendung, Anzucht: Gräser haben viele Reize: die Farbe und Gestalt der Halme, die Mannigfaltigkeit der Blütenstände, die Eigenart des Wuchses. Sie sind Gespielinnen des Windes und antworten auf den leisesten Lufthauch. Aber das sind recht sublime Reize, die nicht ins Auge fallen, sondern man muß sie entdecken. Gräser passen in Wildstauden- und Heidegärten und ebenso in bunte Blumenbeete, wo sie grüne Ruhepunkte bilden. Das Nebelgras steht gut vor dunklen Gehölzen im Heidegarten, kann aber auch für die Vase geschnitten werden. Man sät am besten etwa Anfang April in ein kaltes Frühbeet oder in Handkästen und topft recht bald ein, da Gräser zu spätes Verpflanzen schlecht vertragen. Die Töpfchen sollen klein sein. Sind sie durchgewurzelt, pflanzt man an den vorgesehenen Platz mit 10 bis 12 cm Abstand. Man kann auch an Ort und Stelle säen und später ausdünnen. Der Samen ist sehr fein, man darf ihn nicht bedecken, nur fest andrücken. Bis zum Auflaufen soll die Fläche feucht gehalten werden. Der Standort kann in voller Sonne, aber auch im Halbschatten liegen. Als Erde ist jeder normale Gartenboden recht.

Aíra · Schmielenhafer
Gramineae ☉ ☾ ◐ ● ● ♡

Aira ist der griechische Name für ein Gras und wurde übernommen. Die Arten kommen meistens im Mittelmeerraum vor, die Abgrenzung und der Umfang der Gattung schwanken.

Aíra cespitósa → **Deschámpsia cespitósa**
Aíra elegantíssima Schur (syn. A. capillaris Host, Agrostis elegans (Willd.) hort.) ist einjährig und bildet kurze, dichte Horste. Die Blütenrispen sind aufrecht, verzweigen sich mehrmals gabelig, die Ästchen stehen gespreizt ab, und die Ährchen haben zwei Blüten. Es ist ein sehr zierliches Gras, daher auch der Artname; auf deutsch heißt es Schleiergras. Je nach der Aussaat blühen die Bestände schon von Mai oder erst von Mitte Juni an.

Bewertung, Verwendung, Anzucht: Aira elegantissima ist ein zierliches Gras, das man gut zwischen Sommerblumen setzen kann, die noch etwas von einer wilden Blume an sich haben. Man sät an Ort und Stelle.

Ájuga · Günsel
Labiatae ♃ ◐ ● ● △ ♡

Die Herkunft und Bedeutung des Namens Ajuga, den schon Plinius gebrauchte, ist dunkel. Die Gattung umfaßt gegen 30 Arten, die hauptsächlich in Europa in Gebieten mit gemäßigtem Klima auftreten. Es sind einjährige oder perennierende Kräuter mit ovalen, beiderseits zugespitzten Blättern und vielfach niederliegenden Stengeln, die an den Blattknoten Wurzeln bilden. Sie haben Lippenblüten, welche meistens in Ähren beisammenstehen.
Ájuga genevénsis L., nach der Stadt Genf benannt, aber nicht nur in den Alpen, sondern über Mittel- und Osteuropa bis Japan verbreitet, wird je nach Standort 15 bis 40 cm hoch. Der Genfer Günsel treibt kaum Ausläufer, hat bis 10 cm lange, grasgrüne Blätter und blüht bei der Stammform im Mai/Juni leuchtend blau. Es gibt außer dieser noch die Sorten 'Alba' mit weißen, 'Rosea' mit rosa Blüten und 'Brockbankii', welche kräftiger wächst und lebhaft hellblaue Blumen in gedrängten Ähren bringt, die weithin auffallen.
Ájuga pyramidális L. bildet mit großen, eirunden Blättern eine Rosette und blüht hellblau; wichtiger als die Art ist die Form 'Metallica Crispa' mit braunroten, metallisch glänzenden, blasig aufgetriebenen, ziemlich großen Blättern und blauen Blumen, die gegen die Laubfarbe stark abstechen.
Ájuga réptans L. hat Ausläufer, die überall hinstreichen und leicht Wurzeln schlagen, so daß die Pflanzen den Boden zuspinnen. Die Pflanzen blühen in etwa fingerlangen Blütenständen mit blauen, weißen oder rosa Blumen. Am besten wirkt die blaue Farbe. Die Stammform hat bräunlichgrünes Laub; wertvoller sind cv. 'Variegata' mit weißgrünem Laub, 'Atropurpurea' mit bronzerotem Laub und 'Multicolor', deren Laub im Grundton bräunlich ist mit roten, grünen, gelben und selbst rosa Flecken. Alle blühen im Mai/Juni.

Bewertung, Verwendung, Anzucht: Ajuga reptans bildet eine gute Bodendecke, die durch ihr Laub und zur Florzeit auch durch ihre Blüten wirkt. Am meisten fällt die weißbunte Sorte auf. Die Pflanzen wollen frischen, sandig-lehmigen Boden und stehen in Streu- oder Halbschatten besser, wachsen dort auch kräftiger als in voller Sonne, wo sie sogar verbrennen können. 'Multicolor' muß man streng selektieren, damit man einen recht farbigen Bestand bekommt oder ihn so erhält. Die Pflanzen können lange an ihrem Platz bleiben, wenn man sie von Zeit zu Zeit über Winter mit gejauchtem Torfmull oder erdigem Mist überzieht; ohne diese Nachhilfe muß man nach vier, fünf Jahren die Erde auswechseln und frisch bepflanzen.
Vermehrt wird der kriechende Günsel durch Aufzucht der Ausläufer, die man im Juli, wenn sie die ersten Wurzeln haben, abschneidet und in Töpfe setzt; die Pflanzen werden bis zum Herbst verkaufsstark. — Die andern beiden Arten eignen sich als Einsprengsel in Flächen von A. reptans, auch in andere Bodendecken von Stauden, für etwas absonnige Plätze in Steingärten oder auf Trockenmauern. Sie werden durch Samen vermehrt, auch durch Teilung, wenn dies möglich sein sollte. A. reptans wird auf trockenen, sonnigen Standorten von Weichhautmilben befallen und bekommt verkrüppelte, eingerollte Blätter; solche Stöcke raufe man sofort aus.

Álcea (syn. Althaea) · Stockmalve, Stockrose, Malve
Malvaceae ☉ ☾ ○ ● ● ✕

Linné benannte diese Gattung. Alkea ist ein antiker Pflanzenname bei Dioskorides und in den Orphischen Argonautika. Cavanilles, ein spanischer Botaniker des 18. Jahrhunderts, schlug die Gattung zu *Althaea*.

Al

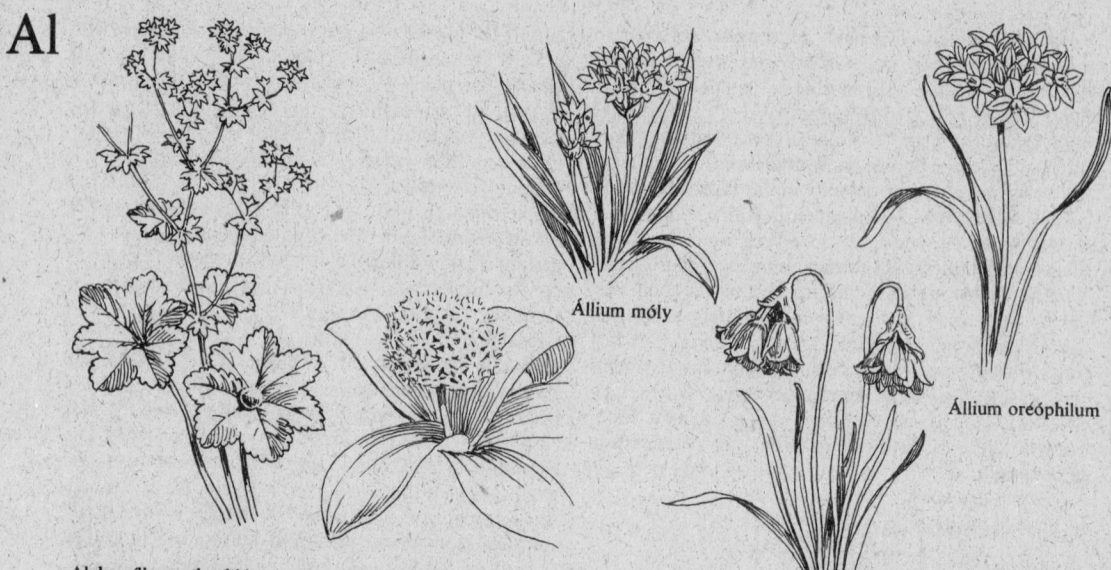

Alchemílla xanthochlóra — Állium karataviénse — Állium móly — Állium oreóphilum — Állium narcissiflórum

Neuerdings ist sie wieder selbständig und der Name wieder gültig. Zu ihr gehören zwei gärtnerisch bedeutende Arten, die echt aber nur noch in botanischen Gärten zu finden sind. Beide werden 2 m und darüber hoch.

Álcea ficifólia L. (syn. Althaea ficifolia (L.) Cav.) aus Sibirien mit breiten tieflappigen Feigenblättern und großen goldgelben Blüten. Zweijährig.

Álcea rósea L. (syn. Althaea rosea (L.) Cav.), ebenfalls zweijährig, vermutlich aus dem Orient, schon im Mittelalter als Arznei- und wegen der Farbenspielarten bald auch als Zierpflanze verbreitet. 1551 beschreibt diese Hieronymus Bock in seinem New Kreutter-Buch. Im Laufe der folgenden Jahrhunderte entstanden Zuchtrichtungen wie die Schottischen Malven, die Charterschen Malven und die Allegheny-Malven. Heute werden alle Züchtungen unter dem Begriff **Alcea-Rosea-Hybriden** zusammengefaßt. Es gibt einfache und gefüllte, die Hauptfarben sind Weiß, Gelb (von *A. ficifolia*), verschiedene Rosa, Scharlach, Karmin, Purpurrot, Violett und ein Purpurschwarz, das metallisch glänzt. Letztere wird als gefüllte Schwarze Stockrose ('Erfurter Schwarze Malve') zur Gewinnung von Schleimdrogen angebaut. Im Samenangebot stehen zur Zeit ungarische Sorten im Vordergrund wie 'Balaton – lilarosa', 'Balaton – weiß', 'Budapest', scharlachrot, 'Sceged', hellgelb.

Bewertung, Verwendung, Anzucht: Zum Lobe der Malven braucht nichts mehr gesagt zu werden. Sie sind vielleicht die farbenprächtigsten und stattlichsten Sommerblumen, die es überhaupt gibt. Man setzt sie auf bunte Blumenbeete oder einzeln in Gruppen in den Rasen. Damit sie ihre volle Schönheit erreichen, muß der Boden tiefgründig und nährstoffreich sein, aber nicht naß, sonst faulen die Pflanzen im Winter. Bei Trockenheit wässere man. Auch ist meistens nötig, die Pflanzen an stämmige Pfähle zu heften, die man hinter die Exemplare fest in den Boden schlägt. Alle Malven sind im Juni auf ein Freiland-Saatbeet zu säen, dann verstopft man, wenn es sich ermöglichen läßt, und setzt später auf Anzuchtbeete mit 4 Reihen und innerhalb derselben mit 30 cm Abstand. Im nächsten Frühjahr schließlich pflanzt man an den endgültigen Standort, schone aber beim Ausgraben die fleischigen Wurzeln so sehr wie möglich, denn nur dann wachsen die Stöcke rasch an. Malven werden vor allem bei Trockenheit leicht vom Malvenrost befallen, der die Blätter allmählich zerstört und die Pflanzen stark schwächt. Man kann vorbeugend mit Kupfermitteln spritzen. Ferner ist nötig, die Saat- und Anzuchtbeete ständig zu wechseln und im Herbst alle Reste von Blättern zu sammeln und zu vernichten.

Alchemílla · Frauenmantel
Rosaceae

Der Name Alchemilla ist in Kräuterbüchern zum ersten Male zu finden und bedeutet wahrscheinlich Alchimistenkraut. Die auf den Laubblättern von A. vulgaris sich sammelnden Tropfen „ausgeschwitzten" Wassers wurden wie das Sekret der Sonnentaublätter von den Alchimisten des Mittelalters für „himmlisches Wasser" gehalten und zur Erzeugung des „Steines der Weisen" verwendet. Die Stellung der Gattung im System und ihr Umfang sind umstritten; bei enggefaßtem Artbegriff gehören zu ihr 30 bis 60 Arten. Alle sind niedrige bis mittelhohe Stauden mit angenehm wirkenden Blättern und trugdoldigen Blütenständen kleiner Blümchen. Für den Garten kommen in Betracht:

Alchemílla alpína L., eine gedrungen wachsende Staude von 5 bis 15 cm Höhe mit verholzendem Rhizom, das sich häufig teilt und 2 bis 4 cm aus dem Boden ragende Langtriebe bildet, die Blattrosetten tragen. Die Blätter haben 5 bis 7, meist bis zur Basis getrennte Fingerabschnitte, welche oben dunkelgrün glänzend sind und unterseits dicht silbrigglänzend behaart. Die Blumen erscheinen in Knäueln und sind gelblichgrün.

Alchemílla xanthochlóra Rothm. (syn. A. vulgaris auct. non L.) wächst kräftiger und wird bis 50 cm hoch. Die Art hat fast runde Blätter mit 5 bis 7 nicht tief in die Blattfläche einschneidenden Lappen. Ihre Blüten stehen in vielblumigen, lockeren Knäueln auf hohen, dünnen, aber festen Stielen und erscheinen so reichlich, daß die Blumen wie eine Wolke über dem Gewimmel der Blätter schweben. Das Laub schimmert gelblichgrün, manchmal auch bläulichgrün und sieht sehr dekorativ aus. Noch wüchsiger ist

Alchemílla móllis (Buser) Rothm. (syn. A. vulgaris var. acutiloba Steven) aus dem Kaukasus. Bis 50 cm hoch, zartgelbe Blüten; Schnittblume.

Bewertung, Verwendung, Anzucht: Die genannten Arten sind schöne Pflanzen für absonnige bis ständig halbschattige Standorte. Sie wünschen gehaltvollen, frischen Boden, der auch steinig sein kann. *A. alpina* meidet Kalk. Sie bilden an zusagenden Plätzen eine sichere, lockere Bodendecke und ziehen unsern Blick dadurch an, daß Tau und Regentropfen an den Blatträndern wie durchsichtige Perlen sitzen bleiben. *A. alpina* eignet sich auch im größeren Alpinum für Stellen mit Streuschatten. Vermehrt wird im Frühjahr durch Teilung, auch Anzucht aus Samen ist möglich. Eingewurzelte Bestände können viele Jahre an ihrem Platz verbleiben, wenn man gelegentlich durch Dungerde neue Nahrung zuführt.

Állium · Lauch
Liliaceae △ ○ ◔ ⊙ △ ∥ ✕

Allium ist der römische Name des Knoblauchs. Er wurde von Linné auf die ganze Gattung ausgedehnt. Porree, Zwiebel und Schnittlauch sind bekannte Nutzarten des Genus, das etwa 280 Arten umfaßt, welche außer in Australien in sämtlichen Erdteilen vorkommen. Eine Reihe von Arten sind Ziergewächse. Sie haben eine Zwiebel, manche Arten haltbares, ansehnliches Laub, andere rasch vergängliches; ihre Blüten stehen in häufig runden Scheindolden beisammen und sitzen auf verschieden hohen Schäften. Laub und Blütenstiele riechen nach Lauch, wenn man sie berührt. Insgesamt sind gegen 80 Arten in Kultur, manche als Kalthauspflanzen. Es werden hier 11 besonders empfehlenswerte Arten aufgeführt.

Állium aflatunénse B. Fedtsch. aus dem Norden Irans hat 6 cm breite, ovale Zwiebeln und bringt auf seinen bis 100 cm hohen Schäften dichte, runde Dolden hellvioletter Blüten, jeder Abschnitt mit einem purpurnen Streifchen. Die Pflanzen blühen gegen Ende Mai. Aparte Schnittblume!

Állium atropurpúreum Waldst. et Kit., in Ungarn, Kleinasien und weiter ostwärts in Sibirien verbreitet, hat eine kugelige, schwärzliche Zwiebel, schmale Blätter und bringt auf 30 bis 40 cm hohen Schäften im Mai etwa 10 cm breite, kugelige Blumenstände mit dunkelroten Blumen.

Állium caerúleum Pall. (syn. A. azureum Ledeb.), der Blaulauch aus Sibirien, blüht im Juni und bringt auf etwa 60 cm hohen Stielen fast runde Dolden mit himmelblauen Blüten. Das Laub ist zur Florzeit oft schon abgestorben.

Állium christóphii Trautv. (syn. A. albopilosum C. H. Wright) aus Kleinasien und dem nördlichen Iran hat rundliche, hellbraune, gegen 6 cm breite Zwiebeln und bis 40 cm lange, riemenförmige bis lanzettliche, blaugrüne Blätter, die oben kahl, unterseits weiß behaart sind. Der Blütenschaft wird 30 bis 40 cm hoch und trägt eine kugelrunde, bis 15 cm breite, dichte Dolde lilafarbener Blumen. Die Farbe glänzt metallisch, die Blüten werden ziemlich groß. Der Flor fällt in die Monate Juni/Juli. Es ist eine ansehnliche, leider aber keine sehr dauerhafte Art. Die Blütenschäfte eignen sich gut zum Schnitt.

Állium flávum L., in Südeuropa häufig, hat einen lockeren Blütenstand mit nickenden glänzendgelben Blumen. Die Art blüht im Sommer, die Schäfte sind bis zur Hälfte beblättert, sie werden 30 bis 60 cm hoch.

Állium gigantéum Regel aus Zentralasien hat eine etwa kinderfaustgroße, längliche Zwiebel, gegen 5 cm breite, 40 cm lange, am Boden liegende Blätter und blüht im Juni/Juli mit dichten, breiten Doldenkugeln auf Stielen, die bis 1,5 m hoch werden. Die Blumen sind lebhaft purpurn.

Állium karataviénse Regel aus Turkestan hat breite, gewölbte, kurz über dem Boden erscheinende, metallisch grüne Blätter und blüht im Mai mit vielblumiger, fast kugelrunder Dolde, welche auf einem kurzen Stengel sitzt. Die Blumen sind weiß mit Rot, auch die Früchte zieren, das Laub hält sich bis weit in den Sommer hinein, manchmal bis zum Herbst. Diese und die folgende Art sind bei uns häufig.

Állium móly L. aus Südeuropa, aber bereits seit Ende des 16. Jahrhunderts eine Gartenpflanze auch bei uns, hat fast runde, weißhäutige Zwiebeln, treibt einen Schopf breit-lanzettlicher, blaugrüner Blätter (mit grauem Schimmer) und blüht mit einer gleichhochästigen Dolde, welche bis 40 Blumen bringt. Die Blüten sind goldgelb, die Florzeit liegt im Mai/Juni. In der Wirkung sehr schön.

Állium narcissiflórum Vill. (A. pedemontanum Willd.), der Narzissenlauch, tritt in Südfrankreich und im westlichen Norditalien auf. Die Pflanzen haben eine rhizomartige, genetzte Zwiebel, mehrere grundständige, fleischige, schmal-linealische Blätter, die 15 bis 25 cm lang werden und graugrün sind. Sie treiben einen 15 bis 30 cm hohen Schaft mit einer nickenden Dolde großer, glockiger, tiefroter Blumen im Mai/Juni.

Alopecúrus praténsis   Alstroeméria aurantíaca   Alstroeméria haemántha

Állium oreóphilum C. A. Mey. (syn. *A. ostrowskianum* Regel), Rosenlauch, aus Turkestan hat kugelige, weißschalige Zwiebeln, 2 bis 3 schmallinealische Blätter und blüht mit einer lockeren, halbkugeligen Dolde, die auf 10 bis 20 cm hohem Stiele sitzt. Die Blumen sind metallisch glänzend purpurn mit einer dunklen Mittellinie auf jedem Blütenblatt; die Art kommt im Juni/Juli in Flor. 'Zwanenburg', lebhafter hellpurpurn, wertvoll für Steingärten.

Állium stipitátum Regel, wiederum aus Turkestan, hat mittelgroße Zwiebeln, schmal-linealisch-lanzettliche Blätter und bringt im Juli auf seinen bis 90 cm hohen, schlanken Schäften etwa faustgroße, kugelige Dolden mit vielen duftenden, rosalila Blumen.

Bewertung, Verwendung, Anzucht: Die niedrig bleibenden Arten wie *A. karataviense*, *A. moly* und *A. oreophilum* weichen zwar in ihrer Tracht etwas von ähnlich hohen Stauden ab, kommen uns aber nicht als Fremdlinge vor. Die Arten jedoch, welche auf hohen Stielen ihre Blumenkugeln weit in die Luft strecken, sind floristische Sonderlinge für uns, um so mehr, wenn ihr Laub schon abgestorben oder am Verwelken ist. Die Blütenfarben werden außer bei *A. moly* nicht sehr lebhaft. Im ganzen dürften die hohen Arten nicht jedem Blumenfreund gefallen, obwohl die Architektur der Blütenkugeln ein Wunder ist. Die niedrig bleibenden eignen sich für Steingärten, *A. moly* auch als Vorpflanzung vor Gehölzen, alle ferner für Natur- und Heidegärten. Man gebe ihnen Nachbarn, welche sie nicht beeinträchtigen, sondern hinter die Allium sozusagen zurücktreten. Das gilt erst recht für die Arten mit Blumenbällchen auf hohen Schäften. Als Bodendecke pflanze man flache Polsterstauden mit grauer oder grüner Belaubung und als Hintergrund weithin nichts, damit die Dolden für sich betrachtet werden können und sofort den Blick auf sich ziehen. Der Standort soll warm und sonnig sein, die Erde durchlässig. Vermehrt wird durch Aufzucht von Tochterzwiebeln oder aus Samen. Sämlinge brauchen in der Regel 2 bis 3 Jahre, ehe sie blühstark sind. *A. moly* und *A. karataviense* werden meistens in Töpfen kultiviert und daraus verkauft.

Alonsóa · Alonsoa
Scrophulariaceae ☉ ○ ◐ ◑

Die Gattung ist zu Ehren des Botanikers Alonso Zanoni benannt, der im vorigen Jahrhundert hauptsächlich in Santa Fé de Bogota wirkte. Sie umfaßt 7 Arten, von welchen 6 in den Anden in mittleren Höhen vorkommen, eine tritt in Mexiko auf. Es sind 30 bis 70 cm hohe, reichlich sich verzweigende Kräuter, die spitzkegelige bis pyramidale Büsche bilden. An den Enden der Triebe erscheinen im Sommer bis zum Herbst lebhaft gefärbte Blüten mit einer radförmigen Krone. Ein oder zwei Blumenblätter sind zu einer Lippe vergrößert, ähnlich wie beim Löwenmaul, das zur gleichen Familie gehört, aber nicht so ausgeprägt. Die Blumen stehen in Trauben beisammen.

Alonsóa lineáris Ruiz et Pav. wird 30 bis 45 cm hoch, bildet eine schmale, säulenförmige Pflanze und ist zur Hauptflorzeit über und über mit hellscharlachroten Blumen bedeckt. Es gibt auch eine cv. 'Gracilis', sie bleibt niedriger und wirkt blühend besonders schön.

Alonsóa warscewiczii Regel bildet dichte, 30 bis 80 cm hohe Büsche mit rotbraunen Zweigen und grünem Laub, die Blumen erscheinen in lockeren Trauben und werden hellzinnober- bis scharlachfarben.

Bewertung, Verwendung, Anzucht: Diese Einjahrsblumen wurden vor 40 und 50 Jahren häufig gezogen, sind aber später zu Unrecht völlig aus den Kulturen und Gärten verschwunden. Die Pflanzen blühen reich, sie lassen sich in Mengen verwenden wie Feuersalbei, ausgewachsen auch in Töpfe setzen, die man im Freien oder in luftigen Räumen aufstellt. Früher kultivierte man so, daß die Exemplare erst im September anfingen zu blühen und bis zu Weihnachten in Flor standen. Für Sommerflor sät man im März unter Glas in sandiglehmige Erde aus, pikiert so bald als möglich und bringt die Bestände in 8-cm-Töpfe. Nach Mitte Mai schließlich pflanzt man ins Freie, Abstand 30 cm. Die für Töpfe bestimmten Pflanzen muß man mehrere Male umtopfen. Die Erde soll allmählich schwerer und nahrhafter werden, und man muß die Exemplare mehrere Male stutzen. Anfangs kultiviere man in einem kalten Kasten, doch nehme man so bald als möglich die Fenster herunter.

Alopecúrus · Fuchsschwanzgras
Gramineae ⚂ ○ ◖ ◉ ‖ ♡

Im Namen stecken die griechischen Wörter alopex = Fuchs und oura = Schwanz; sie beziehen sich darauf, daß der Blütenstand eine zylindrische Rispenähre ist, die entfernt an einen Fuchsschwanz erinnert. Die Gattung umfaßt gegen 30 Arten, welche in ganz Europa und Asien auftreten und Annuelle oder Stauden sind.

Alopecúrus praténsis L. wächst, wie schon der Name angibt, auf Wiesen, und dies in ganz Europa, ferner im Kaukasus. Gartenwert hat nur die weißbunte Sorte 'Variegatus' mit gelblichgetöntem Laub, das nach dem Sommer zu aber vergrünt. Dieses Gras ist eine Staude, Höhe etwa 20 cm, blühend bis 40 cm.

Bewertung, Verwendung, Anzucht: Wiesen-Fuchsschwanzgras wird zu Einfassungen genommen, oder man setzt es zur Belebung in größere Flächen niedriger Polsterstauden. Es dauert einige Zeit, ehe die Exemplare sich so weit entwickelt haben, daß sie unsern Blick auf sich ziehen. Die Pflanzen wachsen in voller Sonne und auch im Schatten gleich gut, wünschen aber frischen Boden. Vermehrt wird durch Teilung und durch Aussaat gleich nach der Reife auf ein Saatbeet im Freien.

Alstoeméria · Inkalilie
Amaryllidaceae △ ○ ◖ ◉ ✕ ∧

Die Pflanzen wurden zu Ehren von Baron Clas Alströmer benannt, ein Freund Linnés. Es sind Stauden mit ansehnlichen Trichterblüten in zuweilen vielblumigen Dolden. Die Gattung umfaßt gegen 60 Arten, die im tropischen und subtropischen Südamerika wild wachsen; sie kommen aus dem gleichen Erdteil, aus dem auch *Hippeastrum* und *Eucharis* stammen, die zur selben Familie gehören.

Alstroeméria aurantíaca D. Don stammt aus Chile. Die Pflanzen haben zahlreiche dünne, lanzettliche, unterseits graugrüne, gegen 10 cm lange Blättchen und bringen auf 60 bis 100 cm hohen Stielen 10 bis 30 Trichterblüten, die orangegelb werden und deren obere Blumenblätter innen purpurne Flecken oder Striche aufweisen. Var. **aurea** Grah. hat goldgelbe Blumenblätter, von denen die zwei innersten fein rot gestrichelt sind. Unter den Sorten fällt 'Orange King' durch leuchtende Farben auf. Aus Kreuzungen der Art mit *A. ligtu* und *A. pelegrina* haben englische Züchter die Parigo-Hybriden gezüchtet, Gigasformen, die als Schnittblumen Wert haben.

Alstroeméria haemántha Ruiz et Pav. wird 50 bis 90 cm hoch und hat eine reichblütige Dolde, deren Blumen auf annähernd 10 cm langen Stielen sitzen und lebhaft rot mit kleinen grünen Blütenblattspitzen werden. Var. **álbida** Herb. hat weißliche Blumen. Blütezeit im Sommer.

Alstroeméria lígtu L. aus Chile wird 45 bis 60 cm hoch, hat dünne, aufstrebende Blätter von linealischer oder lanzettlicher Form. Sie blüht weißlich, hellila oder blaßrot und hat schiefe purpurne Streifen auf den Blumenblättern.

Die Ligtu-Hybriden dienen der Gewinnung von Schnittblumen in zartem Rosa, Rosalila, Hellviolett mit Gelb.

Alstroeméria pelegrína L. wird 20 bis 40 cm hoch und bekommt dünne, gegen 5 cm lange, lanzettliche Blätter. Die Blumen erscheinen in der Wildnis in wenigblütigen Dolden, bei Kulturpflanzen bringen sie zahlreiche Blumen, welche lilablau werden und innen rotpurpurne Flecken bekommen. Es gibt auch eine Gartenform 'Alba' mit reinweißen Blüten.

Alstroeméria versícolor Ruiz et Pav. (syn. *A. pulchella* hort. non L. f.) wird in der Kultur 20 bis 50 cm hoch und hat bis 10ästige Dolden mit Blüten, die rosigweiß oder violettrosa, rot, orange und gelb werden. Der Flor fällt in den Sommer.

Bewertung, Verwendung, Anzucht: Inkalilien sind Gartenzierden, die leider viel zu selten gepflanzt werden. Sie stellen freilich gewisse Ansprüche. Sie wollen einen warmen, sehr gut dränierten Standort, der Erde muß viel Heideerde zugesetzt werden, und im Winter ist eine starke Decke von trockenem Laub nötig. Die Stiele lassen sich auch schneiden, sie sind 10 Tage und länger haltbar. Die büscheligen, fleischigknolligen Wurzeln müssen 20 cm tief in die Erde kommen. Man bette sie in scharfen Sand. Ist die Erde am vorgesehenen Standort zu fest und feucht, muß man etwa 50 bis 60 cm tiefe Gruben oder Gräben ausheben, auf deren Sohle etwa 20 cm hoch Scherben, groben Kies und Sand aufbringen, dann eine dünne Schicht Erde, schließlich legt man die Pflanzen aus und füllt zuletzt auf. Die Stöcke brauchen ein, zwei Sommer, um sich einzugewöhnen; erst nach dieser Frist werden sie üppiger. Sie können mehrere Jahre an ihrem Standort bleiben, und das Umsetzen läßt sich durch Dunggüsse von verdünnter Kuhjauche mehrfach hinausschieben. Am besten ist es, ihnen an geeigneter Stelle im Garten einen besonderen Platz einzuräumen und sie dort ungestört zu halten. Als Nachbarn kann man *Salvia × superba*, *Sedum spectabile* und andere Stauden mit stark abweichender Blumen- und Laubfarbe nehmen. Man pflanze nur im Frühling. Vermehrt wird zeitig im Jahre (März) durch Teilen der

Al

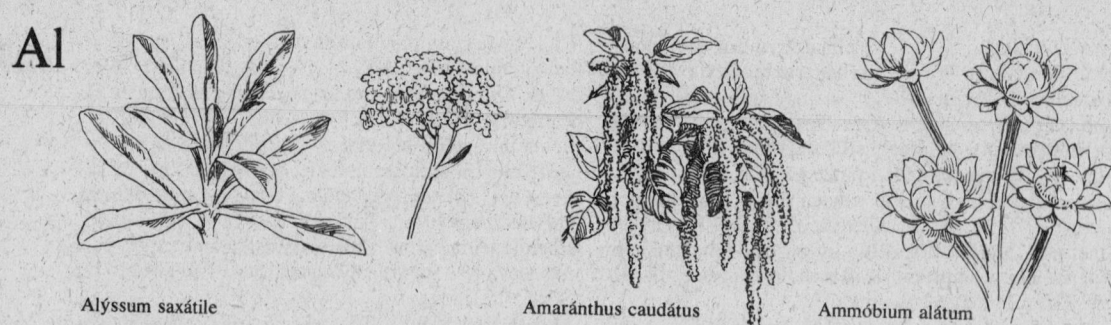

Alýssum saxátile   Amaránthus caudátus   Ammóbium alátum

Stöcke, wobei man sehr vorsichtig ausgraben und arbeiten muß, da die Wurzeln recht zerbrechlich sind. Man kann auch aus Samen heranziehen; in Schalen mit Heideerde aussäen, die Gefäße erst unter Glas, dann im Freiland halbschattig aufstellen. Später verstopft man und pflanzt im nächsten Frühjahr auf Anzuchtbeete oder an den endgültigen Standort. Der erste Flor erscheint meistens im zweiten Jahre. Sie lieben volle Sonne, vertragen aber auch Streuschatten.

Althaea → Álcea

Alýssum · Steinkraut
Cruciferae ♃ ○ ☾ ☽ ❙ ○

Im Namen steckt das griechische Wort alysson; es ist der Name einer Pflanze, die als Gegenmittel gegen Hundewut galt. Welche gemeint war, weiß man nicht genau. Alyssum sind Stauden oder Halbsträucher, da ihre Triebe verholzen; sie werden aber wie Stauden gehalten und kultiviert. Die Gattung umfaßt gegen 100 Arten, deren Verbreitungsareal vor allem der Mittelmeerraum ist mit Ausstrahlungen nach Mitteleuropa.
Alýssum argénteum All. aus dem Orient bildet 30 bis 40 cm hohe, etwas lockere, aber standfeste Büsche mit großen gelben Blumen im Juni/Juli. Man schneide nach dem Flor zurück, damit kein Samen ausfällt, sonst wird die Art bald lästig.

Alýssum marítimum → **Lobulária**

Alýssum moellendorfiánum Aschers. hat niederliegenden Wuchs und graugrüne Belaubung, Höhe etwa 7 cm, Blüten gelb, im Mai/Juni.
Alýssum montánum L. ist ebenfalls eine Art mit niederliegenden Trieben, die sich vielfach verzweigen. Die Pflanzen bringen kleine Dolden hellgelber Blumen im April/Mai. Bei der Sorte 'Berggold' ist die Farbe intensiver.
Alýssum saxátile L. ist die am weitesten verbreitete Art, und man kann sie fast in jedem Garten finden. Die Pflanzen bilden gegen 25 cm hohe, im Frühjahr überreich blühende Büsche mit weißfilzigem Laub und haben goldiggelbe Blumen. Es gibt auch Sorten wie 'Citrinum' – Blüten zitronengelb, 'Compactum' – sehr gedrungen im Wuchs, 'Goldkorb' – goldgelb, und 'Plenum' – Blüten goldgelb, gefüllt, die Büsche blühen ziemlich lange, ihr Wuchs ist etwas schwächer als bei der Art. Diese Alyssum sind als Bienenfutterpflanzen geschätzt. Flor im Mai/Juni.

Bewertung, Verwendung, Anzucht: Die kriechenden Stauden-Alyssum eignen sich für Steingärten, Einfassungen, auch für Trockenmauern, dort sowohl oben auf den Mauerscheitel als auch in die Fugen zu pflanzen. Man zieht bis auf die gefülltblühende Sorte von *A. saxatile* aus Samen und kultiviert in der Regel in Töpfen, da die Pflanzen schlecht Ballen halten. Die Anzucht dauert bei früher Aussaat einen Sommer. Die Erde soll sandig-lehmig sein. Am endgültigen Standort ist volle Sonne nötig. *A. saxatile* 'Plenum' wird durch die Stecklinge im Sommer vermehrt. Man steckt in sandige Erde in Töpfe dicht am Topfrand entlang, der Steckling darf nicht zu weich sein. Günstig ist, mit Bewurzelungspulver zu arbeiten. Die Töpfe gehören sofort in ein dicht schließendes Frühbeet, man neble gelegentlich ein und schattiere sorgsam; sobald die Stecklinge anfangen, Wurzeln zu schlagen, muß man lüften, da sie sonst faulen. *Alyssum saxatile* und seine Sorten eignen sich für die vordere Reihe von bunten Blumenbeeten und passen zu allen Frühjahrsblühern: Aubrietien, Arabis, Teppichphlox, Hornveilchen, Zwerg-Iris und weiteren.

Amaránthus · Fuchsschwanz
Amaranthaceae ☉ ○ ☾ ○ ♡ ✕

Im Namen steckt das griechische Wort amaraino = ich welke nicht; es bezieht sich auf die strohigen Blütenhüllen, man sieht es den Blumen nicht an, wenn sie abgeblüht sind. Die Gattung umfaßt gegen 90 Arten einjähriger Kräuter, die in Ostindien, Afrika und Amerika auftreten. Es sind auffällige Pflanzen, die wir teils wegen der bunten Belaubung, teils wegen der eigenartigen Blütenstände heranziehen.
Amaránthus caudátus L. wird 60 bis 100 cm hoch, bildet kräftige Büsche mit dunkelroten Stengeln und blüht ab Hochsommer bis zum Herbst in herabhängenden, auch verzweigten Blütenständen mit amarantroten oder noch dunkler roten Blumen. 'Albiflorus' hat weißgrüne Blütenstände.
Amaránthus hýbridus L. blüht düster purpurn in aufrechtstehenden, verzweigten Büscheln und hat ähnlich dunkel gefärbtes Laub und genauso getönte Stiele. Bei

'Sanguineus' ist die Farbe lebhafter; wenn die Sonne auf die Büsche scheint, sehen sie fast blutrot aus. Höhe 60 bis 150 cm.

Amaránthus paniculátus L. hat geschlossene, federbuschartige, aufrechte Blütenstände und wächst robust. Die Pflanzen bekommen grüne oder rote Blätter, und die Blütenstände werden rot, grün oder gelblich. Züchtungen sind: 'Roter Dom', elegant im Aufbau und mit verhältnismäßig lebhaft roten Blumen; 'Oeschberg' wächst steif aufrecht, Höhe 50 cm, Farbe ein angenehmes Schwarzrot.

Amaránthus trícolor L. (syn. A. gangeticus L.), der Dreifarbige Fuchsschwanz, wird 60 bis 100 cm hoch und hat linealisch-lanzettliche bis rundlich-ovale Blätter, die oft zwei- oder drei- bis vierfarbig sind. Diese bilden den Schmuck der Pflanzen. Beachtenswert ist 'Salicifolius' (syn. A. salicifolius Veitch) – Blätter in der Jugend metallisch grün, später Zonen und Streifen in Rosa, Gelb, Orange und Purpurn.

Bewertung, Verwendung, Anzucht: Alle Arten des Fuchsschwanzes kommen uns wie fremdartige Gewächse vor, und nicht jedermann findet Gefallen an ihnen. Sie eignen sich für bunte Blumenbeete, in Gruppen stehend als Pflanzung im Rasen. Der Flor beginnt im Hochsommer. A. caudatus läßt sich auch schneiden und wirkt zusammen mit gelben oder orange *Tagetes-Erecta-Hybriden* vorzüglich, wobei eine Art überwiegen möchte. Niedrige Sorten kann man auch in Töpfe oder breite Schalen pflanzen. Vermehrt wird aus Samen, der nicht immer völlig treu fällt. A. tricolor sät man in leichte Erde ins Frühbeet und pikiert, wenn es sich einrichten läßt; die andern kann man an Ort und Stelle säen, muß nur gut ausdünnen. Man kann auch auf Anzuchtbeete pflanzen, dort die Pflanzen heranwachsen und sich entwickeln lassen und schließlich mit Ballen an den vorgesehenen Standort setzen. Vorher muß man natürlich gründlich wässern, damit die Exemplare gut Ballen halten. Auf den Anzuchtbeeten pflanze man recht weitläufig, nur so bekommt man schöne runde Bestände. Der Boden soll nährstoffreich sein, nicht zu schwer, der Standort muß in voller Sonne liegen. Bei Trockenheit ist es unerläßlich zu wässern.

Amberbóa · Bisamblume
Compositae ☉ ○ ☽ ✕ ○

Diese Gattung ist im östlichen Mittelmeergebiet verbreitet, wo sie auf Äckern und Weinbergen als Unkraut zu finden ist. Sie steht *Centaurea* nahe, zu der sie eine Zeitlang gehörte; sie unterscheidet sich vor allem durch die Form des Pappus, der bei *Amberboa* spreublattartig, bei *Centaurea* borstenförmig ist. Die Blüten duften. Im Gattungsnamen steckt das Wort ambra oder Amber, der Name eines wohlriechenden zimtsäurehaltigen Balsams, der aus der Rinde des Amberbaumes (*Liquidambar* L.) gewonnen wird, welcher zu den Zaubernußgewächsen gehört. Die Blumen unserer Komposite duften schwächer, aber ähnlich: nach Liquidambar, auch nach Moschus oder Bisam. Deshalb heißt die für den Garten wichtige Art **Amberbóa mosgáta** (L.) DC. (syn. Centaurea moschata L., C. odorata hort., C. suaveolens L.), Bisam- oder Moschusflockenblume. Sie wird 80 cm hoch, verzweigt sich reichlich, hat fiederschnittiges Laub und blüht mit kanariengelben Körbchen. Die Sorten haben breitere Blumen, auch in Weiß, Rosa, Lavendel, Lila und Purpurrot. Der Saum der Randblüten ist häufig und lang geschlitzt, daher wirken diese großen Blumen leicht und duftig. Das gilt besonders für die Imperialis-Sorten. Wertvoll ist vor allem 'Lucida' mit 5 cm breiten, leuchtend purpurrosa Blumen auf langen Stielen. Flor von Juli bis September.

Bewertung, Verwendung, Anzucht: Die großblumigen Sorten schmücken den Garten und bringen prächtige Blumensträuße. Sie kommen aber nur in sonniger Lage auf kalkhaltigen, durchlässigen Gartenböden, also auch auf lehmhaltigen Sandböden mit alkalischer Reaktion zu voller Entfaltung und reicher Blüte; in regenreichen, kühlen Sommern versagen sie. Aussaat im März/April an Ort und Stelle, auf 20 cm verziehen.

Ammóbium · Papierknöpfchen
Compositae ☉ ○ ☽ ◐ ✕

Im Namen stecken die griechischen Wörter ammos = Sand und bios = Leben; es bedeutet Sandbodenpflanze. In Kultur ist nur eine Art aus Australien, wo sie eine Staude bildet, bei uns behandelt man sie als Einjahrsblume.

Ammóbium alátum R. Br. bildet zuerst eine Rosette etwas gebuchteter Grundblätter und treibt vom Juli bis Herbst bis 50 cm hohe, geflügelte Stengel, die sich mehrfach verzweigen und einzeln oder zu wenigen an den Triebenden sitzende Blümchen bringen. Diese haben eine Scheibe zuerst gelblicher, dann schwarz werdender Röhrenblüten, welche von einem Kranz weißer, etwas glänzender, papierartiger Hüllblätter umgeben ist. Verwendet wird nur die Sorte 'Grandiflorum' mit größeren, bis 1,5 cm breiten Blümchen.

Bewertung, Verwendung, Anzucht: Ammobium sind keine Sommerblumen für bunte Beete, sondern sie werden angebaut, weil ihre Blüten sich trocknen, auch färben und zur Immortellenbinderei verwenden lassen. Dafür sind sie unentbehrlich. Man sät im April in ein laues Frühbeet und pflanzt nach Mitte Mai an einen recht sonnigen Platz mit normalem Gartenboden, aufs Normalbeet von 120 cm Breite 5 Reihen. Die Blumen soll man schneiden, wenn die Hüllblätter sich hochwölben. Damit sie ihre weiße Farbe behalten, kann man sie schwefeln: Man hängt sie in kleinen Bündeln, schon etwas getrocknet, in eine gut schließende Kiste, gebe auf eine Untertasse einige Schwefelfäden und lasse diese langsam verglimmen; Dauer der Behandlung 24 Stunden.

Am

Amsónia tabernaemontána

Anácyclus depréssus

Anagállis arvénsis

Amsónia · Amsonie
Apocynaceae ♃ ○ ◐ ◕ ◑

Die Pflanzen wurden nach dem nordamerikanischen Botaniker Charles Amson benannt, der im 18. Jahrhundert lebte. Die Gattung umfaßt gegen 12 Arten, welche in Nordamerika und auch in Asien auftreten. Es sind Stauden.
Amsónia tabernaemontána Walt. (syn. A. salicifolia Pursh) wird gegen 80 cm hoch und bringt straffe Triebe. Die Blätter sitzen wechselständig und ähneln in Form und Größe dem Laub der Weide. Im Mai bis August erscheinen in endständigen Blütenständen trichterförmige hellblaue Blumen, mit den Jahren werden es immer mehr.

Bewertung, Verwendung, Anzucht: Die Pflanzen sind selten anzutreffen. Man kann sie als gute, in ihrer Erscheinung etwas ungewöhnliche Wildstauden charakterisieren, die durchaus wert sind, daß sie verwendet werden. Sie passen als ungefähr hüfthohe Füllstauden zwischen Gehölze, eignen sich aber auch für größere bunte Rabatten. Die Stöcke können 10 Jahre und länger an ihrem Platze verbleiben, ohne daß sie merklich nachlassen. Der Boden muß alkalisch und darf nicht zu trocken sein. Vermehrt wird durch Teilung und aus Samen.

Anácyclus · Ringkörbchen, Zwergmargerite
Compositae ♃ ○ ◐ ◕ △ ♡

Im Namen steckt das griechische Wort anakyklein = sich im Kreise drehen; es bezieht sich auf die kreisförmig angeordneten Zungenblütchen. Die Gattung ist 12 Arten stark, welche im Mittelmeergebiet wild wachsen.
Anácyclus depréssus Ball aus den Gebirgen Marokkos hat fiederschnittige Blätter, die ganze Pflanze ist silbergrau behaart und bringt zahlreiche weiße Margeritenblümchen mit roter Rückseite, daher sehen auch die Knospen rötlich aus. Die Büsche werden 5 bis 10 cm hoch, das Laub erscheint in Rosetten. Blütezeit Mai bis Juli.

Bewertung, Verwendung, Anzucht: Die Art ist ein reizendes Pflänzchen für den Steingarten, für die Fugen von Trockenmauern und eignet sich auch zur Bekleidung trockener Hänge. Trotz seiner südlichen Herkunft dauert es meistens mehrere Jahre aus, nur an ungünstigen Plätzen versagt es. Der Boden soll trocken, sandig und sehr gut durchlässig sein, der Standort muß in voller Sonne liegen. Vermehrt wird durch Samen, den man selbst sammeln muß, da er nicht gehandelt wird. Man säe in Handkästen, überwintere diese im Kalthause, topfe ein und setze bald an den vorgesehenen Platz.

Anagállis · Gauchheil
Primulaceae ☉ ○ ◐ ◕ ∥ △

Der Name ist von dem griechischen Wort anagelao = ich mache lachen hergeleitet und spielt auf die lebhaften Farben der Blumen an. Die Gattung ist gegen 25 Arten stark, die in Europa, Nord- und Südafrika, in Westasien und in Nordamerika auftreten. Sie sind einjährige oder ausdauernde Kräuter.
Anagállis arvénsis L., der Ackergauchheil, auch Rote Miere und Blutströpfchen genannt, ist ein Ackerunkraut, das fast in ganz Europa vorkommt. Es wird bis 20 cm hoch und hat lebhaft mennigrote Blumen; bei var. **coerúlea** Schreber sind sie leuchtend blau. Die Blumen öffnen sich nur bei Sonnenschein, weshalb die Pflänzchen in England Poor Man's Weatherglass heißen.

Anáphalis margaritácea   Anchúsa azúrea

Anáphalis · Perlkörbchen, Perlpfötchen
Compositae

Anáphalis ist ein alter griechischer Pflanzenname, aber man hat nicht feststellen können, welches Gewächs so hieß. Es sind perennierende Kräuter mit weißwolligem Laub, und ihre Blüten bleiben verhältnismäßig klein, sie sehen Kugeln oder Perlen ähnlich, zumal sie weiß werden.

Anáphalis margaritácea (L.) Benth. (syn. Antennaria margaritacea (L.) R. Br.) aus Nordamerika, bei uns gelegentlich verwildert, wird 30 bis 45 cm hoch und blüht von Juni bis September mit weißen Blütenkörbchen, die in trugdoldigen Blütenständen beisammenstehen. Die Blumen haben papierartige Hüllblättchen; daher wird die Pflanze auch Staudenimmortelle genannt.

Anaphális triplinérvis (Sims) C. B. Clarke aus dem Himalaja hat etwa fingerlange, eiförmige bis elliptisch-längliche, stark weißfilzige Blätter und blüht auf Stielchen, die bis 15 cm hoch werden, mit weißen Blümchen in Trugdolden.

Bewertung, Verwendung, Anzucht: A. margaritacea ist eine Wildstaude, welche sich für Plätze mit sandigen, ziemlich trocknen Böden oder solche Lagen eignet; sie wird dort nie versagen. Stehen die Pflanzen zu feucht oder schattig, vergrünen sie und sehen dann nicht mehr gut aus. A. triplinervis ist zierlicher, das weißfilzige Laub kommt viel mehr zur Geltung; sie eignet sich für Steingärten, Trockenmauern, auch als Einfassung, braucht aber ebenfalls gut durchlässigen, verhältnismäßig armen Boden mit alkalischer Reaktion und volle Sonne. Vermehrt wird durch Teilung oder aus Samen. A. triplinervis wird häufig in Töpfen kultiviert.

Anagállis monélli L. aus dem Westteil des Mittelmeerraumes ist schöner und wertvoller. Die Pflanzen dauern in ihrer Heimat aus und bilden bis 40 cm hohe Kräuter, haben längliche, zu dreien quirlständige Blätter und in Trauben stehende, rad- bis glockenförmige Blüten. Bei uns werden sie als Einjahrsblumen behandelt.
Bei ssp. **collína** (Schousb.) Ball (syn. A. collina Schousb.) sind die Blüten rot und blau;
bei ssp. **horténsis** Hyl. werden die Blüten besonders groß;
ssp. **linifólia** (L.) Maire bekommt leuchtend hellblaue Blumen, bei der Sorte 'Philipsii', die um 1840 entstand, sind sie strahlend himmelblau. Subspecies *hortensis* geht auch als 'A. grandiflora hort; schöne Sorten sind 'Coccinea' und 'Coerulea', beide tetraploid.

Bewertung, Verwendung, Anzucht: A. arvensis ist ein liebenswürdiges, freilich auch bescheidenes Gewächs, das wegen der leuchtend getönten Blumen verwendet wird. Es hält sich nicht lange, kommt aber bald in Flor. Man kann es dort nehmen, wo man rasch einen leeren Platz füllen will und nicht viel aufwenden möchte. Man sät am besten im Herbst oder rechtzeitig im Frühjahr an Ort und Stelle, bedecke nur schwach, da der Samen sehr fein ist, und halte bei Frühjahrsaussaat bis zum Auflaufen feucht. Der Boden soll kalkhaltig und lehmig sein, leichter Boden ist ungünstig. A. monelli ist viel hübscher und blüht lange. Man säe im März/April in ein laues Frühbeet, topfe recht bald und setze schließlich nach Mitte Mai an den vorgesehenen Platz mit etwa 20 cm Abstand. Die Art eignet sich gut für Einfassungen, in bunte Beete, gelegentlich auch fürs Alpinum und selbst für Töpfe oder Blumenkästen. Man kann auch im Spätsommer aussäen, muß dann in kleinen Töpfen hell und kühl überwintern und bekommt so einen verfrühten Flor.

Anchúsa · Ochsenzunge
Boraginaceae

Der Name ist von dem griechischen Wort anchusa = Schminke hergeleitet, weil die Wurzeln einer Art zur Herstellung von roter Schminke benutzt wurden. Die Gattung umfaßt gegen 40 Arten, welche einjährige oder perennierende Kräuter werden. Sie haben breitlanzettliche, meistens rauh behaarte Blätter und blühen in endständigen Rispen mit trichterförmigen, meistens blauen Blumen, deren Farbe manchmal sehr leuchtend wird.

Anchúsa azúrea Mill. (syn. A. italica Retz.) bildet stattliche, bis 120 cm hohe, recht rauhhaarige Pflanzen mit etwa fußlangen, breit-lanzettlichen Blättern und vielfach sich verzweigenden Blütentrieben, die in endständigen Rispen bis 2 cm breite Blumen in großer Zahl bringen. Man nimmt heute nur noch die Sorten, deren es eine ganze Menge gibt. Hier sei nur 'Royal Blue' genannt, mit tiefer blauer (fast enzianblauer) Blüte, gedrungener wachsend, 70 bis 80 cm hoch.

Anchúsa cespitósa Lam., auf Kreta, auch auf Korsika und in Kleinasien vorkommend, bildet Rosetten und

An

Andrósace cárnea

Andrósace primuloídes

Anemóne apennína

Anemóne nemorósa

blüht vom Mai bis August überreich mit kleinen, leuchtend himmelblauen Blumen auf vielfach sich teilenden Stengeln. Die Art braucht Winterschutz.

Anchúsa capénsis Thunb. stammt, wie der Name angibt, aus dem Kapland und ist eine annuelle Art. Sie bildet länglich-runde, bis 50 cm hohe Büsche und bringt viele rötlichblaue Blumen. Verwendet werden nur cv. 'Atrocoerulea' mit indigoblauen Blumen und 'Blauer Vogel' mit leuchtend tiefblauen Blüten und gedrungenem Wuchs.

Anchúsa myosotidiflóra → **Brúnnera marcrophýlla**

Bewertung, Verwendung, Anzucht: Anchusa azurea sind höchst wirkungsvolle Stauden. Sie eignen sich für bunte Blumenbeete, in welche man je nach deren Größe und Länge einzelne Exemplare oder Gruppen setzen kann; auch ist es recht wirkungsvoll, wenn man sie zum Mittel- oder Gipfelpunkt einer für sich liegenden Fläche macht und um sie herum niedrige bis höchstens kniehohe Stauden mit weißbuntem Laub pflanzt oder sie mit Achillea ptarmica umgibt. A. cespitosa und A. capensis werden nicht so imposant, sie eignen sich für Blumenbeete zwischen niedrigbleibende Stauden und Sommerblumen. Der Standort soll immer in voller Sonne liegen, der Boden darf nicht feucht oder gar naß sein und soll recht durchlässig sein, auch nicht zu fett und schwer. Die Behaarung lehrt uns, daß die Pflanzen von Natur aus an warmen, nicht besonders feuchten Plätzen vorkommen. A. azurea geht bei uns in sehr harten Wintern zugrunde, wogegen auch kein Winterschutz hilft, desgleichen A. cespitosa; aber es wäre unbillig, die Pflanzen deshalb von der Liste unsrer Gartenblumen zu streichen. A. capensis wird im März ins Frühbeet gesät, nach Mitte Mai verpflanzt man an den vorgesehenen Platz mit 25 cm Abständen. A. cespitosa wird durch grundständige Stecklinge, die man gleich in kleine Töpfchen drückt und in einem gut schließenden Frühbeet zum Bewurzeln bringt, im zeitigen Frühling vermehrt.

A. azurea wird durch Wurzelschnittlinge vermehrt: Man schneidet sie im Spätherbst, hält über Winter im Kalthaus, setzt nach dem Ausschlagen in 8-cm-Papptöpfe und mit diesen später auf Anzuchtbeete oder an den vorgesehenen Standort. Es ist unbedingt nötig, die Blütentriebe im August bis zur Basis wegzuschneiden, damit die Exemplare sich wieder bestocken und im nächsten Jahre erneut blühen. Länger als 3 Jahre werden sie nicht ausdauern.

Andrósace · Mannsschild
Primulaceae ♃ ○ ◐ ◑ ◉ △ ♡

Im Namen stecken die griechischen Wörter andros = Mann und sakos = Schild; der Name kommt bei Dioskorides vor, der allerdings eine Meeresalge damit meinte. Es sind niedrige Stauden oder Annuelle, oft mit Rosetten, alle haben kleine Blümchen. Diese erscheinen einzeln auf Stielchen, die bis fingerlang werden, oder in einfacher Dolde. Die Gattung ist gegen 50 Arten stark, welche in den Hochalpen Europas und im Himalaja auftreten. Viele sind heikel in der Kultur und fürs Tiefland nicht zu empfehlen.

Andrósace cárnea L. aus den Westalpen bildet ziemlich geschlossene Polster fast lederartiger, fleischiger, dunkelgrüner Blätter und blüht rosa mit Blümchen, die auf 5 bis 6 cm hohen Stielchen kleine Dolden bilden. Wichtiger sind ssp. **brigantíaca** (Jord. et Fourr.) R. Knuth, bis 10 cm hoch werdend, kräftiger wachsend, Blümchen weiß; var. **hálleri** (Jord. et Fourr.) R. Knuth, ebenfalls robuster, Blüten lebhaft rosa; ssp. **lággeri** (Huet) R. Knuth, zierlichere Pflanze mit fast nadelartigen Blättchen, Blütendolden auf 2 bis 3 cm langen Stielchen, Blumen fast rot, dennoch wüchsig. Alle wollen leicht sauren Boden und sind kalkfeindlich: Blütezeit im Frühling.

Andrósace láctea L. aus den Kalkalpen, also kalkhold, bildet niedrige, lockere Rasen, die Blätter sind nicht behaart. Blumen weiß mit goldiggelbem Äuglein, sehr reich und lange bis in den Sommer blühend, wünscht sandig-humosen Boden mit Steinschotter darunter, Standort absonnig.

Andrósace primuloídes Duby aus dem Himalaja verträgt Kalk, bildet wollig behaarte Blattrosetten, die Ausläufer treiben und lockere Teppiche ergeben. Blümchen weißlichrosa, Blütezeit im Frühling. Wertvoll auch 'Chumbyi', eine zierlichere Ausgabe, welche kleine, silbrige Rosetten hat, Blumen dunkelrosa und oft bereits im April.

Andrósace sarmentósa Wall. stammt ebenfalls aus dem Himalaja, bis nach China verbreitet, mit wolligseidig behaarten Blattrosetten, guter Wachser, Blumen auf 5 bis 10 cm hohen Schäften, hellrosarot, mit der Zeit große Polster bildend.

Andrósace villósa L. ist eine weitverbreitete Art, die sowohl in den Alpen als auch im Orient auftritt. Sie hat dicht weißbehaarte Blättchen und bildet zwergige Polster mit weißen oder auch rosenroten Blümchen auf 4 bis 6 cm hohen Stielchen. Die var. **arachnoídea** Knuth ist noch zierlicher.

Bewertung, Verwendung, Anzucht: Die aufgeführten Arten wachsen bei uns willig, wenn man beachtet, ob sie Kalk vertragen oder nicht. Andere, wie *A. helvetica*, gedeihen hier kaum. Alle sind wunderhübsche Gewächse für Steingärten, man könnte sagen „Kleinkunst der Natur". Sie wünschen sandigen, humosen, mit Steinchen durchsetzten Boden, einzelne kann man in Felsspalten setzen. Brennende Sonne vertragen sie nicht, brauchen aber auch keinen Schatten, man pflanze also in die sich nach Norden neigenden Partien des Alpinums. Eine Ausnahme ist *A. sarmentosa*, die man auch an sonnige Flächen der Südseite setzen kann, wo sie sich bald weit ausbreitet. Nachbarn können Sempervivum sein und zahlreiche andere niedrige Stauden, welche nicht zu arg wachsen; günstige Komplementärfarben sind Blau und Gelb. Vermehrt wird aus Samen und durch Aufzucht der Nebenrosetten. Anzucht allgemein in Töpfchen mit sandiger Erde.

Anemóne · Windröschen
Ranunculaceae
♃ ○ ◐ ◑ ◒ ◓ △ ♡ ✕ ○ ∧

Im Namen steckt das griechische Wort anemos = Wind; es bezieht sich auf die leicht abfallenden Blumenblätter, die ein Spiel des Windes werden. Anemonen sind eine formenreiche Gattung, fast alle etwa 60 Arten werden Stauden, welche in der gesamten gemäßigten nördlichen Zone auftreten. Das Genus wird verschieden abgegrenzt: Manche Botaniker zählen die Pulsatillen und Hepatica mit zu Anemone.

Vom Vorkommen ausgehend, lassen sich vier Gruppen bilden: 1. die Frühlingsblüher des Laubwaldes; 2. die Gebirgsanemonen; 3. die Herbstanemonen mit vollkopfigen Fruchtständen und 4. die Arten aus dem Mittelmeerraum, welche sich um *A. hortensis* L. gruppieren.

Frühlingsblüher des Laubwaldes

Anemóne angulósa auct. non (Lam.) DC. → **Hepática transsylvánica** Fuss

Anemóne apennína L. wächst ähnlich unserm Buschwindröschen in Süd- und Südosteuropa in Laubwäldern, hat auch fast das gleiche Laub wie *A. nemorosa*, Blüten himmelblau. Daneben gibt es 'Alba' mit weißen, 'Plena' mit weiß gefüllten und 'Purpurea' mit rötlichlila Blumen. Blütezeit im April. Die Art ist völlig winterhart, der Wurzelstock ist knollig.

Anemóne blánda Schott et Kotschy, auf dem Balkan und in Kleinasien auftretende Art mit knolligem Wurzelstock, recht freudig wachsend und im Frühling mit großen, himmelblauen, schalenförmigen Blumen blühend. Es gibt mehrere Sorten: 'Atroviolacea' mit großen, dunkelblauen Blumen; 'Rosea' mit rosagetönten Blüten und die Sorte 'Fee' (Fairy) mit strahlenförmigen, weißen Blumen. Die Pflanzen ähneln in ihrer Tracht unserm Buschwindröschen, haben aber nicht dessen umherkriechende Rhizome. Die Art ist nur in milderen Gegenden völlig winterhart.

Anemóne canadénsis L. (syn. *A. pennsylvanica* L.) aus Nordamerika ist sozusagen eine größere Ausgabe des Buschwindröschens. Sie hat feingeschlitzte Blätter und blüht im Mai/Juni mit mittelgroßen, etwas nickenden weißen Blumen, wird insgesamt 30 bis 40 cm hoch.

Anemóne hepática L. → **Hepática nóbilis** Mill.

Anemóne nemorósa L., das Buschwindröschen, ist bei uns in Laub- und Mischwäldern weit verbreitet. Ein äußerst anspruchsloses, dankbares Pflänzchen, von dem für den großen Garten oder Park als Unterpflanzung unter Laubbäume die Kulturvarietäten wichtig sind: 'Alba Plena' mit weißgefüllten Blüten, 'Allenii' – etwas später als der Typ blühend mit großen blauen Blumen; 'Grandiflora' mit großen weißen Blüten; 'Robinsoniana' – Blumen lavendelfarben; 'Rosea' – Blüten rosig-rosa; 'Blue Beauty' – große, hellblaue Schalen.

Anemóne ranunculoídes L. ist das Goldwindröschen, ein gelbblühendes Seitenstück zu *A. nemorosa*, aber der Wurzelstock ist etwas knollig, Blütezeit April/Mai. Es gibt auch Sorten, wie 'Grandiflora' mit größeren und 'Pleniflora' mit gefüllten Blumen. Die Pflanzen werden gegen 20 cm hoch.

Anemóne sylvéstris L. ist eine weitverbreitete Art, die man von Südwesteuropa bis nach Kamtschatka finden kann. Es sind ausläufertreibende Pflanzen, welche 25 bis 40 cm hoch werden und weiße, nickende Blüten bekommen, im späten Frühling blühend. Die Art wünscht alkalischen Boden und tritt in lichten Wäldern, aber auch auf Blößen und Nordhängen mit frischem Boden auf, oft in großen, ziemlich geschlossenen Beständen. Es gibt auch Kulturvarietäten, wie 'Grandiflora' mit recht großen und 'Pleniflora' = 'Elise Fellmann' mit gefüllten Blumen. Die Blumen lassen sich schneiden und wirken sehr duftig, sie halten sich über eine Woche.

An

Anemóne ranunculoídes | Anemóne narcissiflóra | Anemóne hupehénsis | Anemóne-Japonica-Hybride

Gebirgsanemonen

Anemóne narcissiflóra L. (syn. A. umbellata Lam.), die Narzissenanemone, im Gebirge auch „Berghähnchen" genannt, hat eine weltweite Verbreitung, denn sie tritt in den Pyrenäen, den Alpen, im Kaukasus bis hinüber nach Japan und auch in Nordamerika auf. Sie wächst sowohl auf Urgestein als auch auf Kalkböden, wird 30 bis 40 cm hoch und bringt weiße Schalenblumen in 5- bis 7blütigen Dolden, Florzeit Mai bis Juli. Wünscht steinigen, frischen, humosen Boden und braucht Streu- bis Halbschatten. Es dauert eine Weile, ehe die Pflanzen sich eingewöhnt haben.

Anemóne pulsatílla L. → **Pulsatílla vulgáris** Mill.

Anemóne slávica (G. Reuss) Hayek → **Pulsatílla hálleri** ssp. **slávica** (G. Reuss) Zamels

Herbstanemonen

Anemóne hupehénsis (Lemoine) Lemoine (syn. A. japonica (Thunb.) Sieb. et Zucc. var. hupehensis Lemoine) aus China ist den *Anemone-Japonica-Hybriden* sehr ähnlich, bleibt jedoch in allen Teilen etwas kleiner und zierlicher. Wichtiger als die Stammform sind die Züchtungen 'Praecox' mit rosa Blüten ab August, Höhe der Pflanzen 40 bis 50 cm; 'Septembercharm' – Blüten groß, rosa, Höhe der Pflanzen gegen 70 cm; 'Splendens', mit dunkelrosa Blüten, bis 80 cm hoch werdend.

Anemone-Japonica-Hybriden, früher hießen die Pflanzen A. × hybrida Paxt., sind die allgemein bekannten, wunderbaren Herbstanemonen, welche es bereits seit über 100 Jahren gibt; Hybriden, an denen *A. hupehensis, A. vitifolia* und daraus gewonnene Züchtungen beteiligt sind. Sie werden stattlicher als *A. hupehensis,* die Blumen breiter, die Farben häufig duftiger. Von den zahlreichen Sorten seien aufgeführt: 'Honorine Jobert' – weiß, einfach, 80 cm hoch; 'Charlotte' – halbgefüllt, rosa mit kleiner Beimischung von Lavendel, 80 cm; 'Luise Uhink' – großblumig, weiß, 80 cm hoch, etwas gefüllt; 'Heinrich' – halbgefüllte, dunkelrosarote Blumen, Wuchs etwas schwächer, Höhe 60 cm. Blütezeit ab Mitte August, Anfang September bis Oktober.

Anemóne vitifólia Buch.-Ham. aus dem Westhimalaja hat ungeteilte, an Weinlaub erinnernde, 5- bis 7lappige Blätter und 5 bis 7 cm breite, in lockeren Rispen stehende Blüten, welche manchmal bereits Ende Juli erscheinen, in der Regel jedenfalls zeitiger als bei den andern Arten dieser Gruppe. Es gibt die Sorten 'Albadura' mit rosaweißen Blumen und 'Robustissima', Blumen rosarot, kräftiger Wachser.

Bewertung, Verwendung, Anzucht: Alle aufgeführten Arten gehören zu den Stauden, auf die man nicht verzichten kann.

Die Frühlingsanemonen lassen sich gut als Teppiche unter nicht zu dicht stehenden, hohen Laubbäumen und für sonstige Schattenlagen verwenden; für Gärten kommen vor allem die Sorten in Betracht.

Die Herbstanemonen eignen sich für Blumenbeete oder können in flächige Staudenpflanzungen niedriger bis mittelhoher Arten gesetzt werden, auch zu Gräsern; sie vertragen Halbschatten, doch gehören sie nicht unter Bäume. Der Boden muß humusreich und frisch sein. Es ist guter Winterschutz durch trokkenes Laub oder trockenen Torf nötig, über welchen man Reisig, einen Korbdeckel oder ein Stück Folie breitet. Vermehrt werden die Frühlingsanemonen durch Aufteilen der Rhizome, die in Stücken gehandelt werden; aber es gibt auch in Töpfen herangezogene Jungpflanzen, die sicher anwachsen, doch ist die Kultur teuer. Die Herbstanemonen werden durch Wurzelschnittlinge vermehrt. Man macht sie im Spätherbst, indem man 6 bis 7 cm lange, nicht zu dünne, höchstens bleistiftstarke Stücke schneidet. Sie werden flach in Kisten mit sandiger Lauberde gelegt, dann mit solcher Erde überstreut, im Haus kühl aufgestellt und nach dem Austreiben zu mehreren in 8 cm große Töpfe mit ähnlicher Erde umgepflanzt und mit Ballen verkauft. Auch diese Anemonen sollen nur im Frühjahr gepflanzt werden. Natürlich müssen die in Töpfen stehenden Bestände guten Winterschutz bekommen. Sämtliche aufgeführten Arten können, wenn man sie richtig behandelt, viele Jahre an ihren Plätzen bleiben und alt werden, sie lassen sich dann aber schwer oder überhaupt nicht verpflanzen und teilen.

Anemone narcissiflora ist eine schöne Steingarten-

Anemóne coronária   Antennária dioíca

Pflanze. Man vermehrt durch Aussaat, am besten sofort nach der Samenreife.

Anemone-Hortensis-Gruppe

Anemóne coronária L., die Kronenanemone, ist eine sehr variable Art, die im Mittelmeerraum weit verbreitet ist, aber hauptsächlich in den wärmeren Strichen vorkommt. Die Pflanzen haben einen klauenartig-knolligen Wurzelstock, der in der Fachsprache auch Klaue heißt, frischgrüne, grundständige, vielteilige Blätter und bringen auf bis 20 cm langen, einblütigen Stengeln gegen 8 cm breite einfache oder auch halbgefüllte und gefüllte Blumen mit äußerst intensiven, klaren Farben, Staubfäden meistens dunkel, oft noch um diese ein heller oder dunkler Ring. Die einfachblühenden wachsen stärker als gefülltblühende Rassen. Die einfachen werden als 'Anemone von Caën' gehandelt, meistens in Farben gemischt; die halbgefüllten gehen als 'St. Brigid-Anemone'; es gibt noch Namenssorten, vor allem bei den gefüllten Typen.
Anemóne × fúlgens (DC.) Gáyer ist eine schon seit dem 17. Jahrhundert kultivierte Gartenanemone, deren eine Ausgangsart *A. pavonina* Lam. bildet. Sie hat scharlachrote Blumen mit schwarzen Staubgefäßen und um diese herum ein weißes Band. Neuerdings heißt sie 'St. Bavo-Anemone', und es gibt davon auch andere, recht leuchtende Farben.

Behandlung und Kultur dieser Anemonen: Sie werden wie Blumenzwiebeln trocken gehandelt. Man kann sie auch selbst aus Samen heranziehen. a) Kultur mit fertigen Knollen. Diese Anemonen sind äußerst farbenfrohe Schnittblumen für den Frühling und auch im Herbst. Man lege die Knollen von August an bis Oktober in kalte Kästen oder in Handkästen mit sandiger Komposterde, Abstand etwa 5 bis 6 cm. Es ist günstig, abgelagerte Klauen zu verwenden, die sicherer blühen als frische. Die Kisten und die ins Frühbeet gelegten Anemonen müssen guten Winterschutz bekommen. Von Februar an kann man die ersten Sätze zum Blühen aufstellen: hell und bei +5 bis 8 °C. Die Blumen erscheinen bald, man schneide sie knospig. Die Klauen können wieder verwendet werden, doch ist fraglich, ob es sich lohnt, sie weiter zu kultivieren. Die in Frühbeete gelegten Posten lassen sich in der Regel von Anfang März an durch Auflegen von Fenstern in Flor bringen. b) Die Vermehrung erfolgt aus Samen. Man sät im Februar unter Glas auf halbwarmen Fuß, pikiert ins Freie mit 7 bis 10 cm Abständen, pflegt laufend und hat im Herbst schon Schnittblumen. Bei Aussaat im April bekommt man bis zum Ende der Wachstumsperiode blühfähige Klauen. Sie sollen aufgenommen und trocken aufbewahrt werden.

Antennária · Katzenpfötchen
Compositae ♃ ○ ◐ ◑ △ ♡

Im Namen steckt das lateinische Wort antenna = Fühler; es bezieht sich auf die Form der Pappusstrahlen, welche den keulenförmigen Fühlern mancher Insekten ähneln. Die Gattung ist gegen 15 Arten stark und tritt in Europa, Asien, Australien und Nordamerika in vielen Gebieten mit gemäßigtem Klima auf. Alle Arten werden niedrige, den Boden geschlossen bedeckende Stauden mit silbergrauen Blättchen.
Antennária alpina (L.) Gaertn. wird 4 bis 10 cm hoch und hat bräunliche Blütenköpfchen. Die Art stammt aus Nordeuropa und Nordasien, nicht aus den Alpen, wie man vom Namen schließen könnte.
Antennária dioíca (L.) Gaertn. tritt in Europa und Nordamerika auf. Bei der Stammart erscheinen im Juni weiße Köpfchen auf den bis 15 cm hohen Stielen, bei 'Tomentosa', mit weißfilzigen Blättern, sind jene rosa und bei 'Rubra' kräftig karminrosa. Das Laub wird gegen 5 cm hoch.
Antennária parvifólia Nutt. (syn. *A. aprica* Greene) aus Nordamerika hat größere Blätter als die andern aufgeführten Arten und blüht im Juni mit weißen Körbchen. Die Pflanzen werden 10 bis 15 cm hoch.

Bewertung, Verwendung, Anzucht: Katzenpfötchen sind bekannte Pflanzen zum Bodenbedecken. Sie wollen sonnig stehen, und der Boden muß sandig, ärmlich und trocken sein. Man nimmt sie in Heidegärten und als Bodendecke. Vermehrt wird durch Teilung. Es kommt vor, daß die Flächen kahle Stellen bekommen. Die Bestände halten sich nur an ihnen zusagenden Plätzen mehrere Jahre; man muß damit rechnen, daß sie von Zeit zu Zeit zu erneuern sind.

Ánthemis · Hundskamille
Compositae ♃ ○ ◐ ◑ △ ‖ ♡ ✕

Im Namen steckt das griechische Wort anthos = Blume; in der Antike hieß eine Kamillenart so. Die Gattung umfaßt gegen 100 Arten, welche Annuelle oder Stauden sind und alle im Mittelmeerraum vorkommen. Die offizinelle Kamille, deren Blüten den bekannten Tee liefern, gehört nicht zur Gattung, auch nicht die Römische Kamille, *A. nobilis*, jetzt *Chamaemélum nóbile* (L.) All., eine ebenfalls als Arzneipflanze wichtige Art mit gelblichweißen Blüten. Wertvoller sind für den Garten:
Ánthemis marschalliána Willd. (syn. *A. biebersteiniana* [Adam] K. Koch) hat feingeteiltes, weißlichgraues

An

Anthéricum ramósum

Antirrhínum

Aquilégia canadénsis

Laub, das schöne Rosetten bildet, und bringt auf dünnen, bis 25 cm hohen Stielen kleine, hellgelbe Blütenkörbe mit großer Scheibe.
Ánthemis tinctória L., die Färberkamille, hat grünes, gedrungenes, ebenfalls gefiedertes Laub und blüht überreich mit gelben Margeritenblumen, die einzeln auf etwa 30 cm langen Stielen das Blattwerk überragen. Man nimmt für den Garten nur noch Sorten, die beste ist 'Grallagh Gold' mit großen, goldgelben Blüten.

Bewertung, Verwendung, Anzucht: Anthemis marschalliana eignet sich für Alpina, auf Trockenmauern und als Einfassung, ferner für Flächenpflanzungen allein oder als farbliche Einsprengsel. Die Färberkamille ist eine gute Art für bunte Beete, auch für Heide- und Wildstaudengärten. Alle wollen alkalischen, ziemlich trockenen, ja nicht fetten Boden und volle Sonne. *Anthemis tinctoria* muß man nach dem Flor kräftig zurückschneiden, nur so bestocken sich die Exemplare und kommen im nächsten Jahr wieder; alt jedoch werden sie nicht, sondern nach drei, vier Jahren gehen sie ein. Man muß sie also immer wieder ersetzen, was sich aber angesichts des überreichen Flors – die Stöcke bilden weithin sichtbare Farbflecken! – durchaus lohnt. *A. marschalliana* ist dauerhafter. Man vermehrt sie aus Samen und durch Teilung, die Bestände sind in einem Sommer fertig. *Anthemis tinctoria* wird durch Stecklinge im Sommer (nicht im Frühjahr!) vermehrt. Sie müssen weich sein und wachsen leicht. Später setzt man am besten in 8 cm große Töpfe. Man pflanze im Frühjahr an den vorgesehenen Platz.

Anthéricum · Graslilie
Liliaceae ♃ ○ ◐ ○ ♡

Im Namen steckt das griechische Wort antherikos, womit der Stengel einer Asphodelus-Art bezeichnet wurde. Es sind Stauden mit oft kurzem Erdstamm und fleischigen Wurzeln, die Blätter erscheinen grundständig und sehen wie Gras aus. Die Gattung umfaßt gegen 100 Arten, die außer in Australien in sämtlichen Erdteilen vorkommen; nicht alle sind bei uns winterhart.
Anthéricum liliágo L., in Europa verbreitet, bringt einen einfachen, 30 bis 60 cm hohen Schaft, der kleine weiße Blüten in großer Zahl trägt. Florzeit Mai/Juni.
Anthéricum ramósum L., in Mittel- und Südeuropa auf trockenen Abhängen, auch auf großen, geneigten Waldblößen vorkommend, wird 40 bis 80 cm hoch und blüht im Juni bis August mit kleinen, weißen, sehr zahlreichen Blumen in rispigen Trauben. Die Art ist eine alte Gartenpflanze.

Bewertung, Verwendung, Anzucht: Die Graslilien sind schöne, absolut harte Stauden für Gärten und Parke. Man kann sie dort in Mengen verwenden, im Garten setzt man sie in bunte Beete oder in flächige Pflanzungen von niedrigen Stauden mit buntem Flor. Sie wollen kalkhaltigen Boden, stellen aber an diesen keine Ansprüche weiter, als daß er nicht naß sein darf. Die Stöcke können alt werden, und erst dann zeigen sie ihre volle Schönheit: den reichen Flor unzähliger Stiele. Vermehrt wird durch vorsichtige Teilung und aus Samen.

Antirrhínum · Löwenmaul
Scrophulariaceae ☉ ○ ◐ ○ ∥ ✕

Altbekannte Gartenpflanze, zu deren Ruhm nicht mehr gesagt zu werden braucht. Die Gattung umfaßt gegen 50 Arten, die in ihrer Heimat fast alle Stauden, kleine Sträucher oder Halbsträucher sind. Sie treten in vielen Teilen der Erde auf, in der Regel aber in Gebieten mit wärmerem Klima. Die größte Bedeutung hat *Antirrhínum május* L. aus Südeuropa. In der Heimat ist es ausdauernd, hier aber nur als Einjahrsgewächs zu verwenden. Es ist eine alte Gartenblume, und im Laufe der Jahrhunderte sind unzählige Sorten auftauchten und wieder verschwunden. Das Sortiment wird in mehrere Klassen aufgeteilt, bei denen vor

lem die Höhe der Pflanzen und die Blütengröße ichtig sind. Genannt seien:
e Grandiflorum-Klasse – hochwachsend (bis 0 cm) mit großen Blüten; Maximum-Klasse – hochachsend (bis 100 cm) mit riesigen Blüten; Nanumrandiflorum-Klasse – halbhoch (bis 50 cm), großumig; Nanum-Maximum-Klasse – halbhohes (bis cm), riesenblumiges Löwenmaul; Nanum-Comctum-Gruppe – 20 bis 35 cm hoch; Pumilum-Klasse mit zwergigem Wuchs (15 bis 20 cm). Die Trennung nicht haarscharf, denn es gibt Übergänge. Zu diesen ruppen kommen noch die Praecox-Sorten für den nbau unter Glas zur Gewinnung von Schnittblumen. äufig sind es F_1-Hybriden. Bei Kultur nach Vorhrift bringen sie nur einen Stiel oder eine kleine erie von Stielen, die besonders stattlich werden. euerdings gibt es auch halbhoch wachsende Heteros-Züchtungen; ihr Vorzug ist, daß die Pflanzen sehr ich und relativ lange blühen.

rner sind gefülltblühende Heterosis-Antirrhinum züchtet worden; sie bringen große, lange haltbare umen, die jedoch nicht unbedingt schön wirken. ohes Löwenmaul wird bis 100 cm hoch und eignet h nur für Schnittblumenkultur. Halbhohes, bis cm, kommt dafür auch in Betracht, vor allem jedoch r Bepflanzung von Beeten und als Gartenzierde. Die umilum-Sorten, 15 bis 20 cm, eignen sich für Beetnfassungen und bunte Pflanzungen. Das Zwerglönmaul schließlich wird gegen 15 cm hoch, wächst hr in die Breite und wirkt als Bodendecke am hönsten, zumal es lange blüht; auch in große Schan, Balkonkästen und Töpfe paßt es. Das Farbenspiel ht von Weiß über hell und kräftig Gelb nach Orange d Lachs, dann weiter zu Zinnober, Scharlach, armin, Purpur und schließlich zu Rosa, jede Farbe in rschiedenen Tönungen und Abstufungen; ferner gibt zwei- und mehrfarbige Sorten.

ewertung, Verwendung, Anzucht: Löwenmaul sind eitverbreitete, hochgeschätzte Gartenzierden. Außer m Schnitt werden sie für bunte Beete genommen. an kann sie selbst für große Flächen verwenden, tweder in einer Farbe und vielleicht mit einer Einssung von andern Annuellen oder gemischt. Es sind ch Mischungen von zwei und drei Farben möglich, e natürlich zusammenpassen müssen: Weiß mit lb, Weiß mit Hellrosa, Weiß mit Zinnober (nicht er Weiß mit Schwarzrot), Rot mit Gelb, Rot mit sa und andere; überdies völlig bunt durcheinander, as aber unruhig aussehen kann. Mischungen stellt an am besten her, indem man die nötigen Farben als men zusammenschüttet und sodann aussät.

öwenmaul wird aus Samen gezogen. Er ist ziemlich in, und die Pflanzen wachsen zunächst recht langm. Man sät stets unter Glas aus: von Ende Januar an s in den März hinein, je nachdem, wann man die lanzen braucht. Es ist sehr günstig, das Löwenmaul pikieren, denn so bekommt man ansehnliche, stämige, gerade Bestände, die bei Aussaat im Januar Mitte April pflanzfertig sind. Löwenmaul verträgt einige Grade Frost, bei stärkerer Kälte wird es geschädigt. Ein arger Feind ist der Löwenmaulrost, der Blätter, Stengel und auch die Blütenrispen und Samenkapseln befallen kann. Bei kranken Pflanzen bilden sich braune, stäubende Pusteln auf gelben Flecken, die Blätter und zuweilen die ganzen Pflanzen welken. Schon große Bestände sind dadurch in kurzer Zeit vernichtet worden. Man kann dem Befall durch Verwendung rostresistenter Sorten entgehen, die neuerdings gezüchtet wurden. Ferner räume man vorsorglich im Herbst alle Strünke, Pflanzenreste und dergleichen ab und vernichte sie; auch dürfen nirgendwo Exemplare überwintern, da mit ihnen die Sporen ins nächste Jahr gelangen könnten.

Ápios · Erdbirne
Leguminosae △ ● ◐ ◑

Der Name stammt aus dem Griechischen: apios = Birne; er bezieht sich auf die birnenförmigen Wurzelknollen einzelner Arten. Die Gattung umfaßt 7 Arten, welche in Nordamerika und Ostasien wild wachsen, dort aber auch angebaut werden, da die Knollen eßbar sind. Alle werden windende Kräuter, ihre Knollen sind winterhart.

Ápios americána Medik. (syn. Glycine apios L.) wird 3 bis 4 m hoch und hat dünne, reichlich sich verzweigende Triebe und unpaarig gefiederte Blätter. Sie blüht ab Anfang Juli mit schokoladenbraunen, rot überhauchten Schmetterlingsblumen, die in geknäuelten Trauben beisammenstehen. Sie duften angenehm und halten sich auch abgeschnitten gut eine Woche. Die Wurzeln streifen weit umher.

Bewertung, Verwendung, Anzucht: Die Erdbirne ist eine brauchbare Kletterpflanze für schattige Zäune und Gitter an den Nordseiten der Häuser. Sie will immer im Schatten stehen. Der Boden darf weder schwer noch sauer sein, sonst verschwindet sie, aber auch nicht fett oder zu leicht, dann wuchert sie und wird lästig. Wo das zu befürchten ist, unterlasse man, die Erdbirne zu pflanzen. Vermehrt wird durch Abtrennen von Tochterknollen, die man bald wieder pflanzen muß.

Aquilégia · Akelei
Ranunculaceae ⚹ ○ ◐ ◑ ◒ ✕ ∧

Die Ableitung des Namens ist unsicher. Entweder steckt darin das lateinische Wort aquila = Adler, weil die Sporne der Blüten entfernt Ähnlichkeit mit den Klauen dieses Vogels haben; oder es wird von aqua = Wasser und legere = sammeln ausgegangen, da die Blütenhülle als Füllhorn betrachtet wird. Die Gattung umfaßt gegen 120 Arten, die auf der nördlichen Erdhälfte in der gemäßigten Zone vorkommen. Viele sind schon seit langem Gartengewächse. Es gibt drei Typen: 1. der Sporn der Blüten ist am Ende ge-

Aq

Árabis caucásica 'Plena'

Arctótis breviscápa

krümmt; 2. der Sporn ist lang und gerade, meistens Arten aus Nordamerika; 3. ohne Sporn.

Arten mit gekrümmtem Sporn

Aquilégia alpína L. aus den Westalpen in Höhen über 1200 m. Die Pflanzen werden bis 30 cm hoch und bekommen azurblaue, nur ausnahmsweise anders gefärbte Blumen. Im Tiefland sehr schwierig zu halten, besser dagegen cv. 'Superba'.
Aquilégia einseleána F. W. Schultz aus den Pyrenäen wird 20 bis 25 cm hoch und blüht im Juni/Juli auf unverzweigten Stengeln mit kleinen, blauvioletten Blumen.
Aquilégia vulgáris L. ist eine weitverbreitete, willig wachsende Art und bereits seit dem 15. Jahrhundert Gartenpflanze. Sie wird 40 bis 80 cm hoch, und es gibt von ihr zahlreiche Farbensorten mit blauen, weißen, blauweißen und rötlichweißen Blumen in vielblumigen Blütenständen. Sie blühen im Mai/Juni. Die Sorten gehen auch unter dem Namen **Aquilegia-Hybriden**; es gibt auch gefüllt blühende. Meist werden Mischungen angeboten.

Arten mit langem, geradem Sporn

Aquilégia caerúlea James, aus dem westlichen Nordamerika stammend, wird 40 bis 80 cm hoch, bildet zierlich wirkende Pflanzen und blüht bei der Stammart bläulichweiß, die Sporne sind schlank, Länge 3,5 bis 5 cm. Es gibt Sorten mit weißen, hellgelben, rosa, roten und dunkelblauen Blüten, mit gefüllten Blumen und eine cv. 'Haylodgensis' (Hybride aus *A. caerulea* und *A. flabellata*), Blumenhüllblätter zartviolett, Honigblätter reingelb. Die Art und ihre Abkömmlinge sind etwas empfindlich: sie müssen etwas Winterschutz bekommen und wünschen Standorte mit Zusatz von Moorerde.
Aquilégia canadénsis L. aus dem Osten und Nordosten des nordamerikanischen Kontinents wird 30 bis 60 cm hoch und hat gelbe Blumen mit roten Spornen.
Aquilégia chrysántha A. Gray ist eine der wenigen Arten, die in wärmeren Gegenden vorkommt: in Arizona und Neu-Mexiko. Sie hat unterseits graugrüne Blätter, wird bis 100 cm hoch, ihre Blüten besitzen einen sehr langen, geraden Sporn, Farbe der Blüten goldgelb; es gibt auch eine weißblühende Form. Die Art gehört zu den schönsten Aquilegien.
Aquilégia skínneri Hook., aus dem Westteil Nordamerikas und südlicher bis Neu-Mexiko auftretend, wird 50 bis 70 cm hoch und blüht gelb mit rotem Sporn. Empfindliche Art, nur für warme, sonnige Standorte; man soll sie im Winter mit Reisig schützen.

Arten ohne Sporn

Aquilégia flabelláta Sieb. et Zucc. (syn. A. akitensis Huth) aus Japan hat große, einfarbig mittelblaue Blumen auf Stielen, die bis 15 cm hoch werden. Diese Pflanzen brauchen unbedingt Winterschutz.

Bewertung, Verwendung, Anzucht: Akelei sind weitverbreitete und allgemein beliebte Gartenpflanzen. Sie wirken aber mit den zarten Tönen ihrer Blüten nicht auf weite Entfernungen; starke Farbwirkungen sind nicht möglich. Um so liebenswürdiger sehen die Blumen aus, wenn man sie aus der Nähe betrachtet. Der Boden soll frisch und humusreich sein, der Standort nicht zu heiß, etwas Streuschatten ist günstig; Ausnahmen sind bei den Arten angegeben. Die hohen Arten eignen sich für bunte Blumenbeete, die niedrigen für Steingärten. Die Pflanzen werden nur ausnahmsweise alt, in der Regel muß man Akelei nach einigen Jahren wieder frisch anpflanzen. Die Vermehrung erfolgt durch Aussaaten; man sät in kalte Kästen oder auf Saatbeete im Freien. Bei Aussaat im April/Mai sind die Anzuchten bis zum Herbst verkaufsstark. Beim Samenbau ist zu beachten, daß es leicht zu Vermischungen kommt, wenn die Arten oder Sorten nicht weit genug voneinander entfernt stehen.

Árabis · Gänsekresse
Cruciferae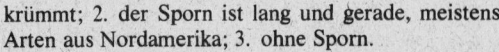

Die Herkunft des Pflanzennamens ist dunkel, er wird schon im Altertum verwendet. Vielleicht bezeichnete man damit eine aus Arabien stammende Kruzifere. Die Gattung umfaßt gegen 100 Arten, die meistens Stauden sind und in vielen Teilen der Erde in Gebirgen auftreten. Einzelne sind schon seit langem Gartenpflanzen

Die Benennung ist bei den verschiedenen Autoren unterschiedlich.

Árabis álbida → **Á. caucásica**

Árabis × aréndsii Wehrh. (oft als *A. albida,* auch als *A. caucasica* gehend, was aber falsch ist) sind Hybriden aus *A. aubrietioides* und *A. caucasica,* welche 15 bis 20 cm hohe Polster aus niederliegend-aufsteigenden Trieben bilden, Laub grau behaart, Blüten in kurzen Trauben. Wichtig sind die Sorten, vor allem 'Rosabella' – hellrosa, mit ziemlich großen Blumen.

Árabis caucásica Schlechtend. (syn. *A. albida* Stev. ex Fisch.) ist eine immergrüne, allgemein bekannte, häufig verwendete Staude. Es gibt mehrere Sorten: 'Märzschnee', 'Grandiflora Superba', 'Schneekissen' blühen weiß, 'Rosea' zartrosa, 'Plena' weiß mit gefüllten Blumen an ziemlich langen Blütenständen, überreich blühend; 'Variegata' weiß, bei weißlichgelb gerandeten Blättern. Florzeit im Frühling.

Árabis ferdinándi-cobúrgi Kell. et. Sünderm. vom Balkan, etwa 10 cm hohe, feste Teppiche bildend, Blätter klein, etwas lederartig, grün, Blumen weiß im Frühling, wie ein weißer Schaum wirkend.

Árabis procúrrens Waldst. et Kit. aus Südosteuropa, Ausläufer treibend, voriger recht ähnlich, etwas höher werdend.

Bewertung, Verwendung, Anzucht: Arabis caucasica ist in den meisten Gärten zu sehen, besonders häufig die gefülltblühende Sorte. Die Pflanzen werden zu Einfassungen und Kanten benutzt, eignen sich auch für Trockenmauern und Alpina, ferner als Bodendecke. Der Standort muß sonnig sein, jeder normale Gartenboden ist recht, nur naß darf er nicht sein. 'Plena' wird zur Schnittblumengewinnung auch in kalte Kästen gepflanzt, auf die man je nach Witterung ab Ende März Fenster legt, man bekommt dadurch lange Blütentriebe zum Schnitt. Die Bestände müssen von Zeit zu Zeit erneuert werden. Im Garten dagegen können Arabis lange stehen; wenn sie als Kantenbepflanzung zu weit in den Weg laufen, steche man sie einfach mit scharfem Spaten nach der Schnur ab (das sieht nach Roßkur aus, ist aber keine). Als Nachbarn sind fast alle Frühlingsblüher wie Alyssum, Teppichphlox, Aubrietien üblich. Man achte jedoch darauf, daß die Arabis dergleichen Pflanzen nicht überwachsen oder bedrängen. Das gleiche gilt von *A. × arendsii,* welche nicht so üppig wachsen. Die übrigen aufgeführten Arten sind vorzügliche Bodenbegrüner. Sie wollen humusreichen, nicht zu trockenen Boden, auch ist volle Sonne nicht erwünscht, sondern lichter Schatten, aber wenn der Boden frisch genug ist, vertragen sie auch volle Sonne. Vermehrt werden diese aus Samen, Aussaat im Frühling, Kultur in Töpfen, verkaufsstark bis zum Herbst. Die Sorten werden durch Stecklinge vermehrt. Die beste Zeit ist der Herbst und Vorfrühling. Man nehme, wo möglich, Triebe von der Außenseite oder von ganz innen, die vielfach aus den verhärtenden Stielteilen kleine Wurzeln treiben, stecke sie zu mehreren in 8-cm-Töpfe und lege Glas auf. Im Hochsommer bei heißem Wetter wachsen Stecklinge schlecht und faulen leicht.

Arália · Aralië
Araliaceae ♃ ◐ ◌ ◌ ♡

Die Herkunft des Namens ist dunkel, ihm soll ein volkstümlicher Pflanzenname aus Kanada zugrunde liegen. Es sind sommergrüne Gehölze oder Stauden mit großen, gefiederten Blättern und kleinen weißlichen Blüten, die ansehnliche, mehrfach sich verzweigende Blumenstände bilden. Die Gattung umfaßt etwa 40 Arten und ist in Asien und Amerika verbreitet. Von den Stauden sind zu nennen:

Arália cordáta Thunb. (syn. *A. edúlis* Sieb. et Zucc.) aus Japan hat herzförmige Blätter, wird bis 150 cm hoch und blüht im Juni mit einfachen oder zusammengesetzten Trauben grünlichweißer Blumen, denen schwarze Kugelbeeren folgen. Die fleischigen Wurzeln werden in der Heimat als Gemüse verwendet, sie schmecken wie Sellerie.

Arália racemósa L. aus Nordamerika wird bis 150 cm hoch und blüht im Juli mit grünlichweißen Blumen in endständigen Trauben. Besser als die Stammart ist var. **sachaliénsis** Regel von der Insel Sachalin, denn sie hat sehr ornamentale, bis 60 cm lange Blätter.

Bewertung, Verwendung, Anzucht: Diese Aralien sind ansehnliche Blattpflanzen, die sich aber nur für große Gärten und Parke, in kleinen Gärten allenfalls als Solitärpflanzen eignen. Sie brauchen nährstoffreichen, frischen Boden und stehen in Halbschatten besser als in voller Sonne, die sie jedoch notfalls vertragen, wenn man zusätzlich wässert. Man pflanze im Frühjahr, die Exemplare können viele Jahre am gleichen Platze bleiben, sie nehmen viel Raum ein. Vermehrt wird aus Wurzelschnittlingen im Winter und aus Samen, den man gleich nach der Reife säen muß. Die Anzucht dauert etwa ein Jahr.

Arctótis · Bärenohr
Compositae ☉ ◌ ◐ ◌ ♡

Im Namen stecken die griechischen Wörter arktos = Bär und ous, otos = Ohr; sie beziehen sich auf die filzige, bräunliche Behaarung, die an das bepelzte Ohr eines Bären erinnern kann. Die Gattung umfaßt gegen 30 Arten, sie werden Kräuter oder Halbsträucher mit ansehnlichen Blütenkörben. Die Heimat ist Südafrika.

Arctótis breviscápa Thunb. wird etwa 15 cm hoch und wächst in die Breite; in der Heimat eine Staude, hier ist ihr der Winter viel zu naß. Die Blumen sind orangegelb, bei 'Aurantiaca' dunkelorange, unterseits bräunlich bepudert. Blütezeit ist der Sommer.

Arctotis-Hybriden stammen aus Kreuzungen verschiedener Arten, und die Pflanzen haben gegen 8 cm breite Margeritenblüten in Weiß, Creme, Gelb, Orange, Rot mit in der Regel abweichend gefärbten Mittelscheiben, oft um diese einen Ring von anderer Farbe, die allmählich in den Ton der Zungenblüten übergeht.

Ar

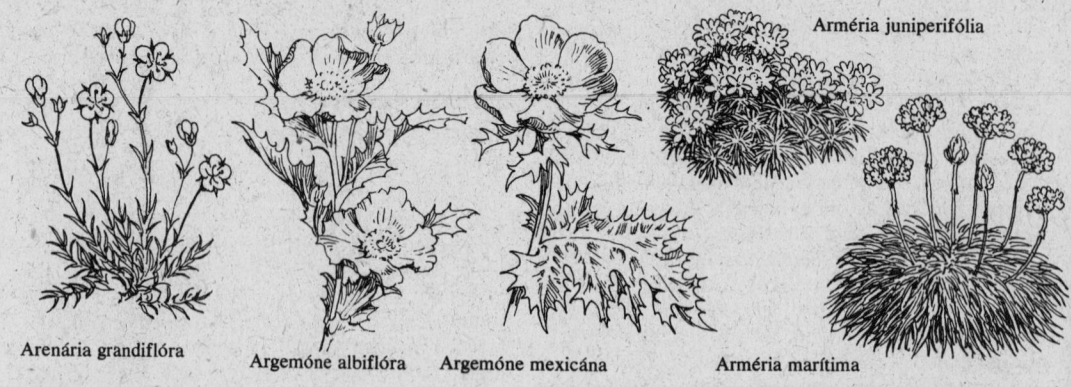

Arenária grandiflóra   Argemóne albiflóra   Argemóne mexicána   Arméria juniperifólia   Arméria marítima

Bewertung, Verwendung, Anzucht: Es sind schöne Sommerblumen für warme, geschützte Plätze oder Lagen, aber sie geraten nur in trockenen Jahren; in nassen versagen sie wie so manche anderen Pflanzen aus dem Kaplande. Man kann an Ort und Stelle säen und muß dann auf 15 cm Abstand ausdünnen, oder man sät ins halbwarme Frühbeet und pflanzt an den vorgesehenen Platz. Das Bärenohr eignet sich für bunte Blumenbeete von Sommerblumen mit ähnlichen Ansprüchen, ferner kann man es zwischen weißblättrige Stauden setzen, muß dafür nur Platz lassen. Da es von diesen völlig abweichend blüht, ist es eine wunderhübsche Ergänzung.

Arenária · Sandkraut
Caryophyllaceae ♃ ○ ◐ ◑ △ ‖ ♡

Im Namen steckt wie in dem Wort Arena das lateinische arena = Sand; es nimmt auf den Standort und Boden Bezug, auf dem manche Arten in der Natur vorkommen. Es sind niedrige, rasig wachsende Stauden mit weißen, gelegentlich auch rötlichen Blüten. Die Gattung umfaßt 160 Arten, und diese treten in der ganzen Welt auf; in Australien gab es ursprünglich keine, doch wurde dort *A. serpyllifolia* eingeschleppt, das bei uns häufige Quendel-Sandkraut, ein Unkraut an Wegen und trockenen Stellen.

Arenária grandiflóra L. aus Südeuropa und Nordafrika, wo die Pflanzen auf Bergen wachsen, wird 6 bis 15 cm hoch und bildet lockere Rasen, die Blätter sind fein, die Blumen ziemlich groß, weiß und erscheinen im Mai/Juni.

Arenária purpuráscens Ram. ex DC. wurde von Louis Ramond — nach seiner Ausbildung Jurist, aber überdies voller Interesse für Botanik — in seinen Reiseberichten über die Pyrenäen erstmals beschrieben. Sie bildet bis 15 cm hohe Polster mit rötlichen Stengeln und sitzenden, lanzettlichen Blättern. Die Blumen werden weiß bis hellrosa und erscheinen in 2- bis 4blütigen Trugdolden im Hochsommer.

Arenária tetráquetra L. bildet bis 5 cm hohe, dichte Polster und hat blaugrüne Blätter, die über Kreuz stehen. Sie bringt weiße Blümchen im Sommer. Die Pflanze macht einen xerophytischen Eindruck.

Bewertung, Verwendung, Anzucht: Die Sandkraut-Arten sind eine gute Bodendecke für sonnige Plätze mit sandig-humosem Boden. *A. tetraquetra* eignet sich auch als Bodenbegrünung für Gräber, ferner paßt sie zwischen weitfugig verlegte Platten von Wegen oder Sitzplätzen, selbst als niedrige Einfassung läßt sie sich verwenden. Vermehrt wird durch Teilung und aus Samen. Die Anzucht ist einfach und geht rasch vonstatten.

Argemóne · Stachelmohn
Papaveraceae ⊙ ○ ◐ ◑

Der Name stammt aus dem Griechischen: argemone hieß eine Mohnart, deren Saft gegen Hornhautflecken der Augen gebraucht wurde. Es sind meistens einjährige oder zweijährige Kräuter mit graugrünem Laub, das etwas an die Blätter von *Papaver orientale* erinnert, also rauhhaarig und sogar stachlig ist. Die Blumen sind schalenförmig. Das Genus umfaßt etwa 10 Arten, welche alle in Mittelamerika und in den angrenzenden Gebieten vorkommen. Sie wachsen in der Gesellschaft von Xerophyten.

Argemóne albiflóra Hornem. (A. alba Lestib.) hat bläulichgrünes Laub und wird 60 bis 100 cm hoch. Die Blumen werden gegen 8 cm breit, cremeweiß bis blaßgelb und sitzen einzeln oder bis zu dreien am Stiel. Blütezeit ist der Sommer.

Argemóne mexicána L. aus den trockeneren Gebieten Mexikos wird 50 bis 80 cm hoch und hat graugrüne, sparrige Blätter und nicht sehr große, weiße Blüten. Wichtiger ist die var. **ochroleuca** Sweet, weil sie niedriger bleibt. Die Blumen sind gelblich.

Argemóne platýceras Link et Otto ist eine weitverbreitete und ziemlich variable Art. Die Pflanzen werden gegen 60 cm hoch. Sie haben blaugrüne, dicht borstig bestachelte, tief gebuchtete Blätter und bringen auf sich verzweigenden Stielen bis 10 cm breite, weiße und auch purpurne Blüten. Die var. **hunnemánnii** Fedde ist weniger bestachelt.

Bewertung, Verwendung, Anzucht: Argemonen werden viel zuwenig verwendet. Sie sind auffällige, ansehnliche Gewächse, die besonders zu Pflanzen ähn-

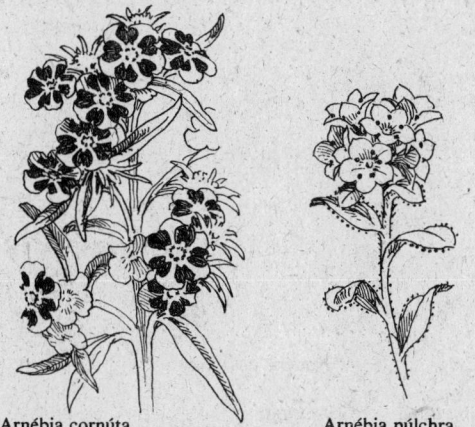

Arnébia cornúta   Arnébia púlchra

licher Arten oder Typen gut passen: in flächig stehende Eschscholtzien, Lasthenien, Verbenen aus Mexiko, niederliegend wachsende *Oenothera* und einige Sommerblumen aus Südafrika. Es gibt viele Möglichkeiten für solche Blumen, welche für warme, sonnige Plätze mit durchlässigem, nicht zu fettem Boden die beste Bepflanzung sind. Man zieht aus Samen: Aussaat im März/April unter Glas auf halbwarmen Fuß, bald in kleine Töpfe vereinzeln und nach Mitte Mai an den vorgesehenen Standort einzeln oder in Gruppen mit etwa 40 cm Abständen auspflanzen.

Arméria · Grasnelke
Plumbaginaceae ♃ ○ ◐ ◑ △ ∥ ♡ ✕

Der Name soll auf das keltische ar mar = am Meer zurückgehen, Armeria wurde zuerst von dem französischen Arzt Jean de la Ruelle (1474–1537) als Bezeichnung für die Gattung gebraucht. Sie ist gegen 50 Arten stark und tritt in der gemäßigten Zone in Europa und überdies in den Anden Südamerikas auf. Es sind Stauden mit vielfach dünnen, grasförmigen Blättern in Schöpfen oder runden Polstern. Die Blüten stehen in kugeligen Köpfchen beisammen.
Arméria juniperifólia (Vahl) Hoffmgg. et Link (syn. A. cespitosa [Cav.] Boiss.) aus Spanien ist die kleinste Art. Sie bildet dichte Polster und blüht auf 6 cm hohen Stielchen mit rosa oder weißlichen Blütenköpfchen – eine Puppenstubenausgabe, die heikel ist. Sie wünscht gut drainierten, ziemlich trockenen Standort im Alpinum zwischen Steinen, ist gegen Winternässe empfindlich und soll leicht mit Reisig abgedeckt werden. Wüchsiger und härter, aber auch nicht so zierlich ist cv. 'Suendermannii', die leuchtend rosa blüht.
Arméria marítima (Mill.) Willd. ist die am meisten verbreitete Art, auch die dankbarste. Die Laubpolster werden bis 12 cm hoch, und die Blütenstände sind ziemlich groß. In Kultur sind fast nur Sorten wie 'Alba' – Blüten weiß; 'Düsseldorfer Stolz' – Blüten leuchtend karmin; 'Rosea Compacta' – niedrig im Wuchs, Blütenköpfe rosa; 'Splendens Perfecta' – große Blütenköpfe in leuchtend Rosarot.

Bewertung, Verwendung, Anzucht: Grasnelken der Art *maritima* sind beliebte Stauden für Einfassungen, auch für Steingärten und Brüstungen von Trockenmauern. Die Pflanzen wollen sonnigen Standort und sandigen Boden; in schwerer Erde stocken sie leicht. Man muß nach drei Jahren aufnehmen und neu pflanzen, da ältere Exemplare innen braun werden und absterben. *Armeria juniperifolia* ist eine Liebhaberpflanze und wird trotz vieler Fehlschläge immer wieder gepflanzt. Beide werden durch Samen vermehrt und durch Teilung im Frühling oder nach der Blüte. Aus Samen fallen sie nicht echt. Die Anzucht ist einfach, und innerhalb eines Sommers bekommt man verkaufsstarke Bestände.

Arnébia · Prophetenblume
Boraginaceae ♃ ○ ◐ ◑ △ ○

Der Name Arnebia ist die Latinisierung des volkstümlichen arabischen Namens der Pflanzen. Die Gattung umfaßt 12 Arten, welche im Mittelmeerraum und im Himalaja vorkommen; sie sind Stauden oder Annuelle.
⊙ **Arnébia cornúta** Fisch. et Mey. stammt aus Afghanistan und ist annuell. Sie hat lanzettliche, graugrüne Blätter und blüht in gabelteiligen Trugdolden mit röhrigen Blumen, die einen ansehnlichen Kronensaum haben. Er ist außen leicht behaart, die Schauseite leuchtend goldgelb mit 5 dunklen Punkten am Eingang der Röhre. Es gibt auch eine Sorte 'Tubiflora', bei welcher die Kronröhre 1,5 bis 2 cm lang, der Kronensaum breiter wird und die Blütenstände mehr Blumen bringen, Blütezeit im Sommer bis Herbst.
♃ **Arnébia púlchra** (Willd.) Edmondson (syn. A. echioides DC., Echioides longiflorum Johnst., Macrotomia echioides Boiss.) ist eine Staude, stammt aus dem Kaukasus, hat spatelig-lanzettliche, behaarte, bis 20 cm lange Blätter und goldiggelbe Blumen mit 5 dunklen Punkten am Eingang der Kronröhre, die aber später verblassen. Die Blüten stehen in vielblumigen Trugdolden. Die Exemplare werden etwa 20 bis 25 cm hoch und blühen im Frühling.

Bewertung, Verwendung, Anzucht: Beide Arten werden hier selten verwendet. Sie sind schöne Gewächse für Freunde unbekannter Blumen. Sie wünschen beide trockenen, sandigen, alkalischen, durchlässigen Boden und gedeihen dort am besten, wo die Erde nicht sehr humusreich ist; dem entspricht, daß man keinen Mist oder Kompost eingraben darf. Solche Standorte sind nicht gerade häufig, aber andererseits ist es nicht leicht, für sie passende Pflanzen zu finden: die Arnebien sind welche! Die annuelle Art wird durch Aussaat im zeitigen Frühjahr unter Glas vermehrt, sobald als möglich topft man ein und pflanzt später an den vorgesehenen Platz. Man kann auch an Ort und Stelle säen; verpflanzen lassen sich die Arnebien ohne Topfballen schlecht, da sie eine lange Pfahlwurzel bekommen, die schon klein recht empfindlich

Ar

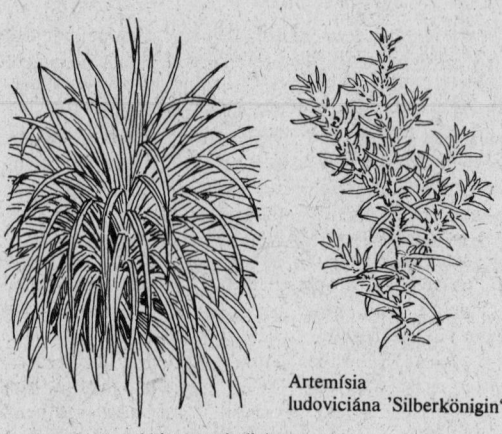

Artemísia ludoviciána 'Silberkönigin'

Arrhenátherum elátius ssp. bulbósum

Árum maculátum

ist. Die perennierende Art wird durch Wurzelschnittlinge im Winter vermehrt, auch Aussaat ist möglich, nur bildet sich selten Samen. Wahrscheinlich stammen die meisten bei uns vorhandenen Pflanzen aus vegetativer Vermehrung; die Art ist stark selbstunfruchtbar.

Árnica · Wohlverleih, Arnika
Compositae ♃ ○ ◐ ◑ ◉ △

Die Ableitung des Namens ist ungewiß. Er kann vom griechischen arnos = Lamm und aikos = dienlich herkommen, eine Verstümmelung von Ptarmica oder arabischen Ursprungs sein; in der Literatur taucht er zum ersten Male im 14. Jahrhundert bei Matthaeus Sylvaticus als „arnich" auf. Die Gattung ist fast 20 Arten stark, welche zum größeren Teile in Nordamerika auftreten, 3 in Europa. Davon ist bei *A. alpina* interessant, daß sie in der Arktis vorkommt und außerdem, durch den ganzen Tropengürtel und die gemäßigten Zonen getrennt, in Südpatagonien. Die unter Naturschutz stehende Art *A. montana* ist offizinell wichtig, denn sie wird zur Herstellung der Arnikatinktur verwendet, die ein altes Heilmittel ist. Alle Arten sind Stauden.

Árnica chamissónis Less. aus Nordamerika wird 30 bis 40 cm hoch und blüht im Mai/Juni mit mehrblütigen Dolden orangegelber Blumen.

Árnica longifólia Eaton aus Nordamerika hat lanzettliche Blätter und blüht im Hochsommer überreich mit gelben Blumen auf Stielen, die bis 30 cm hoch werden.

Árnica sachalinénsis (Regel) A. Gray von der Halbinsel Sachalin hat nicht sehr große, aber viele Blumen, die in kleinen Dolden beisammenstehen. Der Flor fällt in den Sommer, die Blumen sind hellgelb.

Bewertung, Verwendung, Anzucht: Es sind keine Schönheiten ersten Grades, aber brauchbare, genügsame Wildstauden, welche im Flor auf *Doronicum* folgen. Man verwendet sie einzeln im Garten mit *Pulmonaria, Veronica teucrium,* auch *Cerastium* als Nachbarn oder in größeren Mengen in Parken an Stellen, wo aus gartenkünstlerischen Gründen im Spätfrühling und Sommer blühende Stauden nötig sind. Es ist jeder normale Gartenboden recht, er soll nur nicht zu feucht sein. Die Pflanzen vertragen auch leichte Beschattung. Vermehrt wird aus Samen und durch Teilung. Die Anzucht dauert nicht lange und macht keinerlei Schwierigkeiten.

Arrhenátherum · Glatthafer
Gramineae ♃ ○ ◐ ♡ ✕

Die Gattung enthält gegen 40 Arten und tritt in Europa, Afrika und Westasien an vielen Stellen auf. Es sind meistens ausdauernde Gräser. Sie kommen häufig auf Wiesen vor und können alt werden. Gartenwert hat nur

Arrhenátherum elátius (L.) P. Beauv. ex J. S. et K. B. Presl ssp. **bulbósum** (Willd.) Schübl. et Martens 'Variegatum', das Knollenbandgras. Es wächst 30 bis 50 cm hoch, hat glasartige Knöllchen und weißbunte Halme.

Bewertung, Verwendung, Anzucht: Die Büsche bilden helle Farbflecken, man nimmt sie in Heidegärten und zu Wildstauden, die solch eine Ergänzung gebrauchen können. Von August an läßt die Farbe nach. Der Boden soll nicht zu trocken, aber auch durchlässig sein. Vermehrt wird durch Teilung im zeitigen Frühjahr, die Pflanzen sind bis zum Herbst verkaufsstark, doch sollte man möglichst im Frühling verpflanzen.

Artemísia · Beifuß, Edelraute
Compositae ○ ♃ ◑ ◉ △ ♡

Die Ableitung des Namens ist dunkel. Die Pflanze kann den Namen der griechischen Göttin der Jagd bekommen haben, weil Artemis auch bei Frauenkrankheiten angerufen wurde und *A. vulgaris* als ein Mittel gegen dieses Leiden galt; sie kann nach der Königin Artemisia, Gattin des Mausolos von Halikarnassos, genannt sein, welche die Heilkräfte de

Pflanzen besonders bekannt gemacht haben soll; und ihr Name kann vom griechischen artemes = frisch, gesund, herkommen. Jedenfalls ist die Heilkraft mancher Arten bereits im Altertum erkannt worden. Schon früh gerühmt wird auch der aromatische Duft mancher Arten; so heißt es bei Xenophon in der Anabasis I/5, daß er die Ebenen am Euphrat voll von wohlriechendem Absinth (dem echten Wermut), Wildeseln, Gazellen und Trappen getroffen habe. Die Steppenraute ist überdies schon seit früher Zeit als eine Rauschmittelpflanze bekannt; sie wurde vor allem von Hirten verwendet. Die Gattung umfaßt gegen 200 Arten, die auf der ganzen Erde, vielfach aber auf der nördlichen Halbkugel auftreten. Es sind Annuelle, Stauden und Halbsträucher von mannigfacher Tracht.

⊙ *Annuelle Arten*

Artemísia gmelínii Webb ex Stechm. (syn. A. sacrorum Ledeb.) wird gegen 1 m hoch und erinnert mit dem grünen Laub etwas an Nadelgehölze. Sie ist eine Staude, wird hier aber als Annuelle behandelt. Das bewährt sich auch, da die Pflanzen rasch heranwachsen.
Artemísia scopária Waldst. et Kit. wird ähnlich hoch und wächst etwas gespreizter.

Ausdauernde niedrige Arten

Artemísia nítida Bertol. (syn. A. glacialis var. nitida Fiori et Paol., A. lanata Willd. var. nitida DC. und weitere) aus den Dolomiten wird 15 bis 30 cm hoch, wächst kriechend und hat doppeltfiederteilige Blätter, seidig-filzig behaart, aromatisch duftend.
Artemísia schmidtiána Maxim. ist besonders fein gefiedert, aber wüchsig und unempfindlich. Die Pflanzen bilden freistehend duftig runde Büsche von 25 bis 30 cm Höhe. Die Blüten haben keinen Schmuckwert.

♃ *Ausdauernde hochwachsende Arten*

Artemísia ludovíciana Nutt. stammt aus Nordamerika. Verbreitet ist die Sorte 'Silberkönigin' (Silver Queen). Die Pflanzen wachsen locker-hochbuschig und haben reichlich sich verzweigende, weißbestäubte Stengel und lanzettliche, silbergraue Blätter. Die Blüten sind ohne großen Schmuckwert und von gleicher Farbe wie das Laub. Höhe der Pflanzen 70 bis 80 cm. Die Stöcke treiben Ausläufer.
Artemísia lactiflóra Wall. ex DC. aus Westchina wurde bereits 1828 nach Europa eingeführt. Die Pflanzen wachsen 80 bis 150 cm hoch, haben dunkelgrünes Laubwerk und blühen mit gelblichweißen, duftigen Blüten in vielblumigen rispigen Trauben im Hochsommer.

Bewertung, Verwendung, Anzucht: Alle Artemisien wirken durch ihr Laub, durch den Flor nur *A. lactiflora*. Die Annuellen werden grün und passen als Blickpunkte und Verbindungen in große bunte Blumenbeete mit lebhaft farbig blühenden Arten, eingestreut oder dorthin gesetzt, wo die Farben zusammenstoßen. Die niedrigen Arten eignen sich für Steingärten, für Trockenmauern oben auf den Kopf und zwischen die Fugen, ferner als Bodendecke. Sie wirken aber erst im Laufe des Sommers, wenn sich ihr Laub völlig entwickelt hat. Die verschiedenen Arten mit weißsilbrigem Laub unterscheiden sich durch ihre Wuchskraft und die Art der Blattfiederung, welche sich schlecht beschreiben läßt. Sie passen gut neben Stauden, die dunkelgrüne Teppiche bilden, auch neben *Polygonum affine* 'Superbum', *Salvia* × *superba, Inula royleana*. Die hohen Arten eignen sich für Heidegärten, passen zwischen flächig gepflanzte niedrige Stauden und Gräser, ferner ebenfalls zu *Salvia* × *superba*, *Helenium* in Gelb und Braun. Die Annuellen sät man im März/April unter Glas und setzt nach Erstarken an den vorgesehenen Platz oder topft in 8-cm-Töpfe und pflanzt bereits etwas herangewachsene Exemplare an den vorgesehenen Standort. Die alpinen Arten lassen sich durch Teilung im zeitigen Frühjahr und durch ziemlich weiche Stecklinge im Sommer vermehren. Sie werden in der Regel in Töpfen kultiviert. Die hohen Arten werden durch Teilung vermehrt und machen dabei keinerlei Schwierigkeiten. Der Boden soll sandig und nicht fett sein, der Standort sonnig; nur *A. lactiflora* verträgt auch etwas Halbschatten.

Árum · Aronstab
Araceae ♃ ☾ ● ☽ ≈ ♡

Die Familie der Aronstabgewächse umfaßt über 100 Gattungen mit ungefähr 900 Arten, von welchen die meisten in den Tropen, zum Teil als Lianen, vorkommen. Das Wort Arum kommt bereits bei Theophrast als ein Pflanzenname vor. Die Gattung umfaßt gegen 15 Arten, welche vor allem im Mittelmeerraum auftreten; alle sind Stauden.
Árum itálicum Mill., in Südeuropa und auf den Kanarischen Inseln beheimatet, hat große, pfeilförmige Blätter und eine gelbe Spatha, die außen grünlich, innen weißlich und oben weit offen, etwas zurückgeschlagen ist. Diese Art blüht im Frühling.
Árum maculátum L. ist in Mitteleuropa häufig. Die Pflanzen werden 15 bis 40 cm hoch und haben grüne, bräunlich überlaufene oder gefleckte, ziemlich große, elliptisch-eiförmige, zugespitzte Blätter und blühen im Mai mit hellgrüner, oft bräunlichrot angehauchter Spatha. Ende Juli gibt es rote Beeren als Früchte.

Bewertung, Verwendung, Anzucht: Es sind Pflanzen für schattige Standorte mit humosen, feuchten Böden, die auch sehr feucht sein können. Wo man solche Plätze bepflanzen muß, sind außer Farnen die Arum gut geeignet. Sie zieren durch ihre Blätter, welche auch Tropfenfall vertragen. Vermehrt wird durch Aufzucht von Nebenknollen und aus Samen. Man braucht schattige Anzuchtbeete und muß reichlich wässern.

Ar

Arúncus dioícus

Asarína scándens

Arúncus · Geißbart
Rosaceae ⚁ ○ ◐ ◑ ○ ✕

Aruncus heißt die Pflanze bereits bei Plinius. Das lateinische Wort aruncus bedeutet Ziegenbart; der Name bezieht sich auf die ziegenbartähnliche Form der Blütenstände. Die Botaniker vor Linné nannten das Gewächs Barba caprae. Die Gattung ist nur eine Art stark. Sie bildet durable Stauden mit kräftigem, verholzendem Wurzelstock, der sich reichlich verzweigt und viele Adventivwurzeln bringt.
Arúncus dioícus (Walt.) Fern. (syn. A. sylvestris Kostel.) ist eine in feuchten Laubwäldern an Bächen und Quellen wachsende, üppige Pflanze. Sie wird 1 bis 2 m hoch und bringt mehrfach gefiederte Blätter und 50 cm lange und längere, reichlich sich verzweigende Rispen mit unzähligen, dichtsitzenden, kleinen weißen Blüten. Der Flor fällt in den Sommer. Die Pflanzen sind häufig zweihäusig, aber nicht immer. Blumenrispen mit weiblichen Blüten sind lockerer im Aufbau und werden reinweiß, die männlichen Blüten leicht cremeweiß. 'Kneiffii' hat feiner zerschlitzte Blätter und bleibt etwas niedriger.

Bewertung, Verwendung, Anzucht: Der Geißbart ist eine unsrer schönsten einheimischen Stauden, seine weißen Blütenbüsche entzücken jeden Gartenfreund. Die Pflanzen vertragen Schatten von oben, aber auch volle Sonne, wenn sie genügend feucht stehen. Der Boden soll tiefgründig, frisch und humusreich sein; die Pflanzen können dann ein Menschenleben lang an ihrem Standort aushalten. Sie werden mit der Zeit meterbreite Büsche. Alle Stauden mit ähnlichen Ansprüchen, die robust sind, eignen sich als Nachbarn. Die Blüten werden auch als Schnittblumen verwendet, besonders schön wirken sie in der Vase zusammen mit hellem und auch dunklem Rittersporn. Vermehrt wird durch Teilung und aus Samen, wenn man beide Geschlechter in den Kulturen hat. Die Anzucht ist einfach, aber es dauert gut ein Jahr, bis man verkaufsstarke Bestände hat.

Asarína · Asarina
Scrophulariaceae ☉ ○ ◑

Die Gattung wurde von Ph. Miller (1691–1771), einem englischen Gärtner, begründet, und zu ihr gehören nach den taxonomischen Studien von Pennell, De Wolf und andern die bisherige Gattung Maurandya und Antirrhinum maurandioides A. Gray. Alle sind windende oder kletternde Kräuter oder Halbsträucher bis Sträucher. In vielen Schriften sind sie noch unter Maurandya zu finden.
Asarína antirrhiniflóra (Humb. et Bonpl. ex Willd.) Pennell (syn. Maurandya antirrhiniflora Humb. et Bonpl. ex Willd.) aus Mittelamerika und Kalifornien wächst 2 bis 3 m hoch und klettert mit Hilfe der gebogenen Stiele an Sträuchern, Steinen und Gittern empor. Ihre Blüten werden 1,5 bis 3 cm lang, brechen aus den Blattachsen hervor oder sitzen an den Triebenden in kleinen Trauben beisammen. Sie werden weiß bis weißlichlila. Die Pflanzen blühen sehr reich.
Asarína barclaiána (Lindl.) Pennell (syn. Maurandya barclaiana Lindl.) wächst gegen 2 m hoch, hat efeuähnliche, aber weiche Blätter und relativ lange Blüten mit einem tiefen, grünlichgelben Schlund und anders getönten Rändern. Bei der Art sind diese purpurn, bei 'Lilacina' hellviolett.
Asarína erubéscens (D. Don) Pennell (syn. Maurandya erubescens [D. Don.] A. Gray) erreicht an zusagendem Standorte etwa 3 m Höhe. Stengel und Blätter sind wenig oder stark zottig behaart, letztere im Umriß spitz-3eckig oder herzförmig, am Rande ungleichmäßig und grob gezähnt oder kantig gelappt, die Blatt-

Ásarum europaéum

fläche ist etwas runzelig. Die Blüten werden 5 bis 7,5 cm lang, haben eine oberseits stark sich erweiternde Röhre, die in später zur Seite ragenden Abschnitten endigt; Farbe rosenrot, im Schlunde weiß und rot getüpfelt, dazu zwei goldgelbe, bärtige Linien. **Asarína scándens** (Cav.) Pennell (syn. Maurandya scandens Cav.) wächst gegen 3 m hoch und ist eine kahle Art. Sie hat herzförmige, stark zugespitzte Blätter und blüht trübviolett. 'Spectabilis' wächst nicht so kräftig, bringt dafür zahlreiche purpurne Blüten mit rot punktiertem Schlund.

Bewertung, Verwendung, Anzucht: Alle sind empfehlenswerte Kletterpflanzen, die leider viel zu selten verwendet werden. Sie bilden bald dichte grüne Flächen, welche sich später mit Blüten schmücken. Sie eignen sich zur Bekleidung von Spalieren, Mauern, Zäunen und zum Zuspinnen von Böschungen, ferner für Blumenkästen und als Hängepflanzen. Der Standort soll warm und sonnig sein. Als Erde genügt jeder normale Gartenboden. Man sät von Mitte Februar bis Anfang März im Gewächshaus in Schalen in zunächst leichte Erde, topft dann ein und pflanzt gegen Ende Mai an den vorgesehenen Platz. Damit die Exemplare buschig werden, ist es günstig, einige Male zu stutzen. Ferner ist es unerläßlich, recht bald Stäbe beizustecken und anfangs die Triebe anzubinden. Auch rücke man die Bestände mehrfach auseinander, damit sie nicht ineinanderwachsen. Im Freien binde man mindestens die verschiedenen Triebspitzen in die Richtung, in der sie zuletzt hochlaufen sollen. Bei Exemplaren, die hängen sollen, ist es angebracht, drei Stäbe beizustecken, die drei Haupttriebe an diese zu heften und erst, wenn sie eine gewisse Länge erreicht haben, die Stützen fortzunehmen und die Töpfe aufzuhängen.

Ásarum · Haselwurz
Aristolochiaceae

Im Namen steckt das griechische Wort asaron, wie unsere Europäische Haselwurz bereits bei Dioskorides heißt. Die Gattung umfaßt ca. 100 Arten, die alle niedrige Stauden sind. Die kanadische Art *A. canadense* L. besitzt ein wohlriechendes Rhizom, das gelegentlich bei der Weinbereitung zur Erhöhung des Geschmacks verwendet wird. Unsere heimische Art war bei den Römern und bis ins Mittelalter ein wichtiges Arzneimittel. Man gebrauchte das getrocknete Rhizom samt den Wurzeln und die beiden nierenförmigen Grundblätter vor allem als Brechmittel. Ferner wurden die zerriebenen Wurzeln zur Herstellung des Schneeberger Schnupftabaks genommen.

Ásarum europaéum L. hat langgestielte, nierenförmige bis rundliche Blätter von etwas lederiger Textur mit tief herzförmiger Einbuchtung, oberseits glänzend, wintergrün. Die Pflanze bringt wenig auffällige Blüten.

Bewertung, Verwendung, Anzucht: Die Haselwurz ist eine unübertreffliche Staude zur Bodenbegrünung an schattigen Plätzen, selbst noch unter Bäumen, wenn diese nicht zu dicht sind. Der Boden muß aber frisch und etwas tiefgründig sein. Die Pflanzen treiben ober- und unterirdisch kräftige Rhizome. Im ersten Jahre der Pflanzung stoßen sie vielfach die Blätter ab, denn es dauert seine Zeit, ehe die Exemplare Wurzeln schlagen und sich festsetzen. Ist dies geschehen, können die Teppiche mehrere Jahrzehnte aushalten. Vermehrt wird durch Teilung. Günstig für das Eingewöhnen sind in Töpfen kultivierte Bestände, die dort aber nur so lange bleiben dürfen, bis das Rhizom an der Topfwand herumstreicht, sonst wachsen die Pflanzen schlecht an.

Asclépias · Seidenpflanze
Asclepiadaceae

Die Familie der Seidengewächse umfaßt etwa 280 Gattungen mit ungefähr 2000 Arten, welche vor allem in den Tropen und Subtropen auftreten. Es sind Kräuter, Halbsträucher oder Sträucher von großer Mannigfaltigkeit mit ungegliederten Milchsaftbahnen in den Stengeln. Ihre Samen weisen weiche Federkronen auf, daher der deutsche Name Seidenpflanze. In Mitteleuropa wachsen außer der Schwalbenwurz keinerlei Angehörige der Familie originär, aber einzelne werden bei uns gern als Zimmerpflanzen gehalten: *Hoya*, die Wachsblume, *Stephanotis*, die Kranzschlinge, mehrere *Ceropegia*-Arten und Stapelien. Die Gattung Asclepias ist 60 Arten stark und tritt vor allem in Nordamerika und in Mexiko auf, wo aus einigen Arten Rauschgifte gewonnen werden. Benannt wurde das Genus nach Asklepios (lat. Äskulap), dem Gotte und Vorsteher der Heilkunst und der Ärzte bei den Griechen der Antike.

Asclépias tuberósa L. aus Nordamerika hat einen knolligen Wurzelstock, gerade Triebe, die sich oben etwas verzweigen und ziemlich dicht mit lanzettlichen bis rundlich-länglichen, sitzenden Blättern besetzt sind. Die Blumen erscheinen in Dolden, von welchen manchmal mehrere dicht beisammenstehen. Sie sind rein orangefarben. Flor im Hochsommer bis Herbst. Die Büsche werden 50 bis 60 cm hoch. Die Pflanzen sind an allen Teilen schwach behaart.

As

Asclépias tuberósa

Asphodelíne lútea

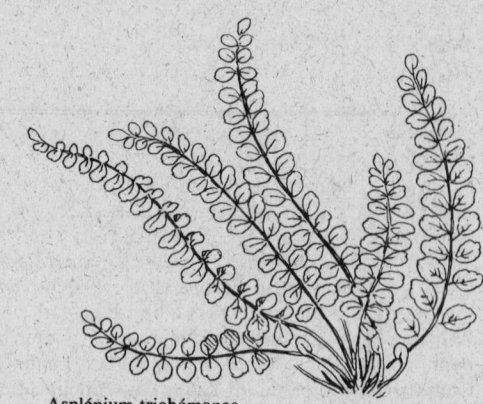
Asplénium trichómanes

Bewertung, Verwendung, Anzucht: Die Knollige Seidenpflanze wirkt als Fremdling, es sei denn, sie steht in einem Garten, der viele Gewächse aus allen Familien enthält. Sie paßt in bunte Blumenbeete zu Pflanzen mit weißen oder blauen Blüten. Die Blumen lassen sich auch schneiden und halten sich 10 Tage und länger. Der Boden soll sandig, ziemlich trocken und äußerst durchlässig sein; bei Winternässe leiden die Bestände. Man vermehrt durch Aufzucht von Nebenknollen und aus Samen. Dieser ist im Frühling in ein Frühbeet zu säen, nach dem Auflaufen und Erstarken setzt man mit 15 cm Abständen auf ein sonniges Anzuchtbeet. Es dauert bis 2 Jahre, ehe die Anzuchten ihre Blühstärke erreicht haben. Winterschutz ist nötig. Andere Arten wie *A. syriaca* werden durch ihr ungemeines Wuchern sehr leicht zu einem Unkraut, das man nur mit größter Mühe wieder beseitigen kann.

Aspáragus · Spargel
Liliaceae ♃ ○ ◐ ◑ ♡ ✕

Im Namen steckt wohl das griechische Wort spargaein = sprossen; die Pflanze hieß bereits im Altertum, wo sie wohlbekannt war, Asparagus, und unsere Bezeichnung Spargel ist davon nur eine abgeschliffene Form. Die Gattung umfaßt gegen 100 Arten, welche vor allem in der Alten Welt in regenarmen Gebieten (im Kapland allein etwa 35) auftreten und mehr oder weniger Xerophyten sind. Das beweisen die unterirdischen, oft fleischigen Wurzelstöcke, die kleinen oder verkümmerten Blätter und die chlorophyllenthaltenden Zweiglein. Zur Gattung gehören auch einige Arten, die im Zierpflanzenbau äußerst wichtig sind: *A. setaceus* (syn. *A. plumosus*) und *A. densiflorus* 'Sprengeri', die sowohl als Topfgewächse verwendet werden als auch das unentbehrlichste Grün für die Blumenbinderei liefern.

Aspáragus filicínus Buch.-Ham. vom Himalaja, erst Ende des 19. Jahrhunderts nach Europa eingeführt, hat knollige Wurzeln und treibt reichlich sich verzweigende Stengel von 1 m Höhe, ihre Zweige stehen waagerecht. Sie haben kleine Scheinblättchen, von denen 3 bis 5 beisammenstehen. Über die Winterhärte gehen die Meinungen auseinander.

Aspáragus officinális L. ist der Küchenspargel, diese „köstliche Schmeichelei für den Gaumen", wie ihn der König der Köche Brillat-Savarin charakterisiert. Sein Grün nimmt man im Sommer auch als einfaches Bindegrün. Weit brauchbarer dafür ist var. **pseudoscáber** Aschers. et Graebn. aus Rumänien, die auch unter dem Namen 'Spitzenschleier' angeboten wird. Die Pflanzen sind eine zierliche Ausgabe des Küchenspargels, die sich nicht als Gemüse eignet.

Aspáragus verticillátus L., im Orient, Kaukasus, bis nach Sibirien verbreitet, wird 2 bis 5 m hoch, verästelt sich stark, die Stengel sind glatt und etwas hin- und hergebogen, die Äste mit den nadelartigen Scheinblättern ragen unten zur Seite oder hängen etwas herab.

Bewertung, Verwendung, Anzucht: Die Arten *filicinus* und *officinalis* var. *pseudoscaber* sind keine Schmuckstauden von Bedeutung, aber sie liefern im Sommer bei guter Pflege recht brauchbares Bindegrün, wobei die Wedel von *A. filicinus* als vollwertiger Ersatz für *A. setaceus* genommen werden. *A. verticillatus* dagegen eignet sich zum Begrünen von Zäunen oder frei stehenden Spalieren und bildet dann wunderschöne, duftige grüne Wände von ungefähr 2 bis 3 m Höhe. Man kann damit den Garten gliedern, Sitz- oder Sonnenplätze abdecken und einen Zaun bekleiden. Der Boden soll tiefgründig, kräftig und durchlässig, aber nicht zu trocken sein. Günstig ist, ihn mit Kompost oder Stalldünger zu verbessern. Vermehrt wird durch Teilung oder Aussaat im Gewächshaus; die Anzuchten lasse man zur rascheren Entwicklung bis zum Sommer dort. Die Pflanzen erreichen erst im zweiten Jahre ihre Verkaufsstärke, nach dem Auspflanzen der Sämlinge macht die Anzucht aber kaum Arbeit. An Ort und Stelle stehend, können die Stöcke viele Jahre ihren Dienst tun. Wenn man Asparagus zur Schnittgrüngewinnung anbaut, ist besonders reichlich zu ernähren und vorsichtshalber im Winter eine Laubdecke aufzuschütten.

Aspérula · Meier, Meister
Rubiaceae ♃ ◐ ● ◒ ◓ ♡ ○

Die Rubiazeen oder Rötegewächse (ruber = rot) sind eine stattliche Familie mit etwa 4500 Arten, doch treten bei uns nur wenige auf. Die allerwichtigste Gattung ist der zur Familie zählende Kaffeebaum mit den beiden Arten *Coffea arabica* und *C. liberica*. Andere Gattungen, die uns nicht fremd blieben, sind die Bouvardien und Gardenien, beliebte Zimmerpflanzen und Ansteckblumen. In Europa ist die Familie durch die Genera *Galium* und *Asperula* vertreten. Der Name Asperula leitet sich vom lateinischen asper = rauh her, denn einige Arten haben etwas rauhes Laub. Die Gattung umfaßt gegen 90 Arten und tritt im Mittelmeerraum, aber auch in Australien auf. Die Pflanzen bilden ästige Kräuter oder Sträuchlein. Einzelne sind sehr schöne Steingartenstauden, wachsen jedoch nicht überall freudig.

Aspérula gussónii Boiss. tritt auf dem Balkan und in Italien auf und bildet etwa 10 cm hohe, dichte Polster mit 4kantigen Stengeln. Die Blüten werden rosa und stehen in Köpfen beisammen; Flor im Juli/August.

Aspérula nítida Sibth. aus Griechenland wird 5 bis 10 cm hoch, wächst polsterartig und hat graugrünes Laub. Die Blüten erscheinen im Hochsommer und werden rosa.

Aspérula odoráta L. → **Gálium odorátum**

Bewertung, Verwendung, Anzucht: Die beschriebenen Arten wünschen volle Sonne, sehr gut durchlässigen Boden, der nur wenig Humus enthalten darf, und sind gegen Winternässe äußerst empfindlich. Es ist ratsam, sie über Winter mit einem Stück Folie vor Regen und Schnee zu schützen. Am besten pflanzt man sie in Felsspalten oder hoch im Alpinum auf Geröllfelder. Vermehrt wird durch Teilung im Frühling. In feuchten Gebieten empfiehlt es sich, diese Meierarten im Alpinenhaus zu kultivieren.

Asphodelíne · Goldwurz, Junkerlilie
Liliaceae ♃ ○ ◐ ◒ △ ♡

Asphodeline ist die Verkleinerungsform des Namens Asphodelus, die es bereits bei Homer gibt. Es sind Stauden mit einem Erdstamm, fleischigen Wurzeln und schilfartigen, steifen Blättern. Sie blühen in Trauben oder Ähren. Die Gattung *Asphodeline* umfaßt gegen 20 Arten, welche im Mittelmeergebiet und im Orient auftreten.

Asphodelíne lútea (L.) Rchb. (syn. Asphodelus luteus L.) hat fasrige, gelbe Wurzeln, treibt einen, später mehrere bis 1 m hohe, reichlich beblätterte Schäfte und bringt gelbe Blumen, die in ziemlich dichten Ähren beisammenstehen.

Bewertung, Verwendung, Anzucht: Die Goldwurz ist eine brauchbare Staude für größere Steingärten, bunte Rabatten oder Flecken in Garten und Park, die mit schön blühenden, anspruchslosen, gut aussehenden Pflanzen besetzt werden sollen. Man kann sie zu diesem Zweck in Tuffs zwischen *Cerastium*, *Anthemis marschalliana* und ähnliche Polsterpflanzen setzen. Die Asphodeline treiben Ausläufer und vermögen sich gegen Überwuchs gut zu halten und durchzusetzen, wenn dieser nicht zu stark wächst (*Stachys byzantina* wäre also nicht geeignet). Der Boden soll etwas sandig und durchlässig sein, sonst aber eignet sich jeder normale Gartenboden. Der Standort muß in voller Sonne liegen. Im Winter ist eine Laubdecke günstig, wenn man keine Bodendecke aus Stauden hat. Die Pflanzen können viele Jahre alt werden und am gleichen Platz bleiben. Vermehrt wird durch Aufzucht von Ausläufern und aus Samen. Die Anzucht aus Samen dauert bis zur Blühfähigkeit der Bestände 3 Jahre.

Aspléníum · Streifenfarn, Milzfarn
Aspleniaceae ♃ ○ ◐ △ ♡

Im Namen dieses Farns stecken die griechischen Wörter a = gegen und splen = Milz; die Blätter galten in der Antike als Heilmittel gegen Milzkrankheiten. Es ist eine weitverbreitete Gattung mit etwa 900 Arten, die teils auf dem Boden wachsen, teils epiphytisch auftreten und auf der ganzen Erde in allen Klimaten vorkommen. Zwei Arten sind wertvolle Zimmerpflanzen. Beide stehen am besten im ausgebauten Blumenfenster, wo sie sehr schön werden können: *A. dimorphum* von den Norfolkinseln und *A. nidus*, der Nestfarn. Für unsere Gärten kommen in Betracht:

Asplénium rúta-murária L., die Mauerraute, ist ein Zwerg; denn die Pflanzen werden nur 3 bis 15 cm hoch. Sie haben kriechende Rhizome, mit schwarzbraunen Spreuhaaren bedeckt, und dreieckig-ovale Wedel von graugrüner Farbe und derber Textur, doppelt bis dreifach gefiedert, vielfach wintergrün.

Asplénium trichómanes L. emend. Huds., die Steinfeder, in vielen Teilen der Welt in kühleren Gebieten häufig, wächst auch bei uns in Mauerritzen. Die Pflanzen haben fast lineaische, einfach gefiederte, reichlich erscheinende Blätter und werden bis 30 cm hoch; sie sind ebenfalls wintergrün.

Bewertung, Verwendung, Anzucht: Es sind dauerhafte, zierliche Farne, die besonders im Winter in Trockenmauern wirken. Sie wollen humose, mäßig feuchte Erde, stehende Nässe vertragen sie schlecht. Man vermehrt aus Sporen, ältere Exemplare lassen sich teilen, müssen aber sofort wieder gepflanzt werden.

Áster · Aster
Compositae ♃ ○ ◐ ◒ ◓ △ ǁ ✕ ○

Im Namen steckt das griechische Wort aster = Stern; es bezieht sich auf die sternförmigen Blüten mancher Arten, auch in der Antike hießen die Pflanzen so. Die Gattung umfaßt über 200 Arten und ist nach Tracht, Blüten und Florzeit sehr mannigfaltig. Die meisten

As

Áster alpínus

Áster ámellus

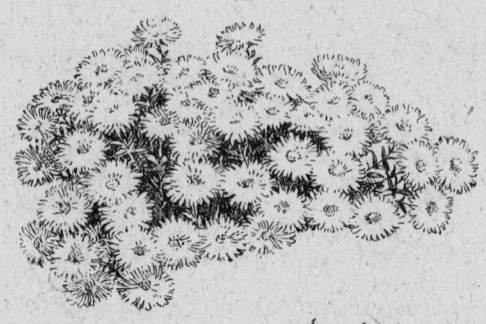
Áster dumósus

Arten treten in Nordamerika auf, woher auch eine Reihe der bekanntesten Garten-Staudenastern stammen. Viele sind schon seit Jahrhunderten in Kultur, *Aster alpinus* seit Ende des 16., *Aster novi-belgii* und *A. novae-angliae* seit Ausgang des 17. Jahrhunderts. Die Zahl der in Gärten ausprobierten Arten und die Menge der Züchtungen ist beträchtlich. Das Sortiment hatte schon vor 100 Jahren einen Umfang, der weit über die Bedürfnisse hinausging. Die Arten werden in diesem Buch wie in vielen Katalogen von Staudenbetrieben nach der Blütezeit aufgeführt.

Frühlingsastern

Áster × alpéllus hort.– eine bewährte Hybride aus *A. alpinus* und *A. amellus* – blüht im Juni sehr reich, Blumen mittelgroß, hellviolett, völlig winterhart. Diese Art wird fälschlich oft als *A. alpinus* 'Triumph' geführt.

Áster alpínus L., von Europa bis Sibirien verbreitete, allgemein bekannte Art mit einem Schopf behaarter, schmaler Blätter und Blüten auf dünnen, festen Stielen von 10 bis 20 cm Höhe. Bei der Stammart sind die Blumen lila bis rosalila mit gelber Scheibe. Es entstanden zahlreiche Formen und Sorten, wie 'Albus' – Blüten weiß; 'Ruber' – Blüten lebhaft rosenrot; 'Superbus' – Blüten groß, hellila; 'Dunkle Schöne' – tiefviolett; 'Hellblau' – hellblau; 'Susanne' – weiß; 'Anett' – hellviolett, gelbe Mitte. Sie sind schön, aber nicht überall winterhart; Blütezeit von April an.

Áster andersónii A. Gray aus Nordamerika wächst fast rasig, hat kurzes Laub und kleine lila Blümchen im Frühling.

Áster fárreri W. W. Sm. et Jeffrey von den Alpenweiden des Himalaja wird im Laub höher als *A. alpinus* und hat größere Blumen in Hellila mit orangegelber Scheibe. Wertvoll ist vor allem die Sorte 'Berggarten' wegen des überreichen Flors und der großen Blüten. Zur Florzeit im Mai bilden die Exemplare einen weithin sichtbaren Farbenfleck.

Áster tongolénsis Franch. (syn. *A. subcaeruleus* S. Moore) ist eine weitverbreitete Art, die nur in Sorten gepflanzt wird. Die Pflanzen haben etwa fingerlange, lanzettliche Blätter und blühen auf hohen straffen Stielen mit großen Blüten. Die besten Sorten sind 'Wartburgstern' – mit großen lila Blüten auf Stielen, die bis 35 cm hoch werden, und 'Leuchtenburg' – violettblau, goldgelbe Mitte.

Áster yunnanénsis Franch. mit Rosetten dunkelgrüner Blätter, in Kultur fast nur die Sorte 'Napsbury'. Sie hat bis 10 cm breite Blüten mit orangefarbener Mitte und wunderbar tiefvioletten Zungenblumen. Der Stiel wird 40 cm hoch. Leider ist diese farblich einmalige Sorte nicht sehr wüchsig.

Sommer-Staudenastern

Áster améllus L., die Bergaster, welche in Mitteleuropa, im Kaukasus und auch in Westasien auftritt, ist ebenfalls eine allgemein beliebte, vielgepflanzte Staude, Höhe der Pflanzen 40 bis 80 cm. Es gibt zahlreiche Sorten mit tiefvioletten, lila bis fast blauen und rosa Blüten in Sträußen; weiß- und lebhaft karminrosa blühende Züchtungen fehlen trotz vieler Versuche der Züchter. Bewährte Sorten sind u. a. 'Berggeist' – hellila, 70 cm; 'Blütendecke' – silberlila, 50 cm; 'Aquarell' – lavendelblau, goldgelbe Mitte; 'Silbersee' – hellblau, 50 cm; 'Festgeschenk' – dunkellila, 70 cm; 'Weltfrieden' – dunkelblau; 'Roseus' – rosa, 70 cm; 'Rosa Erfüllung' – rosa mit Silberglanz, 50 cm; 'Schöne von Ronsdorf' – lilarosa; 'Veilchenkönigin' – dunkellila, 40 cm, ist wegen des späten Flors bemerkenswert. Die Blüte beginnt im August und kann bis zum September anhalten.

Áster nóvae-ángliae   Áster nóvi-bélgii

Áster × frikártii Frik. ist eine Hybride aus *A. amellus* und *A. thomsonii*. Die Pflanzen werden bis 80 cm hoch und bilden straffe, reichlich sich verzweigende breitere Büsche als *A. amellus*, haben strahlige, himmelblaue Blumen mit gelber Mitte und blühen reich, Florzeit im August. Es wird vor allem die Sorte 'Wunder von Stäfa' kultiviert.

Áster sedifólius L. (syn. *A. acris* L.) ist eine in Europa auftretende Art, von der nur cv. 'Nanus' verwendet wird. Sie ist 40 cm hoch, blüht ab August in Sträußen ziemlich kleiner, hellvioletter Blüten. Es gibt jetzt auch eine Sorte mit rosa Blüten: 'Nanus Roseus'. Wertvoll durch die große Genügsamkeit, daher zum Verwildern in Parken gut geeignet.

Herbstastern

Áster cordifólius L. aus Nord- und Mittelamerika hat unten herzförmige, oben ei-lanzettliche Blätter und reichlich sich verzweigende, dünne, aber standfeste Triebe, welche unzählige kleine Sternblümchen bringen; daher der deutsche Name Schleieraster. Sie sind weiß oder lila bis lilarosa und erscheinen ab September. Die Pflanzen werden 100 bis 120 cm hoch und höher. Wert hat vor allem die Sorte 'Ideal' mit hellblauen Blümchen.

Áster dumósus L. aus Nordamerika ist ein Herbstastern-Typus, der züchterisch seit etwa 30 Jahren bearbeitet wird, und es sind eine ganze Reihe Sorten entstanden. Sie gehen jetzt unter dem Sammelnamen **Dumosus-Hybriden**. Die Tendenz zielt a) nach bis 25 cm hohen, geschlossen-flächig wachsenden Züchtungen und b) nach Verbesserung der Farben und Vergrößerung der Blumen. Die Pflanzen werden je nach Sorte 20 bis 50 cm hoch und wachsen leicht zu großen Flächen heran. Sie blühen im September/Oktober. Bewährte Sorten sind: 'Herbstgruß vom Bresserhof' – leuchtendrosa, 50 cm, große Blüten; 'Lady in Blue' – halbgefüllt, lebhaft blau; 'Herbstpurzel' – dunkelviolett, 15 cm, halbkugelig, dichtbuschig; 'Silberblaukissen' – leuchtend silbrig blau, 40 cm; 'Rosemarie Sallmann' – rosa, leuchtend dunkelkarminrosa, halbgefüllt, geschlossener Wuchs, 40 cm, Blüte erst Mitte Oktober; 'Prof. Anton Kippenberg' – alte, bewährte Sorte, strahlend lavendelblau.

Áster ericoídes L. aus Nordamerika bildet duftige Büsche mit reichlich sich verzweigenden Trieben und blüht mit kleinen weißen Blümchen, niedriger und buschiger im Wuchs als *A. cordifolius*. Sie blüht ab Ende September und wird 70 bis 100 cm hoch. 'Herbstmyrte', weiß, und 'Erlkönig', hellviolett, sind die besten Sorten.

Áster lateriflórus (L.) Britt. wird bis mannshoch und blüht mit lilarosa Blumen in Rispen ungefähr als letzte Herbstaster, manchmal bis in den November, beste Sorte 'Finale'.

Áster nóvae-ángliae L., die Rauhblattaster, aus Nordamerika stammend, ist eine sehr dauerhafte, im Laufe der Jahre wuchtig werdende Pflanze mit unten verholzenden Trieben, die mit stengelumfassenden Blättern dicht besetzt sind, sich oben verzweigen und große Büschel typischer Staudenasterblumen bringen. Florzeit ab Anfang September. Es entstanden eine Reihe Züchtungen, deren Nachteil aber ist, daß die Blumen sich bei Regen und gegen Abend, auch abgeschnitten, schließen, was unschön aussieht. Neuere Sorten haben diesen Mangel nicht mehr, etwa 'Andenken an Paul Gerber' – dunkelkarminrot, 140 cm; 'Rosa Sieger' – eine Verbesserung von 'Harrington Pink', lachsrosa mit gelber Mitte, 150 cm, reichblühend, standfest; 'Constanze' – dunkellilablau, 180 cm; 'Rubin' – rubinrot; 'Rubinschatz' – dunkelrot, 130 cm.

Áster nóvi-bélgii L., die Glattblattaster, wird am meisten in Gärten gepflanzt. Seit etwa 40 Jahren ist die züchterische Bearbeitung dieser Art wieder stärker aufgelebt. Es wurden eine lange Reihe von Sorten gezüchtet, und jetzt noch kommen jährlich weitere hinzu. Als erste wirkliche Novität tauchte 'Red Rover' auf, bei welcher die Blüten tatsächlich karminrot waren, nur etwas klein, aber sie bedeckten die Büsche über und über; die rote Farbe war ein völlig neuer Ton. In später folgenden Sorten wurde dieser verbessert, überhaupt das Farbenspiel größer, feuriger und nuancenreicher, ferner tauchten Neuheiten mit Blüten auf, die bis 7 cm breit werden, viele mit gefüllten Blumen, und auch der Wuchs variierte. Die wichtigsten, erfolgreichsten Züchter leben in England, weitere in Australien und Nordamerika, in der DDR war der bedeutendste Karl Foerster. Die Urteile über die Neuheiten schwanken selbst bei Eignungsprüfungen stark; was an dem einen Platz gelobt wird, stellt an einem andern nicht zufrieden. Die folgende Aufzählung beruht zwar auf guten Erfahrungen, doch dürften diese nicht für überall zutreffen. Es seien angeführt: 'Blaue Nachhut' – spät, klarblaue Blumen in langen,

As

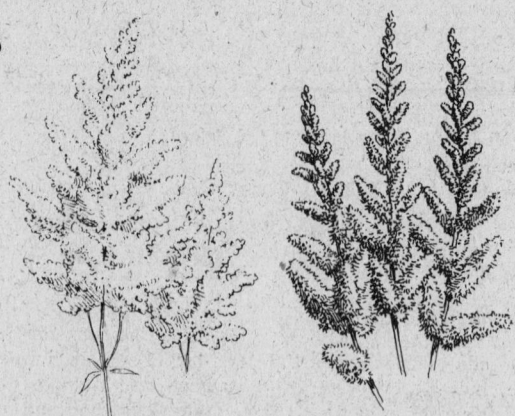

Astilbe-Arendsii-Hybride Astilbe chinénsis var. púmila

schmalen Rispen, 150 cm; 'Crimson Brocade' – leuchtend karminrot, 80 cm, vielleicht die beste in dieser Farbe; 'Erfurt blüht' – schönes reines Blau, Blumen nicht groß, aber so reichlich, daß die Pflanzen einen Farbfleck bilden, gefüllt, später mit brauner Mitte, reichlich 100 cm; 'Fellowship' – ein sehr leuchtendes, delikates Rosa, 90 cm hoch, mittelfrüh; 'Marie Ballard' – sehr große, zart hellblaue Blumen, gefüllt, 120 cm hoch; 'Rosenquarz' – Farbe wie dieser Stein, zahllose feinstrahlige Blumen, etwa 150 cm hoch; 'Brigitte' – hellblau, wohlgeformte Blumen mit breiten Zungenblüten, 100 cm, Beginn der Blütezeit schon Ende September; 'Helene' – lavendelblau, 80 cm; 'Karminkuppel' – karmin, 80 cm; 'Violetta' – blauviolett, 80 cm; 'Schöne von Dietlikon' – tief blauviolett, goldgelbe Mitte, gute Schnittblume; 'Schneekuppe' – weiß, 120 cm; 'Weißer Elefant' – 150 cm, üppig; 'Arctic' – reinweiß, 100 cm.

Bewertung, Verwendung, Anzucht: Durch die Herbstastern wird der Garten noch einmal bunt und belebt wie im Frühling; gäbe es sie nicht, so müßten sie flugs erfunden werden! Das gilt ebenso von allen andern aufgeführten Astern, mögen auch einzelne Mängel haben. Sie eignen sich für bunte Blumenbeete, die ersten Frühlingsastern auch zu Einfassungen. Als Boden ist jeder gute Gartenboden recht, der Standort soll sonnig sein, besonders bei den Frühlings- und Sommerastern. Ebenso bekommt den Rauhblattastern am besten Sonne, während die Glattblattastern leichten Streuschatten vertragen. Der Boden soll durchlässig und nahrhaft sein. Bei großer Trockenheit ist unbedingt gründlich zu wässern, insbesondere brauchen das die Rauhblattastern, die sonst gelbe Blätter bekommen, was ungünstig wirkt. In zu leichten und zu schweren Böden, aber auch sonst gelegentlich bekommen *Aster dumosus* und *Aster novi-belgii* die Wirtelpilzwelke. Mitten im Wachstum werden einige (seltener sämtliche) Stengel welk oder bekommen zunächst gelbe Blätter und welken dann. Erreger sind Pilze der Gattung Verticillium. Man kann wenig dagegen tun: die befallenen Pflanzen völlig aus dem Bestande nehmen; wenn nur einzelne Triebe krank werden, diese sofort abschneiden und verbrennen, anschließend vorsichtig düngen, Kalk und Kali vor allem, um die Exemplare zu stärken. Der Befall wechselt auch je nach der Witterung. Ein anderer Feind ist Echter Mehltau; er wird bekämpft durch weiten Stand, vorsichtige Stickstoffdüngung und durch Spritzmittel. Viele Jahre können an ihrem Standort bleiben: *Aster dumosus*, wenn sie weitläufig stehen, und *Aster novae-angliae*. Die Frühlingsastern können innen verkahlen, was nicht gut aussieht, insbesondere kommt das bei *A. farreri*, *A. tongolensis* und *A. yunnanensis* vor. *Aster amellus* lassen nach drei bis fünf Jahren in Wuchs und Blütengröße nach. Glattblattastern können ebenfalls eine Reihe von Jahren an ihrem Platz bleiben und lassen nur wenig nach, aber auch ihnen muß man mit Wasser und Dünger zu Hilfe kommen. Durch Verunkrautung der Flächen, insbesondere durch Quecken, gehen alle Staudenastern sehr zurück und schließlich zugrunde.

Vermehrt werden alle Sorten nur vegetativ: die Frühlingsastern durch Teilung nach der Blüte; die Sommer- und Staudenastern durch Teilung und Stecklinge. Die Herbstastern durch Teilung, wozu die Bestände aber groß genug sein müssen, und durch Stecklinge. Niemals zu spät im Jahr teilen! Stecklinge von *Aster amellus* und *A. novae-angliae* sind empfindlich: Man schneide nicht zu weich und nicht zu hart, benütze pulverförmiges Bewurzelungshormon und stecke im Frühsommer in gut schließende Frühbeete. Manche Arten kann man aus diesen auf Beete aufschulen, man muß sie nur vorher gründlich abhärten, durch Dunggüsse in Trieb bringen und darf sie vor allem nicht überständig werden lassen. Andere wachsen im Freien nicht so leicht weiter, man topfe sie zunächst in 7-cm-Töpfe, dünge und pflanze sie schließlich auf Anzuchtbeete. Es dauert mindestens bis zum nächsten Frühjahr, ehe man verkaufsstarke Posten hat; in ungünstigen Jahren bei später Vermehrung jedoch bis zum nächsten Herbst. Frühjahrspflanzung und -versand sind tunlicher als Versetzen im Herbst.

Astílbe · Astilbe, Prachtspiere
Saxifragaceae ♃ ○ ◐ ◑ ○ △ ♡

Im Namen stecken die griechischen Wörter a = sehr und stilbe = Glanz. Die Astilben sind Stauden mit kräftigen Rhizomen, großen, doppelt oder dreifach dreizähligen Blättern und kleinen Blütchen, die aber in großer Zahl in Rispen beisammenstehen. Die Rispen setzen sich aus Trauben oder Ähren zusammen. Die Gattung umfaßt über 30 Arten, welche in Ostasien, auf Djawa und den Philippinen, ferner in Nordamerika auftreten; die Arten auf Djawa und den Philippinen sind bei uns nicht winterhart. Dort findet man auch die reinen Arten noch häufig, für die Gärten werden in der Regel nur Sorten genommen.

Astilbe-Arendsii-Hybriden gingen früher unter dem Namen A. × arendsii Arends. Sie wurden nach dem Züchter benannt, der vor etwa 70 Jahren begann – wie schon ungefähr 5 Jahre vorher der französische Gärtner Lemoine –, verschiedene Astilben zu kreuzen. Er verwendete als Vater hauptsächlich A. chinensis var. davidii und als Mütter A. astilboides, A. japonica, A. thunbergii und weitere Arten. Die erzielten Hybriden haben alle Arten weit übertroffen, und es entstand tatsächlich eine völlig neue, höchst wertvolle Gartenstaude, die uns absolut unentbehrlich geworden ist. Das Sortiment ist groß. Es seien erwähnt: 'Amethyst' – purpurlila, Juli, 80 bis 100 cm; 'Bergkristall' – herrlich weiß, August, 80 bis 100 cm; 'Brautschleier' – überhängend, weiß, Juli, 70 bis 80 cm; 'Cattleya' – cattleyenrosa, Juli, 100 cm; 'Fanal' – granatrot, dunkellaubig, Juli, 70 bis 80 cm; 'Feuer' – lachsrot, August, 80 bis 100 cm; 'Gloria' – lilarosa, Juli, 60 bis 70 cm; 'Glut' – lebhaft rot und dunkle Belaubung, Juli, 80 bis 100 cm; 'Grete Püngel' – hellrosa, Juli, 60 bis 70 cm; 'Serenade' – erikafarben, spätblühend, nur 40 cm hoch; 'Rotlicht' – leuchtend rot, geschlossener Wuchs, 90 cm.
Astilbe chinénsis (Maxim.) Franch. et Sav. aus Nordchina hat für uns in der var. **púmila** hort. Wert. Es ist eine Zwergastilbe mit etwa 15 cm hohen, dicht stehenden Blättern und schmalen, vollen Blütenrispen im Juli/August, rosa blühend. Die Pflanzen treiben Ausläufer und bekommen dadurch einen kriechenden Wuchs; sie bedecken den Boden dicht, vertragen viel Schatten, aber auch Sonne und etwas Trockenheit, ferner Tropfenfall. Var. **taquétti** 'Superba', purpurrosa, 100 cm, eignet sich auch für trockenere Standorte.
Astílbe japónica (C. Morr. et Decne.) A. Gray aus Japan wird 30 bis 40 cm hoch, hat dunkelgrüne, glänzende Blätter und blüht im Mai/Juni, also ziemlich früh. Die Art ist nicht in Kultur, sondern die Züchtungen, an denen sie beteiligt ist. Sie gehen in den Katalogen als **Japonica-Hybriden**. Wichtige Sorten sind: 'Europa' – hellrosa, 50 cm; 'Irrlicht' – weiß, 60 cm; 'Federsee' – dunkelrosa, 60 cm; 'Red Sentinel' – tiefrot, 60 cm.
Astílbe simplicifólia Makino aus Japan wird gegen 30 cm hoch, hat einfache, 3- bis 5lappige Blätter und pyramidenförmige, verzweigte Blütenrispen. Durch Einkreuzung von Astilbe-Arendsii-Hybriden wurden eine Reihe Gartensorten erzielt, die etwas höher werden und weiße, hell- und dunkelrosa Blumen haben. Sie gehen auch unter dem Namen **Astilbe-Simplicifolia-Hybriden**.
Die Pflanzen wachsen nicht so kräftig wie die Arendsii-Hybriden und blühen mit Ausnahme der Praecox-Sorten im August.
Astílbe thunbérgii (Sieb. et Zucc.) Miq., in China und Japan wild auftretend, wird bis 100 cm hoch und hat locker verzweigte Blütenrispen mit leicht hängenden Seitenzweigen. Auch hier wird die Art selten gepflanzt, man nimmt Hybriden. Gut sind: 'Moerheimii' – rahmweiß, etwa 100 cm; 'Prof. van der Wielen' – reinweiß, 120 bis 150 cm; 'Straußenfeder' – lebhaft lachsrosa, 80 bis 100 cm. Sie blühen im Juli/August.

Bewertung, Verwendung, Anzucht: Astilben sind herrliche Stauden für den Sommerflor und lassen sich durch keine anderen Gewächse ersetzen. Sie brauchen allerdings viel Wasser: entweder muß der Boden von Natur aus feucht sein, oder man muß zur Triebzeit bis in den Sommer hinein gründlich wässern. Gut stehen sie im Halbschatten; je feuchter aber der Standort ist, um so weniger schadet ihnen volle Sonne, in der sie ohne ausreichende Nässe verbrennen. Riesig und üppig werden sie an Ufern von Teichen, Bächen oder künstlichen Rinnsalen. Die Erde soll nahrhaft und tiefgründig sein, schwerer Boden ist nicht nötig, auch in leichtem kommen sie gut fort, wenn man Kompost eingräbt und ausreichend wässert oder wenn genügend Grundwasser von unten hochsteigt. Man verwendet sie in Rabatten zusammen mit Stauden, die gleiche Ansprüche stellen: Funkien, Rodgersien, *Cimicifuga* und großen Farnen. Im Frühjahr sind *Trollius, Primula japonica* und *P. rosea* geeignete Nachbarn oder Vorläufer. Es kommt vor, daß Spätfröste den jungen Laubaustrieb zerstören, das schadet nichts, die Büsche blühen trotzdem und bringen einen neuen Satz Blätter. Sind die Wachstumsbedingungen günstig und stehen die Pflanzen weitläufig genug (eventuell nimmt man im 3. oder 4. Jahre nach dem Setzen jeden zweiten Stock heraus), so können Astilben 10 Jahre und länger an ihrem Platz stehenbleiben; man muß nur von Zeit zu Zeit im Frühling vor dem Austreiben die ganze Fläche mit verrottetem Dung überziehen.
Astilbe-Japonica-Hybriden eignen sich zum Treiben. Man braucht Klumpen mit wenigstens 6 starken Nasen. Man setzt die Ballen im Herbst in ausreichend große Töpfe, kann aber den Klumpen etwas verkleinern, räumt die Töpfe in ein Frühbeet und läßt sie leicht durchfrieren. Wird es richtig kalt, deckt man den Bestand gut mit Laub ab und richtet es so ein, daß man an die Pflanzen gelangen kann. Von Februar an kann man zum Treiben aufsetzen. Dazu sind + 10 bis 12 °C nötig, nach dem Austrieb des Laubes ist die Temperatur etwas zu erhöhen. Bei scharfer Sonne muß man schattieren, damit die zunächst noch weichen Blätter nicht verbrennen. Man soll sehr reichlich gießen; günstig ist, die Töpfe in Untersetzer zu stellen oder durch Anstau von unten zu wässern. Wenn die Sonne höher kommt und es in den Häusern wärmer wird, ist reichlich zu lüften, sonst stellen sich Läuse ein, die man nur schwer wieder wegbekommt. Anfang Februar aufgestellte Treibastilben blühen nach 10 bis 12 Wochen, Anfang Mai aufgesetzte nach 3 bis 4 Wochen. Man muß gut abhärten.
Vermehrt wird nur durch Teilung; im Kleinen im zeitigen Frühjahr oder bald nach dem Flor, im Großen im Spätherbst. Man teilt dabei so auf, daß jedes Teilstück ein gutes Auge mit Adventivwurzeln und etwas Rhizom besitzt, füttert in leichte, sandige Erde in etwa 10 cm tiefe Handkästen ein, gießt gründlich an und

As

Astilboídes tabuláris   Astrágalus angustifólius   Astrántia májor

räumt in ein leeres Frühbeet oder an einen geschützten Platz im Freien, deckt später mit Torfmull oder Nadelstreu ab, entfernt diese im Frühling und pflanzt die Teilstücke, sobald sie flott in Trieb gekommen sind, auf Anzuchtbeete aus: 5 Reihen je Beet. Ist der Boden feucht und nahrhaft, sind die Pflanzen bis zum Herbst verkaufsstark.

Astilboídes · Tafelblatt
Saxifragaceae ♃ ○ ◐ ◑ ♡

Der Gattungsname besagt, daß diese Pflanze der Astilbe ähnlich sei. Das trifft aber nicht zu, wenn man die Blätter vergleicht, Astilbenblätter sind gefiedert, das Tafelblatt jedoch rundschildförmig, der Blattrand ist gebuchtet. Im Habitus ähnlicher sind eher die Arten der Gattung *Rodgersia*, obgleich auch deren Blätter fiedrig geteilt sind. Dennoch war das Tafelblatt einige Jahrzehnte dieser Gattung zugeschlagen. Heute ist es wieder getrennt und bildet eine selbständige Gattung mit nur einer Art.
Astilboídes tabuláris (Hemsl.) Engl. (syn. Rodgersia tabularis [Hemsl.] Kom.) aus Nordchina und Korea ist eine kräftige Staude, die mit knolligem Erdstamm überwintert und im Frühjahr einen etwa halbkugelförmigen Busch grundständiger langgestielter Blätter treibt; Blattdurchmesser bis 80 cm und mehr. Über dem Blätterbusch stehen im Juni/Juli bis 1,5 m hohe Blütenstände mit Rispen kleiner weißer Blüten.

Bewertung, Verwendung, Anzucht: Das Tafelblatt gehört auf feuchte, nährstoffreiche Standorte, sonst kümmert es. Im übrigen gilt das zu den Rodgersien Ausgeführte.

Astrágalus · Tragant
Leguminosae ♃ ○ ◐ ◑ △

Astragalus ist ein Pflanzenname, den bereits Dioskorides für eine Leguminose verwendete und der auf die Gattung übertragen wurde. Diese umfaßt gegen 1600 Arten und ist damit eines der größten Genera innerhalb der Familie der *Leguminosae*. Die meisten Arten finden sich in den Trockengebieten der Alten Welt, und besonders zahlreich treten sie im Altaigebirge auf. Es sind einjährige oder ausdauernde Kräuter, Halbsträucher und kleine Sträucher. Sie haben paarig oder unpaarig gefiederte Laubblätter und blühen in Trauben, Ähren oder Köpfen. Die Samen werden linsen- oder kugelförmig und sind meistens sehr hartschalig. Viele sind eurytherm, d. h., sie vertragen starke und schroffe Temperaturunterschiede. Eine Reihe Arten in Vorderasien liefern den Tragantgummi, der in seinen besseren Sorten in den Apotheken als Bindemittel verwendet wird. Ferner hatten manche im Altertum und Mittelalter offizinelle Bedeutung: sie waren Heilmittel bei Brust- und Augenleiden. Mehrere Arten sind gute Futterkräuter, worauf der englische volkstümliche Name Milk-vetch = Milchwicke hinweist. Als Zierpflanzen kommen nur wenige in Betracht.
Astrágalus angustifólius Lam. aus Griechenland ist ein dichter, dornenbewehrter Halbstrauch, in der Jugend mit grünen, später mit aschgrauen Blättern und cremeweißen Blüten im Sommer. Die Pflanzen werden bis 20 cm hoch und im Laufe der Jahre bis 30 cm breit und bilden starre Polster.
Astrágalus monspessulánus L., eine Staude, in den meisten Gebirgen Südeuropas auftretend, wird bis 15 cm hoch und bildet mit seinen bis 20 cm langen Blättern ein lockeres Polster. Die Blütenstände stehen

aufrecht über dem Laub und bringen trüb-, manchmal auch leuchtend purpurrote Blumen; Mai/Juni.
Astrágalus sempérvirens Lam. (syn. *A. aristatus* L'Hérit.) ist ein an den Boden sich schmiegender Halbstrauch, dessen Stengel und Laub weißwollig behaart sind. Die Pflanzen bilden stachlige, starre Polster und blühen im Sommer mit blaßrosa Blümchen in 3- bis 6blumigen Trauben.

Bewertung, Verwendung, Anzucht: Die aufgeführten Arten sind interessante und wirkungsvolle Pflanzen für größere Steingärten, die eine weite Mannigfaltigkeit an Gewächsen aufweisen sollen. Sie alle wollen vollsonnigen Standort mit sandig-lehmigem, steinigem Boden, man kann sie auch in nicht zu enge Felsspalten oder trockene Geröllhänge setzen. Sie können alt werden, lassen sich aber eingewachsen nicht mehr versetzen, denn sie bekommen eine lange Pfahlwurzel. Die Farben und die Größe der Blumen befriedigen nicht immer, wahrscheinlich läßt sich das durch Auslesezüchtung aber bessern. Denn Leguminosen kann man steigern, wie Bohnen, Wicken, Erbsen oder Wistarie beweisen. Freilich würde es bei Astragalus vielleicht Jahrzehnte dauern, ehe nennenswerte Resultate erzielt sind... und es gibt wichtigere Aufgaben. Vermehrt wird nur durch Samen, die zuweilen rasch auflaufen, zuweilen erst nach langer Zeit. Die Sämlinge sollen entweder sofort an ihren zukünftigen Platz gepflanzt oder in tiefe Töpfchen in sandig-lehmige Erde pikiert werden und auch bald an ihren Platz kommen.

Astrántia · Sterndolde
Umbelliferae ⚶ ○ ◑ ◉ ◎ △ ♡ ○

Die Familie der Doldengewächse, wie die *Umbelliferae* deutsch heißen, zerfällt in etwa 250 Gattungen mit 2500 Arten. Ihre Hauptmerkmale sind Pfahlwurzeln als Rhizom, hohle Stengel, spiralig angesetzte, gefiederte Blätter und kleine Blüten in oft ansehnlichen einfachen oder zusammengesetzten Dolden, die bei manchen Angehörigen, *Heracleum* zum Beispiel, imposant werden und unsern Blick durch ihren Bau anziehen. Die Familie enthält eine ganze Anzahl nützlicher Arten, wie Möhre, Sellerie, Pastinake, Kümmel und Fenchel, Anis, Petersilie und Liebstöckel, welche teils als Gemüse, teils als Küchen-, Heil- oder Würzkräuter viel verwendet werden und in aller Welt bekannt sind. Ferner gehört zur Familie der Schierling, eine sehr giftige Pflanze. Im Altertum diente sie zu Heilzwecken und zur Herstellung des Schierlingstrankes, der bei Todesstrafe im „Schierlingsbecher" gereicht wurde. Der berühmteste, hierzu Verurteilte war Sokrates aus Athen. Zierpflanzen stellt uns die Familie nur wenige, und außer *Heracleum* keine besonders bedeutenden. Im Namen der hier behandelten Gattung steckt das griechische Wort aster = Stern; es nimmt auf die Form der Döldchen Bezug. Das Genus ist 9 Arten stark, die in Europa, Kleinasien und im Kaukasus auftreten.

Astrántia májor L. wird 30 bis 60 cm hoch und noch höher. Sie hat handförmig-fünfteilige Blätter, am Rande eingeschnitten gesägt, und blüht mit großen bis mittelgroßen, vielblumigen Dolden weißer und bei 'Rosea' weißlichrosa Blütchen im Sommer.
Astrántia mínor L. ist eine Liliputausgabe, welche nur 20 bis 25 cm hoch wird.

Bewertung, Verwendung, Anzucht: Albrecht von Haller rühmt *Astrantia major* in seinem 1729 erschienenen Lehrgedicht *Die Alpen* wie folgt:
„Dort wirft ein glänzend Blatt, in Finger ausgekerbet,
Auf einen hellen Bach den grünen Widerschein;
Der Blumen zarten Schnee, den matter Purpur färbet,
Schließt ein gestreifter Stern in weiße Strahlen ein."
Damit ist der freundliche Reiz der Gewächse geschildert. Sie eignen sich als Einsprengsel in breitflächige, flache Staudenteppiche mit dunklem Laub, wo der Schnitt der Blätter gut hervortritt, ferner für Wildstaudengärten neben Gräser, die sie nicht beeinträchtigen. Auch in bunte Beete von Sommerblumen passen sie als grüne Ruhepunkte. *A. minor* gehört in den Steingarten. An den Boden stellen sie kaum Ansprüche, sandig-lehmige Erde ist am günstigsten. Der Standort kann in voller Sonne, aber auch im Halbschatten liegen. Vermehrung durch Teilung im Frühling ist gut möglich, ergibt freilich nicht viel Nachwuchs; Anzucht aus Samen ist ergiebiger, dauert aber länger. Man muß sofort nach der Reife aussäen (Samen fällt leicht aus!), dann setzt man auf Anzuchtbeete, und nach einem Jahr oder noch später hat man verkaufswürdige Bestände. Entfernung am endgültigen Standort 30 bis 35 cm.

Athamánta · Augenwurz, Filigrandolde
Umbelliferae ⚶ ○ ◑ ◉ ◎ △ ♡ ○

Die Herleitung des Namens ist dunkel. Die Pflanzen können nach dem Berge Athamas in Italien oder nach dem böotischen König dieses Namens benannt sein, der die Pflanze zuerst anwandte, nur weiß man nicht, gegen was. Im Mittelalter und bis zum Anbruch der Neuzeit waren die Früchte von *A. cretensis* als Semen Dauci Cretici, noch mehr die von *A. macedonica* 'Semen Petroselini' gegen Husten und als magenstärkendes Mittel gebräuchlich. Die Gattung umfaßt 9 Arten, die in Europa und Asien meistens in den Bergen wachsen und graubehaarte Stauden mit mehrfach fiederschnittigen, feinzerteilten Laubblättern und reichstrahligen Dolden voll weißer Blümchen sind.
Athamánta creténsis L. bildet bis 25 cm hohe Büschlein aus wunderbar zierlich wirkenden, freudig grünen Blättern und blüht im Sommer mit ansehnlichen Blütenschirmen.
Athamánta túrbith ssp. **haynáldii** (Borb. et Uechtr.) Tutin wird bis 40 cm hoch und ist von ähnlich anmutiger Tracht. Blütezeit Juni/Juli.

Bewertung, Verwendung, Anzucht: Diese Umbelliferen sind mit ihren reichgefiederten, an Spitzen er-

Athamánta creténsis — Athýrium fílix-fémina — Avenélla flexuósa

innernden Blättern und dem Gewimmel der Blütchen wunderhübsch, aber keine Attraktionen. Man muß ein Auge für solche Eigenheiten haben. *A. cretensis* paßt gut in Steingärten, wächst auch in den Alpen in Gesteinsfugen. *A. turbith* ssp. *haynaldii* eignet sich überdies für kleine oder größere Partien von Wildstauden. Die Erde soll nicht zu leicht sein. Die Bestände können alt werden, und ihre Schönheit nimmt mit den Jahren zu. Man zieht aus Samen und verpflanzt ziemlich jung in volle Sonne oder Streuschatten.

Athýrium · Frauenfarn
Athyriaceae ♃ ◐ ● △ ♡

Im Namen steckt das griechische Wort athyrein = abändern; es bezieht sich auf die verschiedenen Formen der Sori (Sporenbehälter). Die Gattung ist gegen 180 Arten stark, die in allen Zonen auftreten, am häufigsten jedoch in der nördlichen gemäßigten Zone. Die Pflanzen haben in der Regel ein aufrechtes Rhizom und fiederig zerteilte Blätter; für uns ist vor allem bedeutsam
Athýrium fílix-fémina (L.) Roth (syn. Asplenium filix-femina [L.] Bernh.). Die Art kommt in vielen Teilen der Erde vor und bildet leicht neue Formen; so f. **erósum mínus** Moore – zwergig, feinwedelig, f. **fíeldae** Moore – mit Kammbildung, f. **multífidum** Moore – Blattspitze und Fiedern wiederholt gegabelt, f. **sagittáto-lunulátum** Moore – eigenartigerweise an Wendeltreppen erinnernd; und weitere, deren Eigenheiten sich mit Worten nicht beschreiben lassen.

Bewertung, Verwendung, Anzucht: Dieser Farn wird 30 bis 100 cm hoch und eignet sich für schattige bis halbschattige Plätze mit tiefgründigem, ziemlich frischem Boden. Er kommt unter Bäumen gut fort, wenn der Standort die Ansprüche erfüllt.

Aubriéta · Blaukissen
Cruciferae ♃ ○ ◐ △ ▮

Die Pflanzen sind nach dem französischen Blumenmaler Claude Aubriet (1665–1742) benannt, der zu den Meistern in dieser liebenswürdigen Kunst gehört, aber sein Ruhm ist von seinen Auftraggebern verdunkelt worden. Die Schreibweise der Gattung schwankt, man kann auch Aubrietia finden. Sie umfaßt gegen 12 Arten und kommt vom südlichen Italien bis Iran vor. Die Arten, die wir haben, sind ohne Zweifel nicht alle echt, höchstens in botanischen Gärten, welche ihre Bestände aus Samen gezogen haben, der an den verschiedenen Vorkommen gesammelt wurde. Vermischungen von Arten in den Kulturen sind überhaupt nicht zu vermeiden, es sei denn, die Pflanzen werden zur Blütezeit völlig isoliert.
Aubriéta deltoídea (L.) DC., vom Balkan bis Kleinasien auftretend, ändert je nach Standort ab. Die Pflanzen wachsen rasig und bilden keine festen Polster, die Blüten werden violett. Var. **graeca** Regel ist eine größere, üppigere Ausgabe, var. **microphýlla** Boiss. hat kleine Blätter und bildet fast Polster, var. **taurícola** Bergm. (syn. A. tauricola hort.) hat ziemlich große, dunkelviolette Blüten; im Handel auch als Sorte 'Tauricola' geführt.
Aubrieta-Hybriden ist neuerdings der Name für sämtliche Kulturvarietäten, mögen diese nun durch Kreuzungen oder Auslese entstanden sein. Früher hießen sie Aubrieta × cultorum Bergm. Aus der großen Zahl der Sorten (über 40) seien folgende aufgeführt, die sich in Prüfungen bewährt haben: 'Blauer Schatz' – blau, 'Havelberg' – rosa, 'Havelsee' – hellviolettblau; ferner 'Blue Emperor' – blauviolett, 'Double Stockflowered Pink' – lilarosa, 'Neuling' – hellblau, 'Purpurteppich' – tief violett, 'Rubinkissen' – rot, 'Vesuv' – rubinrot.

Aubrieta-Hybride

Bewertung, Verwendung, Anzucht: Die Blaukissen gehören zu den am weitesten verbreiteten und schönsten Blumenpolstern des Frühlings. Sie eignen sich für Steingärten, Trockenmauern, Einfassungen und als Einsprengsel in flächige Pflanzungen verschiedener niedriger Stauden, nicht aber für einheitliche, größere Teppiche. Gute Nachbarn sind *Alyssum, Arabis, Iberis,* niedrige *Phlox, Iris,* auch Bergenien und weitere Perennen, die nicht wuchern. Der Standort soll sonnig liegen, der Boden nahrhaft und durchlässig sein. Werden die Triebe zu lang, kann man sie nach dem Flor, wenn sie wieder neu durchtreiben, nach und nach zurückschneiden. Die umherdringenden Verzweigungen bilden selbst keine Wurzeln.
Vermehrt wird durch Aufreißen etwa einjähriger Pflanzen im Spätherbst, wobei jedes Teilstück einige Wurzelfasern aufweisen muß. Man dreht sie in kleine Töpfe und läßt nur die Triebspitzen aus der Erde herausragen. Diese soll viel Sand und Torfmull enthalten. Die Töpfe senkt man in ein leeres Frühbeet ein und legt Fenster auf. Bei greller Sonne ist zu schattieren. Gießen soll man nur bei Bedarf, denn bei zuviel Nässe faulen die Rißlinge. Auch Stecklinge kann man im Herbst machen, die aber mehr Aufmerksamkeit erfordern. Es eignen sich kräftige, nicht zu weiche Triebenden. Sie kommen in Handkästen in sandige Erde, zum Schutz gegen zu starke Verdunstung legt man eine Glasscheibe auf, das Ganze wird ebenfalls in einen Kasten gesetzt und auf diesen Fenster aufgelegt. Man gieße wenig; die Kästen sind im Spätherbst in ein Kalthaus zu räumen. Man topfe erst im Frühling ein. In dieser Jahreszeit lassen sich ebenfalls Stecklinge machen. Man braucht dazu in Töpfen stehende Verkaufspflanzen und räumt diese im Laufe des Februar in ein Kalthaus, wo man sie in Trieb kommen läßt. Als Stecklinge eignen sich nur die schwächeren Triebe, die keine Blüte bringen. Man schneidet sie nicht zu kurz und steckt in Handkästen, auf welche ebenfalls eine Scheibe zu legen ist. Man wische diese täglich mehrere Male ab, um Tropfenfall zu verhüten, denn er erzeugt Fäulnis unter den Stecklingen. Sobald sie Wurzeln haben, pikiere man sie in kleine Töpfe und pflanze später in größere um. Dabei ist große Vorsicht nötig, weil die Wurzeln sehr leicht wegbrechen. Die Bestände sind bis zum nächsten Herbst verkaufsstark. Auf Trockenmauern und im Alpinum können Aubrietien alt werden und viele Jahre ausdauern, als Einfassung halten sie selten so lange.

Avéna · Hafer
Gramineae ○ ◐ ◑ ♡ ✕

Avena hießen bereits bei den Römern der Kulturhafer und der Wilde Hafer; das Wort soll aus dem Sanskrit stammen, aber es sind mehrere Ableitungen möglich. Die Gattung umfaßt gegen 40 Arten, die vor allem in der Alten Welt in Gebieten mit gemäßigtem Klima vorkommen. Einzelne sind xerophil gebaut. Wert für den Garten hat
Avéna stérilis L., eine einjährige Art aus dem Mittelmeerraum. Sie hat kräftige Halme und bringt in gutem Gartenboden Blütenstände von mindestens 50 cm Länge. Die Blütenstiele sind vor allem als Schnittmaterial wertvoll.

Avéna sempérvirens → **Helictótrichon**

Bewertung, Verwendung, Anzucht: Avena sterilis eignet sich als Ziergras für bunte Sommerblumenrabatten und zum Schnitt. Man sät in kleinen Prisen in Töpfe und pflanzt dann aus. Da die Pflanzen hoch werden, soll der Abstand von Exemplar zu Exemplar etwa 40 cm betragen. Je besser der Boden ist, um so stattlicher und schöner werden die Blütenstände. Erwähnt sei noch, daß der Samen ausfällt, sobald er reif ist, wenn man welchen ernten will, muß man schon früh die Ähren abschneiden, sonst sind sie leer. Will man die Art zum Schnitt anbauen, säe man ebenfalls in Töpfe und pflanze dann auf Beete, Abstand der Reihen und innerhalb derselben etwa 50 cm. Auch hier muß man die Blütenstiele schneiden, ehe die Ähren völlig reif sind.

Avenélla · Drahtschmiele
Gramineae ♃ ○ ◐ ◑ ♡ ✕

Der botanische Name ist eine Verkleinerungsform von Avena und geht auf den dänischen Botaniker Solomon Thomas Nicolai Drejer (1813–1842) zurück, der die Gattung begründete. Der Österreicher Philipp J. F. Schur (1799–1878) nannte sie Lerchenfeldia. Früher war sie *Aira*, dem Schmielenhafer, später *Deschampsia*, der Schmiele, eingegliedert. Daran erinnert der deutsche Name Drahtschmiele für die als Gartenpflanze beachtenswerte einzige Art.
Avenélla flexuósa (L.) Drejer (syn. Aira flexuosa L., Deschampsia flexuosa [L.] Trin.); flexuosus bedeutet hin- und hergebogen und charakterisiert die Wuchsrichtung der Rispenachse und der Rispenäste, sie erinnern an feinen, wellig gebogenen Draht und fühlen sich auch so an, auch sind sie violett überlaufen. Dieses Gras bildet lockere Horste, es hat borstenartige, bis 30 cm lange, eingerollte Blätter; im Böhmerwald wird es „Waldschnittlauch" genannt. Die Rispe

Az

Azorélla trifurcáta

Knollenbegonien vom Typ 'Gigantea'

ist im Umriß eiförmig, locker im Aufbau, etwas nikkend. Die Pflanzen wachsen in der Natur in lichten, nicht zu trockenen Wäldern, auf Kahlschlägen im Gebirge, auf Bergwiesen, in Hochmooren und oft massenhaft im Humus von Wacholder- und Alpenrosenbeständen; allgemein zeigen sie sauren Boden an.

Bewertung, Verwendung, Anzucht: Die Drahtschmiele findet in Natur und Heidegärten Verwendung, wo dieses Gras in Horsten stehend wegen der zierlichen, lockeren Rispen, die sich hellbraun verfärben und bis 60 cm Höhe erreichen, gut zu dunklen Nadelgehölzen und Wildstauden paßt. Es ist aber nicht für feuchte Partien geeignet. Man vermehrt durch Teilung oder Aussaat. Topfballenpflanzen wachsen am sichersten an.

Azorélla · Rosettenpolster, Andenpolster
Umbelliferae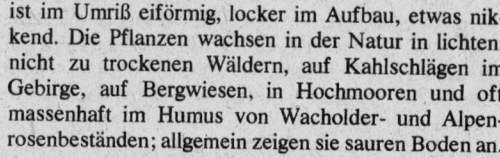

Die Ableitung des Namens ist dunkel. Die Gewächse sind polsterbildende Stauden mit lockeren Rosetten und Blütenständen grünlichweißer Blümchen. Die Gattung ist gegen 35 Arten stark, die in der Mehrzahl in Südamerika, einzelne auch in Neuseeland auftreten; in der Alten Welt fehlen sie völlig. Mehrere Arten enthalten Gummi, der teils offizinell, teils zur Herstellung von Räuchermitteln und Porzellankitt verwendet wird.

Azorélla trifurcáta (Gaertn.) Pers. (syn. *A. glebaria* Comm.) A. Gray aus dem Gebiet der Magalhäesstraße hat dreigabelige Blätter, glänzend und dunkelgrün, dazu wenig wirksame Blütendolden mit weißgrünen Blumen. Die Polster werden 5 bis 15 cm hoch, je nach Standort. Die Art ist recht zart.

Bewertung, Verwendung, Anzucht: Azorella ist eine gute Polsterpflanze, die nur durch ihr Laub wirkt. Die Pflanzen wachsen ziemlich rasch und bilden bald völlig geschlossene, breite Teppiche. Sie vertragen Sonne und auch Schatten, wenn dieser nicht zu dicht ist. Der Boden muß locker, humusreich und neutral bis leicht sauer sein. Man vermehrt durch Teilung und Stecklinge; am besten sind die Pflanzen in Töpfen heranzuziehen.

B

Baéria → Lasthénia

Begónia · Begonie, Schiefblatt
Begoniaceae

Das wichtigste Genus der Familie *Begoniaceae* ist die Gattung *Begonia*, von welcher über 1000 Arten bekannt geworden sind. Sie wurde zu Ehren von Michael Bégon (1638–1710) benannt, der Gouverneur auf Santo Domingo war. Die meisten Arten treten in tropischen Wäldern als Bodenpflanzen oder als Epiphyten auf, und zwar in Amerika, Afrika und Asien. Alle sind Humuswurzler und viele gegen grelle Sonne empfindlich. Sie werden Kräuter, Halbsträucher und Sträucher, mehrere Arten bilden Knollen. Sie haben teilweise sehr dekoratives Laub, einzelne Arten gehören zu den beliebtesten Blütenpflanzen. Die Blüten sind stets einhäusig. Die männlichen haben meistens 2 innere und 2 äußere Blütenhüllblätter, die weiblichen im allgemeinen fünf, aber es gibt auch Ausnahmen.

Die Frucht ist eine Kapsel mit 3 Kanten oder Flügeln und enthält sehr viele staubfeine Samen. Für den Garten eignen sich nur 2 Arten bzw. Artengruppen.
Begonia-Knollenbegonien-Hybriden, früher B. × tuberhybrida Voss. Unsere Knollenbegonien sind Hybriden, die Ende des vorigen Jahrhunderts durch Kreuzung verschiedener knollenbildender Arten aus Bolivien, Ekuador und Peru entstanden und zu großer Vollkommenheit entwickelt wurden. Bei der 'Gigantea-Klasse' haben die Blumen bis 20 cm Durchmesser, und es gibt eine Reihe Formen: 1. Gigantea = einfach-großblumig, 2. Crispa = am Rande gekraust, 3. Cristata = bärtig, 4. Fimbriata = gefranst, 5. Marginata = mit abweichend getönten Rändern und weitere. Ferner gibt es Duplex = halbgefüllt, Plena = gefüllt und Pendula = hängend, es ist dies eine Ampelbegonie mit kleineren Blättern, dünneren Stielen und leicht gefüllten, nicht übergroßen Blumen. Die Blüten dieser Knollenbegonien werden weiß, gelb, fast orange, verschieden rosa und rot, auch mehrfarbig. Großen Wert haben auch die Multiflora-Typen (früherer Name B. × tuberhybrida multiflora hort.) mit gedrungenem Wuchs, kleinerem Laub und relativ kleinen, meistens gefüllten Blüten in Gelb, Orange und Rot; ebenso die erst in jüngster Zeit entstandenen Sorten der Grandiflora-Klasse, welche durch Kreuzung der Großblumigen Knollenbegonien und der Multiflora-Sorten entstanden sind. Sie haben größere Blüten als die Multiflora-Begonien. Zu dieser Gruppe gehört ferner 'Compacta' – ein gedrungen wachsender Typ von B. × bertinii mit schönen, mittleren Blumen, die rot, weiß, schwefelgelb sind, sehr gut gedeihen und in der Farbwirkung fast an Semperflorens-Begonien heranreichen. Verschiedene Züchtungen sind als Namensorten in den Handel gekommen.

⊙ **Begonia-Semperflorens-Hybriden** (früherer Name Begonia semperflorens-cultorum Krauss). Die Pflanzen sind so bekannt, daß sich eine Beschreibung erübrigt. Sie werden alljährlich in großen Mengen herangezogen und für Beete in öffentlichen Anlagen, für Gräber, für Töpfe und Balkonkästen verwendet, natürlich sieht man sie auch in vielen Gärten. Es gibt zahlreiche Sorten, die in Höhe, Aufbau, Blütenfarbe und Blütengröße, Form und Farbe der Blätter, Wüchsigkeit und Wetterfestigkeit voneinander abweichen, oft sind die Unterschiede nur klein. Es entstanden zwei Typen oder Klassen: 1. Semperflorens – kräftig wachsend und mit glatten Blättern, 2. Gracilis – zierlicher, Laub kleiner und leicht behaart; durch Kreuzungen bildeten sich Übergänge. Große Bedeutung haben die Heterosis-Sorten, deren Zahl im Sortiment überwiegt; sie blühen besonders reich und sind recht widerstandsfähig.

Bewertung, Verwendung, Anzucht: Begonien zu rühmen ist überflüssig, so beliebt sind sie.
Alle wünschen humusreichen, kalkfreien Boden; man setze Lauberde, etwas Sand und Torfmull zu. Die Semperflorens-Hybriden brauchen geschützten Standort in *voller* Sonne, denn schon bei leichter Beschattung werden die Pflanzen langbeinig und sehen dann abscheulich aus. Die Knollenbegonien jedoch sind gegen volle Sonne und heißen Standort sehr empfindlich. Sie wachsen am besten in Gebieten mit hoher Luftfeuchtigkeit, also an der See und im Gebirge, in Niederungen. Man kann sie dort häufig in Blumenkästen finden. In den meisten übrigen Gebieten müssen sie Schatten bekommen, man setze sie also an absonnige Plätze, unter hohe Bäume und an ähnliche Stellen. Starker Tropfenfall ist ungünstig. Da Blätter und Blüten einseitswendig stehen, pflanze man „mit dem Gesicht nach vorn". Semperflorens-Begonien verwendet man für bunte Beete in kleinen Gruppen oder ein- bis zweifarbig für größere Flächen. Als Einfassung kann man farblich stark abweichende, niedriger bleibende Sorten nehmen oder das delikate Grau von *Helichrysum petiolatum*, Multiflora-Begonien wirken ebenfalls einfarbig am besten. Die Großblumigen Knollenbegonien dagegen setzt man entweder gemischt, wobei aber die hellen Töne überwiegen müssen, oder man nimmt Gelb, Weiß oder Rosa einfarbig, Dunkelrot allein wirkt zu düster. Alle Begonien sind frostempfindlich; man pflanze erst gegen Anfang Juni und härte vorher gut ab, sonst werfen die Bestände Blätter und auch Blüten ab und stocken einige Wochen.

Vermehrt wird aus Samen. Er ist sehr fein: bei den Semperflorens-Hybriden gehen 60 000 bis 75 000 Korn auf 1 Gramm, bei den Knollenbegonien gegen 40 000, doch laufen die Samen bei den Multiflora-Sorten nur etwa zu 40 bis 50 % auf, bei den andern bis 80 %. Die Multiflora-Begonien lassen sich auch durch Stecklinge vermehren, wenn nur kleine Mengen nötig sind.
Man sät in eine Mischung von Lauberde, Sand und Torfmull, die Lauberde soll im Herbst vorher gedämpft werden, Aussaat ab Ende Dezember bis Mitte Februar. Man sät so dünn wie möglich, wässert am besten von unten und muß auf die Saatkistchen Glas legen, das täglich mehrmals abgewischt werden soll, damit kein Tropfenfall entsteht. Die Saatgefäße brauchen 20 bis 22° Wärme. Man schütze auch vor heller Sonne und wässere recht vorsichtig. Sobald die Keimlinge sich greifen lassen, wird pikiert: in Handkästen oder Schalen, die Erde wie bei der Aussaat oder ein wenig schwerer, Abstand etwa 1,2 bis 1,5 cm. Ab April wird nochmals pikiert: in heizbare oder halbwarme Kästen mit alter Lauberde, dazu viel Torfmull, reichlich scharfen Sand und etwas Knochen- und Hornmehl; aufs Fenster gehen etwa 170 bis 220 Pflanzen. Man halte anfangs geschlossen und warm, schattiere bei heller Sonne und gieße vorsichtig. Später muß man Luft geben und schließlich an einem trüben Tage die Fenster ganz abheben.

Zieht man Knollenbegonien aus Samen, ist genauso zu verfahren. Man bekommt aber im ersten Jahr keine wirkungsvollen Beetpflanzen, denn die Knollenbegonien bringen erst etwa Anfang August nennenswert Blumen. Man erzielt nur Knollen fürs nächste Jahr,

Be

Béllis perénnis, Sorte

Bergénia cordifólia

und auch dazu muß der Herbst schön sein, da die Knollen erst gegen Ende der Vegetationsperiode richtig anfangen zu wachsen. Für Beete, die schon im Sommer in Flor kommen sollen, braucht man also fertige Knollen. Man lege sie im Februar in Handkästen in ein Sand-Torfmull-Gemisch, gebe warmen Fuß, stelle nach dem Austreiben etwas kühler und pflanze etwa Anfang April ins halbwarme Frühbeet oder in Töpfe. Die Erde soll leicht sauer, humusreich und durchlässig sein. Die Töpfe gehören in ein Frühbeet. Gegen Ende Mai oder etwas später sind die Bestände groß, fangen auch an zu blühen und können verwendet werden. Die jungen Austriebe lassen sich auch als Stecklinge benutzen. Man schneidet sie unter einem Blattknoten ab, steckt in sandigen Torfmull, legt eine Scheibe als Schutz auf und gibt Unterwärme. Später topft man ein oder pikiert auf ein halbwarmes Frühbeet. Solche Bestände blühen früher als aus Samen gezogene, ihr Wurzelwerk aber bleibt schwächer und ebenso die Knolle. Pflanzen, von denen man Stecklinge schneidet, werden etwas zurückgeworfen und blühen um 3 bis 5 Wochen später als solche, die man wachsen ließ. In kalten und nassen Sommern erreichen die Knollenbegonien ihre volle Schönheit nicht. Die Pflanzen läßt man bis nach dem ersten leichten Frost auf den Beeten, hebt dann aus, bricht das Laub ab und bewahrt zunächst bei 15°C auf. Im Spätherbst ist abzuputzen, die Knollen kommen in Beutel und sollen bei 7 bis 8°C lagern. Sie halten das 7 bis 10 Monate aus, ohne daß sie in Trieb gehen. Die Knollen werden trocken gehandelt, ihr Preis richtet sich nach dem Durchmesser. Große Knollen kann man teilen, natürlich muß jedes Teilstück ein tadelloses Auge haben.

Béllis · Tausendschönchen, Maßliebchen
Compositae ☉ ◐ ○ ◑ ┃ ✕

Den Namen Bellis gebrauchte schon Plinius, und er ist von bellus = schön, hübsch abgeleitet, weil die Blümchen hübsch aussehen. Die Gattung umfaßt über 80 Arten, von welchen gegen 10 im Mittelmeergebiet auftreten, die andern im außertropischen Amerika, ferner in Australien und Neuseeland, aber diese haben als Gartengewächse überhaupt keine Bedeutung. Wichtig ist nur **Béllis perénnis** L. in ihren Kulturvarietäten. Die Pflanzen können mehrere Jahre aushalten, doch behandeln wir sie in der Regel als Winterannuelle. Sie zu beschreiben ist nicht nötig, denn Tausendschönchen gehören seit dem frühen Mittelalter zu den Gartenblumen, die nirgends fehlen dürfen. Es gibt zwei Typen von Bellis: solche mit röhrenförmigen Einzelblütchen = Fistulosa-Klasse und mit reinen, flachen Zungenblüten = Ligulosa-Klasse. Man merkt den Unterschied aber est, wenn man die Blümchen aus der Nähe betrachtet. Als hübscher gelten die Röhrenblütchen. Ferner ist zwischen großblumigen und mittel- bis beinahe kleinblumigen Tausendschönchen zu unterscheiden. Die großblumigen sind natürlich ansehnlicher, aber die Büsche bringen nicht so viele Stiele. Allerdings ergeben auch schon wenige Blumen abgeschnitten ein Sträußchen. Die mittelblumigen kommen für Beete und Töpfe in Betracht, die kleinblumigen vor allem für Töpfe. Man kann sie auch für Sträußchen nehmen, nur dauert das Pflücken länger, aber die Pflanzen liefern mehr Blümchen. Die Zahl der Sorten ist groß, Hauptfarben sind Weiß, Rosa und Rot. Die bewährten Sorten sind: 'Ätna', 'Excelsa', 'Frühlingsfreude', 'Monstrosa Monterosa'.

Bewertung, Verwendung, Anzucht: Zum Ruhme der Tausendschönchen ist nichts hinzuzufügen. Auch sie werden alljährlich in großen Mengen herangezogen, und man kann sie als Frühlingsblumen in öffentlichen Anlagen und zahllosen Gärten sehen; ferner werden sie in Töpfen angeboten, und schließlich sind sie wichtige Lieferanten von Blumen für Frühlingssträußchen. Für diesen Zweck gibt es sogar eigene Sorten. Durch strenge Auslese ließen sich besonders für die Treiberei geeignete Stämme erzielen, die man ge-

Bergénia stracheyi

nerativ vermehren kann. Vermehrt wird in der Regel aus Samen. Man sät Ende Juni/Anfang Juli aus, setzt auf Land in guter Tracht, etwa 6 Reihen aufs Beet. In rauhen Lagen ist es nötig, die Pflanzen über Winter durch Reisig zu schützen. Die Spezialsorten lassen sich nur durch Teilen vermehren. Bald nach der Blüte reißt man die alten Büsche auf und pflanzt sofort wieder, kann auch zunächst in einen kalten Kasten pikieren und später mit Ballen aussetzen. Es ist guter Boden nötig, der nicht zu trocken sein darf, wenn man Bestände haben will, die viele und gut gefüllte Blumen bringen. Im Herbst hebt man die Pflanzen aus und schlägt sie in einen Kasten ein. Zum Treiben setzt man ab Mitte Januar auf, es sind 8 bis 10 °C nötig; bei höheren Temperaturen gibt es viel Laub und fast keinen Flor. Man lüfte reichlich und wässere kräftig, denn Bellis sind Wiesenpflanzen.

Bergénia · Bergenie
Saxifragaceae

Die Gattung wurde zu Ehren des Botanikers Karl August von Bergen getauft, der hauptsächlich in Frankfurt (Oder) wirkte (1704–1759). Sie ist gegen 10 Arten stark und in ihrer Heimat Zentralasien vor allem in den Gebirgen verbreitet. Die Pflanzen sind Stauden mit einem derben, halb aus dem Erdreich ragenden Rhizom und kräftigen, lederartigen, wintergrünen Blättern. Sie blühen mit großen, ansehnlichen Blumen von verschiedener Farbe in einem aus Trugdolden oder Doppelwickeln gebildeten Blütenstand, der auf einem kräftigen Stiel sitzt. Höhe 25 bis 40 cm.
Bergénia cordifólia (Haw.) Sternb. (Megasea cordifolia Haw.) hat lederartige, 20 bis 30 cm breite, rundherzförmige Blätter, die imposant aussehen. Die Blumen sind lilarosa, Blütezeit im Frühling.
Den Hauptschmuck bildet das Laub; Sorten 'Winterrotlaub' und 'Robusta'.
Bergénia crassifólia (L.) Fritsch (syn. Saxifraga crassifolia L., Megasea crassifolia Haw.) hat ziemlich breite Blätter, Durchmesser 25 bis 30 cm, die Blüten werden rosa bis purpurn und stehen in breiten, etwas überhängenden Rispen, Flor im Frühling.
Bergenia-Hybriden. Unter dieser Bezeichnung werden Sorten unbekannter Artherkunft zusammengefaßt wie 'Abendglut' – 25 bis 30 cm hoch werdend, sattgrünes Laub, das sich im Herbst bronzebraun verfärbt, Blüten dunkelpurpurn; 'Morgenröte' – stark wachsend, leuchtend rosa Blüten in reich sich verzweigenden, vielblumigen Rispen, bis zum Herbst immer wieder nachblühend; 'Silberlicht' – 40 cm hoch, Blüten weiß mit rosa Schimmer. Alle blühen im April/Mai.
Bergénia purpuráscens (Hook. f. et Thoms.) Engl. (syn. B. delavayi [Franch.] Engl.) wird nur 15 bis 20 cm hoch und hat zierlich wirkende Blätter, welche sich im Spätherbst dunkelrot verfärben und über Winter so bleiben. Dennoch hat diese Art größere Blüten als viele andere, ihre Farbe schwankt von Tiefrosa bis Hellpurpurn, reichblühend von Anfang Mai an.
Bergénia stracheyi (Hook. f. et Thoms.) Engl. wird 25 bis 40 cm hoch, hat mittelgroße Blätter, die nach dem Ansatz zu schmal werden. Der Blütenstand hängt oben über, ist anfangs zart violettrosa, später fast rosigweiß. Der Flor beginnt oft bereits im März, also früher als bei den andern Arten, das macht diese Bergenie besonders wertvoll.

Bewertung, Verwendung, Anzucht: Bergenien sind allgemein bekannt, und man kann sie in vielen Gärten und auch in Anlagen häufig sehen. Selbst ohne Blüten wirken sie durch ihr dauerhaftes, wintergrünes Laub. Sie sind sehr anspruchslos; denn sie nehmen auch mit schlechten Böden von nur geringer Mächtigkeit vorlieb und gedeihen in greller Sonne so gut wie im Halbschatten, selbst in sonnenlosen Hinterhöfen versagen sie nicht. Man nimmt sie in Steingärten, an den Fuß oder auf den Scheitel von Trockenmauern, in Staudenbeete, in den Heidegarten als Nachbarn von Nadelgehölzen und auch als immergrüne Bodendecke. Die Pflanzen können zehn Jahre und auch doppelt so lange an ihrem Standort verbleiben, ohne nachzulassen. Sie wachsen allerdings auch etwas langsam. Vermehrt wird vor allem durch Teilung und Stammschnittlinge ganz zeitig im Frühjahr. Man zerschneidet die Rhizome in etwa fingerlange Stücke, legt diese in Sand, stellt sie ins Gewächshaus und topft nach dem Durchtreiben in kleine Töpfchen mit humusreicher Erde. Die Stücke dürfen weder zu alt und hart sein, dann treiben sie nicht aus, noch zu weich, sonst faulen sie. Wenn man durch Teilung vermehren will, setzt man in humosen, etwas lehmhaltigen Boden, wässert laufend und düngt auch, um recht starken Zuwachs zu erzielen. Es dauert ein Jahr, ehe die aufgeteilten Stücke verkaufsstark werden. Anzucht aus Samen ist nicht ratsam, da Bergenien leicht bastardieren. Die Sämlinge brauchen zwei bis drei Jahre bis zur Verkaufsstärke. Wenn man sie einmal angeschafft hat, kann man die Bergenien zeitlebens haben.

Betónica → Stáchys

Bl

Bléchnum spícant   Bletílla striáta   Boykínia aconitifólia

Bléchnum · Rippenfarn
Blechnaceae ♃ ◐ ● △ ♡

Im Namen steckt das griechische Wort blechnon, so hieß bei den Griechen des Altertums ein Farn, aber man weiß nicht welcher. Die Gattung ist gegen 200 Arten stark, die in allen Zonen der Erde vorkommen, in der Mehrzahl auf der südlichen Halbkugel. Viele wachsen in tropischen und subtropischen Gebieten, in kühleren nur zwei.
Bléchnum pénna-marína (Poir.) Kuhn, deutscher Name Seefeder, im südlichen Teil der Anden und im Gebiet der Magalhães-Straße auftretend, ist eine kleinere Ausgabe von *B. spicant*, welches bei uns wächst. Wedel bis 30 cm, die Fiedern sind kürzer, aber breiter als bei *B. spicant*; rasig wachsend. Die Art verlangt bei uns in rauhen Gegenden Winterschutz.
Bléchnum spícant (L.) Roth, auf der nördlichen Erdhälfte, vor allem in feuchten, schattigen Wäldern und Schluchten auftretend, ist einer unsrer schönsten wintergrünen Farne, aber nur die sterilen Wedel behalten ihre Farbe. Sie sind bis 40 cm lang, schmal, lanzettlich, ledrig, dunkelgrün mit linealischen, gebogenen, dicht kammförmig gestellten Fiedern. Die fertilen Wedel sitzen im Innern der Rosetten auf langen Stielen und überragen die sterilen fast um die Hälfte. 'Serratum' hat tief eingesägte, sehr dicht sitzende Fieder.

Bewertung, Verwendung, Anzucht: Blechnum spicant ist ein höchst brauchbarer Farn mit fast eleganten Wedeln für schattige Standorte, er verträgt sogar tiefen Schatten. Im Laufe des Jahres wechselt das Grün von zartem Hellgrün bis zu tiefem Ledergrün. Der Boden muß humusreich und frisch sein. Man kann beide Arten leicht durch Teilung vermehren.

Bletílla · Bletilla
Orchidaceae ♃ ◐ ◐ △ ∧

Die Pflanzen wurden nach dem spanischen Apotheker Louis Blet benannt, der in Algeciras einen privaten botanischen Garten unterhielt; er lebte im 18. Jahrhundert. Früher gehörte die Gattung zu *Bletia*, mit Arten, die im tropischen Amerika auftreten und schöne Erdorchideen für helle Räume mit mittleren Temperaturen sind. Eine Bletia verecunda, heute *Bletia purpurea* (Lam.) DC., aus Westindien, war die erste tropische Orchidee, die nach Europa gelangte und hier auch blühte. Die für sich gestellten 7 Arten von *Bletilla* haben in China, Japan und Formosa ihre Heimat. Für den Garten eignet sich nur eine Art, die andern sind Kalthausorchideen.
Bletílla striáta (Thunb.) Rchb. f. (syn. Bletia hyacinthina R. Br.) hat eine flach-kugelige, an der Basis des Stengels sitzende Knolle, die etwas aus der Erde ragt, schmale, gegen 20 cm lange, aber auch kürzere Blätter und treibt einen 20 bis 50 cm hohen Stengel mit 3 bis 8 und mehr violettpurpurnen Blüten. Diese erinnern etwas an die Blumen von Cattleyen, werden aber nur gegen 3 cm breit. Blütezeit Mai/Juni.

Bewertung, Verwendung, Anzucht: Bletilla striata ist eine sehr schöne Freilandorchidee, die allerdings bei uns im Winter guten Schutz braucht. Sie wünscht einen kühlen, von oben beschatteten Standort, doch darf der Schatten nicht dicht sein. Man hebe eine 35 bis 40 cm tiefe Grube aus. Unten hinein gehören haselnuß- bis faustgroße Steine und sparriges Geäst, welche die Hälfte der Grube ausfüllen sollen; darüber ein Gemisch aus einem Teil Lauberde und je einem halben Teil Sand, Komposterde und Lehm oder Rasenerde, man kann auch etwas Sphagnum hinzufügen.

Brachýcome iberidifólia

Über Winter schütte man trockene Nadelstreu oder trockenen Torf mindestens 30 cm hoch auf und decke diesen Schutz mit einem Stück Plastfolie ab. Entscheidend sind kühler Boden, tadelloser Wasserabzug und ausreichender Winterschutz. Die Pflanzen sollen jahrelang ungestört bleiben. Die Pflege ist einfach: sie besteht darin, den Platz von Unkraut freizuhalten. Bei stärker gewordenen Exemplaren kann man nach dem Austrieb im Frühjahr ganz dünn etwas getrockneten Kuhdung auf die Fläche streuen. Vermehrt wird durch Aufzucht von Tochterknollen, die im Frühjahr vorsichtig abgetrennt werden sollen, aber erst, wenn sie im vergangenen Jahre selbst Blättchen gebracht haben.

Boltónia · Scheinaster
Compositae

Die Pflanzen wurden nach dem englischen Botaniker T. Bolton benannt, der im 18. Jahrhundert lebte. Es sind stattliche, an Herbstastern erinnernde Stauden mit etwa 2 cm breiten Strahlenblüten, die in langen, duftigen Rispen beisammenstehen. Die Gattung umfaßt etwa 7 Arten. Als Gartenpflanzen haben Bedeutung:
Boltónia asteroídes (L.) L'Hérit. (syn. B. glastifolia (Hill) L'Hérit.) mit weißlichrosa bis hellpurpurrosa Blüten, etwa 1,5 bis 2 m hoch wachsend; und var. **latisquáma** (A. Gray) Cronq., welche 2 m Höhe erreicht und zartblaue bis hellviolette Blüten bringt. Beide kommen im Herbst in Flor.

Bewertung, Verwendung, Anzucht: Die Boltonien gehören nicht zu den Prunkstücken des Staudenreiches und werden durch Herbstaster-Sorten übertroffen. Sie haben aber dort ihren Wert, wo man Herbstblüher braucht, Kulturvarietäten aus Stilgründen jedoch nicht nehmen kann: im Heidegarten und beim Überwiegen von Wildstauden, denn sie sind selbst welche. Sie wachsen in jedem Gartenboden und brauchen einen sonnigen Standort. Das Wichtigste ist wie bei allen Herbstastern, daß sie im Sommer ausreichend gewässert werden, sonst bekommen sie unten gelbes Laub und verkahlen, was stört und unschön aussieht. Die Pflanzen können bei ordentlicher Pflege mehrere, selbst 10 Jahre und länger an ihrem Platz bleiben. Vermehrt wird durch Teilung im Frühjahr oder Aufzucht junger Ausläufer, die man zunächst in Töpfchen eindreht. Die Bestände sind bis zum Herbst fertig.

Boykínia · Boykinie
Saxifragaceae

Die Gattung wurde zu Ehren von Dr. T. Boykin benannt, einem amerikanischen Botaniker des vorigen Jahrhunderts, der in den Südstaaten wirkte. Es gibt gegen 10 Arten, die in Nordamerika auftreten, einzelne auch in Ostasien. Sie erinnern an *Tiarella*, werden aber stattlicher als diese.
Boykínia aconitifólia Nutt. hat etwa handgroße, mehrlappige, am Rande gezackte und gebuchtete Blätter und blüht mit Trugdoldenrispen weißer Blütchen. Das Laub wird bis 30 cm hoch, die Blumenstiele erreichen 50 bis 70 cm Höhe.
Boykínia tellimoídes (Maxim.) Engl., neuerdings **Peltoboykínia tellimoídes** (Maxim.) Hara, hat 7- bis 9lappige, mehr kreisrunde Blätter und doldentraubige Blütenstände mit kleinen, grünlichweißen Blumen. Insgesamt werden die Pflanzen etwa 70 cm hoch.

Bewertung, Verwendung, Anzucht: Die Boykinien gehören zur großen Zahl von Laubwaldstauden, die weniger Gartenwert haben, aber unentbehrlich sind, wenn Schattenpartien ansehnlich bepflanzt werden sollen. Sie wirken durch ihr Laub, das den Boden dicht bedeckt. Sie wünschen schattigen oder halbschattigen Standort mit humusreicher, frischer Erde, die tiefgründig sein möchte; es ist meistens nötig, dem Boden Rasenerde zuzusetzen. Die Bestände können zahlreiche Jahre an ihrem Standort bleiben; sie brauchen einige Zeit, ehe sie ansehnlich werden. Vermehrt wird durch Teilung im Frühjahr, Anzuchtdauer ein volles Jahr.

Brachýcome · Kurzschopf
Compositae

Im Namen stecken die griechischen Wörter brachys = kurz und kome = Schopf; sie nehmen auf die kurzen Haare des Pappus Bezug. Die Gattung umfaßt gegen 50 Arten, welche in der Mehrzahl in Australien und Neuseeland wild auftreten. Gartenwert hat nur **Brachýcome iberidifólia** Benth. mit schmalen Blättern und kleinen Talerblümchen, deren gelbe bis bläuliche Mitte von weißen, rosa, blauen oder roten Zungenblütchen umgeben ist. Es gibt auch Sorten wie 'Blausternchen', 'Schneesternchen' und 'Rotsternchen', die Verbesserungen sind. Die Pflanzen werden 20 bis 30 cm hoch und bilden dichtverzweigte Büschlein.

Bewertung, Verwendung, Anzucht: Es sind anspruchslose Sommerblumen, nicht völlig unersetzlich und unentbehrlich, aber leicht in der Anzucht und wichtig, wenn man viel Abwechslung braucht und Florenbilder mit australischen Gewächsen schaffen

Br

Bríza média   Browállia grandiflóra   Brúnnera macrophýlla

will. Sie eignen sich für bunte Beete und als Einfassungen, auch für frisch angelegte Steingärten, in denen es noch Lücken gibt. Man sät entweder im März unter Glas, pikiert dann oder topft ein und pflanzt schließlich aus. Oder man sät von Mitte April bis in den Mai hinein an Ort und Stelle und dünnt auf 15 cm Abstände aus. Der Samen ist fein, es gehen etwa 6000 Korn auf ein Gramm. Der Standort muß warm sein und in voller Sonne liegen, außerdem ist gut durchlässiger Boden nötig. Nässe vertragen sie schlecht.

Bríza · Zittergras
Gramineae

Briza ist ein altgriechischer Pflanzenname. Die Pflanzen sind Gräser mit schmalen, kurzen, manchmal borstig stehenden Halmen und vielen Blütenstielen voller äußerst zierlicher Ähren. Die Gattung ist gegen 20 Arten stark, welche in Europa, Nordafrika, Asien und Südamerika auftreten. Manche sind Stauden, andere nur Einjahrsgräser. Man findet sie vielfach auf Heuwiesen.

⊙ **Bríza maxíma** L. (syn. B. rubra Lam.) wird hier gegen 40 cm hoch. Die Blütenrispen enthalten nur wenige, aber auffällig geformte Ährchen; sie werden 1,5 bis 3 cm lang und sehen aus wie kleine Brote, daher auch die volkstümlichen Namen Hasenbrödle und Vogelbrot. Die Art ist einjährig, sie blüht im Mai/Juni.

♃ **Bríza média** L. perenniert und wird 30 bis 50 cm hoch, hat die so zierlichen, vielblütigen Ähren, denen die Pflanze den Namen Zittergras verdankt, denn sie werden von jedem Windhauch in Bewegung gesetzt. Blüte im Vorsommer.

⊙ **Bríza mínor** L. (syn. B. gracilis hort.) ist eine kleinere, zierlichere Ausgabe der vorher aufgeführten Art. Ihre Blütenstände sehen sehr graziös aus und fangen schon beim Nahen eines Windhauches an zu zittern. Die Pflanzen sind bei uns nicht winterhart, wir behandeln sie daher als Einjährige. Sie blühen zu Anfang des Sommers.

Bewertung, Verwendung, Anzucht: Die Ährchen der aufgeführten Arten sind so hübsch, daß man wohl versteht, wenn empfohlen wird, sie auch in den Gärten zu verwenden. Man muß freilich an solchen sublimen Schönheiten seine Freude haben. Die Blütenstände lassen sich auch schneiden und trocknen und dann als Vasenschmuck verwenden. Nur zu wenigen in Gläsern stehend, wirken sie äußerst apart. Im Garten kann man sie an halbschattige bis sonnige Plätze setzen. Die perennierende Art wird durch Teilung vermehrt, die einjährigen vermehrt man aus Samen. Man sät im Herbst in Handkästen aus, überwintert frostfrei, im Frühling bringt man sie in kleine Töpfe und pflanzt schließlich an den vorgesehenen Platz aus. Gräser wachsen mit festem Topfballen leichter und sicherer an als ohne diesen.

Browállia · Browallie
Solanaceae

Die Pflanzen sind nach dem schwedischen Bischof J. Browall (1707–1755) benannt, mit dem Linné befreundet war. Es sind annuelle Kräuter mit aufrechtem, reichlich sich verzweigendem Wuchs, die Blüten stehen einzeln achselständig oder in Trauben. Sie haben eine lange Röhre und einen flachen, fünflappigen Saum. Die Gattung umfaßt 6 Arten, welche in Mittel- und Südamerika wild auftreten. Die hübschesten sind die beiden folgenden:

Browállia grandiflóra Graham bildet 50 cm hohe, breitästige Büsche und blüht reich mit zartblauen oder

Buglossoídes purpurocaerúlea

weißen Blumen, die in lockeren Trauben erscheinen. **Browállia viscósa** H. B. K. wird 30 cm hoch und bildet etwas steife Büsche. Sie bringt kleine, aber sehr viele Blumen von dunkelblauer Farbe mit weißem Auge. Es gibt auch cv. 'Alba' mit weißen Blüten und 'Saphir', welche nur 20 bis 25 cm hoch wird und saphirblau blüht.

Bewertung, Verwendung, Anzucht: Browallien gehören nicht zu den Sommerblumen, die 3 Sterne verdienen. Sehr schön ist die Farbe der Sorte 'Saphir', welche sich für bunte Beete und als Einfassung gut eignet. Die andern haben dort Bedeutung, wo man eine große Mannigfaltigkeit der Sommerblumen wünscht. *B. viscosa* eignet sich auch für Töpfe, man setzt 4 Pflanzen in 12- bis 14-cm-Töpfe. Man sät im März halbwarm unter Glas aus, verstopft oder pflanzt in kleine Töpfe und aus diesen schließlich nach Mitte Mai an den vorgesehenen Platz. Die Bestände für Töpfe müssen mehrfach gestutzt werden. Der Flor der Browallien beginnt Ende Juni und zieht sich bis zum September hin. Der Samen ist fein.

Brúnnera · Kaukasusvergißmeinnicht
Boraginaceae ♃ ◐ ● ◑ ◉ ♡ ✕

Die Pflanze wurde nach dem schweizerischen Botaniker Samuel Brunner (1790 1844) benannt. Die Gattung enthält 3 Arten, welche vom Kaukasus bis Iran auftreten, Gartenpflanze ist aber nur eine.
Brúnnera macrophýlla (Adams) Johnston (syn. Anchusa myosotidiflora Lehm.) aus dem Kaukasus hat etwa handgroße, spitz-eirunde bis herzförmige, rauh behaarte Blätter und blüht mit großen, lockeren, reichblumigen Blütenständen voller rein vergißmeinnichtblauer Blümchen. Die Pflanzen werden 30 bis 45 cm hoch, ihr Flor fällt ins Frühjahr.

Bewertung, Verwendung, Anzucht: Das Kaukasusvergißmeinnicht ist eine sehr schöne und brauchbare Staude für halbschattige Standorte und verträgt auch tieferen Schatten, wenn dieser von hoch oben kommt. Der Boden muß frisch und humusreich sein. Das Ge-

wirr der vergißmeinnichtähnlichen Blüten sieht wonnig aus. Die Pflanzen können jahrelang an ihrem Platz bleiben und breiten sich durch Samenwurf sogar selbst aus. Wenn man größere Flächen damit besetzen will, genügen also eine Anzahl weitläufig gepflanzter Mutterstöcke. Das Laub ist ebenfalls sehr zierend; es färbt sich im Herbst fast leuchtend gelb. Vermehrt wird aus Samen und durch Wurzelschnittlinge. Man legt etwa fingerlange Stücke im Spätherbst in Handkästen, überwintert mäßig warm und topft nach dem Durchtrieb in 8-cm-Töpfe. Sie sind bis zum Herbst durchgewurzelt und ergeben eine schöne, sicher anwachsende Pflanzware. Ein arger Feind sind Wühlmäuse, die an den fleischigen Wurzeln fressen.

Buglossoídes
Boraginaceae ♃ ○ ◐ ● ◑ △ ○

Dieser neu belebte Gattungsname geht auf den Marburger Botaniker Conrad Moench (1744–1805) zurück; in ihm stecken die griechischen Wörter bous = Rind, Ochse und glossa = Zunge; *Buglossoides* ist also eine *Buglossum* ähnliche Gattung. Buglossum ist ein alter Name für *Anchusa*, wie die Ochsenzunge heute heißt. Bei der Neuordnung der *Boraginaceae* auf Grund der botanischen Forschungen von I. M. Johnston (1898–1960) wurden der Gattung *Buglossoides* zwei seit langem zu *Lithospermum* gehörende Arten zugeordnet, von denen die folgende besonderen Gartenwert hat.
Buglossoídes purpurocaerúlea (L.) Johnst. (syn. Lithospermum purpurocaeruleum L.) wächst zerstreut und auch in größeren Mengen in lichten Laubwäldern und an trockenen, sonnigen Hängen, die locker mit Gesträuch besetzt sind. Man kann die Art in ganz Europa finden mit Ausstrahlungen bis nach Iran und in die südwestliche Sowjetunion. Es ist eine Staude mit langen, niederliegenden Trieben, die Wurzeln schlagen. Die Blätter sind lanzettlich und graugrün, die Blüten anfangs hellpurpurfarben, dann enzianblau. Sie erscheinen im Frühjahr und stehen in gedrängten, von Hochblättern durchsetzten Wickeln. Die Pflanzen sind anfangs gegen 15 cm hoch und erreichen im Laufe des Jahres bis 25 cm Höhe.

Bewertung, Verwendung, Anzucht: Dieses Rauhblattgewächs ist eine äußerst dankbare und ziemlich anspruchslose Staude zur Bedeckung des Bodens, den sie in kurzer Zeit begrünt. Der Standort kann in voller Sonne und im Halbschatten liegen, sogar tiefer Schatten wird vertragen, wenn auch dort die Teppiche nicht so dicht werden. Der Boden soll sandig-lehmig und eher etwas trocken als zu frisch sein. Vermehrt wird durch Aussaat oder Teilung im Frühling, Teilung nach dem Flor. Man hält die Pflanzen wegen des umherstreichenden Wuchses gern in Töpfen. Die Bestände werden bis zum Herbst verkaufsstark. Am endgültigen Standort darf man die Art nicht in die Nähe zarter Pflanzen setzen, sie wären in Bälde zugewuchert.

Bu

Bulbocódium vérnum   Buphthálmum salicifólium

Calceolária polyrrhíza

Bulbocódium · Frühlingslichtblume, Uchtblume
Liliaceae △ ○ ◐ △

Der Name scheint die griechischen Wörter bolbos = Zwiebel und kodion = kleines Fell zu enthalten und wird in der Literatur sehr verschieden gedeutet. Das griechische Wort für bulbocodium – wie es latinisiert geschrieben wurde – ist jedoch bei Theophrast (371–286 v. d. Z.), auf den sich spätere Botaniker beriefen, nicht vorhanden, es entstand erst durch fehlerhaftes Arbeiten bei frühen Abschriften seiner Werke und wurde schließlich als Pflanzenname gedeutet und ausgelegt. Sein Wohlklang täuschte auch Linné, und er verwendete ihn als Artnamen bei *Narcissus bulbocodium*, heute *Corbularia bulbocodium*, und bei *Crocus bulbocodium*, heute *Romulea bulbocodium*, sowie als Gattungsnamen für unsere Frühlingslichtblume. Der grundlegende Fehler läßt sich natürlich nicht mehr korrigieren; die falschen Namen sind festgeschrieben und werden wie echte behandelt, nur darf man ihnen keinen Inhalt geben wollen.

Bulbocódium vérnum L. (syn. Colchicum vernum (L.) Ker-Gawl. ex Stef., Colchicum bulbocodium Ker-Gawl.) ist die einzige Art der Gattung. Ihr Verbreitungsgebiet erstreckt sich von den Pyrenäen bis zum Kaukasus. Die Pflanzen haben kleine, runde schwarzschalige Knollen und schmales Laub mit kappenartiger Spitze. Die Blüten erscheinen im Frühjahr bald nach der Schneeschmelze, sie sind sternförmig mit zungenförmigen Abschnitten; Farbe hellviolettrosa. Das Laub kommt zugleich mit der Blüte oder während des Flors. Seit 1601 in Gartenkultur.

Bewertung, Verwendung, Anzucht: Die Frühlingslichtblume eignet sich gut für Steingärten und Hausnähe. Sie braucht tiefgründigen, sandig-lehmigen, nicht zu trockenen Boden und einen Standort in voller Sonne; das ist auch wegen der Farbwirkung wichtig. Am besten siedelt man sie in kleinen Kolonien an. Sie blüht zur gleichen Zeit wie Schneeglöckchen, Winterling, Märzbecher, Zwergiris und andere Frühlingsblumen. Zwischen die Kolonien kann man Hornveilchen pflanzen, die nach dem Abwelken der Zwiebelgewächse den Standort bedecken. Legezeit Spätsommer bis Herbst, etwa 10 cm tief. Vermehrt wird aus Samen und Brutknöllchen.

Uchtblume wird das Bulbocodium schon in Kräuterbüchern des Mittelalters genannt, Jacob und Wilhelm Grimm haben den Namen ins Deutsche Wörterbuch aufgenommen. Die Ucht ist niederdeutsch die Morgendämmerung, die Dämmerung überhaupt.

Buphthálmum · Ochsenauge
Compositae ♃ ○ ◐ ◑ △ ♡ ○

Im Namen der Pflanzen stecken die griechischen Wörter bous = Rind und ophthalmos = Auge; sie beziehen sich auf die großen Blütenköpfe, die man mit einem Ochsenauge vergleichen kann. Die Gattung ist wenige Arten stark, welche in Mittel- und Südeuropa bis nach Kleinasien auftreten. Gartenwert hat nur **Buphthálmum salicifólium** L. hat schmale Blätter und bringt zahlreiche, weit aus dem Laube herausragende gelbe Talerblumen. Sie erscheinen im Hochsommer. Höhe der Pflanzen 60 cm.

Buphthálmum speciosíssimum → **Telékia**

Buphthálmum speciósum → **Telékia**

Bewertung, Verwendung, Anzucht: B. salicifolium ist eine schöne Wildstaude für sonnige Plätze mit kalkhaltigem, durchlässigem, aber nicht zu trockenem Boden. Vermehrt wird durch Teilung und Aussaat im Frühling. Die Pflanzen werden bis zum Herbst verkaufsstark.

C

Cajóphora · Brennwinde, Fackelträger
Loasaceae ☉ ○ ◐ ◑

Im Namen stecken die griechischen Wörter kaio = ich brenne und phorein = tragen; sie nehmen darauf Bezug, daß die Pflanzen wie die Brennesseln Haare haben, die brennen, wenn man ihr Laub anfaßt oder es streift. Die Gattung umfaßt gegen 50 Arten, in der Hauptsache windende Kräuter, viele perennieren. Das Genus ist völlig auf Südamerika beschränkt.
Cajóphora laterítia Klotzsch (syn. Loasa lateritia [Klotzsch] Gill ex Arn., Blumenbachia lateritia [Klotzsch] Griseb.) wird gegen 3 m hoch und hat einzeln auf langen Stielen sitzende orangerote Blüten mit 5 mützenförmigen Kronblättern. Die Pflanzen blühen vom Juli bis zum Frost.

Bewertung, Verwendung, Anzucht: Die Brennwinden sind aparte Kletterpflanzen, für die man Drähte, Latten oder ein Netz braucht, damit sie emporsteigen können. Sie bilden dichte grüne Wände, welche während des Flors mit dem Rot der Blüten gesprenkelt sind. Man kann sie für frei stehende grüne Wände, zum Bekleiden von Lauben, Häusern und Schuppen verwenden, auch als lebenden Zaun. Daß sie brennen, ist bei Zäunen günstig, im Garten muß man sie weit vom Wege, von Sitzplätzen und dergleichen abrücken, damit man sie nicht ohne weiteres berührt, wenn man in ihrer Nähe ist. Man sät im März halbwarm aus, topft bald ein und steckt auch frühzeitig einen Stab ein, an dem die Exemplare sich hochwinden können. Man muß laufend breitrücken, um zu verhindern, daß die Pflanzen ineinanderwachsen. Nach Mitte Mai pflanzt man an den vorgesehenen Platz, Abstand 40 cm. Man kann auch im Sommer aussäen und im Kalthaus hell, aber kühl überwintern. Solche Anzuchten blühen viel früher, die Pflanzen werden höher und kräftiger, und es läßt sich auch Samen ernten.

Calandrínia · Calandrinie
Portulacaceae ☉ ○ ◐ ◑ △ ‖

Die Pflanzen wurden zu Ehren von J. L. Calandrini (1703–1758), einem Botaniker in der Schweiz, benannt. Es sind Kräuter oder Halbsträucher von mehr oder weniger xerophytischer Tracht und meistens ansehnlichen Blüten. Die Gattung umfaßt etwa 150 Arten, welche im tropischen und subtropischen Amerika und in Nord- und Westaustralien auftreten.
Calandrínia umbelláta (Ruiz et Pav.) DC. aus Peru und Chile hat niederliegend hingestreckte Triebe, an den Spitzen sich aufrichtend; Höhe der ganzen Pflanze bis 15 cm. Die Stengel sehen rötlich aus und verholzen von ihrer Basis her, sie tragen nach der Spitze zu etwa 2 cm lange, schmal-lanzettliche, leichtbehaarte Blätter und bringen viele leuchtend violettrote bis purpurviolette Blümchen in reichblumigen Doldentrauben.

Bewertung, Verwendung, Anzucht: Calandrinien sind etwas exotisch aussehende, aber höchst brauchbare Pflanzen für Steingärten und trockene Hänge. Unsere Art eignet sich auch für Einfassungen, ja selbst als Bodendecke unter hochstämmige *Lantana, Plumbago* oder *Hibiscus*. Langen Regen vertragen sie, wie so manches Gewächs aus warmen, trockenen Gebieten der Erde, nicht gut. Man sät im März unter Glas in normale, etwas mit Sand versetzte Erde, topft bald ein und pflanzt schließlich nach Mitte Mai an den vorgesehenen Platz. Man kann auch im April an Ort und Stelle säen und muß später auf 15 cm Abstand auslichten. Der Samen ist sehr fein, und man bedecke ihn nur schwach, drücke aber gut an. Man kann auch im Juli einige Korn in Töpfe säen und in diesen hell, luftig und ziemlich trocken – etwa auf Hängen im Kalthaus – überwintern und später auspflanzen. Solche Bestände werden üppiger und blühen früher, aber sie halten ebenfalls bis zum Herbst damit an.

Calceolária · Pantoffelblume
Scrophulariaceae ♃ ◐ ○ ◐ ◑ △ ∧

Im Namen steckt das lateinische Wort calceus = Pantoffel oder seine Verkleinerungsform calceolus = Pantöffelchen; es bezieht sich auf die Form der Blüten, die zwei Lippen haben, von welchen die obere kleiner, die untere aufgeblasen ist und wie der Vorderteil eines Pantoffels aussieht. Die Gattung ist gegen 300 Arten stark und tritt in der Hauptsache in Südamerika auf, mit versprengten Arten in Neuseeland. Als Zimmerblumen oder Pflanzen für öffentliche Anlagen sind bei uns weit verbreitet: die Calceolaria-Hybriden (früher C. × herbeohybrida) und die strauchige *C. integrifolia* (früher C. rugosa); beide sind hier aber nicht winterhart. Fürs Freie eignet sich bei uns besonders eine Art:
Calceolária polyrrhíza Cav. aus Patagonien hat bis 10 cm lange, fast grundständige, eirund-längliche, dichtstehende Blätter und blüht mit sattgelben, dunkelrot getupften Pantoffelblümchen, die auf ihren bis 15 cm langen Stielchen in lockeren Scheindolden sitzen. Der Flor fällt in die Monate Juni/Juli. Der Wuchs ist rasenartig.

Bewertung, Verwendung, Anzucht: Es ist eine mehr interessante als imposante Pflanze für Freunde seltsamer und bei uns absolut fremder Arten. Sie eignet sich für halbschattige Plätze im Alpinum oder zur Bodenbekleidung. Nötig sind einwandfreie Drainage und lockere humusreiche, leicht saure Erde. Ferner muß man im Winter reichlich mit Nadelstreu abdecken. In Leningrad ist die Art unter hoher Schneedecke gut durch den Winter gekommen. Vermehrt wird durch Aufzucht der unterirdischen Ausläufer. Man dreht sie

Ca

Caléndula officinális   Callístephus chinénsis, Typen   Callúna vulgáris

am besten in kleine Töpfchen, die bis zum Herbst durchgewurzelt sind. Über Winter muß man die Calceolarien gut schützen und darf sie erst im Frühjahr auspflanzen.

Caléndula · Ringelblume
Compositae ☉ ○ ◐ ◑ ✗

Im Namen steckt das lateinische Wort calendae, das den ersten Tag jedes Monats bezeichnet; es bezieht sich darauf, daß die Pflanzen im Mittelmeerraum, wo sie zu Hause sind, das ganze Jahr über, also an jedem ersten Tag im Monat blühen. Die Gattung umfaßt etwa 15 Arten, alle sind Kräuter, die meisten einjährige. Ihr Verbreitungsgebiet reicht von den Kanarischen Inseln bis nach Iran. Die Art *C. officinális* ist seit dem 13. Jahrhundert in Gärten Mitteleuropas gehalten worden, vor allem als Heilpflanze. Sie gilt auch heute noch äußerlich als sicheres Mittel bei Geschwüren, besonders der Brust, und steht in ihrer Wirkung der bewährten Arnika nur wenig nach. Als Tee wirkt sie innerlich bei Entzündungen drüsiger Organe, ferner als fieberwidriges, krampflösendes und schweißtreibendes Mittel, wird auch bei Gelbsucht verwendet. Kneipp hat gern mit Calendula gearbeitet. Im Laufe der Jahrhunderte entstanden allmählich die Gartensorten.

Caléndula officinális L. wird 25 bis 50 cm hoch und hat ansehnliche Blüten in den Farben Mattgelb bis Reinorange. Beliebt sind vor allem die Sorten mit gefüllten Blüten, bei welchen alle Blumen Zungenblütchen aufweisen. Ferner gibt es Züchtungen, deren Zungenblüten spitzig eingerollt sind wie bei 'Orangestrahlen' oder die zum Teil Röhrenblütchen mit verlängerter, am Rande leicht geschlitzter Röhre haben.

Außerdem wurden Sorten mit brauner Mittelscheibe und langen, feinen, etwas gewölbten Zungenblüten gezüchtet. Erwähnt seien schließlich die sogenannten Miniaturringelblumen. Sie haben kleine Blüten mit dunkler Mitte, sind gestaucht im Wuchs, werden gegen 25 cm hoch und eignen sich gut für Einfassungen.

Bewertung, Verwendung, Anzucht: Die Ringelblumen kann man fast in jedem Garten sehen. Damit ist ihnen schon das gebührende gute Zeugnis ausgestellt. Calendula eignen sich glänzend für alle Arten von Gartenbeeten. Sie eignen sich auch als Schnittblumen, aber man muß recht knospig schneiden, um sie länger zu haben. In der Regel werden die Blüten im Wasser besonders groß und schwer, daher stehen sie zuletzt nicht mehr straff aufrecht. In der Vase wirken die gefüllten Züchtungen und die Anemonenblütigen am besten. Man sät im Frühling an Ort und Stelle und dünnt später auf 15 bis 20 cm Abstand aus, kann auch unter Glas in einen halbwarmen Kasten säen und pflanzen. Ferner lassen sich Calendula unter Glas in kalte Blocks pflanzen, man darf aber nicht viel heizen. Im Herbst bekommen sie leicht Mehltau. Der Flor kann sich über den ganzen Sommer hinziehen, wenn man die abgeblühten Blumen laufend ausknipst und Mitte des Sommers noch einmal phosphor- und kalkhaltigen Dünger gibt. Wird nicht ausgebrochen, so gehen die Bestände in Samen, und der Flor hört völlig auf. Vielfach fallen die Samen auch aus, und im nächsten Jahr kommen die Ringelblumen von selbst. Sie arten dabei aber in wenigen Jahren aus, und man hat nur noch einfachblühende Exemplare. Wer immer schöne volle Blüten und charakteristische Tracht der Sorten haben will, muß öfter anerkanntes Saatgut kaufen.

Callístephus · Sommeraster
Compositae ☉ ○ ◐ ◑ ‖ ✗

Dies sind die allgemein bekannten Sommerastern, die man ebenfalls in jedem Garten sehen kann. Früher hießen sie *Aster chinensis,* aber heute zählt man sie nicht mehr zur Gattung *Aster,* sondern hat eine eigene Gattung aufgestellt. Im Namen *Callistephus* stecken die griechischen Wörter kallinos = schön und stephos = Kranz; sie beziehen sich auf den Kranz der langen, schmückenden Zungenblüten, welche die gelbe Mitte umgeben. Die Pflanze stammt aus China, von wo der

Jesuitenpater Jean d'Incarville an den Jardin des Plantes in Paris Samen geschickt hatte; 1731 blühten dort zum ersten Male in Europa Astern. Der Bestand brachte nur einfache Blumen mit lila Randblüten, die Exemplare wuchsen ziemlich sparrig. Man ist erstaunt, wenn man Bilder aus diesen Jahren betrachtet, daß diese wenig anziehenden Gewächse die Stammeltern unserer heutigen Sommerastern sein sollen, und doch sind sie es. Nur bei Dahlien und Chrysanthemen, welche beide ebenfalls zur Familie der Korbblütler gehören, ist eine ähnliche Entfaltung und Steigerung erzielt worden. Die Astern von heute haben vielfach gefüllte Blumen, und zwar in höchst mannigfaltigen Formen, das Farbenspiel ist stark erweitert worden, den Aufbau der Pflanzen, die Blühfreudigkeit hat man verbessert und vermehrt sowie die Florzeit von Mitte Juli bis in den Herbst verlängert.

Callístephus chinénsis (L.) Nees (syn. Aster chinensis L.) braucht nicht beschrieben zu werden. Es gibt weit über 150 Sorten, und alljährlich kommen neue hinzu. Über ihren Wert schwanken die Urteile; denn Astern sind einer Art Mode unterworfen. In den Katalogen der Samenfirmen sind die Astern sowohl nach der Höhe als auch nach der Blütezeit und überdies nach Klassen eingeteilt, durch welche Sorten eines Typs zusammengefaßt werden. Im Prinzip gibt es 4 Gruppen oder Typen:
A Der ganze Blütenkorb enthält lange, spitze, röhrenförmige Blütchen, außen sind zuweilen einigen Reihen etwas zungenförmig verlängert, innen manchmal fünfzipfelig: Eine typische Klasse sind die Strahlen-Astern.
B Der Blütenkorb enthält innen röhrenförmige Blütchen, die eine geschlossene, meistens gelbe Scheibe bilden, und außen steht ein Kranz aus einer oder mehreren Reihen von Zungenblüten mit einer besonders langen, schön entwickelten Zunge: Typische Klassen sind die zahlreichen Einfachen Astern, die Pompon-Astern und weitere.
C Der Blütenkorb enthält innen recht gut entwickelte Röhrenblüten, außen Zungenblüten, und beide gehen allmählich ineinander über: Typisch sind die jetzt so sehr beliebten Prinzeßastern, welche zur Zeit am meisten angebaut werden.
D Der Blütenkorb enthält nur Zungenblüten: Typische Klassen sind die Straußenfeder-, die Meister-, die Päonien- und die Schönheitsastern.
Diese Astern bilden bei 13 bis 15 Stunden Langtag und Temperaturen von etwa +20 °C an den gestreckten Stengeln Blüten. Bei Kurztag werden nur Rosetten gebildet, wenn es dabei warm ist, auch Stengel, die jedoch unnormal kurz bleiben.

Bewertung, Verwendung, Anzucht: Die Sommerastern gehören, wie jedermann weiß und wahrnimmt, zu unseren am weitesten verbreiteten Einjahrsblumen und zu den wichtigsten Schnittblumen für den Hochsommer und Frühherbst. Zuerst kommen die Juli-Astern in Blüte, etwa ab Mitte Juli, als letzte bringen die Riesenastern ihren Flor. Er beginnt in der zweiten Septemberhälfte. Eine Klasse blüht selten länger als 6 Wochen, dann ist ihre Schönheit vorüber, aber die Blühdauer hängt stark von der Ernährung, vom Wetter und anderen Faktoren ab, auf die man nur vereinzelt einzuwirken vermag. Für Beete eignen sich besonders die Zwergastern und die halbhohen Sorten oder Klassen, die nicht viel höher als 35 cm werden. Beete, die nur mit Astern besetzt werden, sind jedoch wenig vorteilhaft: Es dauert zu lange, ehe sie Farben aufweisen, und der Flor hält nicht lange genug an. Aber das hat der Beliebtheit keinen Abbruch getan. Es gibt wohl keine Einjahrsblume, die so reich blüht und dabei so ansehnliche, mannigfaltige Blumen von langer Haltbarkeit in der Vase bringt.
Man sät im Laufe des März/April ins Frühbeet oder anschließend gleich ins freie Land. Bei früher Aussaat werden die Setzlinge zeitig fertig, und man kann schon in der ersten Maihälfte pflanzen, also bevor die erste große Hitzewelle des Jahres kommt, die für das Auspflanzen nicht günstig ist. Der Boden soll bestes Gartenland sein, Dung bringe man nur im Herbst, nicht erst im Frühjahr ein. Zwei Wochen vor dem Auspflanzen streue man Reformkali, auf 100 m² 1,5 bis 2 kg. Die Entfernung muß sich nach den Klassen richten: geschlossen wachsende Typen kann man 20 × 20, die breiten, etwas sperrigen muß man 30 × 30 cm setzen. Bei Trockenheit ist Wässern unerläßlich. Kopfdüngung mit raschwirkenden Volldüngern ist angebracht.

Asternwelke: Früher war diese Krankheit fast unbekannt, neuerdings tritt sie stark auf und richtet häufig großen Schaden an. Es gibt zwei Arten von Welke: Entweder erscheint sie nur am Fuß der Pflanzen, oder sie breitet sich von unten streifenförmig aus, und es fallen ihr manchmal nur Teile zum Opfer. Sind Astern erkrankt, muß man sie sofort ausraufen und am besten verbrennen. So verhindert man, daß sich die Krankheit weiter ausbreitet. Niemals darf man die befallenen Pflanzen auf den Komposthaufen werfen, denn er würde dadurch auch verseucht werden. Wichtig ist das Vorbeugen. Man wechsle den Platz, wo dies möglich ist, wähle nur resistente Sorten, übe beim Herausnehmen aus dem Saatbeet große Vorsicht, damit die Setzlinge keine Wunden bekommen, ernähre die Pflanzen gut, aber nicht zu stark mit Stickstoff, denn allzuviel Stickstoff begünstigt das Ausbreiten der Welke. Falls vorbeugende Maßnahmen nicht genügen, ist der Boden zu entseuchen, am besten zu dämpfen. Unter den chemischen Bodenentseuchungsmitteln ist Quintozen („Phomasan") am wenigsten giftig. Zusätzlich können die Jungpflanzen mit Naßbeizlösung angegossen werden.

Callúna · Heidekraut, Besenheide
Ericaceae ○ ◐ ◑ ♡ ○

Im Namen der Pflanzen steckt das griechische Wort kallyno = ich reinige, fege; es bezieht sich darauf, daß

Ca

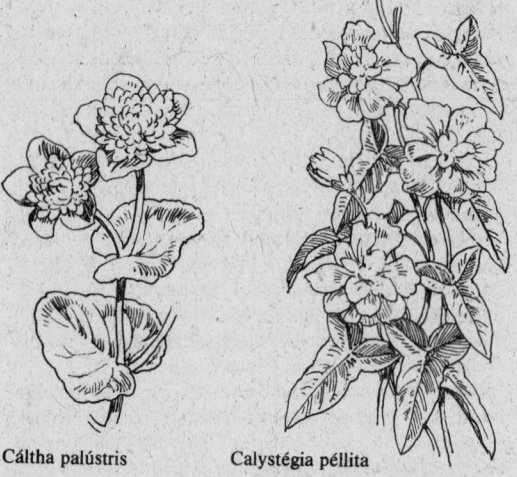

Cáltha palústris   Calystégia péllita   Camássia quámash

das Heidekraut zur Herstellung von Besen verwendet wurde, heute kommt das seltener vor. Die Gattung ist nur eine Art stark, wahrscheinlich hat sie sich im Tertiär von den Ericoideen abgespalten. Heidekraut tritt in der Natur sehr gesellig auf und bedeckt oft ausgedehnte Gebiete. Man findet es in der Regel in Strichen mit armen, ja ärmsten Böden, und es vermag als erstes Gehölz auf lockerem, nacktem Sand Fuß zu fassen. Dabei machen ihm andere Gewächse kaum Konkurrenz. Auch bringen die Bestände reichlich Samen, und so ist es kein Wunder, daß die Heide weit verbreitet ist und sich überall durchsetzt und erhält. Die Pflanzen sind wenig empfindlich sowohl gegen Kälte als auch gegen Hitze und Trockenheit. Man findet sie in der Nähe des Nordkaps und am Rande der alpinen Gletscher, aber ebenso in der nordmarokkanischen Macchia und an vielen Stellen der Mediterraneis, wo sie der langen, glühenden Sommerhitze fest widerstehen. Am meisten verbreitet ist *Calluna* jedoch in Gebieten mit Seeklima, also in Nordspanien, Schottland und Skandinavien, wo man zuweilen tagelang durch die Heide wandern kann. In ihrer Einförmigkeit wirkt sie eigenartig melancholisch, selbst zur Blütezeit.

Callúna vulgáris (L.) Hull ist allgemein bekannt. Sie bildet immergrüne, reichlich sich verästelnde, bis 50 cm hohe Sträucher, die kleine, schuppenartig am Holz sitzende Blätter haben. Die Blumen sind glockenförmig, werden rosarot und sitzen in ährenähnlichen, bis 20 cm langen Blütenständen beisammen. Der Flor fällt in den Hochsommer bis Herbstanfang. Obwohl die Heide nur wenig „spielt", entstanden einige Sorten, z. B. sind dies 'Alba Plena' mit weißen, leicht gefüllten Blüten; 'Alportii' mit fast karminroten Blüten und eigenartig blaugrünen Nadeln, 'Mrs. J. H. Hamilton' — auffällig breit wachsend, etwas niedriger bleibend als die andern und mit Blumen von eigenartig lachsrosa Farbe, zudem leicht gefüllt, 'Minima' — rasenförmig, niedrig und fest, wenig Blüten.

Bewertung, Verwendung, Anzucht: Die Heide ist der Prototyp von Pflanzen für Heidegärten und in diesen ganz unentbehrlich. Sie soll wie in der Natur gesellig erscheinen, man pflanze also stets größere Flächen. Zu ihr passen Wacholder, Birken und viele Gräser, die alle gleich der Heide mit armen Böden vorliebnehmen. In guten Böden versagt Calluna völlig! Der Boden muß sandig, leicht sauer und dürftig sein. Ob man ihn künstlich arm machen soll, läßt sich schwer sagen; es läge darin ein gewisser Widersinn. Wo aber in Schulgärten Heideszenen geschaffen werden sollen, kann man es befürworten. Man pflanzt entweder im Frühjahr oder im Juni/Juli, niemals nach dem Herbst zu, Abstand je nach Größe 10 bis 20 cm. Im ersten Jahr ist es angebracht, öfter zu wässern, später braucht man das Land nur von Unkraut freizuhalten. Wenn der Boden nicht mager genug ist, werden die Pflanzen übermäßig hoch und sehen schließlich liederlich aus; es bleibt dann nichts anderes übrig, als neue zu setzen. Auf kargen Standorten dagegen kann Calluna 40 Jahre alt und sogar noch älter werden. Vermehrt wird durch Stecklinge im zeitigen Frühjahr oder Winter. Man muß zuerst gut geschlossen unter Glas halten, später abhärten und auf ein Anzuchtbeet pikieren. Nach etwa einem Jahr sind die Posten verkaufsstark.

Cáltha · Dotterblume, Sumpfdotterblume
Ranunculaceae ♃ ☉ ☽ ☽ ☿ ≈ ⬡

Caltha ist ein lateinischer Pflanzenname, aber wir wissen nicht, welches Gewächs damit gemeint war. Die Gattung ist gegen 40 Arten stark, die auf beiden Erdhälften in den gemäßigten Zonen vorkommen. Es sind Stauden, welche häufig an sumpfigen Plätzen wachsen.

Cáltha palústris L. (syn. C. holubyi Beck, C. polypetala Hochst. ex Lorent) blüht im Frühling auf 15 bis 25 cm hohen Stielen mit ansehnlichen gelben Blumen. Die

Pflanzen wirken auch durch die herzförmigen, frischgrünen Blätter, die bis handgroß werden. Der Wuchs ist leicht sparrig. Wichtiger als die Art ist 'Multiplex' mit gefüllten Blumen.

Bewertung, Verwendung, Anzucht: Dotterblumen eignen sich sehr gut zur Bepflanzung von Bach- und Teichrändern und sumpfigem Gelände. Dort werden sie üppig, an trockenen Standorten dagegen wachsen sie langsam und werden nie richtig schön. Ist es besonders trocken, gehen sie ein. An ihnen zusagenden Plätzen aber können sie viele Jahre stehen. Vermehrt wird durch Teilung, bei reinen Arten auch durch Samen. Man teilt im Frühjahr nach dem Flor. Die Pflanzen sind bis zum nächsten Frühjahr fertig.

Calystégia · Zaunwinde
Convolvulaceae 4 ○ ◐ ◑ ∧

Im Namen der Pflanzen stecken die griechischen Wörter kalyx = Kelch und stegein = bedecken; sie beziehen sich darauf, daß die Blüten von zwei Kelchblättern eingeschlossen sind, was bei den Knospen aussieht, als bedeckten sie die Blumen. Die Gattung umfaßt 7 Arten, welche vielfach perennierende Schlinger werden, häufig im Garten aber nichts als ein Unkraut sind. Hierzu gehören *C. sepium*, die eigentliche Zaunwinde, und die seit mehr als 100 Jahren eingebürgerte *C. pulchra*, ein Neophyt unbekannter Herkunft. Brauchbar ist nur
Calystégia péllita (Ledeb.) G. Don (syn. Convolvulus pellitus Ledeb., Calystegia pubescens Lindl.), aus Nordchina, Korea und Japan, die 2 bis 3 m hohe Bestände bildet. Die Pflanzen sind an sämtlichen Teilen behaart. Sie haben längliche, an der Basis gelappte Blätter, und ihre Blüten sitzen einzeln auf weit herausragenden, kantigen Stielen. In Kultur ist nur die Gartenform 'Plena'. Die Blumen werden gegen 5 cm breit, sind völlig röschenartig gefüllt und erscheinen in großer Menge. Ihre Farbe ist zuerst zartrosa bis fleischfarben, später wird der Ton intensiver.

Bewertung, Verwendung, Anzucht: Calystegien wurden früher viel gepflanzt. Sie eignen sich glänzend für Balkonkästen, die man wie Efeuwände als Schutz am Sitzplatz aufstellen kann. Ferner passen Zaunwinden gut für Kübel, wo man ihnen Stäbe oder Draht zum Hochlaufen bieten muß. Für die Bekleidung von Lauben oder Zäunen sollte man sie nur dort nehmen, wo ihre weit umherschweifenden Ausläufer keinen Schaden anrichten können. Sie wollen gut durchlässigen, nahrhaften, etwas lehmhaltigen Boden und sonnigen Standort. Es ist unerläßlich, sie laufend zu düngen, sonst hören sie auf weiterzuwachsen, auch läßt ihr Flor nach, und die Blätter fangen an zu vergilben, was abscheulich aussieht. Vermehrt wird durch Aufteilen der Wurzeln in etwa handlange Stücke, die man mit 25 cm Entfernung voneinander auslegt. Da *Calystegia pellita* nicht überall den Winter übersteht, ist es ratsam, im Herbst einige Wurzeln auszugraben und diese in Sand eingeschlagen kühl und ziemlich trocken im Keller zu überwintern.

Camássia · Präriekerze
Liliaceae △ ○ ◐ ◑ ∧

Quamash und auch Camass sind die indianischen Namen der Pflanzen. Es sind Zwiebelgewächse, deren 5 Arten in Nordamerika auftreten.
Camássia cusíckii S. Wats. hat 30 cm lange und 5 cm breite bläulichgrüne Blätter und blüht im Frühling mit einem bis 100 cm hohen Blütenschaft, der mit 30 bis 100 hellbläulichvioletten Blümchen besetzt ist.
Camássia quámash (Pursh) Greene (syn. C. esculenta [Nutt.] Lindl. non Rob.) hat linealisch-rinnenförmige, grüne bis graugrüne Blätter und blüht im Mai/Juni mit einem 50 bis 70 cm hohen Schaft voller graublauer Blumen, bei 'Alba' werden sie weiß, bei 'PurpureoCoerulea' lebhaft violettblau.
Camássia scilloídes (Raf.) Cory (syn. C. fraseri Torr.) wird 30 bis 40 cm hoch und blüht im Mai/Juni mit hellblauen Blumen in langgestreckter Traube.

Bewertung, Verwendung, Anzucht: Die Präriekerzen gehören wiederum zu jenen aparten Erscheinungen, deren es bei den Liliengewächsen nicht wenige gibt. Sie sind nicht heikel und verdienen, viel mehr verwendet zu werden, als es geschieht. Die Pflanzen sind in Weinbaugebieten völlig winterhart, außerhalb derselben schütte man über Winter hoch Nadelstreu oder trockenen Torf auf und decke mit einem Stück Folie ab. Der Standort soll warm sein, der Boden sehr gut drainiert — tadelloser Wasserabzug vor allem im Winter ist das wichtigste. Sie vertragen etwas Schatten, doch brauchen sie ihn nicht. Man pflanze zeitig im Herbst. Vermehrt wird durch Brutzwiebeln. An günstigen Standorten können die Bestände sehr üppig werden und viele Jahre aushalten.

Campánula · Glockenblume
Campanulaceae ☉ 4 ○ ◐ ◑ △ ∥ ✕

Der lateinische Name ist von campana = die Glocke hergeleitet und bezieht sich auf die glockenförmigen Blüten. Die Gattung umfaßt gegen 250 Arten, von welchen die meisten Stauden nur einzelne Annuelle oder Bienne sind. Sie treten vor allem in der nördlichen gemäßigten Zone auf, viele im Gebirge; ein zweites Verbreitungsgebiet liegt im tropischen Teil Afrikas, doch kommen diese Arten für uns nicht in Betracht. Sie haben wechselständige, ungeteilte Blätter, und ihre Blüten stehen einzeln auf kurzen oder weit aus dem Laub herausragenden Stielen, oder sie sitzen in rispigen, traubigen oder kopfigen Blütenständen beisammen. Viele werden wegen ihres üppigen Flors oder ihrer zwergigen Tracht seit langem als Gartenpflanzen verwendet. Zu den Arten sind

Ca

Campánula médium

Campánula glomeráta   Campánula latifólia   Campánula persicifólia   Campánula persicifólia ssp. sessiliflóra

neuerdings noch eine Reihe Sorten getreten, darunter auch Arten-Bastarde, welche sogar in der Natur vorkommen. Wir behandeln die Glockenblumen hier nach gärtnerischen Gesichtspunkten, also nicht systematisch.

Bienne Arten

Campánula médium L., die Marienglockenblume, wird 40 bis 75 cm hoch, bildet zunächst eine Blattrosette, mit welcher die Pflanzen überwintern, und treibt im nächsten Frühling einen reichlich sich verästelnden Blütenstand. Ringsum erscheinen an steifen Seitentrieben bis 6 cm lange, tiefglockige Blüten mit kleinem Saum. Sie werden weiß, rosa oder blau entsprechend den Sorten 'Alba', 'Rosea' und 'Coerulea'; außerdem ist 'Karminrosa' im Sortiment. Man findet auch Marienglockenblumen mit doppeltem Blütensaum. Die Pflanzen blühen im Mai/Juni und gehen dann meistens ein.

Hochwachsende, ausdauernde Arten

Campánula glomeráta L., die Büschelglockenblume, wird 30 bis 70 cm hoch und treibt zahlreiche Ausläufer. Die Blätter sind lang-herzförmig, und die Pflanzen bringen ab Mai bis in den Juli in Büscheln oder kopfig beisammenstehende, trichter-glockige Blüten von violetter Farbe. Schöner ist 'Superba', weil die Stengel straff aufrecht wachsen, die Blumen größer und recht leuchtend in der Farbe werden, doch kommen die Pflanzen etwas später in Flor. Ferner gibt es cv. 'Acaulis' mit einem Blütenstand, der fast ohne Stengel dicht auf der Blattrosette aufsitzt. Die blühenden Rosetten dieser Art sterben nach dem Flor ab, doch treiben sie vorher zahlreiche Ausläufer, und der Bestand bleibt erhalten. Die Pflanzen wachsen häufig rasig und vermögen zartere Gewächse zu ersticken. Neu ist 'BS-Blauzipfel', eine dunkelviolette Sorte.

Campánula lactiflóra M. B. aus dem Kaukasus wird 50 bis 100 cm hoch, hat lanzettliche, am Rande gezackte Blätter und blüht mit vielblumigen Stutzen dichtsitzender, breit-glockenförmiger Blüten, die vom Juni bis August erscheinen. Es gibt zwei schöne Züchtungen: 'Loddon Anne' mit zart-lilarosa Glocken und 'Prichards Var.' – Blumen größer, amethystviolett, nur 50 cm hoch werdend.

Campánula latifólia L., die Waldglockenblume, hat breitovale Blätter und ist an allen Teilen dünn oder stärker behaart. Die Pflanzen werden 50 bis 100 cm hoch, und ihre Blumen erscheinen in lockeren Trauben, sie werden 4 bis 5 cm lang und sind lichtblau. Bei 'Alba' sind die Blüten weiß; bei 'Macrantha' werden die Blumen größer, ihre Farbe ist dunkelviolett, und die Pflanzen sind stärker behaart. Die Bestände blühen im Juli/August, die Pflanzen vertragen Schatten, doch darf dieser nicht zu tief werden. Der Standort soll verhältnismäßig trocken sein.

Campánula persicifólia L., die Pfirsichblättrige Glockenblume, ist neben der Marien-Glockenblume die bei uns häufigste Art. Die Pflanzen werden 50 bis 100 cm hoch und haben breite, nicht sehr tiefe Glocken, die an straffen, dünnen Stielen sitzen. Bei der Stammart sind sie hellblau, bei 'Grandiflora Coerulea' dunkler blau und größer, bei 'Grandiflora Alba' weiß. Die Bestände blühen im Juni/Juli von der Spitze nach unten zu, was oben bald grau werdende, abwelkende Blumen gibt, die das Bild beeinträchtigen. Abgeblühte Triebe gehen nach dem Flor völlig ein, aber sie haben in der Regel zahlreiche Ausläufer entwickelt. Die Pfirsichblättrige Glockenblume wünscht humosen, durchlässigen, frischen, etwas sandigen Boden, in

Campánula carpática

Campánula cochleariifólia

Campánula gargánica

Campánula portenschlagiána

Lehm gedeiht sie nicht so gut. Ssp. **sessiliflóra** (K. Koch) Velen. (syn. C. latiloba A. DC., C. grandis Fisch. et Mey.) tritt speziell in Griechenland auf dem Olymp auf. Sie wird bis 1 m hoch, hat flache Rosetten schmaler, gewellter Blätter, und die Blütenstände bringen im Juni etwa 5 cm breite, flache Blumen in Hellblau. Auch hiervon gibt es Sorten in Dunkelblau und Weiß. Die Pflanzen eignen sich für Rabatten, wirken aber etwas steif.

Ausdauernde Zwergglockenblumen

Campánula carpática Jacq. aus dem Kaukasus gehört zu den am stärksten in den Gärten verbreiteten niedrigen Glockenblumen. Die Pflanzen werden 15 bis 25 cm hoch, bilden vieltriebige Büsche, haben herzförmige, am Rand gezackte Blätter, und die Blüten stehen einzeln auf dünnen, festen Stielchen. Sie blühen von Juni an bis manchmal August. Die Stammart blüht in hellblauen, aufrechten Schalen; bei 'Alba' sind sie weiß, bei 'Coerulea' leuchtend blau. Genannt seien ferner 'Blaumeise' – 20 cm hoch, Blüten hellblau; 'Karpatenkrone' – eine der allerbesten, Blüten silbrigblau; 'Spechtmeise' – schöne Blütenform, 15 cm hoch, Blüten dunkelblau; 'Zwergmöwe' – lange in Flor, 15 cm hoch, Blütenfarbe silbrigweiß. Var. **turbináta** (Sch., Nym. et Ky.) Nichols., die man als eine Zwergausgabe bezeichnen kann, denn die Büsche werden nur gegen 15 cm hoch, bekommt bis 5 cm breite Blüten, und die Pflanzen sind an allen Teilen fein weiß behaart; die Zipfel der Blüten sind stärker entwickelt als bei der Stammart. Auch von dieser natürlichen Varietät gibt es Sorten: 'Isabel' – dunkelblau, Blüten schalenförmig; 'Kobalt' – dunkelviolett, und 'Alba' – reinweiß.
Campánula cochleariifólia Lam. (syn. C. pusilla Haenke) aus den Alpen, ferner in den Pyrenäen, im Karst und in den Karpaten, ist eine der liebenswürdigsten Zwergglockenblumen und eine der ausdauerndsten. Die Pflanzen bilden Rasen, werden bis 10 cm hoch und blühen von Ende Juni bis in den August mit unzähligen, hängenden Glöckchen von hellblauer Farbe. Es gibt auch die Form 'Alba' mit weißen Blümchen, ferner 'Miranda Bellardii' – mondsteinfarben, also zart hellblau.

Campánula gargánica Tenore bildet mit der Zeit große, dichte Polster und blüht im Juni/Juli etwa 10 cm hoch mit unzähligen, blauvioletten Glocken, deren Zipfel tief eingeschnitten sind und sternförmig zur Seite ragen. Die Blumen erscheinen in achselständigen Bündelchen, auch die Ranken bringen Blüten. Neben der Stammart gibt es die hellblaue 'Hirsuta'.
Campánula portenschlagiána Schult, aus Dalmatien bildet ebenfalls dichte, ansehnliche Polster und blüht im Juni/Juli mit breitglockenförmigen, aufrechten Glöckchen von rötlichem Blauviolett, oft nochmals nach dem Herbst zu, die Polster werden 10 bis reichlich 12 cm hoch und sind äußerst durabel. Eine schöne Steigerung ist die Sorte 'Birch Hybrid', sie wächst üppiger, die Farbe ist intensiver, und die Blumen werden größer, 15 cm hoch.
Campánula poscharskyána Degen vom Balkan ist eine recht stark wachsende Polsterglockenblume. Die Pflanzen werden gut 15 cm hoch und bringen Unmassen breitglockiger bis fast sternförmiger Blumen, hellpflaumenblau, nach innen zu etwas heller. Es gibt auch davon Sorten: 'E. H. Frost' – Blüten weiß mit blauem Stern innen; 'Stella' – Blumen größer, tiefblau, im Herbst beim Nachflor, der besonders schön wird, fast enzianblau.

Bewertung, Verwendung, Anzucht: Glockenblumen sind meistens eine besondere Augenweide, daher allgemein beliebt. Schon seit dem frühen Mittelalter werden mehrere Arten in den Gärten gehalten.
Die höher wachsenden Arten eignen sich für bunte Beete; sie passen dort zwischen andere Stauden ähnlichen Charakters, aber auch in den Wildstaudengarten. Einzelne vertragen Halbschatten. C. glomerata 'Superba' liefert sehr ansehnliche, haltbare Schnittblumen, desgleichen C. medium. Diese läßt sich auch blühend in Kübel setzen und bildet dann einen farbenfrohen Blickfang auf dem Sitzplatz, die Wirkung hält jedoch nicht lange vor. Die niedrig bleibenden Arten sind unentbehrlich für Steingärten, Alpina und Trockenmauern. Sie gedeihen auch in Fugen und Ritzen vortrefflich; einzelne wollen besondere Standorte. Der Boden soll mehr oder weniger humusreich und unbedingt durchlässig sein. Die meisten Arten haben unterirdische Ausläufer, und nur in sandiger,

Ca

Canna-Indica-Hybride   Cánnabis sativa

poröser Erde vermögen sie umherzustreichen und den Bestand zu vergrößern. Auch ist Nässe ungünstig, denn wie man an der Behaarung vieler Glockenblumen ablesen kann, lieben sie eine gewisse Trockenheit. Bis auf wenige Ausnahmen soll der Standort in voller Sonne liegen. Lehmigen Boden vertragen nur die Arten mit Pfahlwurzeln, wie *C. lactiflora*.

Vermehrt wird durch Aussaat und Teilung. *C. medium* sät man im Juni und pflanzt zuerst auf Anzuchtbeete mit 20 bis 25 cm Abständen; im Frühjahr versetzt man dann auf den vorgesehenen Platz. Die Arten mit Pfahlwurzeln und die übrigen hohen Wildarten sät man entweder im Sommer aus und pflanzt im nächsten Frühjahr zeitig auf Anzuchtbeete, oder man sät zeitig im Frühling und pflanzt so bald als möglich auf. Die Anzuchten werden bis zum Frühherbst verkaufsstark. Größer gewordene Exemplare von Arten wie *C. lactiflora* mit Pfahlwurzeln lassen sich kaum noch versetzen, denn sie wachsen nicht an.

Alle Sorten und alle Zwerggarten werden am raschesten und sichersten durch Ausläufer oder Teilung vermehrt. Dies geschieht entweder ganz zeitig im Jahre, zu welchem Zwecke man die Vermehrungsposten im Herbst in einen Kasten räumt, wo man sie frostfrei halten kann, oder man teilt nach der Blüte auf. Es sind dafür besondere Bestände nötig, die man im Frühling auf ein Beet mit humusreicher, stark mit Sand und Torf durchsetzter Erde auspflanzt, damit sie sich gut bestocken. Will man dann aufreißen, wäscht man die Pflanzen am besten aus und reißt in so viele Teile, als möglich ist. Diese dürfen nicht zu klein sein. Dann dreht man in Töpfe in sandige Erde und stellt kühl, aber unter Glas auf, gibt etwas Luft und nur selten Schatten und spritzt zuerst häufig. Bald werden die Pflanzen anfangen zu wachsen, und man halte dann die Bestände noch luftiger und heller. Posten aus zeitiger Frühjahrsvermehrung, die natürlich nur in einem Gewächshause möglich ist, werden bis zum Herbst verkaufsstark, aus Sommervermehrung bis zum nächsten Frühling. Für die kleinsten Arten nimmt man 6-cm-Töpfe, für die übrigen 7er oder 8er Töpfe. Ein gefährlicher Feind sind die Schnecken, für welche Campanula-Triebe anscheinend etwas besonders Delikates darstellen.

An Ort und Stelle können die Bestände viele Jahre alt werden, ohne nachzulassen. Man kann sie aber weder verpflanzen, noch gut zur Vermehrung verwenden, höchstens die Enden der Ausläufer sind dazu geeignet, sie dürfen jedoch nicht zu langgliedrig sein.

Cánna · Blumenrohr
Cannaceae △ ○ ◐ ● ∧

Der Name der Pflanzen geht auf das griechische Wort kanna = Rohr zurück; er bezieht sich auf den hohlen Stiel der Triebe. Die Gattung ist gegen 50 Arten stark, die vor allem im tropischen Amerika an sumpfigen Stellen in voller Sonne wachsen. Sie sind dort Stauden und haben meistens einen kriechenden, oft knollig verdickten Wurzelstock und große, ansehnliche Blätter. Die Blüten stehen in endständigen Trauben, Ähren oder Rispen beisammen. Bedeutung für uns haben jedoch nur die Hybriden und Sorten, wie man sie häufig in öffentlichen Anlagen sieht. Eltern sind *C. coccinea* Ait., *C. flaccida* Salisb., *C. glauca* L., *C. indica* L. und weitere. Die Züchtung begann etwa 1840 in Frankreich, wo zuerst Theodor Année sie bearbeitete, später befaßten sich Pierre Crozy und auch Vilmorin damit. Gegen Ende des Jahrhunderts arbeitete der Deutsche Sprenger in Neapel als Züchter und verwendete dabei häufig *C. flaccida*. Auch der amerikanische Pflanzenzüchter Luther Burbank benutzte diese Art. Sie erzielten besonders großblumige Sorten, die in den Katalogen als „Riesen- und Orchideenblütige Canna" geführt wurden. Nach 1900 begannen deutsche Betriebe die Züchtung und betreiben sie teilweise heute noch. In einer vor dem ersten Weltkriege aufgestellten Liste sind über 1100 Sorten aufgeführt, seither weitere dazugekommen, doch ist das Sortiment heute auf etwa 20 bis 25 Hauptsorten reduziert. Die Sorten weichen in ihrer Höhe voneinander ab, ebenso in der Farbe der Blätter, die grün oder rotbraun und noch etwas dunkler werden können, in der Größe, Gestalt und Tönung der Blüten und in der Länge der Blütenstände. Hauptfarben sind Rot in verschiedener Tiefe oder Glut, Rot und Gelb in mehreren Abstufungen, ferner Rosa bis Lachs. Wichtig ist auch der Gegensatz von Laub und Blütenfarbe.

Canna-Indica-Hybriden (früher *C*. × *generalis* L. H. Bailey) ist jetzt der Sammelname für die Züchtungen in ihrer Gesamtheit. Sie werden bis 150 cm hoch, haben stattliche, breitovale, oben zugespitzte Blätter und blühen ab Mitte Juli mit imposanten, vielblumigen Ähren. Sie sind hier nicht winterhart.

Bewertung, Verwendung, Anzucht: Canna sind floristische Prunkstücke, und wir bewundern sowohl ihre Üppigkeit als auch ihre großen Blütenstände und die Leuchtkraft der Farben. Sie wirken aber nur, wenn wenigstens drei Exemplare beisammenstehen, noch mehr natürlich in großen Beständen. Man streut kleine Gruppen in bunte Blumenrabatten oder besetzt ganze Beete damit und faßt sie ein, zum Beispiel mit weiß oder hellrosa blühenden Petunien, weißblühenden Pelargonien, *Chrysanthemum frutescens* oder *Helichrysum petiolatum*, *Sideritis candicans* oder andern Gewächsen, die eine abweichend getönte, dichte, geschlossene Kante bilden. Sie lassen sich sogar in große Töpfe oder breite Schalen setzen und als ungewöhnlicher Schmuck auf Sitzplätzen oder in der Stadt auf breiten Fußwegen aufstellen. Überwintert wird in besonderen Aufbewahrungsräumen oder in Gewächshäusern unter den Tischen. Die Temperatur dort soll +12 bis 15°C betragen, unter +10°C möchte sie nicht absinken. Von Zeit zu Zeit sehe man nach angegangenen oder faulenden Trieben durch und schneide solche sofort heraus. Anfang März nimmt man die Knollen hoch, teilt sie und setzt sie in recht nährstoffreiche Erde in nicht zu kleine Töpfe. Sie gehören in ein warmes Gewächshaus und sollen Unterwärme bekommen. Zuerst braucht man nur wenig zu gießen. Je mehr Blätter die Exemplare aufweisen, um so stärker wird gegossen. Auch düngen sollte man gelegentlich. Sobald es die Witterung gestattet, räumt man die Töpfe in einen gepackten Kasten, denn auf warmem Fuß wachsen sie rascher. Ab Ende Mai schließlich pflanzt man die Canna an den vorgesehenen Platz. Der Standort soll warm sein, geschützt und in voller Sonne liegen, der Abstand je nach Sorte 40 bis 60 cm betragen. Es ist nötig, in die Beete fette Komposterde, verrotteten Pferdemist, Knochenmehl und Hornspäne einzuarbeiten, denn die Canna sind starke Zehrer. Bei Trockenheit sollte man gründlich wässern, ferner zusätzlich flüssig düngen, am besten eignet sich dazu Kuhjauche. Weiterhin entferne man die abgeblühte Mittelrispe sofort, damit die Nebenrispen rascher in Flor kommen. Nach dem ersten Frost hebt man die Knollen aus, läßt sie etwas abtrocknen, schneidet das Laub auf etwa 20 cm zurück und räumt ins Lager. Mit Canna in Schalen verfährt man in der Anzucht und Behandlung genauso, nur sind Wässern und Düngen besonders wichtig.

Will man so stark als möglich vermehren, holt man die ruhenden Knollen bereits im Laufe des Januar aus dem Winterlager, teilt sie in Stücke, welche nur ein oder zwei Augen aufweisen, läßt die Wunden abtrocknen oder bestreut sie gegen Fäulnis mit Holzkohlepulver und legt die Stücke entweder ins Vermehrungsbeet oder in Handkästen, die in einen Schwitzkasten kommen. Es sind gegen 30°C Unterwärme nötig. Nach dem Austreiben topft man ein, verpflanzt notfalls nochmals in größere Töpfe und kultiviert wie beschrieben weiter. Anzucht aus Samen ist umständlich und nur zur Gewinnung neuer Sorten angebracht.

Ca

Cánnabis · Hanf
Moraceae ☉ ○ ◐ ○ ♡

Der Hanf ist eine sehr alte Kulturpflanze und hieß bereits bei den Römern und Griechen cannabis. Das Genus Hanf umfaßt nur eine Art, von der es jedoch viele Abarten gibt. Der Hanf hat große Bedeutung, denn er enthält Fasern, aus welchen Schiffstaue, Faden und Gespinste hergestellt werden. Ferner gewinnt man aus ihm den Haschisch, welcher eines der ältesten Rauschmittel Asiens ist. In der Frühzeit warf man Hanfkörner auf glühende Steine und ließ sich von dem aufsteigenden Dunst in Euphorie versetzen. Die Wirkung geht von einem in den weiblichen Blüten enthaltenen Harz aus. Man gewinnt es, indem man zur Florzeit durch die Bestände geht, dabei bleibt das Harz an den Lederschürzen kleben, die man sich umbindet, oder – wie in Mittelamerika – an den Lederhosen der Rancheros. Es wird abgekratzt, zubereitet und zuletzt geraucht, entweder in Haschischpfeifen oder (neuerdings) in Form von Marihuanazigaretten. Marihuana ist der Name (deutsch heißt es einfach Maria-Johanna), den die Einheimischen Mittelamerikas der von den Spaniern 1545 dort eingeführten Pflanze gaben. Der Hanf gehört zu den gefährlichsten Rauschgiften und richtet unabsehbare Verwüstungen und riesiges Elend an. Er wird heute noch konsumiert, obwohl sich zahlreiche amtliche Stellen bemühen, den Handel zu unterbinden. Baudelaire berichtet in den „Paradis artificiels" von der Wirkung des Haschisch, den er selbst probiert hatte. Er nennt ihn einen Dämon, der viel schlimmer als das Opium ist, welches er nur als einen Verführer bezeichnet. Bei uns bildet sich das spezifische Alkaloid nicht, dazu gehört tropische Wärme. Man kann Hanf hier auch nicht zur Fasergewinnung anbauen, weil in unsern Breiten der Ertrag zu gering bleibt. Man verwendet ihn hier nur als dekorative Blattpflanze.

Cánnabis satíva L. ist zweihäusig. Die Pflanzen werden stattlich bis riesig: bis 2 m hoch und höher. Sie wachsen straff aufrecht und verzweigen sich, die Blätter sitzen unten gegen-, weiter oben wechselständig, werden ziemlich groß und sind handförmig geteilt in 5 bis 11 lanzettliche, am Rand scharf gesägte, bis zur Basis getrennte Lappen. Die männlichen Blüten stehen in langen, hängenden Rispen beisammen, die weiblichen sitzen gehäuft in den Blattachseln, umgeben von Deckblättern. Wir verwenden sowohl die Stammart, welche bis 150 cm hoch wird, als auch cv. 'Gigantea' (syn. C. gigantea hort., var. chinensis [Del.] A. DC.), den Riesenhanf, der bis 4 m hoch wird, sich bis zur Spitze verästelt und helles grünes Laub hat.

Bewertung, Verwendung, Anzucht: Der gewöhnliche Hanf eignet sich vorzüglich zum Verdecken und Einfassen von Kompost- und Abfallhaufen und paßt vor Bretterzäune und kahle Wände, die man „verschwinden" lassen möchte. Der Riesenhanf dagegen ist eine Solitärpflanze für markante Stellen. Man kann ihn

Ca

Cardámine trifólia   Cardiospérmum halicácabum   Cárex gráyi   Cárex péndula

auch als eine Art Ersatz für Sträucher nehmen, wenn solche sich nicht rasch genug entwickeln, aber ein auffallendes Gewächs gebraucht wird. Er ist also ein Seitenstück zu den Stauden-Aralien und zu *Ricinus* und sollte wie diese in der Regel für sich gestellt werden. Wenn eine Bodendecke für seine Umgebung nötig ist, läßt sich *Tropaeolum* dazu verwenden. Der gewöhnliche Hanf kann ab Mitte April an Ort und Stelle gesät werden oder auf ein Saatbeet im Freien, von wo aus man ihn später mit Abstand von 80 bis 100 cm in der Reihe auspflanzt. Der Riesenhanf dagegen ist frostempfindlich; man sät ihn in Töpfe oder in ein Frühbeet, topft bald ein und setzt nach Mitte Mai an den vorgesehenen Platz. Damit die Exemplare üppig werden, ist es unerläßlich, viel Dung oder fetten Kompost einzubringen. Der Standort soll in voller Sonne liegen. Man pflanze nur weibliche Exemplare, welche viel stattlicher werden und bis zum Herbst durchhalten; die männlichen dagegen bleiben kleiner und sterben meistens vorzeitig ab. Man erkennt die weiblichen Pflanzen an dem dunkleren Grün, der stärkeren Belaubung und an dem gedrungeneren Wuchs. Der Samen wird bei uns nur ausnahmsweise reif.

Cardámine · Schaumkraut
Cruciferae ♃ ○ ◐ ◑ ◓ △

Mit diesem Namen, der aus dem Griechischen übernommen wurde, hat Dioskorides die Orientalische Kresse bezeichnet, die zur Familie der Kreuzblütler gehört. Zählt man, wie das Crantz († 1799) bereits tat, die Mehrzahl der *Dentaria*-Arten zur Gattung *Cardamine,* so ist diese gegen 130 Arten stark. Sie kommen auf der ganzen Erde in Gebieten mit gemäßigtem bis kaltem Klima vor und sind ein- und zweijährige oder auch ausdauernde Kräuter.

Cardámine heptaphýlla (Vill.) O. E. Schulz, heißt jetzt **Dentária heptaphýlla** Vill., gehört also zu den nahe verwandten Zahnwurzarten. Sie stammt aus den Pyrenäen. Die Pflanzen haben eine dicke, kriechende Grundachse mit rotbrauner Schale und bringen auf Stengeln, die bis 30 cm hoch werden, 3- bis 4paarig gefiederte Blätter mit lanzettlichen, gekerbten Blättchen, Größe 12 bis 20 cm. Der Blütenstand überragt die Laubblätter und enthält 30 und mehr auf geraden Stielchen sitzende, abstehende weiße oder blaßlila Blüten von 2 bis 3 cm Breite, Flor im April/Mai.

Cardámine praténsis L., unser Wiesenschaumkraut, ist auf Wiesen weit verbreitet. Es wird bis 30 cm hoch und hat eine kriechende, manchmal auch aufsteigende Grundachse, bildet zuerst langgestielte Rosetten und blüht in lockeren Trugdolden mit rötlichweißen Blümchen, Florzeit im Frühling. Es gibt eine Sorte 'Plena' mit gefüllten Blüten, die spontan auch in der Natur vorkommt.

Cardámine trifólia L. ist in Zentraleuropa, ferner in den Apenninen und im Kaukasus häufig. Die Pflanzen sind wintergrün und haben 3zählige, dunkelgrüne, unterseits bläulich überlaufene, breit-keilförmige Blätter. Die Blumen sind weiß, gelegentlich zartrosa und stehen in Trugdolden, die aus den Achseln der oben am Stengel sitzenden Blätter hervorkommen, Blütezeit im Mai/Juni.

Bewertung, Verwendung, Anzucht: Cardamine *heptaphylla,* also *Dentaria heptaphylla,* und *C. trifolia* sind brauchbare Gewächse für schattige Plätze; *C. trifolia* besonders, weil die Art über Winter grün bleibt. Sie wollen frischen, humusreichen Boden und können viele Jahre an ihrem Platz ausdauern. Das Wiesenschaumkraut eignet sich für Steingärten, wirkt auch zwischen niedrigen, nicht zu dicht stehenden

Gräsern, selbst im Rasen. Die gefüllt blühende Form ist für die gleichen Zwecke verwendbar, aber man sorge dafür, daß sie von andern Pflanzen nicht bedrängt werden kann. Vermehrt wird durch Teilung und Ableger, indem man die Stiele mit leichter Erde etwas anfüllt und diese feucht hält. In den Achseln der Fiederblättchen bilden sich junge Pflanzen, die man später abnehmen und aufpflanzen kann.

Cardiospérmum · Ballonrebe, Herzsame
Sapindaceae ☉ ○ ◐ ◐

Im Namen der Pflanzen stecken die griechischen Wörter kardia = Herz und sperma = Samen; sie beziehen sich darauf, daß der schwarze Samen weiße, herzförmige Keimwarzen aufweist. Die Gattung umfaßt etwa 10 Arten, welche bis auf eine in Nordamerika wild vorkommen. Es sind einjährige oder strauchige Schlinger mit gefurchten Trieben. Sie klettern mit Hilfe von Ranken, die aus den Blattachseln hervorbrechen. Für uns ist nur eine geeignet.
Cardiospérmum halicácabum L. wird gegen 3 m hoch und wächst zügig heran, aber wenn die Pflanzen anfangen zu blühen, läßt der Wuchs sehr nach. Sie haben dreimal dreifiedrige, glatte Blätter mit lang auslaufender Spitze. Die Blüten fallen wenig auf, um so mehr aber die Früchte: kleine Ballons von 3 bis 4 cm Durchmesser, weißlichgrün bis gelbgrün gefärbt.

Bewertung, Verwendung, Anzucht: Die Ballonrebe ist in Amerika sehr beliebt und wird dort viel verwendet. Hier wächst sie am besten an Südseiten oder recht warmen Plätzen. Man kann sie für freistehende Grüne Wände und als Kletterpflanzen für Hauswände oder Mauern nehmen. Das stark gefiederte Laub wirkt gut. Man sät im Februar in leichte Erde, topft bald ein und steckt auch einen Stab bei. Nach Mitte Mai pflanze man schließlich an den vorgesehenen Platz. Der Boden muß nahrhaft und durchlässig sein. In der Regel ist es nötig zu wässern und auch leicht zu düngen, damit die Blätter zahlreich und stattlich werden.

Cárduus · Distel, Kardendistel
Compositae ☉ ○ ◐ ◐ ♡

Carduus ist ein alter lateinischer Pflanzenname für Distel, den man bei Plinius und Vergil finden kann. Es sind einjährige oder ausdauernde Pflanzen mit fiederspaltigen, dornig-gezähnten oder dornig-gewimperten Blättern und mittelgroßen Blumenköpfen vielfach sich verzweigenden Blütenständen. Die Gattung umfaßt gegen 120 Arten, die teilweise schwer zu unterscheiden sind. Obwohl oder vielleicht gerade weil sie Stacheln haben, spielen Disteln in Sagen und in den Gedanken der Menschen eine gewisse Rolle. Sie gelten als Sinnbild eines überempfindlichen Ehrgefühls oder des Mangels an Umgänglichkeit. Auf das eine spielt das französische Sprichwort an: „Cet homme est amoureux comme un chardon gracieux" (chardon heißt die Distel in Frankreich), auf das andere die Umschrift um das Wappen eines schottischen Ordens, die lautet: „Niemand berührt mich ungestraft!" In einem alten Kräuterbuch wiederum heißt es, daß ein mit Wein vermischter Auszug von Distelblättern „überflüssige Melancholie zerstört und fröhlich macht wie ein Hühnchen"... ob es stimmt, sei dahingestellt, aber es liest sich hübsch. Gartenwert hat nur eine Art.
Cárduus arábicus Jacq. (syn. C. pycnocephalus L.) aus dem Mittelmeergebiet wird bis 120 cm hoch und hat ornamentale, im Umriß verkehrt eiförmige Blätter, stark fiederspaltig und bedornt. Die Art ist einjährig und blüht mit rosa bis purpurrosa getönten Köpfen im Sommer.

Bewertung, Verwendung, Anzucht: Diese Distel eignet sich für Pflanzungen xerophytischer Gewächse, paßt also zwischen niedrige Gräser oder kurz bleibende Stauden, die Trockenheit lieben. Sie bildet zu diesen mit ihrem aufstrebenden Wuchs eine Ergänzung oder einen Gegensatz. Man säe einige Korn an den vorgesehenen Platz und schneide nach dem Flor die Köpfe heraus, sonst wird die Pflanze leicht zum Unkraut.

Cárex · Segge, Riedgras
Cyperaceae ♃ ○ ◐ ● △ ♡

Carex ist eine alte lateinische Bezeichnung, mit der man ursprünglich stachliges Gestrüpp, später die Riedgräser meinte. Es sind ausdauernde, niedrige bis groß werdende Gräser, die in Horsten wachsen oder Ausläufer treiben. Die Gattung ist sehr formenreich und umfaßt 800 bis 900 Arten, welche in der gemäßigten und kalten Zone weit verbreitet auftreten. Die in den Tropen vorkommenden Spezies findet man nur in den höheren Lagen der Gebirge. In der Arktis und ebenso in den alpinen Regionen gehören verschiedene Arten zu den Pionieren der Samenpflanzenvegetation. Sie wachsen häufig in Flachmooren mit stehender Nässe und luftarmem Erdreich, ferner auf sauren Wiesen. Daneben findet man sie im Walde, auf der Heide mit ihrem sandigen, trockenen Boden, in den Alpen auf Triften und Gletschermoränen.
Cárex baldénsis L., in den Alpen Italiens, Österreichs und der Schweiz, auch vereinzelt in den Bayrischen Alpen auftretend, wird 10 bis 20 cm hoch, hat bläulichgraues Laub und blüht im Juli mit Ährchen, die von 2 weißen, waagerecht abstehenden Deckblättern umgeben sind, wodurch die Blüten weiß wirken.
Cárex fírma Host, die Polstersegge, wächst auf Kalkgestein, wird 5 bis 10 cm hoch, hat dunkelgrünes Laub und bildet feste, halbkugelige Polster. Die Art ist äußerst genügsam, sie kann trocken und auch etwas feucht stehen, aber ihr Standort muß hell sein.
Cárex fráseri Andr. aus Nordamerika wird 20 bis 25 cm hoch, hat bis 40 cm lange, etwa 3 cm breite, vielnervige Blätter und blüht von April an mit reinweißen Ähren.
Cárex gráyi Carey stammt ebenfalls aus Amerika, wird 30 bis 50 cm hoch und blüht im Hochsommer mit

Ca

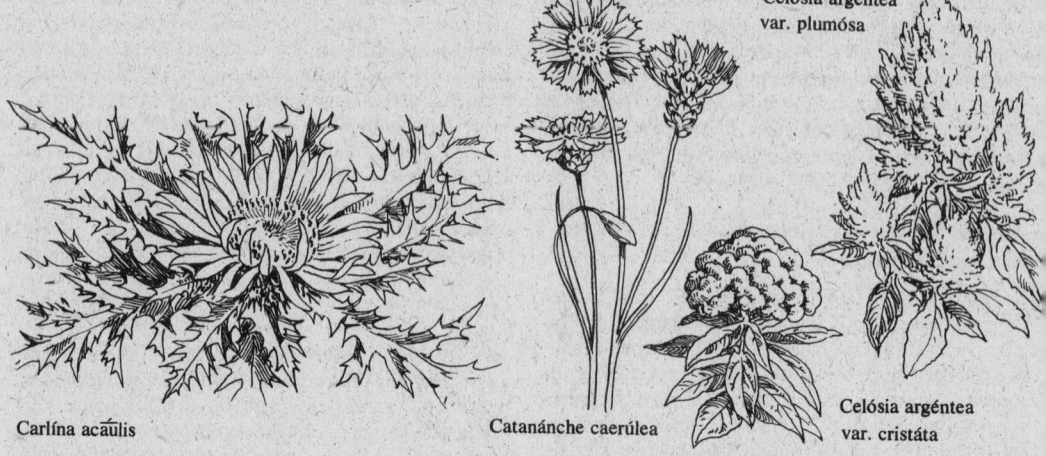

Carlína acaúlis   Catanánche caerúlea   Celósia argéntea var. plumósa / Celósia argéntea var. cristáta

einem Blütenstand, der an die Morgensterne des Mittelalters denken läßt, weshalb Karl Foerster die Art „Morgensternsegge" getauft hat. Die Ähren lassen sich auch trocknen. Die Pflanzen bleiben bis in den Spätherbst grün.

Cárex morrówii Boott (syn. C. japonica hort. non Thunb.) aus Japan wird gegen 30 cm hoch. Von ihr ist aber nur die weißbunte Sorte 'Variegata' in Kultur. Die Pflanzen sind wintergrün, blühen ziemlich früh und passen unter hoch gewordene Sträucher oder Bäume als Unterwuchs.

Cárex péndula Huds. (syn. C. maxima Scop.) wird etwa kniehoch und bringt bis mehr als meterhohe, stabile, aber zugleich höchst bewegliche Blütenstiele. Die Pflanzen wollen etwas schattig stehen.

Cárex sylvática Huds., die Waldsegge, wird 20 bis 60 cm hoch und wächst auch bei uns in schattigen, aber lichten Wäldern. Sie eignet sich im Garten für ähnliche Plätze, etwa als Blickpunkt oder Gegensatz innerhalb niedriger Schattengewächse.

Bewertung, Verwendung, Anzucht: Die Seggen passen je nach Art als Unterwuchs unter Bäume und Sträucher, als Einsprengsel in flache Staudenpolster, als Bodendecke im Alpinum und Überwuchs von kräftig wachsenden Blumenzwiebeln. Manche haben Wert, weil sie wintergrün bleiben. Vermehrt wird meistens durch Teilung, aber man muß die Stücke zuerst in Töpfen halten und mit Ballen aussetzen, sonst wachsen sie schlecht weiter. Die hoch werdenden Arten passen auch an Wasserränder. *Carex pendula* läßt sich besser aus Samen heranziehen. Die Pflanzen können viele Jahre an ihrem Platz stehenbleiben.

Carlína · Eberwurz, Wetterdistel
Compositae   ☉ ♃ ○ ◐ ◑ △ ♡ ✕

Die Herkunft des lateinischen Namens ist unsicher, Lobelius und Ruellius haben ihn zum ersten Male verwendet. Er könnte eine verderbte Verkleinerungsform des altitalienischen Namens Cardina sein. Nach andern Erklärungen soll er an Karl den Großen erinnern, dessen Heer einst durch den Gebrauch der Wurzeln, deren Nutzen dem Kaiser durch einen Engel offenbart worden sei, vor der Pest bewahrt blieb. Auch über Karl V. gibt es diese Sage. Bauhin wiederum gibt an, daß Eber der Wurzel nachstellen, daher auch der deutsche Name Eberwurz. *Carlina* sind meistens ausdauernde, distelartige Pflanzen mit fiederspaltigen, dornig-gezähnten Laubblättern, die wie die Stengel Milchsaft führen. Die Blüten werden ansehnlich bis groß. Zur Gattung gehören gegen 20 Arten, welche von den Kanarischen Inseln durch ganz Süd- und Mitteleuropa bis hinüber nach Mittelasien vorkommen. Viele wünschen trockene bis sehr trockene Standorte.

Carlína acanthifólia All. aus den Südwestalpen ist die schönste Art. Sie bildet eine dicht an den Boden geschmiegte Rosette. Die Blätter werden bis 30 cm lang, sind beiderseits spinnwebartig behaart, fiederschnittig, dornig-gezähnt. Der Blütenkorb sitzt dicht auf der Blattrosette auf und wird 10 bis 15 cm breit. Leider ist sie bei uns nicht allzu dauerhaft und stirbt meist nach der Blüte ab.

Carlína acaúlis L. ist in allen Teilen kleiner, hat kahle, aber stärker stechende Blätter, und die Hüllblätter werden im Herbst silbrig. Die innere Scheibe ist weißlich. Bei der Stammart sitzen die Körbe ebenfalls dicht über der Rosette, bei ssp. **símplex** (Waldst. et Kit.) Arcang. (syn. var. cauléscens [Lam.] Gaud.) auf sich teilenden, bis 30 cm hohen Stengeln. Im Süden, wo die Art zu Hause ist, stellt sie an den Boden keine Ansprüche, je weiter nördlich sie auftritt, um so mehr bevorzugt sie kalkhaltiges Erdreich.

Bewertung, Verwendung, Anzucht: Die Wetterdisteln sind interessante, ansehnliche Stauden oder Bienne für warme, trockene Plätze im Steingarten. Auch für Trockenmauern passen sie, dort gehören sie auf die

Krone. Sie fungieren auch als Wetteranzeiger, denn bei drohendem Regen neigen sich die Hüllblätter über den Blütenkorb, um die Blumen vor Nässe zu schützen. Der Standort soll in voller Sonne liegen. *C. acanthifolia* will besonders trocken stehen. Vermehrt wird aus Samen, den man im Hochsommer aussät, später setzt man in schmale, lange Töpfe und aus diesen recht bald an den vorgesehenen Platz. So werden sie nicht groß und sollen es auch nicht sein, sonst hätten sie eine lange Pfahlwurzel, die man versetzen würde, was vermieden werden muß. An ihrem endgültigen Standort können die ausdauernden Arten lange stehen.

Catanánche · Rasselblume
Compositae ☉ ☉ ○ ◐ ○

Im Griechischen bedeutet katananke Liebestrank, Zwangsmittel; der Name bezieht sich darauf, daß die Blütenköpfe einer Art als Bestandteil von Liebestränken verwendet wurden. Die Gattung umfaßt 5 Arten, welche im Mittelmeergebiet an trockenen, warmen Plätzen auftreten. Es sind mittelhohe Stauden mit schmalen, am Grunde der Stengel gehäuften Blättern, und sie blühen mit kopfartigen Körbchen auf langen, straffen, dünnen Stielen. Gartenwert hat nur **Catanánche caerúlea** L., wird 50 bis 60 cm hoch. Sie bildet vielstielige Büsche, die im Mai bis Juli im Flor stehen und blaue, 3 bis 4 cm breite Blütenkörbe bringen. Es gibt auch die Sorten 'Alba' mit weißen Blumenköpfen und 'Major' mit Köpfchen, welche bis 6 cm breit sind. Ihre Farbe ist intensiv blauviolett, im Innern etwas tiefer im Ton, die Pflanzen werden etwa 80 bis 90 cm hoch.

Bewertung, Verwendung, Anzucht: Die Rasselblumen sind recht brauchbare Pflanzen für bunte Beete, sie passen auch vorzüglich in Polster niedriger Stauden für trockene Standorte. Der Boden soll kalkhaltig und ziemlich durchlässig sein, volle Sonne ist nötig. Das sind keine hohen Ansprüche, aber sie lassen sich nicht überall erfüllen, denn kalkhaltiger, trockener Boden ist bei uns nicht häufig. Wo man solchen hat, gehört Catanánche zu den sichersten Gartenblumen, aber sie wird bei uns meistens nur zweijährig. Man sät entweder im März ins Frühbeet oder im Gewächshaus in Schalen, topft dann und pflanzt schließlich aus – solche Bestände blühen noch im gleichen Hochsommer, werden aber nicht sehr stattlich –, oder man sät im Mai/Juni und pflanzt – ebenfalls mit Ballen – im Hochsommer aus. Diese Exemplare werden üppig.

Celósia · Hahnenkamm, Federbusch-Celosie
Amaranthaceae ☉ ○ ◐ ○

Im Namen steckt das griechische Wort kelos = brennend, flammend; es bezieht sich auf die feurige Blütenfarbe einiger Arten. Die Gattung umfaßt über 50 Arten, welche Kräuter werden und in den Tropen wild auftreten. Gartenwert hat nur eine Art.
Celósia argéntea L. (syn. *C. pyramidalis* hort.) aus Ostindien bildet Blütenähren mit vielen ziemlich dicht sitzenden Blumen, die anfangs rötlich sind und im Verblühen strohgelb werden. Die Art ist kaum in Kultur, sondern nur var. *cristata* und var. *plumosa*. Die var. **cristáta** (L.) O. Ktze. mit linealisch-lanzettlichen Blättern, hat einen hahnenkammartig verbänderten und verbreiterten Blütenstand, der oft stark gekraust ist, er wird lachsfarbig-rosa, gelb oder weißlichgelb, amarant- bis purpurrot, kupferfarben bis violett. Die Stammform bildet bis 50 cm hohe, fast grotesk aussehende Stöcke. 'Nana' wird 20 bis 25 cm hoch und bleibt zierlicher. Var. **plumósa** Voss, die Federbusch-Celosie, hat dicke, federbuschartige Blütenstände. Es gibt zwei niedrige Sorten: 'Feuerfeder' – Blütenstände feurig zinnober und 'Goldfeder' — Blütenstände goldiggelb. Sie werden 30 bis 40 cm hoch. Dazu kommen noch hohe Federbusch-Celosien: 'Fackelschein' – mit roten Ähren und 'Tango' – mit orangefarbenen Federbüschen, beide werden 80 bis 100 cm hoch.

Verwertung, Verwendung, Anzucht: Der Echte Hahnenkamm wurde vor mehreren Jahrzehnten viel gepflanzt. Heute sieht man ihn kaum noch, um so mehr die niedrigen Sorten der Federbusch-Celosie. Sie werden in kleinen Gruppen in bunte Beete eingefügt, auch einfarbig auf Beete oder Streifen gepflanzt, ferner in Töpfe oder Schalen gesetzt. Pflanzt man einfarbig, ist es günstig, die Bestände mit einem grauweißblättrigen Gewächs einzufassen: also mit *Senecio bicolor* 'Rauhreif', *Helichrysum petiolare* 'Minimum', *Sideritis candicans* und ähnlichen. Die Pflanzen blühen von Mitte Juli bis Ende August. Vermehrt wird aus Samen. Man sät von Ende Februar bis Anfang April im Gewächshaus oder Frühbeet aus, muß nach dem Auflaufen ziemlich trocken halten, da Celosien bei zuviel Feuchtigkeit fußkrank werden und eingehen. Sobald als nötig, pikiere man und pflanze später in ein Frühbeet aus, das gepackt wurde; denn die heranwachsenen Bestände brauchen Unterwärme. Die Erde soll humusreich sein, deshalb nehme man guten Kompost, etwas gejauchten Torfmull und Sand, dazu Hornspäne und Knochenmehl. Man ziehe zuerst unter Glas, erhöhe aber durch Unterzüge von Latten die Fenster ständig, damit die Pflanzen auch mehr Luft bekommen. Wenn die Kämme oder Federbüsche anfangen sich zu färben, kann man eintopfen oder an den vorgesehenen Platz versetzen. Der Samen ist sehr fein.

Centauréa · Flockenblume
Compositae ☉ ♃ ○ ◐ ○ ✕ ○

Im Namen steckt das griechische Wort kentaurion = Kentaur. Es ist ein Pflanzenname, den Hippokrates anführt und der bei Plinius als centaurion wieder vorkommt. Er soll sich von dem berühmten heilkundigen

Ce

Centauréa montána

Centauréa pulchérrima

Centaurium pulchéllum

Kentaur Chiron herleiten, von dem es heißt, daß er die Heilkraft vieler Kräuter entdeckt habe. Die Gattung ist gegen 500 Arten stark: die meisten sind Stauden, nur wenige auf den Kanaren halbstrauchig, und eine Reihe werden Annuelle oder Bienne. Sie treten in Europa, Nordafrika, Nord- und Westasien und einzelne auch in Nordamerika auf. Bei vielen Arten sind die randständigen Blüten merklich vergrößert und erhöhen die Sichtbarkeit der Blütenköpfe.

Einjährige Arten

Centauréa americána Nutt. aus Nordamerika wird je nach der Bodenqualität und Pflege 1 bis fast 2 m hoch und bildet reichlich sich verzweigende Büsche, welche 6 cm breite, gefüllt wirkende Blütenköpfe mit blaßlila bis rosalila Blumen bringen. Die Pflanzen sind zweijährig, wenn sie im Spätsommer ausgesät werden. Bei Frühjahrssaat blühen sie von Juli an. 'Alba' hat weiße, 'Hallii' purpurviolette Blüten.

Centauréa cýanus L., die Flocken- oder Kornblume der Felder, wo sie als hübsches Unkraut auftritt, hat kaum Gartenwert, sondern nur ihre Kulturvarietäten, bei welchen nicht nur die Randblüten der Köpfchen, sondern sämtliche Blüten lange trichterförmige Röhren mit 5- bis 8spaltigem Saum bilden. Die Blumen wirken, als seien sie „gefüllt". Es gibt diesen Typ mit weißen, rosa, blauen und rötlichen Blüten. Die Pflanzen werden 50 bis 80 cm hoch und verzweigen sich reichlich. Flor von Mitte Juli bis Ende August.

Centauréa moscháta → **Amberbóa moscháta**

Perennierende Arten

Centauréa dealbáta Willd. aus dem Kaukasus hat etwas steife, doppelt gefiederte Blätter und blüht mit etwa 5 cm breiten, rosa Flockenblumen, die einzeln auf 50 bis 70 cm hohen, festen Stielen erscheinen. Wertvoller ist cv. 'Steenbergii', bei welcher die Blütenköpfe breiter und purpurn mit weißer Mitte werden. Die Pflanzen blühen im Juni/Juli und wuchern etwas. Nach dem Flor sehen die Exemplare leicht unordentlich aus; sobald der neue Austrieb erscheint, schneide man die alten Teile fort.

Centauréa macrocéphala Puschk. ex Willd. aus dem Kaukasus wird 80 bis über 150 cm hoch und ist eine imposante Staude, die in gutem Boden riesig werden kann. Sie verzweigt sich reichlich und bringt unzählige 7 bis 10 cm breite, gelbe Blütenkörbe. Die Blumen erscheinen im Hochsommer, nach dem Flor werden die Triebe und Blätter braun und sollten zurückgeschnitten werden.

Centauréa montána L., von den Pyrenäen bis zu den Karpaten verbreitet, wird 30 bis 40 cm hoch und blüht zu Sommersanfang mit 6 bis 8 cm breiten, aber wenig „gefüllten" Blumen, die stark an die Blüten der Kornblumen erinnern. Besser als die Art sind die Sorten 'Grandiflora' — Blumenkörbe größer, Farbe violett; 'Rosea' — Blüten rosa und groß; und 'Lady Florence Hastings', bei welcher die weißen Blumen besonders groß werden.

Centauréa pulchérrima Willd. (syn. Aetheopappus pulcherrimus [Willd.] Cass.) aus Kleinasien wird 30 bis 50 cm hoch und hat schmal-lanzettliche, langgestielte, gefiederte oder gezähnte Blätter und blüht im Mai/Juni reich mit rosa Kornblumen, bei welchen aber die Randblüten besonders groß werden. Die Blumen sitzen einzeln auf den festen Stielen, die sich nicht verzweigen.

Bewertung, Verwendung, Anzucht: Die einjährigen Flockenblumen eignen sich für bunte Beete im Garten, und ihre Blumen werden gern für Vasen genommen. Wenn man nicht in Samen gehen läßt, kann sich der Flor von Anfang des Sommers bis fast zu dessen Ende hinziehen. Setzen die Bestände Samen an, so ist es gegen Mitte August mit der Schönheit der Flockenblume vorbei, und man hat nichts mehr von ihr, muß sie also ausraufen und etwas anderes an ihre Stelle setzen. Man kann sie im März ins Frühbeet säen und später an den vorgesehenen Platz pflanzen, Abstände 20 bis 30 cm; man kann auch an Ort und Stelle aussäen, aufs Beet 5 Reihen, und muß später auf 20 cm Zwischenräume ausdünnen.

Die perennierenden Arten eignen sich für bunte Blumenbeete und gemischte Staudenpflanzungen, sie lassen sich auch für Wildstaudengärten verwenden. Hier kann man sie einzeln in kleinen Horsten, auch in großen Flächen für sich setzen oder in Teppiche von niedrigen Gräsern und sonstigen nicht hoch werdenden, etwas xerophytischen Perennen einstreuen. Sie werden bis auf die Gartensorten von *C. montana* und *C. dealbata* 'Steenbergii' aus Samen vermehrt. Man erhält innerhalb eines Sommers verkaufsfertige Bestände, wenn man zeitig aussät und die erstarkten Sämlinge bald auf Anzuchtbeete bringt. Bei Aussaat im Sommer werden die Anzuchten bis zum nächsten Frühjahr fertig. Größer gewordene Pflanzen lassen sich schlecht verpflanzen, besonders gilt das für *C. macrocephala*, welche sich auch gut als Solitärstaude eignet. Die andern beiden genannten Arten (*C. montana, C. dealbata*) und ihre Sorten lassen sich nur durch Teilung vermehren, möglichst im Frühjahr. Danach pflanzt man gleich wieder auf Beete.

Centaurium · Tausendgüldenkraut
Gentianaceae ☉ ♃ ○ ● △

In dem Namen steckt der griechische Name von *Centaurium erythraea* (syn. *C. minus*), das bei Dioskorides kentaurion to mikron = kleines Kentaurion heißt. Einige Arten sind seit dem Altertum als Heilkräuter wichtig und werden heute noch offizinell genutzt. Die Gattung umfaßt gegen 50 Arten, welche sich oft schwer unterscheiden lassen. Es sind ein- oder zweijährige und ausdauernde Kräuter. Sie treten in der nördlichen gemäßigten Zone auf, ferner in Chile und Australien in wärmeren bis subtropischen Gebieten. Die Gattung enthält nicht wenige Arten, welche früher zum Genus *Erythraea* gestellt waren, unter welchem Namen sie heute noch gelegentlich aufgeführt werden.

☉ **Centaurium pulchellum** Druce (syn. Erythraea pulpulchella Fries) ist eine weitverbreitete Art, die in Europa, auf der Insel Madeira und von da aus wohl verschleppt auch in Amerika wild wächst. Es sind 10 bis 15 cm hohe, vom Grunde aus sich reichlich verästelnde, dennoch schmale Kräuter, die unten runde bis eirunde, oben längliche bis lanzettliche Blätter haben. Die Blumen erscheinen in gabelästigen, doldenrispigen, anfangs gedrängten, später sich etwas spreizenden Blütenständen und stehen alle gleich hoch. Sie werden 10 bis 15 mm breit und sind rosenrot. Die var. **diffusa** Leichtl. ist hübscher, weil die Büsche sich reichlicher verzweigen, etwas mehr in die Breite wachsen und auch größere Blumen haben.

♃ **Centaurium scilloides** (L. f.) Sampaio (syn. Erythraea massonii Sw.) ist eine niedrige Staude aus Südwesteuropa. Sie wird 5 bis 10 cm hoch und hat am Boden liegende Stengel mit runden, etwa 1 cm langen, hellgrünen Blättern. Die Pflanzen blühen mit 5- bis 7blumigen, aufrechten Blütenschirmen im Hochsommer, die Blüten werden 1,5 cm breit und sind rosarot

gefärbt. Sie wachsen auf etwas anmoorigen Wiesen, sind aber nicht schwer zu erhalten.

Bewertung, Verwendung, Anzucht: Sehr zu Unrecht findet man die aufgeführten Arten viel zu selten. Sie haben Schmuckwert und sollten vor allem nirgends fehlen, wo man die Vielfalt der Pflanzenwelt, insbesondere auch der Familie der Gentianen zeigen will oder muß. Sie wachsen freilich nicht in jedem Boden, und die ersten beiden angeführten Arten verlangen, daß man den Standort notfalls besonders herrichtet. Sie wünschen am Standort abgelagerte Rasenerde, Torfmull, Sand und Heide- oder Moorerde, die etwa ein Drittel ausmachen soll. Die gleiche Erde ist auch für die Aussaaten nötig. Man sät im Herbst in Schalen, stellt über Winter ins Frühbeet und pflanzt schließlich im Frühling aus: am besten in eine Mulde oder in den Grund einer Mulde. Beide wollen ziemlich feuchten Boden, daher lasse man von Zeit zu Zeit Wasser in die Vertiefungen laufen.

Centranthus · Spornblume
Valerianaceae ☉ ♃ ○ ● ○

Im Namen stecken die griechischen Wörter kentron = Sporn und anthos = Blume; sie beziehen sich darauf, daß die Blumen in einen dünnen Sporn auslaufen. Es sind einjährige bis ausdauernde Kräuter oder Halbsträucher mit gegenständigen, ungeteilten oder fiederspaltigen Laubblättern. Die Blumen bleiben klein, stehen aber in vielblütigen schirmförmigen oder ährigen und rispigen Dolden oder Trugdolden beisammen. Die Gattung umfaßt etwa 12 Arten und tritt im Mittelmeerraum auf.

☉ **Centranthus macrosiphon** Boiss. ist einjährig, wird 40 bis 60 cm hoch, bildet aufrechte, dicke, hohle Stengel und hat blaugrüne Blätter, die an der Basis etwas eingeschnitten sind. Die Blumen erscheinen im Juni, und der Flor währt bis in den August. Sie werden dunkelrosa und stehen in dichten, sich mehrfach teilenden Doldentrauben. Neben der Stammart gibt es die Sorten 'Albus' mit weißen Blüten; 'Bicolor' mit weißen und rosa Blumen an der gleichen Pflanze; 'Carmineus' mit leuchtend rosaroten Blumen. Die Art stammt aus Spanien.

♃ **Centranthus ruber** (L.) DC. ist eine bis 80 cm hohe Staude, welche in West- und Südeuropa an sonnigen, warmen Plätzen auftritt, häufig auf Geröllfeldern. Die Pflanzen haben ebenfalls blaugrünes Laub. Der Wurzelstock ist kurz, holzig, hat mehrere Köpfe. Die Stengel wachsen straff aufrecht, die Blätter werden breit-lanzettlich, ganzrandig oder wenig gezähnt, unten haben sie einen Stiel, oben fehlt er. Blüten erscheinen in endständigen, dichten, kuppelförmigen Trugdolden, sie sind karminrosarot und duften, Florzeit Juni/August. Es gibt auch die Sorten 'Albus' mit weißen Blumen und 'Coccineus' mit lebhaft karminroten Blütenschirmen.

Bewertung, Verwendung, Anzucht: Beide Arten sind

Ce

Cerástium arvénse 'Compactum'

Ceratostígma plumbaginoídes

Charíeis heterophýlla

Cheiránthus cheíri

recht brauchbare Gewächse, die ihren Wildpflanzencharakter bewahrt haben. Sie eignen sich vor allem für trockene, sonnige Plätze und wachsen dort fast von selbst. Man nimmt sie in große Blumen- und Staudenrabatten, für Wildgärten und die perennierende Art auch für weitläufige Alpina und Trockenmauern. Man setzt sie gern als größere Kolonien oder breite Flächen. Der Boden muß stark kalkhaltig und schottrig sein. *C. macrosiphon* sät man ab Anfang bis Mitte April an den vorgesehenen Platz breitwürfig oder in Reihen mit 20 cm Abstand und dünnt auf diese Entfernung aus; man kann auch gegen Ende März in ein halbwarmes Frühbeet säen und später an den gewünschten Standort pflanzen. *C. ruber* wird aus Samen vermehrt, der aber in der Farbe und im Bau der Pflanzen nicht ganz einheitliche Bestände ergibt. Man sät im Frühling auf ein Saatbeet im Freien und pflanzt auf Anzuchtbeete in 6 Reihen. Die Bestände werden bei zeitiger Aussaat bis zum Herbst verkaufsstark.

Cerástium · Hornkraut
Caryophyllaceae

Im Namen steckt das griechische Wort keras = Horn; es nimmt auf die hornförmig gebogenen Fruchtkapseln Bezug. Die Pflanzen sind ein- oder mehrjährige, meistens niedrige, kriechende Kräuter mit vielfach behaarten, in der Regel ungestielten, ganzrandigen, gegenständigen Blättern, und die Blüten stehen häufig in endständigen, lockeren Trugdolden. Die Gattung ist gegen 100 Arten stark, welche in der gemäßigten Zone Europas und Asiens auftreten.
Cerástium arvénse L., von diesem bei uns auf Äckern auftretenden Hornkraut ist nur die Sorte 'Compactum' brauchbar. Sie wird bis 15 cm hoch, hat grünlichgraues Laub, bildet schöne, dichte Polster und blüht im Mai/Juni reichlich mit weißen Blumen.
Cerástium biebersteínii DC. aus der Ukraine und besonders von der Krim wird gegen 25 cm hoch, hat weißfilziges Laub und weiße Blumen, wuchert aber stark. Nur wo ausreichend Platz vorhanden ist, sollte man zu dieser Art greifen.
Cerástium grandiflórum Waldst. et Kit. vom Balkan wird gegen 20 cm hoch, hat weißes Laub, sehr schmale und lange (1 mm breite und 3 cm lange) Blätter und blüht im Juli und August mit 8- bis 15blütigen Trugdolden; die Blumen werden 2 bis 3 cm breit und erscheinen sehr zahlreich.
Cerástium tomentósum L. wird bis 30 cm hoch, ist weißgrau weich-behaart, hat unten spatelförmige, nach oben zu lanzettliche Blätter, in deren Achseln oft noch kleine Blattbüschel erscheinen. Außer den blühenden Trieben bringen die Pflanzen auch kurze Sprosse ohne Blumen. Die Blüten sind weiß und erscheinen sehr zahlreich im Mai/Juni; var. **colúmnae** (Ten.) Arc. aus Süditalien bleibt gedrungen und wuchert nur wenig.

Bewertung, Verwendung, Anzucht: Cerastium sind allgemein bekannte, sehr beliebte und entsprechend häufig verwendete Kriechstauden. Sie laufen am Boden hin, und ihre Triebe bilden dann Wurzeln, später wachsen sie aufwärts. Sie können mit der Zeit große Flächen zuspinnen. Man nimmt sie für Trockenmauern, Fugen und Spalten, für Böschungen, zum Begrünen von frei liegenden Flächen, fürs Alpinum und zu Einfassungen. Der Standort muß sonnig liegen, der Boden soll eher trocken als etwas zu feucht sein, Dünger ist unerwünscht. Je trockener sie stehen, je ärmer der Boden, um so kürzer bleiben die Polster, um so weißer wird das Laub. Leider unterdrücken die Bestände Unkraut kaum, insbesondere Quecken breiten sich in den Polstern stark aus. *C. biebersteinii* wird mit dem wuchernden Wuchs leicht gefährlich. *C. grandiflorum* ist mit seiner späten Florzeit und den großen Blüten höchst wertvoll und sollte häufiger gepflanzt werden. Vermehrt wird aus Samen, die man im zeitigen Frühling dünn in Schalen oder ins kalte Frühbeet aussät und dann in Töpfe setzt, ferner durch Teilung und auch durch Stecklinge. Zur Teilung eignen sich aber nur Bestände, die ganz kurz gehalten sind, man nehme mehrere Triebe mit Ansätzen von Wurzeln. Es ist vorteilhaft, in Töpfen (7 bis 8 cm groß) zu kultivieren, da *Cerastium* keinen Ballen bildet; notfalls kann man die Pflanzen etwas zurückschneiden, wenn sie im Sommer zu lange Triebe bekommen. Die Erde soll leicht sein, und man spare auch mit Wasser. Die jungen Bestände werden in 4 Monaten verkaufsstark.

Ceratostigma · Bleiwurz
Plumbaginaceae ⚁ ○ ◐ ◑ △ ♡ ∧

Im Namen stecken die griechischen Wörter keras = Horn und stigma = Narbe: Die Pflanzen haben gestielte Papillen auf den Narben. Die Gattung umfaßt 7 bis 8 Arten, welche Sträucher oder Halbsträucher sind und im tropischen Afrika, in Indien, Tibet und China wachsen. Sie verzweigen sich und bilden kleine Kräuter oder Büsche, haben ganzrandige, eirunde bis rundlängliche Blätter, die meistens leicht behaart sind. Ihre Blumen erscheinen im Herbst.

Ceratostígma plumbaginoídes Bunge (Plumbago larpentae Lindl.) aus Nordchina, ist dort ein Halbstrauch, hier nur eine Staude. Die Pflanzen werden 20 bis 30 cm hoch, bilden Ausläufer und haben rot angelaufene Stiele. Die Blüten werden 15 bis 20 mm breit, sie sind tiefblau, mit violettem Kelch, sitzen in dichten Köpfen beisammen und erscheinen im August/September.

Ceratostígma willmottiánum Stapf wird höher, bildet im Süden kleine Sträucher, hier ist die Art nur ein Halbstrauch. Die Pflanzen erreichen 1 m Höhe, haben schmale, rauh gewimperte Blätter und himmelblaue Blumen, die vom Sommer bis Herbst erscheinen. Die Art ist recht empfindlich.

Bewertung, Verwendung, Anzucht: Es sind wunderhübsche Pflanzen für Liebhaber weniger bekannter und etwas anspruchsvoller Gewächse. Sie erfreuen durch ihre blauen Blüten, den späten Flor und die schöne Herbstfärbung. Man kann sie für Steingärten oder bunte Rabatten nehmen, natürlich passen sie dort nur zu Wildstauden, die niedriger bleiben und sie nicht in ihrer Wirkung erdrücken. Der Standort muß in voller Sonne liegen und recht warm werden, der Bode soll leicht und durchlässig, aber reich an Nährstoffen sein. Es ist unbedingt Winterschutz durch Laub (oder Torf) nötig, das man mit einem Stück Folie abdeckt, damit die Nässe abgehalten wird. Zu vermehren ist durch Teilung und durch Stecklinge, beides im Laufe des Frühjahrs. Man stecke in Handkästen, stelle unter Glas auf und topfe später ein; auch die Teilpflanzen hält man am besten in Töpfen von 8 bis 10 cm Durchmesser. Die Pflanzen werden bis zum nächsten Frühling Verkaufsstärke erreichen. Man pflanze niemals im Herbst, sondern nur im Frühjahr. Angewachsen und günstig stehend, können die Exemplare meterbreit werden und lange ihren Platz ausfüllen, aber ein harter Winter hat schon manchmal stark geschadet oder vernichtend gewirkt.

Charíeis · Anmutkörbchen
Compositae ⊙ ○ ◐ ◑

Der Name stammt aus dem Griechischen: charieis = anmutig; er charakterisiert die Pflanze bestens. Die Gattung enthält nur eine Art, welche im Kapgebiet auftritt.

Charíeis heterophýlla Cass. bildet gegen 20 cm hohe, reichlich verzweigte Büschlein, hat längliche, spatelförmige Blätter und blüht vom Juni bis zum September mit etwa 4 cm breiten Talerblumen, die eine gelbe Scheibe und himmelblaue Randblumen haben. In der Kultur entstanden aber zahlreiche andere Tönungen: weiß, rosa, karmin und violett, oft ist die Scheibe auch purpurviolett.

Bewertung, Verwendung, Anzucht: Die Pflanzen gehören zu der großen Zahl von Annuellen aus Südafrika, die einen gewissen Wert haben, der jedoch an den von Tagetes, Zinnien, also der amerikanischen Sommerblumen, nicht heranreicht. Sie sind nicht unentbehrlich, aber man braucht gelegentlich einmal Abwechslung im Sortiment, und da kann man das Anmutkörbchen schon nehmen. Man sät gleich an Ort und Stelle, am besten in Reihen und dünnt auf 10 cm Abstand aus. Die Pflanzen passen vor allem als Einfassung oder in die Vorderpartien bunter Blumenbeete.

Cheiránthus · Goldlack, Lack
Cruciferae ⊙ ⊙ ○ ◐ ◑ ✕ ∧

Im Namen steckt das arabische Wort kairi, was duftend bedeutet, und das griechische anthos = Blume; sie beziehen sich auf den bekannten süßen Duft des Lackes. Die Gattung ist 12 Arten stark, welche vor allem im Mittelmeerraum auftreten. Es sind dort Stauden oder Halbsträucher bis Sträucher, hier bei uns werden sie nur als Annuelle oder Bienne behandelt. Der Lack war schon im Altertum eine beliebte Zierpflanze. Man schmückte die Altäre damit, und bei festlichen Gelagen wurden um die Becher Kränze aus Lackblüten gewunden. Nach Mitteleuropa kam er bereits im 12. Jahrhundert, nach England noch früher. Seit dieser Zeit gehört er vor allem in Bauerngärten zu den wichtigsten Blumen. Er war sowohl als Ziergewächs wie auch wegen seines köstlichen Duftes beliebt. Bacon meint in seinem Essay über Gärten darüber: „Der Duft ist köstlich, und man tut gut, Lack unter die Fenster von Zimmern zu setzen, in denen man sich viel aufhält." Ferner hatte er offizinelle Bedeutung, denn die getrockneten Blüten wurden als Herzmittel, als Resolvens und Antispasmodikum verwendet, auch als Abführmittel und Zusatz zu Tees.

Cheiránthus × alliónii → **Erýsimum**

Cheiránthus cheíri L. ist der Goldlack, diese allgemein beliebte Gartenblume des Frühlings. Er ist so bekannt, daß man ihn nicht zu beschreiben braucht. In der Kultur entstanden mehrere Klassen: 1. der einfachblühende, 40 bis 60 cm hoch werdende Goldlack, meistens braun; 2. der gefüllte Buschlack, welcher bis 50 cm hoch wird; 3. der Zwergbuschlack, Höhe 25 bis 30 cm, mit gefüllten Blumen; 4. der gefüllte Stangenlack mit nur einem Trieb und einer langen

Ch

Chelóne oblíqua

Chiastophýllum oppositifólium

Chionodóxa lucíliae

Chionodóxa sardénsis

Blütentraube, Höhe bis 70 cm, es gibt davon auch eine niedrige Abwandlung, den Zwergstangenlack, Höhe etwa 35 cm; 5. der Frühwunderlack, er wird bis 60 cm hoch und blüht gefüllt. Wichtig ist vor allem, daß die Bestände 4 bis 5 Monate nach der Aussaat in Flor kommen. Es gibt zahlreiche Sorten, und das Farbenspiel umfaßt Gelb, Orange, Braun und Braunviolett. In der gärtnerischen Praxis werden heute nur noch die einfachblühenden Sorten angebaut: 'Goldkleid', goldgelb, 'Goliath', dunkelbraun, beide Sorten werden auch verfrüht, und 'Goliath Fortschritt' purpurviolett sowie 'Scharlach'.

Bewertung, Verwendung, Anzucht: Für den Lack braucht man nicht zu werben, er hat sich selbst beliebt gemacht. Man kann ihn für Frühlingsbeete nehmen und zu Stiefmütterchen, Vergißmeinnicht, Tausendschön und auch Tulpen setzen. Er kann aber auch für sich auf Beete gepflanzt und mit weißen oder gelben Stiefmütterchen eingefaßt werden. Ferner eignet sich der gefüllte Zwergbuschlack für Töpfe, die man in hellen, kühlen Räumen aufstellt; in warmen Räumen wird der Duft zu stark, und die Stöcke verblühen zu schnell. Stangenlack kommt hauptsächlich zur Gewinnung von Schnittstielen in Betracht. Leider ist die Kultur umständlicher als bei den Levkojen, und sie dauert auch länger, deshalb wird dieser Lack heute kaum noch vermehrt.

Goldlack braucht guten, in bester Tracht stehenden Boden und wird in lehmigem häufig stattlicher als auf Sandboden, doch läßt sich dem durch Eingraben von verrottetem Mist abhelfen. Man sät den Frühwunderlack für die Blüte im laufenden Jahr im März unter Glas aus, pflanzt im April an den vorgesehenen Platz und erhält im Sommer den Flor; soll der Lack überwintert werden und zeitig im Frühling blühen, säe man ihn im Juli aus und pflanze ihn so bald wie möglich auf Anzuchtbeete, von wo man ihn im Herbst ausheben und im Kasten überwintern muß, oder man umbaut den Bestand. Lack kann man nur zweijährig heranziehen. Man sät im Mai in kalte Kästen mit kräftiger, gut abgelagerter und gekalkter Erde, hält zuerst dunkel und gießt nur mäßig; sobald aber der Samen aufläuft, gibt man volles Licht. Ob man pikiert oder nicht, ist nicht entscheidend; tut man es, bekommt man bessere Setzlinge. Den Ausschlag gibt die Weiterbehandlung auf den Anzuchtbeeten. Sie müssen frei liegen, man pflanze nicht zu eng, damit die Büsche sich allseitig schön entwickeln können: 4 Reihen aufs Beet, häufig hacken und notfalls wässern, auch schwach düngen, doch niemals mästen! Im Laufe des Septembers hebt man die Pflanzen sorgfältig aus und topft in 12er bis 14er Töpfe oder pflanzt in einen tiefen Kasten oder umbaut mit einem hochwandigen Wanderkasten. Als Erde zum Topfen verwende man leichten Kompost, in welchem die Bestände rascher Wurzeln schlagen. Anfangs ist leichter Schatten nötig, aber sobald das Laub wieder straff wird, gebe man volle Sonne. Die Töpfe sind schließlich, wenn die ersten Fröste drohen, in einen tiefen Kasten zu räumen. Damit sie nicht festfrieren, bedeckt man den Boden des Kastens mit Laub oder Sägespänen. Dann sind Fenster aufzulegen, bei starker Kälte zusätzlich Matten, das gilt auch für die mit einem Wanderkasten umbauten Bestände. Dennoch ist die Überwinterung Glückssache: Ist der Winter zu lang, die Kälte zu hart, dann erfriert der Lack trotz Schutz; ist der Winter zu mild und feucht, kann es passieren, daß er anfängt zu faulen. Mancher Bestand jedoch, der nur mit Reisig geschützt wird und draußen bleibt, übersteht selbst große Kälte.

Chelóne · Schildblume
Scrophulariaceae ♃ ○ ◐ ◑ ∧

Der Name bedeutet im Griechischen Schildkröte. Er bezieht sich auf den oberen Teil der Blütenröhre, die an einen Schildkrötenrücken erinnert. Die Gattung

steht dem Genus *Penstemon* sehr nahe, und mehrere Arten wurden neuerdings auch zu diesem gestellt. *Chelone* umfaßt nur 4 Arten, und alle treten in Nordamerika auf. Sie sind Stauden.
Chelóne barbáte → **Penstémon barbátus**
Chelóne lyónii Pursh wird 30 bis 80 cm hoch, hat eirund-ovale Blätter und verzweigte Blütenstände mit etwa 3 cm langen, rosafarbenen Blumen. Die Pflanzen blühen von Ende Juni bis Ende August und manchmal noch länger.
Chelóne oblíqua L. wird 30 bis 50 cm hoch, sie hat gezackte bis eingeschnittene, gegenständige Blätter und blüht in end- und seitenständigen, dichten Ähren mit tiefrosa Blumen, Blütezeit August/Oktober.

Bewertung, Verwendung, Anzucht: Die aufgeführten Arten gehören nicht zu den Prunkstücken unter den Stauden. Sie werden aber in Gegenden mit leichten, anmoorigen Böden willkommen sein, weil sie in solchen gut wachsen. Es gibt nicht viele Gartenpflanzen, die ihnen darin gleichen. *C. lyonii* kann sonnig stehen, die zweite Art wünscht Halbschatten. Vermehrt wird durch Teilung und aus Samen. Die Pflanzen brauchen ein Jahr, bis sie verkaufsstark werden. Sie sind bei uns nicht sicher winterfest, man decke sie also mit Reisig ab. Gefährlich ist Winternässe.

Chiastophýllum · Walddickblatt
Crassulaceae

Im Namen stecken die griechischen Wörter chiastos = kreuzgegenständig und phyllon = Blatt; in der Tat haben die Pflanzen kreuzgegenständige Blätter. Die Gattung besitzt nur eine Art.
Chiastophýllum oppositifólium (Ledeb.) Berger (syn. Cotyledon oppositifolia Ledeb.) aus dem westlichen Kaukasus ist eine sukkulent wirkende, 15 bis 25 cm hohe Staude mit rundlich-eiförmigen, grünen, grobgezähnten, etwas fleischigen, dicht stehenden Blättern. Sie sitzen an Trieben, die im Grunde kriechen und auch Wurzeln schlagen. Die Blüten erscheinen in endständigen, vielblumigen Trauben, welche verzweigt sind und hängen. Die Blumen werden etwa 4 mm lang und sind goldgelb gefärbt. Die Pflanzen blühen reich, Florzeit Mai bis Juli.

Bewertung, Verwendung, Anzucht: Chiastophyllum ist eine ausgezeichnete, dankbare, völlig winterharte Staude für halbschattige Standorte. Man kann sie an solchen Stellen des Alpinums oder auf Trockenmauern setzen, ferner als Bodendecke nehmen und in Teppiche niedriger Schattenstauden als Farbfleck einfügen. Den Pflanzen sagt jeder normale und auch etwas armer Gartenboden zu, nötig ist aber, wie schon erwähnt, Halbschatten. Nässe vertragen sie schlecht, was sich bei Sukkulenten ja von selbst versteht. Man vermehrt durch Teilung und aus Samen; es dauert ein Jahr, bis die Bestände groß sind. Die Pflanzen werden häufig in Töpfen kultiviert.

Chionodóxa · Schneeruhm, Schneestolz
Liliaceae

Im Namen stecken die griechischen Wörter chion = Schnee und doxa = Ruhm, Stolz; die Gattung erhielt diesen Namen von dem schweizerisch-französischen Botaniker Pierre-Edmond Boissier (1810–1885), der eine Art im Juni in einem Gebirge Kleinasiens in 2000 m Höhe durch schmelzenden Schnee hindurch blühen sah. Der Name ist ein schönes Beispiel für die poetische Kraft so vieler Botaniker, die keine Verse schreiben, sondern mit einem Wort etwas wiedergeben, das man zwar nicht kennt, von dem man sich jedoch sofort ein Bild machen kann. Es sind zierliche Zwiebelgewächse mit kleinen Zwiebeln, grundständigen, meistens linealischen Blättern und fast sternförmigen Blütchen in einseitswendigen Ähren oder Trauben, die bis 6 Blumen umfassen. Zur Gattung gehören etwa ein halbes Dutzend Arten, welche alle in Kleinasien zu Hause sind.
Chionodóxa lucíliae Boiss. hat weiße, etwa haselnußgroße, leicht birnenförmige Zwiebeln und blüht auf 10 bis 15 cm langen Stielchen mit 2 bis 4, gegen 15 mm breiten Blütchen, die leuchtend blau, nach innen zu heller und ganz im Zentrum weiß sind. Es gibt auch einen Kultivar 'Alba' mit reinweißen Blumen und die Züchtung 'Pink Giant' mit rosa Blumen, welche etwas größer werden und auch in der Traube mehr Blüten haben. Florzeit März/April.
Chionodóxa sardénsis Barr et Sugd. aus Sardes in Kleinasien hat kleinere himmelblaue Blüten, die etwas hängen. Sie erscheinen in Ährchen mit 2 bis 6 Blumen, kurz nach der vorigen Art, also im April.
Chionodóxa siehei Stapf ist die größte Art. Diese hat bis 25 cm hohe Stiele, welche 15 anfangs purpurviolette, später tiefblaue Blumen bringen. Die Blüten werden bis 20 mm breit, sie erscheinen im April. Benannt nach Walter Siehe (1859–1928), einem deutschen Pflanzensammler in Kleinasien.
Chionodóxa tmolúsii Whittall, aus Tmolos in Kleinasien, blüht 1 bis 2 Wochen später als *C. luciliae*, hat auch kleinere Zwiebeln als diese, die Blätter sind schmaler und werden nur gegen 3 mm breit. Die Pflanzen bekommen violettblaue Blüten mit weißer Mitte und einem feinen dunklen Streifen auf jedem Blumenblatt.

Bewertung, Verwendung, Anzucht: Chionodoxa sind wunderhübsche Frühlingsblumen und gedeihen sehr leicht und willig. Sie wünschen humosen, etwas frischen Boden und kommen vor und zwischen weitläufig stehenden Sträuchern in deren lichtem Schatten gut fort. Sie säen sich auch selbst aus, und ihr Samen wird durch Ameisen breitgeschleppt. Man darf allerdings an den Stellen, wo man sie gesetzt hat und wo sie sich ausbreiten sollen, nicht viel umgraben und muß das Laub nur ganz vorsichtig wegharken, wenn es dick liegen sollte. Die ersten Zwiebeln muß man natürlich anschaffen, aber sie kosten nicht viel. Man lege sie im

Chrysánthemum carinátum   Chrysánthemum ségetum   Chrysánthemum árcticum   Chrysánthemum coccíneum

Herbst gegen 5 cm tief und in Abständen von 7 bis 10 cm in kleinen Kolonien und fange stets mit einer gewissen Menge an, um Wirkungen zu erzielen. Vermehrt wird durch Brutzwiebeln oder aus Samen. Die Brut gewinnt man, indem man sie im Frühherbst von ausgegrabenen Zwiebeln abtrennt. Den Samen sammelt man, was ein wenig mühsam ist und Aufmerksamkeit erfordert, damit er nicht ausfällt und von den Ameisen aufgelesen wird. Brut oder Samen streut man in 4 bis 6 cm tiefe Rillen, die Abstände von 7 bis 10 cm untereinander haben sollen, weitläufig aus und läßt die Pflanzen einfach heranwachsen. Der Boden soll humusreich und frisch sein, das Beet etwas im Schatten liegen, während der Vegetationszeit dünge man leicht mit einem milden Volldünger oder Kuhjauche und überziehe nach dem Absterben mit gejauchter Komposterde. Im 2. Herbst nach dem Aussäen sind die Zwiebeln blühstark und verkaufsfähig. Die Anzucht macht wenig Arbeit, doch ist auch der Zwiebelpreis niedrig.

Chrysánthemum · Wucherblume, Chrysantheme
Compositae ☉ ♃ ○ ◑ ◉ ◐ ● △ ♡ ✕

Im Namen der Pflanzen stecken die griechischen Wörter chrysos = Gold und anthemon = Blüte; sie nehmen auf die goldgelbe Blütenfarbe von *C. coronarium* Bezug, dem Dioskorides zuerst diesen Namen gab. Die Gattung ist gegen 160 Arten stark, welche vor allem in der nördlichen gemäßigten Zone auftreten und Kräuter, Stauden oder Halbsträucher werden. Mehrere haben großen Wert als Gartenzierden, einzelne liefern insektizide Substanzen.

Einjährige Arten

Chrysánthemum carinátum Schousb. wird 40 bis 60 cm hoch, verzweigt sich reichlich und hat fleischiges, doppelt fiederschnittiges Laub, das etwas graugrün schimmert. Die Blüten werden bis 7 cm breit, sie sitzen einzeln auf langen Stielen und erscheinen je nach der Anzucht ab Mitte bis Ende Juni. Der Flor ist üppig, aber er läßt stark nach, sobald die Pflanzen Samen ansetzen.
Es gibt zwei Typen:
a) Sorten mit randständigen, ein- oder mehrfarbigen Zungenblüten und einer meistens dunklen Scheibe von kurzen Röhrenblüten,
b) gefülltblühende, bei welchen alle Blumen Zungenblüten werden.
Schöne Sorten sind 'Nordstern' – weiß, mit einem gelben Ring um die Scheibe; 'Kokarde' – weiß, orangekarminfarbener Ring mit silbrig-weißem Streifen; 'Flammenspiel' – feurigbraunrot mit gelben Stricheln; diese Sorten werden gewöhnlich als Mischung gehandelt: Die Dunetti-Mischung enthält weiße, gelbe und rote, die Frohe Mischung weiße, rosa und rote Farben.

Chrysánthemum coronárium L. wird in den niedrigen Sorten 40 bis 50 cm hoch, in den hohen gegen 100 cm und darüber. Die Pflanzen haben grünes, nicht fleischiges Laub, und die Blumen bleiben etwas kleiner als bei *C. carinatum*. Sie blühen aber sehr reich, es gibt hier nur gelbblühende Sorten. Die tetraploide 'Comet' mit über 8 cm breiten Blumen auf langen Stielen ist zum Schnitt besonders gut geeignet.

Chrysánthemum multicáule Desf. aus Algier hat etwas fleischige, grasgrüne Blätter und am Boden aufliegende Triebe, welche sich reichlich verzweigen. Die Pflanzen bilden fast eine geschlossene Fläche und bedecken den Boden teppichartig. Sie bekommen auf 10 bis 20 cm hohen Stielchen gelbe Blümchen.

Chrysánthemum parthénium (L.) Bernh. (syn. Matricaria parthenium L.) aus dem Orient ist dort eine Staude, wird hier jedoch als Annuelle gezogen. Wichtig sind die niedrigen Sorten 'Schneeball' und 'Goldball' mit völlig gefüllten weißen oder lebhaft gelben Blüten, die in vielblumigen Doldentrauben erscheinen. Die Pflanzen werden etwa 25 cm hoch, bilden runde, dichte Büsche, haben einfach-fiederteiliges Laub mit strengem Geruch.

Chrysánthemum ségetum L. hat kahle, einfache, aber grob gezähnte Blätter und verzweigt sich ebenfalls reichlich. Die Blumen werden 6 bis 7 cm breit und sitzen einzeln auf Stielen, die bis 25 cm lang sind. Die Pflanzen erreichen bei dichtem Stand bis 60 cm Höhe, weitläufig stehend werden sie nur 35 bis 40 cm hoch. Die Blumen sind gelb in verschiedenen Abstufungen und bekommen teils eine gelbe, teils eine braune Scheibe, es gibt auch gefülltblühende Sorten. Eine der besten ist 'Eldorado' mit tiefschwarzbrauner Scheibe und kanariengelben Randblüten, 'Stern des Orients' hat hellgelbe Randblüten.

Chrysánthemum × spectábile (Lilja) Arvid Nilss. (syn. C. carinarium hort.), eine Hybride zwischen *C. carinatum* und *C. coronarium*, erstmals von schwedischen Botanikern beschrieben, 1956 in Schweden in den Handel gebracht und seitdem weit verbreitet, ist eine die Eltern übertreffende, reicher blühende und mit größeren Blütenköpfen erscheinende Wucherblume. Wegen der langen Stiele gut als Schnittblume geeignet. Wertvoll ist vor anderen Sorten 'Cecilia', weiß mit großer gelber Mitte. Blütezeit und Kultur wie *C. carinatum*.

Bewertung, Verwendung, Anzucht: Außer *C. multicaule* sind die erwähnten Arten so weit verbreitet und häufig zu sehen, daß sich Worte des Lobes erübrigen. Die Wirklichkeit zollt ihnen die Anerkennung, welche ihnen gebührt. Die Arten eignen sich in den niedrigen Sorten für bunte Blumenbeete aller Art, die hoch werdenden vor allem für den Schnitt. Man kann auch die niedrigen als Blumenlieferanten nehmen, muß dann nur etwas enger pflanzen, düngen und notfalls wässern. Alle Bestände für Schnittblumengewinnung müssen mit Draht oder Faden eingefaßt werden, sonst fallen sie um, und die Blumenstiele werden krumm. Man setzt aufs Normalbeet von 1,20 m Breite in 4 bis 5 Reihen und innerhalb derselben mit 20 cm Abstand. Auf bunten Blumenbeeten soll der Abstand nicht unter 25 cm sein, denn dann werden die Exemplare breiter, bleiben kürzer, blühen länger und „machen mehr von sich". Freilich dauert es etwas länger, bis sie in Flor kommen, der ja erst einsetzt, wenn das vegetative Wachstum nachläßt. Man kann an Ort und Stelle säen, so zeitig wie es die Witterung erlaubt, es dauert lange, ehe die Pflanzen ihre volle Größe erreichen, auch muß man sorgfältig ausdünnen. In der Regel wird daher ins Frühbeet gesät und von dort aus an den vorgesehenen Platz gepflanzt; manche Gärtner pikieren sogar oder verstopfen in 6er Töpfe. Solche Bestände kommen viel früher in Blüte, dafür geht aber ihr Flor rascher zu Ende. Die Hauptblütezeit fällt in die Monate Juli/August. Die niedrigen Sorten eignen sich ebenfalls für bunte Beete, für Einfassungen und selbst für Töpfe oder Blumenkästen. *C. multicaule*, welches die gleiche Anzucht braucht, wünscht trockenen Standort, nicht zu fetten Boden und volle Sonne; die Art eignet sich nur als Bodendecke und paßt als solche auch unter Hochstammrosen.

Stauden-Arten

Chrysánthemum árcticum L. aus Nordeuropa und Nordasien wird 20 bis 40 cm hoch, bildet polsterartige Schöpfe dunkelgrüner, kurz gestielter, länglicher Blätter, die nicht eingebuchtet, sondern nur scharf gezähnt sind. Die Blumen stehen in Köpfen beisammen, welche bis 10 cm breit werden. Bei der Stammart sind die Blüten weiß, daneben gibt es die Sorte 'Rosea' mit rosa überhauchten Blumen und die Züchtung 'Schwefelglanz' mit gelblichen Blumenkörben. Die Pflanzen blühen im Oktober und oft bis in den November hinein. Sie sind sehr winterhart. Man nimmt sie für Steingärten, bunte Beete und auch als Einfassung.

Chrysánthemum coccíneum Willd. (syn. *C. roseum* Adams, *Pyrethrum roseum* (Adams) M. B.) ist die 'Bunte Margerite' und für die Gewinnung von Schnittblumen eine der allerwichtigsten Stauden. Jährlich kommen viele Millionen Blumen auf die Märkte. Sie blühen je nach den lokalen Verhältnissen und der allgemeinen Witterung etwa vom 20. Mai an bis Mitte Juni, und der Flor läßt sich durch Überbauen eingewachsener Bestände etwas verfrühen. Die Pflanzen bekommen einen Schopf hellgrüner, fein geschlitzter Blätter und bringen auf festen, bis 70 cm langen, wenig und kurz beblätterten Stielen einfache oder gefüllte Blumen. Es gibt viele Sorten, ganz einwandfreie aber nur wenige. Für Schnitt kommen vor allem die einfachblühenden in Betracht. Es seien aufgeführt: 'Brenda' – Blumen groß, leuchtend kirschrosa; 'Eileen May Robinson' – schon 50 Jahre alt, aber noch eine der besten Züchtungen mit großen, reinrosa Blumen, wüchsig und sicher; 'James Kelway' – nur eben mittelgroße Blumen, doch einmalig in ihrer Farbe: tiefblutrot, leider häufig krumme Stiele; 'Regent', im Wuchs kräftig, straffe Stiele, Farbe karminscharlach, 70 cm; 'Yvonne Cayeux' – Blumen cremefarben, im Aufblühen innen etwas kräftiger gelb, alte Züchtung, früh in Blüte kommend, leider nicht sehr wüchsig und etwas unempfindlich, leidet in harten Wintern stark, eignet sich aber sehr gut zum Überbauen. Die Zwergsorte 'Pfingstgruß' hat halbgefüllte Blumen, außen sind die Zungenblüten magentarot, innen die etwas verlängerten Röhrenblütchen weißlichgelb, Höhe 25 cm.

Zur Schnittblumengewinnung werden ferner häufig gepflanzt: 'Gartenschatz' – karmesinrot, eine Erfurter Züchtung, die niedrig bleibt; 'Dark Crimson' – dunkelkarmin, sehr große Blumen auf 80 cm hohen Trieben.

Bewertung, Verwendung, Anzucht: Die Bewertung wurde von der Praxis bereits vorgenommen: durch den vielfachen, steten Anbau. Die Schnittsorten sind für bunte Rabatten nicht sehr geeignet, denn die Pyrethrum wollen frei und – man darf wohl auch sagen – gesellig stehen und fallen vom zweiten Jahre an um, was sich nicht einmal durch Schnurhalfter ganz verhindern läßt. Mißlich ist auch, daß ältere Exemplare nach dem Flor zurückgeschnitten werden müssen und so zunächst einen kahlen Fleck bilden. Man kann sie

Ch

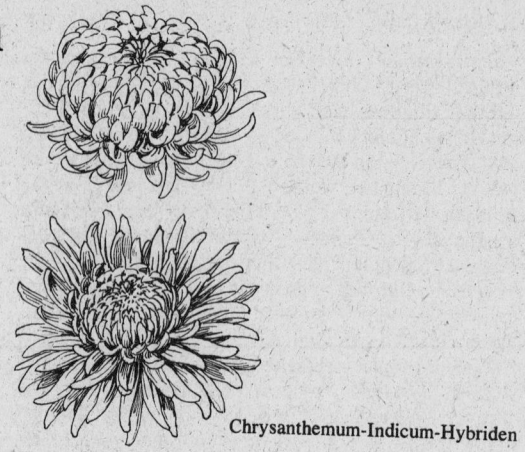

Chrysanthemum-Indicum-Hybriden

natürlich auch im Garten halten, muß sie jedoch öfter verpflanzen und die Blumen schneiden.

Für die Schnittblumengewinnung pflanzt man auf gut gedüngtes, humusreiches, gut gekalktes Land in voller Sonne in möglichst etwas geschützter Lage. Aufs Beet kommen 4 bis 5 Reihen, Abstand innerhalb derselben 25 bis 30 cm. Günstig ist zweijähriger Umtrieb, denn bei weiter Pflanzung und guter Pflege bringen die Bestände im zweiten Standjahr 15 bis 25 gute Stiele, die doppelte Menge wie im ersten. Man teile nach dem Flor, sobald die Pflanzen neu durchtreiben. Um dies zu fördern, schneide man sie sofort nach der Ernte der letzten Blumen bis fast zur Erde zurück, lockere den Boden, streue einen rasch wirkenden Kopfdünger und wässere bei Bedarf. Ist der Neutrieb erschienen, beginne man mit Teilen. Man grabe die Pflanzen aus, schüttle die Erde ab, räume die Posten an einen schattigen Platz und versuche, durch geschicktes Reißen die Exemplare zu teilen. Das geht nicht immer leicht, doch hat man dabei weniger Verluste als beim Zerschneiden mit dem Messer. Man kann auch die Erde aus den Wurzelballen auswaschen, dann übersieht man die Teilungsmöglichkeiten besser. Beim Teilen sind so weit wie möglich die älteren Wurzeln und Rhizomstücke fortzuschneiden und die Wurzeln etwa auf Faustlänge zu kürzen. Anschließend tauche man die Teilstücke und pflanze sie so bald wie möglich wieder auf die vorbereiteten Beete. Es ist ausschlaggebend, daß die neuen, kürzeren Wurzeln mit ihrer weißen Spitze nicht eintrocknen, sondern noch lebendig wieder in den Boden kommen; dann wachsen die Pyrethrum rasch ein, und die Verluste bleiben minimal. Man scheide auch alle schwachen Exemplare und solche mit halb abgestorbenen Köpfen von der Vermehrung aus: Nur laufende Auslese beim Teilen gewährleistet die Erhaltung des Sorten-Standards. Im Prinzip ist entscheidend, daß man so bald als möglich teilt, so daß man damit nicht in den heißen, trockenen Hochsommer kommt und daß die Posten bald wieder in die Erde gebracht werden. Man gieße an, lockere am nächsten Morgen die Gießscheibe und übersprühe bei warmen Wetter von Zeit zu Zeit schwach. Wässern ist nicht nur überflüssig, sondern sogar gefährlich, da frisch gepflanzte, noch nicht in Trieb gekommene Pyrethrum leicht faulen. Man richte es so ein, daß man einen Posten teilen, einen anderen stehenlassen kann, dadurch kann man mehr Blumen ernten. Es ist nötig, das Land laufend zu wechseln. Beim Blumenschnitt schneide man die Stiele möglichst weit unten ab, was den Neuaustrieb fördert, und streife die an den Stielen sitzenden Blätter ab, da diese im Wasser leicht faulen und schlierig werden.

Will man zum Pflanzenverkauf vermehren, ist es am besten, im Frühling vor der Blüte zu teilen. Man kann sogar die Mutterpflanzen im Spätherbst mit gutem Ballen in einen kalten Kasten setzen, doch muß man ihn im Winter so zudecken, daß es nicht stark hineinfriert. Im Laufe des Februar/März holt man sie in ein Haus, wo man die Pflanzen leicht auf Tischen einfüttert und durchtreiben läßt. Dann teilt man so stark wie überhaupt möglich. Natürlich muß jedes Teilstück einige gesunde Augen und ausreichend frische Wurzeln haben. Man topft in sandige, lockere Erde in 6-cm-Töpfe und stellt diese in einen leicht gepackten Kasten, in dem sie langsam weiterwachsen und schließlich ihren Topf durchwurzeln. Dann wird auf Kulturbeete gepflanzt, 5 bis 6 Reihen, Abstand innerhalb dieser 25 cm. Die Pflanzen werden bis zum Frühherbst verkaufsstark. Man kann mit einem Vermehrungskoeffizient von 4 bis 8 rechnen. Die für die nächste Frühjahrsvermehrung nötigen Posten bleiben einfach auf den Beeten stehen. Einjährige Pflanzen sind für Vermehrung zum Pflanzenverkauf günstiger als mehrjährige.

Einfache Gemische werden durch Aussaat gewonnen. Man säe zeitig im Frühling in ein halbwarmes Frühbeet und pflanze später auf Anzuchtbeete. Generative Vermehrung ist auch für die Züchtung nötig. Man darf nur Samen von allerbesten Exemplaren nehmen, Samen von Sorten ergeben selten befriedigende Nachkommen. Am besten pflanzt man die wertvollsten Exemplare aus großen Aussaaten zusammen und erntet von diesem Gemisch den Samen. Man muß sehr scharf selektieren. Wichtig sind: Wüchsigkeit, Winterhärte, feste, völlig gerade Stiele, große, elegant gebaute Blumen, die sich lange halten und bei Regen und abends keine „Schlafstellung" einnehmen, auch bei Licht wirken und begehrte Farben aufweisen, ferner sich gut vermehren lassen. Zu verbessern wären Lachsrot und Scharlach, auch kräftiges Rosa. Frühe Sorten sind wichtiger als mittelfrühe und späte, da der Käufer nach einer gewissen Zeit Pyrethrum „satt hat". Völlig fehlen auch Sorten mit zweifarbigen Zungenblüten: etwa um die gelbe Scheibe zuerst ein weißer Ring und dann rosa oder rot bis zum Ende oder ein dunkler Rand und rosa bis lilarosa Fortsetzung. Wichtig für Gärten wären halbhohe Sorten, deren Blütenstiele sich verzweigen.

Chrysanthemum-Indicum-Hybriden ist der Sammelname für die „Winterastern" der Blumenfreunde. Früher hießen sie *C. indicum* hort. non L. und *C.* × *hortorum* L. H. Bailey. Sie stammen aus China und Japan, wo sie seit vielen Jahrhunderten kultiviert werden und hohe Vollendung und Mannigfaltigkeit erreicht haben. Es heißt, daß die Chinesen ursprünglich diese Blume hegten, und schon Konfuzius erwähnt sie. Gegen Ende des 4. Jahrhunderts u. Z. entwickelte sich die Kultur in Japan. Seit 797 ist die Chrysantheme die Wappenblume der japanischen Kaiser, später wurde sie auch ins Siegel aufgenommen, und heute sieht man eine sechzehnstrahlige Blüte im Staatswappen dieses Landes. Die Pflanzen heißen dort Kiku, alljährlich werden Ausstellungen von Chrysanthemen veranstaltet, und Okikusan = Fräulein Chrysantheme ist ein beliebter und häufiger Mädchenname. Nur nebenbei sei erwähnt, daß es zahllose Dreizeiler, also Kurzgedichte, über diese Blumen gibt, ferner Geschichten, in welchen sie eine wichtige Rolle spielen, und herrliche Farbenholzschnitte und Stickereien, die Chrysanthemen wiedergeben. Nach Europa kamen 1789 die ersten Sorten durch den Franzosen M. Blanchard, Kaufmann in Marseille; später in größeren Mengen durch den englischen Pflanzensammler Robert Fortune (1812–1880), welcher im Auftrage der Royal Horticultural Society in Japan und China reiste und sammelte. Die Züchtung setzte bald ein, und seit dem Ende des vorigen Jahrhunderts sind mehrere tausend Sorten entstanden. Alljährlich kommen neue dazu, während andere wieder aus den Kulturen verschwinden. Chrysanthemen gehören zu den Hauptschnittblumen des Nachsommers und Herbstes und werden in riesigen Mengen kultiviert. Man nimmt dazu jedoch Züchtungen, welche sich nur ausnahmsweise auch für Gärten eignen, die meisten sind nicht winterhart. Für den Garten wähle man in erster Linie die in den Katalogen von Staudenkulturen aufgeführten, als winterhart bekannten Sorten. Es gibt auch davon eine lange Reihe Züchtungen. Sie werden knie- bis hüfthoch, und es gibt Sorten mit frühem oder spätem Flor. Im allgemeinen blühen sie im September/Oktober. Bewährt haben sich Abkömmlinge der schon alten Sorte 'Normandie' – rosa. Dazu gehören 'Anneliese Kock' – weiß, 'Hansa' – dunkelrosa, 'Zitronenfalter' – zitronengelb. Alle blühen früh bis mittelfrüh. Im Oktober und manchmal sogar bis in den November hinein blühen Sorten wie 'Cydonia' – leuchtend mahagonirot, 60 cm; 'Nebelrose' – silberrosa, 80 cm, seit 1908; 'Novembersonne' – goldgelb, 60 cm. Ferner gibt es eine Reihe früh blühender, niedrig bleibender Sorten mit Pomponblüten. Diese Chrysanthemen werden 30 bis 40 cm hoch und bilden runde Büsche, die mit Blümchen übersät sind; sie kommen manchmal bereits Ende August in Flor. Hierzu gehört z. B. 'Denise' – zitronengelb, 50 cm, auch für Topfkultur.

Die **Chrysanthemum-Koreanum-Hybriden** sind den Chrysanthemum-Indicum-Hybriden sehr ähnlich. Die Pflanzen werden 60 bis 100 cm hoch und blühen von Anfang September bis weit in den Oktober hinein; zu ihren Vorzügen gehören große Winterfestigkeit und üppiger Wuchs mit festen, geraden Stielen und breiten Sträußen. Es gibt einfach- und gefülltblühende Sorten, von welchen hier angeführt seien: 'Apollo' – einfach, rotorangebraun, mittelfrüh, 70 cm; 'Citrus' – halbgefüllt, zitronengelb, mittelspät, 80 cm; 'Fellbacher Wein' – halbgefüllt, leuchtend karminrote Blumen, früh, 60 cm hoch; 'Remstalgold' – halbgefüllt, goldgelb, mittelspät, 80 cm.

Chrysánthemum zawádskii var. **latílobum** (Maxim.) Kitam. (syn. *C. rubellum* Sealy) stammt aus Ostasien. Die Pflanzen haben kleines, dünnes, hellgrünes Laub, das der Form nach den Blättern der Chrysanthemum-Indicum-Hybriden stark ähnelt. Die Triebe sind dünn und fest, und auch die Blumen werden zierlicher, sie erinnern an die Blüten von Pyrethrum. Die Pflanzen blühen reich, die Blumen halten sich im Wasser fast 14 Tage, wobei jede Knospe noch aufgeht. Der Flor fällt in den September, die Büsche werden bis meterhoch und mit der Zeit sehr breit. Auch davon gibt es schon eine Reihe Sorten, und alljährlich kommen neue dazu. Erwähnt seien: 'Edinburgh' – einfach samtigrot; 'Paul Boissier' – als einzige Sorte gefüllt blühend mit wunderhübschen orange-braunen Blüten in großer Zahl; 'Septemberrose' – hellilarosa.

Bewertung, Verwendung, Anzucht der vorstehenden Arten: Sie sind allgemein bekannte, unentbehrliche Herbststauden, die zusammen mit den Herbstastern und den Anemonen in diese Jahreszeit so etwas wie einen zweiten Frühling bringen. Man kann sie überall antreffen: als Gartenschmuck, als Beetpflanzen und als einfache Schnittblumen. Wie alle Kulturstauden stellen sie gewisse Ansprüche und werden je nach der Behandlung, den Verhältnissen am Standort und der Witterung schön und vollkommen oder unzulänglich und auch krank. Alle wünschen guten, tiefgründigen Gartenboden und einen sonnigen, offenen, aber zugfreien Standort. Der Boden soll leicht alkalisch sein, Winternässe ist den Pflanzen sehr abträglich. Bei Standorten, an denen sich die Luft staut, stellt sich bei feuchtwarmer Witterung unweigerlich Mehltau ein. Ein weiterer häufiger Schädling sind Blatt- und Stengelälchen, die vom Boden aus in die Pflanzen einwandern. Wo sie auftreten, muß man mit Bodenentseuchungsmitteln gießen. Gegen das Verregnen des Flors oder die Folgen von zeitigen Frösten gibt es keine Mittel. Man pflanze nur im Frühling bis Frühsommer und, sofern möglich, Exemplare, die in Töpfen herangewachsen sind. Während des Sommers ist bei Bedarf zu wässern und einige Male mit einer Volldüngerlösung zu düngen. Pflanzen, die sich nicht selbst tragen, sollen einen Schnurhalter bekommen. Vermehrt wird im zeitigen Frühjahr durch Stecklinge. Die Mutterpflanzen sind frostfrei zu überwintern und leicht anzutreiben. Späte Sätze werden bis zur günstigen Auspflanzzeit (Mai/Juni) nicht mehr verkaufs-

Ch

Chrysánthemum máximum

Cimicífuga acerína

stark. Eigentlicher Winterschutz ist untunlich. Man lasse die Triebe stehen, sie bilden den besten Schutz. Freilich sieht das nicht gerade schön aus. Will man das umgehen, kann man die Triebe herunterschneiden und muß dann dünn (!) mit Reisig abdecken, niemals jedoch mit Laub! Es ist gefährlich, zu stark herunterzuschneiden, weil dann der Frost durch die tiefliegenden Schnittstellen zu weit in das Rhizom dringt und Zerstörungen anrichtet. In der Regel muß man Chrysanthemumbüsche nach drei, vier Jahren erneuern, also durch junge Pflanzen ersetzen. Dabei soll natürlich die Erde ausgewechselt werden. Manchmal stehen Exemplare 8 Jahre am gleichen Platze, ohne nachzulassen.

Talerblumen

Chrysánthemum leucánthemum L. (syn. Leucanthemum vulgare Lam.) kommt bei uns auf Wiesen wild vor und hat keinen Gartenwert. Es entstanden jedoch Sorten mit gefüllten Blumen, ferner (wahrscheinlich durch Bestäubung mit Pollen von *C. maximum*) Züchtungen mit wesentlich größeren Blüten als bei der typischen Frühlingsmargerite. Solche Sorten sind: 'Maistern' – erste der großblumigen Gartenmargeriten mit schöngeschnittenen, haltbaren Talerblumen, die in reicher Fülle erscheinen, 60 cm hoch, lockerer Aufbau der Pflanzen; 'Wunderkind' – die sogenannte Edelweißmargerite mit flachen, gefüllten Blüten, die 4 bis 5 cm breit werden, Massenblüher. Sie kommt in der zweiten Maihälfte in Flor, der bis Mitte Juni anhalten kann. Eine Verbesserung von 'Wunderkind' ist 'Hofenkrone', sie hat größere Blumen und stärkere Stiele.

Chrysánthemum máximum Ramond ist der Name für die großblumigen Gartenmargeriten, welche ab Mitte Juni blühen. Es gibt zahlreiche Züchtungen, auch gefülltblühende, und ständig kommen neue hinzu. Die Pflanzen werden 80 bis 100 cm hoch. Von den Sorten seien aufgeführt: 'Beethoven' – bis 15 cm breite Blumen, 60 cm hoch; 'Christine Hagemann' – gefülltblühende Neuheit mit locker gebauten, sehr elegant wirkenden Blumen, die in großer Menge erscheinen, die Mitte ist leicht grünlich, 70 cm; 'Cobham Gold' – große, cremefarbene, anfangs innen fast gelbe, gutgefüllte Blumen, 60 cm hoch; 'Juno' – ist die erste großblumige Talerblume, die in Flor kommt, wüchsig und durabel, wird 80 cm hoch; 'Stern von Antwerpen' – alte, bewährte, wüchsige und dauerhafte Sorte, etwa 90 cm hoch; 'Sylvia' – die Blüten sind schön geformt und haben wie die Edelweißmargeriten innen einen Kranz von kurzen Zungenblüten; 'Wirral Supreme' – gefüllte, gegen 10 cm breite, reinweiße Blumen auf festen, geraden Stielen, die auch Nebentriebe bringen, etwa 80 cm hoch, sehr winterfest.

Bewertung, Verwendung, Anzucht vorstehender zwei Arten: Es gibt wohl überhaupt keinen Garten, in dem die weißen Talerblumen völlig fehlen. Sie gehören zu den allerwichtigsten Sommerstauden. Die einfachen eignen sich für bunte Beete, wo man sie am besten zwischen andere Stauden setzt; die gefüllten kommen mehr für Schnittblumengewinnung in Betracht. Man kann natürlich die einfachen Blumen ebenfalls schneiden, und das geschieht auch, aber je größer die Blumen sind, um so weniger halten sie sich. Die gefüllten Blumen dagegen halten sich lange, manche 10 Tage und mehr! Alle wünschen nahrhaften, nicht zu trockenen, durchlässigen, tiefgründigen Boden, der auch lehmig und etwas schwer sein darf. Die großblumigen Sorten sind anspruchsvoller als die mittelblumigen, und der Durchmesser ihrer Blüten geht gelegentlich bereits im zweiten Jahr nach dem Pflanzen zurück. Wenn man den Boden gut vorbereitet, laufend düngt und notfalls wässert, läßt sich das aufhalten, freilich nicht für die Dauer. Man muß sehr großblumige Sorten also häufiger umsetzen als die andern.

Für die gefüllten Sorten ist zur Schnittblumengewinnung eine regelrechte Kultur nötig. Der Boden soll humusreich und leicht alkalisch sein. 'Cobham Gold' muß jährlich neu gepflanzt werden. Man nehme dazu nur die kräftigen, wüchsigen Seitentriebe, sobald sie ausreichend Wurzeln gebildet haben. Man reißt sie ab und pflanzt sofort wieder, 4 bis 5 Reihen aufs Beet, Abstand innerhalb derselben 25 cm. Man muß laufend lockern, leicht düngen und notfalls wässern. Im Frühjahr ist eine Kopfdüngung mit Kuhjauche und nach 14 Tagen mit Mineralvolldünger unbedingt nötig, ferner gibt man Wasser, falls es trocken wird. Wenn die

Blütenstiele anfangen zu schieben, muß man mit Faden einfassen. Bei gesunden Beständen und allerbester Pflege kann man etwa 15 bis 25 Blumen je Pflanze schneiden, da die Nebentriebe ausreichend lange Stengel bekommen, sonst jedoch nicht. 'Christine Hagemann' ergibt bei zweijähriger Kultur die besten Resultate, die andern wie 'Wirral Supreme' können in lehmigem, kräftigem Boden länger stehen. Man muß nur weitläufig genug pflanzen, laufend pflegen und düngen, notfalls wässern. Insbesondere nach beendetem Schnitt brauchen die Bestände sorgfältige Pflege und Dünger. Alle Sorten sind winterhart. Die Pflanzen, denen Kalk im Boden fehlt, bekommen leicht gewundene Stiele und werden auch oft krank. Ausreichender Kalkgehalt gehört also zu den Voraussetzungen von Erfolgen. Vermehrt wird durch Samen, was aber keine sortenechten Pflanzen ergibt, und durch Teilung, Rißlinge oder Stecklinge. Man sät im Frühling auf ein Saatbeet im Freien und pflanzt die Sämlinge nach ihrem Erstarken auf Anzuchtbeete. Die Bestände sind bis zum Herbst verkaufsstark und werden nicht überständig. Stecklinge schneidet man von den hohen, im Sommer blühenden Sorten entweder zeitig im Frühling oder nach dem Flor, wenn die Pflanzen wieder durchgetrieben haben. Die Stecklinge dürfen nicht hart sein, man bringt sie in ein gut schließendes Frühbeet, hält gespannt, topft später in kleine Töpfe, und aus diesen pflanzt man auf Beete oder für den Pflanzenverkauf in 8-cm-Töpfe nochmals um. Die Posten werden bei Frühjahrsstecklingen bis zum Herbst, bei Sommerstecklingen bis zum Spätherbst oder nächsten Frühjahr fertig. Für den Pflanzenverkauf und -versand sind Topfballenbestände vorteilhafter, auch hat man deren Entwicklung mehr in der Hand, und die zusätzliche Arbeit lohnt sich durchaus. Winterschutz ist nicht unbedingt nötig. Bei zügiger Kultur und fleißiger Vermehrung kann man mit Stecklingen den Bestand innerhalb einer Vegetationsperiode je nach Sorte um das Fünf- bis Achtfache vergrößern.

Chrysógonum · Goldkörbchen
Compositac ♃ ◐ ◑ ◎

Im Namen stecken die griechischen Wörter chrysos = golden und gony = Knie; sie nehmen darauf Bezug, daß die Pflanzen goldgelbe Blumen haben und etwas kniend wachsen. Die Gattung umfaßt nur eine Art und steht dem Genus *Parthenium* nahe.
Chrysógonum virginiánum L. stammt aus Nordamerika, wo man die Pflanzen von Pennsylvanien bis hinunter nach Florida in lichten Wäldern, teilweise auch am Rande von Bächen antreffen kann. Es sind Stauden mit einem faserigen, leicht zerbrechlichen, kriechenden Wurzelstock und eiförmigen bis länglichen, gezähnten oder gekerbten Blättern, nach oben zu werden sie herzförmig. Die Blüten sind gelb, 2,5 bis 4 cm breit; um die kleine Mittelscheibe sitzen 5 einzeln stehende, längliche Strahlenblüten. Die Blumen erscheinen einzeln end- und achselständig oder bilden zuweilen kleine kopfige Rispen. Insgesamt werden die Bestände 20 bis 30 cm hoch. Der Flor beginnt im Mai und hält bis zum Juli an.

Bewertung, Verwendung, Anzucht: Chrysogonum ist eine recht brauchbare Staude zur Bodenbedeckung. Sie blüht verhältnismäßig lange und zieht erst spät im Herbst ein. Die Pflanzen wünschen frischen Boden, vertragen auch feuchten Standort und können absonnig bis sonnig stehen. Sie wirken am besten, wenn man sie in Massen verwendet. Einmal angesiedelt, können sie viele Jahre an ihrem Platz verbleiben; man muß nur gelegentlich die bestandenen Flächen mit gutem Kompost oder gejauchtem Torf überziehen. Vermehrt wird durch Teilung im Frühjahr, ferner durch Samen, und man kann auch Stecklinge machen. Die Bestände werden bis zum nächsten Frühling verkaufsstark.

Chrysópsis · Goldschein, Goldaster
Compositae ♃ ◐ ◑ ◎

Im Namen stecken die griechischen Wörter chrysos = goldfarbig und opsis = aussehend; sie beziehen sich auf die gelben Blumen der Pflanzen. Es sind ausdauernde oder bienne Kräuter mit wechselständigen, sitzenden oder kurzgestielten, länglichen bis lanzettlichen, meistens graubehaarten Blättern. Sie blühen mit vielblumigen Körbchen, die einzeln oder in lockeren Doldenrispen erscheinen. Die Gattung umfaßt gegen 20 Arten, welche in Nordamerika und Mexiko wild vorkommen. Gartenwert hat nur:
Chrysópsis villósa (Pursh) Nutt. 'Rutteri' wird 20 bis 30 cm hoch und erinnert im Aufbau an Herbstastern. Die Blütenstände sind aber lockerer und die Blumen kleiner. Die Pflanzen blühen reich, auch ihr graues Laub wirkt. In Flor kommen sie von Juni bis September. Sie wollen einen ziemlich trockenen Standort, leichten Boden und volle Sonne.

Bewertung, Verwendung, Anzucht: Chrysopsis ist eine brauchbare Staude für Steingärten, Einfassungen, Pflanzungen von Wildstauden in trockenen Strichen oder trockenen Lagen. Man kann sie mehrere Jahre an ihrem Platz lassen und muß sie dann aufnehmen und frisch pflanzen. Vermehrt wird aus Samen und durch Teilung, Anzuchtdauer bei Aussaat oder Teilung im Frühjahr eine Vegetationsperiode.

Cimicífuga · Silberkerze
Ranunculaceae ♃ ◐ ◑ ♡ ✕

Im Namen stecken die lateinischen Wörter cimex (Genetiv: cimicis) = Wanze und fuga = Flucht; sie beziehen sich auf den üblen Geruch der Art *C. foetida*, die giftig ist und unangenehm riecht; das getrocknete Laub wurde gelegentlich zum Vertreiben von Wanzen verwendet. Die Gattung umfaßt gegen 20 Arten, welche in Osteuropa, Asien und Nordamerika auftreten.

Ci

Círsium rivuláre   Clárkia unguiculáta   Clématis integrifólia

Es sind hohe Stauden mit gelappten oder gefiederten, anschnlichen Blättern und kleineren Blüten, die nach frischem Honig duften und in endständigen, langen, schmalen Trauben erscheinen.

Cimicífuga acerína (Sieb. et Zucc.) Tanaka aus Japan wächst straff aufrecht und wird bis 120 cm hoch. Sie hat unsymmetrisch-herzförmige, lappig gesägte Blätter, die eine geschlossene Masse bilden. Der schlanke Blütenstand verzweigt sich erst im oberen Drittel. Die Knospen sind rosig, die offenen Blüten weiß. Flor im August. 'Compacta' wird 60 bis 80 cm hoch.

Cimicífuga cordifólia → C. racemósa

Cimicífuga dahúrica (Turcz.) Torr. et A. Gray ex Maxim. aus Mittelasien wird bis 2 m hoch, hat doppelt dreiteilige Blätter und lange, schmale, sich auch verzweigende, sehr elegant wirkende Blütentrauben, Flor im Spätsommer.

Cimicífuga japónica (Thunb.) Spreng. aus Japan hat herzförmiges, an die Blätter von Ahorn erinnerndes Laub und blüht von August bis Oktober mit langen Trauben glitzernd weißer Blütchen. Die Pflanzen werden gegen 1 m hoch.

Cimicífuga racemósa (L.) Nutt. aus Nordamerika hat doppelt gefiederte Blätter und blüht in langen, sich verzweigenden, oben etwas übergeneigten Blütentrauben, Flor oft schon ab Mitte Juli an bis September; Höhe 1 bis 1,2 m. Var. **cordifólia** (Pursh) A. Gray (syn. C. cordifolia Pursh), Nordamerika, ähnelt im Laub *Parthenocissus tricuspidata*. Die Blütentrauben stehen gerade; weiß, Knospen rosa getönt. Flor im August/September, Höhe bis 2 m.

Cimicífuga símplex (Wormsk. ex DC.) Ledeb. aus Ostasien ist im Typ nicht in Kultur, sondern nur in den Sorten 'Armleuchter' und 'White Pearl', welche 1,2 bis 1,4 m hoch werden, doppelt gefiederte Blätter haben und reichlich sich verzweigende, vielblumige Blütenähren bringen. Blütezeit von Juli an bis September, häufig als letzte.

Bewertung, Verwendung, Anzucht: Die Silberkerzen sind stattliche Stauden für halbschattige Standorte mit tiefgründigem, frischem, humusreichem Boden. Ihre Blütenstände wirken duftig und elegant, auch das Laub ist ornamental, aber man muß die Pflanzen nahe vor oder neben sich haben, um das zu sehen, denn auf 10 m Abstand geht viel von den Feinheiten verloren. Man kann sie auch in kleineren Gärten einzeln pflanzen und zu ihren Füßen Funkien setzen.
Vermehrt wird durch Teilung im Frühling sofort nach dem Austrieb und durch Aussaat. Die Teilung ist nicht sehr ergiebig, Aussaaten liefern erst im zweiten Jahre verkaufsstarke Pflanzen. Am endgültigen Standort können die Pflanzen sehr lange stehenbleiben, ohne in ihrer Triebkraft nachzulassen.

Círsium · Kratzdistel
Compositae ☉ ♃ ○ ◐ ≈ ♡

Im Namen steckt das griechische Wort kirsion; Dioskorides bezeichnete damit eine Distelart, mit welcher Schwellungen von Krampfadern (kirsos = Krampfader) behandelt wurden. Die Gattung umfaßt gegen 120 Arten, die ein- oder mehrjährige Kräuter werden, ungeteilte bis stark fiederschnittige, häufig dornig gezähnte Blätter haben und deren Blütenkörbe einzeln oder gehäuft erscheinen. Die Samen bekommen Federhaare, damit sie fliegen können.

☉ **Círsium altíssimum** (L.) Spreng. aus Nordamerika wird bis 3,5 m hoch und bildet bei guter Entwicklung ein höchst imposantes Gewächs. Es hat büschelig sitzende, rübenförmig verdickte Wurzeln, steif aufrechte, reichlich sich verästelnde Triebe, eiförmig-längliche, teils ganzrandige, teils dornig gewimperte, auch fiederschnittig gespaltene Blätter. Es blüht mit etwa 6 cm langen, purpurnen bis rosenrosa Blumenkörben. Die Pflanzen sind zweijährig und sterben nach der Blüte ab.

Círsium diacánthum → **Ptilostémon**

♃ **Círsium riuláre** (Jacq.) All. emend. Link, die Uferkratzdistel, wächst in Europa auf sonnigen Plätzen, und zwar an Graben- und Bachrändern, auf feuchten Wiesen und in Flachmooren. Die Pflanzen werden 80 bis 140 cm hoch, haben weißadrige Blätter mit zerstreut sitzenden krausen Haaren und weichdornig-borstigen Fiederspitzen. Gartenwert hat nur 'Atropurpureum'. Die Blumen werden karminscharlachfarben und sitzen hoch über dem Laube. Diese Pflanze ist eine Staude.

Bewertung, Verwendung, Anzucht: Cirsium altissimum ist ein höchst ornamentales Gewächs, der Riese unter den Disteln. Die Pflanzen passen nicht überall hin, dafür wirken sie zu exotisch. Man kann sie zum Abdecken von Mauern, Zäunen, Komposthaufen und dergleichen verwenden und einzeln in größeren Pflanzungen von Wildstauden unterbringen. Der Boden muß tiefgründig und kräftig sein. Die Uferkratzdistel ist für die Bepflanzung von Teich- und Bachufern, zum Verdecken feuchter Gräben, als Wildstaude für feuchte Wiesen oder sumpfige Partien sehr gut geeignet, auch bilden die Pflanzen, wenn sie gut stehen, einen Schutz gegen Eindringlinge. Sie können alt werden und lange ihren Dienst tun. Man vermehrt alle aus Samen und pflanzt sie so bald wie möglich an den endgültigen Standort.

Clárkia · Clarkie, Mandelröschen
Onagraceae ☉ ○ ◐ ‖ ✕ ◯.

Die Pflanzen wurden nach dem amerikanischen Kapitän W. Clark (1770–1836) benannt, der Lewis bei seiner Erforschung der Rocky Mountains begleitete. Es sind einjährige Kräuter mit ästigen oder rutenförmigen Trieben, lanzettlichen oder linealischen, ganzrandigen oder gezähnelten Blättern, und ihre Blüten erscheinen einzeln in den Blattachseln oder in endständigen Trauben. Das Genus umfaßt 7 Arten, die vor allem in Kalifornien ihre Heimat haben. Zur Gattung gehören auch Arten, die früher zum Genus *Eucharidium* zählten.

Clárkia bréweri (A. Gray) Greene (syn. Eucharidium breweri A. Gray) bildet 20 bis 60 cm hohe Büschlein, hat schmal-lanzettliche, etwas fleischige Blätter und blüht reich mit 3 cm breiten Blumen. Ihre Röhre ist weißlich, die Kronlappen werden rosa bis purpurn, die Blüten duften angenehm.

Clárkia concínna (Fisch. et Mey.) Greene (syn. Eucharidium concinnum Fisch. et Mey.) wird in der Regel 30 cm hoch, erreicht aber auch die doppelte Größe und verzweigt sich weniger, wächst meistens etwas starr aufrecht. Die Blätter sind eirund zugespitzt, sitzen an den Abzweigungen gegenständig, sonst wechselständig. Die Blumen werden etwa 25 mm breit, haben eine purpurne Röhre und rosa Kronlappen.

Clárkia pulchélla Pursh wächst wie die übrigen 30 bis 60 cm hoch, aber etwas breitbuschiger als diese. Die Blüten stehen einzeln oder zu mehreren in den Blattachseln und haben einen ganzen oder mehrfach gespaltenen Kronlappensaum. Bei der Stammform sind die Blumen rosarot, bei den Gartenformen weiß, rot, purpurn, oft auch mehrfarbig.

Clárkia unguiculáta Lindl. (syn. C. elegans Dougl. non Poir.) bildet bis 60 cm hohe, nicht stark in die Breite wachsende Kräuter mit dünnen, aufrechten Trieben und lanzettlichen, blaugrünen Blättern, welche die ganzen Triebe entlang erscheinen, oben allerdings sehr klein bleiben. Die Blüten sitzen in den Blattachseln bis hinauf zur letzten Spitze und werden röschenförmig. Es gibt gefüllte und einfachblühende Clarkien, die gefüllten wirken schöner und sehen voller aus.

Bewertung, Verwendung, Anzucht: Clarkien sind wirklich hübsche Sommerblumen, die sich leicht heranziehen lassen. Sie werden nicht so reichlich verwendet, wie sie es verdienen. In vollem Flor bestehen die Pflanzen scheinbar nur aus Blüten. Man nimmt sie für bunte Beete. *C. unguiculata* ist auch eine aparte Schnittblume, in der Vase öffnen sich selbst noch die obersten Knospen. Man schneidet aber nicht, sondern zieht die Pflanzen, entfernt die Wurzeln und die unteren Blätter und stellt dann sofort ins Wasser. Man kann ab Mitte April an Ort und Stelle säen und hat dann auf 15 bis 20 cm Abstand auszudünnen. Der Flor beginnt etwa Mitte Juni und hält bis August an, bei sehr heißer Witterung geht er früher zu Ende. Es sind Folgesaaten bis Ende Mai möglich. Man muß sie bis zum Auflaufen gut feucht halten. Der Standort soll in voller Sonne liegen. Als Boden ist jede normale Gartenerde recht. Wenn er zu nährstoffreich ist, fallen die Bestände leicht um und sehen dann wüst aus.

Clématis · Waldrebe
Ranunculaceae ♃ ○ ◐ ◑ ○ ◉ ✕ ◯ ∧

Im Namen steckt das griechische Wort klema, das Schößling, Weinrebe, auch Ranke bedeutet; es spielt auf den windenden, an Wein erinnernden Wuchs vieler Arten an. Die Gattung umfaßt gegen 230 Arten, die weit über die Erde verstreut auftreten. Neben vielen Lianen gibt es strauchige und perennierende Arten und Hybriden, die schöne Gartenstauden werden.

Clématis × bonstédtii Wehrh. ist durch Kreuzung von *C. heracleifolia* und *C. stans* entstanden. Die Sorte 'Crepuscule' wächst 60 bis 100 cm hoch und bildet aufrechte Büsche. Die Blüten stehen in vielblumigen Büscheln beisammen, sind trichterförmig mit stark zurückgerollten Zipfeln und werden himmelblau. Flor im Sommer bis zum Herbst. Die Pflanzen vertragen Schatten.

Clématis heracleifólia DC. (syn. C. tubulosa Turcz.) aus Ostchina ist ein Halbstrauch, welcher hier bis 100 cm hoch wird. Die Pflanzen haben dreizählige, breiteiförmige Blätter, die bis 15 cm lang werden und manchmal gelappt, manchmal grob gesägt oder gezähnt sind. Die Blüten erscheinen in kleinen Büscheln,

Cl

Clématis récta   Cleóme spinósa   Cobaéa scándens   Codonópsis clematídea

sind glockig, nicken und werden gegen 3 cm lang. Farbe hell- bis tiefer blau, außen behaart. Die var. **davidiána** (Decne. ex Verlot) Hemsl. wird bis 150 cm hoch und hat zweihäusige Blüten. Die Blumen werden ansehnlicher, weil sich die Blütenblätter nach ihrer Spitze zu sternförmig ausbreiten. Art und Varietät blühen im Hochsommer bis Herbstanfang.
Clématis integrifólia L. bildet aufrechte, bis 60 cm hohe Triebe, die dünn und dennoch fest sind. Ihre Heimat sind Südosteuropa und Westasien. Die Pflanzen haben ungeteilte, eiförmige Blätter; ihre Blüten erscheinen einzeln, sie sind glockenförmig und haben zurückgebogene Zipfel, Farbe dunkelblau. Flor im Sommer, nach diesem erscheinen silberbraune, wuschelige Samenstände, die recht apart aussehen.
Clématis récta L. tritt wild in Europa und Ostasien auf. Sie hat bis 1 m hohe, dünne, aber straff aufrecht wachsende Triebe, einfache oder zusammengesetzte glattrandige Blätter und blüht in gabelig verzweigten Blütenständen, die 5 Blumen oder auch die doppelte Anzahl enthalten. Die Blüten sind sternförmig, rahmweiß oder reinweiß und duften köstlich; sie erscheinen ab Ende Mai bis in den Juli hinein. Es gibt daneben die Sorten 'Grandiflora' mit größeren Blumen; 'Plena', Blüten kleiner, aber gefüllt, daher sich lange haltend; und 'Purpurea', bei welcher die Triebe in der Jugend purpurbraun überlaufen sind und die Blätter später tiefer grün werden als bei der Stammform.

Bewertung, Verwendung, Anzucht: Die aufgeführten Arten sind keine Prunkstauden, welche weithin auffallen und aller Welt Blicke auf sich ziehen, aber sie haben etwas Eigenes, Anmutiges an sich. Sie blühen nicht überreich und sind außer *C. récta* bei uns auch empfindlich. Sie gehören also beinahe zu den Sorgenkindern, dennoch habe ich noch niemanden getroffen, der von ihnen so enttäuscht war, daß er sie herausgrub und fortwarf... im Gegenteil, wenn der Bestand Schaden erlitten hatte, wurde das stark beklagt. Sie wollen tiefgründigen, frischen Boden und vertragen leichte Beschattung. Man kann sie als hochwachsende Stauden in breite Teppiche niedriger Arten setzen oder zwischen halbhohe Arten. Die 3 zuerst genannten Clematis verlangen guten Winterschutz mit trockenem Laub, *C. récta* dagegen ist völlig winterhart, doch können Spätfröste Schaden anrichten, indem sie den Austrieb vernichten. Die Blumen aller aufgeführten Arten halten sich abgeschnitten eine Reihe von Tagen. Vermehrt wird durch Teilung im Frühling oder bei den reinen Arten aus Samen. Es dauert mindestens ein Jahr, bis man verkaufsstarke Bestände bekommt. Die Teilung ist nicht sehr ergiebig.

Cleóme · Spinnenpflanze
Capparaceae ☉ ○ ◐ ◑ ✕

Die Herkunft des Namens ist dunkel. Deutsch heißen die Gewächse Spinnenpflanzen, weil ihre langen, dünnen Staubfäden, die weit aus den Blüten herausragen, an Spinnenbeine erinnern. Die Gattung umfaßt über 200 Arten, welche in Nordafrika und im tropischen Amerika auftreten und dort meistens Stauden bis Halbsträucher sind. Für uns hat nur Bedeutung
Cleóme spinósa Jacq. (syn. *C. pungens* Willd., *C. gigantea* hort. non L.), sie wird bis 150 cm hoch. Die Pflanzen bringen vom Boden aus mehrere Triebe, die allmählich die erwähnte Höhe erreichen, sich aber nur selten verzweigen. Sie sind leicht bestachelt, haben fünf- bis siebenzählige Blätter und blühen in langen, vielblumigen Trauben, welche immer weiter wachsen und so einen sehr ausgedehnten Flor bringen. Bei der Sorte 'Rosakönigin' werden die Blütenblätter zartrosa, bei 'Kirschkönig' dunkelkarminrosa, bei 'Helene' und bei 'Helen Campbell' weiß und bei der Neuzüchtung 'Giant Pink Queen' größer und kräftiger rosa. Der Flor beginnt etwa Mitte Juli und hält bis zum Frost an.

Bewertung, Verwendung, Anzucht: Cleome sind höchst wirkungsvolle Pflanzen, die durch ihren langen, üppigen Flor und die Form der Blüten und Staubgefäße sofort Aufsehen und Bewunderung erregen. Wir ziehen sie bei uns als Einjahrsblumen. Sie können in Horsten zwischen andere Sommerblumen gepflanzt werden und auch als Solitär zwischen *Delphinium grandiflorum* in Blau, das weniger hoch wird. Erwähnt sei ferner, daß die Stiele sich abgeschnitten über 10 Tage tadellos halten, daß Cleome also vorzügliche Schnittblumen sind. Sie wollen volle Sonne und einen warmen, geschützten Standort, der Boden soll nahrhaft und neutral sein. Man sät im März unter Glas aus, topft später ein und pflanzt nach Mitte Mai an den vorgesehenen Platz.

Cobaēa · Glockenrebe, Krallenwinde
Polemoniaceae ☉ ○ ◐ ● ♡

Die Pflanzen wurden nach dem spanischen Jesuitenpater Barnabas Cobo (1582–1657) benannt, der ein großer Botaniker war. Die Gattung umfaßt 9 Arten, welche alle im tropischen Amerika auftreten und kletternde Halbsträucher sind. Wir verwenden nur

Cobaēa scándens Cav., die eine seit langem weitverbreitete und allgemein geschätzte Schlingpflanze ist. Sie wird bis 4 m hoch und höher, bildet die Mittelrippe der Fiederblätter zu Ranken um, welche sich auch verzweigen. Sie wächst bei guter Ernährung rasch und spinnt bald große Flächen zu. Die Blüten sind große Glocken mit einem tiefen Schlund, sie werden heller oder tiefer violett. Es gibt auch eine Form 'Alba' mit grünlichweißen Blumen. Der Flor setzt im Laufe des Juli ein und hält bis zum Frost an.

Bewertung, Verwendung, Anzucht: Die Glockenrebe ist so bekannt, daß es nicht nötig ist, sie zu rühmen. Ihre häufige Verwendung besagt unmißverständlich, wie sehr man sie schätzt. Die Pflanzen eignen sich zum Bekleiden von Lauben, Hauswänden und Mauern, für frei stehende Grüne Wände, selbst für Balkonkästen, wenn sie auch darin nicht ihre normale Üppigkeit erreichen. In ihrer Jugend brauchen sie auch an Häuserwänden und Mauern Drähte, gespannte Fäden, Holzlatten oder ein Geflecht aus Draht oder Perlon, später vermögen sich die Pflanzen am Stein selbst festzuklammern. Frei stehende Spaliere muß man recht stabil halten, denn Glockenreben wiegen ausgewachsen viele Kilo. Vermehrt wird aus Samen oder aus Stecklingen im Hochsommer, die man frostfrei und hell überwintern muß. Die aus vegetativer Anzucht stammenden Exemplare blühen früher, werden aber nicht so stattlich wie Sämlingspflanzen. Man sät im März im Gewächshaus aus, topft ein, sobald die ersten Blätter nach den Keimlappen kommen, und steckt gleichzeitig einen Stab bei, damit sich die jungen Ranken sofort anklammern können. Man muß meistens nochmals umtopfen; wichtig ist auch, die Pflanzen von Zeit zu Zeit auseinanderzurücken, um das Ineinanderwachsen zu verhindern. Sonst entsteht ein Wirrwarr. Anfangs halte man die Cobäen warm, später

härte man sie ab. Auspflanzen kann man erst nach Mitte Mai, denn sie sind frostempfindlich. Will man eine Fläche vollständig mit ihnen begrünen, so setze man sie mit Abständen von 60 bis 100 cm. Der Standort soll warm sein und in voller Sonne liegen, doch vertragen die Cobäen auch etwas Schatten, nur wird da der Wuchs ein wenig lockerer. Damit die Pflanzen üppig wachsen können, brauchen sie viel Nahrung, und bei Trockenheit muß man wässern.

Codonópsis · Glockenkraut, Glockenwinde
Campanulaceae ♃ ◐ ◑ ○ △

Im Namen stecken die griechischen Wörter kodon = Glocke und opsis = Aussehen; sie beziehen sich auf die glockenförmigen Blumen. Die Gattung ist etwa 15 Arten stark, welche alle Stauden werden und häufig an unsere Glockenblumen erinnern. Ihre Heimat ist Mittel- und Nordostasien.

Codonópsis clematídea (Schrenk) C. B. Clarke wird bis 100 cm hoch, hat aufrecht wachsende, am Grunde verzweigte, nach oben zu oft etwas hin- und hergebogene Stengel und eiförmige, gestielte, unten an der Pflanze gegenständig, weiter oben wechselständig sitzende Blätter. Die Blüten erscheinen im Juli, sie stehen einzeln an den Enden der zahlreichen Verästelungen. Es sind breite Glocken, bläulichweiß mit blauen Adern.

Codonópsis ováta Benth. aus Kaschmir hat eiförmige, filzig behaarte Blätter, zuerst niederliegende, dann aufstrebende Triebe und bringt je Stiel einige hängende, bis 4 cm lange, blaue Glocken mit gewimperten Kelchzipfeln. Die Pflanzen blühen im Hochsommer und werden 30 bis 50 cm hoch.

Bewertung, Verwendung, Anzucht: Die aufgeführten und auch alle sonstigen Arten erreichen nicht die Wirkung und Schönheit der mit ihnen verwandten Campanula. Sie haben aber für absonnige Plätze mit trockenem, sandig-humosem Boden einen gewissen Wert, wenn man dort Pflanzen unterbringen will, die keiner Pflege bedürfen und doch einen Reiz haben. Man vermehrt aus Samen, am besten im Frühling in ein halbwarmes Frühbeet gesät, und dann pflanzt man auf Anzuchtbeete in 5 Reihen. Die Pflanzen werden bis zum Herbst fertig, man verpflanze oder verschicke aber erst im nächsten Frühling.

Cóix · Tränengras
Gramineae ☉ ○ ◐ ● ♡

Die alte griechische Bezeichnung koix, koidos wurde von Dioskorides für eine Palme verwendet; welche, ist nicht klar. Linné nannte diese Grasgattung so. Sie ist 4 Arten stark und kommt in den Tropen und Subtropen vor, wo die Pflanzen Stauden werden. Für uns hat nur eine Art Bedeutung.

Cóix lácryma-jóbi L., das Hiobstränengras, bildet bis 50 cm hohe Büsche, hat bandförmig breite Blätter, welche in dicken Horsten erscheinen, und fällt durch

Co

Cólchicum bornmuelleri Cólchicum byzantínum Cólchicum speciósum

seine Früchte auf. Es sind kreiselförmige, harte, glänzende, maiskorngroße Körner, die verschieden grau werden. In den Tropen fertigen die Einheimischen daraus Ketten und Armbänder, in Europa verarbeitet man sie zu Rosenkränzen.

Bewertung, Verwendung, Anzucht: Das Hiobstränengras eignet sich gut als Einsprengsel in große Beete oder Flächen von Einjahrsblumen, für welche man eine Unterbrechung, eine Art Gegensatz oder dergleichen braucht. Man sät im April in Schalen oder in ein Frühbeet, topft dann ein — da Gräser mit Topfballen sicherer anwachsen — und pflanzt schließlich nach Mitte Mai an den vorgesehenen Platz mit Abständen von 30 bis 40 cm. Der Standort soll warm und sonnig, der Boden darf nicht schwer sein.
Es ist günstig, verrotteten Dünger oder guten Kompost einzugraben. Bei Trockenheit muß man unbedingt wässern, sonst sehen die Bestände ärmlich aus.

Cólchicum · Zeitlose, Herbstzeitlose
Liliaceae △ ○ ◐ ◑

Die Pflanzen sind nach der griechischen Landschaft Kolchis benannt, die an den Ufern des Schwarzen Meeres lag und wo mehrere Arten auftreten; schon bei Dioskorides hießen sie so. Aus Kolchis stammte aber auch die berühmte königliche Giftmischerin und Erzzauberin Medea, eine Priesterin der Hekate, der Göttin der Zauberei und Herrscherin über viele Spukgestalten, die auch den Beinamen die Kolchische hatte. Die Pflanzen haben Knollen und blühen vielfach im Herbst. Die Gattung umfaßt etwas über 50 Arten, die in Europa, West- und Zentralasien und Nordafrika auftreten, oft in großen Beständen; manche haben aber nur ein sehr kleines Verbreitungsgebiet.
Blätter und Blüten der Pflanzen sind ein Seitensproß der Knollen und treten an deren Basis hervor. Sie liegen in einer Furche an der flachen Seite der meistens großen, von einer dunklen häutigen Hülle umgebenen Bulben. Das Verbindungsstück zur Knolle ist klein und kurz. Zwischen dem ersten und zweiten Laubblatt des Sprosses bildet sich bereits im Herbst die Tochterknolle, und oft schon im nächsten Herbst bringt diese ihre erste Blume. Die Blüten haben sehr langlebige Narben und werden im Laufe des Flors immer länger, sie wachsen also weiter. Das Laub erscheint erst im Frühling, ist aber bei Sommersanfang schon wieder abgestorben. Sowohl die Blätter als auch die Samen enthalten das sehr giftige Alkaloid Colchicin. Aus ihm wird mit Hilfe von Weingeist die Tinctura Colchici bereitet, die offizinell große Bedeutung hat, aber nur vom Arzt verordnet werden darf. Sie gilt als Mittel gegen Gicht und Rheumatismus und hilft bei Stoffwechselstörungen mit gichtischen Ursachen. Die Giftigkeit war bereits den Alten bekannt, und im Griechischen hießen die Pflanzen auch „Ephemoren", das heißt „die in einem Tage Tötenden". Tiere fressen das Laub der Herbstzeitlose nicht und verschmähen auch Heu, das welches enthält. Colchicin ist ein Hilfsmittel in der Pflanzenzüchtung geworden: Mit seiner Hilfe lassen sich Vervielfältigungen der Chromosomensätze erreichen. Viele der neuen Tetraploiden unter den Einjahrsblumen sind colchicininduziert.

Cólchicum agrippínum Bak. stammt aus Kleinasien. Die Pflanzen blühen im September. Sie haben rötlichlilafarbene Blumen, die innen an der Basis auf weißem Untergrund schachbrettartige Muster aufweisen. Die Blüten werden etwa 10 cm breit und sitzen auf einer kurzen Röhre dicht über dem Boden. Jede Knolle bringt mehrere Blüten. Das Laub ist schmal, spitzig und am Rande gewellt.

Cólchicum autumnále L. ist unsere Herbstzeitlose, welche hier auf Wiesen wild vorkommt, in ganz Europa bis einschließlich Nordafrika auftritt und bei den Landwirten als übles Unkraut gilt. Die Pflanzen blühen ab August bis manchmal in den Oktober hinein und bekommen rosalila, bis 7 cm lange Blumen mit verkehrt-lanzettlichen Abschnitten. Wichtiger als die Stammform, welche im Garten nicht recht gedeihen will, sind die Sorten 'Album' mit zahlreichen kleineren weißen Blüten; 'Alboplenum' mit ebenfalls zahlreichen gefüllten Blumen; 'Atropurpureum' mit tief magentaroten Blumen; 'Plenum' mit gefüllten Blumen in der Farbe des Typus. Das Laub erscheint im Frühjahr und wird riemenförmig, glänzendgrün, bis 30 cm lang und bis 6 cm breit, es bildet aufrechte Büsche.

Cólchicum bornmuélleri Freyn aus Syrien und Iran blüht als erstes zeitig im August mit großen, bis 20 cm langen Blumen, die anfangs rosa sind und später etwas heller werden. Die Zwiebeln werden ebenfalls sehr groß und haben einen langen Hals. Das Blatt wird gegen 30 cm lang und fast ein Drittel so breit, in der Form breit-lanzettlich, und das Laub verschwindet ziemlich früh. Es gibt auch eine bei Tubergen entstandene Kulturvarietät 'Magnificum', bei welcher die Blumen kräftiger rosa sind und nicht heller werden.

Cólchicum bulbocódium → **Bulbocódium vérnum**

Cólchicum byzantínum Ker-Gawl. aus dem Orient hat ziemlich große Knollen und bringt als gut stehende Pflanze 10 und mehr Blumen, die zu mehreren aus einem Trieb kommen. Die Röhre wird 15 bis 20 cm lang, die Blumenabschnitte sind ebenfalls größer als bei unserer Herbstzeitlose, oben abgestumpft. Die Blüten sind außen hellrosa bis hellrosarot, innen haben sie purpurne Streifen. Var. **cilícicum** Boiss. hat noch größere Blumen mit 5 cm langen, unten behaarten Zipfelabschnitten. Beide blühen im September.

Cólchicum haussknéchtii Boiss. aus Iran, wo die Art in den Bergen in Felsspalten wächst, hat 5 bis 7 cm breite, längliche Knollen und blüht im Oktober mit rosaroten Blumen, die zu 2 bis 6 aus einem Trieb erscheinen. Die Abschnitte sind elliptisch bis verkehrt-lanzettlich und stehen weit nach den Seiten ab. Sehr gut für das Alpinum geeignet.

Cólchicum sibthórpii Bak. (syn. C. latifolium Sibth. et Sm.) aus Griechenland und Bulgarien, wo es auf steinigen Hängen zwischen Gebüsch wächst, blüht im September mit großen Blumen, welche eine bis 20 cm lange Röhre haben und breit-elliptische, zugespitzte Abschnitte, Farbe purpurlila mit schwachem Würfelmuster. Die Blätter werden breit oder länglich-eirund, 15 bis 25 cm lang und 6 bis 9 cm breit. Es kommen bis zu 7 Blüten aus einem Trieb.

Cólchicum speciósum Stev. aus dem Kaukasus, auch im Orient auftretend, blüht im Herbst. Die Art hat ziemlich große Knollen mit einem langen Hals, ihre Blumen werden bis 25 cm lang, und die Knollen können mehrere Blüten bringen. Diese sind kräftig lilarosa, alle Blumenblätter am Fuße gelb gefleckt. Das Laub im Frühjahr wird bis 30 cm lang und 10 cm breit, es ist auffällig heller grün als bei den sonstigen Arten. Von dieser Art gibt es zwei schöne Sorten: 'Albiflor' – Blüten reinweiß, und 'Atrorubens' – Blumen dunkler rosapurpurn, innen am Fuße nicht gelb, sondern weiß. Ferner entstanden durch Kreuzungen von C. sibthorpii und C. speciosum eine Reihe von Sorten, welche alle höchst wertvoll sind. Es seien aufgeführt: 'Autumn Queen' – dunkelviolett mit purpurnen Flecken, 'Lilac Wonder' – fast veilchenblau mit purpurnem Schein, spät blühend, 'The Giant' – tatsächlich ein Riese mit rosalila Blumen, deren Blütenboden weiß wird, 'Violet Queen' – tief lilarosa Blüten, deren Farbe von großer Leuchtkraft ist, und 'Waterlily' – große, gefüllte, zart rosalila getönte Blumen von schöner Form, selten vor Mitte Oktober blühend.

Cólchicum variegátum L., in Griechenland und auch auf Kreta auf Wiesen wachsende Art, hat bis 3 cm breite, langhalsige Knollen. Die Blüten besitzen schmale, fast 5 cm lange Abschnitte. Sie sind blaßlila, die Röhre ist weiß, aber tief purpurn schachbrettartig gezeichnet. Jede Knolle bringt mehrere Blüten. Das Laub wird etwa 25 cm hoch und ist breit-lanzettlich. Diese Art blüht im September.

Bewertung, Verwendung, Anzucht: Die aufgeführten Arten, Varietäten und Sorten sind höchst wirkungsvolle Spätsommer- und Herbstschönheiten, wenn auch etwas eigenartige. Denn sowohl ihre Farben als auch ihre Blütezeit sind unter Knollengewächsen nicht gerade häufig, dazu kommt noch, daß sie ohne Laub blühen. Das hat ihnen die volkstümlichen Namen „Nackte Jungfer", „Dame nue" (in Frankreich) und ähnliche eingebracht. Es ist nicht leicht, diese fremdartig wirkenden Pflanzen richtig unterzubringen: Im Herbst sollen sie dominieren, im Frühling und Sommer ist ihr Laub keine Zierde, und wenn es beginnt abzusterben, kann es sogar stören. Damit muß man sich aber abfinden. Gut stehen sie zwischen locker gepflanzten niedrigen Stauden oder kurzen Gräsern. Beide dürfen keine geschlossene Decke bilden, sonst wachsen die Colchicum nicht zufriedenstellend. Man muß also notfalls die Überpflanzen reduzieren oder ausdünnen. Die Erde soll kräftig, nährstoffreich, tiefgründig und frisch sein; schwerer Boden ist günstig, aber nicht unbedingt nötig. In leichten und normalen Gartenboden arbeite man tief gut verrotteten kalten Mist (also Kuh- oder Schweinemist) ein. Der Standort kann in voller Sonne liegen, leichter Streuschatten wird vertragen. Man bringe die Pflanzen an Stellen unter, wo man sie gut vor Augen hat, denn zur Blütezeit bleibt einem gar nichts anderes übrig, als sie täglich zu bewundern. Unser heimisches *Colchicum autumnale* wächst im Garten schlechter als in der Wildnis, ist auch gegenüber den andern unscheinbar. Man legt die Knollen zeitig im August, je nach ihrer Größe etwa 10 bis 20 cm tief. Winterschutz ist niemals nötig. Während des Frühlings kann man leicht mit schwacher Verdünnungslösung gießen, sonst aber lasse man die Bestände ungestört. Wenn sie einigermaßen zusagende Verhältnisse haben – den nötigen frischen Boden und ausreichende Ernährung –, werden die Horste immer größer und können viele Jahre an ihrem Platz bleiben. Muß man die Knollen aber umlegen, so soll das im Juli/August geschehen. Man grabe sie aus, sortiere sie nach zwei oder drei Größen und pflanze so bald als möglich wieder. Bis 20 Tage können sie gelagert werden, jedoch nur in einem kühlen, trockenen, luftigen Raume. Vermehrt wird durch Aufzucht von Brutknollen, die reichlich gebildet werden, natürlich muß man die Mutterbestände öfter aufnehmen, wenn man laufend und in größeren Mengen vermehren will. Die jungen Bulben legt man in 5 bis 8 cm tiefe Rillen und überzieht die Beete anschließend etwa 8 bis 15 cm hoch mit einem Gemisch von verrottetem Mist und Torfstreu. Die Bedeckung muß immer feucht gehalten werden. Zum Ernten zieht

Co

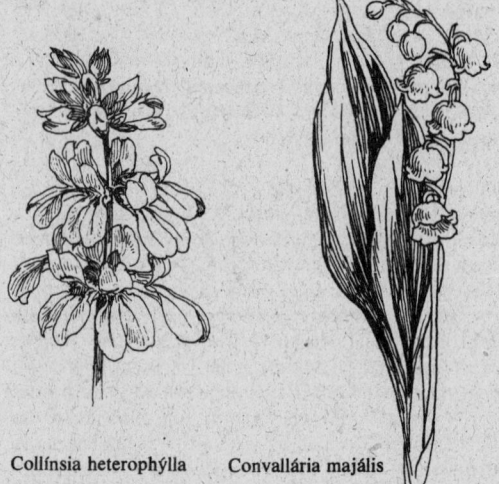

Collínsia heterophýlla   Convallária majális   Convólvulus trícolor

man diese Auflage herunter und braucht dann nicht sehr tief nach den Knollen zu graben. Die Jungzwiebeln sind meistens bis zum Ende des zweiten Standjahres verkaufs- und blühstark. Der Zuwachs der großblumigen Sorten ist meistens geringer als derjenige, den man an den Arten bemerken kann; auch bringen sie weniger Brut.

Collínsia · Kollinsie
Scrophulariaceae ☉ ◐ ◐ ◑ ǁ ⬡

Die Pflanzen wurden nach dem Naturforscher Zachäus Collins genannt, der im vorigen Jahrhundert in Nordamerika, vor allem in Philadelphia eine rege Wirksamkeit entfaltete. Das Genus ist gegen 15 Arten stark, welche in Nordamerika, die meisten in Kalifornien auftreten. Es sind locker verzweigte, manchmal niederliegend wachsende, zum Teil flaumig behaarte Kräuter. Sie haben etwa 2,5 cm große Blüten mit einer Unter- und Oberlippe. Die Blumen stehen in Kränzen, welche in kurzen Abständen einander folgen. Man findet sie vor allem in der oberen Hälfte der Triebe. Alle Collinsien sind Einjahrsblumen.

Collínsia grandiflóra Dougl. ex Lindl. wird nur 25 bis höchstens 40 cm hoch. Sie hat weiße oder purpurne Blüten; bei 'Carminea' werden diese größer und leuchtend karminrot.

Collínsia heterophýlla Buist ex Grah. (syn. C. bicolor Benth. non Raf.) ist eine kahl bleibende, 30 bis 50 cm hohe Art mit lanzettlichen Blättern und blüht im Juni/Juli, dann ist ihre Schönheit dahin. Bei der Stammform wird die gaumig vorgewölbte Unterlippe violett, die etwas zurückgesetzte Oberlippe weiß. 'Candidissima' blüht reinweiß und wächst gedrungen; 'Carnea' bekommt fleischfarbige Blüten; bei 'Multicolor' sind sie mehrfarbig.

Collínsia vérna Nutt. wird 5 bis 20 cm hoch, hat aber längere Triebe, welche am Boden hinwachsen. Die Blumen bekommen eine große himmelblaue Unterlippe, und ihre Oberlippe ist weiß, rosa oder lilarot. Diese Art blüht ziemlich früh.

Bewertung, Verwendung, Anzucht: Collinsien sind keine Prachtpflanzen, dennoch haben sie Bedeutung. Sie gedeihen nämlich an halbschattigen Plätzen am besten, für die es nur wenige Sommerblumen gibt. An solchen Stellen, die in vielen Gärten und auch in öffentlichen Anlagen zu finden sind und nicht selten Sorgen machen, sollte man Collinsien häufiger verwenden, als es geschieht. Sie eignen sich als Einfassung ebenso wie zur Besetzung großer, geschlossener Flächen. Man säe in der ersten Aprilhälfte an Ort und Stelle, bei Reihensaat mit 15 cm Abstand, auf welche Entfernung auch auszudünnen ist. Folgesaaten sind bis Anfang Juni möglich, desgleichen Aussaat im Herbst. Die Bestände blühen dann oft bereits im April, zu einer Zeit also, wenn Blumen höchst willkommen sind. Überwinternde Aussaaten muß man mit Reisig abdecken. Der Boden soll durchlässig, aber nicht trocken oder zu nährstoffreich sein.

Collómia · Kollomie
Polemoniaceae ☉ ○ ◐ ◑ ✕

Im Namen der Pflanzen steckt das griechische Wort kolla = Leim. Es bezieht sich darauf, daß die Samenhüllen leimartige Schleimfäden treiben, wenn sie mit Wasser in Berührung kommen. Die Gattung steht dem Genus *Gilia* nahe, sie umfaßt 9 Arten einjähriger Kräuter, welche in Amerika auftreten. Sie haben schmale Blätter, und ihre Blüten stehen in dichten Köpfen beisammen.

Collómia cavanillésii Hook. et Arn., 25 bis 40 cm hoch, hat dünne, aufrechte, reichlich sich verzweigende Triebe und kleine scharlachrote, aber in vielblumigen Köpfen dicht beisammenstehende Blüten, die end- und auch achselständig erscheinen.

Bewertung, Verwendung, Anzucht: Die aufgeführte Art hat durch ihre roten, in großer Menge erscheinenden Blüten Bedeutung, vor allem, wenn man bereits im September sät, so daß die Bestände im Mai in Flor kommen. In dieser Zeit sind leuchtend rote Sommerblumen noch sehr selten. Man kann aber auch im Frühling säen, dann blühen die Pflanzen ab Ende Juni, jedoch nicht länger als 6 bis 8 Wochen, bei Herbstaussaat etwas länger. Man kann an Ort und Stelle oder in ein halbwarmes Frühbeet säen und muß dann versetzen, Pflanzweite gegen 20 cm. Der Boden soll nicht schwer sein, der Standort in voller Sonne liegen. Man kann sie zu späten Stiefmütterchen und spätem Lack oder in bunte Beete setzen. Auch zum Schnitt eignen sich Kollomien gut. Man sät sie einfach etwas dichter und rauft sie blühend aus.

Convallária · Maiglöckchen
Liliaceae △ ↗ ○ ◐ ◖ ✕

Der Name ist aus dem lateinischen Namen Lilium convallium = Lilie der Täler abgeleitet, wie die Pflanze in der Vulgata hieß (lat. vallis = Tal). Die Gattung umfaßt nur eine Art und steht in unsrer Flora isoliert da. Die nach der Systematik am nächsten verwandten Genera *Speirantha*, *Theropogon* und *Reineckea* sind in China, im Himalaja und in Japan beheimatet.

Convallária majális L. ist eine langlebige, zähe Staude mit verzweigter, ausläufertreibender, ziemlich dünner Grundachse und hat neben bald verwesenden Niederblättern jährlich 1 bis 3 elliptisch-lanzettliche, langgestielte, frischgrüne Laubblätter. Der Blütenstengel ist ohne Laubblätter und trägt eine einseitswendige Traube mit 5 bis 13 nickenden, wohlriechenden, weißen Glöckchen, die tassen-, glocken- oder schalenförmig sein können ... je nach Typ. In Kultur ist nur die Sorte 'Grandiflora'; die übrigen, wie 'Rosea' mit schwach rosa überlaufenen Blüten, 'Variegata' mit weißbuntem Laub und auch 'Plena' mit gefüllten Blüten, sind Liebhaberpflanzen. Sie wachsen nur mäßig. Die Pflanze blüht im Mai/Juni.

Bewertung, Verwendung, Anzucht: Die Maiglöckchen wachsen, wie man selbst immer wieder beobachten kann, gesellig. Sie kommen in lichten Laub- und Nadelwäldern, am Rande von Gebüschen und darunter und an Flußrändern vor. Maiglöckchen sind in ganz Europa verbreitet, die arktischen und ganz südlichen Gebiete ausgenommen, ferner etwa in den gleichen Breitengraden in ganz Asien und auch in Nordamerika. Sie wachsen auf Kalkböden genauso willig wie auf Urgesteinsböden. Der Standort kann im Schatten liegen, aber stundenweise wird auch volle Sonne vertragen. Je besser die Erde und die Wasserversorgung, um so dichter ist der Bestand, um so mehr Glocken stehen am Stiel. Im Garten und Park gehören sie also an mindestens für den halben Tag absonnige Partien, auch unter Bäume, wenn deren Krone nicht zu groß und dicht wird. Sie bilden dann einen dichten Teppich, dessen Blätter etwa im August anfangen zu vergilben und meistens im Laufe des Oktober völlig absterben. Die Farbe ist fast leuchtend. Die Pflanzen bringen zuerst dünne, spitze Keime, die nicht blühen; im zweiten oder dritten Jahre sind sie so weit erstarkt, daß sie in Flor kommen. Die abgeblühten Keime wachsen nicht weiter, aber sie setzen seitwärts einige Augen an, welche neue Ausläufer bilden. Auf diese Weise pflanzt sich das Maiglöckchen vegetativ fort, und die Bestände können sehr alt werden und sich ringsum ausbreiten. Damit die Stiele viele Blumen bringen und die Pflanzen überhaupt üppig werden, überzieh man im Spätherbst die bestandenen Flächen mit einer schwachen Schicht von recht nährstoffreichem, aber unkrautfreiem Kompost. Man kann auch gut verrotteten Mist oder gejauchte Torfstreu nehmen, welche sich im Laufe des nächsten Frühjahrs und Sommers meistens zersetzen.

Will man Maiglöckchen ansiedeln, so nimmt man dazu nur einjährige, sogenannte Pflanzkeime. Sie kommen in Bündeln zu 25 in den Handel, und ihre Wurzeln sind etwa auf 10 cm gekürzt. Man gräbt eine gegen 13 bis 15 cm tiefe Rille mit leicht geneigter Hinterseite und legt die Keime in Abständen von 5 bis 7 cm. Dann wird die Rille wieder gefüllt, die Keimspitzen sollen 3 bis 4 cm mit Erde bedeckt sein, und man tritt vorsichtig an. Will man eine größere Fläche besetzen, sind mehrere Reihen nötig, Abstände etwa 25 cm. Die Zwischenräume werden in Bälde zugewachsen sein. Über Winter decke man mit strohigem Mist ab, später ist Schutz nicht mehr nötig. Im 2. Jahre kommen die ersten Blumen. Man kann sie pflücken, muß jedoch beachten, daß die Stiele und vor allem die Laubblätter giftig sind. Der Giftgehalt ist der einzige Schutz, den das Maiglöckchen gegen weidende Tiere hat. Früher wurden Maiglöckchen wegen ihres Gehaltes an den Glykosiden Convallarin und Convallamarin offizinell genutzt, heute jedoch kaum noch. Beliebt ist nach wie vor der Duft, den auch ein Maiglöckchenparfüm aufweist, das jedoch synthetisch hergestellt wird.

Convólvulus · Winde, Trichterwinde
Convolvulaceae ⊙ ○ ◖ ◐

Im Namen steckt das lateinische Wort convolvere = sich winden; es nimmt auf den windenden Wuchs vieler Arten Bezug. Die Gattung umfaßt 250 Arten, welche fast überall in der gemäßigten, teilweise auch in der subtropischen Zone wild auftreten. Einige sind schlimme Unkräuter, so unsere Ackerwinde. Gartenwert hat nur eine Art.

Convólvulus trícolor L. stammt aus Südeuropa, tritt aber auch in Nordafrika auf. Die Pflanzen werden etwa 20 cm hoch, kriechen ungefähr 1 m weit am Boden hin und haben lanzettliche, kurz behaarte Blätter. Aus ihren Achseln erscheinen auf langen, über das Laub hinausragenden Stielen die weit-trichterförmigen Blumen: tiefviolettblau mit einem weißen Zentrum,

Co

Coreópsis basális   Coreópsis grandiflóra

das nach der Mitte zu gelblich wird. Besser als die Stammform ist 'Unicaulis', die nicht wandert, sondern runde Büsche bildet; sie bringt purpurblaue Blüten mit nur sehr kleinem hellem Innern. Bei 'Grandiflorus' werden die Blumen noch größer, und das Farbenspiel ist reicher, die Pflanzen bringen weiße, rosa und verschieden blaue Blüten. Neue Farbensorten sind die 'Enzett-Till-Sorten' 'Weiß', 'Blau', 'Purpurfarben' mit weißem Grund im Trichter. Erwähnt sei, daß die Blumen sich über Nacht schließen und bei trübem Himmel und Regenwetter sich manchmal nur wenig oder überhaupt nicht öffnen. Der Flor beginnt im Juni/Juli und kann bis zum Herbst währen.

Bewertung, Verwendung, Anzucht: Diese Winden sind brauchbare Einjahrsblumen für bunte Beete und zum Begrünen leerer Flächen. Sie wünschen vollsonnigen Standort und gedeihen in jedem normalen Gartenboden, der aber leicht alkalisch sein muß. Die Erde darf weder zu arm noch zu reich an Nährstoffen sein, sonst bleiben die Bestände ärmlich und wirken nicht oder gehen stark ins Laub und blühen zu wenig. Man säe im April/Mai an den vorgesehenen Platz und dünne später auf 20 cm Abstand aus. Verpflanzen lassen sich die Winden nur ganz jung.

Corbulária · Reifrocknarzisse
Amaryllidaceae △ ○ ◐ △ ∧

Der Gattungsname weist auf die Form der Blüte hin: corbula ist das lateinische Wort für Körbchen, und die Endsilbe aria gibt hier die Ähnlichkeit an; Corbularia kann man also mit „die Körbchenartige" übersetzen. Der deutsche Name bezieht sich ebenfalls auf die Form der Blüte: Ihre Nebenkrone ist wie ein Reifrock gebauscht. Von den Narzissen in der Gattung *Narcissus* unterscheidet sich die Reifrocknarzisse durch den anderen Bau der Blüte, bei *Corbularia* ist diese zweiseitig, bei *Narcissus* allseitig symmetrisch. Zur Gattung gehört nur eine Art, welche Linné Narcissus bulbocodium (wie eine Gattung aus der Familie Liliaceae) nannte. Der englische Gärtner und Botaniker A. H. Haworth (1768–1833), der die Unterschiede zu *Narcissus* erkannte, begründete schließlich die Gattung *Corbularia;* 1831 erschien seine „Narcissearum Monographia".

Corbulária bulbocódium (L.) Haw. (syn. Narcissus bulbocodium L.) ist auf der Iberischen Halbinsel, in Südfrankreich und im nordwestlichen Afrika verbreitet. Die Pflanze wird 10 bis 13 cm hoch, sie treibt aus haselnußgroßen Zwiebeln schmales, binsenartiges Laub. Die Blumen stehen allein, sie sind mit ihrer Öffnung mehr oder weniger nach oben gerichtet und 3 bis 5 cm lang. Die Nebenkrone dominiert, die Hauptkrone ist auf 6 kleine, abgespreizt stehende Zipfel reduziert. Die Art blüht goldgelb, 'Citrina', eine Kulturvarietät, die schon 1603 erwähnt wird, zitronengelb, 'Nivalis' orangegelb.

Bewertung, Verwendung, Anzucht: Die Reifrocknarzissen eignen sich für Steingärten, dort bieten sie im April während des Flors neben anderen Frühlingsblühern und austreibenden Stauden einen reizenden Anblick, sie brauchen aber einen sorgfältig hergerichteten Winterschutz aus Fichten- oder Tannennadeln und guten Wasserabzug während des ganzen Jahres. Der Standort soll sonnig und warm sein, der Boden humusreich. Man legt die Zwiebeln Anfang Herbst in Kolonien etwa 5 bis 7 cm tief. Vermehrt wird durch Nebenzwiebeln und aus Samen, der durch künstliche Bestäubung und Topfkultur unter Glas gewonnen wird.

Coreópsis · Mädchenauge, Schöngesicht
Compositae ☉ 4 ○ ◐ ◑ ✕ ○

Im Namen stecken die griechischen Wörter koris = Wanze und opsis = Aussehen; sie beziehen sich darauf, daß die Früchte entfernt an Wanzen erinnern. Die Gattung umfaßt gegen 100 Arten, welche in Amerika, im tropischen Afrika und auf den Sandwich-Inseln auftreten. Sie werden einjährige oder ausdauernde Kräuter und haben ganze, gelappte oder fiedrig geschlitzte Blätter. Manche Arten verzweigen sich reichlich, andere bringen einzeln auf hohen Stielen sitzende Blumen, welche ansehnlich werden und oft in großer Zahl erscheinen. Die annuellen und die perennierenden Arten werden getrennt aufgeführt.

Einjährige Coreopsis

Coreópsis atkinsoniána Dougl. ex Lindl. aus Nordamerika, wo die Pflanzen ausdauern, wird 60 bis 120 cm hoch. Sie bringt erst nach Mitte August zahllose reingelbe Blumen; der späte Flor macht die Art wertvoll.

Coreópsis basális (Dietr.) Blake (syn. C. drummondii (D. Don) Torr. et A. Gray) hat grobe, nicht häufig, aber stark gefiederte Blätter und bringt einzeln auf Stielen, die bis 40 cm hoch werden, gelbbraune Strahlenblüten mit dunkler Mitte. Sehr schön ist die Züchtung 'Goldkrone', doch wird sie noch übertroffen von der tetraploiden Neuheit 'Mistigri'. Sie hat besonders große warmhellgelbe Blüten mit einem dunklen Ring. Alle blühen vom Juli bis zum Herbst.

Coreópsis cardaminifólia (DC.) Torr. et A. Gray hat schmales Laub und vielstrahlig-sternförmige, gelbe Blumen mit einem braunroten Tupf an der Basis jedes Blütenblattes. Die Pflanzen werden 30 bis 60 cm hoch und bilden längliche Büsche.

Coreópsis stillmánii (A. Gray) Blake (syn. Leptosyne stillmanii A. Gray) bildet aufrechte, an der Basis kräftig belaubte Kräuter mit gelben Blüten. Kulturwürdig ist vor allem die gefülltblühende Sorte 'Goldrosette' mit leuchtend goldgelben Blumen. Die Pflanzen werden 40 bis 50 cm hoch, und ihr Flor hält lange an: vom Juni bis zum September. Für Beete und zum Schnitt gleich gut geeignet.

Coreópsis tinctória Nutt. (syn. Calliopsis bicolor Rchb.) hat feines Laub, dünne, vielfach sich verzweigende Stengel und blüht in zahlreichen goldigelben Blumenkörbchen mit braunroter Mitte. Die Art wird etwa 100 cm hoch. Außer dieser gibt es niedrige Sorten, die 20 bis 35 cm hoch werden, und in vollem Flor durch die Menge der Blüten regelrechte Farbflecken bilden. Die schönste dieses Typus ist die tetraploide Neuheit 'Goldteppich' mit etwa 5 cm breiten, gelbroten Blüten, sehr lange im Flor. Ferner gibt es Sorten, bei welchen die Randblüten sehr schmal und zusammengerollt sind, so daß die Blumen sternartig aussehen wie bei 'Tigerstern' – braunrote Grundfarbe, gelb getigert. Die Pflanzen blühen von etwa Mitte Juli oder noch etwas früher bis zum Herbst. Die hohen Formen blühen länger.

Bewertung, Verwendung, Anzucht dieser Arten: Die aufgeführten Arten sind allesamt höchst brauchbare Sommerblumen, die auch häufig verwendet werden. Die hohen Arten und Sorten eignen sich für bunte Blumenbeete, in welche man sie in Horsten einstreut, man kann sie auch als hintere Abgrenzung verwenden. Ferner lassen sich die Blumen schneiden, sie halten sich lange. Man kann die einjährigen Coreopsis sogar blühend versetzen, muß nur vorher gut wässern, damit die Pflanzen Ballen halten. Die niedrigen Typen eignen sich ebenfalls für bunte Beete: entweder als Einfassung oder für die vorderen Partien. Auch sie lassen sich blühend in Töpfe oder breite Schalen verpflanzen. Man säe im Laufe des April an Ort und Stelle und dünne später auf 15 bis 25 cm Abstand aus. Man kann aber auch ins Frühbeet säen – etwa Ende März bis Mitte April – und muß dann eben auspflanzen. Kultur in Töpfen ist nicht ratsam, die Pflanzen bleiben darin zu klein.

Ausdauernde Arten

Coreópsis grandiflóra Hogg ist die im Garten häufigste Art. Die Pflanzen haben lappig-fiederteilige, große Blätter, und auf straffen Stielen erscheinen im Sommer einzeln stehende, große, goldgelbe Blumen in großer Zahl. Besser als der Typus sind Sorten wie 'Goldkind', 'Goldtaler', 'Neugold', 'Tetra-Riesen', alle blühen goldgelb, 'Bicolor' dagegen goldgelb mit brauner Mitte.

Erwähnt sei, daß unter den Beständen einzelne Exemplare nicht blühen, sondern nur viel Laub bilden (so wie das bei manchen Erdbeersorten vorkommt). Solche Exemplare reiße man aus, sie „bessern" sich nicht wieder und sind für jede Vermehrung ungeeignet. Höhe etwa 80 cm.

Coreópsis lanceoláta L. ähnelt der vorigen Art sehr, doch die Stengel haben an ihrer Basis Blätter. Sie sind schmal und laufen in einen langen Stiel aus. Die Blumen erscheinen ebenfalls einzeln auf dünnen, festen Stielen, sind goldgelb, aber nur bis 6 cm breit. Die Pflanzen werden 50 bis 60 cm hoch und blühen von Juni bis etwa Ende August. Sie können sich auch „totblühen" und werden nur selten mehrere Jahre alt. Es gibt davon die niedrig bleibenden Sorten 'Goldfink' – 25 cm hoch mit goldgelben Blüten und 'Rotkehlchen' – gelb mit roter Mitte, gegen 20 cm hoch wachsend.

Coreópsis rósea Nutt. aus dem Osten der Vereinigten Staaten hat einen kriechenden Wurzelstock, feines, schmales Laub und blüht im Juli/August. Die Blumen stehen einzeln auf 30 bis 40 cm hohen Stielen und werden rosa. Durchmesser etwa 2 cm, Blütezeit Juni/Juli, sehr reicher Flor. Es gibt davon auch eine Sorte 'Nana', bei welcher die Pflanzen nur 20 cm hoch werden.

Coreópsis trípteris L. aus Virginien ist eine Großstaude, denn die Pflanzen werden gegen 2 m hoch. Sie haben handförmig-dreiteilige Blätter, die Triebe verzweigen sich reichlich und bringen im Herbst zahlreiche Blumen. Diese sind etwa 4 cm breit, Blütenfarbe hellgelb mit dunkler Mitte.

Coreópsis verticilláta L. wird 40 bis 60 cm hoch und hat nadelartig schmales, hellgrünes Laub. Die Triebe bringen zahlreiche Ausläufer. Die Blumen sind sternförmig-feinstrahlig, lebhaft gelb, Blütezeit Ende Juni bis in den August hinein. Bei 'Grandiflora' werden die Blüten breiter, und die Pflanzen wachsen kräftiger, sie sehen immer „ordentlich" aus.

Bewertung, Verwendung, Anzucht: Die Stauden-Coreopsis sind allgemein bekannt, und man kann sie in vielen Gärten sehen. Sie blühen reich, aber außer C. verticillata werden sie nicht sehr alt. Diese Art kann dagegen viele Jahre ausdauern. Alle wachsen in jedem normalen Gartenboden völlig zufriedenstellend, Winternässe vertragen sie schlecht. Der Standort soll in voller Sonne liegen, C. rosea und C. verticillata vertragen leichten Streuschatten. Vermehrt wird aus Samen, durch Teilung und grundständige Stecklinge. Man schneidet dabei im Frühling die Nebenaugen an ihrer Basis ab, sobald diese etwa fingerlange Blätter haben, steckt in kleine Töpfe und stellt diese in einem gut schließenden, gepackten Kasten zum Bewurzeln auf. Bewurzelungsmittel haben gute Wirkung. Später härtet man ab und pflanzt die bewurzelten Stecklinge schließlich auf Anzuchtbeete. C. rosea und C. verticillata werden durch Teilung im Frühjahr vermehrt,

Co

Córnus suécica Coronílla vária

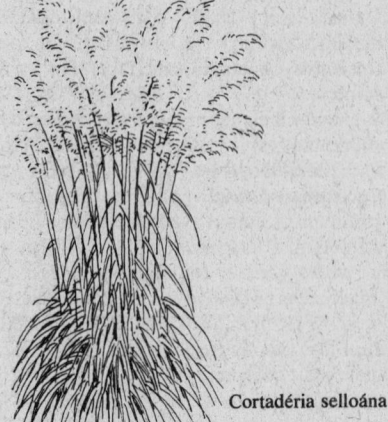

Cortadéria selloána

bis zum nächsten Herbst sind sie fertig. *C. lanceolata* und *C. tripteris* werden ausgesät, am besten im späten Frühling, man pflanze in 5 oder 6 Reihen auf Anzuchtbeete oder gleich an den vorgesehenen Platz. Der Versand sollte nur im Frühjahr erfolgen.

Córnus · Hartriegel
Cornaceae ♃ ○ ◐ ◑ △ ♡

Im Lateinischen bedeutet cornu = Horn; der Name bezieht sich darauf, daß das Holz hart wie Horn ist. Die Gattung umfaßt gegen 50 Arten, von welchen die meisten Bäume oder Sträucher und nur 2 Stauden sind. Der bekannteste Hartriegel ist *Cornus mas* L., die Kornelkirsche, die häufig in den Strauchgruppen öffentlicher Anlagen zu sehen ist. Sie blüht im März/April mit kleinen gelben Blumen, welche in Dolden beisammenstehen. Bis auf wenige Ausnahmen tritt die Gattung in außertropischen Gebieten der nördlichen Halbkugel auf. Als Zentrum der Verbreitung gilt China; Nordamerika und Europa sind viel artenärmer. Einige Arten gibt es in Mexiko, und die schon sehr früh versprengte Art *C. volkensi* Harnus wächst am Kilimandscharo.

Córnus canadénsis L., der eine der beiden Stauden-Hartriegel, stammt aus Kanada und bildet 10 bis 15 cm hohe Teppiche. Der Stengel ist einfach und trägt nur wenige, oben quirlständige, elliptisch-eiförmige Blätter. Die Blüten sind weiß, klein und stehen in Trugdolden beisammen, welche von verhältnismäßig großen, weißen Hüllblättern umgeben sind. Die Art blüht im Mai/Juni; ihre roten Steinfrüchte reifen erst im nächsten Frühling.

Córnus suécica L., die in Schweden wild vorkommt, wird ebenfalls 10 bis 15 cm hoch, hat einen vierkantigen Stengel und gegenständig stehende, sitzende, ovale, mehr oder weniger zugespitzte Blätter. Die Pflanzen blühen endständig in etwa 20 mm breiten Trugdolden. Die Hüllblätter sind weißlich, die Blütenblätter werden dunkelbraunrot bis purpurschwarz. Die Art blüht im Juni/Juli, und ihre roten Früchte erscheinen im Spätherbst.

Bewertung, Verwendung, Anzucht: Beide Arten treten in kleinen oder größeren Beständen auf. Sie kommen in lichten Gebüschen, Hainen und Wäldern vor, in Zwergstrauchheiden, auf moorigen und anmoorigen Wiesen und ähnlichem Unland. Für ähnliche Plätze in Garten und Park eignen sich beide Arten vorzüglich. Sie bilden eine grüne Decke. Der Boden soll frisch und leicht sauer sein, notfalls muß man Moor- und Lauberde oder Torf einarbeiten. Sagt ihnen der Standort zu und haben die Pflanzen sich eingewöhnt, brauchen sie keinerlei Pflege und können viele Jahre an ihrem Platz bleiben. Von Zeit zu Zeit überziehe man die Flächen mit gutverrottetem Mist. Vermehrt wird durch Teilung im zeitigen Frühjahr, indem man einen Trieb samt seinen Ausläufern in 8-cm-Töpfe setzt. Man muß die Anzuchten halbschattig aufstellen. Die Bestände werden bis zum Herbst verkaufsstark und können auch schon in dieser Jahreszeit gepflanzt werden.

Coronílla · Kronwicke
Leguminosae ♃ ○ ◐ ◑ △ ❙ ♡

Im Namen steckt das lateinische Wort corona = Kranz; es bezieht sich auf die kranzdoldigen Blütenstände vieler Arten. Geprägt wurde der Name von L'Obel. Die Gattung umfaßt gegen 25 Arten. Es sind meistens kahle, einjährige oder ausdauernde Kräuter, auch Halbsträucher und Sträucher. Sie haben in der Regel unpaarig gefiederte, häufig blaugrüne Blätter. Die Blüten werden mittelgroß und stehen in arm- bis reichblütigen, meistens ziemlich langgestielten Dolden beisammen. Mehrere Arten enthalten hauptsächlich in ihrem Samen das schwach giftige Glykosid Coronillin und auch „Pseudo-Kumarin"; *C. vária* liefert Bestandteile für harntreibende Medikamente und auch für Herzmittel. Das Hauptverbreitungsgebiet der Gattung ist Südeuropa mit Ausläufern bis zu den Kanaren, Nordafrika und Kleinasien bis zum Kaukasus; einzelne Arten kommen auch verstreut in Nordeuropa vor.

Coronílla coronáta L. hat nur wenigverzweigte, rund

Stengel, Laubblätter mit meistens 5 Blattpaaren und wird bis 50 cm hoch. Die Blüten werden goldgelb, stehen in etwa 20blumigen Dolden beisammen und erscheinen von Mai bis Juli.

Coronílla vaginális Lam. ist ein kleiner, bis 20 cm hoch werdender, vieltriebiger Halbstrauch mit bläulichgrünen Blättern und weißlichgrünen Stengeln. Die Blüten erscheinen von Mai bis Juli, sind lebhaft gelb und stehen in Dolden beisammen, die 4 bis 8 oder auch 10 Blumen enthalten.

Coronílla vária L. ist fast im ganzen Verbreitungsgebiet anzutreffen. Die Pflanzen werden etwa 1 m hoch, doch liegen die Stengel häufig halb am Boden. Die Blüten erscheinen von Mai bis Juli, sind lebhaft gelb grüner Farbe, die Blättchen sind eirund bis linealisch und laufen in eine kurze Stachelspitze aus. Die Blüten stehen in 5- bis 20blumigen Dolden beisammen und werden rosa, manchmal auch weiß, allgemein mit dunkler getönter Fahne. Bemerkenswert ist die lange Blütezeit. Sie dauern vom Mai bis in den September hinein.

Bewertung, Verwendung, Anzucht: Alle Kronwicken wünschen kalkhaltige Böden und sind dort, wo solche anstehen, wertvoll. Die niedrigen bis mittelhohen Arten eignen sich für größere und mittlere Steingärten, *C. vaginális* auch für Trockenmauern und selbst als Einfassung. Der Boden soll durchlässig, eher trocken als feucht sein und – wie bereits erwähnt – kalkhaltig. Die Pflanzen können viele Jahre an ihrem Platz bleiben und alt werden. *C. varia* ist eine ausgesprochene, beinahe stattliche, jedenfalls sehr zähe und bedürfnislose Wildstaude, die man einzeln oder in Horsten verwendet, wo man keine empfindlicheren Gewächse haben will. Sie ist dort am Platze, wo sie verwildern und keinen Schaden anrichten kann. Diese Art verträgt auch Beschattung und mehr Feuchtigkeit als die vorher aufgeführten. Alle vermehrt man am besten aus Samen, Aussaat im Frühling, und kultiviert sie in Töpfen. Die Bestände sind bis zum Herbst verkaufsstark. In Töpfen stehende Pflanzen lassen sich leichter ausgraben und versenden, da sie keine langen, weit in den Boden dringenden Wurzeln bilden, die das Ausgraben sehr erschweren.

Cortadéria · Pampasgras
Gramineae ⚃ ○ ◐ ◑ ✕ ∧

Der Name ist die latinisierte Form der Bezeichnung, die in Argentinien für dieses prächtige Gras geprägt wurde. Es sind stattliche, ausdauernde, am Grunde zuweilen verholzende Pflanzen mit sehr langen, schmalen Blättern, die am Stengelgrunde gedrängt stehen. Sie bringen große, silberweiß oder rötlich gefärbte Blütenrispen. Die Pflanzen sind zweihäusig. Zur Gattung gehört nur eine Art.

Cortadéria selloána (Schult. et Schult. f.) Aschers. et Graebn. (syn. Gynerium argenteum Nees) wird hier 2 bis 3 m hoch und bildet starke Horste. Die Blätter sind etwa 1 m lang, schmal, haben am Rande feine, scharfe Zähnchen und biegen sich nach ihrem Ende zu elegant abwärts. Die Stengel sind nur unten beblättert und bringen 40 bis 75 cm lange, stark verästelte, seidig glänzende, weiße, zuweilen rötlich angehauchte Blütenrispen. Bei den männlichen Pflanzen werden die Rispen breit pyramidal, bei den weiblichen schmaler, länglich und sind auch länger. Wirkungsvoll sind nur die weiblichen Pflanzen, weil deren Rispen sich lange halten, auch ihren Silberglanz nicht verlieren, selbst wenn der Stengel schon abgestorben ist. Die männlichen Rispen verlieren nach dem Verstäuben des Pollens viel von ihrer Schönheit. Die Pflanzen blühen im Herbst, und ihre „Wedel" halten sich bis über den Winter, leiden freilich durch unser Wetter.

Bewertung, Verwendung, Anzucht: Das Pampasgras ist eine Prachtart unter den Gräsern. Es gibt nicht viele Pflanzen, die ihm an Größe und Schönheit gleichen. Freilich ist es schwierig zu verwenden, denn es weicht so sehr von allen unseren Gräsern ab, daß man es kaum zu ihnen setzen kann. Auch andere Stauden oder Einjahrspflanzen passen nicht daneben. Man sieht es deshalb häufig in öffentlichen Anlagen und großen Gärten für sich in Gruppen mitten im Rasen stehen. Man kann es aber auch in Teppiche von kürzer bleibenden Staudengräsern – etwa von verschiedenen *Festuca* – setzen. Das Pampasgras ist anspruchsvoll. Es wünscht gut durchlässige, verhältnismäßig trockene, aber nahrhafte Böden und sonnige Standorte. Während des Hauptwachstums ist häufig zu wässern und etwa alle 2 Wochen auch flüssig zu düngen. Im Winter jedoch wäre Nässe höchst gefährlich. In dieser Jahreszeit ist guter Winterschutz nötig, er wird gegeben, indem man die Pflanzen hoch mit trockenem Laub anschüttet. Man darf aber die Blätter nicht kürzen, sondern muß sie mit überwintern lassen. Erst im Frühjahr, wenn der neue Trieb sich regt, darf man die inzwischen abgestorbenen Laubmassen des Vorjahres wegschneiden, ohne jedoch die jungen Triebspitzen zu beschädigen. Es ist eine Arbeit, die Sorgfalt verlangt und Zeit verschlingt. Man kann die Pflanzen auch in große Kübel setzen und diese in einem Keller oder hellen Schuppen überwintern, der sich fast frostfrei halten läßt. Vermehrt wird durch junge Triebe, welche man an ihrer Basis abschneidet und in kleine Töpfe setzt. Diese gehören auf einen warmen Fuß. Später pflanzt man in größere Gefäße, zu überwintern ist im Kalthaus oder in einem ähnlichen Raume. Auch Anzucht aus Samen ist möglich. Man sät im Frühling in Handkästen, pikiert in Töpfe und pflanzt um, sobald dies nötig wird. Pampasgras wirkt erst, wenn es ein großes Exemplar geworden ist. Dazu brauchen die Pflanzen wenigstens 3 Jahre.

Cortúsa · Glöckel
Primulaceae ⚃ ◐ ◑ ◐ △

Die Gattung wurde zu Ehren von J. A. Cortusi benannt, der im 16. Jahrhundert lebte und Professor für

Co

Cortúsa matthíoli

Corýdalis lútea

Cósmos bipinnátus

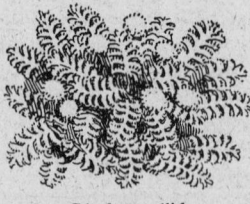
Cótula squálida

Botanik und Direktor des berühmten Botanischen Gartens von Padua war. Die Gattung umfaßt 2 Arten, von welchen aber nur eine kultiviert wird.

Cortúsa matthíoli L. ist weit verbreitet, denn man kann sie in beinahe sämtlichen Hochgebirgen Eurasiens finden, wo sie aber häufig nur in engbegrenzten Gebieten auftritt und manchmal vom nächsten Vorkommen weit entfernt wächst. Die Pflanzen sind ausdauernde Kräuter mit einem kriechenden Wurzelstock. Die grünen Teile der Pflanzen sind zottig behaart. Die Stöcke bringen große, langgestielte, etwa kreisrunde Blätter mit einer herzförmigen Einbuchtung am Stielansatz und einen 30 bis 40 cm hohen Blütenschaft, welcher weit über das Laub hinausragt. Die Blumen werden gegen 1,5 cm groß, tief purpurkarmesin, stehen in doldigen Blütenköpfen beisammen und hängen nach unten. Flor im Mai/Juni.

Bewertung, Verwendung, Anzucht: Die Pflanzen wachsen in der freien Natur in feuchten Gebüschen der montanen und submontanen Zone, in den nördlichen Alpen in Höhen von 1000 bis 1900 m. Häufig findet man sie in Grünerlengebüschen, an überrieselten, moosigen Felspartien und in feuchten Schluchten. Sie lieben kalkhaltigen Boden. Im Garten brauchen sie kalkhaltige, humusreiche, lockere Erde und einen absonnigen Standort. Die Glöckel eignen sich also für Schattenplätze – dort decken sie den Boden gut ab – ferner für Alpina, die feuchte Partien enthalten. Es zieren sowohl ihre Blüten als auch ihr Laub. Sie sind interessant und ansehnlich, gehören aber nicht zu den „schönen" Stauden, sondern zu den Arten für Liebhaber. Sie werden erst nach einigen Jahren ansehnlich, man muß ihnen also Zeit lassen. Vermehrt wird durch Teilung, wozu sich aber nur ältere Exemplare eignen, und aus Samen. Man sät sofort nach der Ernte und kultiviert bis zum Auspflanzen an den vorgesehenen Platz am besten in Töpfchen. Von der Aussaat ab dauert die Anzucht ein volles Jahr.

Corýdalis · Lerchensporn
Papaveraceae ♃ ○ ◐ ● ◓ △ ♡ ○

Der Name Corydalis kommt aus dem Griechischen und bedeutet Schopf- oder Haubenlerche; er bezieht sich auf den Sporn vieler Arten, der an den Federbusch der Haubenlerchen erinnert. Die Gattung umfaßt gegen 80 Arten, von welchen die meisten in Nordost- und Zentralasien, ferner eine Reihe im Mittelmeerraum und einige auch in Mitteleuropa vorkommen. Es sind ausdauernde Kräuter ohne Milchsaft, der bei Papavergewächsen häufig ist. Viele haben Knollen, alle mehrfach geteilte Laubblätter, und die Blüten erscheinen endständig oder mit den Laubblättern wechselständig in wenig- bis vielblumigen Trauben. Die für uns geeigneten Arten wachsen in der Natur an beschatteten Plätzen.

Corýdalis cáva (L.) Schweigg. et Koerte wird 15 bis 30 cm hoch, hat kugelige bis walnußgroße Knollen, blaugrünes Laub und blüht in endständigen, vielblumigen Trauben mit stumpfroten, selten weißlichen Blumen. Florzeit ist der Frühling. Die Art tritt besonders häufig in fetten, frischen Böden auf, oft findet man sie in Buchenwäldern, aber auch in Obstgärten als Unkraut. Da ihre Knollen tief stecken, lassen sich die Pflanzen, wo sie unkrautartig auftreten, schwer ausmerzen.

Corýdalis cheilanthifólia Hemsl. aus China hat etwa handgroße, farnartig gefiederte, braungrüne Blätter und blüht im Mai mit aufrechten Trauben voller gelber Blumen. Die Pflanzen werden bis 30 cm hoch.

Corýdalis lútea (L.) DC. bildet dichte, 20 bis 30 cm hohe Pflanzen mit mehrfach gefiederten, dünnen, lichtgrünen Blättern und blüht vom Mai bis manchmal in den Herbst hinein mit reingelben Blumen in kurzen Trauben. Die Art wächst in der Natur an allen möglichen Stellen, gern an Felsen, auch in Mauerfugen und gedeiht dort gut.

Corýdalis ochroleúca W. D. J. Koch wächst in Oberitalien und den Abruzzen, weiterhin jenseits des Adriatischen Meeres in Jugoslawien bis hinüber nach Transsilvanien auf feuchten, felsigen Abhängen und ähnlichen Plätzen. Die Pflanzen werden bis 30 cm hoch und bringen gelblichweiße Blumen. Florzeit von Mai bis Juli.

Corýdalis scoúleri Hook. aus Nordamerika hat verhältnismäßig große, farnartige Blätter und blüht rosa im Juni/Juli. Die Blätter sind sehr dekorativ und halten sich bis zum Herbst.

Bewertung, Verwendung, Anzucht: Die aufgeführten Arten sind bis auf *C. lutea* hübsche Pflanzen für Gebüsche und Bäume als Unterwuchs, also für halbschattige bis schattige Standorte. Sie lieben kräftigen, humusreichen und nicht zu trockenen Boden, ziehen aber trotzdem im Sommer ein, mit Ausnahme von *C. lutea* und *C. scouleri.* Sie sind bis auf diese also Frühlingsblumen. Ihr Wert liegt in den schön geschnittenen Blättern und in ihrer hübschen Erscheinung, ferner bereichern sie das Sortiment der Schattenstauden. *C. lutea* dagegen ist eine Wildstaude für frische Lagen und breitet sich dort von selbst aus, ohne je lästig zu werden. *C. scouleri* wünscht Halbschatten. Vermehrt wird aus Samen, den man gleich nach dem Reifen aussäen muß, später pikiert man in kleine Töpfe und kultiviert in diesen, da Pflanzen mit Topfballen leicht anwachsen und sich auch besser verschicken lassen als ohne Ballen. Bei Sommersaat sind die Bestände im Spätherbst oder im kommenden Frühjahr fertig.

Cósmos · Kosmee, Schmuckkörbchen
Compositae ☉ ○ ◐ ◑ ✕

Der Name stammt aus dem Griechischen und bedeutet „Schmuck, schöne Anordnung"; er bezieht sich auf die Blütenform. Die Gattung umfaßt gegen 20 Arten, von welchen aber einzelne angezweifelt werden. Sie sind Stauden oder Einjahrspflanzen und kommen in Süd-, Mittel- und Nordamerika zwischen Bolivien und Arizona vor.

Cósmos bipinnátus Cav. ist die wichtigste Art, sie wird aber nicht mehr in ihrer Stammform verwendet, sondern nur in Züchtungen, deren Zahl ziemlich groß ist. Wirklichen Wert haben nur die neuesten Sorten. Sie blühen reicher und bekommen größere Blumen. Der Flor beginnt bereits Ende Juli bis Mitte August und hält bis zum Herbst vor. Die ersten Züchtungen hatten den Fehler, daß sie nur ausnahmsweise vor Ende August anfingen zu blühen. Gute Sorten sind: 'Sensation Blender' – leuchtendtiefkarmin; 'Glanz' – rosa mit breitem karminrotem Ring um die gelben Röhrenblüten; 'Sensation Purity' (Unschuld) – reinweiß; 'Ruhm' – lilarosa mit purpurner Mitte. Die Pflanzen werden gegen 100 cm hoch.

Cósmos sulphúreus Cav. aus Mexiko ist eine Art mit ganz anderer Tracht. Die Pflanzen haben etwas sparrigen Wuchs und bringen gelbe bis orangefarbene Blumen, die etwa 5 cm breit werden. Die Art ist nicht in Kultur und hat auch wenig Wert, wichtiger sind dagegen die Sorten. Sie stammen aus Kreuzungen der Art mit *C. bipinnatus.* Es seien aufgeführt: 'Fiesta', orangescharlach mit goldgelben Streifchen, 'Klondyke', 'Orange Flame' und 'Orange Ruffles', welche alle orangefarbene Blumen bekommen, und 'Yellow Ruffles' mit gelben Blüten. Sie werden 40 bis 60 cm hoch und wachsen mehr in die Breite als die Züchtungen von *C. bipinnatus.* Ihr Flor beginnt im Juli und hält bis in den September an.

Bewertung, Verwendung, Anzucht: Auch die Kosmeen kann man in vielen Gärten sehen, und zu ihrem Lobe braucht nichts mehr gesagt zu werden. Sie blühen reich in aparten Farben, die überdies zu dem hellgrünen, duftigen Laub einen angenehmen Kontrast bilden. Sie sind verhältnismäßig anspruchslos, und ihre Kultur ist einfach. Man nimmt sie für bunte Blumenbeete, streut sie in entsprechenden Tönen in großflächige Pflanzungen von Salvien ein, kann damit sogar eine Art Hecke schaffen. Die Blumen lassen sich schneiden und halten im Wasser eine Reihe von Tagen... man muß nur schneiden, wenn die Röhrenblüten der gelben Scheibe noch geschlossen sind. Man kann an Ort und Stelle säen, aber erst nach Mitte Mai, denn Kosmeen sind frostempfindlich. So hat man zwar wenig Arbeit, doch erreichen die Bestände niemals ihre volle Höhe. Besser und günstiger ist, im April in ein halbwarmes Frühbeet auszusäen und später zu pflanzen. Der Abstand soll etwa 40 cm betragen.

Cótula · Fiederpolster, Laugenblume
Compositae ♃ ○ ◐ △ ♡

Die Herkunft des Namens ist dunkel. Man hat ihn zuerst bei Simon Januensis gefunden, der ihn in einer 1290 abgefaßten Schrift verwendet, aber Anthemis-Arten damit bezeichnet. Es sind meistens rasig wachsende Kräuter, teils einjährig, teils perennierend. Die Gattung umfaßt etwa 50 Arten, welche größtenteils in Südafrika, ferner in Australien und Südamerika wild wachsen. Die an den Küsten der Nordsee häufige *C. coronipifolia* L. ist wahrscheinlich bereits vor mehreren hundert Jahren aus Südafrika eingeschleppt worden. Die Blumen sind unscheinbar. Der deutsche Name Laugenblume ist vermutlich von *Chamomilla,* der Echten Kamille, übernommen, die seit eh und je zur Bereitung von Waschlauge für Haut und Haar Verwendung fand. *Cotula* ist hierfür nicht geeignet.

Cótula squálida Hook. f. aus Neuseeland bildet dichte Polster und hat fiederteilige, braungrüne Blätter. Die Pflanzen werden gegen 5 cm hoch und breiten sich durch ihre vielen Ausläufer immer weiter aus.

Bewertung, Verwendung, Anzucht: Das Fiederpolster ist eine recht brauchbare Staude zur Bodenbedeckung. Freilich kann sie auch lästig werden, wenn sie sich dorthin ausbreitet, wo man sie nicht haben möchte, also sich in einer Staudenrabatte einnistet. Der Boden sollte nicht nährstoffreich sein, aber auch nicht zu trocken, denn in ihrer Heimat wächst die Art an feuchten Plätzen. Sie läßt sich als Rasenersatz verwenden. Man kann in ihre Teppiche auch Blumenzwiebeln mit starker Wuchskraft einfügen, muß für diese jedoch immer wieder Luft zum Durchbrechen schaffen! Gut wirken sie auch als Unterwuchs für stark treibende *Hosta.* Vermehrt wird durch Teilung, die man fast das ganze Jahr über vornehmen kann. Bereits nach wenigen Monaten hat man verkaufsstarke Bestände.

Cr

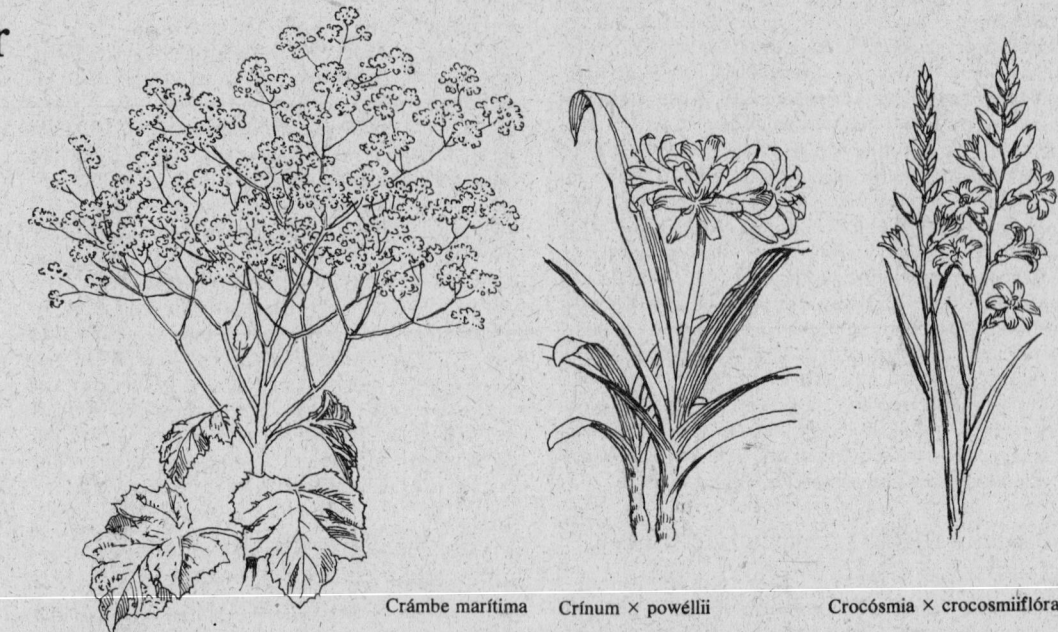

Crámbe marítima   Crínum × powéllii   Crocósmia × crocosmiiflóra

Crámbe · Meerkohl
Cruciferae ⚲ ○ ◐ ◑ ♡

Der Name stammt aus dem Griechischen, und man bezeichnete mit krambe einfach Kohlarten überhaupt. Die Gattung ist gegen 20 Arten stark, die einjährig oder ausdauernde Kräuter und auch Halbsträucher werden. Die meisten sind im östlichen Mittelmeergebiet beheimatet, weitere Arten gibt es in Zentralasien, Nordafrika, Ostafrika, und eine tritt in Patagonien auf. Gartenwert hat nur:

Crámbe marítima L. Sie wächst an den Küsten des Atlantischen Ozeans und auch der Ostsee, wo sie unter Naturschutz steht. Man findet sie vor allem am offenen Sandstrand, der gelegentlich von Meerwasser überflutet wird. Die Art gehört also zu den Salzpflanzen. Sie wird 30 bis 100 cm hoch, ist eine Staude mit dicken, sich mehrfach teilenden Wurzeln, großen, 30 cm langen und längeren, eiförmigen, fiedrig gelappten, kahlen blaugrünen Blättern. Die Stöcke haben oft mehrere Köpfe und treiben zudem noch Ausläufer, die häufig ebenfalls Pflanzen bilden. Der Blütenstand ist groß, er verzweigt sich vielfach, wächst etwas sparrig und enthält zahlreiche Doldentrauben mit vielen weißen Blümchen. Die Pflanzen blühen im Juni/August. Im Garten werden die Exemplare meistens viel stattlicher als in der freien Natur: Höhe bis 150 cm, Durchmesser der Stöcke 100 cm und darüber.

Bewertung, Verwendung, Anzucht: Crambe maritima ist eine Großstaude von eigenartigem Aussehen und etwas grober Erscheinung. Sie paßt nicht gut zu Kulturstauden wie Phlox, Rittersporn oder *Helenium*, dagegen sind *Hieracium*, verschiedene Gräser, *Achillea clypeolata*, verschiedene *Sedum* sowie *Salvia × superba* gute Nachbarn. Sie müssen in ihrer Wirkung hinter Crambe zurückbleiben, die dominieren soll. Man pflanzt in der Regel nur ein oder wenige Exemplare. Der Standort soll in voller Sonne liegen. Obwohl Crambe zu den Halophyten gehört, wächst sie in jedem normalen Gartenboden. Die Pflanzen erreichen erst im dritten Jahr ihre volle Größe und Wirkung. Im achten Standjahre lassen sie nach und gehen immer mehr zurück, man muß dann neu setzen, zuvor aber den Boden auswechseln. Ältere Stöcke lassen sich nicht verpflanzen. Vermehrt wird durch Ausläufer und aus Samen. Die Bestände sind innerhalb einer Vegetationsperiode fertig, wenn man zeitig im Frühling aussät und sobald als möglich auf Anzuchtbeete setzt. Genügend starke Ausläufer kann man sofort an den vorgesehenen Platz pflanzen.

Crínum · Hakenlilie
Amaryllidaceae △ ○ ◐ ◑ ∧

Im Namen steckt das griechische Wort krinon = Lilie; es nimmt auf die lilienförmigen Blüten mancher Arten Bezug. Die Gattung umfaßt gegen 100 Arten, welche in mehreren Erdteilen in tropischen oder subropischen Strichen auftreten, und dies vorwiegend in der Nähe der Küsten. Eine ganze Reihe sind schöne Pflanzen für Warmhäuser oder temperierte Häuser, fürs Freiland eignen sich nur wenige.

Crínum bulbispérmum (Burm.) Milne-Redh. e Schweickerdt aus Südafrika hat flaschenförmige Zwiebeln mit einem im Laufe der Jahre immer länge werdenden runden Hals und bandartig schmale, graurüne, mit Rinnen versehene Blätter, welche 60 bis 90 cm lang werden und anfangs aufrecht stehen, später häufig hängen. Die Blumen sind langtrichterförmig und weisen auf eine gekrümmte, 7 bis 10 cm lange Röhre auf. Sie duften angenehm, werden weiß und haben einen purpurnen Schimmer auf den Zipfeln der drei äußeren Blumenblätter. Die Blüten stehen zu 8 bis 15 cm und mehr auf etwa 40 cm hohen Schäften, der Flor fällt in den Sommer.

Crínum × **powéllii** hort. ist eine Hybride, deren Eltern *C. bulbispermum* und *C. moorei* aus Natal waren. Die Zwiebeln haben einen kurzen Hals und schwertförmige, etwas abgespreizt stehende Blätter, welche bis 1 m lang werden. Die Blumen erscheinen auf 50 bis 60 cm langen Schäften. Es sind in der Regel 5 bis 8. Sie werden reichlich 10 cm lang, trichterförmig, die Röhre ist grünlichweiß, die länglichen Abschnitte sind rötlich überlaufen. Es gibt auch Typen mit reinweißen, reinrosa- oder überwiegend rosafarbenen und hellpurpurnen Blüten.

Bewertung, Verwendung, Anzucht: Crinum sind ansehnliche Pflanzen für Freunde fremder, etwas exotisch aussehender Gewächse. Sie sind bei uns nicht winterhart, und man muß sie hoch mit trockenem Laub anschütten. Der Standort soll in voller Sonne liegen, der Boden nahrhaft, aber gut drainiert oder von Natur aus durchlässig sein. Man pflanze im Frühling, und zwar so tief, daß nur der Zwiebelhals aus der Erde ragt. Man kann die Pflanzen auch – wie *Agapanthus* – in Kübeln halten und muß diese in einem hellen, frostfrei bleibenden, luftigen Raum überwintern. Vermehrt wird durch Aufzucht von Brutzwiebeln, welche in der Regel bald blühen.

Crocósmia · Montbretie
Iridaceae △ ○ ◐ ◑ ○ ✕ ∧

Im Namen stecken die griechischen Wörter krokos = Safran und osme = Duft; sie beziehen sich auf den krokusähnlichen Duft der Pflanzen, die zur gleichen Familie wie Safran = Krokus gehören. Die Gattung steht dem Genus Tritonia sehr nahe und tritt wie dieses in Südafrika auf. Sie umfaßt nur wenige Arten. Wichtiger als die Spezies ist der folgende Bastard.

Crocósmia × **crocosmiiflóra** (Lemoine) N. E. Br. (syn. Montbretia crocosmiiflora Lemoine). Sie ist eine im Jahre 1880 bei Lemoine, einem äußerst erfolgreichen und begabten Gärtner und Züchter (1823 bis 1911, Sitz in Nancy) entstandene Hybride mit *C. aurea* und *C. pottsii* als Eltern. Die Pflanzen haben etwa haselnußgroße Zwiebelknollen mit braunen Häuten und treiben 40 bis 80 cm hohe Stengel, welche mit schwertförmigen, sitzenden Blättern bis kurz unter die Blütenähren besetzt sind. Die Stengel bringen schließlich mehrere Ähren mit etwa 5 cm langen und ebenso breiten sternförmig-trichterartigen Blumen von orangeroter Farbe. Die Blüten erscheinen ab Juli bis zum Frost laufend und ziemlich reich. Durch weitere Kreuzungen entstanden zahlreiche Namenssorten mit größeren Blumen, die teils mehr ins Scharlach, ins Goldgelbe und Rotbraune spielende Farben aufweisen. Erwähnt seien: 'His Majesty' – orangegelb und karminrot; 'Lady Oxford' – korallenrot, gelbe Mitte; 'Lady Wilson' – rein orange; 'Rheingold' – tief goldiggelb, stark wachsend; 'Vesuvius' – tief blutrot.

Crocósmia masonórum N. E. Br. ist eine neue aus Südafrika eingeführte Art. In ihrer Tracht gleicht sie der vorher behandelten, hat aber größere, leuchtend orangefarbene Blüten. Sie stehen dicht in zwei Reihen die Ährenachse entlang. Blütezeit ist im Juli/August, Höhe der Pflanzen gegen 80 cm. Man muß über Winter gut abdecken.

Bewertung, Verwendung, Anzucht: Die Montbretien sind mit ihrem langen, reichen Flor und ihren lebhaften Farben, mit ihrer graziösen Tracht recht brauchbare Zwiebelgewächse für den Sommer- und Spätsommerflor. Sie eignen sich für bunte Beete, für ausgesparte Flecken in Staudenteppichen und auch in großen Beständen als Beetpflanzen. Die Pflanzen sind mit jedem normalen Gartenboden zufrieden, doch brauchen sie einen Standort in voller Sonne. Sie verlangen bei uns Winterschutz durch eine etwa 20 cm hohe Schicht aus trockenem Material (Laub, Nadelspreu), das man mit einem Stück Folie abdecken sollte, damit es nicht fortgeweht wird und trocken bleibt. Ein nasser Standort im Winter wäre sehr gefährlich. Es ist vorteilhafter, die Bestände in der Erde zu lassen und zu decken, als sie wie Gladiolen herauszunehmen und trocken zu überwintern. Die Zwiebeln bestocken sich dabei besser, kommen früher in Trieb und werden üppiger. Das alte Laub darf erst im Frühling abgeschnitten werden. Man kann Montbretien auch schneiden, es blühen sämtliche Knospen noch auf. Man stecke im Laufe des April, Tiefe je nach der Knollengröße 5 bis 8 cm, Abstand ähnlich. Gut ist, die Zwiebeln in kleinen Töpfen vorzukultivieren. Man legt sie im März und stellt die Töpfe in ein kaltes Frühbeet, das vor Nachtfrösten geschützt werden soll. Vermehrt wird durch Aufzucht von Brutzwiebeln oder Tochterknollen. Sie bilden sich an den Ausläufern, welche von den Mutterzwiebeln hervorgebracht werden. Die Jungknollen blühen meist schon im zweiten Jahre.

Crócus · Safran, Krokus
Iridaceae △ ○ ◐ ◑ ○ ∧ ○

Krokus hießen diese auch uns wohlbekannten Zwiebelgewächse bereits bei den Griechen, welche sie freilich nicht wegen ihres frühen Flors und ihrer lebhaften Farben schätzten, sondern des Safrans wegen. Diese Droge wird aus den schwach gefärbten und über Feuer getrockneten Narben von *C. sativus* gewonnen und stellte vor allem im Altertum anschließend bis ins Mittelalter ein hochgeschätztes Medikament, ein be-

Cr

Crócus byzantínus

Crócus speciósus

Crócus flávus

Crócus neapolitánus

liebtes Gewürz und einen begehrten Farbstoff dar. Safran wird bereits im Papyrus Ebers erwähnt, ferner von Homer, Hippokrates, Theophrastus und später von Columella und Galen. Einst gab es in mehreren Ländern große Kulturen zum Zwecke der Safrangewinnung, von dem es auch in einem unsrer Kinderlieder heißt „Safran macht den Kuchen gel (gelb)". Heute ist der Anbau nur noch klein, da er viele Arbeitskräfte benötigt, die zu knapp geworden sind. Die Gattung Crocus umfaßt gegen 80 Arten, welche vor allem im Mittelmeerraum auftreten. Neben den reinen Spezies haben Zuchtformen, Hybriden und Sorten eine große Bedeutung und werden überall gern verwendet. Manche sind schon alt, und viele waren bereits im Mittelalter beliebte Frühlingsblumen. Wie bei den Herbstzeitlosen, die aber zu einer anderen Familie gehören, gibt es eine Reihe herbstblühender Arten und andererseits eine große Schar Frühlingsblüher.

Herbstblühende Krokus

Crócus byzantínus Ker-Gawl. (C. iridiflorus Heuff.) aus Transsilvanien blüht von September bis November mit ziemlich langröhrigen Blüten, deren 3 äußere Zipfel hellpurpurn werden, die 3 des inneren Kreises halb so lang und weißlich bis zartlila.

Crócus kotschyánus K. Koch (syn. C. zonatus J. Gay ex Klatt, unter welchem Namen die Art häufig noch aufgeführt wird) tritt im Kaukasus und in dessen Umkreis auf. Er hat zartlila bis hellrosaviolette, geäderte Blüten. Jeder Perigonzipfel besitzt in der Nähe des Schlundes zwei ineinander verlaufende kräftig orangegelbe Flecken. Man sieht sie aber nur bei voll geöffneten Blüten deutlich.

Crócus laevigátus Bory et. Chaub. stammt aus Griechenland, wo er auf Triften vorkommt. Die Pflanzen blühen spät, an günstigen Plätzen bis zum Dezember. Sie haben tief lavendelblaue Blüten, deren äußere Blumenblätter auf der Außenseite bräunliche Federmuster aufweisen. Wegen des späten Flors wird die Art gern in Töpfen gehalten, die zur Blütezeit ans Fenster gestellt werden.

Crócus pulchéllus Herb., ebenfalls vom Balkan, blüht im September bis November. Die Blumen haben eine lange, dünne Röhre mit einem orange Schlund. Die Abschnitte, die wir als die eigentliche Blüte bezeichnen, werden ziemlich breit, teils weißlich, manchmal auch blauviolett und weisen genau 5 tiefviolette, sich verzweigende Adern auf.

Crócus satívus L., der Safran der Alten, ist im ganzen Mittelmeergebiet und bis nach Indien verbreitet, ohne Zweifel aber nur durch den mannigfachen Anbau. Die Stammform ist unbekannt. Die Pflanzen haben einen gebärteten, dunkelvioletten Schlund, die Abschnitte werden etwas heller und weisen dunkle Adern auf. Es gibt davon eine lange Reihe Formen, über deren Rang aber die Meinungen auseinandergehen. Die Art blüht den ganzen Herbst bis Mitte November.

Crócus speciósus M. B. hat ein weites Verbreitungsgebiet, denn die Art wächst auf dem Balkan, in Kleinasien, im Süden der UdSSR und auch im Iran. Es gibt eine Menge Abarten und Varietäten, manche werden angezweifelt, und überdies eigene Züchtungen. Allgemein haben sie ziemlich lange Abschnitte, von welchen die inneren etwas breiter als die äußeren werden. Die Stammform wird violett und bringt wie auch die Abarten und Sorten die größten Blumen unter den Crocus-Arten, Florzeit September/November. Die Sorte 'Aitchisonii' wird höher, hat noch größere Blumen, aber von lichtlila Farbe und blüht im Oktober/November; 'Albus' hat weiße Blüten mit gelbem Schlund, und die Blumenblätter sind spitzer. Die Züchtungen 'Artabir' — große, delikat hellviolette Blumen, 'Cassiope' — ziemlich tiefviolette Blüten mit gelbem Blumengrund, 'Oxanian' — sehr breite, ebenfalls tiefviolette Blumen auf genauso getönten Stielen, 'Pollux' — zartviolette Blumen, außen silbriggrau, sind schöne Steigerungen und Abwandlungen des Typs.

Frühlingsblüher

Crócus ancyrénsis (Herb.) Maw aus der Gegend von Ankara hat birnenförmige Knollen, schmale Blätter und kleine, aber leuchtend orangegelbe Blüten und eine rote Narbe. Die Art blüht willig und kommt als erster gelber Krokus in Flor.

Crócus angustifólius West. (syn. C. susianus Ker-Gawl.) stammt aus dem Süden der UdSSR und blüht leuchtend gelb. Die Art heißt daher in England Cloth of Gold = Goldkleid. Die Blüten sind außen braun gestreift, erscheinen oft schon im Februar und bilden in vollem Flor eine Art Stern. Farblich noch reizvoller ist 'Minor'. Sie war lange sozusagen verschwunden, wird jedoch jetzt kultiviert. Die Pflanzen bleiben etwas zierlicher als die Stammform und blühen ein wenig später.

C. aureus → C. flavus

Crócus balánsae J. Gay aus Kleinasien hat rundliche Blütenblätter, die innen etwas rauchig orangefarben werden, außen mahagonirotbraun glänzen, geadert oder gestreift und auch gefedert sind. Die Art blüht im März. Es gibt davon auch die Sorte 'Zwanenburg', bei welcher die Blumen etwas kleiner sind, aber die Farbe ist leuchtend orange, ferner blüht sie besonders freudig.

Crócus biflórus Mill. aus Südosteuropa, aber auch in Italien wild auftretend, hat meistens zwei Blumen je Knolle und blüht im Februar/März. Die Blüten werden bei der Stammart weiß bis lila angehaucht und haben einen leicht behaarten gelben Schlund. Die drei Blumenblätter des äußeren Kronblattkreises sind an der Außenseite cremeweiß und haben einige violette Adern. Auch von diesem Krokus gibt es eine Reihe Varietäten und Sorten. Es seien aufgeführt: var. **alexándri** – reinweiß, außen kräftig purpurn überlaufen; 'Weldenii Fairy' – fast silbrig weiß, außen zart lila überhaucht; 'White Lady' – reichblühend reinweiß. Alle C. biflorus werden nicht so groß wie viele andere Arten, wirken aber durch ihre Zierlichkeit.

Crócus chrysánthus Herb., auf dem Balkan und in Kleinasien wild zu finden, blüht in der Stammform gelb, die Rückseite der drei äußeren Blumenblätter ist mit einer dunkleren Zone überlaufen. Es gibt eine lange Reihe von Varietäten und Sorten – gegen 20 –, bei welchen die Hauptfarbe kräftiger gelb oder heller wird und die zusätzliche Tönung der Außenseite abgeändert ist. Ferner wurden Züchtungen mit violetten Blüten erzielt. Sie alle blühen im Februar/März. In vollem Flor spreizen sich die Zipfel der äußeren Blumenblätter zur Seite. An Sorten seien nur einige der besten erwähnt: 'Blue Bonnet' – zartblau mit gelbem Hals, außen stellenweise dunkler violett; 'Creme Beauty' – cremegelb, kurzstielig und mit wirkungsvoll abgerundeten Blumenabschnitten; 'E. G. Bowles' – Züchtung eines der besten Kenner der Gattung und nach ihm benannt, mit sehr breiten Blumen, rein buttergelb, außen bräunlichgrau überlaufen und gemustert; 'Nanette' – cremegelb, außen violett, sehr großblumig; 'Suzie' – kräftig gelb, außen violett gefedert, sehr großblumig; 'Zwanenburg Bronce' – goldgelb, außen dunkelbronze.

Crócus etrúscus Parl. aus Italien hat einen gelben, leicht gebärteten Schlund und hellviolette Blüten, außen ist er gelblichbraun getönt und weist violette Adern auf. Wichtiger sind die beiden Sorten 'Rosalind' mit fast rosa Blumen und 'Zwanenburg Variety' mit violetten Blüten, die beinahe blau werden.

Crócus flávus West. (syn. C. aureus Sibth. et Sm.), der Goldkrokus, ist vom Balkan bis Kleinasien verbreitet. Er hat große Knollen und blüht goldgelb, auf der Außenseite am Fuß der Röhre zuweilen mit einigen grauen Strichen. Es gibt auch einige Subspezies. Wahrscheinlich stammt von ihm auch die Sorte 'Großer Gelber' = 'Yellow Dutch' ab, sie hat große leuchtend gelbe Blüten, Flor im März, selten früher.

Crócus fleíscheri J. Gay aus Kleinasien bringt kleine weiße Blümchen mit violetten Streifen und auffallend orange Narben. Er blüht sehr früh: an geschützten Stellen zuweilen bereits bald nach Weihnachten oder Neujahr.

Crócus imperáti Ten. aus Unteritalien hat einen bartlosen, orangefarbenen Schlund und hellviolette Blumen, die auf der Außenseite jedoch bronzefarben sind und violette Adern aufweisen. Es gibt auch eine var. **álbiflos** Herb. mit weißen, außen bräunlichen Blumen. Beide blühen früh: Februar/März.

Crócus neapolitánus Mordon et Loisel. (syn. C. vernus Wulf non (L.) Hill, C. vernus var. neapolitanus Ker-Gawl.), der Frühlingskrokus, tritt wild in den Alpen Italiens, Österreichs und Jugoslawiens auf. Er hat weiße oder lila, auch gestreifte, niemals aber gelbe Blüten. Der Schlund ist bärtig, die Blumen erscheinen einzeln oder zu zweien, Blütezeit ist März/April, C. neapolitanus gehört also zu den später in Flor kommenden Arten und ist darum wertvoll. Es gibt zahlreiche Sorten mit Neapolitanus-Blut, wie 'Kathleen Parlow' – weiß mit großen Blumen; 'Queen of the Blues' – blauviolett mit Lackschein; 'Remembrance' – tiefviolett mit silbrigem Schein, ziemlich früh in Flor kommend und eine wirkungsvolle Ergänzung zu 'Großer Gelber'; 'Striped Banner' – weißer Grund mit lila Streifen, Blumen erscheinen früh und sitzen dicht auf dem Boden auf; 'Vanguard' – Neuheit mit fast blauen Blumen, die außen grau überlaufen sind und früher als der Typus erscheinen, sehr wüchsige Sorte.

Crócus síeberi J. Gay, vom Balkan, auch auf Kreta zu finden, violett mit orangefarbenem Schlund, öffnet sich bei günstigem Wetter schon im Februar. Die Art bringt mehrere Blüten je Knolle, und selbst kleine überraschen durch ihren üppigen Flor. Auch davon gibt es verschiedene Sorten, wie 'Hubert Edelsten' – tiefviolett, an den Spitzen der Blumenblätter mit kleinem weißem Saum; 'Violett Queen' – Blüten mit runden Blumenblättern, dicht auf der Erde sitzend, Flor im Februar, Farbe blauviolett.

Crócus tommasiniánus Herb. vom westlichen Balkan hat schlanke Blüten, die auf 7 bis 9 cm langen Röhren erscheinen, also „hochbeinig" sind. Der Schlund ist weiß, etwas gebärtet, und die Abschnitte werden hell- bis dunkelviolett, außen meistens etwas blasser. Die Pflanzen blühen im Februar/März und sind recht wüchsig, sie säen sich sogar im Garten selbst aus und verwildern. Es gibt wiederum eine Reihe Züchtungen, von welchen hier aufgeführt seien: 'Barr's Purple' – purpurlila mit orangefarbener Narbe, großblumig und reich blühend; 'Lilac Beauty' – perlenlila, etwas silbergrau schimmernd, sehr lange blühend; 'Taplow

Cr

Zierkürbisse

'Ruby' – intensiv rubinpurpurn mit besonders großen Blumen.

C. vérnus → C. neapolitánus

Bewertung, Verwendung, Anzucht: Krokus sind zusammen mit Schneeglöckchen, Schneeruhm, Scilla und Winterling für uns fröhlich begrüßte Boten und Anzeichen des Frühlings, die herbstblühenden Arten dagegen eine Art vorweihnachtliches Präludium der Freuden, die uns ab Februar erwarten. Alle Krokus blühen in leuchtenden Farben, und man nimmt sie schon von weither wahr. Die Blütezeit erstreckt sich über wenigstens 8 Wochen, und auftretende Fröste vernichten die Blumen nicht. Diese legen sich vielmehr auf dem Boden um und warten so auf neue Wärme und Sonnenschein. Schon wenige helle Tage locken die Krokus aus dem Boden, und in der Regel dauert auch der Flor der einzelnen Blüten eine Reihe von Tagen, besonders wenn kühle Nächte ihn indirekt verlängern. Erstaunlich ist ferner die große Menge von Arten, Varietäten und Formen, von Züchtungen ganz abgesehen. Viele Arten sind wunderhübsch, aber werden nicht so stattlich wie einige Sorten, und ihre Reize bleiben sublimer. Daher sind gerade die Arten und Varietäten Blumen für die Liebhaber, und manche Krokusfreunde haben Kollektionen von hundert und mehr Arten und ihren Abweichungen. Andererseits gibt es einige Hauptsorten, zu denen außer dem 'Großen Gelben' vor allem die bei *C. neapolitánus* aufgeführten Züchtungen zählen: Sie werden alljährlich in großen Mengen gekauft, und sie sind es meistens, die man in den Gärten finden kann. Die übrigen jedoch verdienen es genauso, daß man sie pflanzt.

Als Standort wünschen alle Krokus einen guten, durchlässigen, nur mäßig schweren, humusreichen Boden und volle Sonne. Das Einstreuen in den Rasen, so hübsch es im Frühling wirkt, ist kein Ideal. Denn nur bei ausreichender Düngung im Frühling, ehe das Laub der Krokus abgestorben ist, bekommen diese etwas Nahrung, sonst müssen sie von dem leben, was der Rasen ihnen übrig läßt. Rasen, in dem Krokus stehen, darf auch niemals geschnitten werden, ehe deren Laub völlig abgestorben ist! Ferner nimmt man zum Einfügen in den Rasen gern die großblumigen Sorten des Standardsortimentes, und diese sind nicht so lebensfähig wie die reinen Wildarten. Anderseits schützt eine Rasendecke im Winter. Besser, als sie in den Rasen zu pflanzen, ist es, Krokus an den Rand von Gehölzgruppen oder Staudenpflanzungen zu setzen, freilich so weit ab von andern Gewächsen, daß ihnen deren Wurzelwerk nicht hinderlich ist. Sie passen auch in Polster von Teppichstauden, doch dürfen diese keinen dichten, nur schwer durchdringbaren Wurzelfilz bilden; brauchbar in diesem Sinne sind *Sedum album* in seinen vielen Sorten, *Sedum lydium, Thymus serpyllum* und *doerfleri, Hutchinsia, Lysimachia nummularia*.

Man lege im Spätsommer bis Mitte Herbst, die herbstblühenden Arten unbedingt im August, die andern bis Mitte November, Tiefe je nach Größe der Knollen 7 bis 10 cm. Die Knollen können lange an ihrem Platz bleiben. Es stellen ihnen aber die Mäuse nach; man kann diese abwehren, indem man die Knollen vor dem Legen in Mennigepulver wälzt, wobei wegen dessen Giftigkeit große Vorsicht nötig ist.

Die Anzucht erfordert verhältnismäßig viel Platz und viel Arbeit, und zwar meistens Handarbeit. Nötig ist guter, durchlässiger Kulturboden mit ausreichender natürlicher Feuchtigkeit im Frühjahr bis wenigstens Ende Mai. Man pflanze so früh als möglich. Als Mutterpflanzen darf man nur stärkste Knollen verwenden, mindestens mit 11 cm Umfang. Die neuen Knollen bilden sich wie bei Gladiolen auf dem Boden der alten, nicht seitlich wie bei den Zwiebeln von Tulpen und Narzissen. Bei laufender Kultur ist üblich, nach Größen sortiert zu legen; bei den größten 6 Stück, bei 10 cm Umfang 8 Stück, bei 8 cm Umfang 10 Stück und bei 6 cm Umfang 15 Stück Knollen je laufenden Meter, die Reihen sollen 17 bis 20 cm Entfernung haben, Legetiefe 8 cm und weniger, je nach Größe. Vor dem Einfrieren gibt man einen stickstoffarmen Volldünger, je Quadratmeter 70 g, und im nächsten Frühjahr vor dem Austreiben etwa 20 g je Quadratmeter schwefelsaures Ammoniak. Über Winter muß mit Stroh oder Torfstreu geschützt werden, die man aber erst aufbringt, nachdem das übliche warme Wetter um die Neujahrszeit vorüber ist, also in der Regel im zweiten Drittel des Januars. Im Frühjahr ist die Decke wieder zu entfernen, überdies muß man auf Mäuse achten und zur Blütezeit wie bei allen andern Blumenzwiebeln und -knollen laufend auf falsche und kranke Pflanzen kontrollieren und diese ausstechen. Etwa Ende Juni ist zu ernten, bald zu putzen und trocken, kühl und luftig auf Horden zu lagern. Dann wird sortiert, es gibt drei Handelsgrößen: 7/8 cm, 8/9 cm, 9/10 cm Umfang und überdies die Toppers für die Vermehrung. Der Zuwachs ist nicht besonders groß: zwei bis drei neue Knollen je alte, dazu manchmal noch einzelne kleine.

Crucianélla → **Phuópsis**

Cucúrbita · Kürbis, Zierkürbis
Cucurbitaceae ☉ ○ ◐ ○

Cucurbita ist ein alter Pflanzenname unbekannter Herkunft. Plinius nannte den Flaschenkürbis so, der heute jedoch *Lagenaria siceraria* (L. vulgaris) heißt. *Cucurbita* stammen aus der Neuen Welt und gelangten in der Mitte des 15. Jahrhunderts nach Europa, wo sie sich rasch einbürgerten und seit dieser Zeit förmlich hier heimisch sind. Die Pflanzen haben am Boden hinlaufende Triebe und bilden in den Blattwinkeln auch zahlreiche Ranken, mit deren Hilfe sie etwas klettern können. Wichtig für uns ist:
Cucúrbita pépo L., unser Speisekürbis, der für die Küche zu gebrauchen ist, aber nicht ziert. Doch gibt es davon eine Reihe Formen mit kleineren, verschieden geformten und auch bunten Früchten, die sich abgetrocknet mehrere Monate halten. Die Früchte erinnern der Form nach an Äpfel, Birnen, Pflaumen, Mandarinen, ferner nennen die Kataloge Turban, Herkuleskeule, Pulverhorn und weitere.
Zierkürbisse eignen sich zur Bekleidung von Gittern, Zäunen, Lauben, und man kann sie an derben Stäben hochlaufen lassen, die zu einer Pyramide geformt sind. Man bekommt an Gittern eine ziemlich geschlossene, freilich nicht völlig dichte Blätterwand und die zierenden Früchte. Die Pyramiden aus drei, vier Stöcken passen als Unterbrechung in größere Pflanzungen von Sommerblumen, wo sie sozusagen die Höhe repräsentieren. Man sät am besten im April in Töpfchen, vereinzelt notfalls, topft vielleicht noch einmal um und pflanzt nach Mitte Mai an den vorgesehenen Platz. Der Standort soll in voller Sonne liegen, der Boden nicht zu ärmlich sein. Bei Trockenheit wässere man, damit die Pflanzen nicht verkahlen.

Curránia · Eichenfarn, Ruprechtsfarn
Athyriaceae ⚁ ○ ◐ ∧ ♡

Der wissenschaftliche Name ist wiederholt gewechselt worden, zuletzt hieß die Gattung *Gymnocarpium*. Die neuerliche Namensänderung geht auf Arbeiten des nordamerikanischen Botanikers Copeland (1873–1964) zurück, der mit der Neubenennung seinen Landsmann McCollum Curran (geb. 1875) ehrte, einen Angestellten der Forstverwaltung in Manila auf den Philippinen, der sich als Pflanzensammler Verdienste erwarb. Es sind mittelhoch werdende Farne mit dünnen, kriechenden Rhizomen und breiten 3eckigen Wedeln; die Sori (Sporangienhäufchen) haben keinen Schleier. Das drückt auch der alte Gattungsname aus, denn gymnocarpus bedeutet nacktfrüchtig. Für die Landschafts- und Gartengestaltung haben zwei Arten Bedeutung:
Curránia dryópteris (L.) Wherry (syn. Gymnocarpium dryopteris (L.) Newm., Dryopteris linnaeana C. Ch., und viele andere), der Eichenfarn, tritt in der nördlichen gemäßigten Zone und auch bei uns in Laub- und Mischwäldern, häufig in schattigen Rotbuchenwäldern, als bodenbedeckende Pflanze auf. Sie hat ein dünnes, schwarzbraunes, glänzendes Rhizom, strohgelbe Wedelstiele, und die Wedel stehen waagerecht. Sie haben 3fache Fiedern und sind hellgrün. Höhe der Pflanzen 15 bis 30 cm. Die Art wünscht unbedingt Humusboden und Halbschatten.
Curránia robertiána (Hoffm.) Wherry (syn. Gymnocarpium robertianum (Hoffm.) Newm., Dryopteris robertiana (Hoffm.) C. Ch., u. v. a.), der Ruprechtsfarn, kommt in Europa, Westasien und Nordamerika vor allem auf Geröllfeldern und Kalkfelsen, also auf trockenen und sonnigen Standorten vor. Das Rhizom ist dunkelbraun und glänzt nicht. Die Stiele sind länger als die doppelt gefiederten bläulichgrünen Wedel, deren unterstes Fiederpaar größer ist als die andern.

Bewertung, Verwendung, Anzucht: Die erste Art ist als Bodendecke für absonnige bis halbschattige Plätze gut geeignet. Die zweite kommt für Steingärten in Betracht, doch nur für große, in denen die Pflanzen durch Wuchern nicht leicht lästig werden. Vermehren läßt sich durch Teilung.

Cýclamen · Alpenveilchen
Primulaceae △ ○ ◐ ◑ ○ △ ♡ ∧

Im Namen steckt das griechische Wort kyklos = Scheibe; es nimmt auf die scheibenförmigen Knollen Bezug. Die Gattung umfaßt etwa 12 Arten, von denen das *C. persicum* aus der Ägäis in seinen Kulturvarietäten eine wichtige Topfpflanze ist, die jährlich zu Millionen herangezogen wird. Die andern Arten wachsen im Mittelmeergebiet, in Südeuropa und am Kaspischen Meer, eine Art auch im südlichen Mitteleuropa in Bergwäldern und Gebirgen wild. Alle haben Knollen, die unter der Erdoberfläche sitzen, meistens derbe, herz-nierenförmige, oft mit weißen Mustern versehene Blätter und blühen mit Blumen, deren Petalen zurückgeschlagen sind. Die Gattung trat bereits im Tertiär auf und steht innerhalb der Familie ziemlich vereinzelt da. Es sind in Wirklichkeit xerophile Pflanzen, was man an der Korkschicht der Knollenwand, den lederartigen Blättern und dem Abstoßen des Laubes bei den meisten Arten ohne weiteres erkennen kann. In der Regel blühen die Pflanzen erst nach mehreren Vegetationsperioden, wie sie anderseits sehr große Knollen bekommen und mehrere Jahrzehnte alt werden können. Von einigen Arten ist bekannt, daß die Wildschweine ihnen nachstellen, weshalb Freilandalpenveilchen im Volksmunde auch „Schweinebrot" hießen. Einige Arten blühen im Herbst, andere im Frühling, manchmal schon sehr zeitig. Für unsere Gärten kommen drei Arten in Frage, sie gelten bei leichter Reisigdecke als winterhart.
Cýclamen cóum Mill. (syn. C. orbiculatum Mill., C. vernum Sweet), eine von Südosteuropa bis zum Kaspischen Meer verbreitete Gattung, die in Unterarten gegliedert wird: In Südostrumänien ist ssp. **cóum** zu finden, am Marmarameer und am Südrand des Schwarzen Meeres ssp. **hiemále** (Hildebr.) Schwarz

Cy

Cýclamen cóum

Cýclamen purpuráscens

Cýclamen hederifólium

Cymbalária pállida

(syn. C. orbiculatum Mill., C. hiemale Hildebr., C. atkinsii Glasau), im Süden Kleinasiens, in Lykien, ist die Heimat der ssp. **alpínum** (Spreng.) Schwarz, am Kaspischen Meer schließlich ist die ssp. **caucásicum** (K. Koch) Schwarz (syn. C. europaeum var. caucasicum K. Koch, C. ibericum Lem., C. abchasicum (Medw.) Kolak.) verbreitet. Wie das Vorkommen sind auch Blattform – kreisrund, nierenförmig, herzförmig – und Blütenfarbe – rosa bis karminrot – unterschiedlich. Blütezeit im Februar/März/April, oft schon im Schnee.

Cýclamen hederifólium Ait. (syn. C. neapolitanum Ten., C. linearifolium DC.) aus dem mittleren und südöstlichen Südeuropa hat platte Knollen mit korkiger Oberfläche und treibt nur auf der oberen Seite Wurzeln. Die Blätter sind länglich-herzförmig mit offener Basalbucht, ihre Oberfläche ist reich silbrig gezeichnet. Die Blümchen werden rosa und erscheinen im Spätsommer und Herbst; ihre Stiele kriechen erst ein Stück durch den Boden und richten sich dann auf. Nach der Blüte erscheinen die Laubblätter, sie bleiben bis April, dem Beginn der Ruhezeit. Schöner als die Art sind die in Weixdorf bei Dresden (VEB Saatzucht Zierpflanzen Erfurt) gezüchteten Sorten, vor allem 'Enzett Perlenteppich' – reinweiß ohne Auge, 'Enzett Rosenteppich' – rosa mit dunklerem Auge, sowie 'Silberblatt' – rosa blühend, aparte Laubzeichnung.

Cýclamen purpuráscens Mill. (syn. C. europaeum auct. non L.) ist von Südostfrankreich ostwärts in den Alpen, Voralpen, im Jura, Bayrischen Wald und bis zu den Westkarpaten sowie auf der westlichen Balkanhalbinsel verbreitet. Es tritt häufig im Umkreis von Gebüschen und in lichten Laubwäldern mit humusreicher, steiniger Erde auf. Der Boden ist kalkhaltig oder liegt auf Kalkgestein auf. Die Pflanzen haben immergrüne, am Grunde herzförmige, rundliche Blätter mit silbriger Zeichnung und dunkelroter Unterseite. Das Laub ist ledrig. Die Blümchen sind purpurrosa und duften; der Flor fällt in den Herbst.

Bewertung, Verwendung, Anzucht: Die Wildcyclamen sind wunderhübsche Pflanzen für absonnige bis schattige Plätze. Sie wirken erst, wenn sie eingewurzelt und bereits mehrere Jahre alt geworden sind. Auch ist es nötig, stets mehrere oder viele Pflanzen zu verwenden. Sie wollen frischen Boden aus Lauberde, etwas Lehm, Sand, etwas Torfmull, das Ganze soll leicht alkalisch sein, deshalb muß man Kalkbrocken unter die Erde mischen. Nötig ist ferner gute Drainage und über Winter unbedingt ein Schutz durch Fichtenreisig. Die Knollen sollen etwa fingerbreit mit Erde bedeckt sein, größere vertragen eine stärkere Decke. Wenn die Knollen die Erdoberfläche erreichen, ist das kein Fehler, man kann aber auch etwas Erde darüber streuen. Man wähle den Standort mit Sorgfalt, denn Cyclamen wollen lange an ihrem Platz bleiben und ungestört sein. Vermehrt wird aus Samen. Die Kultur ähnelt der von *Cyclamen persicum,* erfolgt also am besten in Töpfen, aber – außer bei der Aussaat und nach dem Umpflanzen – ohne Glas. Doch gebe man ständig etwas Schatten. Die Anzucht dauert in einer Gärtnerei etwa 12 bis 15 Monate und macht wenig Arbeit. Man muß aussäen, pikieren, topfen und laufend pflegen. Die Knollen werden auch trocken gehandelt. Man kaufe sie im Frühherbst, setze alsbald in Töpfe oder Schalen und räume diese in ein leeres Frühbeet. Natürlich muß man bei einsetzendem Frost gut schützen. Die Sorten von *C. hederifolium* werden von Juni bis September als Jungpflanzen gekauft und sogleich an Ort und Stelle ausgepflanzt.

Cymbalária · Zimbelkraut, Zymbelkraut
Scrophulariaceae ♃ ○ ◐ ◑ △

Die Arten dieser Gattung gehörten bisher zur Gattung *Linaria,* dem Leinkraut. Zwischen beiden gibt es nur geringe botanische Unterschiede. Der Pflanzenname Cymbalaria wird schon von Botanikern des 16. Jahrhunderts verwendet. In ihm steckt das lateinische cymbalum, die Bezeichnung eines schellenartigen Musikinstruments, wegen der fast runden Blätter bei allen drei hier genannten Arten.

Cymbalária hepaticifólia (Poir.) Wettst. (syn. Linaria hepaticifolia (Poir.) Steud.) stammt aus Korsika, wo die Pflanzen an feuchten Stellen die Felswände bewachsen. Sie werden 5 cm hoch, ihre Triebe gehen

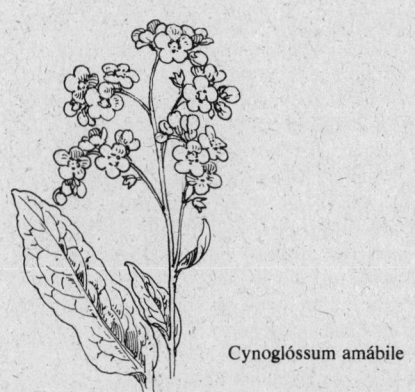
Cynoglóssum amábile

unter- und oberirdisch nach allen Seiten, die Blätter sind nierenförmig, nicht gelappt, manchmal etwas marmoriert. Die Blüten brechen aus den Blattachseln, werden hellviolett, bis 15 mm lang, Florzeit vom Mai bis September.
Cymbalária murális Ph. Gärtn., B. Mey. et Scherb. (syn. Linaria cymbalaria (L.) Mill.), das Mauer-Zimbelkraut, wegen der nabelförmigen Vertiefung der Blätter am Ansatz des Blattstieles auch Nabelkraut und Venusnabel genannt — Symbolpflanze auf Frauenbildern der Renaissance — stammt aus Südeuropa, wo es auf steinigen Waldböden und in Felsspalten wächst. Um 1600 wurden solche Pflanzen in Deutschland schon als Gartenblumen verwendet, sie wurden schließlich gartenflüchtig. Man kann sie heute an Mauern, auf Geröll und an Bachufern finden. Sie werden 5 bis 15 cm hoch, wachsen polsterartig-rasig, denn die fadenförmigen, am Boden liegenden Triebe schlagen leicht Wurzeln. Die Blätter sind herzförmig, 5- bis 7lappig, sie erinnern an Efeu, oberseits grün, unten rötlich. Die Blumen erscheinen einzeln auf einem 4 cm langen Stielchen in den Blattachseln und werden hellviolett mit gelbem Gaumen; Flor von Juni bis September. Es gibt auch Sorten: 'Globosa' wächst gedrungener und bekommt größere Blüten, auch wuchern die Pflanzen weniger als die Stammart; bei 'Alba' sind die Blüten weiß.
Cymbalária pállida (Ten.) Wettst. (syn. Linaria pallida (Ten.) Guss.) tritt vor allem in Italien auf, wächst kriechend und ist in allen grünen Teilen weich behaart. Die Blätter werden herz- bis nierenförmig, schwach gelappt. Die Blümchen sind blaßlila oder hellblau, etwa 12 mm lang, sie duften. Auch diese Art blüht von Sommersanfang bis in den Herbst hinein. Die Pflanzen werden bis 10 cm hoch.

Bewertung, Verwendung, Anzucht: Die Zimbelkräuter eignen sich gut für absonnige, etwas feuchte Mauern, Treppen, Trockenmauern und ähnliche Plätze, wo sonst wenig gedeihen will. Im Steingarten ist Vorsicht nötig, denn die Pflanzen können zu einem Unkraut werden. Man braucht nur dort, wo man sie haben will und wohin sie passen, einige Büsche zu pflanzen, und bald werden an allen denkbaren und auch an vielen unerwarteten Stellen weitere auftauchen. Trockenheit und Hitze sind verderblich. Vermehrt wird durch Samen oder durch Eindrehen von bewurzelten Ausläufern in kleine Töpfchen. Die Bestände werden in 10 Wochen verkaufsstark. Man pflanze nur im Frühling oder bis Mitte des Sommers.

Cynoglóssum · Hundszunge
Boraginaceae ☉ ○ ◐ ○ ○ ⬡

Im Namen stecken die griechischen Wörter kyon = Hund und glossa = Zunge; daher unsere „Hundszunge". Im Altertum bezeichnete man damit mehrere Pflanzen, und Dioskorides führt Cynoglossum als Synonym für 3 verschiedene Gewächse an, unter denen aber keins eine Boraginazee ist. Die Gattung umfaßt gegen 60 Arten, welche einjährige, bienne oder ausdauernde Kräuter werden. Sie haben meistens spiralständige, lanzettlich-zungenförmige, behaarte Blätter und blühen in vielblumigen Wickeln.
Cynoglóssum amábile Stapf et Drumm. wirkt wie ein lockerer Vergißmeinnichtbusch, aber die Pflanzen blühen nicht nur im Frühling, sondern bis in den Sommer hinein, und wenn man sie im Juni einmal kräftig stutzt, sogar noch im Herbst. Sie bilden bis 40 cm hohe, etwas lockere Büsche, bekommen vergißmeinnichtblaue Blümchen in großer Zahl. Schöner als die Stammform sind die Züchtungen 'Blauer Vogel' und 'Firmament', da sie etwas größere, vor allem recht intensiv blaue Blumen bringen.

Bewertung, Verwendung, Anzucht: Cynoglossum amabile mit ihren blauen Blumen und dem langen Flor ist recht brauchbar für größere Flächen in Gärten und Parken, die man ohne großen Aufwand mit Blumen besetzen will. Sie sät sich später meistens selbst aus, und man kann jahrelang auf sie rechnen. Der Boden soll nahrhaft, leicht alkalisch und nicht zu leicht sein. Der Standort muß in voller Sonne liegen. Man sät im März/April breitwürfig oder in Reihen, Abstand etwa 20 cm und dünnt auf diese Entfernung aus. Der Flor beginnt im Juni und dauert bis zum September. Man kann die Pflanzen auch in kleinen Tuffs in bunte Blumenbeete einstreuen und umgekehrt in große Flächen von *Cynoglossum* abweichende Sommerblumen, wie *Cosmos*, hohe *Coreopsis* oder mittelblumige Sonnenrosen, einfügen.

Cypripédium · Frauenschuh
Orchidaceae ♃ ◐ ○ ○ △ ∧

Im Namen stecken die griechischen Wörter Kypris, ein Beiname der Aphrodite, die ja auch die Kyprische hieß, und pedilon = Schuh; man hielt die schuh- oder pantoffelförmige, verwachsene Lippe für würdig, der Göttin der Liebe als Pantöffelchen zu dienen... wenigstens symbolisch. Die Gattung ist gegen 30 Arten stark, und ihr Verbreitungsareal liegt in der nördlichen

Cy

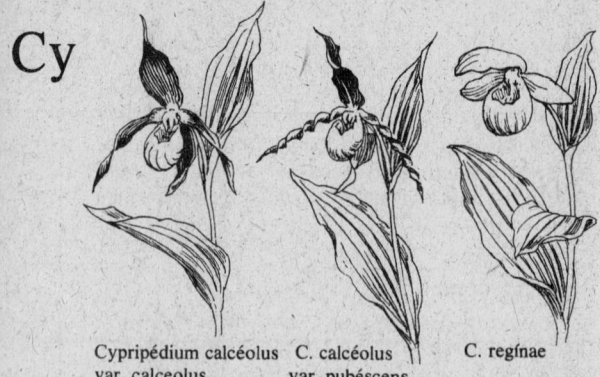

Cypripédium calcéolus var. calceolus   C. calcéolus var. pubéscens   C. regínae

Zone, wo in Europa, Ostasien und Nordamerika der Hauptteil der Arten vorkommt. Alle sind Erdorchideen, sie haben also terrestrische Wurzeln. Bei uns findet sich nur *C. calceolus,* es tritt teils in den Voralpen, häufiger in Thüringen auf. Die Art ist geschützt wie sämtliche heimischen Orchideen, aber durch die Kultivierung der Ländereien geht sie dennoch zurück. Einige Arten lassen sich jedoch im Garten halten, am leichtesten verschiedene aus dem atlantischen Nordamerika.

Cypripédium calcéolus L. var **calcéolus** wächst in der freien Natur auf frischen, kalkhaltigen Böden in lichtem Halbschatten. Die Blätter sind breit-länglich, hellgrün, nicht lederartig, und die Blüten erscheinen einzeln auf Stengeln, die bis 40 cm Höhe erreichen. Fahne und Flügel sind braun, der Schuh groß und goldiggelb. Die Pflanzen blühen im Mai/Juni, die Blumen werden etwa 10 cm breit. Var. **pubéscens** (Willd.) Correll (C. pubescens Willd., C. parviflorum Salisb., C. luteum Ait.) aus Nordamerika findet man von Neufundland bis Missouri an Plätzen, welche mit saftigen Moosen bewachsen sind. Diese Varietät bringt Blüten, die den Blumen unseres heimischen *C. calceolus* ähneln und duften. Die beiden zur Seite ragenden Blütenblätter des inneren Kronblattkreises sind mehrere Male korkzieherartig gedreht, die Lippe = der Schuh wird goldgelb und ist zuweilen geadert.

Cypripédium regínae Walt. (syn. C. spectabile Salisb.) stammt auch aus dem östlichen Nordamerika, wo die Pflanzen von Kanada bis Nord-Carolina auftreten, es wird bis 60 cm hoch. Die Blumen sitzen einzeln oder zu zweien auf schlanken, festen Stielen und werden gegen 8 cm breit. Sie sind weiß bis auf die fast kugelförmige Lippe, welche rosa wird, nach der Öffnung zu vertieft sich die Tönung. Die Pflanzen blühen im Mai. Die grünen Teile haben Haare, die leicht abbrechen und ähnlich den Haaren von *Primula obconica* Entzündungen hervorrufen können.

Bewertung, Verwendung, Anzucht: Die aufgeführten Arten gehören zu den prächtigen Freilandorchideen und halten bei uns gut aus, wenn man sie über Winter mit Nadel- oder Torfstreu gut abdeckt. Aber sie werden nicht so wundervoll wie die tropischen Erdorchideen und lassen sich mit den epiphytisch wachsenden Arten nicht vergleichen. Zu ihrer Wertschätzung trägt viel bei, daß sie selten vorkommen, daß sie zudem mehrere Jahre brauchen, ehe sie anfangen zu blühen. Die Meinungen darüber gehen auseinander: Es soll 6 bis 8 Jahre dauern, also so lange wie bei den tropischen Orchideen, die man hier aus Samen heranzieht ... aber es wird auch von 15 bis 18 Jahren gesprochen. Es ist bis jetzt nicht möglich, sie auf künstlichen Nährböden heranzuziehen. Der Bestand läßt sich also nur sehr langsam vergrößern. Man ist aber dazu übergegangen, sie in Orchideentöpfen in viel Sphagnum zu halten und bekommt dabei einen rascheren Zuwachs, kann dergleichen Bestände auch öfter teilen.

Nach einer anderen Methode wird lebendes Gewebe von Freilandorchideen in gewissen Nährböden zu vegetativer Regeneration gebracht. Aber dies sind Aufgaben für Spezialisten, welche über die nötigen Einrichtungen und Erfahrungen verfügen!

Für den Gartenfreund ist wichtig, wie man Erdorchideen behandeln und halten muß, damit sie sich wohl fühlen und womöglich größer werden. Notwendig ist ein ruhiger Standort (windgeschützt) und Schatten von höheren Bäumen, deren Krone auch eine gewisse Kühle schafft. Nötig ist ferner guter Wasserabzug. Man muß also für jede Pflanzung eine gegen 40 cm tiefe, ausreichend breite Grube ausheben und in diese unten grobe, etwas sperrige Pflanzenreste und Kies einfüllen und darüber die notwendige Spezialerde. Es sind zwei Erden üblich. Für Arten, die Kalk lieben oder vertragen, nehme man: 1 Eimer sehr mürbe Rasenerde oder mürben Lehm, 1 Eimer gute Komposterde und 1 Eimer, in den je ein Drittel Kalkschutt, Torfmull und grober Sand zu geben sind; dazu etwas Sphagnum, wenn welches da ist. Diese Erde eignet sich für *C. calceolus.* Für die übrigen Arten ist folgende Mischung nötig: 1 Teil Laub- und Moorerde, 1 Teil Komposterde mit reichlich Torfmull, dazu 1 Teil Sand. Die Pflanzen sollen so tief in die Erde kommen, wie sie gestanden haben, in der Regel liegen die Knollen von Orchis 10 cm tief und tiefer, während die Cypripedien nur 2 bis 4 cm tief stecken. Man pflanze im Frühherbst oder zeitig im Frühling. Der Standort muß schon ein halbes Jahr vorher zubereitet werden, und der ganze Garten sollte „fertig" sein. Erdorchideen sind häufig Kulturflüchter und bedürfen keiner eigentlichen Pflege. Man halte grobes Unkraut fern, grabe oder lockere niemals den Boden in ihrem Umkreis, dünge nicht oder nur in vollem Wachstum mit stark verdünnter Kuhjauche, wässere auch nur ausnahmsweise mit Regenwasser, das völlig neutral ist. Arten, die in der Natur etwas feucht stehen wie *C. reginae,* muß man laufend, aber vorsichtig wässern. Das Gießen ist jedoch im Laufe des Hochsommers allmählich einzustellen. Irgendwo im Garten auftauchenden Nachwuchs lasse man zunächst dort heranwachsen und versetze ihn erst an einen vielleicht günstigeren Standort, wenn er verhältnismäßig groß geworden ist.

D

Dáctylis · Knäuelgras
Gramineae ♃ ○ ◐ ◔ ○ ♡

Im Namen steckt das griechische Wort daktýlos = Finger; es nimmt darauf Bezug, daß die Rispenäste an gespreizte Finger erinnern. Die Gattung ist nur eine Art stark, welche in der ganzen Welt innerhalb der gemäßigten Zone auftritt. Vielfach wird das Gras für Weiden verwendet.

Dáctylis glomeráta L. 'Variegata', das Weißbunte Bandgras, hat Gartenwert. Es ist eine Sorte mit breiteren, bandartigen, weiß oder gelblichweiß gestreiften Blättern, die schon 1830 in England kultiviert wurde. Insgesamt werden die Büsche gegen 40 cm hoch, die Blütenstände sind nicht so imposant wie bei der grünen Art.

Bewertung, Verwendung, Anzucht: Das Bandgras ist sehr zierend und paßt gut zwischen niedrige Polsterstauden oder niedrige, dunkelgrüne oder blaugrüne Gräser als Gegensatz. Man kann es auch sehr locker pflanzen und Knollengewächse wie Gladiolen, Acidanthera und ähnliche dazwischen setzen. Zur Blütezeit übertreffen ihre imposanten Blumenstände das Gras, während dieses vorher und nachher die Pflanzen akzentuiert. Es ist eine Staude, welche mit jedem normalen Gartenboden vorliebnimmt und Sonne wie Halbschatten verträgt. Dagegen ist sie empfindlich gegen zuviel Nässe. Ältere Exemplare faulen in nassen Sommern leicht aus. Man sollte deshalb alle drei, vier Jahre aufnehmen, teilen und neu pflanzen. Vermehrt wird durch Teilung, die nicht zu früh im Jahre erfolgen darf.

Dáhlia · Dahlie, Georgine
Compositae △ ○ ◐ ◑ ✕ ∧

Die Pflanzen wurden 1791 vom Direktor des Botanischen Gartens Madrid Canavilles zu Ehren des schwedischen Botanikers Andreas Dahl (1751 bis 1789), der ein Schüler Linnés war, benannt. 1803 gab ihnen der Berliner Willdenow den Namen Georgine (zu Ehren des Botanikers Georgi, der in Petersburg lebte), um Verwechslungen mit einer *Dahlea* genannten Pflanze zu verhüten, doch muß es nach dem Grundsatz der Priorität bei Dahlia bleiben. Die Gattung tritt mit etwa 15 Arten in Mittelamerika auf, wo die Pflanzen meistens üppige Stauden werden. Unsere heutigen Dahlien sind durch Kreuzungen mehrerer Arten entstanden und übertreffen ihre Eltern stark. Vielen Anzeichen nach wurden einzelne Arten schon lange vor der Ankunft von Europäern in Mexiko in Gärten gehalten. Als erster hat sie der Leibarzt Philipps II. von Spanien und Botaniker F. Hernandez beschrieben, und sein Werk *Rerum medicarum novae hispaniae thesaurus* enthält auch Holzschnitte, welche Dahlien wiedergeben. Nach Europa gelangten sie jedoch erst gegen Ende des 18. Jahrhunderts. Der Leiter des Botanischen Gartens von Mexiko City Vincent Cervantes sandte seinem Kollegen in Madrid Samen, und 1790 blühte dort die erste Dahlie unsres Erdteils. Sie hatte eine große gelbe Mittelscheibe und einen Kranz von nicht besonders ansehnlichen Zungenblüten, ähnlich den mittelblumigen Sonnenrosen. Aus ihren Samen erschien im nächsten Jahre eine Pflanze mit einem doppelten Kranz von Randblüten. Im ganzen war die Mexikanerin ein Novum, aber keine Art mit besonders prächtigen Blumen. Nach Deutschland gelangten Samen um 1800, und 8 Jahre später erzielte der Garteninspektor Karl Theodor Hartweg, unter dessen Leitung der Botanische Garten Karlsruhe hoch berühmt geworden war, die erste „gefüllte Dahlie". Ihr größter Pionier jedoch wurde der Köstritzer Gärtner Christian Deegen, welcher 1836 auf der ersten deutschen Dahlienausstellung gegen 200 Sorten zeigte, von denen viele eigene Züchtungen waren. Auch Humboldt und Bonpland brachten von ihren Reisen in der Neuen Welt Samen mit. Heute gibt es in allen Ländern, wo der Gartenbau floriert, Dahlienzüchter, und die Zahl der Sorten geht in die Tausende. Alljährlich kommen weitere dazu, und es ist schwer, die Übersicht zu behalten. Die Zentralstelle für Sortenwesen hat sämtliche erreichbaren Züchtungen gründlich geprüft und dabei die wertvollen festgestellt. Und Neuheiten dürfen erst nach erfolgreicher 2jähriger Erprobung in den Handel kommen.

Die heutigen Dahlien sind durch Kreuzungen entstanden, aber es ist unmöglich, bei der Beschreibung von Arten auszugehen. Das Gemisch ist zu groß und verworren. Daher heißen die Gartendahlien jetzt **Dahlia-Hybriden**; ältere Bezeichnungen sind *D.* × *cultorum* Thorsr. et Reis. und *D. variabilis* hort. non (Willd.) Desf. Die Züchtungen werden in Klassen eingeteilt, wobei man von der Blütenform und teilweise auch von der Wuchshöhe ausgeht. Es gibt 3 Hauptgruppen: einfachblühende, halbgefüllte und gefülltblühende Dahlien.

1. Die einfachblühenden Sorten haben eine gelbe Scheibe von kurzen Röhrenblüten und um diese herum einen Kranz von Zungenblüten. Man unterscheidet **Zwerg-Mignon-Dahlien**, Höhe 25 bis 40 cm, Blüten gegen 3 bis 4 cm breit, aber sehr zahlreich, für Balkonkästen, Einfassungen und als Topfdahlien geeignet; die **Mignon-Dahlien**, Höhe 40 bis 60 cm, reich blühend, sie heißen auch einfache Zwergdahlien; **halbhohe und hohe Mignon-Dahlien**, Blüten relativ groß, Höhe 80 cm und darüber, gut als Schnittblumen wirkend.

2. Die halbgefüllten Dahlien haben eine mittelgroße Scheibe von gelben Röhrenblüten und um diese 2 oder mehr Kreise von Zungenblüten, die je nach der Klasse

Da

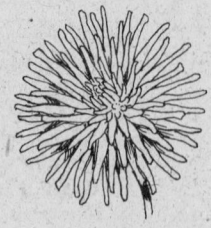

Mignon-Dahlie Hohe Mignon-Dahlie Halskrausen-Dahlie Duplex-Dahlie Kaktus-Dahlie

verschieden geformt oder geschnitten sind. Folgende Klassen sind vorhanden: **Duplex-Dahlien,** Scheibe ist von einem dichten Kranz von Röhrenblüten umgeben, deren Saum sich etwas nach außen wölbt, und auch ihre Stempel werden größer als bei den Röhrenblüten der Scheibe; sie sind meistens mittelhoch; **Halskrausen-Dahlien,** sie haben eine kleine gelbe Mitte, einen Kranz normaler, oft relativ breiter Zungenblüten wie Mignon-Dahlien und überdies noch einen inneren Kranz von kürzeren Zungenblüten, welche abweichend getönt sind; tatsächlich entsteht der Eindruck einer Halskrause; **Anemonenblütige Dahlien,** die gelben Scheibenblüten sind etwas größer als bei den Mignon-Dahlien und bilden dadurch eine Art Kissen, es ist von mehreren Reihen von Zungenblüten umgeben; die Büsche werden niedrig bis hoch.

3. Die gefülltblühenden Dahlien bilden die größte Gruppe und umfassen die meisten Klassen. Typisch für alle ist, daß die Blüten fast nur Zungenblüten besitzen, bloß im Innern steht ein kleiner Rest von Röhrenblüten. Man sieht diese erst, wenn die Blumen voll offen sind. Die Zungen sind verschieden geformt. Es gibt die folgenden Klassen.
Kaktus-Dahlien. Ihre Zungenblüten sind röhrig gerollt und laufen in eine regelrechte Spitze aus; bei den **Hirschgeweih-Dahlien** ist diese gespalten, und die beiden Enden sind zuweilen etwas zur Seite gebogen. Ferner wird unterschieden zwischen den sozusagen normal großen Kaktus-Dahlien, den **Riesen-Kaktus-Dahlien** mit besonders großen Blüten und den **kleinblütigen Kaktus-Dahlien** – Blüten klein, aber sehr zahlreich, Pflanzen nicht hochwachsend.
Semi-Kaktus-Dahlien. Sie stehen in der Mitte zwischen den Kaktus- und den Schmuck-Dahlien, und bald tritt die eine, bald die andere Verwandtschaft stärker hervor. Es gibt auch **Riesen-Semi-Kaktus-Dahlien,** Mindestdurchmesser der Blüten 18 cm.
Schmuck-Dahlien. Ihre Zungenblüten sind spatel- bis gestreckt löffelförmig, die Enden meistens rund bis rundlich und das Blütenblatt flach ausgebreitet, also nicht röhrig. Der Kopf ist flach oder stärker gewölbt; nach der Mitte zu werden die Zungen kleiner. Wie bei den Kaktus-Dahlien wird zwischen normal großen Blüten und riesigen oder kleinen Blüten unterschieden. Es gibt also die Unterklasse der **Riesen-Schmuck-Dahlien.** Auch die **Seerosen-Dahlien** gehören zur Klasse, deren etwas flache Blüten mit breiten Zungen entfernt an Seerosenblumen erinnern.
Ball-Dahlien haben nahezu ballförmige, meistens mittelgroße Blüten mit tütenförmigen Zungenblüten, die von einem Zentrum ausgehen.
Pompon-Dahlien sind eine kleine, zierlich wirkende Ausgabe der Balldahlien.

Bewertung, Verwendung, Anzucht: Es gibt wenige Blumen, die innerhalb von rund einhundertundfünfzig Jahren eine so enorme Entwicklung durchlaufen haben wie die Dahlien. Sie gehören zusammen mit Rosen, Sommerblumen und Gladiolen zu den beliebtesten Gartenpflanzen. Man kann sie überall antreffen, und die Vorliebe für sie erlahmt nicht. Sie eignen sich für bunte Beete, für Schaupflanzungen, zum Einstreuen in große Flächen von Annuellen, die Zwergdahlien sogar für Kübel und Blumenkästen. Ferner sind sie wichtige Schnitt- und Kranzblumen. Der Flor beginnt bei frühblühenden Sorten im Laufe des Juli und wird nach dem Herbst zu reicher, da Dahlien an Kurztagen von 10 bis 12 Stunden rascher Blumen entwickeln als an Langtagen. Wird der Tag aber zu kurz, sterben die grünen Teile ab, während die Knolle vorher zunimmt. Beim Langtag verzweigen sich die Triebe in ihrer ganzen Länge, beim Kurztag bloß von den oberen Blattachseln aus, später überhaupt nicht mehr. Je kürzer die Tage werden, um so mehr nimmt auch die Füllung ab, die Zahl der Röhrenblüten dagegen steigt an, und man bekommt, je später es im Jahre wird, um so weniger vollkommene Blumen. Es gibt aber Unterschiede bei den Sorten.
Dahlien lieben volle Sonne und wachsen in jedem normalen, nicht zu nährstoffreichen Boden mit gutem Wasserabzug. Schwere, nasse und kalte Böden sind wenig geeignet, vor allem nicht beim Anbau von Knollen zum Verkauf. Man pflanze nicht vor Ende April/Anfang Mai, da Dahlien frostempfindlich sind. Statt Knollen kann man auch Jungpflanzen mit festen Ballen setzen, aber niemals vor dem 20. Mai, wenn die letzten Spätfröste vorüber sind. Der Wurzelhals soll

Da

Semi-Kaktus-Dahlie   Schmuck-Dahlie   Riesen-Schmuck-Dahlie   Ball-Dahlie   Pompon-Dahlie

einige Zentimeter im Boden stecken. Man setze nicht zu eng, je nach Sorte sind 70 bis 100 cm Abstand nötig. Einzeln stehende Exemplare oder sehr hoch werdende Sorten brauchen einen festen Stab, an welchen man die Triebe lose heftet. Bei Schaupflanzungen läßt man je Knolle nur 2 bis 3 Austriebe wachsen und schneidet die andern fort. Jungpflanzen sollen bloß einen bringen. Wenn es sehr trocken ist, sollte man wässern; ferner ist nötig, den Boden öfter zu lockern. Düngen darf man nur maßvoll und höchstens bis Ende August. Große Vorsicht ist mit Stickstoff geboten, damit die Bestände nicht übermäßig ins Laub gehen. Im Herbst nach dem ersten Nachtfrost ist die Zeit gekommen, die Dahlien auszugraben. Wenn der Frost zu stark wird, kann der Wurzelhals Schaden erleiden, und die Knollen treiben im Frühjahr schlecht oder gar nicht aus. Man läßt erst etwas abtrocknen, schneidet die Triebe bis auf etwa 10 cm zurück und räumt schließlich in einen trockenen, luftigen, gründlich gesäuberten oder desinfizierten Keller (Ausschwefeln) mit etwa +4°C. Es ist von Vorteil, die Knollenbüschel vor dem endgültigen Einräumen eine kleine Weile auf den Kopf zu stellen, damit das in den hohlen Stengelstümpfen angesammelte Wasser abläuft. Beim Ausgraben und Transportieren vermeide man Verletzungen der Knollen, da dies zu Fäulnis führen kann. Im Laufe des Winters sehe man die Bestände mehrmals durch, um verderbende Knollen auszusondern. In sehr trockenen Lagerräumen bedeckt man die Knollen mit Torfmull. Teure Knollen oder Knollen von wertvollen Neuheiten, von welchen man zunächst nur ein Stück hat, sollte man durch Bestäuben mit Schwefel besonders vor Fäulnis schützen. Vermehrt wird durch Teilung von Knollen kurz vor dem Auspflanzen oder beim Putzen und durch Stecklinge. Dazu setze man ausgesuchte, völlig gesunde und aus hygienischen Gründen für sich aufbewahrte Knollen im Februar auf und nimmt die jungen Austriebe als Stecklinge, wenn sie etwa zeigefingerlang geworden sind. Man steckt in der Regel gleich in 6er oder 7er Töpfe in sandige Komposterde und stellt auf warmen Fuß. Der Steckling bewurzelt sich leichter, wenn er mit einem Stück Knolle am Fuß geschnitten wird, nötig ist das aber nicht. Später härtet man ab und pflanzt schließlich auf die Anzuchtquartiere. Vom ersten Satz Stecklinge kann man die Köpfe ebenfalls als Stecklinge nehmen, aber das Stück darf keinen hohlen Stengel aufweisen. Man schneidet direkt unter einem Blattknoten.

Mignon-Dahlien lassen sich auch aus Samen heranziehen, wobei man natürlich ein buntes Farbengemisch bekommt. Je nach der Durchzüchtung und sorgfältigen Auslese der Samenträger fällt es in Wuchs und Tracht gleichmäßig aus oder ungleichmäßig. Man sät im Februar im Warmhaus aus, pikiert die jungen Dahlien am besten gleich in Töpfe und behandelt sie später genau wie die Stecklinge. Empfohlen werden die Enzett-Sorten 'Goldband', 'Rosaband', 'Weißes Band', also Sorten in den Farben Gelb, Rosa und Weiß, sowie die neuen Sorten 'Purpurband' und 'Rotes Band'. Alle werden als Einjahrsblumen behandelt.

Welche der vielen angepriesenen Sorten oder Neuheiten der Blumenfreund pflanzen oder anschaffen soll, hängt von dessen Geschmack oder Vorliebe ab, sonst aber vom Zweck. Für niedrige, geschlossene Beete und Einfassungen eignen sich vor allem die Mignon-Dahlien. Für Schaupflanzungen kommen sowohl die Neuheiten in Betracht als auch reich blühende ältere Züchtungen mit schön gebauten Blumen in ansprechenden Farben. Zum Schnitt braucht man Sorten, die reich blühen und Blumen auf festen Stielen bringen. Sie müssen sich gut transportieren lassen und lange halten. In den Niederlanden gibt es ausdrückliche Prüfungen der Haltbarkeit, die besten Sorten erhalten spezielle Auszeichnungen. Wichtig ist ferner, daß die Blüten gut aus dem Laube kommen und daß die Sorten früh – also bereits im Juli – anfangen zu blühen. Züchtungen, welche erst im Laufe des August in Flor gehen, haben weniger Wert. Wichtig ist natürlich auch Gesundheit. Der Anbauer, der Knollen heranziehen will, braucht Sorten, die beim Aufsetzen nicht nur einzelne Augen bringen, sondern einen ganzen Kranz, damit man sofort ausreichend Stecklinge schneiden kann. Auch müssen die Sorten große, haltbare Knollen bilden. In allen wichtigen Eigenschaften bestehen große Unterschiede innerhalb der Züchtungen.

Da

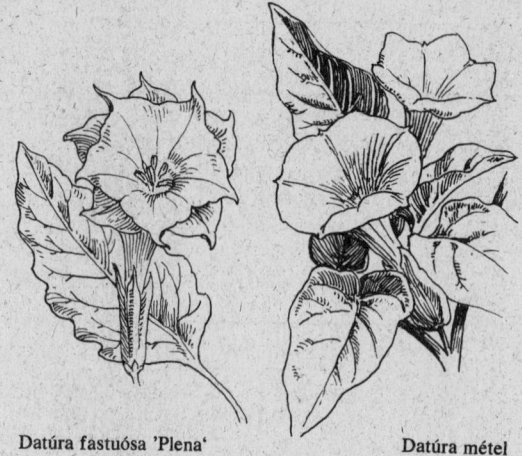

Datúra fastuósa 'Plena'   Datúra métel

Dahlienkrankheiten und -schädlinge

Es gibt eine ganze Reihe. Besonders gefährlich sind die folgenden drei: 1. Die Blattwanzen (Capsiden, „Blindwanzen"). Sie werden bis 5 mm lang, haben flache Körper mit vier platt auf dem Rücken aufliegenden Flügeln. Ihre Eier legen sie in das Gewebe der Pflanzen. Sie saugen an den Trieben und verursachen auch durch ihren giftigen Speichel Schaden. Die Triebe verkrüppeln und bringen beschädigte Blumen oder bei starkem Befall überhaupt keine Blüten. Auch an den Blättern saugen die Tiere. Bei sonnigem, warmem Wetter sind sie sehr lebhaft und laufen oder fliegen bei der geringsten Störung fort. Bei trübem Wetter und am Morgen sind sie träge und bewegen sich kaum. Man kann durch Wässern die Ausbreitung dieser Tiere behindern. Zu ihrer Vernichtung muß man Präparate (Dimethoat, Trichlorfon, Parathion-Methyl) spritzen oder stäuben. Auch kann man die Tiere morgens, wenn sie noch nachtsteif sind, fangen, indem man mit Raupenleim bestrichene Pappe unter die Dahlien legt und die Wanzen abschüttelt oder abklopft. Neben ihnen ist der Ohrwurm ein Insekt, das gern auf Dahlien geht. 2. Die Zwergkrankheit. Sie wird durch einen Virus verursacht. Die Blätter bekommen mosaikartig helle und dunkle Flecken, und bei schwerem Befall wachsen die Pflanzen nicht weiter, sondern bleiben gestaucht und verzwergen. Die Blumen sitzen auf zu kurzen Stielen, bleiben klein, und ihre Menge nimmt ab. Es kommt vor, daß die Erscheinungen wieder zurückgehen, häufig aber treten sie nach dem Herbst zu an jungen Seitentrieben wieder stärker auf. Das Virus wird durch Blattläuse und Kleinzikaden übertragen, ferner beim Schneiden von Blumen durch den Saft. Die Mosaikkrankheit, wie sie auch heißt, läßt sich direkt nicht bekämpfen. Man achte darauf, daß Blattläuse sich nicht ausbreiten und bekämpfe sie sofort. Zwergig bleibende Pflanzen muß man ausheben und vernichten. Große Sorgfalt ist bei der Auslese der Mutterknollen nötig, da das Virus auch mit den Knollen übertragen wird. Man vermeide außerdem, mit dem Messer an befallene oder bloß verdächtige Mutterknollen zu kommen, und beim Stecklingschneiden desinfiziere man sein Messer von Zeit zu Zeit durch Eintauchen in Formalinlösung. Befallene Pflanzen liefern weder ausreichend große Knollen, noch halten sich diese gut. Die Anfälligkeit der Sorten ist sehr verschieden, aber man weiß nichts Endgültiges über die Ursachen der Unterschiede. 3. Die Trockenfäule im Winter. Sie ist häufig und vernichtet zuweilen große Teile der Bestände. Die Knollen werden trocken und zerfallen wie Zunder. Die Ursache ist nicht bekannt. Man muß beim Lagern alles vermeiden, was Schaden anrichten kann: Wunden, Frost, zu große Trockenheit, zu starke Nässe.

Datúra · Stechapfel
Solanaceae ☉ ○ ◐ ◑ ⋀

Der Gattungsname ist die latinisierte Form der arabischen Bezeichnung einer im Mittelmeerraum häufigen Art, die teils tatula, teils datura genannt wird. Die Gattung umfaßt gegen 25 Arten, welche sowohl in der gemäßigten Zone als auch in den Tropen auftreten, vor allem in Südamerika. Sie werden einjährige oder perennierende Kräuter, auch Sträucher oder Bäume mit einfachen, meistens gestielten Blättern und in der Regel großen, trichterförmigen Blumen. Diese haben eine lange Röhre und einen deutlich abstehenden, zuweilen etwas zurückgeschlagenen Saum. Die Früchte bekommen Stacheln, daher der deutsche Name „Stechapfel". Das Kraut und die Samen sind giftig und wirken ähnlich wie Tollkirsche und Bilsenkraut. Das Laub wird für Asthmazigaretten genommen, ferner stellt man daraus die Tinctura stramoni her, welche gegen Krämpfe hilft. Einige Arten sind seit vielen Jahren Gartenzierden oder werden in Kübeln gehalten.

Datúra fastuósa L. ist innerhalb der gemäßigten Zonen weit verbreitet. Die Pflanzen werden 60 bis 80 cm hoch und haben bis 12 cm lange, elegant wirkende Blüten in der typischen Trichterform. Die Sorte 'Alba' blüht weiß, 'Plena' bekommt zwei bis drei Kronenkränze, 'Huberiana' wächst gedrungener und bekommt weiße, bläulich, gelblich oder kupferfarben angelaufene Blüten.

Datúra innóxia Mill (syn. D. meteloides DC. ex Dun.) hat ihr Verbreitungsareal weiter nordwärts, denn die Art tritt in Mexiko und Nordamerika auf. Die Pflanzen werden 40 bis 100 cm hoch, ihr Laub und die Triebe sind blaugrün überlaufen. Sie bekommen weiße Blumen mit violettem Anhauch. Die Blüten werden bis 20 cm lang und bis 15 cm breit. Die Art hat einen knolligen Wurzelstock, den man wie Dahlien frostfrei überwintern muß.

Datúra métel L. ist in Ostindien und Südamerika häufig und bildet etwa 1 m hohe, reichlich sich verzweigende Büsche. Das Laub und alle übrigen grünen Teile der

Pflanzen sind dicht mit weichen Haaren bedeckt. Die Blumen werden ansehnlich, stehen aufrecht und sind weiß, grünlichweiß oder auch dunkelpurpurn.

Bewertung, Verwendung, Anzucht: Die aufgeführten Arten wirken durch ihre großen, in der Form auffälligen Blüten, teils auch durch die Färbung des Laubes. Aber sie sind Exoten und passen nicht überall hin; man stellt sie entweder einzeln oder in kleinen Gruppen für sich in den Rasen oder zwischen ähnlich wirkende Gewächse oder aber als starken Kontrast mitten unter heimische oder bei uns eingebürgerte Blumen. Für Massenpflanzungen kommen sie hier nicht in Betracht, da solche befremdend wirken würden. Man sät im zeitigen Frühjahr unter Glas, topft dann ein und verpflanzt noch einmal und setzt nach Mitte Mai an den vorgesehenen Platz. Je stärker die Exemplare sind, die man pflanzt, um so kräftiger wird später die Entfaltung und der Flor; es ist also gute Vorkultur nötig. Stecklinge werden im Februar geschnitten, bei mäßiger Bodenwärme bewurzeln sie sich leicht. Man stellt hell auf und stutzt wiederholt. Von Juni an wird ausgepflanzt. Der Boden am endgültigen Standort soll leicht alkalisch sein und ausreichend guten Kompost oder alten Dünger enthalten. Es ist unbedingt volle Sonne zu wählen. Bei starker Trockenheit muß man wässern.

Delphínium · Rittersporn
Ranunculaceae ☉ ♃ ☽ ◯ ‖ ✕

Im Namen steckt das griechische Wort delphis, delphinos = Delphin; es bezieht sich auf die Ähnlichkeit der gespornten Blüten mit der Gestalt des auch im Mittelmeer auftretenden fischartigen Säugetiers. Die Rittersporne hießen bereits bei Dioskorides delphinion. Die Gattung umfaßt gegen 420 Arten, von denen sich aber nicht wenige sehr nahe stehen. Auch sind viele Arten endemisch und auf sehr kleine Areale beschränkt. Sie treten vor allem in der nördlichen gemäßigten Zone auf: in Europa, Asien und vereinzelt auch in Nordamerika. Nach Süden zu findet man sie nur in Afrika in den höheren Lagen der großen Berge. Die Pflanzen werden einjährige oder mehrjährige Kräuter, einzelne Arten haben einen knolligen Wurzelstock. Die Blätter sind finger- oder handförmig geschlitzt, und die Blüten stehen in lockeren oder dichten, meistens ansehnlichen Trauben oder Rispen beisammen, die end- bzw. seitenständig erscheinen. Die Früchte werden Balgfrüchte, die Samen dunkelbraun bis schwarz.

Viele Arten sind bereits seit Jahrhunderten beliebte Gartenzierden, einzelne auch Gegenstand einer ausgedehnten Züchtung. Als Bestäuber kommen nur Hummeln in Betracht, da der Nektar im Sporn zu finden ist, den nur Insekten mit langem Rüssel zu erreichen vermögen. Wie in allen Fachbüchern werden auch hier die einjährigen und die perennierenden Arten getrennt aufgeführt.

Einjährige Arten

Delphínium ajácis L. emend. J. Gay stammt aus dem Orient und Südeuropa, hat sich aber nach Mitteleuropa ausgebreitet. Die Blumen haben einen langen Sporn. Die Art ist schon seit dem Mittelalter in Kultur, und mit der Zeit haben sich verschiedene Typen und Formen entwickelt. Es gibt hochwachsende, welche bis 100 cm Höhe erreichen, und niedrig bleibende. Unter diesen ist der schönste der Hyazinthenrittersporn. Er bildet nur einen Trieb, welcher in einer langen, dichten, mit gefüllten, großen Blüten besetzten Traube endigt. Die Blumen werden weiß, rosa bis karminrosa, hell- und dunkelviolett. Außerdem gibt es Farbensorten.

Delphínium consólida L., der Feldrittersporn, ist eine sparrig sich verzweigende Pflanze, die auf dem Felde 30 bis 60 cm hoch wird und nicht allzu viele Blumen bringt. Man nimmt nur die Sorten. Sie wachsen geschlossener und bringen zahlreiche Seitenrispen, welche dicht mit Blüten besetzt sind. Auch davon gibt es Farbensorten in Dunkelblau, Hellblau, Weiß und Ziegelrot sowie eine karminrote Sorte 'Rotdorn'.

Delphínium verdunénse Balb. (syn. *D. cardiopetalum* DC.) stammt aus den Pyrenäen und hat im Umriß herzförmige Blätter. Die Pflanzen werden etwa 30 cm hoch, verzweigen sich reichlich, wenn sie weitläufig genug stehen, und blühen mit einfachen, nur mittelgroßen, aber leuchtend blauvioletten Blumen. Der Herzblättrige Rittersporn blüht erst im Hochsommer und bis in den Herbst hinein.

Bewertung, Verwendung, Anzucht: Die aufgeführten einjährigen Rittersporne sind überaus wirkungsvolle, dankbare Gartenzierden und bilden, in Massen verwendet, weithin leuchtende Farbflecken. Sie haben nur einen Nachteil, besonders die einstieligen Hyazinthenrittersporne: sie halten nicht lange durch, sondern verblühen – vor allem bei zu trockenem Standort und heißem, niederschlaglosem Frühling und Sommeranfang – ziemlich bald. Bei *D. consolida* läßt sich dem durch Wässern und Nachdüngung entgegenwirken. *D. ajacis* blüht zuerst, und der Flor geht als erster zu Ende. Man sät im Herbst an Ort und Stelle, am besten in Reihen mit Abständen von 30 bis 50 cm, oder im zeitigen Frühjahr. Im Herbst gesäte Bestände werden bei gutem Boden und einiger Pflege üppiger und blühen auch länger. Man muß unbedingt ausdünnen: auf 15 bis 20 cm Entfernung. Der Boden soll tiefgründig, kräftig und, wenn möglich, etwas frisch sein. Weite Abstände haben nur Sinn, wenn man auf sehr guten Boden sät und im nächsten Jahre pflegen kann: also wässert und düngt. Der Standort soll immer in voller Sonne liegen. Die besten Typen von *D. consolida* eignen sich auch glänzend für Schnitt, aber man sollte sie sofort verwenden und gleich ins Wasser stellen. Langes Transportieren und Hantieren mit den Bündeln ist ungünstig, die Blumen fallen früher aus. *D. verdunense* eignet sich als Einfassung vorzüglich.

Delphinium-Hybriden der Elatum-Gruppe

Perennierende Arten

Wildarten

Delphínium cashmeriánum Royle aus den hoch gelegenen Gebieten Kaschmirs hat breit herzförmige, 5lappige, gesägt-gezähnte, beiderseits behaarte, ziemlich dunkelgrüne Blätter und bringt in kurzen Trauben etwa 3 cm breite, tiefviolette Blüten. Die Pflanzen werden 30 bis 50 cm hoch und blühen im Juni/Juli, oft im Herbst noch ein zweites Mal, sie treiben stets mehrere Stiele. Besser als die Art sind die Züchtungen 'Phönix' mit größeren, leuchtend violettblauen Blumen und 'Tannhäuser' — Blumenstand dicht, Blüten rötlicher violett.

Delphínium grandiflórum L. aus Ostsibirien wird 40 bis 70 cm hoch, hat einen lockeren Wuchs, tief handförmig geteilte Blätter mit schmalen Zipfeln und blüht in lockeren Trauben mit großen, leuchtend tiefhimmelblauen Blumen im Juni bis August. Es gibt auch eine Form mit weißen Blumen und die Sorte 'Blauer Spiegel' mit größeren, besonders leuchtend blauen Blüten. Die Pflanzen dauern nicht lange aus, sondern verschwinden bald. Die schöne Farbe jedoch ist wert, daß man immer wieder neu heranzieht, was wenig Arbeit macht. Im Sortiment wird diese Sorte sowohl als Staude als auch als Zweijahrsblume geführt.

Delphínium zálil Aitch. et Hemsl. (syn. D. sulphureum hort.) stammt aus Iran und wächst in steppenhaften Strichen, wo der Pflanzenwuchs über Sommer zum Stillstand kommt. Die Art hat einen knollig-rübigen Erdstamm, handförmige, vielfach geteilte Blätter mit lanzettlich-linealischen Zipfeln und gerade Blütenstände mit reingelben Blumen, die sehr apart wirken. Die Pflanzen werden 40 bis 70 cm hoch und blühen im Mai/Juni. Sie sind bei uns kaum winterhart. Am ärgsten setzt ihnen unsre Winternässe zu, weshalb man die Wurzeln im Herbst ausgraben und in Sand in einem trockenen Frühbeet überwintern sollte. Diese Art wird bei uns selten mehrere Jahre alt. Die Stiele sind als Schnittblumen sehr apart, und da und dort wird *D. zalil* zur Gewinnung von Schnittblumen kultiviert.

Ausdauernde Gartenrittersporne

Die ausdauernden Gartenrittersporne werden als **Delphinium-Hybriden** zusammengefaßt und geführt. Früher gingen sie als D. × cultorum Voss und auch als D. hybridum hort. Es gibt drei Gruppen von Züchtungen: die Belladonna-Gruppe, die Elatum-Gruppe und die

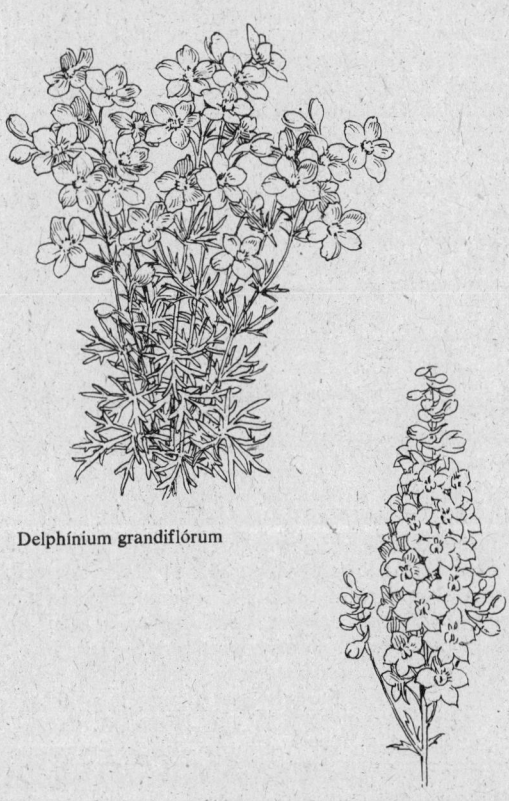

Delphinium grandiflorum

Delphinium-Hybride der Belladonna-Gruppe

Die Elatum-Gruppe stammt von *D. elatum* ab, einer Art mit einem weitgespannten natürlichen Verbreitungsareal und großem Migrationsvermögen. Dieser Typus des Gartenrittersporns trat bereits im 17. Jahrhundert recht formenreich auf, was man Bildern dieser Zeit entnehmen kann, aber die züchterische Bearbeitung setzte erst in der Mitte des 19. Jahrhunderts ein. Der erste Züchter war Lemoine in Frankreich, ein äußerst und vielseitig erfolgreicher Mann. Wenig später begann James Kelway in Langport, England, seine Arbeit. Er erzielte zahlreiche Sorten, die lange Jahre in aller Welt hoch geschätzt wurden, z. B. 'King of Delphiniums' und 'Dusky Monarch'. Weitere sehr erfolgreiche englische Züchter sind Blackmore & Langdon, welche eine lange Reihe von Sorten herausbrachten, die heute noch in England zu den besten zählen, wie 'Lady Eleanor', die erste brauchbare reinweiße, 'Lady Belinda', der vollkommen gefüllte Rittersporn mit einer dichten Rispe großer, röschenförmiger Blumen, 'Alice Artindale' und weitere. Erfolgreich haben auch Frank Bishop, C. Ferguson und Watkin Samuel gezüchtet, zu denen neuerdings Donald Parrett hinzukommt. Bei uns haben englische Spitzenzüchtungen nur vorübergehend eine Rolle gespielt: Sie stammen aus einem Land mit Seeklima und eignen sich für uns, die wir Kontinentalklima haben, weniger. Sie dauern bei uns nicht richtig aus und bekommen leicht Mehltau. Unsere Gartenrittersporne hat Karl Foerster in zäher, sich lang hinziehender Arbeit geschaffen. Ihre wichtigsten Eigenschaften sind: große Resistenz gegen Mehltau, fester Stand, den weder Wind noch Regen beeinträchtigen können, starke Vitalität, klare, manchmal förmlich blitzende Farben, guter Aufbau der gesamten Pflanze, lang sich hinziehender Flor, geschlossene, weithin wirkende Rispen und Nebentriebe, die den Flor verlängern. Die Zahl der Sorten ist groß. Es seien nur einige angeführt, was aber nicht heißen soll, daß die übrigen weniger gut wären. In Hellblau: 'Berghimmel' – schon seit 1920 im Handel, immer noch eine der wertvollsten Sorten in klarem Himmelblau mit weißem Auge, bis 2 m hoch; 'Perlmutterbaum' – perlmutterblau mit rosa Schimmer, dunkles Auge, 1,70 m; 'Abgesang' – leuchtend kornblumenblau, 1,70 m. Zu den enzianblauen Sorten gehören 'Festsignal', 'Lanzenträger', 'Enziannachspiel', alle mit weißem Auge, 'Finsteraarhorn' mit dunkler Mitte. Amethystblau blühen 'Amethyst' und 'Malvine'. Zu den blauvioletten Sorten gehören 'Nachtwache' und 'Tempelgong'. 'Tropennacht' bietet einen Farbendreiklang: enzianblau, purpurviolett und weiß. Die 'Bornimer Hybriden' sind eine Mischung blauer Farbtöne. Wertvolle Sorten anderer Züchter sind: 'Bully' – hellblau mit Perlmutterglanz, wichtig wegen des verhältnismäßig niedrigen Wuchses, Höhe etwa 120 cm; 'Sommernachtstraum' – große Blumen in einem förmlich funkelnden Enzianblau mit schwarzem Auge. Die Sorten lassen sich echt nur vegetativ vermehren.

Pacific-Hybriden-Gruppe. Die **Belladonna-Gruppe** hat *D. grandiflorum* und *D. cheilanthum* als wichtigste Eltern und tauchte etwa 1890 als Sorten auf. Im Jahre 1900 wuchs bei einem holländischen Gärtner ein Exemplar, das 5 Blütentriebe brachte, von welchen 2 hellblaue, die andern weiße Blüten aufwiesen. Man teilte vorsichtig, und so waren die beiden Sorten 'Capri', welche noch im Sortiment geführt wird, mit himmelblauen und 'Moerheimi' mit reinweißen Blumen gewonnen, doch schlagen die weißblühenden Pflanzen gelegentlich in hellblaue um, manchmal auch nur einzelne Stiele. Beide werden 120 cm hoch und haben lange, locker mit mittelgroßen Blumen besetzte, sich auch verzweigende Blütentrauben. Flor im Juni/Juli, oft im Herbst ein zweites Mal, fast mit gleicher Stärke. Weitere Sorten dieser Gruppe sind 'Kleine Nachtmusik', dunkellila, 'Piccolo', mittelblau, und 'Völkerfrieden' mit ultramarinblauen Blumen, ihre Farbe ist sehr intensiv und wirkt weithin. Die Pflanzen wachsen nicht übermäßig und bilden nicht so kompakte Büsche wie die Elatum-Hybriden. Nach dem ersten Flor schneide man sofort zurück, um so sicherer folgt ein zweiter. Belladonna-Sorten haben 48 Chromosomen, die Elatum-Hybriden im allgemeinen 32. Eine Kreuzung beider ist also nahezu unmöglich.

Die Pacific-Gruppe. Diese Rittersporne wurden in

De

Deschámpsia cespitósa   Diánthus barbátus

Kalifornien gezüchtet. Es hatte sich herausgestellt, daß die europäischen Sorten der Elatum-Gruppe für den größten Teil der USA als Gartenrittersporn völlig ungeeignet sind. Der Einfluß der hiesigen Winter, der den Exemplaren eine Ruheperiode aufzwingt, fehlt dort, und die Pflanzen wachsen ununterbrochen. Dadurch gibt es keinen regelrechten Flor, sie erschöpfen sich und versagen. Den Ausweg aus dieser für Blumenfreunde höchst unerfreulichen Situation stellt die Pacific-Gruppe dar. Ausgangsmaterial waren viele wertvolle englische Sorten. Sie wurden durch Frank Reinelt in Kalifornien, wo quasi gärtnerisches Luxusklima herrscht, auf Einjährigkeit gezüchtet. Die Pflanzen werden üppig, bekommen lange Blütenstände und sehr große Blumen. Die Farben sind klar, teilweise leuchtend. Ihre Brillanz wurde durch Verwendung des in Kalifornien heimischen *D. cardinale* erreicht. Pacific-Sorten gibt es nur als Samen, aus dem man die Bestände selbst heranziehen muß. Sie werden in Namens- und Farbensorten geliefert und fallen sehr einheitlich.

Die Skala enthält die wichtigsten Blautöne, daneben Sorten in Weiß ('Galahad') und Weiß mit Auge ('Mondlicht'), die Sorte 'Astolat' bringt rosa Blumen. Wegen der Üppigkeit der Pflanzen und der Größe der Blüten heißen diese Rittersporne auch 'Pacific-Riesen'. Bei zeitiger Aussaat und guter Pflege blühen die Bestände tatsächlich nach 12 bis 15 Wochen... auch hier bei uns. In USA hackt man die Exemplare nach dem Flor aus und beginnt den Zyklus im nächsten Jahr aufs neue. In Mitteleuropa überstehen sie wie die Elatum-Hybriden den Winter, erreichen jedoch im zweiten Standjahr nicht die Größe und Schönheit wie im ersten. Auch werden sie selten älter als zwei, drei Jahre. Ferner sind sie in der vegetativen Vermehrung nicht so sicher wie hiesige Sorten. Mit den Jahren hat sich das jedoch etwas gebessert. Es empfiehlt sich trotzdem, die 'Pacific-Riesen' auch hier hauptsächlich einjährig zu kultivieren.

Erwähnt sei aber, daß der englische Züchter Ronald Parrett Spitzensorten der Elatum-Gruppe mit 'Pacific-Riesen' kreuzte und dabei Sorten erzielte, die so große Blüten und leuchtende Farben wie letztere aufweisen und regelrecht perennieren.

Bewertung, Verwendung, Anzucht: Rittersporne gehören zu den imposantesten Blütenstauden und bringen wie keine andere das Blau in unsre Gärten, jene Farbe, von welcher Goethe in seiner Farbenlehre sagt: „Wie wir einen angenehmen Gegenstand, der uns flieht, gern verfolgen, so sehen wir das Blau gern an, nicht weil es auf uns dringt, sondern weil es uns nach sich zieht." Und ferner: „Diese Farbe macht für das Auge eine sonderbare und unaussprechliche Wirkung. Es ist etwas Widersprechendes von Reiz und Ruhe im Anblick." Je reiner das Blau, um so mehr strahlt es und spiegelt es die Stimmung, die Verhältnisse der Atmosphäre. Als passive Farbe verträgt es sich mit fast allen übrigen. Man kann Rittersporn also mit vielerlei Stauden und auch Einjahrsblumen, ferner mit Strauch- und Rankrosen zusammenbringen, als Solitär dagegen ist er weniger geeignet. Die Triebe vergilben nach dem ersten Flor, was störend wirkt, und wenn man sie herunterschneidet, entsteht eine leere Stelle, mindestens vorübergehend. Sie wollen volle Sonne, freie, aber einigermaßen windsichere Standorte und tiefgründigen, kräftigen Boden, der weder zu trocken, noch zu naß sein darf. Wichtig ist, daß die Exemplare nicht von andern Gewächsen bedrängt werden oder ins Wurzelbereich stark wachsender Gehölze geraten. Im allgemeinen kann man die Pflanzen vier bis sieben Jahre am gleichen Standort lassen.

Die Sorten verhalten sich unterschiedlich: Besonders wüchsige können länger stehenbleiben als schwächer wachsende. Man muß und kann das selbst durch Beobachtung leicht herausfinden. Aufwendige Pflege verlangen die Bestände nicht: Man halte den Boden locker und unkrautfrei, ziehe um jede Pflanze eine Gießmulde, wässere bei Trockenheit mehrmals gründlich und streue im zeitigen Frühling, noch vor dem Austrieb, einen Volldünger. Nötig ist ferner, nach dem ersten Flor die Triebe auf etwa 15 cm herunterzuschneiden. In Samen soll man nur gehen lassen, wenn man ihn braucht, seine Ausbildung kostet den zweiten Flor. Vermehrt wird in den Staudenbetrieben durch grundständige Stecklinge im zeitigen Frühling, bei denen eine dünne Scheibe des Wurzelstockes stehenbleiben muß. Man steckt in 6-cm-Töpfchen in sandige Erde, bringt in einen kalten oder nur wenig gepackten, aber gut schließenden Kasten und läßt dort bewurzeln. Bei Sonnenschein ist sofort für lichten Schatten zu sorgen. Später härtet man ab, düngt mit Volldüngerlösung und pflanzt schließlich an den vorgesehenen Platz oder auf Anzuchtbeete. Man nimmt 5 Reihen je Normalbeet und in der Reihe 25 cm Abstand. Die Bestände werden bis zum Herbst fertig; ein zweites Jahr sollte man sie nicht auf den Anzuchtbeeten stehenlassen, sondern aufteilen und umpflanzen. Das kann im Frühling und auch sofort nach dem ersten Flor geschehen, wenn die Stöcke neu durchzutreiben anfangen. Und auch mitten im Winter läßt sich vermehren. Man muß natürlich die Mutterpflanzen frostfrei einschlagen. Etwa Mitte Januar holt man sie ins Gewächshaus und treibt sie bei mäßiger Wärme behutsam an. Die erscheinenden Stecklinge wachsen leicht, aber sie sind empfindlicher, nämlich viel weicher, als die aus dem Freiland geholten: daher faulen sie leichter. Man muß also sehr vorsichtig spritzen und Zug vermeiden. Man nehme nur Stecklinge, die noch nicht anfangen, hart zu werden, insbesondere neigen die stärkeren dazu. Am besten eignen sich mittelstarke Triebe. Je nach der Sorte und dem Zustande der Mutterpflanzen kann man vier bis sieben Stecklinge schneiden, von zweijährigen Mutterpflanzen die doppelte Menge. Ältere Bestände geben nicht entsprechend mehr Stecklinge. Diese Vermehrungsart eignet sich sowohl für die Sorten der Elatum- als auch der Belladonna-Gruppe. Im Kleinen wird einfach durch Teilung vermehrt; die Mutterpflanzen dürfen aber nicht zu alt sein. Pacific-Riesen sind, wie bereits ausgeführt, am besten aus Samen heranzuziehen. Man muß im Februar aussäen, pikiert dann, topft in 8-cm-Töpfe und pflanzt schließlich an den vorgesehenen Platz. Die Saatgefäße sind mit Papier abzudecken, da Rittersporn ein Dunkelkeimer ist.

Dentária heptaphýlla → **Cardámine heptaphýlla**

Deschámpsia · Schmiele
Gramineae   ♃ ○ ◐ ○ ♡

Die Gattung wurde von ihrem Bearbeiter Palisot de Beauvais zu Ehren des aus St. Omer stammenden französischen Naturforschers Des-Longchamps († 1849) benannt. Die Pflanzen sind ausdauernde Gräser mit nicht sehr breiten Blättern und lockeren Rispen auf mittelhohen bis hohen Stielen. Die Gattung ist gegen 20 Arten stark.
Deschámpsia cespitósa (L.) P. Beauv. wird 30 bis 70 cm hoch, bildet dichte, feste Horste dunkelgrüner Halme und blüht hoch mit großen, ausgebreiteten, duftigen Rispen von bräunlicher Tönung. Blütezeit von Hochsommer bis zum Herbst. Man schneide zu Herbstanfang die Blütenstiele weg. 'Tardiflora' mit hellgrünen Rispen wird bis 80 cm hoch und wirkt noch eleganter als die Art.

Deschámpsia flexuósa → **Avenélla flexuósa**

Bewertung, Verwendung, Anzucht: Ein recht brauchbares Gras, das nicht durch Wuchern lästig wird. Es eignet sich für Naturgärten und kann zwischen kräftig treibende Wildstauden als Einsprengsel, Gegensatz oder Unterbrechung gesetzt werden. Es will nicht zu trocken stehen und verträgt Sonne wie Schatten, wenn dieser nicht zu tief ist. Vermehrt wird durch Teilung und aus Samen. Man kultiviert am besten in Töpfen und arbeitet nur mit Topfware, da diese leichter einwurzelt. Bei Teilung oder Saat zeitig im Frühling sind die Bestände bis zum Herbst erstarkt, man pflanze aber im Frühling an den vorgesehenen Platz.

Diánthus · Nelke
Caryophyllaceae
☉ ☉ ♃ ○ ◐ ◐ ◑ ○ △ ‖

Im Namen stecken die griechischen Wörter dios = Zeus und anthos = Blume. Sinngemäß übersetzt bedeutet ihr Name also 'Götterblume'. Das dürfte sich auf den Duft und die oft großen Blüten beziehen. Bereits Plinius rühmt die Nelken, aber sie gehörten im Altertum nicht – gleich Veilchen, Rosen, Lilien – zu den Favoriten. Die Gattung umfaßt gegen 270 Arten, die ein- oder zweijährige oder perennierende Kräuter, nur ausnahmsweise kleine Sträucher werden. Sie haben grasartig schmale, oft blaugrüne Blätter, welche am Grunde scheidenartig verwachsen sind. Die Blüten werden ansehnlich und erscheinen einzeln, endständig, in Büscheln oder lockeren Trugdolden. Als Entstehungsgebiet gilt der Mittelmeerraum, von wo aus zahlreiche Arten nach Mitteleuropa, Sibirien, Japan und China wanderten. Andere kommen in Äthiopien und im Kapland vor; in Südamerika und Australien fehlen sie völlig. Viele Arten zeigen einen xerophilen Habitus. Als Befruchter kommen nur Falter mit längeren Rüsseln und Hummeln in Betracht, da der Nektar im Grund der oft tiefen Kronröhre abgesondert wird. Um die Gäste anzulocken, haben die Nelken einen lebhaften, weithin dringenden Duft, große, auffällig gefärbte Blüten und als Wegweiser schließlich bei vielen Arten den lebhaft getönten Kranz oder Ring am Eingang der Kronröhre. Nach Mitteleuropa wurden die Nelken durch Mönche aus Italien eingeführt, und schon im Mittelalter gab es viele Spielarten. Sie hatten einfache oder gefüllte oder mehrfarbige Blumen. Einzelne Typen, vor allem die Topfchornelken mit ihren sehr großen Blüten in den mannigfachsten Farben, waren im 18. und in der ersten Hälfte des 19. Jahrhunderts Gegenstand einer weitverbreiteten Liebhaberei samt allem, was dazu gehört (Vereine, Ausstellungen, Wettbewerbe, Sortenmacherei, Phantasiepreise für gute Neuheiten). Das ist heute vorbei, aber andere Nelken haben große Bedeutung für den Gartenbau gewonnen, und manche werden in Riesenmengen kultiviert, insbesondere die sogenannten Edelnelken, ferner die Remontantnelken. Daneben gibt es eine lange Reihe von Arten für Steingärten, Trockenmauern und Gartenbeete.

Ein- und zweijährige Arten

Diánthus barbátus L., die Bartnelke, wächst heute noch in Süd- und Südosteuropa wild und wird in diesen Gebieten mehrere Jahre alt, wir verwenden sie als Bienne. Es sind verhältnismäßig üppig werdende Pflanzen mit einem ansehnlichen Schopfe tiefgrüner, breit-lanzettlicher Blätter, die überwintern. Im Juni/

Di

Diánthus caryophýllus, Landnelke   Diánthus chinénsis   Diánthus arenárius   Diánthus carthusianórum

Juli des nächsten Jahres treiben die Rosetten auf festen, bis 35 cm hohen, unten leicht beblätterten, oben sich verzweigenden Stielen breite Köpfe mit vielen Einzelblumen. Die Blumen duften und werden rein- bis leicht cremeweiß, rosa und verschieden rot. Es gibt Sorten mit Blüten, die Augen und auch Ringe oder Bänder in andern Farben aufweisen, ferner gefüllte, unter welchen noch lila Töne vorkommen. *D. barbatus* ist eine alte Gartenpflanze, die im frühen Mittelalter in unsern Gärten auftauchte.

Diánthus caryophýllus L., die eigentliche Gartennelke, stammt ebenfalls aus Südeuropa, kommt aber auch in Nordafrika vor. Die Stammart hat keinen Gartenwert. Alle Gartensorten haben linealisch-pfriemige, blaugrüne bis graugrüne, scharf zugespitzte Blätter, und ihre Blüten werden groß, sitzen einzeln oder etwas gehäuft auf dünnen, verschieden hohen, ziemlich festen Stielen. Die Blüten duften meistens, werden einfach oder gefüllt, ganzrandig oder gezähnt. Außer reinem Blau sind alle Farben vertreten, häufig sind mehrfarbige Sorten. Die Mannigfaltigkeit ist groß, und es gibt eine Reihe von Klassen. Man unterscheidet nach dem Beginn und der Länge des Flors und nach der Größe oder Form der Blumen.

Einmal blühen:

Die **Nizzaer-Kind-Nelken** — verhältnismäßig früh, buschige Pflanzen mit ziemlich großen Blumen, die jedoch auf nicht besonders langen Stielen sitzen. Man nimmt sie gern als Gartenpflanzen in bunte Beete oder als Einfassung, ferner setzt man sie im zeitigen Frühjahr in Töpfe und stellt diese vors Zimmerfenster. Die **Grenadin- oder Granatnelken** blühen ebenfalls früh und bringen fast so große Blumen wie die Chabaud-Nelken, kommen vor diesen in Flor, remontieren jedoch nicht. Es gibt eine Reihe Sorten, meistens rote und einige weiße, sie werden 40 bis 50 cm hoch. Man verwendet sie als Gartenpflanze und auch zum Schnitt. Die **Wiener Zwergnelken** werden etwa 25 bis 35 cm hoch und bringen eine große Menge dichtgefüllter ansehnlicher Blumen. Dieser Typus ist eine sehr hübsche Gartennelke, die freilich nur einige Wochen erfreut, dann hört ihr Flor auf. Es gibt davon auch besonders früh blühende, die wertvoller sind. Die **Topfchornelken** bringen nur wenige, aber sehr edle, große Blumen und werden gern in Töpfen gehalten, man kann sie auch auf Beete pflanzen. Sie sind ausgesprochene Liebhabernelken. Von den Topfchornelken stammen die **Gebirgshängenelken** ab.

Die **Landnelken** der Kataloge blühen spät, aber sehr reich, Blumen bis 5 cm breit auf festen, hohen Stielen (Höhe der Pflanzen 40 bis 60 cm), Blütezeit Juli/August. Als Gartennelke und zum Schnitt sehr beliebt.

Immer blühen oder remontieren:

Die **Chabaud-Nelken**, nach dem Züchter, dem Apotheker Chabaud in Toulon, benannte Klasse, die hier nicht winterhart ist. Die Bestände beginnen etwa 6 Monate nach der Aussaat mit dem Flor, der sich bis tief in den Herbst hinziehen kann. Das hängt vom Wetter ab. Die Pflanzen werden nicht sehr hoch, und auch die Blumen sitzen auf verhältnismäßig kurzen Stielen, sie sind aber sehr groß und wirken ausgezeichnet. Wenn die Blumen in Samen gehen, läßt der Flor nach.

Die **Remontantnelken** entstanden wie die Chabaud-Nelken etwa 1830 ebenfalls in Frankreich und sind seit 1846 im Handel. Die Pflanzen werden 50 bis 60 cm hoch, verzweigen sich reichlich, verholzen im Grunde leicht und bringen auf festen Stielen vollkommen gefüllte, bis 7 cm breite Blumen, deren Größe sich durch Ausbrechen der Nebenknospen noch etwas steigern läßt. Die Blüten erscheinen in Schüben, es gibt also kurze Zeiten, wo die Exemplare nicht blühen. Die Remontant-Nelken sind besonders für Schnittblumengewinnung wichtig. Man vermehrt nicht aus Samen, sondern durch Stecklinge und muß diese in Frühbeeten unter Fenstern überwintern, bei großer Kälte auch abdecken. Es gibt eine Reihe von Sorten. Um aus diesen Nelken herauszuholen, was sie leisten können, ist eine regelrechte Kultur mit Stutzen, Fädenspannen zwischen den Stöcken, Düngen und notfalls Wässern nötig.

Diánthus chinénsis L., die China-Nelke, auch Chineser-Nelke genannt, ist eine alte Gartenzierde der Chinesen und kam von dort bereits in Kulturformen zu uns. Die Pflanzen haben hell- bis graugrüne, linealisch-lanzettliche Blätter und bringen einzeln oder nur zu wenigen auf 20 bis 35 cm hohen, knotigen Stielen meistens einfache Blumen, deren Gestalt wenig an unsre Nelken erinnert. Häufig sind auch Sorten oder Klassen mit bunten Blüten. Steigerungen des Typus sind die Sorte 'Imperialis', also die Kaisernelken, und die niedrige Ausgabe davon, die Zwerg-Kaisernelken mit sehr großen, reichgefüllten Blumen in den mannigfachsten Musterungen und Farben; und die Heddewigs-Nelken. Dianthus 'Heddewigii', von welchen es wiederum verschiedene Unterklassen gibt. Die Pflanzen bekommen bis 10 cm tiefe, oft tief geschlitzte Blüten, die auch bunt sein können. Sie werden bei den hochwachsenden Sorten etwa 35 cm hoch, die niedrigen nur 15 bis 20 cm. Sie blühen von Juni bis in den Herbst hinein. Die ersten Dianthus-chinensis-Samen sandte um 1705 der Missionar Bignon (nach dem die Bignonien genannt wurden) nach Paris. Die Heddewigs-Nelken wurden von dem Petersburger Gärtner Carl Heddewig im ersten Drittel des 18. Jahrhunderts aus Japan eingeführt und nach dem Manne benannt.

Bewertung, Verwendung, Anzucht vorstehender Arten: Am häufigsten kann man in unsern Gärten wohl die Bartnelken finden, dann folgen die einmal blühenden Landnelken, dann mit Abstand die Chineser-Nelken, welche zu Unrecht viel zu wenig angebaut werden. Die Chabaud- und Remontantnelken dagegen sind Typen für den Gartenbau. Die meisten aufgeführten Klassen und Arten eignen sich als Gartenzierden; viele liefern zugleich beliebte Schnittblumen, die sich in der Regel ziemlich lange halten. Alle Nelken wollen vollsonnigen Standort und nahrhaften, kalkhaltigen, nicht zu leichten, eher etwas trocknen als nassen Boden mit guter Durchlässigkeit. Keine wünscht frischen Mist in der Erde, aber alle sind für flüssige Düngung empfänglich, und diese sollte abwechselnd in Form von verdünnter Jauche und aufgelöstem Mineraldünger gegeben werden. Für die Anzucht gilt folgendes: Bartnelken werden Ende Mai bis etwas nach Mitte Juni auf Freiland-Saatbeete ausgesät und nach Erstarken in vier oder fünf Reihen auf Anzuchtbeete, Abstand in den Reihen 25 bis 30 cm, ausgepflanzt. Die Beete sollen nicht frei liegen, damit die Bestände gut durch den Winter kommen. In sehr nassen oder harten, schneelosen Wintern gibt es oft große Ausfälle. Die einmal blühenden Landnelken sät man um die gleiche Zeit, vertopft zuerst und pflanzt schließlich auf Anzuchtbeete, wo sie den Winter über bleiben. Auch bei ihnen kann viel Nässe zu Ausfällen führen. Topfchornelken sät man zur gleichen Zeit, pflanzt aber in Töpfe in ziemlich schwere, gehaltreiche Erde und überwintert in einem sehr luftigen, eben frostfreien, recht hellen Raum (Veranda, Flur, Gewächshaus, Frühbeet). Chabaud-Nelken sät man zeitig im Jahre unter Glas, pikiert und setzt nach Mitte Mai in 5 Reihen auf Beete in bester Tracht. Remontantnelken werden nur durch Stecklinge im Spätsommer bis Herbst vermehrt, im Frühbeet überwintert und, wenn es sich ermöglichen läßt, in 7-cm-Töpfe gepflanzt und dabei auch schon gestutzt. Zuletzt setzt man auf Beete. Beide beginnen im Juli mit dem Flor, starke Pflanzen der Remontantnelken bringen auch schon vorher eine kleine Zahl Blumen. Beide lassen sich im Herbst ausgraben und in kalten Blocks oder Frühbeeten einschlagen. Bei günstiger, vor allem sonniger Witterung kann man bis Ende November oder Weihnachten noch Blumen ernten. *Dianthus chinensis* schließlich sät man zeitig im Frühjahr recht weitläufig unter Glas aus, und pflanzt nach Erstarken an den vorgesehenen Platz – entweder in bunte Beete zwischen andere Sommerblumen oder als Einfassung oder beetweise. Alle Nelken haben zwei arge tierische Feinde: Kaninchen und Mäuse. Sie fressen die Pflanzen manchmal völlig ab. Im Überwinterungskasten von Remontantnelken können schwere Verluste entstehen, wenn Mäuse eindringen. Man muß oft nachsehen und sofort Giftweizen streuen; vorbeugend kann man den Kasten lückenlos mit Maschendraht auslegen, aber die Mäuse schlüpfen auch durch die gelüfteten Fenster. Sie nisten ferner im Freien unter den Büschen von Landnelken. Gegen Kaninchen hilft nur das vollständige Einfassen der Quartiere mit Maschendraht oder das Umspannen mit Drähten, durch die man elektrischen Strom laufen läßt wie auf Weiden.

Ausdauernde Arten

Diánthus × allwóodii Allw. sind aus Kreuzungen von *D. caryophyllus* und *D. plumarius* hervorgegangen, Züchter ist der englische Nelkenspezialist Allwood in Wivelsfield, Sussex. Die Variationsbreite ist groß; eine Reihe Sorten gehen in England als „Pinks" und haben für uns keine Bedeutung; andere ähneln den Federnelken: Diese kommen für uns in Betracht. Eine schöne Sorte ist 'Eva' – kräftig wachsend, sie bringt große, rosa Blumen mit dunklem Ring und blüht im Mai/Juni.
Diánthus arenárius L., die Sandnelke, wächst die ganze südliche Ostseeküste entlang, ferner in Schweden und in Ungarn. Die Pflanzen bilden lockere Polster, haben grünes bis graugrünes Laub und blühen mit weißen, geschlitzten, lebhaft duftenden Blüten im Hochsommer. Die Art wünscht sandigen Boden und eignet sich besonders für Heidegärten.
Diánthus carthusianórum L. aus Südeuropa, zu Ehren der beiden Naturforscher Johann und Friedrich Kartäuser benannt, die im 18. Jahrhundert lebten, bildet dichte Rasen. Die Kartäusernelke hat grüne, schmale Blätter und blüht im Juli bis oft in den September hinein mit tiefroten Blumen, welche in Köpfchen von 3 bis 6 Blumen beisammenstehen. Die Pflanzen werden 15 bis 30 cm hoch. Man kann sie häufig in alten Bauerngärten finden. Sie sind anspruchslos und wünschen nur ausreichend Kalk im Boden.
Diánthus cruéntus Griseb. aus Griechenland gehört zu den anspruchslosesten innerhalb der Gattung. Die Pflanzen erinnern etwas an die Bartnelken, werden aber nicht so üppig, dafür dauern sie aus. Sie haben grüne, etwas schlaffe Blätter und blühen im Sommer

Di

Diánthus gratianopolitánus

Diánthus plumárius

Diáscia bárberae

mit leuchtend dunkelblutroten Blumen in dichten Köpfen. Sie eignen sich zu Wildstauden als Nachbarn, man kann sie auch in Massen verwenden.

Diánthus deltoídes L., die Heidenelke, seltener Blutströpfchen genannt, kommt in ganz Europa wild vor, ferner in Asien und eingeschleppt auch in Nordamerika. Es sind lockerrasige, kriechend wachsende Pflanzen mit grünen Blättern und kleinen dunkelrosa Blütchen, welche einzeln oder zu wenigen auf Stielen, die bis 25 cm hoch werden, erscheinen. Die Büsche blühen überreich und bilden zur Florzeit einen einzigen Farbfleck. Die Hauptblüte fällt in den Juni, zuweilen kommen bis zum September immer wieder Blumen nach. Die Art ist anspruchslos und wünscht sandigen, vollsonnigen Standort. Außer der Art gibt es eine – wenig wirksame – Sorte 'Albus' mit weißen Blumen, die Züchtungen 'Splendens' mit ziemlich dunkelgrünen Blättern und lebhaft rosa Blüten und 'Brillant' mit leuchtend karminscharlachfarbenen Blumen und 'Heideglut', leuchtend dunkelscharlach.

Diánthus gratianopolitánus Vill. (syn. D. caesius Sm., unter welchem Namen die Art noch in den meisten Katalogen zu finden ist), die „Pfingstnelke", weil sie ziemlich früh zu blühen anfängt, bildet dichte, feste Polster mit meergrünen bis fast blaugrünen Blättern und blüht mit großen, einzeln stehenden Blumen auf Stielchen, die bis fingerlang werden. Die Pflanzen haben eine sich reichlich teilende, verholzende Grundachse und bringen blühende und nichtblühende Stiele. Bei der Stammform werden die Blumen hellpurpurn, es gibt neuerdings aber viele Züchtungen mit abweichend getönten Blüten. Wichtig ist, daß die Sorten recht feste Polster bilden und blaugrünes Laub haben, das auch ohne Blumen und nach dem Flor farblich wirkt. Die Höhe schwankt zwischen 10 bis 25 cm. In der Natur kommen die Pflanzen an felsigen Plätzen, in Mauerfugen und in den lockeren Nadelwäldern der Gebirge mit Sandboden vor. Man findet sie sowohl auf Kalk und Dolomit als auch auf Basalt und Porphyr. Für den Flor ist vor allem das Wetter des vergangenen Jahres wichtg: Nach warmen, trockenen Jahren blühen sie überreich, nach nassen Jahren nur mäßig. Von den zahlreichen Sorten seien aufgeführt: 'Blauigel' – stahlblaue Polster mit einer Menge rosaroter Blüten, 10 cm hoch; 'Blaureif' – Laub fast stahlblau, Blumen zartrosa, 20 cm hoch; die beiden Bornimer Sorten 'BS Junirot' – mit hellroten Blüten, 25 cm, und 'BS Rosenlicht' – reinrosa, 20 cm, beide im Juni/Juli blühend; 'Compactus Eydangeri' – die „Vorläufernelke", weil sie schon im Juni blüht, leuchtend karminrosa, duftend, wintergrün, 10 cm; 'Nordstjernen' – norwegische Züchtung, feste stahlgraublaue Polster, große rosarote Blüten.

Diánthus micrólepis Boiss. vom Balkan bildet dichte, 5 cm hohe oder wenig höhere Polster mit silbriggrauen Blättchen und blüht im Juni mit sehr großen purpurnen Blumen. Die Pflanzen wünschen kalkfreien Boden und sonnigen Standort, vertragen Nässe sehr schlecht. Es ist eine bei Liebhabern sehr begehrte, aber heikle Art.

Diánthus petraéus Waldst. et Kit. (syn. D. spiculifolius Schur, D. hungaricus Griseb.), die Geröllnelke, stammt aus den Karpaten, wächst rasig, hat bläulichgrüne, spitze Blätter und blüht mit zwar kleinen, aber sehr vielen rosaroten Blumen, Florzeit Juni/August. Die Pflanzen wünschen kalkhaltigen Boden und sonnigen, trockenen Standort, je sonniger und trockener (relativ!), um so schöner werden sie.

Diánthus plumárius L., die Federnelke, ist diejenige ausdauernde Art, welche man am häufigsten sehen kann. Die Pflanzen haben blaugrünes Laub und bilden mit der Zeit große Polster, sie blühen überreich im Juni/Juli. Viele eignen sich vorzüglich zu Einfassungen und Kanten, eine Reihe kommen auch für die Gewinnung von Schnittblumen in Frage. Wichtige Sorten sind: 'Altrosa' – sehr alte Sorte mit gefüllten rosa Blumen in Massen, 30 cm hoch; 'Albus' – gefüllt weiß, 'Gigant' – hell weinrot, 'Heidi' – dunkelrot, 'Lotte Forjahn' – kräftig dunkelrosa, 'Neurosa' – leuchtend rosa, 'Purpurkönigin' – weinrot, 'Saxonia' – rot, 'Suhl' – dunkelrosa. Bunt (rosa, weiß, dunkelrosa) blüht 'Emmy Helf'. In England gibt es Federnelken mit einfachen, vielfach bunten Blumen, die sozusagen eine etwas stattlichere Ausgabe von D. gratianopolitanus darstellen, wie 'Duchess of Five' oder 'Schottland Nordlicht'. Man kann sie dort verwenden, wo höher wachsende Nelkenbestände gebraucht werden. Die schlimmsten Widersacher auch dieser Nelken sind

Nässe, insbesondere nasse Winter, weiterhin Mäuse und Kaninchen. Besonders unter älteren, breiten Polstern findet man nicht selten Mäusegänge.

Diánthus supérbus L., die Prachtnelke, ist in Südeuropa und Kleinasien und durch ganz Asien hindurch bis nach Japan weit verbreitet, wächst aber nur in Strichen mit einem Klima, wie wir es bei uns haben. Die Pflanzen werden 30 bis 60 cm hoch und bilden lockere Rasen. Ihre Blätter sind grasgrün. Die Blumen sitzen in lockeren, rispenartigen Wickeln oder auch einzeln auf dünnen Stielen. Sie werden rosa bis purpurn, auch violettrosa, selten weiß und sind bis fast zur Mitte unregelmäßig fiedrig zerschlitzt, am Grunde hat jedes Blütenblatt einen grünen Fleck. Der Flor fällt in die Sommermonate. Die Pflanzen wollen einen etwas absonnigen Platz und trockenen, gut durchlässigen, humusreichen Boden. Sie sind nicht besonders dauerhaft, aber lassen sich aus Samen leicht heranziehen und verdienen diese kleine Mühe.

Diánthus sylvéstris Wulf. ssp. **sylvéstris**, die Steinnelke, aus dem Südteil der Alpen, dem Jura, aber auch in Italien und auf dem Balkan, wächst dort in tieferen Lagen, ist aber auch auf den Bergen häufig zu finden. Die Pflanzen haben eine Pfahlwurzel, die senkrecht oder schräg in den Boden eindringt, und rasig wachsende Rosetten gras- bis meergrüner Blätter. Sie bekommen große, heller oder tiefer rosa getönte Blumen, die einzeln oder in 2- bis 4blütigen Wickeln erscheinen. Die Bestände werden je nach den Wachstumsverhältnissen 5 bis 30 cm hoch, in den Gärten noch stattlicher. Die Art blüht im Hochsommer. Sie wünscht sonnigen, trockenen Standort und kalkhaltigen Boden, eignet sich sehr gut für Steinfugen.

Bewertung, Verwendung, Anzucht: Die meisten der aufgeführten perennierenden Arten sind ausgezeichnete und recht wirksame Gewächse für das Alpinum, für Trockenmauern und Gesteinsfugen. Viele sind durabel und stellen bescheidene Ansprüche, die man leicht befriedigen kann. Wichtig sind Sonne und guter Wasserabzug. Einige verlangen mehr Sorgfalt und besondere Zurichtungen, aber gerade solche zu ziehen und zu erhalten, reizt den Liebhaber. Für Gartenbaubetriebe haben die Federnelken als Lieferanten früher, haltbarer Schnittblumen große Bedeutung, zumal die Kultur wenig Arbeit macht. Die Sorten zur Schnittblumengewinnung, wie 'Altrosa', 'Lotte Forjahn', 'Gigant', 'Saxonia', 'Suhl', blühen etwas später als die frühesten kleinblumigen Sorten, bringen auch nicht die Unmenge von Blüten, doch werden diese viel ansehnlicher und sitzen auf höheren, festen Stielen. Bestände für den Schnitt soll man nur zwei Jahre stehenlassen und dann neu anpflanzen. Besser jedoch ist, alljährlich einen Satz zu pflanzen, so daß man stets ein- und zweijährige Bestände hat. Dreijährige und noch ältere Pflanzen bringen kleinere Blumen, und ihre Stiele werden kürzer. Der Boden soll nahrhaft und nicht zu leicht sein.

Vermehrt werden Federnelken durch Stecklinge, Zeitpunkt August/September. Man steckt in einen kalten Kasten, in dem die Bestände auch überwintern sollen. Auf eine Unterlage von guter Erde kommt eine 5 bis 6 cm hohe Schicht von reinem Sand, der fest angeklopft werden muß. Die Stecklinge dürfen weder zu weich noch hart sein. Dicht unter einem Knoten muß man mit einem scharfen Messer nachschneiden; schneidet es sich etwas schwer, ist der Steckling schon zu hart und treibt dünn schlechter und langsamer Wurzeln; rutscht das Messer gleichsam durch den Steckling, ist er zu weich und fault wahrscheinlich. Man stecke nicht große und kleine Stecklinge durcheinander, sondern sortiere in zwei Größen, der Bestand fällt dann gleichmäßiger aus.

Die Stecklinge dürfen nicht trocken werden. Man kann sie zuerst ins Wasser werfen, muß sie aber bald herausnehmen, damit sie nicht glasig werden, deckt sie aber bis zum Stecken mit feuchtem Papier oder Tuch ab. Nach dem Stecken lege man sofort Fenster oder Folie auf, um das tägliche Spritzen zu ersparen. Die Bahnen müssen genau so breit sein wie der Kasten und gut schließen. Natürlich muß man über die Folie noch Fenster legen. Haben die Stecklinge Wurzeln gezogen, ist die Folie zu entfernen, und man lüfte. Im Winter ist Reisig aufzulegen, aber nicht direkt auf die Nelken, sondern auf Latten, Stäbe und ähnliches. Hat man zum frühesten Termin Stecklinge gemacht, kann man noch im Herbst auf Beete pflanzen. Wichtig ist auch hier Schutz vor Mäusen und Kaninchen!

Die übrigen Arten werden durch Teilung oder aus Samen vermehrt; wenn man nur wenige Mutterpflanzen hat, auch durch Stecklinge. Es ist günstig, die klein bleibenden Arten in Töpfen zu kultivieren. Die Erde soll nahrhaft und zugleich durchlässig sein, es dürfen nicht zu große Töpfe genommen werden: 6er oder 7er genügen. Man senke in durchlässiges Material ein: in Sand, Koksgrus, feinen Kies, damit guter Wasserabzug gewährleistet ist. Samenträger müssen artenweise weit voneinander entfernt stehen, da Nelken leicht fremden Pollen annehmen und dann nicht mehr echt fallen.

Diáscia · Diascie
Scrophulariaceae ☉ ○ ◐ ◑ ◉ ‖

Im Namen stecken die griechischen Wörter dis = doppelt und askos = Schlauch; sie beziehen sich darauf, daß die Blüten am Schlunde zwei schlauchartige Sporne haben. Die Blumen ähneln den Blüten der Nemesien, die zur gleichen Familie gehören: sie haben oben zwei kleinere, aufrechte Kronlappen, unten zwei besonders große, die zu einer ansehnlichen Lippe verschmolzen sind. Die Gattung umfaßt 22 Arten, welche alle einjährige Kräuter werden und in Südafrika wild auftreten.

Diáscia bárberae Hook. f. ist die einzige Art, die kultiviert wird. Die Pflanzen sind etwa 30 cm hohe, vieltriebige Kräuter mit dünnen, drüsigen Stengeln und eiförmigen Blättern, welche unten Stiele haben, oben

Di

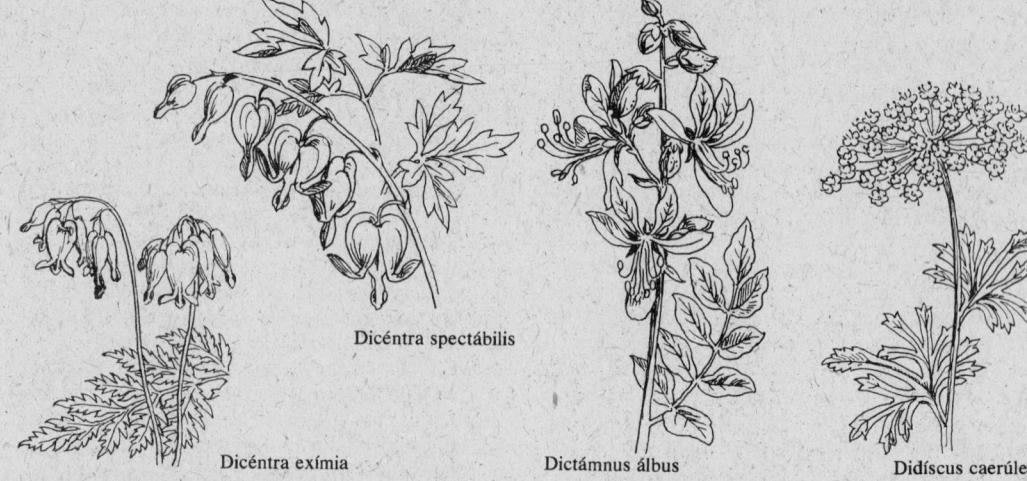

Dicéntra spectábilis
Dicéntra exímia
Dictámnus álbus
Didíscus caerúleus

keine. Ihre Blumen erscheinen an den Enden der Triebe, die auch Nebenäste mit Blüten ansetzen. Die Pflanzen blühen reich, ihre Blumen sind fleischfarbig bis ziegelmehlrosa mit dunklen Saftmalen am Eingang des Schlundes; bei der Sorte 'Lachskönigin' werden sie lebhaft lachs mit karminfarbenen Tupfen.

Bewertung, Verwendung, Anzucht: Diascien sind aparte Beetpflanzen. Man kann sie in bunte Blumenrabatten einfügen oder auch in größeren Mengen für sich pflanzen. Sie blühen lange. Leider werden sie viel zu wenig verwendet. Sie können zeitig (März) ausgesät werden, man muß dann in Töpfchen pikieren und bekommt Bestände, die bereits gegen Ende Juni anfangen zu blühen. Oder man sät im April in ein kaltes Frühbeet und pflanzt nach Erstarken an den vorgesehenen Platz. Man kann auch kurz vor der Blüte von Anzuchtbeeten in breite Töpfe oder Schalen pflanzen. Solche Posten sollte man in ihrer Jugend einige Male stutzen, damit die Pflanzen recht buschig werden.

Dicéntra · Herzblume
Papaveraceae

Im Namen der Pflanzen stecken die griechischen Wörter dis = zwei und kentron = Sporn; sie beziehen sich auf die sackförmigen Ausbuchtungen am Grunde der Blüten. Die Gattung umfaßt 15 Arten, die in Ostasien und Nordamerika wild vorkommen. *Dicentra spectabilis*, die schönste und am meisten gepflanzte Art, wurde 1816 aus China nach England eingeführt, ging aber infolge ungeeigneter Behandlung ein und wurde 1846 durch den großen Pflanzensammler Fortune zum zweiten Male nach England gesandt. Von dort aus hat sich diese neue, höchst anmutige Pflanze durch die ganze Alte Welt verbreitet, und schon seit langem gehört sie zu den beliebtesten Stauden. Insbesondere kann man sie in alten Bauerngärten in traulichem Verein mit so manchen andern etwas altmodisch anmutenden Blumen wie Brennende Liebe, Pumpelrose und *Rubus odoratus* finden. Aber auch noch einzelne andere Arten haben Gartenwert.

Dicéntra exímia (Ker-Gawl.) Torr. aus Nordamerika wird 20 bis 25 cm hoch, hat farnartig fein gefiederte Blätter, grau- bis blaugrün, und blüht im Mai mit kleinen, herzförmigen, hängenden, tief purpurnen Blüten, die in Trauben beisammenstehen. Die Art wächst in ihrer Heimat in lichten Laubwäldern mit frischem Boden. Sie gehört auch bei uns an solche Plätze. Einmal angesiedelt, breitet sie sich von selbst aus und kann sogar etwas lästig werden. Es gibt auch eine Sorte 'Alba' mit weißen Blümchen, die farblich mehr auffallen als diejenigen der purpurnen Stammart. Das Laub der Art läßt sich für kleine Sträußchen als Bindegrün verwenden; es hält sich ziemlich lange.

Dicéntra formósa (Andr.) Walp. aus dem Westen des nordamerikanischen Kontinentes, wo die Pflanzen von Britisch-Kolumbien bis Kalifornien auftreten, wird 15 bis 30 cm hoch, hat zartgrüne, in der Regel dreimalfiederteilige Blätter und blüht vom Juni bis zum Herbst. Die Blumen werden hellrosa. Weitaus schöner ist die Sorte 'Bountiful', denn sie hat größere, im Umriß spitz-dreieckige, farnartig gefiederte Blätter, die silbergrau behaart sind. Die Blumen werden tief rot. *D. formosa* will keine volle Sonne, aber auch nicht zu tiefen Schatten; der Boden soll sandig sein und etwas frisch.

Dicéntra spectábilis (L.) Lem. aus Nordchina und Korea ist so bekannt, daß man die Pflanzen nicht ausführlich zu beschreiben braucht. Es sind 60 bis 90 cm hohe und ebenso breite Stauden mit zweifarbigen – weiß und rosaroten – Blüten, die in vielblumigen, elegant gebogenen, einseitswendigen Trauben erscheinen.

Bewertung, Verwendung, Anzucht: Am meisten wird *D. spectabilis* gepflanzt. Sie ist eine Schmuckstaude für alle denkbaren Zwecke. Die andern Arten eignen sich als Unterpflanzung unter nicht zu dichte Laubbäume, am schönsten wirkt D. formosa 'Bountiful'. Der Boden soll bei allen humusreich und frisch sein, aber nicht naß. Nötig ist auch Streu- bis Halbschatten. An trocknen, heißen und vollsonnigen Standorten gehen alle Arten ein. Sie gehören also zu jenen Stauden, die sich an unzuträgliche Wachstumsverhältnisse nicht anzupassen vermögen. Vermehrt wird durch grundständige Stecklinge, an denen man eine schmale Scheibe des Wurzelhalses belassen muß. Man steckt in kleine Töpfe mit torfmullhaltiger Komposterde und läßt in einem schwach gepackten, gut schließenden Kasten unter Glas bewurzeln. Ferner kann man im Sommer Achseltriebe nehmen, an denen ebenfalls ein Stück Rinde bleiben soll, steckt wiederum in kleine Töpfe und gibt, wenn möglich, warmen Fuß. Die Töpfchen sollen über Winter im Kasten bleiben und sind mit Reisig oder einer dünnen Schicht Spreu zu schützen. Sind die Töpfe völlig durchgewurzelt und die Pflanzen ausreichend abgehärtet, setze man die Nachzucht auf Beete. Es ist gutes, humusreiches Gartenland nötig. Aufs Normalbeet gehen 5 Reihen, Abstand innerhalb derselben 25 cm. Ab Mitte Juni kann man zwei- bis dreimal flüssig düngen oder granulierten Volldünger ausstreuen und hinterher einhacken. Je besser die Ernährung, um so fester kann man damit rechnen, daß die Bestände auch aus Frühjahrsvermehrung bis zum Herbst verkaufsstark werden. Aus Samen läßt sich ebenfalls vermehren, nur wird selten welcher angesetzt. Der Nektar steckt am Ende einer leicht gebogenen, bis 20 mm langen Röhre, und nur langrüsselige Bienen vermögen ihn zu erreichen und die Befruchtung zu vollziehen, aber sie sind viel seltener als die kurzrüsseligen Bienen. Der Samen ist im Herbst ins Freie zu säen und keimt im nächsten Frühling.

Dictámnus · Diptam
Rutaceae ♃ ○ ◐ ◓ ○ ♡ ✕

Der Name der Pflanzen ist schon bei Aristoteles zu finden, es stecken darin die griechischen Wörter Dikte = Name eines Berges auf der Insel Kreta und thamnos = Strauch, doch meinte man damit eine andere Pflanze, die auf diesem Berge in Massen wuchs. Die Gattung umfaßt nur eine Art, diese jedoch ist in Europa bis hinüber nach Japan und auch im Himalaja anzutreffen. Früher wurde die Wurzel wegen ihres Gehaltes an Bitterstoffen und Salzen offizinell genutzt. Zum ersten Male erwähnt deswegen Hildegard von Bingen (12. Jahrhundert) den Diptam. Die Homöopathie verwendet Auszüge aus frischen Pflanzenteilen bei Frauenleiden, ferner waren Aufgüsse von Blättern früher ein Schönheitsmittel, selbst als Tee hat das Laub gedient.

Dictámnus álbus L. (syn. D. fraxinella Pers.) ist eine stattliche, sehr langlebige Staude mit starken Wurzeln und aufrechten, festen, bis 100 cm hohen Stengeln, die von unten an locker mit unpaarig gefiederten Blättern besetzt sind (welche in ihrer Form an das Laub der Esche erinnern, daher die Artbezeichnung fraxinella im Synonym). Die Blüten erscheinen in einer meistens einfachen, endständigen Traube, sie werden weiß oder rosa und haben dunklere Adern. 4 Kronblätter ragen nach oben, eins nach unten. Die Frucht ist eine Kapsel, und die Samen sind glänzend schwarz. Die ganze Pflanze duftet angenehm nach Zitrone oder Zimt, die Blüten am stärksten. Auch enthalten alle grünen Teile ölige Substanzen (Anpassung an die Verdunstungsverhältnisse an den natürlichen, nämlich trockenen Standorten!). An schwülen Sommerabenden werden diese Substanzen so stark ausgeschieden, besonders aus den Fruchtständen, daß man sie mit einem Streichholz entzünden kann, es bildet sich dann kurz eine regelrechte kleine Flamme. Blütezeit ist Juni/Juli. Es gibt Varietäten: var. **álbus**, mit reinweißen Blüten und var. **caucásicus** (Fisch. et Mey.) Rouy, alle Teile, auch die Blüten und die ganze Pflanze größer, dunkelrosa.

Bewertung, Verwendung, Anzucht: Der Diptam ist eine sehr schöne, imposante Wildstaude, die man zwischen niedrige Perennen oder Gräser so setzen soll, daß sie unbedingt dominiert und alle Gewächse ringsum sozusagen zurücktreten. Die Pflanzen wünschen tiefgründigen Boden, der auch schwer sein kann, aber ziemlich trocken sein muß. Die Exemplare können 20 und mehr Jahre alt werden, doch wachsen sie auch langsam. Sämlinge bringen erst nach drei Jahren den ersten Flor. Vermehrt wird nur durch Samen, den man sofort nach der Reife auf ein Freilandbeet aussät. Im nächsten Jahr pflanze man an den endgültigen Standort, da größere Exemplare das Umsetzen nicht gut vertragen. Beim Samensammeln ist große Aufmerksamkeit nötig, sonst platzen die Kapseln auf, und die Körner fallen zu Boden.

Didíscus · Blaudolde
Umbelliferae ☉ ○ ◐ ◑

Im Namen stecken die griechischen Wörter dis = doppelt und diskos = Scheibe; sie beziehen sich auf die Form der Früchte. Die Gattung umfaßt 14 Arten, die in Australien, Neukaledonien, einzelne versprengt auch auf den Inseln Borneo und Celebes vorkommen. In Kultur ist nur
Didíscus caerúleus (Grah.) DC., eine aufrechte, rauh behaarte, sparrige Pflanze. Ihre wechselständigen, fingerförmig geteilten Blätter haben unten Stiele, die bis 10 cm lang werden, oben sind sie fast sitzend. D. caeruleus blüht von Juli bis September mit kleinen, rein himmelblauen Blümchen in flachen, bis 10 cm breiten Dolden. Sie wird hier einjährig verwendet. Die Pflanzen werden etwa 60 cm hoch.

Bewertung, Verwendung, Anzucht: Wegen der himmelblauen Blüten, die unter den Annuellen und unter den Doldenblütlern fast einzigartig sind, ist die

Di

Digitális grandiflóra

Digitális purpúrea

Dimorphothéca sinuáta

Blaudolde eine recht beachtenswerte Pflanze! Sie eignet sich gut für bunte Blumenbeete, in welche man sie horstweise eingefügt oder wo man sie hinten als Abgrenzung verwenden kann. Der Boden soll locker und sandig sein, und man setze ihm flecken- oder streifenweise etwas Heideerde zu. Nässe wird schlecht vertragen, in nassen Jahren mißraten die Bestände also. Man kann von Mitte Mai an direkt ins Freie säen, vorteilhafter jedoch ist, Ende März bis Mitte April in ein halbwarmes Frühbeet zu säen und so bald als möglich in kleine Töpfe zu pikieren, aus denen man dann nach den Maifrösten an den vorgesehenen Platz pflanzt. Größer gewordene Exemplare direkt aus dem Saatbeet wachsen beim Verpflanzen nicht an. Abstand auf den Beeten etwa 20 cm.

Digitális · Fingerhut
Scrophulariaceae ☉ ☉☉ ◯ ◐ ✕

Im Namen steckt das lateinische Wort digitus = Finger; es bezieht sich auf die Form der Blumen, in die man den Finger stecken kann, worauf auch unser Name „Fingerhut" hinweist. Die Gattung ist 26 Arten stark und kommt von den Kanarischen Inseln bis West- und Mittelasien vor, ebenso findet man sie häufig in Mitteleuropa. Es werden ein- oder zweijährige und auch perennierende Kräuter. Alle Arten enthalten giftige Glykoside, aber nur *D. purpurea* und *D. lanata* in Mengen, welche die Gewinnung rechtfertigen. Die Giftwirkung ist schon lange bekannt, doch wurde Digitoxin erst Ende des 18. Jahrhundert als Herzmittel „entdeckt". Vorher wurde der Fingerhut vor allem in Italien als Heilmittel bei Skrofeln verwendet und war so volkstümlich, daß auf ihn sogar ein Sprichwort geprägt wurde: „Aralda tutti piaghe salda" = Aralda (ein italienischer Name lautet erba aralda) heilt alle Grinde. Digitoxin und Digitalin (dieses weniger) sind Herzgifte und giftscheinpflichtig. Sie werden aus Blättern der wildwachsenden oder angebauten Bestände gewonnen. Für den Anbau gibt es Sorten wie 'Erfurter Roter' und 'Oberlausitzer Roter Fingerhut'.

Digitális ferrugínea L., in Südosteuropa und Kleinasien häufig, ist zwei- und auch mehrjährig. Die Pflanzen werden bis 150 cm hoch und wirken sehr schlank. Sie haben bis 20 cm lange, lanzettliche Blätter und einen langen Blütenstand, der dicht oder locker mit gelblichgrauen, auch rostrot angelaufenen, innen rostroten, nicht sehr großen Glocken besetzt ist. Es gibt Exemplare mit ziemlich großen Blumen, aus ihnen wurde die Sorte 'Gigantea' selektiert.

Digitális grandiflóra Mill. (syn. D. ambigua Murr.) ist manchmal eine ausdauernde Art, die man im gesamten Verbreitungsareal des Genus finden kann, oft ist sie auch nur zweijährig. Es werden 50 bis 120 cm hohe Pflanzen mit zunächst einer Blattrosette, aus welcher schließlich aufrechte, einfache Stengel hervorkommen. Die Blätter sind unten verkehrt- oder länglich-lanzettlich und gestielt, nach oben zu werden sie kleiner und haben keine Stiele mehr, stets sind sie unterseits an den Nerven und am Rande entlang flaumig behaart. Die Blüten sitzen in lockeren, einseitswendigen Trauben, sind glockenförmig, gelb, innen braun geädert, Länge 3 bis 4 cm mit ausgerandeter Oberlippe und etwas längerer, dreilappiger Unterlippe. Die Stengel sind oben drüsig behaart, desgleichen die Blütenstiele. Blütezeit Juni/Juli. Es gibt davon weiße und rosa Sorten sowie eine Gartenhybride 'Gelbe Lanze' mit ziemlich großen, zartgelben Blumen in reichblütigen Trauben.

Digitális lútea L. ist zwei- bis mehrjährig und hat der Charakter einer Wildstaude. Die Stengel und Blätter der Art sind kahl, unten ist das Laub länglichoval oben lanzettlich. Die Blumen stehen in einseitswendigen Trauben und werden rein gelb. *D. lutea* wird 80 bis 100 cm hoch und blüht im Juli/August.

Digitális purpúrea L., der Purpurne Fingerhut, ist der Fingerhut der Gärten, wo man freilich nur Kulturvarietäten finden kann. Die Pflanzen sind zweijährig. Sie bilden zunächst eine Rosette rauher, eirund-länglicher Blätter und treiben im nächsten Jahre feste Stiele voller großer, glockenförmiger Blumen, die weiß, creme, rosa oder karmin bis purpurfarben werden, innen mit dunklen Punkten und auch kurzen Haaren. Diese Gartensorten gehen als Rasse Gloxiniaeflora. Eine höchst beachtliche Steigerung sind die 'Excelsior-Hybriden', bei welchen die Blumen rings um den Stiel herumstehen, auch größer werden und nicht hängen, sondern etwas mehr nach den Seiten zeigen: Man kann besser in ihr Inneres blicken.

Bewertung, Verwendung, Anzucht: D. purpurea ist die am meisten verbreitete Art und eignet sich für jeden Garten, wo sie durchaus zwischen Kultursorten von Perennen und allen Sommerblumen bestehen kann. Auch von der Hybride 'Gelbe Lanze' läßt sich das sagen. Die übrigen jedoch sind Bienne oder Stauden für Wildgärten, für Partien, in denen der Garten in Wald übergeht oder in freie Landschaft. Man kann sie dort in Massen verwenden, zusammen etwa mit Rainfarn, Gräsern, locker stehenden Farnen. An den Boden stellen sie keine Ansprüche, er soll nie nährstoffreich und naß sein. Anzucht erfolgt nur aus Samen. Er ist sehr fein. Man säe im Juni auf ein Freiland-Saatbeet so dünn als möglich, lichtet nach dem Auflaufen aus, falls man zu dick gesät hat, und pflanzt nach dem Erstarken auf Anzuchtbeete mit normalem Gartenboden und sonniger Lage. Bis zum Herbst oder spätestens zum nächsten Frühjahr sind die Bestände verkaufsstark. Es ist günstiger, erst im Frühjahr an den endgültigen Platz zu setzen, nicht schon im Herbst.

Dimorphothéca · Kapkörbchen
Compositae ☉ ○ ◐ ◑ △ ∥ ✕

Im Namen stecken die griechischen Wörter dimorphos = zweigestaltig und theke = Büchse, Behälter; sie nehmen auf die zweierlei Formen der Früchte dieser Gattung Bezug. Das Genus umfaßt gegen 20 Arten, die einjährige oder perennierende Kräuter werden und allesamt in Südafrika vorkommen. Sie sind xerophytische Gewächse mit behaartem Laub oder haben stark reduzierte Blattmasse und anderseits große, auffällige Blüten, welche die befruchtenden Insekten von weither anlocken.

Dimorphothéca pluviális (L.) Moench, die regenanzeigende Kapringelblume, war bereits Linné bekannt, aber auch die andern Arten schließen ihre Blumen bei drohenden Niederschlägen.

Dimorphothéca sinuáta DC. (syn. D. aurantiaca hort. non DC.) bildet bis 30 cm hohe, ebenso breite oder noch breitere Büsche, deren Haupttrieb sich mehrfach verzweigt. Die Blumen ähneln den Blumen der Margeriten, sind aber zarter im Material und wirken viel eleganter. Sie erscheinen auf dünnen, festen, leicht behaarten Stielchen in großer Zahl und werden etwa 5 cm breit. Die Zungenblüten sind orangegelb, die Scheibe gelb, aber sie wird von einem Kranz braunroter Tupfen (Wegweiser für die besuchenden Insekten!) eingefaßt.

Durch Züchtung entstanden Hybriden, bei welchen die Blumen weißliche, rahmgelbe, lachs- und aprikosenfarbene Zungenblüten haben. Ferner gibt es tetraploide Sorten: 'Tetra Goliath' – sie hat bis 10 cm breite, in ihrem Schnitt und Bau an Gerbera erinnernde orange Blüten mit violettem Ring; 'Tetra Polarstern' hat 8 cm breite reinweiße Blüten mit violettem Ring. Beide etwa 30 cm hoch.

Bewertung, Verwendung, Anzucht: Die Kapkörbchen – sie heißen auch Afrikanische Goldblume – sind wunderhübsche Pflanzen für bunte Beete in Gärten und Anlagen. Mißlich jedoch ist, daß sie in nassen Jahren versagen und daß sie gegen Abend und an trüben Tagen ihre Blüten schließen, also nur bei vollem Sonnenschein ihre ganze Schönheit zeigen. Die tetraploiden Sorten sind auch aparte Schnittblumen, man muß bloß sehr knospig schneiden. Die Pflanzen wollen guten, nicht zu fetten, recht durchlässigen Boden und volle Sonne. Sie eignen sich auch als Bodendecke für Flächen, die nach Süden geneigt sind und mit Blumen besetzt werden sollen. Man kann an Ort und Stelle säen; günstiger ist es, in Handkästen oder in ein Frühbeet zu säen und dann zu pflanzen. Die besten Resultate erzielt man mit pikierten Beständen: Diese werden üppiger und blühen reichlicher und früher. Man setze erst nach Mitte Mai an den Standort.

Diphyllēia · Schirmblatt
Berberidaceae ♃ ◐ ◑

Im Namen stecken die griechischen Wörter dis = doppelt und phyllon = Blatt; sie beziehen sich darauf, daß an jedem Stengel 2 Blätter sitzen. Die Pflanzen haben einen kriechenden, fleischigen, etwas knotigen Wurzelstock und ansehnliche, schirmförmige, mehrlappige Blätter. Die Gattung umfaßt 2 Arten, von denen eine in Japan, die zweite in gebirgigen Gegenden von Virginia und Georgia in Nordamerika auftritt. Nur diese ist in Kultur.

Diphyllēia cymósa Michx. wird 50 bis 60 cm hoch. Die Blüten erscheinen in einer vielblumigen Dolde, die weit über das Laub hinausragt. Sie sind weiß, Flor im Mai/Juni. Als Früchte folgen blaue Beeren, die stärker auffallen als die Blüten.

Das Schirmblatt wünscht humusreichen, frischen, tiefgründigen Boden und schattige Standorte. Die Schirmblattpflanzen wirken sehr dekorativ. Sie wachsen etwas langsam, können aber jahrzehntelang am gleichen Platze verbleiben, wenn ihnen die Verhältnisse

Dodecátheon meádia

Dorónicum orientále

Dorónicum plantagíneum

Dorotheánthus bellidifórmis

zusagen. Vermehren läßt sich durch Teilung und Samen; Anzuchtdauer wenigstens 1 Jahr.

Dodecátheon · Götterblume
Primulaceae ♃ ☉ ◐ △

Dodecatheon ist der Name einer Pflanze, die von den alten Griechen für besonders heilkräftig gehalten wurde und in ihrer Tracht einer *Primula elatior* ähnelte, aber wohl keine Primel war. Im Namen stecken die griechischen Wörter dodeka = zwölf und theos = Gott, also genau übersetzt Götterzwölf; was es bedeuten soll, ist schwer zu sagen. Die Gattung umfaßt gegen 30 Arten, es sind Stauden, deren Verbreitungsareal im westlichen Teile des nordamerikanischen Kontinentes liegt. Alle haben wie die Cyclamen, welche zur selben Familie gehören, zurückgeschlagene Kronzipfel, aber keine Knollen, sondern fleischige Wurzeln. Sie bilden eine Rosette grundständiger, oblonger Blätter und blühen im Mai/Juni. Im Laufe des Sommers ziehen sie ein. Die Blumen werden gegen 2 cm groß und stehen in vielblütigen Infloreszenzen. Außer den Arten gibt es zahlreiche Sorten, die sich schwer einordnen lassen, da sie fast alle Bastarde sind.

Dodecátheon jeffreyi Van Houtte bekommt bis handlange Blätter und blüht sehr reich. Die Blumen sitzen auf etwa 30 cm hohen Schäften und werden purpurn.
Dodecátheon × lemoínei ist aus Kreuzungen von *D. integrifolium* und *D. meadia* entstanden. Es gibt eine Reihe Sorten, ihr Kennzeichen ist, daß sie üppiger wachsen und reicher blühen, sich aber nur wenig voneinander unterscheiden. Erwähnt seien 'Belle Mauve' — silbrig lachsfarben, 'Violett Queen' — violett, 'La Grandesse' — weiß.
Dodecátheon meádia L., nach dem englischen Arzt Richard Mead, einem Zeitgenossen Linnés, hat breitovale, allmählich in eine Spitze auslaufende Blätter und blüht auf den bis 40 cm hohen Schäften mit Mengen lilarosafarbener Blümchen, die am Schlunde weiß werden. Es gibt davon auch die cv. 'Albiflorum' mit weißen und 'Splendens' mit größeren Blüten.

Bewertung, Verwendung, Anzucht: Die Götterblumen sind wunderhübsche Pflanzen für Freunde selten kultivierter Gewächse, keine Allerweltsblumen. Sie eignen sich für absonnige Stellen des Alpinums und halbschattige Gartenpartien. Ein Manko ist, daß sie im Laufe des Sommers einziehen, so daß kahle Stellen entstehen. Wenn man Lerchensporn oder kleine, im Wuchs bescheidene Gräser dazwischen setzt, fällt die leere Stelle nicht so unangenehm auf. Man pflanze Dodecatheon stets in Kolonien von einem halben Dutzend und mehr Exemplaren. Es dauert ein, zwei Jahre, ehe sie anfangen, üppiger zu werden, mit der Zeit jedoch bilden sie vielblumige Horste mit zahlreichen Blütenschäften. Man soll sie lange ungestört wachsen lassen, und sie können alt werden. Der Boden soll humusreich, leicht und frisch und zudem durchlässig sein, also Eigenschaften aufweisen, die nicht allzuoft zusammentreffen. Vermehrt wird aus Samen, der sofort nach der Reife gesät werden muß, und durch Teilung im Frühherbst. Die Bestände brauchen ein volles Jahr und länger, bis sie verkaufsstark sind.

Dólichos · Helmbohne, Purpurbohne
Leguminosae ☉ ○ ◐ ◑

Der Name stammt aus dem Griechischen: dolichos = lang; er bezieht sich auf die große Länge der bohnenartigen Schoten. Die Gattung ist gegen 30 Arten stark, welche meistens Schlinger wie die nahestehenden Feuerbohnen (*Phaseolus*) sind. Sie wachsen in allen wärmeren Gebieten des Orients.
Dólichos láblab L. klettert 3 bis 4 m hoch und bringt scharlachrote bis purpurne Blüten in vielblumigen Trauben. 'Giganteus' hat große, purpurviolette Blüten, 'Alba' blüht weiß.

Bewertung, Verwendung, Anzucht: Die Purpurbohnen sind höchst brauchbare Schlinger für Hauswände, Lauben, Zäune und frei stehende Grüne Wände. Sie brauchen Stangen, Fäden oder Draht zum Hochklettern und wünschen einen recht warmen, gut geschützten Standort in voller Sonne. Man kann etwa Mitte Mai an den vorgesehenen Platz direkt aussäen; vorteilhafter ist jedoch, im März in kleine Töpfe zu säen, dann zu verpflanzen und schließlich nach Mitte Mai ins Freie zu setzen. Solche Bestände werden üppiger und erfüllen früher ihren Zweck. Der Boden soll nahrhaft sein. Bei Trockenheit sollte man mit überschlagenem Wasser gründlich gießen, sonst vergilben die unteren Blätter, und die Fläche fängt an, unschön auszusehen.

Dorónicum · Gemswurz
Compositae ♃ ○ ◐ ◑ ◔ △ ✄

Die Ableitung des Namens ist unsicher, vielleicht ist er die latinisierte Form der arabischen Bezeichnung doronigi, einer Giftpflanze. Es sind Stauden mit einfachen oder nur wenig sich verzweigenden Stengeln, herzförmigen, kahlen oder auch kurzbehaarten Blättern und ansehnlichen Blütenkörben mit gelben Zungen- und Röhrenblüten. Die Gattung umfaßt etwa 25 Arten, einige haben knollige Erdstämme. Ihr Verbreitungsareal ist die Alte Welt. Im frühen Mittelalter gab es über *Doronicum* absolut falsche Vorstellungen: Es wurde für so giftig wie *Aconitum* gehalten, und ein Verfasser von Kräuterbüchern übernahm diese Behauptung vom andern. Matthiolus (1500–1577), der große Botaniker Italiens, probierte schließlich getrocknete Doronicum-Knollen an einem Hund aus, welcher unglücklicherweise verendete, doch nicht infolge des Versuchs. Tabernaemontanus wiederum behauptete, daß Gemsjäger die Wurzeln einer in den Alpen häufigen Art essen, um schwindelfrei zu bleiben. In Wirklichkeit sind *Doronicum* harmlose Gewächse, deren behaartes Laub bei sehr hautempfindlichen Personen allerdings Entzündungen hervorrufen kann.
Dorónicum colúmnae Ten. (syn. *D. cordatum* Schultz Bip., *D. cordifolium* Sternb.) hat keinen knolligen Wurzelstock und große, buchtig gezähnte Blätter. Die Art blüht im Mai/Juni und wird etwa 50 cm hoch. Verwendet wird die goldgelbe 'Magnifica'.
Dorónicum orientále Hoffm. (syn. *D. caucasicum* M. B.) ist eine ausläufertreibende Pflanze mit behaarten, herzförmigen Blättern, gelben Blütenkörben auf Stielen, die bis 30 cm hoch werden, und sie hat einen knolligen Erdstamm. Die Blumen werden leuchtend gelb und etwa 6 cm breit, die Pflanzen blühen sehr reich im April/Mai. Wertvoll sind die Sorten 'Goldkranz' – große Blumen mit 2 Reihen Zungenblüten und 'Lichtspiegel' – niedriger im Wuchs, Blumen gleichfalls mit Reihen Zungenblüten, hellgelb. 'Goldzwerg' bleibt besonders niedrig; 'Frühlingspracht', mit vollkommen gefüllten Blüten, braucht frischen Boden, sonst hängen die Blumen etwas.
Dorónicum pardaliánches L. emend. Scop. hat ziemlich lange Wurzelknollen, herzförmige bis eirunde Blätter und bringt auf den bis 80 cm hohen, sich etwas verzweigenden Stielen im Juni zahlreiche, bis 6 cm breite Blumen. Die Sorte 'Goldstrauß' blüht üppiger, da sich ihre Stengel reichlicher verzweigen.
Dorónicum plantagíneum L. hat ebenfalls einen knolligen Wurzelstock, kurz seidig-behaarte Blätter und Stiele und bringt auf bis 80 cm hohen Stielen große gelbe Blumen. Bei 'Excelsum' werden die Blumen etwa 10 cm breit und die Pflanzen 100 cm hoch und höher.

Bewertung, Verwendung, Anzucht: Doronicum sind allgemein beliebte Stauden, die man häufig sehen kann. *D. orientale* ist überdies durch den frühen Flor wertvoll, denn es ist die erste Gartenpflanze des Frühjahrs mit vielen gelben, weithin auffallenden Blumen. Alle wünschen guten Gartenboden, der nicht trocken sein darf, und stehen in Streu- oder lichtem Halbschatten besser als in voller Sonne. *D. pardalianches* gehört sogar zu den ausgesprochenen Halbschattenperennen. *D. orientale* und *D. plantagineum* liefern außerdem haltbare Schnittblumen. *D. orientale* läßt sich auch blühend versetzen. Vermehrt wird durch Teilung zeitig im Frühjahr oder im Sommer. Die Pflanzen sind innerhalb eines halben Jahres verkaufsstark. Sie können vier bis fünf Jahre an ihrem Platz stehen, müssen aber dann umgesetzt und geteilt werden.

Dorotheánthus · Mittagsblume
Aizoaceae ☉ ○ ◑ ◔ △ ‖

Im Namen stecken das griechische Wort anthos = Blume und der Mädchenname Dorothea, denn die Gattung wurde zu Ehren von Dorothea Schwantes benannt, der Mutter des Sukkulentenforschers Georg Schwantes (1891–1960). Die Gattung umfaßt gegen 15 Arten und gehört zur etwa 2400 Arten großen Familie der Mittagsblumengewächse, welche fast alle in Süd- und Südwestafrika auftreten und unter denen es erstaunliche Gestalten gibt. Insbesondere ist die Mimikry vieler Arten oft verblüffend. Sie haben ansehnliche Blüten, die den Blumen der Korbblütler ähneln. *Dorotheanthus* sind auch in ihrer Heimat Annuelle, kommen aber nicht in jenen wasserarmen Strichen vor, in denen zuweilen mehrere Jahre lang kein Tropfen Regen fällt, nur etwas Tau die Fluren benetzt.
Dorotheánthus bellidifórmis (Burm. f.) N. E. Br. hieß früher *Mesembryanthemum criniflorum* L. f., unter welchem Namen die Pflanzen auch heute noch geführt werden. Es ist ein niedriges, reichlich sich verzweigendes Pflänzchen mit schmalen bis lanzettlichen, sukkulenten Blättern und überviele Blümchen in Weiß, Gelblich, Rosa bis Karmin und Violett mit kleiner dunkler Mitte, die vielfach von einem weißen Ring umgeben ist. Die Rasen werden 3 bis 5 cm hoch und blühen von Anfang oder Mitte Juli bis zum Frost.
Dorotheánthus gramíneus (Haw.) Schwant. (syn. *Mesembryanthemum pyropaeum* Haw.) ist ein kurzstengeliges, von der Basis her sich verästelndes Kraut mit

Dr

Drába bruniifólia

Drába rígida

Dracocéphalum moldávica

Drýas octopétala

geröteten, papillösen Asten, linealischen, 3 bis 5 cm langen und ein Zehntel so breiten Blättern und vielen Blüten. Diese sitzen endständig auf 3 bis 6 cm langen Stielchen, sind leuchtend karminrot und haben eine dunkle Mitte. Die Pflanzen werden bis 10 cm hoch.
Dorotheánthus oculátus N. E. Br. ist ein niedriges, rasig wachsendes Kraut mit 1 bis 4,5 cm langen und 2 bis 10 mm breiten, spatelförmigen bis linealisch-keiligen Blättern. Die Blumen sitzen auf 3 bis 4 cm langen Stielchen und werden etwa 3 cm breit. Sie sind meistens hellgelb, auch hellrosa, und haben stets einen dunkelroten Fleck an der Basis der Blütenblättchen. Die Staubgefäße und die Narben sind ebenfalls rot.

Bewertung, Verwendung, Anzucht: Dorotheanthus sind wirklich herrliche Pflanzen mit ihrem dichten, teppichartigen Wuchs und der Unzahl leuchtender Blumen. Jeder, der sie nicht kennt und nicht in seinem Garten hat, ist zu bedauern! Sie wachsen leicht, nur ein sehr nasser Sommer ist abträglich. Sie wollen guten, nicht zu nährstoffreichen Gartenboden, sonnigen, warmen Standort und durchlässige Erde. Man kann an Ort und Stelle säen; günstiger ist, in sandige Erde in Handkästen oder in ein Frühbeet auszusäen, dann zu pikieren oder in Töpfchen zu bringen und schließlich nach Mitte Mai an den vorgesehenen Platz zu setzen: Abstände nach allen Seiten etwa 12 bis 15 cm. Die Pflanzen eignen sich gut für Steingärten, Böschungen und geneigte Flächen, auch als Einfassungen und selbst für Töpfe.

Douglásia vitaliána → **Vitaliána**

Drába · Hungerblümchen, Felsenblümchen
Cruciferae

Die Ableitung des Namens ist ungewiß. Fest steht nur, daß Dioskorides einer andern Pflanze aus der Familie der Kreuzblütler den Beinamen drabe = scharf, brennend (auf der Zunge) gab. Die Gattung umfaßt gegen 270 Arten, welche einjährige oder mehrjährige, kleine, aber reich blühende Kräutlein werden. Sie wachsen vor allem in den Gebirgen in höheren und höchsten Lagen, oft bis an die Schneegrenze hinaufsteigend, und sind fast über die ganze Erde verbreitet. In Australien und Afrika fehlen sie. Sie bilden rasig oder gesellig wachsende, flache bis halbkugelige Polster und blühen in kurzen, sich verlängernden Trauben mit weißen oder gelben Blümchen. Vielfach sind die Früchte Wintersteher, d. h., sie öffnen sich erst im nächsten Frühjahr. Die Samen bleiben bis dahin in den aufwärts gerichteten Schötchen.

Drába bruniifólia Stev. aus dem Kaukasus, auch in Kleinasien auftretend, hat kleine Rosetten und bildet moosartig wirkende, dichte, flache Polster. Die Pflanzen blühen ab 2. Aprilhälfte mit lockeren, bis 10blumigen Trauben goldgelber Blümchen. Die Teppiche werden etwa 5 cm hoch.
Drába dedeána Boiss. et Reut. aus den östlichen Teilen der Pyrenäen wird 5 bis 8 cm hoch und bildet dicht flaumig behaarte Polster. Die Blüten werden weiß und erscheinen im April/Mai.
Drába haynáldii Stur aus Transsilvanien bildet 5 bis 8 cm hohe Rosettenpolster, jedes Blättchen hat an seiner Spitze ein Härchen. Die Blumen werden gelb und stehen je 3 bis 8 beisammen. Die Art blüht in ihrer Heimat im Mai/Juni, hier oft bereits in der ersten Aprilhälfte.
Drába rígida Willd. (syn. D. dicranoides Boiss. et Huet) aus dem Kaukasus wird 3 bis 5 cm hoch und bildet aus säulenförmigen Grundstämmchen dichte Polster. Die Pflanzen blühen im April/Mai mit gelben Blümchen.
Drába sibírica (Pall.) Thell. (syn. D. repens M. B.) aus dem Kaukasus, aber bis nach Sibirien verbreitet, bildet flache Polster und blüht im Mai und bis in den Juni mit goldgelben Blümchen. Man schneide die Pflanzen nach dem Flor etwas zurück, sie wuchern nämlich stark. Wuchshöhe bis 12 cm.

Bewertung, Verwendung, Anzucht: Alle Felsenblümchen sind zierliche Pflanzen für Steingärten, Alpinum und Trockenmauern. Wohl fühlen sie sich auch in Felsspalten. Sie wünschen volle Sonne, etwas mit Schotter versetzten, nicht zu armen und nicht zu leichten Boden und guten Wasserabzug. Sie bekommen Pfahlwurzeln, die tief ins Erdreich dringen. Durch Winternässe faulen die Polster leicht. Man soll sie nicht zu nahe an andere Stauden pflanzen, damit diese die Draba nicht zuwuchern, denn viele Hungerblümchen wachsen langsam. Vermehrt wird aus Samen, den man gleich nach der Reife aussäen muß, und durch Teilung. Man pikiere oder pflanze in kleine Töpfchen. Wichtig ist, diese so aufzustellen, daß Gieß- und Regenwasser gut ablaufen und versickern können, über Winter ist ein Fenster der beste Schutz gegen zuviel Nässe, man gebe aber hoch Luft, sonst stocken die Polster.

Dracocéphalum · Drachenkopf
Labiatae ☉ ♃ ○ ◐ ◔ ◑

Im Namen stecken die griechischen Wörter drakon = Drache und kephale = Kopf, also Drachenkopf; sie beziehen sich auf die Form der Blüten. Die Gattung umfaßt gegen 40 Arten, die ein- oder mehrjährige Kräuter werden, einzelne auch Halbsträucher. Sie haben aufrechte Triebe mit meistens schmalen, ganzrandigen oder gezähnten Blättern. Die Blüten werden bei manchen Arten ziemlich groß und sitzen häufig in endständigen, dichten oder unterbrochenen Scheinähren oder Köpfen beisammen. Die Pflanzen kommen auf der nördlichen Halbkugel in Gebieten mit gemäßigtem Klima vor, und dies in Asien, Amerika und Europa.

☉ **Dracocéphalum moldávica** L., der Türkische Drachenkopf, auch Türkische Melisse genannt, bildet 30 bis 50 cm hohe Büsche und hat weiße oder blaue, in Quirlen stehende Blüten. Sie enthalten reichlich Nektar, und die ganzen Pflanzen duften nach Melisse. Die Blütezeit ist lang, sie reicht von Juni bis in den September.

♃ **Dracocéphalum ruyschiána** L. kommt in Europa und Asien auf alpinen Wiesen vor. Die Pflanzen werden 20 bis 50 cm hoch, haben längliche, unterseits blaugrüne, am Rande etwas eingerollte Blätter und blühen im Juli/August mit 2,5 bis 3 cm langen violetten Blumen.

Bewertung, Verwendung, Anzucht: Dracocephalum moldavica ist keine besonders schöne, aber eine höchst nützliche Pflanze. Man schätzt es als Bienenfutterpflanze und baut es dazu an. Die Art wird bei uns als Einjahrspflanze behandelt, nur in ihrer Heimat auf dem Balkan dauert sie sicher aus. Man sät im April in Reihen von 25 cm Abstand an Ort und Stelle, lichtet innerhalb der Reihen aus, das ist alles. Der Boden soll kräftig sein, lehmiger ist günstiger als sandiger. *D. ruyschiana* perenniert und eignet sich für bunte Rabatten, ferner paßt es zu Wildstauden und in größere Alpina. Man setze stets mehrere Exemplare zusammen. Die Pflanzen wünschen Sonne, vertragen aber auch leichten Halbschatten. Der Boden soll frisch und gehaltvoll sein, stehende Nässe im Winter ist schädlich. An zusagenden Plätzen werden die Exemplare alt und stattlich. Man kann durch Teilung, aus Samen und durch Stecklinge im Frühjahr vermehren. Beste Aussaatzeit ist im März: Man sät in einen kalten Kasten, dann pflanzt man auf Anzuchtbeete. Die Bestände werden bis zum Herbst verkaufsstark.

Drýas · Silberwurz
Rosaceae ♃ ○ ◐ ◑ △ ♡

Der Name Dryas ist griechisch und bedeutet Dryade, Baumnymphe. Die Pflanzen sind am Boden hin wachsende Gehölze, sogenannte „Spaliersträucher", weil sie sich wie ein Spalier auf der Erde ausnehmen. Die Gattung enthält nur 2 Arten, die gekreuzt noch einen Bastard ergeben haben. *Dryas* bewohnen ein großes Gebiet und treten sowohl rund um den Nordpol als auch in den Alpen auf: stets aber in großen Höhen oder recht polar gelegenen Strichen. In Nordamerika findet man noch bei 83° nördlicher Breite große Flächen bewachsen. Ferner tritt die Silberwurz auf Island und in Nordnorwegen auf. Sie wächst meistens gesellig und besiedelt trockene, aber auch frische Geröllhalden, verschwindet jedoch, sobald die Pflanzendecke dicht wird oder Bäume sich einstellen. Im Norden aber, wo es kaum Bäume gibt, bedeckt die Silberwurz oft riesige Flächen, welche Dryasmatten heißen. Sie tritt zusammen mit Moosen, Flechten und einigen wenigen höheren Pflanzen auf. Diese Gemeinschaft hat den Namen Dryadeton. Nicht selten sind die Bestände der Silberwurz die Pioniere für Gewächse, die mehr Humus brauchen.

Drýas octopétala L. hat eine lange Pfahlwurzel, dicht am Boden angeschmiegte, reichlich sich verästelnde, gelegentlich selbst Wurzeln schlagende Zweige, deren Holz ziemlich zäh ist. Sie bekommen länglich-elliptische Blätter, 1 bis 2,5 cm lang und etwa ein Drittel so breit, oberseits dunkelgrün, unterseits dicht silbrigweiß behaart, daher auch der deutsche Name Silberwurz. Die Blätter sind ledrig, immergrün, und ihre Spaltöffnungen sitzen auf der Unterseite unter dem Filz. Die Blüten erscheinen aus den Blattachseln, werden 2 bis 4 cm breit und sind weiß. Sie erinnern etwas an die Blumen unsrer Buschwindröschen. Die Früchte sind ebenfalls behaart, die Härchen stellen Flugeinrichtungen dar, dienen also der Verbreitung. Bei uns blüht die Art häufig schon im Mai, in den Bergen und in der Arktis selten vor Ende Juni, oft auch ziemlich lange.

Drýas × suendermánnii Sündern., aus Kreuzung von *D. octopetala* und der amerikanischen *D. drummondii* entstanden, hat elfenbeinfarbene Blüten, gleicht sonst aber der oben geschilderten Art völlig, außer daß ihre Blätter etwas heller grün sind.

Dr

Dryópteris austríaca

Dryópteris fílix-mas

Bewertung, Verwendung, Anzucht: *Dryas* sind bekannte Pflanzen für Steingärten und Trockenmauern. Sie eignen sich auch als Bodendecke, und das Gelände kann eben oder geneigt sein. Sie wünschen kalkhaltigen, gut durchlässigen, nicht zu trockenen Boden, können große Flächen bedecken und sehr alt werden. Im Winter ist leichter Schutz durch Reisig nötig, damit ihnen die Sonne nicht schadet. An den natürlichen Standorten schützt sie der Schnee, unter dem sie begraben werden. Nötig ist, im Spätsommer gründlich zu wässern, da *Dryas* wie alle Wintergrünen bis zum Frost weiter Wasser verdunstet und deshalb im Boden einen Vorrat braucht. Vor allem stattliche Pflanzen haben diese Vorsorge nötig. Vermehrt wird durch Stecklinge im Frühsommer, später pflanzt man in Töpfe und aus diesen schließlich an den vorgesehenen Standort. In den Töpfen lasse man sie nicht zu lange, sonst wird die Pfahlwurzel beim Aufnehmen verletzt. Die Pflanzen sind innerhalb eines Jahres verkaufsstark.

Dryópteris · Wurmfarn
Aspidiaceae ♃ ◐ ● ♡ ⋏

Im Namen stecken die griechischen Wörter drys = Eiche und pteris = Farn; sie nehmen darauf Bezug, daß einzelne Arten in Eichenwäldern häufig auftreten. Die Gattung ist gegen 150 Arten stark, und man kann sie in vielen Gebieten der Erde antreffen, am artenreichsten in der nördlichen gemäßigten Zone. Die Pflanzen haben kurze, kräftige, aufrechte oder schräg aufwärts gewachsene Rhizome und lanzettliche oder dreieckige, doppelt bis dreifach gefiederte Wedel mit kahler Oberfläche. Die Zuteilung zu einer Gattung wurde mehrfach gewechselt.

Dryópteris austríaca (Jacq.) Woynar ex Schinz et Thell. (syn. *D. dilatata* (Hoffm.) A. Gray), der Breitwedel-Dornfarn, ist in schattigen Gebirgswäldern auf der gesamten nördlichen Halbkugel anzutreffen. Die Stiele sind strohgelb bis hellbraun, die Wedel werden groß und variieren ziemlich stark in ihrer Form von oval-lanzettlich bis dreieckig mit lang auslaufender Spitze, am Grund drei- und vierfach gefiedert, weiter oben nur dreifach, dunkelgrün. Die Pflanzen können bis einen Meter hoch und höher wachsen. Es gibt mehrere Sorten, die zierlicher bleiben wie 'Gracilis' oder noch mächtiger werden.

Dryópteris cristáta (L.) A. Gray, der Moorfarn, tritt in Mittel- und Südeuropa auf, daneben in Nordasien, Nordamerika und Grönland. Er wird etwa kniehoch und hat ovale bis dreieckige Wedel mit oval-lanzettlichen Fiedern, die bis zur Hälfte in dichtstehende Lappen mit tiefer Zähnung eingeschnitten sind. Der Moorfarn wächst oft gesellig an feucht-sumpfigen und auch an trockenen Plätzen.

Dryópteris fílix-mas (L.) Schott, der eigentliche Wurmfarn, wächst in Wäldern, auf Waldblößen, auf steinigen Abhängen, und dies in vielen Teilen der Erde von der Ebene bis zu 2400 m hinauf in den Gebirgen. Die Pflanzen werden 30 bis fast 150 cm hoch, ihre Blätter bilden einen Trichter, werden bis 100 cm lang und sind einfach gefiedert, wintergrün. Die Büsche vertragen tiefen Schatten und ungünstige Standorte, sind aber gegen zuviel Nässe empfindlich. Es entstanden teils in der Natur, teils in den Gärten eine Reihe von Sorten, bei welchen die Ränder der Fiedern besonders geschlitzt oder seltsam gekräuselt sind.

Dryópteris pseudo-mas (Wollaston) Holub et Pouzar (syn. *D. borreri* (Newm.) Tavel, *D. paleacea* (D. Don) Hand.-Mazz.), der Goldschuppenfarn, ähnelt in seiner Tracht der *D. fílix-mas* sehr, zu welcher er auch oft gestellt wird. Die Blätter werden etwas fester, dunkler grün, und die ganze Pflanze wird brusthoch. Die Stiele sind mit goldigbraunen Streuschuppen besetzt, welchen die Art auch ihren deutschen Namen verdankt. Sie bleibt meistens wintergrün. Es gibt mehrere Sorten: 'Cristata' mit regelmäßiger, flacher Kammbildung bei den Seitenfiedern und der Blattspitze; 'Cristata Angustata', die Fiedern enden in vergrößerten, rundlichen Lappen; 'Polydactyla' mit kammförmig betroddelten Fiederenden, bis 1 m hoch.

Bewertung, Verwendung, Anzucht: Alle sind schöne, langlebige Farne für schattige Plätze. Sie gedeihen also unter Bäumen, auf der Nordseite hoher Gebäude oder Mauern und an ähnlichen Stellen. Der Boden muß tiefgründig und humusreich sein. Einzelne Arten wünschen etwas Winterschutz. Ihre volle Schönheit erreichen die Bestände erst, wenn sie richtig eingewurzelt sind, also nach einigen Jahren. Man kann sie dann nicht wieder verpflanzen. Vermehrt wird durch Sporen, bei den Formen nur durch Teilung. Es dauert zwei Jahre, bis die Pflanzen verkaufsstark geworden sind.

Lupinus-Polyphyllus-Hybride 'Kastellan', ultramarinblau mit weißer Fahne, ist eine der Russel-Hybriden, Beispiel für deren Wuchskraft und Farbenpracht, ein passender Nachbar für den roten Staudenmohn. Die Russel-Hybriden lassen sich farbenrein aus Samen herziehen. Es gibt rote, blaue, gelbe und rosa Sorten, alle werden 100 cm hoch, sowie 'Minarette', eine nur 50 cm erreichende Mischung.

Primula vulgaris Grandiflora Riesen Selekta

Geranium subcaulescens 'Splendens'

Armeria maritima 'Düsseldorfer Stolz'

Caltha palustris 'Plena'

Primula sieboldii

Primula vulgaris 'Hybrida-Mischung'

Die Sorten dieser niedrigen Stauden, die Kissenprimeln vor allem, schmücken den Garten im April/Mai in vielen Farben, *Armeria maritima* remontiert sogar. *P. sieboldii* blüht noch im Juni, wirft dann aber das Laub ab.

Campanula carpatica 'Kobalt'
Campanula poscharskyana 'E. H. Frost'
Haberlea rhodopensis
Dianthus gratianopolitanus 'BS-Rosenlicht'
...num flavum 'Compactum'
Gentiana asclepiadea

...Steingarten hält das Blühen an: Auf Haberlea und die Pfingstnelken folgen die Karpaten- und dalmatinischen Glockenblumen und im ...i/August der Gelbe Lein, der Schwalbenwurz- und andere Sommerenziane.

Delphinium-Hybride 'Piccolo'

Papaver orientale

Echinacea purpurea 'Rubinstern'

Helenium-Hybride 'Blütentisch'

Rudbeckia nitida 'Juligold'

Chrysanthemum maximum 'Septemberschnee'

Sechs dekorative Blütenstauden des Sommers, die auch als Schnittblumen gut geeignet sind. Die Namen der Sorten weisen auf besondere Eigenschaften und Merkmale hin, auf Wuchshöhe, Farbe und Blütezeit.

Astilbe-Arendsii-Hybride 'Hildegard'

Cimicifuga racemosa var. cordifolia

stilbe chinensis 'Spätsommer'

Astilbe-Arendsii-Hybride und Rodgersia aesculifolia

nonaria saccharata

Lysimachia punctata

frischen humosen Boden gibt es eine reiche Auswahl von Astilben. Zu ihnen passen die stattlichen Silberkerzen. *Lysimachia* liebt rnähe und Sonne, das Lungenkraut den Halbschatten, es blüht im April.

'Wild Ginger'

'Rococo'

'Frost and Flame'

'Cliffs of Dover'

'Wabash'

'Rippling Waters'

Der Züchtung neuer Schwertliliensorten scheinen keine Grenzen gesetzt. Aber in unserem rauhen Klima befriedigen nicht alle; d Rhizome reifen nicht aus und treiben dann keine oder nur selten Blütenschäfte. Zuchtziele sind: klare haltbare Farben, schwebend

'Ultra Poise'

'Wohl Cloth'

'Rosenquarz'

'Bernsteingold'

ji's Mantle'

'Sunset Snows'

ageblätter, geschlossener Dom, aderlose, reine Blütenmitte, aber eine starke Mittelader bei den Blütenblättern, so daß die Blüte kraftwirkt und lange hält.

Iris korolkowii

Iris versicolor

Iris fulva 'Dorothea K. Williamson'

Iris orientalis 'Gigantea'

Iris sibirica 'My Love'

Iris kaempferi

Iris korolkowii ist eine Bartiris, alle übrigen gehören zur Sektion der Bartlosen. *Iris sibirica* und *I. orientalis* sind als Garten- und Schnittblumen wertvoll, *I. versicolor*, *I. fulva*, *I. kaempferi* als Sumpfpflanzen.

E

Eccremocárpus scáber

Echinácea purpúrea

Eccremocárpus · Schönranke, Hängefruchtranke
Bignoniaceae ☉ ○ ◐ ●

Im Namen stecken die griechischen Wörter ekkremamein = herabhängen und karpos = Frucht; sie beziehen sich auf die herabhängenden Früchte. Die Gattung umfaßt nur wenige Arten, die in Peru und Chile wild auftreten. Sie sind hochwachsende, in ihrer Heimat immergrüne Klettersträucher mit gegenständig sitzenden, unpaarig gefiederten bis doppelt-fiederschnittigen Blättern. Der allen Blättern gemeinsame Stiel endigt in einer Ranke, mit deren Hilfe die Pflanzen sich anhalten. Die Blumen werden 2 bis 3m lang und stehen in lockeren Trauben beisammen.
Eccremocárpus scáber Ruiz et Pav. wird bei uns bis 5 m hoch. Die bauchig-röhrigen Blüten sind bei der Art leuchtend orangerot. Bei 'Aureus' werden sie goldgelb, bei 'Carmineus' karmīnrot, bei 'Coccineus' scharlach und bei 'Ruber' dunkelrot.

Bewertung, Verwendung, Anzucht: Die Schönranke ist eine höchst empfehlenswerte Kletterpflanze zum Bekleiden von Hauswänden, Lauben, Zäunen und für frei stehende Grüne Wände. Leider werden die Pflanzen viel zu selten verwendet. Sie brauchen einen vollsonnigen, warmen, also zugfreien Platz, normalen Gartenboden und Drähte, Latten oder Netze, an welchen sie sich anhalten können, denn sie bilden keine Saugnäpfe oder Luftwurzeln. Die bewachsenen Flächen wirken sowohl durch ihr frischgrünes, reichgefiedertes Laub als auch zur Florzeit durch die Fülle der Blüten. Man säe zeitig im Frühling in Schalen, halte anfangs warm, topfe später ein, gewöhne allmählich an die Temperatur im Freien und pflanze schließlich nach Mitte Mai an den vorgesehenen Platz. Die Bestände kommen im Laufe des Juli in Flor. Man kann auch im Hochsommer aussäen und in Töpfen hell und kühl überwintern, dann fangen die Pflanzen bereits Mitte Juni an zu blühen. An sehr geschützten Stellen halten einzelne Exemplare aus, wenn man sie im Herbst herunterschneidet und hoch mit Laub anschüttet.

Echinácea · Igelkopf, Kegelblume, Sonnenhut
Compositae ♃ ○ ◐ ● ✕

Im Gattungsnamen steckt das griechische Wort echinos = Igel. Zwei Arten sind von Bedeutung, beide sind Stauden in den mittleren und östlichen Staaten der USA, eng verwandt mit *Rudbeckia*, ihr seit langem zugehörig, neuerdings jedoch abgetrennt. Beide Arten haben im Gegensatz zu den Rudbeckien im oberen Teil der Pflanzen rot schimmernde Triebe (Anthocyanfarbung). Kraut und Wurzel von *E. angustifolia* dienen der Drogengewinnung.
Echinácea angustifólia DC. (syn. Rudbeckia angustifolia L.), der Schmalblättrige Igelkopf, wächst in seiner Heimat an halbschattigen Plätzen in der Prärie und auf Sandbänken. Die Pflanzen werden dort 40 bis 60cm hoch, alle Teile sind rauh behaart. Die Blütenköpfe sind kegelförmig, die Strahlenblüten lang und schmal, im Verblühen hängen sie herab; Blütezeit Juli bis September. Die Wurzel ist pfahlartig.
Echinácea purpúrea (L.) Moench (syn. Rudbeckia purpurea L.), der Purpurrote Igelkopf, wächst in seiner Heimat an trockenen Hängen des Hügellandes. Die Pflanzen werden bis 1m hoch und bilden einen geschlossenen, stattlichen Busch. Die Stengel sind oben

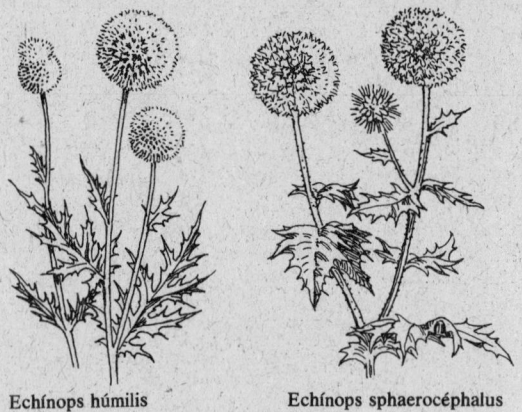

Echínops húmilis   Echínops sphaerocéphalus

Échium vulgáre

Élymus gigantéus

rauhfilzig, unten glatt, sie entspringen dem mehrköpfigen Wurzelstock. Die Laubblätter sind zugespitzt-eiförmig und am Rande scharf gesägt. Die Blumen erscheinen endständig auf langen Stielen. Sie haben eine schwarzbraune Mitte und schmale oder breite, anfangs beinahe waagerecht abstehende, später aber nach unten gerichtete Zungenblüten von rein- bis schmutzigweinrot. Blütezeit Juli bis Anfang Oktober. Es entstanden zahlreiche Sorten, die teils größere Blüten aufweisen, teils reinere Farben, oder die Blumenblätter sind besser geschnitten und stehen bis zum Abblühen waagerecht nach den Seiten. Schön ist die Sorte 'Rubinstern' mit besonders großen, sternförmigen, karminpurpurroten Blüten.

Bewertung, Verwendung, Anzucht: Beide Stauden kommen in jedem Gartenboden voran, sind aber nicht besonders wüchsig. *E. angustifolia* pflanzt man als Gruppe in freie Parkpartien mit Landschaftscharakter, wo diese Stauden neben Gräsern oder allein über bodenbedeckenden Pflanzen stehen. *E. purpurea* kann wegen ihres straffen geschlossenen Wuchses allein stehen oder in Pflanzungen zusammen mit weißem Phlox, weißen Lilien oder weißen Herbstastern. *E. purpurea* ist beim Teilen wenig ergiebig... man trennt am besten die Nebenaugen der Köpfe mit einem Stück altem Holz und Wurzelansatz ab, pudert sie mit Wuchspulver leicht ein und bringt sie in tiefe Töpfe, die man auf einen halbwarmen Kasten setzt. Später pflanzt man aus. Ergiebiger ist, diese Art aus Samen heranzuziehen; man muß ihn aber von ganz besonders schönen Beständen ernten, unter welchen es keine zweitrangigen Exemplare geben darf. Man sät im zeitigen Frühling in ein Mistbeet und pflanzt nach Erstarken auf Beete... die Bestände werden bis zum Herbst oder kommenden Frühjahr verkaufsstark. *E. angustifolia* wird aus Samen vermehrt.

Echínops · Kugeldistel
Compositae

Im Namen stecken die griechischen Wörter echinos = Igel und opsis = Aussehen; sie beziehen sich auf die igelförmige Gestalt der Blumenköpfe. Die Gattung ist gegen 100 Arten stark, welche in Asien, Südeuropa sowie Nord- und Westafrika wild vorkommen. Alle werden distelartige, ausdauernde Kräuter mit wechselständigen, fiederschnittigen oder fiedrig-gezähnten grauen bis graugrünen Blättern, manchmal auch be dornt, aber nie so scharf wie unsre Disteln. Die Blüten stehen in endständigen, kugelförmigen Köpfen. Viele Arten sind schwer auseinanderzuhalten.

Echínops húmilis M. B. aus Westasien wird etwa 1 m hoch, hat kantig gefurchte, wollig behaarte Stengel und unten leierförmig gebuchtete, oben oft ganzrandige Blätter, die in eine dornige Spitze auslaufen. An ihrer Oberseite sind sie spinnwebartig, unterseits weißwollig behaart. Die Triebe verzweigen sich oben und bringen stahlblaue Kugeln auf Stielen, deren Länge bis 35 cm beträgt. Die Art blüht im Hochsommer. Bei 'Cyanus' ist die Farbe intensiver. 'Blue Globe' hat große, dunkelblaue Köpfe, die silbrig glänzen, Höhe 1 m.

Echínops rítro L. aus Spanien und Südfrankreich wirkt zierlicher und wird auch weniger hoch. In Kultur sind sowohl die Art als auch Sorten. 'Veitchs Blue' hat dunkelblaue Köpfe auf 1 bis 1,50 m hohen Trieben.

Echínops sphaerocéphalus L. (syn. E. giganteus hort.), fast in ganz Europa und auch in Westasien häufig, wird bis 2 m hoch und wächst in der freien Natur an Ruderalplätzen mit kalkhaltigem Boden. Die Köpfe werden bläulichweiß und bläulichgrau.

Bewertung, Verwendung, Anzucht: Die Kugeldisteln sind seit dem Mittelalter Gartenpflanzen. Sie stellen keine Ansprüche. Fetter, vor allem aber nasser Boden ist ungünstig. Ferner wünschen die Pflanzen volle Sonne.

Alle Kugeldisteln werden sehr gern von Bienen besucht. Sie eignen sich für bunte Blumenrabatten, in Wildstaudengärten für jene Partien, wo der Garten in die freie Natur übergeht. Man kann die Köpfe auch schneiden und trocknen, muß sie zu diesem Zwecke nur vor dem Aufbrechen der Einzelblütchen ernten. Die Pflanzen können sehr lange an ihrem Platz bleiben, sie werden mit den Jahren mächtig und verdrängen dabei jeden Nachbarn, selbst wuchskräftige. Vermehrt wird aus Samen oder bei den Sorten durch Wurzelschnittlinge im zeitigen Frühling, bevor die Kugeldisteln austreiben. Man schneidet etwa fingerlange Stücke, legt diese senkrecht oder schräg in Handkästen mit normaler Erde, topft dann ein, kann aber auch gleich auf Anzuchtbeete setzen, muß nur die Schnittlinge erst richtig durchtreiben lassen und abhärten. Die Pflanzen werden bis zum Herbst verkaufsstark.

Echioídes → **Arnébia**

Échium · Natternkopf
Boraginaceae ☉ ○ ◐ ● ○

Im Namen steckt das griechische Wort echis = Natter; es wurde gewählt, weil die Blüten in ihrer Form entfernt an einen Natternkopf erinnern. Die Gattung ist über 30 Arten stark, und die Pflanzen werden ein- und mehrjährige Kräuter oder Halbsträucher. Die schönsten Arten sind monokarpe Stauden auf den Kanarischen Inseln. Die Pflanzen haben länglich-lanzettliche, meistens behaarte Blätter und blühen in einseitigen, schneckenlinigen, bei einzelnen Arten auch gabelteiligen Ähren mit blauen oder weißen Blumen.

Échium lycópsis L. (syn. E. plantagineum L.), in ganz Südeuropa bis zum Kaukasus verbreitet, ist eine annuelle Art, die bis 1 m hoch wird, bei uns in der Regel nur 50 cm Höhe erreicht. Die Blumen sind rötlichviolett. Bei der Sorte 'Gruppenblau' sind die Blüten lebhaft blau, Höhe nur etwa 35 cm; die Sorte 'Gruppenweiß' ist ein weißblühendes Seitenstück.

Échium vulgáre L. wächst in Südeuropa und zum Teil auch bei uns wild, wird hier für ein Unkraut gehalten. Man hat es aber schon seit dem 16. Jahrhundert im Garten verwendet. Die Pflanzen werden bis 100 cm hoch, sind ein- bis 2jährig und blühen mit einer rispigen oder straußförmig verästelten Ähre. Die Blumen sind anfangs rosa, später werden sie blau.

Bewertung, Verwendung, Anzucht: Die beiden aufgeführten Arten sind schöne annuelle Wildpflanzen, die aber durchaus neben vielen Sommerblumensorten bestehen können. Man kann sie in bunte Blumenbeete einfügen oder auch in großen Flächen massenhaft verwenden. Sie wirken nicht nur gut, sie blühen auch sehr lange: von Ende Juni bis tief in den Herbst. Ferner sind sie ausgezeichnete Bienenfutterpflanzen. Sie stellen nur geringe Ansprüche: Der Standort muß in voller Sonne liegen, der Boden soll nicht zu arm, aber ziemlich trocken sein. Man sät im März/April an Ort und Stelle, am besten in Reihen, Abstand derselben 25 bis 30 cm. Innerhalb der Reihen dünnt man auf etwa 20 cm Entfernung aus.

Élymus · Haargerste
Gramineae 𝟤 ○ ◐ ● ○ ♡

Im Namen steckt die Bezeichnung elymos, wie bei Theophrast und Dioskorides ein Nutzgras hieß, wahrscheinlich war es die Kolbenhirse (heute *Setaria italica*). Es sind hohe ausdauernde Gräser mit flachen oder steif zusammengerollten Blättern und ansehnlichen Blütenständen, bei welchen die Gipfelähre entwickelt ist. Die Gattung umfaßt gegen 45 Arten, die in vielen Gebieten mit gemäßigtem Klima vorkommen. In Südafrika und Australien fehlt das Genus völlig.

Élymus arenárius L. ist die eigentliche Haargerste, welche man auf den Sanddünen sowohl am Strande der Nordsee als auch der Ostsee und weiter nordwärts in Sibirien, ferner auch in Nordamerika findet; die Art fehlt aber völlig im Mittelmeerraum. Die Pflanzen haben einen zähen Wurzelstock und treiben zahlreiche Ausläufer. Diese sind es, welche den Sand der Dünen binden. Das Laub ist blaugrün. Die Ähren werden groß, stehen aufrecht und erscheinen im Hochsommer; Höhe insgesamt bis 120 cm, das Laub allein 30 bis 60 cm.

Élymus gigantéus Vahl ist eine Art, die größer wird und straff aufrecht steht, während die vorige Art manchmal kniend wächst. Es gibt davon auch eine cv. 'Glau-

Epilóbium fleischeri

Epimédium × youngiánum

Eránthis hyemális

cus'. Sie wurde von Karl Foerster als Blauer Riesenstrandhafer in den Handel gebracht. Ihre Laubfärbung ist besonders lebhaft.

Bewertung, Verwendung, Anzucht: Die Haargerste ist ein äußerst genügsames Gras, das durch das Laub und durch die Blütenstände wirkt. Es eignet sich für die Befestigung und Begrünung dürrer Ufer und sonniger Böschungen und Hänge. Es duldet aber nur ausnahmsweise andere Pflanzen neben sich und wird durch Wuchern und Samenwurf leicht lästig, ja gefährlich. Wo Haargerste nicht schaden kann, also in weitläufigen Anlagen oder parkartigen Landschaften, ist sie wegen ihrer Genügsamkeit und Ausdauer angebracht. Vermehrt wird durch Ausläufer, die man auf den Boden streut und leicht mit Erde bedeckt oder einharkt.

Endýmion hispánicus → **Scílla hispánica**

Epilóbium · Weidenröschen
Onagraceae ♃ ○ ◐ ◓ △

Im Namen stecken die griechischen Wörter ion epi lobion, die „Veilchen über der Schote" bedeuten. Man findet den Namen zuerst bei Gesner. Die Gattung umfaßt gegen 200 Arten und ist über die ganze Erde außer in den Tropen verbreitet. Es sind einjährige oder ausdauernde Kräuter, auch Halbsträucher von verschiedener Höhe. Sie blühen reich, die Blumen erscheinen in den Achseln von Laub- und Tragblättern oder in endständigen Trauben. Die Samen haben an ihrer Spitze einen Haarschopf. Das Laub ist kahl oder kann auch dicht filzig behaart sein. Die Arten wachsen an den verschiedensten Standorten und passen sich diesen gut an. Im Himalaja steigt eine Art bis 4500 m hoch. Einzelne Arten sind bei uns Unkräuter.

Epilóbium fleíscheri Hochst. (syn. Chamaenerion fleischeri Fritsch) wächst in den Alpen auf Urgestein und auch auf Kalk. Die Pflanzen sind Halbsträucher, die 20 bis 30 cm hoch werden, sich reichlich verzweigen und lineálische, frischgrüne Blätter bekommen. Die Blüten werden groß, violettrosa bis purpurn und stehen in kurzen, endständigen Trauben beisammen. Sie erscheinen im Hochsommer.

Epilóbium purpurátum Hook. f. aus Neuseeland, wo es in den Gebirgen in Höhen von 1500 und 2000 Metern wächst, bildet dichte Teppiche, die nur 5 cm hoch werden. Die Blättchen sind klein und werden in der Sonne rotbraun. Die Blümchen sind rosa, bleiben sehr zierlich. Sie fallen kaum auf, mehr aber die Früchtchen mit ihren silberweißen Härchen.

Bewertung, Verwendung, Anzucht: Epilobium fleischeri ist eine hübsche Pflanze für das Alpinum des Liebhabers. Sie wünscht kiesigen, schottrigen Boden mit wenig Humus und ist gegen Nässe empfindlich, will jedoch nicht in Prallsonne stehen. Die oberirdischen Teile frieren manchmal weg, aber die Exemplare haben Ausläufer, die in der Regel erhalten bleiben. *E. purpuratum* bildet rasch dichte Rasen und wächst leicht große Flächen zu. Man verwendet es als Bodendecke und für Alpina, muß aber darauf achten, daß es dort nicht überhand nimmt. In sehr kalten Wintern erfrieren die Polster, bilden sich aber infolge Selbstaussaat immer wieder. Die Pflanzen wollen sandig-lehmigen Boden und gute Dränage. In voller Sonne wird ihr Laub rotbraun, in halbschattiger Lage bleibt es grün. Vermehrt wird durch Teilung und Aussaat. Die Anzucht dauert einen Sommer.

Epimédium · Elfenblume
Berberidaceae ♃ ○ ◐ ◓ △ ‖ ♡ ○

Epimedium ist der Name einer Pflanze mit efeuähnlichen, aber nicht wintergrünen Blättern. Sie wird von Dioskorides und Plinius erwähnt, doch wissen wir nicht, welche sie damit meinten. Die Gattung ist sehr umfangreich, aber nicht wenige Arten sind umstritten.

Alle werden Stauden mit kriechendem Erdstamm, oft zwei- bis dreizähligen, gelegentlich wintergrünen Blättern. Die Blüten erscheinen in einfachen oder nur wenig sich verzweigenden Trauben, werden etwa mittelgroß, fallen aber durch ihre Farben auf. Leider vergehen sie ziemlich bald. Die Gattung ist in Südeuropa, Nordafrika, Kleinasien bis hinüber nach China und weiter nach Japan sowie in Indien verbreitet. Alle blühen im April/Mai.

Epimédium perralderánum Coss. wächst in Algerien im Gebirge in 1200 bis 1500 m Höhe als Bodendecke unter Eichen und Zedern. Die Teppiche werden 20 bis 30 cm hoch. Die Blätter sind dreizählig und haben einen gewellten, stachelig gesägten Rand. Im Austrieb ist das Laub bronzefarben, später wird es dunkelgrün mit auffallend hellen Adern. Die Blüten werden etwa 2 cm breit, ihre äußeren Hüllblätter sind grünlich, die inneren gelb.

Epimédium × rúbrum C. Morr. ist durch Kreuzung von *E. alpinum* und *E. grandiflorum* entstanden. Die Blumen werden rot und sind etwa 2,5 cm breit; sie stehen in kurzen Trauben, welche bis 20 Blüten bringen. Die Art wird 25 bis 30 cm hoch.

Epimédium × versícolor C. Morr. ist ebenfalls eine Hybride (Eltern *E. grandiflorum* und *E. pinnatum*). Die Pflanzen werden 35 bis 50 cm hoch und bringen grundständige und an den Blütentrieben sitzende Blätter, welche doppelt bis dreifach dreizählig sind. Die Blüten werden etwa 2 cm breit, haben einen kleinen Sporn und sind altrosa gefärbt. Es gibt mehrere Sorten. Schön ist 'Sulphureum' mit wintergrünen, rot- oder braungefleckten Blättern und gelben Blüten in 10- bis 20blütigen Trauben.

Epimédium × youngiánum Fisch. et Mey., aus *E. diphyllum* und *E. grandiflorum* entstanden, wird 15 bis 25 cm hoch, hat doppelt-dreizählige Blätter (auch dreifach-dreizählig, aber selten) und blüht mit ziemlich großen weißen Blumen, die zu 3 bis 8 beisammenstehen. Noch schöner ist 'Niveum' mit größeren, glitzerndweißen Blumen; gut auch cv. 'Roseum' mit violettrosa Blüten.

Bewertung, Verwendung, Anzucht: Die Elfenblumen sind höchst brauchbare Bodenteppiche unter nicht zu dichten Bäumen. Sie wünschen normalen Gartenboden, der nicht zu schwer sein darf, aber auch nicht trocken, also frisch sein muß, wie es in der Fachsprache heißt. Sie können jahrzehntelang an ihrem Platz bleiben, und man braucht nur gelegentlich mit gejauchtem Torf oder gutem, gehaltvollem Kompost zu überziehen. Es dauert freilich seine Zeit, ehe die Bestände sich schließen und ansehnlich geworden sind. Man pflanzt im Frühherbst oder im Frühling. Vermehrt wird bei den reinen Arten aus Samen, sonst durch Teilung. Will man stark vermehren, schneide man im Herbst die Mutterpflanzen in kleine Stücke mit nur einem Auge, pikiere in Handkästen oder in ein Frühbeet in sandige Erde und lasse zunächst gut austreiben, dann setze man auf Anzuchtbeete. Diese müssen halbschattig liegen. Man kann im Frühling auch grundständige Stecklinge mit einem Stück Ansatz schneiden. Die Anzucht dauert wenigstens ein Jahr. In exponierten Lagen ist leichter Winterschutz ratsam.

Eránthis · Winterling
Ranunculaceae △ ○ ◑ △

Im Namen stecken die griechischen Wörter er = Frühling und anthos = Blume; sie beziehen sich auf den frühen Flor der Pflanzen. Die Gattung tritt in Südeuropa mit 2 Arten auf; Eranthis sind Gewächse mit einem knollig verdickten, ebensolche Ausläufer treibenden Erdstamm und grundständigen, handförmig-geteilten, mehrfach gefiederten Blättern, die zur Zeit des Flors noch klein sind oder erst nach diesem erscheinen. Die Blüten haben 6 bis 8 Kronblätter, welche aber zu schmalen Honigblättern umgebildet sind. Statt ihrer sind die Hüllblätter groß und ansehnlich. Sie schließen sich abends und an trüben Tagen und bilden über den Staubgefäßen und Narben ein schützendes Dach. Tagsüber jedoch breiten sie sich aus und wirken als Schauapparat. In geschlossenen Blüten kann Selbstbestäubung stattfinden. Jede Blume ist anfangs durch ein Hochblatt geschützt, das diese wie eine Krause umgibt.

Eránthis cilícia Schott et Kotschy aus Kleinasien blüht etwas später als E. hyemalis. Die Stengel sind rötlich überlaufen und das Hochblatt sehr fein und tief geschlitzt. Die Blumen werden lebhaft gelb.

Eránthis hyemális (L.) Salisb. tritt in ganz Südeuropa außer Griechenland auf. Die Pflanzen werden bis 10 cm hoch und bekommen hellgelbe Blumen. Die Art ist bei uns häufig zu sehen, man hat sie bereits im Mittelalter eingeführt.

Eránthis × tubergénii Bowl. ist eine bei Tubergen in Haarlem erzielte Hybride der beiden vorstehend aufgeführten Arten. Die Pflanzen bekommen größere Knollen, und ihre Schalenblüten werden wesentlich breiter als bei den Eltern. Da sie keinen Pollen haben und keine Früchte ansetzen, halten sie sich auch viel länger. Es gibt zwei weitere Sorten aus nochmaligen Kreuzungen: 'Glory' – mehr nach *E. hyemalis* geraten, aber mit größeren Blumen, und 'Guinea Gold' – Blüten groß mit bronze Reflexen, auch das Laub ist bronzefarben überlaufen. Beide blühen anschließend an die Arten, sie verlängern also den Flor der Winterlinge.

Bewertung, Verwendung, Anzucht: Eranthis sind wunderhübsche Vorfrühlingsblümchen, deren Zauber man aber nur kennenlernt, wenn man sie selbst pflanzt. Sie blühen je nach Witterung und Standort zeitig im Frühling, manchmal bereits im Februar, sonst im März. Zuerst erscheinen die Blüten, das Laub kommt hinterher und vergeht auch bald wieder, so daß eine kahle Stelle entsteht. Es ist jedoch nicht ratsam, diese mit Polsterstauden beseitigen zu wollen. Wenn der Fleck zu groß sein sollte, kann man einige Gräser

Er

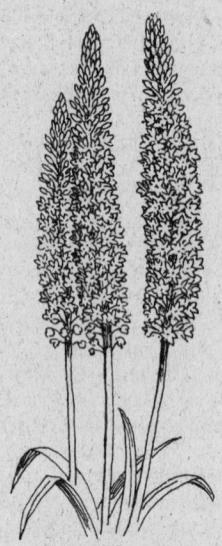

Eremúrus himaláicus

einem kurzen, funkelnd bunten Frühling, auf den ein langer, sengender Sommer folgt, unter dessen Glut alles Pflanzenleben sich in Knollen und Zwiebeln zurückzieht. Eremurus sind Stauden. Sie haben einen kurzen Erdstamm mit fleischigen, sternförmigen Wurzeln und kurzen Faserwurzeln. Die Blätter erscheinen grundständig, bei älteren Exemplaren in großer Zahl, und sind linealisch-länglich. Die Blüten werden glockig-sternförmig, etwa 1,5 cm breit und stehen auf einem hohen, einfachen Schaft in langen, vielblumigen Trauben. Sie werden weiß, gelb in verschiedenen Tönungen, rosa und lachs. Die Pflanzen blühen im Mai/Juni, manche auch noch anschließend.

Eremúrus elwésii Mich. Die Blütenstiele werden bis 2,5 m hoch und haben hellrosa Blumen, der Flor beginnt gegen Ende Mai. Es gibt auch eine 'Albus' (syn. E. elwesianus albus hort.) mit weißen Blüten.

Eremúrus himaláicus Bak. aus dem Nordwesthimalaja wird 1 bis 1,5 m hoch, die Blätter werden bis 55 cm lang, und die Blütentraube erreicht eine Länge von 60 bis 80 cm. Die Blüten sind glitzernd weiß, die Blumenblätter haben einen braunen Mittelnerv und sind außen braungestreift. Die Art blüht ab Ende Mai.

Eremúrus × isabellínus Vilm. ist ein Bastard mit *E. olgae* und *E. stenophyllus* var. *bungei* als Eltern. Die Pflanzen sind vielfach unter dem Namen Shelford-Hybriden im Handel und werden sowohl als Sämlinge wie auch in Sorten angeboten. Sie wachsen 60 bis 120 cm hoch, haben bandförmige Blätter, und die Blüten erscheinen in verhältnismäßig langen, etwas schmaleren Trauben als bei den andern Eremurus.

Eremúrus robústus Regel aus Turkestan wird sehr hoch: man hat an Plätzen mit zusagenden Wachstumsverhältnissen schon 2,5 m hohe und höhere Blütenstände gemessen. Die Blätter sind linealisch-lanzettlich, 6 cm breit und bis 60 cm lang. Der Schaft ist dicht mit rosenrosa, bis 4 cm breiten, sternförmigen Blüten besetzt, die Traube kann bis 20 cm breit werden. Infolge ihrer Größe dauert der Flor manchmal 2 Wochen und länger. Die Art blüht im Juni. Besser ist die Sorte 'Superbus', hellrosa.

Eremúrus stenophýllus (Boiss. et Buhse) Bak. aus Mittelasien wird bis 70 cm hoch und hat eine ziemlich kurze Traube mit dunkelgelben, außen orange gestreiften Blüten. Bedeutend wertvoller ist die wüchsigere var. **búngei** (Bak.) O. Fedtsch. (syn. E. bungei Bak.). Ihre Blütenstände werden bis 80 cm hoch und die Trauben etwa halb so lang. Die Blumen sind etwas breiter, sitzen sehr dicht und werden lebhaft gelb mit rötlichen Staubfäden, wodurch eine Art Glut aus den Blüten strahlt. Die Pflanzen blühen im Juni. 'Perfectus' blüht orange, 'Sulphureus' gelb. Ferner wird im Handel eine Spezialmischung von Stenophyllus-Hybriden angeboten, sie bringt Blütenstände in Weiß, Rosa und Orange.

Eremúrus × tubergénii Irw. ist eine Hybride aus *E. himalaicus* und *E. stenophyllus*. Die Pflanzen werden gegen 100 cm hoch und bekommen lichtgelbe Blumen. Sie blühen sehr früh, oft bereits vor Mitte Mai.

einstreuen. Winterling eignet sich gut für Alpina und den Fuß von Gehölzen, man kann ihn auch an den Rand von Strauchgruppen und ähnlichen Plätzen ohne dichte Pflanzendecke setzen. Man legt im Herbst etwa 5 cm tief. Die Pflanzen sind mit jedem Gartenboden zufrieden, der nicht zu trocken und zu schwer ist. Die reinen Arten vermehren sich durch Samenwurf von selbst, und mit der Zeit werden die Kolonien immer größer, nicht selten tauchen auch an entfernten Stellen neue Bestände auf. Ihr Samen wird durch Ameisen breit geschleppt, die ihn wegen eines ölhaltigen Anhängsels sammeln und in ihre Baue tragen, ohne die Keimkraft zu zerstören. Vermehrt werden die reinen Arten aus Samen, der sofort nach der Reife in Rillen ausgesät werden muß, aber erst im kommenden Frühjahr keimt. In der Regel pikiert man die jungen Pflänzchen zu dreien in kleine Töpfe und kultiviert bis zum kommenden Herbst oder bis zum übernächsten, sie sind dann bestimmt blühstark. Die Hybriden können allein durch Aufzucht von Tochterknollen vermehrt werden, dabei kommt man nur allmählich zu größeren Beständen.

Eremúrus · Steppenkerze, Lilienschweif
Liliaceae ⚜ ☉ ☽ ☾ ✕

Im Namen stecken die griechischen Wörter eremos = Wüste und oura = Schweif; sie beziehen sich darauf, daß die Pflanzen in Steppen auftreten und ihr Blütenstand mit einem Schweif verglichen werden kann. Es gibt auch noch den deutschen Namen „Kleopatranadel". Die Gattung ist gegen 30 Arten stark; sie wachsen in trockenen Strichen West- und Mittelasiens mit

Bewertung, Verwendung, Anzucht: Eremurus sind außerordentlich imposante Stauden, die sofort unsern Blick auf sich ziehen, aber sie haben auch Nachteile! Sie blühen nicht sehr lange und stellen Ansprüche, auch dauert die Anzucht bis zum blühstarken Exemplar einige Jahre, so daß die Pflanzen nicht billig sind. Sie wünschen einen Standort in voller Sonne und nahrhaften, nicht zu schweren, nicht zu kalten oder nassen, sondern recht durchlässigen Boden. Man muß eine bis 50 cm breite, etwa 20 cm tiefe Pflanzgrube herrichten, deren Untergrund noch leicht gelockert werden soll. Ist der Boden schwer, wird eine noch tiefere Grube benötigt, und man muß zunächst eine dicke Schicht drainierendes Material einbringen, das mit Sand abgedeckt werden soll. Die Wurzelsterne lege man flach auf den Boden der Grube und fülle diese behutsam zu. Die günstigste Zeit zum Pflanzen ist der Herbst, bei Frühjahrspflanzung bleibt der Flor spärlich. Es wird für nasse Böden empfohlen, die Rhizome im Herbst auszugraben und ähnlich Dahlien, unbedingt aber in Torfmull eingebettet, zu überwintern: doch ist dieses Verfahren nicht nur umständlich, sondern es hat auch zur Folge, daß man nie so üppige Bestände bekommt wie von Pflanzen, die im Boden bleiben. Wo nasse, schwere Böden nicht sehr gut drainiert werden können, ist es besser, auf Eremurus zu verzichten. Im Frühling soll man bei Erscheinen des Blütenschaftes mehrmals gründlich wässern. Im Sommer wiederum ist viel Nässe ungünstig. Für die Pflege ist auch wichtig, daß man an den Stellen, wo Eremurus stehen, nicht umgraben, sondern nur oberflächlich leicht lockern darf, um die Wurzeln nicht zu verletzen. Bald nach dem Ende des Flors vergilbt auch das Laub, und nach kurzer Zeit bleibt oberirdisch von der Herrlichkeit nichts übrig. Es entstehen Kahlstellen, die man jedoch von Anfang an mit flach wurzelnden Polsterstauden besetzen kann: etwa mit *Thymus*, einzelnen *Sedum* und ähnlichen Gewächsen mit xerophiler Tracht. Eremurus wirken in Gruppen noch großartiger als in kleinen Beständen oder als Einzelexemplare. Man muß für jede Pflanze einen viertel bis halben Quadratmeter Platz rechnen, nicht alle eignen sich also für kleine Gärten. Gut wirken sie an besonders markanten Stellen im Garten oder in öffentlichen Anlagen, für Staudenrabatten und bunte Mischpflanzen dagegen passen sie wenig. Nach 4 bis 5 Jahren wird es nötig, die Exemplare aufzunehmen, da der neue Knospenkuchen sich auf dem des Vorjahres bildet, so daß die Pflanzen in der Erde allmählich nach oben wachsen und zu nahe an die Oberfläche geraten können. Meistens kann man dabei auch teilen, denn größere Exemplare bilden leicht zwei oder noch mehr Knospen, jede mit einem eigenen Kuchen und eigenen Wurzeln. Die Sorten lassen sich überhaupt nur auf diese Weise vermehren, wobei es freilich lange dauert, bis man einen nennenswerten Bestand erzielt hat. In normalen Wintern erleiden Eremurus keine Kälteschäden, in sehr harten können sie erfrieren. Um dem für alle Fälle vorzubeugen, überziehe man den Bestand alljährlich mit trockenem Material (Laub, Reisig, Hobelspänen oder Kaff).

Die Arten- und Sortenmischungen von $E. \times isabellinus$ werden aus Samen vermehrt. Man sät bald nach der Reife auf Beete mit guter Dränage und läßt die Sämlinge bis zum zweiten Nachsommer stehen, dann wird auf Anzuchtbeete umgepflanzt. Die Pflänzchen bilden zunächst eine fleischige Pfahlwurzel, und erst im zweiten Jahre fangen sie an, die nach den Seiten dringenden Wurzeln zu treiben, die man an ausgegrabenen Exemplaren sieht. Die Weiterkultur geschieht vielfach in kalten Kästen, deren Erde etwa 10 bis 12 cm ausgehoben wird. Darauf legt man die Jungware ziemlich dicht aus (Abstände 15 bis 25 cm, je nach Art und Größe) und schaufelt wieder zu. Nach weiteren 2 bis 3 Jahren haben die Anzuchten Verkaufsstärke erreicht und manche auch schon die erste Blüte gebracht. Die Erde für die Anzuchten soll locker, humusreich und sandig sein. Für laufende Anzucht muß man ständig vier Sätze in Vermehrung haben, um in jedem Herbst fertige Pflanzen ernten zu können. Es ist also verhältnismäßig viel Platz nötig, aber Einzelanzucht wäre unwirtschaftlich. Nach dem Ausgraben dürfen die Wurzelstöcke nicht bloß liegen, sondern man decke sie bald mit Torfmull oder Sand ab. An ihm zusagenden Plätzen kann man Eremurus viele Jahre haben, muß jedoch, wie bereits bemerkt, in bestimmten Abständen umlegen. Nässe und starke Kälte schaden ihm sehr, und viele Eremurus sind dadurch schon zugrunde gegangen.

Erica · Glockenheide, Schneeheide
Ericaceae ○ ◐ ◐ ○ ♡ ○

Ereike, lateinisch Erice, hieß die Baumheide bereits bei den antiken Schriftstellern; die Bezeichnung ist vielleicht von ereiko = ich breche abgeleitet und bezieht sich auf die brüchigen Zweige. Die Gattung umfaßt über 500 Arten, die in der Mehrzahl im außertropischen Teil Südafrikas und dort wieder besonders im Winterregengebiet auftreten. Gegen 12 Arten kommen im Mittelmeerraum vor und etwa 10 im europäisch-atlantischen Küstenstreifen von Portugal bis Skandinavien. Die Gattung hat im Kaplande ihr Entstehungsgebiet und entwickelte sich dort sehr formenreich. Eine Reihe sind seit langem in Kultur, am meisten die im Herbst blühende *Erica gracilis*, welche hier aber nicht winterhart ist. Viele Arten wünschen sauren oder höchstens neutralen Boden, einzelne sind weniger empfindlich, vertragen aber keinesfalls stark alkalische Erden. Alle werden Halbsträucher oder Sträucher, Bäume nur einzelne. Die Pflanzen verzweigen sich reichlich und wachsen aufstrebend oder auch niederliegend-aufstrebend. Die Blätter erscheinen zahlreich, sind klein, vielfach nadelförmig und bleiben wintergrün. Die Blumen sind glöckchen-, krug- oder aufgeblasen röhrenförmig und sitzen einzeln oder zu wenigen, aber auch in vielblumigen Trauben oder Ähren an den Zweigenden. Sie werden rosa oder weiß.

Er

Erica herbácea

Erica tetrálix

Erigeron-Hybride, gefüllt

Erigeron-Hybride, einfach

Eríca cárnea → **Eríca herbácea**

Eríca cinérea L., die Grauheide, wächst ebenfalls im Westen Europas in Gebieten mit Seeklima, vor allem in Mooren oder Gebieten mit anmoorigen Böden. Die Pflanzen bilden kleine Sträucher und werden bis 40 cm hoch, der Wuchs ist niederliegend-ansteigend. Die urnenförmigen Blüten sind rosa. Die Art ist in England weit verbreitet, wo auch zahlreiche Züchtungen entstanden. Sie gedeiht bei uns nur in Küstennähe. Im Binnenland ist ihr die Witterung zu trocken, und die Bestände gehen in härteren Wintern ein.

Eríca erigéna R. Ross (syn. E. mediterranea auct. non L., E. purpurascens auct. non L.) aus Portugal, Südwestfrankreich und Westirland ähnelt *Erica herbacea*, wird aber 40 bis 50 cm hoch, wächst kräftiger und bildet stattliche, ziemlich breite Büsche. Die Zweige sind vierkantig, die Blüten werden dunkelrosa und erscheinen ab März bis in den Mai hinein. Die Sorte 'Silberschmelze' wächst etwas flacher und blüht weiß.

Eríca herbácea L. (syn. E. carnea L., E. mediterranea L.) ist die Schneeheide, welche man bei uns häufig sehen kann. In der freien Natur wächst sie im östlichen und mittleren Teil der Alpen und geht im Westen bis nach Savoyen, im Osten bis auf den Balkan und nach Mähren. Südwärts findet man sie in den Apenninen. Sie tritt häufig jenseits der Bestände regelrechter Bäume auf, also im Krummholzgürtel, und steigt bis 2300 m hoch. Die Art wächst in sauerem Humus, auch wenn dieser Kalkgestein aufliegt; sie kann aber nicht als kalkhold bezeichnet werden. Die Pflanzen wachsen niederliegend und bringen aufrechte, einseitswendige, beblätterte Blütentrauben von 3 bis 10 cm Länge. Sie blühen im zeitigen Frühjahr, manchmal bereits im Herbst und dann bei den ersten Sonnenstrahlen weiter, förmlich durch den Schnee hindurch oder aus diesem hervor, daher unser Name Schneeheide. Die Blumen werden fleischfarben und haben herausragende, dunkelrote Staubfäden. Es gibt eine Menge Sorten, von welchen hier nur die bewährten aufgeführt werden. 'Cecilia M. Beale' mit weißen Blumen in langen Trauben, Wuchs etwas aufrechter als gemeinhin, weit besser als cv. 'Alba'; 'James Backhouse' – blüht hellrosa und sehr spät, als Fortsetzung des Flors wichtig; 'King George' – Blumen rosarot, sehr früh, eine der ersten Sorten, vielfach bereits im Spätherbst blühend; 'Rubra' – mit dunkelroten Blumen, welche sehr früh erscheinen; die schöner gefärbte, im Wuchs niedrige 'Praecox Rubra' wird leider leicht krank und stirbt früher oder später ab; 'Snow Queen' – Blüten groß, weiß, die Ähren ragen weit aus dem Polster heraus; 'Springwood' – ausgezeichnete, ebenfalls weiß blühende Sorte mit langen Ähren, viele Blumen bringend; 'Vivellii' – bekommt im Herbst bronzebraunes Laub und blüht im Frühling karminrot; 'Winter Beauty' – bekannte, bei mildem Wetter bereits um die Jahreswende blühende Sorte, kompakt wachsend, Blumen kräftig rosa.

Eríca tetrálix L., die Moor- oder Glockenheide, tritt vor allem in West- und Nordeuropa, dazu auch in England und Irland auf. Man findet sie viel auf Torfmooren und feuchten Waldwiesen. Die Pflanzen werden 30 bis 40 cm hoch, ihre Zweige und Blätter sind kurz weichbehaart, und die Blumen stehen zu 6 bis 12 und mehr in Dolden. Die Blümchen werden rosa und erscheinen im Sommer. Es gibt eine Reihe Sorten, wie 'Alba' mit weißen Blüten, 'Pink Glow' – reichblühend mit rosaroten Blumen, 'Silver Bells' – nur 15 cm hoch werdend mit weißen, rosa angelaufenen Blüten.

Eríca vágans L. stammt ebenfalls aus Westeuropa und kommt dort von Portugal bis Irland vor. Die Pflanzen wachsen freudig und bilden breite, üppige Büsche. Die Blätter stehen zu 4 bis 5 beisammen, sind dunkelgrün und werden etwa 1 cm lang. Die Blumen sind beinahe kugelig und erscheinen in endständigen, ziemlich geschlossenen Ähren. *Erica vagans* kommt im Juli bis September in Flor, und die Blüten werden bei der

Stammart rosa. Außer dieser gibt es eine Reihe schöner Sorten: 'Lyonesse' – reinweiß blühend; 'Mrs. D. F. Maxwell' – Blüten tiefrosa bis lachsfarben, kommt erst im August in Flor; 'St. Keverne' – reinrosa, niedriger im Wuchs.

Bewertung, Verwendung, Anzucht: Die Schneeheide, *Erica herbacea* (syn. *E. carnea*), ist bei uns oft zu sehen und gehört förmlich zu unseren Frühlingsblumen. Die Art ist anspruchslos. Sie eignet sich für Steingärten, zur Pflanzung in Flächen, für bunte Staudenbeete, die natürlich dazu passende Arten enthalten müssen. Äußerst wichtig ist, daß die Schneeheide in jedem normalen Gartenboden gedeiht, sie verträgt leichten Kalkgehalt, kann alt und höchst ansehnlich werden und verträgt auch leichte Düngung. Die übrigen Arten wünschen absolut kalkfreien, sauren Boden und sind gegen jede Art Düngung intolerant.

Man muß der Erde viel Torf oder Moorerde zusetzen, der Standort soll in voller Sonne liegen und nicht trocken sein. Die Arten passen nur in ausgesprochene Heidegärten, deren gesamter Bewuchs aus der Flora von Heide oder Moor bestehen soll. Ihr gutes Gedeihen läßt sich nicht ohne gründliche Bodenbearbeitung erreichen. Um die nötige feuchte Luft zu schaffen, ist ein größerer Tümpel oder ein kleiner Wasserlauf günstig, die aber kalkfreies Wasser haben müssen. Solche Szenerien sollten auch eine gewisse Größe aufweisen, damit die Pflanzung nicht verspielt ausfällt. Ferner muß man die unmittelbar gärtnerische oder landschaftliche Umgebung berücksichtigen. Ein Heidegarten ist in einer städtischen Kulturlandschaft eo ipso etwas höchst Künstliches, aber man lege ihn nicht noch stilwidrig zwischen üppigen Beständen ausländischer Laubgehölze an. Der Widerspruch wäre zu kraß. Höchstens eine sehr große Pflanzung, die streng von solcher Umgebung getrennt werden muß, würde ihn überwinden. Schneeheide-Pflanzungen können viele Jahre an ihrem Platz bleiben und lassen sich durch vorsichtigen Rückschnitt kurz vor dem Neuaustrieb auch mehrmals verjüngen. Bei den Arten, die saure Böden wünschen, ist Verjüngung durch Rückschnitt nur in den ersten Jahren nach dem Pflanzen möglich, ältere Bestände treiben nicht sicher durch. Zu alte Anlagen müssen also völlig neu gepflanzt werden! Vermehrt wird aus ausgereiften Stecklingen, das sind Triebspitzen, deren Blättchen sich gespreizt haben. Man nimmt bei Spätsommervermehrung 3 bis 4 cm lange Spitzen, schneidet mit einer Schere nach, entfernt die untersten Blättchen und steckt in Handkästen mit der entsprechenden Erde, die mit einer etwa 2 cm dicken Schicht feinem Sand bedeckt wird. Die Erde ist gut anzudrücken. Nach dem Stecken räumt man in ein luftiges Gewächshaus oder in einen gut schließenden Kasten und deckt die Stecklinge mit Scheiben ab. Es ist nur mäßig zu wässern, aber Trockenheit würde den ganzen Posten vernichten. Um Faulen zu verhüten, müssen die aufgelegten Glasscheiben täglich morgens und in der ersten Woche abends nochmals abgewischt werden, auch gebe man nicht zu tiefen Schatten. Nach vier Wochen haben die Stecklinge die ersten Wurzeln, und man härte sie allmählich ab. Über Winter bringt man sie in ein Kalthaus oder stellt sie an einem geschützten Platz im Freien auf, deckt aber Fenster über die Kästen. Im nächsten Frühling pikiert man auf Anzuchtbeete, stutzt auch leicht; will man stärkere Bestände, muß man umpflanzen. Die Anzucht dauert dann wenigstens zwei Jahre. Man kann aber auch im Winter vermehren, freilich bloß in Zeiten, wo es nicht stark gefroren hat. Man nimmt da nicht einzelne Triebspitzen, sondern kleine Triebenden mit Ästchen, muß diese jedoch in Bewurzelungspulver tupfen und dann in der üblichen Weise stecken und behandeln. Solche Posten sind bis zum nächsten Herbst stärker als die Jungpflanzen aus normaler Herbstvermehrung, aber man braucht dazu unbedingt ein kühles Vermehrungshaus, mehr Mutterpflanzen und Bewurzelungspulver. Ein Vorteil ist, daß man in einer Zeit vermehrt, in der es in Staudengärtnereien wenig drängende Arbeiten gibt. Verpflanzen und versenden sollte man Erica nicht im Herbst, sondern im Frühling. Pflanzen, die man im Herbst versetzt, können bei einem frühen Wintersanfang nicht mehr richtig einwurzeln und leiden dann häufig.

Er

Erígeron · Feinstrahl, Berufkraut
Compositae ♃ ○ ◐ ◑ ✕

Erigeron ist ein altgriechischer Pflanzenname, Dioskorides bezeichnete damit aber *Senecio vulgaris* von heute. Das Genus steht der Gattung *Aster* sehr nahe, unterscheidet sich jedoch von dieser vor allem durch die mehrreihigen, in der Regel sehr schmalen, fast fädigen Zungenblüten. Es gibt gegen 250 Erigeron-Arten, von welchen die Hälfte in Nordamerika, die übrigen in Südamerika, Australien und der Alten Welt auftreten, meistens in Gebieten mit gemäßigtem Klima, überdies in Gebirgen. Die Pflanzen sind Stauden oder Annuelle, haben längliche Blätter und blühen auf kahlen oder nur schwach belaubten Stengeln, einzeln oder in Doldentrauben.

Erígeron aurantíacus Regel aus Turkestan wird 20 bis 25 cm hoch, hat eine Rosette oval-spatelförmiger Blätter und blüht mit 3 bis 4 cm breiten Körbchen, die einzeln auf den Stengeln erscheinen. Die ganze Pflanze ist samtig behaart. Die Blumen haben orangefarbene Zungenblüten und eine gelbe Mitte. Es ist keine Art, die bei uns alt wird, aber man kann sie immer wieder leicht aus Samen heranziehen. Wichtig ist sie vor allem für die Züchtung geworden, denn nicht wenige der rosablühenden Sorten entstammen Kreuzungen von *E. aurantiacus* und andern Arten. Erwähnt sei hier nur die Züchtung 'Dimitry' mit dunkelrosa Strahlenblüten und orangefarbener Mitte, was einen sehr aparten Kontrast bildet; die Pflanzen werden 20 cm hoch. Sie blühen im Juni/Juli.

Erígeron speciósus (Lindl.) DC. ist jene Art, die als Haupteltern der Gartensorten Bedeutung hat. Sie

Er

Eriógonum umbellátum

Eriophýllum lanátum

gehen unter dem Sammelnamen **Erigeron-Hybriden**. Die Pflanzen haben stattliche Schöpfe länglicher, in eine runde Spitze auslaufender, wenig oder stärker behaarter Blätter und blühen auf 60 bis 80 cm hohen, sich oben verästelnden Stielen mit etwa 4 cm breiten Blüten, die einige oder zahlreiche Reihen von Zungenblüten aufweisen. Verschiedene sind sogar völlig gefüllt. Gutstehende Exemplare bringen 20 und mehr Blütenstiele und bilden einen weithin sichtbaren Farbfleck. Sie blühen im Mai/Juni, manche haben auch einen Nachflor. Von den zahlreichen Sorten, zu welchen ständig weitere Neuheiten kommen, seien aufgeführt: 'Dunkelste Aller' — Blumen fast ultramarin, hellgelbe Mitte; 'Foersters Liebling' — halbgefüllte, leuchtend rosarote Blüten mit kleiner gelber Mitte, lang- und reichblühend, in der Farbe unerreicht; 'Gartenmeister Walter' — halbvolle, ziemlich große Blumen in Rosa mit lachsfarbenem Schimmer; 'Rosa Triumph' — kräftig rosa, Blumen fast gefüllt, groß, auf straffen, reichlich sich verästelnden Stielen; 'Rote Schönheit' — halbvolle, leuchtend rosarote Blumen; 'Struwelpeter' — stark gefüllte, lila Blüten mit leicht gedrehten Zungenblüten, 'Wuppertal' — mit großen halbgefüllten, lilarosa Blumen auf festen, 70 cm hohen Stielen.

Bewertung, Verwendung, Anzucht: E. aurantiacus ist eine hübsche Staude für sonnige, trockene, warme Standorte und paßt in die vorderen Reihen bunter Blumenbeete, auf die Köpfe und auch in die Fugen von Trockenmauern, ins Alpinum und gelegentlich sogar in Teppiche von flächig wachsenden Perennen. Die Erigeron-Hybriden wachsen in jedem Gartenboden und gehören zu den schönsten Stauden des Vorsommers. Man kann sie in bunte Beete einfügen, auch in Mengen anpflanzen, denn nach dem Flor bildet das Laub eine dichte Bodendecke. Je nach dem Alter der Bestände, der Güte des Bodens und der Witterung bringen sie im Frühherbst einen zweiten, freilich schwächeren Flor, bei dem auch die Füllung der vollen oder halbvollen Züchtungen geringer ist. Manche Sorten neigen zum Umfallen, wenn der Boden nicht genügend Kalk enthält. Es ist ratsam, die Exemplare nach drei, höchstens vier Jahren aufzunehmen, zu teilen, die Erde sorgfältig zu erneuern und dann frisch zu setzen. Sie blühen dann wieder reichlich und verkahlen nicht im Innern der Büsche. 'Dunkelste Aller', 'Foersters Liebling', 'Rosa Triumph', 'Wuppertal' liefern höchst brauchbare Schnittblumen, die sich 10 Tage und länger halten. Man darf aber erst schneiden, wenn sich die meisten Blumen eines Stieles schon voll entfaltet haben. Für Schnittblumengewinnung verpflanze man die Bestände in jedem zweiten Jahr. Vermehrt wird durch Teilung, entweder vor dem Flor oder bald danach. Günstig ist, sofort nach der Blüte zu lockern, alle alten Stiele fortzuschneiden und notfalls zu wässern und leicht zu düngen, um den Durchtrieb anzuregen und zu fördern. Einzelne Sorten wie 'Rosa Triumph' wachsen bei Teilung nach dem Flor schlecht weiter, und es gibt in nassen Wintern starke Ausfälle; man teile also nur im Frühjahr. Auch bei den andern Sorten gibt es leicht Ausfall, wenn man zu spät teilt oder zu stark aufreißt. Die Bestände werden bis zum Herbst verkaufsstark. Zu spätes Umpflanzen ist jedoch ungünstig, daher verschiebe man es bis zum nächsten Frühling. *E. aurantiacus* wird durch Samen oder Teilung im Frühling vermehrt.

Eriógonum · Wollknöterich
Polygonaceae ⚘ ○ ◐ ◑ △ ❘ ♡

Im Namen stecken die griechischen Wörter erion = Wolle und gony = Knie; sie nehmen auf die filzige Belaubung vieler Arten und auf die vielen Knoten der Stiele Bezug. Die Gattung umfaßt gegen 140 Arten, welche fast alle in Nordamerika vorkommen. Das Zentrum des Areals ist Kalifornien. Es sind annuelle oder perennierende Kräuter oder niedrige Sträucher mit gegenständig oder wechselständig sitzenden, häufig filzigen Blättern. Die Blüten bleiben klein und stehen in Köpfen oder Trugdolden beisammen.
Eriógonum flávum Nutt. wird 15 bis 20 cm hoch, wächst niederliegend-aufstrebend, hat weißfilzige Blätter und blüht mit gelben, trichterförmigen, stark behaarten, leuchtendgelben Blumen in einfachen Dolden. Der Flor beginnt im Juli und hält bis zum September an.
Eriógonum umbellátum Torr. ist ein Halbstrauch mit einem großen Verbreitungsareal, das quer durch den ganzen Kontinent geht. Auch diese Art wächst nieder-

liegend. Sie hat annähernd eiförmige, graugrüne Blätter mit weißfilziger Unterseite. Die Blüten werden hellgelb und erscheinen in Dolden auf blattlosen, filzig behaarten, bis 25 cm hohen Stielen. Die Art blüht vom Juni bis in den Herbst.

Bewertung, Verwendung, Anzucht: Es sind bodenbedeckende, wintergrüne Pflanzen, die auch ansehnlich und reich bis überreich blühen. Sie sind bei uns vollkommen hart. Man kann sie in Steingärten verwenden, als Bodenteppich und als Einfassung. Der Standort soll in voller Sonne liegen, die Erde locker, gut durchlässig und nicht zu fett sein. Nässe und schwere Erde sind ungünstig! Die Polster können viele Jahre an ihrem Platz stehen, ohne nachzulassen. Gelegentlich streue man etwas nahrhaften Kompost dazwischen. Vermehrt wird aus Samen und durch Teilung im Frühjahr. Die Pflanzen werden bis zum Herbst fertig.

Eriophýllum · Wollblatt, Wüstengoldaster
Compositae ☉ ♃ ○ ◐ ● △ ‖

Im Namen stecken die griechischen Wörter erion = Wolle und phyllon = Blatt; sie spielen auf die mit lockerer, weißer Wolle bedeckten Blätter an. Die Gattung umfaßt 12 Arten, welche im Westen des nordamerikanischen Kontinents auftreten. Es sind ein- oder mehrjährige Kräuter.

♃ **Eriophýllum lanátum** (Pursh) Forb. ist eine Staude. Die Pflanzen werden 15 bis 20 cm hoch, haben niederliegende, sich verzweigende Stengel und 3 bis 6 cm lange, in der Form recht variable, eingeschnittene oder gefiederte Blätter. Alle grünen Teile sind grauwollig behaart. Die Blüten erscheinen einzeln auf dünnen Stielen und sind gelb. Der Flor fällt in die Monate Juni/August.

☉ **Eriophýllum wallacéi** A. Gray ist eine annuelle Art. Die Pflanzen werden bis 10 cm hoch, sind weißwollig behaart und bekommen bis etwa 1 cm breite, gelbe Blümchen.

Bewertung, Verwendung, Anzucht: Beide Arten wirken durch ihr behaartes Laub und durch ihren reichen Flor. Sie wünschen sehr durchlässigen, trocknen, nicht sehr guten Boden und volle Sonne. Man kann sie für trockene, sandige, nach Süden abfallende Hänge, für trockene Schotterflecken im Alpinum und für die Fugen und Spalten sonniger Trockenmauern verwenden. Je sonniger und trockener sie stehen, um so wolliger werden sie. In nassen Jahren versagen die Pflanzen. Wo man keine zusagenden Plätze hat, soll man auf das Wollblatt verzichten. Vermehrt wird durch Teilung und aus Samen; Anzucht in Töpfchen oder auf gut drainierten Beeten. Im Winter schützt man am besten durch Auflegen einer Scheibe. *E. wallacei* kann man im Frühling auch direkt an den vorgesehenen Platz säen. Wenn die Pflanzen sich wohl fühlen, erhalten sie sich durch reichlichen Samenwurf.

Er

Eródium · Reiherschnabel
Geraniaceae ♃ ○ ◐ ● △ ‖ ♡

Im Namen steckt das griechische Wort erodios = Reiher; es bezieht sich auf die Form der Früchte, welche an den Schnabel eines Reihers erinnern. Die Gattung steht dem Genus *Geranium* (Storchschnabel) sehr nahe und wurde erst 1787 durch L'Héritier von diesem abgetrennt. Es gibt gegen 60 Arten, die in Mitteleuropa, im gemäßigten Asien und in der Mediterraneïs auftreten. Die Pflanzen sind ein- oder mehrjährige Kräuter mit meistens knotigen Trieben und gelappten, gezähnten oder fiederschnittigen Blättern, von welchen die unteren vielfach gehäuft sitzen. Die Blüten erscheinen in grundständigen oder blattachselständigen mehrblütigen, häufig zu Wickeln verkürzten Dolden. Die Früchte haben einen langen, grannenartigen Fortsatz, der sich durch die Luftfeuchtigkeit spiralig einrollt und dadurch die Früchtchen fortschleudert. Die Art *E. moschatum* wurde früher häufig, jetzt nur noch vereinzelt wegen der duftenden Blätter als Gewürz- und auch Heilpflanze genutzt und stellenweise sogar kultiviert, wahrscheinlich bereits im 12. Jahrhundert. Man nahm das getrocknete Laub auch zu Duftsäckchen, die zwischen die Wäsche gelegt wurden.

Eródium manescávii Coss. aus den Westpyrenäen, wo man es auf Wiesen findet, wird 15 bis 30 cm hoch, hat aromatisch duftende, eirunde, vier- und mehrfach fein gefiederte Blätter in Rosetten und blüht mit 5- bis 12blütigen Dolden. Die Blumen werden gegen 3 cm breit, lilarosa mit dunkleren Äderchen, und auf den beiden oberen Kronblättchen sitzen zwei schwarze Flecken. Die Pflanzen blühen von Juni bis September, gelegentlich noch etwas länger. Der Fruchtschnabel wird 6 bis 8 cm lang.

Eródium reichárdii (Murr.) DC. (syn. *E. chamaedryoides* (Cav.) L' Herit. ex Ait.) von den Balearen wird 8 bis 10 cm hoch. Die Pflanzen haben herzförmige, eirund gekerbte Blätter in dichten Rosetten und blühen von Mai bis fast Ende des Sommers mit weißen, rosa geaderten, etwa 15 mm breiten Blüten. Bei 'Roseum' werden die Blumen lebhaft rosa.

Bewertung, Verwendung, Anzucht: Beide Arten eignen sich für Steingärten und Alpina und sind dort durch ihren langen Flor von Wert, denn sie blühen noch, wenn die meisten andern Gewächse ringsum längst aufgehört haben. Sie wünschen durchlässigen, ziemlich dürftigen, sandigen, auch mit Schotter durchsetzten Boden und sind gegen Nässe empfindlich. *E. manescávii* will vollsonnige Standorte, die andere Art verträgt auch leichten Halbschatten. Vermehrt wird aus Samen, auch durch Stecklinge, die jedoch nicht immer „totsicher" Wurzeln bilden. Man stecke in Sand mit gutem Abzug und spritze recht vorsichtig. Aussaat nach der Reife oder im zeitigen Frühling; am besten indem man die Samen an ihren Grannen einige Millimeter tief in die Erde drückt. Später pikiert man in

Er

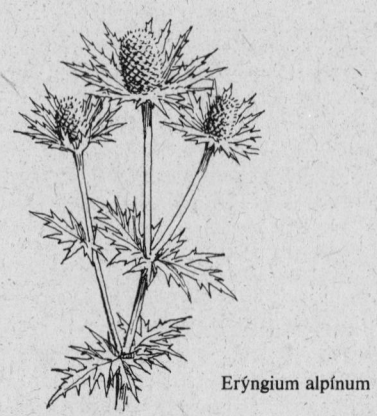

Erýngium alpínum

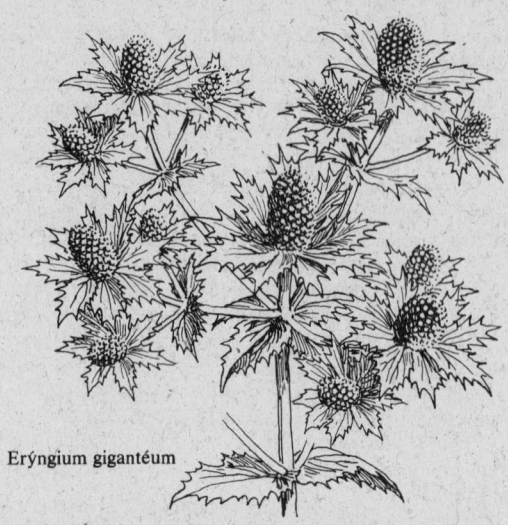

Erýngium gigantéum

kleine Töpfe mit durchlässiger Erde und pflanzt schließlich aus diesen an den vorgesehenen Platz. Die Anzucht dauert von Frühling zu Frühling oder von Sommer zu Sommer, also ein Jahr. An ihrem endgültigen Standort können die Bestände alt werden, aber nur, wenn sie gut dräniert stehen. Sie lassen sich nicht wieder verpflanzen.

Erýngium · Edeldistel, Mannstreu
Umbelliferae ☉ ♃ ○ ◐ ◓ △ ♡ ✕ ⬡

Die Ableitung des Namens ist dunkel. Es ist ein alter griechischer Pflanzenname; vielleicht steckt das Wort eryngano oder auch ereugomai = ich rülpse, ich erbreche mich, darin, denn die Wurzeln einiger Arten wurden als Mittel gegen Blähungen verwendet. Noch heute gehören manche zu den volkstümlichsten Heilmitteln: in Mitteleuropa die Radices von *E. planum* und *E. campestre* bei der Körperpflege der Frauen. Neuerdings werden sie wegen ihres Gehaltes an Saponin als harntreibendes, schleimlösendes und gegen Hautkrankheiten wirksames Mittel stärker genutzt. In Südeuropa, ferner in Süd- und Nordamerika dienen einzelne Arten zu den verschiedensten Zwecken: als Mittel gegen Schlangenbisse, als Aphrodisiakum und zugleich als Diuretikum. In Griechenland verspeist man die Wurzelblätter der dort auftretenden Art als Gemüse oder Salat und junge Wurzeln wie Spargel. In England und Frankreich werden die Wurzeln von *E. campestre* kandiert und sind eine Leckerei. Die Gattung ist gegen 220 Arten stark und damit das umfangreichste Genus in der Familie der Doldenblütler. Sie treten in Europa, Westasien, Nordafrika und zahlreiche auch in beiden Teilen Amerikas auf. Es sind Annuelle oder Stauden mit derben, mäßig sich verästelnden Wurzeln und flachen, ungeteilten oder auch bis doppeltfiederschnittigen, am Rande dornigen oder steif gewimperten Blättern, die ohne Blütenstand eine Rosette bilden. Die Stiele enden in einer verschiedenstrahligen Trugdolde, bei welcher der mittlere Strahl, der die Hauptachse abschließt, häufig kürzer bleibt als die übrigen Strahlen und auch kein Hochblatt aufweist. Die Blüten stehen in runden bis zylindrischen Köpfen beisammen und haben häufig ein gefärbtes, ansehnliches Hüllblatt, das die Insekten anlockt. Die Stengel und ihre Verzweigungen sind hart und fest, fast als wären sie aus Holz. Im Alter werden die Stiele spröde und brüchig, die aus den Kopfblüten hervorgegangenen Fruchtstände brechen samt ihrem Stiel leicht ab und werden als „Steppenläufer" vom Winde über das Land gerollt.

Erýngium alpínum L., die Alpendistel, wird 60 bis 70 cm hoch, hat herzförmige, am Rande grob, aber ungleich gesägte Blätter mit schiefen, in eine Dornborste auslaufenden Zähnen. Die Köpfe werden blau, anfangs kugelig, später etwas walzenförmig verlängert, bis 3 cm lang. Sie haben 12 bis 18, im Umriß länglich-lanzettliche doppeltfiedrig-vielspaltige Hüllblätter, die länger als die Köpfe werden. Sie blühen im Juni/Juli. In der freien Natur tritt die Art im französischen Jura, ferner von den Seealpen bis hinüber nach Dalmatien und Jugoslawien auf. Die Sorte 'Amethyst' hat besonders fein zerteilte, auffällig violettblaue Hüllblätter und wird etwa 80 cm hoch; bei 'Superbum' sind die Hüllblätter und die Köpfe stahlblau. Stahlblau ist auch die Alpinum-Hybride 'Blausilber'.

Erýngium amethýstinum L. aus Südosteuropa wird 60 bis 100 cm hoch und ist außer den Grundblättern an allen Teilen stahlblau überlaufen. Die Laubblätter sind lederartig derb, doppelt-fiederschnittig mit lanzettlichen, dornig gezähnten Zipfeln. Die Blütenköpfe werden eiförmig, der ganze Blütenstand amethystblau. Die Pflanzen blühen im Juli/August.

Erýngium bourgátii Gouan aus Südwesteuropa, aber auch in Nordamerika auftretend, wächst auf Bergwiesen und wird 50 bis 60 cm hoch. Die Blätter sind stark geteilt, lederartig mit hervortretenden weißen Adern, am Rande dornig gezähnt. Die Stengel ver-

Erýngium marítimum

zweigen sich reichlich und bringen rundliche, blaue Köpfe. Blütezeit ist wiederum der Sommer.

⊙ **Erýngium gigantéum** M. B., die Elfenbeindistel aus Kleinasien und dem Kaukasus, ist eine Zweijahrspflanze. Die Elfenbeindisteln werden 1 m hohe, steife, silbergrün überlaufene Gewächse mit langgestielten, tief herzförmigen, scharf gezähnten, lederartig derben Blättern. Die Stengel verzweigen sich reichlich und bringen walzenförmige, 5 bis 10 cm lange Köpfe von grau- bis blaugrüner Farbe mit großen, schalenförmigen Hüllblättern. Sie blühen im Juli/August und sterben nach dem Flor ab.

Erýngium marítimum L., die Stranddistel, kommt im Mittelmeergebiet und an der Nord- und Ostsee am Strande und auch landeinwärts auf Dünen vor. Sie ist dort weit verbreitet. Die Pflanzen werden 50 bis 60 cm hoch, sind silber- bis blaugrün überlaufen und wirken recht starr – wie aus Metall gefertigt. Die Blätter bilden eine Rosette, sind jung fast kreisrund, ältere werden etwas länglich, derb mit stark hervortretenden Netzadern, in mehrere Lappen geteilt, am Rande buchtig gezähnt. Die Pflanzen bilden oft einen halbkugeligen, dichten Busch und bekommen mehrere Stiele, die in wenig-ästigen Trugdolden endigen. Die Blütenköpfe sind kugelig, stahlblau und haben große, breit-keilförmige Hüllblätter, die in 3 bis 5 elfenbeinfarbene Spitzen auslaufen. Die Pflanzen blühen vom Juni bis in den Oktober, sind manchmal nur zweijährig.

Erýngium × oliveránum Delar. ist eine Hybride mit *E. giganteum* und *E. planum* als Eltern, wird 60 bis 80 cm hoch, hat herzförmige, stark gezackte Blätter, reichlich sich verästelnde Stengel und 4 bis 5 cm lange, eirund-walzenförmige, amethystfarbene Blütenköpfe.

Erýngium plánum L. wird bis 1 m hoch und bringt in der Regel nur einen Stengel, der sich sparrig verästelt. Jede Verzweigung teilt sich außerdem 3- bis 4mal gabelig. Die Stiele und die Blütenköpfe sind lichtblau überlaufen, die Laubblätter werden dunkelgrün und lederartig derb. Die Köpfchen bleiben klein, Durchmesser etwa 1,5 cm. Die Hüllblätter werden lanzettlich-linealisch, sind am Rande entfernt dornig gesägt und ragen zur Seite oder leicht abwärts. Bei var. **caelestínum** Bergm. werden die Köpfe schön hellblau mit violettem Schimmer. 'Blauer Zwerg' wird nur 50 cm hoch und hat tiefblaue Köpfchen. Die Pflanzen blühen vom Juli bis in den September.

Erýngium yuccifólium Michx. stammt aus dem atlantischen Nordamerika. Die Pflanzen haben breit-linealische, nach der Spitze zu schmaler werdende, bis 1 m lange Blätter, die unten eine Rosette bilden. Die 80 bis 150 cm hohen Stengel verzweigen sich erst ziemlich weit oben und bringen in Büscheln stehende, eiförmig-kugelige, weiße oder blauweiße Köpfe von etwa 2,5 cm Breite. Die Pflanzen blühen im Hochsommer bis Herbstanfang.

Erýngium × zabélii Christ (syn. *E. hybridum* hort.) ist wieder eine Hybride mit *E. alpinum* und *E. bourgatii* als Eltern. Die Pflanzen haben unten dreiteilige Blätter mit je drei Lappen und einen schlanken, sich gedrängt verzweigenden Blütenstand. Die Köpfchen werden 2 bis 3 cm lang, eirund und haben 12 und mehr Hüllblätter. Die Art wird vor allem in Sorten angeboten, wie 'Juwel' mit dunkelvioletten Köpfchen und 'Violetta' mit größeren Köpfen und sehr ähnlichem Farbton. Die Pflanzen blühen von Juli bis September.

Bewertung, Verwendung, Anzucht: Gleich vielen Doldenblütlern ziehen die Edeldisteln durch ihre Tracht unsere Blicke auf sich, zumal sie alle xerophytische Gewächse sind und die Stengel wie aus Metall gearbeitet wirken. Auch werden die Pflanzen nicht grasgrün, sondern sind blau- oder graugrün überlaufen, was den Eindruck verstärkt, daß sie aus besonderem Material geschaffen wurden. Sie wirken bis auf die niedrigen Arten ornamental, und man muß sie so stellen, daß man ihre Architektur voll wahrnimmt. Sie sollen also einen „leeren Hintergrund" bekommen, und man setzt sie in Teppiche niedriger Stauden von ähnlich xerophytischem Charakter mit grünem Laub, dessen Farbe die Tönung der Edeldisteln sozusagen hebt, aber nicht mit ihr in der Wirkung wetteifern will. Gut sind *Sedum spurium* 'Album Superbum', *S. floriferum,* grünlaubige *Festuca, Herniaria* und ähnliche. Der Standort soll sonnig sein, der Boden sandiglehmig, tiefgründig und gut durchlässig, auch muß er Kalk enthalten. Nur *E. yuccifolium* wünscht etwas feuchte Plätze. Es ist nicht ratsam, die Blütenstiele bis tief in den Herbst an den Exemplaren zu lassen. Sie zehren zu stark und schwächen sehr. Edeldisteln sind vorzügliche Trockenblumen und halten sich viele Monate, man muß sie schneiden, wenn die Köpfchen bis zur Hälfte in Flor gekommen sind. Sie haben zwei Feinde: zuviel Nässe am Standort (was man durch Drainage abstellen kann) und Mäuse, die auf die fleischigen, leicht süßen Wurzeln wild sind und die ganze Herrlichkeit in einem Herbst oder Frühjahr vernichten können. Im allgemeinen werden Edeldisteln nicht alt, sondern verschwinden nach einigen Jahren oder lassen sehr nach. Natürlich gibt es Ausnahmen, aber damit darf man nicht fest rechnen. Wahrscheinlich sagt ihnen der Standort besonders zu, wenn sie alt werden. Im allgemeinen muß man häufig neu pflanzen. Ver-

Er

Erýsimum × alliónii

Erýsimum helvéticum

Erythrónium déns-cánis

Erythrónium revolútum

mehrt wird aus Samen, die man gleich nach der Reife ins Freiland sät. Im nächsten Frühling läßt man die Keimlinge zunächst erstarken und setzt sie dann auf Anzuchtbeete oder an Ort und Stelle. Hybriden und Sorten kann man treu nur durch Wurzelschnittlinge vermehren. Man schneidet nicht zu starke Wurzeln in etwa fingerlange Stücke und legt diese in Handkästen oder steckt sie gleich senkrecht in tiefe Töpfe. Die Schnittlinge sollen frostfrei aufgestellt werden, im Frühling räumt man sie auf einen kalten Kasten. Es ist unvorteilhaft, die Schnittlinge zu warm zu halten, denn sie treiben dann bald Blätter und nicht genug Seitenwurzeln. Man nimmt recht sandige Erde, stellt kühl auf und wässert sparsam, so bekommt man einen Ballen mit vielen Faserwurzeln, und die Pflanzen wachsen leicht an. Nötig ist auch, die Töpfe auf einen Untergrund von Grus zu stellen, damit die Wurzeln nicht durch das Abzugsloch wachsen. Die Bestände sind im nächsten Frühjahr verkaufsstark. Große Exemplare lassen sich nicht verpflanzen, denn sie wachsen nur schwer wieder ein. *E. giganteum* wird nur durch Samen vermehrt, Aussaat im Frühjahr.

Erýsimum · Schöterich
Cruciferae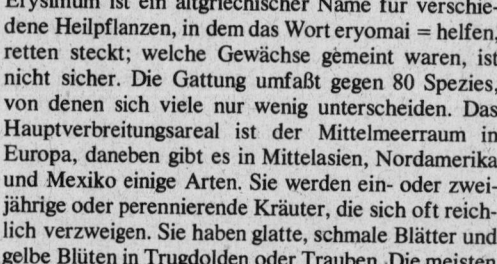

Erysimum ist ein altgriechischer Name für verschiedene Heilpflanzen, in dem das Wort eryomai = helfen, retten steckt; welche Gewächse gemeint waren, ist nicht sicher. Die Gattung umfaßt gegen 80 Spezies, von denen sich viele nur wenig unterscheiden. Das Hauptverbreitungsareal ist der Mittelmeerraum in Europa, daneben gibt es in Mittelasien, Nordamerika und Mexiko einige Arten. Sie werden ein- oder zweijährige oder perennierende Kräuter, die sich oft reichlich verzweigen. Sie haben glatte, schmale Blätter und gelbe Blüten in Trugdolden oder Trauben. Die meisten Arten sind kalkhold, manche kalkstet.

⊙ **Erýsimum × alliónii** hort. ist eine hübsche Winterannuelle unbekannten Ursprungs. Man könnte sie für eine zierliche Ausgabe des Goldlacks halten. Die Büsche werden 25 bis 30 cm hoch, wachsen ziemlich geschlossen und bringen leuchtend gelbe, lebhaft duftende Blüten. In vollem Flor bilden die Bestände einen weithin sichtbaren Farbfleck; Blütezeit im Frühling.

♃ **Erýsimum helvéticum** (Jacq.) DC. (syn. E. pumilum auct. non Gaud.) aus den Pyrenäen und den Zentralalpen wird etwa 10 cm hoch und hat graugrüne, schmale Blättchen. Die Blumen werden ziemlich groß und zitronengelb, sie duften auch köstlich. Die Art ist eine Staude und blüht im Mai/Juni.

⊙ **Erýsimum perovskiánum** Fisch. et Mey. aus Mittelasien ist eine einjährige Art. Sie ähnelt der vorigen stark, bildet also von unten an sich verzweigende, verkahlende Kräuter mit länglich-spitzen Blättern. Die Blüten sitzen in anfangs gestauchten, später sich streckenden Doldentrauben und werden leuchtend safrangelb. Die Stammform wird 30 bis 40 cm hoch, cv. 'Compactum' erreicht nur die halbe Höhe. Der Flor fällt je nach der Zeit der Aussaat in den Mai/Juni oder später und hält gegen 2 Monate an.

♃ **Erýsimum pulchéllum** (Wild.) J. Gay vom Balkan, auch in Kleinasien auftretend, ist eine 10 bis 15 cm hohe Staude, die sich reichlich verzweigt und an sehr sonnigen Plätzen wie ein Rasen wirkt. Sie hat unten länglich-spatelförmige bis leierförmige, oben sitzende, länglich-lanzettliche Blätter, welche mit zwei- oder mehrspaltigen Haaren bedeckt sind. Die Blumen werden 10 mm breit und sitzen in Trauben, die sich im Laufe des Flors strecken. Sie sind goldgelb und erscheinen ab April bis zum Juni.

Bewertung, Verwendung, Anzucht: E. × allionii und E. perovskianum sind dankbare, anspruchslose Gartenblumen. Sie schmeicheln uns durch ihren reichen Flor und die lebhafte Farbe; ein Nachteil ist, daß die Blüte nur 2 Monate oder wenig länger dauert. Man kann im Frühling oder auch bereits im Herbst an Ort und Stelle säen und muß später auf 10 bis 15 cm Abstand ausdünnen. Man kann auch im Juli aussäen, auf Beete pflanzen und muß dann wie Lack behandeln: also im Winter mit Reisig schützen. In nassen, sehr kalten Wintern kann der Bestand leiden oder zugrunde gehen. Die beiden andern Arten sind Stauden für sonnige, recht trockene Standorte: für Hänge, Steingärten, auch

Einfassungen. Man kann ebenfalls im Herbst an die vorgesehenen Plätze säen und lichtet im Frühling aus, oder man sät im Frühling auf ein Saatbeet und verpflanzt später mit Ballen. In der Regel erhalten sich die Bestände durch Selbstaussaat. Nässe ist gefährlich, auch zu nährstoffreicher Boden, denn in solchem werden die Pflanzen feist und überwintern nicht gut.

Erythrónium · Hundszahn, Zahnlilie
Liliaceae △ ◐ ◯ ◑ △ ∧

Im Namen steckt das griechische Wort erythros = rot, es bezieht sich auf die Farbe der Blüten einiger Spezies. Die Gattung ist etwa 15 Arten stark, die meisten treten in Nordamerika auf, in Europa nur eine. Es sind ausdauernde Pflanzen mit eilänglichen, aus fleischigen Niederblättern bestehenden Zwiebeln, die vielfach eine häutige Schale haben und Nebenzwiebeln ansetzen. Sie bekommen in der Regel zwei gegenständig sitzende, längliche bis breit-lanzettliche, gefleckte Blätter, welche in einen rinnigen Stiel auslaufen. Die Blüten sitzen einzeln, zu zweien oder in sehr lockeren Trauben. Ihre Kronlappen sind zurückgeschlagen wie bei den Alpenveilchen oder rückwärts gekrümmt. Es gibt Arten mit gelben, weißlichen und purpurnen Blüten, ihre Florzeit ist das Frühjahr.
Erythrónium déns-cánis L. ist die in Europa auftretende Art. Sie wächst vor allem auf der Südseite der Alpen verstreut an buschigen Abhängen, zwischen Geröll und in lichten Laubwäldern in Höhen bis 1700 m. Die Pflanzen haben eine Zwiebel, die in ihrer Form einem Hundszahn ähnelt, daher die deutschen Namen. Die Blätter werden eirund-lanzettlich, 5 bis 15 cm lang und sind auf graugrünem Untergrund purpurn gefleckt. Die Blüten werden 25 bis 35 mm lang und sitzen einzeln auf blattlosen, etwa 12 cm langen Stielen. Farbe dunkelrosarot oder purpurlila. Es gibt auch eine Reihe Sorten, wie 'Frans Hals' – Blüten zart rötlichviolett, 'Pink Perfection' – lebhaft reinrosa und frühblühend, 'Rose Beauty' – lebhaft rosafarben, das Laub mit bronze Schimmer, 'Album' – Blumen reinweiß.
Erythrónium grandiflórum Pursh aus dem westlichen Nordamerika (Oregon bis Britisch-Columbien) wird 30 bis 60 cm hoch, hat ungefleckte, länglich-verkehrtlanzettliche Blätter und blüht mit gelben, bis 4 cm langen Blumen, die zu mehreren auf den oben leicht nickenden Stielen sitzen. Es gibt eine var. **robústum** Pursh, welche im Tiefland auftritt und nicht so heikel ist wie Varietäten aus den Höhen der Gebirge.
Erythrónium multiscapoídeum A. Nels. (syn. *E. hartwégii* Wats.) aus der Sierra Nevada treibt reichlich fadenfeine Ausläufer, die Brutzwiebeln bilden. Die Blumen werden lichtorangegelb, und nach den Spitzen der Kronlappen zu gehen sie in Creme oder Weiß über. Sie erscheinen einzeln oder bis zu 6 in sitzenden Dolden, was aussieht, als brächten die Zwiebeln so viele Einzelblüten. Flor oft bereits Anfang April.
Erythrónium revolútum Smith aus Kalifornien und Oregon hat bis 4 weiß oder hellbraun gefleckte Blätter und blüht mit 1 bis 2 Blumen je Stiel. Die Blumen werden 3 bis 4 cm lang, weißlich bis rosa. Schön ist die Sorte 'White Beauty' mit großen, weißen Blüten, am Ausgang der Röhre gelblich, sie hat lebhaft gemustertes Laub.
Erythrónium tuolumnénse Applegate ist eine weitere, erst vor 50 Jahren entdeckte Art aus Kalifornien. Sie bringt auf den bis 40 cm hohen Stielen einfarbig dunkelgelbe Blumen. Die Sorte 'Pagode' bringt mehr und größere Blüten.

Bewertung, Verwendung, Anzucht: Erythronium sind hübsche Gewächse für Steingärten und halbschattige Plätze im Garten, dürfen aber nicht direkt unter Bäumen oder Sträuchern, sondern nur innerhalb des Schattenwurfs von Gehölzen stehen. Sie wirken sowohl durch ihre Blüten als auch durch ihr gescheckstes Laub. Ein Nachteil ist, daß die Blätter im Laufe des Sommers vergilben und schließlich vergehen, so daß leere Stellen übrigbleiben. Das läßt sich durch Einstreuen oder Zwischenpflanzung von zierlichen Farnen oder Gräsern mildern. Eine vollständige Decke mit Teppichstauden wäre schädlich, denn die Bestände der Zahnlilien würden leiden und zurückgehen. Gepflanzt wird im Herbst. Man legt so zeitig als möglich, je nach Größe der Zwiebeln 12 bis 20 cm tief. Der Boden soll locker, frisch, gut durchlässig und humusreich sein; Lehmboden ist unzuträglich und müßte durch Einbringen von Sand und Lauberde verändert werden. Es dauert in der Regel einige Jahre, ehe die Zwiebeln sich eingewöhnt haben und sich ausbreiten. Ist diese Periode überstanden, nehmen die Kolonien immer weiter zu – auch durch Samenwurf – und können viele Jahre alt werden. Man braucht nichts zu tun, als gelegentlich mit gutem Kompost Kopfdünger zu geben. Unsere europäische Art ist völlig winterhart, die amerikanischen sollten stets einen Schutz durch trockenes Laub erhalten, auf das man ein Stück Folie legt. Man muß nur im Frühling zeitig genug wieder abdecken. Vermehrt wird durch Aufzucht von Nebenzwiebeln und aus Samen. Nebenzwiebeln werden reichlich angesetzt, man nimmt die Gesamtbestände im August auf, sortiert in große Zwiebeln und Brut in 2 oder 3 Größen, legt sie auf beschatteten Beeten in Rillen aus (Abstand etwa 15 cm, in der Reihe etwa 8 bis 10) und läßt heranwachsen. Im 2. Spätsommer sind die größten verkaufsstark. Die Anzucht aus Samen dauert bis zur Blühstärke 3 bis 4 Jahre.

Eschschólzia · Kalifornischer Goldmohn, Kappenmohn
Papaveraceae ☉ ◯ ◑ ◐ △ ‖

Die Pflanzen wurden von Chamisso zu Ehren des früh verstorbenen baltischen Naturforschers Dr. J. F. Eschscholtz (1793–1831) benannt. Entdeckt hatte sie 1792 Archibald Menzies, einer der „Väter der Botanik Amerikas", der auch Samen nach London an den Kew

Es

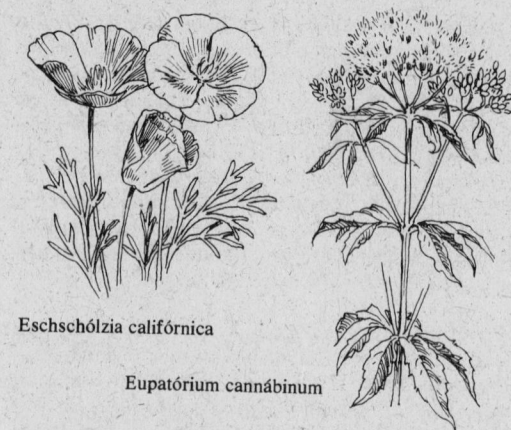

Eschschólzia califórnica

Eupatórium cannábinum

Garden gesandt hatte, aber sie waren dort verloren gegangen. 1815 fand Chamisso auf einer Studienreise, an der auch Eschscholtz teilnahm, die Pflanzen aufs neue und taufte sie diesem zu Ehren. Chamisso schrieb den Namen mit z, nicht tz. Viel hübscher und anschaulicher sind jedoch die volkstümlichen spanischen und französischen Namen Copa de ora = Goldene Kappe und Bonnet-qui-tombes = Nachtmützen, die über die Augen fallen. Tatsächlich erinnert die Blumenkrone an diese einstens unentbehrliche Kopfbedeckung der Männer für die Nacht! Die Gattung ist nach der Ansicht Feddes gegen 150 Arten stark. Nach der Auffassung amerikanischer Botaniker umfaßt sie gegen 12 Arten, die sehr formenreich auftreten. Es sind einjährige Kräuter mit grau- bis blaugrünen, fiederartig zerschlitzten, vielspaltigen Blättern und einzeln auf Stielen sitzenden, trichterförmigen Blüten. Sie erscheinen in Massen, und die Eschscholzien treten im Westen der Vereinigten Staaten in etwas wüstenhaften Strichen häufig meilenweit auf, weshalb das Land auch „The Land of Fire" genannt wurde. Eine Zeitlang waren die Blüten sogar die Wappenblume des Staates California. Aus den Blättern und Stielen wird eine schmerzstillende Substanz gewonnen, die gegen Kopfweh hilft.

Eschschólzia caespitósa Benth. (syn. E. tenuifolia Benth.) aus der Sierra Nevada wird 15 bis 20 cm hoch oder etwas darüber hinaus. Der Wuchs ist dicht, die Blätter stehen in grundständigen Büscheln und sind linealisch-pfriemig. Die Blüten werden blaßgelb und gegen 3 cm breit. Auch diese Art blüht im Sommer.

Eschschólzia califórnica Cham. ist die am meisten verbreitete und als Ziergewächs wichtigste Art. Die Pflanzen haben eine Pfahlwurzel, langgestielte, bläulichgrüne, feinzerteilte Blätter und blühen, wenn voll geöffnet, mit flach-schalenförmigen Blumen von 5 bis 8 cm Durchmesser, einfach oder gefüllt. Das Farbenspiel umfaßt weiße, cremefarbene, gelbe bis kräftig orange, rosa und karminrote Töne, und die Blumen glänzen seidig. Sie öffnen sich nur bei Sonnenschein, also zwischen 10 und 16 Uhr. Es gibt eine Reihe Sorten, ferner Spezialmischungen, in welchen bestimmte Farben dominieren, überdies Sorten mit gekrausten oder gefälteten Kronblättern und neben den normalen Typen, die etwa 40 cm hoch werden, auch niedriger bleibende mit 25 bis 30 cm Höhe. Sie blühen alle im Sommer, bei Herbstsaat ab Ende Mai.

Bewertung, Verwendung, Anzucht: Der Kalifornische Goldmohn bringt, wenn er voll blüht, mächtig Farbe in die Beete, Gärten oder Anlagen, hat aber den Nachteil, daß seine Wirkung sehr vom Sonnenschein abhängt. An Regentagen sehen die Bestände nach nichts aus. Man kann ihn in kleineren oder größeren Horsten in bunte Beete einstreuen und große Flächen damit besetzen. *E. caespitosa* und die niedrigen Formen von *E. californica* eignen sich auch glänzend für Einfassungen und selbst für Balkonkästen. Bei Massenverwendung ist wichtig, andere Gewächse als Kante, Einsprengsel oder Gegensatz zu wählen, die ebenfalls in trockenen Strichen auftreten und in ihrer Tracht zum Goldmohn passen, z. B. Argemone, *Macleaya*, einjährige *Gypsophila*, „botanische" Verbenen. Er wirkt auch gut zwischen *Eryngium*. Man sät im Frühling so zeitig als möglich, also im Laufe des März, an den vorgesehenen Platz und lichtet auf 15 bis 20 cm Abstand aus. Spätere Aussaaten bleiben spärlich und verblühen bald, da den Pflanzen die lange Pfahlwurzel fehlt, durch welche sie robuster und widerstandsfähiger werden. Man kann auch in Herbst, ab Ende September säen, solche Bestände blühen früher und werden im ganzen kräftiger. Auch die aus verstreuten Samen aufwachsenden Exemplare werden recht kräftig. Verpflanzen lassen sich die Sämlinge selbst ganz jung nicht. Man kann nur in kleine Töpfe säen und aus diesen mit dem entstandenen Ballen an den vorgesehenen Platz aussetzen. Der Boden soll kräftig, durchlässig und niemals naß sein. Der Standort muß in voller Sonne liegen.

Eucharídium → **Clárkia**

Eupatórium · Wasserdost
Compositae ♃ ○ ◐ ◑ ◒ ≈

Eigentlich ist Eupatorium der Name für Agrimonia eupatoria L., den Odermennig, der nach dem pontischen König Mithridates Eupator (111 bis 63 v. d. Zw.) benannt wurde. Dieser war ein großer Heilkundiger und verwendete den Odermennig gegen Leberleiden. Wohl wegen des bitteren Geschmackes auch dieser Pflanzen wurde der Name Eupatorium auf unsre Gattung übertragen. Sie umfaßt mindestens 400 Arten, welche Stauden oder Sträucher, nur ausnahmsweise annuelle Kräuter werden. Die Pflanzen haben gegen- oder quirlständige, ovale Blätter und blühen mit weißen, blauen oder purpurnen Köpfen in Dolden. Einzelne Arten sind auch recht brauchbare Zimmerpflanzen. Das Hauptverbreitungsareal liegt in der Neuen Welt, wo eine Reihe Arten offizinell sind oder als Tee und für Duftkissen verwendet werden

z. B. *E. dalea* L., dessen Laub sehr stark nach Vanille duftet). Ferner treten in Asien und Europa mehrere Arten auf.

Eupatórium cannábinum L. kommt in Europa, Klein- und Mittelasien bis Westsibirien vor. Die Art wächst an feuchten Waldblößen, in Aulandschaften, auf Holzschlägen und an Teich- und Flußrändern. Die Pflanzen werden 1 bis 1,5 m hoch, haben runde, bis zum Blütenstand unverzweigte Stiele, gegenständige, handförmig geteilte Blätter mit lanzettlichen, grobgesägten Lappen und blühen mit lockeren, schirmförmigen Doldentrauben. Die Körbchen werden walzig-köpfchenförmig und trübrosa bis kupferrot. Sie erscheinen im Hochsommer. Es gibt auch eine Sorte 'Plena' mit gefüllten Blumen in dickeren Köpfen; Farbe rosa.

Eupatórium purpúreum L., ebenfalls aus Nordamerika, in der Osthälfte in lichten Wäldern und Gebüschen wachsend, wird 2 m hoch und höher. Die Stengel sind blaugrün, an den Knoten purpurn angelaufen, und sie haben zu drei bis vier quirlständig stehende, bis 30 cm lange, lanzettliche bis elliptischovale, scharfgezähnte Blätter. Die Blüten erscheinen im Juli/September, sie werden hellrosa bis purpurn und stehen in gewölbten bis pyramidalen Doldentrauben. Bei 'Atropurpureum' werden die Blumen kräftiger purpurn mit karminfarbenem Schimmer, bei 'BS-Glutball' dunkelkarminrot.

Bewertung, Verwendung, Anzucht: Die aufgeführten Arten sind recht brauchbare Wildstauden für sandige und feuchte Plätze, alle vertragen Sonne und Halbschatten. Trockene Standorte wünscht *E. purpureum*; die anderen verlangen humusreichen frischen Boden, *E. cannabinum* will überdies sonnig stehen. Man pflanzt es zwischen lichte Gehölze, deren Boden bedeckt werden soll, oder an Wasserränder, Flußufer und an jene Partien, wo ein Garten in die freie Landschaft übergeht. Einmal eingewurzelt, können die Bestände sich selbst überlassen werden, und sie erreichen leicht ein hohes Alter. Man muß nur von Zeit zu Zeit die Flächen mit gutem Kompost überziehen. Vermehrt wird durch Aussaat im Frühling oder Teilung in dieser Zeit; die Bestände werden bis zum Herbst verkaufsstark.

Euphórbia · Wolfsmilch
Euphorbiaceae ☉ ♃ ○ ◐ ● ◓ △ ♡ ✕

Euphorbia ist ein alter Pflanzenname, den bereits Plinius erwähnt. Er gibt an, daß ein numidischer König die *Euphorbia officinarum* zu Ehren seines Leibarztes Euphorbus getauft habe, der die Heilkraft der früher häufig verwendeten Art entdeckt haben soll. Die Gattung (nicht die Familie) umfaßt gegen 1600 Arten, welche ein- oder mehrjährige Kräuter, Halbsträucher und Sträucher werden. Einzelne wachsen sogar baumartig. Sie sind über die ganze Erde verbreitet und treten vor allem an trockeneren Standorten auf. Die in Wüsten und Steppen vorkommenden Arten nehmen vielfach die Gestalt von Kakteen oder von Dornsträuchern an. Die Infloreszenzen vieler Euphorbien fallen weithin auf, aber in Wirklichkeit sind es die Hoch- oder die Hüllblätter der Blütenstände, die den Schauapparat bilden. Die Blüten selbst bleiben unscheinbar. Alle Euphorbien führen in Wurzeln, Stengeln und Blättern einen milchigen Saft, der mehr oder weniger giftig ist und sofort aus den Wunden quillt, wenn man die Pflanzen verletzt. Auf diesen Gehalt an Gift spielt auch der deutsche Name Wolfsmilch an... eine Milch, die gefährlich ist wie ein Wolf. Bereits im Altertum wurde der Saft von *E. hibernica* und *E. piscatoria* getrocknet und als Gift zum Fangen von Fischen verwendet. Die Milch von *E. heterodoxa* aus Südamerika dagegen wird zu einem Balsam genommen, mit dem Geschwüre einschließlich Epithelkrebs an Lippen, Augenlidern und Nase geheilt werden. *E. milii* und *E. fulgens* sind beliebte Zierpflanzen fürs Zimmer oder zum Blumenschnitt.

Einjährige Arten

Euphórbia heterophýlla L. aus dem tropischen und subtropischen Nord- und Mittelamerika wird 80 bis 90 cm hoch und hat ziemlich große, lachs- bis karminrote Hüllblätter, so daß die Pflanzen etwas an Poinsettien erinnern. Sie blühen im Hochsommer und verlangen einen sehr sonnigen, geschützten Standort.

Euphórbia margináta Pursh (syn. E. variegata Sims) aus Nordamerika wird etwa 70 cm hoch, hat aufrechte, dichtbeblätterte Stengel, und die Blätter sind hellgrün, im oberen Teil der Pflanzen haben sie weiße Ränder und weiße Adern, so daß sie marmoriert aussehen. Die Blütenblätter sind völlig weiß. In ihrer Heimat heißt die Art „Schnee auf dem Berge".

Bewertung, Verwendung, Anzucht: E. heterophylla wirkt ziemlich exotisch, eignet sich also nur für Pflanzungen, innerhalb deren sie nicht stört. Am besten paßt sie zu Kompositionen, welche Gewächse aus ihrer Heimat enthalten: Cosmos, Zinnia, *Rudbeckia hirta* und ähnlichen mit starrer Tracht, grellen Blüten und einer barbarischen Vitalität. *E. marginata* paßt gut in bunte Blumenbeete und vermag dort Ruhepunkte im Durch- und Gegeneinander der Farben zu bilden. Die Art eignet sich ferner als Füllmaterial für große Vasen, zwischen das man imposante Blumen wie Dahlien, Sonnenrosen, Malven und selbst Rittersporn steckt. Man muß die Pflanzen mit der Wurzel ausraufen. Kurz vor dem Einstellen schneidet man diese weg und läßt den Saft austreten, dann wischt man ihn ab und stellt die Stengel in die Gefäße. Die Stiele halten sich über eine Woche. Beide Arten sät man ab Mitte April an den vorgesehenen Platz und dünnt auf 15 cm Entfernung aus. Der Boden soll recht durchlässig und nicht zu arm sein, bei *E. marginata* ist Düngung unangebracht. Man kann auch ab Ende März in ein halbwarmes Frühbeet aussäen und nach Mitte Mai an den vorgesehenen Platz auspflanzen.

Eu

Euphórbia capituláta

Euphórbia myrsinítes

Euphórbia polychróma

Éxacum affíne

Ausdauernde Arten

Euphórbia capituláta Rchb. aus Griechenland bildet 5 bis 10 cm hohe Polster, die mit den Jahren große Flächen bedecken. Die Pflanzen haben dichtbelaubte, niederliegend-aufsteigende wachsende Stengel, welche eng mit ganzrandigen, verkehrt-eiförmigen Blättern von blaugrüner Farbe besetzt sind. Der Blütenstand ist von gelben Hüllblättern umgeben und enthält nur einen Kopf von Blumen. Die Pflanzen blühen im Juni/Juli.

Euphórbia myrsinítes L., die Walzenwolfsmilch aus dem Mittelmeergebiet, hat 10 bis 20 cm lange, niederliegende Triebe, welche dicht dachziegelartig mit steifen, blaugrünen, leicht bereiften Blättern besetzt sind. Sie werden eirund und haben eine kurz angesetzte Spitze. Sie sitzen schraubig an den Stengeln. Die Belaubung wirkt recht apart und exotisch.

Euphórbia palústris L., die Sumpfwolfsmilch, tritt von Mitteleuropa bis Sibirien an sumpfigen Standorten oder Plätzen mit feuchtem Boden auf. Die Pflanzen bilden bis 1 m hohe, aufrechte, buschige Horste. Die Stiele sind hohl, bläulich bereift und an der Basis meistens rot angelaufen, die Blätter erscheinen sitzend, wechselständig und haben die Form von Weidenblättern. Im Herbst färbt sich die ganze Pflanze glühendpurpurn. Der Blütenstand ist von gelbgrünen Hochblättern umgeben und enthält zahlreiche Blumen.

Euphórbia polychróma Kern. (syn. E. epithymoides Jacq. non L.) aus dem Südosten Europas bildet 30 bis 50 cm hohe, vieltriebige, runde Büsche. Die dünnen, zahlreichen Stengel sind leicht behaart und mit elliptischen, sitzenden, an der Spitze abgerundeten, weich behaarten Blättern besetzt, die besonders nach dem Ende der Triebe zu enger stehen. Die dichten Blütenstände sind von auffällig gelbgrünen, weithin wirkenden Hochblättern umgeben. Die Pflanzen blühen im Mai/Juni, und ihr Laub wird im Herbst prächtig glühendrot.

Bewertung, Verwendung, Anzucht: E. polychroma ist eine äußerst durable, vom Frühjahr bis zum Herbst ansehnliche Staude für locker gepflanzte Staudenrabatten, als Vorpflanzung und Nachbar von mittelhohen, bis zum Boden grünen Koniferen. Ferner paßt die Art auf den Kopf von Trockenmauern und auch als Solitärstaude in flächige Bestände niedriger Perennen. Sie kommt in jedem Gartenboden gut fort. E. capitulata und E. myrsinites eignen sich für Steingärten, Trockenmauern und ähnliche Plätze, E. capitulata auch als Bodenteppich. Der Standort für beide muß in voller Sonne liegen, der Boden ziemlich trocken oder durchlässig sein. E. myrsinites friert in sehr harten Wintern stark zurück, erholt sich aber in der Regel, ferner sät sich die Art häufig selbst aus, wird jedoch niemals lästig. E. palustris wächst an feuchten Plätzen, an Bach- und Teichufern und braucht auch im Garten solche Standorte. Man kann sie auch in Kübel pflanzen und diese in kleine oder große Becken stellen, doch darf das Wasser nur gegen 5 cm über den Wurzelhals gehen. Alle aufgeführten Arten werden an zusagenden Plätzen alt und stattlich mit Ausnahme der Walzenwolfsmilch. E. polychroma sollte aller 4 bis 5 Jahre aufgenommen und geteilt werden. Vermehrt wird aus Samen, durch Teilung und durch Stecklinge. Die Anzucht dauert bei zeitiger Vermehrung oder Aussaat einen Sommer. E. capitulata wird in Töpfen kultiviert. Beim Teilen und beim Schneiden von Stecklingen muß man, um das Faulen zu verhüten, den Saft zunächst eintrocknen lassen, danach abwischen und darf dann erst in die Erde bringen.

Éxacum · Bitterblatt, Blaues Lieschen
Gentianaceae ☉ ○ ◐ ◑

Exacum ist ein alter römischer Pflanzenname, doch wissen wir nicht, welches Gewächs so hieß. Die Gattung umfaßt gegen 30 Arten, die in den tropischen und subtropischen Teilen Asiens, desgleichen auf den Inseln des Malaiischen Archipels, ferner auf Madagaskar und in einzelnen Strichen des tropischen Afrika vorkommen. Es sind ein- bis mehrjährige Kräuter mit meistens ansehnlichen Blüten in langen, beblätterten, gabelästigen Trugdolden.

Éxacum affíne Balf. f., Blaues Lieschen, von Sokotra, ist die einzige Art, die für uns Bedeutung hat; und auch davon verwendet man nur die Sorte 'Atrocoeruleum'.

Die Pflanzen werden 15 bis 20 cm hoch, bilden vom Grunde her sich verzweigende Büsche mit breitovalen, zugespitzten Blättern und 3 bis 5 vom Grunde ausgehenden Adern. Die Blüten werden etwa 1,2 cm breit oder noch etwas größer und sind lebhaft dunkellila. Sie erscheinen in großer Zahl im Sommer bis zum Herbst.

Bewertung, Verwendung, Anzucht: Exacum affine 'Atrocoeruleum' ist ein hübsches Pflänzchen, paßt aber nicht überall hin und ist etwas anspruchsvoll. Es eignet sich für bunte Blumenbeete, die recht viele, auch selten gepflanzte Arten enthalten sollen. Es hat eine kräftige Farbe, doch wirkt sie nicht weithin und kommt nur zur Geltung, wenn die unmittelbaren Nachbarn im Ton zurückbleiben. Man muß im Februar/März in sandige, humusreiche Erde aussäen, dann ein- oder besser zweimal pikieren, später die Pflanzen zu mehreren in 10- bis 12-cm-Töpfe pflanzen und auf lauem Fuß heranwachsen lassen.

Im Laufe des Juni kann man schließlich an den vorgesehenen Platz setzen. Der Boden soll Sand, etwas Lehm und Lauberde enthalten und nicht zu fett sein. In nassen, kalten Sommern mißraten die Bestände; schon zwei Wochen mit kühler, feuchter Witterung setzen ihnen zu. Man kann auch im September säen und in kleinen Töpfen hell, kühl und ziemlich trocken überwintern – etwa im Kalthaus auf Hängebrettern: solche Posten blühen früher und werden üppiger.

F

Felícia · Felicie
Compositae ☉ ○ ◐ ◑ △ ‖

Die Gattung wurde zu Ehren eines Legationsrates Felix († 1846) aus Regensburg benannt. Sie umfaßt gegen 50 Arten, die ein- oder mehrjährige Kräuter und auch Halbsträucher werden. Das Genus ist in Südafrika zu Hause, einige Spezies treten in Äthiopien auf. Die Pflanzen haben kleines Laub und blühen mit meistens blauen, bis 2 cm breiten Körbchen, welche stark an die Blumen unsrer Herbstastern erinnern. Bei manchen Arten fällt der Flor in den Winter. Sie wurden früher häufig als Kalthauspflanzen gehalten und waren damals ein hübscher Zimmerschmuck.

Felícia bergerána (Spreng.) O. Hoffm. (syn. Aster bergeranus (Spreng.) Harv.) bildet aufrechte, buschige, dicht behaarte Kräutlein mit gegen- und auch wechselständig sitzenden, schmalen, etwa 3 cm langen Blättern. Sie blüht mit ungefähr 2 cm breiten Strahlenblumen von himmelblauer Farbe mit gelber Scheibe. Die Pflanzen werden etwa 15 cm hoch, sie kommen im Sommer in Flor.

Bewertung, Verwendung, Anzucht: Der Flor dauert leider nicht bis zum Herbst, und in nassen, kühlen Sommern versagen die Felicien wie so viele Pflanzen aus sonnigen, trockenen, warmen Strichen. Um so schöner jedoch werden sie bei ihnen zusagender Witterung: dann sieht man erst, wessen sie fähig sind. Sie blühen dann länger und überreich. Man kann sie in bunte Beete, in Steingärten oder auf die Krone von Trockenmauern setzen oder aber zu geeigneten Sommerblumen als Einfassung pflanzen, ein- und auch mehrreihig. Ferner eignet sich die Art für Blumentöpfe, Balkonkästen und breite flache Keramikschalen. Man kann im April an Ort und Stelle säen und muß später auf etwa 10 cm Abstände ausdünnen. Oder man sät im März in ein halbwarmes Frühbeet, pikiert in Töpfe, verpflanzt noch einmal und setzt schließlich an den vorgesehenen Platz. Während der Anzucht muß man mehrere Male stutzen, um recht buschige Exemplare zu bekommen. Je mehr sie sich verzweigen, um so reicher blühen sie. Der Standort muß warm und in voller Sonne liegen, der Boden recht durchlässig sein. Vorkultivierte Bestände werden viel schöner und blühen auch länger.

Festúca · Schwingel
Gramineae ♃ ○ ◐ ◑ △ ‖ ♡

Festuca bedeutete bei den Römern einfach Halm, wie ihn alle Gräser haben; so hieß aber auch der Stab oder die Rute, mit welcher der Praetor die Sklaven bei der Freilassung berührte. Als Pflanzenname wird das Wort zuerst von Dodonaeus (16. Jahrhundert) gebraucht. Die Gattung umfaßt gegen 100 Arten, von denen manche einander so sehr ähneln, daß es schwierig ist, sie auseinanderzuhalten; das Genus gehört also zu den „Cruces botanicanorum". Die Pflanzen werden in der Regel ausdauernde Gräser mit meistens rispigen, selten ährenförmigen Blütenständen und haben flache oder zusammengerollte, häufig borstenförmige Blätter. Sie sind fast über die ganze Erde verbreitet. In ihrer Tracht haben sich viele Arten an die Wachstumsverhältnisse ihres Vorkommens angepaßt: es gibt ausgesprochen xerophile Arten, ferner kalkholde und kalkfliehende und auch solche, die an verhältnismäßig feuchten oder etwas beschatteten Standorten (in Wäldern) auftreten. Einige Arten sind Weide- und Mahdgräser.

Fe

Felícia bergeråna

Festúca amethýstina

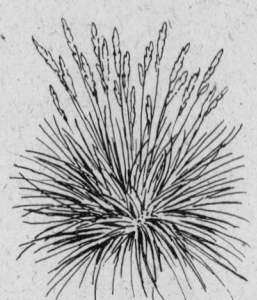
Festúca cinérea

Festúca amethýstina L. aus den Alpen bildet blaugrüne, wintergrüne Polster und wird bis 50 cm hoch. Die Art liebt sonnige Standorte mit sandigem Boden. Die Blütenstiele werden gelblich, sie stören den ruhigen Eindruck der Polster zuweilen. Man sollte sie dann einfach wegschneiden. Die Pflanzen werden mit den Jahren sehr breit.

Festúca cinérea Vill. (syn. F. glauca Lam.) wird im Alter bis 20 cm hoch und bildet dichte, blaugrüne Polster. Die Pflanzen wachsen in den Alpen an sonnigen Hängen mit steinigem, magerem Boden und sind äußerst durabel: Flor Mai/Juni.

Festúca púmila Chaix aus den höheren Teilen der europäischen Gebirge, vor allem auf Kalkböden auftretend, wird 5 bis 15 cm hoch und hat grasgrünes, weiches Laub, das sich haarartig fein anfühlt. In der Wildnis bilden die Pflanzen zuweilen über 50 cm breite, aus Hunderten von Triebchen bestehende Polster und haben lange, sich vielfach verzweigende Wurzeln.

Festúca scopária Kerner et Hack. (syn. F. crinum-ursi hort.) aus den Pyrenäen hat grünlaubige, sehr dichte Polster mit feinen Blättern und wird 12 bis 20 cm hoch.

Bewertung, Verwendung, Anzucht: Die aufgeführten Arten sind anspruchslos und wollen bis auf *F. scoparia*, die etwas Beschattung wünscht, volle Sonne und mageren, sandigen bis steinigen Boden. In fetter Erde werden sie feist und sehen dann aufgeschwemmt aus, auch wirken die Büsche liederlich. *F. cinerea* läßt sich in großen Flächen verwenden, desgleichen *F. pumila*; die übrigen Arten stehen besser in kleinen Horsten von zwei bis drei oder einzeln. Ist der Boden sehr arm und trocken, bilden die Bestände einen sehr dichten, zähen Filz von Wurzeln und werden dadurch andern Pflanzen gefährlich. Man muß diesen also von Zeit zu Zeit Luft schaffen, indem man die Festuca in ihrer Nähe ausrauft. Man kann *F. cinerea* auch zum Begrünen und sogar Befestigen von nicht zu steilen Böschungen verwenden, ferner als Bodendecke oder in Heide- und Naturgärten. Die Bestände bilden aber keine glatten grünen Flächen. Vermehrt wird durch Teilung im Frühling und aus Samen; man teile nicht zu klein auf. Die Pflanzen wollen auch in der Anzucht sonnige – oder leicht beschattete – Beete und armen Boden. Die Anzuchten werden bis zum Herbst verkaufsstark. Man pflanzt aber besser im Frühling an den vorgesehenen Standort. Sie können dort acht, zehn Jahre und noch länger stehen, ohne daß mehr nötig ist als gelegentlich ein wenig Kopfdüngung mit Kompost.

Filipéndula · Mädesüß
Rosaceae ♃ ○ ◐ ◑ ≈ ✕

Im Namen stecken die lateinischen Wörter filum = Faden und pendulus = hängend; sie beziehen sich darauf, daß bei einzelnen Arten die Wurzelknollen an fadenförmigen Wurzeln hängen. Man findet den Namen zuerst im Antidotarium des Salernitaners Nicolaus Praepositus, welcher im 12. Jahrhundert lebte. Der deutsche Name besagt, daß diese Pflanze (*F. ulmaria*) früher zur Geschmacksverbesserung des Mets verwendet wurde. Linné und neuere Autoren vereinigten die Gattung mit *Spiraea*, aber sowohl in den vegetativen Teilen als auch im Blütenbau sind die Unterschiede so beträchtlich, daß *Filipendula* wieder zu einem eigenen Genus erklärt wurde. Die Gattung umfaßt 9 Arten, welche in der nördlichen gemäßigten

Filipéndula ulmária   Filipéndula vulgáris

Zone weit verbreitet auftreten. Alle sind ansehnliche bis stattliche Stauden mit gefiederten oder unterbrochen fiederteiligen Blättern und meistens großen, mit dem Blattstiel verbundenen Nebenblättern. Die Blüten erscheinen zahlreich und stehen in rispigen Trugdolden oder spirrenartig, d. h., die Hauptachse ist verkürzt, und die Seitenäste, besonders die unteren, sind auffällig verlängert. Die Blumen werden weiß, rosa bis purpurrot.

Filipéndula purpúrea Maxim. aus Japan wird 40 bis 100 cm hoch. Ihre Blätter haben nur wenige eirunde Nebenblätter, aber ein großes, herzförmiges, gespaltenes Endblatt. Die Blumen stehen in langen Trauben und sind bei der Stammform purpurrot bis rosarot, bei 'Elegans' sind sie weiß, haben aber rote Staubfäden. Die Pflanzen blühen im Sommer.

Filipéndula rúbra (Hill) Robins. stammt aus Nordamerika, wo sie weit verbreitet ist. Die Pflanzen werden 1 bis 1,5 m hoch, haben einen wohlriechenden Erdstamm und fiederteilige Blätter mit handförmigen Seitenteilen und großem, oft bis neunteiligem Endblatt, das ziemlich lang wird. Die Blüten erscheinen sehr zahlreich in großen Doldentrauben und werden bei der Stammart hellrosa bis fleischfarben. Es gibt eine Reihe schöner Sorten: 'Albiflora' mit rahmfarbenen Blumen; 'Magnifica' (syn. F. venusta magnifica hort.) mit größeren Blütenständen und tiefer rosa getönten Blüten; 'Pygmaea' – schwach wachsend, nur 30 cm hoch werdend; 'Venusta' mit großen, schön tiefrosa bis karmesinroten Blütenständen. Alle kommen ab Mitte Juni in Flor und blühen 6 Wochen und länger.

Filipéndula ulmária (L.) Maxim. (syn. Spiraea ulmaria L.), das eigentliche Mädesüß, aus Nordasien und auch in Europa häufig, wird 1 bis 2 m hoch, hat nur wenigpaarig gefiederte Blätter mit großen, eirunden Blättchen, auch hier ist das Endblatt größer und stärker gegliedert. Die Blüten werden weiß und erscheinen in stattlichen Spirren. Bei 'Plena' sind die Blumen gefüllt. Auch diese Art blüht von Mitte Juni bis manchmal in den August hinein.

Filipéndula vulgáris Moench (syn. F. hexapetala Gilib.), von Mitteleuropa bis Sibirien auf trockenen Wiesen wachsend, hat rosettenartige, an den Boden geschmiegte Schöpfe dunkelgrüner, vielfach-gefiederter Blätter und blüht im Juni/Juli auf 25 bis 40 cm hohen Stielen mit zahlreichen weißen Blümchen. Schöner ist 'Plena' mit cremeweißen, gefüllten Blumen, die sich lange halten und gut duften.

Bewertung, Verwendung, Anzucht: Alle aufgeführten Arten und Formen sind recht wirkungsvolle Stauden, die aber bis auf F. vulgaris unbedingt einen Standort mit frischem Boden brauchen; natürlich stehen sie auch an Flußrändern und Teichufern richtig... selbst sumpfige Standorte sind geeignet. Wichtig ist aber stets volle Sonne und kein Wurzeldruck von Bäumen oder Sträuchern. F. vulgaris wächst in normalen, sogar in sandigen, etwas ärmlichen Böden, wird dort freilich niemals besonders ansehnlich. Die Pflanzen brauchen einige Jahre, ehe sie sich richtig eingelebt haben. Dann aber können sie lange an ihrem Platz bleiben und lassen nicht nach. Vermehrt wird durch Teilung im Frühjahr, so zeitig als möglich. Man teile nicht zu stark, da kleine Stücke sich nur langsam erholen (jedes Teilen ist ein Eingriff!). Man wässere ausreichend, um so rascher werden die jungen Pflanzen verkaufsstark. Bei flotter Kultur dauert das einen Sommer oder bis zum nächsten Frühling. Die Blumen lassen sich auch schneiden und halten mehrere Tage, man muß nur die Stengel unten brühen oder mit dem Hammer breitschlagen.

Fritillária · Kaiserkrone
Liliaceae △ ○ ◐ ◐ ◑ △

Im Namen steckt das lateinische Wort fritillus = Würfelbecher; es nimmt auf die becherförmige Form der Blüten Bezug. Die Pflanzen sind große bis mittelgroße Zwiebelgewächse mit hängenden oder nickenden Blütenglocken und einfachen, in der Regel beblätterten Stengeln. Die Gattung umfaßt gegen 100 Arten, welche in den gemäßigten Partien der nördlichen Halbkugel auftreten. Einige sind bereits seit dem Mittelalter beliebte Gartenblumen.

Fritillária acmopétala Boiss. aus Kleinasien wird 30 bis 50 cm hoch, hat schmale, gespreizte Blätter und meistens einzeln erscheinende Blumen, welche innen olivgrün bis gelbgrün werden und außen purpurne Punkte und Adern haben. Die Pflanzen blühen im April/Mai.

Fritillária camtschaténsis (L.) Ker-Gawl., in Nordwestamerika und auch Nordostasien auftetend, hat kleine, schuppige Zwiebeln und treibt im Juni etwa 30

Fr

Fritillária imperiális   Fritillária meleágris   Fritillária pallidiflóra

bis 40 cm hohe Stengel mit oval-lanzettlichen bis lanzettlichen Blättern, die an der Basis in Quirlen, nach oben zu verstreut stehen. Die Blüten werden 4 bis 6 cm lang, sind nickende Glocken, dunkelpurpurn oder dunkelweinrot, manchmal ist der Ton auch heller, ohne Würfelmuster.

Fritillária imperiális L. ist die Kaiserkrone unsrer Bauerngärten. Die Pflanzen kommen im Westhimalaja und im Iran vor. Sie haben bis faustgroße, gelbliche, manchmal etwas lockere Zwiebeln, die nach Wild riechen. Der Stengel wird bis 1 m hoch und ist dick und fleischig; die Blätter bilden unten eine Rosette, nach oben zu werden sie schmal und sitzen in Quirlen. Ein großes Stück des Stengels ist blattlos. An der Spitze erscheint nochmals ein Laubschopf, und aus den Achseln seiner Blätter kommen die großen, nach unten weisenden 2 bis 12 Blütenglocken. Sie werden bei der Stammart braunrot; innen sitzt an der Basis jedes Blumenblattes eine weiße, glänzende Honiggrube. Sie ist von einem schwarzen Fleck umgeben, durch welchen sie stärker auffällt. Nach dem Ende des Flors zu stellen sich die Blumen etwas mehr seitwärts, so daß man in ihr Inneres blicken kann. Es entstanden eine größere Anzahl Sorten: 'Aurora' — mit rotorangefarbenen, schwach gemusterten, großen Blumen; 'Flava' — mit hellgelben Blüten; 'Lutea maxima' — mit relativ großen, kräftig gelben Blüten, guter Wachser; 'Maxima' = 'Rubra Maxima' — Blüten groß, am stärksten rot getönt, kräftig im Wachsen; 'Orange Brilliant' — Farbe sehr lebhaft, Pflanzen wiederum sehr kräftig im Wuchs; 'Prolifera' — mit 2 Kränzen von Blütenblättern, mehr interessant als schön.

Fritillária meleágris L., die Schachbrett- oder Kiebitzblume, tritt vor allem in Europa auf. Die Pflanzen haben kugelige, kleine, von häutigen Hüllen umgebene Zwiebeln. Der Stengel ist aufrecht, grün, manchmal bräunlich überlaufen, die Pflanzen bringen nur wenige, schmale Blätter. Die Blumen werden bauchigglockig, bis 4 cm lang und etwa halb so breit, sie nicken und erscheinen einzeln oder (selten) bis zu drei an den bis 40 cm hohen Stengeln. Bei der Stammart werden die Blumen weinrot bis purpurn und sind — auf der Innenseite der Blütenblätter am lebhaftesten — weißlich schachbrettartig gemustert. Es gibt auch eine 'Major' — Pflanze in allen Teilen größer; eine var. **praecox** Pers. (syn. var. alba hort.) mit weißen, kaum gemusterten Blumen, die Blüten erscheinen früher, und die Pflanzen haben breitere Blätter. Ferner wurden zahlreiche Sorten gezüchtet, wie: 'Aphrodite' — ziemlich große, reinweiße Blumen; 'Charon' — tief dunkelpurpurne, mittelgroße Blüten, die am Ende der allgemeinen Florzeit von Kiebitzblumen erscheinen; 'Pomona' — auf weißem Grunde lebhaft violett gemustert, starke Stiele treibend; 'Poseidon' — mit den größten Blumen, purpurn mit rosa Mustern, Stiel kurz; 'Saturnus' — hell rötlichviolett, sehr lebhafte Tönung, große Blumen. Erwähnt sei noch, daß sich die abgeschnittenen Blüten in der Vase 14 Tage tadellos halten; sie wirken sehr apart.

Fritillária pallidiflóra Schrenk aus dem Altaigebiet hat runde Zwiebeln, die bis 2 cm breit werden, wenige blaugrüne, lanzettförmige, bis 2 cm breite Blätter und blüht im April auf 15 bis 20 cm hohen Stielen mit meistens einzeln erscheinenden Blumen. Sie werden etwa 4 cm lang und sind breitglockig. Ihre Farbe schwankt zwischen Rahmweiß und Blaßgelb mit grünlichem Schimmer. Innen haben sie einige rosabraune bis schokoladenbraune Punkte und eine dunkelgrüne Zeichnung.

Bewertung, Verwendung, Anzucht: Die eigentliche Kaiserkrone, *F. imperiális,* ist eine beliebte, aber etwas anspruchsvolle Gartenzierde. Sie wünscht recht nahrhaften, tiefgründigen, frischen und nicht zu schweren Boden. In alten Bauerngärten kann man häufig stattliche und reichblühende Horste finden: es wird dort immer wieder gedüngt, und man spart weder mit Kuhjauche noch mit Wasser. An solchen Standorten können die Kaiserkronen zehn, ja 20 Jahre stehen, ohne daß sie nachlassen. Wenn sie nicht oder

Fuchsia-Hybride

schlecht blühen, ist die Erde zu mager oder der Standort zu trocken, oder die Zwiebeln leiden unter dem Wurzeldruck von Gehölzen. Die übrigen aufgeführten Arten sieht man viel seltener, obwohl sie durchaus wert sind, häufiger gepflanzt zu werden. Es sind allerdings Gewächse, deren Reize nicht ins Auge fallen, sondern man muß ihnen nachgehen. Zur Florzeit sollte man sie täglich betrachten. Sie wollen ebenfalls recht nahrhaften, frischen und durchlässigen Boden und sind gegen den Wurzelfilz von Deckstauden empfindlich. *F. meleagris* verträgt zeitweilig eine kurze Überflutung der Standorte: Sie paßt also gut in die Nähe von Wasserbecken oder an Bachufer und Teiche. Die übrigen hält man häufig im Alpinum und Steingarten, der Standort soll in der Sonne liegen, Streuschatten für einige Stunden am Tage wird vertragen, zumal die meisten Arten vor dem völligen Laubaustrieb der Bäume oder Sträucher in Flor kommen. Nach der Blüte welken die Blätter ab, und gegen Ende Juni ist von der ganzen Herrlichkeit oder Elfenhaftigkeit nichts mehr zu sehen. Der Standort soll ringsum nicht bearbeitet werden. Als Überwuchs sind zarte Gräser wie *Festuca pumila* oder anspruchslose Stauden wie *Veronica repens* und *Sedum album* geeignet. Man legt im Herbst so zeitig als möglich, je nach Größe 6/7 bis 16/20 cm tief. Die Zwiebeln dürfen nicht lange frei gelagert werden, sondern man bette sie im Lager in Torfmull oder grobe Hobelspäne, die ein wenig Feuchtigkeit angezogen haben. Die Anzucht ist stets langwierig. Bei *F. imperialis* dauert es mehrere Jahre, bis die Zwiebeln blühstark geworden sind; bei den andern Arten sind dazu wenigstens zwei Vegetationsperioden nötig. Man vermehrt bei den reinen Arten aus Samen und auch durch Brut- oder Nebenzwiebeln, bei den Sorten nur durch Brut. Um bestimmt Samen zu erlangen, bestäube man künstlich. Am besten ist, wenn die Samenträger aus generativer Vermehrung stammen und nicht aus Brutzwiebelvermehrung. Die Samenträger gehörten dann zu einem Klon, und es ist möglich, daß sie überhaupt keinen oder nicht sehr le-

bensfähigen Samen bringen. Die Kapseln platzen, wenn sie reif geworden sind, leicht auf; man muß also täglich nachsehen, um sich vor Verlusten zu schützen. Der Samen soll im Herbst auf ein geschützt liegendes, gut vorbereitetes Beet kommen: Man sät am besten in Rillen und bedeckt etwa 2 cm hoch mit sandigem Torfmull. Bei Brutzwiebeln verfährt man ähnlich, nur sind diese in Rillen zu legen (leicht eintupfen). Dann überzieht man mit Torf. Die Arten außer *F. imperialis* braucht man bei weitem Stand gar nicht, bei engem nur einmal zu pikieren, doch muß man den Überzug von gedüngtem Torfmull etwas erhöhen. *F. imperialis* wird bis zur Blühstärke zweimal auf neue Beete gesetzt, jedes Mal etwas tiefer. Gerodet wird ab Mitte Juli. Für die stehenden Horste und die Anzuchten kann die Sclerotium-Krankheit, die „Böse Bodenkrankheit" der holländischen Tulpenkulturen, gefährlich werden. Dies ist eine Graufäule, die an den befallenen Zwiebeln oder dem Austrieb, der aber steckenbleibt, ein watte- bis filzartiges Geflecht hervorruft. Erreger ist der Pilz *Sclerotium tuliparum* Kleb., dessen Myzel sich in der Erde ausbreitet. Befallene Pflanzen und die sie umgebenden Bestände sind sofort auszuheben und zu vernichten. Bodenwechsel ist unerläßlich.

Fúchsia · Fuchsie
Onagraceae   ○ ◐ ◓ ◔ △ ∧

Die Fuchsien wurden nach Leonhard von Fuchs (1501–1566) getauft, einem deutschen Arzt und Botaniker, der an der Universität Tübingen wirkte. Er ist der Verfasser eines berühmten Kräuterbuches, des „NEW KREÜTERBUCH, in welchem nit allein die gantz Histori, das ist Namen, Gestalt, Statt und Zeit der Wachsung, Natur, Krafft und Würckung des meysten Theyls der Kreüter so in teütschen und andern Ländern wachsen, mit dem besten vleiss beschriben, sonder auch aller derselben Wurtzel, Stengel, Bletter, Blumen, Samen, Frücht, und in summa die gantze Gestalt also artlich und kunstlich abgebildet und contrafayt ist, das desgleichen vormals nie gesehen noch an tag kommen". Es erschien 1543 in Basel, ist 680 Seiten stark und enthält neben vier Porträts insgesamt 518 z. T. sehr schone Holzschnitte. Das Buch wurde viele Male nachgedruckt, auch übersetzt, und 1958 erschien nochmals ein Faksimile-Druck. Fuchs gehört zu den Vätern der Botanik, zumal sein Werk auch das erste in Deutschland herausgebrachte Verzeichnis botanischer Ausdrücke enthält.
Die nach diesem Manne benannten Pflanzen sind Gehölze, sie werden kleine Bäume, Sträucher oder Zwergsträucher und treten in Mexiko, Südamerika, vereinzelt auch in Neuseeland mit etwa 100 Arten auf. In Kultur sind jedoch nur Züchtungen, die vielfach aus Kreuzungen mehrerer Spezies stammen. Die ersten Arten wurden gegen Ende des 18. Jahrhunderts nach Europa eingeführt, weitere, für die Züchtung wichtige, im ersten Viertel des 19. Jahrhunderts. Die ersten Züchter saßen in England und Frankreich, und es

Fu wurden viele Sorten erzielt. Der Engländer Banks gab zwischen 1855 und 1885 über 100 Züchtungen heraus, Lemoine in Nancy innerhalb von 60 Jahren gegen 400 Sorten. Auch deutsche Züchtungen tauchten auf. Im allgemeinen jedoch sind bei uns in den letzten Jahrzehnten das Interesse und damit die Anzucht zurückgegangen, während Fuchsien in Amerika, vor allem in Kalifornien, und in England neuerdings Gegenstand einer richtigen Liebhaberei wurden. In beiden Ländern gibt es heute Fuchsien-Gesellschaften. Begünstigt wurde diese Entwicklung durch das Klima, denn sowohl in Kalifornien als auch in einigen Teilen Englands können Fuchsien völlig im Freien stehen. Hier eignen sich nur einzelne Arten als regelrechte Gartenpflanzen.

Fúchsia magellánica Lam. (syn. *F. macrostemma* Ruiz et Pav.), die Scharlachfuchsie, ist eine im Süden von Chile und Argentinien verbreitete, recht veränderliche und formenreiche Art. Sie wird bei uns bis 1 m hoch, hat lange, spitze, rötlich geaderte Blätter, die an sehr kurzen Stielen sitzen. Die Blüten erscheinen einzeln oder bis zu vier aus den Blattachseln an etwa 5 cm langen Stielen. Die Kronröhre ist fast trichterförmig, Farbe lebhaft scharlach, die abstehenden Kronblätter werden violettblau. Wichtige Sorten sind 'Alba' mit hellgrünen Laubblättern und weißen Kronblättern. 'Pumila' – der Däumling unter den Fuchsien, wird etwa 15 cm hoch und wächst dennoch lebhaft. 'Tom Thumb' – wird etwa 30 cm hoch, hat ziemlich große Blüten mit tiefrosa Kelch und tiefvioletten Kronblättern. Bei 'Gracilis' (früher *F. gracilis* Lindl.) sind die Blüten klein und recht schlank, erscheinen aber sehr reichlich.

Fúchisa thymifólia H. B. K. aus Mexiko wird hier bis 60 cm hoch, hat dünne Zweige, kleine längliche Blätter und ziemlich kleine Blüten in Zartrosa bis Rot.

Fuchsia-Hybriden (früherer Name *F. × hybrida* Voss, *F. speciosa* hort.) sind die bekannten Gartenfuchsien, die hauptsächlich in Töpfen gehalten werden und von denen man auch Hochstämme erzielen kann. Fuchsia-Hybriden wirken immer als gärtnerische Paradestücke, und es ist nicht schwierig, sie heranzuziehen und zu überwintern. Für Stämmchen und Kronen eignen sich am besten stark wachsende Sorten wie 'Charming' und 'Deutsche Perle'. Auf diese kann man auch die Reiser von schwächer wachsenden Züchtungen und Hängefuchsien veredeln.

Bewertung, Verwendung, Anzucht: Fuchsia magellanica und *F. thymifolia* halten bei uns in Mitteleuropa an geschützten Plätzen und mit einer Decke von trockenem Laub, Nadeln oder ähnlichem Material die Winter aus, nur die Spitzen frieren oft zurück. Man kann diese Fuchsien als Hecken verwenden oder auf Beete setzen, auf welchen sie allerdings für sich stehen möchten. Der Boden soll nahrhaft, aber nicht fett sein und muß das Wasser gut ablaufen lassen. Je geschützter die Pflanzen stehen, um so ansehnlicher werden sie, um so besser zeigen sie, was in ihnen steckt. So schön wie in England und der Südschweiz, wo man sie zu bis mannshohen, lockeren und formierten Hecken verwendet, werden sie hier aber nicht. Vermehrt wird durch Stecklinge, die man bis zum nächsten Frühjahr im Topf durchkultivieren und dann erst an den vorgesehenen Platz auspflanzen sollte.

Die Anzucht von Hochstämmen der Fuchsia-Hybriden geht wie folgt vor sich. Man muß von den geeigneten Sorten so früh als möglich (Februar/März) Stecklinge schneiden, diese ständig gut im Wuchs halten und einen Trieb bis zur gewünschten Höhe durchwachsen lassen. Seitentriebe schneide man laufend bis auf das Blatt an ihrer Basis zurück. Hat der Sproß die gewünschte Höhe erreicht, lasse man noch ein Stück weiterwachsen und fange dann an, durch Stutzen die Krone zu formieren. Zu niedrige Stammhöhen sind wenig günstig, weil man da die Blumen nur von oben sieht; am besten wirken die Blüten in Augenhöhe. Will man auf die Stämme andere Sorten bringen, so hat das im Frühjahr durch Kopulieren oder Einspitzen zu geschehen. Die Okulanten müssen in Räume mit hoher Luftfeuchtigkeit kommen, und bis zum Anwachsen ist eine ziemlich konstante Temperatur von etwa 20°C nötig. Später härte man vorsichtig ab. Im ersten Jahr sollen alle Stämmchen mit formierten Kronen in Töpfen bleiben, die man einsenkt. Später kann man die Fuchsien auch auspflanzen: sie werden üppiger ... aber man muß sie im Herbst wieder eintopfen. Die Erde dafür soll leicht sein, damit die Fuchsien schnell Wurzeln schlagen. Überwintern muß man in hellen, nicht zu kühlen Räumen mit nicht zu trockener Luft. Es schadet nichts, wenn die Stöcke ihr Laub abwerfen und wenn die äußersten Triebspitzen leicht zurücktrocknen. Wichtig ist, weder zu wenig noch zu viel zu gießen. Im März räume man sie in ein Gewächshaus oder einen sehr hellen Flur oder in eine abgeschlossene Veranda, wo die Fuchsien in Trieb kommen. Schwaches Holz ist auszuschneiden, stärkere Eingriffe vermeide man zunächst; falls sie nötig werden, ist der Sommeranfang dafür die günstigste Zeit.

Fúnkia → **Hósta**

G

Gaillárdia · Kokardenblume
Compositae ☉ ♃ ○ ◐ ◑ △ ✕

Die Pflanzen wurden nach dem französischen Mäzen für die Botanischen Wissenschaften Gaillard de Charentonneau benannt, der auch Mitglied der Akademie der Wissenschaften von Paris war und im 18. Jahrhundert lebte. Die Gattung umfaßt gegen 20 Arten, welche mit einer Ausnahme, die in Südamerika auftritt, in Mittel- und Nordamerika zu Hause sind. Die Pflanzen werden einjährige oder perennierende Kräuter mit länglich-ovalen bis spatelförmigen, meistens behaarten Blättern. Ihre Korbblüten setzen sich aus zungenförmigen Randblüten und einem Zentrum von Röhrenblüten zusammen, oder sie weisen nur Röhrenblüten auf.

☉ **Gaillárdia amblýodon** J. Gay wurde 1844 von Lindheimer, einem Verwandten Goethes und Naturforscher von Beruf, in Texas in Nordamerika entdeckt. Die Pflanzen werden etwa 80 cm hoch und bringen auf festen Stielen etwa 5 cm breite, braunrote bis dunkelblutrote Blumen mit einer schwärzlichbraunen Scheibe. Die Art blüht reich von Ende Juni bis in den September hinein.

☉ **Gaillárdia pulchélla** Foug. (syn. G. bicolor Lam.), von Nordkarolina bis Florida auftretend, ist in der Stammart nicht in Kultur, sondern nur in der var. **picta** A. Gray (syn. G. picta Sweet). Die Pflanzen sind gegen 50 cm hoch und blühen sehr reich mit einfachen oder auch vollkommen gefüllten Blüten. Das Farbenspiel reicht von reinem Gelb über Orange, Rotbraun bis Blutrot. Durch Auslese und Züchtung entstanden eine Reihe Sorten oder Spezialmischungen wie 'Lorenziana Plena', die Blumen in goldgelben bis bronzefarbenen Tönen bringt. Die Pflanzen blühen von Ende Juni bis oft in den September hinein.

♃ **Gaillardia-Hybriden** ist der Sammelname für alle Sorten der Staudengaillardien, deren Herkunft nicht mehr bekannt ist. Sie entstammen Kreuzungen von G. aristata und anderen Arten. Diese Hybriden werden bis 70 cm hoch und haben einen Schopf breit-lanzettlicher bis spatelförmiger, gezähnter oder auch glattrandiger, mit rauhen Haaren besetzter Blätter. Die Blumen erscheinen einzeln auf festen Stielen und werden bis 8 cm breit, bei einzelnen Sorten noch größer. Sie haben in der Regel eine dunkle Mittelscheibe und einen dichten Kranz langer Zungenblüten, die einfarbig gelb oder rot werden oder zweifarbig sind und gelbe Spitzen aufweisen. Manchmal bringen die Blumen auch einen Kranz stark vergrößerter Röhrenblüten. Es entstanden zahlreiche Sorten wie 'Burgunder' — einfarbig rot; 'Kobold' — Blumen rot und gelb, die Pflanzen werden nur etwa 25 cm hoch; 'Bremen' — kupferscharlach mit gelben Spitzen.

Bewertung, Verwendung, Anzucht: Gaillardien sind beinahe in jedem Garten zu finden... ist es da noch

Gaillardia-Hybriden, Unterschiede in Füllung und Farbe

nötig, sie zu loben und hervorzuheben? Die beiden annuellen Arten G. amblyodon und G. pulchella kann man im April an Ort und Stelle säen und muß dann auf etwa 12 bis 20 cm Abstand ausdünnen. Man kann sie aber auch ab Mitte März in ein halbwarmes oder auch kaltes Frühbeet säen und pflanzt später an den vorgesehenen Platz. Beide eignen sich für bunte Blumenbeete und blühen reich und ziemlich lange. Der Standort muß in voller Sonne liegen, der Boden darf nicht zu stickstoffreich sein, sonst fallen die Pflanzen bei Regen oder Wind um und sehen abscheulich aus. Die Stauden-Kokardenblumen eignen sich ebenfalls für bunte Blumenbeete und für Wildstaudengärten, wo sie den Übergang zur Kulturstaude bilden, ohne zu stören. Sie sind aber nicht sehr dauerhaft. Auch wenn man von August an alle Blüten unterdrückt und die Samenköpfe fortschneidet, bestocken sich viele Exemplare, besonders im zweiten Jahr stehende, nicht ausreichend und treiben im nächsten Frühjahr nur kümmerlich oder gar nicht. Man kann sie selten länger als zwei Sommer haben. Wenn die Exemplare verhältnismäßig trocken stehen und der Boden sandig ist, bilden einzelne eine lange Pfahlwurzel, und solche Gaillardien können vier und auch fünf Jahre alt werden. Anderseits ist die Anzucht einfach, und die Pflanzen kosten nicht viel. Man sät im Frühjahr auf ein Freilandsaatbeet und pflanzt dann auf Anzuchtbeete (6 Reihen bei Normalbreite von 120 cm), die Bestände sind bis Sommerende verkaufsstark. Die Pflanzen liefern auch eine große Menge recht haltbarer Schnittblumen, die aber keine hohen Preise haben.

Galánthus · Schneeglöckchen
Amaryllidaceae △ ○ ◐ ◑ △ ‖ ✕

Im Namen stecken die griechischen Wörter gala = Milch und anthos = Blüte; sie beziehen sich auf die milchweiße Farbe der Blumen. Es sind Zwiebelgewächse, die sehr früh im Jahre blühen — daher auch unser deutscher Name „Schneeglöckchen" und ähnliche, wie „Schneeguckerchen" und „Amselblümle" (die Amsel gilt vielfach als Frühlingsvogel). Die Zwiebeln sind kugel- bis eiförmig und haben als Hülle die Reste der vorjährigen Laubblätter. Der Stengel treibt an seiner Basis ein häutiges, weißes Scheidenblatt, welches zylindrisch den unteren Teil der Laubblätter umhüllt. Die Zwiebeln bringen nur wenige schmale, bis 30 cm lange Blätter, zur Blütezeit sind sie aber kürzer

Ga

Galánthus elwésii

Galánthus nivális

Gálax urceoláta   Galéga officinális

als die Stengel der Blumen. Diese stehen meistens einzeln auf fingerlangen oder längeren Stielen, hängen und haben eine glockenförmige Gestalt. Sie duften schwach, an trüben Tagen hängen die Blütchen wie erstarrte Tropfen nach unten. Bei schönem Wetter spreizen sie sofort die drei langen, weißen Hüllblätter, und man kann auch das aus den drei inneren Blättchen gebildete, grün gerandete Glöckchen erblicken. Die Gattung umfaßt gegen 8 Arten, die schwer zu trennen sind, was mit dem „verhältnismäßig jugendlichen Alter" der Gattung zusammenhängen dürfte. Sie sind in Europa und Kleinasien einschließlich einiger angrenzender Gebiete zu Hause. In der Regel wachsen die Schneeglöckchen gesellig, und man findet sie oft in riesigen Mengen meilenweit aus dem Waldboden hervorbrechend. Sie bevorzugen lockeren, humosen Boden unter Eichen und Buchen, und man findet sie am stärksten auf Böden mit Kalkuntergrund. Schon Theophrast erwähnt einen seit undenklichen Zeiten bekannten, großen Bestand auf dem Monte Hymettos, einem Nebenolymp, von dem es heute noch Reste gibt.

Galánthus elwésii Hook. f. aus Kleinasien blüht als erste Art und wird größer als unser heimisches Schneeglöckchen. Die Blätter werden graugrün mit bläulichem Schimmer, gegen 2 cm breit und bis 20 cm lang. Die Blüten sind mehr kugelig im Umriß, gut 3 cm breit, die äußeren Blumenblätter werden länglich-spatelförmig und bis 3 cm lang. Es gibt auch eine var. **globósus** (Wilks) hort. (syn. G. globosus Wilks), welche in der Gegend von Smyrna gefunden wurde. Sie bringt häufig zwei Blumen am Stiel, und die äußeren Blütenblätter werden beinahe so breit wie lang.

Galánthus nivális L. ist unser heimisches Schneeglöckchen, das im Osten Mitteleuropas und in vielen andern Gebieten unsres Erdteils an Plätzen mit frischem Boden auftritt. Seine eigentliche Heimat ist der sommergrüne Laubwald und ebenso der Auenwald, aus welchen die Schneeglöckchen aber verschwinden, sobald die Wälder künstlich gelichtet werden. Es hat sich völlig den Wachstumsbedingungen solcher Standorte angepaßt: Es blüht früh und treibt auch bald die wenigen Laubblätter. Wird das Blätterdach über ihm aber dicht, welkt das Laub ab, und die Schneeglöckchen verschwinden sozusagen von einer Bühne, auf der für sie keine Rolle mehr zu spielen ist. Außerdem werden, sobald das Blätterdach oben dicht geworden ist und fast kein Licht mehr durchläßt, die Stengel der Samenkapseln schlaff, so daß ihre Last auf den Boden niedersinkt. Dort reift der Samen nach und fällt an Ort und Stelle aus, wird aber später vielfach von Ameisen breit geschleppt. Wird an diesen Plätzen nicht gegraben oder geharkt, tauchen dort zum Erstaunen des Gartenfreundes auf einmal Schneeglöckchen auf. Das unverwüstliche Frühlingsblümchen zieht man schon seit 1500 in den Gärten. Es gibt zahlreiche Abarten, von denen nicht sicher ist, ob sie in der freien Natur entstanden sind oder in der Kultur. Eine Naturvariante ist wahrscheinlich var. **corcyrénsis** Short. – von der Insel Korfu, früher als die Stammart.

Bekannte Sorten sind: 'Lutescens', sie hat gelbe statt grüne Spitzen; 'Poculiformis', bei welcher die drei inneren Blütenblätter reinweiß und fast so lang wie die großen äußeren sind; 'Praecox' – breitere Laubblätter, manchmal schon im Dezember blühend; 'Plena' – gefüllte weiße Blümchen und kleine grüne Striche auf jedem Blütenblatt.

Galánthus plicátus M. B. von der Krim, auch auf dem Balkan auftretend, ist ebenfalls eine größere Ausgabe unseres Schneeglöckchens und zudem recht variabel. Die Blumen erscheinen im März, die Blütenblätter sind am Ansatz sehr schmal, werden auch nicht so breit wie bei G. elwesii und sind an der Außenseite stark gewölbt; bei vollem Flor spreizen sie sich weit ab. Die Blätter werden bis 3 cm breit und bis 30 cm lang, sind graugrün und haben eine breite Längsrinne mit beiderseits einer Längsfalte. Auch davon gibt es eine 'Plena' mit gefüllten Blumen, ferner die Sorte 'Warham Variety' mit besonders großen Blüten, robust wachsend.

Bewertung, Verwendung, Anzucht: Schneeglöckchen sind die ersten Frühlingsblumen im Garten. Unsere heimische Art ist äußerst anspruchslos, und auch die kleinasiatischen stellen keine unerfüllbaren Forderungen: Sie wollen aber einen Standort, der im Sommer wirklich austrocknet! G. nivalis wächst in normalem Gartenboden an leicht beschatteten Plätzen: im Umkreis von Gebüschen und Bäumen, selbst in dem bescheidenen Schatten von Buchsbaumeinfassungen. Behagt es den Pflanzen, so breiten sie sich aus, und der ganze Garten wird ihr Bereich. Man kann sie völlig sich selbst überlassen. Will man sie ansiedeln, ist Zukauf nötig. Man lege so bald als möglich etwa reichlich fingertief... je nach Größe der Bulben. Die Zwiebeln dürfen nicht lange frei lagern, da ihre Außenhaut wenig Schutz gegen Verdunstung gewährt. Sind sie aber schon recht welk geworden, muß man mit großen Ausfällen rechnen, denn die Zwiebeln erholen sich in der Erde nicht wieder, sondern faulen häufig. Man soll Galanthus-Zwiebeln also in leicht angefeuchtetem Material in kühlen Räumen aufbewahren, wenn man sie nicht gleich wieder legt. Vermehrt wird durch Aufpflanzen von Jungzwiebeln. Bei *G. nivalis* genügen Beete mit gutem, frischem Boden in lichtem Schatten. Für die Arten aus Kleinasien sind Beete mit gutem Boden, der mit Sand zu versetzen ist, nötig. Sie wünschen im Sommer keinen Schatten. Um das zu rasche Absterben des Laubes zu verhindern, was zu geringem Zuwachs führt, gebe man nach dem Festwerden der Blätter eine leichte Kopfdüngung und wässere notfalls. Die Vermehrungsbestände werden meistens innerhalb eines Jahres verkaufsstark.

Gálax · Bronzeblatt
Diapensiaceae ♃ ◐ ● ○ ○ ♡

Im Namen steckt das griechische Wort gala = Milch; aus welchem Grunde es gewählt wurde, ist unklar. Die Gattung umfaßt nur eine Art, wie überhaupt die Familie der Diapensiazeen klein ist... im Tertiär und noch früher hatte sie eine weit größere Anzahl von Gliedern.

Gálax urceoláta (Poir.) Brummitt (G. aphýlla hort. non L., Pyrola urceolata Poir.) aus Nordamerika, wo die Pflanzen in Kanada und auf Vancouver in den Wäldern große Flächen bedecken, ist eine Staude. Sie hat einen kriechenden, ausläufertreibenden Wurzelstock und einzeln auf festen Stielen sitzende herzförmige, leicht gekerbte, immergrüne, glänzende Blätter, welche im Herbst, wenn die Sonne sie direkt trifft, wunderbar bronzefarben werden. Die Blätter sind 6 bis 10 cm breit und bilden bei gut gedeihenden Beständen einen dichten, etwa 20 bis 25 cm hohen Teppich. Die Blüten werden weiß und erscheinen im Frühsommer in dichten Ähren auf ihren bis 60 cm hohen, schlanken, unbeblätterten Stielen.

Bewertung, Verwendung, Anzucht: Das Bronzeblatt ist eine höchst wirkungsvolle Staude zum Begrünen von halbschattigen bis schattigen Plätzen mit frischem, aber nicht nassem, jedoch leicht saurem Boden. Man findet es häufig als Unterpflanzung von Rhododendron, ferner gelegentlich in größeren Alpina. Seine Verwendungsmöglichkeit ist also beschränkt. Trotzdem wird es viel zu wenig gepflanzt... man sieht es selbst in großen Rhododendron-Hainen kaum. Die Pflanzen wachsen langsam, und es dauert eine Zeit, ehe sie richtig Wurzeln gefaßt haben, dann aber halten sie ein Menschenleben an ihrem Platze aus. Vermehrt wird durch Teilung im Frühjahr, man kann in Töpfen kultivieren und bekommt bis zum nächsten Frühling verkaufsstarke Bestände. Anzucht aus Samen ist auch möglich, aber sehr langwierig. Die Anzuchten müssen an schattigen Plätzen stehen oder schattiert werden.

Galéga · Geißraute
Leguminosae ♃ ○ ◐ ○ ○

Der Name wurde von Dodoens und De la Ruelle eingeführt, aber es ist unsicher, woher er tatsächlich stammt; vielleicht steckt das griechische Wort gala = Milch darin, denn die Pflanzen werden an Kühe und Ziegen zur Steigerung der Milchleistung verfüttert. Die Gattung umfaßt vier Arten, die in Kleinasien und den angrenzenden Gebieten zu Hause sein dürften und von denen einzelne selbst in Italien bis in die Mitte des 15. Jahrhunderts unbekannt waren, heute aber dort in großen Beständen vorkommen. Es sind Stauden mit rübenförmigen Pfahlwurzeln. Die Pflanzen haben kahle, aufrechte, lange Sprossen mit unpaarig gefiederten Blättern, und die Blüten, welche in aufrechten Trauben beisammenstehen, brechen aus den Blattachseln hervor.

Galéga officinális L. wird bis 1 m hoch, die Blätter sind 11- bis 17zählig, die Blättchen 1,5 bis 3,5 cm lang und etwa halb so breit. Die Blümchen werden 1 cm lang und sind bei der Stammart weißlichlila. Der Flor beginnt im Juli und kann sich bis Ende August hinziehen. Es gibt mehrere Sorten, wie 'Bicolor' mit zweifarbigen Blüten; 'Hartlandii' – in allen Teilen größer, aus Kreuzung von *G. officinalis* und *G. patula* entstanden, die Blumenstände ragen weiter aus dem Laub hervor, die Fahne der Blüten ist lebhaft blauviolett, die übrigen Teile sind weiß bis bläulichweiß; 'Duchess of Bedford' – wächst gedrungener, die Fahne ist tiefer violett, die Flügel werden hellila.

Bewertung, Verwendung, Anzucht: Galega gehören nicht zu den Stauden, die 3 Sterne verdienen; aber sie sind anspruchslos und eignen sich gut für Pflanzungen von Wildstauden. Man kann sie in großen Mengen setzen. Der Standort muß in voller Sonne liegen, der Boden darf nicht zu naß und zu schwer sein. Etwas Trockenheit und sandiger Boden wird ohne Einbußen vertragen. Man soll nur im Frühjahr pflanzen. Zu vermehren ist aus Samen, den man sofort nach der Reife sät. Im nächsten Frühling wird auf Anzuchtbeete gepflanzt oder schon an den vorgesehenen Platz. Auch Teilung im Frühjahr ist möglich und – bei großen Flächen – Aussaat an Ort und Stelle. Die Bestände können viele Jahre an ihrem Platz verbleiben und brauchen fast keine Pflege. Größere Exemplare lassen sich nicht mehr verpflanzen. Die Anzucht dauert ab Aussaat etwa anderthalb Jahr.

Galeóbdolon lúteum → **Lámium**

Ga

Gálium odorátum　　　　Galtónia cándicans

Gálium · Labkraut
Rubiaceae ♃ ○ ◐ ● ○ ♡

Die Labkräuter sind mit den Kräutern der Gattung *Asperula* nahe verwandt und wie diese über Kontinente verbreitet. In der Alten und Neuen Welt gibt es etwa 300 *Galium*-Arten. Der botanische Name ist griechischen Ursprungs (gala = Milch) und wird schon bei den Alten für *G. verum* gebraucht, denn diese Pflanze – schreibt Dioskorides – macht wie Lab die Milch gerinnen; daher auch unser Name Labkraut, der aber erst seit 300 Jahren zum Wortschatz der Botaniker und Pflanzenfreunde gehört. Gartenwert haben nur wenige Labkräuter.

Gálium odorátum (L.) Scop. (syn. Asperula odorata L.) ist der Waldmeister für den beliebten Maitrank. Dieser wird bereitet, indem man leicht gesüßten Wein über kurz vor der Blüte frisch gepflückte Triebe gießt und einige Stunden ziehen läßt. Die Würze ist das in den Blättern enthaltene Kumarin, das auch dem Ruchgras (*Anthoxanthum odoratum* L.) seinen angenehmen Duft gibt, aber in größeren Dosen giftig wirkt – besonders bei Nagetieren –, man halte also maß. Einer der französischen Volksnamen des Waldmeisters ist Reine des Bois, also Königin der Wälder; wohl weil diese Pflanze bodenbedeckend oft ganze Waldpartien beherrscht. Die Bestände werden 10 bis 30 cm hoch, haben quirlförmig sitzende, lanzettliche bis länglicheirunde Blätter, vierkantige Stiele und blühen mit endständigen, reichverzweigten Trugdolden weißer Blümchen im Mai.

Gálium rúbrum L., aus den südlichen Alpen und dem nördlichen Apennin. Es wird 20 bis 50 cm hoch und blüht im Juni/Juli trübrot. Nur für große Steingartenpartien, denn es wuchert.

Bewertung, Verwendung, Anzucht: Der Waldmeister ist ein treuer Begleiter der Buchen, tritt aber auch in Fichtenwäldern auf; er gehört also zu den Gewächsen, die im Schatten wachsen. Dabei übertrifft er an Ausdauer und Anspruchslosigkeit viele Bodenbegrüner. Tiefgründiges Erdreich ist nicht nötig, aber der Boden muß locker und humusreich sein, damit die Rhizome Luft bekommen und sich ohne Mühe ausbreiten können. Vermehrt wird durch Teilung im Frühling sofort nach dem Ausschlagen. Auch Aussaat ist möglich, doch geht der Samen recht unregelmäßig auf, manchmal erst nach Jahren. Wer den Waldmeister einmal pflanzt, kann ihn lebenslang haben.

Galtónia · Sommerhyazinthe
Liliaceae △ ○ ◐ ◐ ✕ ∧

Die Pflanzen wurden nach Francis Galton (1822 bis 1911), einem Erforscher der Flora Südafrikas, benannt und kommen auch in Südafrika vor. Die Gattung umfaßt 3 Arten. Es sind Zwiebelgewächse mit runden, bis faustgroßen Zwiebeln und einem Kranz grundständiger, aufrechter, 30 bis 60 cm langer, etwa 5 cm breiter, lang-lanzettlicher Blätter. Die Blüten erscheinen an Schäften, die bis 120 cm hoch werden, und sind reinweiße, hängende Glocken von etwa 5 cm Länge und ungefähr 1,6 cm Breite. Die Blütentrauben bringen bis 30 Blumen, welche nach und nach aufblühen.

Galtónia cándicans (Bak.) Decne. (syn. Hyacinthus candicans Bak.) ist die einzige Art, welche für Gärten in Betracht kommt. Die Zwiebeln fallen in ihrer Größe verschieden aus, es gibt auch ziemlich kleine, die dennoch blühen. Besonders starke Zwiebeln bringen zwei Blütenschäfte. Der Flor kann im Juli beginnen und sich bis in den September hinziehen.

Bewertung, Verwendung, Anzucht: Die Sommer- oder Riesenhyazinthen, wie die Pflanzen auch heißen, sind anspruchslose, recht dankbare Sommerblüher für bunte Rabatten oder auch für Einzelstellung im Rasen. Sie wachsen in jedem normalen Gartenboden. In sehr kalten Wintern können die Zwiebeln erfrieren; es ist stets günstig, sie vorsorglich mit einer mittelstarken Decke von trockenem Laub und Reisig zu schützen. Man kann die Zwiebeln aber auch im Herbst aus dem Boden nehmen und wie Dahlien überwintern. Bestände, die im Erdreich verbleiben, blühen in der Regel früher und werden üppiger. Normale Pflanzzeit ist der Herbst oder das zeitige Frühjahr; man lege je nach Zwiebelgröße 10 bis 20 cm tief. Es ist günstig, stets mehrere Zwiebeln zusammenzusetzen, weil blühend dann besser wirken. Auch fällt der einzige Fehler, den die Sommerhyazinthen haben, weniger auf: sie verblühen nämlich häßlich, weil die grau gewordenen Blütenhüllblätter nicht abfallen, sondern in voller Größe lange hängenbleiben. Vermehrt wird aus Samen, der leicht keimt. Man kann im Februar/März in ein gepacktes Frühbeet in sandig-humose Erde säen und pflanzt nach Mitte Mai auf Anzuchtbeete: bei 120 cm Beetbreite in 6 Reihen und innerhalb dieser etwa 15 cm weit. Solche Anzuchten blühen zuweilen bereits im Herbst. Man kann auch im April/Mai auf ein

Freiland-Saatbeet säen, aber dann werden die Zwiebeln erst im zweiten Sommer in Flor kommen. Verkaufsstärke erlangen sie in der Regel nach dem zweiten Sommer. Den ersten Winter sollen sie auf den Anzuchtbeeten bleiben, sie sind aber unbedingt gut abzudecken. Die Blumenstiele lassen sich auch schneiden, und es blühen im Wasser sämtliche Knospen bis zur letzten auf ... man muß nur die abgeblühten Blumen wegzupfen, da sie sehr stören.

Gamólepis · Gamolepis
Compositae ☉ ○ ◐ ● ‖ ✕

Im Namen stecken die griechischen Wörter gamos = Ehe und lepis = Schuppe; sie beziehen sich darauf, daß die Blütenhüllblätter im Grunde zu einem Becher oder Krug verwachsen sind. Die Gattung umfaßt 12 Arten, welche in Süd- und Mittelafrika auftreten und bis auf eine Art stark behaarte Sträuchlein werden. Die strauchig wachsenden kommen für uns nicht in Betracht, man kann sie nur gelegentlich in botanischen Gärten in Häusern für Pflanzen aus dem Kaplande sehen.

Gamólepis tagétes (L.) DC. aus Südafrika ist ein gegen 25 cm hohes, reichlich sich verzweigendes Kräutlein mit ziemlich schmalen, fiederteiligen Blättern. Die Blumen werden etwa 2 cm breit, haben wie Tagetes einen langen Kelch, haben nicht sehr große Mittelscheibe und um diese einen Kranz von 12 bis 15 ansehnlichen, leicht zurückgebogenen Zungenblüten. Sie werden kräftig gelb bis orange. Die Pflanzen fangen im Juni an zu blühen, ihr Flor zieht sich bis in den August hin. Sie blühen reich.

Bewertung, Verwendung, Anzucht: Gamolepis sind zur Florzeit effektvolle Sommerblumen, die aber nur 7 bis 9 Wochen blühen, dann ist ihre Schönheit dahin. Sie wünschen sonnigen Standort, nicht zu fetten, vor allem einigermaßen trocknen Boden. Man kann im April in ein halbwarmes Frühbeet säen und pflanzt dann mit 15 cm Abstand an den vorgesehenen Platz. Man kann aber auch gegen Ende April an Ort und Stelle säen und muß dann ausdünnen. Die Pflanzen eignen sich für bunte Blumenbeete, auch für deren Einfassung. Ihr Vorteil ist, daß sie verhältnismäßig früh anfangen zu blühen – früher als Tagetes! –, doch hören sie auch eher auf. Die Blümchen lassen sich schneiden. Sie wirken elegant und halten sich fast eine Woche.

Gaúra · Prachtkerze
Onagraceae ☉ ○ ◐ ● ✕

Der Name kommt aus dem Griechischen, wo gauros freudig, fröhlich bedeutet. Er dürfte sich auf den ansehnlichen Flor einiger Arten beziehen. Die Gattung umfaßt gegen 25 Arten, welche im Süden der Vereinigten Staaten, teilweise auch im nördlichen Mittelmerika auftreten und ein- oder mehrjährige Kräuter, vereinzelt auch Halbsträucher werden. Sie haben ansehnliche und manche auch kleine Blumen, die in ährigen oder kopfigen Trauben beisammenstehen.

Gaúra coccínea Fras. ex Pursh wächst in trockenen Gebieten von Indiana bis Kalifornien und Texas. Die Pflanzen sind in ihrer Heimat etwa 30 cm hohe, aufrechte, buschige Stauden. Sie haben lanzettliche oder linealische, glattrandige oder leicht gezähnte Blätter und rosa bis scharlachrote Blüten, die sich hell öffnen und im Laufe des Flors lebhafter rot werden, in etwa 10 bis 15 cm langen Ähren beisammenstehen und nacheinander aufblühen. Der Flor beginnt im Juli und kann sich bis zum Herbstanfang hinziehen.

Gaúra lindheimeri Engelm. et A. Gray, in der Heimat ebenfalls eine Staude, wird 60 bis 120 cm hoch. Die Pflanzen wachsen aufrecht, verästeln sich reichlich mit langen Zweigen und sind fein flaumig behaart. Die Blätter sind unten spatelförmig und vielfach halbgefiedert, buchtig-gezähnt oder am Rande wellig, oben in der Mehrzahl ganzrandig. Die Blüten haben eine verlängerte Röhre und werden trichterförmig mit zurückgeschlagenen Zipfeln, ihre Farbe ist weiß oder rosaweiß, die Staubfäden sind weiß, die Pollenbeutel purpurn. Die Blumen sitzen sehr zahlreich in langen Trauben. Der Flor beginnt im Juli und kann sich bis zum Herbst hinziehen.

Bewertung, Verwendung, Anzucht: Man wird die aufgeführten Arten – die übrigen haben wenig Wert – sehr selten sehen, aber sie verdienen durchaus, daß sie häufig verwendet werden. Die hoch werdende *Gaura lindheimeri* eignet sich für bunte Blumenbeete oder als Solitärpflanze in Beete von Salvien, Petunien und auch Löwenmaul. Die niedrig bleibende *G. coccinea* paßt ebenfalls in bunte Blumenbeete, in welche man sie in kleinen Gruppen setzt. Obwohl Gaura ausdauernde Kräuter sind, behandeln wir sie bei uns nur als Einjahrsblumen. Man kann Mitte März unter Glas aussäen, muß dann pikieren und schließlich eintopfen. Man kann auch im April in ein halbwarmes Frühbeet säen und aus diesem nach Mitte Mai an den vorgesehenen Platz auspflanzen. Auch im September läßt sich säen, die Bestände sind einzutopfen und im Kalthaus auf Hängen zu überwintern. Solche Pflanzen werden üppiger. Im Garten brauchen Gaura einen warmen, sonnigen Platz, der Boden soll nahrhaft, aber nicht fett sein und muß etwas trocken sein. In nassen Jahren erreichen die Pflanzen ihre volle Schönheit nicht. Die Blütenstände lassen sich schneiden, und alle Blumen gehen im Wasser auf.

Gazánia · Gazanie
Compositae ☉ ○ ◐ ● △ ‖ ♡

Die Pflanzen sind zu Ehren von Theodor von Gaza (1398–1478) benannt, einem italienischen Geistlichen, der sich durch Übersetzungen von Aristoteles und

Ga

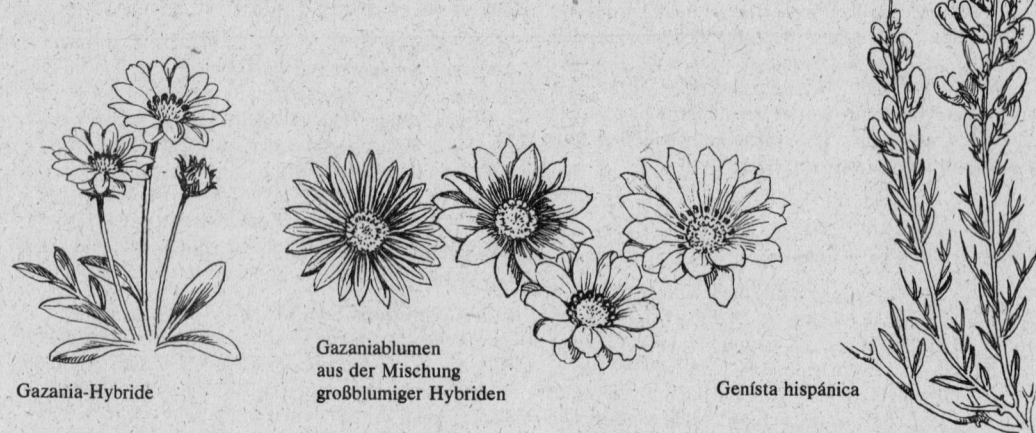

Gazania-Hybride

Gazaniablumen aus der Mischung großblumiger Hybriden

Genísta hispánica

Theophrast ins Lateinische einen Namen gemacht hat. Die Gattung umfaßt gegen 30 Arten, welche in Südafrika vorkommen und zur Kapflora gehören. Es sind ein- oder mehrjährige Kräuter, vereinzelt auch Halbsträucher. Sie haben sehr kurze Triebe und meistens schmale, bis fingerlange Blätter. Die Blüten werden ansehnlich, haben eine flache oder gewölbte Scheibe von Röhrenblüten und darum einen Kranz ansehnlicher, verschieden gefärbter Zungenblüten, die unfruchtbar sind. Die Früchte werden zottig und haben glashelle Pappushaare.
Gazania-Hybriden sind aus Kreuzungen verschiedener Spezies hervorgegangen. Sie wachsen ziemlich kräftig, haben linealische bis gestreckt-spatelförmige, unterseits silberweiße Blätter. Ihre Blüten sind etwa 8 cm breite Körbchen mit orangeroten und auch anders getönten Randblüten und abweichend bunter Scheibe. Die Pflanzen blühen besonders reich. Es gibt davon eine Mischung großblumiger Hybriden mit weißen bis roten Farbtönen sowie Farbensorten wie die Enzett-Heli-Sorten 'Bronze', 'Gelb' und 'Weiß'.
Gazánia longiscápa DC. aus Natal wird 15 bis 20 cm hoch, hat einen verholzenden Wurzelhals und kurze, liegende Triebe. Die Blätter sind schmal-elliptisch, ganzrandig und auch fiederspaltig eingeschnitten, oberseits grün, unten weiß befilzt. Die Blumen werden etwa 7 cm breit, haben eine gelbe Scheibe und goldgelbe, an ihrer Basis braun und weiß gezeichnete Randblüten. Der Flor beginnt etwa Anfang August und dauert bis zum Herbst.
Gazánia pavónia R. Br. gehört zu den halbstrauchigen Arten. Die Pflanzen haben nur ganz kurze Stengel und schmale, bis 20 cm lange, oberseits grüne, aber mit steifen Haaren besetzte, unterseits weißfilzige Blätter mit ganzem oder fiederschnittigem Rand. Die Blüten werden mindestens 8 cm breit. Sie bekommen lebhaft orangefarbene Strahlenblüten mit einem schwarzen Fleck an der Basis. Auch diese Art blüht von Beginn des Hochsommers bis zum Herbst.

Gazánia rígens (L.) Gaertn. ist ebenfalls eine halbstrauchige Art mit kurzen Trieben. Die Pflanzen werden 20 bis 40 cm hoch und haben gegen 10 bis 12 cm lange, schmale Blätter, die ganzrandig oder nur geringfügig fiederspaltig sind. Die Blumen bringen feurig-orangefarbene Zungenblüten mit einem schwarzen bis schwarzbraunen und einem weißlichen Fleck am Ansatz. Sie werden insgesamt 8 cm breit und breiter. Die Pflanzen fangen im Hochsommer an zu blühen und halten bis zum Herbstanfang durch.
Gazánia uniflóra Sims wird etwa 10 bis 15 cm hoch. Die Triebe liegen am Boden und haben längliche, in der Form recht variable Blätter, die oben kahl, unten mit Ausnahme der Mittelrippe weiß behaart sind. Die Blumen werden etwa 5 cm breit und sind einfarbig hellgelb. Es gibt davon auch eine Sorte 'Leucolaena' mit Blättern, die auch oberseits weißbehaart sind und fast silbergrau aussehen.

Bewertung, Verwendung, Anzucht: Gazanienblumen sind eine Augenweide, insbesondere die großen, mehrfarbigen! Leider haben die Pflanzen einige Nachteile. Die Blüten öffnen sich wie bei vielen Pflanzen aus Südafrika erst im Laufe des Vormittags, schließen sich auch schon am Nachmittag, und an trüben oder regnerischen Tagen bleiben sie fast völlig zu. Ferner stört manchmal, daß die Blätter der meisten Arten auf der Rückseite grau sind und die Rückseite nicht selten nach oben gekehrt ist ... die Blattmasse wird im Ton unruhig. Auch die langen Pappushaare der Früchte beeinträchtigen den Anblick. Bei kleinen Mengen sollte man unbedingt die Fruchtstände laufend herausschneiden. Möglicherweise läßt sich durch Züchtung ein beiderseits graublättriger Typus erreichen. Die Abhängigkeit des Flors vom Sonnenschein wird sich nicht ändern lassen.
Alle Gazanien werden bei uns als Einjahrsblumen behandelt. Sie eignen sich für Blumenkästen, Steingärten, passen auch auf den Kopf von Trockenmauern

Genísta radiáta

Genísta sagittális

Genísta tinctória

und als Einfassungen von bunten Blumenrabatten. Der Boden soll nahrhaft, aber nicht zu fett sein, der Standort warm und in voller Sonne liegen. Allzu große Trockenheit ist ungünstig, weil die Blumen kleiner werden und der Flor nachläßt. Man muß also notfalls wässern und kann sogar gelegentlich schwach düngen. Vermehrt wird durch Samen oder durch Stecklinge. Man kann diese im Frühherbst machen und auch im Frühjahr, muß dafür aber Mutterpflanzen überwintern. Aussaat soll im März im Gewächshaus erfolgen, so bald als möglich pikiere man und setze in Ton- oder Torftöpfe. Ab Mitte Mai schließlich pflanze man an den vorgesehenen Platz. Stecklingsvermehrung hat nur Sinn, wenn man besonders prächtig blühende Exemplare hat, die man rein erhalten möchte. Die Stecklinge wachsen leicht, dürfen aber nicht zu weich geschnitten werden. Man schütze sorgsam gegen zu starke Verdunstung oder Zug: wenn das Laub der Stecklinge welkt und nicht wieder straff wird, ist der Erfolg fraglich. Über Winter stelle man die die Gazanien-Jungpflanzen in einem Kalthaus auf Hängebretter. Man wässere vorsichtig und lüfte reichlich.

Genísta · Ginster
Leguminosae ○ ◐ ◑ △ ‖ ♡

Die Ableitung ist unsicher. Vergil führt unter diesem Namen jedenfalls eine Ginster-Art an. Es kann das keltische Wort gen darin stecken, was Strauch bedeutet. Es sind meistens kleine, kahle oder seidigbehaarte Sträucher oder Halbsträucher. Einzelne Arten haben Zweigdornen. Die Blüten sitzen in endständigen Trauben oder Köpfen. In der Regel treten die Genista-Arten gesellig auf. Sie gehören zu den charakteristischen Gewächsen der mediterranen Macchien, auch in den Heiden des atlantischen Teiles Europas findet man sie oft. Sie wachsen auf Böden, die von Natur aus arm sind, viele wünschen Seeklima oder vertragen große Dürre im Sommer. In höhere Lagen steigen nur einzelne. Die Gattung umfaßt gegen 100 Arten mit dem Mittelmeerraum als Gebiet der größten Mannigfaltigkeit und einzelnen Ausstrahlungen bis nach Schottland.

Genísta hispánica L. aus Spanien, auch in Norditalien häufig, ist ein bis 30 cm hohes Sträuchlein, dessen Wuchs in die Breite geht. Es hat viele Zweige, eiförmige, etwa 1 cm lange Blättchen und zahlreiche zierliche Dornen. Die Blüten erscheinen im Juni/Juli, sie werden gelb und stehen zu 5 bis 10 und mehr in Trauben beisammen.

Genísta lýdia Boiss. (syn. G. spathulata Spach) vom Balkan hat einen niederliegend-hingestreckten Wuchs und wird bis 50 cm hoch, ist aber dann reichlich 150 cm breit! Die Triebe sind kahl, graugrün und haben lanzettliche Blättchen. Die Blumen erscheinen im Mai/Juni, werden gelb und stehen in kurzen Trauben, aber die Büsche blühen sehr reich.

Genísta radiáta (L.) Scop. hat ein weites Verbreitungsareal: es reicht von Kleinasien über den Balkan und die Südalpen bis nach Südostfrankreich... demzufolge variiert auch der Wuchs. Die Pflanzen werden im Alter bis 80 cm hoch und können dann 3 bis 4 m² bedecken, denn sie sind äußerst langlebig. Die Zweige erscheinen gegenständig, die Blätter werden 10 mm lang, linealisch-lanzettlich, dreizählig und fallen ziemlich früh im Jahr ab. Die Blumen stehen in endständigen Köpfen und werden gelb; sie erscheinen gegen Ende des Frühlings, und der Flor währt bis Ende Juni.

Genísta sagittális L. (syn. Genistella sagittalis [L.] Gams), der Flügelginster, hat nur wenige Blättchen, dafür bekommen die Triebe zwei breite Flügelkanten, welche den Pflanzen ein recht merkwürdiges Aussehen geben. Diese werden in der Kultur höchstens 30 cm hoch und wachsen niederliegend-aufstrebend. Die Triebe sind hellgrün, die in endständigen Rispen im Sommer erscheinenden Blüten leuchtendgelb.

Genísta tinctória L., der Färberginster, wird manchmal 100 cm hoch und höher. Die Pflanzen haben gefurchte

Ge

Gentiána clúsii

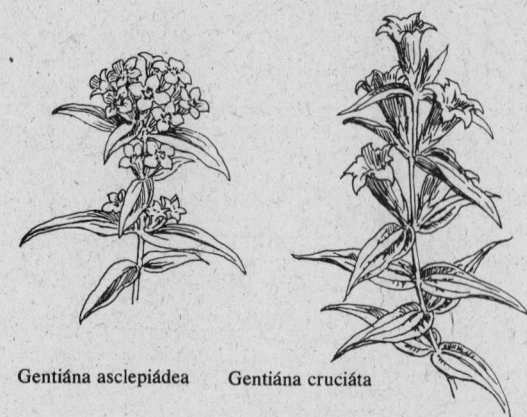

Gentiána asclepiádea   Gentiána cruciáta

Zweige, einfache, elliptische, bis 2 cm lange Blätter und blühen reich mit gelben Blümchen in sich verzweigenden, etwa streichholzlangen Trauben. Sie blühen im Sommer. Es gibt mehrere Formen; die wichtigste und beste ist 'Plena', sie wird nicht so stattlich, hat aber gefüllte, etwas größere Blüten, die sich lange halten.

Bewertung, Verwendung, Anzucht: Die aufgeführten Arten sind Zwergsträucher, werden jedoch nicht eigentlich als Gehölze betrachtet, sondern als beinahe zum Staudenreiche zugehörig... was freilich nicht ganz stimmt. Man pflanzt sie vor allem in Steingärten, in Wildgärten und Heidegärten und auf Trockenmauern. Der Boden soll arm und sandig und durchlässig sein. Vermehrt wird aus Samen, den man im Frühling unter Glas aussät und vorher mit scharfem Sand abreibt, damit die harte Schale Wasser durchläßt, oder man brüht mit heißem Wasser ab. Die auflaufenden Sämlinge sind frostempfindlich! Man kann auch durch Stecklinge vermehren: im Sommer in Handkästen stecken und diese unter Glasglocken oder doppelten Fenstern aufstellen. Die Stecklinge topft man im nächsten Frühjahr, die Sämlinge bald nach dem Auflaufen in entsprechend große Töpfe und zieht in diesen heran. Man lasse nicht zu groß werden, sondern versetze bald an den vorgesehenen Standort, da die Ginster empfindliche Wurzeln haben, welche Verletzungen, Abreißen usw. schlecht vertragen. Eingewachsene Pflanzen können viele Jahre alt und umfangreich werden, aber schon in jüngeren Jahren kann man sie nicht wieder umsetzen... man muß also sorgfältig erwägen, wo sie stehen sollen.

Gentiána · Enzian
Gentianaceae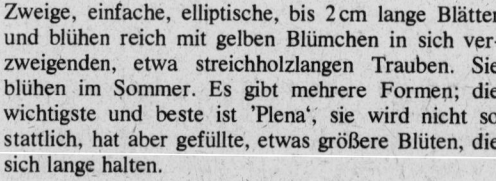

Familie und Genus sind nach dem illyrischen König Gentis oder Gentius benannt († 167 vor der Zeitwende), der eine heilkräftige Art entdeckt haben soll..., so schreibt Dioskorides. Innerhalb der Familie mit ihren etwa 60 Gattungen ist *Gentiana* bei weitem die umfangreichste. Sie umfaßt nach neuen Vorstellungen gegen 800 Arten, nach früheren immerhin 400. Es sind ein- oder mehrjährige Kräuter, häufig mit fleischigen Wurzeln, vielfach mit ansehnlichen Blüten und höchst mannigfaltig in der Tracht. Sie treten meistens in Gebieten mit gemäßigtem Klima, in der Mehrzahl in den Bergen auf. Es gibt 3 große Verbreitungszentren: Ostasien, Südamerika und Europa. Enziane gehören seit je, insbesondere der Stengellose Enzian der Alpen, zu den begehrten und hochgeschätzten Pflanzen. Goethe nannte die Gentianen ein „artiges, ruhmreiches Geschlecht". Einige Arten enthalten in den Wurzeln verschiedene Glykoside, vor allem der Gelbe Enzian, welcher auf der Pyrenäenhalbinsel, in den Alpen bis hinüber zu den Karpaten und bis zum Bithynischen Olymp in Kleinasien auftritt. Die Pflanzen der Art werden sehr alt, zumal sie in der freien Natur erst etwa im 10. Jahre anfangen zu blühen. Ein gut entwickeltes, etwa 25 Jahre altes Rhizom wiegt 6 bis 7 Kilo. Die Droge findet als Extrakt, Tinktur, Pulver und in Pillenform mannigfache Verwendung. Der Enzianlikör, zu dem die Wurzeln ebenfalls verbraucht werden, gilt nicht nur als berauschendes, sondern auch als heilkräftiges Getränk. Schon Hieronymus Bock widmet ihm ein Loblied, und in Tirol heißt es vom Jenzer oder Enzeler (in der Westschweiz kurz Eau de vie = Lebenswasser): „Im ersten Jahr ist er gut, im dritten nobel, und vom zwölften an nimmt er's mit jedem sechssternigen Kognak auf." Gärtnerisch gehören viele Arten zu den Pflanzen, die überaus schwierig zu halten sind. Diese werden in der folgenden Aufstellung gar nicht erst aufgeführt. Eine Reihe Arten sind geschützt.

Gentiána acaúlis L., der Stengellose Enzian der Alpen, wurde von Linné als eine Art betrachtet; Perrier und Songeon aber lösten sie 1855 auf und setzten an ihre Stelle mehrere neue Arten und Unterarten, die sich vor allem an den Kelchabschnitten und den Laubblättern unterschieden. Diese neuen Arten werden heute als eigene Arten und Varietäten geführt, manchmal aber auch als Abarten von *G. acaulis* L. Die Pflanzen haben

Gentiána fárreri

grundständige Blattrosetten mit etwas steifen, elliptischen bis breit-lanzettlichen Blättern und bringen auf kurzen Stielen die bekannten großen, glockenförmigen Blumen mit 5 seitwärts gerichteten Abschnitten. Ihre Farbe ist tiefblau in verschiedenen Tönungen. Im einzelnen seien aufgeführt:
Gentiána alpína Villars (syn. G. acaulis L. var. alpina (Vill.) Griseb.) aus den Pyrenäen, wächst auch in den südwestlichen Gebieten der Alpen, 2000 und mehr Meter hoch auf Urgestein, Blüten ungestielt, dunkel azurblau, innen heller.
Gentiána clúsii Perr. et Song. tritt in den Zentral- und Ostalpen auf mit Ausstrahlungen bis in den Schwarzwald und die Karpaten, wächst vor allem auf kalkhaltigen Böden. Die Blätter werden ledrig, dunkelgrün, glänzend, elliptisch, an beiden Enden schmaler. Die Blüten sitzen auf Stielen. Die Blumen werden recht groß und enzianblau. Die Art (oder Abart) ist seit dem 16. Jahrhundert in Kultur und wurde nach dem großen Botaniker Clusius benannt.
Gentiána dinárica Beck aus Bosnien, Albanien und den Abruzzen, hat lederartige, glänzendgrüne Blätter und gestielte Blüten. Die Blumenstengel weisen 1 bis 2 Paar kurze Blätter auf, und die Blüten sind etwas heller im Ton als das bekannte Enzianblau, im Schlunde ohne Flecken.
Neben den genannten, zu G. acaulis gehörenden bzw. selbständigen Arten haben folgende Arten Gartenwert:
Gentiána asclepiádea L., ist der Schwalbenwurz-Enzian, der in den Gebirgen Mitteleuropas auftritt. Die Pflanzen sind bis 50 cm hohe Stauden ohne grundständige Blattrosetten. Sie treiben mehrere unverzweigte, dicht beblätterte Stengel mit lanzettlichen, zugespitzten, sitzenden oder nur kurz gestielten Blättern. Die Blüten erscheinen in den Blattachseln und werden dunkelazurblaue, nicht sehr große Glocken mit zurückgeschlagenen Zipfeln. Die Blumen kommen aber nur auf einer Seite der Stiele. Hierzu gibt es die Sorte 'Alba', weiß.
Gentiána cruciáta L. aus Mittel- und Südeuropa, auch im Kaukasus, in Turkestan und Westsibirien auftretend, ist eine etwa 20 bis 25 cm hoch werdende Staude mit schräg nach oben wachsenden, häufig violett angelaufenen Stengeln und breit-lanzettlichen, ziemlich derben, kreuzgegenständigen, sitzenden Blättern. Die Blumen werden keulenförmigglockig und erscheinen end- und blattachselständig in mehrblumigen Büscheln. Sie sind außen trübblau, innen azurfarben. Der Flor fällt in den Hochsommer bis Herbst.
Gentiána dahúrica Fisch. aus Kleinasien, aber bis nach Nordwestchina verbreitet, wird bis 40 cm hoch. Die Pflanzen treiben einen kräftigen Schopf lanzettlicher, bis 15 cm langer, lederartig derber Blätter und bringen einige Blütenstengel, die kleine, lanzettliche Blättchen und in endständigen Büscheln 3 bis 8 schmal-trichterförmige Blumen tragen. Ihre Farbe ist hell- bis purpurblau, im Ton wenig leuchtkräftig. Die Florzeit beginnt im August und währt bis Ende September, zuweilen noch länger.
Gentiána × doeringiána Doering ist eine Hybride, an welcher G. septemfida stark beteiligt ist. Die Pflanzen bilden etwa 20 cm hohe Büsche mit etwas niederliegenden, dann ansteigenden Trieben. Sie haben besonders große, leuchtend tiefhimmelblaue Glockenblüten, die in großer Zahl an den Enden der Triebe sitzen und teilweise auch aus den rückwärtigen Blattachseln erscheinen. Der Flor fällt in den Sommer.
Gentiána fárreri Balf. f. aus Westchina und Tibet wächst dort in großen Höhen und ist eine wunderschöne, aber etwas heikle Art. Die Pflanzen haben niederliegende, mit dunkelgrünen, 2 bis 4 cm langen und etwa 2 mm breiten, dichtsitzenden Blättern besetzte Triebe. Die Blumen erscheinen einzeln und werden etwa 6 cm lang, trichterförmig mit langer, allmählich sich verbreiternder Röhre und dreieckigen, etwas zurückgeschlagenen Zipfeln. Sie sind oben in der Röhre und am Saum herrlich himmelblau, im Schlund weiß, oft leicht gebärtet, außen haben sie tiefblaue Streifen auf grünlichweißem Untergrund. Die Art blüht im August/September.
Gentiána lútea L., von den Alpen bis zu den Pyrenäen und bis zum Balkan, ist eine kahle, aufrechte, 50 bis 120 cm hohe und noch höhere, fast urtümliche Staude. Die Pfahlwurzel kann mehrere Köpfe bringen, und diese treiben hohle, runde, sich nicht verzweigende Stengel, welche unten dichter, oben weitläufiger stehende, bis 30 cm lange, elliptische, blaugrüne, mit den Nerven kräftig gerippte Blätter aufweisen. Die Blumen stehen in dichten Quirlen um den Stengel und werden von schalenförmigen Tragblättern gehalten. Die Blüten sind gelb und sitzen auf kurzen Stengeln. Ihre Krone ist radförmig. Die Art blüht im Sommer und bevorzugt kalkhaltige Böden. Sie wird bereits seit dem 16. Jahrhundert angebaut, aber nur in kleinem Umfang. Es ist schwierig, sie anzusiedeln.
Gentiána × macauláyi Millard ist eine Hybride von G. farreri und G. sino-ornata. Die Pflanzen ähneln in der Tracht G. farreri, aber sie wachsen kräftiger, und die Blumen sind ein wenig tiefer blau. Es gibt auch die Sorte 'Wells Variety' aus einer erneuten Kreuzung; sie

Ge

Gentiána septémfida

Gentiána síno-ornáta

wächst gut und hat ein besonders schönes Blau, auch blühen die Pflanzen reich.

Gentiána septémfida Pall., in Kleinasien und darüber hinaus verbreitet, wächst in den alpinen Regionen der Gebirge auf Weiden, steigt auch etwas weiter nach unten. Die Pflanzen bilden fast eine Rosette niederliegender oder etwas ansteigender, unverzweigter, engbeblätterter Stengel. Die Blätter sind schuppenförmig, breit-lanzettlich und bleiben ziemlich klein. An den Enden der Triebe kommen aus den Blattachseln im August/September eine Menge trichterförmiger, tief himmelblauer, innen gefleckter Blumen. Ansehnlich wirken nur ältere Exemplare. Es gibt mehrere Abarten: var. **cordifólia** Boiss. aus Armenien und dem Kaukasus bekommt breitere, am Ende fast abgestumpfte Blätter, und die Blüten sind innen nicht gefleckt; **var. hascombénsis** Musgrave ist eine Hybride aus var. *cordifolia* und der folgenden var. *lagodechiana*, die Stengel liegen nicht, sondern wachsen aufsteigend und werden bis 25 cm hoch, sie bringen himmelblaue, sehr große Blüten: Durchmesser bis 3,5 cm; var. **lagodechiána** Kusn. (syn. G. lagodechiana hort., G. sceptrum hort. non Griseb.) aus dem Ostkaukasus, wo die Pflanzen an Standorten mit steinigem, frischem Boden wachsen, hat keine Grundrosette, aus welcher die beblätterten Stengel aufsteigen, und die Triebe wachsen niederliegend, nur an den Enden aufsteigend. Die Blumen stehen einzeln und erscheinen an den Spitzen der Triebe aus mehreren Blattachseln, sie werden tief himmelblau mit grün gefleckter Kehle, glockig, etwa 1,5 cm breit. Die Art blüht im Spätsommer, Höhe etwa 15 cm.

Gentiána síno-ornáta Balf. f. aus Südwestchina wurde 1904 in Nordwestyunnan von dem englischen Pflanzensammler G. Forrest und später nochmals von Forrest im Gebiet von Likiang entdeckt. Die Pflanzen haben niederliegende Triebe und rasenförmigen Wuchs, zumal aus den Blattknoten ständig Wurzeln kommen. Nur die Triebenden richten sich auf. Die Blätter werden etwa 2 cm lang, sind schmal, fast derb, Farbe dunkelgrün, ohne Stielchen. Die Blüten haben eine lange, allmählich sich verbreiternde Röhre und einen ansehnlichen, fünflappigen Kronsaum. Sie werden 6 cm groß, ihre Farbe ist ein tiefes, warmes Himmelblau, außen sind sie grünlichgelb und weisen 5 purpurviolette Längsstreifen auf. Die Art blüht im September/Oktober. Gesamthöhe der Pflanzen 12 bis 15 cm.

Bewertung, Verwendung, Anzucht: Als schönste Enziane gelten nach allgemeinem Urteil die Arten der Gentiana-acaulis-Gruppe und innerhalb derselben G. *dinarica* als die wüchsigste. Kenner und Liebhaber schätzen G. *farreri*, G. × *macaulayi* und G. *sino-ornata* hoch. Dann folgen etwa G. × *doeringiana*, die G. × *hascombensis* und var. *lagodechiana* von G. *septemfida* und G. *veitchiorum*. Es schließen sich die übrigen an, und G. *asclepiadea* steht ganz am Schluß. Es gibt aber sogar Arten, die noch weniger gartenwürdig sind. Zwar wachsen sie verhältnismäßig leicht, doch wiegt diese günstige Eigenschaft die viel zu kleinen, weißen Blüten nicht auf, wie sie zum Beispiel bei G. *kesselringii* zu finden sind. Solche Arten wurden hier nicht erst angeführt.

Die meisten Arten eignen sich für Steingärten und Gelände mit steinigem Boden. Einige liefern recht haltbare Schnittblumen: Am meisten bekannt dafür ist G. *acaulis*, aber auch die Blumen von G. × *hascombensis* und G. *sino-ornata* halten sich vorzüglich und werden z. B. in Holland und neuerdings auch anderswo zur Schnittblumengewinnung kultiviert. G. *sino-ornata* wird dabei in Kästen gepflanzt und mit Glas bedeckt.

Die Ansprüche an den Boden, den Standort, die Bewässerung und dergleichen sind sehr verschieden, und manche Arten wachsen nur, wenn sie an zusagenden Plätzen stehen.

Die Arten der Acaulis-Gruppe wünschen einen freien sonnigen Platz und schweren, humusreichen Boden, der frisch und kühl sein muß. Man braucht also rech mürben Lehm mit etwas Zusatz von gejauchtem Torf mull oder gemahlenen Kuhfladen. Aus England wir berichtet, daß diese Enziane selbst in dem berüchtigten Londoner „Clay-Boden" gedeihen, der sehr hart und schwer ist. Man muß recht fest pflanzen. Manche Angehörige der Gruppe vertragen Kalk besser als andere, es heißt jedoch, daß der Stengellose Enzian in kalkarmen Böden reicher blüht. Günstig ist ein kleiner Eisengehalt im Boden. Vermehrt werden G. acaulis aus Samen, durch Teilung und Stecklinge. Sämlinge blühen selten im zweiten, die meisten im dritten Jahr. Überhaupt wächst der Stengellose Enzian nicht sehr rasch. Man soll sofort nach der Ernte gleich in die übliche Erde für Enziane aussäen. Die Saatfläche muß mit fein gehacktem Sphagnum oder mit schwarzer Folie abgedeckt werden, da G. acaulis Dunkelkeimer sind. In der Regel geht der Samen aber erst im nächsten Frühjahr auf. Manchmal keimt fast jedes Korn, ein andermal sind die Keimprozente sehr niedrig. Im Laufe des Juni oder später pikiert man in kleine Töpfe oder auf Beete, und die Erde soll wieder fest sein und Lehm enthalten. Schließlich pflanzt man auf Anzuchtbeete, ihre Erde muß natürlich besonders hergerichtet werden. Sie soll schwer und kräftig sein. Düngen mit schwacher Lösung von Kuhjauche ist angebracht. Geteilt wird ebenfalls im Juni, wobei man aber die Wurzeln so wenig als möglich verletzen darf. Man wasche also notfalls die Ballen aus und topfe in kleine Töpfe oder pikiere in ein kaltes Frühbeet. Stecklingsvermehrung ist im Herbst möglich. Man steckt in Handkästen, die übliche Erde ist mit Sand zu versetzen und recht fest anzudrücken. Man muß gut feucht halten, dabei aber am besten von unten wässern und die Stecklinge so wenig als möglich benetzen. Die Stecklinge brauchen nur wenige Grad Wärme, damit die Rosetten nicht ins Treiben kommen, ehe sie anfangen, Wurzeln zu schlagen.

An zusagenden Plätzen können auch *Gentiana acaulis* sehr alt und stattlich werden. Gehen die Pflanzen bald ein oder blühen sie schlecht, kommen folgende Ursachen in Frage: zu trockener, zu leichter, zu lockerer Boden oder zu heißer Standort. Ferner gibt es gut und mäßig wachsende, reichlich und unzureichend blühende Rassen. Daher haben einzelne Sonderherkünfte große Bedeutung. Will man Enzian in einen Garten mit ungeeignetem Boden pflanzen, so ist ein großes Stück Fläche wegzugraben, und man muß eine mindestens 20 cm tiefe Schicht einer zusagenden Mischung aufbringen. Fühlen die Pflanzen sich wohl, soll man sie ungestört wachsen lassen. In trocknen Jahren muß laufend besprüht werden, damit die Erde kühl und feucht bleibt. Anbau zum Schnitt ist nur in Strichen mit reichlich Tau und von Natur aus geeigneten Böden angebracht. Man kann Anfang April Fenster auflegen, um den Flor zu verfrühen. Vermehrungsbestände kann man mit Ballen ausheben, gut einfüttern und recht fest andrücken, abblühen lassen und hinterher teilen.

G. asclepiadea, G. cruciata, G. dahurica, G. × *doeringiana, G. septemfida* wachsen in jedem normalen, humusreichen, tiefgründigen, nicht zu trocknen Boden. Sie brauchen im Frühling beim Austrieb eine gewisse Frische, welche man leicht durch Wässern oder Abdecken der Pflanzscheiben mit nassem Torf oder Moos erzielen kann. *G. asclepiadea* wünscht schattige Standorte, die übrigen vertragen bei frischem Boden volle Sonne, aber auch etwas Streuschatten. Sind sie eingewurzelt und stattlich geworden, soll man sie nicht verpflanzen. In der Regel werden sie viele Jahre alt, notfalls muß man ihnen durch Kuhjauche oder Abdecken mit zerfallenen Kuhfladen zusätzlich Nahrung bieten. Vermehrt wird aus Samen, der im Laufe des Sommers, sobald er geerntet ist, in Schalen mit normaler Komposterde und Zusatz von Sand und Torfmull kommen muß. Die Aussaatgefäße sollen über Winter im Freien bleiben, da die Samen Frosteinwirkung zum Keimen brauchen. Nur *G. septemfida* var. *lagodechiana* läuft noch im gleichen Sommer oder Herbst auf. Besonders schön blühende Exemplare von *G.* × *doeringiana* und *G. septemfida* kann man treu nur durch Stecklinge vermehren. Sie sollen im April/Mai gemacht werden, und man kultiviere die bewurzelten Pflanzen nicht in Töpfen, sondern auf Anzuchtbeeten. Man lasse sie aber bis Anfang August ungestört im Stecklingskasten weiterwachsen, muß nur die Frühbeetfenster abnehmen. Auch Teilung ist möglich, aber wenig ergiebig.

Gentiana lutea wünscht tiefgründigen Lehmboden, der stets kühl und feucht sein möchte, und einen Platz in voller Sonne. Vermehrt wird durch Samen, der verhältnismäßig leicht keimt. Am besten ist, wenn man die Jungpflanzen eine Weile stehenlassen kann (evtl. bis zum nächsten Frühjahr) und dann erst in Töpfe pikiert und schließlich aus diesen mit ganzen Ballen an den endgültigen Standort setzt. Oft hat man bei *G. lutea* großen Ausfall, aus welchem Grunde ist noch nicht geklärt.

Gentiana farreri und *G.* × *macaulayi* wünschen humusreichen, mit Schotter durchsetzten, fast kalkfreien oder neutralen Boden und sonnigen bis leicht beschatteten Standort; *G.* × *macaulayi* ist gegen Kalk etwas toleranter. Beide und Hybriden gleicher Abstammung werden im Mai durch Stecklinge vermehrt, die nicht zu klein sein dürfen, später topft man ein und verkauft aus den Töpfen. Teilung ist nicht günstig, da *G. farreri* gegen Beschädigung der Wurzeln etwas empfindlich ist.

G. sino-ornata wünscht absolut kalkfreien, leicht sauren Boden aus Torfmull, Laub- und etwas Heide- oder Moorerde, dazu etwas Lehm. Der Standort muß gut drainiert werden, da stehende Nässe sehr gefährlich ist. An zusagenden Plätzen wachsen die Bestände bald mehrere Quadratmeter zu. Vermehrt werden beide Arten durch Aufreißen der Polster in Einzelstücke, die man in Torf- oder Kunststofftöpfe in die angemessene Erde einpflanzt und mit diesen verkauft. Tontöpfe sind nicht günstig. Man kann, wenn die Mutterpflanzen gut gedeihen, bald zu größeren Beständen kommen.

Ge

Geránium dalmáticum

Geránium meebóldii 'Johnson's Varietät'

Geránium platypétalum

Geránium subcauléscens

Geránium · Storchschnabel
Geraniaceae ♃ ○ ◐ ◑ ◒ △ ♡

Im Namen steckt das griechische Wort geranion, das Diminutiv von geranos = Kranich. Schon Dioskorides gebrauchte für einige Angehörige der Familie diesen Namen, welcher auf die Form der Früchte hinweist, die an Kranich- oder Storchschnäbel erinnern. Die Gattung umfaßt etwa 300 Arten: es sind annuelle oder perennierende Kräuter, manche auch Halbsträucher. Sie treten hauptsächlich in der gemäßigten Zone auf und in den Tropen in den höheren Lagen der Gebirge. Sie haben teilweise derbe, an der Erdoberfläche hinwachsende Erdstämme. Bei den meisten Arten sind die Stengelglieder verdickt. Die Blätter erscheinen nur ausnahmsweise wechsel-, in der Regel gegenständig. Sie bilden meistens eine Rosette und fehlen an den Blütenstielen völlig oder treten nur verstreut auf. Sie können gezähnt, geschlitzt oder fingerförmig gelappt sein. Die Blüten werden klein bis groß und erscheinen einzeln oder zu zweien am Stiele, der sich gelegentlich stark verzweigt. Manche Arten sind ausgesprochen xerophil. Im Altertum und noch im frühen Mittelalter galt *G. robertianum* L., das Ruprechtskraut, als Heilmittel bei Blasenbeschwerden.

Geránium dalmáticum (Beck) Rech. wird gegen 10 cm hoch, hat rundliche, zierlich geschnittene Blättchen und freundlich rosafarbene Blümchen. Es gibt auch eine 'Album' mit weißen Blüten.

Geránium endréssii J. Gay aus dem Westteil der Pyrenäen ist eine bis 30 cm hohe Staude mit langgestielten Blättern. Sie sind hellgrün, behaart, etwa 10 cm breit, fünfteilig und haben eirunde Lappen. Die Pflanze wächst niederliegend-aufstrebend, ihre Blumen werden gegen 2,5 cm breit. Farbe hellpurpurn mit dunkleren Adern. In Flor kommt die Art im Mai/Juni, und die Exemplare bedecken in wenigen Jahren große Flächen.

Geránium macrorrhízum L., von den Alpen bis zum Balkan vorkommend, wird gegen 40 cm hoch und hat ein oft bis 100 cm langes, an der Erdoberfläche hi wachsendes Rhizom, das von Blattresten geschütz wird. Die Blätter sind länglichrund, 6 bis 10 cm brei 5- bis 7teilig, glänzendgrün und haben grobgesäg Lappen. Die Blumen erscheinen in einem doldige Blütenstand und werden lebhaft purpur- bis blutro Die Art blüht im Sommer, die Pflanzen sind an alle Teilen flaumig behaart. Die Sorte 'Balkanum' blü rosaweiß und ist eine Staude, die in Halbschatten un Schatten selbst bei Wurzeldruck als Bodendecke nich versagt.

Geránium meebóldii Briq. (syn. *G. grandiflorun* Edgew. non L.) bildet 25 bis 40 cm hohe Stauden. E stammt aus dem Himalaja, tritt aber auch in Turkesta auf. Die Pflanzen haben nahezu runde, 10 cm breit 5teilige Blätter mit verkehrt-eiförmigen Lappen, ur regelmäßig eingeschnitten. Ihre Blüten erscheinen z zweien, werden 4 bis 5 cm breit, ihre Farbe ist blauvic lett mit rötlichen Adern. Der Kelch hat drei dunkl Adern. Die Pflanzen blühen bei uns im Sommer b Herbstanfang. Hierzu gehört auch die schöne Züch tung 'Johnson's Varietät', die besonders reich blüht.

Geránium platypétalum Fisch. et Mey. aus Kleinasie auch im Iran und im Kaukasus auf Bergwiese wachsend, wird 70 cm hoch. Die Pflanzen bekomme gegen 15 cm breite, 5- bis 7teilige, unregelmäßig tie eingeschnittene Blätter. Sie blühen von Juni bis At gust reich mit großen, rötlichvioletten, allmählich meh nach Blau neigenden Blumen in mehrblütigen, übe das Laub ragenden Blütenständen.

Geránium sanguíneum L., in vielen Teilen Europas at trockenen, sonnigen Plätzen freudig gedeihend, wir 10 bis 20 cm hoch und bildet mit der Zeit ansehnlich Polster. Die Blätter sitzen gegenständig, werden 5te lig-fingerförmig, die Lappen lanzettlich. Sie blühen m einzeln stehenden, purpurrosa Blumen. Es gibt meh rere Abarten und Formen, wie 'Album' – Blüten weiß 'Nanum' – Wuchs kriechend, bleibt relativ klei Blüten rosakarmin; var. **prostrátum** (Cav.) Pers. (sy *G. lancastriense* With.) – wächst ebenfalls kriechend

Geum-Hybriden, halbgefüllt und einfach

Blätter tiefer eingeschnitten als bei der Stammart, Blüten rosa mit dunkleren Adern.
Geránium subcauléscens L'Hérit. ex DC. (syn. G. cinereum Cav. var. subcaulescens (L'Hérit. ex DC.) R. Knuth) vom Balkan, bisher als Varietät von *G. cinereum* angesehen, ist weit besser als dieses, es blüht reich, karminrot mit schwarzem Auge. Flor im Sommer.

Bewertung, Verwendung, Anzucht: Die niedrig bleibenden Arten sind aparte Pflanzen für Steingärten und Böschungen, eignen sich aber auch als Einfassung für Blumenbeete und selbst für Rosenbeete oder Beete, auf denen Hochstammrosen stehen. Der Boden soll tiefgründig sein. Bis auf *G. macrorrhizum* 'Balkanum', das sich für absonnige bis schattige Standorte eignet, wollen alle Arten einen sonnigen, trockenen Standort haben. *G. platypetalum* und 'Johnson's Varietät' brauchen Halbschatten, es sei denn, der Boden ist wirklich frisch, dann können sie sonnig stehen. Ist es ihnen zu trocken, sehen sie leicht liederlich aus. Die mittelhohen Arten eignen sich in Staudenrabatten als Einsprengsel und besonders für Wildstaudenpflanzungen. Bei den meisten Arten werden im Herbst die Blätter rötlich. Einmal gepflanzt, können die Exemplare sehr alt und groß werden oder ansehnliche Flächen zuwachsen. Vermehrt wird durch Teilung, aus Samen, der aber selten treue Bestände ergibt, und bei einigen wie *G. sanguineum* und *G. subcaulescens* durch Wurzelschnittlinge im Spätherbst. Die niedrigen Arten hält man während der Anzucht gern in Töpfen, auch die Arten mit Schnittlingsvermehrung. Die Pflanzen werden innerhalb einer Vegetationsperiode verkaufsstark. Wenn man selbst Samen ziehen will, ist es nötig, die Arten gut zu isolieren, sonst bekommt man ein vielleicht apartes, aber undefinierbares Gemisch.

Géum · Nelkenwurz
Rosaceae   ♃ ○ ☽ ☾ ◓ △ ¦ ≈ ✕ ∧

Die Ableitung des Namens ist unsicher, Plinius führt eine Heilpflanze an, die so hieß. Es ist aber ungewiß, welche er damit meinte. Der deutsche Name galt ursprünglich für *G. urbanum,* deren Wurzeln offiziell genutzt wurden und auch als Gewürznelkenersatz dienten. Die Gattung ist über 50 Arten stark, welche in der Mehrzahl in Gebieten der gemäßigten Zone auftreten. Es sind Halbrosettenstauden mit einem dicklichen Erdstamm. Die Blätter der Rosetten und die untersten Stengelblätter sind spatel- bis leierförmig, gefiedert, das Endblatt ist am größten, glattrandig oder verschieden gezähnt. Die Blütenstände kommen aus den Achseln der Grundblätter. Die Blumen haben lebhafte Farben und stehen in wenig- und auch vielblütigen Trugdolden. Es ist schwer zu sagen, welche *Geum* reine Arten sind und welche Hybriden.

Géum chiloénse Balb. (syn. Geum coccineum hort. non Sibth. et Sm., G. sibiricum hort.) aus Chile wird gegen 60 cm hoch. Es wird oft mit *G. coccineum* Sibth. et Sm. verwechselt, bringt aber höhere und stärker verzweigte Blütenstengel, und die Blätter weisen 10 bis 12 Blättchen auf. Die Pflanzen bekommen etwa 3 cm breite Blumen, welche scharlachrot werden. Bei 'Feuerball' sind die Blumen halbgefüllt und glühender im Ton. Die Pflanzen blühen von etwa Ende Mai bis manchmal in den August hinein.

Géum coccíneum Sibth. et Sm. kommt auf dem Balkan und im Kaukasus auf feuchten Gebirgswiesen vor. Die Pflanzen werden rund 50 cm hoch. Sie haben ungleichunpaarig fiederschnittige Blätter und blühen im Mai bis manchmal August mit ziegelroten Blumen. Eine schöne Sorte ist 'Borisii' mit mennigroten Blüten, die von Juni bis September erscheinen können. *G. coccineum* ist auch an der Entstehung der Geum-Hybriden beteiligt.

Geum-Hybriden ist der Name für sämtliche Sorten hybriden Ursprungs. Sie blühen gelb, orange oder rot, Flor im Frühsommer, meistens sehr reich. Erwähnt seien: 'Fire Opal' – Blumen halbgefüllt, orangerot, groß und zahlreich; 'Gladys Perry' – zwergig bleibend, insgesamt 15 cm hoch. Blumen tiefrot, langsamer Wachser; 'Georgenberg' und 'Juliana' – halbgefüllte, leuchtend orange; 'Rubin' – anfangs halbgefüllte, später einfache, große, glühend dunkelscharlach bis fast karminfarbene Blumen.

Géum rivále L., die Bachnelkenwurz, wird 30 bis 40 cm hoch und hat nickende, hellgelbe Blumen, deren Kronblätter aber kürzer sind als die Kelchblätter. Kulturwürdig ist nur 'Leonards Varietät' mit kupferrosa bis bronzefarbenen, wesentlich größeren Blumen. Die Pflanzen wirken gut als Nachbarn von Sumpfvergißmeinnicht.

Bewertung, Verwendung, Anzucht: Mit den vielen, in lockeren Doldentrauben stehenden, leuchtend gefärbten Blumen sind die Geum schöne Farbstauden für Wildgärten und auch für bunte Rabatten und Blumenbeete. Einen kleinen Fehler freilich haben sie alle: die Blüten fallen bald aus. Damit sie dennoch wirken, ist nötig, stets mehrere Exemplare zusammenzupflanzen. Sie wünschen bis auf G. rivale, das einen halbschattigen Standort mit recht frischem bis feuchtem Boden

Gi

Gillénia trifoliáta

Gília achilleifólia Benth. aus Kalifornien wird gegen 50 cm hoch, wächst aufrecht, ist weich behaart. Die Blüten erscheinen endständig in Köpfen und auch an den Nebenzweigen einzeln stehend, sie werden trichterförmig, reichlich 1 cm breit, Farbe violett bis blau. Es gibt auch Sorten: 'Alba' mit weißen und 'Rosea' mit reinrosa Blumen.

Gília capitáta Sims aus Kalifornien wird 50 bis 80 cm hoch, hat aufrechten, schlanken Wuchs und zwei- bis dreifach geteilte Blätter mit fadenförmigen Zipfeln. Die Blüten erscheinen zahlreich in dichten, kugeligen Köpfen am Ende langer, kahler Äste und werden hellblau, bei 'Alba' weiß.

Gília laciniáta Ruiz et Pav. aus den Anden Chiles bildet etwa 10 cm hohe, reichlich sich verästelnde Büschlein mit fiederspaltigen Blättern, welche schmale, am Rande gewellte Abschnitte haben. Die Blumen erscheinen zu 3 bis 8 in Trugdolden und werden dunkelblau.

Gília tricolor Benth. aus dem Westen Kaliforniens wird 20 bis 50 cm hoch und bildet schlanke, aber vielfach sich verzweigende Büsche, die zur Florzeit etwas mehr in die Breite gehen. Sie haben fleischige, doppelfiederspaltige, wechselständig sitzende Blätter und blühen in trugdoldigen, kurzstieligen Büscheln. Die Krone wird etwa 15 mm lang, die Röhre ist kurz, der Schlund wird glockig-trichterförmig, nach dem Ausgang zu verbreitert, mit dunkelbraunen Punkten getigert, die abstehenden Kronabschnitte sind lila bis rötlichviolett.

Es entstanden ebenfalls Sorten mit besonders angenehm gefärbten Blumen, wie 'Nivalis' und 'Snow Queen' mit weißen Blüten; 'Rosa Splendens' — mit größeren Blumen als beim Typus, lebhaft rosarot; 'Rubra' bräunlichscharlach.

Bewertung, Verwendung, Anzucht: Gilien sind hübsche, z. T. in ihrer merkwürdigen Tracht und den zierlichen Blättern überraschende Pflanzen, die reich blühen und auch farblich wertvoll sind. Ihr Fehler ist, daß sie nicht lange in Flor bleiben und daß nach 5 bis 6 Wochen Blütezeit die Schönheit unwiderruflich dahin ist. Auch sind sie wie die meisten Annuellen aus den subtropischen Gebieten fremder Erdteile gegen naßkalte Witterung empfindlich.

Sie wünschen sonnige Standorte und sandigen, nicht völlig mageren Boden, sie möchten geschützt stehen. Wo diese Eigenschaften fehlen, sollte man Gilien nicht verwenden, denn man erzielt kein befriedigendes Resultat. Man kann im Frühherbst auf ein Anzuchtbeet säen, das über Winter sorgsam zu schützen ist, ohne daß die Bestände ersticken, und pflanzt dann im Frühling zeitig an den vorgesehenen Platz. Man kann auch im April gleich an Ort und Stelle säen und muß später auf etwa 15 bis 25 cm Abstände ausdünnen..., je nach der Größe der Arten. Außerdem kann man auch im Juli/

liebt, volle Sonne und humusreichen, durchlässigen Boden, sind also für fast jeden Garten geeignet, der nicht zu naß ist. Züchtungen sind weniger winterhart als die Arten. Man schütze vorsichtshalber mit trockenem, luftigem Material. Die Pflanzen können etwa 3 bis 5 Jahre an ihrem Standort bleiben, dann fangen sie an, innen abzusterben. Die Arten lassen sich leicht aus Samen heranziehen, die Sorten können nur durch Teilung vermehrt werden. Das kann im zeitigen Frühling geschehen, wenn die Pflanzen neue Adventivwurzeln getrieben haben. Am besten eignen sich zweijährige Pflanzen fürs Teilen, ältere sind zu wenig ergiebig. Man kann auch im August nach dem Flor teilen, muß aber entweder in Töpfe setzen und im kommenden Frühling auf Beete aufschulen oder gleich auf Anzuchtbeete pflanzen, die gut geschützt werden müssen. Bei Anzucht aus Samen sät man zeitig unter Glas und pflanzt dann aus. Die Bestände werden bis zum Herbst fertig. Man soll Geum aber nur im Frühjahr versenden oder verpflanzen. Ältere Stöcke lassen sich weder versetzen noch gut zur Vermehrung nutzen. Die Stiele werden gelegentlich mit in bunte Sträuße gebunden, obwohl die Blumen sich nicht lange halten. Die vorhandenen Knospen blühen aber nach, und die Farbe ist oft unersetzlich: diese glühend roten Tupfen!

Gília · Gilie
Polemoniaceae ○ ○ ◐ ◉ △ ǀ ♡

Die Pflanzen wurden zu Ehren von Felipe Luis Gil (1756–1821) benannt, einem spanischen Botaniker, der über die Physiologie von fremdländischen Gewächsen arbeitete. Die Gattung umfaßt gegen 100 Arten, welche in der Mehrzahl ein- oder mehrjährige Kräuter, nur ausnahmsweise Halbsträucher werden. Sie treten in subtropischen Gebieten Nordamerikas und einzelne auch in den Anden Südamerikas auf.

August aussäen, dann in Töpfchen vereinzeln, in diesen kühl, hell und ziemlich trocken überwintern, im Frühling etwas reichlicher wässern und düngen oder umpflanzen und schließlich dahin setzen, wo man sie haben will. Der Samen ist sehr fein. Die hochwerdenden Gilien eignen sich als Einsprengsel oder Unterbrechung in bunte Blumenrabatten, die niedrigen sind für Einfassungen recht brauchbar. Obwohl Gilien keine idealen Sommerblumen sind, sollten sie viel häufiger verwendet werden.

Gillénia · Dreiblattspiere
Rosaceae ♃ ☉ ☉ ♡

Die Pflanzen wurden zu Ehren des Arztes und Botanikers Arnold Gillenius benannt, der im 17. Jahrhundert in Kassel lebte. Die Gattung umfaßt 2 Arten, welche beide in Nordamerika auftreten und Stauden sind. Sie kommen in Laubwäldern mit tiefgründigen Böden vor. Kultiviert wird fast nur
Gillénia trifoliáta (L.) Moench (syn. Spiraea trifoliata L.), die Dreiblattspiere, aus dem Norden des Landes, von New York westwärts bis an die großen Seen verbreitet. Sie wird 60 bis 100 cm hoch und hat aufrechte, straffe Stengel, die braunrot überlaufen sind. Die Blätter werden eirund-länglich, 5 bis 7 cm breit, sind lang zugespitzt und am Rande doppelt gesägt, an ihrer Basis sitzen schmale Nebenblätter. Die Blumen stehen in stattlichen, endständigen Doldentrauben beisammen. Sie sind weiß, am Rande rosig überlaufen und werden etwa 1 cm breit. Sie öffnen sich unregelmäßig und allmählich, daher dauert der Flor von Juli bis in den August.

Bewertung, Verwendung, Anzucht: Dreiblattspieren sind sehr dauerhafte, zierende Stauden für halbschattige Standorte mit tiefgründigem, humusreichem, frischem Boden, wie man ihn in gut wachsenden Laubwäldern findet. Es gibt überall solche Plätze und solche Böden, nur unterläßt man es meistens, sie angemessen zu bepflanzen. Die Dreiblattspieren werden alt und sehen immer ordentlich aus. Vermehrt wird durch Aussaat und Teilung. Man muß auf halbschattigen Beeten heranziehen, günstig ist, sie mit feuchtem Torf abzudecken. Die Pflanzen sind in einem bis anderthalb Jahren verkaufsstark.

Gladíolus · Siegwurz, Gladiole
Iridaceae △ ○ ◔ ◑ ✕ ∧

Der Name ist die Verkleinerungsform des lateinischen Wortes gladius = Schwert und bedeutet kleines Schwert; er nimmt auf die schwertförmigen Blätter Bezug. Die Gladiolen haben Knollen, und diese sind mit einer häutigen oder faserigen Schale umgeben. Sie bringen einen oder wenige, straff aufrechte Stengel, die in einer langen Blütenähre endigen. Die schwertförmigen Blätter erscheinen sitzend, sie werden bis 50 cm lang. Die Blumen sind trichterförmig-glockig mit ansehnlichen Kronblattlappen, oft groß und farbenprächtig und stehen in lockeren, in der Regel einseitswendigen Ähren mit lanzettlichen Blütenscheiden. Die Gattung umfaßt nahezu 250 Arten, welche vor allem in Süd- und Mittelafrika vorkommen, ferner im Mittelmeerraum, und einzelne treten auch in Mitteleuropa auf. Doch sind diese Arten ohne floristischen Wert und haben nur für Sammler oder Botaniker Bedeutung.

Im Mittelalter jedoch schätzte man sie hoch, denn die Knollen galten – wie so manche andere und auch manche auffällige Wurzel – als Heilmittel bei Verwundungen, als Talisman für Soldaten und Kämpfende... daher unsre deutschen Namen Siegwurz und Allermannsharnisch. Man legte sie den Kindern in die Wiege, um den „Alp" von ihnen fernzuhalten, wie sie auch an die Stalltür genagelt oder unter ihr vergraben wurden, um das Vieh vor Verhexung zu schützen. Über solchen Aberglauben sind wir längst hinaus, doch hat die Gladiole als Schnittblume eine weltweite Bedeutung erlangt. Unsere Sorten sind das Ergebnis einer intensiven Züchtung, die etwa Mitte des vorigen Jahrhunderts begann und zu welcher vor allem Arten aus Südafrika verwendet wurden. Es ist hier nicht möglich, den Gang der Züchtung zu schildern, denn das würde auch bei gedrängter Darstellung ein gutes Dutzend Seiten erfordern. Die Zahl der erzielten Sorten geht in die Tausende, und alljährlich kommen neue dazu, freilich werden auch andere aufgegeben. Eine lange Zeit genossen die sogenannten Edelgladiolen allein das Interesse der Züchter und Liebhaber. Neuerdings wenden sich die Züchter auch weniger stattlichen, graziöser und gefälliger wirkenden Typen zu. Sie versuchen außerdem, den angenehmen Blütenduft der wilden Gladiolen auf die Kulturvarietäten zu übertragen und verwenden hierbei auch × *Glandanthera* als Kreuzungspartner, eine Gattungshybride, deren Eltern *Acidanthera bicolor* var. *murielae* und die Gladiolensorte 'Filigree' sind.

Gladíolus × haarleménsis Tub. ist eine neue Hybride, die in Zukunft Bedeutung erlangen dürfte. Sie wurde von Th. M. Hoog wahrscheinlich aus *G. × colvillei albus* 'The Bride' als wichtigstem Elternteil gezüchtet und heißt auch Baby Gladiole. Die Pflanzen werden bis 50 cm hoch und haben ziemlich große, aber nicht unförmige, im Umriß dreieckige Blüten mit herausragenden Zipfeln. Die Blumen werden weiß, creme, rosa bis rot oder violett und haben auch Schlundflecken oder sind gestreift. Die Ränder sind glatt oder gewellt oder gefältelt. Baby Gladiolen blühen sehr früh, die ersten Blumen wurden in Holland am 20. Juni aus dem Freien geschnitten.

Gladiolus-Hybriden ist der jetzt gültige Sammelname für die Edelgladiolen, welche ja allesamt durch Kreuzungen verschiedener Arten und Hybriden entstanden sind. Früher hießen sie *Gladiolus × gandavensis* hort. Es sind die großblumigen, stattlichen Gladiolen der Marktgärtner, der Ausstellungen und der Blumenfreunde. Sie werden je nach Größe der Zwiebeln, der

Gl

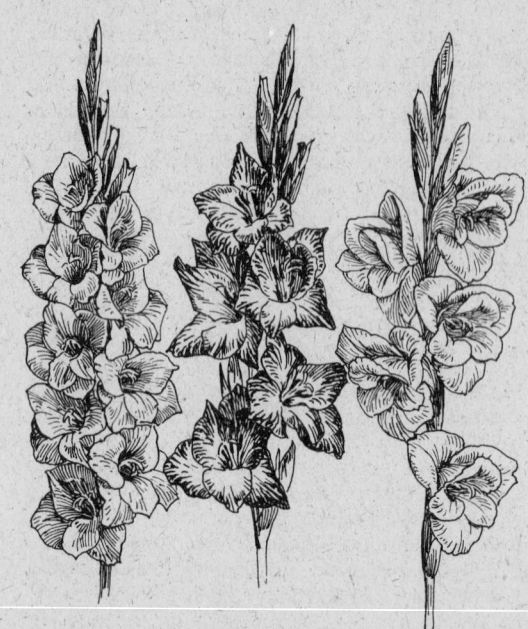

Gladiolus-Hybriden, verschieden Blütenformen

Sorte, dem Boden und der Pflege bis äußerstens 130 cm hoch und bringen eine lange Ähre großer Blüten in den verschiedensten Farben und Farbstellungen. Bei einer guten Sorte sollen die Blüten den Betrachter „ansehen", also nicht nach unten zeigen, es müssen stets 7 oder mehr Blumen zur gleichen Zeit offen sein, der Stiel wird lang und gerade gewünscht. Wichtig ist auch, daß die Sorten ausreichend Brut bringen. Es gibt Unterschiede in der Blütezeit: also frühe, mittelfrühe und spätblühende. Verschiedene frühblühende Sorten lassen sich unter Glas noch zeitiger in Flor bringen, wie überhaupt die frühen und mittelfrühen für den Schnittblumenerzeuger besonders wichtig sind. Ein neuer Typus sind die Butterfly-Gladiolen (Schmetterlings-Gladiolen), welche nur 60 bis 80 cm hoch werden, sonst aber den bisherigen Sorten ähneln. Sie eignen sich zum Schnitt, wichtiger jedoch sind sie für Blumenbeete, in welche sie sich mit ihrem niedrigen Wuchs viel besser einfügen.

Gladíolus primulínus Bak. aus dem tropischen Regenwald Ostafrikas haben kleine, runde Knollen, bis 50 cm lange Blätter und bringen 3 bis 5 und mehr, bei der Art rein primelgelbe Blumen. Diese werden gegen 5 cm breit und stehen etwas lockerer als die Edelgladiolen in ebenfalls einseitswendigen Ähren.

Sie wurden mit Edelgladiolen gekreuzt, und es entstanden die duftigen **Primulinus-Hybriden.** Sie haben verhältnismäßig dünne, zähe Stengel, ihre Blütenähre ist lockerer, und die Blumen sind nicht so riesig wie bei den Edelgladiolen. Auch davon gibt es zahlreiche Sorten, und die Züchtung geht weiter. Die Pflanzen passen gut in bunte Beete, die Blumen lassen sich auch schneiden.

Bewertung, Verwendung, Anzucht: Es ist absolut überflüssig, die Gladiolen vorzustellen und zu rühmen. Man kann sie wohl in jedem Garten sehen, und sie werden in solchen Unmengen als Schnittblumen verbraucht, daß darin das Urteil über sie bereits gesprochen wurde... ein glänzendes Urteil, wie es nicht besser sein könnte!

Gladiolen wünschen altgedüngten, tiefgründigen, nicht zu trockenen, durchlässigen, neutralen bis schwach sauren Boden. Um guten Flor zu erzielen, ist es nötig, regelrecht zu kultivieren. Man legt ab Ende April je nach Größe der Knollen 6 bis 10 cm tief, geringe Bodenfröste schaden nicht. Auch die Entfernungen richten sich nach der Größe: kleine Zwiebeln kann man mit 8 cm Abstand legen, Toppers mit 12 bis 15 cm. Eine oder zwei Wochen nach dem Pflanzen gebe man je m^2 bestellte Fläche 150 g eines guten Volldüngers, 6 Wochen später nochmals 30 g Kalkammonsalpeter je m^2. Bei Trockenheit ist gründlich zu wässern. Schneiden kann man, wenn die untersten Blumen aus ihrem Hüllblatt gekommen sind und man ihre Farbe sieht. Man lasse wenigstens ein großes Blatt stehen, um die Entwicklung der Tochterknollen und der Brut nicht zu gefährden. Ernten soll man die Knollen so zeitig als möglich, am besten bereits Ende September bis Anfang Oktober. Frühes Ernten ist eine hygienische Maßnahme. Die Triebe sind wenige Zentimeter über der Knolle abzuschneiden, und man trockne die Knollen sofort, am besten auf Horden bei +25 °C und bewegter Luft. Anschließend sollte auch gleich geputzt, nachgetrocknet und sortiert werden. Zum Schluß kommen die Knollen in ihre Lagerräume, die gegen +5 °C haben sollen und ebenfalls häufig gelüftet

Glecóma hederácea

werden müssen. Will man große Tochterzwiebeln, muß man die Blüte früh schneiden, aber alle Blätter an den Pflanzen lassen. Vermehrt wird durch Brut, die an der Basis der neuen Knolle sitzt. Ihre Zahl schwankt je nach der Sorte, es gibt Knollen, die nur 5, andere, die 30 und noch mehr Brutknollen bringen. Flaches Legen der Knollen – 5 bis 6 cm tief – begünstigt den Ansatz von Brut. Diese läßt sich nur im Herbst erfassen, wenn man die Mutterbestände aushebt. Das kann allein mit dem Spaten geschehen, man arbeite vorsichtig, damit nicht zuviel Brut beim Herausziehen abfällt, und lege die alten Pflanzen sogleich auf Planen oder Sackleinen. Anschließend schneide man die Stümpfe etwa 1 cm über der Knolle fort und schüttle die Erde aus. Sobald diese trocken genug ist, kann man die Brut durch Absieben von der Erde trennen. Man braucht dazu je nach der Größe und dem Bedarf an Brut eng- oder weitmaschigere Siebe... mit engen kann man auch die kleinsten Knollen erfassen. Ist das Wetter sonnig, trockne man an der Luft, sonst im Trockenraum. Günstig ist, die Masse durch Sieben in 2 bis 3 Größen zu trennen. Dann wird bei +5 °C überwintert. Die Brut kann, wenn sie nicht gebraucht wird, ein Jahr überlagern, und einzelne Sorten treiben dann besser aus. In milden Lagen und Jahren mit zeitigem Frühling kann man von Ende März an oder in der ersten Aprilhälfte die Brut in die Erde bringen. Man kann drillen oder mit der Hand ausstreuen. Es ist üblich, aufs Normalbeet mit dem Reihenzieher 6 etwa 2 cm tiefe oder ein wenig tiefere Rillen zu ziehen. Wenn man nicht drillt, dann legt man auf etwa 2 cm Abstand aus, deckt mit leichter Erde zu und walzt oder klopft fest. Um das Austreiben der Brut, die manchmal schwer „keimt", zu fördern, wird sie 24 Stunden in eine 0,25%ige Beizlösung gehängt. Bei Neuheiten kann man sich auch die Mühe machen, die äußerste Schale der Knöllchen abzuziehen. Der Umfang, den die Brut bis zum Herbst erreicht, schwankt stark und hängt von der Wuchskraft der Sorte, der ursprünglichen Größe, der Pflege und andern Einzelheiten ab: es sind Größen von 2 bis 8 cm Umfang möglich und sogar noch darüber hinaus. Unerläßlich ist es, die Beete sauber zu halten und alle zwei Wochen mit einem Volldünger zu düngen. Man kann ihn auflösen, kann aber auch streuen und muß nur anschließend wässern. Auftauchende Blütenähren sind wegzuschneiden. Die Zwiebeln werden nach Umfang gemessen und in verschiedenen Größen verkauft.

Die häufigsten Krankheiten sind: Fusarium-Fußkrankheit, Lackschorf, Septoria-Blattfleckenkrankheit und -Hartfäule der Knollen, Botrytisfäule an Blatt, Blüte, Stengel und Knolle, Weißstreifigkeitsmosaik. Als gefährlichster Schädling ist der Gladiolenblasenfuß zu nennen. Welche Maßnahmen und Mittel gegen diese Krankheiten und Schädlinge angewandt werden, ist der speziellen Fachliteratur zu entnehmen, hier sei nur auf die Beachtung vorbeugender Maßnahmen hingewiesen, auf die sorgfältige Wahl der Anbaufläche, die Fruchtfolge, die Sortenwahl, die Entseuchung des Pflanzgutes und des Bodens, dessen Verbesserung und Pflege, das Einhalten aller gartenbautechnischen Daten und Kulturtermine, das vorbeugende Spritzen, die rechtzeitige Ernte, die Pflege der Knollen auf dem Lager und dessen Entseuchung.

Glechóma → Glecóma

Glecóma · Gundermann, Gundelrebe
Labiatae ♃ ◐ ● ◉ △ ∥ ♡

Der Name ist eine Ableitung des griechischen Namens der Poleiminze (Mentha pulegium), die glechon hieß. Es sind kriechende Stauden mit zierenden Blättern. Die Gattung ist nur eine Art mit mehreren Abarten stark und kommt in ganz Europa wild vor. Die Pflanze stand bei den alten Germanen in hohem Ansehen und galt vor allem als Mittel gegen die „Verhexung" der Milch von Kühen wie auch zur Erkennung von Hexen. Hildegard von Bingen führt sie in ihrer Physika an und später Brunfels als Mittel gegen fließende Augen, Milz- und Leberschwellungen, Fisteln und Kopfgrinde. Heute nimmt man die jungen Triebe zu Kräutersuppen, und Kneipp verwendete die Gundelrebe als einen Bestandteil seines „Maikurtees" gegen Brust- und Magenverschleimung.

Glecóma hederácea L. hat lange, vierkantige Triebe mit gegenständigen, herzförmigen, langgestielten, stumpf gekerbten Blättern, die zottig behaart sind und an geschützten Stellen über Winter grün bleiben. Aus den Blattknoten brechen, sobald sie auf der Erde aufliegen, Wurzeln, und die Pflanzen können große Flächen zuspinnen. Die Blumen sind bläulichviolett und erscheinen in achselständigen Scheinquirlen. Die Pflan-

Gl

Globulária cordifólia

Gloriósa rothschildiána

Glycéria máxima

zen blühen im Frühling bis Sommersanfang. Gärtnerisch wichtig ist cv. 'Variegata' mit weißbunten Blättern, da sie farblich viel lebhafter wirkt.

Bewertung, Verwendung, Anzucht: Glecoma ist einer der besten, anspruchslosesten Bodenbegrüner für halbschattige und selbst sonnige Plätze, wenn der Boden dort ausreichend feucht ist. Mangelt es an Wasser, werden die Blätter gelb und fallen schließlich ab, und die Triebe verkahlen. Mit Glecoma kann man weite Halbschattenpartien begrünen. Der Boden soll locker, humusreich und frisch sein. Günstig ist, von Zeit zu Zeit etwas Volldünger auszustreuen; die Gundelrebe wächst dann stärker. Vermehrt wird durch Rankenabschnitte mit Wurzeln. Man hält in der Regel in Töpfen, weil überhaupt nur so verkaufsfähige Pflanzen heranwachsen und sich die Posten aus diesen besser verkaufen lassen. Man kann den Gundermann auch in Balkonkästen setzen, und er ist ferner ein recht hübsches Hänge- und Ampelgewächs für kühle, luftige, etwas absonnig gelegene Räume, Veranden und Balkone.

Globulária · Kugelblume
Globulariaceae

Im Namen der Gattung und der Familie steckt das lateinische Wort globulus = Kügelchen; es bezieht sich auf die Form des Blütenstandes. Die Familie steht den Scrophulariazeen am nächsten und ist nur 3 Genera stark mit insgesamt reichlich 20 Arten. *Globularia* sind kleine Halbsträucher oder Sträucher oder ausdauernde Kräuter mit ledrigen, länglichen oder lanzettlichen oder verkehrt eirunden Blättern, die in Rosetten beisammenstehen. Die Blüten werden blau, sind ziemlich klein, sitzen aber in end- und achselständigen, kugeligen Köpfchen beisammen. Das Hauptverbreitungsareal ist der Mittelmeerraum, einige Arten kommen in Zentraleuropa vor.

Globulária cordifólia L., von den Pyrenäen über die Alpen bis zu den Karpaten verbreitet, ferner auf dem Balkan und in den Apenninen wachsend, ist eine Staude, deren Rosetten und Blattmassen dichte, ansehnliche Polster bilden. Die Blätter werden gegen 2,5 cm lang und 6 bis 8 mm breit. Die Blütenstengel erreichen eine Höhe von 8 cm, sind blattlos und tragen etwa 1,5 cm breite Köpfchen hellvioletter Blümchen. Die Pflanzen blühen im Mai/Juni.

Globulária nudicáulis L. aus den Gebirgen Spaniens, teilweise auch in den Alpen und in den Apenninen vorkommend, wächst auf steinigen Triften, im Geröll und auf niedrigen Wiesen. Die Pflanzen werden bis 20 cm hoch und bringen in grundständigen Rosetten stehende, kahle, verkehrt eirunde, ledrige Blätter, welche dichte Matten bilden. Die Blumen erscheinen in 20 bis 25 mm breiten, halbkugeligen Köpfen und werden lilablau. Die Pflanzen blühen im Juni/Juli.

Globulária trichosántha Fisch. et Mey., in Kleinasien und im Kaukasus auftretend, ist eine Staude mit blaugrünem Laub und Köpfchen stahlblauer Blumen. Die Pflanzen werden bis 20 cm hoch und blühen im Mai/Juni mit lebhaft blauen Köpfen.

Bewertung, Verwendung, Anzucht: Die Kugelblumen sind nicht besonders wichtige Stauden, aber sie erfreuen, einmal eingewachsen, durch ihren reichen Flor. *G. trichosantha* treibt Ausläufer und eignet sich gut für Beeteinfassungen. Die anderen gehören ins Alpinum. Der Boden soll nicht zu trocken sein wie bei den meisten wintergrünen Pflanzen. Alle vertragen Halbschatten. Der Standort muß recht geschützt vor Ostwinden liegen, sonst leiden die Bestände im Winter zu sehr. *G. cordifolia* schätzt Kalk im Boden, *G. nudicaulis* will neutrale Reaktion, die dritte Art stellt keine besonderen Ansprüche. Über Winter ist Schutz durch Reisig angebracht. Man vermehrt leicht durch Teilung im Frühjahr und kultiviert in Töpfen. Die Bestände werden innerhalb einer Vegetationsperiode verkaufsstark. Man pflanze nur bis August oder im Frühjahr.

Gloriósa · Ruhmeskrone
Liliaceae △ ○ ◐ ◑ ∧

Im Namen steckt das lateinische Wort gloriosus = ruhmvoll; es bezieht sich auf die Schönheit der Pflanze, die ruhmeswürdig ist. Es sind Gewächse mit einem knolligen Erdstamm und hoch werdenden, kletternden Stengeln. Die Blätter sitzen zerstreut an den Trieben, teils gegenständig, teils zu dreien quirlständig, die Spitze zu einer Ranke ausgezogen, mit deren Hilfe sich die Pflanzen anhalten. Die Blüten werden ansehnlich und brechen aus den Achseln der oberen Blätter. Die Gattung umfaßt gegen 5 Arten, die im tropischen Asien und Afrika auftreten.

Gloriósa rothschildiána O'Brien aus Afrika wird unter Glas etwas über mannshoch und hat oben sich verzweigende Triebe. Die Blüten erscheinen auf etwa 10 cm langen Stielen, die sich am Ansatz des Fruchtknotens krümmen, so daß die Blüten nach unten zeigen. Sie haben länglich-lanzettliche Blumenblätter mit gewelltem Rand, bis 10 cm lang, nach rückwärts gebogen, so daß sie steil aufwärts weisen, an den Enden einwärts gerollt. Staubfäden und Narbe ragen weit seitwärts heraus. Die Blumen werden dunkelrot und haben einen purpurnen Fleck an der Basis. 'Citrina' bringt hellgelbe Blüten mit weinroter Zeichnung.

Gloriósa símplex L. wird ähnlich hoch und hat gelbe Blumen, die im Schatten ihre Farbe nicht ändern, in der Sonne jedoch gelbrot werden. Es gibt davon auch eine Form 'Grandiflora', ihre Blumen werden bis 20 cm breit.

Bewertung, Verwendung, Anzucht: Gloriosa sind prächtige Gewächse, doch stellen sie in der Kultur große Ansprüche, welche nur der befriedigen kann, den die Arbeit nicht verdrießt. Die Pflanzen sind bei uns nicht winterhart, und sie werden hier in der Regel in Zimmern oder Gewächshäusern gehalten ... aber man kann sie auch an geschützte Plätze über Sommer ins Freie pflanzen. Sie wünschen volle Sonne und nahrhaften, durchlässigen, rasch sich erwärmenden Boden. Man muß die ersten Knollen kaufen, die auch trocken gehandelt werden. Wichtig ist, sie nicht zu beschädigen, sonst gehen sie leicht ein. Der Keim sitzt an der äußeren, winkelförmigen Biegung der Knollen. Er bleibt klein, und man muß ihn suchen. Beim Pflanzen soll er nach oben zeigen. Man legt im Februar/März in 8 bis 10 cm breite Töpfe, welche man am besten in ein Vermehrungsbeet oder auf warmen Fuß stellt. Als Erde ist ein Gemisch von Lauberde, mürbem Lehm, geriebenem Kuhdung und etwa $^1/_5$ Sand günstig. Der bald erscheinende Sproß muß einen Stab bekommen, da man ihn heftet, denn zunächst vermögen die Pflanzen sich nicht selbst anzuhalten. In der Regel muß man nochmals in größere Töpfe umsetzen und kann schließlich gegen Ende Mai ins Freie an den vorgesehenen Platz auspflanzen. Es ist nötig, daß bei Trockenheit gewässert und daß bis in den August hinein regelmäßig alle drei Wochen schwach gedüngt wird. Noch vor den ersten Frösten aber muß man ausgraben und in einem mäßig warmen Raum in trockenem Material überwintern, wobei alle Feuchtigkeit ferngehalten werden sollte. Vermehrt wird durch Nebenknollen, die man vorsichtig abtrennt. Auch Anzucht aus Samen ist möglich, aber es dauert meistens bis zum dritten Jahr, ehe die neuen Knollen anfangen zu blühen. Hat man mit der Kultur Erfolg, kann man die Knollen viele Jahre haben.

Glycéria · Schwaden
Gramineae ⚃ ○ ◐ ◑ ≈ ♡

Im Namen steckt das griechische Wort glykeros = süß; es bezieht sich darauf, daß die Samen einiger Arten süß schmecken, besonders bei *G. fluitans*, dem „Mannaschwaden". Vor etwa einhundertundsiebzig Jahren bedeckte die Art in Nordwestpolen und Ostpreußen große Flächen und lieferte mit ihren Samenkörnern ein allgemein geschätztes Nahrungsmittel, die „Schwadengrütze". Durch die zunehmende Wiesenwirtschaft, mit der eine Entwässerung versumpfter Flächen einherging, wurde das Mannagras immer mehr verdrängt. Die Gattung umfaßt gegen 16 Arten, welche in fast allen Erdteilen, in der Hauptsache aber in Nordamerika auftreten. Es sind ausdauernde, mittelgroße bis sehr stattliche Gräser, die an feuchten Plätzen wachsen.

Glycéria máxima (Hartm.) Holmb. (syn. *G. aquatica* (L.) Wahlenb. non J. S. et K. B. Presl, *G. spectabilis* Mert. et W. D. J. Koch) wird 90 bis 200 cm hoch, hat steif aufrechte, rohrartige Stengel und langes, schilfähnliches Laub. Gartenwert hat jedoch nur die weißbunte Form 'Variegata', die gegen 70 cm Höhe erreicht.

Bewertung, Verwendung, Anzucht: Die in der freien Natur auftretenden Arten und Formen kommen für Gärten nicht in Betracht, allenfalls für die Teichränder im Park. 'Variegata' ist zahm im Wuchs und eignet sich gut für die Umgebung von Wasserbecken, verträgt jedoch auch Trockenheit. Die Bestände können viele Jahre an ihrem Standort bleiben. Vermehrt wird durch Aufzucht von Ausläufern oder durch Teilung.

Gnaphálium lanátum → **Helichrýsum petioláre**

Godétia · Godetie, Sommerazalee
Onagraceae ⊙ ○ ◐ ◑ ∥ ✕

Die Pflanzen wurden zu Ehren des schweizer Botanikers C. H. Godet (1797–1879) benannt. Die Gattung steht dem Genus *Oenothera* ziemlich nahe, und einzelne Arten werden bei manchen Autoren zu diesem gestellt. Das Genus *Godetia* umfaßt gegen 20 Arten, welche alle Einjahrgewächse sind. Ihre Heimat ist der Süden und Westen Nordamerikas. Die Pflanzen werden hoch oder wachsen buschig und haben zahlreiche trichterförmige Blumen, die in Trauben oder Ähren beisammenstehen.

Go

Godétia amoena

Gomphréna globósa

Gúnnera manicáta

Godétia amoena G. Don aus Kalifornien wird 40 bis 60 cm hoch und blüht mit 3 bis 5 cm breiten Blumen, die in rispigen Ähren beisammenstehen. Man verwendet nicht mehr die Art, sondern Sorten, deren es eine große Anzahl gibt. Aber auch da beschränkt man sich jetzt auf wenige, wie die einfachblühenden 'Ruhm von Kelvedon', lachsorange, 'Weißer Schwan', reinweiß, und die gefüllten 'Erfurter Blut', karminscharlach, 'Rembrandt', rosa mit dunkelpurpurroten Flekken.

Godétia grandiflóra Lindl. (syn. G. whitneyi hort. non. (A. Gray) T. Moore), ebenfalls aus Kalifornien, ist ähnlich. Die Pflanzen werden 20 bis 40 cm hoch, sind an allen Teilen fein behaart, verzweigen sich reich und bringen überviele, große trichterförmige Blüten in den verschiedensten Farben. Im Sortiment herrschen gefülltblühende Sorten vor. Es gibt auch wirkungsvolle Mischungen, wie 'Azaleenschau'.

Bewertung, Verwendung, Anzucht: Die höheren Sorten eignen sich zum Einstreuen in bunte Beete und zum Schnitt. Die niedrigen, gefüllten sind ausgezeichnete Sommerblumen für bunte Beete, auch kann man sie in reinen Farben oder Farbenmischungen für große Flächen verwenden. Sie wirken zur Blütezeit durch ihren überreichen Flor weithin, und es gibt keine Einjahrsblume, die ihre Farbkraft auch nur annähernd erreicht. Ein Fehler ist freilich, daß der Flor normalerweise nur 6 bis höchstens 8 Wochen dauert und dann rasch nachläßt. Man kann dem aber durch Verregnen von Düngerlösungen oder Streuen von Dünger etwas abhelfen. Wenn man nicht erst nach dem Aufhören des Flors streut, sondern kurz nach dessen Höhe, treiben die Pflanzen weiter und bringen einen Nachflor. Lösungen darf man nur nachts verregnen, und man muß mit reinem Wasser nachspülen. Ab Mitte April kann man an Ort und Stelle aussäen (mit der Handsämaschine bei größeren Flächen), so bald als möglich dünne man auf 15 bis 20 cm Abstand aus. Das ist für einen langen Flor unerläßlich! Eine Gefahr können die Erdflöhe werden; sobald man welche bemerkt, sind sie gründlich zu bekämpfen. Man kann auch ins Frühbeet säen und später an den gewünschten Platz versetzen: aber dies muß bald geschehen, denn zu groß gewordene Godetien-Jungpflanzen wachsen nicht an oder kümmern. Die Pflanzen brauchen volle Sonne und humusreichen Boden. Ausreichende Düngung ist nötig, damit die Nährstoffe für die Unmassen von Blüten nicht fehlen: vor der Bestellung 30 bis 40 g/m^2 eines Volldüngers mit nicht zu hohem Stickstoffgehalt. Die Blumen öffnen sich im Wasser bis zur letzten Knospe, halten sich also sehr lange; bei tiefroten Sorten läßt zuletzt die Farbe etwas nach.

Gomphréna · Kugelamarant
Amaranthaceae ☉ ○ ◐ ◑ ✕

Der Name wurde bereits von Plinius für eine Amarant-Art gebraucht. Die Pflanzen werden verzweigte, vielfach dickknotige, rauhhaarige bis zottige, meistens annuelle Kräuter. Sie haben längliche, ganzrandige, meistens sitzende Blätter, und ihre Blüten erscheinen end- oder achselständig und stehen in runden oder länglichen Köpfen beisammen. Die Gattung umfaßt über 90 Arten, die im tropischen Amerika und Australien auftreten; eine kommt auch in Afrika vor, ist aber vielleicht nur eingeschleppt.

Gomphréna globósa L. wird gegen 30 cm hoch und bringt auf zahlreichen, 6 bis 10 cm langen Stielchen einige zusammensitzende, kugelige Blümchen. Sie werden purpurviolett. Es gibt auch einen cv. 'Nana Compacta', welcher nur rund 15 cm hoch wird. Von beiden hat man Typen mit weißen, fleischfarbenen, rosa und tiefroten Blütenköpfen erzielt. Wie bei der Stammart haben sie alle einen lackartigen Glanz.

Gomphréna haageána Klotzsch (syn. G. aurantiaca hort.) aus Mexiko wird gegen 30 cm hoch und bildet aufrechte Büsche, deren Triebe und Äste eigenartig, wie aus Gliedern bestehend, wirken. Die Blätter sind länglich-linealisch und blaßgrün. Die Blumenköpfe werden länglichrund und sind etwas größer als bei der vorher behandelten Art. Ihre Farbe ist orangegelb bis orangescharlach, aber ziemlich matt im Ton.

Bewertung, Verwendung, Anzucht: Gomphrena sind keine Gartenblumen im engeren Sinne. Man pflanzt und kultiviert sie, weil sich die Blüten als Trockenblumen sehr lange halten und wunderhübsch aussehen. Fürs Freiland kann man nur *G. globosa* nehmen. Die Pflanzen wollen einen recht warmen, sonnigen Platz und guten, aber trocknen Boden... wie man ihn bei uns in den Gärten selten finden dürfte. Am besten werden die Bestände, wenn man sie in einem leer gewordenen Frühbeet kultiviert, in welchem vorher Gemüsepflanzen oder Salat gestanden haben. Man sät gegen Ende März in einen halbwarmen Kasten oder in Handschalen, pikiert und pflanzt schließlich Mitte Mai oder später in den geeigneten Kasten, Abstand allseitig 20 bis 25 cm. Zuerst sollte man Fenster auflegen, muß aber ausreichend lüften, später können die Fenster fortgenommen werden. Man räume sie aber nicht weg, denn bei schwerem Regen ist es günstig, sie wieder aufzulegen. Man kann blühend eintopfen und muß die Töpfe einige Tage schattieren; man kann auch die Blümchen schneiden und trocken werden lassen. Dazu bündle man sie zu kleinen Sträußen und hänge diese an einem geschützten, luftigen Platz auf. Sie behalten ihre Farbe auch ohne Schwefeln lange.

Goniolímon tatáricum → **Limónium**

Gúnnera · Mammutblatt
Haloragaceae

Die Gattung wurde nach Ernst Gunner (1718–1773) benannt, der Bischof von Drontheim und zugleich ein seinerzeit bekannter Botaniker war. Die Familie der *Haloragaceae* (Seebeerengewächse) ist nach einer in Australien am Strande des Meeres auftretenden Gattung benannt, welche traubenartige Fruchtstände bringt. Die Familie ist nicht groß, ihr Hauptverbreitungsareal liegt in Australien, ein Nebenzentrum in Südamerika. Dorther stammt auch das Mammutblatt. *Gunnera* werden stattliche bis riesige Stauden mit imposanten Blättern und zahlreichen Blüten in ährigen oder kolbenartigen Blütenständen. Die Gattung umfaßt gegen 30 Arten.

Gúnnera manicáta Lind. ex André (syn. *G. brasiliensis* Schindler) aus Südbrasilien wird mächtig. Die Pflanzen wachsen bis 4 m hoch. Ihre riesigen Blätter sind weniger tief eingeschnitten und ihre Oberfläche nicht so rauh wie bei der folgenden Art, auch haben die Stiele keinen roten Anhauch. Der Blütenstand kann bis 1 m lang werden, er legt sich im Laufe des Flors um.

Gúnnera tinctória (Mol.) Mirbel (syn. *G. chilensis* Lam., *G. scabra* Ruiz et Pav.) hat einen kurzen Erdstamm und bringt auf starken, bis 2 m langen, mit hakenförmigen Stacheln besetzten, rot angelaufenen Stielen rundlich-herzförmige Blätter. Diese werden 1 bis 2 m breit und fast ebenso lang, sind handförmig gelappt und eingeschnitten, haben eine rauhe, runzlige Oberfläche mit stark sichtbarem Geäder. Die Blüten stehen in einer kolbenförmigen, etwa 50 cm langen Ähre mit walzenförmigen Ästen. Die Pflanzen blühen erst nach Jahren, Florzeit ist der Spätsommer.

Bewertung, Verwendung, Anzucht: Gunnera sind höchst dekorative, imposante Pflanzen, die sich aber nur für Parke und große Grünanlagen eignen, für normale Gärten dagegen nicht. Sie sind in Mitteleuropa nicht winterhart und müssen sorgfältig geschützt werden. Groß, ja riesig, wie sie sind, brauchen sie reichlich Wasser und humusreichen, gehaltvollen Boden. Am besten ist es, eine etwa metertiefe Grube auszuheben und in diese ein Gemisch von alter Buchenlauberde, mürber Rasenerde und verrottetem Kuhdung zu füllen. Gegen Mitte Mai pflanze man dann. Früher zu pflanzen ist ungünstig, weil sich die Exemplare in kalter Erde nicht rühren, also nicht einwachsen. Der Standort kann in voller Sonne oder etwas beschattet liegen. Wichtig ist, daß man die Pflanzen von allen Seiten gut zu betrachten vermag. Es dauert einige Zeit, bis sie eingewurzelt sind und sich voll entfalten. Bei flottem Wuchs ist es unerläßlich, von Zeit zu Zeit zu wässern und auch flüssig zu düngen. Die ersten Fröste im Herbst zerstören das Laub, man entferne dessen Reste und überziehe die Einzugsfläche der Exemplare dick mit trockenem Torfmull. Darüber gehört ein der Größe der Pflanze angemessener dichter, stabiler Kasten, der bei Eintritt des Winters ringsum und dicht in trockenes Laub gehüllt werden muß. Die Kälte darf den fleischigen Wurzelstock nicht erreichen! Es liegt auf der Hand, daß bei äußerst harten Wintern jeder bei uns mögliche Schutz unzulänglich ist und daß hinterher kein einziges Exemplar übrig ist. Nach dem Frühjahr zu entferne man das Laub, lüfte den Kasten und räume den Torfmull fort. Schließlich hebt man den Kasten ab, schafft ihn jedoch nicht weg; bei Rückschlägen soll er zur Hand sein. Neben großer Kälte ist auch starke Nässe im Winter gefährlich. Vermehrt wird durch Abtrennen von jungen Knospen, die man zeitig im Frühling vorsichtig mit einem Stück Wurzel glatt abschneidet, in einen entsprechend großen Topf mit sandiger Erde steckt und unter Glas mit Unterwärme bewurzeln läßt. Man kultiviere im Topf weiter, auch wenn die Exemplare dort niemals annähernd ihre Freilandgröße erreichen. Notfalls setze man später in größere Töpfe und überwintere in einem Kalthause. Um sich vor Totalverlust in harten Wintern zu sichern, sollte man stets einige Jungpflanzen in Töpfen in Reserve halten. Anzucht aus Samen ist auch möglich, aber sie dauert mehrere Jahre, und man hat bei uns große Ausfälle.

Gymnocárpium → **Curránia**

Gypsóphila · Schleierkraut
Caryophyllaceae

Im Namen stecken die griechischen Wörter gypsos = Gips und philos = Freund; sie nehmen darauf Bezug, daß *G. repens* und einige andere Arten auf Kalk oder Gips vorkommen. Es sind einjährige oder ausdauernde Kräuter oder Halbsträucher mit oft rübiger Wurzel, kleinen oder schmalen Blättern und kleinen Blütchen

Gy

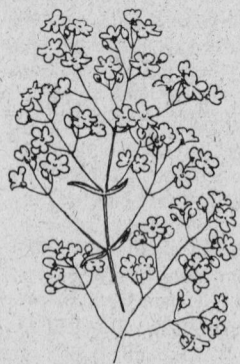

Gypsóphila élegans

Gypsóphila répens

Gypsóphila paniculáta 'Rosenschleier'

in reichlich sich verzweigenden Trugdolden. Die Gattung umfaßt über 100 Arten, welche in großer Zahl im östlichen Mittelmeerraum heimisch sind, einige Arten treten auch von Europa bis Sibirien auf. Mehrere Arten gehören zu den Charakterpflanzen ihrer Gebiete, einige sind beliebte Gartenpflanzen, ihre Blütenstände werden zur Binderei verwendet, auch als Trockenblumen. Die Wurzeln von *G. struthium* in Ägypten und von *G. hispanica* enthalten so viel Saponin, daß man sie früher zum Waschen von Wäsche nahm.

Einjährige Arten

Gypsóphila élegans M. B. wird bis 40 cm hoch, hat feines, lanzettliches Laub und blüht sehr reich, aber nicht lange. Die Blümchen werden 8 bis 10 mm breit, sitzen auf haardünnen Stielchen und sind weiß. Es gibt auch Gartenformen, welche hell- bis kräftig rosa und karmin blühen. Die Sorte 'Schneekönigin' hat reinweiße, besonders große Blumen, ebenso 'Maxima Alba'. Der Flor beginnt etwa 10 bis 12 Wochen nach der Aussaat.

Gypsóphila murális L. ist in Europa, Kleinasien, im Kaukasusgebiet und nach Osten zu anschließend bis nach Sibirien anzutreffen. Die Pflanzen werden 5 bis 15 cm hoch, sind von ihrer Basis an häufig gabelig geteilt und bringen unzählige kleine Blütchen, die rosa werden und purpurfarbene Adern haben. Die Florzeit ist länger als bei der vorher aufgeführten Art.

Bewertung, Verwendung, Anzucht: Beide Arten eignen sich für bunte Blumenbeete: die niedrige als Einfassung, die höhere als Einsprengsel, das auflockert oder durch seine runde, buschartige Tracht einen Gegensatz bildet. Hübsch sieht z. B. *G. muralis* als Einfassung von Godetien, Tagetes, Ageratum und Eschscholzien aus, ist auch dazu geeignet, weil sie lange blüht. Man sät sie ab Ende März an Ort und Stelle oder in kleine Töpfchen, aus welchen man an den vorgesehenen Platz pflanzt. Der Boden soll nicht zu fett, etwas trocken und alkalisch sein. Die Sorten 'Schneekönigin' und 'Maxima Alba' eignen sich auch gut als Füllmaterial für bunte Sträuße. Man sät auf ein Beet, dünnt aus und zieht die nötige Menge Pflanzen, wenn sie blühen.

Perennierende Arten

Niedrigbleibende

Gypsóphila cerastioídes D. Don aus dem Himalaja wird 10 bis 15 cm hoch und wächst kriechend mit niederliegenden Stengeln. Die Blättchen sind behaart, herz- bis spatelförmig, die unteren stehen an Stielen, oben sitzen sie. Sie bekommen ziemlich große weiße, rosa geaderte Blüten, die im Mai/Juni erscheinen.

Gypsphila × monstrósa Gerbeaux entstammt einer Kreuzung von *G. repens* und *G. stevenii*, wird größer als *G. repens*, hat rosa getönte, etwa 1 cm breite, einfache Blumen. Es gibt auch eine cv. 'Bodgeri' mit weißen, gefüllten Blüten.

Gypsóphila répens L. bildet kahle, bis 20 cm hohe, duftige Büsche mit kriechendem Wuchs. Die Blätter sind dunkelgrün, schmal-lanzettlich. Die Blüten erscheinen im Mai/Juni und werden ziemlich groß, bei der Stammart weiß. Nicht selten blühen die Pflanzen nach einer kleinen Pause zum zweiten Mal, freilich schwächer, dafür bis Anfang des Herbstes. Es gibt auch die zartrosa blühende Sorte 'Rosea'.

Gypsóphila × suendermánnii Fritsch ist eine Hybride von *G. petraea* und *G. repens* mit schmaleren Blättern als die zuletzt aufgeführte Elternart, reicher und dichter blühend, aber die Blütchen sind etwas kleiner.

Hochwachsende

Gypsóphila paniculáta L. ist die Art, welche man am meisten in den Gärten antrifft. Sie hat eine kräftige, lange Wurzel, bleibt kahl und bringt stark sich verästelnde Stengel, die unten 4 bis 7 cm lange, lanzettliche Blättchen tragen. Die Büsche können 1 m breit werden. Neben der Art, die einfach weiß blüht, gibt es eine Reihe von Sorten: 'Plena' mit 3 mm breiten, gefüllten Blumen; 'Bristol Fairy' — mit doppelt so großen, vollgefüllten schlohweißen Blumen; 'Schneeflocke' – ebenfalls reinweiß; 'Flamingo' – Blüten rosa gefüllt, 120 cm hoch; 'Rosenschleier' – etwa 30 cm hoch, etwas niederliegender Wuchs, Blütenstände duftig wie ein Schleier, gefüllt, rosa. Sie alle blühen von Juni bis in den August hinein.

Bewertung, Verwendung, Anzucht: Die aufgeführten niedrigbleibenden Arten eignen sich für Steingärten, Trockenmauern, Beeteinfassungen und ähnliche Plätze. Sie wünschen durchlässigen, kalkhaltigen Boden und sonnigen, trockenen Standort bis auf G. cerastioides, welche etwas absonnig stehen will. Für die erwähnten Plätze eignet sich auch cv. 'Rosenschleier'. Die hochwachsenden Arten und Sorten nimmt man gern in bunte Blumenbeete, als hohe Stauden in Teppiche von Rasenbildnern, für Staudenrabatten und auch zur Gewinnung von Material für Sträuße und zur Trockenbinderei. Dafür eignet sich aber nur die alte *G. paniculata* 'Plena'! Die Pflanzen brauchen tiefgründigen, leichten bis etwas lehmigen, vor allem trockenen Boden und volle Sonne. Nur an solchen Plätzen erreichen sie ein gewisses Alter, sonst fangen sie bereits im dritten Jahre nach dem Setzen an, im Trieb schwächer zu werden. Sämlinge von einfach- und gefülltblühendem Schleierkraut erreichen ein höheres Alter als Veredlungen. Vermehrt wird aus Samen, durch Stecklinge, Teilung und Veredlung. Stecklinge sind bei cv. 'Rosenschleier' üblich, da sie bei dieser Sorte sehr leicht wachsen. Man steckt im Mai/Juni in ein Frühbeet und pflanzt im Laufe des August auf Anzuchtbeete. Auch die Namensorten und Hybriden mit niedrigem Wuchs kann man durch Stecklinge, aber ebenso durch Teilung vermehren. Sie werden gern in Töpfen weiterkultiviert und mit Ballen verkauft. Die übrigen niedrigen Arten lassen sich auch aus Samen vermehren. Von *G. paniculata* 'Plena' haben die Samenbauer Stämme gezüchtet, welche bis zur Hälfte und noch etwas mehr gefülltblühende Exemplare bringen, allerdings schwanken Größe, Füllung und Färbung der Blumen ... es gibt große, vollkommen gefüllte, schlohweiße und weniger schöne. Man säe dünn im zeitigen Frühling auf ein Saatbeet und pflanze aus, sobald die Sämlinge stark genug sind, oder man läßt sie bis zum nächsten Frühling auf dem Saatbeet und pflanzt dann aus: je Normalbeet etwa 6 Reihen und innerhalb derselben mit 20 cm Abstand. Im Pflanzjahre blühen die Sämlinge selten. Wichtig ist, zur Blütezeit in „einfach" und „gefüllt" zu sortieren und dabei den gefüllten Exemplaren einen Stab zu geben. Im Herbst gräbt man den gesamten Bestand aus, schlägt jeden Typus für sich ein und verkauft aus dem Einschlag. Übriggebliebene Bestände für einen Verkauf in der kommenden Saison aufzuschulen lohnt sich kaum, denn Pflanzen mit so großen Pfahlwurzeln vertragen es schlecht, wenn sie nochmals aufgenommen und versetzt werden. Besonders gute Tpyen von 'Plena' kann man gesondert auszeichnen und als Mutterpflanzen für Veredlungsreiser verwenden. 'Plena' und die übrigen Sorten von *G. paniculata* lassen sich am besten durch Veredlung vermehren, Stecklinge davon bilden nur ausnahmsweise Wurzeln. Das Veredeln geschieht am besten im Winter oder Nachwinter im Hause. Man braucht als Unterlagen etwa 6 bis 8 cm lange, reichlich bleistiftstarke Wurzelstücke von G. paniculata, die man von Sämlingspflanzen oder Seitenwurzeln stärkerer Exemplare schneidet. Dabei ist die untere Seite etwas anzuschrägen, damit man nicht an der verkehrten Stelle das Reis einsetzt. Man veredelt durch Geißfuß. Als Reis nimmt man ein kurzes Triebstück mit nur einem Blattpaar; man kann also von einer Mutterpflanze eine Anzahl Reiser gewinnen. Kurz unterm Blattpaar wird das Reis keilig zugeschnitten, sauber eingesetzt und verbunden. Man nimmt dazu gern Wolle; leichtes Überstreichen mit Baumwachs ist günstig. Die Stücke kommen in entsprechend große Töpfe, die Veredlungsstelle bleibt außerhalb der Erde. Dann räumt man auf einen Tisch und deckt mit Fenstern ab, die dicht schließen müssen. So wächst die Veredlung in der Regel bald und fast zu 100 % an. Man spritze vorsichtig, man kann auch unter klare Folie bringen, wo man überhaupt nicht zu spritzen und zu lüften braucht. Sobald die Reiser anfangen zu treiben, müssen sie ins Kühle geräumt werden und Luft bekommen. Schließlich pflanzt man auf Anzuchtbeete, wobei Vorsicht nötig ist, damit man die feinen Wurzeln der Unterlage nicht abreißt ... die Pflanzen erholen sich davon nicht immer oder nur langsam.

H

Habérlea · Haberlea
Gesneriaceae 2 ◐ ● ◯ ◯ △ ♡

Die Gattung wurde nach Karl Konstantin Haberle (1764–1832), einem ungarischen Botaniker, benannt. Zusammen mit *Ramonda* und der sehr schwierig zu haltenden *Jankaea* sind *Haberlea* in Europa die einzigen Vertreter der Gesneriazeen, einer Familie, die gegen 85 Gattungen – mit über 1100 Arten – umfaßt. Zu ihr gehören schöne und beliebte Zimmer- und Gewächshauspflanzen, voran die Gloxinie, die Saintpaulie und die Columneen, welche alle aus den Tropen

Ha

Habérlea rhodopénsis

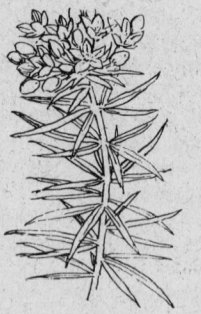
Haplophýllum patavínum

Hébe hectóris

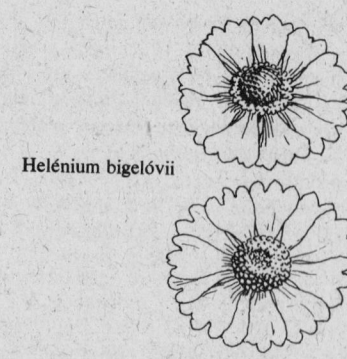
Helénium bigelóvii

Helenium-Hybride 'Sonnenwunder', gelbblühend

stammen und weichlaubige Kräuter sind. Die Gattung *Haberlea* umfaßt 2 Arten, sie treten in Bulgarien auf. Es sind Stauden mit wintergrünen Blattrosetten und trichter- bis glockenförmigen Blumen.

Habérlea rhodopénsis Friv. aus den Rhodopen und der Stara Planina wird 5 bis 10 cm hoch, hat langspatelige, am Rande grob gesägte, borstig behaarte Blätter und blüht auf 10 cm hohen oder etwas höheren Stielen mit jeweils 2 bis 10 lilablauen, am Kronschlund getigerten, etwa 2 cm langen Blumen. Diese erscheinen im Mai/Juni, manchmal noch im Juli. Die Pflanzen wachsen in den Bergen in 300 bis 1300 m Höhe an steinigen, absonnigen bis schattigen Stellen und bilden oft große Kolonien. Es gibt auch eine cv. 'Virginalis' mit weißen Kronabschnitten.

Bewertung, Verwendung, Anzucht: Es sind wunderhübsche Pflanzen für Liebhaber und erfahrene Pfleger von Alpenpflanzen. Sie eignen sich für Steingärten und auch Trockenmauern, wo man sie an halbschattige bis schattige Plätze setzen soll, und zwar am besten in die Fugen oder in geneigte, mit Steinen durchsetzte Flächen. Die Erde soll aus alter Lauberde, Torfmull und mürbem Lehm bestehen. Man setze ihr kleine Brocken von Kalksteinen zu. An Plätzen, die etwas moosig sind und wo der Stein häufig schwitzt, fühlen sich die Pflanzen oft so wohl, daß sie aus Samen sogar allein heranwachsen. Natürlich muß man die Pflanzstelle regelrecht herrichten, also die Fugen bauen und dabei einpflanzen. Günstig ist, wenn in der Nähe ein kleiner Tümpel liegt oder ein Wässerchen vorüberplätschert. Vermehrt wird aus Samen, den man unter Glas in sandige, torfmullhaltige Lauberde sät und nicht abdeckt, da Haberlea Lichtkeimer sind. Man kann auch Nebenrosetten abtrennen, in kleine Töpfe drücken und dort Wurzeln schlagen lassen. Und schließlich läßt sich – wie das bei vielen Gesneriazeen möglich ist – durch Blattstecklinge vermehren. Man ziehe im Frühjahr gut erhaltene Blätter aus dem untern Teil der Rosette ab, schneide etwas nach und stecke in ein Gemisch von Sand, Torfmull und ein wenig Lauberde in Schalen, Handkästen oder Töpfe und halte bis zum Wurzelschlagen geschlossen und auf halbwarmem Fuß. Die Pflanzen werden gern in Töpfen kultiviert und brauchen in der Regel zwei Vegetationsperioden, bis sie verkaufsstark geworden sind.

Haplophýllum · Padua-Raute
Rutaceae ♃ ○ ◐ ◑ △

Die Rautengewächse sind mit über 100 Gattungen und über 900 Arten in tropischen und subtropischen Klimagebieten und in der Passatklimazone verbreitet, die meisten in Australien und Südafrika, viele im Mittelmeergebiet. Von diesen sind uns die seit ältester Zeit dort angebauten, jedoch aus Südasien stammenden Citrusgewächse, die Zitronen und Orangen, als Früchte wohlbekannt, aber nur drei Rautengewächse sind in unseren Gärten heimisch geworden: der Diptam (*Dictamnus albus*), die Weinraute (*Ruta graveolens*) und die Padua-Raute, welche bisher zur Gattung *Ruta* gehörte, jetzt aber zur selbständigen Gattung mit nur einer Art erklärt worden ist.

Haplophýllum patavínum (L.) G. Don (syn. Ruta patavina L.) ist im Osten und Norden der Balkanhalbinsel sowie in Venetien verbreitet; Patavium ist der römische Name der Stadt Padua, welche im nordostitalienischen Verbreitungsgebiet liegt und seit 1545 einen botanischen Garten besitzt, den ältesten Europas. Die Padua-Raute hielt aber erst rund 300 Jahre später ihren Einzug in die Gärten diesseits der Alpen, 1819 ist sie in englischer Gartenkultur. Sie war niemals Nutzpflanze, sondern stets bloße Gartenzier mit ihren in dichten Doldensträußen stehenden gelben Blüten, die wie die ganze Pflanze schwach nach ätherischem Öl duften. Im Gegensatz zur Weinraute, mit dem typisch gefiederten Rautenblatt, sind ihre Blätter ungeteilt und schmal, allenfalls sind die obersten durch Einschnitte 3teilig; der Gattungsname weist auf das die Art charakterisierende Merkmal hin, haploos = einfach, phyllon = Blatt. Die Triebe der Pflanze werden 15 bis 30 cm hoch und entspringen einem verholzenden Wurzelstock. Blütezeit Juni bis August.

Bewertung, Verwendung, Anzucht: In ihrer Heimat besiedelt die Padua-Raute steinige, sonnige Hänge, zerfallene Mauern und ähnliche, die Sonnenwärme speichernde Plätze. In Natur- und Steingärten will sie ähnlich verwendet sein. Ihr langdauernder Sommerflor ist willkommen, allerdings wirkt die Pflanze manchmal etwas liederlich. Der Boden soll durchlässig, aber nährstoffreich und kalkhaltig sein, in lehmhaltigen Gartenböden wächst sie ohne weiteres, ihre Wurzeln dringen in die Tiefe. Vermehrt wird durch Teilung und aus Samen, der von der Pflanze verstreut, von alleine aufgeht.

Hébe · Hebe, Strauchveronika
Scrophulariaceae ○ ◐ ◉ ○ △ ‖ ∧

Die Pflanzen wurden nach der Hera-Tochter Hebe genannt, die Göttin der Ewigen Jugend war und an den Tafeln der Götter als Mundschenkin diente. Warum die Pflanzen nach ihr benannt wurden, ist unbekannt. Die Gattung *Hebe* steht *Veronica* sehr nahe und wird von manchen Botanikern dieser als Untergattung zugerechnet. Wir folgen hier Zander und einigen andern Autoren, die Hebe als ein Genus für sich behandeln. Die Pflanzen sind in ihrer Heimat Neuseeland, Australien und Tasmanien immergrüne Sträucher und Zwergsträucher, einzelne Arten auch Bäume, mit gegenständigen, ledrigen Blättern, welche beim Abfallen eine lange sichtbare Narbe hinterlassen. Die Blüten werden weiß oder rosa und stehen in achsel- oder endständigen Trauben, Ähren oder Köpfen. Die Gattung umfaßt etwa 140 Arten.

Hébe armstróngii (Johnson ex Armstr.) Cock. et All. (syn. Veronica armstrongii T. Kirk) ist ein reichlich und fast fächerartig sich verzweigendes, bis 30 cm hohes Sträuchlein, das gelblich-kupfrig getöntes Laub hat. Die Blätter sind klein, die Blumen stehen zu 5 bis 8 in endständigen Büscheln. Sie werden weiß und haben purpurne Staubfäden. Der Flor fällt in den Mai und Juni.

Hébe hectóris (Hook. f.) Cock. et All. wird bei uns selten höher als 30 cm. Die Pflanzen erinnern in ihrer Tracht an eine Konifere, denn sie haben dachziegelartig sitzende Blätter und steife, sich teilende Zweige. Die Blätter werden breit-eiförmig und gegen 3 cm lang. Die Blumen sind zartrosa, etwa 5 mm breit und stehen in länglichen Köpfen am Ende der Triebe. *Hebe hectoris* wächst etwas niederliegend.

Hébe pinguifólia (Hook. f.) Cock. et Allan hat blaugrünes Laub und wird bei uns ein 15 bis 25 cm hoher, reich sich verästelnder Strauch. Die Blätter sitzen locker dachziegelartig oder aufwärtsweisend, häufig sind sie rot gerändert. Die Blüten werden weiß und stehen in kurzen, endständigen Ähren.

Bewertung, Verwendung, Anzucht: Die aufgeführten Arten können große Flächen zuwachsen und lassen sich auch als immergrüne, kurz bleibende Einfassung verwenden. *H. armstrongii* und *H. pinguifolia* sind hier recht winterfest und vertragen Temperaturen von −25 °C. Sie eignen sich als immergrüne Bodendecke und fürs Alpinum. Der Standort muß sehr gut drainiert sein, sonst leiden sie schon in milderen Wintern. Als Boden ist jedes humusreiche Gartenland recht. Vermehrt wird im Spätherbst durch Stecklinge, von welchen man gleich mehrere in einen etwa 8 cm breiten Topf steckt und unter Glas langsam Wurzeln schlagen läßt. Bei günstiger Witterung kann man bereits im nächsten Mai an den vorgesehenen Platz aussetzen. Um dem Verlust der Bestände durch einen sehr harten Winter vorzubeugen, sollte man stets einige Jungpflanzen heranziehen und an einem geschützten Platz als Reserve halten.

Helénium · Sonnenbraut
Compositae ⚦ ○ ◉ ◑ ✕ ○

Im Namen steckt das griechische Wort helios = Sonne. Deutsch heißen die Pflanzen Sonnenbraut und sind tatsächliche Gefährtinnen des Sonnenscheins, in dem ihre Farbe noch einmal so kräftig wird. Die Gattung umfaßt gegen 40 Arten, die in Nord- und Südamerika wild vorkommen. Es sind ein- und mehrjährige, meistens ansehnliche, etwas rauhe Kräuter mit zahlreichen Blumen in Doldentrauben. Die Scheibenblüten bilden im Laufe des Flors eine sich nach oben wölbende Halbkugel, während die Randblüten immer weiter nach unten zeigen.

Helénium bigelóvii A. Gray wird 60 bis 70 cm hoch, hat längliche, am Ende abgestumpfte Blätter und blüht bereits im Juni bis Juli mit ansehnlichen Sträußen. Man verwendet in Gärten nur die Sorte 'Superbum', welche größere, leuchtend goldgelbe Blumen bringt.

Helénium hoopésii A. Gray aus dem Westen Nordamerikas bildet eine Rosette länglich-spatelförmiger Blätter und blüht im Mai/Juni mit aufrechten, mittelstark sich verzweigenden Blütenständen, die etwa 6 cm breite, orangegelbe Blumen bringen.

Helenium-Hybriden heißen jetzt die vielen Züchtungen, welche heute die Sortimente beherrschen. Die Pflanzen werden von 50 cm bis fast mannshoch und blühen je nach Sorte von etwa Mitte Juni bis gegen Ende September. Die neuen Züchtungen sind winterhart und standfest. Anpflanzungswürdig sind zum Beispiel in Gelb 'Blütentisch', 'BS-Septembergold', 'Goldkogel', 'Sonnenwunder', in Braun 'Baudirektor Linne', 'Feuersiegel', 'Kupferzwerg', in Rot 'Crimson Beauty', 'Flammenrad', 'Moerheim Beauty', 'Rotkäppchen'. 'Zauberin' ist dunkelrotbraun mit gelbem Rand und schwarzbrauner Mitte. Die meisten Helenium-Hybriden stammen von Karl Foerster.

Bewertung, Verwendung, Anzucht: H. hoopesii eignet sich für bunte Blumenbeete und für den Wildgarten, da die Pflanzen noch völlig ihren Naturwuchs behalten haben und allen Bemühungen der Züchter, eine Kulturpflanze aus ihnen zu machen, widerstanden. Diese Art ist auch als frühe Schnittblume mit ansehnlichen goldgelben Blüten – die es später im Überfluß gibt – wichtig. Sorten für den Blumenschnitt sind, weil sie

He

'Crimson Beauty' und 'Moerheim Beauty',
zwei rotblühende Helenium-Hybriden

Heliánthemum oelándicum ssp. alpéstre

Heliánthemum apenninum

recht früh in Flor kommen, ferner: 'Crimson Beauty' und 'Moerheim Beauty'. Man pflanzt sie gelegentlich extra zum Schnitt an, vier bis fünf Reihen auf ein Normalbeet. Im ersten Jahre ist der Ertrag noch gering, in dem kommenden steigt er beträchtlich. Nach drei Jahren muß man den Bestand umlegen. Natürlich eignen sich diese Sorten auch für bunte Blumenrabatten und für Wildstaudenpflanzungen, wenn sie dort nur vereinzelt verwendet werden oder aber überwiegen und die andern Perennen nur ihre Ergänzung sind. Sie passen gut zu *Chrysanthemum leucanthemum, Salvia × superba, Monarda, Platycodon* oder Stauden mit grauem Laub und polsterbildendem Wuchs. Auch an solchen Plätzen darf man *Helenium* nicht allzulange stehen lassen, denn sie nutzen den Boden so stark aus, daß selbst Düngen schließlich nicht mehr hilft. Die andern Sorten eignen sich für bunte Beete oder als dominierende Exemplare auch kleiner Gärten, wenn man sie geschickt einfügt. Sie wollen kräftigen, humusreichen Boden und dürfen nicht dürsten, sonst vergilben die Blätter der Stiele, was stört. Der Standort muß in voller Sonne liegen, der Boden darf nicht naß sein. Wenn die Exemplare gut stehen, gewässert und von Zeit zu Zeit gedüngt werden, zum Beispiel im zeitigen Frühjahr auf die Pflanzscheibe einen Volldünger gestreut bekommen, können sie riesig werden. Nach dem Flor schneide man die Blütenstände weg, damit alle Kraft in die Augen an der Basis geht und keine in den Samen. Man kann auch, um den Flor zu verlängern, im Juni einen Teil der Triebe kürzen, die dann zunächst neue Spitzen treiben und sich verzweigen. Solche Triebe bleiben auch niedriger und die Pflanze wird geschwächt. Vermehrt wird durch Aufpflanzen starker Grundrosetten, die man entweder im Herbst abtrennt und in Töpfe dreht oder im Frühling abnimmt und gleich auf Anzuchtbeete setzt. Das Abtrennen und Eintopfen kann auch im Winter erfolgen, man muß nur die nötigen Mutterpflanzen frostsicher einschlagen. Die eingedrehten Augen können ohne Bedenken in einen Kasten im Freien kommen. Man überzieht nur leicht mit Torfmull und deckt anschließend Fenster auf. Es lassen sich auch Wurzelschnittlinge machen, was ebenfalls eine Winterarbeit ist. Einzelne Sorten wachsen auch aus Stecklingen im Frühjahr, aber nicht alle, so daß diese Vermehrungsart wenig angewendet wird. Das Aufschulen von Grundrosetten im Frühjahr muß zeitig erfolgen. Wenn diese schon stärker ins Treiben gekommen sind, wachsen sie nur langsam weiter und ergeben bis zum Herbst keine verkaufsstarken Pflanzen. Bei Vermehrung im Spätherbst und Winter werden die Helenium im Laufe des Sommers ausreichend kräftig.

Heliánthemum · Sonnenröschen
Cistaceae   ○ ◐ ● △ ∥ ♡ ⬡

Im Namen stecken die griechischen Wörter helios = Sonne und anthos = Blume: Die Blumen öffnen sich mit dem Auftauchen der Sonne am Himmel und sind bereits ausgefallen, wenn sie im Westen untergeht. Genau übersetzt, müßten sie deutsch Sonnenblumen heißen, aber diesen Namen gibt es bereits für eine ganz andere Pflanze. Die Gattung umfaßt gegen 80 Arten, die vor allem im Mittelmeergebiet vorkommen. Nur einzelne gehen weit nach Norden wie *H. arcticum*, das noch oberhalb des Polarkreises auftritt. Die Pflanzen werden einjährige oder perennierende Kräuter oder Halbsträucher. Sie wachsen vielfach niederliegend, haben kahle oder behaarte, meistens gegenständige, längliche oder länglichrunde Blätter und blühen reich in traubenartigen Wickeln. Die Blumen haben 5 Kronblätter, welche eine flache Schale bilden. Neben den Arten gibt es zahlreiche Sorten, und es tauchen von Zeit zu Zeit weitere auf.

Heliánthemum apennínum (L.) Mill. (syn. *H. polifolium* (L.) Mill.), in West- und Südeuropa und Kleinasien auftretend, wird 10 cm hoch und höher und hat bis 30 cm lange Triebe, die locker auf dem Boden hinwachsen, ohne Wurzeln zu schlagen. Die Blätter sind linealisch-lanzettlich, etwa 10 bis 30 mm lang, graufilzig, unten dichter behaart, am Rande zurückgerollt. Die Blüten werden ungefähr 1 cm breit und bei der natürlichen Art gelb. Es gibt daneben die Sorten 'Carmineum' mit hellkarminroten und 'Roseum' mit lebhaft rosa Blumen.

Heliánthemum cánum (L.) Baumg. tritt in Süd- und

Helianthemum-Hybriden

Mitteleuropa (in Thüringen im Unstruttal), ferner in den Karpaten, in Kleinasien und selbst Südsibirien auf. Es ist ein reichlich sich verzweigendes, bis 10 cm hohes Sträuchlein, dessen blühende Zweige aufrecht stehen, die andern ziehen sich am Boden hin. Sie bekommen graufilzige, bis 2,5 cm lange Blätter und blühen reich mit nicht sehr großen, dunkelgelben Blümchen, die in Unmassen erscheinen.

Heliánthemum-Hybriden ist der Sammelname für alle Gartensorten, die in der Mehrzahl durch Kreuzungen entstanden sind. Sie bilden bis 20 cm hohe Zwergsträucher mit mäßig langen Trieben, einzelne schmiegen sich dicht an den Boden. Alle blühen sehr reich.
Von den zahlreichen Sorten seien aufgeführt: 'Blutströpfchen' – ein sehr kräftiges, reines Rot zeigend; 'BS-Goldring' – goldgelb mit rotem Schlundring; 'Citronella' – zitronenfarben; 'Gelbe Perle' – reingelbe, gefüllte Blumen; 'Gelber Findling' – kriechend im Wuchs, überreich blühend; 'Golden Queen' – goldgelb, sehr leuchtend im Ton; 'Lawrensons Pink' – seidig kräftigrosa mit hellerer Mitte; 'Rubin' – gefüllte, feuerrote Blumen; 'Supreme' – funkelnd dunkelscharlach.

Heliánthemum lunulátum (All.) DC. wächst ebenfalls rasig, hat aber graugrünes Laub, Blüten goldgelb.
Heliánthemum oelándicum (L.) DC. ssp. **alpéstre** (Jacq.) Breistr. (syn. H. italicum ssp. alpestre (Jacq.) Beger) wird vor allem in der Kulturvarietät 'Serpyllifolium' angepflanzt. Die Exemplare haben dunkelgrünes Laub und bilden beinahe geschlossene Teppiche. Die Blüten werden goldgelb und stehen in 2- bis 6blütigen Wickeln beisammen. Der Flor hält lange an.

Bewertung, Verwendung, Anzucht: Die Sonnenröschen sind unentbehrliche und äußerst dankbare Pflanzen für Steingärten, Trockenmauern und für Wegeinfassungen. Man kann sie sogar als Unterpflanzung unter Rosenhochstämmen setzen... etwa weiß blühende unter rote Rosen, rot blühende unter weiße, gelbe oder rosa Rosen. Die Pflanzen wollen kalkhaltigen, normalen Gartenboden haben, der recht durchlässig sein muß, denn feuchter Standort wird schlecht vertragen. Sie müssen in voller Sonne stehen. Leider erfrieren in sehr harten Wintern viele Sorten und einzelne Arten, wogegen auch nicht hilft, wenn man mit Reisig abdeckt. Manchmal treiben die Stücke noch aus, aber schließlich gehen sie doch ein. Die Sonnenröschen sind jedoch etwas so Liebenswürdiges, daß man nicht zögert, sie nach völligem Verlust dennoch wieder zu pflanzen. Das soll nur im Frühling mit Pflanzen aus Töpfen geschehen. In normalen Jahren frieren höchstens die Spitzen zurück, und man kann die Exemplare lange haben, wenn es keinen schweren Winter gibt. Vermehrt wird durch nicht zu kleine Stecklinge im zeitigen Frühjahr oder auch im Frühherbst. Man steckt in Handkästen, überwintert in einem kalten Kasten unter Glas oder in einem sehr kühlen Kalthaus. Die jungen Pflanzen dürfen über Winter weder zu trocken noch zu naß stehen. Später setzt man sie in tiefe – oder lange – Töpfe. Man muß öfter anheben, sonst dringt die Hauptwurzel, welche sehr lang werden kann, durch das Abzugsloch und verzweigt sich außerhalb der Töpfe. In diesen hat man dann fast keine Wurzeln, und die Pflanzen wachsen schlecht an. Man kann auch aus Samen heranziehen, der sehr spielt, auch bei den Arten. Eingewachsene Bestände schneide man gelegentlich kräftig zurück, damit sie nicht innen kahl werden. Die Zeit dafür ist im Mai/Juni.

Heliánthus · Sonnenblume
Compositae ☉ ♃ ☾ ☽ ✕ ⬡

Auch im Namen dieser Pflanze stecken die griechischen Wörter helios = Sonne und anthos = Blume; sie nehmen darauf Bezug, daß die Blumen von *H. annuus* an die Sonne erinnern, dieser auch bei ihrem Weg über den Himmel folgen, so daß die Blumen stets nach der Sonne zeigen. Man kann das an jedem Sonnenblumenfeld gut beobachten. Die Gattung ist gegen 100 Arten stark, welche ein- oder mehrjährige, oft stattliche, meistens behaarte Kräuter werden und vor allem in Nordamerika, einige Arten auch in Mittel- und Südamerika, zu Hause sind. Die Blumen von *H. annuus* waren bei den Inkas Symbole des Sonnengottes und wurden in mannigfachen Abwandlungen als Schmuck nachgebildet. Ihre erste Beschreibung stammt von Dr. Monardes (nach dem die *Monarda* benannt wurden), der sie in einer 1569 erschienenen Schrift behandelte und auch veranlaßte, daß Samen nach Europa gesandt wurde. Hier wurde sie bald weithin bekannt, und man findet sie unter dem Namen Flor solis in allen späteren Kräuterbüchern geschildert. Außer dieser Art haben auch noch andere großen Wert als Gartenzierden. Sonnenblumen wurden auch häufig gemalt. Am bekanntesten ist das Bild van Goghs. Schön ist auch ein Werk Braques, der einen dunklen Fruchtstand voller Körner gemalt hat.

Einjährige Arten

Heliánthus ánnuus L. wächst in den westlichen und südlicheren Gebieten Nordamerikas in der Prärie an

He

Sonnenblumen, einfach und gefüllt

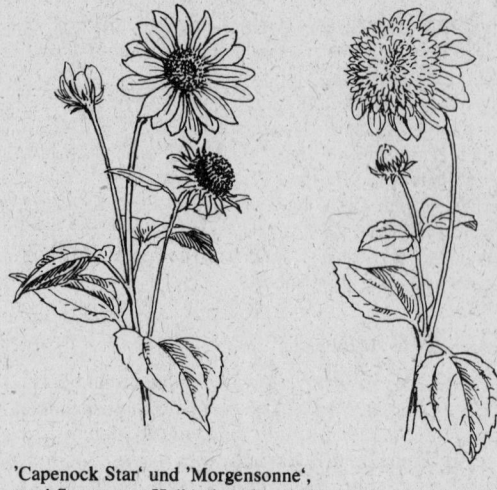

'Capenock Star' und 'Morgensonne', zwei Sorten von Heliánthus decapétalus

trockenen Plätzen und wird dort etwa 1,5 m hoch. Durch die nun schon jahrhundertelange Kultur entstanden zahlreiche Sorten und Typen. Manche bringen nur eine riesige, andere mehrere weniger große Blumen oder eine Reihe kleinerer, die auch gefüllt sein können. Ebenso gibt es in der Höhe zahlreiche Unterschiede. Ferner wurden Sorten erzielt, deren Blumen nur eine mittelgroße Scheibe haben und ziemlich lange Zungenblüten oder zwei Farben aufweisen wie 'Abendsonne', rostrot mit gelben Spitzen. Zur Schnittblumengewinnung ist die im Handel angebotene „Mischung hoher einfacher und gefüllter Sorten" günstig, sie bietet eine große Auswahl an mittelgroßen und kleineren Blumen für die Vase. Die goldgelbe 'Sunkist' (Sonnenkuß) gibt es auch als gefüllte Sorte von nur 60 cm Höhe. 'Uniflorus' wird dagegen bis zu 3 m hoch und bringt nur eine riesige einfache Blume.

Heliánthus argophýllus Torr. et A. Gray hat auf allen Teilen der Pflanzen einen silbrig filzigen Überzug, der aber auf den Blättern am stärksten auffällt. Die Pflanzen stehen *H. annuus* nahe, werden nur nicht so hoch wie diese Art, verzweigen sich manchmal bereits kurz über dem Boden, sonst weiter oben und bringen in der Regel mehrere bis etwa 20 cm breite Blumen. Sie haben orangegelbe Zungenblüten als Einfassung und eine gelbe oder dunkle Scheibe. Ihre Samen bleiben ebenfalls kleiner. Es gibt auch eine gefüllte Form. Wenn die Pflanzen nahe bei *H. annuus* stehen, kommt es oft zu Kreuzbefruchtung, und die Nachkommen von *H. argophyllus* verlieren ihren charakteristischen Filz. Man muß also gut trennen und die Samenträger auch nach der Dichte des Haarkleides aussuchen.

Heliánthus débilis Nutt. selbst wird nicht kultiviert, sondern nur ssp. **cucumerifólius** (Torr. et A. Gray) Heiser, die Gurkenblättrige Sonnenblume. Sie hat relativ kleine, zarte, herzförmige, mit vorspringenden Zähnen gerandete Blätter. Die Pflanzen werden selten über 120 cm hoch und verzweigen sich. Sie bringen meistens mittelgroße Blumen mit kleiner Scheibe mit ansehnlichen Zungenblüten. Die Scheibe kann hell oder dunkel sein, die Randblüten sind verschieden gelb, rotbraun bis braun, oft auch geflammt, oder sie weisen eine Zone um die Scheibe auf. Es gibt Mischungen und wiederum eine lange Reihe von Sorten. Eine der schönsten Mischungen ist 'Herbstschönheit', bei welcher auch seltene Tönungen auftreten. Manchmal schimmern die Blüten purpurn oder rosa und lila. Eine schöne einfarbige Sorte ist 'Stella' mit goldgelben, sehr formvollendet wirkenden Blumen. 'Perkeo' hat gelbe Blüten, und die Pflanzen werden nur etwa 50 cm hoch.

Bewertung, Verwendung, Anzucht: Auch die Sonnenblumen sieht man in jedem Garten, so daß es sich erübrigt, für sie ein Wort einzulegen. Man pflanzt sie einzeln oder in kleinen Tuffs, man kann die buschig wachsenden Sorten oder Typen als Zaunverkleidung verwenden, aus ihnen lockere Hecken bilden, sie auch in bunte Beete einstreuen. Ferner liefern alle nicht zu großblumigen Arten und Sorten ausgezeichnete, allgemein geschätzte Schnittblumen für große Vasen. Auch werden Sonnenblumenkerne als Vogelfutter gebraucht, und sie sind wichtig zur Öl- und Ölkuchengewinnung. Es liegt auf der Hand, daß solch stattliche Pflanzen mit einer sehr großen oder vielen kleineren Blumen gut ernährt werden wollen, damit sie hergeben können, was ihnen möglich ist. Sonnenblumen brauchen also nährstoffreiche Erde. Man soll im Herbst verrotteten Dung oder Kompost eingraben, kann auch während der Vegetationsperiode flüssig mit Volldünger nachhelfen oder vor dem Pflanzen streuen. Bei Trockenheit wässere man. Man kann an den vorbestimmten Platz säen, Horst- oder Stufensaat, und muß dann zuviel gekommene Exemplare wegschneiden. Saatzeit ab Ende April bis Mitte Mai. Man kann aber auch in kleine Töpfe säen und aus diesen pflanzen. Dann blühen die Bestände früher, bekommen aber in trocknen Jahren keine tiefdringenden Wurzeln: Man muß dann also unbedingt wässern! Schneiden darf man die Köpfe, wenn die Scheibenblüten anfangen, sich zu öffnen, also nicht zu knospig. Will man Samen ernten, ist es unerläßlich, die Köpfe mit Gaze vor Vögeln zu schützen, die sich an den weichen Kernen gütlich tun, sobald sie dazu gelangen können. Abgeschnittene, nicht von Natur aus völlig reife Köpfe faulen im Herbst leicht; man muß sie recht luftig aufhängen und öfter kontrollieren.

Ausdauernde Arten

Heliánthus atrorúbens L. (syn. H. sparsifolius hort.) aus dem Südosten Nordamerikas ist eine mannshoch werdende Staude mit kriechendem Erdstamm, der reichlich bleistiftstark wird. Die Stengel sind dunkel- bis hellgrün, rund, kurz behaart, und die Pflanzen haben breit-lanzettliche, zugespitzte, häufig dreinervige Blätter. Sie sitzen gegenständig. Die Blumen erscheinen teils aus den Achseln, teils teilen sich die Stengel an ihrem Ende mehrfach. Die Blumen sitzen auf 40 cm langen, festen Stielen und werden bis 18 cm breit. Sie haben eine bis 8 cm breite, dunkle Scheibe, und diese ist von einem manchmal mehrreihigen Kranz goldgelber, etwas gedrehter Zungenblüten umgeben. Es gibt eine Reihe von Auslesen, die besonders große und schön geformte Blüten bringen, aber nicht benannt wurden. Ferner ist die Sorte 'Monarch' zu erwähnen: Sie hat breite, fast halbgefüllte Blumen und wird gegen 150 cm hoch. *H. atrorubens* blüht von Mitte oder Ende August bis manchmal Anfang Oktober.

Heliánthus decapétalus L. ist eine etwa 1 bis 1,2 m hohe Staude. Sie bringt zahlreiche dünne, aber straffe Triebe und dünne, breit-lanzettliche, etwa 15 cm lange und fast halb so breite Blätter, die gegenständig sitzen. Die Blumen werden mittelgroß und stehen auf langen, festen Stielen; sie erscheinen end- und blattachselständig. Die Stammart wird nicht kultiviert, sondern die weitaus schöneren Züchtungen: 'Capenock Star' — Blumen zitronengelb mit ebensolcher Scheibe, bis 8 cm breit, sehr reich blühend; 'Meteor' — Blumen goldgelb, halbgefüllt, Pflanzen bis 1,5 m hoch werdend; 'Morgensonne' — lebhaft indischgelbe, ziemlich große Blumen mit anemonenartiger Mitte, Höhe 1,2 m; 'Triumpf von Gent' — einfach, goldgelb, ziemlich groß. Die Pflanzen blühen im Juli/August.

Heliánthus rígidus (Cass.) Desf. (syn. H. scaberrimus Ell.) wird bis 1,8 m hoch und wächst in den subtropischen, trockneren Gebieten Nordamerikas. Die eiförmigen, zugespitzten Blätter sind derb, beiderseits behaart, werden 20 bis 25 cm lang, haben einen geflügelten Blattstiel und sind am Rande gesägt. Die Blattfläche wirkt wie gehämmert. Die Blumen werden bis 10 cm breit, haben eine rotbraune Mitte, und die Randblüten sind hellgelb. Schöner ist die gelbe 'Daniel Dewar'. *H. rigidus* blüht im August/September.

Heliánthus salicifólius A. Dietr. (syn. H. orgyalis DC.) wird bis 2,5 m hoch, hat glatte, oft rotbraun angelaufene Stiele, die nicht kerzengerade in die Höhe streben, sondern leicht gebogen wachsen. Sie sind bis zur Spitze ziemlich dicht mit wechselständig sitzenden, an das Weidenlaub erinnernden, 15 bis 30 cm langen oder längeren, 5 bis 10 cm breiten Blättern besetzt, die einen kurzen Stiel aufweisen und schwach entfernt-gesägt sind. Die Triebe verzweigen sich erst nahe dem Ende und bringen einen lockeren Blütenstand etwa 5 cm breiter Sonnenblumen mit gelbgrüner, später reingelber Scheibe und ebensolchen Zungenblüten. Die Art blüht erst im September/Oktober.

Heliánthus tuberósus L. ist der Topinambur, auf deutsch die Erdbirne. Die Pflanzen werden bis 2 m hoch und haben einen knolligen Wurzelstock, der als Schweinefutter verwendet werden kann, doch ist bei uns der Ertrag gering. Die Bestände wuchern stark und können zum Unkraut werden.

Bewertung, Verwendung, Anzucht: H. atrorubens liefert beliebte, höchst effektvolle Schnittblumen, die sich gut eine Woche halten. Man darf nicht zu früh schneiden und muß tief ins Wasser einstellen. Man kann auch die Stiele ein Stück aufritzen und unter Wasser nachschneiden. Die Pflanzen sind aber keine Gartenstauden im eigentlichen Sinne. Man muß ihnen einen größeren Platz in voller Sonne und nahrhaften, etwas trocknen Boden einräumen, wo die Erdstämme umherwandern können. Auch ist nötig, öfter frisch zu pflanzen. Man reißt dazu im Frühjahr Ausläufer ab, schneidet etwas nach und kürzt, wenn die Stücke zu lang sind. Dann pflanzt man mit dem Pflanzholz auf 30 cm allseitigen Abstand. Die Sorte 'Monarch' und die guten Auslesen kann man im Mai auch durch Stecklinge vermehren. Man steckt sie unter Glas, hält gut verschlossen und setzt später in nicht zu kleine Töpfe, die in einem Frühbeet unter guter Reisigdecke und Glasschutz zu überwintern sind. Im Frühjahr schließlich pflanzt man aus. Es gibt mancherorts ausgedehnte Bestände zu keinem andern Zweck als zur Schnittblumengewinnung. Über Winter soll man, da die Art sehr tiefe Temperaturen nicht verträgt, vorsorglich mit trockenem Laub anschütten. Auch die Blumen von *H. decapetalus* lassen sich schneiden und wirken schön. Sie halten sich aber nur, wenn man die Stiele nachschneidet und anschließend kurz in kochendes Wasser hält. Sonst sind es dankbare, anspruchslose Perennen für bunte Blumenbeete, auch für Wildstaudengärten. Freilich muß man dort auf ihren etwas säulenförmigen, starren Wuchs Rücksicht nehmen, da er nicht überall hinpaßt: runde Büsche bildende Pflanzen und lockere Gräser sehen neben solchen Stauden besser aus als weitere säulenförmig wachsende. Sie stellen an den Boden keine besonderen Ansprüche, werden aber in humusreichen Gartenböden üppiger und bringen größere Blumen als auf armem Sand. Man kann durch Teilung im Frühjahr vermehren oder auch durch Stecklinge. Bis zum Herbst oder spätestens bis zum

He

 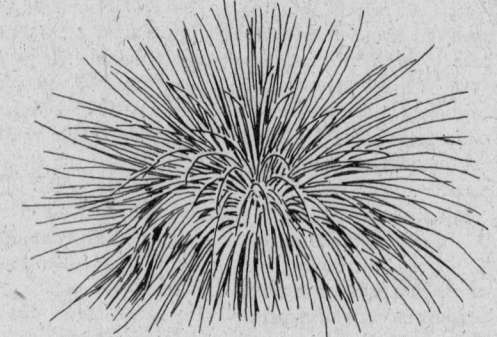 

Helichrýsum bracteátum   Helictótrichon sempérvirens   Heliópsis helianthoídes var. scábra

nächsten Frühjahr sind die Anzuchten verkaufsstark. Das gilt auch von *H. rigidus*, einer Allerweltsstaude, die zahlreiche Rhizome bildet. Die Weidenblättrige Sonnenblume, *H. salicifolius*, wird gern so gepflanzt, daß man sie gegen den Himmel vor sich sieht, oder an Wasserbecken, in denen sich die Triebe spiegeln. Die Pflanze will aber keinen sumpfigen Standort, sondern sie wächst selbst an ziemlich trockenen Plätzen kräftig. Nötig ist auch ein Platz in voller Sonne.

Helichrýsum · Strohblume
Compositae ☉ ☉ ◐ ◑ ∥ ✕

Die Herkunft des Namens ist umstritten. Man findet ihn bereits bei Plinius als Heliochrysus. Darin kann das griechische helios = Sonne und chrysos = Gold stecken, was sich darauf bezöge, daß einige Arten goldgelbe Blütenköpfe haben. Die Gattung umfaßt gegen 500 Arten, welche außer in Amerika in allen Erdteilen auftreten, freilich in Südafrika und auf dem fünften Kontinent mit seinen Inseln in der Mehrzahl, in Europa nur mit 18 Arten. Es werden ein- oder mehrjährige Kräuter, auch Halbsträucher und Sträucher, die in ihrer Tracht sehr mannigfaltig sind und selbst wie Heidekraut aussehen. Viele sind also ausgesprochene Xerophyten. Für uns am wichtigsten sind die Gartenstrohblumen und eine nicht winterharte Art mit weißfilzigem Laub.

Helichrýsum bracteátum (Vent.) Andr. stammt aus Australien und ist dort ein- und auch mehrjährig, wird hier aber als Einjahrsblume behandelt. Die Pflanzen werden aufrechte, 80 bis 100 cm hohe, verzweigte Kräuter mit länglichen, etwa 10 cm langen Blättern. Die Blütenkörbe erscheinen endständig an den sich reichlich verästelnden Stielen. Die Blumen haben eine gelbe Scheibe und um diese herum mehrere Reihen häutiger Hüllblätter von verschiedener Färbung. In Kultur sind nur die Sorten der Monstrosum-Gruppe, sie bekommen bis 8 cm breite, stark gefüllte Blumen in den Farben Weiß, Gelb, Purpurviolett und Rosa. Die Sorte 'Feuerball' blüht leuchtend rot. Es gibt auch eine Form 'Nanum', diese Pflanzen werden nur 30 bis 35 cm hoch, haben aber gleichfalls breite Blumen in den aufgeführten Farben.

Helichrýsum petioláre Hilliard et B. L. Burtt (syn. *H. petiolatum* auct. non (L.) DC., *Gnaphalium lanatum* hort.) aus Zentralafrika wächst niederliegend-aufsteigend und bildet bis 35 cm hohe, sich reichlich verzweigende Kräuter mit auffällig silberweißem Laub. Die Blätter sind eirund, etwa 1,5 cm bis 2,5 cm lang und beinahe gleich breit, sie werden reichlich angesetzt. Die Blumen sind rahmweiß und stehen in 3 bis 7 cm breiten, dichten, wolligen Doldentrauben, haben aber keinen großen Schmuckwert. Es entstanden mehrere Sorten, von welchen 'Minor' wichtig ist, da die Pflanzen zierlicher bleiben und nur 10 bis 15 cm hoch werden, auch dichtere Flächen bilden.

Bewertung, Verwendung, Anzucht: Helichrysum bracteatum gehört neben *Limonium* zu den wichtigsten Strohblumen, also zu den Trockenblumen oder Immortellen für Kranzbinderei aller Art. Die niedrig bleibende Form eignet sich für bunte Blumenbeete, doch auch ihre Blumen kann man trocknen. Man säe im April unter Glas aus, pflanze auf Beete in 5 oder 6 Reihen, innerhalb dieser mit etwa 20 cm Abstand. Die Art wünscht humusreichen Boden, der Standort muß in voller Sonne liegen und etwas trocken sein. Bei Großanbau drillt man gegen Ende April gleich auf die Flächen. Reihenabstand etwa 40 bis 45 cm je nach der Arbeitsbreite der Hackgeräte. Schneiden soll man, wenn die Köpfe ausgewachsen sind und ihre Farbe zeigen. Dann bündelt man und hängt die Blüten an einen luftigen absonnigen Platz zum Trocknen auf. *H.*

petiolare wird wegen der neutralen, verbindenden Farbe seines Laubes sehr gern in bunte Blumenrabatten oder unter Rosenhochstämme gesetzt und auch als Einfassung verwendet. Es ist von unübertrefflicher Wirkung. Die Pflanzen lassen sich aus Samen heranziehen, doch ist Vermehrung durch Stecklinge häufiger. Dadurch kann man die besonders silbrig belaubten Mutterpflanzen am sichersten erhalten. Im August steckt man 5 bis 7 Spitzen in einen 10-cm-Topf mit normaler, etwas mit Sand versetzter Kulturerde, hält zunächst unter Glas, entfernt dieses aber, sobald die Stecklinge Wurzeln geschlagen haben. Über Winter kommen die Bestände in ein Kalthaus auf die Hänge. Dort dienen sie ab Januar als Mutterpflanze für die Massen, die man im kommenden Sommer braucht. Man kann in Handkästen oder in ein Vermehrungsbeet stecken, muß dann eintopfen – die Erde soll etwas schwerer sein als vorher – und bringt bei geeigneter Witterung in einen lauwarmen Kasten. Von da aus pflanzt man schließlich auf die Beete, wo man sie haben will. Man kann *H. petiolare* auch zu kleinen Hecken von 10 bis 20 cm Höhe formieren, indem man sie zweimal mit der Grasschere zuschneidet.

Helictótrichon · Wiesenhafer
Gramineae

Dieser „gelehrte" botanische Gattungsname enthält den Hinweis, daß die Grannen (gr.thrix = Haar) gewunden sind (= heliktos); er findet sich schon in der von Roemer und Schultes 1817 bis 1830 herausgegebenen 16. Auflage von Linnés „Systema vegetabilium", ist also kein neuerfundener Zungenzerbrecher für Gartenfreunde. Die Gattung, zu der etwa 20 Staudengräser im östlichen Mittelmeergebiet und in Asien gehören, ist nahe verwandt mit der Gattung *Avena*, dem Hafer, die etwa 50 einjährige Arten umfaßt. Lange Zeit zählte man die Wiesenhaferarten zu *Avena*; erst vor wenigen Jahren ist die Trennung der Arten beschlossen worden. Die deutschen Pflanzennamen blieben davon unberührt.
Helictótrichon sempérvirens (Vill.) Pilg. (Avena sempervirens Vill., A. candida hort.), der Blaustrahlhafer, bildet bis 50 cm hohe Büschel steifer, starrer Halme von eigenartig blaugrüner Farbe und blüht im Hochsommer mit blaßgelben Blütchen auf meterhohen und höheren Stielen.

Bewertung, Verwendung, Anzucht: Der Wiesenhafer ist ein farblich sehr wirksames Staudengras für trokkenere Standorte; große Nässe wäre ungünstig. Es eignet sich als Einsprengsel in flächige Staudenpflanzungen, auch sozusagen als Schnittpunkt, an dem zwei oder drei Arten zusammentreffen, paßt zu weißfilzig belaubten Stauden oder gelblichgrünen, zu gelb blühenden, ferner als Kante an einen Fahrweg. Man muß immer zeitig im Jahre pflanzen und teilen, die Stücke dürfen nicht zu klein gemacht werden, und bis sie erneut durchtreiben, soll man häufiger überbrausen, sonst dauert es zu lange. Als Boden ist jeder normale Gartenboden recht, auch lehmiger. Der Standort muß in voller Sonne liegen. Im Frühling, etwa Ende März, soll man die alten Halme stark zurückschneiden, damit sie später nicht das Bild stören; es muß so zeitig geschehen, daß dabei nicht zugleich der neue Trieb beschädigt wird. Die Exemplare können zehn Jahre und länger an ihrem Platz verbleiben.

Heliópsis · Sonnenauge
Compositae

Im Namen stecken die griechischen Worte helios = Sonne und opsis = Gesicht, Anblick, Aussehen; sie beziehen sich darauf, daß die Blumen ähnlich wie die Sonnenblumen Abbilder der Sonne sein könnten. Es sind ausdauernde Kräuter mit holzigen Erdstämmen, zahlreichen aufrechten, runden Stengeln, 50 bis 150 cm hoch, und mit eiförmig-lanzettlichen, gesägten Blättern, die gegenständig erscheinen. Die Blumen werden ansehnliche Körbchen mit goldgelben Blüten. Die Gattung ist 7 Arten stark, alle sind in Nordamerika beheimatet. Als Gartenpflanze hat nur Wert
Heliópsis helianthoídes (L.) Sweet var. **scábra** (Dun.) Fern., und zwar die aus dieser Varietät gezüchteten Sorten. Schön sind 'Hohlspiegel' – sehr große, halbgefüllte, goldgelbe Blumen; 'Sonnenschild' – dunkelgoldgelb mit grünlicher Mitte; 'Spitzentänzerin' – Einzelblüten mit feinstrahliger Zunge, Blumen halbgefüllt, gelb. Neu ist die orangegelbe 'BS-Goldspitze'. Alle blühen von Juli bis in den September.

Bewertung, Verwendung, Anzucht: Heliopsis sind seit langem allgemein geschätzte Schmuckstauden für bunte Rabatten. Sie bilden etwas steife, säulenartige Büsche, und man muß genau abwägen, was für Stauden zu ihnen passen... Arten mit gleicher Tracht nur ausnahmsweise! Die Sorte 'Hohlspiegel' bringt Schnittblumen, die beliebt sind, weil sie sich 8 bis 11 Tage halten. Alle wünschen guten, nicht zu nährstoffreichen Boden, der im Sommer nicht zu trocken, im Winter keinesfalls naß sein darf. Sie stehen am besten in voller Sonne, vertragen aber etwas Streuschatten. Will man Qualitätsblumen, ist Wässern und Streuen von Volldünger im Frühjahr unerläßlich, sonst genügt das Überziehen der bestandenen Fläche mit gutem Kompost, am besten aller zwei Jahre. Die Bestände können dann zehn und mehr Jahre an ihrem Platz bleiben. Freilich dauert es auch einige Zeit, ehe sie ansehnlich geworden sind. Vermehrt wird aus Samen, wobei man aber nur guten Durchschnitt erhält, besser durch Teilung und Stecklinge. Aussaat im Frühjahr unter Glas, dann auf Anzuchtbeete setzen. Die Bestände sind im nächsten Frühjahr verkaufsstark, manchmal bereits im Herbst. Stecklinge schneidet man ebenfalls im Frühjahr und steckt in ein Vermehrungsfrühbeet mit etwas Unterwärme. Es ist günstig, wenn man mit Bewurzelungspulver arbeitet; dann sind die Resultate besser. Die Stecklinge schlappen leicht, er-

He

Helípterum manglésii

Helípterum róseum

Helleborus-Hybride

Helléborus níger

holen sich aber in den Nächten wieder. Später pflanzt man entweder auf Anzuchtbeete oder in Töpfe, aus diesen kann man auch verkaufen. Stecklinge werden nur ausnahmsweise bis zum Herbst verkaufsstark. Das Teilen kann im Winter im Haus geschehen; man muß nur die Mutterpflanzen ausheben und so einschlagen, daß sie auch bei Frost hereingeholt werden können. Man kann sehr stark teilen: jeden alten Stiel in zwei Hälften mit je einem Auge aufschneiden, eintopfen und ins Freie räumen, wo man sofort etwa 10 cm hoch mit Torfmull abdeckt. Im Frühling wird der größte Teil des Torfes entfernt. Man läßt die Stücke durchtreiben und pflanzt dann aus wie Stecklinge.

Heliotrópium · Sonnenwende, Heliotrop
Boraginaceae ☉ ○ ◐ ◑

Im Namen stecken die griechischen Wörter helios = Sonne und tropos = Wendung; sie nehmen darauf Bezug, daß die Blütenstände dem Laufe der Sonne folgen und sich dieser stets zuwenden. Die Gattung umfaßt gegen 250 Arten, welche Kräuter bis Halbsträucher, nur ausnahmsweise Sträucher werden. Sie treten in den tropischen und subtropischen Gebieten fast sämtlicher Erdteile auf. Gartenpflanze wurde nur eine Art.

Heliotrópium aboréscens L. (syn. H. corymbosum Ruiz et Pav.), in Peru und Ekuador auftretend, ist als ursprüngliche Art nicht mehr in Kultur. Wir verwenden nur noch Kulturvarietäten. Sie sind kleine, sich mehrfach verzweigende Sträuchlein mit ovalen, bis 12 cm langen und etwa ein Drittel so breiten, etwas runzeligen, oberseits dunkelgrünen, unterseits ein wenig helleren Blättern. Die Blüten werden klein, tiefviolett, sie duften stark nach Vanille und stehen in Wickelähren, die zu ansehnlichen Doldentrauben vereinigt sind. Sie erscheinen von Juli an bis zum Frost. Es gibt eine Reihe Sorten, empfohlen wird die dunkelblaue 'Marine', sie hat große Blütenstände.

Bewertung, Verwendung, Anzucht: Heliotropium waren früher als Beet- und Balkonpflanzen sehr beliebt, und nach ihrem Duft ist sogar ein Parfüm genannt, das aber künstlich hergestellt wird. Man kann von ihnen wie bei Fuchsien und Lantanen auch Hochstämmchen heranziehen. Man sät im Januar in sandige Lauberde, verstopft später – aber nicht zu bald –, setzt dann in Töpfe, pflanzt notfalls noch einmal um und schließlich an den vorgesehenen Platz. Die Erde soll allmählich etwas schwerer werden, man nehme zuletzt eine Hälfte Komposterde, für die andere Hälfte zu gleichen Teilen Lauberde, Sand und Torfmull. Bodenwärme bei der Aufzucht ist angebracht, damit die Bestände rascher heranwachsen. Man stutze auch ein- oder zweimal und dünge gelegentlich. Heliotrop dürfen aber vor dem 20. Mai nicht ins Freie gepflanzt oder gestellt werden, da sie recht frostempfindlich sind. Man setzt sie gern in Balkonkästen oder große Blumenschalen und gibt wegen der dunklen Farbe weiße oder rosa und rote Petunien als Nachbarn. Außer durch Samen wird Heliotropium durch Stecklinge vermehrt. Solche Bestände blühen früher und wachsen völlig gleichmäßig. Aber man braucht Mutterpflanzen und muß diese überwintern. Leider geht das selten ohne Ausfälle ab. Jungpflanzen werden auch von Spezial-Jungpflanzenbetrieben geliefert, und man braucht nur zu kultivieren. Hochstämme lassen sich ebenfalls aus Samen heranziehen, wobei man leider nicht ganz sicher sein kann, daß die Pflanze in Farbe und Wuchs befriedigen wird. Auch von Sorten lassen sich Kronenbäumchen ziehen. Man darf nur einen starken Trieb durchgehen lassen, allmählich ist abzuhärten und den ganzen Sommer hindurch im Topf zu halten. Sobald die gewünschte Stammhöhe erreicht ist, stutzt man, damit sich die Krone entwickeln kann. Heliotrop-Stämme ziehen ist aber nur eine schöne Beschäftigung für Liebhaber: Sie bringt nichts ein, und man braucht Geduld. Hat man ein schönes Kronenbäumchen gezogen und über die ersten zwei Winter gebracht, ist das Ziel erreicht, und bei einiger Sorgfalt braucht man nichts mehr zu befürchten. Im Winter bekommen die Pflanzen leicht Läuse, vor allem wenn man zu warm hält und zu wenig lüftet. Entdeckt man welche, soll man sofort spritzen oder stäuben und luftiger oder kühler halten.

Helípterum · Sonnenflügel
Compositae ☉ ○ ◐ ◑ ✕

Im Namen stecken die griechischen Wörter helios = Sonne und pteron = Flügel, daher auch unser deutscher Name; pteron bezieht sich darauf, daß die Blütenköpfe häutige, dünne Randblüten und Hüllkelchblätter haben, die an die Flügel von Insekten erinnern. Die Pflanzen werden ein- oder mehrjährige Kräuter, einzelne Arten Halbsträucher. Zur Gattung gehören 48 Arten, von welchen 36 in Australien auftreten, der Rest in Südafrika. Die angebauten Arten sind wegen ihrer Immortellenblumen wichtig.
Helípterum humboldtiánum (Gaudich.) DC. (syn. H. sandfordii Hook.) wird 20 bis 50 cm hoch, bildet zunächst einen Schopf linealischer bis lanzettlicher Blätter und blüht in dichten Doldentrauben mit leuchtend gelben, etwas grünlich schimmernden, 5 bis 8 mm breiten Köpfchen. Anfangs sind die ganzen Pflanzen weißlich wollig-behaart, später werden sie fast kahl. Die Blumen erscheinen ab Juli.
Helípterum manglésii (Lindl.) F. von Muell. (syn. Rhodanthe manglesii Lindl.) aus Westaustralien wird bis 30 cm hoch, hat eirunde bis längliche, ein wenig stengelumfassende, etwa 5 bis 7 cm lange Blättchen. Die Blumen erscheinen einzeln auf dünnen Stielchen und werden 2 bis 3 cm breit. Die äußeren Hüllblätter sind silbrig, die inneren werden rosarot.
Helípterum róseum (Hook.) Benth. (syn. Acroclinium roseum Hook. und unter diesem Namen heute noch in vielen Katalogen aufgeführt) bildet bis 50 cm hohe, ansehnliche Büschlein, hat zungenförmige Blätter und blüht mit einzeln auf drahtigen Stielen sitzenden, bis 5 cm breiten Köpfen. Ihre gelbe und auch weiße Scheibe ist von mehreren Reihen Hüllblättern umgeben, die außen seidig glänzen, nach innen zu Blütenblättern ähneln, bis 1,5 cm lang und rosarot werden. Auch gibt es Köpfchen mit rahmweißen, zartrosa bis fleischfarbenen und kräftigrosaroten „Blumenblättchen", insbesondere auch stärker gefüllte, die als „Großblumige gefüllte Spielarten" angeboten werden, auch als 'Plenum' gehen.

Bewertung, Verwendung, Anzucht: Helipterum sind reizende Trockenblumen, zu anderen Zwecken pflanzt man sie nicht an. Sie wollen sonnig, trocken und luftig stehen und wünschen leicht sauren Boden! Man muß also der Erde Laub- oder Moorbeeterde oder Torfmull zusetzen. Ohne solche Beimengungen bekommen die Bestände bald Chlorose. Es ist auch in leicht saure Erde auszusäen: Man sät im April ins Frühbeet und pflanzt später an geeignete oder besonders hergerichtete Plätze, 5 bis 6 Reihen je Normalbeet, innerhalb derselben mit 15 bis 20 cm Abstand. Man kann auch an Ort und Stelle säen. Bei gepflanzten Beständen wird aber der Ertrag an Blumen größer. *H. roseum* ist die robusteste Art. Die andern beiden versagen in nassen Sommern leicht. Blumen soll man um die Mittagszeit schneiden, wenn sie völlig trocken sind. Man schneidet, wenn die Scheibenblüten anfangen, sich zu strekken und sich öffnen wollen, bündelt und hängt an einem luftigen Platz außerhalb der Sonne zum Trocknen auf.

Helléborus · Christrose, Nieswurz
Ranunculaceae ♃ ◐ ○ ◑ ✕ ○

Helleboros hieß die Nieswurz bereits bei den Griechen des Altertums. Die Herkunft des Wortes ist unsicher. Es sind ausdauernde Kräuter mit meistens kräftigem Wurzelstock und grundständigen, gestielten, fußförmig oder fächerartig geteilten, oft derben Blättern. Sie haben ansehnliche Blumen in verschiedenen Farben. Die Gattung umfaßt 22 Arten, zwischen einzelnen bestehen aber nur geringe Unterschiede. Die Christrosen sind auf Mittel- und Südeuropa mit Ausläufern nach Kleinasien beschränkt. Alle Arten enthalten in Blättern und Wurzeln zwei sehr giftige, kristallisierbare, im Wasser schwer-, in Alkohol leichtlösliche Glykoside: Helleborin und Helleboreïn. Dies war bereits Hippokrates bekannt, und man verwendete die Christrosen schon im Altertum zur Herstellung von Giften. Hochgeschätzt ist bei uns die im Winter blühende Art *H. niger*, die Christrose. In Griechenland gab es von ihr die Sage, der berühmte Seher Melampos habe die Töchter des Proitos, welche wegen ihres frevlerischen Übermutes mit Wahnsinn geschlagen worden waren, mit *H. niger* geheilt. Bis ins hohe Mittelalter galten die Wurzeln daher als absolut sicheres Mittel gegen Geisteskrankheiten. Daneben behauptet eine christliche Legende, die Pflanzen hätten bei der Geburt Christi unweit des Stalles gestanden, und zur Erinnerung an dieses hehre Vorkommnis blühten sie im Winter. Heute ist der offizielle Gebrauch von Helleborus-Giften zurückgegangen und außerdem giftscheinpflichtig. Man verwendet sie gegen Gicht, Rheuma und Bandwürmer, in der Homöopathie bei Wassersucht.
Helleborus-Hybriden ist der Sammelname aller durch Kreuzungen verschiedener Arten erzielten Sorten. Sie haben in der Regel große Blätter, die nicht wintergrün sind, sondern im Spätherbst verwelken. Die Blüten erscheinen im Frühjahr – März und April. Sie sitzen einzeln oder zu mehreren an kräftigen, bis 25 cm langen Stielen. Sie werden 5 bis 8 cm breit, und ihr Farbenspiel reicht von Weiß über Rosa bis Purpur. Starke Exemplare können ein Dutzend und mehr Stiele treiben.
Helléborus níger L. ist die echte Christrose. Die Pflanzen haben derbe, wintergrüne Blätter mit leicht stechenden, nach außen gerichteten Zähnen. Die Blüten

He

Hemerocállis cítrina

Hemerocállis aurantíaca   Hemerocállis fúlva

sitzen einzeln oder zu wenigen auf kräftigen Schäften und werden bis 7 cm breit, weiß, später leicht rosa angelaufen, etwas nickend. Die Pflanzen blühen je nach Standort und Witterung bei uns manchmal schon um Weihnachten, bringen auch zahlreiche Blumen. Sie werden bereits seit dem Mittelalter kultiviert. Die getrockneten, zerriebenen Wurzeln waren bis weit ins vorige Jahrhundert ein Bestandteil des bei älteren Generationen hochgeschätzten Schneeberger Schnupftabaks. Er regte zum kräftigen Niesen an und schuf dadurch – angeblich! – einen klaren Kopf. Es gibt eine Reihe Abarten und überdies Rassen für die Treiberei. Erwähnt seien: var. **altifólius** Kern. (syn. var. majus hort.) – hat größere Blätter, die über die Blumen hinausragen, und vergrößerte, rosafarbene Blüten; ssp. **macránthus** (Freyn) Schiffn. (syn. H. niger var. maximus Hoppe) wird ebenfalls größer und robuster, die Blätter sind etwas mehr blaugrün und ihre Abschnitte länger und schmäler, Blumen gleichfalls recht groß, weiß; var. **praecox** Leichtl.– Blumen etwas kleiner, aber sehr früh erscheinend, manchmal bereits im November in Flor. An ihren natürlichen Standorten werden die Christrosen 15 bis 30 cm hoch. Gute Rassen sind 'Buis' und 'Keessen'.

Bewertung, Verwendung, Anzucht: Helleborus-Hybriden sind schöne Stauden für den Garten, wo man sie an Plätze unweit des Hauses pflanzen sollte, damit man sie gut vor Augen hat. Sie wollen tiefgründigen, nahrhaften, frischen und unbedingt kalkhaltigen Boden und etwas Beschattung, was nur ausnahmsweise alles zusammentrifft. Daher findet man schöne Bestände selten. Auch *H. niger* wünscht solchen Boden und solche Wachstumsverhältnisse. Diese Art ist für die Gewinnung von Schnittblumen sehr wichtig, doch sind dazu ausreichende Mengen und ständige Nachzucht nötig. Größere Kulturen gibt es vor allem in Holland in der Gegend von Aalsmeer und auch in Boskoop auf Gelände mit einem Grundwasserstand von 50 cm oder etwas tiefer. Man zieht aus Samen, der sofort nach der Reife auf Saatbeete gesät wird, vermehrt auch durch Teilung.

Als beste Pflanzzeit gilt der August. Die Quartiere werden tief umgegraben, aber man setzt nur beetweise. Es wird vorher Kuhmist und ausreichend Kalk eingebracht. Weil die Pflanzen Schatten brauchen, kultiviert man sie unter jungen Gehölzen, die Schatten spenden und später verkauft werden, oder man verwendet Schattenrollen aus Rohr. Im zweiten Sommer nach dem Pflanzen sind die Posten so stark geworden, daß man sie abtreiben kann. Um den Knospenansatz zu fördern, wird die Erde um den Klumpen entfernt. Getrieben wird von Mitte November an, häufig unter den Tischen, die man mit Papierbögen zuhängt, weil dadurch die Stiele lang werden, wie der Schnittblumenhandel sie verlangt. Man kann auch in heizbaren Kästen treiben. Dort verdunkelt man durch Zurollen der Fenster oder bedeckt die Klumpen dick mit Moos. Man stellt die Klumpen dicht nebeneinander auf. Vorher wird das Laub vollständig abgeschnitten. Das ist nötig, damit die Knospen gut durchkommen. Kräftige Klumpen bringen 12 bis 20 Blumen, sind es weniger als zehn, lohnt sich der ganze Aufwand nicht recht.

Hemerocállis · Taglilie
Liliaceae ♃ ○ ◐ ◑ ○ ✕

Im Namen stecken die griechischen Wörter hemera = Tag und kallos = Schönheit; sie beziehen sich darauf, daß die Blumen mancher Arten nur einen Tag blühen und dann dahin sind. Die Gattung umfaßt gegen 25 Arten, welche vor allem in Ostasien auftreten; in Europa gibt es nur wenige, und auch diese dürften aus dem Osten stammen. Die Taglilien sind ansehnliche Stauden mit einem kurzen Erdstamm und zahlreichen, häufig fleischig verdickten Wurzeln. Das Laub ist schilf- bis grasartig, die Blumen werden groß, meistens trichterförmig und sitzen auf hohen, blattlosen Schäften zu wenigen oder zu zehn und mehr. Die Hauptfarben sind Gelb und Orange mit Braun in verschiedenen Tönungen. Neuerdings gibt es auch rosafarbene und selbst leuchtendrote, vielleicht auch bald creme- bis reinweiße Sorten, denn seit etwa 1920 hat die Züchtung sich gewaltig entwickelt. In vielen Ländern ist das Interesse für diese Pflanzen gewachsen. Teilweise drängen die neuen, wirklich schönen Sorten die Arten zurück, aber das findet man überall, wo die Züchtung stark zugenommen hat.

Hemerocállis aurantíaca Bak. aus Ostasien wird 60 bis

100 cm hoch, und die Blütenschäfte ragen nur wenig über das Laub hinaus. Die Blumen werden 8 bis 10 cm breit, sind dunkelorange und duften, die Zipfel der Blütenblätter sind nicht zurückgebogen. Die Blüten erscheinen im Mai bis Juni. Bei cv. 'Major' werden die Pflanzen in allen Teilen größer und die Blüten bis 15 cm breit, auch öffnen sie sich weit.

Hemerocállis cítrina Baroni aus Zentralchina ist eine sehr schöne Art, die auch in Zukunft gepflanzt werden wird. Sie hat bis 1 m langes, etwa 3 cm breites, überhängendes Laub, und auf bis 120 cm hohen, festen Stielen erscheinen bis 10 und mehr rein zitronengelbe, bis 15 cm lange, gut duftende Trichterblumen mit etwas nach außen aufweisenden Zipfeln. Die Blumen öffnen sich bereits in der Nacht und schließen sich am Mittag. Die Art blüht im Juli/August.

Hemerocállis dumortiéri C. Morr. (syn. H. sieboldii hort.) wird 30 bis 50 cm hoch und blüht im Mai/Juni und häufig gegen Ende August ein zweites Mal. Die Blumen „schwimmen" fast auf dem Laube, da die Schäfte ebenso lang wie die Blätter werden. Es stehen nur wenige Blüten auf dem Stiel, und diese werden dotter- bis orangegelb, außen oft braun überlaufen, die Röhre ist sehr kurz, so daß die Blumen sternförmig aussehen. Ein Vorzug ist, daß sie duften.

Hemerocállis fúlva L. ist schon seit Jahrhunderten in Europa anzutreffen, vermutlich stammt die Pflanze aus Ostasien. Die Pflanzen werden 60 bis 120 cm hoch, haben stark gebogenes Laub und blühen mit verzweigten Doldentrauben, welche 6 bis 12 Blumen bringen. Diese sind außen gelb, innen bräunlichorange, 7 bis 10 cm lang, ohne Duft. Die Art blüht im Juni/Juli. Es gibt auch Sorten mit größeren, dunkler gefärbten Blumen, wie die bräunlichorange 'Plena'.

Hemerocállis-Hybriden ist jetzt der Sammelname für alle Sorten, die durch Kreuzungen von Arten und Züchtungen entstanden sind.
Hier folgt eine kurze Liste bewährter alter und neuer Sorten nach Farben. Zitronengelb blühen 'Canari', 'Hyperion', 'Revolute', 'Vespers'. Goldgelbe Sorten sind 'Dr. Steffen', 'Hesperus', 'Mikado'. Orange blühen 'Radiant', mit Braun, 'Rajah', mit rotem Kelchfleck, 'Apricot', fast aprikosengelb. Orangebraun blüht 'Margaret Perry'. Braun und braunrot blühen 'Knighthood', 'Matador'. Zu den rotbraunen bis roten Sorten gehören 'Autumn Red', ziegelrot mit gelbem Schlund, 'Black Cherry', dunkelrot mit orange Schlund, 'Rote Flamme', 'Helios', mit goldgelbem Schlund, 'Rose of Beauty', kupferrot mit Goldgelb, 'Stern von Rio', mahagonyrot. Korallenrosa blüht 'Pink Damask'. Weiß fehlt noch im Sortiment.

Hemerocállis lílio-asphódelus L. emend. Scop. (syn. H. flava [L.] L.) stammt gleichfalls aus dem Osten und ist bei uns schon seit über 200 Jahren förmlich eingebürgert. Die Art tritt auch in der freien Natur auf. Die Pflanzen werden bis 80 cm hoch und bringen im Mai/Juni glänzende, gelbe, bis 10 cm lange, duftende Blüten. Sie stehen zu 5 bis 10 in Doldentrauben beisammen.

Hemerocállis middendórffii Trautv. et Mey. aus Ostasien wird etwa 30 bis 50 cm hoch und blüht oft bereits im Mai bis weit in den Juni und in der Regel im Herbst ein zweites Mal. Der Schaft ragt über das Laub hinaus und trägt 2 bis 5, ja auch 10 schön geformte, dottergelbe oder dunkelgelbe Blumen. Diese werden 7 bis 10 cm lang, haben eine ziemlich kurze Röhre, und die Zipfel sind nach außen gespreizt. Zu rühmen ist der angenehme Duft. Auch diese Taglilie wird immer wieder gepflanzt werden, denn sie ist in ihrer Art unübertrefflich.

Bewertung, Verwendung, Anzucht: Die Taglilien sind in den schönsten Arten und Sorten höchst brauchbare und unentbehrliche Stauden...; durch unsere heimischen Arten, die nicht zu den besten gehören, sind sie etwas in Verruf geraten. Sie sind anspruchslos, dauerhaft und wenig für Schädlinge anfällig, vertragen volle Sonne und trocknen Boden und können über Sommer auch feucht und etwas beschattet stehen. Es dauert aber drei bis vier Jahre, ehe die Pflanzen so groß geworden sind, daß sie auch wirken. Alte, gut stehende Exemplare können zwanzig bis dreißig Blütenstiele bringen, also 150 bis 300 Einzelblüten! Solche Stöcke bedecken freilich weit über einen Quadratmeter Gartenfläche. Der Boden soll nährstoffreich sein und tiefgründig, aber auch auf geringeren Böden wachsen Hemerocallis zufriedenstellend. Nur sterilen, heißen Sandboden vertragen sie nicht, dort gehen sie sogar ein. Vermehrt wird bei den Arten durch Samen, und auch von den besten Sorten kann man Absaaten verwenden. Die Pflanzen fallen nicht ganz echt, es lohnt sich aber schon, damit zu arbeiten, vor allem, wenn Massen gebraucht werden. Die Arten lassen sich auch durch Teilung vermehren. Bei den Sorten ist Teilung die einzige Möglichkeit, echte Bestände aufzubauen. Man kann im Frühling und bei den zeitig blühenden Hemerocallis auch nach dem Flor teilen, darf aber nicht zu lange damit warten. Die Nachzucht braucht etwa ein Jahr, um Verkaufsstärke zu erreichen.

Hepática · Leberblümchen
Ranunculaceae ♃ ◐ ● ◑ △ ♡

Frühlingsblüher in Laubwäldern und Gebüschen Europas, Ostasiens und Nordamerikas. Sternförmige blaue, selten rote oder weiße Blüten und drei- oder fünflappige Blätter, welche nach der Blütezeit erscheinen. Nach der Signatur, dem Umriß der Blätter, von den alten Ärzten bei Leberleiden empfohlen, daher der deutsche und der auf griech. hepar = Leber zurückgehende botanische Pflanzenname. Zur Gattung, die manche Botaniker nicht von *Anemone* trennen, gehören nur drei Arten, zwei davon haben Gartenwert:

Hepática nóbilis Mill. (syn. Anemone hepatica L.) ist unser liebes Leberblümchen, das man zum Beispiel in Thüringen auf Muschelkalk häufig finden kann.

He

Heracléum lanátum

Herniária glábra

Hésperis matronális

Die Pflanzen bleiben kleiner als bei *Hepatica transsylvanica*, und die Blätter haben nur 3 Lappen. Die Blumen erscheinen bei beiden vor dem Laub. Bei der Stammform werden sie blau, es gibt auch weiß und rosarot blühende Pflanzen, ebenso gefülltblühende in sämtlichen Farben.

Hepática transsylvánica Fuss (syn. Anemone angulosa auct. non Lam.) ist eine Art, die in Siebenbürgen auftritt. Sie wird etwas größer als unser heimisches Leberblümchen, die Blätter haben 5 Lappen, die Blumen sind ebenfalls ansehnlicher, Blütenfarbe ist ein leuchtendes Himmelblau, andere Töne findet man selten. Diese Art ist wüchsiger als unser Leberblümchen.

Bewertung, Verwendung, Anzucht: Beide Arten gehören zu den Frühlingsblühern des Laubwaldes, man verwende sie im Garten entsprechend, also im Halbschatten der Gehölzpflanzungen zusammen mit Buschwindröschen, Waldanemonen, Primeln, Märzbechern und anderen Frühlingsblumen und lasse sie dort im Laubhumus ungestört. Vermehrt wird durch Teilung älterer Pflanzen.

Heracléum · Herkuleskraut
Umbelliferae ☉ ♃ ○ ☽ ≈ ♡ ○

Der Name findet sich bei Plinius und ist von dem berühmten Herkules oder Herakles, einem Helden der griechischen Sage, herzuleiten... man weiß aber nicht genau, aus welchen Gründen. Es kann sein, daß Herakles, der in seiner Jugend von einem heilkundigen Zentaur erzogen wurde, die Heilkraft einiger Arten entdeckt hat, oder aber der Name spielt auf den stattlichen, kraftvollen Wuchs an, der bei einigen Arten vorkommt. Es werden meistens sehr große zweijährige oder perennierende Kräuter mit ebenfalls ansehnlichen Blütendolden. Die Gattung umfaßt gegen 60 Arten, von denen sich manche sehr schwer unterscheiden lassen. Sie kommen fast überall auf der nördlichen Halbkugel vor. Am reichsten ist die Entwicklung des Genus im Orient, in Sibirien und in den Bergländern Ostindiens. Die jungen Wurzeln und das frische Laub von *H. sphondylium* L. wurden früher als Herba et Radix Brancae Ursinae Germanicae offizinell verwendet: zum Aufweichen von Geschwüren, zur Förderung der Verdauung und gegen Dysenterie. In Frankreich nimmt man sie manchmal zur Herstellung eines Likörs.

♃ **Heracléum lanátum** Michx. (syn. H. maximum Bartr.) aus Nordamerika, auch in Sibirien auftretend, ist eine ausdauernde Art, welche 1,5 bis 2,5 m hoch und annähernd so breit wird. Die Pflanzen haben gerillte, behaarte Stengel, dreizählig-zerschnittene Blätter mit 2- bis 3lappigen Abschnitten, die kurz oder gar nicht zugespitzt sind, am Rande eingeschnitten und unterseits etwas behaart. Die Blütendolde wird bis 50 cm breit, enthält unzählige weiße Blumen. Die Pflanzen blühen im Juni/Juli.

☉ **Heracléum mantegazziánum** Somm. et Levier aus dem Kaukasus wird riesig: bis 3 m hoch und fast so breit, ist aber nur 2- bis 3jährig. Die dicken Stengel sind zuweilen bläulichviolett angelaufen, rauh behaart, und sie tragen dreizählig geschnittene Blätter, deren dreieckig-lanzettliche Abschnitte scharfe Spitzen aufweisen. Der Blütenschaft verzweigt sich mehrfach und bringt bis meterbreite, vielstrahlige, etwas gewölbte Dolden. Die einzelne Pflanze kann mehrere tausend Blüten aufweisen. Die Pflanzen blühen erst im zweiten Jahre und sterben nicht selten nach dem Flor ab.

Bewertung, Verwendung, Anzucht: Heracleum sind für Gärten wenig geeignet, um so mehr für öffentliche Anlagen jeder Art. Sie brauchen Platz und müssen so stehen, daß benachbarte Gewächse ihren imposanten Anblick nicht beeinträchtigen. Schön wirken sie am Rande von Teichen oder Flußläufen, in deren Wasser sich die Gewächse spiegeln können. Es ist gut möglich, sie an solche Plätze zu pflanzen, da Herkulesstauden – insbesondere *H. mantegazzianum* – feuchten Standort vertragen. *H. lanatum* ist anspruchslos und wächst auch in ärmlichen Böden; *H. mantegazzianum* wünscht tiefgründigen, nährstoffreichen Boden. An ihnen zusagenden Standorten erhalten sich die Pflanzen durch Samenwurf von selbst, ja sie können sogar etwas lästig werden, wenn sie überhandnehmen. Vermehrt wird aus Samen, den man sofort nach der Reife säen muß, dann setzt man in entsprechend große Töpfe. Größere Exemplare lassen sich nicht verpflanzen, da sie nicht anwachsen. Zur Blütezeit sind die Herkulesstauden wie viele Umbelliferen ein Magnet für zahlreiche Insekten einschließlich der Bienen und Schmetterlinge, die bei ihnen einkehren und auf den großen Schirmen weiden.

Herniária · Bruchkraut
Caryophyllaceae ♃ ○ ◐ ◑ △ ‖ ♡

Im Namen steckt das lateinische Wort hernia = Bruch. Die Pflanzen wurden früher zur Behandlung von Brüchen verwendet. Die Gattungsbezeichnung Herniaria hat als erster der in der Mitte des 16. Jahrhunderts wirkende Rembertus Dodonaeus (ursprünglich Dodoens) gebraucht, ein holländischer Botaniker von der Universität Leiden und Verfasser einer Reihe in deutscher und lateinischer Sprache abgefaßter Kräuterbücher. *Herniaria* sind ein- oder mehrjährige Kräuter. Sie kriechen am Boden hin, bilden dichte Polster, werden kahl oder behaart und haben kleine Blätter. Die Blüten erscheinen in vielblumigen, achselständigen Büscheln, sind ebenfalls klein und, weil grün, ganz unscheinbar. Die Gattung umfaßt etwa 20 Arten, die in Mitteleuropa und im Mittelmeergebiet auftreten.

Herniária glábra L. kommt in Europa in vielen Gebieten vor. Die Pflanzen werden 3 bis 5 cm hoch, haben kahles, frischgrünes Laub und verästeln sich reichlich. Sie wachsen in der Natur an sandigen, trocknen Plätzen und können den Boden weithin überziehen. Das Laub wird neuerdings wieder stärker offizinell genutzt als Diureticum bei Wassersucht und zur erfolgreichen Behandlung von Blasenleiden.

Herniária hirsúta L. ist sehr ähnlich, nur sind die Pflanzen behaart, und ihre Farbe wird graugrün.

Bewertung, Verwendung, Anzucht: Beide Arten und weitere lassen sich als Rasenersatz verwenden und können dabei gute Dienste tun. Sie sind anspruchslos und dauerhaft, wünschen sonnigen Standort und sandigen, trocknen Boden. Man kann leicht durch Teilung im Laufe des Frühjahrs vermehren, auch aus Samen heranziehen. Am besten teilt man erworbene Pflanzen gleich auf und läßt sie die Flächen zuspinnen.

Hésperis · Nachtviole
Cruciferae ♃ ○ ◐ ◑ ○ ✕

Hesperis ist ein alter, von Theophrast gebrauchter Name für diese Pflanzen, welche schon im Altertum bekannt waren. Das griechische Wort hesperis deutet darauf hin, daß die Blumen abends am stärksten duften, denn hesperos = abendlich. Es sind ein-, zwei- und mehrjährige Kräuter mit spindelförmiger Wurzel und aufrechtem Wuchs. Sie haben behaarte, anfangs eine lockere Rosette bildende, bis 10 cm lange, länglich-lanzettliche Blätter und blühen im Mai/Juni. Die Blumen werden gegen 2 cm breit und stehen in lockeren Trauben beisammen. Die Gattung umfaßt etwa 24 Arten, welche vor allem im östlichen Mittelmeerraum auftreten, seltener in Mitteleuropa und in Mittelasien. Berühmt ist seit jeher ihr Duft, der auch von Dichtern und Gartenfreunden besungen wurde.

Hésperis matronális L., aus Mitteleuropa stammend und auch in andern Strichen häufig, ist bei uns bereits seit dem 15. Jahrhundert eine Gartenpflanze. Die Pflanzen erreichen 40 bis 80 cm Höhe, verzweigen sich und haben kahle oder weichbehaarte Blätter. Bei der Stammart werden die Blumen violett bis purpurn. Es gibt mehrere Sorten, die schöner sind: 'Alba' mit weißen, im Verblühen lila angehauchten Blumen; 'Alba Plena' – mit weiß gefüllten Blüten; 'Nana Candidissima' – nur 25 bis 40 cm hoch, Blumen glitzernd weiß, gefüllt; 'Purpurea Plena' mit violetten, gefüllten Blumen. Die Pflanzen blühen im Mai/Juni.

Bewertung, Verwendung, Anzucht: Die Nachtviolen sind angenehme Gartenblumen, besonders die Kultivare. Man hält sie auch ihres Duftes wegen, von dem ein Liebhaber erklärte, er verschöne ihm den Abend in der Laube. Die Pflanzen wünschen tiefgründigen, kalkhaltigen, frischen Gartenboden und vertragen bei solchem Boden auch volle Sonne, wachsen jedoch an halbschattigen Standorten genauso. Entspricht der Boden nicht den – verhältnismäßig hohen – Anforderungen, sollen die Pflanzen halbschattig bis schattig stehen. Die einfachblühenden Formen, auch die weißen, lassen sich leicht aus Samen vermehren, nur ist nötig, daß die Samenträger über 100 m weit voneinander entfernt stehen, sonst gibt es leicht Kreuzbefruchtungen, und die Nachkommen fallen nicht echt. Die gefülltblühenden werden durch Stecklinge im Frühling

He

Heúchera sanguínea

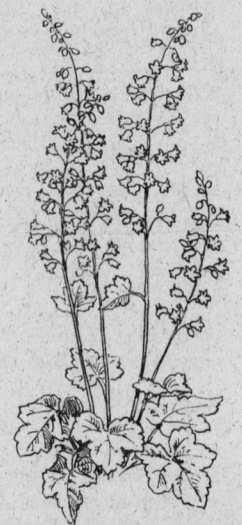

× Heucherélla tiarelloídes

Hibíscus triónum

Hierácium aurantíacum

vermehrt oder auch im Sommer. In dieser Jahreszeit schneidet man die Exemplare nach dem Flor zurück und verwendet die Seitentriebe als Stecklinge. Günstig ist, mit einem Bewurzlungmittel zu arbeiten. Die Jungpflanzen sollen sobald als möglich aufgeschult werden. Im Winter kann Nässe sehr viel Ausfall verursachen. Man pflanzt schließlich im Frühling an den vorgesehenen Platz: in bunte Blumenrabatten unweit des Hauses. Die einfachblühenden sind weniger heikel, man verwendet sie häufig in Wildgärten, wo man beschattete Partien damit bedeckt. Der besseren Wirkung wegen setze man immer kleine Kolonien. Man sät im Juni und pflanzt gegen Ende August gleich an diese Stellen. Hesperis sind wohl beliebt, aber kein „großer Artikel".

Heúchera · Purpurglöckchen
Saxifragaceae

⚘ ○ ◐ ◑ ⚘ △ ǁ ♡ ✕

Die Pflanzen wurden nach J. H. von Heucher getauft (1677–1747), einem Arzt und Botaniker, der in Wittenberg (Elbe) wirkte. Es sind Stauden mit einem dicken, fleischigen, dunkelrindigen Erdstamm, der innen weiß ist. Die Blätter erscheinen auf langen Stielen grundständig und bilden Rosetten. Sie sind etwas derb, herzförmig, gezackt gekerbt oder gezähnt. Die Blüten sind kleine, hängende oder nickende Glocken, stehen auf dünnen, festen Stielen in kleinen Trugdolden und bilden zusammen einen ansehnlichen traubigen, ährigen oder rispigen Blütenstand. Die Gattung umfaßt gegen 25 Arten (nach anderer Lesart gegen 70), welche in der Mehrzahl in den Küstengebieten und Gebirgen Nordamerikas auftreten – auf der atlantischen wie auf der pazifischen Seite. Einige Arten findet man auch in Mexiko. Reine Arten werden in den Gärten kaum verwendet, sondern nur Sorten. Sie sind meistens Hybriden.

Heuchera-Hybriden ist der jetzt gültige Sammelname für die Züchtungen. Sie blühen reicher und größer als die Arten, und ihr Farbenspiel reicht von Zartrosa bis Purpurrot. Bewährte alte Sorten sind: 'Gracillima' – zierliche rosa Blüten an feinen, verzweigten Rispen; 'Pruhoniciana' – wüchsig, rote Blüten; 'Rakete' – 70 cm hoch wachsend, Blüten zinnoberrot, Flor relativ spät; 'Red Spangles' – früh in Flor, Rispen dicht, scharlachrote Blüten; 'Scintillation' – Blüten rosa mit korallenroten Tupfen. Sorte mit 3 Sternen. Neuere Sorten bereichern das Sortiment: 'Frühlicht' – zartrosa; 'Glockenspiel' – lachsrosa; 'Schellenbaum' – purpurrot. Blütezeit: Mai bis Juli.

Heúchera sanguínea Engelm. gehört zu den Eltern der Heuchera-Hybriden und wurde in den Gärten gepflanzt, bevor es die neuen Sorten gab. Die Pflanzen werden gegen 40 cm hoch, haben nicht sehr große, aber leuchtendrote Blüten. Bei 'Splendens' werden sie etwas größer, bei 'Alba' weiß. Beide fallen aus Samen ziemlich treu; man kann sie deshalb ohne Bedenken durch Aussaat vermehren.

Bewertung, Verwendung, Anzucht: Heuchera sind liebenswürdige Stauden, die seit je das Interesse von Gartenfreunden und Gartengestaltern gefunden haben. Das beweist auch die rege Züchtertätigkeit, denn insgesamt gibt es weit über 50 Sorten. Sie gefallen durch ihre Blüten und das grüne Laub, das den Boden bis tief in den Herbst hinein bedeckt. Sie wirken am besten, wenn man mehrere Exemplare zusammensetzt, so daß sie einen Horst bilden. Der Boden soll nicht schwer sein; man muß ihm also notfalls Torfmull, Sand und etwas Kalk zusetzen, davon jedoch nur wenig. Es ist nötig, den Boden mindestens 25 cm tief zu verbessern! Er muß auch frisch sein, denn Heuchera wachsen in der freien Natur in Gebieten mit Seeklima und an quelligen Stellen. Sie vertragen leichten Schatten; ist der Boden recht frisch, stehen sie besser vollsonnig.

Purpurglöckchen eignen sich für Staudenbeete, und man kann sie auch in großen Flächen im Wildstaudengarten setzen. Zu Einfassungen werden sie ebenfalls genommen. Die Exemplare können alt und stattlich werden, gehen aber nicht selten innen zurück und verkahlen vom Zentrum aus. Dann hilft nur Ausgraben und Aufteilen. Vermehrt wird aus Samen und durch Teilung. Anzuchten aus Samen fallen nicht treu, am wenigsten die Sorten mit großen Blüten, stattlichen Rispen und besonderen Farben. Man säe sehr dünn auf Saatbeete, halte schattig und lasse nicht austrocknen. Die Anzuchten erfordern etwas Aufmerksamkeit, da der Samen sehr fein ist und nur ganz schwach bedeckt werden darf. Sorten kann man echt nur durch Teilung oder Rißlinge vermehren, die man im Frühjahr von stärkeren Pflanzen nimmt. Man pikiere sie zunächst in einen kalten Kasten, übersprühe häufig und gebe auch ständig leichten Schatten; später setzt man auf Anzuchtbeete. Verpflanzen und versenden soll man nur im Frühjahr! Im allgemeinen gehören Sorten von Heuchera aber zu den Stauden, bei welchen man nur allmählich zu großen Beständen kommt. Erwähnt sei ferner, daß exponiert stehende Pflanzen in schneelosen, harten Wintern erfrieren. Die Blütenstände eignen sich auch bestens als Vasenblumen.

× Heucherélla · Heucherella
Saxifragaceae ⚄ ○ ◐ ◑ △ ‖ ♡

Dies sind aus Kreuzungen von *Heuchera* und *Tiarella* entstandene Hybriden, welche in ihrer Tracht beiden Eltern ähneln.

× **Heucherélla tiarelloídes** (Lemoine) Wehrh. entstand 1912, hat Blätter wie *Heuchera*, wird aber wie *Tiarella* nur 25 bis 30 cm hoch und treibt Ausläufer. Die Blümchen stehen in Traubendolden und werden rosa. Auch sie blüht im Sommer. 'Bridget Bloom' wird etwa 40 cm hoch und bringt viele leuchtendrosa Blümchen, Blütezeit Juli/August.

Bewertung, Verwendung, Anzucht: Sie wollen wie *Tiarella* einen halbschattigen bis schattigen Standort und frischen Boden, sind aber gegen gelegentliche Trockenheit wenig empfindlich. Die Pflanzen wirken nur, wenn man eine kleine Kolonie pflanzt. Vermehrt wird bei 'Bridget Bloom' wie bei *Heuchera* durch Teilung, bei × *H. tiarelloides* auch durch Aufzucht der Ausläufer.

Hibíscus · Eibisch
Malvaceae ☉ ⚄ ○ ◐ ◑ ≈ ∧

Der Name geht auf das griechische Wort ibiskos zurück, womit man eine wilde Malvenart bezeichnete. Die Gattung ist gegen 200 Arten stark, welche Kräuter, Sträucher und auch Bäume werden. Sie kommen vor allem in den Tropen vor und haben ansehnliche Blüten und Kapselfrüchte. Einzelne Arten sind bei uns geschätzte Zierpflanzen, andere haben in den Tropen als Lieferant von Fasern Bedeutung, wie z. B. *H. cannabinus* L., aus dem man den Dekkan-Hanf und die Java-Jute gewinnt. Einige haben reichlich Fruchtfleisch, das sich verspeisen läßt, z. B. *H. sabdariffa* L.
⚄ **Hibíscus moscheútos** L., Sumpfeibisch, ist eine etwa 1 m hohe Staude mit eirunden bis lanzettförmigen, 10 bis 15 cm großen, nur ausnahmsweise gelappten Blättern und bis 15 cm breiten, rosa-weißen Blüten mit dunklem Auge.

☉ **Hibíscus triónum** L., der Stundeneibisch, wird so genannt, weil die Blumen „sich Schlag 8 Uhr morgens öffnen und Punkt 9 Uhr abends schließen", wie John Gerard (1545–1612), einer der „Väter der Botanik Englands", schrieb. Die Pflanzen werden hier als Einjährige behandelt. Sie bilden 30 bis 60 cm hohe, sich vom Boden aus verzweigende Kräuter mit unten herzförmig-runden, oben dreiteiligen oder dreilappigen Blättern und weittrichterförmigen Blüten. Sie werden bis 10 cm breit, cremegelb mit schwärzlichpurpurnen Flecken im Grunde.

Hibíscus manihót → **Abelmóschus**

Bewertung, Verwendung, Anzucht: Der Sumpfeibisch wächst in seiner Heimat an feuchten Stellen, und man pflanzt ihn im Garten gern an den Rand von Wasserläufen, Teichen und in nasse Partien, für welche es ja nicht viele Gewächse mit so auffälligen Blumen gibt. Schön wirkt eine Wasserfläche als Spiegel. Die Art ist bei uns nicht immer winterhart, doch läßt sie sich leicht aus Samen heranziehen. Man sät im März in ein Frühbeet, härtet ab und pflanzt dann an den vorgesehenen Standort, der in voller Sonne liegen muß. Der Stundeneibisch wird entweder gleich an Ort und Stelle oder ebenfalls in ein Frühbeet ausgesät und nach Erstarken an seinen Platz gepflanzt. Er wünscht lehmige, kalkhaltige, nicht zu trockene Erde, volle Sonne und einen geschützten Standort. Er eignet sich gut für bunte Rabatten, wo Gruppen dieser Pflanzen das Gartenbild beleben.

Hierácium · Habichtskraut
Compositae ⚄ ○ ◐ ◑ △ ‖ ♡

Der Name wird von dem griechischen Wort hierax – Habicht, Falke abgeleitet, und man findet ihn zuerst bei Dioskorides. Plinius sagt, daß nach einer Sage die Habichte mit dem Milchsaft einer Art die Schärfe ihrer Augen stärken. Nach einer anderen Erklärung heißen die Pflanzen nach diesen Vögeln, weil sie in der freien Natur an Stellen wachsen, die so abgelegen und hoch sind, daß sie nur ein Habicht zu erreichen vermag. Die Gattung ist äußerst vielgestaltig. Sie umfaßt wenigstens 400 Arten und ist für die Botaniker „ein Kreuz". Die Pflanzen entwickeln sich meist zu haarig bekleideten Stauden, deren Blätter häufig in grundständigen Rosetten stehen und länglich bis rundlich werden mit glattem, gesägtem oder gezähntem Rand. Alle Teile der Pflanzen führen einen Milchsaft, der weder schädlich ist noch sich nützen läßt. Die Blüten stehen in

Hi

Hierácium villósum

Hippúris vulgáris

Hórdeum jubátum

Hormínum pyrenáicum

Köpfchen und werden gelb oder orange. Viele Arten haben einen wuchernden Wuchs. Das Verbreitungsareal umfaßt Amerika und Europa; es gibt Arten, die nur in besonderen Lagen und Böden gedeihen, vor allem die hochalpinen.

Hierácium aurantíacum L. ist in Europa weit verbreitet und tritt auch in Nordamerika auf. Es bildet meistens lockere, manchmal aber auch dichte, etwa 6 bis 10 cm hohe Teppiche und blüht mit orangeroten Köpfchen, von welchen jeweils mehrere auf den bis 35 cm hohen Stielen stehen. Die Pflanzen treiben Ausläufer. In der Natur kommen sie vor allem auf Urgestein vor.

Hierácium bombýcinum Boiss. et Reut. aus Zentralspanien hat weiß-wollig behaarte Blätter und blüht mit etwa 1,5 cm breiten Köpfchen, die am Ende der Stengel zu mehreren erscheinen. Die Farbe ist reingelb, Blütezeit der Frühling. Die Teppiche werden gegen 8 bis 10 cm hoch.

Hierácium × rúbrum Peter (*H. aurantiacum × H. flagellare*) ist eine Hybride, die um 1800 gezogen wurde. Die Pflanzen ähneln *H. aurantiacum*, bleiben aber etwas niedriger, wachsen auch nicht so stark und bringen keinen Samen, können also durch Samenwurf niemals lästig werden. Die Farbe der Blumen geht etwas mehr ins Dunkelrot als bei *H. aurantiacum*. Flor im Sommer.

Hierácium villósum Jacq., in den Alpen und von da aus auf den Balkan, in die Karpaten ausstrahlend, ist auch in den Apenninen und Abruzzen bis nach Kalabrien verbreitet. Die Pflanzen wachsen fort nur auf Kalk und kalkhaltigen Böden. Sie sind zottig behaart und blühen mit dottergelben Blumen in einzeln stehenden, ziemlich großen Köpfen. Der Flor fällt in die Monate Juni/Juli.

Bewertung, Verwendung, Anzucht: H. bombycinum und H. villosum sind wegen ihres silber- oder dunkelgrauen Laubes und der gelben Blütenköpfe, die einen schönen Farbkontrast bilden, recht brauchbare Stauden für Steingärten, zumal sie den Boden polsterartig bedecken und auch ohne Flor gut wirken. H. bombycinum gedeiht in jedem normalen Boden an sonnigen Standorten. Der Boden sollte nicht zu arm und trocken sein. H. villosum wünscht kalkhaltige Erde. H. aurantiacum ist eine Art, die man mit Vorsicht verwenden soll: sie wuchert stark und überwächst alles, was im Wege steht, auch kann sie durch Samenwurf sehr lästig werden. Der Standort soll in voller Sonne liegen. Auch leichter Schatten wird vertragen. Der Boden kann sandig sein, doch nicht reiner Sand, man setze dann unbedingt etwas Komposterde zu. H. aurantiacum und H. × rubrum eignen sich gut als Bodendecke, auch im Wildgarten, wo man kräftig wachsende höhere, ebenfalls etwas xerophile Stauden dazwischen unterbringen kann. Am besten ist, bei H. aurantiacum laufend die verblühten Blumenstengel fortzuschneiden, um das Ausssamen zu verhindern. Vermehrt wird aus Samen und durch Teilung. Man bekommt die Anzuchten in einem Sommer fertig.

Hippúris · Tannenwedel
Hippuridaceae   ♃ ○ ◐ ◑ ≈ ♡

Im Namen stecken die griechischen Wörter hippos = Pferd und oura = Schweif. Dioskorides bezeichnet mit hippuris aber Schachtelhalmarten; tatsächlich sehen die Triebe von *H. vulgaris* einem Tannenzweigende ähnlich, ebenso auch die jungen Schosse des Schachtelhalmes. Beide sind aber überhaupt nicht miteinander verwandt. Die Hippuridazeen sind Blütenpflanzen und stehen den Seebeerengewächsen nahe. Die Familie ist nur eine Gattung stark, und diese umfaßt nur eine, allerdings recht vielgestaltige Art.

Hippúris vulgáris L., auch Seetanne genannt, ist eine Wasserpflanze, die weit verbreitet in der Welt auftritt: sie findet sich in Gewässern in Europa, Nordamerika, Grönland, Westasien und Australien. Es sind Stauden mit einem sich verzweigenden, im Bodenschlamm kriechenden Erdstamm und aufrechten, hohlen Stengeln. Die Blätter stehen in Quirlen den Stiel entlang. Sie werden linealisch, hellgrün und ragen waagerecht zur Seite. Die Blüten sitzen in den Achseln der Blätter, fallen aber nicht auf, da sie grün werden. Die Stengel ragen aus dem Wasser heraus, können bei Strömung oder größerer Tiefe (bis 2,5 m) zum überwiegenden Teil innerhalb des Wassers bleiben, blühen und fruchten aber dann nicht. Im Moorwasser fehlen die Pflanzen völlig, sie scheinen kalkhaltiges Wasser zu brauchen.

Bewertung, Verwendung, Anzucht: Wegen seiner eigenartigen Tracht ist der Tannenwedel wohl wert, daß man ihn für Becken, Wasserläufe, Teichufer und ähnliche Plätze verwendet. Es sieht immer aus, als seien die Triebe vor kurzem aus dem Wasser gekommen und freuten sich des Sonnenlichtes und der Luft. Die Pflanzen eignen sich auch für Aquarien. Man muß achtgeben, daß sie nicht zu groß werden. Vermehrt wird durch Teilung. Im Freien ziehen die Triebe über Winter ein.

Hórdeum · Gerste
Gramineae ☉ ○ ◐ ◑ ∥ ♡ ✕

Hordeum hieß die Gerste bei den Römern der Antike, die sie stellenweise anbauten. Sowohl dieser Name als auch unsre Bezeichnung Gerste (althochdeutsch gersta) gehen auf die indogermanische Wurzel ghrs zurück, womit man Starrendes, Stachliges bezeichnet. Die Pflanze erhielt ihren Namen, der die „Stachlige" bedeutet, also bereits in der Frühzeit wegen ihrer starren Grannen. Die Gattung *Hordeum* ist gegen 20 Arten stark. Eine davon ist seit langem eine hübsche, beliebte Gartenpflanze.

Hórdeum jubátum L. stammt aus Nordamerika, wo die Pflanzen Squirrel-Tail-Grass = Eichhörnchenschwanz-Gras heißen. Ihr deutscher Name ist Mähnengerste. Sie werden 40 bis 60 cm hoch, bilden Horste, wachsen aufrecht und haben linealische, weiche Blätter. Die Ähren sind 5 bis 12 cm lang und bekommen lange, starre Grannen. Meistens neigen sich die Ähren etwas zur Seite. Die Grannen sind an der Spitze rosa bis rosaviolett überlaufen und funkeln, wenn die Sonne darauf scheint und überdies leichter Wind geht. In der Regel ist die Art einjährig, manchmal aber auch ausdauernd.

Bewertung, Verwendung, Anzucht: Die langen, im Sonnenlicht glitzernden, graziös geneigten Ähren und die Anspruchslosigkeit der Pflanzen sind schon seit über 200 Jahre Anlaß, diese Grasart im Garten zu verwenden. Auch lassen sich die Ähren schneiden und trocknen und als Vasenschmuck oder zur Trockenbinderei nehmen. In manchen Gegenden verwendet man *H. jubatum* auch als Einfassung. Man kann im September auf ein Saatbeet im Freien säen, pikiert alsbald in einen kalten Kasten oder an einen geschützten Platz, deckt über Winter gut mit Reisig ab und pflanzt im Frühling an die vorgesehene Stelle. Man kann auch im Frühling unter Glas aussäen und muß dann in Büscheln auspflanzen. Oder man sät gleich an dem endgültigen Ort und dünnt auf etwa 15 cm Abstand aus. Die Bestände aus Herbstsaat werden besonders üppig und bringen sehr viele Blütenstiele. Der Standort soll in voller Sonne liegen, der Boden soll humusreich, aber nicht naß sein.

Hormínum · Drachenmaul
Labiatae ♃ ○ ◐ ◑ △ ♡

Horminon ist bei Hippokrates und Dioskorides der Name für eine Salvienart. Theophrast und Plinius dagegen bezeichneten damit eine wahrscheinlich nicht zu den Labiaten gehörende Heilpflanze. Aber wir wissen nicht genau, welche. Und bis ins 17. Jahrhundert wurden noch eine Reihe Salvia-Arten Horminum genannt. Linné jedoch beschränkte den Namen auf die anschließend behandelte Pflanze, welche die einzige Art ist, die das Genus umfaßt.

Hormínum pyrenáicum L. ist eine Rosettenstaude mit sehr kräftiger, verholzender Pfahlwurzel. Ihre Blätter sitzen auf 5 bis 10 cm langen Stielen, werden breitelliptisch, an den Rändern grob und gleichmäßig gekerbt, unterseits treten die Nerven stark hervor, wodurch die Oberseite etwas runzelig wird. Aus den Rosetten erhebt sich ein – nur selten sind es zwei oder mehr – bis 30 cm hoher, unverzweigter vierkantiger und blattloser Stengel, welcher die Blüten bringt. Diese stehen in Quirlen, aber deutlich einseitswendig, zu 3 bis 6 beisammen und werden röhrenförmig, Farbe violett. Die Pflanzen blühen von Juni bis August. Sie wachsen in der Natur gesellig auf trocknen, subalpinen Magerwiesen auf kalkreicher Unterlage. Das Verbreitungsareal ist groß und nicht auf die Pyrenäen beschränkt.

Bewertung, Verwendung, Anzucht: Es sind sehr hübsche Steingartenstauden, deren später Flor ihren Wert vermehrt. Sie wünschen humusreichen, frischen Boden und wachsen an sonnigen Plätzen so gut wie an halbschattigen. In tiefem Schatten blühen sie nicht. Einmal gepflanzt, breiten sie sich willig aus, fallen aber nicht lästig. Man vermehrt durch Aussaat im März oder durch Teilung im Frühjahr. Man lasse die Sämlinge erstarken und schule in 7 Reihen auf Anzuchtbeete auf. Während des Sommers werden die Pflanzen verkaufsstark.

Hósta · Funkie
Liliaceae ♃ ○ ◐ ◑ ∥ ≈ ♡ ✕

Die Gattung wurde zu Ehren von N. T. Host benannt (1761–1834), einem österreichischen Arzt und Botaniker. Es sind Stauden mit einem kurzen Erdstamm, fleischigen Büschelwurzeln, ansehnlichen, auch weißbunten, meistens grundständigen Blättern und trichterförmigen Blüten, die an hohen, oft etwas nickenden

Ho

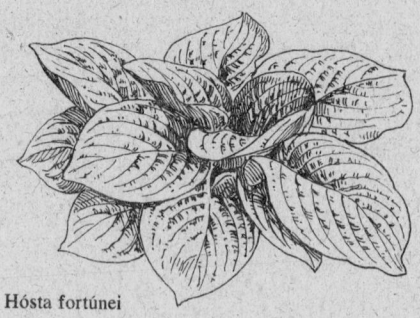

Hósta fortúnei

Hósta lancifólia

Schäften in beinahe einseitiger Traube erscheinen. Die Gattung umfaßt gegen 40 Arten, welche in Ostasien – vor allem in Japan – heimisch sind. Einige Arten wurden dort schon früh als Gartenpflanzen verwendet. Die Nomenklatur ist sehr verworren, zumal die Gattung früher Funkia hieß und dieser Name sich auch jetzt noch in einzelnen Katalogen findet. Karl Foerster teilt die Hosta nach ihren Blattfarben in vier Gruppen: 1. Blaublattfunkien, 2. Grünblattfunkien, 3. Grünweißblättrige Funkien und 4. Goldfunkien. Er hat auch manchen Arten neue deutsche Namen gegeben, die sich hoffentlich einbürgern werden. In der Nomenklatur folgen wir hier den Arbeiten von Nils Hylander aus dem Jahre 1954.
Hósta albomargináta (Hook.) Ohwi (syn. H. lancifolia var. albomarginata [Hook.] Stearn), die Weißblattfunkie. – Der eigentliche und gültige Name dieser Art ist **Hósta siebóldii** (Paxt.) Ingram. Im Handel und in der gärtnerischen Literatur wird der Name *Hosta albomarginata* jedoch noch beibehalten, um Verwechslungen mit *Hosta sieboldiana*, der Blaublattfunkie, vorzubeugen. – Die Weißblattfunkie hat bis 15 cm lange und etwa 6 cm breite, lang zugespitzte Blätter, die einen schmalen, weißen Rand aufweisen. Die Blüten sitzen bis zu 12 in Trauben, deren Stengel bis 30 cm hoch werden, sie sind schlank-trichterförmig, Farbe lila bis fast weiß; Flor im August/September. Es gibt auch eine Sorte 'Alba' (syn. H. minor f. alba [Nakai] Maekawa) mit weißen Blüten und zierlicher in der ganzen Erscheinung.
Hósta críspula Maekawa (syn. H. fortunei var. marginato-alba L. H. Bailey, H. japonica albomarginata hort.), die Riesen-Weißrandfunkie, hat große, herz- bis eiförmige Blätter mit langer Spitze und kurzem Stiel. Die Blätter sind grün, sie haben eine matte Oberseite, eine glänzende Unterseite und einen welligen weißen Rand, dazu 7 bis 9 deutlich hervortretende Nervenpaare. Die Blüten werden trichterförmig, lila, Flor im August. Die Pflanzen wachsen langsam, bilden aber mit der Zeit breit werdende, dichte Horste, blühen jedoch nicht reich.
Hósta decoráta L. H. Bailey gehört wie H. albomarginata zu den zierlichen Funkien. Sie hat breitovale Blätter mit breit geflügeltem, flachem Blattstiel und 4 bis 5 Nervenpaaren. Die Blüten sind glockenförmig, ihre Zipfel nur halb zurückgeschlagen, Farbe violett; Flor im Sommer. Bei der Form 'Normalis' werden die Blätter grün, bei 'Marginata' bekommen sie einen weißen Rand.
Hósta eláta Hyl. (syn. H. fortunei var. gigantea L. H. Bailey), die Grüne Riesenfunkie, bildet große Horste und wächst kräftig. Ihre länglich-herzförmigen, stattlichen Blätter haben 8 bis 10 Nervenpaare und lange Stiele mit einer tiefen Rinne. Sie sind dunkelgrün und glänzen leicht, der Rand ist stark wellig. Die Zipfel der trichterförmigen Blüten sind halb zurückgebogen, Farbe der Blumen hellblau bis violett. Der Blütenschaft wächst bis 90 cm hoch, die Traube wird lang, nach der Spitze zu gedrängt, Flor im Juni. Charakteristisch sind die gelblichgrünen, flachen Hochblätter.
Hósta fortúnei (Bak.) L. H. Bailey (syn. H. glauca var. fortunei hort.) ist wiederum eine kräftig wachsende Art, die mit der Zeit große Büsche bildet. Sie hat tiefrinnige, geflügelte Blattstiele, große, feste, nicht gewellte, mehr oder weniger herzförmige Blätter von graugrüner Farbe, 8 bis 10 Nervenpaare. Die Blüten werden hellviolett und sitzen in kurzen Trauben beisammen, Flor im Sommer. Die Art ist wahrscheinlich eine sehr alte Hybride, es gibt eine Reihe von Sorten mit abweichend getönten Blättern. Genannt seien: 'Albopicta' – Blätter in der Jugend gelblich mit schmalem, grünem Saum; 'Albopicta Aurea' – die Frühlingsgoldfunkie, Blätter in der Jugend goldgelb mit grünem Rand.
Hósta lancifólia (Thunb.) Engler (syn. H. japonica [Thunb. ex Houtt.] Voss), die Lanzenfunkie, hat lange Blattstiele und schlanke, dünne, grüne Blätter mit 4 Nervenpaaren. Die Blüten stehen auf 30 bis 50 cm hohen Schäften und werden bläulichviolett, die Traube ist locker und einseitswendig; Flor im Sommer. Im Ganzen eine zierliche Art.
Hósta plantagínea (Lam.) Aschers. aus Japan, auch in China auftretend, hat bis 25 cm lange und bis 15 cm breite, eirunde bis breit-herzförmige, sich in einen Stiel verschmälernde Blätter, bei welchen an den Rändern viele Nervenstränge hervortreten. Die Blüten werden für die Gattung sehr groß: bis 10 cm lang, weiß, wohlriechend (!) und sitzen bis zu 15 an nicht sehr hohen

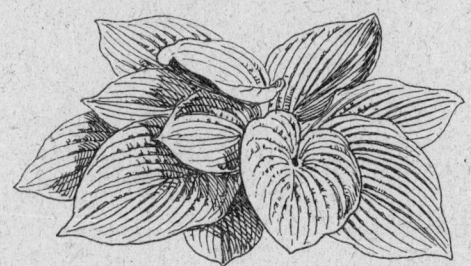

Hósta sieboldiána

Stengeln. Blütezeit ist der Sommer. Wegen der schönen, lilienartigen Blumen nennt Karl Foerster diese Art Lilienfunkie.

Hósta sieboldiána (Hook.) Engler (syn. *H. glauca* [Sieb.] Stearn), die Blaublattfunkie, hat große, feste, steife Blätter, die bis 12 Nervenpaare aufweisen, Form länglich-herzförmig, Farbe bläulichgrün. Die Blüten erscheinen in kurzen, dichten Trauben und werden trichterförmig, Farbe hellviolett; Flor im Juni/Juli. Var. **élegans** Hyl. (syn. *H.* fortunei var. robusta Arends, auch als Kultivar gehend) hat größere breitherzförmige Blätter mit kurzer Spitze, die Blattspreite ist zwischen den Nerven deutlich runzelig.

Hósta siebóldii → *H. albomargináta*

Hósta unduláta (Otto et Dietr.) L. H. Bailey (syn. Funkia undulata Otto et Dietr.) hat bis 30 cm lange, 5 bis 8 cm breite, ovale bis längliche Blätter, am Rande wellig und oft mit zur Seite gedrehter Spitze, Spreite in der Jugend unregelmäßig weiß gescheckt. Später sind Weiß und Grün deutlich wahrzunehmen, aber manchmal ist der Rand grün, und in der Mitte gibt es einen großen oder zwei kleinere weiße Streifen oder Zonen, doch kann es auch umgekehrt sein. Am meisten begehrt sind Klone, bei welchen das Weiß auf den Blättern vorherrscht, aber es kommen gelegentlich Rückschläge vor, und das Grün fängt an zu überwiegen. Der Blütenschaft wird bis 40 cm hoch, ist zerstreut beblättert und trägt im Sommer zahlreiche, etwa 4 cm lange, hellviolette Blumen.

Hósta ventricósa (Salisb.) Stearn (syn. *H. coerulea* [Andr.] Tratt. non Jacq.) hat eirunde bis herzförmige, 15 bis 20 cm lange, kurz zugespitzte, tiefdunkelgrüne Blätter und bringt bis 1 m hohe Blütenstengel. Die Blumen erscheinen in 10- bis 15blütigen Trauben und werden etwa 5 cm lang. Ihre Farbe ist dunkellavendel. Es ist charakteristisch für die Art, daß die Blüten sich am Ende ihrer Röhre plötzlich glockenförmig erweitern. Die Pflanzen blühen im Hochsommer.

Bewertung, Verwendung, Anzucht: Eine Art, *H. undulata* in ihren weißbunten Formen, hat für den Zierpflanzenbau große Bedeutung, denn die Pflanzen lassen sich bei mäßiger Wärme treiben, und man kann sie bereits Ende Februar fertig haben. Auch die Blätter werden gepflückt und für Binderei genommen. Natürlich eignen sich dafür nur ausreichend weißbunte Typen. Man gräbt im Spätherbst aus, topft in 11- bis 12-cm-Töpfe in gute Komposterde und räumt in einen tiefen Kasten, den man frostfrei halten muß. Ab Anfang Februar kann man alle 2 Wochen einen Satz aufstellen. In der Regel räumt man unter Gewächshaustische, die nicht tropfen. Später holt man auf die Tische, und bei +12 °C werden die Bestände anfangs in 4 Wochen, später in kürzerer Frist fertig. Man muß ausreichend wässern. Später ist auch nötig zu lüften und vielleicht an besonders hellen Tagen gar zu schattieren. Will man nur Blätter pflücken, schlage man die Funkien in Obststiegen und verfahre entsprechend. Vermehrt wird durch Teilung im Frühjahr. Man pflanzt sofort auf Anzuchtbeete und muß 2 Jahre stehen lassen, nur dann bekommt man je Pflanze wenigstens 4 Köpfe. Auch *H. albomarginata* ist für eine späte Treiberei oder fürs Eintopfen geeignet, wird aber nie die Bedeutung von *H. undulata* erlangen, welche viel frischer wirkt. Die übrigen Arten sind ausgezeichnete Gartenpflanzen für Plätze mit humosem, sandig-lehmigem, frischem Boden. Halbschatten ist günstig, tiefer Schatten wird vertragen, aber auch volle Sonne, wenn die Pflanzen in besonders tiefgründigen, nährstoffreichen und feuchten Böden stehen. Die Exemplare können alt und riesig werden, je nach dem Standort. Die Hauptwirkung der Funkien liegt in den Blättern. Die Blütenstiele von *H. plantaginea* eignen sich auch zum Schnitt, man muß nur die abgeblühten Blumen täglich wegzupfen. Im Garten nimmt man Funkien als Einfassung von Beeten oder vom Rasen oder als Kante vor Gebüsche, kann sie in den Rasen als Einzelgruppe und auch an Teich- und Beckenränder setzen. Vermehrt wird durch Teilung, wobei man an jedem Stück einen nicht zu kleinen Rest des Erdstammes belassen muß. Man teile im Frühling so zeitig als möglich und setze gleich auf die Anzuchtbeete in 5 bis 6 Reihen. Die Erde soll sandig-lehmig sein; gut ist, ihr gejauchten Torf zuzusetzen. Der Boden darf weder heiß noch recht trocken sein. Bei der Anzucht von *H. undulata* aber soll er nicht zu feucht und vor allem nicht fett sein, sonst vergrünen die Bestände und werden dadurch fast wertlos. Die reinen Arten lassen sich auch durch Samen vermehren. Man säe sofort nach der Reife aus. Sät man erst im kommenden Frühling, dauert es in der Regel ein Jahr, ehe die Samen auflaufen.

Houstónia · Porzellansternchen
Rubiaceae ♃ ◐ ◑ △ ♡

Die Pflanzen wurden zur Erinnerung an William Houston (1695–1733) benannt, der Arzt, Botaniker und Sammler der amerikanischen Flora war. Die Gattung ist gegen 25 Arten stark, welche in Nordamerika und Mexiko auftreten. Es sind aufrechte oder niederliegend wachsende, ausdauernde und annuelle Kräuter mit blauen oder weißen Blüten.

Houstónia caerúlea L. aus dem Nordosten der Ver-

Ho

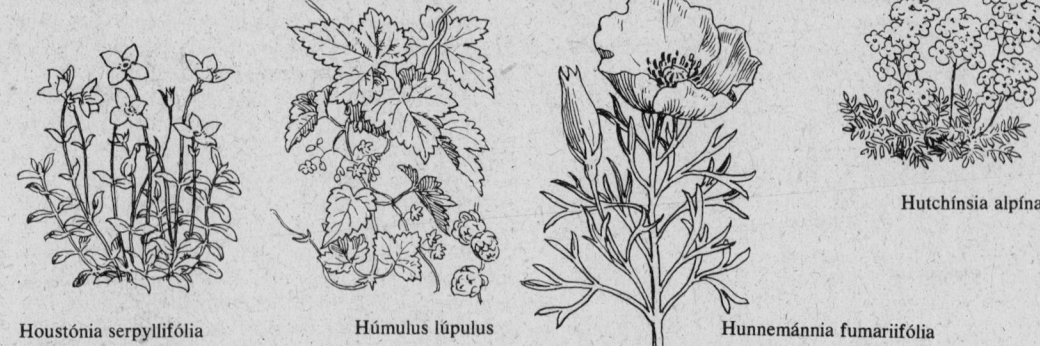

Houstónia serpyllifólia   Húmulus lúpulus   Hunnemánnia fumariifólia   Hutchínsia alpína

einigten Staaten wächst auf feuchten, grasigen, locker bestandenen Stellen und wird 10 bis 20 cm hoch. Die Pflanzen haben dünne, vierkantige, aufrechte Stengel und eirund-spatelförmige, 5 bis 8 mm lange, unterseits behaarte, gestielte Blättchen. Die Blumen werden etwa 1 cm breit, stehen einzeln auf kurzen Stielchen, sind trichterförmig, Farbe lichtviolett mit gelber Kehle. Florzeit ist im April bis Juni. Schöner ist 'Millards Var.', weil die Blütenfarbe lebhafter blau wird und die Pflanzen nicht so empfindlich sind.

Houstónia serpyllifólia Michx., im Südosten der USA an Bachufern in den Bergen auftretend, wächst kriechend. Die Pflanzen werden 3 bis 6 cm hoch, ihre Triebe schlagen Wurzeln, und es entstehen kleine Polster. Die Blümchen sind dunkelblau oder weiß und erscheinen im Mai/Juni.

Bewertung, Verwendung, Anzucht: Beide sind reizende Gewächse für Steingärten. Sie wünschen absolut kalkfreien, humosen, frischen Boden, dem man etwas neutralen Lehm oder Urgesteinsgrus zusetzen möchte. Auch wollen sie absonnig stehen, aber nicht im tiefen Schatten. Es ist nötig, sie mit Regenwasser zu gießen, auch in der Anzucht! Denn der Kalkgehalt des Leitungswassers ist nachteilig. *H. caerulea* ist wenig dauerhaft. Man muß also ständig für Nachzucht sorgen, wenn man die Art halten will. Vermehrt wird durch Teilung im Sommer, und man kultiviere nur in Töpfchen.

Húmulus · Hopfen
Moraceae   ☉ ♃ ◐ ◑ ♡

Den Namen führt man auf das altfränkische humilo zurück. Die Gattung umfaßt nur 2 Arten, wovon eine, Humulus lupulus = der Hopfen der Bierbrauer, ausdauert, die andere ist einjährig.

♃ **Húmulus lúpulus** L. 'Aureus' ist eine gelbblättrige Sorte des ausdauernden Hopfens. Die Pflanzen werden bis 5 m hoch und sind zierlicher als die Stammart. Sie haben einen unterirdischen, ausläufertreibenden Erdstamm und im Umriß herzförmige, drei- bis fünflappig geteilte, manchmal auch ungeteilte Blätter, beiderseits rauh und am Rande grob gesägt. Die aparte gelbgrüne Färbung verliert sich im Laufe des Sommers. Sie tritt stärker hervor und hält sich länger, wenn die Exemplare etwas absonnig stehen.

☉ **Húmulus scándens** (Lour.) Merr. (syn. H. japonicus Sieb. et Zucc.) ist einjährig und klettert bis 4 m hoch. Die Blüten fallen kaum auf, um so mehr das schön geschnittene, lebhaft grüne Laub. Es ist unten grau angelaufen. Neben der grünen Stammart gibt es die Sorte 'Variegatus' mit weißbuntem Laub, das auch bei Aussaat wieder auftritt.

Bewertung, Verwendung, Anzucht: Beide *Humulus* sind höchst brauchbare Kletterpflanzen und eignen sich zum Bekleiden von Lauben, Spalieren, Zäunen, Säulen oder Baumstämmen. Mit der annuellen Art lassen sich auch frei stehende Grüne Wände schaffen, man kann also damit den Sitzplatz abdecken oder im Garten einzelne Teile einfriedigen. Die Pflanzen sind mit jedem normalen Gartenboden zufrieden, aber bei Trockenheit muß man wässern, sonst stellen sich Ungeziefer oder Blattfall ein. Die einjährige Art kann man im April an Ort und Stelle säen, günstiger jedoch ist, im März unter Glas auszusäen, dann einzutopfen und schließlich an den vorgesehenen Platz zu setzen. Bei Reihenpflanzung soll der Abstand 50 bis 60 cm betragen. Der grünlaubige *Humulus scandens* verträgt Beschattung, der weißbunte dagegen wird im Schatten schlottrig und einfarbig graugrün. Oft sät sich dieser Hopfen von allein aus, und man hat keinerlei Arbeit mehr mit ihm, höchstens die Sämlinge dort auszuraufen, wo man sie nicht haben will. Der gelbblättrige Hopfen wird durch Ausläufer vermehrt, die im ersten Jahre allerdings noch keine stattlichen Pflanzen ergeben. Später läßt man nicht sämtliche Schosser wachsen, sondern nur 4 bis 6 oder einige mehr.

Hunnemánnia · Mexikomohn
Papaveraceae   ☉ ○ ◐ ◑ ✕

Die Pflanzen wurden zum Andenken an John Hunnemann († 1839) benannt, einen englischen Reisenden und Botaniker. Die Gattung ist nur eine Art stark und steht den Eschscholzien nahe.

Hunnemánnia fumariifólia Sweet kommt in trockenen Gebieten Mexikos mit subtropischem Klima vor. Die Pflanzen sind dort Stauden. Hier behandet man sie als Einjährige, denn ihre Erdstämme überstehen unsern Winter nicht. Hunnemannia werden etwa 60 cm hoch, haben feingefiedertes und zerteiltes Laub, das an die Blätter des Erdrauchs erinnert. Alle grünen Teile der Gewächse sind bläulich überlaufen. Die Blüten kommen aus den Blattachseln, sitzen auf langen, festen Stielen und ähneln einer Mohn- oder Eschscholtzienblume. Sie werden gelb und 5 bis 8 cm breit. Der Flor beginnt Mitte bis Ende Juni und kann bis in den September vorhalten.

Bewertung, Verwendung, Anzucht: Der Mexikomohn ist hübsch, doch nicht überall angebracht. Er blüht nicht so reich wie der Kalifornische Mohn, aber seine Blumen halten sich abgeschnitten 8 Tage, wenn man recht knospig schneidet und die Stiele sofort kurz in kochendes Wasser hält. Leider sind die Pflanzen gegen Regen und Nässe sehr empfindlich. Sie wünschen einen warmen, sonnigen Platz und sandigen, kalkhaltigen, nicht zu armen Boden, der sehr gut durchlässig sein muß. Das ist selten alles beisammen. *Hunnemannia* gehören daher zu jenen Gewächsen, für die man den zusagenden Standort nicht ohne weiteres schaffen kann, sondern haben muß. Erst an zusagenden Standorten zeigt sich, was in ihnen steckt. Man kann im Februar einige Korn in kleine Töpfe säen und später an den vorgesehenen Standort pflanzen. Man kann auch Anfang Mai gleich an den bestimmten Platz säen und muß später auf 20 cm Abstand ausdünnen. Die Pflanzen sind frostempfindlich. Der Mexikomohn eignet sich für bunte Blumenbeete und wirkt am besten inmitten von Arten, die aus seiner Heimat stammen.

Hutchínsia · Gemskresse
Cruciferae ⚘ ○ ◐ ◉ △ ♡

Die Pflanzen wurden zu Ehren von Miss Hutchins of Bantry (1785–1815) benannt, einer Botanikerin, welche vor allem die Kryptogamen der Alpen studierte. Die Gattung ist gegen 8 Arten stark. Es sind ein- oder mehrjährige niedrige Kräuter mit kleinen, fiederteiligen Blättern und weißen Blümchen in trugdoldigen Blütentrauben. Sie wachsen meistens in den Gebirgen Europas, aber einzelne sind fast auf der ganzen Welt anzutreffen (z. B. *H. procumbens*). Zeitweilig wurden verschiedene Arten unter dem Genus-Namen *Noccaea* geführt.

Hutchínsia alpína R. Br. ist in den Hochgebirgen Europas verbreitet und wächst dort in feuchtem Grus und Schutt, in Felsspalten und in der Regel auf Kalkgestein oder kalkhaltigem Untergrund. Die Pflanzen werden 5 bis 10 cm hoch, haben eine lange, spindelförmige, mehrköpfige Wurzel und reichlich sich verästelnde Stengel, die niederliegend-aufsteigend wachsen. Die Laubblätter stehen auf kleinen Stielen in Rosetten, die Blumen werden weiß. Die Blütentraube ist anfangs gedrungen, später streckt sie sich. Die Pflanzen blühen im Mai/Juni. Ssp. **auerswáldii** (Willk.) Lainz aus Spanien, wo die Pflanzen in den Bergen in feuchten Steinfugen wurzeln, bildet etwas dichtere Polster, und die Blümchen werden größer. Auch diese Art blüht im Mai/Juni.

Bewertung, Verwendung, Anzucht: Die Gemskresse ist keine Allerweltspflanze. Sie wächst bei uns nur in dem über Sommer stets feuchten Geröll eines Alpinums mit kalkhaltigem Gestein. Man nimmt normale, humusreiche Gartenerde, mischt darunter etwa ein Drittel nicht zu feinen Schotter, drainiert den Standort gut und überzieht ihn mit dem Erde-Gesteins-Gemisch. Die ständig nötige Feuchtigkeit läßt sich auf folgende Weise leicht erreichen. Man nimmt eine oder zwei reine 0,7-l-Flaschen, füllt sie mit Regenwasser und verschließt sie mit einem dicht sitzenden Korken und zusätzlich mit Wachs. Durch den Stöpsel schiebt man ein dünnes Metall- oder Glasrohr und gräbt die Flasche schräg fallend am Standort ein. Das Wasser sickert dann laufend durch das Röhrchen und benetzt dabei das kleine Geröllfeld. Von Zeit zu Zeit muß man nachsehen, ob etwa das Wasser erneuert werden muß. Wenn man die Flaschen geschickt bettet und mit Moos oder Steinen abdeckt, werden sie niemals stören. Das Ganze ist eine geringe Mühe, die aber jeder Alpenpflanzenliebhaber gern auf sich nimmt. Vermehrt wird *Hutchinsia* durch Aussaat im Frühjahr oder gleich nach der Ernte. Die Pflanzen werden bis zum nächsten Frühling verkaufsstark. Man kultiviert sie in Töpfen, die man einsenkt und mit Steingrus bedeckt, der ebenfalls ständig feucht gehalten werden muß.

Hyacinthélla azúrea → **Muscári**

Hyacínthus · Hyazinthe
Liliaceae △ ○ ◉

Die Pflanzen wurden nach einem schönen Jüngling der griechischen Sage namens Hyakinthos getauft. Er war ein Liebling des Apollon, der ihn beim Wettspiel versehentlich mit einem Diskus tötete und aus dem verströmenden Blut die Blumen aufsprießen ließ ... bei den Alten war es aber eine dunkel blühende Gladiolenart. Der Name wurde also auf die beliebten und schönen Gewächse übertragen, die wir heute so nennen. Die Heimat von *H. orientalis* L., der Stammutter unsrer Gartenhyazinthen, ist der Balkan und Kleinasien, wo man sie jetzt aber kaum noch wild findet. Die ersten importierten Zwiebeln sollen 1543 in dem seinerzeit berühmten Botanischen Garten von Padua geblüht haben. 1568 hat es schon welche in Holland gegeben, denn Dodonaeus erwähnt sie. Später schreibt L'Obel, daß sie in Holland wohl wachsen und von dort die besten kämen. In Holland werden sie heute noch in großen Mengen gezogen und in viele Länder exportiert. Vor über hundert Jahren gab es auch in Berlin

Hy

Gartenhyazinthe

Hydrangéa macrophýlla

Anzuchtbetriebe: Holländer, die ihres Glaubens wegen vertrieben worden waren, hatten sie gegründet. Heute gibt es keine mehr, denn die Felder wurden Stadtfläche, und der Grundwasserstand sank so, daß eine regelrechte Kultur weiterhin nicht möglich war. Die wichtigste Voraussetzung für den Anbau ist verhältnismäßig hoher Grundwasserstand. Wichtig ist auch, daß auf die Niederschläge und die Feuchtigkeit des Frühjahrs ein warmer, trockener Sommer folgt, der die Hyazinthen zwingt, ihre Blätter abzubauen und sich in ihre Zwiebeln zurückzuziehen. Im Gegensatz zu den Tulpen werden diese nicht alljährlich neu gebildet, sondern bleiben bestehen, und man hat schon 18 Jahre alte Zwiebeln gefunden. Sie erneuern sich von innen. Neben dem alten Blütenschaft bilden sich eine neue Zentralknospe, Schalen, Scheideschalen und neue Anlagen der Blätter. Im 3. Jahre ist diese Erneuerung abgeschlossen, und es entwickelt sich eine Blütenknospe. Auch setzen die Zwiebeln von einem gewissen Alter Brut an. Durch Eingriffe läßt sich der Ansatz steigern. Die Gattung umfaßt jetzt nur noch eine Art.

Hyacínthus azúreus → **Muscári azúrea**

Hyacínthus campanulátus → **Scílla hispánica**

Hyacínthus orientális L., die Gartenhyazinthe, ist so bekannt, daß es nicht nötig ist, sie zu beschreiben. Die meisten Zwiebeln werden auf Gläsern oder in Blumentöpfen durch Wärme im Laufe des Winters oder Vorfrühlings zur Blüte gebracht und sind zunächst Zimmerpflanzen. Sie lassen sich aber später in den Garten auspflanzen: Man muß sie nach dem Flor weiterpflegen, räumt sie danach in den Garten oder auf den Balkon, dort stirbt das Laub schließlich von selbst ab.
Dann lagere man. Das Lager soll ein trockener, luftiger Raum sein, anfangs ist Wärme nötig, damit die vergänglichen Teile rascher abwelken. Später putzt man und legt im Laufe des Oktobers im Garten auf Beete oder in Horsten an Plätze, wo man zur Florzeit im Frühling die Blumen täglich sieht und ihren Duft genießen kann. In sehr kalten Wintern können die Zwiebeln leiden und treiben zuweilen nur Blätter.
Gartenhyazinthen sind relativ anspruchsvoll. Wo die Zwiebel keine günstigen Verhältnisse findet, geht sie nach einigen Jahren ein, verschwindet also. Nötig ist ein humusreicher, im Frühjahr frischer Boden und ein Standort, der im Sommer trocken und warm wird: am Fuße etwa von nach Süden weisenden Mauerwänden und ähnlichen Plätzen. Dort können sie jahrelang aushalten, und sie bringen auch getreulich Blütenstiele, die freilich manchmal nur wenige Glocken aufweisen. Durch ausreichende Düngung kurz nach dem Austrieb läßt sich die Blühfreudigkeit steigern. Wird der Flor aber zu ärmlich, muß man die Zwiebeln aufnehmen, die Erde erneuern und die größten Zwiebeln neu legen. Da Hyazinthen schützende Schalen haben, schadet es ihnen nicht, wenn sie eine Weile trocken lagern.

Hydrangéa · Hortensie
Saxifragaceae ○ ◐ ◑ ◎ ✕ ∧

Im Namen stecken die griechischen Wörter hydor = Wasser und aggeion = Gefäß; sie nehmen auf den großen Wasserbedarf einiger Arten Bezug, die förmlich Gefäße voll Wasser sind. Die Gattung umfaßt gegen 20 Arten, welche in Ost- und Südostasien, ferner in Nord- und Südamerika auftreten. Es sind in der Regel Sträucher, nur ausnahmsweise Bäume, einzelne auch Klettersträucher. Uns interessiert hier nur die Gartenhortensie H. macrophylla Ser., die vor allem als Topfpflanze gezogen und gehalten wird. Ist sie abgeblüht, pflanzt man sie nicht selten in den Garten aus, und häufig steht sie dort viele Jahre und wird üppig. Hortensien dieser Art sind Züchtungen und nicht immer winterfest. Daneben gibt es einige Formen, die in unserm Klima auch harte Fröste überstehen.
Hydrangéa macrophýlla (Thunb.) Ser. stammt aus Japan, wo die Pflanzen schon seit langem Gartengewächse sind, und es entstanden dort auch schon verhältnismäßig früh Kultivare. Die erste Kunde kam gegen Ende des 18. Jahrunderts durch Thunberg und Commerson nach Europa, welche auch Herbarmaterial nach Europa sandten. Die ersten lebenden Exemplare brachte der berühmte englische Weltreisende, Pflanzensammler und Forscher Sir Josef Banks (1743–1820) mit, der zu den Begleitern Cooks auf dessen erster Reise um die Erde gehörte. Später führten der Botaniker von Siebold, der Sammler Maries und die englische Firma Veitch & Sons weitere ein.
H. macrophylla wird bei uns ein breiter, sich vielfach verästelnder, bis 2 m hoher Strauch. Er hat 7 bis 15 cm lange, eiförmige, grobgesägte, derbe Blätter und blüht bei den fruchtbaren Formen mit flachen bis schirmförmigen, bei den unfruchtbaren mit ballartigen bis kugeligen Dolden oder Trauben. Die Blüten werden weiß, rosa oder blau. Es sind folgende, heute noch erhältliche und geschätzte Formen japanischen Ursprungs: f. **coerúlea** (Hook.) Wils. (syn. H. hórtensis belzonnii Maxim.) mit schirmartigem Blütenstand und fruchtbaren dunkelblauen Blüten und blauen oder weißen Randblüten, gilt als recht winterhart; f. **otáksa** (Sieb. et Zucc.) Wils. – "im Wuchs niedriger als die Stammform, Blüten sind fast alle steril, bildet die be-

kannten großen Blumenbälle in Weiß oder Rosa; **f. mariésii** Wils. – wird bis 1 m hoch, hat schmale, gleichmäßig spitz zulaufende Blätter, die fruchtbaren Blüten sitzen in der Mitte des Blütenstandes, die Scheinblüten werden hellblau oder rosa; **f. veitchii** Wils. wird bis 1,8 m hoch, der Blütenstand flach, klein mit sehr großen, weißen, im Verblühen blaßrosa Randblüten.

Bewertung, Verwendung, Anzucht: Die Pflanzen sind allgemein beliebt, und man kann sie in vielen Gärten antreffen. Sie wünschen nährstoffreichen, tiefgründigen, frischen Boden und etwas absonnige Standorte. Sie können sehr alt werden, blühen aber nicht jedes Jahr gleich reichlich... der Blütenansatz hängt von der Witterung des vergangenen und auch des laufenden Jahres ab. Viel Wärme, Sonnenschein und reichlich Niederschläge ergeben einen reichen Flor. Er kann im Juli einsetzen, und manchmal blühen einzelne Bälle noch im Oktober. Die Blumen lassen sich auch schneiden, die Stiele muß man tief ins Wasser stellen. Über Winter brauchen alteingewurzelte, geschützt stehende Exemplare oder Horste kaum Schutz, und wenn sie bis fast zum Boden zurückfrieren, treiben sie wieder aus und erholen sich. Jüngere und etwas exponiert stehende Pflanzen soll man im Herbst mit trockenem Laub anschütten. Schnitt ist nicht unbedingt nötig, nur ist es tunlich, zu lang gewordene Triebe auf ein Drittel oder Viertel zu kürzen, was im Frühjahr geschehen soll. Unerläßlich ist, bei großer Trockenheit ausreichend zu wässern und dazu um die Stöcke Gießmulden zu ziehen. Vermehrt wird durch Stecklinge im Frühjahr oder Sommer, wozu man nur Laubtriebe nehmen darf. Manchmal kann man ältere Exemplare auch teilen. Die Teilstücke lassen sich gleich wieder pflanzen, man kann sie auch ein Jahr in Töpfen kultivieren. Es ist nötig, die Stücke bis auf eine Knospe an der Basis der Triebe zurückzuschneiden.

Hylomécon · Japanischer Waldmohn
Papaveraceae ♃ ● ☽

Im Namen stecken die griechischen Wörter hyle = Wald und mekon = Mohn; sie beziehen sich darauf, daß die Pflanzen im Walde auftreten und zur Familie der Papaveraceae gehören. Es sind mäßig hoch werdende Stauden mit gefiederten, grob gesägten Blättern und großen gelben, aufrechten Blumen. Die Gattung umfaßt nur eine Art.
Hylomécon japónica (Thunb.) Prantl et Kuendig (syn. Stylophorum japonicum [Thunb.] Miq.) aus Japan, auch in Nordchina auftretend, wird 20 bis 30 cm hoch, hat einen kurzen Erdstamm, gestielte Blätter mit 3 Fiederpaaren und blüht im Mai/Juni mit etwa 5 cm breiten, goldgelben Blumen.

Bewertung, Verwendung, Anzucht: Es sind bei uns völlig winterharte, langlebige Stauden für schattige Plätze. Der Boden soll humusreich, frisch und kalkfrei sein. Leider ziehen die Pflanzen bald nach der Blüte, die Ende April einsetzt und sich bis in den Juni hinziehen kann, ein, und es bleiben kahle Stellen zurück... wie bei vielen Gewächsen, die unter Laubgehölzen wachsen. Vermehrt wird aus Samen und durch Teilung im zeitigen Frühjahr. Die heranwachsenden Bestände werden in Töpfen gehalten.

Hypericum · Hartheu
Guttiferae (Hypericaceae) ♃ ○ ◐ ◑ ○
❦ ♡ ∧

Der Name kommt bereits bei den Botanikern des Altertums vor und bezog sich wahrscheinlich auf das in Griechenland weit verbreitete H. crispum. Die Stellung der Gattung ist unsicher: manche Autoren stellen sie zu den Guttiferae, bei andern gibt es eine Familie der Hypericaceae. Das Genus Hypericum umfaßt gegen 350 Arten, welche vor allem in der gemäßigten und subtropischen Zone der nördlichen Halbkugel auftreten. Es sind mehrjährige (nur ausnahmsweise einjährige) Kräuter, Halbsträucher oder Sträucher, gelegentlich werden sie auch baumartig groß. Sie haben vielfach sitzende, ganzrandige oder nur schwach gesägte Blätter und kleinere bis recht ansehnliche Blüten, die einzeln oder in Trugdolden oder Rispen beisammenstehen. Die meisten Arten blühen gelb. **H. perforatum** L., das Johanniskraut, welches in ganz Europa auf Rainen, Böschungen und ähnlichen Plätzen wächst, gilt seit dem Altertum als eine Pflanze mit mannigfacher und großer Heilkraft, heute ist diese umstritten. Lange hielt man das Gewächs für ein Mittel zur Anregung der Blutzirkulation.
Hypericum calýcinum L. aus Südosteuropa, auch in Kleinasien auftretend, ist ein wintergrüner, 20 bis 40 cm hoher Halbstrauch, der eiförmige, kurzgestielte, bis 10 cm lange derbe Blätter hat. Sie sind oberseits dunkelgrün und glänzend, unterseits blaugrün. Die Blüten erscheinen einzeln an den Enden der Triebe und werden bis 8 cm breit, Farbe goldgelb. Die Pflanzen blühen ab Juli bis manchmal in den September hinein. Die Art treibt Ausläufer.
Hypericum olýmpicum L. ist ein 20 bis 30 cm hoher Halbstrauch mit aufsteigenden Stengeln, welche gegenständig mit 3 bis 4 cm langen, eirunden Blättern besetzt sind, die grasgrün werden. Die Blumen erscheinen in Trugdolden mit 2 bis 4 Blüten. Sie werden bis 5 cm breit und sind gelb. Erwähnt seien auch die punktierten Kelchblätter. Der Flor fällt in den Juni/Juli. Es gibt eine 'Citrinum' mit zitronengelben Blüten.
Hypericum polyphýllum Boiss. et Bal. (syn. H. grandiflorum hort.) wächst mehr niederliegend, wird bis 15 cm hoch und bildet kleine, dichte Büsche. Die Blättchen sind linealisch, bis 1 cm lang, blaugrün und weisen auf der Unterseite viele schwarze Pünktchen auf. Die Blumen werden bis 5 cm breit und stehen zu mehreren beisammen. Ihre Farbe ist lebhaft gelb. Sie erscheinen von Juni bis August. Es gibt neuerdings auch Sorten mit besonders großen oder abweichend getönten Blüten.

Hy

Hyssópus officinális

Bewertung, Verwendung, Anzucht: H. calycinum ist eine sehr schöne, auch auffällig blühende Pflanze für absonnige und halbschattige Standorte, die sie weithin überzieht... also eine wertvolle Bodendecke. Es wünscht humosen, frischen Boden, und man sollte die Exemplare etwas geschützt setzen oder vorsorglich mit Reisig abdecken und Tannennadeln darauf füllen. In schweren und auch normalen, aber schneelosen Wintern erfrieren die Bestände leicht, wenn auch selten völlig, denn sie treiben von unten wieder aus. Die andern Arten gehören in den Steingarten oder zwischen Kleinstauden. Sie wünschen sandig-lehmigen Boden, sind aber auch mit normalen Gartenböden zufrieden. Sie müssen sonnig stehen, und viel Nässe, besonders im Winter, ist ihnen abträglich. Haben sie den Platz, der ihnen zusagt, können sie groß und eine Reihe von Jahren alt werden, selbst weit über 10 Jahre alt. Vermehrt wird aus Samen, der aber nicht gleichmäßig ausfallende Bestände ergibt (Wuchsform, Blumenfarbe, Blütengröße und Menge können stark schwanken), durch Teilung und Stecklinge im Frühjahr. Man kultiviert gern in Töpfen weiter, die tief sein sollen, denn die Pflanzen haben ein verholzende, sich (außer bei *H. calycinum*) nicht reichlich verästelnde, in die Tiefe strebende Wurzel. Um das Durchwachsen durch das Abzugsloch zu unterbinden, ist es nötig, die Töpfe von Zeit zu Zeit anzuheben. Die Pflanzen werden innerhalb eines Jahres verkaufsstark.

Hyssópus · Ysop
Labiatae ○ ◐ ◑ ● ◓ △ ⵊ ⬡

Hassopus ist ein Pflanzenname, den schon Theophrast, Hippokrates und Dioskorides anwendeten, ebenso die auf sie folgenden Botaniker der Antike und des frühen Mittelalters, doch wurden damit vielfach Origanum-Arten bezeichnet. Die Herleitung des Wortes ist dunkel, am wahrscheinlichsten ist die Rückführung auf das hebräische esow oder ezop, woraus später das arabische azzof wurde, das „Heiliges Kraut" bedeutet. Welche Verwendung die kräftig duftende Pflanze in der Antike und im Orient fand, wissen wir nicht genau. In die europäische Heilkunde wurde sie erst durch den Leibarzt Kaiser Ferdinands I., den berühmten A. P. Matthiolus, eingeführt. Seitdem hat sie sich neben anderen stark duftenden Mitgliedern der Familie der Lippenblütler, neben Minze, Lavendel, Thymian, Salbei und Rosmarin, in der Volksmedizin behauptet. Ysop wird als Tee verwendet und ist bei Brust- und Magenleiden oft ein guter Helfer. Die Gattung umfaßt nur eine Art.

Hyssópus officinális L. tritt in der Natur von Ostsibirien bis Spanien auf, und man findet ihn häufig gesellig an stark sich erwärmenden Fels- und Schutthängen, in den Felsheiden Südeuropas, vorzugsweise auf kalkhaltigen Böden. In Mitteleuropa gehört er zu den Unkräutern der Weinberge. Er ist ein bis 50 cm hoher Halbstrauch mit zahlreichen niederliegend-aufrechten oder aufsteigenden Stengeln, die sich vielfach verästeln. Die Blätter sind lanzettlich, 2 bis 3 cm lang, ganzrandig, in milden Gegenden wintergrün. Die Blüten erscheinen in langen Scheinähren, werden 8 bis 12 cm lang, sind blau und sitzen in Quirlen. Der Flor beginnt im Juni und kann sich bis zum September hinziehen. Der Typus ist nicht in Kultur, sondern var. **decussátus** Pers. (syn. var. latifolius Benth.) — in allen Teilen größer. Ferner gibt es die Sorten 'Albus' mit weißen Blumen und 'Ruber' mit rosa Blüten.

Bewertung, Verwendung, Anzucht: Der Ysop gehört zu jenen Pflanzen, die mehrere Jahrhunderte hindurch in keinem Garten fehlten und in den Städten gelegentlich wie Rosmarin sogar in Töpfen gehalten wurden. Wie so manches Gewächs, das bei unsern Ureltern und Großeltern geschätzt wurde, war auch er aus der Mode gekommen und beginnt wieder beliebt zu werden. Man kann ihn in größere Steingärten oder auch in Wildstaudenpflanzungen einfügen und als Einfassung verwenden. Er läßt sich sogar scheren und bildet dann kleine Hecken. Die Pflanzen lieben kalkhaltigen, sandig-lehmigen Boden, wachsen aber auch in jedem normalen Gartenboden. Sie wünschen volle Sonne und versagen nicht im Halbschatten, nur tiefer Schatten ist abträglich. In nicht zu kalten Gegenden halten sie viele Jahre aus. In einem sehr harten Winter können sie erfrieren, und an exponierten Stellen schütze man stets mit Reisig. Auch sollte man vorsorglich in jedem Sommer einige Stecklinge machen und diese frostfrei überwintern, damit man bei Verlusten gleich Ersatz zur Hand hat. Die Pflanzen sind außerdem, wie so manche Labiaten, gute Bienenweiden. Vermehrt wird durch Aussaat im Frühling oder durch Stecklinge im Juni/Juli. Die Stecklinge sollen erst im nächsten Frühling auf Anzuchtbeete kommen.

I

Ibéris · Schleifenblume
Cruciferae ☉ ♃ ◐ ◑ △ ‖ ♡ ✕ ○

Iberis ist ein alter Pflanzenname. Man kann ihn bei Nikandros und Dioskorides finden, die damit wahrscheinlich eine auf der iberischen Halbinsel häufige Lepidium-Art bezeichneten. Es sind einjährige oder ausdauernde Kräuter, einzelne auch Halbsträucher. Die Pflanzen werden bis 30 cm hoch, verzweigen sich reichlich und blühen üppig mit weißen, rosa, lila und purpurroten Blüten, welche in Trauben oder Doldentrauben beisammenstehen. Die Gattung umfaßt gegen 40 Arten, sie treten vor allem im Mittelmeergebiet, einige auch in Mitteleuropa auf. Manche Arten sind bereits seit dem Ende des 16. Jahrhunderts Gartenblumen. Man findet sie jetzt nicht nur bei uns, sondern in der ganzen Welt.

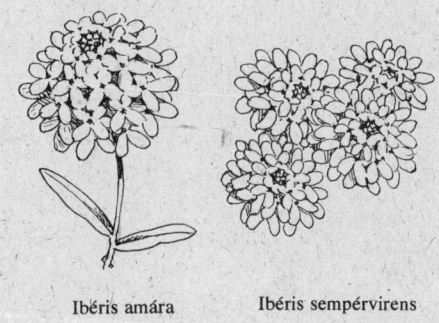

Ibéris amára　　Ibéris sempérvirens

Einjährige Iberis

Ibéris amára L. ist ein kahles, bis 30 cm hohes Kraut, dessen Stengel sich oben mit etwas gespreizten Zweigen verästeln. Die Blätter sind lanzettlich, am Ende meistens abgestumpft, etwas gezähnt. Die Blumen stehen in anfangs fast flachen Doldentrauben, die sich später sehr strecken. Sie duften stark. Die Art trat bei uns früher auf Äckern als Unkraut auf, in Kultur sind nur die Sorten, welche unter dem Namen var. **coronária** Voss (syn. I. coronaria hort.) gehen. Sie werden in allen Teilen größer: also stattlicher, bringen breitere Blumen, und diese stehen in langen, ansehnlichen Trauben. Wichtig sind 'Hyazinthenblütige Riesen', 'Weiße Riesen', 'The Empress' – alle werden etwa 30 cm hoch. Andererseits gibt es niedrige Formen, welche die Stammart durch reichen Flor und vergrößerte Blumen ebenfalls übertreffen, wie 'Nana' – etwa 12 bis 15 cm hoch.

Ibéris umbelláta L., in vielen Teilen Südeuropas auftretend, bildet je nach der Sorte 15 bis 40 cm hohe, kahle, sich etwas steif verästelnde Pflanzen mit lanzettlichen, zugespitzten Blättern. Die Blüten stehen in endständigen, schirmförmigen Dolden, die sich im Verlaufe des Flors nur wenig (im Gegensatz zu I. amara!) nach oben strecken. Die Bestände bilden also geschlossene Blütenflächen. Bei der Grundform werden die Blumen lila. Daneben gibt es die Sorten 'Alba', reinweiß, 'Lilacina', hellpurpurrot, 'Dunnettii', purpurviolett, 'Scharlachfeuer', scharlachrot, und 'Tetra Vulkan', tief karminrot.

Bewertung, Verwendung, Anzucht: Beide Arten sind anspruchslose, wirkungsvolle Einjahrsblumen, die je nach dem Saattermin von Juni an in Flor kommen. Man kann schon im März an Ort und Stelle säen und muß später auf 10 cm ausdünnen; weitläufiges Säen ist aber günstiger, da Iberis gegen Verziehen empfindlich sind. Sät man später, muß man auf Erdflöhe achten, welche viel Schaden anrichten können. Man kann auch im Herbst säen, muß aber über Winter mit Reisig schützen. Im Herbst gesäte Bestände werden kräftiger, da ihre Wurzeln tiefer in den Boden gedrungen sind, und blühen länger, reicher und auch früher. Im harten Winter jedoch erfrieren die Aussaaten. Diese Iberis eignen sich für bunte Blumenbeete, die niedrig bleibenden auch als Einfassung, für den Steingarten, und I. amara var. coronaria sind schöne, haltbare Schnittblumen. Man kann zur Schnittblumengewinnung auch in kalte Kästen säen, deckt über Winter mit Reisig, legt im April Fenster auf und bekommt die Blumen eine bis drei Wochen früher in Flor... man muß aber fleißig lüften, zu hohe Wärme ist ungünstig. Beide Iberis wachsen in jedem normalen Gartenboden, sie wollen jedoch volle Sonne. Unter Kohlhernie leiden sie wenig. Der Flor läßt sich durch vorsichtigen Rückschnitt und anschließende Kopfdüngung um mehrere Wochen verlängern.

Stauden-Iberis

Ibéris saxátilis L. wird etwa bis 15 cm hoch, wächst sich ausbreitend niederliegend, hat ungefähr 1 cm lange, linealische, dickliche Blätter, die tiefdunkelgrün werden. Die Blüten sind weiß, manchmal rosa überhaucht und stehen in gedrängten Doldentrauben. Zur Florzeit im April/Mai verschwinden die Büsche unter der Masse der Blumen.

Ibéris sempérvirens L. ist ein in unsern Gärten sehr häufiger, etwa 25 cm hoher, wintergrüner Halbstrauch, der aus Südeuropa stammt und auch in Kleinasien auftritt. Die Pflanzen haben schmalspatelförmige, ganzrandige, bis 5 mm breite, tiefgrüne, derbe Blätter. Sie blühen in doldigen Blütenständen mit weißen

Im

Impátiens balsámina

Impátiens walleréna

Incarvíllea mairei

Blumen. Die Art wird nicht verwendet, sondern nur Sorten, wie 'Findel' — kräftig wachsend, 20 cm hoch mit großen Blumen; 'Schneeflocke' — bis 25 cm hoch, große Blumen; 'Weißer Zwerg' — etwa 15 cm hoch, im ganzen ein zierliches Gebilde, das auch weniger kräftig wächst. Alle blühen im April/Juni, manchmal gibt es im Spätsommer und Herbst einen Nachflor von einzelnen Blütenschirmen.

Bewertung, Verwendung, Anzucht: Die ausdauernde Art *I. sempervirens* gehört zu den unentbehrlichsten niedrigen Gartenstauden, und es gibt wenige Pflanzen, die zur Florzeit so weithin wirken. Es sind einfach Blütenkissen. Man findet sie auf bunten Blumenbeeten, in Steingärten, auf Trockenmauern und auch als Einfassung. Sie wollen guten, tiefgründigen Gartenboden, der nicht naß sein darf. Der Standort soll in voller Sonne liegen, etwas Halbschatten wird vertragen, aber die Büsche bleiben dann nicht so gedrungen. In sehr harten Wintern können sie braun werden oder gar stark zurückfrieren, was am ehesten bei Pflanzen eintritt, die Schatten bekommen. In der Regel treiben die Büsche aber von unten wieder aus. Bei starken Frostschäden ist es günstig, die Pflanzen zunächst mit Tannennadeln anzuschütten, damit sie nicht gleich ausschlagen, denn die jungen Blätter würden unweigerlich den Spätfrösten im April und in der ersten Maihälfte zum Opfer fallen, und die Pflanzen überstünden diesen zweiten Schaden nicht. Haben Iberis aber einen ihnen völlig zusagenden Standort, können sie mit den Jahren mehrere Quadratmeter Umfang erreichen. Es ist nur nötig, alljährlich nach dem Flor einen Volldünger zu streuen, den man mit der vielleicht 15fachen Menge von sandigem Kompost vermischt. Iberis-Einfassungen soll man nach dem Abblühen mit einer Heckenschere um ein Drittel zurückschneiden und nach dem Durchtrieb wie vorstehend beschrieben düngen. Die Einfassungen können sehr alt werden und doch jedes Jahr blühen. Vermehrt wird *I. saxatilis* aus Samen, die Sorten von *I. sempervirens* vermehrt man aus Stecklingen. Man kann diese sofort nach der Blüte, also „weich" schneiden, aber auch im Spätherbst. Man stecke in Handkästen in recht sandige Erde; die Stecklinge dürfen nicht *zu weich* sein. Im Frühsommer muß man sie also länger schneiden. Herbststecklinge räumt man kurz nach Neujahr in ein helles Kalthaus und hält sie ziemlich trocken. *I. saxatilis* und die Sorte 'Weißer Zwerg' werden häufig in Töpfen gehalten. Die Bestände sind bei zeitiger Vermehrung bis zum nächsten Frühjahr, bei Spätsommer- und Herbstvermehrung bis zum Herbst des folgenden Jahres verkaufsstark. Selbst für große Anzuchten braucht man nur einige gut entwickelte Standpflanzen als Stecklingslieferanten.

Impátiens · Balsamine
Balsaminaceae ☉ ○ ◐ ◑ ◒

Der Name stammt aus dem Lateinischen und bedeutet „ungeduldig". Er bezieht sich darauf, daß bei einigen Arten die reife Fruchtkapsel bei der leisesten Berührung platzt und den Samen fortschleudert. Als Gattungsname wurde das Wort zuerst von Dodonaeus verwendet. Das Genus umfaßt gegen 400 Arten, von welchen die meisten in den tropischen und subtropischen Teilen Asiens, im tropischen Afrika und auf den ostafrikanischen Inseln vorkommen und nur 8 in der gemäßigten Zone, aber diese in Europa so gut wie in Asien und Nordamerika. Die Pflanzen werden Kräuter oder Halbsträucher von mannigfaltiger Tracht, und auch in den Blüten gibt es zahlreiche Unterschiede.

Impátiens balsámina L. (syn. Balsamina hortensis Desp.), die Gartenbalsamine, war bei unseren Großeltern eine sehr beliebte Pflanze, und es gab damals zahlreiche Typen, Formen und Sorten. Die Büsche werden 25 bis 50 cm hoch und haben meist einen dicken, fleischigen, knotig gegliederten Stamm mit weichen, rötlich angelaufenen Ästen. Der Stamm und die Äste sind mit lanzettlichen, zugespitzten Blättern von unten an bis fast hinauf zur Spitze besetzt. Die Blüten erscheinen in den Blattachseln, und die

Blütenstände wirken wie ansehnliche, beblätterte, ährige Trauben. In der Kultur gibt es nur gefülltblühende Klassen, und je nach der Form der Füllung werden diese als Kamellienblütige oder KamellienBalsaminen, Rosen-Balsaminen und Nelken-Balsaminen geführt. Daneben entstanden die BlütenbuschBalsaminen, welche nur 40 cm hoch werden, sich von ziemlich weit unten verzweigen und ihre Blumen in kopfigen Sträußen *über* dem Laube tragen, ferner die Zwergbalsaminen – 25 cm hoch, aber nicht besonders breit. Die Farben gehen von Weiß über Rosa und Lachs bis zu Purpur und weiter nach Lila und Violett. Vielfach sind die Blüten gestrichelt oder getüpfelt. Der Flor beginnt je nach der Vorkultur etwa Ende Juni oder im Laufe des Juli und kann sich bis zum Herbst hinziehen.

Impátiens glandulífera Royle (syn. I. roylei Walp.) aus Indien wird 80 bis 200 cm hoch. Die Pflanzen haben saftreiche, dicke, knotige Stengel, die sich reichlich verästeln. Die Blätter werden eirund-lanzettlich, 5 bis 15 cm lang und stehen im oberen Teil der Exemplare zu dreien quirlig beisammen. Die Blüten erscheinen in langgestielten, schirmförmigen Trauben, welche bis 15 Blumen aufweisen. Sie werden weinrot. Es gibt auch einige Sorten, von welchen 'Rosa Falter' besonders reich blüht und lachsrosa Blumen mit roten Streifen hat. Der Flor beginnt gegen Ende Juni und hält ebenfalls bis zum Frost an.

Impátiens walleràna Hook. f. (I. holstii Engl. et Warb., I. sultani Hook. f.) wurde bisher unter diesen beiden Synonymen geführt, welche aber nach heutigen Erkenntnissen vor dem neuen Namen zurücktreten müssen. Die Art ist das berühmte Fleißige Lieschen unsrer Großeltern. Sie stammt aus den Gebirgen des tropischen Afrikas und kommt auch auf der Insel Sansibar wild vor. Sie bildet bis 60 cm hohe, kahle, sich vielfach verästelnde Kräuter mit hellgrünen, fleischigen Stengeln, hat elliptisch-lanzettliche Blätter und aus den Blattachseln kommende kleine Blütenstände. Sie haben bis 4 cm breite, flache Blüten mit einem kleinen Sporn. Man kann die Pflanzen im luftigen Zimmer halten, aber auch im Sommer ins Freie auspflanzen. Es gibt zahlreiche Sorten, von welchen für den Garten vor allem die niedrig bleibenden, in die Breite wachsenden wichtig sind, wie 'Karminzwerg', 'Orangezwerg', 'Rosazwerg', 'Scharlachzwerg'. Alle werden nur 15 cm hoch, sie blühen sehr reich. Ferner gibt es HeterosisSorten – deren Blumen werden bis 5,5 cm breit, die Farben sehr leuchtend, und die Pflanzen wachsen völlig gleichmäßig, Höhe etwa 25 cm.

Bewertung, Verwendung, Anzucht: Die Gartenbalsaminen eignen sich für bunte Beete. Man kann sie auch für sich auf Streifen pflanzen, ferner in Balkonkästen oder Schalen, wofür vor allem die Blütenbusch- und die Zwergbalsaminen in Betracht kommen. Die Stiele lassen sich auch schneiden, man entfernt die Blätter und stellt die Stengel in Vasen... die Blumen halten sich lange. *I. glandulifera* fügt man in bunte Blumenbeete ein, wo sie durch ihre Größe und Wucht die Pflanzung gliedern, und den Blick in bestimmte Richtung lenken können. Oder man setzt sie in Reihen, so daß die Pflanzen eine Hecke oder eine grüne Wand bilden, mit der sich Zäune, Kompostecken und dergleichen verdecken lassen. Sie sät sich häufig auch selbst aus. *I. balsamina* und *I. glandulifera* wünschen volle Sonne. *I. wallerana* dagegen ist eine unübertreffliche Pflanze für absonnige Plätze, die mit Blumen prangen sollen... also für Unterpflanzung von Bäumen in der Nähe des Hauses oder unweit von Sitzplätzen, für Nordseiten oder sonstiges Gelände, auf das wenig direkte Sonnenstrahlen treffen. Alle drei wachsen in jedem normalen Gartenboden, der nicht zu schwer und kalt ist. *I. balsamina* und *I. glandulifera* sät man etwa Ende März bis Mitte April in ein leicht gepacktes Frühbeet in lockere Komposterde und hält sofort nach dem Auflaufen ziemlich trocken. Sie bekommen als junge Sämlinge leicht „schwarze Beine", eine bakterielle Krankheit des Fußes, und stürzen, gehen also ein. Falls nötig, pikiert man oder setzt in Töpfe und aus diesen schließlich an den vorgesehenen Platz. Bei Trockenheit muß man unbedingt wässern, die Balsaminen in Blumenkästen, Töpfen oder Schalen auch gelegentlich düngen. *I. wallerana* säe man ab Januar im Gewächshaus in leichte sandige Erde, pikiere bald und pflanze später in Töpfe. Man kann auch das ganze Jahr über durch Stecklinge vermehren, wenn man besonders schöne Exemplare treu erhalten will. Von Anfang an sind die Anzuchten vor greller Sonne und zu hoher Wärme zu schützen, sonst wachsen sie nicht flott voran.

Incarvíllea · Freilandgloxinie
Bignoniaceae ⚁ ○ ◐ ◒ ○ ∧

Die Pflanzen wurden zu Ehren von Pierre Nicolas D'Incarville (1706–1757) benannt, einem französischen Missionar, der etwa 14 Jahre, bis kurz vor seinem Tode, in China wirkte und zahlreiche Gewächse sammelte, u. a. den Lebensbaum. Die Pflanzen sind Stauden bis Halbsträucher. Die Stauden haben eine rübenartige Wurzel, eine Rosette fiederschnittiger Blätter und ansehnliche Blumen auf festen, unbeblätterten Stielen, meistens in Trauben stehend. Es gibt insgesamt 14 Arten. Ihr Verbreitungsareal reicht von China im Osten bis nach Turkestan. Die Benennung einzelner Arten ist verworren.

Incarvíllea delavàyi Bur. et Franch. aus Zentralchina wird 60 bis 100 cm hoch. Die Blätter werden 30 bis 40 cm lang, ihre Fiedern haben 7 bis 10 Einbuchtungen. Die Blumen stehen zu 3 bis 10 beisammen, sind trichterförmig und werden 5 bis 8 cm lang. Sie sind purpurrosa, nach dem Grunde zu geht diese Farbe in Orangegelb über. Die Blütezeit beginnt im Mai und kann sich bis in den August hinziehen.

Incarvíllea màirei (Lévl.) Grierson (syn. I. grandiflora Bur. et Franch.) aus China wird 20 bis 30 cm hoch,

In

Ínula ensifólia

Iionopsídium acaule

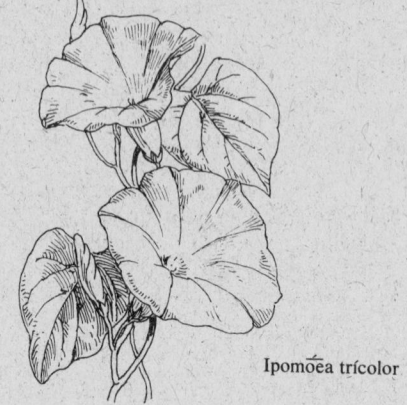
Ipomoéa trícolor

bringt eine Rosette von 5 bis 8 Blättern mit herablaufenden, meistens ganzrandigen Fiedern und stark vergrößertem, fast rundem Endblatt. Am Ende des Schaftes erscheint nur eine lang-glockenförmige, etwa 8 cm lange purpurrote Blüte. Bei var. **grandiflóra** werden die Blätter breiter, und auf den Schäften erscheinen bis 5 größere, in der Farbe dunklerere rosa Blüten, außen am Kelch weiße Zonen, innen orangegelb. Bei der Sorte 'Bees Pink' sind die Schäfte gegen 20 cm hoch und die Blütenknospen zunächst lachsfarben. Allmählich werden die Blumen lilarosa. Die Pflanzen blühen im Mai/Juni.

Bewertung, Verwendung, Anzucht: Invarvilleen wirken sowohl durch ihre ansehnlichen Blattrosetten als auch durch die merkwürdigen Blüten, welche etwas an die Blumen der Gloxinien erinnern. Wer sie nicht kennt, ist überrascht, daß es sie gibt und daß diese Pflanzen sogar im Freiland gedeihen. Incarvilleen wünschen sandig-lehmigen, nährstoffreichen, aber recht durchlässigen Boden und etwas absonnige Plätze nicht jedoch Schatten. Nötig ist gute Drainage, man muß also notfalls eine tiefe Grube ausheben, in die man unten groben Schotter füllt. Auch sollte man über Winter mit Reisig oder Tannennadeln schützen und durch ein Stück Folie die Köpfe vor Nässe sichern. Incarvilleen eignen sich als Einsprengel in Teppiche von Polsterstauden, man kann sie zwischen bodenbedeckende Gehölze und mäßig wachsende Stauden setzen und auch ins Alpinum. Man pflanze stets mehrere Exemplare zusammen, sie wirken stärker, Abstand der Stöcke etwa 25 cm. Vermehren läßt sich nur durch Samen. Man säe zeitig im Frühjahr in einen kalten Saatkasten und decke zunächst Glas auf. Später setzt man auf Anzuchtbeete. In der Regel werden die Bestände bis zum nächsten Frühjahr verkaufsstark. Man versendet bei uns gern im Frühling, wenn die Wurzeln noch ruhen. Sie dürfen beim Ausgraben und Pflanzen nicht beschädigt werden. Die aus der Erde genommenen Wurzeln sollen nicht frei herumliegen; man schlage sie ein oder bewahre sie in Handkästen in Sand oder Torf gebettet auf. An ihrem endgültigen Standort können Incarvilleen, wenn ihnen der Platz zusagt und die Drainage gut ist, viele Jahre alt werden. In sehr harten Wintern kommt es vor, daß sie erfrieren, trotz Schutz!

Ínula · Alant
Compositae ⚁ ○ ◐ ◓ ○ △ ✄

Die Herkunft des Namens ist unsicher. Fest dagegen steht, daß *Inula helenium* bereits bei den Alten als Heilmittel galt und hochgeschätzt wurde. Im Codex Constantinopolitanus des Dioskorides aus dem Jahre 512 p. Chr. n. findet man sie abgebildet. Die Pflanze wird als Mittel gegen Husten, Krämpfe, Blähungen, giftige Bisse, Magenschwäche und andere Leiden gepriesen. Die Römer benutzten sie auch als Genußmittel, indem sie die Wurzel mit Zucker ansetzten und mit Wein und Früchten vermengt verspeisten. Lonitzer (1527 bis 1586), der seit 1554 Stadtarzt von Frankfurt a. M. war, behauptet, daß „Alantwein Zorn benimmt und Traurigkeit". Sämtliche ärztliche Größen des Mittelalters, wie Hildegard von Bingen, Albertus Magnus und Hieronymus Bock, und sogar noch die Ärzte zu Beginn des vorigen Jahrhunderts zählten *I. helenium* zu den unentbehrlichsten und segensreichsten Gewächsen. Die knollige Wurzel mehrjähriger Exemplare enthält viel Inulin, welches der Pflanze als Reservestoff dient, ferner Helenin, Pflanzenschleim und ätherisches Öl von bemerkenswerter antiseptischer Wirkung, weiterhin Bitterstoffe und Salze. Heute wird Radix Helenii offizinell nur noch wenig gebraucht, aber das kann sich ändern, denn man kommt da und dort auf solche alten Mittel wieder zurück. Die Gattung *Inula* umfaßt gegen 120 Arten, die in den gemäßigten oder subtropischen Gebieten Europas, Afrikas und Asien vorkommen. Es sind meistens ausdauernde Kräuter von mannigfacher Größe und Gestalt mit gelben Blütenkörben.

Ínula ensifólia L. aus Süd- und Osteuropa, auch im Kaukasus verbreitet, wird 25 bis 40 cm hoch und ist eine Staude. Die Pflanzen haben einen kriechenden Wurzelstock, linealisch-lanzettliche Blätter und bringen auf dünnen, beblätterten Stengeln zahlreiche, 3 bis 5 cm breite Blütenkörbe mit gelben, dicht sitzenden Zungenblüten um eine gelbe Scheibe. Sie blühen im Hochsommer. Wertvoller als die Art ist 'Compacta', welche nur 20 cm hoch wird, aber ebenso reich blüht; sie allein ist in Kultur.

Ínula helénium L. hat einen birnenförmigen Wurzelstock und wird 1 bis 2 m hoch. Die Pflanzen haben große, länglich-eiförmige Blätter, kräftige, gefurchte Stengel, die sich nur oben verzweigen, und blühen mit etwa 7 cm breiten gelben Blumen, welche in lockeren Doldentrauben beisammenstehen. *Inula helenium* ist die Alantwurzel der Kräuterbücher. Sie blüht im Sommer und ist eine urtümliche Wildpflanze.

Ínula hírta L. tritt in vielen Strichen Europas und darüber hinaus auch in Sibirien auf. Die Pflanzen haben breit-lanzettliche, beiderseits rauhbehaarte, ungestielte Blätter und blühen im Juni/Juli. Die Blumen stehen auf etwa 30 cm hohen Stielen einzeln oder zu wenigen und werden goldgelb.

Ínula magnífica Lipsky (syn. *I. afghanica* hort.). Die Pflanzen haben große, länglich-herzförmige, unterseits filzige Blätter und verzweigen sich mehrfach. Sie werden bis 2 m hoch und bringen 15 cm breite und breitere gelbe Blumen. Florzeit dieser imposanten, beinahe etwas zu riesigen Pflanzen ist der Sommer. Anschließend beginnen die Blätter zu vergilben.

Bewertung, Verwendung, Anzucht: I. ensifolia ist eine mannigfach verwendbare Kleinstaude für Steingärten, Heidegärten und Trockenmauern. Außerdem kann sie zwischen Wegeplatten, an deren äußeren Kanten und selbst als Einfassung gepflanzt werden. Sie wünscht sonnigen, trockenen Standort und wächst in jedem Gartenboden... viel Nässe ist ungünstig. Die anderen Arten sind für Einzelstellung geeignet, vor allem die hoch werdenden, oder man kann sie in Horsten und auch in Massen in Wildstaudenpflanzungen, in bunte Blumenbeete und in Teppiche von niedrigen Stauden einfügen. Sie wünschen kräftigen, tiefgründigen, nicht zu trockenen Gartenboden, und sie vertragen viel Sonne, aber auch etwas Halbschatten. *I. magnifica* sollte man nach dem Flor stark zurückschneiden, weil die Blätter rasch braun werden und stören. Vermehrt wird aus Samen und durch Teilung. Aussaat am besten im Frühjahr, die Pflanzen werden bis zum Herbst verkaufsstark. *I. ensifolia* 'Compacta' fällt aus Samen nicht echt, man muß also durch Teilung vermehren.

Ionopsídium · Scheinveilchen
Cruciferae ☉ ○ ◐ ◑ ○ △ ‖

Im Namen stecken die griechischen Wörter ion = Veilchen und opsis = Gesicht, Aussehen; sie beziehen sich darauf, daß die Pflanzen – entfernt – an Veilchen erinnern. Die Gattung ist nur eine Art stark.

Ionopsídium acaúle (Desf.) Rchb. stammt aus Portugal, wo die Pflanzen in etwas feuchtem Geröll von Basalthügeln auftreten und, gesellig wachsend, zuweilen größere Flecken besetzen. Sie werden 12 bis 15 cm hoch, haben etwa 1 cm breite, eirund-herzförmige Blättchen, aus deren Blattachseln die einzeln auf fadendünnen Stielchen stehenden, etwa 1 cm breiten violetten oder weißen Blümchen erscheinen. In vollem Flor sind die Büsche über und über mit Blumen bedeckt, die auch zart nach Honig duften. Die Blüte beginnt bereits 2 Wochen nach der Aussaat.

Bewertung, Verwendung, Anzucht: Die reizenden Pflanzen werden zu Unrecht vernachlässigt. Sie machen fast keine Arbeit und sind bescheiden in ihren Ansprüchen. Sie brauchen humusreichen, etwas mit Sand versetzten, durchlässigen, aber nicht trocknen Boden und etwas absonnigen Standort. Man kann sie in den Steingarten nehmen, an beschattete Teile von Trockenmauern oder Stufen, unter Bäume, auf die Kübel von Oleander, *Viburnum tinus* oder Lorbeerpyramiden, kann auch in flache Schalen säen und diese auf einem absonnigen Fleck auf dem Sitzplatz aufstellen. Man sät an Ort und Stelle. Pflege ist nicht nötig. Der einzige Nachteil ist, daß der reizende Zauber bald vorübergeht. Man muß also notfalls Folgesaaten machen.

Ipomóea · Prunkwinde
Convolvulaceae ☉ ○ ◐ ◑

Im Namen stecken die griechischen Wörter ips, ipsos = Wurm und homoios = ähnlich; sie beziehen sich darauf, daß viele Arten sich winden... freilich nicht wie eine Schlange, sondern nach Pflanzenart. Die Gattung umfaßt gegen 300 Arten, welche in der Mehrzahl einjährige oder ausdauernde Schlingpflanzen sind, manche haben einen knolligen Wurzelstock. Einige wenige werden Sträucher, und in Mittelamerika und Südafrika gibt es sukkulente Arten mit völlig abweichender Tracht. Das Hauptverbreitungsareal sind die tropischen Gebiete Amerikas. Schon in vorkolumbianischer Zeit entstand hier durch Kultur die sogenannte Süßkartoffel, *Ipomoea batatas*, eine Nutzpflanze, welche heute in tropischen und subtropischen Gebieten aller Kontinente, vor allem aber in Afrika, angebaut wird. Wildwachsende Prunkwindenarten dienten den Indianern zur Bereitung von Rauschgiftgetränken. Als Zierpflanze fand die aus Mexiko stammende

Ipomóea trícolor Cav. (syn. *I. rubrocaerulea* Hook., *I. violacea* Lunan) Mitte des 17. Jahrhunderts Eingang in die europäischen Gärten, eine Staude, die bei uns einjährig gezogen wird. Die Pflanzen wachsen etwa 3 m hoch und haben eirund-herzförmige, kurz zugespitzte Blätter. Auf den aus dem Laube etwas herausragenden Stielen erscheinen einige Blüten. Diese erreichen etwa 10 cm Breite und besitzen einen weißen Schlund. Beim Aufblühen ist der breite Kronsaum rot, später wird er strahlend himmelblau. Auch von dieser Art gibt es eine Anzahl schöner Sorten mit weißen oder karminroten, weißgerandeten Blüten. Die prächtigste und bekannte-

Ir

Wurzelstock von Íris germánica   Wurzelstock von Regelia-Iris   Wurzelstock von Juno-Iris   Zwiebel der Xiphium-Iris

ste, ja vielleicht die bekannteste Prunkwinde überhaupt ist 'Blauer Himmel' = 'Heavenly Blue' vieler Kataloge. Sie heißt aber var. praecox hort., denn die Pflanzen blühen früher als alle andern Sorten. 'Blauer Himmel' bringt sehr viele, wunderbar seidig-himmelblaue Blumen.

Bewertung, Verwendung, Anzucht: 'Blauer Himmel' und die anderen Prunkwindensorten eignen sich gut für Spaliere an der sonnigen Südwand des Hauses und für ähnliche warme Plätze. Man zieht sie auch in mittelgroßen Töpfen oder Kübeln an Stabpyramiden und setzt diese auf die windgeschützte, warme Terrasse am Haus. Gut entwickelte blühende Exemplare sind zweifellos Prunkstücke. Die Pflanzen brauchen zu solcher Entfaltung aber durchlässige Erde und während der ganzen Vegetationszeit ein ausgeglichenes Nährstoffangebot durch Volldüngerlösungen. Aussaat im März unter Glas. Schon als größere Keimpflanze eintopfen und mit Stab versehen. Stets mit Ballen verpflanzen.

Íris · Schwertlilie
Iridaceae

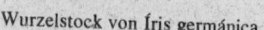

Die Pflanzen wurden bereits bei den Alten nach der Göttin Iris benannt. Als Botin der olympischen Götter stieg sie auf dem Regenbogen zur Erde hernieder, ja bis in die Tiefen der See, zu den Wassern des höllischen Styx hinab, um den Willen und Ratschluß der Himmlischen zu verkünden und zu vollstrecken. Silberne Tautropfen, in denen sich das Licht irisierend spiegelt, bildeten ihr Gewand. Ebenso bunt und vielfarbig, wie der Regenbogen und das Gewand der Göttin waren, sind die Iris im Garten. Silbrig und in allen Tönen des Regenbogens flimmernd wäre die Farbe, welche der Gattung zukäme, wollte man diese als *ein* farbiges Gebilde betrachten.

Die Gattung umfaßt gegen 200 Arten. Sie treten vor allem in der nördlichen gemäßigten Zone auf, manche nur auf deren wärmste Teile beschränkt, und stellenweise dringen sie bis in den subtropischen Gürtel vor. Es sind ausdauernde Gewächse, und sie haben Rhizome, Zwiebeln und die Zwischenformen beider. Ihr Laub ist schwertförmig, grasartig oder stielrund. Sie bringen verschieden große, in der Regel ansehnliche und manchmal wirklich prächtig gefärbte Blüten, die einzeln auf den Stielen sitzen oder in Trauben beisammenstehen. Wie alle Liliifloren haben die Iris keinen Blumenkelch, sondern zwei Blumenblattkreise mit je drei Blütenblättern (auch Perigonkreise genannt): einen inneren und den äußeren. Dieser ist oft ansehnlich, seine Blätter ragen zur Seite oder hängen nach unten. Der innere Blütenblattkreis zeigt meist nach oben, und manchmal ist er schwächer ausgebildet als der äußere. Der Griffel hat vielfach blumenblattartige Äste. Bei einigen Gruppen sind die äußeren Perigonblätter an ihrer Basis gebärtet. Bei andern wird der Eingang ins Innere der Blüten durch einen großen Signalfleck gekennzeichnet. Viele Iris werden durch Hummeln bestäubt.

Nicht wenige Spezies sind schon seit Jahrhunderten Gartengewächse, und die Bartiris ist seit etwa 50 Jahren ein sehr ergiebiges Objekt der Züchtung. Die Gattung wurde von Dykes in seiner berühmten Monographie The Genus Iris in 12 Sektionen eingeteilt. Wir übernehmen hier diese Gliederung.

Sektion I. *Nepalensis*

Die Pflanzen haben ein Bündel fleischiger Wurzeln als überwinternde Organe. Zur Gruppe gehören nur 2 Spezies, welche aber bei uns nicht winterhart sind. Man müßte sie im Herbst ausgraben, frostfrei einschlagen und im Frühling neu setzen.

Sektion II. *Gynandriris*

Der unterirdische Teil ist eine Knolle ohne Schuppen. Staubblätter und Griffelsäule sind miteinander verklebt. Die Sektion umfaßt nur **I. sisyrínchium** L. —

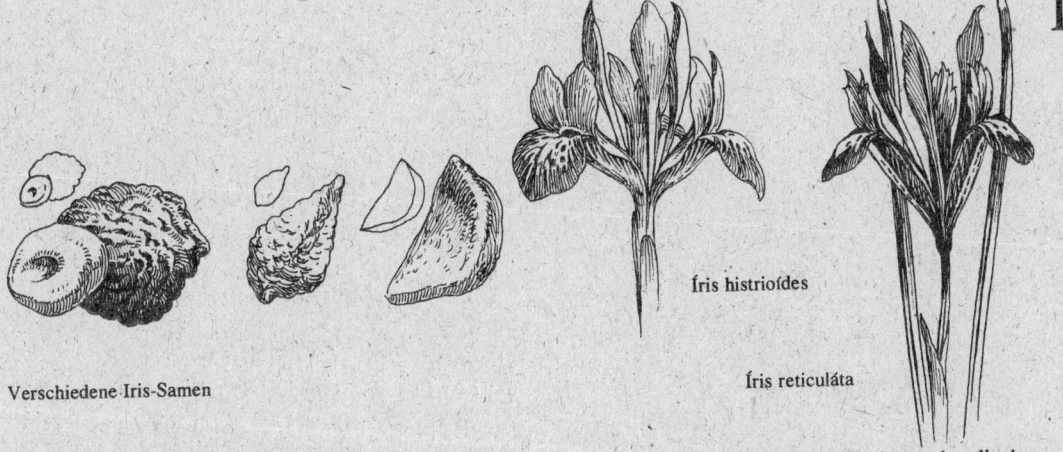

Verschiedene Iris-Samen

Íris histrioídes

Íris reticuláta

nicht sehr winterhart und recht anspruchsvoll in bezug auf den Standort.

Sektion III. *Reticulata*

Der ausdauernde, unterirdische Teil ist eine Zwiebel mit netzartiger Haut. Die Zwiebeln werden wie Tulpen, Hyazinthen und Narzissen trocken aufbewahrt und müssen im Herbst wieder in die Erde kommen. Zu dieser Gruppe gehören eine Anzahl der prächtigsten Iris, die es gibt. Sie blühen alle zeitig im Frühjahr und bleiben klein und zierlich. Die Sektion umfaßt 10 Arten, von denen für uns wichtig sind:

Íris bakerána M. Foster aus Kleinasien wird bis 20 cm hoch, hat stielrunde, 8rippige Blätter. Die äußeren drei Blumenblätter sind samtig blauviolett, ihre Mittelrippe ist gelb und die Mitte weißlich, die inneren drei Blumenblätter werden lila, lanzettlich, Flor im März.

Íris danfórdiae (Bak.) Boiss. (syn. I. bornmuelleri Haussk.) aus dem Taurus blüht lebhaft gelb und hat sehr schmale innere Perigonblätter, Blütezeit im Februar/März, duftet schön, 10 bis 15 cm hoch werdend.

Íris hístrio Rchb. f. stammt aus dem Libanon und tritt auch im Taurus auf. Sie blüht im März, Blätter und Blüten erscheinen gleichzeitig. Die Art ähnelt stark *I. histrioides* und *I. reticulata*. Es gibt einige Sorten und Varietäten: 'Atropurpurea' – Blüten einfarbig dunkelpurpurn ohne Saftmale; var. **antilibanénsis** – hellblaue Blüten mit gelbem Saftmal und um dieses dunkle Punkte. Die inneren drei Blütenblätter sind schmal und an ihrer Spitze nach auswärts gebogen. Die Pflanzen werden etwa 20 cm hoch.

Íris histrioídes (G. F. Wils.) S. Arn. ist recht ähnlich, die Blätter sind zur Blütezeit noch sehr klein. Man verwendet in Gärten nur die Form 'Major' – sehr großblumig, Hauptfarbe ultramarin mit dunkleren Tupfen und einem kleinen weißen Fleck, die Mittelrippe der drei äußeren Blütenblätter ist gelb. Die inneren Perigonblätter werden verhältnismäßig breit und ragen aufrecht nach oben.

Íris reticuláta M. B. aus dem Kaukasus ist die bekannteste Art der Sektion. Es gibt davon eine ganze Reihe Züchtungen. Die Pflanzen werden bis 20 cm hoch, haben dunkelviolette, wohlriechende Blumen, deren äußere Blütenblätter oft gelbe oder weiße Flecken oder Streifen aufweisen. Von den Züchtungen seien aufgeführt: 'Cantab' – hellblau, orange Tupfen; 'Harmony' – himmelblau mit gelber Zone auf den drei äußeren Blumenblättern, Hybride von *I. histrioides* 'Major' und *I. reticulata*, besonders wüchsig; 'Joyce' – lavendel- und dunkelblau; 'J. S. Dijt' – rötlichpurpurn.

Bewertung, Verwendung, Anzucht: Alle sind kleine Wunderwerke, ihrer Form und den Farben nach. Man kann die Zwiebeln im Herbst kaufen und muß sie etwa 8 bis 12 cm tief legen. Sie wünschen einen geschützten Standort und sandig-lehmigen, gut durchlässigen Boden. Ausschlag gibt, daß die Zwiebeln im Sommer, wenn sie ihr Laub abgestoßen haben, warm und trocken stecken... was bei uns selten der Fall sein dürfte. Wenn man sie im Alpinum oder anderswo so vor einige Steine setzt, daß diese im Sommer als Wärmestau und Wärmefang dienen, und überdies auf die Horste eine Scheibe legt und diese bis September liegen läßt, dann besteht am ehesten Aussicht, die Köstlichkeiten zu erhalten. Am härtesten ist bei uns *I. reticulata* mit ihren Sorten. Wo die Verhältnisse ungünstig sind, sollte man die heiklen Arten nur in Töpfen halten und die härteren nach dem Absterben der Blätter herausnehmen, trocken lagern und im Herbst wieder einpflanzen. Die Topfkultur macht wenig Arbeit und viel Freude. Man legt die Zwiebeln, welche etwa haselnußgroß werden, zu mehreren in Töpfe, räumt diese in einen Einschlag oder in den Keller, läßt sie dort Wurzeln schlagen und holt ins Doppelfenster, wenn die Töpfe völlig durchgewurzelt sind... etwa im Januar. Man braucht nicht lange zu warten, bis die Blumen erscheinen. Bei manchen Arten bringt jede Zwiebel mehrere Blüten hintereinander. Man stelle die Töpfe nicht ins warme Zimmer, der Flor würde viel zu rasch vorübergehen, denn in der Natur haben es die

Ir

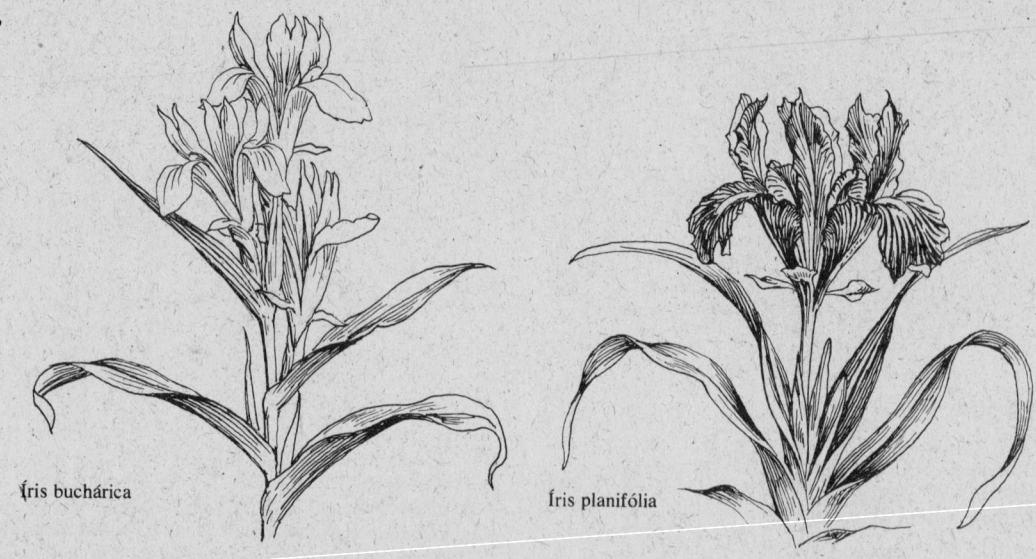

Íris buchárica   Íris planifólia

Blüten ziemlich kühl und vertragen dies durchaus. Anzucht ist nicht einfach, bei den Sorten nur durch Brutzwiebeln, die hier bloß in warmen Lagen ausreichend gebildet werden. *I. reticulata* ließe sich auch aus Samen ziehen und akklimatisieren, man muß aber künstlich befruchten, sonst ist kein Samen zu erwarten.

Sektion IV. *Juno*

Die Pflanzen haben eine Zwiebel mit glatter Haut und auch während der Ruhezeit mit fleischigen Wurzeln. Die Sektion wird neuerdings als Subgenus betrachtet und heißt Scorpiris. Sie ist über 30 Arten stark.
Íris aúcheri (Bak.) Sealy (I. sindjarensis Boiss.) wird bis 25 cm hoch und treibt aus den Blattachseln hellblaue Blüten, die wenig aus dem Laube herausragen, jedoch nach Veilchen duften.
Íris buchárica M. Foster blüht im März/April. Die Pflanzen treiben einen bis 40 cm hohen, starken Stengel, der ziemlich große, stengelumfassende, lanzettliche Blätter bringt, welche zur Seite ragen. (Nur ausnahmsweise bringt eine Pflanze mehrere Stengel.) Aus den oberen Blattachseln erscheinen nach und nach, von oben nach unten aufblühend, hellgelbe Blumen mit dunkler gelben äußeren Blütenblättern. Die fleischigen Wurzeln der Art werden verhältnismäßig lang, was beim Ausgraben zu beachten ist! Winterhart.
Íris graeberána Sealy wird gegen 30 cm hoch, hat die gleiche Tracht und Blütezeit wie *I. bucharica*, aber methylblaue Blumen.
Íris magnífica Vvedensky ist ein robuster Wachser und hat kurze, dicke Stummelwurzeln. Die Pflanzen werden 50 cm hoch und ähneln in der Tracht den vorher behandelten, haben weiße, blaugefleckte Blumen und orange Tupfen auf den drei hängenden Blumenblättern des äußeren Perigonkreises. Es gibt auch eine 'Alba' mit reinweißen Blumen und cv. 'Splendor', die früh blüht und blaue Blumen mit weißen Hängeblättern hat.
Íris planifólia (Mill.) Aschers. et Graebn. (syn. I. alata Poir.) aus Spanien und Nordafrika ist in Form und Farbe schön, aber wie alle heiklen Arten dieser Sektion nur für Topfkultur geeignet. Blüten hellblau, zur Mitte hin leuchtend gelb, Blätter bis 30 cm lang.

Bewertung, Verwendung, Anzucht: Alle Arten dieser Sektion sind in Kleinasien oder im Mittelmeergebiet zu Hause. Sie blühen im Frühling und ziehen im Sommer, der in ihrer Heimat warm und völlig trocken ist, ein. Das Wetter ist also ganz anders als bei uns. Daher ist es kaum möglich, die Pflanzen hier lange zu halten. Am leichtesten gelingt dies bei *I. bucharica*, *I. graeberana* und *I. magnifica*. Sie wünschen sandig-lehmigen Boden, vollkommene Drainage, recht warmen, geschützten Standort und im Sommer und Herbst unbedingt Schutz vor Niederschlägen. Man muß also nach dem Abwelken des Laubes Scheiben oder Folie auflegen, die das Wasser abhalten. Ist das nicht möglich oder nützt das nichts, muß man sie ausgraben, aber es ist unerläßlich, sie sofort in sandige Erde zu betten, die nicht staubtrocken werden darf. Große Vorsicht ist nötig, denn wenn man die fleischigen Wurzeln abreißt oder stark verletzt, können die Exemplare eingehen. Man setzt sie am besten in ein Alpinum an passende Plätze oder richtet dort welche ein. Die drei wüchsigsten lassen sich hier sogar vermehren. Man braucht dazu ein Frühbeet, in das unten eine starke Schicht Schotter oder grobes Material als Drainage gehört. Darüber gibt man eine etwa 20 cm starke Schicht Erde, die aus mürber Rasenerde, gutem Kompost und scharfem Sand bestehen soll. Dahin pflanzt man im Herbst, wässert im Frühjahr und kann

Íris xíphium

zefarben. Sie heißen auch Englische Iris. Empfohlene Sorten sind 'Almona', 'Delft's Blue', 'Mirabeau'.
Íris xíphium L. (syn. I. hispanica hort.) aus Südspanien wird 50 cm hoch und höher, hat schmales, steifes, grasartiges Laub und große Blumen. Die drei Blumenblätter des äußeren Kreises haben eine schöne, nach unten zeigende Schaufläche, die des inneren sind verkehrt-lanzettlich. Bei der Stammart werden die Blumen blau. Durch Kreuzungen von *I. xiphium* mit Arten wie *I. tingitana*, *I. boissieri* und weiteren entstanden die Iris-Hollandica-Hybriden.
Iris-Hollandica-Hybriden (syn. I. × hollandica Tub.) ähneln in ihrer Tracht *I. xiphium*, haben aber bedeutend größere Blüten und blühen etwa zwei Wochen später als diese. Es gibt zahlreiche Sorten, zu denen in den letzten Jahren weitere gekommen sind. Sie werden in Gärtnereien in größeren Mengen zur Gewinnung von Schnittblumen verwendet. Einzelne Sorten lassen sich früher zur Blüte bringen, aber man kann den Flor auch durch Kühlen der Zwiebeln um Monate hinausschieben. Die Blumen halten sich über eine Woche, wenn man sie knospig in die Vase stellt.

auch, solange die Bestände noch zuwachsen, etwas mit verdünnter Kuhjauche düngen. Wenn die Pflanzen anfangen einzuziehen, sind alsbald Fenster aufzulegen und ist natürlich zu lüften. Damit die Erde nicht zu sehr austrocknet, decke man mit trockenem Torf oder einer dunklen Folie ab. Das klingt umständlich, ist aber nötig, wenn man den Pflanzen die Verhältnisse der natürlichen Standorte bieten will. Vermehrt wird durch Abtrennen von Nebensprossen und durch Samen. Meistens muß man künstlich befruchten. Man sät in Schalen und pikiert auch zuerst in solche. Die heikleren Arten werden von Liebhabern in breiten Töpfen gehalten, und im Winter stehen sie unter Glas, aber sehr kühl, im Sommer ebenfalls nur unter Glas, doch recht luftig.

Sektion V. *Xiphium*

Der ausdauernde, unterirdische Teil ist eine Zwiebel mit glatter Haut und *ohne fleischige* Wurzeln. Die Sektion enthält einige Arten von großer Bedeutung für den Gartenbau, nämlich die Englischen, Holländischen und Spanischen Iris der Kataloge, welche allesamt Züchtungen sind. Sie umfaßt 9 Arten, von welchen hier folgende angeführt seien:
Íris xiphioídes Ehrh. (syn. I. anglica hort.) aus Spanien, vor allem aus den Pyrenäen, wird bis 60 cm hoch, hat rinnige, steife, blaugrüne Blätter und an jedem Schaft 2 bis 3 Blüten. Die äußeren Blütenblätter haben eine schöne Schaufläche, die inneren sind kürzer als die äußeren, aber auch ansehnlich. Die Blüten werden tiefblau, auf den äußeren Perigonblättern bekommen sie eine gelbe Mittellinie und einen großen goldgelben Fleck. Von dieser wie von der folgenden Art gibt es eine Reihe Sorten mit verschiedenen Farben: gelb, orangegelb, blau in Abstufungen, weiß und auch bron-

Bewertung, Verwendung, Anzucht: Die wichtigsten Iris dieser Sektion sind die Hollandica-Hybriden. Die anderen haben trotz ihrer Schönheit geringe Bedeutung. Am besten kommt bei uns in warmen Lagen und bei guter Drainage *I. xiphioides* fort. Die Pflanzen wachsen nur wenig zu, aber sie blühen alljährlich immer wieder und dies manchmal 10 Jahre hindurch und länger. Die andern Arten der Sektion sind empfindlicher und halten unter guter Laubdecke etwa zwei Winter aus, dann verschwinden sie. Man legt im Herbst in Horsten, Zwiebeltiefe etwa 10 cm, Abstand ähnlich, und gibt einen dicken Winterschutz aus trocknem Torf. Die Pflanzen haben wenig Laub, wirken etwas steif und verlangen im Garten niedrige Polsterstauden als Überwuchs oder als Nachbarn nicht zu wüchsige Gräser, welche die kahle Starrheit der durch ihre wunderschönen Blumen lockenden Gewächse mildern. Gut wirken als Nachbarn auch größere Horste von *Iris chamaeiris*.
Für die Gewinnung von Schnittblumen der Iris-Hollandica-Sorten sind mindestens 7 cm Zwiebelumfang nötig, besser sind größere Zwiebeln. Man kann ins freie Land oder in kalte Kästen legen, die Sorte 'Wedgewood' auch in alte Weintrauben- oder Tomatenstiegen. Man muß über Winter schützen und legt im Frühjahr Fenster auf. 'Wedgewood' läßt man im temperierten oder Kalthaus zum Blühen kommen. Die Vermehrung und Kultur ist überall dort möglich, wo man Tulpen und Hyazinthen mit Erfolg anbauen kann.

Sektion VI. *Evansia*

Die Pflanzen haben ein kriechendes Rhizom und keinen regelrechten Bart, sondern einen kammartigen Wulst auf den drei äußeren Blumenblättern. Zur Sektion gehören 11 Spezies. Die Blumen sind flacher

Ir

Íris cristáta   Íris korolkówii   Bartiris

als Bart-Iris und ähneln entfernt den Blüten der Japanischen Iris, die aber viel größer werden. Zwei Arten sind unserer Beachtung wert:

Íris cristáta Ait. aus dem Osten Nordamerikas hat 10 bis 15 cm hohe, etwa 3 cm breite, dunkelgrüne Blätter, die zunächst kürzer als die Blüten sind. Die Blumen sitzen einzeln oder zu zwei beisammen und ragen nur wenig aus dem Boden hervor. Die drei Blätter der äußeren Blütenblattkreise sind hellila und haben drei parallel verlaufende, orangefarbene Kämmchen, die drei inneren werden weiß mit Orange. Es gibt auch eine reinweiße Form 'Alba'. Die Pflanzen blühen im Mai/Juni.

Íris gracílipes A. Gray aus Japan, wo die Art an feuchten Plätzen auftritt, wird 20 bis 25 cm hoch, hat schmales Laub, die Blumen sind rosalila und weisen einen orangefarbenen Kamm auf. Die Art ist hier völlig winterhart.

Bewertung, Verwendung, Anzucht: Die Arten dieser Sektion sind Pflanzen für Liebhaber. Sie haben sehr schöne, an Orchideenblüten erinnernde Blumen. Am sichersten wächst *I. cristata,* welche einen absonnigen Standort wünscht und in jedem normalen Gartenboden gedeiht. Vermehren läßt sich die Art durch Teilung und aus Samen.

Sektion VII. *Onocyclus*

Die Pflanzen haben ein kriechendes Rhizom, und die drei Blütenblätter des äußeren Perigonkreises sind gebärtet. Die Samen haben als Merkmal eine kreisförmige hellgelbe Gewebepartie, den Arillus, und sie werden nach diesem auch Arills genannt. Die Blüten werden außerordentlich prächtig, aber die Kultur ist nicht leicht. In der Fachwelt heißen sie Oncos. Die Heimat vieler Arten liegt in den wärmsten Strichen Kleinasiens, vor allem im Südwesten. Dort gibt es statt des Winters eine Regenzeit mit viel Niederschlägen, auf diese Periode aber folgt ein langer, sengender Sommer, der alles Grün verbrennt.

Zur Sektion gehören etwa 40 Arten. Verschiedene wurden zu Kreuzungen mit Arten aus andern Sektionen verwendet. So gibt es Bastarde mit den Hohen Bart-Iris; sie heißen Oncobreds und sollen etwa wie Hohe Bart-Iris behandelt werden, sind jedoch gegen Nässe und zu große Kälte empfindlich. Ferner gibt es Bastarde mit Arten der Sektion Regelia. Sie heißen Regeliocyclos-Hybriden. Es gibt eine Reihe von Sorten, ihre Zahl wächst alljährlich. Die Hybriden erfreuen sich bei vielen Iris-Freunden größter Beliebtheit. Einzelheiten unter Sektion VIII.

Sektion VIII. *Regelia*

Sie wurden nach dem berühmten Gärtner und Botaniker Eduard von Regel benannt, der lange Zeit im ehemaligen Petersburg wirkte. Die Pflanzen haben ein kriechendes Rhizom und ein Anhängsel am Samen. Sowohl die inneren als auch die äußeren Perigonblätter (Blätter der zwei Blütenblattkreise) sind gebärtet. Gärtnerisch sind mehrere Arten wichtig, weil sie zur Züchtung der Regeliocyclus-Hybriden herangezogen wurden, die weniger heikel als die Oncos sind und viel prächtiger als die Regelias. Die Sektion umfaßt gegen 10 Arten. Sie kommen vor allem in Turkestan und den angrenzenden Gebieten vor und ziehen wie viele aus diesen Gegenden stammende Gewächse im Sommer ein. Das Klima ist rauher als im Verbreitungsareal der Oncos.

Íris hoogiána Dykes wird bis 50 cm hoch, stammt aus Zentralasien und bringt im Mai herrlich lavendelfarbene Blüten mit orangefarbenem Bart, die Hängeblätter sind kleiner als der sehr schön gewölbte Dom. Die Blumen sind schmaler und etwas mehr in die Länge gezogen als bei vielen Iris, die wir kennen. Es gibt auch eine Sorte 'Bronze Beauty' – höher und kräftiger im Wuchs, Dom hellviolett, Hängeblätter tiefviolett, beide mit zimtbraunen Strichen und Adern.

Íris korolkówii Regel wird bis 50 cm hoch, hat schmales, hellgrünes Laub und blüht im Mai/Juni. Die Hängeblätter sind grünlichgelb, haben weinrote Adern und am Fuß einen weinroten Fleck. Die Domblätter werden spitz-eiförmig, stehen straff aufrecht, bilden aber keinen Dom, ihre Farbe ist heller als die übrige Blüte. Ein Merkmal ist, daß nur die Hängeblätter gebärtet sind. Die Art ist recht variabel. Schön ist 'Violacea' mit purpurrot geaderten weißen Hängeblättern.

Íris stolonífera Maxim. hat ein Rhizom, das Ausläufer treibt. Die Pflanze wird etwa 50 cm hoch und bringt braunpurpurne Blüten mit cremegelbem Bart. Die var. **leichtlínii** Regel hat Blüten, in denen das Braun kräftiger und leuchtender ist, so daß die Blumen richtig braun aussehen. Sie blühen beide im Mai/Juni.

Die **Iris-Regeliocyclus-Hybriden** entstammen Kreuzungen von Arten der Sektionen Onocyclus und Regelia. Die Züchtung begann 1890 bei Tubergen in Haarlem, wo insgesamt über 30 Sorten gewonnen wurden. Die Pflanzen wachsen kräftig, allgemein besser als die Eltern, haben große, in Form und Farbe sehr mannigfaltige Blumen, blühen reich und sind weniger anspruchsvoll. Sie sind vielfach auf weißem Grund in den verschiedensten Tönen gestrichelt, geadert, getupft... es läßt sich nicht beschreiben! Sie blühen im April/Mai.

Empfohlen werden 'Chione', 'Lucia', 'Silphide', 'Thor', 'Vera'.

Bewertung, Verwendung, Anzucht: Auch diese Iris stellen einige Ansprüche und eignen sich nicht für jeden Garten. Sie wünschen warme Lage und einen Standort, der warm, sonnig und über Sommer trocken ist, sind aber weniger frostempfindlich als die Oncos. Man pflanze etwa Ende Oktober und gebe auch Winterschutz. Nach dem Absterben des Laubes muß man nicht unbedingt herausnehmen, aber bis etwa Mitte Oktober mit Glas vor Niederschlägen schützen. Man setze an Plätze, wo sie dominieren. Sie wünschen keinerlei Überwuchs. Vermehrt wird durch Teilung im Sommer. Anzucht in einem Spezialkasten in sandigem Lehm, gute Drainage, nach dem Vergilben vor Regen schützen.

Sektion IX. *Pseudoregelia*

Das Rhizom ist eigentümlich knorrig. Die Blüten erscheinen, wenn die Blätter sich erst wenig entwickelt haben, nur die Hängeblätter sind gebärtet. Der Samen hat ebenfalls ein Anhängsel, das aber sehr klein ist. Die Arten dieser Sektion sind gärtnerisch ohne Bedeutung.

Sektion X. *Pogoniris*

Die Pflanzen haben ein kräftiges Rhizom, das sich vielfach verzweigt. Die Blumen haben auf den Hängeblättern Bärte. Die Samen sind ohne Anhängsel. Es ist die gärtnerisch wichtigste Sektion, denn sie enthält Arten, von welchen unsere Garten-Schwertlilien abstammen, die man überall sehen kann: die Hohen Bartiris = **Iris germánica** der Kataloge, die **Iris-Pumila-Hybriden** und die zwischen beiden stehenden Iris intermedia. Manche sind bereits seit dem Mittelalter beliebte Gartenzierden und da und dort selbst gartenflüchtig geworden und verwildert. Es ist äußerst schwierig, noch die Ursprungsarten zu finden, doch haben sie außer für Botaniker, Genetiker und Züchter sowieso wenig Bedeutung. Die Züchtungen und Hybriden dominieren und triumphieren, sie sind gegenüber den Arten fast völlig neue Pflanzen! Dennoch sei hier auf die wichtigsten Namen hingewiesen: *Iris variegata*, *I. chamaeiris*, *I. pumila*; *I. aphylla* und *I. pallida*. Letztere, die Tiroler Iris, gehört allein noch zum Sortiment, und zwar als cv. 'Variegata', mit gestreiftem Blatt. Iris pallida wird 1 m hoch, hat trockenhäutige Hüllblätter und große lavendelblaue, duftende Blüten. Die Sektion umfaßt etwa 45 Arten, von denen einige zweifelhaft sind. Ferner gehören dazu eine Reihe Lokalklone und Klone mit abweichenden Chromosomenzahlen, überdies noch Bastarde mit Arten aus anderen Sektionen. Die Züchtung ist äußerst rege, und ihre Erfolge sind großartig.

Es wurden bisher mehr als 30 000 Bartiris-Sorten gezüchtet, und die Mannigfaltigkeit ist sehr groß, ja verwirrend. Die Sorten zu gliedern ist nötig, denn ohne eine Gruppierung käme man nicht mehr zurecht. Es wird nicht mehr – wie früher – nach Abstammung und Verwandtschaft aufgeteilt, sondern nach Höhe und Blütezeit. Man hat 6 Gruppen aufgestellt, die alle botanischen Probleme beiseite lassen und allgemein akzeptiert wurden. Es sind:

1. Miniatur-Iris – Pflanzen bis 25 cm hoch, Blütenstiele unverzweigt oder wenig verzweigt, mit ein oder zwei endständigen Blumen, Blüten 5 bis 7,5 cm breit oder nur wenig größer, Blätter nicht höher als die Blüten, etwas geschweift, blühen als erste, Chromosomenzahlen 2n = 16, 24 und 40 sowie Ableitungen davon.

2. Höhere Zwergiris – Höhe 25 bis etwa 35 cm, Stiele unverzweigt oder verzweigt, Blumendurchmesser 7,5 bis 10 cm, das Laub oft so hoch wie die Blütenstiele, Flor etwas nach der Blüte der Miniaturs, Chromosomenzahlen 2n = 40 oder 48. Diese Gruppe umfaßt alle Chamaeiris-Klone, alle *Iris aphylla* und *Iris pumila*.

3. Intermediates. Die Pflanzen werden 35 bis 70 cm hoch, sind fast alle Hybriden, die Stiele verzweigen sich und ragen über die Blätter, ihr Laub ist steif aufrecht, Blüten 10 bis 12 cm breit, Blütezeit zwischen Sorten der vorhergehenden und der folgenden Gruppe, vielfach Bastarde mit 2n = 44 Chromosomen und herabgesetzter Fruchtbarkeit.

4. Niedrige Hohe Bartiris – Pflanzen 35 bis 70 cm hoch, Blüten 7 bis 10 cm breit, auf dünnen, zähen, biegsamen Stielen, zur gleichen Zeit wie die Hohen Bartiris blühend, Spezies und Sorten mit meistens 24 Chromosomen, im Wuchs stark *I. variegata* ähnelnd.

5. Staudenrabatten-Iris – Pflanzen 35 bis 70 cm hoch.

Blüten 10 bis 15 cm breit, an straffen, aufrechten Stielen, Laub kürzer als die Blütenstiele, Blütezeit wie die Hohen Bartiris, Chromosomenzahlen hauptsächlich 24 oder 48.

6. Hohe Bartiris — Höhe über 70 cm, Blüten 10 bis 18 cm breit, straffe, hohe Stiele, Blütezeit nach den Intermediates, Chromosomenzahlen sind $2n = 24, 36, 48$ und 60. Es wird vom Erdboden bis zur höchsten Spitze der Pflanzen gemessen, also bis zur letzten Blüte; als Durchmesser gilt die größte Breite der Blüten. Daneben gibt es eine sozusagen standardisierte Skala der Farben. Sie enthält dreierlei bis fünferlei Weiß: Reinweiß, Gelblichweiß, Bläulichweiß, Weiß mit rotem Bart. Es gibt darin viererlei Gelb: Rahmgelb, Hellgelb, Kräftiggelb, Orangegelb. Man unterscheidet dreierlei Rot: Kastanienrotbraun, Kupferfarben und Tiefrot. Es gibt 6 Haupttöne von Rosa, die von Hellrosa über Tiefrosa nach Lilarosa gehen. Bei Blau hat man sieben wichtige Nuancen aufgestellt, die vom Eisblau über Mittelblau, Tiefblau und Violett bis zum Schwarzblau reichen. Ferner gibt es drei Purpurrot. Dazu kommen noch die zweifarbigen und bunten Sorten. Bei den Variegatas ist der Dom gelblich, und die Hängeblätter sind rot oder purpurn oder anders dunkel gefärbt. Bei den Amoenas ist der Dom weiß, die Hängeblätter werden anders getönt. Bei den Neglectas ist der Dom heller blau oder bläulich, und die Hängeblätter sind dunkelblau oder anders dunkel getönt. Zweifarbig sind auch die Plicaten, welche einen hellen Grundton haben mit dunklen Tupfen, Strichen, Adern oder Rändern. Von dieser Farbenskala gibt es natürlich Ausnahmen... Sorten, die sich ohne weiteres nicht unterbringen lassen.

Keine der aufgeführten und auch der nicht extra erwähnten Farben ist wirklich ganz neu. Jeder Ton auch der extravagant bunten Sorten kommt bei irgendeinem Angehörigen des Genus vor... und sei es nur als Farbstoff, der nicht zur Wirkung gelangt, als Strich, Punkt, Farbe an besonderen Stellen, unrein und vermischt. Sache des Züchters ist es, bestimmte Farben zu steigern, zu reinigen, zu sublimieren, über die ganze Blüte oder bestimmte Teile von ihr auszubreiten oder seltsame neue Kombinationen zu schaffen: etwa den fast roten Bart bei reinweißer Blüte, wie man ihn bei der Sorte 'Frost and Flame' erreicht hat. Solche und manche anderen Farbstellungen sind gegenüber den Sorten, die es vor 50 Jahren und früher gab, ein völliges Novum. Wichtige neue Farben sind ferner alle rosa Tönungen, viele rote und purpurne, fast alle braunen Farben, das reine helle und mittlere Blau und in gewissem Sinne auch das Schwarzviolett oder Schwarzpurpur, selbst das Gelb in seiner heutigen Mannigfaltigkeit und Leuchtkraft. Auch die Zahl der bunten Zusammenstellungen hat zugenommen: es gibt neuerdings außer vielen zweifarbigen drei- und vierfarbene Sorten. Große Bedeutung hat die Färbung des Bartes erlangt. Außer dem cremefarbenen von einst gibt es den schlohweißen, den verschieden gelben, den blauen bis tiefvioletten und selbst den orangeroten und braunroten Bart. Selbstverständlich wurden auch alle übrigen Eigenschaften und Merkmale verbessert: die Blütengröße gesteigert, die Zahl der Blumen je Stiel, die Zahl der Stiele je Pflanze vermehrt. Im Anfang der Züchtung gab es überwiegend diploide Sorten, heute sind diese fast verdrängt von den tri- und tetraploiden, doch gibt es überdies penta-, hexa- und selbst oktoploide Züchtungen. Die zytologischen Details und auch die schwierigsten „Ausnahmen" sind geklärt worden, und das meiste ist enträtselt. Es dürfte wenige Zierpflanzen geben, bei denen selbst verwickelte Chromosomenverhältnisse so offen daliegen wie bei den Iris dieser Sektion.

Natürlich muß eine akzeptable Sorte eine Reihe von Eigenschaften aufweisen, und man ist sich auch darüber einig, welche Eigenschaften gefordert werden. Es sind eine Menge guter Merkmale nötig. Die Sorten müssen kräftig wachsen. Sie sollen frei von Krankheiten und widerstandsfähig sein. Das Laub darf keine langen braunen Spitzen bekommen, es soll völlig grün bleiben... aber es ist schwierig, diese Ziele zu erreichen, denn es gibt Wetter, das die Ausbreitung von Krankheiten begünstigt. Die Pflanzen müssen reich blühen und das alljährlich... doch ist das tatsächlich bei vielen Sorten, die in milden Gegenden gezüchtet wurden, nicht möglich, weil ihnen das Klima Mitteleuropas außerhalb der Weinbaugebiete zu rauh ist und ihnen die Wärme fehlt, die sie zum Ausreifen brauchen. Die Stiele müssen fest und standhaft sein und dürfen nicht bei Sturm unten wegbrechen oder bei starkem Regen infolge der Schwere der Blüten umknicken. Die Stiele sollen gut aus dem Laub herauskommen. Sie müssen sich gut verzweigen, der Zahl und der Form nach. Blüten, die zu nahe am Stengel sitzen, sind unschön, aber auch Blumen, die zu weit stehen; der Blütenstand muß harmonisch, ausgewogen sein. Je Seitenstiel müssen mehrere Blumen kommen, was die Blütezeit verlängert. Tatsächlich gibt es Sorten, welche so viele und so haltbare Blüten bringen, daß eine Gesamtblütezeit von 22 bis 24 Tagen erreicht wird. Die Blumen selbst sollen ansehnlich sein, gut am Stengel und an der Verzweigung stehen, sich gut halten und festes Gewebe haben, so daß ihnen Regen und Sonne nicht viel zusetzen. Aber es gibt Farben, die immer noch bei greller Sonne ausbleichen und die man deshalb so pflanzt, daß ihre Blumen über Mittag leichten Streuschatten bekommen. Dies ist bei vielen rosa und tabakbraunen Züchtungen nötig, desgleichen bei bunten.

Die Blüten müssen ausgewogen gebaut sein: Hängeblätter und Dom dürfen nicht unförmig oder zu klein oder unschön sein. Der Dom soll nicht klaffen, die Hängeblätter dürfen sich nicht nach hinten wölben, sich nicht „verkriechen". Bei hohen Sorten sollen sie abwärts zeigen, so daß man ihre ganze Fläche vor Augen hat; bei niedrigen sollen die Hängeblätter mehr seitwärts gerichtet sein, damit man sie von oben in ihrer ganzen Breite und Schönheit erblickt. Die Blumen dürfen nicht knittern, müssen sich eine Reihe von

Tagen halten. Dazu kommen die Forderungen an die Farben, die rein, kräftig, weithin leuchtend und konstant bleiben sollen. Solche Eigenschaften sind auch Zuchtziele. Aber es tauchen überdies neue auf; man strebt jetzt nach Sorten, die im Spätsommer noch einmal blühen.

In den Listen der Prüfstellen und in Katalogen findet man die Sorten heute unter folgenden Bezeichnungen:

Iris germanica — Barbata-Elatior-Gruppe
Das sind die hoch werdenden Sorten (Gruppe 4 bis 6)
Iris germanica — Barbata-Media-Gruppe
Das sind die Sorten der Gruppe 3
Iris germanica — Barbata-Nana-Gruppe
Das sind die Sorten der Gruppen 1 und 2

Nicht in jedem Fall ist eine Sorte zweifelsfrei der Elatior- oder der Media-Gruppe zuzuordnen, häufig kann man daher die Sorten beider Gruppen in einer alphabetischen Ordnung finden.

Bewertung, Verwendung, Anzucht: Bartiris kann man in sehr vielen Gärten antreffen, wenngleich meistens nur in alten, überholten Sorten. Ihr Farbenspiel war kleiner, ebenso die Blüten. Viele Gartenfreunde fanden sie langweilig. Immerhin waren diese Iris äußerst anspruchslos, blühten reich und unermüdlich und wuchsen ohne jede Nachhilfe. Die Neuheiten und letzten Sorten sind in vielen Einzelzügen, im Farbenspiel weitaus besser, aber manche stellen an den Standort und das Klima gewisse Ansprüche und versagen oder enttäuschen, wenn diese nicht erfüllt werden. Auch wird gegen Iris eingewendet, daß ihr Flor bald vergeht und daß Hitzewellen gegen Ende Mai und Anfang Juni die Blütezeit verkürzen, was stimmt. Dagegen aber ist kein Kraut gewachsen. In Jahren mit normaler Witterung jedoch kann man durch Pflanzen von früh-, mittel- und spätblühenden Bartiris durchaus eine Gesamtblütezeit von 5 bis 6 Wochen erreichen, die niedrigen Typen nicht mit eingerechnet. Und tatsächlich hat man von den neuen Iris nur etwas, wenn man nicht bloß eine oder wenige Züchtungen pflanzt, sondern eine gut ausgewählte, nicht zu kleine Kollektion. Sie soll einen Teil der immensen Vielfalt in den eigenen Garten bringen. Reichtum und Mannigfaltigkeit sind zu – gärtnerischen – Kennzeichen der Pflanzen geworden, und man bleibt hinter der Wirklichkeit zurück, wenn man bloß einzelne Sorten pflanzt. Das wäre widersinnig. Schockieren kann die Anzahl der Sorten, zu denen alljährlich insgesamt wohl gegen 100 Neuheiten kommen, doch ist das auf dem Büchermarkt, bei Stoffmustern und Farben, bei verschiedenen Genußmitteln, bei Schallplatten nicht anders. Man kann sich bei Büchern, Bildern, Platten anfangs „verkaufen", d. h. Falsches wählen. Dennoch bekommt man schließlich eine schöne Sammlung. Mit dem Umgang kommt der Verstand. Ein Anlaß zu Enttäuschungen darf allerdings nicht unerwähnt bleiben. So manche der schönsten Züchtungen sind in Gebieten mit einem weitaus milderen Klima entstanden, als wir es haben, und sie vermögen bei uns nicht zu befriedigen, zumal sie auch von noch empfindlicheren Eltern abstammen können. Die Rhizome solcher Sorten werden außerhalb der Weinbaugebiete in Mitteleuropa nur ausnahmsweise ausreifen und Blütenschäfte treiben. Deshalb ist mit Oncobreds Zurückhaltung angebracht. Sie stammen aus Ländern oder Landstrichen mit „Luxusklima". Und besonders günstiges Klima fördert nicht nur die Pflanzen überhaupt, es ermöglicht überdies die Entfaltung von Erbfaktoren, die in ungünstigem Klima nicht herauskommen. Daher sind uns die hier gezüchteten und die hier geprüften Sorten dienlicher als Spitzensorten, die etwa in Kalifornien entstanden. Unsere bodenständige Züchtung kann auch Erfolge aufweisen, denken wir nur an die bewährten Sorten Alexander Steffens, etwa an 'Goldfackel', 'Schneeferner', 'Schneegöttin', 'Eroica', 'Frühlingslied', und an die in den letzten Jahren im VEB Erfurter Samen- und Pflanzenzucht gezüchteten Sorten 'Anatol', 'Effekt' und andere.

Bartiris brauchen volle Sonne und nahrhaften, kräftigen Boden, der nicht naß sein soll. Sandiger Lehm, der im Sommer auch hart werden darf, ist der beste Boden. Um die Entfaltung sämtlicher Knospen zu fördern, breche man die abgeblühten Blumen täglich aus: das gehört unbedingt zur Pflege! Unterläßt man diese Handgriffe, können die verblühten Blumen faulen und die noch vorhandenen Knospen anstecken. Sie stören auch das Bild. Die abgeblühten Stiele soll man ebenfalls entfernen, aber nicht einfach abschneiden, sondern mit einem kurzen Ruck an ihrer Basis ausbrechen. Es bildet sich dort Kallus, während abgeschnittene Stiele zurückfaulen und dies gelegentlich bis hinunter zum Wurzelstock. Die Stiele lassen sich schneiden. Vor allem Sorten mit großen bis riesigen Blüten und ganz neuen Farben sind ein zwar vergänglicher, dafür aber besonders prächtiger Zimmerschmuck. Man schneide nur knospige Stiele, nach einem Tag und einer Nacht beginnen die Blüten sich zu öffnen. Man muß aber täglich die verblühten Blumen ausbrechen, manche tropfen und verursachen Flecke. In der Regel blühen sämtliche Knospen auf, und man kann die Stiele bis 10 Tage im Zimmer haben.

Im Garten sollen die Iris – ob nun in der Staudenrabatte oder auf Beeten für sich untergebracht – so stehen, daß Luft und Sonne ungehindert und direkt an die Rhizome gelangen. Man pflanze also weitläufig, Abstand wenigstens 80 cm. Man setze auch niemals in die Zwischenräume bodenbedeckende Stauden und Einjahrsblumen: Sie beeinträchtigen das Ausreifen der Rhizome! Man darf ferner zwischen Iris weder im Herbst noch im Frühling umgraben, sondern nur den Boden sauberhalten und oben vorsichtig lockern. Ebensowenig soll man mit Mist oder Torf als Bodendecke arbeiten: Iris brauchen blanke Erde. Düngen läßt sich nur durch Ausstreuen von Volldünger, den man leicht einharkt, Zeitpunkte fürs Düngen sind das zeitige Frühjahr und kurz nach dem Flor. Wichtig für das so nötige Ausreifen der Rhizome ist das günstigste „Kleinklima" im Garten; man setze Iris nur an die

Íris sibírica   Íris spúria

Beim Ausgraben und Teilen gibt es viel Abfall, denn man soll nur die kräftigsten Köpfe neu setzen (außer bei teuren und wertvollen Neuheiten, von welchen man jedes Auge zur Vermehrung nehmen wird). Vermehrung erfolgt nur durch Teilung, die neuen Pflanzen sind bei sehr zeitiger Vermehrung bis Ende des Sommers bereits verkaufsstark. Man darf auf den alten Beeten nicht die kleinsten Rhizomreste im Boden lassen, denn sie können ausschlagen und stark werden und dann die Sortenreinheit stören.

Das Sortenangebot des Handels ist groß. Am besten informiert man sich an Hand der amtlichen Sortenliste, an den Sortenprüfungsergebnissen, die in den Fachzeitschriften veröffentlicht werden, und durch Augenschein beim Besuch eines Sichtungsgartens.

Sektion XI. *Pardanthopsis*

Enthält nur eine Art, die gärtnerisch ohne Wert ist.

Sektion XII. *Apogon*

Die Arten haben keinen wulstig-knorrigen Wurzelstock, der auf der Erde hinwächst, sondern einen dichten, sich vielfach teilenden, faserigen Klumpen oder Wurzelbart, der meistens sehr zäh wird. Die Blüten besitzen weder Kamm noch Bart, die Samen keinerlei Anhängsel. Die Sektion umfaßt über 70 Arten, welche Lawrence in seiner „Reclassification of the Genus Iris" (1953) in 16 Serien eingeteilt hat. Manche Iris der Sektion sind bekannte und wichtige Gartenpflanzen, andere überhaupt oder wenigstens für uns ohne Wert. Wichtig sind für uns die Sibiricae, die Spuriae, die Laevigatae und mit Abstand die Hexagonae.

Sibiricae

Íris bulleyána Dykes stammt aus Westchina, wird gegen 50 cm hoch, hat schilfartiges Laub und blüht im Juni. Die Blüten stehen einzeln oder zu wenigen auf unverzweigten Stengeln und werden gelblichweiß und blau.

Íris × chrýsophor hort. ist eine Hybride zwischen *I. chrysographes* und *I. forrestii*. Sie hat hell- und purpurviolette Blüten mit gelber Zeichnung, die Pflanzen werden etwa 50 cm hoch und kommen im Mai/Juni in Flor.

Íris chrysográphes Dykes, aus Westchina stammend, wird 50 cm hoch und bringt im Juni samtig-purpurviolette Blumen mit einem langen orangegelben Fleck auf den Hängeblättern.

Íris forréstii Dykes stammt ebenfalls aus Westchina und hat gelbe Blüten, die Hängeblätter bekommen einen dunkelgelben Fleck mit rotbrauner Aderung, Höhe etwa 40 cm, Florzeit Mai/Juni.

Íris sibírica L., Verbreitungsareal von Mitteleuropa bis nach Sibirien. Die Pflanzen haben wie alle der Serie schilfartiges, dichtes Laub, das hier grünlich schim-

wärmsten, sonnigsten und am meisten geschützten Plätze.

Eine Frage, die sich nicht einheitlich beantworten läßt, ist: Wie oft muß man Iris verpflanzen? Es gibt da große Unterschiede. Manche kann man fünf und mehr Jahre an ihrem Standort wachsen lassen, ohne daß sie im Flor nachlassen. Andere blühen bereits im dritten Jahre nur noch spärlich. Das kommt vor allem bei Sorten vor, welche aus Gebieten mit „Luxusklima" stammen. Großen Einfluß hat überdies die Witterung. In trockenen, warmen oder heißen Jahren mit einem langen, milden Herbst reifen die Rhizome tadellos aus und blühen im nächsten Frühjahr. Umgekehrt beeinträchtigt kaltes und nasses Wetter während des Sommers das Ausreifen und damit die Blüte im kommenden Jahre. Da es keine Generalregel für das Verpflanzen gibt, bleibt nichts übrig, als die Sorten zu beobachten und zu verpflanzen, wenn ihr Flor stark nachläßt. Man kann es dennoch hinausschieben, indem man alle schwachen Nebenaugen vorsichtig entfernt, just wie man bei Rosen und Obstbäumen das dünne Holz fortschneidet.

Die beste Pflanzzeit sind die Monate Juli und August. Die Iris setzen neue Köpfe an, und diese bilden frische Wurzeln: zu diesem Zeitpunkt werden die Pflanzen am wenigsten gestört, und alle neu sich bildenden Wurzeln kommen den Exemplaren vollständig zugute. Man kann auch später pflanzen und sogar im Frühjahr kurz vor dem Flor, doch wird die Blüte dann schwächer sein oder gänzlich ausbleiben. Der Erdstamm soll halb aus dem Boden ragen. Die Wurzeln sind flach in die Erde zu betten. Bei sehr später Pflanzung belege man die Bestände dünn mit Reisig, niemals mit Torf oder Laub. Anzugießen braucht man nur im Hochsommer.

mert, an der Basis der Blätter oft eine kurze rötlich überlaufene Zone. Die Blütenstiele sind hohl, können sich verzweigen und werden bis 120 cm hoch. Es gibt eine Reihe von Sorten, und da das Interesse für diese äußerst genügsamen und vorteilhaften Stauden zunimmt, was immer zur Züchtung anregt, dürften weitere hinzukommen. Zuchtziele sind große Blumen in tiefen und klaren Farben, reichliche Verzweigung der Stengel, neue Farben. Schöne Sorten sind: 'Caesar's Brother' – sehr ruhige Blütenform und große, nachtblaue Blumen; 'Gatineau' – rein blau; 'My Love' – helles Mittelblau, Blumen groß und schön geformt, die Sorte blüht nahezu zweimal: sobald der erste Schub Blumen abgewelkt ist, treiben die Pflanzen einen zweiten Satz Stiele, deren Blumen etwa nach 14 Tagen einen Nachflor bringen; 'Phosphorflamme' – 120 cm hoch, spät blühend, leuchtendblau und hellblau; 'Taubenblau' – dieser Name gibt die Farbe genau an. Es gibt außerdem weiße Sorten. Alle *Iris sibirica* blühen im Juni, manche Sorten auch bis in den Juli hinein.

Íris wilsónii C. H. Wright aus Westchina wird gegen 70 cm hoch und hat gelbe, braun gezeichnete Blüten. Die Blätter dieser Art werden breiter als bei andern Arten der Serie. Die Pflanzen blühen im Mai/Juni.

Bewertung, Verwendung, Anzucht: Alle diese Iris sind bei uns völlig winterhart. Sie wünschen volle Sonne und nehmen mit jedem Gartenboden vorlieb. Aber purer, trockener Sand, überhaupt ständige, große Trockenheit sind ihnen abträglich. Am besten gedeihen sie, wenn die Bestände vom Frühjahr bis etwa zur Blütezeit *viel* Feuchtigkeit haben und anschließend trockener stehen. Bekommen die Exemplare im Frühling genügend Wasser, halten sie im Sommer selbst einige Wochen starke Trockenheit ohne Schaden aus. Man pflanzt sie gern an Bach- oder Teichränder oder an nasse, sumpfige Stellen. Auch in Wildstaudengärten und -pflanzungen passen sie, notfalls muß man sie wässern, wenn der Boden nicht ausreichend feucht sein sollte. Vermehrt wird durch Teilung im Frühjahr oder nach dem Flor. Die Bestände werden bis zum Herbst oder nächsten Frühling verkaufsstark, sind aber nicht so kräftig wie viele andere Stauden. Auch dauert es stets eine Weile, bis sie stattlich werden. Stehen sie an ihnen zusagenden Plätzen, können *Iris sibirica* dort Jahrzehnte verbleiben. Man muß ihnen nur von Zeit zu Zeit das nötige Wasser zukommen lassen und auch etwas Volldünger streuen.

Spuriae

Diese Serie umfaßt gegen 25 Arten und Abarten, ferner zahlreiche lokale Klone und Stämme. Einige gelten als zweifelhaft. Die Pflanzen haben einen holzartig harten, reichbewurzelten Erdstamm, der mit seinen Verzweigungen fast einen geschlossenen Klumpen bildet. Sie bekommen schilfartiges, häufig derbes, meistens aufrechtes Laub und bringen auf straffen Stielen endständig eine bis mehrere Blumen. Diese erinnern stark an die Blüten der Spanischen Iris. Die Chromosomenzahl ist bei den meisten $2n = 40$, Kreuzungen mit Arten oder Formen innerhalb der Sektion Apogon gibt es zahlreiche, und sie gelingen leicht.

Íris gramínea L., die Pflaumen-Iris, hat Blüten, welche nach Pflaumen duften. Das Laub ist grasartig, die Blumen sitzen auf kurzen Stielen tief drinnen im Blätterschopf. Sie werden gelblich- oder bläulichweiß bis hellblau mit blauen Adern. Der Flor fällt in den Juni, die Pflanzen sind etwa 30 cm hoch. Man kann sie zu hohen Bartiris setzen, wo sie als Duftspender wirken.

Íris monniéri DC. wird bis 1 m hoch, hat steife, schilfartige Blätter und bringt im Juni/Juli ziemlich große, hellgoldgelbe Blumen, mehrere nacheinander am Stiel erscheinend. Wichtiger als die Art, die in rauhen Lagen unbedingt Winterschutz braucht, sind die schon vor über 30 Jahren von Sir M. Foster – einem Nestor der Iris-Züchtung und -forschung – erzielten Hybriden. Es sind dies I. × mónspur hort. mit *I. spuria* als Partner und I. × monaurea hort. mit *I. crocea*, die früher *I. aurea* hieß, als zweiten Eltern. Dieser Bastard hat große, leuchtend goldgelbe Blüten, und die Pflanzen werden bis 150 cm hoch, sie blühen reich und gegen 6 Wochen lang. Von *I. × monspur* gibt es mehrere Sorten, die azur- bis dunkelblau blühen, etwa 120 cm hoch werden und im Sommer in Flor kommen. Sie wachsen robust. Schön ist die lilablaue 'Dorothy Foster'.

Íris orientális Mill. (syn. I. ochroleuca L., I. gigantea Carr.) aus Kleinasien wird etwa 1 m hoch. Die Pflanzen haben schilfartiges, etwas steifes Laub, sie blühen im Juni/Juli und bringen ansehnliche Blüten, deren Hängeblätter bis 4 cm breit und am Rande leicht angekraust sind. Die Blumen werden weiß, nach der Mitte der Blütenblätter zu gehen sie in Gelb über. Es ist eine ansehnliche Art, aber schöner noch wird 'Gigantea', denn sie bekommt größere Blumen, deren Gelb heller ist. 'Gigantea Alba' blüht nur weiß, 'Sulphurea' dagegen zartgelb und blau. *I. orientalis* wächst in jedem normalen Gartenboden, der jedoch nicht trocken sein darf. Es dauert einige Zeit, bis die Pflanzen ihre volle Größe und Schönheit erreichen.

Íris sanguínea Hornem. (syn. I. orientalis Thunb. non Mill.) aus Ostasien blüht im Mai/Juni und wird gegen 50 cm hoch. Die Blumen werden ansehnlicher als bei *I. sibirica* und bei der Stammart lebhaft blau. Es gibt auch Sorten: 'Snow Queen', mit weißen Blüten, und 'Weißer Orient', ebenfalls weiß. Beide blühen reich, die Blumen ragen nicht über das Laub hinaus, stecken aber auch nicht darin. Die Pflanzen sind vollkommen winterhart.

Íris spúria L. ist die wichtigste Art innerhalb der Serie. *I. spuria* treten in den verschiedensten Teilen der nördlichen Halbkugel auf: sowohl in Nordamerika als auch in Westasien und in Europa, wo sie in Spanien, Frankreich, Süd- und Mitteleuropa, auf dem Balkan, in den Karpaten und schließlich in Dänemark zu finden

Ir

Íris kaempferi

sind, doch selten in großen, zusammenhängenden Beständen. Die starke Zersplitterung des Verbreitungsareals hat der Entstehung von Abarten viel Vorschub geleistet und zu einer großen Variabilität von I. spuria geführt. Tatsächlich gibt es eine ganze Reihe auf kleine Gebiete beschränkter Formen. In reinen Beständen stehend, spielen sie kaum, um so mehr aber, wenn Kreuzbefruchtungen mit andern Lokalformen stattfinden. In solchen Aussaaten gleichen sich nicht zwei Pflanzen. Auf diesem Umstand fußt und beruht auch die Züchtung von I. spuria, die neuerdings sehr lebhaft geworden ist. Drei Sorten seien als Beispiele angeführt: 'Hazy Hills', blau, 'Monteagle', violett, 'Skiline', zartrosa. Es heißt, daß in Zukunft Spurias zu erwarten seien, bei denen man die gesamte Farbskala der Hohen Bartiris finden kann. Die Art wird gegen 60 cm hoch, hat schmale, ziemlich steife Blätter und blaue, mit helleren oder dunkleren Tönen gemusterte Blüten. Sie erscheinen im Juni/Juli. Eine schöne nahestehende Art, die zuweilen auch als Abart betrachtet wird, ist **I. halóphila** Pall. (syn. I. gueldenstaedtiana Lepech., I. spuria var. halophila (Pall.) Dykes), sie tritt in Sibirien, ferner am Himalaja und im Kaukasus auf: Blüten in mehreren Etagen am Stengel, nicht sehr groß, weißlichgelb mit Orange, Höhe etwa 40 cm.

Die Züchtungen haben bis doppelt so große Blüten wie die Stammart. Ihre Stiele verzweigen sich, und das Farbenspiel umfaßt weiße, hellgelbe bis leuchtend goldgelbe, verschieden hell- und tiefblaue, violette bis purpurne Sorten und als größte Überraschung hellbraune bis tiefbraune Hybriden. Leider sind viele der in den USA und in England gezüchteten, teilweise sehr schönen Sorten für unser Klima unbrauchbar. Sie wurden wie zahlreiche Hohe Bartiris in klimatisch günstigen Gegenden herangezogen, und es fehlt ihnen hier der trockene, milde Herbst zum Ausreifen der Rhizome, ohne das es keinen üppigen Flor geben kann. Auch in England befriedigen Sorten aus Hollywood, Pasadena oder Tennessee nicht. Was wir brauchen, sind in Mitteleuropa erzielte Züchtungen, die mit unserm härteren Klima fertig werden.

Bewertung, Verwendung, Anzucht: Die meisten der angeführten Iris sind anspruchslos und dankbar. Sie wachsen in jedem brauchbaren Boden. Einmal gepflanzt, halten sie viele Jahre aus, und man braucht nichts zu tun, als gelegentlich im Frühjahr etwas Volldünger rund um die Büsche zu streuen und, wenn es sich ermöglichen läßt, bei großer Trockenheit zu wässern. Unterläßt man dies, gibt es Dürreschäden, die aber nicht ans Leben gehen. Die Pflanzen wirken häufig etwas steif, und man muß das durch bewegte, bewegliche Nachbarn zu mildern versuchen. Gut eignen sich dazu lockere Gräser, ferner Strauch- und Kletterrosen, die man frei wachsen läßt, desgleichen Stauden, welche breite und etwas schwebende und gleichsam sich lagernde Flächen bilden, wie *Platycodon*, *Rudbeckia* 'Goldsturm', *Sedum spectabile*, *Solidago* 'Golden Mosa', *Bergenia* und einzelne Farne. *Iris spuria* selbst braucht unbedingt schweren, am besten lehmreichen Boden und während des Wachstums viel Nahrung. Entscheidend für ihr Gedeihen ist überdies das Klima am Standort: relativ hohe Lufttrockenheit und viel Sonnenschein! Das gibt es oft in Südafrika, wo man daher Spuria-Sorten in großen Mengen anbaut. Die Stiele werden als Schnittblumen versandt; die Blüten halten sich relativ lange.

Als Nachbarn der feuchtigkeitsliebenden Arten kommen vor allem Funkien in Betracht. Erwähnt sei auch, daß alle in dieser Serie aufgeführten Arten und Sorten sehr haltbare und wirkungsvolle Blumen haben, die sich gut für Vasen und Zimmerschmuck eignen. Vermehrt wird durch Teilung im Frühjahr. Es dauert seine Zeit, ehe die Bestände am endgültigen Standort ansehnlich geworden sind; drei, vier Jahre können vergehen! Sämlinge blühen selten bereits mit zwei, meistens mit drei Jahren zum ersten Male.

Laevigatae

Diese Serie umfaßt nur 5 Arten, von denen eine sehr großen Wert hat, eine weitere beliebt ist und gern gepflanzt wird. Zwei stammen aus Nordamerika, die wichtigste, *Iris kaempferi*, aus Japan. Diese braucht im Frühjahr reichlich Wasser, denn die Pflanzen wachsen in der Natur an Stellen, die im Frühling durch starke Niederschläge oder durch das Schmelzwasser, welches von den Bergen kommt, überflutet werden. Später aber wird das Gelände ziemlich trocken. Solche Verhältnisse findet man im Heimatlande der Japanischen Iris häufig, bei uns nirgends oder nur ausnahmsweise und annähernd. Die Chromosomenzahlen betragen bei I. kaempferi $2n = 24$, bei I. laevigata und bei I. pseudacorus $2n = 34$. Man hat Artenkreuzungen innerhalb der Sektion durchgeführt, aber die Ergebnisse haben keinen besonderen Wert. Immerhin zeigt sich wieder, daß Artenkreuzungen innerhalb des Genus Iris häufiger gelingen als bei den meisten übrigen Gattungen.

Íris kaempferi Sieb. ist in der Mandschurei, in Korea und Japan zu Hause. Die Pflanzen werden 80 bis 100 cm hoch, haben lanzettliche, steife, grünlichgelbe Blätter mit einer deutlich hervortretenden Mittelrippe und bringen je Stiel, der sich verzweigt, einige Blumen, welche nacheinander aufgehen. Die Blüten werden sehr breit, ihre Hängeblätter sind rund und oft riesig und stehen zur Seite, die Domblätter ebenfalls, so daß der Eindruck entsteht, die Blumen hätten 6 Hängeblätter. Der Flor fällt in die Monate Juni und Juli, er schließt sich bei den frühen Sorten an die späten Bartiris an. In Japan sind *I. kaempferi* seit über 500 Jahren in Kultur und wurden zu großer Schönheit gebracht. Denn die Japaner sind tüchtige und wohl auch etwas eigenartige Gärtner. Von fast allem, was sie züchterisch bearbeiten, gibt es unabsehbare Sortimente und Abwandlungen. Die Blüten der Japanischen Iris sind am Rande gewellt oder leicht eingeschnitten oder getollt. Einfarbige Sorten gibt es kaum, in der Regel sind die Blumen mindestens zweifarbig. Sie weisen anders getönte Zungen, Flecken-Adern, Zonen, Striche und Staubblätter auf. Hauptfarben sind Weiß, Rosa, Rosalila bis Orchideenlavendel und Tiefviolett, Mittel- und Tiefblau, Purpur und Rötlichpurpur. Gelbe Sorten wie bei *Iris germanica* gibt es gar nicht, doch tritt das Gelb als Tupfen, Zone oder Strichelung auf. Die Sortenliste nennt 'Asnow', dunkelblau, 'Fudjijama', rosa, 'Monokotaky', blau. Man hat in Europa zahlreiche Versuche gemacht, *Iris kaempferi* hier einzuführen und anzusiedeln. Aber die Resultate waren meistens kümmerlich. Es ist eine regelrechte Kultur nötig. Im Frühling bis zu Beginn des Flors brauchen die Bestände viel Wasser, ja sie sollen sogar etwa 5 cm hoch ganz im Wasser stehen! Nach der Blüte jedoch muß das Wasser ablaufen und der Standort zuletzt trocken, der Boden warm werden. *Iris kaempferi* sind also keine Bachrand- und Teichpflanzen! Erfolge hat man, wenn man wie folgt verfährt: Man hebt eine gegen 40 cm tiefe Mulde aus, belegt deren Boden mit fester Folie, die etwas über den Rand hinausragen soll, füllt in die so dicht gemachte Mulde die nötige Erde, und dann kann man *I. kaempferi* pflanzen. Bis zum Flor läßt man von Zeit zu Zeit Wasser in die Mulde laufen, mit Ende des Flors hört man damit sofort auf. Oder man hebt eine gegen 55 cm tiefe Grube aus, faßt sie mit einer stabilen Zementwand oder Platten von Asbestzement ein, überzieht den Boden ungefähr 5 cm hoch mit reinem Lehm, der bis auf ein kleines Sickerloch an der tiefsten Stelle festgestampft werden muß. Dann füllt man in die Grube die nötige Erde, läßt diese etwas setzen. Danach kann man pflanzen. Wieder soll man bis zum Beginn der Blüte wässern und später damit völlig aufhören. Man kann die Exemplare auch einzeln in etwa 20 cm breite Tonröhren pflanzen, die unten mit Drahtgeflecht abgeschlossen werden, und stellt diese „Töpfe" in Gefäße (Schalen, Kübel, große Vasen oder Becken) mit Wasser. Noch während des Flors wird ein Teil des Wassers abgeschöpft. Der Boden für die Japanischen Iris muß nährstoffreich, humusreich und leicht sauer sein. Hat man nur wenige Pflanzen, macht die Beschaffung solchen Bodens geringe Schwierigkeiten. Bei Anzucht großer Mengen ist es schwerer, alle Ansprüche der *Iris kaempferi* zu erfüllen.

Íris laevigáta Fisch. kommt nicht in Japan vor, sondern wächst in China, in der Mandschurei und in Korea. Die Pflanzen ähneln auf den ersten Blick den Japanischen Iris, unterscheiden sich jedoch von diesen dadurch, daß die Blätter keine auffällige Mittelrippe haben und die Domblätter schmal sind und nach oben ragen, also nicht zur Seite, und auch nicht groß werden wie bei *I. kaempferi*. Sie bekommen ziemlich große Blüten in Weiß und Blau, Weiß und Purpur, bei der Sorte 'Rosa Queen' sind sie schön rosa getönt, bei 'Sanguinea' weinrot. Die Pflanzen werden 60 bis 80 cm hoch und blühen im Juli/August. *I. laevigata* ist eine echte Sumpfpflanze, sie will also ständig in feuchter Erde oder halb im Wasser stehen.

Íris pseudácorus L. wächst von Europa bis nach Westasien an Teich-, Fluß- und Bachufern, d. h. an feuchten Stellen. Die Pflanzen haben breite, schilfförmige, kräftige Blätter und etwas flachgedrückte Stengel, die sich oben verzweigen. Sie tragen gelbbraune Blumen und kommen im Juni in Flor. Neben der Stammform gibt es eine var. **variegáta** Hasselb. mit weißgestreiften Blättern; sie hat kleinere Blüten.

Íris versícolor L. tritt im östlichen Nordamerika auf. Die Pflanzen werden gegen 60 cm hoch und bekommen samtig purpurne Blüten, die Hängeblätter haben einen gelben Mittelstreifen mit violetten Adern. *I. versicolor* blühen im Juni. Sie wünschen frischen bis feuchten Standort und vertragen auch etwas Streuschatten. Die Art ist sehr variabel.

Bewertung, Verwendung, Anzucht: Die Japanischen Iris bringen wunderbare, trotz ihrer Größe nicht allzu empfindliche Blumen. Sie sind aber Pflanzen für Liebhaber, da sie zu ihrem Gedeihen besondere Zurichtungen brauchen: das Beet, in dem man Wasser anstauen kann, den Boden, den man sorgfältig herrichten muß. Die Erde soll aus Kuhdung, mildem Lehm, Komposterde und Torfmull bestehen und im ganzen – vorläufig noch – leicht sauer sein. Ungünstig ist natürlich stark kalkhaltiges Gießwasser. Die Pflanzen sind nach vier Jahren zu teilen. Nach dieser Zeit muß man sie aufnehmen, die Erde erneuern und wieder frisch setzen. Vermehrt wird bei Sorten durch Teilung bald nach der Blüte oder im zeitigen Frühjahr. In der Regel teilt man nicht stark, so daß die neuen Pflanzen bereits im gleichen oder nächsten Jahr wieder blühen. Man pflanze etwa 5 cm tief. Auch Anzucht aus Samen ist möglich. Dieser muß jedoch von ausgesuchten Eltern gewonnen werden.

Im Garten lege man das Beet für *Iris kaempferi* an einen recht geschützten Platz, den man täglich vor Augen hat. Auch bei den Japanischen Iris ist es angesichts der großen Mannigfaltigkeit einfach vernünftig, nicht nur einzelne Exemplare zu pflanzen, sondern ein Sortiment. Es soll früh- und spätblühende Züchtungen aufweisen; man hat dann gegen 5 Wochen Iriskaempferi-Flor. Erwähnt sei ferner, daß man sie auch in große Schalen einpflanzen kann, die man auf dem Sitzplatz oder im Wohnhof aufstellt und nach der Blüte forträumt. Solche Bepflanzungen sollen aller

Ixiolírion tatáricum

drei Jahre erneuert werden, und die Schalen müssen über Winter in einen eben frostfreien Raum kommen. Die Blüten der Japan-Iris sind auch ein exquisiter Zimmerschmuck. Man legt sie in flache Gefäße. Der Blütenstiel zieht das nötige Wasser aus einem kleinen Napf, in den man ihn einstellt, die Blumenblätter bekommen ein Polster aus Zellstoff oder Watte, das aber nicht feucht werden darf. Leicht läßt sich durch Hinzunahme von Zweigen und Blättern ein modernes Ikebana stecken. Besonders große Blumen halten sich nicht so lange wie kleinere. *Iris laevigata* und *I. pseudacorus* sind Stauden für flache Wasserbecken, die zweite auch für Teichufer und Bachränder. Man pflanzt im Frühling, und die Exemplare bedürfen keiner besonderen Pflege, sie halten jahrelang aus. Vermehrt wird durch Teilung und aus Samen. *I. pseudacorus* sind innerhalb einer vollen Vegetationsperiode verkaufsstark; bei *Iris laevigata* dauert die Anzucht länger.

Hexagonae

Diese Iris wachsen in dem USA-Bundesstaat Louisiana, der sich auf dem Westufer des Mississippi von dessen Mündung nach Norden erstreckt. Das Land liegt zwischen 30° und 35° nördlicher Breite, also im Bereich der Subtropen. Hexagonae heißen nach dem Ort ihres Vorkommens auch Louisiana-Iris. Die Gruppe ist 7 Arten stark, zu welchen eine große Zahl Naturhybriden kommen. Sie wurden anfangs für Arten gehalten. Einzelne Mitglieder der Gruppe sind bereits seit 145 Jahren bekannt, die meisten wurden erst Ende der dreißiger Jahre von John K. Small vom Botanischen Garten New York entdeckt. Im Jahre 1940 fand man unweit der Stadt Abbeville einen Fleck von etwa einer Meile Durchmesser, auf dem die typischen Arten vereinigt aufwuchsen und weithin den Boden bedeckten. Dieses Stück Erde heißt seither „Iris heaven" (Iris-Himmel) und wird alljährlich von unzähligen Naturfreunden besucht. Alle Arten haben $2n = 24$ oder 44 Chromosomen, sind diploid und gehen leicht Verbindungen mit andern Arten und selbst mit Spezies aus den übrigen Gruppen der Apogon-Sektion ein. Manche Pflanzen sind wintergrün, andere werfen das Laub ab. Die Samen haben eine korkige Schale, was man sonst bei Iris nicht findet. Die Samenkapseln laufen an beiden Enden spitz zu. Die Pflanzen stehen in Strichen, die häufig überflutet werden, und das Wasser läuft oft lange nicht ab, anderseits gibt es etwa alle drei Jahre völlige Trockenheit und keinerlei Wasser außer den Niederschlägen. Die Arten werden zwischen 35 cm und 150 cm hoch. Es erscheinen mehrere, meistens flache, sehr große Blüten an den Stielen, die verhältnismäßig reichlich beblättert sind. Die Blüten halten sich länger als bei jeder andern Irisart und werden sehr gern als Vasenschmuck genommen. Für unser Klima kommt nur eine Art nebst ihren Abkömmlingen in Betracht.

Íris fúlva Ker-Gawl. blüht im Juni mit kupferfarbenen Blumen, deren äußere drei Blütenblätter etwas hängen. Die inneren sind ziemlich klein und stehen aufrecht. Die Pflanzen werden gegen 70 cm hoch und haben ein Rhizom, das kriecht, aber vom Erdstamm der Bartiris verschieden ist. Schöner als die Art sind die Hybriden mit *I. brevicaulis* Rafin. (syn. *I. foliosa* Mackenz. et Bush); es sind teilweise Naturprodukte, teils Ergebnisse der Züchtung. Erwähnt sei: 'Dorothea K. Williamson' mit etwa 15 cm breiten, lebhaft purpurroten Blüten.

Bewertung, Verwendung, Anzucht: Die Art und die Sorten eignen sich zur Bepflanzung von feuchten Plätzen und auch für Becken oder Kunstteiche. Mit ihren großen Blüten in Farben, die man sonst bei Wasser- und Sumpfgewächsen seltener findet, sind sie eine schöne Bereicherung des Sortimentes von Wasserpflanzen für flachen Wasserstand. Sie sind hier auch völlig winterhart. Aber sie wünschen etwas Beschattung. Man kann sie viele Jahre an ihrem Standort wachsen lassen. Vermehrt wird durch Teilung im Frühjahr. Alle Sorten wurden vielfach zur Züchtung weiterer Fulva-Hybriden verwendet, und dies mit besten Ergebnissen.

Krankheiten und Schädlinge der Iris

Dem Befall wird am besten durch Beachtung der Standort- und Kulturhinweise vorgebeugt. Treten dennoch Schäden auf, dann müssen geeignete Bekämpfungsmaßnahmen eingeleitet werden. Fehler in der Standortwahl, bei der Pflanzung und Pflege können aber nicht durch die Anwendung chemischer Mittel ausgeglichen werden.

Bakteriennaßfäule des Wurzelstockes. Die austreibenden Blätter werden braun und vertrocknen, der dazu gehörende Kopf ist naßfaul. Die Fäulnis kann im Laufe des Sommers den übrigen Teil des Wurzelstockes der Pflanzen ergreifen, und die Exemplare sind verloren. Die breiige Masse der befallenen Rhizome trocknet zu einem weißen, muffig riechenden Mehl zusammen. Wenn man die Pflanzen ausgräbt, ist alles tot. Es gibt mehrere Erreger, welche dieses Resultat zeitigen. Die Krankheit steckt im Boden: hohe Bodenfeuchtigkeit, schattiger Standort, Kalk- und Phosphormangel, Verletzungen der Rhizome und der Wurzeln begünstigen die Entwicklung und Ausbreitung. Man kann nur indirekt bekämpfen; die Pflanzen werden ausgehoben, die angegangenen Teile entfernt und vernichtet, die gesunden läßt man zwei Tage liegen, taucht in Captan-Brühe und pflanzt in gesunde Erde; der bisherige Standort wird entseucht. Man achte auf ein ausgeglichenes Nährstoffverhältnis im Boden.

Botrytis-Trockenfäule des Wurzelstocks. Die Rhizome treiben nicht oder nur kurze Triebe, und diese sterben bald ab. Ausgegrabene Rhizome zeigen sich vermorscht. Die befallenen Pflanzen sind auszuheben und zu vernichten, gesunde umzupflanzen und dabei mit Benomylbrühe anzugießen.

Blattdürre, Blattbrand. Auf den Blättern sieht man zerstreut zunächst kleinere und auch größere, anfangs gelblich durchscheinende, später grau werdende Flekken. Sie nehmen zu und werden oft langgestreckt, in der Mitte bekommen sie einen schwärzlichen Anflug. Allmählich fließen benachbarte Flecken zusammen, ganze Blätter und das gesamte Laub wird erfaßt. Es stirbt zuletzt ab. Die Krankheit ist tödlich, denn ohne Laub gehen die Rhizome zugrunde. Nasse Witterung, zu feuchter Standort, Kalk- und Phosphormangel begünstigen die Entwicklung. Bekämpfung: bei starkem Auftreten im nächsten Jahr von Anfang Mai an mit Captan oder Zineb spritzen, denen ein Netzmittel zugesetzt werden muß; ständig alle alten Blattreste entfernen und verbrennen; Sortenresistenz ausnützen (falls möglich!); Lagen, in welchen man häufig Befall hat, vermeiden oder aufgeben; den Boden ausreichend mit Kalk und Phosphor versorgen.

Viruskrankheiten. Mosaikartige, scheckige oder streifige Verfärbungen auf den Blättern oder am Blattgrund, auch an den Blütenhüllblättern, und kürzere Blütenstengel als für die Sorte typisch. Kranke Pflanzen ausheben und vernichten, Blattläuse bekämpfen, sie sind Virusüberträger. Wichtig sind Standortwechsel, Kompostdüngung und alle sonstigen Pflegearbeiten; sie beugen Viruserkrankungen vor.

Ja

Ixiolírion · Ixialilie
Amaryllidaceae △ ○ ◐ △ ✕

Ixiolirion bedeutet Ixialilie und ist keine besonders glückliche Bezeichnung. Die Gattung umfaßt ein oder zwei sehr variable Arten, deren Status umstritten ist. Daher gibt es nomenklatorisch verschiedene Ansichten. Ixia sind wunderhübsche Zwiebelgewächse aus dem Kapland und Angehörige der Familie der Iridaceae; Ixiolirion ähneln ihnen, gehören aber zu den Amaryllisgewächsen, Ixiolirion haben länglich-eiförmige Zwiebeln, die bis 3 cm breit werden und einen bis 7 cm langen Hals aufweisen. Ihre Blätter sind schmal, die untersten bis 25 cm lang, die folgenden werden kürzer. Auf dünnen, bis 50 cm langen, aufrechten Stielen erscheinen in 4- bis 6blütigen Scheindolden lebhaft blauviolette, annähernd trichterförmige Blumen.

Ixiolírion tatáricum (Pall.) Herb. (syn. I. montanum) (Labill.) Herb. stammt aus dem Orient und kommt auch im Süden der UdSSR vor. Die Pflanzen blühen im Frühling und ziehen später ein. Ihre Blumen werden bis 4 cm lang und haben zurückgekrümmte Zipfel.

Bewertung, Verwendung, Anzucht: Diese Art wird man leider selten finden. Die Pflanzen wachsen leicht und stellen nur geringe Ansprüche. Sie wünschen sonnigen, warmen Standort und humusreichen, recht durchlässigen Boden. Wenn man tief genug legt – etwa 10 cm – sind sie auch völlig winterhart. Man lege im Herbst an geeignete Plätze im Steingarten oder auf der Trockenmauer in kleinen Horsten. Locker wachsende Polsterstauden eignen sich als Überwuchs. Vermehrt wird aus Samen. Man sät bald nach der Ernte im Sommer auf ein geschütztes, gut drainiertes Saatbeet in Rillen, verstopft einmal und hat im zweiten Herbst bereits blühfähige Zwiebeln. Erwähnt sei, daß die Blüten sich abgeschnitten gut halten und wegen ihrer intensiv blauen Farbe auch gern gekauft werden.

J

Jasióne · Sandglöckchen
Campanulaceae ⚘ ○ ◐ △ ♡

Im Namen steckt das griechische Wort iasis = Heilung; bei Theophrast heißt eine heilkräftige Pflanze jasione, aber wir wissen nicht genau, welche er damit meinte. Es sind zweijährige oder ausdauernde Kräuter, die im Aussehen an eine Skabiose erinnern. Die Blumen haben 5 schmale Blütenblätter, welche sternförmig zur Seite ragen; sie bleiben klein und stehen in kugeligen, von Hüllblättern umgebenen Köpfchen beisammen. Die Gattung umfaßt 5 Arten, die sämtlich in Europa auftreten.

Jasióne laévis Lam. (syn. J. perennis Lam.) hat einen ausläufertreibenden Wurzelstock, die Ausläufer bilden überwinternde Blattrosetten, manchmal bringen sie auch Blütenstiele. Die Pflanzen werden 20 bis reichlich 50 cm hoch, wachsen in der Natur an sandigen Plätzen, teils im lichten Walde, teils auf Hängen und auch in der Heide. Sie blühen mit aufrechten, in der unteren Hälfte beblätterten Stengeln, welche wie alle Teile der Pflanzen zerstreut stehende lange Haare aufweisen. Die Blumen erscheinen im Sommer und werden kornblumenblau, die Krone ist etwa 15 mm lang, die Griffel ragen weit heraus.

Jovibárba heuffélii

Bewertung, Verwendung, Anzucht: Jasione wirken gut, wenn sie in kleinen Horsten oder Kolonien in Teppichen von Thymus stehen, zu welchen sie auch standortmäßig passen. Man verwendet sie im Steingarten, für Staudenteppiche und im Wildstauden- und Heidegarten, dort auch in Kolonien, die von Festuca durchsetzt sind. Sie haben außerdem wegen ihrer späten Blütezeit Wert. Die Pflanzen wollen trockenen, sonnigen, sandigen Standort und können alt werden. Man vermehrt durch Aufzucht der Ausläuferrosetten, die im Frühling zu mehreren in 7-cm-Töpfe gedreht werden. Bis zum Herbst sind die Bestände verkaufsstark.

Jovibárba · Donarsbart
Crassulaceae ♃ ○ ◐ △ ∥ ♡

Diese Gattung mit 5 Arten ist vor einigen Jahren von *Sempervivum* abgetrennt und für selbständig erklärt worden. Sie wurde schon 1852 von Philipp Maximilian Opitz (1787–1858) begründet, einem Prager Forstbeamten und Botaniker, fand aber lange Zeit nicht die allgemeine Anerkennung der Botaniker, weil Opitz den Namen nicht mit der erforderlichen Beschreibung veröffentlicht hatte. Die Wurzelsprosse bildende Art *Jovibarba sobolifera* ist in Ost- und Mitteleuropa heimisch, sie kommt z. B. im Bayrischen Wald, in der Rhön und in Kiefernwäldern nördlich Berlins vor. Sie ist für den Steingarten geeignet. Schöner ist **Jovibárba heuffélii** (Schott) Á. et D. Löwe (Sempervivum heuffelii Schott, Diopogon heuffelii (Schott) H. Huber) aus Südosteuropa und Kleinasien. Sie hat etwa 10 cm breite grüne Rosetten mit rotbraunen Spitzen, keine Ausläufer. Die Blätter sind etwa 5 cm lang und auffällig zugespitzt. Die Blüten stehen auf etwa 20 cm hohen Schäften in glockigen Sträußen, hellgelb im August, später als die heimische Art.

Bewertung, Verwendung, Anzucht: Wie Sempervivum und mit diesem zusammen verwenden. *J. heuffelii* bildet keine Ausläuferrosetten, sondern teilt sich nach dem Flor in 2 bis 3 neue Pflanzen.

K

Kirengeshóma · Wachsglocke
Saxifragaceae ♃ ◐ ○ ♡

Im Namen stecken die japanischen Wörter ki = gelb und rengeshoma = der japanische Name von Anemonopsis macrophylla; sie beziehen sich darauf, daß die Pflanzen in der Tracht etwas an Hahnenfußgewächse erinnern und gelbe Blumen bekommen. Es gibt nur eine Art, die in Japan auf Berghängen wächst.
Kirengeshóma palmáta Yatabe ist eine 60 bis 100 cm hohe Staude mit aufrechten, kahlen, zahlreichen Stengeln, die sich kaum teilen. Das Laub wird 10 bis 12 cm breit, ist beiderseits fein behaart und erinnert etwas an die Blätter des Ahorns: im Umriß rundlich-herzförmig, sieben- bis zehnlappig, die Lappen in Spitzen auslaufend und leicht gezähnt. Sie sitzen gegenständig und auf langen Stielen an den Trieben, etwa mit 15 bis 18 cm Abstand. Im August/September erscheinen endständig gehäuft, weiter unten locker stehend, etwa 4 cm lange, glockenförmige Blüten mit sternförmig gespreizten Zipfeln. Sie werden gelb und wirken, als seien sie mit Wachs überzogen. Samen wird bei uns wegen der späten Blütezeit nur ausnahmsweise angesetzt und selten reif.

Bewertung, Verwendung, Anzucht: Kirengeshoma sind gut brauchbare, recht dekorative Stauden für halbschattige Plätze mit frischem, humusreichem Boden. Wenn sie nicht zu trocken stehen, werden sie stattlich, wachsen in die Breite und können viele Jahre an ihrem Platz bleiben. Sie dürfen auch ziemlich sonnig gesetzt werden, aber dann muß der Boden besonders tiefgründig, humus- und nährstoffreich und feucht sein. Man kann im Frühjahr teilen und kultiviert gern in Töpfen. Passende Nachbarn sind Astilben, *Campanula latifolia* und Bodenteppiche von *Tiarella*. Es dauert am endgültigen Standort zwei Jahre und länger, ehe die Exemplare anfangen, ansehnlich zu werden.

Kniphófia · Fackellilie
Liliaceae ♃ ○ ◐ ◑ × ○ ∧

Die Pflanzen wurden zu Ehren von Joh. Jeremias Kniphof (1704–1765) benannt, einem Professor für Botanik in Erfurt, der kurz vor seinem Tode ein großartiges, zwölfbändiges Herbarium mit mehr als 1200 Pflanzenbildern herausgab. Die Bilder waren „Naturdrucke", d. h. Pflanzen wurden getrocknet, die Ränder

Kirengeshóma palmáta

Kniphófia uvária

geschwärzt und dann auf Papier nachgedruckt, einige später mit der Hand koloriert. Die Gattung umfaßt gegen 70 Arten, welche in Südafrika, im tropischen Mittelafrika und auf Madagaskar vorkommen. Es sind Stauden mit einem kurzen Erdstamm, von dem zahlreiche fleischige, lange Büschelwurzeln ausgehen. Sie haben einen Schopf grundständiger, langer, schmaler, steifer Blätter und bringen auf einem hohen, starken Schaft eine endständige Traube oder Ähre röhriger, hängender Blüten in Rot und Gelb und nahestehenden Farben. Die Benennung ist etwas verworren; früher hieß die Gattung *Tritoma*. Die erste Fackellilie wurde 1707 aus dem Kaplande eingeführt, und man hielt die Pflanzen in Gewächshäusern. Erst als man 1848 Exemplare der neu angekommenen *K. uvaria* im Kew-Garden ins Freie pflanzte, zeigte sich, daß diese Südafrikaner bei uns auch im Garten stehen können und einige Arten ziemlich winterhart sind. Um 1930 wurde eine bis dahin unbekannte, recht zierliche, reizende Art eingeführt: *K. galpinii*. In Gärten findet man heute meistens nur Hybriden.

Kniphófia-Hybriden ist der Sammelname für die Züchtungen, die meistens Hybriden sind. Die Pflanzen haben graugrüne, aufrechte, rinnige, manchmal am Rande gezähnte, stattliche Blätter, die eine große Rosette bilden. Sie blühen auf mächtigen, bis 150 cm hohen Schäften und haben bis 25 cm lange Blütenähren. Der Flor beginnt Ende Juli und kann bis in den September hinein anhalten. Die Züchtung ist noch immer rege, hauptsächlich in England und Holland. Bewährte Sorten sind: 'Bernocks Triumph' – nur 60 cm hoch, Blüten tieforange; 'Cardinal' – sehr lange, glühend rote Kolben, 120 cm hoch werdend; 'Feuerflamme' – feurig orangerot, 100 cm hoch; 'Golden Scepter' – klargelbe, lange Kolben, reichblühend und ziemlich winterhart; 'Royal Standard' – ältere, noch immer wertvolle Sorte, Kolben mittelgroß, gelb und scharlach, sehr reichblühend, etwa 100 cm hoch, 'Goldelse', zitronengelb, 80 cm, und manche neuere.

Kniphófia uvária (L.) Hook. (syn. *K. alooides* Moench) wird bis 120 cm hoch, hat steife, graugrüne, etwa 25 mm breite, gekielte Blätter, die manchmal fein gezähnt sind, aber auch glatte Ränder haben. Die Blumen stehen auf starken Schäften in einer bis 20 cm langen, dichten, zylindrischen oder länglich-ovalen Traube. Sie sind orangerot, anfangs kräftiger im Ton und etwas gespreizt stehend, später hängen sie, werden nach der Spitze zu kleiner und vergrünen dort manchmal leicht. Die Pflanzen blühen vom Hochsommer bis zum Herbst. In der Kultur entstand die cv. 'Express', mit großen Kolben, sehr wüchsig, bei zeitiger Aussaat noch im gleichen Jahr blühend und wie die Art sehr winterhart.

Bewertung, Verwendung, Anzucht: Die Fackellilien sind mit ihren etwas exotisch anmutenden Blütenkolben und dem Schopf der ebenfalls fremdartig wirkenden Blätter recht wirkungsvolle Pflanzen. Man nimmt sie für Staudenrabatten, setzt sie in Gruppen zwischen niedrige Teppichstauden, wo sie dominieren, oder bringt sie in die Nähe künstlicher Wasserbecken, in denen sie sich spiegeln. Es sind aber keine Wasserpflanzen, und stehende Nässe im Winter ist selbst bei den härtesten Sorten und Arten verderblich! Ein Fehler ist, daß die verblühten Blumen am untern Ende der Kolben rasch graubraun werden und nicht abfallen... eine Aufgabe für den Züchter. Die stattlich werdenden Sorten und Hybriden wollen einen humusreichen, kräftigen, mit guter Mistbeet- oder Komposterde verbesserten, aber recht durchlässigen Boden und sonnigen, warmen Standort. Bei starker Trockenheit muß man wässern, denn in vollem Trieb stehende oder reich blühende Bestände verbrauchen viel Feuchtigkeit. Auch Dunggüsse sind angebracht, aber nur bis Mitte August. Über Winter sollen alle eine starke Decke von trockenem Laub erhalten, das nicht zu dicht liegen darf und das man mit einem Stück Folie vor Nässe schützt. Man schneide die Kniphofien aber nicht zurück. Früher waren die Sorten empfindlicher und gingen in härteren Wintern zugrunde; heute sind sie härter. Schlimmer als der Frost ist zuviel Nässe. Man soll den Standort daher so wählen, daß Wasser sich nicht sammelt, sondern abläuft. Die Bestände fangen erst im zweiten Jahre an zu wirken, wenn sie sich stärker bestockt haben. Nach vier bis sechs Jahren wird es nötig sein, sie umzupflanzen, weil der Boden verbraucht ist. Man merkt das am Nachlassen des Flors. Wenige hoch wachsende Hybriden, vor allem solche mit schlanken Blütentrauben, sind als Schnittblumen beliebt, die Pflanzen bringen auch genügend Stiele. Vermehrt wird bei den Arten aus Samen. Aussaat so früh als möglich, in einem gepackten Kasten oder im warmen Haus, dann verstopfen und schließlich auf ein besonders geschützt gelegenes Anzuchtbeet auspflanzen... im Winter gut schützen! Die Sorten lassen sich nur durch Teilung vermehren. Man braucht dazu etwa zweijährige Mutterpflanzen, jüngere sind zu wenig ergiebig. Man kann

Ko

Kóchia scopária 'Trichophylla'

Koeléria gláuca

je Mutterpflanze mit 4 bis 7 wüchsigen Kindeln rechnen. Für große Anzuchten sind also ansehnliche Mutterpflanzenbestände nötig. Man teile vorsichtig und nicht zu früh: Die Nebentriebe müssen bereits wenigstens 5 cm lange Wurzeln getrieben haben, und an der Basis soll ein Stück des Erdstammes stehenbleiben. Die jungen Pflanzen werden bis zum Herbst verkaufsstark. Man pflanze fest, schone aber die Wurzeln, ihr Verlust hemmt die Entwicklung stark. Weil Kniphofien nicht völlig winterhart sind, sollen sie nur im Frühjahr verkauft werden.

Kóchia · Kochie
Chenopodiaceae ☉ ○ ♡

Die Pflanzen erhielten ihren Namen zur Erinnerung an Wilhelm D. Koch (1771–1849), der Professor für Botanik in Erlangen war. Es sind kleine Sträucher oder am Grunde verholzende, sich reichlich verzweigende Kräuter mit schmalen, wechselständig sitzenden Blättern und unscheinbaren, in den Blattachseln steckenden Blüten. Die Gattung umfaßt gegen 80 Arten, von welchen die meisten in Australien, die übrigen in Süd- und Nordafrika, im Westen Asiens und in Süd- bis Mitteleuropa auftreten.

Kóchia scopária (L.) Schrad., Besen-Radmelde, kommt in Südosteuropa, Vorder- und Mittelasien und sonst noch in der Welt häufig vor. Die Art selbst ist nicht in Kultur, sondern nur die Sorten 'Childsii' und 'Trichophylla'. Beide werden bis 1 m hohe, im Umriß ovale, dichte Büsche. 'Trichophylla' verfärbt sich im Herbst und wird karminrot; 'Childsii' bleibt grün. Beide heißen auf deutsch Sommerzypresse, und sie wurden bereits 1629 aus Südeuropa nach England eingeführt. Sowohl Parkinson als auch John Evelyn und Sir Thomas Hanmer, bedeutende englische Botaniker des 17. Jahrhunderts, preisen die Pflanzen.

Bewertung, Verwendung, Anzucht: Kochien kann man häufig in den öffentlichen Anlagen größerer Städte sehen, wo sie als Einsprengsel zwischen Sommerblumen stehen. Sie können Farben trennen oder verbinden, die Flächen modellieren oder die Dimension Höhe repräsentieren. Man darf sie aber nur sparsam verwenden, denn mit ihrer regelmäßig ovalen Gestalt stehen sie zum Habitus vieler Pflanzen im Widerspruch. Man kann sie ferner als einjährige Hecke pflanzen, Abstand etwa 30 cm, und auch wie eine Hecke scheren. Ausgewachsene Exemplare lassen sich in Töpfe setzen oder zusammen mit geeigneten blühenden Pflanzen für breite Schalen nehmen, die man auf dem Sitzplatz oder im Hof aufstellt. Man sät in der ersten Aprilhälfte in ein Frühbeet oder in Handkästen, pikiert dann in kleine Töpfe und pflanzt nach Mitte Mai an den vorgesehenen Platz. Nach dem Auflaufen wässere man sehr vorsichtig, denn Kochien stürzen sofort, wenn sie zu naß gehalten werden. Es dauert bis mindestens Mitte Juli, ehe sie anfangen hervorzutreten. Sie wünschen ständig volle Sonne und sind mit jedem normalen Boden zufrieden.

Koeléria · Schillergras
Gramineae ♃ ○ ◐ ♡

Die Gattung wurde nach dem Mainzer Botaniker G. L. Koeler (1765–1807) benannt. Es sind ein- oder mehrjährige Gräser, deren Blüten in ährenförmigen Rispen stehen. Die Gattung umfaßt gegen 60 Arten, welche in den gemäßigten Zonen unserer Erde vorkommen.

Koeléria gláuca (Spreng.) DC. (syn. Poa glauca Schkuhr non Vahl) tritt von Europa bis nach Westindien auf, hat schmale, blaugrüne Blätter, die sich nach oben verbreitern. Die Pflanzen bilden feste, blau wirkende Polster und blühen im Juni in kleinen Ährchen auf Stengeln, welche bis 50 cm hoch werden.

Bewertung, Verwendung, Anzucht: Dieses Gras wirkt durch seine blaugrünen Polster und auch durch die Blüten. Man sollte diese aber nach dem Flor herunterschneiden. Nötig ist sonniger, trockener Standort und normaler bis sandiger Gartenboden. Man kann das Gras für Heidegärten verwenden, wo man es in Mengen als Bodenteppich pflanzt oder einzeln in die Nachbarschaft von Ginster, zwischen Heidearten oder in Flächen von niedrigen Stauden setzt. Vermehrt wird durch Teilung im Frühjahr und aus Samen. Die Bestände sind innerhalb einer Vegetationsperiode verkaufsstark.

L

Lagúrus · Hasenschwanzgras, Sammetgras
Gramineae ☉ ○ ◐ ◑ ♡ ✕

Im Namen stecken die griechischen Wörter lagos = Hase und oura = Schwanz; sie beziehen sich darauf, daß der Blütenstand – eine kopfige, eiförmige bis länglich-ovale Scheinähre mit langen, sehr weichen Haaren an den Hüllspelzen – in seiner Form und durch die weichen Haare an ein Hasenschwänzchen erinnert. Die Gattung hat nur eine Art, die im Mittelmeerraum wild auftritt.

Lagúrus ovátus L. ist ein- und zweijährig und wird 30 bis 40 cm hoch. Die Blätter sind schmal und bilden nicht sehr dichte Polster. Der Flor beginnt je nach der Aussaat im Mai oder erst im Juli. Das Hasenschwanzgras wurde bereits im 16. Jahrhundert als Gartengewächs verwendet.

Lagúrus ovátus   Lamárckia aúrea

Bewertung, Verwendung, Anzucht: Man kann dieses Gras horstweise oder verteilt zwischen Gladiolen und Montbretien setzen und auch in bunte Blumenbeete einstreuen, ferner in größeren oder kleineren Mengen für Wildstaudengärten nehmen. Es wird gegen Ende März bis Mitte April in ein gepacktes Frühbeet gesät, dann sobald als möglich in kleinen Büscheln in Handkästen oder Töpfchen verstopft und schließlich an den vorgesehenen Platz mit etwa 20 cm Abstand ausgepflanzt. Man kann auch bis Ende April sofort ins Freie an den gewünschten Standort säen und muß ausdünnen. Die Bestände fangen im Juli an zu blühen, manchmal überwintern sie sogar, doch kann man damit nicht sicher rechnen. Ferner kann man gegen Ende August säen, dann in Handkästen oder Töpfe pikieren. Diese müssen aber frostfrei und hell überwintern, und schließlich pflanzt man ab Mitte April aus. Solche Bestände werden sehr kräftig und blühen ab Mai reich. Die Blüten lassen sich schneiden und trocknen und können als zierlicher Vasenschmuck oder in der Trockenbinderei verwendet werden.

Lamárckia · Lamarckgras
Gramineae ☉ ○ ◐ ◑ ∥ ♡

Dieses Gras erhielt seinen Namen nach J. B. Antoine de Lamarck (1744–1829), einem französischen Naturforscher, der eine nach ihm Lamarckismus benannte Abstammungslehre aufstellte. Sie behauptete, daß Eigenschaften oder Fähigkeiten, die durch den Gebrauch erworben wurden, sich vererben und Allgemeingut der Nachkommen werden, wobei neue Arten entstehen. Lamarck erkannte nicht die eigentlichen Ursachen der Evolution, dennoch hat seine Theorie historische Bedeutung. Zur Gattung gehört nur eine Art.

Lamárckia aúrea (L.) Moench kommt aus dem Mittelmeerraum und ist ein einjähriges, bis 30 cm hohes Gras. Die Blätter bilden kleine Horste und sind flach. Die Blüten stehen in einer zierlichen, einseitswendigen Rispe, die Ähren sind dicht gedrängt, nickend, der ganze Blütenstand ist grün- bis goldgelb und hat einen violetten, seidigen Schimmer. Die Pflanzen blühen im Sommer.

Bewertung, Verwendung, Anzucht: Es ist ein niedriges, zierliches Gras, das man zu Einfassungen, als Unterpflanzung unter Rosen oder zwischen Sommerblumen verwenden kann, wo man eine grüne Unterbrechung, einen grünen Ruhepunkt braucht. Die Pflanzen wünschen sonnigen Standort und nicht zu schweren, etwas trockenen Boden. Man kann ab Mitte April bis Anfang Mai an den vorgesehenen Platz aussäen und muß dann auf 12 bis 15 cm Abstand ausdünnen. Man kann aber auch zunächst in ein lauwarmes oder kaltes Frühbeet säen und dann auspflanzen.

La

Galeóbdolon lúteum

Das soll so bald als möglich geschehen, denn Gräser vertragen das Umsetzen nur als junge Pflänzchen.

Lamiástrum → **Lámium**

Lámium · Taubnessel
Labiatae ♃ ◐ ● ◓ ♡ ♡ ○

Lamium hießen die Pflanzen bereits bei den Botanikern der Antike. In ihrem Namen steckt das griechische laimos oder lamos = Schlund, Rachen; es bezieht sich auf die rachenförmige Gestalt der Blüten. Bis zu Linné wurden Lamium-Arten häufig als Galeopsis oder Galiopsis geführt. Es sind einjährige oder ausdauernde Kräuter, von welchen einzelne bockartig stinken. Sie wachsen aufrecht und auch niederliegend, haben ei-, herz- oder nierenförmige, meistens gestielte, gekerbte oder gezähnte, dünne Blätter, und ihre Blüten erscheinen in Scheinquirlen. Die Gattung umfaßt gegen 40 Arten, welche in vielen Teilen Europas, in Nordafrika und im außertropischen Asien auftreten. *Lamium album* war neben der Brennessel schon im Altertum eine offizinelle Art. Nach dem Hortus sanitatis (1485) dient sie zum Gelbfärben der Haare, und die in Wein gesottene Wurzel „benimmt den Stein in den Lenden", hilft also gegen Nierensteine. Der seinerzeit hochberühmte Schweizer Kräuterpfarrer J. Künzle hebt die kühlende Kraft von Aufgüssen hervor und ihre große Wirkung bei Harnverhaltung. Moderne Ärzte schätzen die Weiße Taubnessel als gutes Mittel bei Entzündungen der Schleimhäute und als Frauenmittel. Eine aus den Blüten hergestellte Tinktur ergibt ein ungiftiges Schlaf- und Beruhigungsmittel. *L. álbum* ist bei uns als Unkraut auf allen möglichen Plätzen anzutreffen und sieht in voller Blüte gut aus.
Lámium galeóbdolon (L.) L., jetzt **Galeóbdolon lúteum** Huds. (syn. Lamiastrum galeobdolon [L.] Ehrend. et Polatsch.), wird gegen 20 cm hoch und hat auf dem Boden hinlaufende, wurzelschlagende Sprosse mit kantigen Stengeln. Die Blumen erscheinen in den Blattachseln im April/Mai und stehen in Scheinquirlen, Farbe gelb, daher heißt die Art auch Goldnessel. Für den Garten kommt cv. 'Florentinum' in Betracht. Sie hat eine schöne Silberzeichnung auf den Blättern, die übrigens meistens wintergrün bleiben.
Lámium maculátum L. wächst ebenfalls kriechend-niederliegend, hat rötlich angelaufene Stengel und gegenständig sitzende, ebenfalls wintergrüne, eiförmig-zugespitzte Blätter. Diese bekommen bei 'Argenteum' weiße Flecken. 'Roseum' ist eine Sorte mit rosa Blüten, die sehr schön wirken.

Bewertung, Verwendung, Anzucht: Beide sind ausgezeichnete Stauden zum Bekleiden des Bodens an halb- und auch tiefschattigen Plätzen. Sie wachsen selbst unter Bäumen und sind, wenn sie sich einmal eingenistet haben, unverwüstlich. Sie wünschen lockeren Boden, der aus Lauberde und Lehm oder Rasenerde bestehen soll... reine Lauberde ist nicht günstig. Auch soll der Boden frisch sein und nicht zu trocken. Es gibt in den Gärten und Parken unzählige Plätze, wo diese beiden Taubnesselarten gut gedeihen und schmücken würden... man muß sie nur ansiedeln! Leider wird der Schatten in Garten und Park recht vernachlässigt, obwohl er uns im Sommer so willkommen ist! Zuweilen bleiben die Exemplare nicht an dem Platz, wohin man sie gepflanzt hat, sondern wandern. Vermehrt durch Teilung oder Ausläufer. Für den Versand ist es angebracht, diese im Sommer in Töpfe zu pflanzen. Bis zum Herbst bilden sie einen festen Ballen, und man kann sie versenden.

Lantána · Wandelröschen
Verbenaceae ☉ ○ ◐ ○

Der Name ist wahrscheinlich von Viburnum lantana L. übernommen, weil die Zweige einiger Arten so biegsam sind wie bei dieser Schneeball-Spezies; Lantana dürfte also vom lateinischen lentare = biegen herkommen. Es sind verschieden hohe Sträucher mit gegenständig oder zu dreien stehenden Blättern. Ihre Blüten bleiben zwar klein, stehen aber in dichten, vielblumigen Köpfen beisammen und haben leuchtende Farben. Eigentümlich ist, daß die Blumen z. B. orangerot aufblühen, später gelb und zuletzt manchmal tiefkarmin werden... daher der Name Wandelröschen. Die Gattung umfaßt gegen 150 Arten, welche vor allem in Südamerika auftreten. Einzelne kommen in Afrika und Ostasien vor. Sie wachsen in tropischen bis subtropischen Strichen, sind bei uns nicht winterhart.
Lantána cámara L., die reine Art, wird nicht mehr kultiviert, sondern nur noch die **Camara-Hybriden.** Diese blühen reicher und wachsen gedrungener. Die Pflanzen haben holzige, vierkantige Zweige, eirund-längliche Blätter, am Rande gekerbt bis gesägt, frischgrün, manchmal stellenweise behaart und im ganzen runzelig. Die Blumen stehen in kopfigen Ähren, die sich im Verlaufe des Flors strecken. Im vorigen Jahrhundert und noch im Anfang des jetzigen entstanden zahlreiche Sorten. Die Wandelröschen waren sehr beliebt und häufig zu sehen. Dann wandte man sich andern Pflanzen zu, neuerdings jedoch hat man sie wieder aufgegriffen, und Lantana gehören jetzt zu den unentbehrlichen Arten für die Beete in großen Gärten und öffentlichen Anlagen. Von den alten Sorten werden folgende jetzt wieder vermehrt: 'Arlequin' –

niedrige Böschung ist neben der Treppe mit Gräsern, Blatt- und Blütenstauden bepflanzt. Der *Miscanthus floridulus* bildet eine Kulisse, vor der rote *Lilium davidii* var. *willmottiae*, *Hemerocallis* und im Vordergrund *Peltiphyllum peltatum* stehen, eine Staude, Blattrundschilde sich gleichsam gegen das überhängende geschmeidige, klingenähnliche Laub der Gräser und Taglilien erheben.

Lilium martagon

Lilium martagon 'Album'

Lilium-Hybride 'Festivalflamme'

Lilium-Hybride 'Red Bird'

Lilium regale

Lilium-Tigrinum-Hybride

Türkenbund- und Feuerlilie, *Lilium martagon* und *L. bulbiferum*, sind heimische Pflanzen und altes Gartengut. *Lilium speciosum* wu erst 1829 aus Japan, *L. pardalinum* 1848 aus Nordamerika nach Europa eingeführt, *L. henryi* folgte 1889, *L. regale* gar erst 1903, be

Lilium pardalinum

Lilium-Hybride 'Golden Splendour'

Lilium bulbiferum

Lilium-Hybride 'Black Beauty'

Lilium henryi

Lilium speciosum

China. Heute sind es Hybriden und Sorten, die den Lilienschatz vermehren, und viele übertreffen ihre Eltern an Wuchskraft und Schönheit. Manche wachsen leicht, andere machen Schwierigkeiten. Man halte sich an die Empfehlungen der Sortenprüfstellen.

'Pink Damask'

'Atlas'

'Prärie Charmer'

'Rote Flamme' (Crimson Pirate)

Die seit etwa 400 Jahren in Gartenkultur stehenden, aber wenig befriedigenden *Hemerocallis*-Arten, vor allem die braunrote *H. fulva* u die gelbe *H. lilio-asphodelus,* sind im Verlauf der letzten Jahrzehnte durch Hybriden und Sorten ersetzt worden, die reicher blühen u

'Bess Ross'

'Stern von Rio'

'Knighthood'

'Frans Hals'

ein Farbenspiel zeigen, das Hemerocallis zu einer den Bartiris und Lilien vergleichbaren Blütenstaude werden ließ. Es gibt sehr viele ausländische, vornehmlich amerikanische Sorten, die meisten bestocken sich nur schwach.

Dimorphotheca 'Tetra Goliath'

Dorotheanthus bellidiformis

Salvia splendens 'Feuerzauber'

Matthiola incana, Stangenlevkoje 'Quedlinburger Allgefüllte'

Callistephus chinensis, Prinzeßaster 'Erfordia'

Nemesia-Hybriden 'Triumph-Mischung'

Sommerblumen, ein- und zweijährige, sind ein vielseitiger Werkstoff für die Gestaltung schöner Gärten. So lassen sich mit ihnen leicht und alljährlich neue Farbkompositionen, etwa auf wegbegleitenden Beeten erreichen, sogar in der Farbe wechselnde Blumenwiesen säen.

Celosia argentea var. cristata

Dianthus chinensis, Kaisernelke

Tropaeolum majus, rankend

Clarkia pulchella

Eschscholzia californica

Malope trifida

Manche eignen sich für die Terrasse, für Gefäße, Kästen, Mooswände, als Bodendecke, einige klettern, und viele sind als Schnittblumen wertvoll. Alle brauchen einen sonnigen Standort und Wärme, und Wasser darf nicht fehlen.

Campanula medium

Calendula officinalis 'Pacific Schönheit Tieforange'

Helianthus debilis 'Herbstschönheit'

Papaver rhoeas, Mischung

Viola-Wittrockiana-Hybride 'Erfurter Frühblühende Riesen'

Dianthus barbatus, Mischung

Beim Zusammenstellen von Sommerblumen sind dem Zweck der Pflanzung entsprechend die Wuchsmerkmale, vor allem die Wuchshöhe, die Laub- und Blütenfarbe, ihre Intensität sowie die Blütezeit und die Blühdauer zu beachten.

dunkelrosa mit Gelb; 'Fabiola' – lachsrosa mit Gelb; 'Professor Raoux' – scharlach mit Orange und später gelb; 'Schloß Ortenburg' – ziegelrot mit Lachs bis Gelb; und die einfarbigen 'Goldsonne' – rein zitronengelb und 'Naïde' – weiß mit gelbem Auge.

Bewertung, Verwendung, Anzucht: Lantanen sind wie Heliotropium, Pelargonien und Ageratum sogenannte Krautartige, wie die Gärtner alle jene Zierpflanzen nennen, die in ihrer Heimat ausdauern, denen aber unser Winter viel zu kalt ist, so daß sie unter Glas kultiviert werden. Nach Mitte Mai pflanzt man sie auf Beete, in Blumenkästen, auf Gräber und in Schalen, die man im Garten aufstellt. Bei einigen wird nur durch Stecklinge vermehrt, aus Samen bloß zur Erzielung neuer Sorten; bei andern zieht man sowohl aus Samen heran als auch durch Stecklinge. Das ist auch bei Lantanen so: Bei Anzucht aus Samen bekommt man weder im Wuchs noch in den Farben einheitlich wirkende Bestände, braucht aber keine Pflanzen zu überwintern. Will man mit Sorten, die gleichmäßige Bestände ergeben, arbeiten, muß man sich zuerst Mutterpflanzen beschaffen und diese alljährlich überwintern... je nach dem Bedarf an fertigen Pflanzen im Sommer in größeren oder kleinen Mengen. Die Anzucht selbst ist bei beiden Verfahren ungefähr gleich. Man sät im Februar aus oder beginnt um diese Zeit, die ersten Stecklinge zu stecken. Die Mutterpflanzen sollen ab Anfang Januar in ein Haus mit mittlerer Wärme zum Antreiben geräumt werden. Stecklinge und Sämlinge brauchen zum Bewurzeln oder zum flotten Wachstum etwas Unterwärme. Sämlinge pikiere man zunächst; sind sie genügend groß, kommen sie wie Stecklinge in kleine Töpfe, dann topft man in 10er-Töpfe um in eine Mischung von Kompost-, etwas Laub-, Mistbeeterde und Sand, räumt sobald als möglich auf einen gepackten Kasten und läßt dort heranwachsen. Es ist unbedingt nötig, mehrmals zu stutzen, damit man buschige, in die Breite gehende Exemplare bekommt. Nach Mitte Mai kann man an den endgültigen Standort setzen. Dieser soll in voller Sonne liegen, als Erde ist jeder normale Gartenboden recht. Im Laufe des Sommers sollte man einige Male düngen, damit der Flor nicht nachläßt. Wie von Fuchsien und Heliotrop kann man auch von Lantanen Hochstämmchen heranziehen.

Lasthénia · Lasthenie
Compositae ⊙ ○ ◐ ◑ △ ∥

Dieser Gattung hat Comte Alexandre Henri Gabriel de Cassini (1781–1832), französischer Botaniker und Jurist in Paris, der sich besonders der Familie *Compositae* widmete, den Namen gegeben. Wohl wegen des für die Arten dieser Gattung typischen hochgeschlossenen Hüllkelches wählte er den Namen der Lasthenia, eines griechischen Mädchens, das die Philosophenschule des Platon (gegründet etwa 387 v. u. Z.) in ein ihr Geschlecht verbergendes Männergewand gehüllt besuchte, was natürlich nicht unentdeckt blieb. Lasthenia demonstrierte für gleiche Erziehung und Ausbildung der Jungen und Mädchen. Platon geht in seinem „Staat" auf die Frauenfrage ein. Zur Gattung gehören nur wenige Arten, deren Hauptverbreitungsgebiet Kalifornien ist. Es sind zierliche Annuelle oder kurzlebige Stauden.

Lasthénia chrysóstoma (Fisch. et Mey.) Greene (syn. Baeria chrysostoma Fisch. et Mey.), in Kalifornien „Goldfields" genannt, bildet reichlich sich verzweigende Büsche von etwa 30 cm Höhe. Stiele und Blätter sind fein behaart. Die Blumen werden gegen 2 cm breit und intensiv goldgelb, sie sitzen endständig an den Trieben und brechen auch aus den oberen Blattachseln hervor.

Bewertung, Verwendung, Anzucht: Gelbblühende Korbblütler gibt es eine lange Reihe, dennoch ist diese Annuelle wert, mehr verwendet zu werden als bisher. Die Kultur ist einfach, und die Pflanzen sind zierlicher als viele andere gelbblühende Kompositen. Man kann sie als gelbe Tupfen oder Flecken in bunte Rabatten setzen, auch in größere Flächen von blau, lila oder weiß blühenden Sommerblumen. Umgekehrt kann man die Art für große Flächen nehmen, und man streut *Cleome, Cosmos,* Dahlien und andere in Tracht und Farbe gut abweichende Pflanzen ein. Der Standort muß sonnig und warm sein, der Boden durchlässig und nicht zu nährstoffreich. Man kann im April an Ort und Stelle säen oder ins Frühbeet und aus diesem später auspflanzen.

Láthyrus · Platterbse, Wicke
Leguminosae ⊙ ♃ ○ ◐ ◑ ✕

Lathyrus ist bei Theophrast der Name einer Hülsenfrucht, aber man weiß nicht, welche er im Sinne hatte. Das Wort soll aus der griechischen Vorsilbe la = sehr und thuros = reizend zusammengesetzt sein und auf die Verwendung von *L. sativus* oder *L. cicera* als Liebesmittel anspielen. Es sind ein- und mehrjährige Kräuter, letztere haben häufig starke Rhizome und auch Wurzelknollen. Die meisten klettern mit Hilfe von Blattstielranken. Die Blätter sind paarig gefiedert, die Blumen werden mittelgroß bis groß und stehen in langgestielten, einseitigen Trauben beisammen, ihre Zahl schwankt von 3 bis 30. Die Gattung umfaßt gegen 100 Arten, welche auf der nördlichen Halbkugel und in Südamerika auftreten. Ein Hauptverbreitungsareal ist der Mittelmeerraum, einige Arten gehen aber weiter nach Norden als alle andern Leguminosen.

⊙ **Láthyrus odorátus** L., die Wohlriechende Wicke, ist die Wicke der Gärten und der Schnittblumenbetriebe. Es sind allgemein bekannte, weitverbreitete Einjahrsblumen, die sich an Gittern, Drähten, Maschendraht, Fäden oder Reisern hochranken und in den verschiedensten Farben blühen. Obwohl die Züchtung erst vor etwa 70 Jahren begann, sind eine Unzahl von Sorten

La

Láthyrus odorátus — Cuthbertson-Wicke — Láthyrus vérnus — Lavándula angustifólia

entstanden und auch in jüngster Zeit völlig neue Typen entwickelt worden. Diese neuen Klassen bringen mehr Blüten je Stiel (bis 6 und mehr), und die Stiele sind länger. Wichtiger aber noch ist, daß es jetzt Sorten für den frühen Anbau unter Glas gibt, die kräftiger wachsen als die bisherigen, andererseits aber auch Klassen, die der Hitze im Vorsommer besser widerstehen. Für den Garten eignen sich vor allem die Spencer-Lathyrus und die Cuthbertson-Lathyrus. Diese sind besonders hitzebeständig.

Die Pflanzen werden etwa 45 bis 60 cm hoch und tragen sich selbst. Sie bekommen kleinere Blüten, doch erscheinen diese so reichlich, daß die Büsche in vollem Flor sehr hübsch aussehen... nur hält dieser nicht lange an.

♃ **Láthyrus latifólius** L. ist die bekannteste perennierende Art. Sie wurde bereits im 16. Jahrhundert in den Gärten gehalten. Die Pflanzen haben kahles, grau- bis blaugrünes Laub und auffällig geflügelte Stengel. Sie werden gegen 2 m hoch und klettern leicht. Die Blumen stehen zu 3 bis 10 an Stielen, die aus den Blattachseln kommen. Die Blüten werden bis 2,5 cm groß, der Flor fällt in die Monate Juni/Juli bis August, manchmal gibt es im September noch einen bescheidenen Nachflor. Bei der Stammart werden die Blumen rosa bis rosalila; bei 'Albus' sind sie reinweiß, bei 'Splendens' lebhaft rosarot. Ferner gibt es die beiden Sorten 'Rose Queen' mit besonders großen, rosa getönten Blumen und 'Weiße Perle' mit ebenfalls sehr stattlichen glitzernd weißen Blüten. In Aussaaten treten auch Pflanzen mit zweifarbigen Blüten auf. Die Blumen duften nicht, halten sich jedoch abgeschnitten fast eine Woche.

♃ **Láthyrus vérnus** (L.) Bernh. (syn. Orobus vernus L.), die Frühlingsplatterbse (weil die Samen flache scheibenartige Körnchen werden), wächst in Laubwäldern und wird bis 40 cm hoch. Die Pflanzen haben keine Ranken, sondern bilden aufrechte Büsche, weisen kantige, ungeflügelte Stengel auf und 2- bis 4paarig gefiederte, frischgrüne Blätter. Die Blumen werden rotviolett und verblauen beim Abblühen, sie stehen zu 3 bis 8 beisammen. Die Blütenstände hängen leicht. Die Pflanzen wachsen in Mitteleuropa und bis nach Sibirien, sie treten vor allem auf kalkhaltigen Böden auf. Es gibt auch eine Sorte 'Albo-Roseus' mit weißlichen Blumen, deren Fahne später karminrosa wird.

Bewertung, Verwendung, Anzucht: Über die Verwendung und Anzucht der Wohlriechenden Wicken ist nicht viel zu sagen und noch weniger zu ihrem Lobe; denn man findet sie in vielen Gärten, und die Blumen sind so beliebte Schnittblumen, daß damit schon das denkbar beste Zeugnis erteilt ist. *Lathyrus odoratus* eignet sich zum Beranken von Zäunen, Lauben und Spalierwänden. Außerdem baut man sie zur Gewinnung von Schnittblumen an... sogar in Gewächshäusern. Sie sind aber etwas anspruchsvoll, das heißt, sorgfältig kultiviert blühen sie üppiger, werden die Stiele länger und die Blüten größer. Sie wünschen humusreichen, kalkhaltigen, tiefgründigen, warmen Boden, der auch nicht naß sein darf. Wie viele Leguminosen lieben sie locker liegende Erde. Günstig ist, wenn man die Fläche, auf welche sie kommen sollen, bereits im Herbst tief umgräbt und grobschollig liegen läßt. Wenn man Kuhdung hat, soll man ihn einarbeiten, ferner Kalk. Die beste pH-Zahl ist 7 bis 7,5. Nötig sind auch Kali und Phosphor, doch darf man nur chlorfreies Kali nehmen. Auch wechsle man die Fläche alljährlich, da Wicken das Land sehr ausnützen und sich deshalb nicht folgen sollen. Für die Gewinnung bester Schnittblumen sollte man in Handkästen aussäen, die Sämlinge topfen und dann mit 10 cm Abständen an Maschendraht oder sonstigem Geflechte von etwa 150 cm Höhe pflanzen. Die Setzlinge dürfen nicht tiefer kommen, als sie vorher gestanden haben. Sind sie angewachsen und fangen sie an, sich zu strecken, muß man anhäufeln. Später ist der Boden mehrmals durch Hacken zu lüften. Bei Trockenheit muß man unbedingt wässern, ferner auch flüssig düngen. Setzt die Blüte ein, ist es beim Anbau zur

Schnittblumengewinnung unerläßlich, regelmäßig Blumen zu schneiden und keine in Samen gehen zu lassen. Samenbildung hat unweigerlich zur Folge, daß der Flor nachläßt. Schneiden soll man, wenn die untersten zwei oder drei Blüten sich völlig geöffnet haben. *Lathyrus latifolius* eignet sich zum Bekleiden von Zäunen und Gittern. Der Boden soll tiefgründig, nicht zu trocken und kalkhaltig sein, der Standort nicht heiß... also niemals an die Südseite von Häusern, Lauben oder Mauern setzen. Etwas Beschattung vertragen die Pflanzen. Die Art wird durch Samen und bei den Sorten durch grundständige Stecklinge mit einem kleinen Fußstück aus dem Erdstamm vermehrt. Man setze möglichst bald an den vorgesehenen Platz, da größere Pflanzen das Umsetzen schlecht vertragen und nur schwer oder gar nicht einwurzeln. Man kann sogar die bewurzelten Jungpflanzen verwenden; man pflanze aber nur im Frühling oder Sommer. *Lathyrus vernus* ist eine ausgezeichnete Staude für Bodenbedeckung unter locker stehenden Bäumen und für halbschattige bis schattige Plätze. Der Boden muß frisch sein. Die Pflanzen säen sich leicht selbst aus und sind beinahe unverwüstlich. Man kann durch Teilung und aus Samen vermehren. Die Bestände werden innerhalb einer Vegetationsperiode verkaufsstark.

Lavándula · Lavendel
Labiatae ○ ◐ ◑ △ ♡ ✕ ○

Die Herkunft des Namens ist dunkel, man findet ihn bei den Botanikern des Altertums nicht. Es sind zweijährige Kräuter oder kleine Sträucher und Halbsträucher. Die Gattung umfaßt gegen 25 Arten, die vor allem im Mittelmeerraum auftreten, darüber hinaus auch auf den Kanarischen Inseln und bis Indien. Die Nomenklatur ist verworren. In älteren Werken findet man als für uns wichtig nur *L. spica* L., später wurde diese aufgeteilt in *L. angustifolia* Mill. und *L. latifolia* (L. f.) Medik., welche auf deutsch Großer Speik heißt. Beide enthalten in den Blüten ein ätherisches Öl, und zwar *L. latifolia* mehr, aber die Art ist wärmebedürftiger als unser Gartenlavendel. Der Große Speik wird in Südfrankreich häufig zur Gewinnung des Öls angebaut, das man aus den Blütenähren destilliert. Es wird hauptsächlich in der Tierheilkunde verwendet, ferner zur Herstellung von Lacken für die Porzellanmalerei und zur Parfümierung von Angelködern. Zweige der Pflanzen kann man in den Wäscheschrank legen, damit die Wäsche nach Lavendel duftet. Bei uns wird *L. latifolia* nicht oft gepflanzt. In unseren Gärten wächst *L. angustifolia*. Die Art wird in dem im 13. Jahrhundert erschienenen Book of the physicians of myddvai erwähnt und als Llafant vorgestellt. Sie fehlte bis weit ins 19. Jahrhundert in Deutschland weder in einem Dorf- oder Bauerngarten noch in den Gärten der Städter, der Klöster und früher auch nicht in fürstlichen Gärten. Das Öl von *L. angustifolia* ist feiner und gehaltvoller, und schon im frühen Mittelalter war es ein berühmtes Heilmittel. Heute werden Lavendelblüten verschiedenen Tees zugesetzt, und das Lavendelöl wird für Seifen, Haarwässer und Parfüms verwendet. Die Blüten sind ein Bestandteil von Riechsalz. Man stellt es her, indem Lavendelblüten und Rosenblätter schichtweise zwischen Hirschhornsalz in Porzellangefäße gelegt werden, die sich mit einem Deckel verschließen lassen. Später wird die Masse auf den warmen Ofen gestreut und verbreitet einen köstlichen Duft im Zimmer. Auch für Riechfläschchen benutzt man dieses „Potpourri".

Lavándula angustifólia Mill. (syn. *L. vera* DC., *L. officinalis* Chaix) wächst im Süden auf trocknen Hängen, vor allem auf Kalkböden. Die Art ist ein Halbstrauch, der sich reichlich verzweigt und schmales, am Rande eingerolltes, silbergraues, filziges Laub hat. Die Blumen erscheinen in langgestielten Scheinähren und stehen zu 6 bis 10 in Scheinquirlen, die einander dicht folgen. Sie werden lilablau. Die Höhe schwankt je nach der Sorte. Blütezeit sind die Monate Juli und August. Neben der Art, die auch schon eine Auslese ist, gibt es die var. **delphinénsis** (Jord.) Briq., die bis 35 cm hoch wird und besonders leuchtend graues Laub hat. Überdies gibt es die Sorten: 'Hidcote Blue' – nur 30 cm hoch werdend, die Ähren tiefviolett, eine besonders schöne Farbe; 'Hidcote Giant' – bis 60 cm hoch, guter geschlossener Bau; 'Munstead Var.' – eine Züchtung von Gertrude Jekyll und nach ihrem Heim benannt, bis 40 cm hoch, graues Laub, tiefblaue Blumen.

Bewertung, Verwendung, Anzucht: Man findet Lavendel heute nicht mehr so häufig wie früher in den Gärten, aber sehr zu Unrecht. Besonders die Sorten mit intensiv gefärbten Blüten, die gut vom Grau des Laubes abstechen, sind ein Farbenschatz! Sie eignen sich für Steingärten, Trockenmauern, für den Heide- und Wildstaudengarten, und man sollte sie auch in die Nähe von Sitzplätzen pflanzen, denn sie sind Schmetterlingsmagneten. Es ist ein bescheidenes, aber liebenswürdiges Vergnügen, dem Gaukeln der Falter zuzuschauen; man braucht bloß den Stuhl so zu stellen, daß man dieses Schauspiel vor Augen hat. Auch für Hecken kann man Lavendel nehmen und diese sogar mit der Heckenschere schneiden. Ferner heißt es in alten wie neuen französischen Kochbüchern, daß jedes Gewürzsträußchen auch ein Zweiglein Lavendel enthalten muß... und die Franzosen sind ja so erfahrene, gute Köche und Feinschmecker, daß man auf sie hören sollte.

Lavendel wünscht sonnigen Standort und kalkhaltigen, etwas lehmigen Boden, kommt aber in sandigem Boden ebenfalls fort. Er kann sich auch durch Selbstaussaat im Garten verbreiten, was bei den Sorten jedoch keinen treuen Nachwuchs ergibt. Der Boden darf nicht feucht sein. Lavendel ist ziemlich winterhart, doch erfriert er bei sehr großer Kälte. Um das zu verhüten, ist es günstig, den Standplatz mit Nadelstreu oder trocknem Torfmull abzudecken. Gibt es oben Frostschaden, schneide man die Pflanzen stark zu-

La

Lavátera thuringíaca

Lavátera triméstris

Leontopódium alpínum

rück; sie werden in der Regel wieder ausschlagen. Auch zur Verjüngung kann man die Büsche zurücksetzen. Vermehrt wird aus Samen oder bei den Sorten aus Stecklingen, die leicht wachsen. Von einigen Mutterpflanzen kann man mehrere Male Stecklinge entnehmen und kommt so bald zu ansehnlichen Beständen. Es dauert aber wenigstens ein volles Jahr, ehe die Pflanzen verkaufsstark geworden sind. Man kultiviert häufig in Töpfen. Frühjahrsversand ist günstiger als Herbstlieferung.

Lavátera · Buschmalve
Malvaceae ☉ ♃ ○ ◐ ● ○ ✕ ○

Die Gattung wurde von Tournefort (1656–1708) zu Ehren des Züricher Arztes J. R. Lavater benannt, eines Freundes des französischen Botanikers; Linné übernahm den Pflanzennamen in sein System. Die Pflanzen sind ein- und mehrjährige Kräuter, auch Sträucher. Die Blätter sind häufig gelappt, auch behaart, und die Blumen sitzen auf langen Stielen: achsel- und endständig, einzeln oder in Trauben. Sie werden in der Regel ansehnlich. Die Gattung umfaßt gegen 25 Arten, welche vor allem im Mittelmeerraum auftreten, einzelne bis nach Mitteleuropa dringend, ferner kommen sie auf den Kanarischen Inseln, in Mittelasien, Australien und im westlichen Nordamerika vor.

♃ **Lavátera thuringíaca** L. ist eine perennierende Art, die dem pontisch-pannonischen Bereich angehört und nach Mitteleuropa eingeschleppt sein dürfte. Die Pflanzen werden etwa 1 m hoch und höher, haben aufrechte, krautige, sich verästelnde Stengel und herzförmig-rundliche, unten gelappte, oben oft ungeteilte Blätter, die infolge der Behaarung graugrün sind. Die Blüten erscheinen einzeln aus den Blattachseln, werden etwa 5 cm breit, Farbe rosa. Die Pflanzen blühen im Juli bis Oktober.

☉ **Lavátera triméstris** L. ist eine annuelle Art. Die Pflanzen werden 60 bis 100 cm hoch und bilden stattliche Büsche. Sie haben rauhhaarige, herz- bis nierenförmige Blätter und gegen 6 cm breite, flachtrichterförmige Blumen, die in vollem Flor eine Art Ähre bilden. Sie werden bei der Stammart rosa. Bei 'Albiflora' sind sie weiß, bei 'Splendens' besonders groß und karminrosa. Außerdem gibt es die Sorten 'Loveliness' – tiefrosa und 'Sunset' – lilarosa, innen heller, mit dunklen Streifen.

Bewertung, Verwendung, Anzucht: Lavatera thuringiaca ist eine Wildstaude, die keine Ansprüche stellt. Sie wächst in jedem Boden, der nicht naß ist, und verträgt volle Sonne und auch etwas Beschattung. Man verwendet sie zum Abdecken von Mauern oder häßlichen Zäunen, ferner in Massen für große Parke und auf Böschungen, die ein Pflanzenkleid bekommen sollen. Man kann direkt an die vorgesehenen Plätze aussäen oder bei kleinen Mengen auch pflanzen. Es ist dann auf ein Saatbeet im Freien zu säen und auf Anzuchtbeete in 5 Reihen zu pflanzen. Innerhalb eines Sommers werden die Pflanzen verkaufsstark, man muß sie anschließend verwenden oder absetzen, denn als größere Exemplare soll man sie nicht versetzen, da solche schlecht anwachsen.

Lavatera trimestris ist ebenfalls anspruchslos, und sie blüht reich vom Juli bis zum Herbst. Man nimmt sie für bunte Blumenbeete als Blickpunkte oder als hoch werdende Gewächse, um eine niedrige Pflanzung zu unterbrechen. Auch diese Art ist an den vorgesehenen Platz zu säen. Dann muß man auf 35 bis 40 cm Abstände ausdünnen. Die Blumen halten sich abgeschnitten fast 8 Tage, wenn man sie sofort ins Wasser stellt.

Láyia · Layia
Compositae ☉ ○ ● ○ ▮

Die Gattung wurde zur Erinnerung an George Tradescant Lay benannt, einen Naturwissenschaftler, der an der Beechy-Expedition (um 1830) teilnahm. Es sind einjährige Kräuter mit vielen ansehnlichen Blütenkörben. Die Gattung umfaßt etwa 15 Arten, die im Westen Nordamerikas und in Mexiko auftreten.

Layia chrysanthemoídes (DC.) A. Gray (L. calliglossa Gray) wird gegen 30 cm hoch und bildet locker sich verästelnde Büsche. Die unteren Blätter werden fiederschnittig, die oberen ganzrandig. Die Blumen haben eine gelbe Scheibe und große Zungenblüten, ebenfalls gelb mit weißem Ende. Die Staubgefäße sind bräunlich, wodurch die Scheibe voll erblühter Blumen dunkler aussieht.

Layia élegans Torr. et A. Gray wird bis 20 cm hoch und wächst niederliegend. Die Blüten sind gelb, nicht sehr groß, aber sie erscheinen äußerst zahlreich.

Layia glandulósa (Hook.) Fisch. et Mey. wird gegen 40 cm hoch und noch darüber hinaus und bildet ausgebreitete Büsche. Sie bekommt etwa 5 cm breite Blumen mit hellgelben oder fast weißen Strahlenblüten, bei cv. 'Rosea' werden diese rosa.

Layia platyglóssa (Fisch. et Mey.) A. Gray, 15 bis 40 cm hoch, bildet aufrechte, sich verästelnde Büsche und bringt auf langen Stielen sitzende Blumen. Diese haben kräftig gelbe bis goldgelbe Strahlenblüten, meistens mit weißem Ende. Die Scheibenblüten sind anfangs ebenfalls gelb, später werden sie bräunlich.

Bewertung, Verwendung, Anzucht: Die Pflanzen eignen sich für bunte Blumenbeete, in welche man sie in größeren Tupfen einstreut. Man kann sie auch in großer Fläche nehmen und muß zur Ergänzung und Belebung höhere Sommerblumen mit abweichend getönten Blüten oder Dahlien einfügen. Sie lassen sich auch zur Einfassung von höher wachsenden Annuellen verwenden. Der Standort muß in voller Sonne liegen, der Boden darf nicht naß sein. Man sät an Ort und Stelle, am besten in Reihen mit 15 bis 20 cm Abständen, und dünnt auf 10 cm Entfernung aus. Aussaatzeit im April/Mai. Der Flor beginnt im Juli und kann sich bis zum Herbst hinziehen.

Legoúsia · Legousie, Frauenspiegel
Campanulaceae ☉ ○ ◐ ◉ ◉

Die Pflanzen wurden nach einem französischen Edelmann Legouz de Gerland benannt. Früher gingen sie unter dem Namen *Specularia*. Es sind zierliche einjährige Kräuter, die sich reichlich verästeln und runde, bis 2 cm große, wechselständig sitzende Blätter haben. Die Blumen werden auch 2 cm breit, sind teller- bis radförmig oder leicht glockig und erscheinen in vielblumigen Rispen in großer Zahl. Das Genus umfaßt 10 Arten, von welchen 4 in Nordamerika, die übrigen im Mittelmeerraum und teilweise auch in Mitteleuropa auftreten. Man findet sie häufig in Feldern als liebenswürdiges Unkraut. Gartenwert hat vor allem:

Legoúsia spéculum-véneris (L.) Fisch., der Venusspiegel. Die Pflanze wird 15 bis 30 cm hoch, verzweigt sich reichlich und hat längliche, umgekehrt-eirunde, stengelumfassende Blätter und violettblaue Blüten mit einem weißen Herzchen im Zentrum. Außer der Art gibt es eine cv. 'Alba' und eine var. **procúmbens** Hegi mit niederliegenden, nur am Ende kurz aufsteigenden Trieben. Die Pflanzen bilden regelrechte Kissen. Beide blühen von Juni bis August.

Bewertung, Verwendung, Anzucht: Der Venusspiegel ist eine dankbare, anspruchslose Sommerblume, die viel zu selten verwendet wird. Sie eignet sich für bunte Beete, die var. *procumbens* auch als Einfassung großer Gruppen von Annuellen. Die Pflanzen vertragen selbst etwas Halbschatten. Man kann im Herbst an Ort und Stelle säen, dann blühen die Bestände im Mai/Juni bis Juli. Oder man sät im Frühjahr so zeitig wie möglich, dann setzen sie im Juni mit dem Flor ein, bleiben allerdings kleiner als die aus Herbstsaaten stammenden Anzuchten. Später als Mitte April sollte man nicht säen, denn die Pflanzen hören bei größerer Wärme sofort auf zu wachsen, und man bekommt nur zwergige Bestände, die viel zu schnell verblühen. Man kann auch in Töpfe oder kleine Schalen aussäen und später direkt aus diesen an den vorgesehenen Platz auspflanzen. Pikieren oder versetzen läßt sich *Legousia* nicht. Bei Aussaat an Ort und Stelle muß man unbedingt auf 15 bis 25 cm Abstände ausdünnen. Die Bestände wachsen in jedem Gartenboden und stellen eigentlich überhaupt keine Ansprüche.

Leontopódium · Edelweiß
Compositae ⚘ ○ ◐ ◉ △ ❘ ♡ ✕

Im Namen stecken die griechischen Wörter leon = Löwe und podion = Füßchen, also eigentlich Löwenfüßchen; die zu einer Trugdolde gehäuften Köpfchen der Blumen mit ihren wolligen Hochblättern ähneln einer Löwentatze. Die Griechen des Altertums, bei welchen es diesen Namen bereits gab, verstanden aber eine andere Pflanze darunter, da keine Edelweiß-Art in Griechenland auftritt. Es sind perennierende Kräuter, meistens mit graufilzigen Blättern und rasig wachsend. Die Blüten bleiben klein und stehen dicht in einer Trugdolde beisammen, welche von einem Stern oder Kranz laubblattartiger, weiß-wolliger Hochblätter umgeben ist. Diese bilden einen „extrafloralen" Schauapparat. Die Gattung umfaßt gegen 40 Arten, welche in Gebieten Europas und Asiens auftreten. In Südsibirien sind einige Arten ein fester Bestandteil der Steppen und Wiesen, und wahrscheinlich ist das Edelweiß in den Alpen erst im Quartär aufgetaucht. Die Blütensterne werden bei den verschiedenen Arten verschieden groß, und auch innerhalb derselben gibt es weite Unterschiede, desgleichen in der Zahl der „Zacken". Es wurden schon Blüten mit einem Durchmesser von 12 cm und mit 29 Zipfeln gefunden. Heutzutage ist das Edelweiß eine Blume der Touristik geworden und jeder, der in den Alpen war, glaubt als Andenken einige dieser Sterne mitbringen zu müssen.

Le

Leucójum vérnum

Lewísia cotylédon

Der größte Teil der verkauften Blumen stammt aber aus Anbau von *Leontopodium,* das bekanntlich unter Naturschutz steht.
Leontopódium alpínum Cass. wächst in der freien Natur auf steinigen Hängen oder Triften, in Felsspalten nur ausnahmsweise. Es tritt in den Pyrenäen, Alpen, Karpaten, auf dem Balkan und in Asien bis hinüber zum Himalaja und bis Japan auf, nicht aber im Kaukasus und in Kleinasien. Man findet die Pflanzen vor allem auf Kalkgesteinsböden. Sie werden 10 bis 20 cm hoch, ihre Blätter stehen in Rosetten und sind länglich-lanzettlich, ganzrandig, in den Alpen auch mehr oder weniger filzig behaart. Die Blüten erscheinen einzeln an kurz beblätterten Stielen und bilden die bekannten Sterne. Infolge der Weitläufigkeit des Verbreitungsareals entstanden eine Reihe Formen und Abarten, deren wirklicher Status sich schwer feststellen läßt und die sich schwierig trennen lassen. Sie werden gelegentlich als eigene Spezies behandelt. Alle Edelweiß blühen ab Juni bis August. Die Sorte 'Mignon' ist in allen Teilen sehr zierlich.
Leontopódium himalayánum DC. aus Innerasien hat einen sich kurz verzweigenden Wurzelstock und bildet dichte Polster. Die Blütenstiele werden 15 bis 20 cm hoch, sind mit locker stehenden, kurzen Blättern besetzt und tragen eine Trugdolde mit sternförmig angeordneten Hochblättern. Die Blumen können bis 7 cm breit werden, erreichen diesen Durchmesser aber selten. Die Pflanzen blühen reich.
Leontopódium palibiniánum Beauverd (syn. *L. sibiricum* DC.) tritt in der Mongolei und in Sibirien auf. Es wächst dicht rasig, hat grünfilzige Blätter und bringt zahlreiche rundliche, auffallend silberweiße Blütenköpfe.
Leontopódium soulíei Beauverd aus China wächst rasig, die Pflanzen haben unterirdisch Ausläufer. Sie bekommen linealische bis schmal-zungenförmige, graugrüne bis graue Blätter und kleine Blütenköpfe mit silbrigen, ziemlich schmalen Hochblättern. Insgesamt werden die Pflanzen gegen 15 cm hoch.

Leontopódium strachéyi (Hook. f.) C. B. Clarke aus Südwestchina wird bis 40 cm hoch. Die Pflanzen haben breit-linealische, aufrecht stehende, wenig oder stark aschgraue Blätter, und die Blütenköpfe sind von großen, grünlich bis silbrig behaarten Hochblättern umgeben.

Bewertung, Verwendung, Anzucht: Die meisten Arten wünschen einen humusarmen, gut gekalkten Boden, der so wenig vererdete Pflanzenteile als möglich enthält. Edelweiß brauchen auch unbedingt volle Sonne. Wenn diese Wünsche erfüllt sind, bekommt man selbst im Tiefland die Blütensterne in der begehrten silbrig-weißen Färbung. Man pflanzt sie in Steingärten, auch auf Trockenmauern und steinigen Hängen. Vermehrt wird aus Samen und durch Teilung. Man säe im Februar aus, meistens geht der Samen zu 100 % auf, dann pflanzt man auf Anzuchtbeete in 6 Reihen und schließlich im Frühherbst an den endgültigen Standort. Innerhalb von 5 bis 7 Monaten nach der Aussaat erreichen die Anzuchten die übliche Verkaufsstärke. Auch Teilung soll im Frühherbst erfolgen. Am endgültigen Standort, dessen Beschaffenheit bereits erläutert wurde, können Edelweiß aber nur 2 bis höchstens 3 Jahre bleiben, dann muß man sie neu anpflanzen oder teilen.

Leucójum · Märzenbecher, Knotenblume
Amaryllidaceae △ ◐ ◓ ≈ ✕ ∧

Im Namen stecken die griechischen Wörter leukos = weiß und ion = Veilchen; sie beziehen sich darauf, daß die Blüten weiß sind und anfangs zart nach Veilchen duften. Die Pflanzen bekommen 2 oder mehr Laubblätter und mittelgroße, hängende, glockenförmige Blüten. Sie sind meistens weiß und haben grüne, gelbe oder rote kleine Tupfen am Rande; in der Regel stehen sie einzeln oder zu wenigen auf den Stielchen. Die Gattung ist gegen 10 Arten stark, welche in Mitteleuropa und in der Mediterraneïs auftreten.
Leucójum aestívum L., das auch den sinnigen deutschen Namen Sommertürchen hat, bekommt eine eiförmige, bis 5 cm breite Zwiebel und breitlinealische Blätter, welche so lang wie der Blütenstengel oder etwas länger werden. Die Blütenstiele tragen 3 bis 5 oder noch etliche Blüten mehr. Die Pflanzen können bis 40 cm hoch werden. Sie blühen im Mai/Juni. Die Art wächst auf feuchten, nassen Wiesen, selbst an sumpfigen Stellen, und ist im Mittelmeerraume zu Hause, bei uns tritt sie nur ausnahmsweise auf. Die Blumen sind weiß, werden bis 15 mm lang und haben an ihrer Spitze einen grünlichgelben Fleck. Auf dem Balkan tritt das Sommertürchen auf feuchten Wiesen so stark auf, daß diese zur Florzeit weiß schimmern. Die in einem englischen Anwesen entstandene Sorte 'Graveteye Giant' blüht etwas früher und wird etwa ein Drittel größer und daher ansehnlicher als die Art.
Leucójum vérnum L. ist der eigentliche Märzbecher und wird zuweilen mit den Schneeglöckchen ver-

wechselt. Die Pflanzen haben kugelige, bis 2,5 cm dicke Zwiebeln und dunkelgrüne, schmale, zuletzt bis 25 cm lange Blätter. Der Blütenschaft hat zwei Kanten, ist hohl und wird bis 25 cm lang. Er trägt ein bis zwei Blumen, deren Blütenblätter weiß sind und einen grünen Spitzenfleck haben. Sie werden bis 2 cm groß und erscheinen im März/April. Die Art tritt in Süd- und Mitteleuropa in Laubwäldern und Hainen auf, sie wird auch bereits seit über 500 Jahren in den Gärten gehalten.

Bewertung, Verwendung, Anzucht: Der Märzbecher ist einer unsrer liebenswürdigsten Frühlingsboten. Die Pflanzen sind recht dauerhaft, aber nicht völlig anspruchslos. Sie wünschen tiefgründigen, leicht anmoorigen, frischen Boden, der auch etwas Lehm enthalten muß. *Leucojum vernum* ist empfindlich gegen Wurzeldruck, es gehört also nicht unter Sträucher mit ihren oft flach durch den Boden ziehenden Wurzelsträngen. Man pflanze die Zwiebeln mit wenigstens 10 cm Abständen. Der Standort soll absonnig bis halbschattig sein. Es ist nötig, ziemlich früh zu legen, am besten im August. Wenn die Bestände mit Blühen nachlassen, ist es Zeit, sie aufzunehmen, den Standort umzuarbeiten, dabei etwas Kuhmist oder gejauchten Torf einzubringen und schließlich neu zu legen, Tiefe etwa 10 cm. *L. aestivum* wünscht ausgesprochen feuchte Standorte. Es wächst am besten an Bach- oder Teichufern und verträgt auch eine Weile leichte Überschwemmung. Man pflanze im September/Oktober, Entfernung 10 bis 15 cm, Pflanztiefe etwa 10 cm. Es ist nötig, im Winter eine leichte Decke aus Laub zu geben. Beide Arten werden durch Tochterzwiebeln und Aufzucht von Sämlingen (aus Selbstaussaat) vermehrt, und man bekommt bald größere Bestände. Oft sind die Jungpflanzen bereits im nächsten Spätsommer oder Herbst blühstark; wenn nicht, dann im übernächsten.

Lewísia · Bitterwurz
Portulacaceae ⚁ ◐ ◉ ◓ △ ♡ ⋀

Die Gattung wurde zur Erinnerung an Meriwether Lewis (1774–1809) benannt, der 1806/07 zusammen mit Clark den amerikanischen Kontinent bereiste und dabei Naturstudien trieb. Es sind Stauden mit etwas sukkulenten Blättern, die in grundständigen Rosetten erscheinen. Sie haben einen dicken Wurzelstock und blühen mit ansehnlichen Blumen in lockeren Rispensträußen. Die Gattung umfaßt gegen 20 Arten und tritt im Westteil des nordamerikanischen Kontinents auf.

Lewísia cotylédon (Wats.) Robins. aus Kalifornien hat breitspatelförmige, etwas fleischige Blätter, die 15 bis 18 cm breite Rosetten bilden. Sie blühen im Juni bis August mit etwa 25 mm breiten weißen Blumen, deren Blütenblätter einen rosa Mittelstreifen aufweisen.

Lewísia-Hybriden sind durch Kreuzungen entstandene Sorten mit verschieden rosa und selbst roten Blüten. Sie gehören zu den schönsten Steingartenpflanzen.

Bewertung, Verwendung, Anzucht: Lewisien sind schöne Pflanzen für Alpina und Steingärten, selbst für Trockenmauern eignen sie sich, aber sie sind anspruchsvoll und damit fast Liebhaberpflanzen. Sie verlangen sandig-lehmigen, kalkfreien, absolut durchlässigen Boden und einen warmen, hellen, aber nicht in voller Sonne gelegenen Standort. Wichtig ist vor allem Schutz vor zuviel Nässe, sowohl im Sommer oder Herbst als auch im Winter. Das ist schon bei der Auswahl des Standortes zu berücksichtigen. Die Pflanzen müssen unbedingt so stehen, daß sich in ihrem Umkreis niemals Wasser stauen kann. Über Winter sollte man mit einer großen Scheibe oder einem Stück Folie luftig schützen. Man kann die Pflanzen auch in Töpfen halten. Im Sommer senkt man diese in den Steingarten ein. Über den Winter gehören die Töpfe an einen kühlen, aber recht hellen Platz, etwa zwischen Doppelfenster oder ins Kalthaus. Vermehrt wird durch Samen. Man säe in ein Gemisch, das aus zwei Teilen Rasenerde oder mürbem Lehm, einem Teil alter Lauberde, je einem Teil scharfem Sand, Gesteinsgrus und fein zerstoßenen Topfscherben besteht; das Substrat muß kalkfrei sein. Aussaat entweder im Spätsommer sofort nach der Ernte oder im Februar unter Glas. Saatgefäße nicht zu feucht halten, vor allem nicht nach dem Keimen. Die Pflanzen werden später pikiert und schließlich in Töpfe oder an den vorgesehenen Platz gesetzt. Man pflanze nur im Frühling. Es dauert zwei Vegetationsperioden, bis man verkaufsstarke Bestände hat.

Líatris · Prachtscharte
Compositae ⚁ ◯ ◉ ◓ △ ✕

Die Herkunft des Namens ist unbekannt. Liatris sind Stauden mit einem etwas knolligen Wurzelstock, welcher einen einfachen Stengel treibt. Er ist unten mit linealischen, zugespitzten Blättern besetzt und endet in einer 10 bis 30 cm langen Ähre, an der dicht oder locker Köpfchen von mehreren Blumen sitzen. Die Gattung umfaßt gegen 30 Arten, sie treten sämtlich in Nordamerika auf, hauptsächlich an der atlantischen Küste. Manche sind bereits seit über 200 Jahren beliebte Gartenpflanzen.

Líatris pycnostáchya Michx. ist eine schwach behaarte Art mit nur 1 cm breiten, bis 30 cm langen, unten gehäuft stehenden Blättern und bis 40 cm langen Blütenähren. Diese werden sehr dicht, Farbe purpurrot bis purpurviolett. Der Wurzelstock ist holzigknorrig. Die Art blüht von Juli bis zum September, Gesamthöhe 60 bis 150 cm.

Líatris scariósa (L.) Willd. wächst auf trockenen Plätzen in den Bergen und wird 40 bis 80 cm hoch. Die Pflanzen sind in der Regel kahl oder nur schwach flaumig behaart. Die unteren Blätter werden breitlanzettlich und 10 bis 30 cm lang. Die blauroten Blüten stehen locker in ungefähr 25 cm hohen, ährigen Blütenständen. Florzeit ist der Nachsommer und Frühherbst.

Li

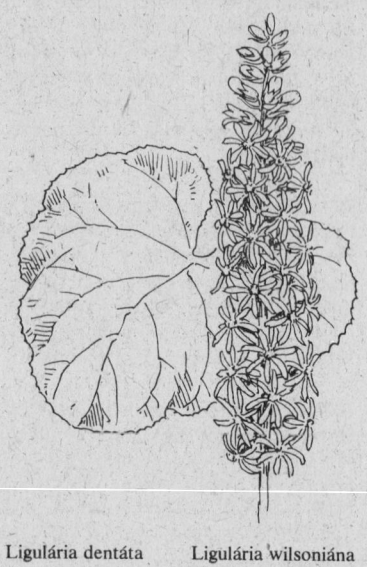

Líatris spicáta   Ligulária dentáta   Ligulária wilsoniána

Líatris spicáta (L.) Willd. hat ein großes Verbreitungsareal, das von New York bis an den Michigan-See und südwärts bis Florida reicht. Die Pflanzen werden 50 bis 120 cm hoch und haben schmale, ungestielte Blätter, die unten bis 30 cm lang sind, aber nicht sehr eng stehen, nach oben zu werden sie kürzer. Die Blüten bilden eine bis 25 cm lange, dichte Ähre, sind etwa 1,5 cm breit und violett bis purpurlila gefärbt. Der Flor fällt in den Sommer. Es gibt davon auch eine gedrungen wachsende Sorte 'Kobold' mit leuchtend violettroten, dicken Ähren, 40 cm, sowie cv. 'Callilepis', deren Ähre etwa 50 cm lang wird.

Bewertung, Verwendung, Anzucht: Liatris sind wegen ihrer auffälligen Blütenähren wertvolle Stauden. Man kann sie in bunte Blumenbeete, die niedrig bleibende Sorte 'Kobold' auch in den Steingarten und selbst auf den Kopf von Trockenmauern zwischen niedrige, wintergrüne Stauden setzen. Ein kleiner Fehler ist vielleicht, daß die Blütenstände allmählich von oben nach unten aufblühen, was anfangs wenig stört, später sehr, wenn die Pappushaare erscheinen. Der Standort muß in voller Sonne liegen und der Boden durchlässig und etwas trocken, freilich auch nicht zu dürr sein. Winternässe wird vor allem von *L. pycnostachya* schlecht vertragen. Man kann die Blumen auch schneiden, sie halten sich etwa 10 Tage; durch Temperaturbehandlung der Knollen kann die Blüte verfrüht und verspätet werden, so daß Schnittblumen von März bis Oktober zur Verfügung stehen. Vermehrt wird durch Teilung im zeitigen Frühling und aus Samen. Die jungen Bestände brauchen wenigstens 2 Jahre bis zum ersten Flor. An ihrem endgültigen Standort können *Liatris* fünf, sechs Jahre stehen, dann ist es nötig, sie aufzunehmen, zu teilen und frisch zu pflanzen.

Ligulária · Goldkolben, Greiskraut
Compositae   ♃ ○ ◐ ○ ○ ≈ ✕ ⬡

Im Namen steckt das lateinische Wort ligula, die Verkleinerungsform von lingua = Zunge; es bezieht sich auf die Form der Strahlenblüten, die im Verhältnis zur Größe der Pflanzen ziemlich klein sind. *Ligularia* sind ausdauernde, in der Regel stattliche Kräuter mit großen Blättern. Sie blühen in einfachen oder zusammengesetzten, spitzen und auch schirmförmigen Ähren. Die Gattung umfaßt gegen 100 Arten, welche vor allem in Ostasien auftreten; nur zwei kommen auch in Europa vor. Früher wurden manche Arten zur Gattung *Senecio* gestellt, doch sind sie von dieser durch die Art des Aufblühens verschieden.

Ligulária dentáta (A. Gray) Hara (syn. *L. clivorum* Maxim.) wird bis 1 m hoch, treibt keine Ausläufer und hat große, nierenförmige bis beinahe runde, am Grunde tief eingeschnittene, scharf gezähnte, hellgrüne Blätter. Die Blüten werden bis 8 cm breit, haben eine braune Scheibe und orangegelbe Strahlenblüten. Sie stehen in stark sich verzweigenden Dolden und erscheinen im Spätsommer bis Frühherbst. Es gibt mehrere Sorten, von denen hier aufgeführt seien: 'Goldteller' – dunkelgoldgelb; 'Orange Queen' – leuchtend orangegelb, das Laub auf der Unterseite rötlich golden; 'Othello' – das Laub wird ebenfalls tiefpurpurn, später fast schwarz, die Blumen sind mandarinenorange; 'Sommergold' – eine neue Sorte aus Bornim, goldgelb blühend.

Ligulária × héssei (Hesse) Bergm. ist eine spontan aus *L. dentata* und *L. wilsoniana* entstandene Hybride. Die Pflanzen werden etwas höher als *L. dentata*, haben aber einen kurzen, rispenartigen Blütenstand. Die Blüten sind gelb. Die Pflanzen erreichen Mannshöhe. Auch davon gibt es eine Sorte: 'Greynog Gold' – im Wuchs völlig gleich, aber mit längeren, orangegelben Blütenähren. Die Pflanzen blühen im Sommer bis Herbst.

Ligulária przewálskii (Maxim.) Diels aus Nordchina hat einen kriechenden Wurzelstock und wird 80 bis 150 cm hoch. Die Blätter sind tief handförmig geteilt und haben spitze Lappen. Die Blüten werden gelb und stehen in einer spitzen, sehr schmalen Ähre, die am Ende manchmal nickt oder überhängt. Diese Art blüht ab Juli bis zum Herbst.

Ligulária wilsoniána (Hemsl.) Greenm. aus Mittelchina ähnelt der vorher aufgeführten Art, doch sind ihre Blätter mehr rund-nierenförmig, auch haben sie gerade, nicht gebogene Stiele. Die Blumen stehen in einer zylinderförmigen Ähre. Auch diese Art blüht im September/Oktober.

Bewertung, Verwendung, Anzucht: Bis auf *L. przewalskii* sind alle Arten richtige Großstauden, die einen sehr tiefgründigen, humusreichen Boden und feuchten Standort brauchen. Man pflanzt sie gern an nasse Plätze und an die Ränder von Teichen und Bächen. Nur wenn sie aus dem Vollen schöpfen können, wirken sie richtig... sonst sehen sie armselig und verkommen aus! Natürlich gibt es nicht in jedem Garten die entsprechenden Plätze *L. przewalskii* jedoch wächst in jedem normalen Gartenboden, wenn dieser nicht zu trocken ist, wird auch mit den Jahren nicht so üppig. Alle wünschen volle Sonne, vertragen aber etwas Streuschatten. Vermehrt wird durch Teilung im Frühjahr, die Mutterpflanzen dürfen nicht zu alt sein. Bis zum Herbst hat man verkaufsstarke Bestände. Am endgültigen Platz können die Pflanzen viele Jahre verbleiben. Gut ist, die Pflanzscheibe mit Dung zu belegen. Je weniger die Exemplare andere Gewächse um sich haben, um so üppiger werden sie, um so länger kann man sie auch ohne Verpflanzen stehen lassen. *L. przewalskii* wird durch Samen vermehrt. Bei Aussaat im zeitigen Frühjahr in ein Frühbeet werden die Pflanzen bis zum Herbst verkaufsstark.

Lílium · Lilie
Liliaceae △ ○ ◐ ◑ ○ ✕ ∧

Das lateinische lilium und unser Name Lilie sind aus dem Griechischen übernommen, wo die Pflanzen leirion hießen. Lilien sind Zwiebelgewächse mit verschieden geformten und beschaffenen Zwiebeln, mit in der Regel aufrechten, reichlich oder spärlich beblätterten Stengeln und ansehnlichen Blüten. Die Gattung umfaßt gegen 100 Arten, welche ausschließlich in der gemäßigten Zone der nördlichen Halbkugel vorkommen. Viele sind bei uns winterhart, und es gibt Arten, die überall gut wachsen und wenig Ansprüche stellen... daneben aber auch heikle und anspruchsvolle. Sämtliche Lilien wachsen von Natur aus in Strichen mit kühlerem Klima oder in Gebieten mit vielen Niederschlägen, welche die Temperaturen herabdrücken. Wir können daher sagen, daß sie kühlen Boden wünschen und große Hitze nicht vertragen. Das gilt im Kleinen, also im Garten, genauso. Neben den Arten gibt es eine große Menge von Hybriden. Ihre Zahl nimmt ständig weiter zu. Einige dieser Züchtungen sind gegen gewisse Ungunst des Standorts oder des Klimas weniger empfindlich als ihre Eltern, man hat also mit ihnen weniger Kummer und Arbeit. Das gilt generell auch für die im eigenen Garten oder Betrieb *aus Samen herangezogenen* Bestände, selbst wenn diese nicht völlig treu fallen. Einzelne Lilienarten liefern weltweit geschätzte, hoch begehrte Schnittblumen und werden zu deren Gewinnung angebaut und abgetrieben: *Lilium auratum, L. longiflorum* und *L. speciosum*. Eine Reihe sind beliebte Gartenzierden, deren Stiele man schneiden und sich ins Zimmer stellen kann. Liebhaber nehmen sich der heiklen Arten an, die sie trotzdem ansiedeln und halten wollen. Wie bei Rosen, Dahlien, Iris, Orchideen bildeten sich Gesellschaften: in diesem Falle Lilien-Gesellschaften. Sie sammeln die Liebhaber, knüpfen Verbindungen, beraten die Neulinge, veranstalten Ausstellungen und fördern die persönliche Anteilnahme an den Lilien. Es gibt ja seit alten Zeiten stets Pflanzen, welche die Menschen besonders angezogen und interessiert haben, zu diesen gehören auch die Lilien. In Europa treten, wenn man *l. testaceum* als Art bewertet, über 10 Arten auf, in Nordamerika etwa 30, in Asien gegen 55. In Westasien fehlen sie fast völlig. Hauptverbreitungsareale sind das Gebiet des Himalaja, Süd- und Westchina, Nordchina, Mongolei und Korea und schließlich Japan. In diesem Lande finden wir eine Reihe besonders prächtiger Lilien: *Lilium auratum, L. longiflorum* und *L. speciosum*, welche jedoch im Charakter stark verschieden sind. Die Lilien haben nicht nur große Unterschiede in der Form der Blumen, sondern auch die Zwiebeln sind alles andere als einheitlich. Es gibt die konzentrisch aufgebaute Zwiebel – z. B. bei *L. candidum, L. regale, L. speciosum* und weiteren. Ferner gibt es Arten mit rhizomartigen Zwiebeln, die man am reinsten bei *L. pardalinum* antrifft. Eine Art Mittelding ist die ausläufertreibende Lilie mit fleischigen Stolonen, an deren Ende sich eine neue Zwiebel bildet. Die alte stirbt ab. Man findet dies bei *L. superbum*. Und schließlich wandert bei manchen Arten der Stengel zunächst unterirdisch seitwärts, treibt dabei Wurzeln, setzt auch Tochterzwiebeln an und steigt schließlich aufwärts, den oberirdischen Laubsproß bildend: so bei *L. davidii* und *L. wardii*.

Nicht nur die Zwiebeln sind verschieden, sondern es gibt auch zwei Arten von Wurzeln: die am Zwiebelbo-

Li

Lílium cándidum

Lílium régale

den, welche sich bei allen Arten finden, und die Stengelwurzeln. Die Wurzeln am Zwiebelboden nehmen Nahrung auf und verankern die Lilien im Boden, ziehen die Zwiebeln auch in die richtige Tiefe... man nennt sie kontraktile Wurzeln. Sie werden etwa 1 bis 1,5 Jahre alt und ständig durch neue ersetzt. Die stengelbürtigen Wurzeln erscheinen oberhalb der Zwiebeln am Stengel und sollen Nahrung aufnehmen, ferner Wasser oder Dünger. Für uns bedeutet es, daß Arten mit Stengelwurzeln ausreichend tief gepflanzt werden müssen und daß das Erdreich oberhalb der Zwiebel nährstoffreich sein soll.
Die Gattung *Lilium* ist in 4 Untergattungen aufgeteilt:
1. Cardiocrinum
2. Lilium
3. Notholirion
4. Lophophorum

Drei dieser Subgenera werden wahrscheinlich den Status selbständiger Gattungen erhalten. Im folgenden sind nur die Lilien der Untergattung *Lilium* behandelt. Die anderen Gattungen enthalten keine Arten, die sich leicht halten lassen; sie werden nicht erst aufgeführt.
Die Untergattung **Lilium** ist ihrerseits in 4 Sektionen gegliedert, welche auf botanischen Merkmalen beruhen, die Verschiedenheit der Herkunft und des Auftretens, auch der Ansprüche wird nicht berücksichtigt. Man kann also in jeder Sektion freudigwachsende und schwierige Arten finden. Es gibt eine Neuaufteilung dieser Untergattung durch H. F. Comber. Er berücksichtigt viele Merkmale, auf die bisher wohl zu wenig geachtet wurde, und kommt dadurch zu 7 Sektionen. Wir halten uns hier aber an die bisherige Gliederung.

Sektion 1: *Lilium (Leucolirion)*

Dies sind Arten mit trompeten- oder trichterförmigen, manchmal sehr langen, wunderschönen Blumen, welche waagerecht stehen oder leicht nicken, nur ausnahmsweise etwas nach oben ragen. Die Blütenblätter sind sichelförmig gebogen und an den Spitzen ausgebreitet, die Staubgefäße nicht abgespreizt. Die Sektion umfaßt gegen 20 Arten aus allen Strichen, wo Lilien auftreten. Ein deutscher Name der Sektion ist Trompeten-Lilien.
Lílium cándidum L., Weiße Lilie oder Madonnenlilie, stammt aus dem Orient, vielleicht aus dem Iran, und kam vermutlich über Byzanz nach Thrakien und Griechenland. In der Welt Homers wurde sie zu einem Symbol der Keuschheit; sie sei aus der Milch der Hera entstanden, als diese schlafend den Herakles säugte. Gewiß war sie im alten Griechenland eine noch seltene Pflanze. Im alten Rom wurde sie in Kultur genommen; Vergil gab ihr den Namen candidum. Nach Mitteleuropa gelangte die Weiße Lilie etwa im 8. oder 9. Jahrhundert. Im „Capitulare C. M. de villis vel curtis imperialibus", das wahrscheinlich auf Veranlassung Karls I. im Jahre 812 verfaßt worden ist, wird unter den in den Klöstern anzubauenden Pflanzen die Lilie an erster Stelle genannt. Vermutlich ist die Weiße Lilie gemeint. Denn wenig später schrieb Walafried Strabo (807–849) ein lateinisches Lehrgedicht, in welchem er ihre Heilkraft lobt. Wohl nach dem Vorbild des Tempels Salomons, in dem die Lilienblüte ein künstlerisches Motiv war, schmückt die Liliendarstellung bald Thron, Zepter und Krone Karls des Kahlen (845–870); die Lilie wird ein Symbol der Herrschaft, wie schon im alten Ägypten der ersten Dynastien und

in Byzanz. In die von der christlichen Kirche aus der Antike übernommene Vorstellung von der Lilie als Keuschheitssymbol geht im Mittelalter die Vorstellung vom Lebensbaum und vom Lebensbrunnen ein, und im späten Mittelalter ist die Lilie Symbol der Gnade Gottes. In der Kunst erscheint die weiße Lilie als Verkündigungspflanze und als Symbol jungfräulicher Reinheit auf den Bildern der Maria und auf solchen, die Märtyrerinnen darstellen, sie gehört auch zu den Pflanzen, die im Paradiesgärtlein wachsen, das ein oberrheinischer Meister 1410 gemalt hat. Im 19. Jahrhundert greift Ph. O. Runge das Lilienmotiv wieder auf, um – wie er schrieb – „die gränzenlose Erleuchtung des Universums am Morgen" darzustellen.

L. candidum hat breit-eiförmige, weißliche oder gelbliche Zwiebeln, die bis faustgroß werden. Sie treiben bereits im Spätsommer einige Blätter, welche verkehrt-lanzettlich sind, bis etwa 20 cm lang und bis 5 cm breit werden und eine Rosette bilden. Im Frühjahr folgen weitere, häufig größere Blätter und im Juni/Juli der Flor. Auf starken, straffen, verschieden grünen oder dunklen, dicht beblätterten Stengeln erscheinen die 5 bis 8 cm langen, blendendweißen, breit-trichterförmigen Blüten, oft bis 20 je Stiel. Sie haben gelbe Staubbeutel und duften stark. Bald nach dem Flor zieht diese Lilie ein und macht ihre Ruhezeit durch, während welcher sie verpflanzt werden muß. Später treibt sie neue Wurzeln und frisches Laub, wie anfangs erwähnt: Dann ist es für das Umsetzen zu spät. Als einzige Lilie darf man diese Art nicht sehr tief setzen. Man setze so, daß die Zwiebel gegen 10 cm hoch mit Erde bedeckt ist. Merkwürdigerweise bildeten die Madonnenlilien niemals Samen. Daher hielt man sie für unfruchtbar. Etwa 1916 jedoch fand der Pflanzensammler Norman Ambler in Mazedonien einen Flecken mit kleinen und ausgewachsenen Exemplaren, konnte auch Samen ernten, und seitdem gibt es fertile *L. candidum*. Die aus Samen herangewachsenen Pflanzen sind gegen Virus resistenter als die vegetativ vermehrten. Auch wurden bei Aussaaten im Großen verschiedene Abweichungen gefunden: Pflanzen mit größeren Blumen, Pflanzen, die im Wuchs niedrig blieben. *L. candidum* wächst in jedem guten Gartenboden und nimmt auch einen gewissen Kalkgehalt hin. Große Hitze ist abträglich, ebenso heißer Standort und schwerer Frost ohne Schneedecke. In heißen Jahren stehen die Madonnenlilien besser im Halbschatten, in kühlen Sommern und nassen Jahren reifen die Zwiebeln an warmen, sonnigen Plätzen besser aus. Es ist also schwer zu sagen, wie sie am besten stehen. Bei exponiert stehenden Beständen ist Winterschutz angebracht. Die Zwiebeln sollen alle vier oder fünf Jahre umgepflanzt und die Erde erneuert werden; noch besser ist es, den Platz zu wechseln.

Lílium formosánum (Bak.) Wallace (syn. *L. longiflorum* Thunb. var. *formosanum* Bak.) stammt aus Formosa und hat nur mäßig große Zwiebeln. Die Blüten werden langtrichterförmig, bis 18 cm lang, reinweiß, außen manchmal rötlich angelaufen. Die Pflanzen sind bei uns nicht winterhart, aber versuchswert, weil sie rasch wachsen. Die Sorte 'Schneeflocke' wird bis 30 cm hoch. Man sät im März unter Glas aus, der Samen keimt nach wenigen Wochen. Man pflanzt dann ins Freiland aus, muß aber im Herbst aufnehmen und frostfrei, dabei gut abgedeckt, überwintern. Im Frühling kommen mehrere Zwiebeln in einen 12er Topf, der zunächst ins Kalthaus oder in einen kalten Kasten gehört. Später kann man auspflanzen oder in den Töpfen zur Blüte kommen lassen. Der Flor setzt etwa 18 Monate nach der Aussaat ein. Mit einem zweiten ist nur ausnahmsweise zu rechnen.

Lilium-Imperiale-Hybriden ist der jetzt gültige Name für Sorten aus Kreuzungen von *L. regale*, *L. sargentiae* und *L. leucanthum* var. *centifolium*. Früher gingen sie als *L.* × *imperiale* Wils. Manche ähneln der Königslilie, sind winterhart wie diese, wachsen leicht und blühen reich und schön. Die Blumen werden aber größer, sehen imposanter aus und stehen lockerer am Ende der Stengel. Sie setzen auch Samen an, die Nachkommen variieren jedoch. Man darf damit rechnen, daß im Laufe der Zeit Stämme oder Rassen gezüchtet werden, die aus Samen einen gleichmäßigen Bestand schöner Pflanzen bringen.

Lílium régale Wils., die Königslilie, stammt aus Westchina, wo sie der amerikanische Pflanzensammler E. H. Wilson 1903 in einem unfruchtbaren Tale der Provinz Sischuan zwischen Gras und Sträuchern fand. Er berichtet, daß die Lilie in Dörfern auch auf den Köpfen von Mauern gedeiht und – gegessen wird (das geschieht auch mit den Zwiebeln anderer Arten!). Es gibt wohl keine Lilie, die so gut und sicher wächst, auch aus Samen, wie *L. regale*. Schon wenige Jahre nach ihrer Entdeckung entstanden überall Anzuchten, zumal *L. regale* leicht Samen ansetzt. Sie hat flachrunde, weinrot angelaufene, bis 15 cm breite Zwiebeln mit dicken, dachziegelartig sitzenden Schuppen. Die Stengel werden bis 150 cm hoch, sind unten und zuweilen auch aufwärts rot überlaufen oder rot gefleckt. Im unteren Stück haben die Stengel keine Blätter, dann stehen sie wechselständig bis hinauf zum Blütenstand. Sie sind schmal-lanzettlich, sitzend, oft dunkelgrün. Die Blumen werden sehr ansehnlich, trichterförmig, außen rosa oder purpurn angelaufen, innen im Grunde kanariengelb, sonst aber rein- bis marmorweiß, Länge der Trompeten bis 15 cm. Der Blütenstand ist eine Doldentraube und kann bis 15 und noch mehr Blumen enthalten. Bei den Aussaaten tauchten und tauchen immer wieder Abweichungen auf, von denen manche von Züchtern auch fixiert werden. So gibt es heute Klone oder Zuchten mit völlig reinweißen Blüten, ferner strebt man danach, die gelbe Farbe des Schlundes und den rosigen oder purpurnen Anhauch auf der Außenseite über die ganze Blume auszubreiten. Genannt seien der 'Pink Perfection Strain' mit fuchsinrosa überlaufenen Blüten und 'Royal Gold' – eine wirklich goldgelbe Trompetenlilie. Die Königslilien blühen im Juli/August, aber auch früher oder später in Flor kommende Exemplare sind in den Aus-

Li

Lílium sargéntiae

Lílium aurátum

saaten aufgetaucht. Gärtnerisch sind die Königslilien ohne sehr große Bedeutung, weil sie zu einer Zeit blühen, in welcher es Blumen, auch kostbare und ansehnliche, in großer Zahl und Auswahl gibt. Ein Nachteil ist ferner, daß die Blüten sehr durchdringend duften und sich daher als Schnittblumen nicht recht eignen. Im Garten jedoch machen sie immer Freude, denn sie wachsen leicht, fangen aus Samen schon im zweiten Jahre an zu blühen, können lange an ihrem Platz bleiben und sehr stattlich werden. Sie sind anspruchslos, widerstandsfähig gegen Krankheiten. Sie wollen tiefgründigen, humusreichen, gut durchlässigen Boden und wachsen in sonniger wie in halbschattiger Lage gleich willig, abträglich ist Wurzeldruck. Man vermehrt aus Samen.

Die Zwiebeln müssen je nach Größe 10 bis 25 cm tief in den Boden kommen. Der Austrieb ist gegen Spätfröste im Mai empfindlich. Man muß ihn durch Frostschutzhauben schützen, sonst können nicht nur der Trieb, sondern auch die ganze Zwiebel zugrunde gehen, oder die Zwiebel teilt sich und blüht erst im übernächsten Jahr wieder. Selbstverständlich ist daher, daß man als Standort nur geschützte Plätze aussucht und frostgefährdete meidet.

Lílium rubéllum Bak. wächst im Mittelstück der japanischen Hauptinsel Hondo auf Bergen in 800 bis 2000 m Höhe auf Grasplätzen und zwischen niedrigen Sträuchern. Der Untergrund ist sehr durchlässig, aber das Gebiet hat reichliche Niederschläge. Die Pflanzen werden in ihrer Heimat bis 60 cm hoch, in der Kultur erreichen sie manchmal 100 cm Höhe. Sie haben ziemlich kleine Zwiebeln, schlanke Stengel und schmale Blätter. Die Blüten bleiben verhältnismäßig klein, sind glockig, weisen leicht zurückgebogene Spitzen auf und werden rosa. Sie wachsen aus Samen leicht, blühen freilich frühestens nach vier Jahren. Eine Gefahr besteht: daß die Zwiebeln im Winter faulen, denn sie sind gegen stehende Nässe äußerst empfindlich. Man sollte sie also nur in einem Gelände mit allerbester natürlicher Dränage anzubauen versuchen. Die Pflanzen wollen leichte Beschattung. Am ehesten wird man Erfolg haben, wenn man selbst aus Samen heranzieht und so von klein an Zwiebeln bekommt, welche an das jeweilige lokale Klima und die übrigen Standortverhältnisse gewöhnt sind. *L. rubellum* ist eine Art, die man man hier sehr selten sieht, deren Einbürgerung bei uns aber für möglich gehalten wird; freilich muß man ihre Ansprüche befriedigen. Pflanztiefe 15 cm und tiefer.

Lílium sargéntiae Wils. aus Westchina ähnelt *L. regale* und gilt bei manchen Botanikern als eine Abart oder Form dieser Art. Es gibt aber einige Unterschiede: Die Pflanzen werden in ihrer Heimat bis 2 m hoch, sie blühen etwa einen halben Monat nach *L. regale*. In den Achseln der schmalen Blätter bilden sich Brutzwiebeln. Dafür bringen die Pflanzen wenig Samen. Ihre Blumen werden 12 bis 15 cm lang und sind weiß, außen stellenweise hellrosa überlaufen, innen im Grunde gelblich. Die Blumenblätter haben grünliche Mitteladern. In großen Aussaaten kann man zahlreiche kleine oder größere Abweichungen in der Form und Färbung finden. *L. sargentiae* ist gegen stehende Nässe sehr empfindlich: man muß also gut drainieren. Ferner brauchen die Zwiebeln Winterschutz. Auch soll man tief legen, und der Boden ringsum muß kühl bleiben. Es sind daher schattenspendende Zwerggehölze nötig, oder man muß die Fläche mit feuchter Torfstreu abdecken. Die Art wünscht keinen Kalk. Durch Bestäubung mit Pollen von *L. regale* erzielte ein amerikanischer Liebhaber die Sorte 'George C. Creelman'. Sie ist weniger empfindlich als *L. sargentiae*, ähnelt diesem aber in vielem stark. Heute gibt es eine Reihe Stämme von dieser Hybride, die aus Samen ziemlich echt fallen. Sie gehören alle ebenso zu den Lilium-Imperiale-Hybriden. Es wurden auch zahlreiche andere Kreuzungen durchgeführt, an denen *L. sargentiae* direkt oder indirekt beteiligt war. Die Art gehört jedenfalls zu den Eltern von *L.* × *aurelianense*

Debras, aus welchen die Aurelianense-Hybriden entstanden sind.

Lílium × testáceum Lindl., die Nanking-Lilie, ist ein wohl spontan entstandener Bastard zwischen *L. candidum* und *L. chalcedonicum*. Zwiebeln und Tracht, auch der Wachstumsverlauf ähneln *L. candidum* sehr, aber die breit-glockigen Blüten, deren Stiele bis 15 cm lang werden, sind nankinggelb, innen haben sie einige rötliche Punkte. Diese Lilie wünscht Seeluft, durchlässigen, etwas kalkhaltigen Boden. Sie dauert nur manchmal lange aus und ist gegen Botrytis ziemlich anfällig.

Sektion 2: *Archelirion*

Die Blumen ragen zur Seite, sie sind etwas glockig, vor allem aber sternförmig, an den Spitzen leicht zurückgebogen, nicht zurückgerollt. Die Staubgefäße stehen abgespreizt. Zur Sektion gehört nur eine Art. Dies ist: **Lílium aurátum** Lindl., die Goldbandlilie, unbestreitbar eine der schönsten Lilien. Sie wurde 1862 durch einen der Pioniere des Gartenbaus in England, John Gould Veitch, importiert, hält hier aber nur selten lange aus. Es gibt in Europa kaum nennenswerte Anzuchten. *L. auratum* stammt aus Japan und wächst auf den Hängen des Fudschijama in vulkanischer Erde, die durchlässig und brockig ist, untermischt mit zersetztem Laub. Man begegnet diesen Lilien dort zuweilen in großen Beständen, die inmitten von Funkien, Glockenblumen und Taglilien stehen. Die Stengel werden nicht übermäßig hoch und bringen bis 4 Blüten. Das Klima ist milder als bei uns, die Luft feuchter, und die Fröste im Winter sind niemals hart und nur kurz. Die Zwiebeln werden kugelig oder gedrücktkugelig, bis 10 cm breit, weiß und bestehen aus vielen dicken, gekrümmten, dicht sitzenden Schuppen. Der Stengel ist schlank, Höhe 60 bis 180 cm, die Blätter sind lanzettlich, unten bis 25 cm lang, in ihrer Mitte 20 bis 30 mm breit. Die Blütentraube wird im Umriß dreieckig bis zylindrisch, läuft in eine Spitze aus und kann an gut kultivierten Stöcken bis 30 Blumen bringen. Diese werden 12 bis 20 cm lang. Die Abschnitte sind breit-sichelförmig, in ihrer Mitte bis 5 cm breit. Die Blumen sind weiß, haben in der Mitte jedes Blütenblattes innen einen goldgelben Streifen (daher der Name Goldbandlilie), über die ganze Fläche verteilt zahlreiche hell- bis tiefpurpurne Punkte und Papillendrüsen. Goldbandlilien kommen bei uns in der Regel im Juli, manchmal auch erst im August in Flor und setzen bei Handbestäubung auch Samen an. Er reift aber selten im Freien, jedoch sicher, wenn man die Stengel mit den Kapseln abschneidet und ins Zimmer oder Gewächshaus stellt. Solcher Samen keimt auch ohne Schwierigkeiten. *Lilium auratum* wird seit langem in Japan kultiviert und stets durch Aussaat vermehrt. Dabei traten eine Reihe Abweichungen und Abänderungen auf, die durchgezüchtet wurden und von denen einzelne recht wertvoll sind. So gibt es var. **platyphýllum** Baker, bei welcher die Blumenblätter breiter werden. Dadurch wirken die Blüten größer, und die Flecken und Punkte kommen in der Mitte gehäufter vor. Ferner gibt es die var. **virginále** Dutch, bei der die roten Flecken völlig fehlen, die cv. 'Album' – die ganz weiß, auch ohne gelben Mittelstreifen ist; ferner 'Rubrovittatum' – der Mittelstreifen auf den Blütenblättern ist nur im Grunde gelb, dann rot. Auch wurden die verschiedensten Kreuzungen mit anderen Arten durchgeführt und erstaunliche Ergebnisse erzielt. 1869 kreuzte man var. *L. platyphyllum* mit *L. speciosum* 'Melpomene' und erhielt einen Bastard mit Auratum-Blüten, die bis 30 cm breit und im Grunde grünlich angelaufen waren. Diese Lilie, **L. × parkmánnii** Th. Moore, ging später wieder verloren, ist aber durch erneute Bestäubungen nachgeschaffen worden.

Im Garten bei uns wollen sie einen geschützten Platz, wo sie sowohl vor Wind als auch vor Hitze sicher stehen. Auch muß der Standort gut drainiert sein. Man setze sie an einen Fleck, wo sie von einigen entfernt stehenden Bäumen leichter Streuschatten trifft oder der etwas absonnig liegt. Dort hebe man eine gegen 50 cm tiefe, recht breite Grube aus, fülle in diese etwa 20 cm hoch altes Reisig, holzige Rückstände von Stauden und umgekehrte Rasensoden, um recht guten Wasserabzug zu erreichen. Dann mische man die gewachsene Erde mit reichlich Laub und Heideerde, fülle so viel ein, daß die richtige Pflanztiefe für die Zwiebel entsteht, setze diese, umgebe sie völlig mit reinem Sand und schließe zuletzt die Grube. Man soll die Zwiebeln je nach Größe etwa 15 cm tief oder etwas tiefer legen, aber *nicht zu tief*, sonst hat der Trieb zu viel Mühe, die Erde zu durchstoßen. Unbedingt nötig ist, über Winter mit einer luftigen Schicht trockenen Laubes zu schützen und darüber als Regendecke ein Stück Folie zu breiten. Als unmittelbare Nachbarn eignen sich sehr gut Funkien, mäßig hohe Rhododendron-Büsche und auch Rodgersien.

Goldbandlilien zieht man aus Samen heran.

Sektion 3: *Pseudolirion*

Die Blüten stehen aufrecht, sind becher- oder vasen- bis sternförmig und haben leicht zurückgebogene Spitzen. Die Blumen erscheinen am Ende des Stengels und bilden meistens einen mehrblumigen, doldenartigen Blütenstand, vielfach werden sie rot; die Staubgefäße stehen ab. Die Sektion heißt auf deutsch Feuerlilien, aber auch Becher- oder Schalenlilien, weil Feuerlilie der deutsche Name einzelner Arten ist. Die Sektion umfaßt gegen 15 Arten, die stark variieren, und es gibt auch zahlreiche Sorten und Bastarde.

Lílium bulbíferum L., die eigentliche Feuerlilie, war früher bei uns nicht selten ein Unkraut auf Feldern. Heute findet man die Art selbst in Gärten kaum noch ... warum, läßt sich nicht sagen. Die Pflanzen haben gedrückt-kugelige, weißliche Zwiebeln, straffe, etwas gefurchte, mit purpurnen Flecken bedeckte Stengel und zerstreut sitzende, zahlreiche Blätter, in

Li

Lílium bulbíferum

Lílium davídii

deren Achseln sich Brutzwiebelchen bilden. Die Blumen sind feurigrot, im Grunde manchmal orange getuscht, ohne Geruch, Blütezeit ab Ende Mai/Anfang Juni bis über das Ende dieses Monats hinaus. Feuerlilien werden 60 bis 80 cm hoch, zuweilen noch höher, und wachsen in jedem normalen Gartenboden. Auch bei dieser Lilie ist es günstig, wenn ihr Standplatz etwas von davorstehenden Stauden beschattet wird. Die Pflanzen sind Stengelwurzler.

Neben der Stammform gibt es eine ssp. **cróceum** (Chaix) Bak. (syn. L. croceum Chaix, L. aurantiacum West.), die keine Bulbillen in den Blattachseln entwickelt. Wenn beide zusammen auftreten, entstehen Zwischenformen. Es ist die Safranlilie mit Gelb im Farbton der Blüten. Sie tritt vor allem in den Alpen wild auf, hat sich aber überallhin ausgebreitet. In Holland hieß sie früher im Volksmunde „Herring-Lelie", weil sie blühte, wenn die großen Heringsfänge gelandet wurden. Die Pflanzen haben bis 10 cm breite, runde, weißliche, rötlich angelaufene Zwiebeln. Diese senden in ihrer Jugend häufig Ausläufer aus, welche wie der im Erdreich steckende Stengelteil Brutzwiebeln ansetzen. Der Stengel wird bis über 1 m hoch, ist stämmig, gerippt und dicht mit schmalen, unten etwa 10 cm langen Blättern besetzt. Die Blumen erscheinen in endständigen Dolden, manchmal werden ihre Stiele nur kurz, zuweilen bis 10 cm lang. Die Blüten sind 7 bis 10 cm breit, Farbe orangegelb bis rötlichorange mit dunklen Punkten. Es treten auch Pflanzen mit helleren Blumen auf. Die Safranlilien blühen im Juni/Juli und wachsen leicht, wenn sie tiefgründigen, nicht zu leichten, etwas frischen Boden haben. Man pflanze je nach Größe 15 cm tief und tiefer. Sagt den Pflanzen der Standort zu, können sie alt werden und förmliche Kolonien bilden. Eine Sehenswürdigkeit war z. B. ein Exemplar in einem englischen Landhausgarten nördlich von London: es blühte 47 Jahre lang ununterbrochen jeden Sommer. Die Safranlilie wurde zu Kreuzungen mit manchen andern Arten verwendet, und es entstanden mehrere wertvolle Hybriden.

Lílium cóncolor Salisb. stammt aus Mittelchina, tritt auch in Japan auf und hat kleine Zwiebeln, die gern Brut ansetzen. Sie treiben runde, 30 bis 60 cm hohe Stengel, welche zuweilen purpurn angelaufen und leicht behaart sind. Die Blätter werden 5 bis 10 cm lang, lanzettlich, an beiden Enden verschmälert. Die Blüten erscheinen im Juni/Juli. Sie stehen in einer Doldentraube bis 10 beisammen und sitzen an Stielen, deren Länge bis 6 cm beträgt. Ihre Farbe ist lebhaft scharlach, manchmal auch gelb. Die Blüten sind etwa 6 cm breit und duften schwach. Es gibt eine var. **sínicum** Wils. — Blumen innen schwarz gefleckt; var. **partheneion** Wils. hat rot und gelb gestreifte Blüten mit schwarzen Punkten; 'Coridion' hat hellgelbe Blumen mit bräunlichen Flecken, und bei 'Okihime' werden diese reingelb. 'Coridion' gilt als die beste Sorte. Die Art wurde mehrfach zu Kreuzungen benutzt. Die Pflanzen wollen in voller Sonne stehen, ihre Zwiebeln sind nicht sehr langlebig. Aber man kann leicht aus Samen heranziehen.

Sektion 4: *Martagon*

Die Blumen stehen nickend, und ihre Blütenblätter bilden weder Trichter noch Schale oder Becher, sondern sie ragen zur Seite und sind an den Spitzen häufig zurückgerollt oder zurückgebogen, die Blumenblätter werden etwa in der Mitte am breitesten. Die Staubgefäße stehen weit abgespreizt. Vielfach bilden die Blätter Quirle. Die Sektion umfaßt über 50 Spezies. Deutsch heißen sie Türkenbundlilien, richtiger wäre die Bezeichnung Turbanlilien.

Lílium amábile Palibin, die Korea-Lilie, ist in Korea weit verbreitet und wächst auf lehmigen, mit feinen Steinchen durchsetzten Böden zwischen Gräsern und kleinen Sträuchern, aus denen der bis 1 m hohe Schaft hervorragt. Die Blumen erscheinen im Juni/Juli, werden granatrot und haben schwarze Punkte. Die Farbe leuchtet weithin. Sie stehen in Trauben mit 4 bis 6 Blüten und duften etwas unangenehm. Blumenbreite etwa 6 bis 8 cm. L. amabile verträgt leicht alkalischen Boden, der sandig-lehmig und eher etwas trocken als feucht sein soll. Es ist guter Wasserabzug nötig, desgleichen etwas Winterschutz. Auch die Korea-Lilie wurde zu Kreuzungen herangezogen. Ein schöner Blendling ist die Sorte 'Kardinal', von L. amabile × L. tigrinum abstammend, Pflanzen über 120 cm hoch, Blüten leuchtend rot. Es gibt auch eine 'Luteum' mit orangegelben Blüten.

Lílium canadénse L., die Kanada-Lilie, tritt nicht nur in Kanada, sondern auch in vielen Teilen des Ostens der Vereinigten Staaten auf. Sie wächst in nicht zu trockenen Wiesen und an Waldrändern in leichteren Böden. Die Zwiebel ist klein und weiß. Sie treibt einige Ausläufer, an deren Ende sich Tochterzwiebeln bilden. Die Pflanzen werden 40 bis 120 cm hoch und haben einen schmalen Blütenstand, der auf 6 bis 20 cm langen Stielen ein halbes Dutzend oder einige Blumen mehr aufweist. Diese hängen genau nach unten, sind trichterförmig, die Zipfel stehen waagerecht ab, Breite der Blüten höchstens 10 cm, oft sind sie nicht viel breiter als 6 cm. Sie wirken beinahe elegant. Die Farbe ist bei der Größe des Verbreitungsareals nicht einheitlich: Sie reicht vom hellen Gelb über Tiefgelb bis Scharlach mit dunklen Flecken. Es gibt eine Reihe Abarten: var. **supérbum** Elwes – Blumen scharlach- bis zinnoberrot, in der Mitte gelb geflammt, ziemlich groß; var. **coccíneum** Kunth – Blütenblätter ziemlich schmal, tiefrot, aber rosa schimmernd, am Grunde gelb und purpurn gefleckt. Die Pflanzen blühen im Juni/Juli. Sie machen keine Schwierigkeiten. Man lege sie 15 bis 20 cm tief in lockere Erde: Sand, Laub- und Heideerde. Gute Drainage ist günstig. Der Standort soll etwas Schatten bekommen. Es ist gefährlich, die Brutzwiebeln von den Stolonen und diese von der Mutterzwiebel zu trennen, man muß abwarten, bis die Mutterzwiebel die Tochterzwiebeln abstößt. Abgetrennte Brut geht ein. Man kann aber auch aus Samen vermehren, die Sämlinge blühen im 4. Jahre. Diese Lilie wurde 1620 nach Frankreich gebracht, sie gehört jedoch zu den Arten, die man selten im Garten antrifft.

Lílium carniólicum Bernh., die Krainer Lilie, wächst in Norditalien, Dalmatien, Kärnten und hat eine eiförmige, nicht sehr große Zwiebel, reich beblätterte Stengel, die Blätter sind linealisch-lanzettlich, aufgerichtet-abstehend. In der freien Natur blüht sie im Juli/August, bei uns in den Gärten meistens im Juni. Die Pflanzen werden 80 bis 120 cm hoch und haben in der Kultur bis 5 leuchtend scharlachrote Blumen mit stark zurückgerollten Blütenblättern. Die Blumen sitzen an verhältnismäßig dicken und relativ kurzen Stielen. L. carniolicum ist eine alte Gartenpflanze. Sie wächst leicht und stellt nur geringe Ansprüche, aber sie gehört nicht zu den besonders schönen Arten. Normaler, etwas kalkhaltiger Gartenboden ist nötig, volle Sonne wird vertragen, wenn der Standort nicht zu trocken ist. Es gibt mehrere Varietäten, die aber gärtnerisch ohne Bedeutung sind.

Lílium chalcedónicum L., die Brennende Lilie, auch Scharlachtürkenbund genannt, ist schon lange bekannt. Sie stammt vom Balkan. Dort wächst sie z. B. auf Euböa in 1200 m Höhe auf Hängen zwischen Kiefern, in steinigen Triften und auch in trockenen Flußbetten. Die Pflanzen werden 80 bis 120 cm hoch, haben eine große, gelbe, eiförmige bis runde Zwiebel und an einem hohen, strammen Stengel dicht stehend schmal-lanzettliche Blätter. Sie bringen zwei, drei, nur ausnahmsweise mehr leuchtend rote Blüten mit lackartig glänzender Oberfläche und kleinen braunen Warzen, die nach dem Grunde zu stehen. Es gibt auch eine var. **maculátum** hort., bei welcher die Blumen schwarz gesprenkelt sind und die ganze Pflanze kräftiger wächst. Beide Formen blühen bei uns im Juli/August. Gesunde Zwiebeln bringen alljährlich drei, vier Tochterzwiebeln. Man pflanze etwa 15 cm tief und tiefer. Diese Lilie wünscht sandig-lehmigen, etwas kalkhaltigen Boden und will nicht feucht und beschattet stehen. Man kann sie selten sehen, denn sie wächst bei uns nicht recht... warum, weiß man nicht genau, sicher ist nur, daß sie sehr anfällig für Pilzkrankheiten ist.

Lílium davídii Duchartre stammt aus Westchina, wo es in den Bergen von 1600 bis 3000 m auftritt, und dies teilweise in Massen. Die Chinesen kultivieren ihre Zwiebeln auch auf Mauerköpfen und verspeisen sie. In der freien Natur kommt L. davidii in tiefem Humus auf steinigen Berghängen und auf Steinköpfen vor. Es ist also im Boden nicht sehr wählerisch, verlangt aber guten Wasserabzug. Die Pflanzen haben weiße, eiförmige, bis 7 cm breite Zwiebeln, die Ausläufer treiben, und einen hohen schlanken, braungefleckten Stengel. Die Blätter stehen eng, sind glänzend dunkelgrün, linealisch-lanzettlich bis riemenförmig, Länge bis 15 cm. Der Blütenstand bildet eine lockere Traube aus orangeroten, hängenden Blüten mit stark zurückgerollten Blumenblättern. Bis 20 Blüten und mehr sitzen beisammen. Sie stehen auf verschieden langen Stielen. Im Umriß ist der Blütenstand ein spitzes Dreieck mit manchmal ziemlich breiter Basis. Die Art wächst bei uns leicht und variiert auch in mannigfachster Weise. So finden sich bei großen Aussaaten Exemplare, welche besonders kräftig wachsen, bis 2 m hoch werden und große, glühend gefärbte Blüten bringen, aber auch Blumen in Lachsrot und Orange, mit und ohne Tüpfelung. Ferner können sich die Blütenstiele teilen. An jedem sitzen zwei Blumen. L. davidii wurde zu sehr vielen Kreuzungen verwendet, und eine Reihe schöner Hybriden ist dabei erzielt worden. Ihre Zahl wächst ständig, sie werden heute als *Lilium-Davidii-Hybriden* bezeichnet, zu ihnen gehören mehrere Gruppen, auch die Sonnenwind-Hybriden. Als beste Varietät hat sich var. **willmóttiae** (Wils.) Raffill erwiesen, mit der z. B. Alexander Steffen arbeitete und die nach ihm benannte Rasse erzielte. Ihre Vorzüge sind große Wüchsigkeit und reicher Flor. Steffen hat auch zahlreiche Arten gekreuzt. Dabei ergaben Kreuzungen mit L. × scottiae als Partner Nachkommen,

Li

Lílium hénryi

Lílium mártagon

deren Blüten direkt nach der Seite zeigten, so daß man ihre ganze Fläche vor Augen hatte. *Lilium davidii* läßt sich leicht aus Samen heranziehen, ferner durch Brutzwiebeln vermehren. Die Pflanzen wünschen humusreichen, tiefgründigen, sehr gut dränierten Böden, vertragen Kalk, und bei ausreichend frischem Boden können sie in voller Sonne stehen. Blütezeit ist der Juli/August. Man pflanze etwa 15 cm tief. Winterschutz ist nicht erforderlich.

Lílium hansónii Leichtl. aus Korea hat große, runde, dichte, weißliche Zwiebeln mit breiten, kurz zugespitzten Schuppen. Der Stengel ist straff und mit dünnen, breit-lanzettlichen bis elliptischen Blättern besetzt, die in Quirlen, manchmal auch verstreut stehen. Der Blütenstand wird doldig oder traubig und bringt 4 bis 10 und noch mehr nickende Blumen mit ziemlich fleischigen, lanzettlichen, abgespreizten Blumenblättern. Jene sind etwa 6 cm breit, duften angenehm, werden orangegelb oder safrangelb mit rötlichem Schimmer und bekommen purpurne Punkte. Die Pflanzen blühen im Juni vor *L. candidum* und erreichen eine Höhe von 70 bis 120 cm. *L. hansonii* wächst in seiner Heimat an Plätzen mit einer starken Humusschicht. Es ist eine sehr wüchsige und recht dauerhafte Art, hat aber den Fehler, daß sie wenig Brut und bei uns keinen Samen ansetzt... also langsam zu vermehren ist. Vorteilhaft wirkt sich aber aus, daß die Exemplare kaum von Krankheiten befallen werden. Man hat auch diese Lilie vielfach zu Kreuzungen verwendet und einige sehr schöne und wüchsige Hybriden erzielt; sie gehen unter der Bezeichnung *Lilium-Hansonii-Hybriden*. Erwähnt seien **L. × dalhansónii** (*L. martagon × dalmaticum × L. hansonii*) und **L. × márhan** (*L. martagon × L. hansonii*), welche die Sorten 'Brocade', 'Sceptre', 'Golden Orb' und weitere ergaben. *L. hansonii* wünscht tiefgründigen, humusreichen Boden und etwas absonnige, ein wenig frische Standorte. Man pflanze etwa 15 cm tief. Es ist unerläßlich, den Frühjahrsaustrieb, der verhältnismäßig früh erscheint und rasch wächst, vor Nachtfrösten zu schützen! Die Stiele halten sich abgeschnitten über 10 Tage.

Lílium hénryi Bak. (syn. *L. callosum* Caval.) stammt aus Zentralchina, wurde von Prof. A. Henry entdeckt und nach ihm benannt. Die ersten Zwiebeln kamen 1899 in England an. In der Heimat steht diese Lilie nach Angaben des Pflanzensammlers Wilson in Laubhumus auf Kalkunterlage. Die Pflanzen haben eine große, runde, rotbraune Zwiebel und 1,5 bis 2 m hohe Stiele, die dicht mit lanzettlichen, 10 bis 15 cm langen, kurzgestielten, gebogenen Blättern besetzt sind. Sie bringen bis 20blütige Trauben. Die Blüten sitzen auf langen Stielen, nicken, ihre Farbe ist orange mit kleinen schwarzen oder schwarzbraunen Flecken. Die Blumenblätter sind weit zurückgebogen. Die Blüten werden nicht sehr groß, aber die Pflanzen blühen reich. Sie kommen bei uns ab Anfang August in Flor, und die Blütezeit kann sich lange hinziehen. Samen wird hier nur bei künstlicher Befruchtung angesetzt und reift nicht immer. Aber wenn man die Stengel schneidet und in Wasser gestellt nachreifen läßt, kann man mit einer guten, keimkräftigen Ernte rechnen. *L. henryi* wurde ebenfalls zu zahlreichen Kreuzungen verwendet. Die wichtigsten Hybriden sind die *Lilium-Aurelianense-Hybriden* geworden. Die ersten Pflanzen waren nicht sehr wüchsig, doch ist dieser Fehler durch Rückkreuzungen und weitere Kreuzungen jetzt

Lílium monadélphum   Lílium pardálinum

völlig verschwunden. Die Arbeit geht heute nach verschiedenen Richtungen und wird an mehreren Stellen betrieben.

L. henryi und eine ganze Reihe Sorten, an denen es beteiligt ist, wachsen leicht in jedem normalen Gartenboden, er soll eher etwas trocken als zu feucht sein. Man lege 15 bis 18 cm tief. Winterschutz ist nur in rauhen Lagen nötig. Sämlinge können bereits im 2. Jahre die ersten Blüten bringen.

Lílium lancifólium → L. tigrínum

Lílium leichtlínii Hook. f. var. **maximowíczii** (Regel) Bak. ist in Japan weit verbreitet. Die Pflanzen haben kleine, weiße Zwiebeln, welche in der Natur etwa 15 cm tief im Boden stecken. Der Trieb wächst zunächst etwas zur Seite und steigt erst dann aus der Erde ans Licht empor. Die Pflanzen werden 80 bis 120 cm hoch, manchmal noch höher. Sie haben frischgrüne lanzettliche bis linealische Blätter, die unregelmäßig am Stengel stehen. Die Blumen erscheinen in einer offenen Traube wie bei *L. tigrinum* und werden orangegelb bis orangerot und sind rotbraun gefleckt. Sie ähneln den Blüten der Tigerlilie, sind aber kleiner. Die Trauben können bis 12 und mehr Blumen bringen, Florzeit im Juli/August. Diese Lilie läßt sich leicht aus Samen heranziehen und bringt im 2. oder 3. Jahre die ersten Blumen. Sie wünscht frischen bis leicht feuchten, etwas anmoorigen Boden und etwas beschatteten Standort. Kalk wird nicht vertragen. Im ganzen ist diese Lilie eine zierlichere Ausgabe von *L. tigrinum* und wert, daß man sie pflanzt.

Lílium mártagon L. tritt in Europa an verschiedenen Stellen und ostwärts bis Sibirien auf. Die Pflanzen haben eine eiförmige, zugespitzte, bis kinderfaustgroße, gelbliche Zwiebel mit lanzettlichen Schuppen. Der Stengel ist straff, und die Blätter sind zu 6 und mehr in Quirlen angeordnet, elliptisch-lanzettlich, sitzend. Die Blüten werden 3 bis 4 cm lang und stehen in einer langen, schmalen Traube, duften; in der Natur finden wir je Blütenstand 3 bis 20 Blumen, bei Kulturexemplaren bis 50. Sie sind weinrot und haben zahlreiche dunkle Punkte, aber in der Wildnis kann man auch heller getönte Bestände finden. Außer der Stammart gibt es eine cv. 'Albiflorum' — Blumen reinweiß ohne Punkte; var. **cattániae** Vis. (syn. L. dalmaticum hort.) vom Balkan hat tief weinrote, etwas größere Blüten und wächst kräftiger. *L. martagon* wurde mehrfach zu Kreuzungen verwendet, häufig mit *L. hansonii* (siehe dort), und von einzelnen gibt es jetzt zweite und dritte Generationen, die weitaus wüchsiger sind als die Eltern.

In der Natur findet man bei uns *L. martagon* an lichten, etwas feuchten Waldblößen zwischen Gräsern und Kräutern. Die Pflanzen werden bis 90 cm hoch, in der Kultur bis 150 cm, und blühen im Mai/Juni. Die Türkenbundlilie, wie diese Art im Deutschen heißt, ist schon seit dem 14. Jahrhundert eine Gartenpflanze, obwohl sie nicht zu den schönsten Lilien gehört. Man pflanzt sie an sonnige Plätze in nicht zu trockenen, durch Waldhumus und Kalksteinbrocken verbesserten Boden. Es ist aber günstig, über die Zwiebeln niedrige Sommerblumen oder Stauden zu setzen, so daß sie kühl stehen. Man vermehrt am besten aus Brutzwiebeln, denn die Bestände aus Samen blühen erst im 4. oder 5. Jahre. Man lege etwa 10 bis 12 cm tief. Winterschutz ist nicht nötig.

Lílium monadélphum M. B. wächst im Ostkaukasus wild und steigt in den Bergen bis 2000 m hinauf. Man findet es dort zwischen Rittersporn, Eisenhut, Glockenblumen und Doldengewächsen und ebenso zwischen heranwachsenden, locker stehenden Gehölzen. Die Pflanzen werden bis 150 cm hoch. Sie haben eine ziemlich große, breit-ovale, gelbe, manchmal purpur überlaufene Zwiebel und hohe, reichlich beblätterte Stengel. Die Blätter sind lanzettlich bis spatelförmig, bis 10 cm lang und etwa 2,5 cm breit. Die Blüten werden bis 10 cm breit, sind glockig-trichterförmig und schauen schräg nach unten, Farbe kanariengelb, manchmal mit vielen Punkten, manchmal fast ohne diese, häufig auch am Grunde und an der Spitze der Blumenblätter purpurn getuscht oder gestrichelt. Die Farbe kann auch intensiver sein. Daneben gibt es die var. **szovitsiánum** Elwes, auch *L. szovitsiánum* Fisch. et Lall., welche in allen Teilen größer ist, kräftiger wächst, Farbe satter gelb, am Trichtereingang rotbraun gesprenkelt, etwas früher in Flor. In den Gärten bringen gut stehende Exemplare bis 15 und mehr Blüten, in der freien Natur meistens nur drei oder vier, Flor im Juni/Juli. Beide sind schöne, recht durable Lilien für leicht beschattete Standorte und wünschen sandig-lehmigen, etwas frischen Boden, der mit Gesteinsschotter durchsetzt ist. Man lege die Zwiebeln 15 cm tief. Manchmal treiben sie im ersten Jahre nicht aus. Je länger die Bestände an ihrem Platz stehen können, um so üppiger werden sie, oft bringen sie mehrere Stengel.

Lílium pardálinum Kellogg (syn. L. californicum Lindl.), die Pantherlilie, ist im Westen der Vereinigten Staaten häufig und hat ein sehr großes Verbreitungsareal. Es reicht von Kalifornien im Süden bis nach Britisch-Kolumbien, also von 40° bis 60° nördlicher Breite, und östlich der Rocky Mountains bis an den Winnipegsee. Man findet sie vor allem an feuchten, offenen, zuweilen sogar etwas überschwemmten Stellen, weshalb die Art in den USA auch Sumpflilie heißt.

Li

Lílium speciósum   Lílium lancifólium (L. tigrínum)

An zusagenden Standorten wird sie bis 2 m hoch. Die Zwiebel ist rhizomartig, bis 10 cm groß, und hat viele kleine Schuppen. Der Stengel ist stielrund, kahl und weist mehrere Kränze länglich-lanzettlicher Blätter auf. Die Blumen stehen in offenen Trauben oder Dolden an sehr langen, oben nickenden Stielen, sie werden leuchtend rot, von der Mitte der Blütenblätter bis zum Grunde ohne Übergang orangegelb und dort auch reichlich rot gefleckt; die Blumenblätter sind stark nach hinten zurückgerollt. *L. pardalinum* blüht bei uns im Juli. Es gibt auch eine var. **angustifólium** Kellogg mit schmäleren Blättern, die Blüten sind kleiner und weniger lebhaft gefärbt, aber die Pflanzen bringen mehr Blumen. Die früher als Abart von *L. pardalinum* betrachtete var. *giganteum* gilt jetzt als eigene Art und heißt heute **L. harrisiánum**. Die Pantherlilie wünscht tiefgründigen Boden, der leicht sauer und frisch sein muß. Über ihre Dauerhaftigkeit gehen die Ansichten weit auseinander: es ist jedenfalls unbedingt nötig, die Zwiebeln alle 3 Jahre aufzunehmen und neu zu pflanzen. Man kann sie an vollsonnige Plätze setzen, dann muß der Boden frisch sein, oder an etwas beschattete Stellen. Die Zwiebeln sollen 12 bis 15 cm tief kommen, im ersten Jahre ist Winterschutz nötig. Die Pflanzen setzen reichlich Samen an, aus Samen gezogene Bestände sind im 4. Jahre blühstark. Am besten dürfte man bei uns mit Herkünften aus dem Nordteil des Verbreitungsareals vorwärtskommen. Auch diese Art hat man mehrfach zu Kreuzungen verwendet; wertvoll ist *L.* × *paraboldtii* 'Shuksan' (*L. pardalinum* × *L. humboldtii magnificum*) – sehr wüchsig und dauerhaft.

Lílium púmilum Del. (syn. L. tenuifolium Fisch.), die Korallenlilie, aus dem nördlichen Mittel- und Ostasien ist eine zierliche Lilie. Sie hat kleine, längliche, etwa walnußgroße Zwiebeln und einen schlanken Stengel, der reichlich mit sehr schmalen, bis 7 cm langen Blättern besetzt ist. Die Blüten werden 4 bis 5 cm breit, leuchtend korallen- bis scharlachrot, innen am Fuße der Blütenblätter haben sie einen schwarzen Tupfen, die Blumen duften. Die Blütenblätter sind stark zurückgeschlagen. Der Flor fällt in den Juni. Es können bis zu 20 Blumen in lockeren Trauben beisammenstehen. Neben der Art gibt es die Sorten 'Golden Gleam', Blüten aprikosenfarbig, ziemlich wüchsige Hybride, und 'Red Star' – aus einer Kreuzung mit *L. concolor*, Farbe sehr leuchtend, Zipfel nicht stark zurückgeschlagen. *L. pumilum* läßt sich leicht aus Samen heranziehen und blüht im 2. oder 3. Jahr, aber es wird nicht alt! Auch verlangt es Winterschutz.

Lílium speciósum Thunb. (syn. L. superbum Thunb.) ist die Japanische Prachtlilie, eine der schönsten und am meisten begehrten Arten. Sie stammt aus Japan, wo sie schon lange in Kultur ist, wurde um 1830 von dem Botaniker und Pflanzensammler Siebold eingeführt und bald weit verbreitet. Die Pflanzen haben kugelige, bis 10 cm breite, braune bis braunrote Zwiebeln mit dicken, lanzettlichen Schuppen. Der Stengel ist stark, aufrecht, grün oder rötlich gefleckt, die Blätter werden länglich-lanzettlich, 10 bis 15 cm lang, bis 35 mm breit, in der Kultur oft größer. Sie sind kurz gestielt und glänzen leicht. Die Blütentraube ist im Umriß etwa dreieckig und enthält 3 bis 6, bei gut stehenden Exemplaren auch bis 12 sehr große Blumen. Diese sitzen auf kräftig abstehenden Stielen, welche sich auch verzweigen können und meistens an der Basis ein Deckblatt aufweisen. Die Blüten nicken, richten sich aber im Laufe des Flors etwas auf, sie werden 12 bis 15 cm breit und sind bei der Stammform weiß, stellenweise rot überlaufen, auch rot punktiert und mit zahlreichen Papillendrüsen bedeckt. Die Staubfäden werden 6 bis 10 cm lang und sind weit abgespreizt, Staubbeutel groß, mit rotbraunem oder dunkelgelbem Pollen. Die Art ist als Schnittblume sehr

wichtig. Sämtliche Knospen gehen im Wasser auf, Haltbarkeit je nach Zahl der Blumen bis 12 Tage.
L. speciosum wird schon seit Jahrhunderten in Japan in größeren Mengen kultiviert und auch verspeist. Bei den unzähligen Aussaaten tauchten natürlich Abweichungen auf, die als Abarten oder Sorten besonders angebaut werden. Die wichtigsten sind: 'Melpomene' – Blüten auf weißem Untergrund, intensiv rot überlaufen, mit zahlreichen blutroten Punkten; 'Album' – Blüten reinweiß, im Grunde grün angehaucht, die Ränder oft rosa überlaufen oder getuscht; 'Magnificum' – Blüten sehr groß, rosa überlaufen und karminrote Tupfen; 'Kraetzeri' – reinweiß, größer als 'Album'. De Graaff zieht große Mengen nur aus Samen und hat drei Rassen entwickelt: den Red Champion Strain – in der Blütenfarbe überwiegt Karmin; den Superstar Strain – sehr großblumig; den White Champion Strain – mit reinweißen, silbrig schimmernden Blüten. Rassen sind generativ vermehrte Gemische, deren Individuen gewisse erblich konstante Eigenschaften aufweisen, aber nicht so einheitlich fallen wie die Nachkommen einer vegetativ vermehrten Sorte. Daher gibt es innerhalb jedes Strains kleine Unterschiede, die jedoch nicht stören. Die Pflanzen blühen hier im Herbst, August bis September. Auch *L. speciosum* wurde vielfach zum Kreuzen benutzt, insbesondere hat man es häufig mit der Goldbandlilie versucht. Es entstanden zahllose Zwischenformen, von denen die besten zur Weiterzucht verwendet werden, manche auch in den Handel gekommen sind. Wohin dies alles führt, läßt sich nicht absehen. *L. henryi* hat man ebenfalls mit *L. speciosum* gekreuzt. Die meisten Züchter leben auf Neuseeland, wo in der Umgebung des erloschenen Vulkans Taranaki und im Nelson-Rayon der Südinsel große Kulturen von *L. auratum* entstanden sind, begünstigt durch die niederschlagsreiche Witterung (ähnlich wie in Japan) und den tiefgründigen Boden vulkanischen Ursprungs. Auch bei *L. speciosum* gehen die Ansichten über die Brauchbarkeit für uns, über die Möglichkeit, es mit Erfolg zu kultivieren, weit auseinander. Man muß ihnen einen gut dränierten Platz geben, und die Erde soll humusreich, nahrhaft und locker sein. Kalk vertragen sie ·nicht. Günstiger ist ein leicht sauer reagierendes Gemisch aus Laub-, gedämpfter Komposterde, ein wenig mürbem Lehm, gejauchtem Torf und Hornspänezusatz. Die Zwiebeln sollen 15 cm tief und noch tiefer kommen, denn *L. speciosum* ist ein Stengelwurzler. Bei hartem Lehmuntergrund wird man wahrscheinlich wenig Erfolg haben. Am besten ist es, wenn man die Zwiebeln hier aus Samen heranzieht.
Lílium tigrínum Ker-Gawl. ist die Tigerlilie; ihr heute gültiger Name ist **L. lancifólium** Thunb. Sie stammt aus Japan, tritt auch in Korea und im Nordosten Chinas auf. Die Pflanzen haben weiße, runde, bis 8 cm breite Zwiebeln und einen strammen, schwärzlichbraunen, zuweilen grün gefleckten Stengel, zahlreiche, lebhaft grüne, 6 bis 12 cm lange, ziemlich schmale Blätter und blühen in Blütentrauben mit breit-dreieckigem Umriß.

Die Blüten sitzen an weit abgespreizten Stielen, nicken und werden leuchtend orangerot. Sie weisen schwarzpurpurne Flecken und zahlreiche schwarze Papillen auf, die nach dem Grunde zu gehäuft stehen. Junge Exemplare bringen nur einige Blüten, ältere, gut gedeihende bis 30. Florzeit ist der Juli/August, manchmal zieht sich die Blüte bis in den September hin... dies vor allem bei vielblumigen Exemplaren. Die unteren Blumen sind dann bereits ausgefallen. Es gibt eine var. **fortúnei** Bak. – Stengel sind dicht feinbehaart, Blüten größer, Farbe etwas funkelnder, die Zwiebeln werden nicht so groß wie bei der Art; var. **flaviflórum** Makino – Blüten tiefgelb mit schwarzen Punkten. Zwiebeln klein; cv. 'Splendens' – ziemlich spät blühend, in allen Teilen größer, Farbe kräftiger, wenig behaart; 'Plenescens' – Blumen etwas gefüllt... ob es schön aussieht, ist Geschmackssache. Alle Tigerlilien werden je nach der Größe der Zwiebeln 80 bis 120 cm hoch. *L. tigrinum = L. lancifolium* wünscht durchlässigen, humusreichen, nicht zu lockeren Boden, will nicht zu trocken stehen und verträgt Kalk. Es wünscht überdies Streu- oder Halbschatten. Je nach der Größe der Bulben lege man 15 bis 20 cm tief. Gleich *L. bulbiferum* haben die Tigerlilien in den Blattachseln Brutzwiebeln, die in 3 bis 4 Jahren blühstark werden. Auch *L. tigrinum*, also *L. lancifolium*, wurde, wie bereits an andern Stellen zu ersehen ist, häufig zu Kreuzungen verwendet, und es gibt eine Menge Hybriden, an denen es direkt oder indirekt beteiligt ist. Der bekannte Hemerocallis-Spezialist Dr. Stout, der sich auch mit Lilien befaßt hat, fand, daß einzelne Herkünfte voll fertil sind, andere nur als Pollenlieferant in Betracht kommen. Ebenso gibt es Unterschiede beim Ansatz der Blattachsel-Brutzwiebeln: Manche Herkünfte setzen sie reichlich an, andere nur spärlich, und einzelne haben gar keine.

Hybridlilien

Sie sind durch Kreuzungen von Arten oder von Hybriden entstanden. Summarisch darf man sagen, daß viele dieser neuen Hybridlilien im Garten leichter wachsen, weniger hohe Ansprüche stellen als zahlreiche Arten und relativ lange aushalten. Das sind große Vorteile. Dazu kommt die durch Kreuzungen verursachte weite Mannigfaltigkeit in Tracht, Blütenform und -farbe und Florzeit. Das hat dazu geführt, daß Hybridlilien jetzt in weit größeren Mengen herangezogen, angepriesen und auch gekauft bzw. verwendet werden als die Arten. Die Zahl der Züchtungen geht in die Tausende, und alljährlich kommen neue hinzu. Man kann das am besten in The International Lily Register studieren, das vom Lily Committee der englischen Royal Horticultural Society (Königlichen Gartenbaugesellschaft) in internationalem Auftrag geführt und von Zeit zu Zeit gedruckt vorgelegt wird. Um die Menge der Sorten zu gliedern, haben internationale botanische und gärtnerische Gremien ein Schema entwickelt. Es wird immer stärker in der Li-

Literatur und in den Katalogen verwendet und dürfte früher oder später Allgemeingültigkeit erlangen. Das Schema geht von Arten oder Artengruppen oder vom Verbreitungsareal von Spezies aus. Für die Hybridlilien gibt es 8 Sektionen; im Originaltext ist von Divisionen die Rede.

Sektion I (Division I): *Asiatische Hybriden*

Das sind Sorten, die von Kreuzungen folgender Arten oder ihrer Abkömmlinge abstammen: *L. bulbiferum, L. callosum, L. cernuum, L. concolor, L. davidii, L.* × *hollandicum, L. monadelphum, L.* × *maculatum, L. philadelphicum, L. pumilum* und *L. tigrinum* = *L. lancifolium*. Bis auf *L. bulbiferum* aus Europa und *L. philadelphicum* aus Nordamerika stammen sie alle aus Asien. Manche Sorten haben mehrere Arten als Eltern, und es befinden sich darunter teils Becher-, teils Türkenbundlilien. Durch die relativ große Anzahl der Spezies ist die Sektion sehr umfangreich geworden, und es entstanden stark voneinander abweichende Züchtungen oder Typen von solchen. Die Sektion wurde daher in drei Untersektionen (Subdivisionen) gegliedert.

Untersektion a
umfaßt Hybriden, die früh blühen und deren Blüten einzeln oder zu mehreren beisammen stehend nach oben ragen, wie dies z. B. bei 'Enchantment', 'Golden Wonder', den alten Maculatum-Sorten und ihren Abkömmlingen oder 'Joan Evans' der Fall ist.

Untersektion b
umfaßt Sorten mit zur Seite ragenden oder nur wenig nickenden, sternförmigen bis leicht gewölbten Blüten, die häufig in Trauben beisammenstehen und sich ab Juni öffnen. Als Beispiele für diesen Typus seien genannt: 'Brandewyne', 'Fireflame', 'Prosperity' und 'Valencia'.

Untersektion c
Dazu gehören alle Hybriden, die nickende bis hängende Blüten mit mehr oder weniger zurückgeschlagenen Segmenten aufweisen. Viele erinnern stark an *L. tigrinum* = *L. lancifolium*. Typische Sorten sind 'Lady Bowes Lyon', die Fiesta-, Citronella- und Burgundy-Strains von Jan de Graaff, 'Edith Cecilia', 'Nutmegger' und 'White Princess'.

Sektion II: *Martagon-Hybriden*

Als ein Elternteil tritt *L. martagon* auf, als zweiter dessen Abarten oder *L. hansonii*, ferner neuerdings *L. medeoloides* aus Japan. Die Pflanzen werden üppig und können an zusagenden Standorten alt werden. Beispiele für diese Sektion sind die Backhouse-Hybriden, die in USA entstandenen Paisley-Hybriden und die Terrace-City-Hybriden.

Sektion III: *Candidum-Hybriden*

Ein Elternteil dieser Hybriden ist *L. candidum*. Zu der Sektion gehören sowohl die frei entstandene Nanking-Lilie, d. h. *L.* × *testaceum* als auch die in England gezüchteten Sorten 'Ares', 'Artemis', 'Apollo' und 'Zeus'. Ihre Bedeutung ist relativ gering.

Sektion IV: *Amerikanische Hybriden*

Die Hybriden dieser Sektion entstammen Arten, die in den USA ihre Heimat haben. Die wichtigsten sind die Bellingham-Hybriden, von denen es aber nur wenige Sorten gibt. Die Pflanzen wünschen frischen, reichlich mit Torfmull durchsetzten Boden, gute Dränage, halbschattige Standorte und im Winter guten Schutz.

Sektion V: *Longiflorum-Hybriden*

Sie umfaßt Hybriden, zu deren Eltern *L. longiflorum* oder *L. formosanum* gehören, wie 'Formobel', 'Florosanum' oder 'Formolense'. Alle haben trompetenförmige Blüten mit sehr langer Röhre. Sie sind beliebt als Schnittblumen, aber bei uns nicht winterhart.

Sektion VI: *Trompetenlilien*

Die Pflanzen bekommen schöne, ausgeprägt trompetenförmige Blüten. Die Sorten entstanden durch Kreuzungen von *L. regale, L. sargentiae, L. brownii, L. sulphureum* und dem völlig abweichenden *L. henryi*, das orangefarbene Blüten besitzt. Die meisten Arten stammen aus China und gehen leicht Verbindungen ein. Die Vielfalt ist beträchtlich und wurde durch Kreuzungen von Hybriden noch gesteigert. Zur Sektion gehören auch die Aurelian-Hybriden, nicht aber Sorten, zu deren Eltern *L. auratum, L. japonicum, L. rubellum* und *L. speciosum* zählen. Infolge der großen Mannigfaligkeit wurde auch diese Sektion in Untersektionen zerlegt. Es gibt ihrer vier.

Untersektion a: *Regelrechte Trompetenlilien-Hybriden*
Die Blüten haben typische Trompetenform. Bekannte Sorten sind 'Golden Clarion', 'Limelight', 'Sulphur Queen', 'Black Dragon' und 'Pink Perfection'.

Untersektion b: *Schalenförmige Trompetenlilien*
Die Blüten ragen leicht nach oben oder zur Seite, und ihre Öffnung ist weiter gespreizt als bei den Sorten der Untersektion a. Typisch sind 'Hearts Desire', 'New Era' und 'Gwendolyn Ansley'.

Untersektion c: *Blüten hängend*
Die breit-trompetenförmigen Blüten hängen, wie man dies bei den 'Golden Showers-Hybriden' und der Sorte 'Cathedral' findet.

Untersektion d: *Sunburst-Hybriden*
Die Pflanzen haben zur Seite ragende oder etwas nickende, auffällig sternförmige Blüten mit wenig eingezogener Mitte und nahezu flach ausgebreiteten oder nur schwach gebogenen Zipfeln. Typisch sind 'Bright Star', 'Goldsprite', 'Good Hope' und 'Thunderbolt'. Im allgemeinen wachsen diese Sorten leicht und bilden mit den Jahren große Horste. Bei Züchtungen mit

bunten Blüten ist es nötig, daß die Bestände über Mittag etwas Schatten bekommen, damit sich der Farbton länger hält.

Sektion VII: *Oriental-Hybriden*

Diese Hybriden sind durch Kreuzungen von *L. auratum* und seinen Varietäten, *L. japonicum*, *L. rubellum* und *L. speciosum* entstanden, die alle in Ostasien ihre Heimat haben und teilweise zu den prächtigsten Arten gehören. Als weiterer Elternteil trat auch hier *L. henryi* hinzu. Die Sorten bekommen 15 bis 30 cm breite, sehr schöne oder immerhin auffällige Blüten. Bei vielen erinnern sie stärker an die Blumen von *L. auratum*, bei andern herrscht die Japanische Prachtlilie vor. Die Züchtungen sitzen in Neuseeland, Australien, Natal und den USA. Das Klima ist milder, als wir es haben, und die Luftfeuchtigkeit höher. Die meisten Sorten sind virus- und fusariumfester als *L. auratum* und seine Abarten, aber trotzdem bei uns fürs Freiland wenig geeignet. Am besten fährt man, wenn man die Zwiebeln in große Töpfe oder ähnliche Gefäße pflanzt und über Winter in ein kühles Gewächshaus holt. Dorthin soll man sie auch bei feuchter Witterung räumen, um das Auftreten von Fusarium und Botrytis zu verhüten. Werden Zwiebeln gehandelt, dann stammen sie gewöhnlich aus Japan oder Neuseeland. Auch diese Sektion wurde in mehrere Untersektionen aufgeteilt.

Untersektion a:
Hybriden mit annähernd trompetenförmigen Blüten
Sie haben keine große Bedeutung, aber das kann sich ändern. Als typisch gelten 'Canaryflare', 'Lilac Queen' und 'Viceroy'.

Untersektion b:
Hybriden mit schalenförmigen Blüten
Die Blüten sind breit napfförmig. Es gibt zahlreiche Sorten, und viele werden in größeren Mengen zur Gewinnung von Schnittblumen angebaut. Erwähnt seien 'American Eagle', 'Bonfire', 'Empress of China', 'Empress of India', 'Empress of Japan' und 'Crimson Queen'.

Untersektion c:
Blüten fast sternförmig ausgebreitet
Diese Hybriden sind besonders wertvoll und sehr begehrt, da sie große Blüten bringen. Man sieht diese dadurch in ihrer vollen Größe und Schönheit. Berühmte Sorten sind 'Christabel', 'Jillian Wallace' und 'Imperial Crimson', 'Imperial Gold' und 'Imperial Silver'.

Untersektion d:
Blüten ebenfalls sternförmig ausgebreitet, aber die Enden der Petalen sind zurückgebogen oder zurückgerollt
Auch diese Untersektion enthält sehr schöne und weit verbreitete Sorten und Rassen. Von Rassen seien genannt Jamboree-Hybriden und Potomac-Hybriden. Von Sorten seien aufgeführt 'Allegra', 'Black Beauty', 'Electra' und 'Journey's End'.

Sektion VIII:
Hybriden, die nicht in die bisher aufgeführten sieben Sektionen gehören

Es gibt deren eine ganze Menge, und alljährlich kommen neue hinzu. Zu nennen sind vor allem Züchtungen sowjetischer Herkunft, bei denen Arten aus dem Kaukasus, wie *L. monadelphum*, *L. kesselringii* und weitere, als Eltern verwendet wurden. Erwähnt seien ferner 'Elisabeth's Favourite' aus (*L. croceum* × *L.* × *testaceum*) × 'Melody'; 'Kelmarsh' aus *L. martagon album* × *L. kelloggii*; 'Prairie Hybrids' – Eltern *L. philadelphicum*, *L. dauricum* und *L.* × *hollandicum*; 'Rapture' – entstanden aus (*L. tigrinum* 'Splendens' × *L. chalcedonicum*) × 'Apricot'-Sämling.

Bewertung, Verwendung, Anzucht: Viele Lilienarten haben herrliche Blumen, und es ist verständlich, daß beinahe jedermann welche in seinem Garten haben möchte. Vom Standpunkt solcher Blumenliebhaber aus kann man drei Gruppen von Lilien unterscheiden. Da sind einmal alle Arten, welche leicht und sicher wachsen, nämlich *L. candidum*, *L. davidii*, *L. henryi*, *L. regale*, *L. tigrinum* = *L. lancifolium* und die allermeisten Hybridlilien. Den großen Gegensatz dazu bilden die heiklen, schwierigen Lilien, als erste *L. auratum* mit seinen Formen und Abkömmlingen, ferner mehrere amerikanische Arten, dann *L. pardalinum*. Die dritte Gruppe umfaßt Lilien, welche in der Mitte stehen und von denen manche ihre Eigenheiten haben. Aber alle, auch die leichtwachsenden Lilien, wollen tiefgründigen, humusreichen, sehr gut durchlässigen Boden, eine gewisse Feuchtigkeit im Erdreich und auch in der Luft. Günstig ist die Nähe von großen Wasserflächen: Flüssen, Teichen, Talsperren oder Meeren. In ihrer unmittelbaren Umgebung ist die Luft verhältnismäßig feucht, und es taut stark. Kleine, künstlich geschaffene Wasserflächen im Garten haben niemals einen ähnlichen Effekt, sind also kein wirksamer Ersatz. Bei der Anzucht im Großen läßt sich die Feuchtigkeit durch Wasserstaub-Erzeuger schaffen. Man muß sie jeden Morgen eine Weile laufen lassen. Ehe man Lilien kauft oder heranzuziehen anfangt, muß man sich fragen, ob es in dem Garten, wo sie stehen sollen, den richtigen Platz, den gewünschten Boden gibt oder ob sich diese schaffen lassen. Durch sorgfältige Dränage und Bodenverbesserung läßt sich manches Manko beseitigen, unzuträgliches Klima dagegen vermag man kaum zu bessern. Welchen Standort die Arten brauchen, ist bei deren Beschreibung erwähnt. Die beste Pflanzzeit ist der Herbst. Im ersten Winter muß man schützen, auch die harten Arten. Man kann trockenes Laub, altes Farnkraut oder Torfstreu nehmen, die locker liegen sollen. Sie sollen auch einigermaßen trocken bleiben, weshalb es angebracht ist, darüber ein großes Stück Folie zu breiten, das man durch Steine festhält. Wichtig ist die richtige Pflanztiefe: Die aufgeführten Zahlen gelten für den Abstand zwischen Erdoberfläche und der Spitze der Zwie-

Li beln!... die Pflanzgruben selbst müssen also um die Höhe der Zwiebeln vertieft werden. Wichtig ist auch der Schutz des Austriebes im Frühjahr vor Spätfrösten! Diese schaden dem jungen Trieb in jedem Falle, und der Schaden kann sich auch auf die Zwiebel ausdehnen. Ferner ist bekannt, daß durch Frost beschädigter Austrieb gegen Krankheiten und Schädlinge weniger widerstandsfähig ist als heil gebliebener. Ferner sei hier noch einmal wiederholt, daß Lilienzwiebeln niemals frei an der Luft oder auf dem Lager liegen dürfen, sondern jederzeit und überall in mäßig feuchten Sand oder Torfmull gehören, wenn sie nicht im Boden stecken... sie haben nämlich keine feste, undurchlässige Zwiebelschale wie Krokus, Tulpen und Narzissen. Verpflanzen soll man, wenn die Bestände im Flor nachlassen. Das kann nach 3 Jahren eintreten wie bei *L. pardalinum*, bei andern erst nach 10 und noch mehr Jahren. Die laufende, sorgfältige Pflege vermag diesen Eingriff hinauszuschieben. Man muß also vor allem bei Austrieb und in der Zeit des stärksten Wachstums, aber auch bei starkem Flor gelegentlich gründlich wässern. Auch ist es angebracht, in diesen Zeiten flüssig zu düngen: mit aufgelöstem Kuhmist oder mit einer schwachen Volldüngerlösung. Junge Zwiebeln, die zum ersten Male blühen, lasse man nicht in Samen gehen, sondern schneide die Kapseln frühzeitig fort... die Exemplare sind für die Ernährung der Samen noch zu schwach und würden überanstrengt. Am besten ist, auch bei alten Pflanzen nur einzelne Kapseln heranwachsen zu lassen. Wenn man Lilienstengel schneidet, soll man niemals bis hinunter zum Boden gehen, sondern so viel Laub wie möglich stehen lassen, damit die Zwiebel weiter ernährt wird. Schließlich sei noch erwähnt, daß man bei Lilien auf Gartenbeeten die Erde im Frühjahr mit gejauchtem Torfmull oder einer Mischung aus Torfmull und Kuhdung bedecken soll. Diese Masse düngt und hält die Erde kühl und locker. Nach dem Flor sinkt der Wasserbedarf der Zwiebeln, und es ist nötig, ihr Ausreifen zu fördern. Dazu genügt in der Regel, nicht mehr zu gießen und das Laub benachbarter Pflanzen so weit zurückzusetzen, daß die Sonne auf den Standort der Lilien fällt. Ausgereifte Lilien überstehen den Winter besser. Eine Schutzdecke ist bei einigen Arten unerläßlich, für andere vor allem bei schneelosen, schweren Frösten. Überwuchs von Stauden kann den künstlichen Schutz ersetzen. Muß man Laub aufschütten, soll dies erst geschehen, wenn der Boden oben leicht gefroren ist... sonst verkriechen sich Mäuse in die Lilienbestände und fressen die Zwiebeln weg.

Vermehrt werden Lilien durch Samen, durch achseloder stammständige Brutzwiebeln, durch Zwiebelschuppen und einzelne Spezies auch durch Blattstecklinge.

a) *Anzucht aus Samen.* Alle Liliensamen sollten mit einem Trockenbeizmittel behandelt werden. Es gibt zwei Gruppen von Lilien: solche, deren Samen bald keimen, und andere, die ein Jahr und länger liegen. Diese bilden zuerst eine Miniaturzwiebel, auf diese folgt im nächsten Jahre das erste Laubblatt. Bei Aussaaten muß man sich nach diesem Unterschied richten. Lilien der ersten Gruppe, die bald auflaufen, sind: *L. regale, L. × aurelianense, L. amabile, L. candidum, L. concolor, L. davidii, L. henryi, L. longiflorum, L. pumilum*, ferner die als Klone geführten Maculatum-Hybriden und Maculatum-Sorten, welche nicht echt fallen. Man sät sie im Frühling aus... ob in ein Frühbeet oder ins Freie, darüber gehen die Meinungen erfahrener Männer weit auseinander. Es kommt bei Frühbeetaussaat nur ein ungepacktes Frühbeet in Betracht. Dafür spricht, daß es durch das Glasdach wärmer wird, was das Keimen und die Entwicklung der Sämlinge fördert. Sie laufen früher auf und sind vor den späten Frösten geschützt, bekommen also einen Vorsprung. Man muß an schönen Tagen lüften und im Laufe des Mai das Glas ganz abheben, und man darf es im nächsten Winter nicht wieder auflegen... Fenster sind kein geeigneter Winterschutz. Für die Freilandaussaat spricht, daß man die Aussaaten nicht besonders warten muß und daß die Lilien vom Samenkorn an unser übliches Freiland- und Gartenklima haben, also auch an seine schlechten Seiten gewöhnt sind. Selbstverständlich müssen Saatbeete allerbesten Wasserabzug haben. Saatbeete, ob im kalten Kasten oder im Freien, soll man bereits im Herbst umgraben und dabei Sand und Torfmull einarbeiten. Der Boden ist zu entseuchen, am besten zu dämpfen, sonst Formalin anwenden. Im Frühjahr lockert man die oberste Schicht mit einem Grubber und kann dann säen. Man säe in Reihen von 7 bis 10 cm Abstand etwa 2,5 cm tief und streue so dünn als irgend möglich, notfalls nimmt man mit einer Pinzette einen Teil der Samen zurück oder verteilt sie in der Reihe gleichmäßig. Weitläufige Aussaat erspart oft das Pikieren. Dann deckt man mit einem Gemisch von feinem Torf und Sand die Rillen zu. Um zu verhüten, daß die Erde durch Regen oder Gießwasser verschlämmt und fest wird, überzieht man das Saatbeet etwa 2 cm hoch mit feinzerriebenem Torf. Nötig ist nun noch das Wässern bis zum Auflaufen. Während der Keimung dürfen die Samen niemals trocken werden, sie würden sofort zugrunde gehen. Frischer Samen von der Ernte des vergangenen Sommers keimt in der Regel Korn für Korn, Samen aus früheren Jahren nicht mehr so gut. Im allgemeinen halten sich Liliensamen 2 bis 4 Jahre, manche auch 6 Jahre, aber nur bei vorschriftsgemäßer Aufbewahrung... also in abgeschlossenen Behältern und bei wenigen Grad Wärme lagernd. Älteres Saatgut soll man nur verwenden, wenn man kein anderes hat. Über Sommer jäte man, sobald sich das auftauchende Unkraut fassen läßt, und spritze vorbeugend gegen Pilzbefall. Im Oktober vergilben die Blätter, und es ist Zeit, die Zwiebeln einzuwintern. Das geschieht im Laufe des Novembers durch Überziehen mit einer etwa 5 cm hohen Schicht milder Erde. Man kann dazu völlig verrotteten Kompost nehmen oder aus gejauchtem Torfmull, Sand und mürbem Lehm Überzügerde herstellen. Diese ist ebenfalls zu entseuchen. Auch im nächsten Jahre sollte man die Lilien, wenn sie nicht zu eng stehen, nicht verpflanzen. Man spritze regelmäßig vom Frühjahr an etwa alle 14 Tage gegen Pilzbefall, wässere, falls dies nötig ist, und kann auch schon flüssig düngen. Wichtig ist ferner, noch vor dem Erscheinen der ersten Blattspitzen und dann laufend ein Mittel gegen Schnecken auszustreuen, denn Schnecken stürzen sich förmlich auf das zarte Liliengrün und können durch Abfressen der Blätter großen Schaden anrichten. Statt in fest eingebaute kalte Frühbeete kann man auch in Wanderkästen aussäen, zumal im zweiten Standjahre und in späteren Jahren Glas völlig überflüssig ist. Schließlich pikiert man im zeitigen Frühjahr. Man schone die Wurzeln soweit wie möglich. Man pikiert auf gut hergerichtete Beete mit Höchstabständen von 8 cm und bedeckt sie über Winter mit der oben angeführten Erdschicht. Lilien, die zunächst eine kleine Zwiebel bilden, dann ruhen und erst im kommenden Jahre ihr Laub treiben, sind: *L. martagon* und dessen Hybriden, *L. hansonii, L. monadelphum, L. auratum, L. speciosum* und die meisten Arten aus Nordamerika. Man mische die Samen bald nach der Ernte reichlich mit sterilisiertem Sand, dem etwas Torfmull zugesetzt werden soll, fülle alles in ein Glas, feuchte an, schließe das Glas gut mit seinem Deckel oder Folie und stelle das Gefäß in einen Raum mit + 18 bis 22 °C. Diese Temperatur möchte einigermaßen konstant bleiben; Dauer 4 bis 6 Monate. Durch vorsichtiges Schütteln läßt sich leicht feststellen, daß sich die kleinen Zwiebeln gebildet haben. Ist das geschehen, räumt man das Glas auf 2 bis 3 Monate in einen Eisschrank oder im Winter in einen kühlen Keller; nötig sind + 2 bis 4 °C. Ist diese Kühllagerzeit vorbei, säe man in Handkästen oder auf Saatbeete aus, als wären die Zwiebeln Samen. Normalerweise kann diese Aussaat im Laufe des Mai erfolgen. Die Zwiebelchen bringen dann bald ihre ersten Blätter. Voraussetzung ist freilich ganz frischer Samen. Man gewinnt bei diesem Verfahren ein volles Jahr in der Anzucht, da die Samen nicht ruhen. Statt in ein Sand-Torfmull-Gemisch kann man die Lilien auch in Bimssand oder feinen Bimskies aussäen. Er läßt das Wasser sehr gut durch und ist vollkommen frei von Krankheitserregern, enthält aber keinerlei Nährstoffe. Man muß also schon bald anfangen zu düngen.

b) Anzucht aus Brutzwiebeln. Diese Art Vermehrung eignet sich für alle Arten, die am Stengel Brutzwiebeln ansetzen. Manche bilden reichlich Brut, andere wenig. Durch Abschneiden des Blütenstandes vor dem Aufbrechen der ersten Blumen läßt sich der Ansatz von Brut steigern. Man hebt die Mutterzwiebeln im Frühherbst aus, sammelt die Brut ab, legt die großen Zwiebeln wieder und bettet die Brut über Winter in Handkästen in ein Sand-Torfmull-Gemisch. Die Handkästen und das Gemisch sind vor Verwendung zu sterilisieren. Die Kästen gehören in einen luftigen, dunklen, nicht zu trockenen, + 1 bis 2 °C warmen Raum, und man deckt jeden einzelnen Kasten mit Glas oder Folie ab. Im Frühjahr bringt man die Zwiebeln, sobald es die Witterung erlaubt, auf Anzuchtbeete. Diese sind in der gleichen Weise herzurichten wie die Beete für Lilienaussaaten. Man soll die Mutterzwiebeln höchstens alle zwei Jahre aufnehmen, um Brut zu gewinnen. Braucht man keine Brut, kann man sie auch dort lassen, wo sie steckt... auf diese Weise wird der Horst stärker. Im kleinen kann man die Mutterzwiebeln auch freigraben und dann die Brut abnehmen. Im großen wird das selten möglich sein, weil es zu viel Arbeit macht, die auch sehr behutsam erledigt werden muß. *Blattachselbrut* sammelt man im Laufe des Sommers oder Nachsommers nach und nach: immer wenn die Bulbillen groß genug geworden sind. Läßt man die Brut zu lange am Stiel, fällt sie von selbst ab und ist dann meistens verloren, da man sie schwer findet. Nimmt man die unteren Zwiebelchen fort, werden die oberen größer. Man kann die Achselbrut entweder noch im Herbst in Rillen ausstreuen und muß das Beet dann über Winter gut schützen, oder aber wie die unterirdische Brut in Handkästen überwintern und zeitig im Frühjahr „aussäen". Nimmt man die Bulbillen laufend ab und steckt sie in ein dicht schließendes Holz- oder Metallbüchschen, so bilden die kleinen Zwiebeln kleine derbe Wurzeln, und man kann sie nach und nach in Töpfe oder Aufzuchtschalen pikieren. Sie sollen dabei nicht sehr tief in die Erde kommen. Diese muß leicht und gut durchlässig sein. Nötig ist allerdings, daß solche Bestände über Winter in einen hellen, frostfreien Raum kommen und ordnungsgemäß gepflegt werden. Durch dieses Verfahren kann man ein halbes Jahr Anzuchtzeit gewinnen. Blattachselbrut läßt sich aber auch bei manchen Arten erzielen, die normalerweise keine bilden, z. B. bei den meisten Hybriden, an welchen *L. bulbiferum* und *L. lancifolium* (*L. tigrinum*) als ein Elter beteiligt sind. Ferner ist es bei *L. candidum, L.* × *hollandicum, L. humboldtii magnificum* und *L.* × *testaceum* gelungen, Brutzwiebelansatz zu erzwingen. Man schneidet dazu sofort nach der Blüte starke Stengel dicht unter dem Boden ab und bettet sie samt den Blättern in Sand oder sandige Erde. Freilich wird die Mutterzwiebel dadurch stark geschwächt. In Nordamerika werden die abgeschnittenen Stengel im Freien in die Erde eingeschlagen, vor allem in den Gebieten mit wärmerem Klima und feuchter Luft. Bei uns würde man dabei wenig Erfolg haben. Hier ist angebracht, die Stengel in einem warmen Gewächshaus unter den Tischen in Sand einzuschlagen oder im Frühbeet in Sand einzulegen, mit dunkler Folie abzudecken und dann Glas aufzulegen. Für den Ansatz von Brut sind Wärme und dunstige, feuchte Luft nötig. Nach sechs Wochen prüfe man, ob sich Brutzwiebelchen gebildet haben und wie groß sie geworden sind.

c) Vermehrung aus Zwiebelschuppen. Sie ist bei allen Sorten, die echt vermehrt werden sollen, ergiebiger als

Li die Aufzucht der sich im Boden entwickelnden Tochterzwiebeln. Man braucht gesunde, ausgereifte, große Zwiebeln, die man im Herbst ausgräbt und sofort gut einschlägt. Im zeitigen Frühling nimmt man sie vor und zieht vorsichtig gesunde, unbeschädigte Zwiebelschuppen von außen nach innen zu ab, ein Kern muß aber übrig bleiben. Die Schuppen sollen ein kleines Stück des Zwiebelbodens aufweisen. Man tupft sie in Holzkohlenpulver und pikiert ziemlich dicht in Handkästen oder Schalen mit sandiger, leichter Erde. Die Schuppen sollen bis zur Hälfte im Boden stecken. Zuletzt überzieht man die Kästen mit feingesiebtem Torfmull oder zerkleinertem Sphagnum und stellt die Gefäße warm. Man kann +20 °C geben, wobei die neuen Zwiebelchen sich bald bilden, aber die Mutterschale wird rascher erschöpft; und man kann bei nur +10 bis 12 °C bleiben, dann dauert es länger. Es bilden sich jedenfalls an der Basis der Schuppen eine oder mehrere kleine Zwiebeln, die auch Wurzeln treiben, später folgt das erste Blatt. Man pikiert schließlich auf Anzuchtbeete oder in einen kalten Kasten. Die Vermehrung aus Zwiebelschuppen kann auch in der sogenannten Hyazinthenkammer bei etwa +25 °C durchgeführt werden und im Keimschrank. Man muß beim Gießen vorsichtig sein: weder zu viel Wasser noch zu wenig geben. Wichtig ist auch guter Wasserabzug. Das Verfahren ist ergiebig, aber es vergeht manchmal ein Jahr, bis man die Jungzwiebeln auf Anzuchtbeete setzen kann.

d) *Vermehrung durch Blattstecklinge.* Dazu eignen sich nur Arten mit schmalen Blättern. Man nimmt völlig grüne, nicht mehr zu weiche Blätter, schneidet diese an ihrem Ansatz mit einem kleinen Stück des Stengels ab und pikiert sie in Schalen oder Handkästen in sandige Erde. Dann räumt man unter Glas und behandelt wie Stecklinge: spritzt, gibt Schatten und hält geschlossen. Das Verfahren ist vor allem bei Neuheiten angebracht, von welchen man nur eine Zwiebel hat, die man aber zunächst nicht durch Abnahme von Schuppen schwächen will.

Krankheiten und Schädlinge

A) *Pilzliche Schädlinge.* Pilzliche Schädlinge treten vor allem bei feuchtwarmer Witterung auf, die das Keimen der Sporen begünstigt und ihre Ausbreitung fördert. Eine direkte Bekämpfung und Verhinderung ist also kaum möglich, um so wichtiger ist es vorzubeugen.

1. *Grauschimmel.* Er tritt an den oberirdischen Teilen der Pflanzen auf. Es bilden sich kreisförmige bis elliptische, hellgraue, hellbraune oder orangefarbene Flecken, die anfangs 1 bis 2 cm groß sind, aber zunehmen und zusammenfließen. Das Blattgewebe wird papierartig dünn. Die Blätter sterben ab. Man kann solche Flecken auch an den Stengeln finden, und Blütenknospen werden ebenfalls befallen. Bei starkem Befall entwickeln sich Blatt-, Stengel- und Knospenfäule zugleich. Bei jungen Pflanzen kann der Befall auch nur die Vegetationsspitze treffen, was dazu führt, daß die Exemplare nicht weiterwachsen. Die Erreger sind Grauschimmelpilze, vor allem *Botrytis elliptica*. Die Anfälligkeit ist verschieden. Es wird empfohlen, die befallenen Teile abzuschneiden und zu vernichten. Wichtiger ist vorbeugendes Spritzen mit Benomyl oder Thiram von Mitte Mai an. Die Zwiebeln befallener Bestände braucht man aber nicht wegzuwerfen, denn sie werden nicht ergriffen und tragen den Erreger nicht weiter. Man soll sie nur ausgraben und an einen anderen Platz oder vorübergehend in einen Topf pflanzen, denn die Zwiebeln sind durch Verlust der grünen Teile geschwächt und für andere Krankheiten anfällig.

2. *Wurzelfäule.* Die Krankheit befällt die Wurzeln und Zwiebeln, damit wird jedoch die Pflanze selbst vernichtet. Man merkt die Krankheit daran, daß die oberirdischen Teile gelb werden und verwelken. Gräbt man die Zwiebeln aus, so sind die Wurzeln braun und zerstört. Der Befall erfolgt vom Boden her, in dem die Fäulniserreger leben. Nicht alle Arten sind empfänglich. *L. maximowiczii*, *L. martagon* (aber nicht *L. m. album*), *L. regale* und *L. tigrinum* = *L. lancifolium* sind resistent; *L. amabile*, *L. davidii* und *L. henryi* wenig anfällig, desgleichen alle Hybriden, an denen die aufgeführten Arten beteiligt sind. Sehr empfindlich dagegen sind *L. auratum*, *L. japonicum* und *L. rubellum*. G. Barich empfiehlt, ihre Zwiebeln in jedem Herbst auszugraben, mit Chinosollösung zu desinfizieren, in Sägespänen von Nadelgehölzen, die ebenfalls leicht desinfiziert sein müssen, zu lagern und im Frühjahr wieder neu zu pflanzen. Das klingt umständlich, ist es aber nicht, vor allem soll es helfen. Man kann die Zwiebeln auch mit Thiram behandeln und sollte in jedem Fall den Boden dämpfen.

B) *Tierische Schädlinge.* Der gefährlichste und häufigste ist das *Lilienhähnchen*. Schon von März an kann es auftreten. Es sind 6 bis 8 mm große, glänzend ziegelrote, recht bewegliche Käfer. Sie fressen Löcher in die Blätter, von Mitte Mai an tun dies auch die inzwischen geschlüpften Larven: kurze, dicke, runde, zum Kopfende hin verjüngte, schmutziggraue bis rötliche, mit schwarzem, schleimigem Kot bedeckte Tiere. Bekämpft man nicht frühzeitig, so können sich bis 3 Generationen im Jahr entwickeln. Gegenmittel sind: Absuchen der Pflanzen am frühen Morgen, wenn die Tiere noch starr sind, so daß man sie greifen und zerdrücken kann; weiterhin mit Leim bestrichene Papprings um die Lilien auf den Boden legen und die Pflanzen abklopfen, damit die Käfer herunterfallen; ferner das Gelege auf der Unterseite der Blätter zerdrücken. Bei großen Beständen käme man damit aber nicht durch: Man bestäubt diese oder spritzt mit Lindan, Parathion-Methyl oder Trichlorfon auch die Erde ringsum, da die Puppen im Boden überwintern. Weitere tierische Schädlinge sind Schnecken, auf welche bereits eingegangen wurde, und Wühlmäuse. Diese fressen die Zwiebeln und jungen Pflanzen, lassen sich aber wegfangen oder vergiften.

C) Virus-Krankheiten. Viren sind hochmolekulare Eiweißkörper, die sich nur in lebenden Zellen entwickeln, bakteriendichte Filter passieren und bei Mensch, Tier und Pflanze zahlreiche Krankheiten verursachen. Ihre Bekämpfung ist bis jetzt direkt nicht möglich. Auf den Lilien treten verschiedene Viren auf, häufig sind zwei.

1. Das Mosaikvirus. Auf den Laubblättern bilden sich gelblichgrüne, unscharfe, etwas eingesunkene Flekken, die sich oft in der Richtung der Längsadern erstrecken und auch längere Linien bilden. Bei Fortschreiten der Erkrankung kräuseln sich die Blätter und verkrüppeln. Die ganze Pflanze sieht schließlich verdreht und mißgestaltet aus. Es werden kaum Knospen gebildet, und auch die Blüten verkümmern oder platzen an der Seite auf. Die befallenen Pflanzen verzwergen und werden kaum wieder gesund. Das Virus wird mechanisch durch Blattläuse übertragen, vor allem durch die Grüne Gurkenlaus. Nur durch völliges Niederhalten der Blattläuse, am besten durch Anwendung systemischer Mittel, läßt sich die Ausbreitung der Viren verhindern! Verdächtig erscheinende Exemplare soll man sofort ausgraben und vernichten, den Platz, wo sie gestanden haben, desinfizieren.

2. Die Rosettenkrankheit. Die Pflanzen wachsen nicht wie üblich in die Höhe, sondern bilden Rosetten. Die Blüte bleibt aus oder verkrüppelt und öffnet sich unvollständig. Auch die Zwiebeln können befallen werden, sie bleiben dann klein, wachsen nicht voran, und die Schuppen weichen auseinander. Auch dieses Virus wird durch Blattläuse übertragen.
Bei Anzuchten aus Samen läßt sich Virusbefall am ehesten vermeiden, denn er wird durch Samen nicht übertragen. Man muß dann nur die Blattläuse strikt niederhalten. Außerdem dringen Viruserreger durch Wunden – verletzte Blätter oder Stengel – in den Pflanzenkörper ein, ferner durch Frostwunden. Deshalb soll man Lilien so pflanzen, daß sie im Frühjahr von Frösten nicht getroffen werden können, oder man muß sie vor Frühjahrsfrösten schützen.

Limnánthes · Sumpfblume
Limnanthaceae ⊙ ○ ◐ ◑ △ ‖

Im Namen stecken die griechischen Wörter limne = Sumpf und anthos = Blume. Die Pflanzen wachsen aber nicht an sumpfigen Plätzen. Es sind breit werdende, etwas am Boden liegende, einjährige Kräuter mit wechselständigen, in Lappen zerschlitzten Blättern und wohlriechenden, einzeln auf Stengeln erscheinenden Blumen. Sie kommen aus den Blattwinkeln. Die Gattung umfaßt 4 Arten, welche im Westen des nordamerikanischen Kontinents auftreten.

Li

Limnánthes douglásii

Limnánthes douglásii R. Br. hat gelblichgrünes Laub, wird 15 bis 20 cm hoch und bringt viele, etwa 2,5 cm breite Blumen. Sie sind gelb mit weißem Rand oder weiß mit kleinem gelbem Grund. Der Flor beginnt normalerweise im Juni und zieht sich bis in den August hinein.

Bewertung, Verwendung, Anzucht: Die Art ist eine nette Annuelle für Einfassungen oder für die vorderen Partien geschlossener bunter Blumenbeete, für Steingärten und den Kopf von Trockenmauern. Man kann sie auch in Töpfen halten oder aus diesen in breite Schalen pflanzen, die man auf Sitzplätzen aufstellt. Man muß dann einige Körnchen in einen Topf säen, notfalls noch ein- oder zweimal umtopfen. Sonst sät man an den vorgesehenen Platz und dünnt auf 15 cm Abstand aus. Der Boden soll nährstoffreich und etwas trocken sein, der Standort in voller Sonne liegen. Sät man im April, beginnt die Blüte im Juni, etwa nach 10 Wochen. Wenn man im Juni sät, bekommt man einen schönen Herbstflor.

Limónium · Meerlavendel, Widerstoß
Plumbaginaceae ⊙ ♃ ○ ◐ ◑ ✕ ◯

Im Namen steckt das griechische Wort leimonion, von leimon hergeleitet, es bedeutet Fettwiese, Marsch; die Pflanzen sind also Kräuter fetter Wiesen. Aber noch andere Gewächse hießen so, wie auch der Vater der Botanik des Mittelalters Fuchs den Namen für verschiedene Plumbaginaceae gebraucht. Es sind häufig halophile ein- und mehrjährige Kräuter und Halbsträucher mit einer grundständigen Rosette derber, meistens spatelförmiger, bei manchen Arten auch reduzierter Laubblätter. Die Stengel weisen schuppenförmige Hochblätter auf und tragen einen großen, zuweilen einseitswendigen, aus Schräubeln und Fächeln sich bildenden gabeligen Blütenstand. Die Blumen sind klein und werden von einem röhrigen, oft trockenhäutigen, bunten Kelch umgeben, der als Schauapparat wirkt und leicht für die Blumenkrone gehalten wird. Die gegen 200 Arten der Gattung treten in Küstengebieten, in Steppen und selbst in wüstenhaften Landschaften auf. Man kann sie in allen Erdteilen finden. Die Wurzeln von *L. vulgare* wurden früher offizinell als Adstringens und Tonikum verwendet und hießen Radix Behen rubri. Die Benennung ist verworren, da bis vor kurzem die meisten Arten unter dem Namen Statice gingen. Wir teilen hier in ausdauernde und einjährige oder als solche zu be-

Li

Goniolímon tatáricum
(Limónium tatáricum)

Linária alpína

handelnde Arten auf und beschreiben bei den Stauden auch *L. tataricum,* die neuerdings zur Gattung *Goniolimon* zählt.

Einjährige Arten

Limónium bonduéllei O. Kuntze aus Nordafrika wird 50 bis 60 cm hoch, die Rosetten mit ihren fiederspaltigen Blättern liegen dicht auf dem Boden auf, und ihnen entsteigen mehrere Blütenschäfte, welche sich in der üblichen Weise verästeln. Der Kelch ist zitronengelb, und die kleinen Kronblättchen sind etwas heller gelb. Der papierartige Kelch hält sich ziemlich lange, die Art ist daher zur Gewinnung von Trockenblumen geeignet. Blütezeit ist der Sommer bis Herbstanfang.

Limónium sinuátum (L.) Mill. ist im Mittelmeerraum weit verbreitet und dort häufig zweijährig oder staudig. Die Pflanzen werden etwa 60 cm hoch, sind an allen grünen Teilen mit rauhen Haaren besetzt, und ihre grundständige Rosette besteht aus fiederspaltig-gelappten, länglich-runden Blättern. Die Blütenstände sind doldig-rispig, und die Blüten stehen dicht in einseitigen Ährchen. Die Blumen haben haltbare blaue Kelchsäume und kleine vergängliche gelbe Blütchen. Die Art kommt im Sommer in Blüte und wird vor allem in den Sorten 'Atrocoeruleum' – schön tiefblauviolett; 'Candidissimum' – reinweiß und 'Roseum Superbum' – Blumenkelche reinrosa – angepflanzt.

Limónium suworówii (Regel) O. Ktze. aus Turkestan wird ebenfalls etwa 60 cm hoch, aber die Blütenstände verästeln sich weniger häufig, dafür sind die Ästchen länger und in ihrer ganzen Länge dicht mit rosaroten Blumen besetzt. In der Tracht ist die Art von den übrigen völlig verschieden, da ihre Blütenstände keine Flächen bilden, sondern wie bei den Astilben pyramidenförmig sind.

Bewertung, Verwendung, Anzucht: Diese drei einjährig kultivierten Arten werden vor allem zur Gewinnung von Trockenblumen angebaut, eignen sich aber ebenso für bunte Blumenbeete, in welche man sie in kleinen bis mittelgroßen Horsten einstreuen kann. Sie blühen reich, und die Blütenstände behalten lange ihre Farbwirkung. Die blaue Sorte paßt gut zu hellgelben Tagetes und weißen Alyssum, die andern sind im Ton weniger schwierig, da er nicht dunkel ist. Man sät im zeitigen Frühjahr unter Glas in Handkästen oder ins Frühbeet und tupft dabei die kopfigen Samenstände senkrecht in die Erde. Wenn es sich ermöglichen läßt, pikiert man. Nach Mitte Mai wird ausgepflanzt. Der Boden soll nährstoffreich und etwas bindig sein, der Standort in voller Sonne liegen. Baut man zur Gewinnung von Trockenblumen an, muß man rechtzeitig für den Platz zum Aufhängen sorgen. Er soll luftig sein und absonnig liegen. Man schneidet, wenn die bunten Kelche ihre volle Farbe erreichen, bündelt und hängt zum Trocknen auf. Die Stiele lassen sich auch ins Zimmer als Vasenblumen stellen. Die Arten werden auf Normalbeeten kultiviert, je Beet 5 Reihen, innerhalb der Reihe mit 25 cm Abstand.

Ausdauernde Arten

Limónium bellidifólium (Gouan) Dumort. tritt in Westeuropa in Salzsümpfen und an den Küsten der Meere auf. Es ist eine bis 30 cm hohe Pflanze mit einem holzigen, beinahe waagerecht im Boden steckenden Rhizom, lanzettlich-spatelförmigem Laub in einer bis 12 cm breiten Rosette. Die Blüten erscheinen im Spätsommer bis zum Herbst und stehen in reichlich sich gabelnden und verzweigenden Rispen. Ihr Kelch ist weiß, die Blütenblätter sind zartlila.

Limónium latifólium (Sm.) O. Ktze. ist in Gras- und Gebüschsteppen des südosteuropäischen Schwarzerdegebiets beheimatet. Die Pflanzen haben ein kräftiges, verholzendes Rhizom und bis 15 cm lange, gestielte, elliptische, kurz dichtbehaarte Blätter. Der Stengel des Blütenstandes wird bis 30 cm hoch und trägt eine sich reichlich verzweigende Rispe von pyramidaler Form. Die Blumen und ihre Kelche werden hellviolett, sie erscheinen im Mai/Juni.

Limónium tatáricum (L.) Mill., jetzt **Goniolímon tatáricum** (L.) Boiss., tritt von Sibirien bis Algerien auf, in Europa nur im Südosten. Die Achsen sind kantig; daher der neue Gattungsname, gr. gonia = Kante. Die Blätter sind verkehrt-eiförmig bis verkehrt-lanzettlich, bis 15 cm lang, haben einen kurzen Stiel und enden in einem Stachelspitzchen, Farbe grau- bis dunkelgrün, von lederartiger Beschaffenheit. Der Blütenstand ist reichlich verzweigt, und die Endähren sind zweizeilig, die Blütenkrone ist rot, der Kelch weiß. Die Blütenstände werden bis 30 cm hoch, Florzeit: Sommer bis Herbst.

Bewertung, Verwendung, Anzucht: L. bellidifolium ist ein brauchbares Gewächs für Steingärten und Trockenmauern und hat durch den späten Flor seine Bedeutung. Die Pflanzen wollen einen vollsonnigen Standort und sehr durchlässige, sandig-lehmige Erde. In nassen Wintern leiden sie und gehen gar ein. Die andern Arten sind als Trockenblumen wichtig. Ihre Blütenstände werden im Vollflor geschnitten und getrocknet, für Trockenbinderei verwendet und auch exportiert. Gartenzierden im engeren Sinne sind sie kaum. An den Boden stellen sie einige Ansprüche, wenn sie reich blühen sollen: er muß tiefgründig und nicht zu leicht sein. Wichtig ist auch günstiges, trocknes Wetter während der Blütezeit, damit man trocken schneiden kann und die papierartigen Kelche weiß bleiben. Man zieht aus Samen, pikiert am besten in Torftöpfe und pflanzt aus diesen auf Felder. Vom 2. Jahr an kann man schneiden. Bei zusagendem Boden können die Bestände 8 Jahre lang gute Erträge bringen. Dann lassen sie nach, und man muß neu pflanzen. Winterschutz braucht man nicht.

Linária · Leinkraut
Scrophulariaceae ☉ ♃ ○ ◐ ◉ ◑ ◎ △ ▮ ♡ ◯

Im Namen steckt das lateinische Wort linum = Flachs, Lein; es bezieht sich darauf, daß viele Arten leinähnliche, schmale Blätter haben. Es sind ein- oder mehrjährige Kräuter, einzelne auch Halbsträucher, mit gegen- oder drittständigen, im oberen Teile der Pflanzen wechselständigen Blättern, einige blühen sehr reich in den verschiedensten Farben. Die Gattung ist gegen 75 Arten stark, von welchen die meisten in der Mediterranëis vorkommen, eine in Nordamerika. Das Gemeine Leinkraut, welches bei uns auf Brachland, Bahndämmen und Schutthalden wächst, war im Mittelalter eine wichtige Heilpflanze gegen Gelb- und Wassersucht, Hautausschläge und Hämorrhoidalleiden, vor allem das grüne Kraut. Heute wird es seltener verwendet, ist aber Bestandteil von Heiltees geblieben.

Einjährige Arten

Linária alpína (L.) Mill. wächst in den Alpen meistens oberhalb der Schneegrenze auf Schotterfeldern. Die Pflanzen haben kahle, niederliegend-aufsteigende Triebe, kleine linealische Blätter und blaue Blüten mit gelbem Gaumen, in kurzen, eiförmigen Trauben stehend. Sie werden etwa 10 cm hoch und blühen im Hochsommer. Die Art wünscht einen etwas absonnigen Standort und sät sich leicht selbst aus, manchmal perennieren die Bestände auch, und so wird das Alpenleinkraut auch als Staude geführt.
Linária incarnáta (Vent.) Spreng. (syn. L. bipartita auct. non [Vent.] Willd.) aus Südspanien, Nordafrika und Portugal wird 20 bis 30 cm hoch, wächst ebenfalls niederliegend-aufsteigend und bildet geschlossene Büsche mit dünnen Trieben. Bei der Stammart werden die Blumen blau in verschiedenen Tönungen, oft auch dunkler gestreift oder punktiert, und die Gaumen samtig dottergelb. Die Blumen stehen in einer lockeren Traube und erscheinen in großer Zahl.
Wertvoller als die Art sind die **Bipartita-Hybriden**, die wahrscheinlich aus Kreuzungen von L. incarnata mit L. maroccana und L. reticulata stammen. Die Blüten weisen alle denkbaren Grundfarben und Zeichnungen auf.
Linária marocсána Hook. f. ähnelt der vorher behandelten Art stark, hat aber behaarte Blätter, und die Blütentrauben sind dichter und vielblumiger. Die Pflanzen werden 20 bis 30 cm hoch. Man verwendet vor allem Mischungen wie Excelsior-Mischung und 'Feenstrauß' (Fairy Bouquet). Sie enthalten Gartensorten mit Unmengen kleiner, löwenmäulchenähnlicher Blüten in Rosa, Gelblich, Lila... jeweils in mehreren Abstufungen mit goldgelbem Gaumen. Bei 'Feenstrauß' werden die Büsche nur 15 bis 20 cm hoch.
Linária reticuláta (Sm.) Desf. tritt in Nordafrika am Meeresufer auf und bildet 50 bis 60 cm hohe Büsche mit feinem, graugrünem Laub. Die Stammart bringt purpurne Blüten, bei 'Aureipurpurea' haben sie einen goldgelben Gaumen, was einen schönen Kontrast ergibt.

Bewertung, Verwendung, Anzucht: Die vorstehend erwähnten Leinkräuter sind bescheidene, reizende Gewächse und bringen Unmassen von Blümchen, aber der Flor ist kurz: nach höchstens 2 Monaten ist der bunte Zauber verschwunden. *Linaria alpina* nimmt man für Steingärten, Trockenmauern und Treppenfugen, die etwas absonnig liegen. Man sät einige Körnchen in kleine Töpfe, und wenn die Pflänzchen erstarkt sind, pflanzt man mit Ballen an die vorgesehenen Standorte. In der Regel hat man damit die Art angesiedelt und braucht sich nicht weiter um die Bestände zu kümmern, die sich durch Selbstsaat erhalten. Die andern 3 Arten eignen sich vor allem für bunte Beete, wo man sie als Einfassung oder in größeren oder kleineren Flächen eingestreut verwenden kann. Sie wünschen jedoch unbedingt volle Sonne. Man sät an die vorgesehenen Flecken und dünnt etwas aus; Aussaat ab Anfang April. Sie lassen sich auch als Schnittblumen verwenden, sämtliche Knospen gehen auf, und man hat eine Woche seine Freude an dem Strauß. Man zieht einfach einige Exemplare heraus, schneidet die Wurzeln ab und stellt die Stiele tief ins Wasser.

Ausdauernde Arten

Linária genistifólia ssp. **dalmática** (L.) Maire et Petitm. (syn. L. dalmatica [L.] Mill.), auf der Balkanhalbinsel und in Kleinasien vorkommend, wird 80 bis 100 cm hoch und bringt auf straffen Stengeln, die verzweigt sind und graugrüne Blätter haben, lockere Trauben goldgelber Blüten. Diese werden bis 5 cm lang. 'Nymphe' blüht cremegelb. Beide im Juli/August.

Bewertung, Verwendung, Anzucht: Es sind Stauden für sonnige Rabatten auf durchlässigem Boden, der aber nicht arm sein darf. Man kann sie auch in Wildstaudenpflanzungen setzen. Vermehrt wird durch Teilung oder Aussaat. Die Sämlinge werden pikiert und mit Ballen gepflanzt.

Li

Línum grandiflórum — Línum narbonénse — Lobélia erínus, Blütenformen

Lindelófia · Lindelofie
Boraginaceae ♃ ◐ ◑ ⋀

Die Pflanzen sind zur Erinnerung an Friedrich von Lindelof benannt, einen Förderer der Botanik, der im vorigen Jahrhundert in Darmstadt lebte. Es sind aufrecht wachsende, scharf oder zottig behaarte Stauden mit ansehnlichen, blauen Blüten in deckblattlosen, langen Trauben. Die Gattung umfaßt 14 Arten, welche bis auf zwei, die in Afrika vorkommen, in Mittelasien auftreten.

Lindelófia longiflóra (Benth.) Baill. aus dem Westhimalaja wird 30 bis 50 cm hoch, hat lanzettliche, bis 25 cm lange, zugespitzte Blätter, am Stengel aber mehr herzförmig und stengelumfassend. Die Blüten werden durch die tiefe Röhre etwa 15 mm lang, der Kronsaum ist abstehend, Farbe tiefblau wie die dunkelsten Vergißmeinnicht-Sorten. Die Blumen stehen zu 12 und mehr in endständigen Wickeltrauben. Alte Pflanzen bringen eine Reihe Stengel, die sich manchmal verzweigen. Der Flor fällt in den Sommeranfang. Da die Blütentrauben nicht mit Deckblättern durchsetzt sind, wirken sie besonders farbig.

Bewertung, Verwendung, Anzucht: Wegen der blauen Blumen wird man diese Staude immer gern pflanzen, zumal das Blau leuchtet. Es ist ein leicht absonniger, aber keinesfalls schattiger Standort und sehr durchlässiger, am besten sandig-lehmiger Boden nötig. Die größte Gefahr bildet zuviel Winternässe. Man kann in bunte Rabatten oder in Teppiche niedriger Stauden setzen. Über Winter brauchen die Pflanzen Schutz. Trockenes Laub, trockener Torf oder Nadelstreu, mit derber Folie gut gegen Feuchtigkeit abgedeckt, eignen sich dazu. Vermehrt wird aus Samen und durch Teilung, die selten möglich, also wenig ergiebig ist. Bei Frühjahrsaussaat werden die Anzuchten bis zum Herbst fertig. Wie alle winterschutzbedürftigen Arten pflanze man auch *Lindelofia* nur im Frühling.

Línum · Lein
Linaceae ☉ ♃ ○ ◐ ◑ △ ‖ ✕

Linum ist der lateinische Name des Flachses, die alten Griechen nannten den Flachs linon. Die Gattung umfaßt gegen 200 Arten, welche über die ganze Erde verstreut in Gebieten mit subtropischem und gemäßigtem Klima auftreten. Sie werden ein- und mehrjährige Kräuter oder Halbsträucher mit kleinen, ganzrandigen Blättern und oft vielen Blüten in den verschiedensten Farben. Die Blumen sind aber rasch vergänglich. *Linum catharticum*, der Purgierlein, wurde früher häufig offizinell als Abführmittel, gegen Gicht, Wechselfieber und Wassersucht angewandt. Weit größere Bedeutung jedoch hatte und hat noch *Linum usitatissimum*, dessen Fasern zu Flachs versponnen werden und aus dessen Samen das Leinöl gewonnen wird. Man verwendet es als Speiseöl und in der Farbindustrie als Firnis. Schon in der älteren Eisenzeit gab es in Norddeutschland und Schweden einen ausgedehnten Anbau.

Einjährige Arten

Línum grandiflórum Desf. aus Algier wird bis 40 cm hoch und bildet zierliche Büsche mit reichlich sich verzweigenden Stengeln. Es blüht in lockeren, beinahe rispigen Doldentrauben. Die Blumen werden 2 cm breit und noch größer, sind bei der Art leuchtend blutrot mit dunklerem Auge, durch 'Rubrum' noch verbessert, bei 'Roseum' lebhaft rosa, bei 'Coeruleum' blauviolett. Die Blüten vergehen sehr rasch, aber es öffnen sich immer wieder neue, so daß die Pflanzen einen dichten Farbfleck bilden. Der Flor beginnt im Juni/Juli und hält zwei Monate an, dann erst läßt er merklich nach.

Bewertung, Verwendung, Anzucht: Dieser einjährige Flachs ist bei früher Aussaat zu einer Zeit in Blüte, in welcher es noch nicht viele Sommerblumen gibt, die eschlossene Farbflecken bilden, und dies in roten und osa Tönen. Man säe breitwürfig an Ort und Stelle so eitig als möglich; man kann auch im Herbst säen, aber n harten Wintern erfrieren die Bestände. Es muß guter 3odenschluß und natürliche Feuchtigkeit da sein. Bei päteren Aussaaten ist die Erde meistens bereits zu rocken, daher geht der Samen lückig auf, und die *flanzen bleiben klein. Man kann *Linum grandiflorum* n bunte Beete einstreuen oder als Einfassung, jedoch uch in großen Flächen verwenden. Die Blumen sind uch hübsche Schnittblumen. Man wählt knospige *flanzen, rauft ganze Exemplare aus, schneidet die Vurzeln fort und stellt die Stiele sogleich ins Wasser.

Ausdauernde Arten

Linum flávum L. ist in Südosteuropa bis zur mittleren UdSSR häufig und wird bis 40 cm hoch. Die Büsche aben blaugrüne, spatelförmige, derbe Blätter und ;oldgelbe, bis 2 cm breite Blumen in vielblütigen Trugdolden. Der Flor fällt in den Sommer. Neben der Stammart gibt es eine cv. 'Compactum', welche nur 15 is 20 cm hoch wird.

Linum narbonénse L. tritt in Südfrankreich, Spanien und den angrenzenden Gebieten auf. Es ist eine Staude mit zahlreichen dünnen, aufrechten, manchmal etwas ;ewundenen Trieben, hell- bis blaugrünen, schmalen 3lättern und leuchtend blauen Blüten. Die Sorte Heavenly Blue' hat größere, fast himmelblaue Blüten und wird wie die Stammart gegen 30 cm hoch. Beide kommen im Sommer in Flor. Ferner ist eine 'Rasse Havelsee' im Angebot, leuchtend blau, von Karl Foerster gezüchtet. Juni/Juli.

Linum perénne L. aus Südosteuropa, bis zum Norden der UdSSR verbreitet, wird 50 bis 100 cm hoch und hat benfalls viele dünne, aufrechte Triebe, die dicht mit chmalen, blaugrünen Blättern und bis 2,5 cm breiten 3lumen besetzt sind. Die Blüten werden hellblau, aben dunklere Adern und ein helleres Auge. Blütezeit: Juni bis August.

Bewertung, Verwendung, Anzucht: Die blaublühenden Arten sind wegen ihrer reinen Farbe und des Flors zur Sommerszeit beinahe unersetzliche Stauden. Sie assen gut als Nachbarn zu gelb blühenden, niedrigen Arten, eignen sich auch für Wildstauden- und Heidegärten. Auf die Krone von Trockenmauern kann man sie ebenfalls setzen, ferner in Steingärten oder als Unterbrechung in Teppiche von Polsterstauden. Am besten wirken sie, wenn man sie zwischen Pflanzen bringt, über welche diese Linum-Arten dominieren ... ie vermögen das leicht durch ihre vielen graziösen Triebe und eben durch die leuchtende Farbe der Blumen. Obwohl diese rasch verblühen, fallen sie stets uf, denn es kommen sehr viele. Der Boden soll kalkaltig und etwas trocken sein, der Standort muß in oller Sonne liegen. *Linum flavum* will lichten Schatten und frischen Boden. Man kann diese Art ebenfalls ür Steingärten und als Einsprengsel in Teppiche

grüner Polsterstauden nehmen. Alle Arten werden in der Regel 4 bis 6 Jahre alt, dann muß man sie ersetzen. Vermehrt wird aus Samen. Man sät zeitig im Frühjahr auf Saatbeete in einen kalten Kasten oder ins Freie. Später topft man ein, da Linum sehr schlecht Ballen halten. Exemplare mit gewundenen Trieben (bei L. narbonense) merze man gleich aus, sie sind auch als Samenträger untauglich. Bis zum Herbst werden die Anzuchten verkaufsstark. Die Sorte 'Heavenly Blue' und auch Einzelexemplare mit besonders schönem Wuchs und großen, lebhaft gefärbten Blüten lassen sich echt durch Stecklinge im August vermehren. Sie sollen 5 bis 7 cm lang sein. Man stecke in Handkästen. Die Bewurzelung wird durch ein Bewurzelungspulver sehr stark gefördert. Man halte gespannt unter Glas und decke mit einer Folienbahn ab ... in immerwährendem Wasserdunst stehend, bilden die Stecklinge sicher Wurzeln. Über Winter gehören die Handkästen in ein Kalthaus.

Lithospérmum → **Buglossoídes**

Lobélia · Lobelie
Campanulaceae ☉ ♃ ○ ◐ ●

Die Pflanzen wurden zu Ehren von Mathias de L'Obel, latinisiert Lobelius (1538–1616), benannt, der Botaniker und eine Zeitlang Leibarzt des englischen Königs Jacob I. war. Er schrieb auch mehrere Kräuterbücher, teils lateinisch, teils niederländisch. Lobelien sind einund mehrjährige Kräuter und Halbsträucher von verschiedenster Tracht. Die Gattung umfaßt gegen 360 Arten, welche in fast allen Erdteilen, vor allem in der subtropischen, aber auch in der gemäßigten Zone vorkommen. *Lobelia inflata* ist offizinell und wird in Südeuropa angebaut. Man verwendet die blühenden Pflanzen und gewinnt daraus das Alkaloid Lobelin, das gegen Erkrankungen der Luftwege hilft, auch bei Bronchialasthma. Es wird vom Arzt verordnet. Ferner wird das Laub zu Zigarren und Zigaretten für Asthmaleidende und zu Inhalationen verwendet. Bei einigen Autoren bilden *Lobelia* und einige andre Gattungen eine eigene Familie, die *Lobeliaceae;* bei andern sind diese eine Unterfamilie der Glockenblumengewächse.

☉ **Lobélia erínus** L. stammt aus dem Kapland und ist die bekannteste und verbreitetste Art, aber sie wird nur noch in Sorten verwendet. Die Pflanzen bilden vielfach sich verzweigende Kräuter mit kleinen verkehrteirunden, gezähnten Blättern und blühen end- und achselständig mit übervielen, bis 15 mm breiten blauen, auch weißgeäugten Blumen. Der Flor beginnt bei sachgemäßer Kultur etwa Anfang Juni und zieht sich bis zum August hin, manchmal noch etwas länger ... es hängt vom Wetter ab. In ihrer Heimat ist die Art eine Staude, hier wird sie als Annuelle behandelt. Es gibt drei Gruppen von Lobelien; a) bis 20 oder 25 cm hoch wachsende, etwas säulenförmige Büsche bildend, b) die Compacta-Sorten der Kataloge, Höhe

Lo

Lobulária marítima var. benthámii

Lónas ánnua

Lunária ánnua

10 bis äußerstens 15 cm, dichte, runde Büsche bildend, zu dieser Gruppe gehören vor allem die Sorten, welche man in den öffentlichen Anlagen auf Beeten sehen kann und die auch für Grabbepflanzung genommen werden. Empfohlene Sorten sind 'Kristallpalast', dunkelblau und dunkelaubig, 'Leuchtendblau' und 'Pumila Splendens', dunkelblau mit weißem Auge. c) Hängelobelien, die Pendula-Gruppe, mit niederliegend-aufstrebenden oder herabhängenden Trieben und locker stehenden Blumen. Die Hängelobelien eignen sich für Ampeln und Balkonkästen oder große runde Schalen, in die man sie zusammen mit hoch wachsenden Pflanzen, wie Pelargonien, Lantanen und ähnlichen Arten, gern setzt.

♃ **Lobélia fúlgens** Willd. stammt aus Mexiko und bildet unverzweigte, straff aufrechte Stengel, die bis 80 cm hoch werden. Sie haben weich behaarte, sitzende, lanzettliche, zugespitzte Blätter, am Rande schwach gezähnelt, bis 10 cm lang, nach oben zu kürzer werdend. Die Blumen erscheinen in einer gestreckten, endständigen Traube und werden leuchtend dunkel- bis scharlachrot. Schöner als die Art ist die Sorte 'Victoria', bei welcher das Laub und der Stiel dunkelblutrot gefärbt sind und schwach bläulich glänzen, die Blumen werden lebhaft scharlachrot mit orangefarbenem Schein. Bei uns ist die Pflanze nicht winterhart, sie muß im Herbst ausgegraben und frostfrei überwintert werden.

♃ **Lobélia siphilítica** L. stammt aus Nordamerika, wo sie in wärmeren, aber auch rauhen Gebieten an feuchten bis sumpfigen Plätzen auftritt. Sie ist eine Staude und treibt straffe, bis ein Meter hohe Stengel, die unten dicht mit länglich-eirunden, bis 20 cm langen, nach oben zu kürzeren und weitläufiger stehenden Blättern besetzt sind und in einer langen, lockeren Blütentraube endigen. Die Blumen werden etwa 2 cm lang und sind hellblau, Blütezeit Juli bis Oktober. Bereits seit etwa Ende des 17. Jahrhunderts als Gartenpflanze bekannt.

Bewertung, Verwendung, Anzucht: Lobelia erinus kann man so häufig sehen, daß zu ihrem Lobe nicht viel Worte nötig sind. Auch ihre Anwendung ist allgemein bekannt. Die Pflanzen brauchen eine Vorkultur unter Glas: Aussaat im Februar im Warmhaus, dann in Büscheln in Handkästen pikieren und aus diesen im April auf einen lauwarmen Kasten oder in Töpfe setzen, die auf halbwarmen Fuß kommen müssen. Nach Mitte Mai kann man an den vorgesehenen Platz pflanzen... entweder in größeren oder kleinen Flächen oder als Einfassung. Bei großer Hitze während des Sommers geht der Flor vorzeitig zu Ende, bei viel Regen werden die Lobelien lang und unansehnlich. Es ist angebracht, sie im Laufe des August etwas mit der Grasschere zurückzuschneiden und anschließend zu hacken und leicht zu düngen. Das ergibt einen guten Nachflor.

Lobelia fulgens wird heute vor allem in der rotlaubigen Sorte verwendet und in Horsten in bunte Blumenbeete eingestreut. Eine weitere Möglichkeit der Anwendung ist, sie in großen Mengen auf Streifen oder Bänder zu setzen und mit niedrigen Sommerblumen, die nicht zu wuchtig werden, einzufassen oder solche in kleinem Korn dazwischen zu setzen: Begonien, *Lantana, Lobularia, Lonas annua* oder Pflanzen mit weißgrauem Laub. Man muß *Lobelia fulgens* nur dicht genug pflanzen. Im Herbst soll man sie ausheben und in sandige Erde einschlagen. Es ist von Zeit zu Zeit zu wässern, damit die Rhizome nicht welken, sonst entstehen Verluste. Im März holt man die Pflanzen hervor, trennt die Nebenrosetten ab, setzt zuerst in kleine Töpfe und topft noch einmal um. Nach Mitte Mai ist an den vorgesehenen Platz zu pflanzen. Man kann auch aus Samen vermehren: Aussaat zeitig im Jahre, dann pikieren und wie Kindelbestände behandeln. Die aus Samen aufgewachsenen Pflanzen fallen treu, blühen aber etwas später.

Lobelia siphilitica ist eine gute Staude für feuchte Standorte, braucht aber volle Sonne. Man zieht am besten aus Samen. Nach zeitiger Aussaat im Frühjahr schult man etwa im Mai auf, die Bestände werden bis zum Herbst verkaufsstark. Winterschutz ist angebracht, denn in sehr harten Wintern können die Pflanzen erfrieren.

Lobulária · Duftsteinrich
Cruciferae ☉ ○ ◐ ◑ ‖ ○

Im Namen steckt das neulateinische Wort lobulus = Schötchen; es nimmt auf die schotenförmigen Früchte Bezug. Die Gattung steht *Alyssum* nahe und wurde früher auch zu diesem gerechnet. Lobularien haben jedoch kürzere Staubblätter als *Alyssum* und besitzen neben jedem Staubblatt eine kurze und eine auffallend lange Honigdrüse, während *Alyssum* nur eine aufweist. Die Gattung umfaßt etwa 5 Arten, die im Mittelmeerraume wild auftreten. In Kultur ist aber bloß **Lobulária marítima** (L.) Desv. (syn. Alyssum maritimum (L.) Lam.) und von dieser wiederum nur var. **benthámii** (Voss) Bail. et Bail. Es sind annuelle, reichlich sich verzweigende Kräuter mit kleinen, linealisch-lanzettlichen Blättern und kleinen weißen oder anders getönten, stark duftenden Blüten. Sie stehen in vielblumigen Trauben beisammen, die sich während des Flors strecken. Die ganze Pflanze ist mit angedrückten, einfachen oder gegabelten Haaren bedeckt. Der Flor beginnt im Juni, er kann bei günstiger Witterung bis zum Herbst anhalten. Die Varietät wird bis 25 cm hoch, es gibt jedoch auch Sorten, welche kürzer bleiben. Sie gehen unter dem Sammelnamen Procumbens-Gruppe. Angeführt seien 'Weiße Riesen' – tetraploid, bis 35 cm hoch, vor allem zum Schnitt geeignet; 'Königsteppich' = 'Royal Carpet' – sehr niedrig, Blüten leuchtend tiefviolett; 'Rosie O'Day' – ebenfalls niedrig, Blüten rosa; 'Schneedecke' und 'Schneeteppich' – beide ganz flach, reinweiß blühend; 'Violettkönigin' – 12 cm hoch, Blüten lila, später heller werdend.

Bewertung, Verwendung, Anzucht: Der Duftsteinrich ist eine höchst wertvolle, anspruchslose Einjahrsblume, die sich als Einfassung und als Bodendecke zwischen weitläufig stehenden höheren Gewächsen sehr gut eignet, auch unter Hochstammrosen. Ferner ist er eine gute Bienenfutterpflanze. Man kann sofort an den vorgesehenen Platz säen, Reihenabstand etwa 15 cm, und muß später auch auf diese Entfernung ausdünnen. Man kann aber auch in einen kalten Kasten säen und, sobald die Pflänzchen sich greifen lassen, auspflanzen oder in kleine Töpfe pikieren und mit Ballen pflanzen. Das ist zwar eine mühsame Arbeit, aber solche Bestände blühen reicher und länger. Der Boden soll kräftig, doch nicht fett sein. Der Standort muß in voller Sonne liegen. Man säe zeitig im Frühjahr, damit die Bestände bereits erstarkt sind, wenn die Erdflöhe aufkommen. Diese stürzen sich förmlich auf Lobularia. Man soll gegen Erdflöhe auch stäuben. Da die Pflanzen Kreuzblütler sind, darf man sie nicht auf Land bringen, das mit Kohlhernie verseucht ist. Wenn man die Bestände nach dem Flor mit einer Grasschere etwas zurückschneidet und leicht düngt, kommt es zu einer zweiten Blüte, die häufig genauso üppig wird wie die erste.

Lónas · Gelbes Ageratum
Compositae ☉ ○ ◐ ◑ ✕

Der Name ist die latinisierte Form des Worts, mit dem die Pflanze in ihrer Heimat Algerien bezeichnet wird. Die Gattung steht *Anthemis* nahe und umfaßt nur eine Art.
Lónas ánnua (L.) Vines et Druce (syn. L. inodora (L.) Gaertn.) ist eine annuelle Pflanze, die etwa 30 bis 50 cm hoch wird, aufrecht wächst und sich reichlich verzweigt. Stengel und Äste sind kräftig, die Blätter sitzen wechselständig und sind fiederschnittig. Die Blumen werden gelb und stehen in Köpfchen in dichten, endständigen Doldentrauben. Sie erscheinen ab Mitte Juli, und der Flor hält bis fast zum Frost an.

Bewertung, Verwendung, Anzucht: Lonas ist heute eine ziemlich unbekannte Sommerblume, während sie vor fünfzig Jahren zum eisernen Bestand aller großen, bunten Blumenbeete gehörte. Die Pflanzen wünschen volle Sonne und einigermaßen trocknen Standort. Sie blühen reich, und ihre Blütenköpfe lassen sich trocknen und zur Immortellenbinderei verwenden. Sonst passen die Pflanzen in bunte Beete, auch zu Einfassungen höher werdender Blumen, etwa von *Canna*. Man kann im März in leichte Erde in Handkästen oder ein lauwarmes Frühbeet säen und pikiert dann oder setzt in kleine Töpfe. Aus diesen pflanzt man schließlich an den vorgesehenen Platz. Man kann aber auch ab Mitte April an Ort und Stelle säen und muß später auf 20 cm Abstand auslichten... nur blühen solche Bestände nicht vor August.

Lunária · Silberling
Cruciferae ☉ ○ ◐ ◑ ✕

Im Namen steckt das lateinische Wort luna = Mond; es nimmt darauf Bezug, daß der Same in Form und Farbe an den Vollmond am Himmel erinnert. Es sind ein- oder mehrjährige Kräuter mit herzförmigen, gestielten Blättern und sich verästelnden Stengeln, die in Blütentrauben auslaufen. Die Gattung umfaßt 3 Arten, ihr Verbreitungsareal ist Süd- und Mitteleuropa.
Lunária ánnua L. aus Südosteuropa ist schon seit dem Mittelalter eine Gartenpflanze und hat sich von den Gärten aus auch nach außerhalb verbreitet. Man kann sie in Auenlandschaften, verwilderten Gärten und selbst in ländlichen Hinterhöfen treffen. Auch in Nordamerika tritt sie verwildert auf. Die Stöcke werden 30 bis 100 cm hoch und bringen im Mai/Juni ansehnliche Blumen, die weiß oder violett werden. In Massen stehend, fallen die Bestände zur Florzeit weithin auf.
Später folgen die Fruchtstände mit den silberweißen

Lu

Lupinus-Einjährige-Hybride   Lupínus polyphýllus

Scheidewänden, die lange am Stengel bleiben, wenn man die Außenklappen und die Samen entfernt hat. Bei *L. annua* sind die flachen Schoten rund, bei der ausdauernden Art *L. redivíva* L., die aber kaum verwendet wird, länglich-oval.

Bewertung, Verwendung, Anzucht: Der Silberling gehört nicht zu den Sommerblumen, die drei Sterne verdienen. Die Florzeit ist zu kurz. Man baut ihn aber an, weil sich seine Fruchtstände zu Trockensträußen eignen. Man sät im Juni bis Spätsommer auf ein Freiland-Saatbeet und pflanzt dann aus... 5 Reihen je Normalbeet. Ansprüche an den Boden stellen die Pflanzen nicht, er darf nur nicht zu trocken sein. Im Spätsommer des nächsten Jahres kann man die Fruchtstände schneiden. Manchmal halten die Pflanzen auch einen zweiten Winter aus. Sät man sehr zeitig im März/April, blühen die Pflanzen bereits im ersten Jahre.

Lupínus · Lupine, Wolfsbohne
Leguminosae ☉ ⚁ ○ ◐ ◑ ✕ ○

Im Namen steckt das lateinische Wort lupus = Wolf; es soll sich darauf beziehen, daß die Pflanzen auch den geringsten Boden gierig wie Wölfe aussaugen und sich unausrottbar festsetzen. Die Gattung umfaßt 80 oder auch 100 Arten, von welchen die meisten in Nordamerika in wärmeren, trocknen Strichen vorkommen, einige auch im Mittelmeerraum. Es sind ein- oder mehrjährige Kräuter, auch Halbsträucher und nur ausnahmsweise Sträucher mit einfachen oder gefingerten Blüten und Blättern in endständigen Trauben. Die Farben sind sehr verschieden. Manche wurden bereits im 17. Jahrhundert nach Europa eingeführt und sind seit dieser Zeit bekannte Gartengewächse.

Einjährige Arten

Lupinus-Einjährige-Hybriden sind die „Blumisten-Hybriden" älterer Kataloge. Sie entstanden durch Kreuzungen verschiedener Arten, die für sich weniger Wert haben. Die Pflanzen fallen freilich nicht vollkommen gleichmäßig aus Samen. Sie werden 50 bis 120 cm hohe, ziemlich stämmige Gewächse und blühen in dichten oder auch lockeren Trauben oder verlängerten Ähren. Es gibt eine Reihe von Sorten, die ziemlich treu fallen, oftmals sind sie zweifarbig. Der Flor kann schon im Juni einsetzen, hält aber nicht bis zum Herbst vor.

Lupínus hartwégii Lindl. stammt aus Mexiko. Die Pflanzen werden 50 bis 70 cm hoch und blühen mit langen, aufrechten Trauben etwas wirtelig gestellter Blumen, im Hauptton blauviolett mit anfangs weißlicher, später in der Mitte rötlicher Fahne.
Es gibt eine Reihe von Sorten mit hell- bis tiefblauen, violetten, rosalila oder weißen Blumen. Die Pflanzen blühen verhältnismäßig spät: nicht vor Ende Juli, aber bis oft in den Oktober hinein, was sie natürlich wertvoll macht.

Lupínus mutábilis Sweet stammt aus Mittelamerika, kann bis brusthoch werden, verkahlt dabei freilich unten. Die Blüten stehen in langen, lockeren Trauben, meistens in 5blumigen Quirlen, sie duften und sind ziemlich groß, die Fahnenfläche ist zuerst gelb und wird später violett. Schöner ist

Lupínus cruckshánksii Hook. — Die Blumen werden größer, hell- bis mittelblau, später purpurfarben, dabei ist die Fahnenfläche erst gelb, dann dunkler, aber nicht selten auch zunächst weiß und blau gesäumt.

Lupinus nánus Dougl. aus Kalifornien wird nur 20 bis 30 cm hoch, und die Blüten sitzen in verhältnismäßig langen, weichbehaarten Trauben. Sie haben eine weiße oder weißlichblaue, hellblaue punktierte Fahne, die später einheitlich violett wird. Das Schiffchen ist ebenfalls weißlich, hat aber eine purpurne Spitze. Es gibt eine Reihe von Sorten, die weiß und scharlach, weiß und violett oder reinweiß werden. Die Pflanzen blühen etwa 10 Wochen nach der Aussaat.

Lupínus subcarnósus Hook. aus Arizona wird ebenfalls nur etwa 30 cm hoch und blüht in länglich-pyramidalen Blütentrauben. Die Blumen sind lebhaft tiefblau, und die Fahne hat einen weißen Fleck. Auch diese Art blüht bald nach der Aussaat.

Bewertung, Verwendung, Anzucht: Die einjährigen Lupinen werden bei uns jetzt arg vernachlässigt, jedoch zu Unrecht. Sie sind sehr anspruchslos, wollen nur kalkarmen bis leicht sauren, sandigen, durchlässigen Boden haben. Es gibt ihn nicht überall, aber wenn, dann weiß man nur selten, was sich darauf säen oder pflanzen läßt und gut aussieht. Diese annuellen Lupinen sind für solche Plätze wie geschaffen! Man kann direkt an den vorgesehenen Platz aussäen und muß dann je nach Art auf 20 bis 40 cm Abstand ausdünnen. Man kann aber auch zwei Korn in kleine

Töpfe legen, die man zuerst ins Warmhaus stellt, dann in einen kalten Kasten räumt, wo sie langsam heranwachsen und stämmig werden. Zuletzt pflanzt man behutsam an den vorgesehenen Platz. Man fügt die einjährigen Lupinen in bunte Rabatten ein oder verwendet sie im großen, die Arten müssen aber nach Höhe und Blütezeit gruppiert werden. Im allgemeinen blühen sie 10 bis 12 Wochen nach der Aussaat, die zeitig, also bis Mitte April, beendet sein soll. Die Stiele lassen sich auch schneiden und als Schnittblumen verwenden. Sie halten sich zwar nicht sehr lange, wirken jedoch in ihren vielen Farben.

Ausdauernde Arten

Lupínus perénnis L. stammt aus Nordamerika, wo die Art weit verbreitet ist. Die Pflanzen werden etwa 60 cm hoch und blühen ab Mai manchmal bis in den August hinein. Die Blüten stehen in lockeren Trauben und sind verschieden blau, die Fahne wird meistens violett. Man kann die Pflanzen bei uns auf Bahndämmen und auf Waldblößen verwildert finden, oft in riesigen Beständen. Zur Blütezeit wogt das Blau bei Wind wie Wellen. Die Art ist härter und blüht früher als die folgende, ist jedoch nicht so prächtig.

Lupínus polyphýllus Lindl. stammt von der pazifischen Seite des nordamerikanischen Kontinents. Die Pflanzen werden bis 120 cm hoch und bringen bis 50 cm lange, ziemlich dichte Blumenähren in den verschiedensten Farben. Bei der Art werden sie blau bis purpurfarben oder weiß. Um 1930 tauchten die ersten Sorten auf. Sie entstammen Kreuzungen der Art mit *L. arboreus* aus Kalifornien. Die Pflanzen gehen jetzt unter dem Sammelnamen **Lupinus-Polyphyllus-Hybriden**. Der erfolgreichste Züchter war ein englischer Gartenfreund, George Russel, welcher 25 Jahre mit der Entwicklung einer Rasse beschäftigt hat, deren Pflanzen nach ihm Russel-Lupinen heißen. Sie haben ein weites Farbenspiel, das von Reinweiß über Reingelb und Orange bis Rot und weiter bis Blau und Violett reicht. Viele Sorten sind zweifarbig. Alle haben große, dichte Blütenstände in teilweise frappierenden Farben und Kombinationen; ferner bleiben die Blüten auch unten so lange an der Rispe haften, bis sich oben die letzte Knospe geöffnet hat. Im Laufe des Flors verändert der Blütenstand seine Form, indem er luftiger, breiter und zylindrisch wird, häufig ändert sich zugleich die Farbe, denn die unteren Blumen nehmen andere Töne an. Die ersten Sorten waren in Mitteleuropa nicht sehr lebensfähig und unsern nassen, harten Wintern nicht gewachsen. Das hat sich gebessert. Die Zahl der Sorten ist groß, gehalten haben sich nur die besten.

Bewertung, Verwendung, Anzucht: Lupinen gehören zu den weit verbreiteten Stauden, und man kann sie beinahe in jedem Garten sehen... häufig aber nur die alten Typen mit blauen oder rosa Blüten. Sie wünschen tiefgründigen, nicht zu trockenen, aber auch nicht feuchten Boden mit neutraler oder leicht saurer Reaktion. Kalkverträgliche Rassen gibt es zwar auch, doch ist die Verträglichkeit noch ziemlich gering. Durch die Russel-Lupinen haben wir ein Farbenspiel, das es bei keiner Staude nochmals gibt, denn bei Phlox fehlen Gelb und helles Blau, auch Orange völlig. Am schönsten wirken die neuen Lupinen in Mengen und in allen vorhandenen Farben. Einzelne Töne im Garten erwecken, so schön die Pflanzen auch stehen mögen, den Eindruck, als fehle etwas. Es ist fast so wie bei den modernen hohen Bart-Iris. Natürlich wollen sie in voller Sonne und frei stehen. Ein gewisser Nachteil ist, daß sie wie so viele durch Züchtung wesentlich verbesserte Stauden nach dem Flor stark abfallen. Man kann das mildern, indem man die abgeblühten Ähren wegschneidet. Vermehrt wird aus Samen, wobei die Nachkommen nicht echt fallen; immerhin lassen sich durch scharfe Auslese Farbengruppen bilden. Die Sorten kann man in kleinem Maßstabe durch Teilung vermehren, in großem durch grundständige Stecklinge mit einem Stück Ansatz von altem Holz. Man kann aus dem freien Lande schneiden... am besten wachsen kleine Austriebe aus Seitenaugen. Nach dem Schneiden stellt man den Steckling in flüssige Wuchsstofflösung oder pudert ihn an der Außenseite des Ansatzstückes mit Wuchsstoffpulver ein und steckt dann in sandige Erde in kleine Töpfe, die man in einem geschlossenen kalten Kasten unterbringt. Schließlich pflanzt man auf Anzuchtbeete aus. Die Bestände werden bis zum nächsten Frühjahr verkaufsstark. In England und den Niederlanden, wo die Züchtung zu Hause ist, werden die Lupinen-Sorten im Frühjahr auch als bewurzelte Jungpflanzen mit festem Ballen verkauft wie bei uns die Dahlien-Jungpflanzen.

Bei Anzucht aus Samen kann man im zeitigen Frühjahr auf ein Freilandbeet säen. Sind die Pflanzen erstarkt, setzt man sie in 5 bis 6 Reihen auf Anzuchtbeete, wo sie bis zum Herbst Verkaufsgröße erreichen. Will man die Sämlinge farbenweise sortieren, säe man im Juli/August und pflanze ebenfalls auf die Anzuchtbeete: Im Laufe des nächsten Sommers kann man dann farbenweise ausstecken. Spät gesäte Posten werden ausreichend stark und brauchen das Land 4 bis 5 Monate weniger, als wenn man im Frühjahr sät und ausstecken will, denn nur einzelne Exemplare werden im laufenden Sommer schon blühen. Am endgültigen Standort können die Lupinen mehrere Jahre stehen, manchmal 4, manchmal 6, aber selten länger; sie lassen dann nach. Verpflanzen kann man größere Exemplare nicht, auch kaum teilen.

Lýchnis · Lichtnelke
Caryophyllaceae ☉ ☉ ♃ ○ ◐ ◑ △

Den Namen Lychnis findet man bereits bei Theophrast, doch dürfte er damit eine Pflanze gemeint haben, die heute *Agrostemma* heißt. *Lychnis* sind einjährige oder ausdauernde Kräuter, häufig filzig oder angedrückt behaart, sie haben verschieden ge-

Ly

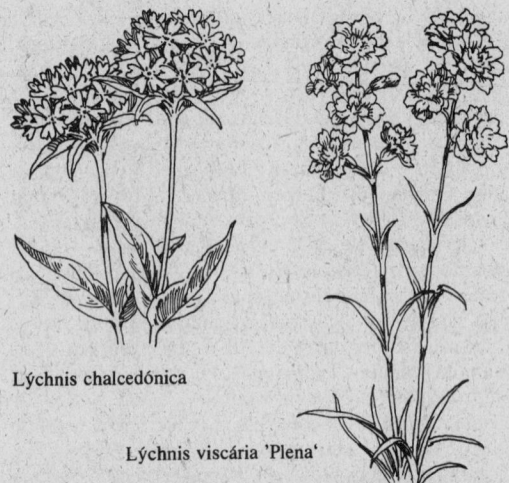

Lýchnis chalcedónica

Lýchnis viscária 'Plena'

färbte, immer auffällige Blüten. Die Gattung umfaßt gegen 35 Arten, welche in der nördlichen gemäßigten Zone, zum Teil auch in der arktischen auftreten. Sie steht der Gattung *Silene* recht nahe, und früher wurden eine Reihe von Arten als *Lychnis* geführt, die jetzt als Silene gelten.

Lychnis-Arkwrightii-Hybriden ist der jetzt gültige Name für Pflanzen, die durch Kreuzung von *L. chalcedonica* und *L.* × *haageana* entstanden sind, wobei *L.* × *haageana* ebenfalls eine Hybride war. Die Pflanzen werden etwa 30 cm hoch, haben eirund-längliche, oben tiefgrüne, unten rötlich angelaufene Blätter und bringen scharlach-orangefarbene große Blüten in Dolden oder Trugdolden, welche bis 8 cm Breite erreichen. Der Flor fällt in den Sommer; die Pflanzen sind bei uns einjährig.

♃ **Lýchnis chalcedónica** L., die Brennende Liebe, ist eine Staude, die bereits seit dem Mittelalter in den Gärten gehalten wurde. Die Pflanzen werden 60 bis 100 cm hoch, sind an allen grünen Teilen rauh behaart und treiben mehrere straff-aufrechte Stengel. Diese tragen dichte Schirme bis 2 cm breiter, scharlachroter Blüten. Flor im Juni/Juli. Außer der Art gibt es die Sorten 'Alba' (seit 1613 als Gartenpflanze bekannt), 'Alba Plena' – Blüten weiß gefüllt, wurde 1789 gefunden, 'Plena' rote, gefüllte Blüten, weil steril, lange blühend, seit 1625 bekannt.

♃ **Lýchnis coronária** (L.) Desr. (syn. Coronaria tomentosa A. Br.), die Vexiernelke, stammt aus Südeuropa. Die Pflanzen werden 60 bis 90 cm hoch, sind graufilzig behaart und haben aufrechte, sich oben gabelig teilende Stengel; Blätter länglich-eiförmig. Die Blüten erscheinen einzeln auf langen Stielen und werden gegen 3 cm breit, Farbe lebhaft karminrot. Florzeit ist der Hochsommer. Die Pflanzen sind nicht sehr langlebig, sondern verschwinden nach 2 bis 3 Jahren, erhalten sich jedoch meistens durch Selbstaussaat. Für Wildstaudenpartie gut geeignet.

♃ **Lýchnis flos-jóvis** (L.) Desr. (syn. Coronaria flos-jovis (L.) A. Br.), die Jupiterblume, war im Altertum dem Gotte Jupiter geweiht. Die Art tritt am Südhange der Alpen von Westfrankreich über Norditalien bis Tirol auf, fehlt aber in Südeuropa. Man findet sie auf sonnigen Hängen und steinigen, artenreichen Wiesen bis 1900 m hochsteigend. Sie ist eine Staude, bildet Schöpfe länglich-spatelförmiger bis lanzettlicher, zugespitzter, seidig-filziger bis zottiger Blätter und wird 20 bis 80 cm hoch. Der Blütenstand ist dicht trugdoldig und bringt mehrere 2 bis 3 cm breite, flache Blumen in Karminrosa bis Hellpurpur. Der Flor beginnt im Mai und kann sich bis zum Juli hinziehen.

⊙/⊙ **Lychnis-Haageana-Hybriden.** *Lychnis* × *haageana* Regel entstand 1858 durch Kreuzung von *L. fulgens* mit *L. coronata* var. *sieboldii*. Es sind etwa 30 cm hohe, schwach behaarte Pflanzen mit meistens grundständigen, tiefgrünen Blättern. Die Blüten werden relativ groß, stehen in 6 bis 8 cm breiten Schirmen zusammen und färben sich scharlach bis rotorange; Florzeit von Juni bis August. Die Farben und auch die Höhe spielen etwas. Durch Rückkreuzungen und Verwendung weiterer Arten entstanden Hybriden, welche ein weites Farbenspiel aufweisen, denn es gibt außer feuerrot auch rosa, fleisch- und lachsfarben und weiß blühende. Sie wachsen leider etwas schwach und dauern auch nicht lange aus. Daher behandelt man sie bei uns häufig als Annuelle.

♃ **Lýchnis viscária** L. (syn. Viscaria vulgaris Bernh.) gehörte eine Zeitlang zusammen mit mehreren andern Arten zur Gattung *Viscaria*, wurde aber wieder zum Genus *Lychnis* gestellt. Es ist die Pechnelke der Gärten, eine seit langem bekannte Staude. Die Art ist in fast ganz Europa, im Umkreis des Kaukasus und bis Sibirien verbreitet. Sie wächst gern gesellig, und man findet sie auf trockenen Hängen, auf Wiesen, Bahndämmen, in Weinbergen und an Waldrändern, aber nur ausnahmsweise auf Kalkböden. Die Pflanzen werden 30 bis 50 cm hoch. Sie haben länglich-lanzettliche, steife und etwas derbe Blätter, die nach dem Grunde zu schmäler werden. Die Stiele sind mit Knoten durchsetzt und oberhalb eines jeden Knotens klebrig. Die Blumen werden groß und erscheinen in ansehnlichen, rispigen Trauben, sie sind rosenrot. In Kulturen und Gärten findet man aber vor allem 'Plena' mit großen, völlig gefüllten, etwas röschenförmigen Blüten, die lebhaft rosa werden; 'Splendens' mit großen, karminrosa Blumen; 'Enzett-Viscafeuer' blüht leuchtend rot. Sie alle blühen im Mai/Juni, und gelegentlich bringen sie einen Nachflor.

Bewertung, Verwendung, Anzucht: Über *Lychnis chalcedonica* braucht man keine Worte zu verlieren: Sie gehört seit Jahrhunderten zu den Stauden, die alle schätzen. Sie gerät am besten in lehmig-humosen, aber nicht zu trocknen Böden und braucht volle Sonne. An zusagenden Plätzen können die Pflanzen riesig und mehrere Jahre alt werden. Sie kommen aber nur ausnahmsweise auf 6 und mehr Jahre, häufig werden sie gar nicht so alt. Gegen zu viel Nässe im Winter sind sie empfindlich, besonders die gefülltblühenden Sorten.

Die Art läßt sich leicht aus Samen vermehren: Aussaat zeitig im Frühjahr sehr dünn auf ein Freilandsaatbeet, später auspflanzen, 6 Reihen je Beet. Die Bestände sind bis zum Herbst fertig. Die gefülltblühenden werden durch Abtrennen von Nebenrosetten im Frühjahr vermehrt: Man steckt in ein kaltes Frühbeet in recht sandige Lehmerde, übersprüht häufig, gibt aber stets etwas Luft und schattiert auch. Haben sich Wurzeln gebildet und sind die Rosetten genügend kräftig, setzt man ebenfalls auf Anzuchtbeete. Über Winter ist Schutz durch Reisig kein Fehler. Alle Sorten der Brennenden Liebe eignen sich für bunte Blumenbeete, die einfachblühenden auch für Wildstaudengärten. Nach dem Flor schneide man die Blütenstiele weit zurück, damit die Pflanzen sich gut bestocken.

Lýchnis flos-jovis eignet sich in größeren Mengen oder in Tuffs von einigen Exemplaren für bunte Blumenbeete und für Wildstaudenpflanzungen. Die Art will sonnig stehen, und der Boden soll ziemlich trokken und kalkhaltig sein. An zusagenden Plätzen halten sie beinahe für immer aus. Läßt der Flor nach, kann man im Spätherbst mit gutem Kompost düngen, den man einfach über die Fläche verteilt. Vermehrt wird aus Samen und durch Teilung. Bei Aussaat oder Teilung im Frühjahr sind die Bestände bis zum Herbst verkaufsfertig.

Arkwrightii- und Haageana-Hybriden werden leider viel zu wenig verwendet, obwohl ihre Blüten weithin leuchten und die Umgebung ringsum gleichsam beleben. Man sät im Frühling und pflanzt auf Anzuchtbeete oder gleich an den vorgesehenen Platz. Die Blumen halten sich auch abgeschnitten recht gut. Verwendungsmöglichkeiten gibt es viele: Sie passen in bunte Blumenbeete, in Teppiche von Polsterstauden, die im Sommer grün sind und farblich belebt werden sollen, in die Nähe von Blumenzwiebeln, welche im Sommer einziehen. Leichter Schatten wird vertragen. Auch *L. viscaria* ist eine wichtige Staude. Man kann sie in vielen Gärten sehen. Ihre leuchtende, besondere Farbe fällt uns schon von weitem auf. Sie ist freilich auch etwas heikel, denn solch ein Ton verträgt sich nicht mit vielen andern Farben. Am besten passen dazu gelb- und blaublühende Nachbarn, weiße nicht immer, rosa- und rotblühende fast niemals. Aber die gefüllte Pechnelke läßt sich auch zwischen kurze Gräser setzen, überhaupt zwischen verschiedene Wildstauden, und in Teppiche von Polsterstauden einstreuen. Als Schnittblumen kann man die Stiele ebenfalls sehen. *L. viscaria* .'Plena" wünscht sonnigen Standort und ziemlich guten, humusreichen Boden, der nicht trocken sein darf. Viel Nässe verträgt sie jedoch auch nicht! Die anderen Formen sind nicht so anspruchsvoll: Sie können etwas trocken stehen, und der Boden braucht nicht besonders gut zu sein. Die gefüllte Pechnelke kann viele Jahre alt werden, doch sind das Ausnahmen. Normalerweise soll man die Exemplare im 4. oder 5. Standjahre aufnehmen, den Boden erneuern und die Teilstücke frisch pflanzen; auch ist nötig, vom 2. Jahre an im zeitigen Frühjahr einen Volldünger zu streuen und leicht einzuhacken. Die einfachblühenden Formen lassen sich leicht aus Samen vermehren, und die Anzuchten werden bei Aussaat im Frühjahr bis zum Herbst verkaufsstark. Sie fallen allerdings nicht völlig treu. Die gefüllte Pechnelke kann nur durch Teilung vermehrt werden. In der Regel geschieht dies nach dem Flor, wenn die Pflanzen neu durchtreiben. Wenn man nicht stark vermehren will, teile man nur wenig und kann sogleich an den vorgesehenen Platz oder auf Anzuchtbeete pflanzen. Aus einer guten Mutterpflanze bekommt man 2 bis 3 Teilstücke. Will man viel Nachwuchs haben, muß man stark teilen und die Stücke in Töpfe bringen.

Lysíchitum · Scheinkalla
Araceae ♃ ○ ◐ ◑ ≈

Im Namen stecken die griechischen Wörter lysis = Trennung und chiton = Kleid; sie beziehen sich darauf, daß die Blütenhülle und der Kolben – wie bei allen Araceae – getrennt sind. Die Gattung umfaßt 2 Arten, von denen eine in Ostasien und die andere im Nordwesten des amerikanischen Kontinents auftritt.

Lysíchitum americánum Hulten et St. John hat einen kräftigen Wurzelstock und treibt im Frühling auf bis 15 cm langen Stielen länglich-lanzettliche, bis 60 cm lange und noch längere, in Rosetten erscheinende Blätter, welche dunkelgrün und ziemlich dick sind. Im Mai/Juni folgt ihnen die Blüte. Die Blumen stehen in einem etwa 15 cm langen Kolben mit einem bis 30 cm langen Stiel und sind von einer gelben Spatha umgeben, die sich allmählich weit öffnet.

Lysíchitum camtschatcénse (L.) Schott wird nicht so üppig, hat blaugrünes Laub und eine weiße Spatha. Flor etwa einen Monat später.

Bewertung, Verwendung, Anzucht: Beide Arten sind Pflanzen für sumpfige Standorte und vertragen auch vorübergehend eine wenige Zentimeter hohe Überschwemmung. Wo es keine ausgesprochen feuchten, ja nassen Standorte gibt, sollte man diese Pflanzen gar nicht anzusiedeln versuchen, sie bleiben kümmerlich und gehen schließlich ein. Die Erde soll humusreich sein, der Standort in voller Sonne liegen. Vermehrt wird aus Samen oder durch Teilung, wozu man ziemlich stattliche Exemplare braucht. Anzucht aus Samen ist nicht schwierig: Man muß gleich nach der Reife in Schalen aussäen, die ständig in Wasser stehen. Es dauert aber gegen drei Jahre, bis die Sämlinge verkaufsstark geworden sind. Die Verwendungsmöglichkeiten solcher Gewächse sind nicht sehr groß.

Lysimáchia · Felberich, Gilbweiderich
Primulaceae ♃ ○ ◐ ● ◑ ○ △ ♡

Die Herkunft des Namens ist dunkel. Plinius schrieb, daß Lysimachia nach einem thrazischen König Lysimachus benannt worden sei, der die Pflanze entdeckt

Ly

Lysimáchia clethroídes

Lysimáchia nummulária

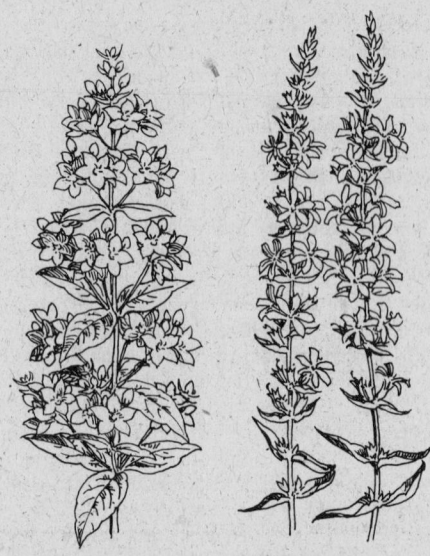
Lysimáchia punctáta   Lýthrum salicária

habe. Bei Dioskorides erscheint ein Gewächs, das lysimacheios heißt und wahrscheinlich eine Lysimachia-Art ist. Es sind aufrechte oder niederliegende Stauden, vereinzelt Sträucher. Sie haben ganzrandige Blätter und achselständige oder in Ähren oder rispigen Doldentrauben stehende Blüten mit glocken- oder radförmiger Krone, Farbe recht verschieden. Die Gattung umfaßt gegen 110 Arten, welche meistens in der gemäßigten und subtropischen Zone der nördlichen Halbkugel auftreten. Als Zentralareal ist China anzusehen, wo fast 70 Arten vorkommen. Einige finden sich auf Hawaii und im tropischen Südostasien, und unter ihnen sind jene eine Ausnahme, welche 25 cm bis 2 m hohe Sträucher werden... innerhalb der Familie der Primelgewächse, der die Lysimachien angehören, ein seltener Fall. Das bei uns heimische Pfennigkraut (L. nummularia) war vom Altertum bis weit über das Mittelalter hinaus eine hochgeschätzte Heilpflanze gegen die verschiedensten Leiden und Übel. Alle Autoren rühmen sie als Wunddroge, und der Saponingehalt, den man inzwischen festgestellt hat, gibt ihnen recht.

Lysimáchia clethroídes Duby aus Ostasien wird gegen 70 cm hoch, hat wechselständiges, lanzettliches Laub. Die Blüten werden etwa 1 cm breit und sitzen in endständigen, bis 30 cm langen Ähren, die zuerst an der Spitze nicken. Später richten sie sich gerade auf. Die Blüten werden weiß, Florzeit ist im Juni/Juli.

Lysimáchia nummulária L. ist unser Pfennigkraut. Die Pflanzen kriechen am Boden hin und bilden bis 50 cm lange Triebe, welche an den Gelenken leicht Wurzeln schlagen. Die Blätter stehen kreuzständig, sind jedoch flach auf dem Boden hingebreitet, eiförmig, kurz gespitzt. Aus den Blattachseln erscheinen einzeln die lebhaft gelben Blumen vom Mai bis Juli. Es gibt auch eine Sorte 'Aurea' mit gelblichgrünen Blättern, doch wird die im Austrieb gelbe Farbe im Laufe des Sommers fast grün.

Lysimáchia punctáta L. wird bis 1 m hoch und tritt in der Natur an feuchten Plätzen auf, in Europa und Westasien weit verbreitet. Die Pflanzen haben kantige Stengel und spitz-eiförmige, beinahe sitzende, in Kränzen bis zu 4 stehende Blätter, die 6 bis 10 cm lang werden. Die Blumen sind lebhaft gelb und stehen zu mehreren in den Blattachseln, leicht nach oben ragend, Farbe reingelb. Blütezeit Juni bis August, vom untersten Blattquirl bis hinauf in die letzte Spitze kommt die Pflanze allmählich in Flor.

Bewertung, Verwendung, Anzucht: Das Pfennigkraut ist eine ausgezeichnete Bodendecke für halbschattige bis schattige Plätze, braucht aber wie alle Lysimachien frischen, humusreichen Standort. Es bewächst auch Mauern und Steine. Zarte Pflanzen, die im Wege stehen, werden erdrückt. Man kann das Pfennigkraut an schattigen Plätzen als Rasenersatz verwenden und streut einzelne Gruppen von höher werdenden Schattenstauden ein. Die gelbblättrige Form läßt sich ähnlich verwenden und eignet sich überdies als Hängepflanze, verträgt bei feuchtem, humusreichem Boden auch volle Sonne. Man vermehrt durch Eintopfen kurzer Rankenstücke zu dreien in einen Topf. Die Bestände sind in drei Monaten verkaufsstark.

Die anderen Arten eignen sich für Wildgärten und brauchen ebenfalls frischen bis feuchten Boden, aber volle Sonne. Sie können viele Jahre an ihrem Platz bleiben und werden leicht so breit, daß sie quadratmetergroße Horste bilden. Vermehrt wird durch Teilung im Frühjahr oder aus Samen. Bei zeitigem Teilen werden die Bestände bis zum Herbst verkaufsstark.

Lýthrum · Weiderich
Lythraceae ♃ ○ ◐ ◑ ≈ ○

Im Namen steckt das griechische Wort lythron = Besudelung mit Blut, der Ausdruck wurde von Dioskorides für eine Lythrum-Art gewählt, wahrscheinlich wegen der blutroten Blüten. Es sind einjährige oder ausdauernde Kräuter, einzelne auch Halbsträucher. Sie haben niederliegende oder aufsteigende bis rutenförmige, vierkantige Stengel und meistens kleine, lanzettliche, häufig sitzende oder sehr kurz gestielte Blätter und blühen teils achselständig, teils in endständigen, verschieden langen Ähren. Die Gattung umfaßt gegen 30 Arten, die auf der nördlichen Halbkugel in gemäßigtem Klima auftreten. Sie wachsen vor allem an feuchten Plätzen, auch an Bach- und Teichufern, und vertragen sogar, eine ziemlich lange Zeit etwas unter Wasser zu stehen. Die Pflanzen bilden dann an den überfluteten Teilen ein schwammiges Luftgewebe, das zwischen dem Kambium und dem Rindenparenchym entsteht und die Rinde sprengt. Die Wurzeln von *Lythrum salicaria* waren vom Altertum bis weit über das Mittelalter hinaus ein Heilmittel gegen innere und äußere Blutungen, Durchfall, Ruhr und ähnliche Leiden, was mit dem hohen Gehalt an Gerbstoffen und an einem Glykosid zusammenhängt. Noch heute verwenden Kinderärzte Weiderichextrakte bei Säuglingen, die Durchfall haben.

Lýthrum salicária L., der Blutweiderich, wird 80 bis 150 cm hoch. Die Pflanzen haben einen fast holzigen Wurzelstock, straff aufrechte, im Laufe des Sommers unten leicht verholzende Stengel und lanzettliche Blättchen, welche gegen- oder wechselständig den ganzen Trieb entlang bis hinauf zum unteren Ende der Blütenähre sitzen. Die Blumen werden bläulich-purpurrot und erscheinen in großer Zahl. Die Art ist an allen grünen Teilen kurz behaart und sehr variabel. In Kultur sind nur Sorten, die teilweise Hybriden aus Kreuzungen von *L. salicaria* mit der folgenden Art darstellen. Es tauchen immer wieder Neuzüchtungen auf. Erwähnt seien 'Rakete' – bis 150 cm hoch mit tief rosaroten Blüten; 'Robert' – Blumen eigenartig lachskarminrot, nur 60 cm hoch werdend. Sie blühen alle von Juli bis September.

Lýthrum virgátum L., der Rutenweiderich, ist der vorigen Art recht ähnlich, aber die Pflanzen sind unbehaart. Sie haben rutenartige Triebe, und ihre Blütenstände verzweigen sich in ihrem unteren Teil gern. Auch von dieser Art gibt es eine Reihe Sorten, gehalten hat sich bis heute vor allem 'Rose Queen' mit zierlichen, zugleich großen rosa Blumen. Die Pflanzen werden 80 cm hoch, Blütezeit Juni bis August.

Bewertung, Verwendung, Anzucht: Beide Arten wachsen am besten an feuchten Plätzen; *Lythrum salicaria* kann auch vorübergehend im Wasser stehen, *L. virgatum* dagegen nicht. Sie passen ausgezeichnet zu Funkien, vor Mädesüß und zwischen niedrigere Gräser. Beide vertragen auch verhältnismäßig trockene Standorte, werden aber an solchen nicht so üppig und blühen weniger lange. Zu erwähnen ist, daß sie eifrig von Schmetterlingen und Bienen beflogen werden, also „Faltermagneten" sind. Sie können viele Jahre alt und riesig werden. Im Frühjahr muß man die verdorrten Ruten des Vorjahres weit herunterschneiden, damit der Austrieb gleichmäßiger und kräftiger wird. Vermehrung der Sorten ist nur durch Stecklinge im Frühjahr möglich, nicht durch Teilung. Die Stecklinge bewurzeln sich rasch, und man kann sofort auf Anzuchtbeete auspflanzen. Bis zum Herbst oder spätestens zum nächsten Frühjahr werden die Bestände verkaufsstark. Die Vermehrung ist sehr ergiebig, und mit einigen Standpflanzen kann man viel Nachwuchs heranziehen.

M

Macleáya · Federmohn
Papaveraceae ♃ ○ ◐ ◑ ⌒

Die Gattung wurde zu Ehren von Alexander Macleay (1767–1848) benannt, der Sekretär der Linnean Society von London war. Es sind aufrechte, stattliche Stauden mit gelbem Milchsaft, großen Blättern und zahlreichen Blumen in langen, endständigen Rispen. Die Gattung umfaßt nur 2 Arten, welche in China und Japan auftreten.

Macleáya cordáta (Willd.) R. Br. (syn. Bocconia cordata Willd.) wird bis 3 m hoch und ist eine Staude. Die Pflanzen haben kräftige Stengel und im Umriß herzförmige, fiederlappige Blätter, alle grünen Pflanzenteile sind blaugrün bereift. Die Blätter stehen an den Stengeln entlang und werden nach oben zu kleiner, unten sind sie bis 25 cm lang. Die Blüten haben nur Kelchblätter, die bald abfallen, keine Kronblätter, aber bis 30 weiße Staubblätter. Die Rispen können bis 40 cm lang werden, sie erscheinen im Juli, die Florzeit reicht bis in den August. Bei der Sorte 'Korallenfeder' (Coral Plume) sind die Staubfäden kräftig rosa, und dem-

Ma

Macleáya cordáta   Malópe trífida   Málva moscháta

zufolge sieht der Blütenstand korallenrosa aus; bei 'Alba' ist er fast reinweiß.

Bewertung, Verwendung, Anzucht: Der Federmohn ist eine sehr dekorative, stattliche und eigentlich anspruchslose Staude, die auch jahrelang an ihrem Platze gut gedeiht. Sie eignet sich für große Rabatten, zur Einzelstellung im Rasen oder im kleinen Gartenhof, wo sie gliedernd wirken kann. Es ist jedoch zu bedenken, daß die Pflanzen stark wuchern und mit der Zeit alle Nachbarn erdrücken. Wo nur beschränkt Platz vorhanden ist, soll man den Federmohn in ein eingegrabenes Faß ohne Boden setzen. So läßt er sich im Zaume halten. Der Standort kann in voller Sonne und auch im Halbschatten liegen, der Boden darf nicht zu trocken sein. Vermehrt wird durch Teilung im Frühjahr bald nach dem Austrieb und durch Aufpflanzen der Ausläufer.

Maiánthemum · Schattenblume
Liliaceae ♃ ◐ ● ◐ ○ ○ ♡

Im Namen stecken das lateinische Wort maius = Mai und das griechische Wort anthemon = Blume; sie nehmen darauf Bezug, daß die Pflanzen im Mai blühen. Es sind Stauden mit kriechender, dünner, ausläufertreibender Grundachse. Die eiförmigen, bis 10 cm langen und 4 cm breiten Blätter haben eine tiefe herzförmige Einbuchtung am Stielansatz. Der Blütenstand ist endständig. Die Gattung umfaßt nur wenige Arten, welche sich sehr nahe stehen. Alle treten in gemäßigten Gebieten der nördlichen Zone auf und sind weit verbreitet.

Maiánthemum bifólium (L.) F. W. Schm. (syn. Convallaria bifolia L.) gehört zu der Schattenhumusflora vieler europäischer Laubwälder, tritt auch in Nadelwäldern auf. Die Pflanzen haben aufrechte Stengel, welche in der Regel 2 Laubblätter bringen, nichtblühende nur eins, und tragen einen ährigen Blumenstand mit 2- bis 3blütigen Dolden. Die Blüten sind weiß und duften schwach. Die ganzen Pflanzen werden gegen 15 cm hoch, ist der Boden tiefgründig und sehr humusreich, höher. Blütezeit ist der Mai. Das zarte, dünne Blatt ist gut an die Licht- und Luftverhältnisse des Standortes angepaßt.

Bewertung, Verwendung, Anzucht: Die Schattenblume wünscht, wie bereits angeführt wurde, schattige bis halbschattige Standorte und humusreichen, nicht zu trockenen Boden. Sie breitet sich allmählich aus und gehört nicht zu den starken Wachsern wie der Gundermann. Im Mai, wenn die Pflanzen blühen, sehen sie wunderhübsch aus, sobald der Flor vorüber ist, läßt die Schönheit nach, und mit der Zeit vergilbt auch das Laub. Das ist ein ganz natürlicher Vorgang, denn oben werden die Kronen so dicht, daß immer weniger Sonnenstrahlen bis zum Boden dringen ... die Blätter stellen ihre Arbeit ein. Man muß also mit kahlen Stellen rechnen. Vermehrt wird durch Teilung zeitig im Frühling. Man dreht einige Ausläufer oder

Rhizomstücke in kleine Töpfe und hält sie ständig leicht schattiert. Die Pflanzen sind im nächsten Frühling verkaufsstark.

Malcólmia · Wildlevkoje
Cruciferae ☉ ○ ◐ ◑ ‖ ✕

Die Pflanzen wurden zur Erinnerung an William Malcolm benannt, einen Gärtner von Kensington Garden, der einen Katalog von Gewächshauspflanzen herausgab. Er starb 1820. Es sind einjährige Kräuter mit etwas niederliegendem Wuchs und ganzen oder fiederspaltigen Blättern. Sie blühen an kurzen, lockeren Trauben. Die Gattung umfaßt gegen 30 Arten, welche vor allem in der Mediterraneïs auftreten, einzelne auch in Zentralasien. Zu ihren Vorzügen gehört, daß die Blumen fast wie Levkoje duften.

Malcólmia bícolor Boiss. et Heldr. wird etwa 15 cm hoch, verzweigt sich reichlich und bildet runde Büschlein, die reich blühen. Die Blumen werden bis 15 mm breit und sind rosa bis rosarot, innen gelblich.

Malcólmia marítima (L.) R. Br. (syn. Cheiranthus maritimus L.) wird 20 bis 30 cm hoch und wächst eintriebig, verzweigt sich aber auch. Die Pflanzen sind an allen Teilen leicht behaart und haben eirund-längliche Blätter. Die Blüten erscheinen in lockeren Trauben, sind bis 12 mm breit und anfangs lebhaft karminrosa. Später werden sie lila und bekommen dunklere Streifen. Es gibt auch die Sorten 'Alba Grandiflora' – Blüten weiß, größer als beim Typ; 'Crimson King' – kräftig karminrosa blühend – und 'Fairy Queen' – Blumen karmin.

Bewertung, Verwendung, Anzucht: Die Malcolmien sind reizende Sommerblumen für sonnige Lage und kräftigen, aber nicht zu fetten und einigermaßen trocknen Boden, der ausreichend gekalkt sein muß. Man sät an Ort und Stelle und dünnt nach dem Auflaufen auf etwa 10 cm Abstände aus. Der Flor beginnt nach 10 Wochen und hält anderthalb Monate an. Geht er zu Ende, schneide man die Bestände etwas zurück, und bald hat man eine ansehnliche Nachblüte. Man kann im Herbst, zeitig im Frühjahr und noch später säen. Die Pflanzen eignen sich für bunte Blumenbeete, für Einfassungen, zum Begrünen sonniger, trockener Hänge mit gutem Boden, und man kann sie auch in Steingärten verwenden oder ihren Samen zwischen Tritt- oder Sitzplatzplatten ausstreuen. Für Töpfe oder Schalen eignen sie sich ebenfalls und werden im Süden gern dafür genommen... zugleich sind sie Duftspender. Die Blumen lassen sich schneiden und passen gut in bunte Sträuße.

Malópe · Sommermalve
Malvaceae ☉ ○ ◐ ◑

Malope ist ein Pflanzenname, den Plinius gebrauchte, es sollen darin die Wörter malva = Malve und opsis = „aussehen wie" stecken. In der Tat sehen die Pflanzen wie Malven aus. Es sind einjährige Kräuter, kahl oder behaart, sie haben etwas gelappte, glänzende Blätter und ansehnliche Blüten, die einzeln auf Stielen sitzen und aus den Blattachseln hervorkommen. Die Gattung umfaßt 3 Arten, alle treten im Mittelmeerraum auf.

Malópe trífida Cav. aus Spanien und Nordafrika, in Mitteleuropa stellenweise gartenflüchtig und verwildert, wird bis 1 m hoch und noch darüber hinaus. Die Blätter sind unten rundlich und nur andeutungsweise gelappt, oben eirund und dreispaltig bis dreilappig. Die Blüten werden 6 bis 8 cm breit, hellpurpurrot mit dunkleren Adern. 'Grandiflora' hat größere Blüten, welche weiß, verschieden rosa und purpurfarben werden, Höhe der Pflanzen 80 bis 100 cm; 'Grandiflora Praecox' gleicht der vorigen, wird aber nur 60 cm hoch und blüht früher. Ferner werden genannt 'Alba', 'Purpurea' und 'Brillantrosa', deren Blütenblätter dunkel geadert sind.

Bewertung, Verwendung, Anzucht: Die Sommermalven sind füllende Pflanzen für bunte Rabatten, in welche man sie einzeln oder zu dreien einstreut. Sie eignen sich auch zum Abdecken unschöner Zäune oder Mauern und zu einjährigen, bis hüfthohen Hekken. Man kann direkt an den vorgesehenen Platz aussäen, oder man sät Anfang April in ein halbwarmes Frühbeet, topft dann in Torftöpfe und pflanzt schließlich aus. Der Abstand soll etwa 30 cm betragen, der Standort muß sonnig sein, als Boden ist sandiger Lehm am günstigsten, doch tut's auch jeder normale Gartenboden. Bei Trockenheit muß man unbedingt wässern, sonst sehen die Pflanzen bald abscheulich aus. Bei Malvenrost ist mit kupferhaltigen Mitteln zu spritzen.

Málva · Malve
Malvaceae ☉ ♃ ○ ◐ ◑ ○

Im Namen steckt das griechische Wort malasso = erweichen; es bezieht sich darauf, daß die Ärzte des Altertums die Blätter von *Malva sylvestris* gegen chronische Hartleibigkeit verordneten. Malva sind ein-, zwei- und mehrjährige Kräuter, einzelne auch Halbsträucher mit meistens größeren, gelappten oder geteilten Blättern und größeren Blüten. Die Gattung umfaßt gegen 30 Arten, die vor allem in Europa, Nordafrika, West- und Mittelasien auftreten. Alle sind ansehnliche Pflanzen, bei welchen die Grünmasse überwiegt.

♃ **Málva moscháta** L. aus Südeuropa, auch in Mitteleuropa häufig, ist eine bis 100 cm hohe Staude, die leicht nach Moschus duftet. Die aufrechten Stengel sind mit abstehenden Haaren bedeckt. Unten sind die Blätter nierenförmig und eingeschnitten, die am Stengel sitzenden handförmig-dreiteilig. Die Blumen werden gegen 3 cm breit und erscheinen unten einzeln, nach der Spitze zu in 3- bis 5blütigen Büscheln, Farbe rosenrot. Es gibt auch eine 'Alba' mit weißen Blumen.

☉ **Málva sylvéstris** L. ist eine annuelle bis bienne Art, von welcher aber nur die ssp. **mauritiána** (L.) Aschers.

Ma

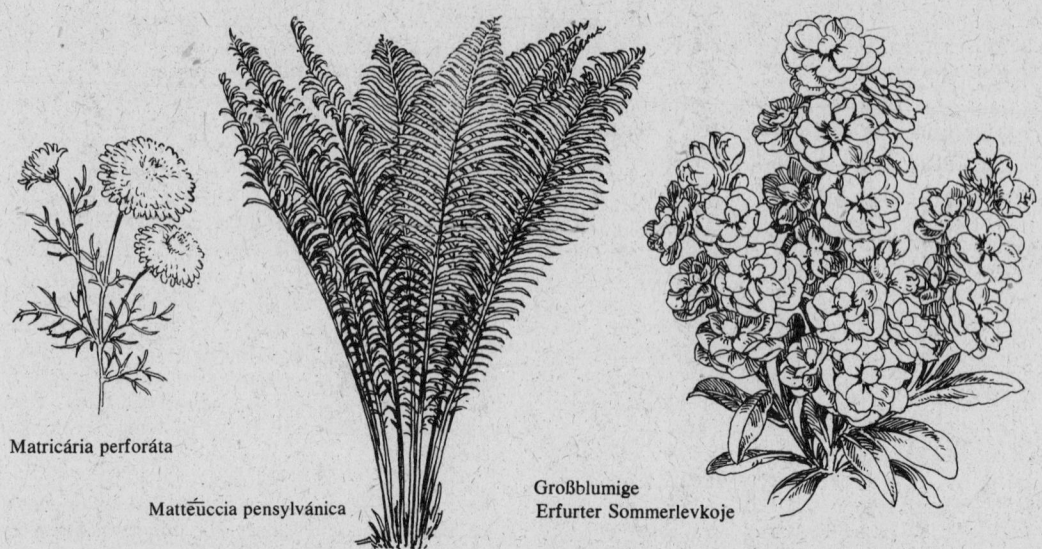

Matricária perforáta

Matteuccia pensylvánica

Großblumige Erfurter Sommerlevkoje

et Graebn. gezogen wird. Sie wächst 100 bis 180 cm hoch, hat aufrechte Stengel und bringt große lila, rosa bis purpurfarbene Blüten vom Hochsommer bis zum Herbst.

☉ **Málva verticilláta** L. (M. crispa L.) Die Krause Malve wird bis 2 m hoch und ist eigentlich eine Blattpflanze, denn die Blüten sind unscheinbar. Die Pflanzen haben kräftige, straff aufrechte Stengel und große, am Rande krause, gekerbte oder feingezähnte Blätter. Die Art ist einjährig.

Bewertung, Verwendung, Anzucht: Alle diese Malven gehören nicht zu den Pflanzen, die man unbedingt haben muß. Sie sind nur für große Anlagen geeignet, im Garten höchstens zum Verbergen der Kompostecke, häßlicher Wände oder als sommergrüner Schutz gegen Sicht brauchbar. Sie wollen kräftigen Boden und saugen ihn ziemlich aus. Man muß also vorher und hinterher Kompost eingraben. Der Standort soll sonnig sein. Halbschatten vertragen sie jedoch auch. Man sät die einjährigen Arten im April an Ort und Stelle und dünnt zunächst auf 30 cm aus, notfalls ein weiteres Mal durch Herausnehmen jedes zweiten Exemplars. *Malva moschata* wird im Frühling auf ein Freilandbeet gesät und dann breit gepflanzt. Die Art kann an zusagenden Plätzen riesig werden. Wertvoll ist auch ihr Flor, der in die zweite Hälfte des Sommers fällt und sich bis zum Frost hinziehen kann.

Matricária · Mutterkraut
Compositae ☉ ♃ ○ ◐ ◑ ○ △ ∥ ✂

Im Namen steckt das lateinische Wort mater = Mutter; es nimmt darauf Bezug, daß das ursprünglich allein *Matricaria* genannte *Chrysanthemum parthenium* als Mittel für Krankheiten des Wochenbettes verwendet wurde. Weit größere Bedeutung hat aber inzwischen *Matricaria chamomilla* L., die Echte Kamille, gewonnen, welche neuerdings *Chamomilla recutita* heißt. Sie ist bekanntlich ein heute noch wichtiges Heilkraut, das schweißtreibend, beruhigend, krampfstillend wirkt und zugleich magenstärkend. Kamille wird als Tee, als Umschlag gebraucht, und es werden Kamillenöl und Kamillentinktur hergestellt. Groß ist auch die desodorierende Wirkung. Kamillenöl wird gegen Zahnschmerzen verwendet und auch zu Haar- und Hautpflegemitteln. Daneben gibt es einige Arten, welche als Gartenzierden gern gepflanzt werden. *Matricaria* sind ein- oder mehrjährige Kräuter, die duften oder duftlos sind, ein- bis dreifach-fiederschnittige Blätter haben und weiß oder gelb blühen. Die Gattung umfaßt gegen 50 Arten, von denen die meisten im Mittelmeergebiet und in Asien vorkommen, außerdem findet man in Südafrika ungefähr 10 Arten wild.

Matricária exímia → **Chrysánthemum parthénium**

♃ **Matricária oreádes** Boiss. stammt aus Kleinasien und gehört zu den rasenbildenden Arten. Es gibt deren noch weitere, wie *M. caucasica* und *M. tchihatchewii*, aber sie sind nicht so dauerhaft wie *M. oreades*. Diese hat längliche, doppelt-fiederschnittige Blätter mit kurzen, linealischen Zipfeln, alle Teile sind anliegend behaart. Das Laub ist grün und bringt im Frühjahr kleine weiße Talerblümchen auf Stielen, die bis 15 cm hoch werden. Der Flor kann sich bis in den Juli hineinziehen. Die grünen Teppiche werden nur wenige Zentimeter hoch.

☉ **Matricária perforáta** Mérat (syn. M. inodora L., M. maritima L. ssp. inodora (K. Koch) Soó, Chrysanthemum inodorum [L.] L.) tritt an der Ost- und Nordsee als Küstenpflanze auf und ist dort einjährig oder auch ausdauernd. Die Pflanzen wachsen niederliegend-aufsteigend und verzweigen sich reichlich. Sie haben etwas fleischige, länglich-fiederteilige Blätter und weiße Blüten, die einzeln auf den Stielen sitzen. Die Art ist nicht in Kultur, sondern nur Kultivare mit gefüllten Blüten. Schön sind die Sorten 'Brautkleid' mit sehr großen weißgefüllten Blumen, etwa 40 cm hoch, und 'Schneeball' — 25 cm hoch, gedrungener im Wuchs. Beide werden als Einjahrsblumen behandelt.

Bewertung, Verwendung, Anzucht: Matricaria perforata ist eine gut brauchbare Sommerblume für bunte Blumenbeete. Man kann sie in großen Flächen setzen und andere hohe Sommerblumen zur Unterbrechung oder Belebung einfügen. Die niedrige Sorte 'Schneeball' eignet sich auch gut für Einfassungen. Die Blumen halten sich im Wasser über eine Woche. Besonders erwähnt sei, daß beide in lichtem Halbschatten noch ausreichend blühen und nicht lang und schlottrig werden... ein großer Vorteil! Man sät ab April an Ort und Stelle und dünnt auf 15 bis 20 cm Abstände aus. Man kann auch ab Mitte März in ein Frühbeet säen und später an den vorgesehenen Platz pflanzen. Jeder normale Gartenboden, der nicht zu trocken ist, sagt den Pflanzen zu, und sie können bis Ende des Sommers blühen.

Matricaria oreades ist eine Staude für Bodenbedeckung, und sie bildet einen ansehnlichen und dauerhaften Teppich. Der Boden muß gut durchlässig sein, der Standplatz soll in voller Sonne liegen. Gefährlich ist Winternässe. Man kann 6 und mehr Jahre stehen lassen, es ist nur nötig, von Zeit zu Zeit Kompost als Dünger zu verstreuen. Vermehrt wird durch Teilung im Frühjahr. Die jungen Pflanzen werden bis zum Herbst verkaufsfertig, es ist aber besser, nur im Frühjahr oder sehr früh im Herbst zu pflanzen. In die Teppiche lassen sich Schneeglöckchen und Traubenhyazinthen einfügen, ohne daß man befürchten muß, diese würden allmählich erdrückt.

Mattéuccia · Straußfarn, Trichterfarn
Onocleaceae ♃ ○ ◐ ♡

Diese Farngattung wurde zu Ehren des italienischen Naturforschers C. Matteucci (1800–1868) benannt. Es sind terrestrische Farne mit kräftigem, aufsteigendem Rhizom und verschiedengestaltigen Wedeln. Die Gattung umfaßt 4 Arten, welche in der nördlichen gemäßigten Zone auftreten.

Mattéuccia pensylvánica (Willd.) Raymond (syn. Struthiopteris pensylvanica Willd.) aus Nordamerika wächst in der Heimat vor allem auf Schwemmland von Flußniederungen und hat lange Wedelstiele, an welchen die Fiedern nicht so weit zur Basis gehen wie bei andern. Die ganze Pflanze wird bis tischhoch und hat blau- bis dunkelgrüne Wedel, treibt erst im Laufe des Aprils und noch etwas später aus und ist nicht wintergrün.

Mattéucia struthiópteris (L.) Todaro (syn. Struthiopteris germanica Willd.) ist unser heimischer Straußfarn, der von Nordeuropa bis an die Südseite der Alpen und in Nordasien auftritt. Die Pflanzen werden bis 80 cm hoch und haben bis zum Blattstielansatz mit Fiedern besetzte Wedel.

Bewertung, Verwendung, Anzucht: Beide sind sehr ansehnliche Farne für feuchte, absonnige Standorte; sie vertragen Sonne, aber dann muß der Standort sehr feucht sein! In trocknen Sommern fangen sie in der freien Natur bereits im August an zu vergilben; im Garten läßt sich das durch Wässern hinausschieben. Beide werden mit der Zeit sehr stattlich und nehmen durch ihre Ausläufer viel Platz ein, ja sie werden andern Stauden oder zarten Farnen absolut gefährlich und ersticken diese. Man muß sie also dorthin setzen, wo sie keinerlei Schaden anrichten können. Sie werden sehr alt. Vermehrt wird durch Ausläufer, die man abnimmt und aufschult.

Matthíola · Levkoje
Cruciferae ○ ○ ◐ ♡ ✕

Die Pflanzen erhielten ihren Namen zu Ehren von Pietro Andrea Matthioli (1500–1577), der sich Matthiolus nannte; er war der berühmteste Botaniker Italiens und kaiserlicher Leibarzt in Wien und Prag. Die Gattung *Matthiola* umfaßt gegen 50 Arten, welche vor allem im Mittelmeergebiet, anschließend in Asien und abgelegen davon vereinzelt auch in Südafrika auftreten. Es sind Kräuter oder Halbsträucher mit länglichen bis linealischen Blättern und Blüten in Trauben. Gartenpflanze wurde aber nur eine Art. Bereits seit 1570 gibt es auch gefülltblühende Sorten.

Matthíola incána (L.) R. Br. stammt aus dem Mittelmeergebiet und tritt an manchen Stellen als Charakterpflanze auf. Für uns haben nur die Sorten Bedeutung. Es entstanden eine lange Reihe Klassen, daneben gibt es die Herbst- und die Winterlevkojen. Beide haben jetzt nur Liebhaberwert. Von den Klassen seien aufgeführt 1. Großblumige Zwergpyramiden-Levkojen — werden 20 bis 25 cm hoch und haben eine starke Mittelrispe mit einigen Verzweigungen, bei Aussaat im Februar/März blühen die Pflanzen im Juni. 2. Victoria-Bukett-Sommerlevkojen — werden bis 30 cm hoch, verzweigen sich reichlich und blühen etwa 14 Wochen nach der Aussaat. 3. Großblumige Pyramiden-Sommerlevkojen — werden bis 45 cm hoch, sind ein Mittelding zwischen den kleinen, früher blühenden Typen und den stattlichen Riesen. Die Pflanzen verzweigen sich gut und haben ziemlich große Blumen. 4. Die Dresdner Immerblühenden Sommerlevkojen — eine der wichtigsten und unentbehrlichsten Klassen — werden bis 60 cm hoch und wachsen zu ansehnlichen, reichverzweigten, schlanken Büschen heran. Die Blumen sind mittelgroß, sitzen aber an ziemlich langen Trieben. Man kann schneiden, wonach die Pflanzen remontieren; bei zeitiger Aussaat beginnt der Flor unter günstigen Bedingungen gegen Ende Juni. 5. Die Riesen-Bomben-Sommerlevkojen — werden gegen 75 cm hoch und bilden stattliche, pyramidale Büsche mit langen Stielen voll großer Blumen; bei gutem

Ma

Stangen-Levkoje

Meconópsis betonicifólia

Meconópsis integrifólia

Boden wird diese Levkoje sehr schön und liefert auch gute Schnittstiele. 6. Die Stangenlevkojen – haben nur einen Stengel, verzweigen sich also nicht. Dafür wird die Blütenrispe sehr lang. Diese Levkoje ist für die Gewinnung von Schnittblumen höchst wichtig, zumal sie ziemlich rasch heranwächst und es auch Sorten oder Zuchten gibt, die unter Glas wachsen und so früher zum Blühen gebracht werden, die sogenannten Treib-Levkojen. Von einer tatsächlichen Treiberei kann aber keine Rede sein... denn nur an schönen Tagen darf die Temperatur im Gewächshaus auf 18 °C ansteigen, höher nicht. Dazu kommen noch die Allgefüllten Levkojen, die es bis jetzt als Stangenlevkojen, als Niedrige Buschlevkojen, Frühe hohe Busch- und als Späte hohe Buschlevkojen gibt. In Wirklichkeit blühen jedoch nicht sämtliche auflaufenden Pflanzen vollkommen gefüllt, sondern nur die Sämlinge mit hellen Keimblättern, während die mit dunklem Keimlappen einfach blühen, aber man reißt sie aus oder pikiert sie nicht mit. Bei den Stangenlevkojen, Nordische Riesen und Balls Treiblevkojen, sind es die kräftigen Sämlinge, welche später gefüllt blühen, man muß hier also die schwachen auszupfen und fortwerfen. Das Farbenspiel der Levkojen ist bekannt: es reicht von Reinweiß über Rosa bis zu Karmin und weiter zu Lila in verschiedenen Abstufungen.

Bewertung, Verwendung, Anzucht: Die Levkoje ist eine allbekannte, sehr beliebte Blume, die man früher in jedem Garten antreffen konnte. Heute findet man sie nicht mehr so häufig. Warum sie seltener wurde, läßt sich schwer sagen. Tatsache ist, daß sie hohe Ansprüche stellt. Levkoje braucht sehr gehaltreichen, etwas lehmigen, nicht zu leichten Boden, der nicht sauer sein darf, nicht zu trocken und nicht naß. Auch die Anzucht der Setzlinge erfordert Sorgfalt. Man darf zur Aussaat nur abgelagerte Erde nehmen, die keinerlei sich zersetzende Bestandteile enthält. Am besten ist, wenn man diese Erde dämpft. Man beize auch mit einem Naßbeizmittel. Im Frühbeet soll es nicht zu warm sein. Bei höherer Außentemperatur ist es gut, die Aussaaten zu verdunkeln, aber man muß sofort Licht geben, wenn die Samen auflaufen. Man halte auch ziemlich trocken, da junge Levkojen sehr leicht „schwarze Beine" bekommen. Die Flächen, auf welche man sie schließlich pflanzt, sollten bereits im Herbst umgegraben und gedüngt werden, im Frühling lockere man nur mit einem Grubber und pflanze ab Mitte April. Man kann Levkojen für bunte Beete nehmen, auch für sich in größeren Mengen pflanzen. Man muß aber einkalkulieren, daß die niedrigbleibenden, frühblühenden Klassen nicht sehr lange blühen und die hohen erst spät anfangen, aber etwa von Mai an ihren Platz einnehmen. Einzig in ihrer Art ist die Stangenlevkoje als Schnittblume: sie kann sich 10 Tage halten und duftet das ganze Zimmer aus. Man zieht die blühenden Pflanzen aus der Erde, die Wurzeln sollen unter Wasser abgeschnitten werden.

Maurándya → **Asarína**

Meconópsis · Scheinmohn
Papaveraceae ☉ ♃ ◐ ◓ ◯ △ ∧

Im Namen stecken die griechischen Wörter mekon = Mohn und opsis = aussehen wie; sie nehmen darauf Bezug, daß einige Arten wie Mohnpflanzen aussehen. *Meconopsis* sind ein-, zwei- und mehrjährige Kräuter mit gelbem Milchsaft und ungeteilten oder gelappten oder zerschlitzten Blättern. Die Blüten werden gelb, blau oder violett und verschieden groß, häufig nicken sie. Die Gattung umfaßt gegen 45 Arten, von welchen eine in Westeuropa, zwei im westlichen Nordamerika, alle übrigen in Gebirgen Südostasiens auftreten. Die Kultur der meisten Arten ist nicht leicht, da viele Hochalpine sind, denen man im Tieflande nicht annähernd die Verhältnisse des natürlichen Standortes schaffen kann.

♃ **Meconópsis betonicifólia** Franch., auf Bergwiesen Zentralchinas wachsend, ist eine 60 bis 80 cm hohe Staude mit eirund-lanzettlichen, bis 15 cm langen Blättern, die unterseits blaugrün sind. Die Pflanze ist an allen Teilen stachlig behaart. Sie blüht in endständigen Trauben. Die Blumen sind etwa 6 cm breit, Farbe himmelblau, nach der Mitte zu häufig violett überlaufen, mit vielen gelben Staubgefäßen. Florzeit ist im Juni bis August.

♃ **Meconópsis cámbrica** (L.) Vig. aus den Pyrenäen, überdies in Frankreich und England wild vorkommend, ist eine bis 30 cm hohe Staude mit gestielten, im Umriß eirund-lanzettlichen, fiederschnittigen Blättern. Die Blumen stehen einzeln, erscheinen in großer Zahl, ragen nach oben und werden gelb, Breite 4 bis 6 cm. Sie erscheinen von Juni bis August. Neben der Art gibt es die Sorten 'Aurantiaca' mit orangefarbenen Blumen und 'Plena' mit gefüllten, gelben Blüten.

☉ **Meconópsis integrifólia** (Maxim.) Franch. aus Tibet ist zweijährig. Die Pflanzen haben linealisch-lanzettliche Blätter mit geflügeltem Stiel. Außer auf der Blattoberseite ist das Gewächs überall mit braunen Haaren bedeckt, die dicht oder weitläufig stehen können. Die Blumen sitzen in Scheindolden, nicken etwas, sind 8 bis 15 cm breit, Farbe gelb. Die Büsche werden 30 bis 50 cm hoch, Florzeit ist der Hochsommer.

☉ **Meconópsis robústa** Hook. ist auch zweijährig. Die Pflanzen haben im Umriß eirund-länglich, leicht gelappte, blaugrüne Blätter, die nur schwach behaart sind. Der Blütenstengel trägt eine reichverzweigte Traube mit hellgoldgelben Blumen. Florzeit ist der Hochsommer, die Pflanzen werden gegen 80 cm hoch.

Bewertung, Verwendung, Anzucht: Bis auf *M. cambrica*, die leicht wächst, sich selbst aussät und dabei sogar lästig werden kann, sind alle *Meconopsis* etwas schwierige Pflanzen für Liebhaber. Sie fallen durch schöne Blattrosetten, durch die teilweise lange und seidige Behaarung und durch die blauen Blumen einiger Arten auf. Es ist begreiflich, daß jedermann sie im Garten haben möchte. Das ist aber unmöglich. Sie wünschen einen Platz mit tiefem, gut dräniertem, absolut kalkfreiem Humusboden und kühle, etwas feuchte Luft. Die Sonne darf sie nicht den ganzen Tag über bescheinen, sondern nur für einige Stunden. Das alles läßt sich schwierig schaffen und trifft in der Natur selten genug zusammen. Auch die Anzucht ist heikel. Man sät entweder gleich nach der Reife der Samen im Spätsommer oder zeitig im Frühjahr in tiefe Schalen mit sandiger Erde und pikiert so bald als möglich in mäßig große, tiefe Töpfe. Bei Spätsommeraussaat sind die Gefäße in einem Kalt- oder Alpinenhaus kühl zu überwintern. Sie dürfen nicht völlig austrocknen, daher ist es üblich, die Töpfe in Torfmull einzufüttern und vor allem diesen feucht zu halten. Bei Frühjahrsaussaat sollen die Töpfe in einen kalten Kasten mit guter Drainage kommen. Stets pflanze man bald aus. Der Samen keimt unregelmäßig, man darf die Saatgefäße nicht ausschütten, sondern soll sie aufheben und an einen kühlen, beschatteten Platz räumen. Bei der Pflege ist zuwenig Wasser so schädlich wie zuviel. Es ist günstig, den Wurzelhals der ausgepflanzten und in Trieb kommenden Exemplare mit Urgesteingeröll zu umgeben.

Melándrium → **Silène**

Méntha · Minze
Labiatae ♃ ◐ ◒ ◒ △ ⋀

Die Minzen waren bereits den Alten bekannt, und man findet sie bei Theophrast als mintha, bei Hippokrates als minthe. Ovid schreibt in seinen Metamorphosen, daß Minthe eine Nymphe, Tochter des Königs Kokytos, gewesen sei, die von Persephone in diese duftende Pflanze verwandelt wurde. Die Gattung umfaßt 10 bis 15 Arten (bei manchen ist der Status umstritten), welche ausdauernde Kräuter und weit auf der Erde verbreitet sind, aber nur in Gebieten mit gemäßigtem Klima. Die meisten Arten haben einen eigenartigen balsamischen Geruch, der vor allem bei Sonnenschein stärker auftritt und auch, wenn man die Pflanzen berührt. Einzelne Arten sind seit altersgrauen Zeiten wichtige Heilkräuter: *Mentha longifolia* var. *crispa*, die recht giftige *Mentha pulegium* und vor allem *Mentha × piperita*, die Echte oder Edelminze, aus der wir den Pfefferminztee oder das Pfefferminzöl gewinnen. Sie ist bei vielen Leiden ein Helfer und neben der Kamille wohl das am weitesten verbreitete und bedeutendste Heilkraut. Als Zierpflanze kommt sie nicht in Betracht, dafür eignet sich nur

Méntha requiénii Benth. Sie wächst auf Korsika und Sardinien und ist ein kriechendes Kräutlein mit fadenförmigen Stengeln und runden, bis 4 mm breiten, leicht flaumig behaarten Blättchen. Die Blümchen fallen kaum auf, sie stehen in wenigblütigen Quirlen und werden hellviolett, Florzeit Mai bis August. Auch diese Art duftet aromatisch.

Bewertung, Verwendung, Anzucht: Die Zwergminze ist ein hübsches Kräutlein für Felsnischen und Spalten im Steingarten und wächst vor allem an etwas absonnigen Plätzen mit feuchtem Erdreich und Gestein. In härteren Wintern gehen die Pflanzen zugrunde. Man soll also vorsorglich einige Töpfchen mit Nachwuchs in einem Kalthaus überwintern. Vermehrt wird durch Teilung nach dem Flor. Man kultiviert in kleinen Töpfen. Die Bestände werden bis zum Herbst verkaufsstark, aber man pflanze erst im Frühling aus.

Mentzélia · Mentzelie
Loasaceae ☉ ○ ◐ ⬡

Die Pflanzen wurden zu Ehren von Christian Mentzel (1622–1701) benannt, einem brandenburgischen Arzt und Botaniker. Es sind ein- oder mehrjährige Kräuter und auch Sträucher und Bäume von verschiedener Tracht, meistens etwas starr und kahl. Die Gattung

Me

  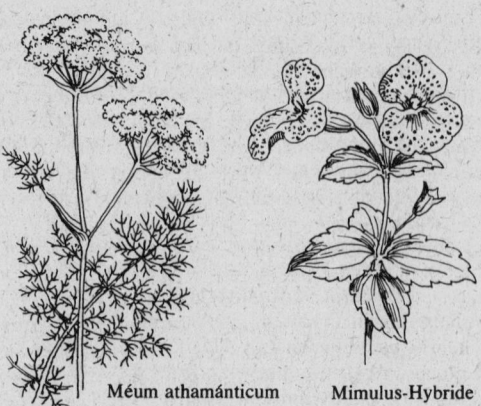

Mentzélia lindléyi Merténsia virgínica Méum athamánticum Mimulus-Hybride

umfaßt gegen 60 Arten, welche im tropischen und subtropischen Amerika auftreten.

Mentzélia lindléyi Torr. et A. Gray (syn. Bartonia aurea Lindl.) wächst in Kalifornien an felsigen oder sandigen Abhängen und gehört zu den einjährigen Arten. Die Pflanzen werden 50 bis 60 cm hoch und haben sitzende, lanzettliche, fiederschnittige Blätter. Alle grünen Teile sind weich bis zottig behaart. Die Stengel verzweigen sich reichlich, und nach den Spitzen zu kommen aus den Blattachseln die Blumen. Sie werden 5 bis 10 cm breit, goldiggelb, haben einen braunroten Fleck im Inneren und zahlreiche gelbe, weit herausragende Staubgefäße. Der Flor fällt in den Hochsommer, die Blüten sind über Nacht offen und am Tage etwas geschlossen. Gegen Abend verströmen sie einen angenehmen Duft.

Bewertung, Verwendung, Anzucht: Die Mentzelie ist eine Sommerblume für sonnige, trockene Standorte. Man sät im April an Ort und Stelle und dünnt später auf 25 cm Abstand aus. Man kann zwischen andere Annuelle mit ähnlichen Ansprüchen einstreuen oder auch in größeren Beständen für sich ansäen. In nassen, kalten Sommertagen versagen sie.

Merténsia · Blauglöckchen
Boraginaceae ♃ ☀ ☽ △

Die Pflanzen wurden zur Erinnerung an Franz Carl Mertens (1764–1831) benannt, der in Bremen als Botaniker wirkte. Es sind kahle oder behaarte Stauden mit verschiedener Tracht und röhrig-trichterförmigen bis glockigen blauen Blüten, die in Dolden oder Trauben beisammensitzen. Die Gattung umfaßt etwa 40 Arten, welche in Osteuropa, Asien und Nordamerika in Gebieten mit gemäßigtem Klima auftreten.

Merténsia primuloídes C. B. Clarke stammt aus dem Himalaja und bildet bis 15 cm hohe Büschlein. Die Pflanzen haben einen schwach kriechenden Wurzelstock, kleine elliptisch-lanzettliche, frischgrüne Blätter und blühen im Mai/Juni in dichten, kurzen Trauben. Die Blüten sind 10 bis 15 mm lang, Farbe anfangs hellrosa mit Weiß, später werden sie rein enzianblau.

Merténsia virgínica (L.) Pers. aus Nordamerika, wo die Pflanzen im Osten des Landes auf feuchten Plätzen weit verbreitet vorkommen, ist eine 20 bis 30 cm hohe Staude mit einem knolligen Wurzelstock und eirundlänglichen, blaugrünen Blättern. Die Blüten stehen in hängenden Doldentrauben. Sie werden bis 2,5 cm lang, sind anfangs purpurviolett, später lichtblau. Florzeit ist das zeitige Frühjahr, anschließend ziehen die Pflanzen bald ein.

Bewertung, Verwendung, Anzucht: Beide Arten erfreuen durch ihre blauen Blumen, sind aber Liebhaberpflanzen. *Mertensia primuloides* wünscht einen absonnigen bis halbschattigen Standort und sandighumose Erde, die frisch bleibt, aber es ist gute Dränage nötig. Man kann sie in den Steingarten setzen oder in absonnige Partien des Gartens neben *Pulmonaria*, *Waldsteinia*, *Alchemilla* oder kleine Farne pflanzen. *Mertensia virginica* wünscht gleichfalls frischen, humusreichen Boden mit gutem Wasserabzug, verträgt aber mehr Sonne. Man setzt sie gern in Massen, muß aber ausreichend Stauden einfügen, die nicht so rasch einziehen wie dieses Gewächs: also Funkie, Herbstanemone, Eisenhut. Vermehrt wird durch Teilung vor dem Austreiben, *M. primuloides* wird häufig in Töpfen kultiviert. Die Bestände werden bis zum Herbst verkaufsstark. Man soll nur im zeitigen Frühling verpflanzen.

Méum · Bärwurz
Umbelliferae ♃ ○ ☽ ☀ △

Meum ist ein altgriechischer Pflanzenname, aber seine Herleitung und Bedeutung liegen im dunkeln. Die Gattung enthält nur eine Art und steht dem sehr ähnlichen Genus *Ligusticum* nahe.

Méum athamánticum Jacq. tritt in Mitteleuropa vor allem auf Weiden und Wiesen der Mittelgebirge auf; an ähnlichen Plätzen überdies in Spanien, Italien,

Österreich und in der Schweiz. Die Pflanzen haben eine lange, derbe Wurzel und bilden eine schöne Rosette aus reichlich gefiederten, im Umriß länglicheiförmigen, grasgrünen Blättern mit einem stengelumfassenden, scheidigen Stiel. Sie werden 20 bis 30 cm hoch. Die Blütenstiele verästeln sich und tragen mittelgroße, bis 15strahlige Dolden voller kleiner weißer oder gelblichweißer Blümchen, wie sie für die Umbelliferen typisch sind. Ältere, gut stehende Exemplare können ein halbes Dutzend und mehr solcher Stengel treiben, wie auch die Wurzeln mehrköpfig werden. Der Flor beginnt im Mai und kann bis in den August hinein anhalten. Wurzeln und Samen duften intensiv nach Fenchel... ein durchaus angenehmer Geruch. Früher war Bärwurz offizinell, im Vormittelalter z. B. ein Heilmittel gegen Frauenleiden, Hilfe beim Gebären. Heute nimmt man die Wurzeln zum Aufsetzen von hausgemachten Magenlikören.

Bewertung, Verwendung, Anzucht: Die Pflanzen eignen sich für Steingärten und Trockenmauern. Sie können dort in größere Gesteinsfugen gesetzt werden, die man zu diesem Zweck schaffen muß. Auch in den Rasen von Gärten werden sie eingestreut, um ihn zu beleben. Der Boden soll frisch, sandig-lehmig bis humusreich sein, der Standort kann in voller Sonne, aber auch im lichten Halbschatten liegen. Eingewachsene Pflanzen können alt und groß werden. Man vermehrt aus Samen, der gleich nach der Ernte dünn auf ein Freilandsaatbeet gesät wird. Im Frühjahr schult man auf und pflanzt später an den vorgesehenen Platz. Die Anzuchten sind bald verkaufsstark, groß gewordene Exemplare kann man nicht mehr umsetzen. Je früher man verpflanzt, um so günstiger ist es.

Mímulus · Gauklerblume
Scrophulariaceae ☉ ♃ ○ ◐ ● ○ △ ≈ ∧

Der Name stammt aus dem Lateinischen und ist die Verkleinerungsform von mimus = Gaukler, Schauspieler, Mime; er bezieht sich auf die vielfältige, auch wechselnde Zeichnung der Blüten und auf ihre variable Form. Es sind Kräuter bis Halbsträucher, manchmal mit kriechendem Wuchs. Sie haben achselständige, häufig ansehnliche Blüten. Die Gattung umfaßt gegen 150 Arten, welche in vielen Teilen der Welt (außer Europa) in Gebieten mit gemäßigtem Klima auftreten.

Mímulus cardinális Dougl. aus dem Westteil des nordamerikanischen Kontinents ist in seiner Heimat eine Staude, hält hier aber den Winter selten aus. Die Pflanzen werden bei uns daher einjährig gezogen und erreichen dann bis 40 cm Höhe. Sie haben im Grunde sich verästelnde Stengel, eirunde, ausgenagt-gezähnte, stark geaderte Blätter, und ihre Blüten erscheinen auf langen Stielen aus den Blattachseln. Sie werden glühend rot. Neben der Art gibt es eine Reihe schöner Sorten, vielfach durch Einkreuzung anderer Arten entstanden. Es seien erwähnt 'Aurantiacus' – Blumen feurig orangerot; 'Rose Queen' – Blüten rosa, sehr groß mit zahlreichen dunklen Punkten; 'Kardinal' – eine Neuheit mit scharlachroten, gelbgetupften Blüten. Sie blühen bei Frühjahrsaussaat von Juni bis September, bei Herbstsaat früher, aber nicht so lange. Sie duften leicht nach Moschus.

Mímulus cúpreus Regel aus Chile wächst rasig und wird gegen 15 cm hoch oder etwas darüber hinaus. Die Stengel gehen zuerst ein Stück am Boden hin, teilen sich dabei auch und steigen dann auf. Die Pflanzen sind kahl. Jeder Stengel bringt eine oder mehrere Blumen, welche 3 bis 4 cm lang werden. Sie sind anfangs kupferrot bis kupferorange und gehen allmählich in Goldgelb über. Florzeit ist von Juli bis September. 'Nanus' – nur 10 bis 12 cm hoch, glänzend dunkelgrüne Belaubung und viele orange- bis goldgelbe, im Schlunde rotgetupfte Blumen; 'Duplex' mit vergrößertem, buntem Kelch, so daß es aussieht, als steckten zwei Blüten ineinander. 'Roter Kaiser' – 20 cm hoch werdend, Blüten lebhaft scharlachkarmesin.

Mímulus guttátus DC. stammt aus dem Westen des nordamerikanischen Kontinents, wo die Pflanze von Alaska im hohen Norden bis Mexiko auftritt. Die Art ist eine auch bei uns völlig harte Staude. Sie wird etwa 15 cm hoch, treibt zahlreiche Ausläufer und bildet bald dichte Teppiche. Die Blätter sind länglich-eiförmig, leicht gezähnt, die Blüten gelb mit roten Tupfen, Florzeit im Sommer.

Mimulus-Hybriden (syn. M. × tigrinus hort.) ist der jetzt gültige Sammelname für durch Kreuzung erzielte Gauklerblumen, deren Ursprung aber nicht mehr einwandfrei festgestellt werden kann; ohne Zweifel sind *M. guttatus* und *M. luteus* daran beteiligt. Die Pflanzen werden etwa 25 cm hoch, wachsen kräftig und bringen eine Fülle ansehnlicher, in der Regel bunter Blumen, von Juni/Juli bis in den Herbst hinein. Diese Gauklerblumen werden in Sorten und als Mischungen geführt. Eine gute Mischung leuchtender Farben ist 'Monarch'; erwähnenswerte Sorten sind: 'Crimson Gem' – auf weißem Untergrund rosarot, nach dem Schlund zu braun gefleckt; 'Feuerkönig' – feurig rot, dunkelbraune Punkte, Schlund gelb; 'Gaiety' – rosa mit karminroten Streifen und gelbem Schlund; 'Rubens' – weiß, scharlachrot getüpfelt.

Mímulus lúteus L. aus Chile ist in seiner Heimat eine Staude, hier geht er im Winter meistens ein. Die Pflanzen werden je nach Standort 20 bis 60 cm hoch, sind kahl oder weich behaart, und die Stengel wachsen aufrecht. Die Blätter werden eirund bis herzförmig, sind spitzgezähnt. Die Blüten erscheinen in Trauben, teils kommen diese aus den Blattwinkeln, oder sie sitzen endständig, Farbe gelb. Auch von dieser Art gibt es Abarten und Sorten. Erwähnt sei nur 'Tigrinus Grandiflorus' mit großen gesteigerten Blüten, diese Sorte wird hauptsächlich verwendet. Im ganzen ist die Art recht veränderlich.

Bewertung, Verwendung, Anzucht: Wohl keine der besprochenen Pflanzen ist so zu Unrecht vernachläs-

Mi

Minuártia laricifólia

Mirábilis jalápa

Miscánthus sacchariflórus

sigt worden wie die Gauklerblume. Vor 50 Jahren waren sie in vielen Gärten zu finden, heute kaum noch. Leider! Ob Stauden oder Annuelle: sie blühen reich und vertragen alle beschattete oder halbschattige Standorte und feuchten Boden... wo sonst kaum eine Sommerblume gedeiht.
M. cardinalis, M. cupreus und M. luteus sind schöne Blumen für Uferpartien oder Sumpfgärtchen am Rande von Becken. Sie wünschen humusreichen, mit Heide- oder Moorerde versetzten Boden und können bei genügender Feuchtigkeit in voller Sonne stehen. Über Winter sollen sie mit Reisig abgedeckt werden. In milden Gegenden sind sie hart, in rauhen Gegenden ist es besser, sie für Einjahrsgewächse zu halten und sich danach zu richten. Man muß also im August Stecklinge schneiden, man steckt in Tonschalen und überwintert in diesen in einem kalten Kasten mit Reisig- und Glasschutz... oder man sät im zeitigen Frühling im Gewächshaus aus, pikiert dann kleine Büschel in Töpfe und pflanzt schließlich aus diesen an den vorgesehenen Platz. Der Samen ist sehr fein, man darf ihn nur andrücken. Mimulus-Hybriden sind ebenfalls als Einjahrsblumen zu behandeln. Man kann auch im Herbst aussäen, topft dann ein und überwintert im Kalthaus hell, darf aber nicht zu trocken halten. Die bisher erwähnten Arten eignen sich zur Verwendung im kleinen wie im großen: man kann ganze feuchte Hänge damit besetzen, auch unter stattliche Rhododendronbüsche passen sie. Ferner kommen sie für breite Schalen und flache Kübel in Betracht, die an einem schattigen Platz aufgestellt werden sollen.
Mimulus guttatus soll nur an Bach- oder Teichufer kommen, wo er Platz hat und keinen Schaden anrichten kann: Mit seinem dichten Teppich wächst er alles zu und unterdrückt selbst das Unkraut. Hat er sich einmal eingenistet, wird man ihn kaum wieder los. Aber es gibt Ufer, die man in Ordnung haben will, und dafür ist diese Gauklerblume zu gebrauchen. Vermehrt wird durch Teilung.

Minuártia · Miere
Caryophyllaceae 2 ○ ◐ ♡

Die Pflanzen wurden nach dem spanischen Botaniker Juan Minuart (1693–1768) benannt. Es sind rasigwachsende Kräuter oder Halbsträucher mit kleinen fadenförmigen bis pfriemigen Blättern und weißen, vereinzelt auch roten Blümchen, die vielfach in Trugdolden erscheinen. Die Gattung umfaßt gegen 100 Arten, welche auf der nördlichen Halbkugel in Gebieten mit gemäßigtem Klima und auch in polaren Strichen vorkommen.
Minuártia graminifólia (Ard.) Jáv. hat grasgrünes, kurzes Laub und bildet große, sehr dauerhafte, frischgrüne Polster, die über Steine hinwegwachsen, und zwar sogar aufsteigend! Das entschädigt dafür, daß die Art nicht reich blüht.
Minuártia laricifólia (L.) Schinz et Thell. aus den Pyrenäen, auch in den Alpen auftretend, ist eine halbstrauchige Art mit niederliegenden Stengeln und dicht sitzenden, schmalen, sichelförmig gebogenen Blättchen, Farbe stumpfgrün. Die Blumen stehen in lockeren Trauben, werden weiß, bis 1 cm groß. Sie erscheinen im Sommer in großer Zahl, so daß man vom Laube fast nichts mehr sieht. In der freien Natur wächst diese Art vor allem auf Granit. Sie ist nicht kalkfeindlich.
Minuártia vérna (L.) Hiern tritt in vielen Gebieten zwischen den Alpen, Nordeuropa und Sibirien auf. Die Pflanzen bilden duftige, 5 bis 10 cm hohe, halbkugelige Polster und blühen in lockeren, endständigen Trugdolden. Die Blümchen sind weiß, Florzeit ist ab Mai bis in den August. Diese Art wünscht kalkfreien Boden.

Bewertung, Verwendung, Anzucht: Alle Mieren eignen sich für Steingärten, wo man die beiden zuerst genannten Arten auch flächig ansiedeln kann, *M. verna* dagegen steht am besten in Spalten. Man kann alle auch als Bodendecke verwenden bis auf *M. verna*.

Sie wünschen sonnigen Standort und sandigen bis sandig-lehmigen Boden, sind aber nicht sehr wählerisch. Vermehrt wird aus Samen und durch Teilung. Teilung ist einfacher, wenn man einen ausreichenden Bestand hat, denn man kann sofort wieder aufschulen. Die Anzuchten werden bis zum Herbst verkaufsstark. *M. verna* wird gern in Töpfchen kultiviert, was bei allen kleinen Gewächsen, die besondere Erde wünschen, am praktischsten ist.

Mirábilis · Wunderblume
Nyctaginaceae ☉ ○ ◐ ♡

Der Name stammt aus dem Lateinischen: mirabilis = wunderbar; er bezieht sich darauf, daß an der gleichen Pflanze verschieden gefärbte Blumen vorkommen. Die Wunderblumen sind ein- bis mehrjährige Kräuter mit dicker, oft knolliger Wurzel. Sie wachsen zwei- bis dreigabelig verzweigt, haben herzförmige bis linealische Blätter und meistens ansehnliche Blüten. Das Genus umfaßt gegen 60 Arten, welche fast alle vom mittleren Nordamerika bis Chile auftreten. Nur eine kommt im Himalaja vor.
Mirábilis jalápa L. stammt aus Mexiko und ist dort eine Staude mit schwarzer, rübiger Wurzel, wird hier aber einjährig gezogen. Die bis 100 cm hohen Pflanzen bilden länglich-rundliche Büsche mit eirunden, zugespitzten Blättern und glocken- bis trichterförmigen Blüten in endständigen Büscheln. Die Blumen werden weiß, gelb, rot und sind meistens mehrfarbig ... es kommen bis vierfarbige Blüten vor. Sie öffnen sich gegen 4 Uhr nachmittags und vergehen am nächsten Morgen, aber am Nachmittag sind neue Blüten so weit herangewachsen, daß sie den Flor fortsetzen. Es gibt Sorten: 'Nana' – bis 30 cm hoch, 'Variegata' mit weißbunten Blättern und 'Variegata Nana' – niedrig, mit weißbuntem Laub und im Gegensatz zu den andern nachts duftend.

Bewertung, Verwendung, Anzucht: Die Wunderblumen gehören nicht zu den unentbehrlichen Gartenzierden, aber auch nicht zu denen, die zu pflanzen kaum lohnt. Besonders wenn man die Knollen aushebt, wie Dahlien überwintert und im Frühjahr neu pflanzt, blühen sie sehr reich und lange, werden auch stattlich. Man nimmt sie für bunte Blumenbeete, kann sie auch als Hecke pflanzen, die sich freilich nicht formieren läßt, und wählt sie zur Begrünung größerer Flächen, für die man weder Stauden noch Gehölze verwenden will oder kann. Mirabilis lassen sich aber auch alljährlich frisch aus Samen heranziehen, es ist einfacher. Man sät ab Mitte März ins warme oder halbwarme Frühbeet, im April in ein kaltes – recht weit, damit man nicht zu pikieren braucht – und pflanzt etwa nach Mitte Mai an den vorgesehenen Platz. Der Boden soll kalkhaltig, tiefgründig und nahrhaft sein, der Standort warm. Er muß in voller Sonne liegen. Bei Trockenheit ist reichlich zu wässern, sonst sehen die Pflanzen nach nichts aus. Man kann auch gelegentlich flüssig düngen.

Miscánthus · Chinaschilf
Gramineae ⌇ ☉ ◐ ♡ ∧

Im Namen stecken die griechischen Wörter miskos = Stiel und anthos = Blume; sie nehmen darauf Bezug, daß im Blütenstand, der eine Rispe ist, die an den Verzweigungen der Nebenachsen befindlichen Ährchen gestielt sind ... ein Merkmal für den Botaniker. Es sind Staudengräser, die sehr stattlich werden, schmale, meistens flache Blätter haben und in langen, ansehnlichen Rispen blühen. Die Gattung umfaßt 6 Arten, welche in Süd- und Ostasien wild vorkommen.
Miscánthus sacchariflórus (Maxim.) Hack (syn. Imperata sacchariflora Maxim.) stammt aus dem Amurgebiet und wird 90 bis 120 cm, aber auch 2 m hoch. Die Blätter sind etwa 3 cm breit, sie haben einen weißen Mittelnerv und sind schön überhängend. Die Rispen erscheinen im Laufe des August, werden lang, silbrigweiß und sind mit langen Haaren geschmückt. Maximowicz, der die Flora des Amurgebietes erforschte und bearbeitete, gab dieser Pflanze den stolzen Namen *Imperata* und führte sie 1862 in Petersburg als Zierpflanze ein. Karl Foerster nannte sie Silberfahnengras und führte eine Sorte 'Robustus' in seinem Gräser-Sortiment. Heute wird eine neue Auslese als cv. 'Sommerfeder' empfohlen. Sie ist wie die Art winterhart, für schwere und leichte Böden geeignet und blüht silbrigweiß; bis 2 m hoch. Das Laub zeigt eine schöne braunrote Herbstfärbung.
Miscánthus sinénsis (Thunb.) Anderss. (syn. Eulalia japonica Trin.) wird etwa 2 m hoch. Das Laub ist schilfartig, aber es hängt elegant über – das macht den Schmuckwert dieses Grases aus. Blütenrispen werden hier nur selten ausgebildet. Besser als die Art ist cv. 'Silberfeder', deren Blätter in der Mitte silbrig glänzen. Diese Sorte blüht im September, und die Blütenrispen stehen noch über dem Laub, wenn dieses herbstlich verfärbt und abgestorben ist. Zu den älteren Sorten gehören 'Gracillimus' – bis 2 m hoch, mit ebenfalls schmalem, sehr schön überhängendem Laub und weißem Mittelstreifen; 'Zebrinus', das Zebragras, mit gelben Querstreifen, ist durch 'Strictus', das Stachelschweingras, abgelöst worden, es wächst aufrecht, die Blätter sind quer gestreift.

Bewertung, Verwendung, Anzucht: In weiträumigen Gärten und in Grünanlagen stehen diese hohen Gräser am besten als Solitärpflanzen vor dunklen oder im Herbst rot verfärbenden Gehölzen. Vor einer Mauer gepflanzt, können wir ihrem Schattenspiel zusehen. *M. sacchariflorus* ist für Ufer gut geeignet, besonders wenn es sich dort im Wasser spiegelt. Der Boden muß tiefgründig und nährstoffreich sein. Man vermehrt leicht durch Teilung im Frühjahr. Bis zum nächsten Frühjahr sind die Jungpflanzen verkaufsstark. Am endgültigen Standort brauchen sie eine Weile, bis sie ansehnlich werden, später muß man sie vielleicht eindämmen. Dazu sticht man einfach mit dem Spaten einen Teil weg oder sorgt von vornherein für einen

Mi

Molínia caerúlea

Móltkia petraéa

Monarda-Hybride

„Kragen", der das Ausbreiten hindert. Es ist volle Sonne nötig, bei Trockenheit muß man wässern, sonst blühen die Büsche zu wenig. *M. sinensis* wird in den buntlaubigen Sorten in Töpfen kultiviert und soll stets mit Topfballen im Laufe des Maies gesetzt werden... denn eine Eigentümlichkeit dieser Sorten ist, daß sie erst im Laufe dieses Monats richtig austreiben. Der Boden soll kräftig, tiefgründig und locker sein; man setze reichlich Lauberde zu. Vermehrt wird durch Teilung im Frühjahr bei eben beginnendem Austrieb. Über Winter werden die Sorten in ungünstigen Lagen durch eine Laubdecke geschützt.

Mitélla · Bischofsmützchen
Saxifragaceae ♃ ◐ ☉

Im Namen steckt das lateinische Wort mitra = Bischofsmütze, es bezieht sich auf die Form der jungen Früchte. Mitella sind Stauden mit Rosetten runder bis herzförmiger Blätter; die Blüten stehen in Trauben. Der Wurzelstock ist lang und dünn, einzelne Arten treiben zahlreiche Ausläufer. Die Gattung umfaßt 12 Arten, von welchen zwei in Ostasien, die andern in Nordamerika vorkommen, und zwar ausschließlich in Gebieten mit gemäßigtem Klima. Das Genus steht *Tiarella* recht nahe.
Mitélla cauléscens Nutt. ist eine rauh behaarte Pflanze mit herzförmigen, unregelmäßig gesägten Blättern und weißen Blümchen, Höhe etwa 20 cm. Blütezeit ist im Mai.
Mitélla pentándra Hook. hat rundlich-nierenförmige Blätter und blüht gelb; Gesamthöhe der Pflanzen etwa 20 cm.

Bewertung, Verwendung, Anzucht: Die aufgeführten Arten und ebenso *M. diphylla*, welche etwas höher wird, sind höchst brauchbare Bodendecker für absonnige Lagen mit humusreichem, frischem Boden. Einmal gepflanzt, breiten sie sich von selbst aus und bedürfen nur gelegentlich einer Kopfdüngung durch guten Kompost mit Zusatz von gejauchtem Torf. Vermehrt wird im Frühjahr durch Teilung, im Sommer durch Aufschulen der Ausläufer. Die Anzuchten werden bis zum Frühherbst oder bis zum nächsten Frühjahr verkaufsstark.

Molínia · Pfeifengras
Gramineae ♃ ○ ◐ ♡

Die Pflanzen wurden zu Ehren des spanischen Jesuitenmissionars Juan Ignacio Molina (1737–1829) benannt, der eine Naturgeschichte Chiles schrieb. Es sind ausdauernde, hohe Gräser mit langen Stengeln, die nur wenige Knoten in der Nähe des Stengelgrundes aufweisen, mit etwas steifen Blättern und aufrechten, bis 40 cm langen Rispen. Die Gattung umfaßt 5 Arten, welche auf der nördlichen Halbkugel auftreten.
Molínia arundinácea Schrank, das Riesenpfeifengras, bildet bis 150 cm hohe und noch höhere aufrechte, ziemlich schmale Büsche mit schönem Blattfall und herrlicher goldbrauner Herbstfärbung.
Molínia caerúlea (L.) Moench (syn. Aira caerulea L.) wächst bei uns in Mitteleuropa, ferner in Kleinasien, im Kaukasus, in Sibirien und in Nordamerika auf feuchten Wiesen und Flachmooren, auch in lichten Kastanienhainen und auf steinigen Abhängen, im Gebirge steigt sie bis 2300 m hoch. Die Größe richtet sich nach dem Standort, sie schwankt zwischen 20 und 150 cm. Auch diese Art bildet aufrechte, schlanke Büsche und hat dünne, lange Rispen. Es gibt davon eine Sorte 'Variegata', welche 30 bis 60 cm hoch wird und gelbgestreifte Blätter hat.

Bewertung, Verwendung, Anzucht: Das Riesenpfeifengras und *M. caerulea* eignen sich für Wildstaudenpflanzungen, für Heide- und Moorgärten an Stellen, wo etwas Hochwachsendes hingehört. Der Boden soll feucht sein. In trockenen Lagen und Jahren bleiben die Pflanzen viel kürzer. Sie vertragen volle Sonne und auch Halbschatten. Die buntblättrige Form von *M. caerulea* ist ein schönes Gartengras und paßt gut zwischen *Iris sibirica, I. spuria* oder in den Hintergrund von *Caltha palustris* und grünlaubigen Funkien. Man vermehrt durch Teilung und aus Samen. In den

Aussaaten gibt es Abweichungen aller Art, die aber nicht stören. Man teilt nach dem Austreiben im Frühling, darf jedoch nicht zu klein aufteilen. Nach dem Pflanzen soll man gründlich angießen und auch in den folgenden 14 Tagen feucht halten.

Móltkia · Moltkie
Boraginaceae ○ ◐ ◐ △ ∧

Die Pflanzen wurden zur Erinnerung an Joachim Gadske Moltke (1746–1818) benannt, der das Naturhistorische Museum von Kopenhagen gründete und ihm zu großem Ansehen verhalf. Es sind Halbsträucher, die *Lithospermum* nahestehen, aber von diesen durch herausragende Staubbeutel abweichen. Die Gattung umfaßt 8 Arten, welche im Mittelmeergebiet auftreten.

Móltkia petraéa (Tratt.) Griseb. aus Nordalbanien ist ein 15 bis 30 cm hoher Halbstrauch mit etwas sparrigem Wuchs, steifen Zweigen und ledrigen, am Rande eingerollten, 3 bis 4 cm langen, 4 mm breiten Blättchen. Im Juni bis Juli/August erscheinen in dichten, endständigen Traubenwickeln leicht nickende amethyst- bis himmelblaue Blüten in großer Zahl ... ein wunderbarer Anblick!

Bewertung, Verwendung, Anzucht: Diese reizende Pflanze ist nicht besonders anspruchsvoll, aber sie muß unbedingt in Fels- oder Mauerspalten in sandiglehmigem, gut durchlässigem Boden und in voller Sonne stehen. Man kann also in Alpina und auch in Trockenmauern setzen, muß nur den Platz gut herrichten. Die Art ist ausreichend winterhart, vorsichtshalber hänge man die Pflanzen aber mit etwas Reisig zu. Andere Arten sind empfindlicher. Vermehrt wird aus Samen, der jedoch selten angesetzt wird, durch Stecklinge und Abrisse. Die Stecklingsvermehrung ist am ergiebigsten bei folgender Methode. Man setzt einige Exemplare im Frühjahr in guten Gartenboden mit bester Drainage, wässert und düngt auch ein- bis zweimal vorsichtig. Die Büsche blühen wenig, aber sie bringen eine Menge Verzweigungen und Nebentriebe, die sich, wenn sie etwa streichholzlang sind, sehr gut als Stecklinge eignen und rasch Wurzeln schlagen. Über Winter sollen die Stecklinge entweder in einem Kalthaus oder in einem Frühbeet luftig stehen. Später topft man ein und hält bis zum Auspflanzen im Topf. Die beste Pflanzzeit ist das Frühjahr.

Monárda · Indianernessel, Pferdeminze
Labiatae ⚶ ○ ◐ ◐ ✕ ○

Die Pflanzen wurden nach dem spanischen Arzt Nicolaus Monardes (1493–1578) benannt, der ein bedeutender Botaniker war. Es sind Stauden mit aufrechtem Wuchs, spitz-eirunden bis breit-lanzettlichen Blättern, und sie blühen in dichten, vielblumigen Quirlen, die endständig oder am oberen Teil der Stengel erscheinen. Die Gattung umfaßt über 15 Arten, welche allesamt in Nordamerika auftreten. In Kultur sind aber nur Hybriden. Zu ihren Eltern zählen *M. didyma* und *M. fistulosa*.

Monarda-Hybriden ist der jetzt gültige Sammelname für alle angebotenen Sorten. Die Pflanzen duften etwas nach Pfefferminze und Pferdestall, werden bis 100 cm hoch und höher, bilden geschlossene, aufrechte Büsche, sind an verschiedenen Teilen zart oder länger behaart. Die Sorten blühen reich und lange. Als gute Züchtungen seien aufgeführt: 'Adam' – kirschrot; 'Blaustrumpf' – lilablau; 'Cambridge Scarlett' – dunkelscharlach, 100 cm; 'Croftway Pink' – lachsrosa, 120 cm; 'Präriebrand' – tieflachsrot, sehr leuchtend, 120 cm; 'Prärienacht' – dunkelpurpurlila, 150 cm; 'Schneewittchen' – weiß, Blumenköpfe nicht so groß wie bei den andern, 100 cm hoch.

Bewertung, Verwendung, Anzucht: Monarden sind sehr brauchbare Stauden, die wenig Ansprüche stellen und lange an ihrem Platz bleiben können. Sie wachsen in jedem Gartenboden und gedeihen in voller Sonne so freudig wie in leichtem Halbschatten. Bei Trockenheit muß man unbedingt wässern, denn Monarden sind Flachwurzler. Alte Exemplare bilden im Flor einen weithin sichtbaren, großen Farbfleck. Die Pflanzen sind freilich etwas steif in ihrer Tracht ... und das muß man beim Verwenden berücksichtigen. Gut zu ihnen passen *Hemerocallis, Gypsophila paniculata, Salvia × superba, Rudbeckia* 'Goldsturm', Skabiosen und Gräser mit schönem Halmwurf, *Sedum spectabile, Nepeta* und in feuchtem Boden auch großblättrige Funkien. Vermehrt wird durch Teilung oder aus Stecklingen, die leicht wachsen. Aus Samen fallen die Bestände auch nicht annähernd echt. Erwähnt sei, daß die Blumen sich abgeschnitten ausgezeichnet halten und daß die Monarden ein Magnet für Bienen und Schmetterlinge sind.

Montbrétia → **Crocósmia**

Morína · Kardendistel
Dipsacaceae ⚶ ○ ◐ ◐ ♡

Die Gattung wurde nach Louis Morin (1636 bis 1715) benannt, einem französischen Botaniker und Arzt. Es sind ausdauernde Kräuter, die an Disteln erinnern, aber nicht zur Familie der Korbblütler gehören. Die Blüten stehen daher nicht in Köpfen oder Körben, sondern erscheinen in den Achseln der Deckblätter, sind quirlig angeordnet und bilden so eine lange Ähre. Sie werden weiß, gelb oder rosa. Die Gattung ist etwa 10 Arten stark, welche in Mittel- und Westasien auftreten.

Morína longifólia Wall. aus Nepal wird 60 bis 100 cm hoch, ist kahl oder nur spärlich behaart und hat schmale, bis 20 cm lange, 2,5 cm breite, stacheliggezähnte, am Rande lappig gewellte Blätter, die zuerst eine Rosette bilden. Später entsteigen ihr gerade, steife Stengel, welche gegenständig oder quirlig mit kleine-

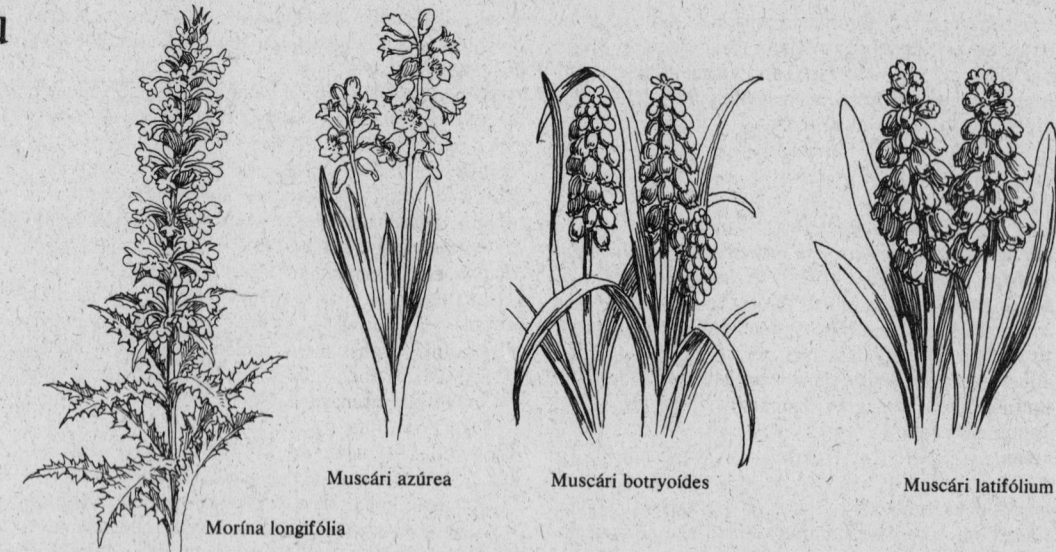

Morína longifólia   Muscári azúrea   Muscári botryoídes   Muscári latifólium

ren Blättern besetzt sind und die endständige Blütenähre tragen. Sie ist etwa 40 cm lang, die Blumen sind zuerst weiß und werden allmählich rosa. Blütezeit von Juni bis August.

Bewertung, Verwendung, Anzucht: Diese Disteln gehören zu jenen Pflanzen, welche durch ihre Tracht wirken; sie haben etwas eigenartig Architektonisches oder Plastisches. Im Garten muß man sie so stellen, daß diese Züge hervortreten oder ins Auge fallen. Man kann sie auf Trockenmauerecken, an den Fuß von Trockenmauern, in die Nähe von Sitzplätzen pflanzen und auch in Naturgärten setzen. Die Exemplare können alt und breit werden, wenn sie im Sommer und Winter nicht zuviel Nässe bekommen. Der Standort soll in voller Sonne liegen, der Boden kalkhaltig, sandig-lehmig bis sandig sein, allerbeste Drainage ist unerläßlich. Im Winter muß man notfalls durch Überlegen von großen Stücken Folie das Wasser abhalten. Vermehrt wird aus Samen. Die Bestände sind bei zeitiger Aussaat bis zum Herbst verkaufsstark. Auch Vermehrung durch Wurzelschnittlinge ist möglich. Man pflanze bald an den endgültigen Standort. Größere Exemplare lassen sich nicht mehr versetzen, sie gehen dabei ein.

Muehlenbéckia · Polsterstrauch
Polygonaceae ○ ◐ △ ♡ ∧

Die Gattung wurde zur Erinnerung an Gustav Muehlenbeck (1798–1847) benannt, der im Elsaß als Arzt wirkte und nebenbei ein interessierter Botaniker war. Es sind kleine Sträucher oder Halbsträucher, oft mit windendem Wuchs. Die Gattung umfaßt etwa 15 Arten, welche in Australien und Neuseeland vorkommen.

Muehlenbéckia axilláris (Hook. f.) Walp. aus Neuseeland ist ein sommergrüner Strauch mit sehr kleinen, länglichrunden Blättchen und bildet einen dichten Teppich. Die Pflanzen sind etwa 5 bis 10 cm hoch und treiben viele Ausläuferchen, durch welche sie bis 30 cm breit werden. Die Blütchen sind unscheinbar. Im Herbst werden die Blättchen rotbraun.

Bewertung, Verwendung, Anzucht: Die Mühlenbeckie ist ein reizendes Sträuchlein für Steingärten und eignet sich als Bodendecke unter Immergrüne. Unübertrefflich ist der Ratschlag von Wilhelm Schacht: „Um eine volle Wirkung zu erreichen, müssen größere, möglichst bewegte Flächen (wenigstens 1 bis 2 m^2) mit diesem neuseeländischen Teppichbildner besetzt werden." Die Pflanzen wachsen in jedem normalen Gartenboden in Sonne und Halbschatten. Man darf, ja soll auch Blumenzwiebeln, wie Krokus, Scilla, Chionodoxa, kleine Narzissen und einige Wildtulpenarten, in die Polster streuen... sie werden ohne weiteres gedeihen. Man kann leicht durch Stecklinge von Juni bis August vermehren, indem man mehrere Spitzen in 6-cm-Töpfe steckt und wie Efeu in diesen heranzieht. Die Jungpflanzen sollen in einem Kasten überwintert werden.

Muscári · Traubenhyazinthe
Liliaceae △ ○ ◐ ◔ △ ✕

Die Herkunft des Namens ist nicht ganz sicher. Im Hegi steht, daß darin das arabische Wort muscarini stecke, die arabische Bezeichnung für den „griechischen Moschus" = *Muscari muscari* L., welcher nach Moschus duftet. *Muscari* sind Zwiebelgewächse mit kleinen bis mittelgroßen Zwiebeln, grundständigen, linealischen, flachen oder rinnigen Blättern und krugförmigen, häufig hängenden Blüten in dichten Trauben. Die Gattung umfaßt gegen 50 Arten, welche vor allem im Mittelmeergebiet auftreten mit Ausstrahlungen in die angrenzenden Gebiete. Die in Mitteleuropa wild wachsenden Arten sind kaum ursprünglich, sondern als Kulturbegleiter zu uns gekommen und gartenflüchtig geworden.

Muscári armeníacum Bak. aus Armenien hat 6 bis 8 Laubblätter. Sie bilden eine Rosette, welche höher als der Blütenstengel wird. Die Blumen sind violettblau, stehen ab und sitzen in Trauben, die bis 10 cm lang werden. Florzeit ist im April/Mai. Eine Zwiebel kann mehrere Blütenstiele treiben. Außer der Stammart gibt es schöne Sorten: 'Cantab' – Blumen viel heller blau, Blütezeit etwas später; 'Early Giant' – große Blumen und sehr zeitig in Flor kommend, sowie 'Heavenly Blue', die aber schwächer wächst. Alle duften angenehm.

Muscári aúcheri Boiss. (syn. M. tubergenianum Th. Hoog) aus Nordwestiran hat weiße Zwiebeln mit sehr kleinen Schuppen, bis 15 cm lange, gerinnte Blätter und gegen 20 cm lange Blütenstände. Die Blumen sind dick krugförmig und stehen in sehr dichten, bis 10 cm großen Rispen. Ihre Farbe ist oben hell-, unten zu mittelblau mit kurzen, weißen Zähnchen. Jede Zwiebel bringt mehrere Blütenschäfte; Florzeit ist um Mitte April. Die Art wurde erst um 1940 entdeckt und ist eine der schönsten, vor allem wegen der hellen, ziemlich leuchtenden Farbe der Blüten.

Muscári azúrea Fenzl (syn. Hyacinthus azureus (Fenzl) Bak., Hyacinthella azurea (Fenzl) Schur). Die Blüten sind am Ende nicht verengt. Die Pflanzen bilden eine runde Zwiebel mit brauner Schale, schmale, rosettig stehende Blätter mit einem kräftigen Mittelnerv. Die Blüten erscheinen in dichten, bis 20 cm hohen Trauben, Flor im Frühling. Sie sind becher- bis glockenförmig, Farbe leuchtend himmelblau. Es gibt eine Sorte 'Alba' mit weißen Blumen und var. **amphibolis** Arnott mit größeren, im Ton helleren Blüten, die etwas früher als bei der Stammart erscheinen.

Muscári botryoídes (L.) Mill. emend. DC., die Straußhyazinthe, hat eiförmige, weiße Zwiebeln und ist bei uns in Weinbergen anzutreffen. Es bekommt bis 20 cm lange Blätter und ebenso hohe Blütentrauben. Diese enthalten viele, dichtgedrängte, hängende Blumen, welche fast rund sind, ohne Duft, von himmel- bis violettblauer Farbe, außen leicht bereift und mit weißen Saumzähnchen. Die Art blüht zeitig im März/April. Außer der Stammform gibt es cv. 'Album' mit weißen Blumen; cv. 'Carneum' blüht ebenfalls weiß, ist aber rosa angelaufen. Die Art ist seit dem Mittelalter eine Gartenzierde.

Muscári comósum (L.) Mill. wird in der Art nicht kultiviert, sondern nur in den beiden Sorten mit umgebildeten oder eigentlich mißgebildeten Blüten. Es sind nur noch die zu Rispen vereinigten Blütenstiele übriggeblieben, die amethystblau aussehen. Es gibt cv. 'Monstrosum', bei welcher der Blütenstand einem kleinen Blumenkohl ähnelt, und cv. 'Plumosum' mit einem federbuschartigen Blütenstand. Beide sind um 1610 gefunden worden und seit dieser Zeit in Kultur. Die Pflanzen werden gegen 30 cm hoch, das Laub erreicht die gleiche Höhe wie die Blütenrispe, und Florzeit ist im Mai/Juni.

Muscári latifólium J. Kirk hat große, runde, graubraune Zwiebeln und einzeln stehende, gegen 3 cm breite, länglich-ovale Blätter. Die ganze Pflanze wird 20 bis 25 cm hoch. Die Trauben sind locker, und die Blumen werden erst himmelblau, später aber dunkler; Blütezeit ist im April.

Muscári racemósum (L.) Mill. ist in Mitteleuropa verwildert und wächst auch in Weinbergen. Die Pflanzen werden 20 cm hoch und höher, haben eine eiförmige Zwiebel und binsenartig schmale, schlaff ausgebreitete Blätter. Die Blütentrauben sind kurz, länglich-eiförmig, dicht mit nickenden, dunkelblauen Blumen besetzt. Ihre Saumzähnchen sehen anfangs weiß aus, werden aber später blau. Die Art blüht im April/Mai.

Bewertung, Verwendung, Anzucht: Die Traubenhyazinthen sind in vielen Gärten heimisch geworden. Sie stellen geringe Ansprüche, denn sie wachsen in jedem normalen Gartenboden, er darf aber nicht zu feucht sein. Sie gedeihen in Sonne und Halbschatten gleich gut und passen in den Stein- und den Wildstaudengarten und besonders gut zu einer Reihe anderer Zwiebelgewächse als Zwischen- oder Unterpflanzung: zu botanischen, zu Trompeten- und Großkronigen Narzissen, zu einzelnen „botanischen" Tulpen, ferner eignen sie sich als Untergrund für Forsythien und in Teppiche von *Muehlenbeckia* und *Matricaria oreades*: Auch in Frühlingsblumenrabatten gehören sie. Man muß ziemlich zeitig im Spätsommer legen, da die Pflanzen bereits im September ihre Blätter ans Licht schicken. Man lege etwa 5 cm tief, Entfernung 7 bis 10 cm. Winterschutz braucht man nicht zu geben. Man kann sie meistens vier Jahre am gleichen Platz lassen, dann ist häufig nötig, die Bestände aufzunehmen und frisch zu legen... entweder an einen andern Platz oder an den alten, nachdem dort die Erde durch Eingraben von gutem Kompost wieder aufgefrischt ist. Man kann auch im Sommer alljährlich die besiedelten Plätze mit gejauchtem Torfmull oder gutem, verrottetem Kompost überziehen und erspart das Umlegen. *Muscari armeniacum* läßt sich zur Gewinnung von Schnittblumen treiben. Die Zwiebeln kommen in alte Beerenstiegen, man schlägt dann ein und muß die Bestände gegen Erwärmung und zu starke Abkühlung schützen, was sich durch Aufbringen von Stroh oder Laub leicht erreichen läßt. Man darf nur 2 bis 4 cm hoch mit Erde abdecken, nicht mehr, sonst werden die Blätter lang. Von Mitte Januar an läßt sich treiben, aber nur mit wenig Wärme. Am Anfang gebe man etwa + 10 °C, später kann man auf + 12 bis 13 °C gehen, bei heller Sonne vorübergehend auf + 16 °C. Ist es ständig zu warm, bringen die Zwiebeln nur Laub, und die Blüten bleiben stecken. Man kann solche Posten noch

My

Myosótis sylvática

retten, indem man die Blätter auf die Hälfte herunterschneidet und die Kästen kühl stellt. Je nach Größe kann eine Zwiebel 3 bis 8 Stiele bringen. Auch Kühlung der größten (8 cm und darüber) ist möglich, dann läßt sich ab Mitte November treiben. Die Blumen erscheinen nach 16 bis 20 Tagen, die Kästen sollen stets hell stehen. Vermehrt wird aus Brutzwiebeln und aus Samen. Man sät im Herbst in Rillen mit 10 cm Abstand so dünn als möglich. Im zweiten, spätestens im dritten Sommer sind die Anzuchten fertig, nachdem man einmal pikieren muß. Die Sorten von *M. comosum* lassen sich nur durch Brutzwiebeln vermehren, es werden jedoch nicht viel angesetzt, und die Zwiebeln sind entsprechend teurer. Samen ist nur durch Eigenbau zu gewinnen, da man ihn kaum kaufen kann. *M. botryoides* und *M. aucheri* eignen sich auch für Töpfe; man darf sie nicht vor Mitte Februar ans Licht holen. *M. azurea* wirkt schön als Nachbar von *Crocus flavus*, weil beide zur gleichen Zeit blühen.

Myosótis · Vergißmeinnicht
Boraginaceae ☉ ♃ ○ ◐ ◑ ○ △ ✂

Im Namen stecken die griechischen Wörter mys, Gen. myós = Maus und ota, otis = Ohren, also Mäuseohren; sie beziehen sich darauf, daß die stengelständigen Blätter wie die Ohren der Maus aussehen. Man findet diese Bezeichnung bereits bei Dioskorides, welcher freilich angibt, daß sie für mehrere Pflanzenarten verwendet wurde. Es sind ein-, zwei- und mehrjährige Kräuter, dicht behaart bis kahl. Die Blätter werden klein bis mittelgroß und stehen in Spiralen, Büscheln und an den Stengeln entlang. Die Blüten erscheinen in einfachen oder gegabelten, traubigen bis ährigen Wickeln. Die Gattung umfaßt gegen 50 Arten und tritt in vielen Teilen der Erde auf: in den gemäßigten Teilen von Europa, Asien und Amerika, überdies weit entfernt in Südafrika, Australien und Neuseeland. Der deutsche Name Vergißmeinnicht taucht zuerst im 15. Jahrhundert auf. Bis zu Linné galten die *Myosótis* auch nicht als eigene Gattung, sondern gingen zusammen mit *Heliotropium, Lithospermum* und weiteren als *Scorpiurus*. Gartenwürdig sind:

♃ **Myosótis alpéstris** F. W. Schmidt (syn. M. rupicola Sm., M. sylvatica ssp. alpestris (F. W. Schmidt) Gams) ist das echte Alpenvergißmeinnicht, eine Staude, die am natürlichen Standort im Gebirge nur 5 bis 8 cm hoch wird. Dort wächst sie auf Matten, in Schneetälchen, aber auch auf Schutthalden. Im Steingarten kann sie entsprechend verwendet werden, sonnig und feucht. Das gilt auch für *M. cespitósa* K. F. Schultz. Diese bildet am Rande der Gebirgsbäche, halb im Wasser stehend, bis 5 cm hohe Rasen.

♃ **Myosótis palústris** (L.) L. (syn. M. scorpioides L. p. p.) ist das Sumpfvergißmeinnicht, welches in der ganzen nördlichen Hemisphäre an nassen oder auch bloß mäßig feuchten Plätzen auftritt. Die Pflanzen werden 10 bis 30 cm hoch und höher, wachsen aufrecht, treiben aber Ausläufer, und in der Regel stirbt der verblühte Stengel ab. Er ist vierkantig, die Blätter sind lanzettförmig, frischgrün. Die Blüten stehen in wickelartigen, anfangs dichten, später länger werdenden Trauben. Die Art ist nicht in Kultur, sondern nur Züchtungen. Sie zeichnen sich aus durch schönere Farben, größere Blüten, breitere Wickeltrauben und sehr langen Flor, der sich vom Mai bis in den Herbst erstrecken kann. Gute Sorten sind 'Perle von Ronneberg' – bis 30 cm hoch, dunkelblau, und 'Thüringen' – in allen Teilen vergrößert, sehr wüchsig und reichblühend, zudem dunkler blau.

☉ **Myosótis sylvática** Ehrh. ex Hoffm. (M. alpestris hort. non F. W. Schmidt) ist das Gartenvergißmeinnicht, das im Frühling bis etwa Mitte Juni blüht. Es bildet reichlich sich verzweigende, gedrungen-kugelig bis aufrecht säulenförmig wachsende, winterannuelle Kräuter mit vielen heller oder tiefer himmelblauen Blüten.

Die Pflanzen werden für Beete und auch zum Schnitt angepflanzt und in der Regel im Frühjahr an den endgültigen Standort gesetzt, wie das mit Stiefmütterchen und Tausendschönchen geschieht. Oft fällt Samen aus, und die Blumen kommen im nächsten Jahre von selbst wieder ... freilich selten ganz treu. Es gibt zahlreiche Sorten, auch rosa- und weißblühende. Am schönsten sind tiefblaue wie 'Blaue Grasmücke', mit säulenförmigem Wuchs, daher als Schnittblume geeignet.

Bewertung, Verwendung, Anzucht: Das Gartenvergißmeinnicht ist so beliebt und bekannt, daß man es nicht zu empfehlen braucht. Es wächst auch leicht und macht in der Aufzucht wenig Arbeit oder Mühe. Man sät im Juli, pflanzt dann auf Anzuchtbeete in etwa 5 bis 6 Reihen. Der Standort soll in voller Sonne liegen, der Boden humusreich und kräftig, aber nicht zu naß sein. Im Frühling jedoch sollte man bis zum Flor mehrere Male gründlich wässern und auch noch zu Beginn desselben, sonst geht die Blüte allzurasch vorüber. Ob man schon im Herbst oder erst im Frühjahr auf die Schmuckbeete in Anlagen oder Gärten versetzen soll, läßt sich nur von Fall zu Fall entscheiden. Der Platz muß frei sein, und man muß bis Ende September oder nur wenig später umpflanzen. Auch ist es ratsam, diese Bestände über Winter leicht mit Reisig zu schützen.

Setzt man erst im Frühling, können die auf den Beeten stehenden Chrysanthemen richtig abblühen, und es ist nicht nötig, den Vergißmeinnichtbeständen Winterschutz zu geben. Vermehrt wird aus Samen. Man halte stets einen kleinen Vorrat von Nachwuchs, denn sehr lange leben die Pflanzen nicht. Das Sumpfvergißmeinnicht eignet sich für Teich- und Bachränder und Sumpfbeete, wo es den ganzen Sommer bis tief in den Herbst blüht. Im Spätherbst oder zeitigen Frühjahr sollte man den Platz, wo es auftritt, mit Düngetorf oder gutem Kompost überziehen. Vermehrt wird durch Teilung und Stecklinge im Sommer, wozu man die nichtblühenden Neben- und Bodensprosse nimmt. Die Pflanzen bewurzeln sehr bald. Das Sumpfvergißmeinnicht liefert lange haltbare Blumen, und man baut es in Gärtnereien sogar zu diesem Zweck an. Es wird in versenkten Beeten oder Kästen gehalten, wo die Bestände immer feucht bleiben. Wichtig ist, laufend zu schneiden, dann blühen die Pflanzen immer wieder nach.

N

Narcíssus · Narzisse
Amaryllidaceae △ ○ ◐ △ ✕ ∧

Im Namen steckt das griechische Wort narkao = ich betäube. Vielleicht hielt man den Duft für betäubend; doch kann sich das narkao auch auf die bereits den Alten bekannte Giftigkeit der Blätter und der Zwiebeln beziehen. Die Zwiebeln wurden früher sogar offizinell benutzt. Heute geschieht das nicht mehr. Dafür sind die Narzissen überaus beliebte Gartenzierden geworden, und auch die Schnittblumenbetriebe brauchen alljährlich große Mengen von Zwiebeln. Schon früh im Altertum hatten sich an die Pflanzen und Blumen Sagen und Mythen geknüpft. In Ägypten wurden die Blüten zu Trauergebinden für Tote genommen. Homer kommt in seinem Hymnus an Demeter auf die Narzissen zu sprechen und nennt ihre Blumen „einen feierlichen Anblick für die Unsterblichen wie für die sterblichen Menschen". Einen Kranz weißer Narzissen trug Persephone im Haar, als sie schlafend in einer blumigen Au ruhte und Pluto, der Herrscher über die Unterwelt, sie fand und mit hinab in sein dunkles Reich riß... die Blüten verloren dabei ihre jungfräulich weiße Farbe und wurden gelb, weshalb seither alle Osterglocken als eigentliche Blumen des Frühlings gelb sind. Eine weitere Gestalt der Mythe ist jener überaus schöne Jüngling Narkissos, nach dem die Pflanzen aber nicht eigentlich benannt wurden. Eine Bergnymphe liebte ihn leidenschaftlich. Da sie aber nicht erhört wurde, grämte sich die Verschmähte so sehr, daß von ihr nichts übrig blieb als der Nachhall ihrer Stimme... es war die Echo. Der Hartherzige jedoch wurde schwer bestraft: Als er im Wasserspiegel eines stillen Baches sein Gesicht erblickte, verliebte er sich derartig in die eigene Schönheit, daß er darüber starb. Seither wissen wir, was Narzißmus ist und wohin er führen kann. In Hermann Hesses „Narziß und Goldmund" lebt diese sagenhafte Gestalt wieder einmal auf, wie sie schon früher viele Dichter gelockt hat.

Narzissen sind ausdauernde Zwiebelgewächse mit wenigen, schmalen, zuweilen blaugrünen Blättern und ansehnlichen Blüten auf kahlen, hohlen Stielen. Die Zwiebeln sterben nach dem Flor nicht ab, sondern sie bestehen fort und können viele Jahre alt werden, wobei sie ständig von innen her nachwachsen. Die im Innern entstehenden Brutzwiebeln gehören in der Regel bis zum 4. Jahre zur Mutterzwiebel, und beide sind von den gleichen häutigen, braunen, abgestorbenen Schalen umhüllt. Sie bilden dann Zwiebeln mit 2 blühenden Bulben und heißen in der Fachsprache Doppelnasen. Im nächsten Jahre werden sie nicht mehr von der gemeinsamen Außenhaut umschlossen und sind dann selbständige Zwiebeln, wenn auch noch keine vollkommenen. Die Blütenanlage für den Flor im nächsten Frühjahr wird ungefähr vom 21. Mai an gebildet und ist beim Absterben des Laubes völlig fertig angelegt. Die Blüten stehen einzeln oder zu mehreren auf festen, bis 35 cm hohen und höheren Stielen und sind anfangs von einem häutigen, mützchenförmigen Hochblatt umhüllt, das spaltartig aufreißt. Die Blumen haben eine ausgebreitete, sternförmige oder verwachsene Krone und in ihrem Innern eine am Schlund angesetzte Nebenkrone, welche stets zusammengewachsen ist und eine Röhre oder Schale oder „Trompete" bildet. Krone und Nebenkrone sind manchmal einheitlich, manchmal verschieden gefärbt, beide wechselhaft in ihrer Form und Größe. Die Nebenkrone ist an ihrem Saum häufig gerollt, gefältelt, gezähnt und getollt wie auch glatt-ganzrandig.
Die Gattung umfaßt 30 bis 40 Arten, und ihr Verbreitungsareal erstreckt sich über das Mittelmeergebiet und Mitteleuropa bis nach England, wobei im Osten des Gebietes keine Art heimisch ist. Man findet Narzissen in der freien Natur vor allem auf feuchten Wiesen, nie an völlig trockenen Standorten. Die Zahl der Sorten geht in die Tausende, obwohl die Züchtung erst etwa vor hundert Jahren einsetzte. Die wichtigsten Züchter arbeiten in England und den Niederlanden, vielfach sind es Liebhaber. Alljährlich kommen neue

Na

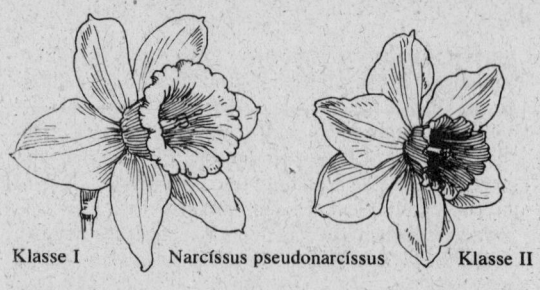 

Klasse I Narcíssus pseudonarcíssus Klasse II Klasse III Klasse IV

Sorten heraus, von welchen aber nur einzelne in das allgemeine Sortiment übergehen. Das Sortiment umfaßt vor allem Sorten, die der Gärtner braucht, der Narzissen treibt. Es gibt da erstaunliche Tatsachen: Eine der wichtigsten Trompetennarzissen für diese Verbraucher ist die herrlich goldgelbe 'King Alfred' aus dem Jahre 1899. Trotz unzähliger Versuche, diese Sorte, welche nicht besonders reich blüht, zu übertreffen, ist das bisher nicht gelungen. Auch die Narzissen sind in Klassen eingeteilt worden. Sie gehen nicht mit den Arten konform, da durch die Züchtung viele Übergänge entstanden. Die Gliederung wurde durch ein Komitee von Fachleuten geschaffen und ist allgemein akzeptiert worden. Auch in Katalogen findet man die Sorten nach dieser Einteilung aufgeführt.

Klasse I: *Trompetennarzissen.*

Dies sind die sehr weit verbreiteten Osterglocken mit der breiten, sternförmigen Krone und der langen, stattlichen Nebenkrone, welche so lang oder noch ein wenig länger ist als die eigentliche Krone breit. Botanisch heißen sie **Narcíssus pseudonarcíssus** L.; pseudo = falsch; unechte Narzisse deshalb, weil die Alten nur die Dichternarzissen kannten und diese Art für eine falsche gehalten wurde. Unter den Trompeten gibt es 4 Unterklassen. Bei Unterklasse a ist die Krone farbig, also gelb, die Nebenkrone = Trompete nicht heller als jene, also gleichfalls gelb; Sorten dieses Typs sind: 'King Alfred', 'Mulatto', 'Rembrandt', 'Tintoretto', 'Unsurpassable'. Unterklasse b: Krone weiß oder weißlich, die Trompete farbig, also gelb, sogenannte Bicolors, Sorten davon sind: 'Spring Glory', 'Queen of the Bicolors', 'Preamble'. Unterklasse c: Krone und Nebenkrone weiß... dieser Typus war anfangs wenig geschätzt, was sich aber völlig geändert hat, seit eine Reihe besonders schöner „Weißer Trompeten" gezüchtet und vermehrt wurden. Es seien erwähnt: 'Beersheba', 'Mount Hood', 'Mrs. H. Krelage' und an letzten berühmten Neuheiten 'Broughshane', 'Cantatrice', 'Kanchenjunga', 'Petsamo'; Unterklasse d: Krone heller im Ton als die Trompete wie bei 'Spellbinder'. Alle Trompetennarzissen duften!

Klasse II: *Großkronige Narzissen oder Schalennarzissen.*

Ihre Blumen haben ebenfalls eine weit ausgebreitete, große Krone, aber die Nebenkrone ist etwa ein Drittel so lang wie die Blätter der Hauptkrone, so daß man von einer „Halbtrompete" sprechen könnte. Die Nebenkrone ist mannigfach geformt, wichtig ist jedoch vor allem, daß als Farbe Orange bis zum Orangerot bei den Nebenkronen hinzutritt, die Blumen also feuriger geworden sind. Auch hier gibt es Unterklassen-Farbengruppen, wie a) gelbe Hauptkrone und gelbe bis orangefarbene Nebenkrone, bekannte Sorten sind: 'Carbineer', 'Carlton', 'Fortune'; b) Hauptkrone weiß, Nebenkrone bunt, also gelb bis orange: 'Flower Record', 'Kilwort' — sehr wüchsig, 5mal prämiert, 'Tudor Minstrel' — Blüten bis 12 cm breit, Nebenkrone gelb und fast so lang wie bei den Trompetennarzissen. Zur Unterklasse b gehören auch alle „Rosa Narzissen". Sie haben die typische weiße Hauptkrone, die Paracorolla dagegen ist aprikosen-, lachsfarben und manchmal fast reinrosa. Die Töne der Nebenkrone verändern sich während des Flors. Durch volles Sonnenlicht bleichen sie relativ rasch aus, daher soll man solche Sorten so stellen, daß die Bestände etwa von 10 bis 16 Uhr von oben Schatten bekommen. Rosa Narzissen haben nur für Liebhaber Bedeutung, aber ihre Zahl wächst. Schön sind u. a. 'Debutant' — Nebenkrone korallenrosa, 'Salmon Trout' und 'Alpine Glow' — Paracorolla reinrosa und fast so groß wie bei den typischen Trompetennarzissen.

Bei Unterklasse c sind Haupt- und Nebenkrone weiß oder weißlich, beide haben den gleichen Ton. Erwähnt seien 'Castella', 'Ludlow' — eine der besten, und 'Mond-Dawn'. Alle sind Sorten für Liebhaber.

Zur Unterklasse d schließlich gehören Sorten mit gelber Haupt- und heller getönter Nebenkrone, wie man dies bei 'Binkie' findet, ferner verstärkt bei 'Daydream' und 'Handcross'. Auch sie sind nur Züchtungen für Liebhaber und Züchter; 'Binkie' z. B. ist aber eine der wüchsigsten Narzissensorten.

Klasse III: *Kurzkronige oder Tellernarzissen.*

Die Nebenkrone ist kürzer als bei der vorhergehenden Klasse, also weniger als ein Drittel so lang wie die Blätter der Hauptkrone. Sie heißen auch Kleinkronige Narzissen, und es gibt bei ihnen wiederum mehrere Unterklassen. Bei Unterklasse a ist die Hauptkrone gelb und die Paracorolla gelb oder orange wie bei 'Birma', der Hauptsorte. Bei Unterklasse b wird die Hauptkrone weiß oder weißlich und die Nebenkrone gelb bis fast rot; wichtige Sorten sind u. a. 'Kansas', 'La Riante', 'Pomona' und 'Verger'. Bei Unterklasse c

Klasse V

sind die beiden Kronenteile weiß, die Nebenkrone ist gelegentlich grünlich wie bei 'Chinese White' oder 'Portrush'. Es sind reine Liebhabersorten, die nicht besonders stark wachsen.

Klasse IV: *Gefüllte Narzissen.*

Sie haben, wie schon der Name sagt, gefüllte Blüten, wobei die Krone gefüllt sein kann wie bei der alten Sorte 'Van Sion' oder die ganze Blume. Es sind in den letzten Jahrzehnten mehrere Neuheiten herausgekommen, die sich gut einbürgerten. Erwähnt seien 'Snowball', 'Texas' und 'Twink'.

Klasse V: *Triandrus-Hybriden.*

Das sind Sorten, an denen die Stern-Narzisse beteiligt ist, **Narcíssus triándrus** L. Diese Art kommt in Spanien und Portugal vor. Die Pflanzen werden 15 bis 30 cm hoch, haben schmale, fast stielrunde Blätter, und auch der Blütenstengel ist dünn, er trägt 5 bis 9 kleine, meistens herabhängende Narzissenblüten mit einer tassenförmigen Nebenkrone. Es gibt nicht übermäßig viele Sorten, darunter auch gefüllte. Erwähnt seien 'Thalia' und 'Silver Chimes'. Weder die Art noch die Abarten und Sorten sind bei uns ausreichend winterhart, man muß sie unbedingt gut schützen.

Klasse VI: *Cyclamineus-Hybriden.*

An diesen Sorten ist die Alpenveilchennarzisse N. **cyclamíneus** DC. ex Redouté beteiligt, eine Zwergart, die wild in Portugal auftritt. Die Hauptkronenblätter sind straff zurückgeschlagen, und die schmale, röhrenförmige Trompete ist etwa gleich groß, so daß der Eindruck eines seltsamen Blumenröhrchens von etwa 4 cm Gesamtlänge entsteht. Die Blüten sitzen auf dünnen Stengeln, und auch die Blätter sind zierlich. Die Art war bereits im Mittelalter bekannt; ist auch in einem Blumenwerk dieser Zeit abgebildet, nämlich in Le Jardin du Roy Loys XIII. von Pierre Vallet, dem „Brodeur ordinaire du Roi", Zeichner für Tapeten und Teppiche des Königs. Die Pflanzen blühen im März/April, an Sorten seien aufgeführt: 'Berryl', 'February Gold' und das silberweiße Seitenstück 'February Silver', ferner 'Peeping Tom'. Die Blüte zieht sich häufig vier Wochen hin. In der Haltung sind diese Narzissen nicht sehr schwierig. Sie wachsen am Rande von Flußufern auf feuchten Wiesen und brauchen im Garten anmoorigen Boden, im Frühjahr viel Feuchtigkeit, im Sommer dagegen wollen sie trocken stehen... wie ja in der Heimat im Sommer die Flüsse fast oder ganz austrocknen und ihre Umgebung mit. Sie eignen sich vor allem für Steingärten, brauchen gute Drainage. Im Frühling muß man wässern und in nassen Sommern den Standort mit Folie bedecken. Sonst ist das Gewächs anspruchslos, außer daß es keinen Kalk verträgt. Die Art ist hier winterhart.

Klasse VII: *Jonquillen-Narzissen.*

An ihnen ist hauptsächlich **Narcíssus jonquílla** L. beteiligt. Die Art wächst in Südeuropa und Algier und blüht schon im Februar. Die Pflanzen haben bis 4 cm breite Zwiebeln und je Blütenschaft 2 bis 4 etwa 30 cm lange, tiefgrüne, oberseits rinnige Blätter und bringen auf schlankem Stengel etwa 6blütige Dolden. Ihre Blumen duften nach Orangenblüten, sind kleine Narzissenblumen mit gelber Krone und ebenso gefärbter tassenförmiger Nebenkrone. Sie werden bereits seit etwa Mitte des 16. Jahrhunderts kultiviert. Es gibt mehrere Formen und für diese – 'wie bei allen schon lange kultivierten Gewächsen – eine Reihe von Namen, die alle die gleiche Pflanze bezeichnen. So sind die „Campernellen" alter Gartenbücher und Kataloge einfach- oder gefülltblühende Jonquillen. An Sorten seien erwähnt: 'Golden Goblet' und 'Trevithian' – beide mit bedeutend vergrößerten Blumen. Die Arten und Sorten der Klasse sind bei uns nicht sicher winterhart und gegen Nässe empfindlich. Sie gehören zu den recht schutzbedürftigen Arten für Liebhaber. Am besten passen sie in Steingärten zu Gewächsen aus Spanien und Portugal.

Klasse VIII: *Tazetten und Poetaznarzissen.*

Dies sind einmal Sorten, an welchen vorherrschend *Narcissus tazetta* L. beteiligt ist, und zum andern entstammen sie Kreuzungen dieser Art mit *N. poeticus*. N. **tazétta** L. tritt in Südeuropa in warmen Strichen auf und wird bei uns selbst durch eine starke Laubdecke nicht ausreichend geschützt. Auch können den Pflanzen unsre Spätfröste gefährlich werden. Tazetten eignen sich also nicht für den Garten, sondern nur zum Treiben oder für Töpfe. Die Hybriden mit den Dichternarzissen sind weniger heikel, man kann sie ins Freie setzen und muß gut abdecken. In sehr harten Wintern jedoch dürften sie erfrieren, sich überhaupt nicht jahrzehntelang halten. Schöne Poetaznarzissen sind 'Cheerfulness' – rahmweiß, gefüllt; 'Geranium' – weiß mit roter Nebenkrone; 'Laurens Koster' – weiß mit orange Nebenkrone, ältere, bewährte Sorte; 'Orange Wonder' – weiß und orange. Viele Sorten werden auch getrieben.

Klasse IX: *Dichternarzissen.*

Die Stammart **Narcíssus poéticus** L. ist die von den Dichtern der Antike gepriesene Art und wurde deshalb

Na

Klasse IX

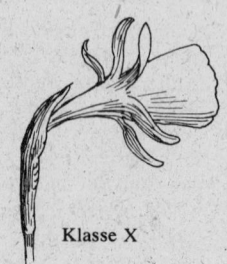
Klasse X

Narcíssus × johnstónii

„Narzisse der Poeten" genannt. Sie wächst stellenweise in Südosteuropa auf feuchten Wiesen, besonders ausgedehnte Bestände findet man aber in den Alpen auf Berglehnen mit feuchtem Boden; einige Vorkommen in der französischen Schweiz sind geradezu berühmt. Die Pflanzen bringen je Stengel eine große reinweiße Blüte mit kleiner, etwas häutiger, rot geränderter Nebenkrone. Die Blumen duften stark und erscheinen als letzte Narzissen. Außer der Art gibt es einige Sorten, wie 'Actaea' – Blüten bis 10 cm breit, und 'Red Rim'. Die Pflanzen sind bei uns völlig winterhart.

Klasse X: *Wildnarzissen und deren Abarten.*

Es sind wunderhübsche Pflanzen darunter, von denen manche im Aussehen von den Osterglocken und Dichternarzissen stark abweichen. Wir führen hier nur einigermaßen harte Arten an.

Narcíssus bulbocódium → **Corbulária**

Narcíssus × johnstónii (Bak.) Pugsley ist eine in der Natur entstandene Hybride. Ihre Eltern sind *N. pseudonarcissus* und *N. triandrus* var. *cernuus*. Sie wurde zuerst 1612 in Kultur genommen, ging jedoch wie N. cyclamineus wieder verloren. 1885 fand Edwin Johnston, nach dem die Hybride auch benannt ist, in der Nähe der portugiesischen Stadt Porto erneut Exemplare. Diese bildeten den Grundstock für die heute in den Gärten vorhandenen Bestände. *N.* × *johnstonii* ist nicht winterhart, sondern braucht guten Schutz. Die Pflanzen werden bis 25 cm hoch und bringen je Schaft eine einheitlich gelbe Blüte. Sie erinnert an eine Trompetennarzisse, wirkt aber viel graziöser.
Narcíssus juncifólius Lag. hat binsenartiges Laub, das am Boden liegt oder aufrecht wächst. Die Blüten erscheinen auf 10 bis 15 cm hohen Schäften, stehen zu zwei bis fünf beisammen, bleiben klein, Farbe gelb; Flor im April. Im Ganzen wirkt diese Art wie eine kleinere Ausgabe von *N. jonquilla*. Auch sie braucht Winterschutz, ist aber sehr zu empfehlen, da sie relativ reich blüht.
Narcíssus mínor L. (syn. *N. lobularis* hort., *N. nanus* Spach) tritt ebenfalls in Spanien und Portugal wild auf. Er ist der Däumling unter den Narzissen. Die Pflanzen wachsen 8 bis 15 cm hoch, haben etwa 10 cm lange und 5 mm breite Blätter und bringen zierliche, trompetennarzissenartige Blumen in gelben Tönen. Charakteristisch ist, daß der Rand der Nebenkrone tieflappig gespalten zur Seite zeigt und zudem gekraust und gewimpert ist. In Flor kommen die Exemplare im März/April. Sie brauchen starken Winterschutz. Es gibt Abarten und Formen, wahrscheinlich sind sie durch Bastardierung mit anderen Arten entstanden. Die Sorte 'Little Beauty' hat eine weiße Haupt- und eine gelbe Nebenkrone und blüht ziemlich lange.

Klasse XI: *Sonstige Narzissen*

Diese Klasse umfaßt Narzissen, die in den vorherigen Klassen nicht unterzubringen sind. Heute werden vor allem jene Sorten dazu gerechnet, deren Nebenkrone bis zur Basis in 6 Abschnitte geteilt ist, die zur Seite ragen oder wie eine Halskrause wirken. Manche sehen phantastisch aus. Sie eignen sich gut zu Tafeldekorationen, als Gartenzierden kaum. Erwähnt seien 'Baccarat', 'Goldcollar' und die 'Papillon-Narzissen' von Lefeber, der auch die 'Orchideenblütigen Narzissen' von De Mol herausgebracht hat.

Bewertung, Verwendung, Anzucht: Die Narzissen sind „der Gold- und Silberschatz des Frühlings". Es ist überflüssig, sie zu empfehlen. Für den Gartenbau sind die Trompetennarzissen die wichtigste Klasse, auf sie folgen mit Abstand die Schalen-, die Gefüllten und die Dichternarzissen. Die allermeisten produzierten Zwiebeln werden zur Gewinnung von Schnittblumen abgetrieben. Man nimmt dazu nur Doppelnasen oder Zwiebeln erster Größe. Wichtig ist die Wahl der Sorten, die sich nicht nur durch die Form der Blüten, deren Farbe und Größe voneinander unterscheiden, sondern auch durch die Treibfähigkeit, die Treibdauer und die Zahl der Blüten. Hauptsorten sind immer noch die gelben Trompetennarzissen, an ihrer Spitze steht nach wie vor 'Golden Harvest'. Die am reichsten blühende Züchtung ist 'Flower Record' aus Klasse II/b. Es gibt auch die Möglichkeit, Narzissen durch kühle Lagerung früher in Flor zu bringen. Treibnarzissen sind im Herbst in Töpfe oder Kisten zu pflanzen, kommen dann in einen Einschlag mit einer etwa 20 cm hohen Erddecke und werden aus diesem zu bestimmten Terminen geholt. Im Einschlag darf die Temperatur nur bis +9°C ansteigen, bei höheren Graden fangen die Zwiebeln an auszutreiben, haben jedoch noch keine Wurzeln. Sie blühen dann nicht, sondern bleiben sitzen! Ehe man Narzissen aus dem Einschlag holt, muß man sich also vergewissern, daß die Zwiebeln ausreichend bewurzelt sind. Droht Frost, soll man die Bestände mit Laub schützen. Im Treibraum müssen die Posten von Anfang an hell und nicht zu warm stehen. Man beginnt die Treiberei mit +10° bis +12 °C, später kann man bis auf +16 °C gehen, bei Beginn des Flors die Wärme wieder verringern. Schneiden läßt sich, wenn das häutige Hochblatt anfängt aufzureißen, so daß man die Farbe erkennt. Abgetriebene Zwiebeln lassen sich weiterverwenden. Man nimmt sie nach dem Vergilben des Laubes aus den Kästen, lagert bei 7 °C und legt sie später auf Freilandbeete oder setzt sie zum Verwildern in den Garten.

Zwiebelkulturen in Mitteleuropa gibt es nur wenige, obwohl sich Narzissen nicht schwerer heranziehen lassen als Tulpen. Gegenüber diesen haben sie den Vorzug, daß ihre Vegetationsperiode länger dauert, also auch die Zeit des Zuwachsens der Zwiebeln länger ist. Mangel an Feuchtigkeit während des Wachstums wird leichter überwunden, da die Zwiebeln tiefer stecken, ihre Wurzeln weiter ins Erdreich dringen und auch das lange grüne Laub Trockenheit auszugleichen vermag. Es ist jeder gute, tiefgründige, nicht zu trockene Kulturboden geeignet. Zusätzliche Bewässerung ist günstig, besonders in der Hauptwachstumszeit. Am besten eignet sich grobkörniger, kalkreicher, sandiger Lehmboden, feinkörniger weniger. Sofort nach dem Absterben des Laubes muß man ernten, und dies umgehend. Denn wenn es regnet, beginnen die Zwiebeln neue Wurzeln zu treiben und werden dadurch für Treiberei unbrauchbar. Die gerodeten Zwiebeln sollen nicht lange in der Sonne liegen, sondern müssen in Lagerräume kommen und dort kühl und luftig gehalten werden. Man putzt die Ware nicht, sondern läßt die anhaftenden Wurzeln vertrocknen. So vermeidet man die Verletzung des Zwiebelbodens.

Aber Narzissen sind auch unentbehrliche Gartenblumen. Ein Vorteil ist, daß Mäuse nicht an die Zwiebeln gehen, weil sie giftig sind. Nasse Lagen, sehr trocknen oder schweren Boden vertragen Narzissen nicht, sonst aber wachsen sie beinahe überall. Sie können in voller Sonne stehen, doch auch leicht beschattet. Stallmistdüngung im Jahre vor dem Pflanzen ist ein großer Vorteil. Nach vier bis sechs Jahren müssen die Bestände aufgenommen, sortiert und neu gelegt werden, entweder an einen andern Platz oder an den bisherigen, nachdem dieser durch Einarbeiten von nährstoffreichem Kompost oder Düngetorf – und stets dazu etwas Kalk – wieder tragkräftig gemacht wurde. Denn Narzissen sind starke Zehrer! Sie vertragen auch vor dem Austrieb eine Volldüngergabe und bis zum Blumenschieben flüssige Düngung mit aufgelöstem Volldünger. Hinterher gut abbrausen! Man legt je nach der Stärke 10 bis 15 cm tief, die Zwergnarzissen nur 5 bis 8 cm tief. Auch hier ist die Faustregel: Zwiebelhöhe mal 3 ergibt die Gesamttiefe des Loches. Im ersten Jahre müssen alle Narzissen Winterschutz bekommen, später nur die empfindlichen. Man kann sie in bunte Blumenbeete einstreuen, ganze Einfassungen aus Narzissen schaffen, sie lassen sich in den Rasen setzen und in großen Mengen um Birkengruppen herum legen, sozusagen zum Verwildern. Es sieht besonders schön aus, wenn man verschiedene Sorten in größeren Partien nimmt und die Züchtungen in Farbe und Form aufeinander abstimmt.

Nemesia-Hybride

Die Narzissen der Klasse X eignen sich für bunte Blumenzwiebelbeete und für Steingärten. Die meisten verlangen guten Wasserabzug – trotzdem soll man zur Triebzeit wässern – und brauchen Winterschutz, wie bereits jeweils erwähnt. Am besten eignet sich 'Nadelstreu oder trockener Torfmull, den man mit einem Stück derber Folie vor dem Naßwerden bewahrt. Sie sollen von vornherein an einen warmen, geschützten Platz gesetzt werden. Vermehrt wird aus Tochterzwiebeln, bei Zwergnarzissen auch aus Samen. Man muß künstlich bestäuben und zur rechten Zeit ernten. Man säe alsbald in kalte Frühbeete in Reihen so dünn wie möglich; nicht wenige Arten blühen bereits im übernächsten Frühling.

Nemésia · Nemesie
Scrophulariaceae ☉ ○ ◐ ◑ ǀ

Nemesia ist ein altgriechischer Pflanzenname. Dioskorides führt ihn an und meint damit eine Löwenmaulart. Es sind zarte Kräuter oder Halbsträucher mit runden bis lanzettlichen, gezähnten, gegenständigen Blättern und ziemlich großen, lebhaft gefärbten Blüten. Sie stehen end- oder achselständig, einzeln oder in Trauben oder Wickeln. Die Gattung umfaßt gegen 30 Arten, die alle in Südafrika auftreten, aber keine Sukkulenten sind.

Nemesia-Hybriden. Man bezeichnet damit jetzt alle Sorten, die früher unter dem Namen Nemesia sutonii gingen. Sie sind zum Teil durch Kreuzungen von *N. strumosa* und *N. versicolor* entstanden, teilweise stammen sie direkt von diesen Spezies ab. In der Regel werden sie in Farben angeboten, daneben auch in Sorten, aus deren Namen 'Feuerball', 'Orangeprinz', 'Weiße Königin' auch ihre Farbe hervorgeht. Tetraploide Nemesien, die bis jetzt aber nur in Farbenmischung erschienen sind, bekommen 3 cm große Blüten in äußerst leuchtkräftigen Tönen. Die Triumph-Mischung bringt weiße bis scharlachrote Blumen.

Ne

Nemésia versícolor

Nemóphila menziésii

Népeta × *faassénii*

Nicotiána × sánderae

Nemésia strumósa Benth. wird 30 bis 40 cm hoch und bildet reichlich sich verästelnde Büsche, die zur Florzeit über und über mit Blumen bedeckt sind. Die Blüten stehen in Doldentrauben, werden gut 2 cm breit und sind fast spornlos.

Nemésia versícolor E. Mey. ist eine bis 40 cm hohe, etwas steife Pflanze mit reichlich sich verästelnden, dünnen Stengeln. Die Blüten erscheinen in großer Menge, sind aber kleiner als bei der vorher aufgeführten Art und haben einen fast 8 mm langen, aufwärts gebogenen Sporn. Besser als die Stammart, weil niedriger und gelockerter im Wuchs, ist cv. 'Compacta', welche etwa 20 cm hohe Büsche bildet. Am schönsten wird die Sorte 'Edelblau' mit ihrer reinen vergißmeinnichtblauen Farbe, die man bei Sommerblumen selten finden kann.

Bewertung, Verwendung, Anzucht: Nemesien sind äußerst farbenfrohe, reichblühende Gewächse, die leider zu wenig verwendet werden. Sie wünschen volle Sonne und normalen, nicht zu armen Gartenboden. Man kann sie für bunte Beete, als Einfassung, vereinzelt in Steingärten und zwischen Wegeplatten im Garten nehmen; auch lassen sich die Blumen schneiden und sind als Tafelschmuk recht apart. Die Anzucht ist einfach. Man sät im April in ein halbwarmes Frühbeet und pflanzt später an den vorgesehenen Platz. Man kann Nemesien auch in kleine Töpfe setzen und blühend als Topfgewächse verwenden. Wichtig ist, daß die heranwachsenden Bestände nicht anfangen zu stocken, denn dann wachsen sie schwer weiter. Man darf also niemals überständig werden lassen. Ist der Hauptflor vorüber, kann man die Nemesien etwas zurückschneiden. Dann lockert man den Boden und düngt leicht: So bekommt man einen schönen Nachflor. Es muß aber warmes, sonniges Wetter herrschen.

Nemóphila · Hainfreund, Hainschönchen
Hydrophyllaceae ☉ ◐ ◑

Im Namen stecken die griechischen Wörter nemos = Hain und phileo = ich liebe; sie beziehen sich darauf, daß einzelne Arten nicht in voller Sonne, sondern in hainartig lichtem Schatten wachsen. Die Familie der Wasserblattgewächse, zu welcher *Nemophila* gehört, steht den Boraginazeen und Polemoniazeen nahe. Die Gattung *Nemophila* umfaßt 11 Arten, welche alle in Nordamerika vorkommen. Es sind einjährige, zarte Kräuter mit meistens ansehnlichen Blumen.

Nemóphila menziésii Hook. et Arn. (syn. N. insignis Dougl.) aus Kalifornien, auch nordwärts in Oregon auftretend, ist ein bis 20 cm hohes Kraut mit niederliegend-aufsteigenden Stengeln, an sämtlichen grünen Teilen behaart. Die Blätter sind länglich, am Rande fiederartig oder tief gelappt. Die Blumen erscheinen in den Blattachseln und werden bis 3 cm breit. Sie sind weiß bis kornblumenblau, haben teils dunkelbraune Flecken nach der Mitte zu, teils ein dunkles Auge. Flecken und Auge variieren stark. Außer der Art gibt es einige Sorten. Sie haben etwas größere Blüten, und ihr Farbenspiel reicht von Reinweiß über Blau bis Lila. In Amerika heißen die Blumen wegen der leuchtenden Farbe und dem dunklen Auge Baby-Blue-Eyes.

Bewertung, Verwendung, Anzucht: Es sind anspruchslose, liebenswerte Blumen, die wie so manches Zarte vernachlässigt werden. Sie wünschen nicht zu nährstoffreichen, etwas kalkhaltigen, gut durchlässigen Boden... wachsen also in den meisten Gärten. Der Flor ist kurz, aber voll. Man sät an Ort und Stelle im März bis Juni, und nach 6 bis 7 Wochen beginnt die Blüte. Bei Aussaat im Mai und bei Folgesaaten muß man bis zum Auflaufen feucht halten. Später soll man etwas ausdünnen. Die Pflanzen gedeihen auch in voller Sonne, am besten ist aber ganz leichte Beschattung.

Népeta · Katzenminze
Labiatae ♃ ○ ◐ ◑ △ ⬡

Nepeta ist bei Plinius, Celsus und Columella der Name einer Labiate, die nach der Stadt Nepet oder Nepetem, dem heutigen Nepi in Etrurien, genannt wurde, wo man sie zuerst gefunden hat. Im Altertum und Mittelalter wurden aber auch andere Lippenblütler Nepte genannt. Es sind meistens ausdauernde, niederliegende oder aufrechte Kräuter mit eiförmigen bis lanzettlichen, häufig ringsum kerbzähnigen Blättern und verschieden großen Lippenblüten in lockeren Scheinähren. Die Gattung umfaßt gegen 150 Arten, welche vor allem in Gebieten mit gemäßigtem Klima auftreten, hauptsächlich in der Alten Welt. *Nepeta cataria,* die Echte Katzenmelisse, ist auch in Südafrika und Nordamerika zu finden, aber wahrscheinlich eingeschleppt worden. Für diese Art sollen die Katzen ähnlich wie für *Teucrium marum,* das Katzenkraut, und Baldrian eine Vorliebe haben, wie das Kraut auch bei Katzenkrankheiten angewendet wird... ich habe „sollen" geschrieben, denn unsre pelzerne Puppe geht ungerührt daran vorüber. *N. cataria* war früher sogar offizinell und wurde wie verschiedene Mentha-Arten in Form von Tee oder destilliert als Katzenmelissenwasser bei Blähungen und Magenbeschwerden verwendet. Im Engadin gehört sie zu den wichtigsten Bienennährpflanzen. Gärtnerisch hat die Art wenig Wert.

Népeta × faassénii Bergm. ex Stearn (syn. N. mussinii hort. non Spreng. ex Henckel) ist eine spontan im Jahre 1853 entstandene Hybride zwischen *N. mussinii* und *N. nepetella.* Die Triebe sind aufrechter als bei *N. mussinii,* Höhe etwa 40 cm, Blüten blauviolett. Flor vom Mai bis September, da die Pflanzen keinen Samen ansetzen. Die Sorte 'Six Hills Giant' von Clarence Elliot wird bis 60 cm hoch, hat größere Blüten und blüht gleichfalls sehr lange, wächst auch etwas stärker und aufrechter. Die Pflanzen sind graugrün. 'Superba' blüht dunkelsilberblau und wirkt noch straffer als 'Six Hills Giant'.

Népeta grandiflóra M. B. wächst im Kaukasus wild, wird bis 80 cm hoch und hat grünes Laub. Die Blumen sind 1,5 bis 3 cm lang, Farbe blauviolett, der Kelch wird nahezu stahlblau. Es gibt auch eine Sorte: 'Souvenir d'André Chaudron', welche etwa 50 bis 60 cm hoch wird und bis 4 cm lange Blüten hat. Stammart und Sorte blühen von Mitte Juni bis Mitte August.

Népeta mussínii Spreng. ex Henckel aus dem Kaukasus und Nordiran wird etwa 30 cm hoch. Die Pflanzen sind grau behaart, wachsen etwas auseinanderfallend und blühen von Juni bis August mit violetten Lippenblüten. Die Blumen stehen in Trugdolden und länglichen Trauben.

Bewertung, Verwendung, Anzucht: Nepeta sind ausgezeichnete Stauden für trockene Plätze und Hänge, lassen sich in Steingärten, auf und in Trockenmauern sowie in bunte flächige Wildstaudenpflanzungen einstreuen, ja sie passen auch zwischen Kulturvarietäten. Selbst als Einfassung und als Bodenteppich kann man sie verwenden. Sie wollen viel Sonne und trockenen, gut durchlässigen Boden. Die schönste Katzenminze ist *N.* × *faassenii,* während *N. mussinii* etwas liederlich aussieht. Diese eignet sich vor allem für die Verwendung in Massen, wo es auf den Gesamteindruck ankommt. Alle Arten sind gute Bienenfutterpflanzen und Faltermagneten! Vermehren läßt sich durch Teilung im Frühjahr und – wenn man rasch große Mengen schaffen muß – durch etwa 6 cm lange Stecklinge im Mai/Juni. Die Bestände wachsen in der anschließenden Vegetationsperiode zur Verkaufsstärke heran. Man kann damit rechnen, daß sich kräftige Handelspflanzen in 3 bis 8 Stück aufteilen lassen.

Nicotiána · Tabak
Solanaceae ☉ ○ ◐ ◑

Die Pflanzen wurden nach Jean Nicot (1530–1600) benannt, der französischer Gesandter in Portugal war und den Tabak in Frankreich einführte, zuerst freilich beim Hofe. Die Pflanzen sind meistens Kräuter oder Halbsträucher bis Sträucher, aufrecht im Wuchs und vielfach stattlich, mit großen Blättern und vor allem nachts geöffneten Blüten in endständigen Trauben. Die Gattung umfaßt gegen 60 Arten: Die meisten kommen in den tropischen Gebieten Amerikas, einzelne auf verschiedenen pazifischen Inseln und eine in Australien wild vor. Die weitaus wichtigsten Arten sind *N. tabacum* und *N. rustica,* von welchen es zahlreiche Rassen und Sorten gibt und aus deren Blättern der Rauchtabak hergestellt wird. Er erzeugt „trockene Trunkenheit", ist also ein Rausch- und Genußmittel. Um 1500 hatte Columbus die Kunde mit nach Europa gebracht, daß die Bewohner der Neuen Welt den Rauch der verglimmenden Blätter einer gewissen Pflanze einsaugten, ihn nach einer Weile durch Mund und Nase wieder ausstießen und dabei allmählich in eine leichte Euphorie gerieten. Heute, rund 450 Jahre später, beherrscht der Tabak souverän große Teile der Menschheit, und das Tabakrauchen ist auch in der Jugend stark verbreitet. Die öffentlichen Verkehrsmittel haben in vielen Ländern für Nichtraucher besondere Abteile eingerichtet. Hier ist es heute umgekehrt, und für Tabakwaren darf keine Reklame gemacht werden. Denn die verarbeiteten Blätter enthalten die vom Wurzelsystem gebildeten giftigen Alkaloide, vor allem Nikotin, das sich auf den Kreislauf, das vegetative Nervensystem und auf die Magendarmfunktion schädigend auswirkt. Außerdem werden beim Rauchen krebserzeugende Stoffe aufgenommen sowie Kohlenmonoxid, das den Herzmuskel und das Gehirn schädigt. Mancher weiß um die Folgen des Tabakgenusses, aber nicht jeder richtet sich danach. Dem Blumenfreund bieten einige dieser giftigen Pflanzen harmlose Augenfreuden.

Nicotiána aláta Link et Otto stammt aus Südostbrasilien und den angrenzenden Gebieten. Die Art ist dort eine Staude, hier zieht man einjährig. Die Pflanzen werden 80 bis 150 cm hoch, haben sich verästelnde Stengel und sitzende, länglich-ovale bis länglich spatelförmige Blätter. Die Blüten erscheinen in weiten Trauben, haben eine bis 8 cm lange Kronröhre und einen nicht sehr breiten Kronsaum. Die Art ist kaum in Kultur, sondern nur die cv. 'Grandiflora' (syn. N. affinis T. Moore) mit breiteren und längeren Sträußen

Ni

Nigélla damascéna

Noléna acumináta

Núphar lútea

von Blumen, die auch größer sind und bis zum Frost immer wieder erscheinen. Die Blüten werden weiß, gelblich, rosa bis karmin. Es gibt auch niedrig bleibende Typen.

Weiße bis rote Farbtöne bringt auch die Tageslichtfarben-Mischung; ihre Blüten sind am Tag offen. **Nicotiána × sánderae** hort. ex. W. Wats. ist ein Hybridtabak, der durch Kreuzung von *N. alata* mit *N. forgetiana* entstand. Die Pflanzen werden 60 bis 100 cm hoch. Sie ähneln im Wuchs *N. alata*, die Blumen sind lebhaft rot und auch tagsüber offen. Von *N. × sanderae* gibt es Sorten, wie 'Scharlachkönigin' mit lebhaft karminroten Blüten, 'Tageslicht' mit weißen Blumen und Mischungen aller möglichen Farben.

Bewertung, Verwendung, Anzucht: N. alata und N. × sanderae eignen sich recht gut für bunte Blumenbeete, in welche man zwischen die flächig wachsenden Bestände hoch werdende Pflanzen mit gelockertem Wuchs einstreuen möchte, um damit Abwechslung, Unterbrechung, einen Gegensatz zu erzielen. Insbesondere bei großen Beeten und weiten Flächen ist das unerläßlich. Die Blätter lassen sich nicht als Rauchtabak verwenden. In der Anzucht sind die Pflanzen etwas anspruchsvoll. Man sät im zeitigen Frühjahr recht dünn in mittelschwere Erde, verstopft so bald als möglich, setzt dann in 8-cm-Töpfe und aus diesen schließlich nach Mitte Mai an den vorgesehenen Platz. Der Boden muß reich an Nährstoffen sein, der Standort in voller Sonne liegen.

Nigélla · Schwarzkümmel
Ranunculaceae ☉ ○ ◐ ◑ ✕ ◯

Der Name stellt die weibliche Form des lateinischen Wortes nigellus dar, des Diminutivs von niger = schwarz; er bezieht sich darauf, daß die Samen schwärzlich sind, worauf auch unser deutscher Name hinweist. *Nigella* sind einjährige Kräuter mit 2- bis 3fach fiedrigen Blättern und meistens einzeln stehenden, ansehnlichen Blumen, welche von zahlreichen zerschlitzten Hochblättern umgeben sind. Das sieht hübsch aus und zieht sofort den Blick auf sich. Die Gattung umfaßt gegen 20 Arten, die hauptsächlich im Mittelmeergebiet auftreten. *Nigella sativa* war früher eine Heil- und Gewürzpflanze, deren Samen genutzt wurden. Sie enthalten Öle, Eiweiß, Saponine und den Bitterstoff Nigellin und haben einen muskatartigen, angenehmen Duft. Man verwendete sie als gelind reizendes Mittel bei Blähungen, ferner bei Verschleimungen und gegen Würmer. Auch wird in Südeuropa der zerriebene Samen dem Brot als Würze zugesetzt und heute noch in Griechenland zusammen mit Sesam auf warmes Brot gestreut (wie bei uns Kümmel und Mohn auf Brötchen). Die Pflanze wird bereits im Capitulare Karls des Großen aufgeführt. Ein Großmeister der französischen Küche, Marcel Boulestin, empfiehlt den Samen zum Bestreuen von Quarkkäse und zu Welsh Rarebits.

Nigélla damascéna L. heißt bei uns wegen der zerschlitzten Hochblätter Braut im Haar, ferner Jungfer im Grünen, im Englischen dagegen Jack in Prison und im Französischen Cheveux de Venus und Barbe bleu (Jack im Kittchen, Venushaar und Blaubart). Die Pflanzen werden 30 bis 50 cm hoch, haben aufrechte, sich verästelnde Stengel, sehr fein zerteilte Blätter und blühen endständig mit blauen Blumen. In Kultur sind nur die gefülltblühenden Sorten, wie 'Miss Jekyll fl. pl.' – himmelblau, 'Indigoblau' – indigo, und die weiße 'Miss Jekyll', die aber nicht so schön wirkt.

Bewertung, Verwendung, Anzucht: Nigella sind allgemein bekannte, recht liebenswürdige Gartenblumen, und dies nicht erst seit heute, denn bereits im 16. Jahrhundert wurden sie verwendet. Auf zahlreichen Blumenbildern aus den folgenden Zeiten kann man sie treffen. Sie sind dankbar und anspruchslos; ein Nachteil ist freilich, daß sie höchstens 6 Wochen voll blühen und dann in Samen gehen. Man sät meistens Mitte April und später an Ort und Stelle und dünnt dann auf etwa 10 cm Abstand aus. Man kann auch im Herbst säen, dann beginnt der Flor, der normalerweise gegen Ende Juni einsetzt und bis in den August vorhält, etwa 4 Wochen früher. Ende Mai ist eine Folgesaat möglich, doch muß man die heranwachsenden Bestände wässern und auch düngen, sonst bleiben sie durch die Hitze des Sommers klein. Man kann auch in ein Frühbeet säen, dann pikiert man in einen Torftopf und pflanzt schließlich aus: Derartig vorkultivierte Bestände halten sich verhältnismäßig lange. Eine andere Frage ist, ob sich die Kosten lohnen. Es ist dort angebracht, wo man nicht auf den Aufwand und die Arbeit zu sehen braucht, sondern nur auf verlängerten Flor Wert legt. In ihrem Bau sind die *Nigella* einzigartig duftig und rein. Die Blumen eignen sich auch für Vasen, halten aber nicht lange. Man nimmt die Pflanzen gern für bunte Beete und kann sie in großen Flächen verwenden. An den Boden stellen sie keinerlei Ansprüche; jedes Gartenland ist ihnen recht.

Nolána · Chilenische Glockenwinde
Nolanaceae ⊙ ○ ◐ ○ △ ‖

Im Namen steckt das lateinische Wort nola = Schelle, Glöckchen; es nimmt auf die glockenförmigen Blüten Bezug. Die Gattung steht den Convolvulazeen nahe und umfaßt gegen 50 Arten, welche vor allem in Peru und Chile auftreten. Es sind ein- oder mehrjährige Kräuter mit teilweise langen Trieben, die auf dem Boden aufliegen; nur einige Arten klettern. Sie haben vielfach große Blumen und blühen weiß, rosa oder blau. Bei uns sind sie kaum bekannt, in England kann man ihnen häufig begegnen.
Nolána acumináta Miers (syn. N. lanceolata Miers) ist eine grauweiß behaarte Pflanze mit einer dünnen Pfahlwurzel und niederliegendem Wuchs. Die Blätter bilden zunächst eine Rosette, aus welcher alsbald die Stengel hervorbrechen. Die Blumen werden bis 5 cm breit und erscheinen einzeln in den Blattachseln der Stengelblätter. Sie färben sich blau und bekommen einen gelblichweißen Schlund. Es gibt auch eine englische Züchtung 'Blue Ensign' mit enzianblauen Blumen, die einen sehr breiten Kronsaum haben. Die Farbe hebt sich gut vom Grau des Laubes ab; Höhe der Pflanzen bis 10 cm, Florzeit im Sommer ab Juli.

Bewertung, Verwendung, Anzucht: Die aufgeführte Art ist die schönste. Sie eignet sich für Steingärten, Böschungen und Trockenmauern. Die Pflanzen sind anspruchslos, sie wünschen nur einen geschützten, warmen Standort und nicht zu leichten, eher etwas trockenen als nassen Boden.
Man kann im April gleich an Ort und Stelle säen und muß dann auf etwa 20 cm Abstand ausdünnen, oder man sät 3 Körnchen in einen Torf- oder tiefen Tontopf und pflanzt im Mai aus. Die Art ist wirklich wert, daß wir sie häufiger verwenden.

Núphar · Mummel
Nymphaeaceae ♃ ○ ◐ ○ ≈

Im Namen steckt wahrscheinlich das arabische Wort nauphar, welches blauglänzend bedeutet; es bezieht sich auf die blauglänzenden Früchte. *Nuphar* sind Wasserpflanzen mit herzförmigen Blättern und nicht sehr großen, meistens aus dem Wasser herausragenden gelben oder gelbroten Blumen, bei denen auch die Hüllblätter kronblattartig gefärbt sind. Die Gattung umfaßt gegen 25 Arten. Sie kommen auf der nördlichen Halbkugel in stehenden oder langsam fließenden Gewässern vor.
Núphar lútea (L.) Sm. ist in Europa und Asien weit verbreitet. Sie hat Unter- und Überwasserblätter. Die Überwasserblätter sitzen an langen Stielen, werden 25 cm lang und glänzen oberseits; die Unterwasserblätter haben kurze Stiele, sind dünn und etwas gekraust. Die Pflanzen blühen von Juni bis August mit etwa 4 cm breiten dottergelben Blumen.

Bewertung, Verwendung, Anzucht: Nuphar bringt nicht so schöne Blumen wie die Wasserrosen, ist aber härter als diese und verträgt auch leichte Beschattung der Wasserfläche. Der Wasserstand soll 60 cm betragen, kann aber etwas flacher oder auch tiefer sein. Ist er zu tief, bilden die Pflanzen nur Unterwasserblätter. Weiterhin verträgt die Mummel stärker fließendes Wasser als die Echten Seerosen. Die Behandlung und Anzucht ist die gleiche wie bei den anschließend besprochenen *Nymphaea*.

Nymphaéa · Seerose, Wasserrose
Nymphaeaceae ♃ ○ ◐ ○ ≈ ✕

Nymphea ist bei Theophrast der Name einer Wasserpflanze. Es gibt aber eine Sage, nach der die Pflanze in Wirklichkeit eine Nymphe ist, die so hieß. Der berühmte Held des Altertums Herakles hatte dieser Naturgöttin eine andere vorgezogen, und aus Kummer ertränkte die Verschmähte sich in einem Teiche, verstarb aber als Göttin nicht, sondern wurde in dieses Gewächs verwandelt. Es sind allgemein bekannte, ausdauernde Wasserpflanzen mit einer im Schlamm wachsenden Grundachse, verschieden großen, lederartigen Blättern und ansehnlichen Blüten, deren meistens zahlreiche Kronblätter weiß, rosa, rot, gelb oder blau werden. Die Gattung umfaßt gegen 40 Arten, von welchen die Mehrzahl in tropischen und subtropischen Gewässern auftritt. In Gebieten mit gemäßigtem Klima sind nur 5 heimisch. Die in warmen Ländern vorkommenden Arten werden bei uns häufig in botanischen Gärten in besonderen Häusern gehalten, gelegentlich auch in Freilandbecken, die geheizt sind. Durch Kreuzungen entstanden zahlreiche Sorten, viele von großer Schönheit.
Nymphaéa álba L. ist die bei uns in Mitteleuropa am weitesten verbreitete Art, doch findet sie sich auch in Südeuropa und Kleinasien. Die Pflanzen haben ein

Ny

Nymphaéa álba

Nymphaea-Hybride

starkes Rhizom, das armdick werden kann, und bis 25 cm große, fast runde Blätter ohne zugespitzte Lappen. Sie blühen von Ende Mai bis in den August hinein und stehen in der freien Natur teilweise in flachen, teilweise in über metertiefen, ruhigen oder nur sehr wenig bewegten Gewässern. Die Blumen sind bis 15 cm breit und bei der Stammform weiß. Aber die Art ist recht variabel. Es entstanden vor allem in der Kultur zahlreiche Sorten, wie 'Froebelii' – schwach wachsend, nur für Becken mit einer Tiefe von 40 cm brauchbar, sonst blühen die Pflanzen nicht oder gehen ein, Blüten ziemlich groß, tiefkarminrot; oder 'Rosea' – Blüten rosa, groß; und 'Rubra' – Blüten rosarot, nach innen zu rot.

Nympháea-Hybriden ist der jetzt gültige Sammelname für alle Sorten, die meisten sind ja tatsächlich Hybriden. Als Eltern wurden *N. alba*, ihre Sorten und sonstige Arten oder deren Sorten verwendet. Es ist schwierig, sie nach der Verwandtschaft oder Abstammung unterzubringen und anzuführen. Die Nymphaea-Hybriden wachsen verschieden stark, variieren in Form und Größe der Blätter, vor allem aber haben sie größere, bunte Blüten. Die meisten züchtete M. Latour-Marliac in Temple sur Lot in Südfrankreich. Viele Sorten, die man heute vermehrt und bekommen kann, sind unter „Bewertung, Verwendung, Anzucht" erwähnt, wo eine Liste für flachen und tiefen Wasserstand gebracht wird.

Nympháea odoráta Ait. ist in Nordamerika zu Hause und tritt dort von Neufundland bis Mexiko und Britisch-Guayana auf. Die Blätter werden bis 25 cm breit, sind oben tiefgrün und unten purpurfarben. Ihre Blumen werden bis 15 cm breit, reinweiß, duften stark und öffnen sich täglich von früh 6 Uhr bis zum Mittag. Die Einzelblume blüht 3 bis 4 Tage, der Flor fällt in den Sommer. Auch von dieser Art gibt es Sorten, wie 'Gigantea' – in allen Teilen größer; oder 'Rosennymphe' mit rosaroten, aber nicht sehr großen Blumen.

Nympháea tetragóna Georgi findet man von Nordeuropa (Finnland) über Sibirien bis zur Mandschurei und selbst in Nordamerika zwischen dem 43. und 61.° nördlicher Breite. Die Pflanzen sind in allen Teilen klein: Blätter nur bis 10 cm Durchmesser, Stiele zierlich, Blumen ebenfalls klein. Sie heißt deshalb die Zwergseerose und darf nur bis 40 cm Wasserstand haben. Sie ist als Elter an Sorten für flache Becken beteiligt. Die Blüten werden weiß und erscheinen im Sommer.

Nympháea tuberósa Paine stammt ebenfalls aus Nordamerika, wo sie vor allem in Strichen mit gemäßigtem Klima auftritt. Sie hat ein mittelstarkes Rhizom, welches zahlreiche knollenartige Sprosse treibt. Sie lassen sich leicht ablösen und bilden bald neue Pflanzen. Die Blätter sind beim Austrieb rot, später beiderseits tiefgrün, ihre Blattstiele haben braune Streifen. Die Blumen werden 10 bis 20 cm breit, sind blendend weiß und duften kaum. Auch diese Art wurde vielfach zu Kreuzungen verwendet.

Bewertung, Verwendung, Anzucht: Die Seerosen sind ein Schmuck der Gewässer, denen ohne sie etwas fehlen würde. Sie beleben das Wasser auf wunderbare Weise. Ihre Kultur ist nicht schwierig, aber an das Vorhandensein von Wasserbecken, Gräben oder flachen Teichen geknüpft.

Gärten mit Teichen oder genügend tiefen toten Flußarmen sind sehr selten, in der Regel muß man das Becken für Seerosen und andere Wasserpflanzen anlegen. Oberster Grundsatz ist, daß es warm und völlig in der Sonne liegt, auch schon lichte Beschattung führt dazu, daß die Seerosen nicht blühen. In absonnigen Gärten hat es keinen Sinn, überhaupt welche zu pflanzen. Was man beim Bau und Bepflanzen und bei der laufenden Pflege von Wasserbecken alles zu beachten hat, ist im allgemeinen Teil dieses Buches, im Abschnitt „Über Wasserbecken im Garten" erläutert.

Seerosen kann man in den freien Grund von Teichen und in Becken in die eingebrachte Erde pflanzen oder in besondere Gefäße, wie das bereits dargelegt wurde. Man darf nur im späten Frühjahr oder im Frühsommer pflanzen, also Mitte Mai bis in den Juni hinein. Das Wasser muß sich erwärmt haben, und die Rhizome sollen in Trieb gekommen sein. Sie müssen anfangen, ihre Blätter zu entwickeln. In diesem Stadium vertragen sie auch den Versand ohne weiteres. Man muß nur sorgfältig verpacken. Man legt die Klumpen in Körbe oder Kästchen und umgibt sie mit feuchtem Torfmull. Notfalls legt man Holzwolle dazwischen. Sie sollen fest liegen und etwas Luft bekommen. Pflanzt man Seerosen in kleine Körbe oder Kästen, die in ein Becken versenkt werden, binde man sie mit Bindeweide – nicht mit Faden, Bast oder Draht – fest.

Außer Licht, Sonne und Wärme brauchen die Seerosen im Becken und Teich eine bestimmte Wassertiefe zum Gedeihen. Es gibt Sorten für flaches und tiefes Wasser, und alle Seerosen geraten in der ihnen angemessenen Wassertiefe am besten, in andern schlecht, oder sie gehen gar zugrunde. Man unterscheidet drei verschiedene Tiefen, die von der Oberfläche des Bodens im Becken oder Teich bis zum Wasserspiegel zu messen sind.

Geringe Wasserhöhe, nämlich von 20 bis höchstens 40 cm, wünschen: 'Aurora', 'Froebelii', 'Laydekeri Purpurata', 'Odorata Superba', 'Pygmaea Alba', *N. tetragona* und ihre Sorten 'Seignorettii' und 'Sioux'. Am besten entwickeln sich diese Sorten und Arten bei 30 cm Wassertiefe. Sie eignen sich für kleine Bassins oder eingegrabene Kübel, zumal sie auch nicht stark wachsen.

Mindestens 60 cm und nicht viel über 100 cm Wassertiefe wünschen unsere heimische *N. alba*, welche auch etwas größere Tiefe und kühleres Wasser als alle andern verträgt, ferner die Sorten 'Marliacea Colossea', 'Gladstoniana', 'Goliath', 'James Brydon', 'Marliacea Albida' und 'Pöstlingberg'.

Sie wachsen stark und brauchen große Becken, die sie auch bald ausfüllen.

In der Mitte steht das Gros der Sorten, welche hier nicht aufgeführt werden, denn es sind zu viele: Sie wollen 40 bis 60 cm Wassertiefe. Sie vertragen auch etwas weniger und etwas mehr, wachsen dann aber schwächer und blühen spärlicher.

Man muß sich Seerosen also nach der Tiefe des Beckens kaufen und sie ganz ungestört wachsen lassen. Aber die Zeit ist begrenzt. Nicht selten ist nach vier, fünf Jahren der Vorrat an Nährstoffen verbraucht, und die Pflanzen lassen im Wuchs nach und blühen kaum noch. Das wird man vor allem bei den mittelstark wachsenden Sorten erleben, die in Körbchen oder Kisten stehen. Da hilft nur, im Frühjahr herauszunehmen, abzuspülen und zu teilen. Dann wird wieder in gute, fette Erde eingepflanzt. Aufnehmen und teilen muß man ferner, wenn die starkwachsenden Seerosen sich bedrängen und gegenseitig hochdrücken. Vorsorglich pflanze man solche mit 3 bis 5 m Abstand. Vermehrt wird durch Aufzucht von Nebenaugen und Teilung. Nebenaugen findet man vor allem bei Sorten mit *N. tuberosa*-Blut. Man spült die Pflanzen mit einem Schlauch frei und schneidet die Augen ab; sie müssen aber an einem etwa fingerlangen Stück Rhizom sitzen. Die übrigen lassen sich nur durch Teilung vermehren, was bei gutem Boden und verhältnismäßig warmem Wasser alle 3 Jahre geschehen kann. Man braucht dazu ein Anzuchtbecken oder Gräben und ein schönes Sortiment, überdies von jeder Sorte ausreichende Mutterpflanzen. Die abgetrennten Nebenaugen kommen zunächst in ziemlich kleine Töpfe, die in ein flaches Bassin gestellt werden.

N. tetragona läßt sich auch leicht aus Samen vermehren, man muß aber künstlich befruchten. Die Samen müssen unter Wasser aufbewahrt werden und die Saatgefäße in Wasser stehen, welches nicht mehr als +12 °C haben soll. Die jungen Pflanzen fangen bereits im zweiten Jahre an zu blühen.

O

Oenothéra · Nachtkerze
Onagraceae ☉ ☉ ♃ ○ ◐ ● △

Onothera ist ein griechischer Pflanzenname, den Theophrast und Dioskorides gebrauchten, der aber kaum für die Arten verwendet wurde, welche wir so nennen. Es stecken darin die Wörter oinos = Wein und ther = wildes Tier. Man deutete phantasiereich, die Wurzel rieche nach Wein, und mit Wein besprengte Pflanzen würden jedes wilde Tier zähmen. Die Nachtkerzen sind Kräuter, Stauden oder Halbsträucher, haben häufig eine fleischige Pfahlwurzel und wachsen aufrecht oder auch am Boden liegend. Die Blätter stehen wechselständig, und die Blüten erscheinen meistens einzeln aus den Blattachseln. Sie werden vielfach groß, färben sich gelb, weiß, rosa, rot und bläulich und sind rasch vergänglich. Über den Umfang der Gattung gehen die Meinungen auseinander. Einzelne Botaniker rechnen dazu gegen 20 Arten, andere gegen 150. Das Hauptverbreitungsareal ist Amerika, wo die Pflanzen in außertropischen Gebieten häufig sind, in Europa gibt es über 15 Arten.

Einjährige Arten

Oenothéra drummóndii Hook. wird 30 bis 60 cm hoch, hat lanzettlich-spatelige Blätter, bildet einen dichten Busch und bringt bis 7 cm breite, strohgelbe, im

Oe

Oenothéra missouriénsis   Oenothéra tetragóna   Omphalódes vérna

Grunde grünliche Blumen. Es gibt auch eine cv. 'Nana', die Pflanzen werden nur 20 cm hoch, die Blumen dagegen etwas größer. In ihrer Heimat ist die Art eine Staude, bei uns wird sie einjährig gezogen.
Oenothéra erythrosépala (Borb.) Borb. (syn. O. lamarckiana De Vries non Ser.) wird bis 1 m hoch und höher und bildet aufrechte, sich verzweigende Büsche mit kahlen, oval-lanzettlichen Blättern und gelben Blüten in gedrängten Trauben. Die Art ist ein- und auch zweijährig, je nach dem Aussaattermin. Die Pflanzen blühen von Juni bis in den Herbst.

Ausdauernde Arten

Oenothéra missouriénsis Sims wächst im südlichen Nordamerika an steinigen, trockenen, auch unfruchtbaren Plätzen in kalkhaltigen Böden und ist die bekannteste Art. Die Pflanzen haben ausgebreitet am Boden liegende Stengel mit lanzettlichen, derben, etwas behaarten Blättern. Die Blüten werden bis 15 cm breit und sind langröhrig. Farbe reingelb. Sie vergehen rasch, aber ältere Exemplare bringen immer wieder neue Blumen. Florzeit ist von Juni bis gegen Ende August und darüber hinaus. Insgesamt werden starke Pflanzen bis 25 cm hoch, sie bilden aber keine geschlossene Bodendecke.
Oenothéra perénnis L. (syn. O. pumila L.) ist eine aufrecht wachsende, zierliche Art mit kleinen, schmalen Blättern und etwa 1,5 cm breiten gelben Blüten in Ähren. Die Pflanzen werden gegen 25 cm hoch oder etwas höher und blühen von Mai bis August.
Oenothéra tetragóna Roth (syn. O. fruticosa var. youngii Bail.) hat blaugrünes Laub. Wichtiger als die Art sind Sorten. Die Pflanzen bilden aufrechte, geschlossene Büsche, die Stengel sind grün, nicht rötlich, Höhe etwa 40 cm, Florzeit Juni bis August. Schön sind 'Fyrverkeri' — Knospen rot, die offenen, 4 bis 6 cm breiten Blüten kobaltgelb; 'Yellow River' — Blüten kanariengelb.

Bewertung, Verwendung, Anzucht: Alle Nachtkerzen stellen an den Boden keine besonderen Ansprüche, und die meisten wachsen leicht, nur sind nicht alle ausdauernden Arten hier sicher winterhart. Die niedrigen Arten o. *missouriensis* und O. *perennis* eignen sich gut für Trockenmauern, Steingärten, für den Rand von Böschungen und ähnliche warme, sonnige Plätze. Die Sorten von O. *tetragona* passen in bunte Pflanzungen, auch wenn diese sich aus Wild- oder Teppichstauden zusammensetzen. Gute Nachbarn sind niedrige *Veronica*, weißblühende *Sedum spurium*, *Sedum album*, Kriechpflanzen mit grauem Laub sowie Opuntien und *Yucca*, welche zudem aus dem gleichen Gebiet stammen. Die einjährigen Arten schließlich eignen sich ebenfalls für bunte Blumenbeete und zum Begrünen von trockenen Hängen. Man kann die annuellen Arten im Herbst auf ein Saatbeet säen, deckt über Winter und pflanzt im Frühling an den vorgesehenen Platz, oder man sät zeitig im Frühjahr sehr dünn in ein halbwarmes Frühbeet und pflanzt später aus.
Die Stauden-Nachtkerzen werden wie folgt vermehrt: O. *perennis* aus Samen. Aussaat im Frühjahr, dann topft man ein und kultiviert in Töpfen weiter. Man setze nur im Frühjahr an den endgültigen Platz. O. *missouriensis* wird ebenfalls durch Samen vermehrt, aber man pflanzt sie dann auf Anzuchtbeete. Sorten von O. *tetragona* vermehrt man durch Teilung oder durch Kopfstecklinge kurz vor der Blüte (also 1. Maihälfte). Die Bestände erreichen bis zum nächsten Frühjahr Verkaufsstärke, bis zum Herbst nur ausnahmsweise.

Omphalódes · Gedenkemein
Boraginaceae ⚁ ◐ ◯

Im Namen steckt das griechische Wort omphalos = Nabel; es nimmt auf die Form der Samen Bezug, die an einen Nabel erinnern. Es sind ein- oder mehrjährige Kräuter, kahl oder nur schwach behaart, mit meist gestielten Grund- und stiellosen Stengelblättern. Die Blüten sitzen in wenig- bis vielblütigen traubenförmigen Wickeln, gelegentlich auch einzeln in den Blattachseln. Sie werden blau oder weiß. Die Gattung umfaßt gegen 25 Arten, welche vor allem im Mittelmeerraum und anschließend bis Ostasien auftreten, 2 Arten sind in Mexiko beheimatet.

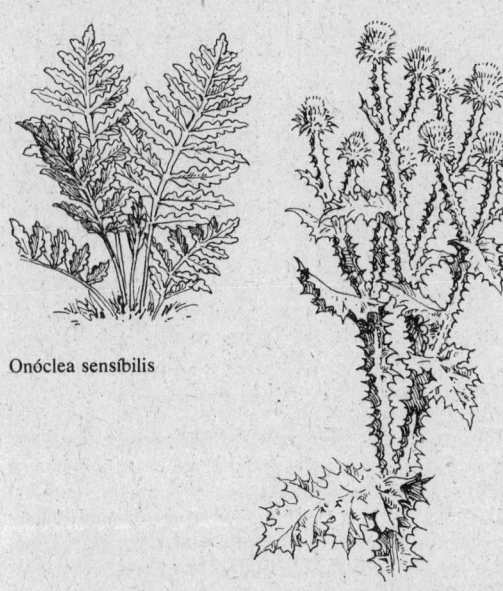

Onóclea sensíbilis

Onopórdum taúricum

Omphalódes vérna Moench stammt aus Südeuropa, hat sich aber auch bei uns eingebürgert. Die bis 15 cm hohen Pflanzen treiben zahlreiche, bis 40 cm lange Ausläufer und wachsen ringsum alles zu. Die Blätter sind eiförmig bis länglich-eiförmig, bis 7 cm lang, etwa halb so breit, oberseits hellgrün. Die Blumen sitzen einzeln oder zu wenigen in Trauben auf so langen Stielchen, daß sie aus dem Laube herausragen. Sie werden bis 15 mm breit, dunkelhimmelblau und erscheinen im Frühling. Es gibt auch eine cv. 'Alba' mit weißen Blüten.

Bewertung, Verwendung, Anzucht: O. verna verlangt einen absonnigen bis schattigen Standort und bildet dichte Teppiche. Der Boden muß aber frisch und humusreich sein. Am zusagenden Standort wächst sie gut und zuverlässig. Sie gehört zu den vielen hübschen Schattenstauden, die niemand verwendet! Vermehrt wird O. verna durch Aufzucht der Ausläufer. Es ist angebracht, sie in Töpfen zu kultivieren. Die Anzuchten werden bei rechtzeitiger Vermehrung bis zum Herbst verkaufsstark.

Onóclea · Perlfarn
Onocleaceae ♃ ○ ◐ ♡ ∧

Onoclea ist ein griechischer Pflanzenname, mit dem Dioskorides ein Boretschgewächs bezeichnete. Bei uns ist es ein schöner Farn mit kriechendem Rhizom und sommergrünen, im Umriß dreieckigen Wedeln und doppelt gefiederten Blättern. Die Fiederchen sind gelappt. Die Gattung umfaßt nur eine terrestrische Art, die vor allem in Nordamerika, aber auch in Ostasien auftritt.

Onóclea sensíbilis L. hat bis 30 cm lange Wedel, die auf nicht so langen Stielen sitzen. Insgesamt werden die Pflanzen etwa 50 cm hoch. Die fertilen Wedel sind kürzer, aber sie haben längere Stiele. Alle Wedel werden lichtgrün.

Bewertung, Verwendung, Anzucht: Es ist ein Farn, der mit der Zeit große Flächen einnimmt und dabei alles andere überwächst. Er verträgt schweren und leichten, braucht aber feuchten Boden, versagt dann auch nicht auf sonnigem Standort. Die Blätter sind gegen Fröste recht empfindlich, wie der Farn überhaupt in rauhen Lagen einen Winterschutz mit Laub bekommen muß. Man vermehrt leicht durch Teilung und durch Aufzucht der Ausläufer.

Onopórdum · Eselsdistel
Compositae ☉ ○ ◐ ♡

Im Namen stecken die griechischen Wörter onos = Esel und porde = Blähung; sie beziehen sich darauf, daß die Pflanze bei Eseln Blähungen verursachen soll, wie Plinius sagt. Es sind fast sitzende oder stattliche, distelartige, zweijährige Kräuter. Die Gattung umfaßt gegen 30 Arten, deren Verbreitungszentrum das Mittelmeergebiet ist. Sie steht den Gattungen *Carduus* und *Cirsium* nahe, hat aber keine borstigen, sondern tief wabenförmige Köpfchenböden.

Onopórdum taúricum Willd. (syn. O. viscosum Hornem. ex Spreng., O. virens DC.) aus Anatolien wird gegen 1 m hoch und hat breite, tiefeingeschnittene, bedornte, unterseits silbrig behaarte Blätter und reichlich sich verzweigende Stengel, die ebenfalls belaubt sind, aber kleinere Blätter aufweisen. Die Blütenköpfe werden bis 12 cm breit, die Blumen purpurrot. Die Pflanzen blühen von Juni bis August.

Bewertung, Verwendung, Anzucht: Es ist eine recht dekorative, auch durch den Flor wirksame Wildstaude, die aber nach der Blüte abstirbt. Sie eignet sich gut für bunte Blumenrabatten als exotisch wirkende, stattliche Pflanze. Zwar fällt sie etwas aus dem Rahmen, doch braucht das nicht zu stören. Auch in Heidegärten paßt diese Distel, zwischen flächigstehende, niedrige Wildstauden oder in Teppiche von Stauden. Der Standort soll in voller Sonne liegen. Als Boden ist jedes normale, nicht feuchte Gartenland recht. Man sät im Juli auf ein Freilandsaatbeet, pflanzt später auf Anzuchtbeete oder an den vorgesehenen Platz oder von den Anzuchtbeeten im Frühling dahin. Man kann auch im zeitigen Frühling aussäen und an Ort und Stelle setzen. Die Bestände blühen im gleichen Spätsommer, werden aber nicht so stattlich wie überwinterte Exemplare. Nach dem Flor muß man achtgeben, daß kein oder nur wenig Samen ausfällt, sonst können die Pflanzen zum Unkraut werden.

Op

Opúntia humifúsa

Opúntia · Feigenkaktus
Cactaceae ♃ ○ ◐ △ ◯ ∧

Opuntia ist ein alter, von Plinius gebrauchter Pflanzenname, der auf diese Gattung übertragen wurde. Es sind baum- oder strauchartig wachsende Kakteen mit gegliederten Stämmen oder Stengeln und ovalrunden, glatten oder gehöckerten Gliedern. Ihre breit-trichterförmigen, roten oder gelben Blüten erscheinen oft in großer Zahl. Die Gattung umfaßt mindestens 200 Arten und tritt in ganz Amerika auf: von Kanada im Norden bis Feuerland im Süden. Einzelne Arten wurden schon früh in andere Erdteile eingeschleppt: nach Südeuropa, Südafrika und Australien, wo manche verwilderten. So gelangte *O. ficus-indica* bereits im 14. Jahrhundert in die Mediterraneis, nicht viel später auch *O. tuna* und *O. vulgaris*, und sie gehören seitdem zur Mediterranflora. In Mitteleuropa müssen die meisten der als Zierpflanzen bekannten Opuntien als Kalthauspflanzen behandelt werden. Nur einige wenige Arten sind auch Gartenblumen und halten bei günstigen Standortverhältnissen und gewissen Schutzmaßnahmen über Winter im Freien aus, kommen dort auch voran. Es sind Arten, die in Höhenlagen und Gebirgen Nordamerikas und Mexikos heimisch sind, dort an trockenen Hängen und auf durchlässigem felsigem Untergrund wachsen, aber auch die Kurzgrasprärie besiedeln (*O. polyacantha*), wenn deren Grasnarbe durch Überweiden lückenhaft geworden ist, so daß die Niederschläge den Kalk aus der oberen Bodenschicht waschen konnten, der Boden also ärmer, besonders auch an Humus, geworden ist. Alle diese Opuntien wachsen mehr oder weniger niederliegend; die Glieder bilden dabei Wurzeln. Als für das Freiland geeignet gelten:

Opúntia frágilis (Nutt.) Haw. Triebe 4 cm lang, Blüten bis 5 cm breit, blaß- bis rötlichgelb. Die Früchte sind stark mit Dornen besetzt. Var. **brachyárthra** (Engelm.) Coult. mit kleineren Blüten; var. **denudáta** blüht gelb bis rosa.

Opúntia humifúsa Raf. (syn. O. compressa (Salisb.) Macbr., O. rafinesquei Engelm.) hat bis 12 cm lange Triebe, sie sind etwa kreisrund und dunkelgrün, kaum bedornt. Blüten 8 cm breit, schwefelgelb, oft mit rötlicher Mitte.

Opúntia phaeacántha Engelm. Triebe 15 cm lang, Blüten 5 cm breit, gelb. Variationsreiche Art. Var. **camánchica** (Engelm. et Bigel.) Borg (syn. O. camanchica Engelm. et Bigel.) blüht gelb bis orange, auch rosa; var. **mojavénsis** (Engelm.) Fosb. hat kreisrunde Triebe; var. **pállida** hort. blüht cremefarben, innen etwas grünlich; var. **piércei** Fosb. mit 20 cm langen Trieben blüht blaßgelb.

Opúntia polyacántha Haw. (syn. O. missouriensis DC.) hat umgekehrt eiförmige, bis 10 cm lange und 7,5 cm breite, nicht sehr dicke Triebe. Die Blüten werden bis 7 cm lang und breit, gelb bis orange.

Opúntia rhodántha K. Schum. hat bis 16 cm lange, 7 cm breite, etwas eiförmige sattgrüne Triebe und blüht purpurrosa, gelb oder orange, Blüten bis 8 cm lang und breit. Diese Art gilt als eine der besten und wird nach Farben getrennt gehandelt.

Opúntia tortispína Engelm. hat bis 20 cm lange dunkelgrüne Triebe und 7,5 cm breite schwefelgelbe Blüten. Bei var. **cymóchila** (Engelm.) Bckbg. sind die Triebe kreisrund und kleiner.

Bewertung, Verwendung, Anzucht: Alle Kakteen sind Exoten, daher im Garten Fremdlinge; sie brauchen einen besonderen Standort. Sie gedeihen bei uns am besten vor Südseiten von Häusern, Mauern, Terrassen und im Steingarten in Südlagen. Der Standort muß sehr warm und sonnig und vor Ost- und Westwinden geschützt liegen, der Boden gut durchlässig sein, die Pflanzstelle so gewählt, daß im Winter und Frühjahr alles Wasser abfließt. Man muß die Erde am vorgesehenen Standort anderthalb Spatenstich tief ausheben, in die Grube bis etwa zur Hälfte groben Schotter einfüllen, diesen mit einer handbreiten Schicht von grobem Kies abdecken und darauf die Kulturerde geben. Sie soll bestehen aus 2 Teilen mürber Rasenerde oder Lehm, 2 Teilen völlig verrotteter Komposterde und 3 Teilen nicht zu feinem, gewaschenem Sand, und man füge noch je eine Prise kohlensauren Kalk und Thomasmehl hinzu. Man richte sie im Herbst her. In der zweiten Maihälfte bis Anfang Juni ist dann zu pflanzen. Bei späterer Pflanzung wurzeln die Exemplare nicht bis zum Winter fest ein und gehen dann leicht zugrunde oder werden stark zurückgeworfen. Man setze nur so tief, wie die Pflanzen gestanden haben. Angießen ist nicht ratsam, sondern man übersprühe die Pflanzen und überlasse ihnen alles weitere. In sehr warmen und trocknen Jahren soll man das Besprühen wiederholen und auch eingewurzelte Bestände auf diese Weise wässern... aber nur bis etwa Anfang Juli, nicht während der Blüte im Juli. Von Mitte September an soll schönes, trockenes Wetter herrschen, damit die Opuntien aufhören zu wachsen und sich auf den Winter vorbereiten. Ist aber der Herbst recht feucht, muß man den Abschluß der Vegetation künstlich herbeiführen, was sich durch Auflegen von durchsichtiger Folie leicht erreichen läßt. Vorsorglich lege man die Folie so über Holzstäbe, daß sie nicht direkt auf den Pflanzenkörpern ruht, die Ränder müssen die Luft durchlassen. Nach den ersten Frösten nimmt man die Folie weg und deckt dünn mit Fichtenreisig ab. Es soll die Pflanzen vor scharfen Winden schützen, vor allem jedoch vor dem Auftauen und Wiedereinfrieren im Frühjahr, wenn es tags warm und nachts erneut kalt wird. Sobald diese Zeit vorüber ist, nehme man die Reiser fort, halte sie jedoch in der Nähe bereit, denn sie könnten nochmals nötig sein. Die ärgsten Schädlinge der Opuntien sind Nacktschnekken. Man muß Mittel gegen Schnecken parat haben und die Bestände häufig inspizieren. Das soll abends geschehen mit einer Taschenlampe als Gehilfin. Vermehrt wird durch Abbrechen von ausgewachsenen Gliedern. Man läßt zunächst die Wunde vernarben und steckt dann entweder in ein Frühbeet in sandige Erde oder in Handkästen, die man in einem Frühbeet aufstellt und über Winter in einen hellen, sehr kühlen Raum bringt.

Wo man die geeigneten Standorte nicht hat und diese sich auch nicht leicht schaffen lassen, soll man keine Freilandkakteen pflanzen. Als Nachbarn sind alle Pflanzen mit xerophytischem Charakter geeignet: *Yucca*, *Sedum*, *Carlina acaulis*, *Asphodeline* oder *Eryngium*.

Oríganum · Dost
Labiatae ♃ ○ ◐ ◓ △ ║ ○

Man findet den Namen bereits bei Dioskorides und Hippokrates, welche damit die gleiche Gattung bezeichneten wie wir. Jene geben auch schon an, daß es mehrere Arten gibt und haben überdies Arten dazu gestellt, die heute unter *Majorana* und *Satureja* gehen. Es stecken im Namen die griechischen Wörter oros = Berg und ganos = Glanz, Zierde; sie nehmen darauf Bezug, daß Oríganum an steinigen Plätzen wächst und diese durch den langen Flor ziert. Es sind Halbsträucher oder Stauden mit kleinen, ganzrandigen oder mittelgroßen, gezähnten Blättern und Blüten, die in köpfchenartigen Ähren oder rispigen Doldentrauben stehen. Die Gattung umfaßt gegen 8 Arten, welche mit Ausnahme von *O. vulgare* im Mittelmeerraum auftreten. *O. vulgare* wächst auch bei uns und ist schon seit dem Altertum eine offizinelle Art. Bereits Dioskorides lobt den Dost als gutes Mittel gegen Krämpfe, Ohrenleiden und Krankheiten des Darmes und des Urogenitalsystems. Im Mittelalter war der Dost überdies ein Wundermittel gegen Unholde und Hexen. Heute nimmt man das ganze getrocknete und ähnlich dem Majoran gerebbelte Kraut zu Kräutertees und zu Umschlägen und Bädern.

Oríganum vulgáre L. ist in der ganzen Alten Welt in Gebieten mit gemäßigtem Klima verbreitet und auch in Nordamerika häufig, aber dort eingeschleppt. Gartenwert hat nur cv. 'Compactum'. Die Pflanze wird 15 bis 20 cm hoch und bildet breite, reichlich sich verzweigende Büsche mit kleinen, eirund-herzförmigen Blättern und rosa- bis fleischfarbenen Blüten. Der Flor beginnt im Juli und kann sich bis weit in den September hinziehen. Wie viele Labiaten verdunstet die Pflanze ein aromatisches Öl.

Bewertung, Verwendung, Anzucht: Dieses Gewächs ist anspruchslos und dankbar. Es hat im Steingarten, wohin es gut paßt, durch den späten Flor besonderen Wert, denn die meisten dort wachsenden Arten sind bis Mitte Juli verblüht, während der Dost dann anfängt zu blühen. Ferner eignet er sich als Nachbar für *Erica* und niedrige *Veronica*, überhaupt als Einsprengsel in Staudenteppiche und zwischen niedrige Gräser. Jeder normale Gartenboden ist ihm recht. Er verträgt Sonne so leicht wie Halbschatten und gedeiht an warmen, ja heißen Standorten, aber auch an kühlen Plätzen. In Skandinavien z. B. ist *O. vulgare* die Leitpflanze der wärmeliebenden Pflanzengesellschaften, in den Alpen dagegen tritt es häufig in recht schattigen und bodenkühlen Buchen- und Fichtenwäldern auf. Diese Staude ist also vielseitig verwendbar. Zu ihren Vorzügen gehört ferner, daß sie zur Blütezeit ständig von Bienen und Schmetterlingen umschwärmt ist. Vermehrt wird durch Teilung im Frühling. Man pflanzt sofort wieder auf Anzuchtbeete und bekommt bis zum Herbst verkaufsstarke Bestände.

Ornithógalum · Milchstern
Liliaceae ♃ △ ○ ◓ ◐ △ ║ ✕

Im Namen stecken die griechischen Wörter ornis, ornithos = der Vogel, des Vogels und gala = Milch; das Wort Milch bezieht sich auf die Blütenfarbe vieler Arten. In welcher Beziehung Vögel zu diesen Pflanzen stehen, ist nicht ersichtlich. Es sind ausdauernde, kleine bis mittelgroße Zwiebelgewächse mit linealischen, grundständigen, saftreichen Blättern und ziemlich großen Blüten. Sie stehen in endständigen Trauben, die lang und zylindrisch sein können oder stark verkürzt, dann entstehen durch die langen Stiele der untersten Blumen häufig Doldentrauben. Die Gattung umfaßt gegen 100 Arten, von welchen die meisten im Mittelmeergebiet und in Südafrika, einzelne auch im übrigen Europa auftreten. Nur wenige sind bei uns winterhart, aber eine Reihe sind ansehnliche Kalthauspflanzen, die man blühend als Zimmerblumen finden kann.

Ornithógalum thyrsoídes Jacq. stammt aus Südafrika. Die Art hat eine etwa 5 cm dicke Zwiebel und aufstrebende, lanzettliche, fleischige, bis 30 cm lange Blätter. Sie blüht auf Schäften, die bis 50 cm Höhe erreichen, mit einer im Umriß dreieckigen Traube, welche bis 40 und mehr Blumen enthält. Diese sind weiß und haben kleine dunkle Flecken am Ansatz der Blütenblätter. Die Art ist bei uns nicht winterhart, hat sich aber in den letzten Jahren stark eingebürgert.

Ornithógalum umbellátum L., Stern von Bethlehem, wächst in Europa in Grasgärten, auf fetten Äckern sowie in Weinbergen, und man findet es bis Dänemark,

Os

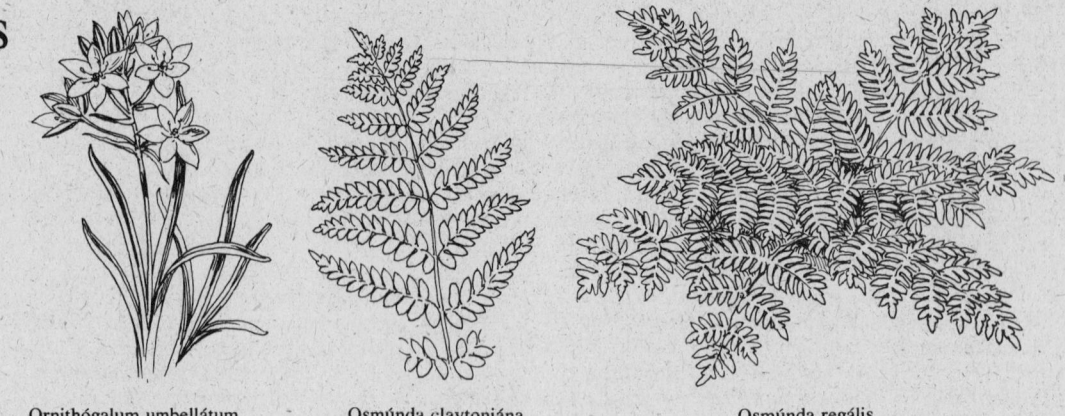

Ornithógalum umbellátum   Osmúnda claytoniána   Osmúnda regális

auf den Britischen Inseln und südseits der Alpen in Italien, auf dem Balkan, im Kaukasus, in Kleinasien und Nordafrika. Dennoch ist die Art in Europa nicht heimisch, sondern ein Gartenflüchtling. Sie trat bereits um 1500 in Bauerngärten als Zierpflanze auf. Die Pflanzen haben eine kugelige, auch eiförmige Zwiebel, häufig mit Nebenzwiebeln, die gleichfalls Blätter treiben, so daß man die Art fast immer als Kolonie finden wird. Die Blätter sind schmallinealisch, stehen schräg nach oben und werden meistens so lang wie die Stengel mit ihren Blütenständen. Diese sind aufrechte, etwas gespreizte Doldentrauben. Die Blumen werden sternförmig, weiß und haben einen grünen Streifen auf der Rückseite der Blütenblätter. Sie erscheinen im Frühling, öffnen sich aber nur bei Temperaturen zwischen +10 und 15 °C. Die Art ist hier völlig winterhart.

Bewertung, Verwendung, Anzucht: Bis vor kurzem war *O. thyrsoides* nur als Schnittblume bekannt, die per Schiff aus Südafrika kam. Die Pflanzen werden dort in großen Mengen angebaut, die Stiele knospig geschnitten und im Kühlraum der Dampfer transportiert. Trotz der weiten Fahrt blühen alle Blumen auf, und die Stiele halten sich insgesamt mehrere Wochen, länger als die meisten Schnittblumen. Nur Anthurien und einige Orchideen übertreffen sie noch. Neuerdings wird die Art auch im Garten verwendet oder zur Schnittblumengewinnung angepflanzt. Man braucht Zwiebeln, die importiert werden müssen. Sie kommen ebenfalls aus Südafrika, neuerdings auch aus den Niederlanden. Man kauft sie im Frühjahr und darf sie erst von etwa Mitte Mai an in die Erde bringen; Tiefe 5 bis 6 cm, Abstand 15 bis 20 cm. Nach dem Legen soll man sofort mit Torf oder verrottetem Stalldung bedecken, und während des Wachstums muß man ständig reichlich wässern und auch jede Woche einmal mit einer Volldüngerlösung gießen. Die Pflanzen brauchen viel Feuchtigkeit und kräftige Ernährung. Wässert man zuwenig oder läßt man es an Dünger fehlen, gibt es Mißerfolg! Nach einer Weile erscheint der erste Blütenschaft, nach 3 Wochen der zweite und nach 4 Wochen der dritte und letzte. Man kann die Stiele schneiden oder als Gartenzierde stehen lassen. Die Zwiebeln sind so erschöpft, daß sie im nächsten und übernächsten Jahre nicht wieder blühen, überdies reifen sie bei uns nicht richtig aus. Es hat also keinen Zweck, sie aufzuheben. Vermehrt wird durch Samen. Zur Kultur ist viel Wärme und Feuchtigkeit nötig. Bei günstigen Voraussetzungen werden die Zwiebeln innerhalb eines Jahres verkaufsstark.

O. umbellatum dagegen kann man bei uns häufig sehen. Die Art eignet sich für Steingärten, bunte Blumenbeete, als Einfassung, zum Verwildern unter weitläufig stehenden Laubbäumen. In Obstgärten auf humosen Sandböden sind sie ein zähliges Unkraut. An den Boden stellen die Pflanzen keine Ansprüche, er soll nur nicht naß oder kalt sein, auch nicht zu schwer. Man legt im Oktober/November etwa 10 cm tief und mit 10 cm Abstand. Winterschutz und Pflege sind unnötig. Wenn die Pflanzen zu dicht stehen und nicht mehr reichlich blühen, muß man Ende August aufnehmen, trocken und kühl lagern, dann putzen und sortieren und etwa Anfang Oktober wieder legen. Vermehrt wird durch Tochterzwiebeln. Anzucht aus Samen dauert mehrere Jahre.

Osmúnda · Rispenfarn, Königsfarn
Osmundaceae ⚘ ○ ◐ ♡

Im Namen steckt wohl das Wort Osmund, ein Beiname des altgermanischen Gottes Thor, dem dieser Farn heilig war. Es sind stattliche Farne, deren 14 Arten in den Tropen und auch in der gemäßigten Zone, vor allem der nördlichen, auftreten. Als Gartengewächse kommen nur einzelne in Betracht. Wichtig sind die aus den Wurzeln von drei Arten hergestellten Osmundafasern, weil diese ein ausgezeichnetes Pflanzmaterial für Orchideen, Farne und Araceen des Gewächshauses abgeben. Da der Königsfarn bei uns unter Naturschutz steht, muß die Osmundafaser importiert werden. Sie kommt aus Italien, Ostasien und Nordamerika, wo es riesige Bestände gibt.

Osmúnda cinnamómea L., der Zimtfarn, stammt aus Amerika und ist im Austrieb braunwollig behaart, daher der deutsche Name, denn das Braun ist fast Zimtbraun. Die Pflanzen haben ein kriechendes Rhizom und doppelt fiederspaltige, ansehnliche Wedel. Diese werden 80 bis 150 cm lang.

Osmúnda claytoniána L. tritt in Nordamerika und im Himalaja auf und wird bis 80 cm hoch. Die Wedel sind bis 30 cm breit und sehr zierlich gefiedert.

Osmúnda regális L. ist ein Kosmopolit und unser stattlichster Farn. Er wird bei uns etwa 80, in den Tropen bis nahezu 200 cm hoch. Die Wedel sind reichlich gefiedert und färben sich im Herbst sehr schön braun. Es gibt zahlreiche Sorten, bei welchen die Fiedern eine besondere Gestalt haben.

Óxalis acetosélla   Óxalis adenophýlla

Bewertung, Verwendung, Anzucht: Osmunda sind sehr schöne Farne, die sowohl durch ihre Größe als auch durch die Fiederung unsre Aufmerksamkeit verdienen. Sie wollen tiefgründigen, humusreichen, frischen Boden und können außer *O. claytoniana* auch sumpfig stehen. Sie wachsen unter Bäumen, die ausreichend Licht durchlassen, zufriedenstellend. Besser gedeihen sie an absonnigen Plätzen ohne Schattenwurf. Man kann sie an den Rand von Hainen und Wäldern, an die Ufer von Teichen und Wasserläufen setzen. Als Nachbarn eignen sich am besten Pflanzen, die ähnlich feuchten Standort wünschen: Trollblumen, *Ranunculus, Caltha*, auch *Lythrum* und selbst Kandelaberprimel. Vermehrt wird durch Teilung älterer Exemplare und aus Sporen.

Óxalis · Sauerklee
Oxalidaceae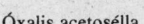

Oxalis ist bei dem altgriechischen Naturforscher Nikandros der Name einer säuerlich schmeckenden Pflanze; wahrscheinlich stecken darin die Wörter oxys = sauer und hals = Salz. *Oxalis* sind ein- oder mehrjährige Kräuter, ferner Halbsträucher und Sträucher, darunter auch kletternde, mit verschieden geformten Blättern, welche über Nacht eine Schlafstellung einnehmen. Die Blüten werden klein oder ansehnlich und stehen einzeln oder in trauben- oder doldenähnlichen Wickeln. Die Gattung umfaßt gegen 800 Arten, welche vor allem in Südafrika sowie Süd- und Mittelamerika auftreten. Die ausdauernden Arten haben rübenartige, knollige oder zwiebelförmige Speicherorgane, die bei *O. tuberosa* aus den Anden bis 7 cm lang werden und als „Oca" ein wichtiges, beliebtes Nahrungsmittel sind. Die Knollen enthalten 10 bis 12% Stärkemehl und Spuren von oxalsaurem Kalk. Die Pflanzen sollen ertragreicher sein als die Kartoffel.

Óxalis acetosélla L., der Wald-Sauerklee, tritt in Nordamerika und auch in Eurasien in Wäldern, Gebüschen und in Mooren auf. Die Pflanzen haben eine kriechende Grundachse. Daraus erscheinen dreizählige, kleeblattähnliche Blätter, und im April und Mai brechen auf besonderen Stielen aus den Achseln der Laubblätter die Blumen hervor. Sie sind rosaweiß und bis 15 mm breit. Die ganze Pflanze wird gegen 15 cm hoch. Außer der Art gibt es auch eine cv. 'Rosea' mit reinrosa Blüten.

Óxalis adenophýlla Gill. aus den chilenischen und westargentinischen Anden, wo die Pflanzen bis 2300 m hochsteigen, hat einen knollenartigen, dicht mit Schuppen bedeckten Wurzelstock und aus vielen Teilblättchen zusammengesetzte, silbrig-glänzende Blätter. Die Blumen sitzen einzeln oder zu zweien auf dünnen Stielchen, ragen nur wenig über das Laub hinaus und sind bis 3 cm breit. Farbe rosa bis rosalila. Die Pflanzen blühen sehr reich, Florzeit im Juni/Juli. Die Büsche werden 10 cm hoch.

⊙ **Óxalis corniculáta** L., der Hornsauerklee, ist ein weltweit verbreitetes, sehr formenreiches Unkraut, das bei uns einjährig auftritt, anderswo als Staude. Gartenwert hat nur 'Purpurea' mit braunroten Stengeln und ebenso gefärbtem Laub. Die Blüten stehen in wenig blumigen Scheindolden beisammen und werden gelb.

Óxalis déppei Lodd. ex Sweet, der „Glücksklee", hat runde Knollen mit einer rübigen Wurzel; die Brutknöllchen sitzen am Kopf der Mutterknollen. Das Laub ist kleeartig, aber durchweg 4zählig, Farbe frischgrün mit braunroter Binde. Die Pflanzen sind hier nicht winterhart, sondern müssen im Herbst wie Gladiolen aufgenommen und frostfrei aufbewahrt werden. Zeitig im Frühjahr legt man mehrere Knöllchen in kleine Töpfe in sandig-lehmige Erde und läßt durchtreiben. Die Töpfe sind zunächst als Zimmerblumen zu behandeln, sollen hell, aber kühl stehen. Nach Mitte Mai kann man ins Freie auspflanzen. Die Büsche werden dort bis 30 cm hoch und blühen im Sommer mehrere Wochen, Blütenfarbe rosa mit gelbem Auge.

Óxalis enneaphýlla Cav. aus Südamerika wird gegen 10 cm hoch und hat einen kriechenden Erdstamm, aus

welchem die 9zähligen, hellsilbergrauen Blätter kommen. Die Blumen sind 2 cm breit, zartrosa und haben viele dunklere Adern, oder sie werden wachsweiß. Sie stehen einzeln und erscheinen im Juni/Juli.
Óxalis lasiándra Zucc. aus Mexiko hat viele gelbbraune Zwiebelchen am Erdstamm und bringt bis 9zählige, spatelförmige, etwa 6 cm lange Blätter, die mit einzelnen langen Haaren besetzt und unterseits rot getüpfelt sind. Die Blumen erscheinen bis zu zwölf in Trauben und werden etwa 2 cm breit, Farbe rosa bis lilarot mit vielen dunklen Adern. Insgesamt werden die Büsche bis 25 cm hoch. Sie blühen im Juni/Juli.
Óxalis magellánica G. Forst. ist eine kriechende Zwergart, die nur 5 cm hoch wird. Sie hat etwas fleischige, graue Blätter und blüht reich mit weißen, geaderten Blüten von Juni bis August.

Bewertung, Verwendung, Anzucht: Die kriechenden ausdauernden Arten eignen sich für absonnige Plätze als Bodendecke, wenn der Boden humusreich und frisch ist. Winterhart ist aber nur *O. acetosella*; die Arten *O. enneaphylla, O. lasiandra* und *O. magellanica* sind es nicht, und man muß die Fläche dick mit Nadelstreu abdecken. Auch ist Winternässe gefährlich. Ebenso ist bei der nichtkriechenden Art *O. adenophylla* Winterschutz unerläßlich, doch will sie in voller Sonne stehen. Alle sind kalkabweisend. Der Boden muß also leicht sauer sein. Schließlich ist zu erwähnen, daß nur *O. acetosella* bei uns lange lebt, die andern ausdauernden Arten gehen früher oder später zugrunde, und man muß sie immer wieder neu pflanzen, was ein Nachteil ist. Es sind also Pflanzen für Liebhaber, die dergleichen in Kauf nehmen. Vermehrt wird durch Aufzucht der Knollen oder Zwiebeln. Man kultiviert in Töpfen und pflanzt nur im Frühling an den vorgesehenen Standort. *O. deppei* ist nur im Sommer fürs Freie geeignet und wird gern zu Einfassungen verwendet; über die Behandlung siehe oben.
Der Hornsauerklee wird einfach an den Platz gesät, wo man ihn haben will. Auch er bildet eine Bodendecke und bewächst außer der flachen Erde Stein- und Treppenfugen. Einmal angesiedelt, erhält er sich durch Selbstaussaat, kann aber auch zum Unkraut werden, besonders die gartenunwürdige Art mit grünem Laub.

P

Pachysándra · Pachysandra
Buxaceae ⚁ ◐ ● ◓ ♡

Im Namen stecken die griechischen Wörter pachys = dick und aner = Mann; sie nehmen darauf Bezug, daß die Staubfäden dick sind. Es sind immergrüne oder nur sommergrüne Kriechsträucher mit fleischigem, in der Erde steckendem Stamm und länglichen oder eiförmigen Blättern. Sie blühen in Ähren mit weißlichen Blumen. Die Gattung umfaßt 5 Arten, welche in Nordamerika und Ostasien auftreten.
Pachysándra terminális Sieb. et Zucc. aus Japan wird bis 30 cm hoch und bildet mit den zahllosen aus dem Boden kommenden Zweigen und vielen, an deren Spitze gehäuft sitzenden, glänzend dunkelgrünen Blättern bald dichte Teppiche. Im Frühling erscheinen in Ähren, die bis 5 cm lang werden, weiße Blumen als kurze Zeit anhaltender Schmuck. Es gibt auch eine cv. 'Variegata' mit weißbunten Blättern. Diese wächst schwächer.

Bewertung, Verwendung, Anzucht: Pachysandra ist eine äußerst beständige Schattenstaude und Bodendecke, die meistens wintergrün bleibt. Sie verträgt auch tiefen Schatten und sogar den Tropfenfall der Bäume, den nicht viele Stauden überstehen. Ebenso schadet ihr Wurzeldruck nicht. Der Boden soll frisch und humusreich sein, man muß ihn meistens durch Einbringen von Kompost oder gejauchter Torfstreu verbessern. Aber das lohnt sich! Einmal angesiedelt, halten die Bestände ein Menschenleben lang durch und breiten sich von selbst aus. Die Pflanzen wirken am besten in Mengen. Es ist ein Jammer, daß man sie nicht häufiger sieht ... vor allem in öffentlichen Anlagen als Teppich unter Bäumen. Vermehrt wird durch Wurzelschnittlinge und Teilung. Die Schnittlinge kommen im Herbst in Handkästen und treiben im Kalthaus im Laufe des Frühlings kräftig aus. Man härtet ab und kann dann gleich an den vorgesehenen Platz pflanzen.

Paeónia · Pfingstrose, Päonie
Paeoniaceae ⚁ ○ ◓ ◑ ✕ ○

Die Pflanzen wurden nach dem griechischen Gotte der Heilkunst Paion benannt: Er heilte mit Hilfe dieses Gewächses den Gott Pluto von der Wunde, die ihm von Herakles geschlagen worden war. Stellenweise galt Paion auch als Nebenname des Apollo, des größten und weisesten der heilenden Götter, und in Spätzeiten hieß ein Hymnus auf Apollo so. Es sind sehr lebensmächtige Stauden oder Sträucher mit starker, bei den perennierenden Arten verdickter Grundachse und derben, geteilten Laubblättern. Die Blüten werden ansehnlich und enthalten häufig große Mengen von

Pachysándra terminális

Staubfäden. Die Gattung umfaßt 33 Arten, die in Europa, im gemäßigten Nordamerika und in verschiedenen Teilen Asiens auftreten. Manche sind seit vielen Jahrhunderten beliebte Gartenpflanzen, und es gibt bei P. *lactiflora* mehrere tausend Sorten. Diese Art ist eine Lieblingsblume der Chinesen und Japaner, aus deren Gärten sie im 18. Jahrhundert nach Europa kam. Die heimische P. *officinalis* dagegen ist, wie schon ihr Artname angibt, eine Heilpflanze... besser sie war es, denn heute wird sie nicht mehr in altem Maße verwendet. Man nutzte vor allem die Wurzeln, welche getrocknet und dann zerrieben wurden. Hieronymus Bock lobt sie als Heilmittel bei Krämpfen, Blähungen, Verstopfungen und Geburtsschmerzen. Nach Untersuchungen von W. Bohn (1927) hilft P. *officinalis* bei Gicht mit starken Schmerzen und Epilepsie, auch bei Augenleiden nach Blutstauungen im Gehirn.

Paeónia albiflóra, P. chinénsis → **P.-Lactiflora-Hybriden**.

Paeónia delaváyi Franchet aus China ist eine strauchige Art, die in ihrer Heimat bis 6 m, hier nur ausnahmsweise gegen 2 m hoch wird. Ihre dreizähligen, unterseits graugrünen Blätter sind eigenartig schmal und tief geschlitzt wie bei keiner andern Art. Die Blumen werden tiefrot, sie hängen und sind nicht sehr groß, Blütezeit ist im Juni. Diese auch durch ihr Laub recht dekorative Art wird viel zu selten gepflanzt; sie ist schön und beständig.

Paeónia-Lactiflora-Hybriden ist der Sammelname für die Sorten der Edelpäonien unsrer Gärten. Die Art P. *lactiflora* ist nicht in Kultur. Edelpäonien werden bis 100 cm hoch, haben spindelförmige Wurzeln und treiben als stattliche Exemplare ein Dutzend und mehr Stengel. Die Blätter sind doppeltdreizählig, die Blüten je nach Sorte einfach, halb- und ganz gefüllt und rosen-, ball- und schalenförmig. Es gibt frühe, mittelfrühe und spätblühende Sorten, von welchen die frühblühenden für die Gewinnung von Schnittblumen am meisten Wert haben.

Paeónia mlokosewítschii Lomak. tritt im Ostkaukasus auf und gehört zu den Arten für Liebhaber. Die Pflanzen werden 60 bis 80 cm hoch, haben doppelt-dreiteilige Blätter, die oben blaugrün, unten etwas heller sind, am Rande und längs der Nerven gerötet. Die Blumen erscheinen zeitig, bereits im April oder Mai vor allen andern Päonien, sie werden ballförmig, hellgelb, aber auch ins Aprikosenfarbene spielend. Die Pflanzen wachsen nicht stark; es ist nicht gelungen, sie zu Kreuzungen zu benutzen, um frühblühende Hybriden zu schaffen.

Paeonia-Lactiflora-Hybriden

Paeónia officinális L. aus Süd- und Mitteleuropa ist die Pfingstrose der alten Bauerngärten. Sie hat mit rundlichen Knollen besetzte Wurzeln und tief eingeschnittene Blätter, von welchen die untersten doppeltdreizählig sind, grau- bis tiefgrün im Ton. Die Blumen sind große, rote Schalen, sie haben zahlreiche gelbe Staubgefäße und eine starke dreiästige Narbe. Die Art dürfte bereits vor 1500 in den Gärten angepflanzt worden sein. Es entstanden auch gefülltblühende Formen, und in Aussaaten tauchten eine Reihe Abweichungen auf, von denen einzelne als Sorten herausgebracht wurden. Gefüllt blühen 'Alba Plena' – weiß, 'Rosea Plena' – rosa, 'Rubra Plena' – am meisten verbreitet, mit großen ballförmigen, tiefroten Blüten. 'Mutabilis Plena' – weiß und reichlich lachsfarbig ineinander übergehend. 'Alba Plena' wächst schwächer als die andern. Besondere Typen sind 'Anemonaeflora' und 'Anemonaeflora Rosea' – ihre halbrunden, sich in der Sonne weit öffnenden Blumenschalen in Dunkelrot und Rosa haben einen dichten Kranz schön angeordneter goldgelber Staubfäden. Die Pflanzen werden nur 30 bis 40 cm hoch. An weiteren Sorten seien aufgeführt; 'Crimson Globe' – tief

Pa und leuchtend purpurscharlachfarben, lebhaft duftend. Die Art, ihre Formen und Sorten blühen im Mai, etwa 14 Tage vor den Edelpfingstrosen.

Paeónia peregrína Mill. (syn. P. decora Anders., P. lobata Desf.) vom Balkan hat doppelt-dreizählige Blätter, aber einige Abschnitte sind oft bis zur Basis hinunter geteilt, so daß Blätter entstehen, die 15 bis 17 Abschnitte aufweisen... es ist jedenfalls ein höchst dekorativ wirkendes Blatt. Die Blumen stehen aufrecht und werden bis 12 cm breit, Farbe lebhaft purpurrot. Die Staubgefäße sind ebenfalls rot. Schön sind auch die Sorten 'Fire King' – Blumen strahlend orangerot, wie lackiert glänzend, eine außerordentlich effektvolle Farbe; 'Otto Froebel' – orangelachsfarbene Blütenschalen; 'Sunshine' – mehr orange, etwas heller als 'Fire King'. Farblich sind diese Sorten sehr schön, aber sie wachsen nicht besonders üppig. Die Art und die Sorten blühen teils vor, teils zusammen mit der Bauern-Pfingstrose, und man hat versucht, ihre einzigartige Farbe und die Frühzeitigkeit des Flors für die Züchtung zu nützen, aber ohne den erhofften Erfolg.

Paeonia-Suffruticosa-Hybriden ist der jetzt übliche Sammelname für die Baumpäonien-Sorten. Sie heißen auch Strauchpäonien. Die Stammart dürfte nirgends mehr in Kultur sein. Die Baumartige Pfingstrose kommt aus China, wo es schon seit Jahrhunderten zahlreiche Sorten gibt. Die Paeonia-Suffruticosa-Hybriden werden 70 bis 150 cm hoch und bringen eine Reihe kräftiger, sich nur wenig verzweigender holziger Stengel. Die Blätter sind groß, doppelt-dreizählig zusammengesetzt mit drei- bis fünflappigen Blättchen, oberseits graugrün, unterseits etwas bläulich schimmernd. Die Blumen erscheinen sehr zeitig, werden sehr groß, und es gibt einfache, halb- und ganz gefüllte Sorten mit weißen, rosa oder verschieden roten Blüten. Sie sitzen auf etwa 20 bis 30 cm langen Stielen und nicken leicht, Florzeit ist Mai bis Anfang Juni. An ihnen zusagenden Plätzen können die Pflanzen sehr stattlich werden: Durchmesser bis 2 m, über mannshoch, und sie bringen 150 und mehr Blumen... zur Florzeit ein märchenhafter Anblick. Aber solche Exemplare findet man selten, und sie erreichen diese Größe und Schönheit erst nach mehreren Jahrzehnten. Die Art und die Sorten sind völlig winterhart, aber gegen Nässe im Winter und auch im Sommer empfindlich. Die Pflanzen wachsen langsam... langsamer noch als die übrigen Pfingstrosen.

Durch Kreuzung mit P. lutea erzielte Lemoine um die Jahrhundertwende mehrere außerordentlich schöne Züchtungen, die als **P. × lemoínei** Lem. gehen. Die Blüten werden bis 20 cm breit, duften köstlich und sind bei 'l'Espérance' einfach gelb mit rotbraun gestrichelter und gestreifter Mitte, bei 'La Lorraine' schwefelgelb mit lachsfarbigem Schein, stark gefüllt, und bei 'Souvenir de Maxime Cornu' schwefelgelb mit karminrotem Saum, ebenfalls gefüllt. Die Pflanzen werden nicht so stattlich wie andere Baumpäonien, sind aber gärtnerische Kostbarkeiten.

Paeónia tenuifólia L. aus Südosteuropa, auch in Kleinasien und im Kaukasus auftretend, wird 30 bis 45 cm hoch und hat ein kriechendes Rhizom mit verhältnismäßig großen, länglichrunden, dicht an den Stielen sitzenden Knollen und dreizählige Blätter. Die Blätter sind fein zerschnitten, ihre Zipfel werden etwa 2,5 mm breit und wirken wie weiche Koniferennadeln.

Fast jeder Stengel bringt eine Blume, sie wird bis 8 cm breit, ist leuchtend tiefrot und hat gelbrote Staubgefäße, Florzeit im April/Mai. Außer der Art gibt es cv. 'Plena' mit gefüllten und cv. 'Rosea' mit rosa Blumen; an den natürlichen Standorten sollen auch weißblühende Exemplare vorkommen. Es ist eine absolut harte, reizende Art, die in etwas sandigen, warmen Böden am besten gedeiht.

Durch Kreuzung dieser Art mit einer Lactiflora-Sorte entstand die Hybride **P. × smóuthii** Lem. Ihre Pflanzen werden etwas höher als P. tenuifolia und bringen je Stengel mehrere Blumen, die auch duften. Der Flor ist im April.

Paeónia veítchii Lynch aus Westchina wird 30 bis 40 cm hoch, hat doppelt-dreizählige, tief eingeschnittene Blätter mit schmalen Abschnitten und bringt je Stengel 3 und mehr Blumen. Sie werden 5 bis 8 cm breit, rötlichpurpurfarben und hängen leicht. Die Art blüht sehr spät: im Juni/Juli.

Paeónia wittmanniána Hartw. aus dem Kaukasus wird 60 bis 100 cm hoch, hat große, doppelt bis dreifach-dreizählige Blätter, welche auf der Oberseite lackartig glänzen, unterseits hellgrün sind. Sie blüht mit lebhaft gelben, bis 12 cm breiten, einfachen Blumen. Die Art ist nicht in Kultur, aber die durch Kreuzung mit einer Edelpfingstrose entstandenen Wittmanniana-Hybriden in den Sorten 'Avantgarde' – Blumen zartrosa, 'Mai Fleuri' – fleischfarben, 'Le Printemps' – rosa und 'Messagère' – rahmweiß... alle gefüllt. Sie blühen am frühesten von allen Pfingstrosen, wachsen aber nicht stark und bringen nicht so viele Blumen wie unsre Garten-Päonien. Auch halten sich die Blüten abgeschnitten nur wenige Tage.

Bewertung, Verwendung, Anzucht: Die Edelpfingstrosen und P. officinalis sind allgemein bekannte, in ihrer Art einzigartige Stauden, die im Frühjahr durch ihren üppigen Flor und die großen Blüten jedem Garten zur Zierde gereichen... und im Herbst nochmals durch das zum Teil glühendrote Laub. Sie brauchen einen Platz in voller Sonne und tiefgründigen, nährstoffreichen Boden. Bei den Edelpfingstrosen soll er etwas schwer, leicht sauer und nicht zu trocken sein; bei P. officinalis kann er trockner und leichter sein. Bei ausreichender Ernährung können die Bestände 10 und mehr Jahre an ihrem Platz verbleiben, ohne in Triebkraft und Flor nachzulassen. Man muß nur alljährlich im Herbst mit nährstoffreichem Kompost oder mit Dung abdecken, auch Jauchen im Sommer ist günstig. Dagegen ist das Düngen mit Mineraldüngern nicht zu empfehlen! Blühen die Pflanzen aber nicht mehr recht, ist es Zeit, sie aufzunehmen, zu teilen und neu zu setzen. Der Boden muß sorgfältig gelockert werden und durch Eingraben von altem Dünger oder viel gutem Kompost wieder ertragreich gemacht werden. Der passendste Termin dafür ist der Frühherbst, also von Mitte August an... je eher man umpflanzt, um so früher bilden die Teilstücke frische Wurzeln, und um so besser überstehen die Pflanzen den Eingriff. Man teile weder zu stark, noch zu wenig: eine kräftige Wurzel mit zwei Augen ist die richtige Größe. Wichtig ist, daß die Augen etwa 5 cm tief in die Erde kommen, nicht höher, damit sie nicht vertrocknen, nicht tiefer, sonst blühen die Pfingstrosen schlecht. Beim Teilen gibt es eine Menge Abfall, aber das läßt sich nicht vermeiden. Nach 3 bis 4 Jahren erreichen die Pflanzen allmählich wieder die Größe von vorher, und ihr Flor nimmt zu. Da die Päonien lange an ihrem Platz bleiben und mit den Jahren stattlich werden, setze man von vornherein mit 120 cm Abstand. Sie passen auf bunte Blumenbeete und in den Hintergrund von mittelhohen Stauden, einzeln oder zu mehreren. Wichtig sind diese beiden Arten auch für die Gewinnung von Schnittblumen, zumal sie die ersten großen, füllenden Blumen aus dem freien Lande liefern. Ausreichende Ernährung ist die Voraussetzung für einen guten Ertrag an Blumen, ferner sind – wie bereits erwähnt – frühe und mittelfrühe Sorten nötiger als späte, die sich infolge einer gewissen Übersättigung schwerer absetzen lassen. Für eine regelrechte Kultur zur Gewinnung von Schnittblumen ist aber auch recht geschützte, frostsichere Lage nötig, denn schwere Fröste im Winter oder Vorfrühling zerstören den Blütenansatz. Man sollte mit zwei Sätzen oder Pflanzungen wirtschaften, die sich im Ertrag ergänzen und abwechseln. Der zweite Satz soll 5 bis 7 Jahre später als der erste gesetzt werden und tritt in seine volle Leistungsfähigkeit ein, wenn es Zeit wird, den ersten umzulegen. Man lasse beim Schneiden das unterste Blatt als „Zugblatt" stehen. Es kann ziemlich knospig geschnitten werden, doch müssen die Blumen gut Farbe zeigen. Geschnittene Blumen vertragen langen Transport und lassen sich auch im Kühlhaus mehrere Wochen zurückhalten. Ob es sich lohnt, ist eine andere, noch ungeklärte Frage. In der Regel halten sich die Blüten 10 Tage länger, oft brechen auch noch die Nebenknospen auf und verlängern den Flor. Blumen aus dem Kühlhaus platzen rasch auf und fallen bereits nach wenigen Tagen aus. Vermehrt wird nur durch Teilung. Will man Pflanzen zum Verkauf anbauen, soll man die Posten nur 3 bis 4 Jahre stehen lassen und dann erneut teilen. Nur so bekommt man ansehnliche Teilstücke und kann auch ausreichend Nachwuchs erzielen. Für Vermehrung zum Pflanzenverkauf ist sandig-lehmiger oder sandiger, stark mit Rinderdung versorgter Boden und verhältnismäßig hoher Grundwasserstand nötig. In solchen Böden ist der Zuwachs nach einer Teilung ziemlich groß. Immerhin vergehen eine Reihe von Jahren, ehe man ausreichend Vermehrungs- und Verkaufsbestände hat. Die baumartigen Pfingstrosen wünschen gleichfalls geschützte, vollsonnige Standorte, guten nahrhaften Boden und einen wohldrainierten Standort. Es macht bei so stattlich werdenden Gewächsen viel Arbeit, wenn man drainieren muß, denn es ist eine etwa 70 cm tiefe und 1 m lange und breite Grube nötig. Auf ihren Boden gehört eine etwa 20 cm starke Schicht von grobem Schotter, darauf 5 cm hoch Kies. Dann füllt man mit einem Gemisch von Landerde, Komposterde und Rinderdung zu. Man pflanze nur im zeitigen Frühling. Vermehrt wird durch Geißfußveredlung auf Wurzeln von Lactiflora-Hybriden im zeitigen Frühjahr im Haus oder im August/September, wobei die Veredlungen in einem tiefen Kasten aufgestellt werden. Man topft sofort ein, und im ersten oder zweiten Frühling nach der Veredlung sind die Veredlungen verkaufsstark. Am endgültigen Standort sollte man tiefer pflanzen als vorher, damit auch das Edelreis Wurzeln bildet. Ob sich das durch Wuchsstoffe fördern läßt, ist unbekannt, es wäre aber von Vorteil. Die Baumartigen Pfingstrosen sind Prachtpflanzen und gehören an Stellen im Garten, wo man sie bewundern kann. Häufig werden sie als Solitärs in Rasenflächen gesetzt.

Die übrigen Arten sind mehr oder weniger Liebhaberpflanzen. Sie machen wenig Arbeit, aber es gehört eine Vorliebe für die bescheideneren Mitglieder einer Gattung dazu. Sie blühen nicht so üppig, wachsen auch nicht alle freudig, fallen also auf den ersten Blick gegen die Bauern-, die Baum- und die Edelpfingstrosen ab. Sie eignen sich vor allem für den Wildstaudengarten und passen in Teppiche von bodendeckenden Gräsern oder Stauden, die man allerdings um die Pflanzen herum etwas eindämmen muß. *P. tenuifolia* paßt auch in größere Steingärten. Man kann die Arten aus Samen und durch Teilung vermehren. Sämlinge blühen selten vor dem 3. Jahre.

Panícum · Hirse
Gramineae ⊙ ♃ ○ ◐ ♡ ✕

Panicum ist ein alter lateinischer Pflanzenname, in welchem das Wort panis = Brot steckt. Es nimmt darauf Bezug, daß nach Plinius und Columella eine Art zum Brotbacken verwendet wurde. Die Gattung umfaßt etwa 300 bis 500 Arten, welche vor allem in subtropischen Gebieten auftreten, in der gemäßigten Zone gibt es nur einzelne. Viele Arten sind neuerdings aus der Gattung ausgegliedert worden. Es sind ein- oder mehrjährige verschieden große Gräser, und ihre Ährchen stehen zu 1 bis 2 in Scheinähren oder Rispen. Einzelne Arten in den Savannen der Neuen Welt sind gute und höchst ergiebige Futtergräser.

⊙ **Panícum capilláre** L. aus dem Osten Nordamerikas ist eine annuelle Art, welche 30 bis 60 cm hoch wird. Die Pflanzen haben Stengel, die sich schon unten verästeln, und linealische, behaarte, etwa 8 mm breite, ziemlich straffe Blätter. Sie blühen im Juli bis September mit pyramidalischen, bis 20 cm langen, sehr duftig wirkenden Rispen.

Pa

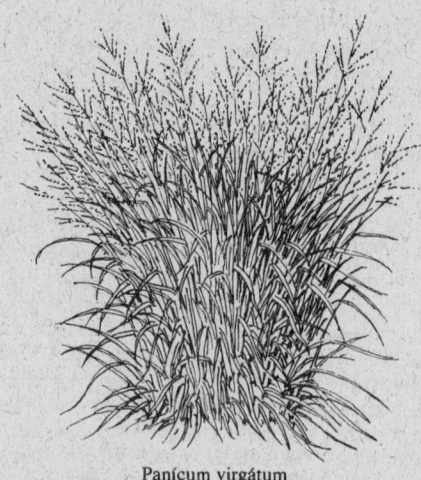

Panicum virgatum

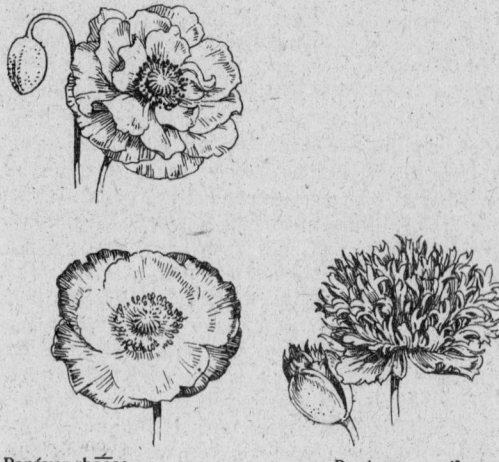

Papaver rhoeas   Papaver somniferum

♃ **Panicum clandestinum** L., die Bambushirse, ist eine Staude und wird 30 bis 60 cm hoch, hat einen aufrechten, etwas steifen Wuchs und breit-ovale, an Bambuslaub erinnernde Blätter. Im Juli/August erscheinen bräunliche, kurze Ähren.

♃ **Panicum virgatum** L., die Rutenhirse, aus Nordamerika ist ebenfalls eine Staude, wird 60 bis 150 cm hoch und bildet mit den flachen, nur 5 bis 7 mm breiten, aber bis 30 cm langen Blättern anfangs hellgrüne, später braun schimmernde Horste. Der Blütenstand ist anfangs schmal, breitet sich aber im Laufe des Flors aus und bildet bis 30 cm lange, reichlich verzweigte, duftig wirkende Rispen, welche gegen Ende Juli erscheinen und sich bis in den September halten. Bei 'Rotbraun' sind das Laub und die Rispen kräftiger in der Farbe, bei 'Rotstrahlbusch' sind die Rispen bräunlich wie bei der Art, aber das Laub ist rotbraun.

Bewertung, Verwendung, Anzucht: Gräser gehören bekanntlich zu den vernachlässigten Gartenzierden, und man ist nicht an ihren Anblick gewöhnt. Manche Gartenfreunde halten sie sogar für unangebracht. Sie wissen nicht recht, wo und wie sie die Gräser unterbringen sollen. Die annuelle Art *P. capillare* eignet sich gut für bunte, in kräftigen Farben gehaltene Blumenbeete als Ruhepunkt und Gegensatz. Man kann sie auch zu andern Gräsern setzen. Aussaat im Frühling direkt an den vorgesehenen Platz und später auf 15 cm Abstand ausdünnen... oder Aussaat in einen kalten Kasten, dann am besten in kleine Töpfe büschelweise pikieren und schließlich auspflanzen. Die Blütenstände eignen sich gut zum Schnitt. Die beiden andern Arten gehören in den Wildstaudengarten oder sind gute Nachbarn für Wildstauden, die lebhaft gefärbt blühen und eine Ergänzung durch grünlaubige Gewächse brauchen. Man kann sie sogar in Staudenrabatten einfügen.

Alle wollen sonnigen Standort und wachsen in jedem Boden, der nicht zu arm ist. Die perennierenden Arten werden durch Teilung im Frühjahr vermehrt und ergeben bis zum Herbst verkaufsstarke Pflanzen. Einmal gepflanzt, können sie viele Jahre an ihrem Platz stehenbleiben. Ab und zu streue man im Frühjahr um die Horste etwas Volldünger und hacke ihn ein.

Papaver · Mohn
Papaveraceae ☉ ☉ ♃ ◯ ◐ ◑ ✕ ⬡

Papaver hieß der Mohn bei den Römern. Sie kannten nicht nur die Gattung, sondern auch die Wirkung des Opiums, das aus *P. somniferum* gewonnen wird. Im Namen soll das Wort papa, pater = Vater stecken, weil Abkochungen von Mohnsamen die unruhigen kleinen Kinder, denen man sie gab, zur Ruhe brachten wie ein scharfer Blick oder ein Machtwort des Vaters... so steht es jedenfalls in einem alten Glossar der lateinischen Sprache. Papaver sind einjährige oder ausdauernde Kräuter, die Milchsaft enthalten, mit gelappten oder geteilten Blättern und einzeln auf den Stielen stehenden, als Knospe nickenden Blumen von verschiedener Größe und Farbe, immer aber weithin sichtbar. Die Gattung umfaßt zwischen 50 und 100 Arten, ist also sehr formenreich und variabel. Die Heimat dürfte im östlichen Mittelmeerraum liegen, von wo aus sich die Arten nach Mitteleuropa und Asien verbreitet haben. Eine hat große Bedeutung erlangt und reicht an den Rang von Getreidepflanzen heran: der bereits erwähnte Schlafmohn, *P. somniferum*. Es steht nicht fest, wo er zum ersten Male genutzt wurde, aber welchen geschichtlichen und vorgeschichtlichen Zeugnissen man auch nachgeht, überall findet man Hinweise auf den Anbau und die wohlbekannte Wirkung des Schlafmohns. In der griechischen Mythe wird berichtet, der Gott des Schlafes habe den Mohn geschaffen und als Heilmittel für die zu Tode betrübte Göttin der Felder und Fluren Demeter verwendet, die nach dem Genuß in Schlaf verfiel und dabei ihren Kummer vergaß. Homer spricht „von dem betäubenden Mohn, getränkt mit letheischem Schlummer". Samen und Kapseln der Art findet man in den Resten der Pfahlbauten an den Ufern der schweizerischen Seen. Und *Papaver somniferum* war das Wundermittel des mittelalterlichen Arztes Paracelsus. Es ist jedenfalls seit Urzeiten als Betäubungs- und Rauschmittel genutzt und mißbraucht worden, hat ungeheuerliche Verwüstungen unter den Menschen angerichtet und auch Kriege veranlaßt. Der Mißbrauch wurde von zahlreichen Regierungen der verschiedensten Zeiten bekämpft, ist aber ein geheimes Laster geblieben. Das Gift ist in den unreifen, noch fleischigen Samenkapseln als Alkaloid im Saft enthalten. Der Saft wird eingedickt und auf die verschiedenste Weise verarbeitet. Aus diesem Produkt wird zuerst das Opium und aus ihm das Morphium gewonnen, das beliebteste und in vielen Fällen durch keinerlei synthetische Präparate ersetzbare schmerzstillende und beruhigende Mittel unsrer Medizin.

Ein- und zweijährige Arten

☺ **Papáver gláucum** Boiss. et Hausskn. (syn. P. somniferum var. glaucum [Boiss. et Hausskn.] O. Ktze.) stammt aus Kleinasien und ist eine fast kahle, bis 50 cm hohe, straff aufrechte Pflanze. Sie ist an allen grünen Teilen bläulich überlaufen und hat fiederig geteilte oder gelappte Blätter. Die Blüten sind die größten unter den einjährigen Arten; sie werden bis 10 cm breit und ähneln in ihrer Form einer Tulpe. Sie sind glühend rot und haben einen schwarzen Fleck an der Basis jedes Blumenblattes. Die Art ist auch zweijährig und heißt im Deutschen Tulpen-Mohn.

Papáver nudicáule L., der Islandmohn, tritt in der subarktischen Zone auf. Zuerst fand man ihn auf Island. Die Pflanzen bilden Rosetten und haben behaarte, etwa 10 bis 15 cm lange, buchtig-fiedrige Blätter. Sie bringen einzeln auf Stielen sitzende, schalenförmige Blüten. Jede Pflanze kann eine Menge Blumen bringen. Die Stiele werden 30 bis 40 cm hoch. Im Laufe der Kultur entstanden zahlreiche Sorten, die nicht völlig treu aus Samen fallen. Erwähnt seien die Gigantea-Typen 'Brillance Emperor' – orangerot, 'Corona Pink' – lachsfarbig bis rosa, 'Golden Monarch' – leuchtend gelb, 'Goodwins Victory' – cremefarben bis kirschrot... alle werden etwa 50 cm hoch, haben straffe Stiele und bis 10 cm breite schalenförmige Blumen. Ältere Typen sind 'Cardinal' – tiefrot mit gelben Staubfäden, 'Gartref' – eine Mischung aller Farben einschließlich Weiß. Diese Pflanzen werden nicht ganz so stattlich wie der Gigantea-Islandmohn. Die Rassen oder Zuchten entstanden durch Kreuzungen verschiedener Lokalformen des *P. nudicaule*. Sonst haben diese Lokalformen keine Bedeutung.

Papáver pavonínum Fisch. et Mey., der Pfauenmohn aus Armenien und Turkestan, wird 40 bis 60 cm hoch, ist steif behaart, hat fiederteilige, gezähnte Blätter und bringt je Stengel eine bis 8 cm breite, leuchtende scharlachrote Blüte. Diese ist dreifarbig: Im Grunde hat sie einen lebhaft karminfarbenen Fleck, rings um diesen einen schwarzroten Saum, dann folgt das Scharlachrot als Hauptfarbe. Blütezeit ist der Sommer, meistens in der ersten Hälfte.

Papáver rhóeas L. ist der Klatschmohn, der auf unsern Feldern und Wiesen als Unkraut auftritt und durch Verschleppung über den ganzen Erdball bis nach Neuseeland verbreitet wurde. Gartenwert haben nur die Sorten, deren es eine Menge gibt, denn die Art variiert leicht. Sie wird 40 bis 80 cm hoch, Blätter und Stiele sind abstehend steif behaart, die Blumen stehen einzeln auf langen Stielen. Von den Sorten gibt es 1. in gefüllten kleinblumigen Typen: Ranunkelmohn und Japanischer Pompónmohn, sie werden heute aber nur noch selten gezogen, und 2. die Typen mit großen Blumen. Davon haben vor allem der einfache Seidenmohn und dessen gefülltblühende Abwandlung Wert. Der Einfache Seidenmohn hat schalenförmige Blumen in den verschiedensten Farben: Weiß, Hellrosa bis Tiefkarminrosa, Scharlach, Zinnober, Purpurrot, oft mit einem abweichend getönten Saum oder in andern Tönen grundiert. Er wird in Mischungen angeboten, die Pflanzen erreichen die Höhen von 40 bis 60 cm. Der Gefüllte Seidenmohn hat vollkommen gefüllte Blüten im gleichen Farbenspiel, wird auch so hoch wie der einfache.

Papáver somniferum L., der bereits erwähnte Schlafmohn, wird felderweise zur Gewinnung von Mohnöl angebaut, das völlig ungiftig ist. Man preßt die reifen, schwarzen Körner aus und stellt aus deren Rückständen noch Ölkuchen für die Viehfütterung her, ferner verwendet man die unbearbeiteten Samen zum Bestreuen von Gebäck – Mohnzöpfchen – und zu Kuchen. Überdies gewinnt man aus den Kapseln – wie bereits erwähnt – Opium und Morphium. Gartenwert haben nur der Blatt- und der Schlitzmohn. Der Blattmohn bringt einfache oder gefüllte Blumen mit ganzen, nur oben am Saum etwas gerandeten oder getollten Blütenblättern – der gefüllte Blattmohn heißt Päonienmohn –; der Schlitzmohn (auch Federmohn genannt) hat tief eingeschlitzte oder gefranste Ränder. Nur der gefülltblühende ist wichtig. Von beiden Typen gibt es eine Reihe Sorten, die verschieden gefärbt sind und verschiedene Höhen erreichen. Die hohen werden bis 75 cm hoch und höher, die niedrigen bis 35 oder 40 cm. Der Flor fällt in die erste Sommerhälfte.

Bewertung, Verwendung, Anzucht: Bis auf *P. nudicaule*, das aus einem andern Gebiet stammt und eigne Züge hat, ist den vorstehend aufgeführten Arten gemeinsam, daß sie mit weithin sichtbaren Farben reich, aber nur kurz blühen. Ihr Flor geht bald vorüber, und man muß auf den Beeten für sie Nachfolger haben, sonst gibt es leere Stellen. Sie wünschen einen vollsonnigen Standort. Der Boden soll tiefgründig, nährstoffreich, kalkhaltig und in guter Tracht sein, wie das bei Feldunkräutern üblich ist. In armen Böden versagt der Mohn. Man säe an Ort und Stelle, der Boden muß aber bereits im Herbst umgegraben wer-

Pa

Papáver búrseri

Papáver orientále

Papáver orientále 'Olympia'

den. Mohn will guten Bodenschluß, daher muß man nach dem Säen walzen oder festklopfen. Reihensaat mit 25 bis 30 cm Reihenabstand ist am günstigsten und erleichtert das Hacken. Schon bald nach dem Auflaufen muß man auslichten, nur weit stehender Papaver wächst kräftig und blüht zufriedenstellend... Abstand innerhalb der Reihe etwa 20 cm. Säen soll man, sobald man aufs Land kann, also ab Ende März bis in den April hinein. Aussaaten im Mai sind zwecklos, denn die Bestände bleiben kümmerlich. Der Mohn braucht vor allem die Winternässe, die im Mai längst verflogen ist. Man kann auch gegen Anfang Oktober säen. Herbstsaat ergibt in der Regel etwas üppigeren Aufwuchs, aber der Mohn verblüht auch früher. Er steht etwa ab Mitte Juni in Vollflor, und nach 5 Wochen ist alles vorüber, bei heißer Witterung noch rascher. Bei Frühjahrssaat verschieben sich die Termine um 10 bis 15 Tage. Im allgemeinen nimmt man diese Arten für bunte Blumenbeete, sowohl als Einsprengsel zwischen andere Sommerblumen als auch in größere Flächen. Päonien- und Federmohn eignen sich ferner für die Gewinnung von Schnittblumen, die zwar nicht lange halten, aber imposant aussehen. Man streut einige Körnchen in 8-cm-Töpfe oder Torftöpfe, läßt die 3 stärksten Keimlinge wachsen, schneidet die andern fort und pflanzt, wenn sie durchgewurzelt haben, an den vorgesehenen Platz. Zusatzdüngung mit phosphorhaltigem Mineraldünger ist günstig. Man schneidet, wenn die nickenden Knospen sich aufrichten.

Papaver nudicaule eignet sich ebenfalls für bunte Beete, sehr gut auch zur Gewinnung von Schnittblumen, denn die abgeschnittenen Blüten halten sich mehrere Tage. Die Pflanzen blühen lange Zeit, wenn man den Samen laufend ausknipst; immer wieder erheben sich aus der Rosette der Blätter neue Stengel mit Knospen. Auch dieser Mohn braucht kräftigen, gehaltreichen und eher trocknen als nassen Boden, dazu volle Sonne. Man kann im Herbst säen und verpflanzt im nächsten Frühjahr so zeitig als möglich mit gutem Ballen an den endgültigen Standort. Für die Schnittblumengewinnung jedoch und für den Verkauf von Pflanzen ist es besser, entweder schon im August zu säen, alsbald in 7- oder 8-cm-Töpfe zu bringen und diese in einem Frühbeet mit leichtem Schutz von Reisig und bei großer Nässe auch zusätzlich von Fenstern zu überwintern; oder man sät sehr zeitig im Gewächshaus, pikiert alsbald und setzt dann in Töpfe. Solche Posten können bereits gegen Ende April feste Ballen haben. Zur Gewinnung von Schnittblumen lassen sich in kalten Kästen ausgepflanzte Posten verfrühen, indem man gegen Ende März Fenster auflegt. Natürlich muß man bei schönem Wetter lüften und bei drohendem Frost über Nacht zudecken. Im Garten samt sich der Islandmohn häufig aus. Im Alpinum, wohin man ihn auch setzen kann, muß man achtgeben, daß er nicht zum Unkraut wird.

Ausdauernde Arten

Die vielen Gärtnergenerationen geläufigen Namen Papaver alpinum L. und P. pyrenaicum A. Kerner haben nur noch als Synonyme Bedeutung. Die bisherigen Subspecies beider werden nun als Arten geführt. Zum Alpenmohn gehören also:

Papáver búrseri Crantz, nördliche Alpen und Karpaten, blüht weiß mit gelblichem Fleck im Blütengrund.

Papáver kérneri Hayek, Südost-Alpen und Jugoslawien, hat etwas größere orange bis goldgelbe Blüten.

Papáver rhaéticum Leresche, Südwest- und Ost-Alpen, Ost-Pyrenäen, hat goldgelbe, im Verblühen orange Blüten.

Papáver séndtneri Kerner ex Hayek, mittlere und östliche Alpen, blüht weiß, innen am Grund grünlichgelb bis schwärzlich.

Die Pflanzen aller vier Arten werden bis 20 cm hoch und bilden Rasen. Sie haben einen kurzen, meist mehrköpfigen Wurzelstock, eine grundständige Rosette gefiederter Blätter, welche bei *P. burseri* und *P. kerneri* doppelt und dreifach, bei *P. rhaeticum* und *P. sendtneri* meist einfach, selten doppelt gefiedert sind. Die Blüten erscheinen im Mai/Juni einzeln auf dünnen, aber festen Stielen, sie sind bis 5 cm breit und glänzen.

Papáver orientále L. aus dem Kaukasus und Nordiran ist rein kaum noch in Kultur, sondern es werden nur die Sorten oder Auslesen kultiviert, welche aus Kreuzungen dieser Art entstanden sind. Dieser perennierende Gartenmohn hat tiefdringende, bis fingerdicke, sehr brüchige Wurzeln und bringt einen Schopf stattlicher, dicht behaarter, gefiederter Blätter und auf steifen, ebenfalls behaarten, meistens hoch-

Paradísea liliástrum 'Major'

blattlosen Stengeln große Blüten. Sie erscheinen im Mai/Juni. Es gibt unzählige Sorten, aber völlig einwandfrei sind nur verhältnismäßig wenige Züchtungen. Wichtig ist, daß auch an älteren Pflanzen die Blütenstiele nicht umfallen, daß die Blumen in der Sonne nicht verbrennen oder stark knittern, daß die Sorten völlig winterhart sind. Erwähnt seien: 'Branddirektor' — scharlachrot, 'Feuerriese' — ziegelrot, 'Rosenpokal' — lachsrosa und 'Seidenjuwel' — hellrosa, alle sind Züchtungen K. Foersters, 'BS-Rotlicht', eine neue Sorte, blutrot mit schwarzen Schlundflecken; 'Perrys White' — weiß, schon Jahrzehnte im Sortiment; 'Marcus Perry' — sehr große Blüten in Orangescharlach. Die genannten Sorten werden 70 bis 80 cm, 'Marcus Perry' nur 60 cm hoch. Eine alte Sorte ist 'Olympia' — etwa 2 Wochen vor den übrigen Sorten in Flor mit gefüllten orangeroten Blüten, Höhe etwa 50 cm, sehr viele Blumen treibend, unverwüstlicher Wachser, Stengel dünn und nicht immer ganz gerade, aber aufrechtstehend.

Bewertung, Verwendung, Anzucht: Der Alpenmohn eignet sich für Steingärten und wünscht als Standort ein kleines Geröllfeld aus Kalkschotter. Nur in solchen Böden fühlt er sich wohl und wächst zufriedenstellend. Der Standort muß in voller Sonne liegen, bei großer und langer Trockenheit sollte man den Bestand gelegentlich einnebeln. Vermehrt wird aus Samen. Die jungen Pflanzen sollen recht bald in kleine Töpfe pikiert und später mit Ballen an den vorgesehenen Platz gesetzt werden. Bei zeitiger Aussaat im Januar sind sie Anfang Mai soweit.

Der ausdauernde, großblumige Gartenmohn ist durch seine glühenden oder weithin sichtbaren Farben und die oft riesigen Blüten bekannt und völlig unersetzlich... es gibt überhaupt wenige Gartenzierden mit derartig mächtigen Tönen. Man darf ihn nur mit ähnlich kräftigen Farben zusammenbringen: also mit weißen Margeriten, tief- und gelegentlich auch hellblauem Rittersporn oder *Achillea clypeolata*... nicht oder nur ausnahmsweise mit rosa oder lachsrosa blühenden Stauden. Ein Manko ist, daß der Mohn auflodert und bald verlöscht — übrig bleiben absterbende Blätter und anschließend ein leerer Fleck. Manchmal treiben die Wurzeln frisches Laub, das die kahle Stelle ausfüllt, aber nicht immer. Man muß also vor oder neben den Mohn eine oder mehrere Stauden setzen, die sein Schwinden verdecken; gut eignen sich dafür *Salvia* × *superba*, *Nepeta* × *faassenii*, *Rudbeckia fulgida* var. *sullivantii* 'Goldsturm'. Wie diese will auch der Mohn einen Standort in voller Sonne und nimmt mit jedem Gartenboden vorlieb; gefährlich ist stehende Nässe im Winter. Man pflanzt also den Feuermohn in bunte Blumenbeete, in welchen sein Abgang nicht auffällt. Mit vier, fünf Jahren können die Büsche in vollem Grün gut einen Meter breit sein, später gehen sie zurück, und nicht selten verschwindet der Mohn eines Tages völlig... er gehört nicht zu den sicher langlebigen Stauden. In kalten Wintern kann auch der Kopf wegfrieren, die Wurzeln treiben zwar wieder aus, blühen aber erst im 2. Jahre wieder voll. Reisigschutz kann das Zurückfrieren verhindern. Pflanzen soll man nur im Frühling. Die Blumen werden gern als Schnittblumen verwendet, obwohl sie sich höchstens 2 Tage halten. Sie wirken ungemein dekorativ. Man muß schneiden, wenn die Knospe aufspringt. Vermehrt werden die Sorten nur durch Wurzelschnittlinge, die man nach dem Flor, im Spätherbst und Winter oder im Frühjahr machen kann. Etwa 7 bis 8 cm lange, bleistiftstarke Stücke junger Wurzeln sind zu schneiden, am unteren Ende soll der Schnitt schräg sein, damit man genau weiß, was oben und unten ist. Dann steckt man senkrecht in Handkästen in sandige Erde und stellt die Kästen in einem Haus zum Durchtreiben auf. Ist dies geschehen, pflanzt man in Papp-, Torf- oder Tontöpfe. Die Erde soll grobbrockig sein und reichlich Torfmull enthalten. Bestände in Papptöpfen werden im Laufe des Frühlings nach dem Durchwurzeln auf Anzuchtbeete gesetzt. Die in Torf- oder Tontöpfen stehenden Pflanzen lassen sich, wenn sie feste Ballen gebildet haben, verkaufen und verschicken. Man muß es so einrichten, daß diese Posten zur Versandzeit fertig sind. Für Herbstversand soll man im Frühjahr Schnittlinge machen, für Frühjahrsverkauf nach der Blüte. Die Töpfe müssen weitläufig stehen, und man muß sie einige Male anheben, damit durchs Abzugsloch dringende Wurzeln gestört werden. Man kann aber auch ausgepflanzte Exemplare mit langen Wurzeln versenden.

Paradísea · Paradieslilie, Sankt-Bernhard-Lilie
Liliaceae △ ○ ◐ ○

Die Pflanzen wurden zur Erinnerung an den Grafen Giovanni Paradisi (1760–1826) benannt, der ein Förderer des Gartenbaues war. Zur Gattung gehört eine

Pa

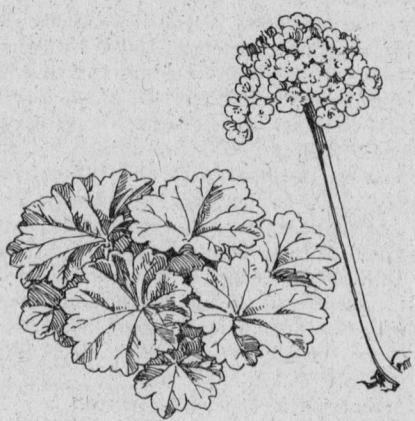

Peltiphýllum peltátum   Pennisétum alopecuroídes

Art. Die Pflanzen sind ausdauernde Gewächse mit einer kurzen Grundachse, büscheligen Wurzeln, grundständigen, grasartigen Blättern, und ihre Blüten stehen in lockeren, einseitswendigen, wenigblütigen Trauben. Erst bei älteren Exemplaren kann man bis 20 Blumen je Traube zählen. Sie sind weiß, trichterförmig und duften, um Nachtfalter anzulocken. Blütezeit ist im Mai bis Juli. Die Paradieslilie ist schon seit etwa 1600 Gartenpflanze. Sie wird 35 bis 45 cm hoch.
Paradísea liliástrum (L.) Bertol. (syn. Anthericum liliastrum L.) tritt in der freien Natur in Portugal, den Pyrenäen, den Alpen und Apenninen auf, fehlt aber nördlich der Alpen völlig. Sie wächst an sonnigen Abhängen auf nährstoffreichen Wiesen und tritt dort zuweilen in so großer Menge auf, daß ihre Blüten zur Florzeit ein einziges weißes Gewoge zu sein scheinen. In den Bergen steigt sie bis 2400 m hoch, ist also sehr winterhart. In der Kultur entstanden die Sorten 'Plena' mit gefüllten und 'Major' mit größeren Blüten und längeren Trauben, Höhe 50 cm und darüber.

Bewertung, Verwendung, Anzucht: Diese anspruchslose Staude wird mit den Jahren immer liebenswerter, denn sie bringt dann viele Blütenstengel. Sie eignet sich für bunte Blumenbeete und Teppiche von niedrigen Wildstauden sowie als Nachbar von Kakteen und *Yucca.* Man sollte aber stets mehrere Exemplare truppweise pflanzen. Der Boden muß tiefgründig, warm, nicht zu frisch, eher etwas trocken sein, auch sandiger Moorboden wird vertragen. Volle Sonne ist nötig. Man kann sie jahrelang an ihrem Platze lassen; alte Exemplare können nicht mehr verpflanzt werden. Vermehrt wird aus Samen, den man sofort nach dem Ernten aussäen muß, sonst liegt er sehr lange, ehe er keimt, und die Keimung wird noch unregelmäßiger als bei ganz frischem Samen. Man sät in tiefe Schalen oder Staudensaatbeete, die man über Winter mit Reisig und notfalls mit Glas schützen muß. Bei Aussaat in Schalen ist bald zu pikieren, bei Aussaat ins Saatbeet läßt man bis zum Erstarken stehen und pflanzt schließlich auf Anzuchtbeete aus, ebenso die pikierten Bestände. Die Pflanzen machen wenig Arbeit, aber sie brauchen von der Aussaat bis zum Erreichen der Verkaufsstärke etwa anderthalb Jahre. Im eigenen Garten kann man sofort an den vorgesehenen Standort pikieren und braucht nur laufend unkrautfrei zu halten.

Paronýchia · Mauermiere, Nagelkraut
Caryophyllaceae

Paronychia ist ein altgriechischer Pflanzenname für eine bei uns nicht winterharte Art. Es stecken darin die Wörter para = bei, gegen und onyx = Nagel; sie nehmen darauf Bezug, daß ihr Kraut gegen Nagelgeschwüre verwendet wurde. Es sind ein- und mehrjährige Kräuter oder Halbsträucher mit aufrechtem oder niederliegend-rasigem Wuchs, meistens kleinen Blättern und vielen wenig auffälligen Blüten, die bei einigen Arten von weißen Tragblättern eingeschlossen werden. Die Gattung umfaßt gegen 40 manchmal schwer unterscheidbare Arten, von denen viele zur Mediterranflora gehören.
Paronýchia capitáta (L.) Lam. wird nur wenige Zentimeter hoch und bildet dichte grüne Rasen. Die Pflanzen blühen im Juni, wobei aber nur die silberweißen Tragblättchen auffallen. Sie verwandeln den kurzen, grünen Teppich in ein mit kleinen weißlichen Tupfen gemustertes Polster.
Paronýchia kapéla (Hacq.) Kern. hat bläulich-grüne, bis 4 cm lange und nur 2 mm breite Blätter; die silbrigen Blütenstände erscheinen im Mai/Juni und werden bis 2 cm breit. Ssp. **serpyllifólia** (Chaix) Graebn. hat stumpf- bis grau-grüne, rundliche Blättchen und färbt sich an sonnigen Stellen im Herbst rotbraun. Die Polster werden dicht, 3 bis 5 cm hoch, und die im Mai/Juni erscheinenden Blüten fallen nur durch die silbrig-weißen, papierartigen Tragblätter auf.

Bewertung, Verwendung, Anzucht: Es sind rasenbildende Stauden für sonnige, etwas trockene Plätze, aber die Erde soll humos sein. Man kann *Paronychia* als Bodendecke verwenden, wozu man ja heute so manche Staude wählt. Das ist sogar natürlicher als Rasen. In sehr nassen und besonders harten Wintern erfrieren exponiert stehende Teppiche. Am härtesten ist ssp. *serpyllifolia*. In Teppiche von *Paronychia* kann man Blumenzwiebeln einstreuen: botanische Tulpen, *Ornithogalum, Colchicum*. Vermehrt wird durch Teilung. Vorsichtshalber sollte man in jedem Herbst einen Satz Stecklinge in kleinen Töpfen heranziehen und diese im kalten Kasten unter Glas überwintern. Man steckt einige fingergliedlange Spitzen in 7-cm-Töpfe, hält etwas geschlossen, und nach drei, vier Wochen sind die Triebe bewurzelt. Diese Vermehrung empfiehlt sich auch bei großem Bedarf an Pflanzen, der rasch befriedigt werden muß.

Peltiphýllum · Schildblatt
Saxifragaceae ⚁ ○ ◐ ◕ ≈ ♡

Im Namen stecken die griechischen Wörter pelte = Schild und phyllon = Blatt; sie beziehen sich darauf, daß die Pflanzen große schildförmige Blätter bekommen. Die Gattung enthält nur eine Art.
Peltiphýllum peltátum (Torr.) Engl. (syn. Saxifraga peltata Torr.) wächst in den Gebirgen im Westen Nordamerikas an Bachrändern und ist eine langlebige Staude. Sie hat einen fleischigen, mit breiten, rundlichen Schuppen bedeckten Erdstamm und bringt grundständige, aber hochgestielte, fast runde Blätter, bis 60 cm im Durchmesser, mehrfach gelappt oder gefiedert. Sie erscheinen nach dem Flor im April/Mai, also ziemlich spät. Die Blüten werden etwa 1 cm breit, Farbe rosa, und sie stehen in vielblumigen Trugdolden auf einem blattlosen, roten, rauh behaarten Schaft. Er wird bis 60 cm hoch, die ganze Pflanze mit voll entwickeltem Laubschmuck erreicht gegen 80 cm Höhe. Das Schildblatt ist bei uns völlig winterhart.

Bewertung, Verwendung, Anzucht: Die aus dem kahlen Boden aufragenden Blütenschäfte wirken eigenartig, eben weil das Laub fehlt. In vollem Blätterschmuck dagegen sind sehr dekorativ, sie bezeugen eine Art Überfluß und Reichtum. Sie wünschen kräftigen, tiefgründigen, humusreichen Boden, der frisch, besser noch richtig feucht sein soll. Man kann das Schildblatt vor allem für Bach- und Teichufer oder für die Ränder von Wasserbecken nehmen, auch einzeln oder in Gruppen in den Rasen setzen, braucht dazu aber eine feuchte Mulde. Die Pflanzen lieben Halbschatten, vertragen jedoch auch sonnige Standorte, wenn der Boden feucht und kräftig ist. Gute Nachbarn sind Funkien, *Filipendula*, Polsterstauden in größeren Flächen und *Tiarella*. Einmal gepflanzt, können die Exemplare viele Jahre an ihrem Platz bleiben. Günstig ist, über Winter mit gutem Kompost, Rinderdung oder gejauchtem Torfmull abzudecken. Vermehrt wird durch Teilung im Frühjahr und aus Samen. Es dauert bei Teilung ein Jahr, bei Aussaat etwas länger, ehe der Nachwuchs Verkaufsstärke erreicht hat.

Peltoboykínia → **Boykínia**

Pennisétum · Federborstengras
Gramineae ☉ ⚁ ○ ◐ ◑ ♡ ✂ ∧

Im Namen stecken die lateinischen Wörter penna = Feder und seta = Borste; sie beziehen sich darauf, daß die Blütenstände aussehen, als seien sie mit Federn oder mit Borsten besetzt. Es sind einjährige oder ausdauernde Gräser von verschiedener Größe und Tracht, die Blüten stehen in langen, dichten, rundherum besetzten Ähren, nur ausnahmsweise bilden mehrere gestielte Ähren einen verzweigten Blütenstand. Die Gattung umfaßt gegen 50 Arten, von welchen die meisten in tropischen und subtropischen Afrika auftreten. Eine Art, *P. glaucum*, die Rohrkolbenhirse, ist eine sehr alte Getreidepflanze, die schon früh kultiviert wurde. In vielen prähistorischen Fundstätten hat man Reste von Körnern und Laub der Rohrkolbenhirse entdeckt. Man nahm damals diese Hirse zum Brotbacken oder kochte die Körner zu Brei. In China wurde sie 2700 v. Chr. angebaut, auch die Griechen und Römer kultivierten die Rohrkolbenhirse, und in den Kapitularien Karls des Großen wird sie empfohlen. Heute baut man sie vor allem in Afrika und Ostindien an.

⚁ **Pennisétum alopecuroídes** (L.) Spreng. (syn. P. compressum R. Br., P. japonicum Trin., P. purpurascens (Thunb.) O. Kuntze non H. B. K.), das Australische Lampenputzergras, stammt aus Ostasien, ist auch in Australien häufig und bildet bis 80 cm hohe Büsche. Die Pflanzen haben schmale graugrüne Blätter und blühen im Spätherbst mit anfangs rosa getönten, später rotbraunen, dichten Ähren, die in ihrer Form an einen Zylinderputzer erinnern... ein Gerät, das mit der Renaissance der echten Petroleumlampen wieder gefragt wird. Die Art ist winterhart, doch sollte man die Pflanzen im ersten Jahre nach dem Setzen gut mit Nadelstreu anschütten, später genügen ein paar Fichtenzweige als Winterschutz. In ungünstigen Lagen wird man das Lampenputzergras besser als Einjahrspflanze ziehen. Die Blütezeit ist der Spätsommer, aber noch im Herbst und im Reif der ersten Fröste wirken diese Pflanzen sehr dekorativ.

☉ **Pennisétum setáceum** (Forsk.) Chiov. (P. rueppellii Steud.) stammt aus Äthiopien und ist ein besonders wirkungsvolles Gras. Die Pflanzen werden bis 120 cm hoch, wachsen aufrecht, haben dünne, zierlich gebogene Blätter und bringen auf hohen, festen Stengeln etwa 20 cm lange Blütenstände mit langen fedrighaarartigen Borsten, die rosa, kupfer- oder purpurfarben schimmern. Die Art ist in ihrer Heimat eine Staude, bei uns wird sie als Annuelle behandelt. Sie blüht im Spätsommer.

Pe

Penstemon-Hybride

Penstémon caespitósus

Penstemon-Barbatus-Hybride

⊙ **Pennisétum villósum** R. Br., ebenfalls aus Äthiopien, wird nur 50 bis 70 cm hoch und hat schmale, linealische, übergebogene Blätter, die graugrün werden. Wie bei der vorigen Art sind die Blütenstände zylindrische, leicht nickende Ähren mit langen, weichen Hüllborsten, welche wie Federn wirken.

Bewertung, Verwendung, Anzucht: Alle drei Arten ziehen unsern Blick durch den graziösen Fall der dünnen Blätter und durch ihre glitzernden oder bunten, aparten Blütenstände an. Man kann diese auch schneiden und in Vasen als Zimmerschmuck verwenden. Im Garten wollen sie in voller Sonne stehen, der Boden soll gehaltreich sein, damit die Pflanzen recht reichlich blühen. Sie passen alle gut zwischen größere Teppiche niedriger Stauden, auch in den Heidegarten oder in kleinen Horsten an den Rand eines Beckens, in dessen Wasser sich die Blütenstände spiegeln können… als ein Narziß der Pflanzenwelt. Die ausdauernde Art braucht zwei Jahre, ehe sie ansehnlich wird, und kann an Plätzen mit ausreichend frischem Boden viele Jahre stehenbleiben. An trocknen Standorten muß man nach 5 bis 6 Jahren aufnehmen und den Boden durch Einbringen von Kompost wieder auffrischen. Dann pflanzt man aufs neue. Vermehrt wird durch Teilung und aus Samen. Man darf nicht zu stark teilen, sonst gibt es viel Ausfall, und muß sofort wieder pflanzen und anschließend feucht halten, bis die Bestände gut durchgetrieben haben. Im ersten Winter ist Schutz unerläßlich. Anzucht aus Samen ist langwierig. Die hier als Einjahrsgewächse behandelten Arten sät man gegen Ende März in ein halbwarmes Frühbeet und pflanzt nicht vor Anfang Mai büschelweise an den vorgesehenen Platz, Abstand 30 bis 40 cm. Besser ist, man pikiert erst kleine Büschel in 7- oder 8-cm-Töpfe oder Torftöpfe und pflanzt mit durchgewurzeltem Ballen aus.

Penstémon · Bartfaden
Scrophulariaceae
⊙ ♃ ◯ ◐ △ ∥ ♡ ✕ ⬡ ⋀

Im Namen stecken die griechischen Wörter pente = fünf und stemon = Staubfaden; sie beziehen sich darauf, daß die Blüten 5 Staubfäden aufweisen, also die Anzahl, welche zu den Kennzeichen der Familie gehört. Einzelne Gattungen haben dennoch nur vier, bei *Penstemon* ist einer unfruchtbar oder auch bloß fädig. Bartfaden sind kleine bis mittelgroße Stauden oder Halbsträucher mit gegenständig oder in Quirlen stehenden, verschieden geformten Blättern, und sie blühen in Rispen oder Dolden. Die Blumen werden meistens ansehnlich, blau, rosa oder rot, häufig mehrfarbig, auch getigert und getuscht, nur ausnahmsweise reinweiß. Die Gattung umfaßt gegen 250 Arten. Bis auf eine Art, die in Nordostasien auftritt, kommen sie in Mexiko oder Nordamerika vor. Es gibt auch die Schreibweise Pentstemon, welche eine Zeitlang als die legitime angesehen wurde, jetzt aber nicht mehr gültig ist.

Einjährige Arten

Penstemon-Hybriden sind jetzt in der Kultur die Nachfolger von **P. hartwégii** Benth. (syn. P. gentianoides Lindl.). Dieser stammt aus Mexiko, wo er vor etwa 170 Jahren von Humboldt und Bonpland in den höheren Lagen der Berge gefunden wurde. 1825 kamen zum ersten Male Samen nach England, doch hielt man die Pflanzen für empfindlich und kultivierte zunächst nur im Gewächshaus. Erst um 1840 setzte man Bestände ins Freie, und es zeigte sich, daß die Art in England nahezu winterhart ist. Durch Kreuzung mit *P. cobaea* Nutt. entstanden vor etwa 100 Jahren die Vorläufer unsrer heutigen Typen. Auch diese sind in Mittel- und

Südengland und in den mildesten Gegenden Mitteleuropas winterhart, überall sonst jedoch werden sie als Einjahrsblumen behandelt wie so manche andere Stauden aus wärmeren Ländern. Die Pflanzen bilden zunächst lockere Rosetten eiförmig-länglicher bis lanzettlicher, glänzender Blätter und treiben im Sommer bis 80 cm hohe Stengel, die in einer langen, etwas lockeren Traube oder Ähre von Blüten enden. Die Blumen stehen meistens zu 3 beisammen, ihre Form ist lang-glockig mit breitem Rand, sie werden etwa 5 cm lang und rosa, scharlach-, karminfarben, lila bis blau getönt, ihr Schlund ist hell, oft getigert. Sie erscheinen im Juli, und der Flor hält bis in den September hinein an. Die Art wird als Samen angeboten, entweder in guten Mischungen aller Farben wie 'Riesen' oder in Spezial-Mischungen vor allem nur roter Farben wie 'Scharlach-Riesen'.

Bewertung, Verwendung, Anzucht: Es sind recht wirksame Sommerblumen für bunte Beete, man kann auch Streifen oder große Flächen damit besetzen, muß nur mit niedrig bleibenden Sommerblumen einfassen ... etwa mit Petunien, Tagetes oder mit weiß- oder buntlaubigen Pflanzen wie Pelargonie 'Madame Sallerey'. Die Stiele lassen sich schneiden. Sie halten nicht lange, doch wirken sie in der Vase prächtig. Bei Regen leiden die Bestände mehr als viele Sommerblumen, auch fallen sie leichter um. Das sind Nachteile, die nicht verschwiegen werden dürfen. Man sät im Februar in Handkästen im Gewächshaus aus, pikiert dann und topft später ein. Ab Mitte Mai kann man an den vorgesehenen Platz setzen oder in größere Töpfe umpflanzen und später ins Freie bringen. Penstemon-Hybriden lassen sich auch durch Stecklinge im August vermehren, was sich nur bei ganz besonders schön blühenden Exemplaren lohnt. Die Stecklinge müssen im Kalthaus hell überwintert werden, ab Februar setzt man in größere Töpfe und aus diesen nach Mitte Mai ins Freie. Aus Stecklingen herangezogene Pflanzen blühen früher, werden aber nur 50 bis 60 cm hoch.

Ausdauernde niedrig bleibende Arten

Penstémon alpínus Torr. (syn. P. glaber Pursh var. alpinus (Torr.) A. Gray) aus den Rocky Mountains wird etwa 30 cm hoch und bildet einen kleinen, dichten Busch. Daraus steigen im Sommer zahlreiche Stengel auf, die eine dichte Dolde von 4 bis 8 bläulichpurpurnen Blüten mit weißem, etwa 2 cm langem Schlund tragen.
Penstémon caespitósus Nutt. ex A. Gray stammt ebenfalls aus dem Westen der Vereinigten Staaten und wird 6 bis 10 cm hoch. Die Pflanzen wachsen rasig, und die am Boden liegenden Stengel schlagen laufend Wurzeln. Die Blätter sind schmal, und die Blüten erscheinen im Juni/Juli in kurzen, endständigen Trauben oder auch einzeln. Sie werden türkisblau. Die Art ist hier ziemlich winterhart.
Penstémon hállii A. Gray, ebenfalls aus Colorado, wo die Pflanzen in mittlerer Höhe in den Bergen wachsen, wird ein etwa 20 cm hohes Kräutlein mit dicklichen, länglich-spatelförmigen Blättern und lila bis tiefvioletten Blüten. Die Blumen stehen in einer gestauchten Traube zu 5 bis 15 beisammen und erscheinen im Juni/Juli.
Penstémon menziésii Hook. ist ein etwa 15 cm hohes, dichtes, sich an den Boden schmiegendes Pflänzchen mit verkehrt-eiförmigen, kleinen Blättern. Die Triebe verholzen im Grunde. Im Juni/Juli kommen sie in Flor. Die Blumen stehen meistens einzeln auf kurzen Stielen, sie werden purpurviolett und haben eine lange Röhre.
Penstémon newbérryi A. Gray aus den Bergen Kaliforniens ist ein Halbstrauch, der polsterartig wächst und 15 bis 20 cm hoch wird. Die Blätter werden eiförmig, bis 3 cm lang. Die Blütenstände sind kurz, sie enthalten röhrige, rosa bis purpurrosa Blumen. Florzeit ist im Juni/Juli.

Ausdauernde mittelhohe und hochwachsende Arten

Penstémon barbátus (Cav.) Nutt. (syn. Chelone barbata Cav.) wird 60 bis 100 cm hoch und bildet einen lockeren Schopf unten länglich eirunder, weiter oben lanzettlicher, ganzrandiger Blätter. Er treibt dünne, aber feste Stengel, die etwas weitläufig mit zahlreichen, langröhrigen, roten Blumen besetzt sind. Blütezeit ist im Juni bis September.
Var. **torréyi** A. Gray wird etwas höher und blüht scharlachrot, es gibt auch eine Sorte 'Albus'. Die Heimat beider sind Mexiko und die USA. Die Art ist 1794 nach England, die Varietät 1867 nach Deutschland eingeführt worden. Beide wurden lange der Gattung *Chelone* zugeordnet. Durch ihren glühenden Flor fallen beide weithin auf. Im Angebot ist auch 'Coccineus'.
Penstemon-Barbatus-Hybriden sind aus Kreuzungen von P. barbatus mit anderen Arten entstanden. In ihrem Habitus weichen sie von den Hartwegii-Hybriden ab: Die Pflanzen haben schmalere Blätter und wachsen etwas gespreizter. Die Blüten stehen weiter voneinander entfernt.
Es gibt nur Sorten, von welchen aufgeführt seien: 'Andenken an Hahn' — weinrot, großblumig; 'Schönholzeri' — feuerigrot, großblumig; 'Zürichblau' — mit leuchtend enzianblauen Blumen in Quirlen. Alle werden etwa 50 cm hoch und blühen ab Ende Juni bis zum Frost. Im Angebot ist eine Mischung niedriger frühblühender Typen ('Nanus Praecox'). Alle diese Hybriden sind nicht winterhart.
Penstémon campanulátus (Cav.) Willd. aus Mexiko ist eine Staude, die bis 60 cm hoch wird. Sie hat linealisch-lanzettliche, scharf gesägte Blätter und bringt einen lockeren Blütenstand mit meistens 2 beisammenstehenden Blumen auf langen Stielchen. Sie werden bis 4 cm lang, haben eine bauchige Röhre und sind rosa bis violett, in der Röhre weiß oder rosa angelaufen. Die Pflanzen blühen vom Juli bis in den September. Auch diese Art ist eine alte, unter verschiedenen Namen

Pe

Perílla frutéscens 'Nankinensis'

Peróvskia atriplicifólia

Petrorhágia saxífraga

behandelte Gartenzierde, die in der Blütenfarbe recht variiert.

Bewertung, Verwendung, Anzucht: Die niedrigen Arten eignen sich gut für Trockenmauern und den Steingarten. Ihr Vorzug ist, daß sie im Hochsommer blühen, wenn die meisten Felsenpflanzen bereits ihren Flor beendet haben; ihr Nachteil, daß sie nur wenig winterhart sind und alle Schutz durch Reisig oder Nadelstreu brauchen. Sie werden nicht alt, und man muß sie von Zeit zu Zeit ersetzen. Man sollte also von allen jedes Jahr Nachwuchs schaffen und ihn in einem Frühbeet unter Reisig und Fenstern überwintern, dabei unbedingt Nässe fernhalten, die sehr verderblich werden kann. Im Garten und in den Anlagen sollen sämtliche Arten sonnige Plätze bekommen. Die niedrigen Arten wünschen kalkfreien, recht durchlässigen Boden. Vermehrt wird im Frühjahr oder kurz nach dem Flor durch Teilung oder Stecklinge, man kultiviert vielfach in Töpfen. Die rotblühenden Barbatus-Hybriden sind die wirkungsvollsten Pflanzen der Gattung. Sie eignen sich zum Einstreuen in bunte Blumenbeete mit lebhaft- und reichblühenden Sommerblumen, aber man kann sie auch in größeren Mengen auf Streifen oder Beete setzen und mit Petunien, Tagetes oder *Lonas annua* einfassen. Im August muß man durch Stecklinge vermehren, die in kleinen Töpfen im Kalthaus zu überwintern sind. Im Frühjahr wird in größere Töpfe umgesetzt und später an den vorgesehenen Platz ausgepflanzt. Diese *Penstemon* machen also Arbeit, aber sie lohnen die Mühe durch ihre gute Wirkung. Die übrigen mittelhohen Arten einschließlich *P. barbatus* sind mehr Wildstauden und passen zwischen Perenne mit dem gleichen Charakter. Gut wirken sie auch in Teppichen niedriger Stauden, wo ihre Tracht zur Geltung kommt. Man vermehrt sie durch Teilung, aus Samen und gelegentlich aus Stecklingen. Langlebig ist keine.

Perílla · Erzblatt, Schwarznessel
Labiatae ☉ ○ ◐ ◑ ♡

Perilla ist der latinisierte Name dieser Pflanzen, welche aus Indien stammen und dort ähnlich heißen. Es sind einjährige Gewächse mit verschieden großen, stark riechenden Blättern und Blüten, die in Trauben stehen, aber klein bleiben und keinen Schmuckwert haben. Die Gattung umfaßt 3 Arten.
Perílla frutéscens (L.) Britt. ist nicht in Kultur, sondern nur cv. 'Nankinensis'. Es sind 50 bis 100 cm hohe, sich verzweigende, aufrechte Kräuter mit verschieden großen, meistens breit-eirunden, zugespitzten, am Rande gesägten oder grob gekerbten Blättern. Diese sind schwarzrot bis schwarzgrün, schimmern auch gelegentlich tiefviolett, und die Blattfläche ist blasig aufgetrieben. Es gibt auch Typen mit tief eingeschnittenen, am Rande gewellten oder gekrausten Blättern. Sie bilden den Schmuck der Pflanzen, der freilich etwas düster ausgefallen ist.

Bewertung, Verwendung, Anzucht: Das Erzblatt wurde früher häufig in öffentlichen Anlagen für Beete mit exotisch anmutenden, hochwerdenden Blatt- oder Blütengewächsen als Einfassung verwendet. Dann kam es völlig aus der Mode. Heute hat man es wieder aufgegriffen. Man nimmt die Pflanzen für bunte Blumenrabatten als farblich stark abweichende Tupfen oder Flecken und gibt ihnen als unmittelbare Nachbarn Pflanzen mit weißfilzigem Laub, auch weißblühende Petunien.
Man muß im Februar im Gewächshaus aussäen, dann pikieren und später in nicht zu kleine Töpfe setzen, aus welchen man schließlich nach Mitte Mai an den vorgesehenen Platz pflanzt. Je stattlicher sie zu diesem Termin sind, um so schneller kann man die beabsichtigte Wirkung erzielen. Der Standort soll in voller Sonne liegen und warm sein.

Peróvskia · Blauraute
Labiatae ○ ◐ △ ♡

Die Pflanzen wurden nach einem Gouverneur der alten russischen Provinz Orenburg im Gebiet des Urals benannt, der B. A. Perovski hieß (1792 bis 1857 [?]). Es sind Halbsträucher mit rutenartigen Trieben. Die Blätter sitzen gegenständig, sind gesägt oder gefiedert, und die Blumen erscheinen in vielen kleinen Quirlen. Sie werden blau und stehen in langen, schmalen Scheinähren beisammen. Die Gattung umfaßt 4 Arten, sie kommen in Nordost- und Mittelasien in Gebieten mit gemäßigtem Klima vor.

Peróvskia atriplicifólia Benth. wächst in Afghanistan und ostwärts bis zum Himalaja auf trockenen Hängen oder in der Steppe. Die Pflanzen werden bis fast mannshoch, haben 3 bis 6 cm lange, im Umriß keilförmige Blätter, die stumpf gezähnt und wie alle grünen Teile der Pflanzen kurz weißfilzig behaart sind. Beim Zerreiben duften die Blätter nach Salbei, zuweilen auch an heißen Mittagen, wenn die Sonne herniederbrennt. Die Blumen sind himmelblau und erscheinen im Hochsommer in großer Zahl.

Bewertung, Verwendung, Anzucht: Es ist ein höchst imposantes, völlig winterhartes Gewächs, das sowohl durch seine Tracht und die silbrig-graublauen Blätter wirkt als auch blühend durch die langen Scheinähren voller himmelblauer Blüten. Man kann die Pflanzen vielfach verwenden: in den Wildstaudengarten setzen, als Einzelexemplar an Flecken stellen, die man hervorheben will, und als sommergrüne Hecke anpflanzen, ferner in Teppiche von Stauden einstreuen, die bis 30 cm hoch werden, kurzes Laub haben und zur Florzeit der Blauraute bereits verblüht sind ... z. B. *Erigeron, Aster alpinus* und *A. tongolensis.* Der Standort soll in voller Sonne liegen, der Boden kräftig und tiefgründig, aber eher trocken als feucht sein. Die Exemplare können riesig werden: bis 2 m hoch und fast ebenso breit. Sie lassen sich in späteren Jahren nicht mehr umpflanzen. Vermehrt wird durch weiche Kopfstecklinge im Mai, sie bewurzeln sich im Frühbeet mit etwas Unterwärme leicht. Anschließend kann man in tiefe Töpfe pflanzen und aus diesen im nächsten Frühjahr versenden. Die aufgeführte Art ist die schönste. Leider wird sie viel zu wenig verwendet.

Petrorhágia · Felsennelke, Nelkenköpfchen
Caryophyllaceae ♃ ○ ◐ ◑ △ ‖ ⋏

Im Namen stecken die griechischen Wörter petros = Fels und rhax = Beere. Vor einigen Jahren hieß die Gattung noch Tunica... nach den Häutchen, mit denen die Kelchblätter an ihrer Basis verbunden sind, im Gegensatz zu den der Gattung *Dianthus* zugeordneten Arten, bei denen diese Häutchen fehlen. Die Gattung umfaßt 20 Arten, die in Europa und Asien, vor allem im östlichen Mittelmeergebiet vorkommen.

Petrorhágia saxífraga (L.) Link (syn. *Tunica saxifraga* (L.) Scop., *Kohlrauschia saxifraga* (L.) Dandy) hat ein weites Verbreitungsareal, denn die Art findet man in Südeuropa, Kleinasien, Iran und im Umkreis des Kaukasus sowie nördlich der Alpen als Neophyt in Felsfluren und auf Trockenrasen. Sie bildet rasige, dicht verzweigte Polster, hat eine verholzende Grundachse, und die Stengel wachsen niederliegend-aufsteigend. Die Büsche werden 15 bis 35 cm hoch. Die Blätter sind linealisch, schmal, zugespitzt, an der Basis der Triebe sitzen sie gehäuft. Die Blüten erscheinen sehr reichlich und stehen in gegabelten bis rispigen Trugdolden beisammen. Sie werden rosa in verschiedenen Abstufungen. Außer der Art gibt es die Sorte 'Alba' mit weißen, gefüllten Blümchen und 'Rosette' – tiefrosa, stark gefüllt, sehr apart. Sie alle blühen vom Juni bis in den September hinein, also sehr lange. Die gefülltblühenden Sorten brauchen unbedingt Winterschutz.

Bewertung, Verwendung, Anzucht: Die Felsennelke ist eine reizende Staude für Trockenmauern und Alpina, auch für den Heidegarten und für Pflanzentröge geeignet. Sie wünscht leichte, durchlässige Erde und sonnigen, trockenen Standort. In schweren, nassen Böden fault sie häufig. Man kann aus Samen vermehren, die gefüllten Sorten nur durch Stecklinge oder Teilung. Die Stecklinge sind im Mai zu schneiden, man stecke in Sand mit einer Unterlage von humusreicher Erde, halte gut geschlossen, aber nicht zu feucht und topfe bald ein. Die Bestände werden bis zum Herbst verkaufsstark, man kultiviert gern in Töpfen. Auch die Anzuchten aus Samen sind im Herbst ausreichend stark, wenn man im Frühjahr aussät. An zusagenden Plätzen können die Büsche alt und breit werden. Nur junge Pflanzen lassen sich versetzen.

Petúnia · Petunie
Solanaceae ☉ ○ ◐ ◑ ‖

Petun ist der brasilianische Name für den Tabak, der zur gleichen Familie gehört. Es sind buschig wachsende, sich verzweigende Kräuter mit behaarten, auch klebrigen Blättern von verschiedener Größe, eirund-länglich bis breit-spatelförmig, glattrandig. Sie bringen ansehnliche Blüten in verschiedenen Farben. Diese sitzen auf festen Stielen und kommen aus den Blattachseln am oberen Ende der Stengel. Zur Gattung gehören etwa 25 Arten, welche vor allem in Südbrasilien und Argentinien wild wachsen. In der Kultur arbeitet man seit mehr als hundert Jahren nur mit Hybriden; sie entstammen Kreuzungen von *P. axillaris* und *P. violacea.* An der Züchtung haben sich anfangs Engländer, Franzosen und Belgier beteiligt, später auch deutsche Gärtner und Samenbetriebe. Es entstanden unzählige Sorten, die zum Teil auftauchten und wieder fallen gelassen wurden. Neuerdings hat sich die Heterosis-Züchtung stark entwickelt; sie

Pe

Multiflora-Nana

Grandiflora

Grandiflora-Nana

Fimbriata und Fimbriata-Nana

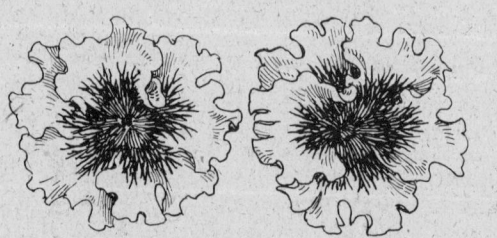

Superbissima und Superbissima-Nana

Nana-Compacta-Flore-Pleno

nahm ihren Ausgang bei Sakata in Japan, wo man 1930 auch die ersten Allgefüllten Petunien, die zu 100% gefüllt blühen, herausbrachte.

Petunia-Hybriden ist der jetzt übliche Sammelname für die so viel verwendeten, allgemein bekannten, sehr formen- und variantenreichen Petunien, die man in öffentlichen Anlagen, in Blumenkästen, auf bunten Beeten und auch in Töpfen auf dem Fensterbrett sehen kann. Sie bedürfen keiner besonderen Beschreibung. Nötig ist aber wohl ein kurzer Überblick über die im Laufe der Züchtungsgeschichte der Petunien entstandenen Gruppen und deren typische Eigenschaften.

1. Multiflora-Nana:
Die Pflanzen bilden runde Büsche, Höhe 20 bis 30 cm, sie bringen sehr viele kleinere Blüten; beste, sicherste Klasse für Beete, zur Verwendung in öffentlichen Anlagen.

2. Grandiflora:
Die Pflanzen bekommen wesentlich größere Blumen, blühen reich, werden bis 60 cm hoch, sie eignen sich mehr für Balkonkästen als für Beete, es gibt einige F_1-Sorten von enormer Blühwilligkeit mit Blumen, die bis 16 cm breit werden.

3. Grandiflora-Nana:
Die Pflanzen sind 25 bis 30 cm hoch, bilden geschlossene, runde Büsche und bringen gegen 8 cm breite Blumen in großer Zahl. Die Sorten sind für Balkonkästen, Beete, große Kübel und auch für Töpfe geeignet, die man aufs Fensterbrett stellt; auch davon entstanden eine Menge Heterosis-Sorten, bei welchen einzelne nicht nur durch die Masse der Blüten, sondern mehr noch durch die Reinheit und Brillanz der Farben auffallen.

4. Fimbriata:
Die Pflanzen werden bis 75 cm hoch und haben große, am Rande stark getollte und gefältelte Blüten, die Sorten eignen sich für Blumenbeete und Balkonkästen, auch für Töpfe.

5. Fimbriata-Nana:
Die Pflanzen bilden runde, bis 30 cm hohe Büsche mit Blumen, die am Rande getollt und gefältelt sind, sie eignen sich für Beete, Balkonkästen, Töpfe und große Kübel oder Schalen.

6. Superbissima:
Die Pflanzen werden gegen 75 cm hoch und bekommen 12 cm breite und breitere Blüten mit gewelltem, aber glattem Rand, tiefem, geadertem Schlund und weisen oft mehrere Farben auf; sie eignen sich für Kübel und Töpfe, die an einem geschützten Platz stehen müssen: auf der Veranda oder dem überdachten Sitzplatz.

7. Superbissima-Nana:
Blütengröße und Färbung wie bei der zuvor genannten Klasse, aber die Pflanzen werden 30 bis 40 cm hoch. Sie wünschen ebenfalls geschützten Standort.

8. Nana-Compacta-Flore-Pleno:
Sie blühen neuerdings vollkommen gefüllt, nicht wie früher nur zu 50%; die Pflanzen bringen weniger Blüten, und diese sind empfindlich, man muß also

ebenfalls an einem geschützten, vor Regen sicheren Platz aufstellen, die Typen eignen sich vor allem für Töpfe und Blumenkästen.

9. Superbissima-Flore-Pleno:
mit sehr großen, gefüllten Blüten.

10. Hängepetunien:
Sie werden bis 80 oder 90 cm lang und haben kleine bis mittelgroße Blumen, nur für Balkonkästen geeignet oder für Böschungen und Mauerköpfe, von welchen sie herunterhängen.

Von diesen 10 Gruppen haben im Verlauf der letzten 30 Jahre einige ihre Bedeutung verloren; die zugehörigen Sorten werden kaum noch vermehrt und verwendet. Verlangt werden heute gedrungen wachsende Beetsorten in leuchtenden Farben, Sorten, die reich und lange blühen und bei Wind und Regen nicht unansehnlich werden, sowie Sorten für Pflanzgefäße, vor allem für Schalen und Kübel im Freien und für Balkonkästen geeignete Sorten, auch solche mit hängendem Wuchs. Zum bereinigten Sortiment gehören also nur noch die Nana-Gruppen, die solchen Forderungen gerecht werden, die Pendula-Gruppe und die Gruppe der F-1-Hybriden, deren Qualität zum Beispiel durch die Enzett-Kanon- und die Hyrosis-Serie repräsentiert wird. Es sind neue Farbensorten, die sich durch kräftigeren Wuchs, reicheren Flor und Farbentiefe auszeichnen.

Bewertung, Verwendung, Anzucht: Petunien werden etwa von Mitte Mai an gebraucht und müssen bis zu diesem Termin gute Verkaufspflanzen sein. Mitte Juni ist der Bedarf gedeckt. Die Anzucht ist nicht schwierig, muß aber in Gewächshäusern und Frühbeeten erfolgen und geht damit über die Möglichkeiten vieler Blumenfreunde hinaus. Für sie ist es einfacher, die fertigen Pflanzen zu kaufen und dann in Kästen, Schalen, größere Töpfe oder auf Beete zu pflanzen. Alle Petunien wünschen volle Sonne, vertragen große Wärme und brauchen auch entsprechend viel Wasser... besonders, wenn sie in Kästen, Schalen oder Töpfen stehen. Bei großblumigen Sorten sollte man die abgeblühten Blumen ausknipsen, um den Ansatz von Samen zu verhindern. In Samen gehende Pflanzen lassen immer mehr im Flor nach. Wichtig ist auch — vor allem bei Beständen in Blumenkästen oder Gefäßen — etwa von Mitte Juli an alle 14 Tage mit einem Volldünger zusätzlich zu ernähren.

Phacélia · Büschelschön, Bienenfreund
Hydrophyllaceae ☼ ○ ◐ ● ○

Im Namen steckt das griechische Wort phakelos = Bündel; es bezieht sich darauf, daß die Blüten in Bündeln oder Büscheln stehen. Es sind einjährige, rauhbehaarte Kräuter mit wechsel- oder gegenständigen Blättern, die fiedrig gelappt und geschlitzt sind. Die Pflanzen blühen sehr reich, ihre Blumen stehen in Trugdolden oder Trauben. Die Gattung umfaßt gegen 100 Arten, von welchen die meisten im Südwesten Nordamerikas auf einem verhältnismäßig kleinen Verbreitungsareal auftreten, das vor allem die Berge Kaliforniens und Colorados umfaßt; weiter finden sich in den Anden Chiles mehrere Arten.

Phacélia campanulária
Phacélia mínor

Phacélia campanulária A. Gray wird 15 bis 30 cm hoch, hat braunrote Stengel, etwa 6 cm lange, herzförmige Blätter und blüht mit glockenförmigen, 1,5 cm langen dunkelblauen Blüten, die im Grunde 5 schwarze Flekken aufweisen. Die Pflanzen wachsen niederliegend aufstrebend und blühen von Mai bis August.

Phacélia mínor (Harv.) Thell. (syn. P. whitlavia A. Gray) wird gegen 50 cm hoch und bildet locker sich verästelnde, aufrechte Büsche mit gestielten eirunden, auch dreieckigen oder herzförmigen Blättern, die am Rande eingeschnitten-gezähnt sind. Die Blumen stehen in Trugdolden und werden blauviolett. Sie haben eine gegen 2,5 cm lange, bauchige Röhre und etwa ein Drittel so breite Kronlappen. Bei cv. 'Alba' sind die Blumen weiß, bei 'Gloxinioides' haben die Blüten eine weiße Röhre und blauviolette Kronlappen. Auch bei dieser Art sind die Pflanzen rauh behaart. Blütezeit ist von Mai bis in den August hinein.

Phacélia tanacetifólia Benth. wird 30 bis 70 cm hoch und bildet kräftige, sich reichlich verzweigende Büsche, mit sitzende, fiedrige Blätter mit linealisch-lanzettlichen Fiederblättchen. Die Blumen stehen in trugdoldig gebüschelten Ähren, die ziemlich lang werden, und sind grau- bis himmelblau. Sie erscheinen in großer Menge von Juni bis August.

Bewertung, Verwendung, Anzucht: Alle Phacelien sind ausgezeichnete Bienenweiden und werden häufig zu diesem Zwecke angebaut. Sie gehören nicht zu den Schönheiten der Pflanzenwelt, aber sie haben große Vorzüge. Sie wachsen auf beinahe jedem Boden — auch auf Unland —, wenn er nicht sauer ist. Der Standort kann steinig und sehr trocken sein und in glühender Sonne, völlig ungeschützt, liegen: das Gewächs gedeiht trotzdem. Freilich wird der Boden stark ausgezehrt. Man sollte die Phacelien also vor allem für schwer bearbeitbare Hänge, für die Begrünung von Ödland und ähnliche Gelände nehmen. Es wird im April und später an Ort und Stelle gesät, am besten zeitlich gestaffelt. Nach dem Aufgang der Saat muß

Ph

Pháláris arundinácea

Pharbítis purpúrea

Phaséolus coccíneus

man auf 15 cm Abstand auslichten, was mit einer Hacke geschehen kann. Es wird noch einmal Unkraut gezogen oder gehackt, weitere Pflege ist nicht nötig... Häufig säen sich die Pflanzen selbst aus und werden bodenständig und gartenflüchtig. Will man mehrere Jahre hintereinander die gleiche Fläche mit Büschelschön besetzen, sollte man im Herbst unbedingt Kompost aufbringen und im Frühjahr vor der Saat mit Volldünger düngen. Wo es aus künstlerischen Erwägungen heraus angebracht ist, zur Belebung andere, höhere Pflanzen einzustreuen, sollten dafür Löcher ausgehoben werden, die man mit Komposterde füllt und dann bepflanzt. Als Ergänzungen eignen sich Sonnenrosen, groß werdende *Nicotiana*, Rudbeckien und weitere Arten aus dem Verbreitungsareal der Gattung oder seiner Umgebung.

Phaláris · Glanzgras
Gramineae ☉ ♃ ○ ◐ ◑ ‖ ♡ ✕

Phalaris ist bei Dioskorides der Name einer Art, und es dürfte darin das Wort phalaros = glänzend stecken, weil die Spelzen glänzen. Es sind ein- oder mehrjährige Gräser mit flachen Blättern, und die Blüten stehen in endständigen Rispen, die kopfig, ährenförmig oder unterbrochen-dichtsträußig werden. Die 10 bekannten Arten sind im Mittelmeergebiet beheimatet.

♃ **Phaláris arundinácea** L. sieht dem Schilfrohr ähnlich und tritt in Europa, Asien und auch in Nordamerika an Flußufern, Gräben, Seen, Teichen und auf Riedwiesen auf. Es ist eine 50 bis 300 cm hoch werdende Staude, von der aber nur die buntlaubigen Sorten Gartenwert haben: 'Picta' mit etwa 30 cm langen Blättern, in der Jugend rosaweiß oder weiß, später mehr gelblichweiß oder reinweiß gebändert, ferner 'Luteo-picta' mit lebhaft gelb gebändertem Laub. Diese Sorten haben den deutschen Namen Bandgras. Sie werden nicht so stattlich, blühen auch selten. Man hat sie bereits im 16. Jahrhundert in den Gärten gehalten.

☉ **Pháláris canariénsis** L. stammt von den Kanarischen Inseln und wird hier einjährig kultiviert. Sie liefert einen glatten, glänzenden Samen, der als Futter für Kanarienvögel geschätzt ist. Die Pflanzen werden 20 bis 60 cm hoch, haben 5 bis 8 mm breite Blätter und bringen dichte, im Umriß eirunde, hellgrüne Blütenstände.

Bewertung, Verwendung, Anzucht: Die ausdauernde Art eignet sich als Einsprengsel in Blumenbeete, zwischen Wildstauden, für den Rand von Wasserbecken und für das Ufer von natürlichen Gewässern. Der Boden soll kräftig, tiefgründig und feucht sein, der Standort etwas beschattet. Zu beachten ist, daß die Pflanzen wuchern. Man kann das Gras, das im Hochsommer am schönsten wirkt, auch abschneiden und das Laub zusammen mit Blumen oder auch für sich in Vasen stellen. Die gekürzten Exemplare treiben wieder durch und bekommen noch einmal das freundlich wirkende Laub wie vorher. Vermehrt wird durch Teilung im Frühjahr. Der gewonnene Nachwuchs ist bis zum Herbst verkaufsstark, wenn man nicht zu stark teilt. Am endgültigen Standort sollen die Exemplare mit 30 bis 40 cm Abstand gepflanzt werden. Das Kanariengras hat grünweiß gescheckte Blütenähren, die sich lange halten, wenn man sie vor dem Reifen abschneidet. Sie werden ebenfalls gern in Vasen gestellt, allein oder zusammen mit geeigneten Blumen. Man sät im April an den vorgesehenen Platz, am besten in Reihen... so dünn als möglich. Stehen die Keimlinge zu dick, muß man etwas ausdünnen. Mehr Arbeit ist nicht nötig. Will man Samen ernten, muß man die Ähren gelb werden lassen und kann dann die Körner für das Hänschen im Bauer verwenden.

Pharbítis · Trichterwinde, Prunkwinde
Convolvulaceae ☉ ○ ◐

Diese in den Tropen verbreitete Gattung wurde von Jacques Denis Choisy (1799–1859) benannt, einem Genfer Pfarrer, Philosophen und Botaniker, der für Augustin Pyramus de Candolles vorläufige Aufzählung und Beschreibung aller bekannten Pflanzen „Prodomus systematis naturalis regni vegetabilis" die Familie *Convolvulaceae* bearbeitete, ein Band, der 1845 erschienen ist. Es ist nicht klar, aus welchem Wissensbereich der Name Pharbitis stammt und was er bedeuten soll. Vielleicht ist er von Choisy selbst gebildet worden. Die Endung itis weist auf eine Verwendung der Pflanzen hin, für welche, hat der Wortschöpfer vielleicht verschlüsselt. Denn manche Arten gehören wie andere amerikanische Windengewächse zu den Drogenpflanzen der Azteken und ihrer Nachfahren. Wir nutzen drei Arten für Zierzwecke, sie ähneln *Ipomoea* und *Convolvulus* in der Tracht, jedoch gibt es im Bau der Blüte Unterschiede, bei *Pharbitis* ist z. B. die Narbe kopfförmig, bei *Convolvulus* dagegen zweilappig. Alle *Pharbitis* sind Kletterpflanzen und winden sich an anderen Pflanzen bis zu 5 m hoch empor.

Pharbítis hederácea (Jacq.) Choisy (syn. Ipomoea hederacea Jacq.) aus dem tropischen Amerika wird 2 bis 3 m hoch und hat herzförmige, dreilappige Blätter, welche an das Laub des Efeus erinnern und 6 bis 8 cm lang werden. Die Blüten erscheinen bis zu drei an kurzen, achselständigen Stielen und werden trichterförmig, himmelblau, bis 5 cm lang. Der Flor beginnt im Juli und hält bis Herbstmitte an.

Pharbítis níl (L.) Choisy (syn. Convolvulus nil L., Ipomoea nil (L.) Roth), die Blaue Pharbitis, ist der vorigen recht ähnlich und wurde oft zu dieser gezogen oder mit dieser verwechselt. Die Art ist in den Tropen der Alten Welt, woher sie stammt, und in der Neuen Welt weit verbreitet und dort perennierend. Die Pflanzen werden kräftiger als *Pharbitis hederacea*, haben größere Blätter und ansehnlichere Blüten. *Pharbitis nil* dürfte die Art sein, welche um 1600 nach Europa, und zwar nach Süditalien gelangte und für ein Gewächs dieser Gegend gehalten wurde, da niemand genau wußte, wo sie eigentlich zu Hause ist. Im „Hortus Eychstettensis" (1613) wird die Art Nil Arabum genannt. Sie gilt auch als die Ausgangsart zahlreicher Sorten und der echten Kaiserwinden der Japaner, die gewöhnlich unter dem falschen Namen Ipomoea imperialis hort. gehandelt werden.

Diese werden in Japan als Topfpflanzen gezogen, nach dem 2. oder 3. Blatt gestutzt und treiben daher keine windenden Stengel. Man düngt verhältnismäßig reichlich und hält auch in besonderen Hallen, wo die Stöcke recht geschützt stehen. Auf diese Weise erzielten japanische Gärtner Riesenblüten mit 20 bis selbst 25 cm Durchmesser. Vielfach sind die Blumen gefüllt oder halb gefüllt, auch an den Rändern getollt. Ob sie wirklich schön sind, läßt sich schwer sagen. Man kann sie bei uns höchstens in luftigen Veranden oder Gewächshäusern halten. Was im Handel angeboten wird, entstammt wahrscheinlich Kreuzungen solcher Sorten mit *Ipomoea tricolor*.

Pharbítis purpúrea (Roth) Bojer (syn. P. hispida (Zucc.) Choisy, Ipomoea purpurea Roth) aus den Tropen Amerikas wird mehr als 3 m hoch, verzweigt sich aber schon kurz über dem Boden und bringt mehrere Triebe. Diese sind mit steif abwärts gerichteten Haaren besetzt. Die Blätter werden herzförmig, und die Blüten sitzen an weit aus der Laubmasse herausragenden Stielen zu 2 bis 5. Die Blumen werden groß, glockig-trichterförmig, bei der Stammart purpurn. Bei den Sorten findet man die verschiedensten Tönungen von Rosa, Rot, Dunkellila bis Blau sowie mehrfarbige Sorten und reinweiß blühende. Auch bekommen sie breitere Blüten. Diese entfalten sich bei schönem Wetter morgens und sind bis gegen 10 oder 11 Uhr geöffnet; bei bedecktem Himmel bleiben sie manchmal bis 14 Uhr offen, dann aber sieht man von ihrer Schönheit fast nichts mehr.

Bewertung, Verwendung, Anzucht: Die behandelten Arten werden als Einjahrsblumen gezogen. Sie eignen sich zum Bekleiden von Spalieren und Drahtgeflecht oder Bindfäden vor Mauern, Holzwänden, Säulen und dergleichen in geschützter Lage. Der Boden soll gut, aber nicht stickstoffreich sein. Gut entwickelte Pflanzen brauchen wöchentliche Dunggüsse, die reich an Kali und Phosphor sind, beide verbessern die Leuchtkraft der Blüten; Stickstoff wirkt sich dagegen fördernd auf das Wachstum des Laubes und dessen kräftige Grünfärbung aus. Der Boden soll auch Kalk enthalten. Man kann von Anfang April an direkt ins Freie an den vorgesehenen Platz aussäen... in Stufen oder horstweise mit Abständen von 35 bis 40 cm, nur dauert es lange, ehe solche Pflanzen in Flor kommen. Es ist also günstiger, im März im Gewächshaus auszusäen, dann zuerst in kleine Töpfe zu bringen, später nochmals umzusetzen und schließlich nach Mitte Mai die schon ansehnlichen Exemplare an den gewünschten Platz auszupflanzen.

Phaséolus · Bohne
Leguminosae ☉ ○ ◐ ◐

Der Name kommt aus der griechischen Sprache, wo phaselos, auch phaseolos geschrieben, Kahn bedeutet; er bezieht sich auf die kahnförmigen Früchte. Der Name wurde bereits von Aristoteles gebraucht. Die Gattung umfaßt gegen 150 Arten, von welchen eine Reihe Schlinger werden. Ihre Heimat sind die subtropischen Gebiete der Alten wie der Neuen Welt.

Phaséolus coccíneus L. (syn. P. multiflorus Lam.) ist die Feuer- oder Prunkbohne der Gärten. Sie ähnelt der Stangenbohne, deren Früchte wir verspeisen, stark,

Ph

Phlómis russeliána

Phloxblüten

unterscheidet sich von ihr jedoch durch die größeren, feurigroten Blüten. Diese sitzen in vielblumigen Trauben auf langen, festen Stielen, welche seitwärts aus den Blattmassen herausragen. Auch *P. coccineus* bringt die bekannten Hülsen, die ebenfalls eßbar sind. Man muß sie nur zeitig ernten, sonst werden die Schalen hart. Die Pflanzen werden bis 4 m hoch und brauchen zum Klettern derbe Stangen, Fäden, Gitter oder ähnliches. Außer der Stammform gibt es die Gartenformen 'Albiflorus' mit weißen und 'Bicolor' mit rotweißen Blüten. Man kann sie bereits am Samen erkennen: bei der Art ist er rosa mit schwarzer Marmorierung, bei 'Albiflorus' weiß und bei 'Bicolor' weißlichrosa und bräunlich bis grau gefleckt.

Bewertung, Verwendung, Anzucht: Feuerbohnen werden gern und häufig zur Begrünung von Lauben und Zäunen verwendet, man kann mit ihnen auch frei stehende grüne Wände schaffen, die etwa einen Sitzplatz gegen Sicht abdecken sollen. Am besten wirkt die Stammform, weil das Grün der Blätter und das Feuerrot der Blumen einen auffälligen Gegensatz bilden, auf dem unser Auge gern verweilt. Der Standort soll sonnig liegen, obwohl die Feuerbohnen auch lichten Schatten vertragen... sie werden jedoch dort nicht so dicht. Der Boden soll warm, tiefgründig und nährstoffreich, nicht naß sein. Die Pflanzen sind frostempfindlich. Man muß also Hauben über die Keimlinge stülpen, wenn Kälte droht. Im allgemeinen sät man im ersten Drittel des Mai. Sollen die Bohnen an Stangen hochlaufen, steckt man diese vorher in den Boden und sät 4 bis 5 Korn in einem Halbkreis um sie herum. Die Stangen müssen eine rauhe Oberfläche haben, damit die Triebe Halt finden. Man kann auch gegen Mitte bis Ende April in Töpfe säen, muß dort nur zeitig genug einen Stab beistecken. Später pflanzt man aus: Der Flor beginnt dann früher, und die Fläche ist rascher dicht. Nach dem Erscheinen der ersten gefiederten Blätter kann man eine Startdüngung mit rasch löslichem Stickstoff geben. Bei Trockenheit sollte man wässern — am besten am Morgen mit abgestandenem Wasser —, sonst werden die Pflanzen unten kahl.

Phlómis = Brandkraut
Labiatae

Phlomis ist ein altgriechischer Pflanzenname, der außer für Phlomis-Arten auch für Verbascum-Spezies gebraucht wurde. Die Ableitung ist unsicher. Es sind teils große, meistens wollig behaarte Rosettenstauden, teils Halbsträucher und Sträucher, ebenfalls mit behaarten, häufig runzligen Blättern. Alle blühen in achselständigen, vielblumigen Blütenquirlen. Die Gattung umfaßt ungefähr 70 Arten, die vor allem in Mittelasien auftreten mit Ausstrahlungen bis in die Länder am Mittelmeer.

Phlómis hérba-vénti L. tritt von Spanien bis Kleinasien auf und überdies in Westsibirien. Es ist eine etwa 30 cm hohe, buschige Staude mit herzförmigen, länglichen, runzeligen Blättern, die am Rande gesägt oder gekerbt sind. Alle grünen Pflanzenteile weisen zottige Behaarung auf und sehen graugrün aus. Die Blüten erscheinen im Juli/August, sie sitzen bis zu 20 in Blumenquirlen beisammen und werden purpur- bis karminrot.

Phlómis russeliána (Sims) Benth. (syn. *P. viscosa hort. non Poir.*) aus Kleinasien ist ebenfalls eine Staude. Sie wird etwa 1 m hoch, treibt rutenartige, kantige, sich kaum verzweigende Stengel und bringt ziemlich steife, spitzherzförmige, am Grunde tief gebuchtete Blätter mit glatten oder fein gezähnten Rändern. Die Blumenquirle stehen 15 cm und weiter voneinander entfernt und enthalten 20 und noch mehr etwa 2 cm große, hellgelbe Lippenblüten. Florzeit ist im Juni und Juli, oft noch etwas länger.

Bewertung, Verwendung, Anzucht: Phlomis russeliana wirkt durch ihre etwas starre Tracht, ist also eine architektonische Pflanze, zur Florzeit kommt noch die Wirkung der Blütenquirle hinzu. *Phlomis herba-venti* fällt nicht so sehr auf, ist aber gut brauchbar und anspruchslos. Sie eignet sich für trockene Partien größerer Steingärten, auch zum Bekleiden von Hängen und Böschungen, ferner paßt sie in sehr flache Teppiche von Polsterstauden als Unterbrechung. *P. russeliana* sieht vor allem an Plätzen gut aus, wo ihre Tracht klar hervortritt. Beide wollen sonnigen Standort, tiefgründigen, kalkhaltigen, sandig-lehmigen, etwas trockenen Humusboden, wachsen aber in jedem Garten, wenn dieser nicht feucht oder der Boden nicht zu roh und schwer ist. Einmal gepflanzt, halten sie viele Jahre an ihrem Platze aus, und kein Ungeziefer, keine Krankheit beeinträchtigen sie je. Man kann durch Teilung und aus Samen vermehren, der selten zu haben ist. Die Bestände werden bei Teilung im Frühjahr bis zum Herbst verkaufsstark.

Phlóx · Flammenblume, Phlox
Polemoniaceae

☉ ♃ ○ ◐ ◑ ◒ ◓ △ ∥ ♡ ✕

Das griechische Wort phlox = Flamme, das den Namen gegeben hat, bezieht sich auf die roten, blühenden Farben guter Sorten. Theophrast, bei dem man den Namen findet, hat damit aber andere Gewächse gemeint als unseren Gartenphlox, denn dieser und fast alle andern Arten sind in der Neuen Welt zu Hause und waren den Alten nicht bekannt. Die ganze Familie der Polemoniaceen ist bei uns nur in wenigen Arten heimisch. Die Gattung Phlox umfaßt gegen 60 Arten, welche fast alle in Nordamerika auftreten. Nur eine wächst in Sibirien, sie hat keinen Gartenwert. Obwohl vor allem *Phlox paniculata* als Gartenstaude ganz unersetzlich ist und durch die Züchtung ein unabsehbares Sortiment entstand, hat diese Art keine lange, ereignisreiche Geschichte. Die ersten Exemplare blühten 1732 im Garten eines Botanikers Dr. James Sherrard in Eltham in England, und ihre Blüten waren malvenfarbig lila. 1839 brachte der französische Gärtner Lierval die ersten Sorten heraus, und von dieser Zeit an haben sich zahlreiche Züchter weiter damit befaßt. Die meisten Phlox-Arten sind Stauden, die teils aufrecht wachsen, teils halbhoch werden und auch polsterartig den Boden bedecken.

Einjähriger Phlox

Phlóx drummóndii Hook. wurde von Thomas Drummond, der die Flora des nordamerikanischen Kontinents in mehreren Reisen erforschte, 1835 im heutigen Staate Texas gefunden und dem Entdecker zu Ehren benannt. Es sind 20 bis 50 cm hohe, sich kurz über dem Boden verzweigende aufrechte Kräuter, an allen grünen Teilen leicht zottig oder drüsig behaart. Sie haben längliche bis lanzettliche, teilweise stengelumfassende Blätter und blühen in gedrängten trugdoldigen Büscheln. Die Blüten haben eine tellerförmige Krone und eine lange, dünne Röhre. Die Wildart wird nicht mehr kultiviert, man verwendet nur noch Sorten. Es entstanden 3 Typen: der mittelhohe, bis 50 cm hohe, der buschig-niedrig wachsende Einjahrsphlox und der Sternphlox. Die mittelhoch und höher wachsenden Pflanzen bilden aufrechte Büsche und bringen in Dolden, die bis 10 cm breit werden, große, runde Blumen in den verschiedensten Tönen von Rot und Rosa, ferner in Hell- und Dunkelviolett, Weiß und Gelb, einfarbig oder geäugt. Sie gehen in den Katalogen als Grandiflora-Gruppe. Eine Steigerung sind die tetraploiden Gigantea-Sorten mit besonders großen Blumen, bis 50 cm Höhe erreichend. Sie werden noch etwas von den Tetra-Riesen übertroffen, amerikanische Züchtungen, bei welchen die Blumen bis 4 cm Durchmesser haben. Die Tetra-Riesen werden als Namensorten geführt, wie 'Red Glory', 'Rosy Moon', 'Yellow Moon'. Die niedrig bleibenden Typen gehen als Nana-Compacta-Gruppe. Die Pflanzen wachsen 15 bis 20 cm hoch, bilden geschlossene, runde Büsche und sind zur Florzeit völlig mit Blüten bedeckt. Das Farbenspiel ist das gleiche wie bei der hoch wachsenden Form. Der Sternchenphlox 'Cuspidata' wird gegen 15 cm hoch, bildet ebenfalls runde, geschlossene Büsche, aber seine Blüten sind sternförmig gezackt und meistens geäugt. Rosa und Rot in verschiedenen Abstufungen sind die Hauptfarben.

Bewertung, Verwendung, Anzucht: Der einjährige Sommerphlox ist eine wunderhübsche Pflanze für bunte Beete, wenn er gut gerät. Man kann die niedrigen Formen in größeren Flächen verwenden, am besten bunt. Das ist auch mit dem Sternchenphlox möglich, obwohl dieser etwas unruhig wirkt. Beide lassen sich auch als schmale oder breite Kanten und Einfassung nehmen. Die hoch werdenden eignen sich am besten zum Einstreuen in bunte Blumenbeete. Abgeschnitten halten sich die Stiele nicht lange, sind aber bei Lampenlicht recht wirkungsvoll. Der Standort soll in voller Sonne und etwas geschützt liegen, der Boden nährstoffreich und recht durchlässig sein. Bei kaltem Wetter und viel Nässe wachsen die Pflanzen nicht, und wenn die ungünstige Witterung länger andauert, mißrät alles. Man kann im April in ein halbwarmes Frühbeet säen und pflanzt später an den vorgesehenen Platz, je nach Sorte auf 15 bis 25 cm Abstand; die Pflanzen blühen dann im Juni/Juli. Man kann auch im März in einem Haus in Handkästen säen und vereinzelt in kleine Töpfe. Solche Posten bilden rascher geschlossene Flächen und blühen auch früher. Der Flor hält bis etwa Mitte August an. Die in den Aussaaten zuerst aufgehenden Exemplare blühen weiß und hellrosa, die nachkommenden rot und violett. Bei Aussaat im Februar kann man schon Mitte Mai blühende Töpfe haben. Hierfür werden niedrige Sorten verwendet (Nana-Compacta-Gruppe).

Ausdauernde niedrig bleibende Arten

Phlóx amoéna Sims aus Florida, auch bis zum Mississippi auftretend, wird etwa 20 cm hoch und bildet geschlossene, aber nicht dichte Büsche. Die ganze Pflanze ist schwach behaart, die Stengel sind dünn, aber ziemlich fest, die Blätter stehen gegenständig und werden lanzettlich, bis 5 cm lang. Die Blüten sind karminfarben oder rosa, zuweilen auch weiß, ihre Breite beträgt etwa 15 mm, und sie stehen in dichten, vielblumigen Dolden gut über dem Laube. Die Art blüht im Mai/Juni.

Phlóx divaricáta L. (syn. P. canadensis Sweet) wächst im Osten der Vereinigten Staaten von Quebec bis Florida in lichten Wäldern mit nicht zu trocknem Boden. Die Pflanzen werden 20 bis 25 cm, in der Kultur bis 30 cm hoch. Sie haben dünne, niederliegend-aufsteigende Stengel, die an den Knoten Wurzeln schlagen, sobald sie auf genügend lockerem, etwas frischem Boden aufliegen. Die Blätter sind eiförmig-zugespitzt, werden bis 5 cm lang und fühlen sich etwas fest an. Die Blüten bilden eine halbrunde, bis 10blumige Dolde, sind gegen 2 cm breit und werden bei der Stammart zartlila, bei 'Alba' weiß und bei 'Laphamii' tiefviolett. Diese Sorte wächst auch stärker, 40 cm hoch, und die Blüten sind breiter. Alle kommen im Mai/Juni in Flor und duften angenehm. Die Art und ihre Sorten liefern ziemlich haltbare Schnittblumen, sie lassen sich sogar etwas verfrühen, indem man in einen kalten Kasten pflanzt und ab Ende März Fenster auflegt. Auch für Töpfe wurden sie früher gern genommen und waren auf Gräbern zu sehen.

Phlóx douglásii Hook. tritt im Westen Nordamerikas in höheren Lagen der Gebirge auf und wächst in Felsfugen und Geröll. Die Pflanzen bilden runde, wintergrüne Polster von 5 cm Höhe, haben steife, pfriemige, bis 1,5 cm lange Blätter und fast sitzende rosa Blüten, die später beinahe weiß werden. Die Art wächst nicht gut und läßt sich schwer vermehren, aber Arends schuf durch Einkreuzung von nahestehenden Arten die Sorte 'Hybrida', welche viel besser wächst und auch weniger empfindlich ist. Der Flor fällt in die Monate Mai/Juni mit einem kleinen Nachflor bis in den August.

Phlóx stolonífera Sims (syn. P. reptans Michx.) stammt aus dem Osten Nordamerikas, wo sie in feuchten Bergwäldern auftritt. Die Pflanzen werden 10 cm hoch und haben liegende, sterile Triebe, die Wurzeln schlagen und auch Ausläufer bilden. Sie können große Flächen zuspinnen. Aus diesem grünen Teppich erheben sich im Frühling dünne, aufrechte Blütenstengel, welche 5- bis 10blumige Dolden etwa 2 cm breiter, hellvioletter Blüten tragen. Die Blätter werden umgekehrt eirund, bis 4 cm lang und etwa halb so breit und verschmälern sich an ihrer Basis zu dem kurzen Stiel; die an den Blütenstengeln erscheinenden sind lanzettlich. Schöner als die Art ist die Sorte 'Blue Ridge' — Wuchs etwas kräftiger, Blumenfarbe lebhafter. Florzeit ist im Juni/Juli. Dieser Phlox will etwas absonnig stehen und braucht tief humosen, frischen Boden.

Phlóx subuláta L. (syn. P. setacea L.), der Moosphlox, stammt ebenfalls aus dem Osten Nordamerikas, ist aber bis an den Michigansee verbreitet. Die Pflanzen wachsen in lichten, etwas trockenen Wäldern und bedecken den Boden oft weithin. Die Triebe sind mit kurzen, starren, schmalen Blättern dicht besetzt und liegen am Boden, verzweigen sich auch reichlich und bilden dichte, feste Polster. Die Blüten stehen zu 2 bis 4 auf kurzen Stielen und ragen gut aus der Blattmasse heraus. In vollem Flor sind die Pflanzen eine einzige Blütendecke. Die ersten Exemplare trafen im Frühjahr 1746 in England ein, und der bedeutende Pflanzensammler Reginald Farrer nannte den Ankunftstag „einen gärtnerischen Glückstag". Die Art ist sehr variabel und wurde vielfach zu Kreuzungen mit ihr ähnelnden Arten verwendet. Heute gibt es eine Unzahl Sorten, und immer wieder kommen Neuzüchtungen hinzu. Aus der Menge seien die folgenden als besonders empfehlenswert aufgeführt: 'Atropurpurea' — tiefkarminrosa bis karminrote Blüten mit dunklem Auge; 'Ronsdorfer Schöne' — leuchtend lachsrosa; 'Leuchtstern' — bildet besonders gedrungene, dichte Polster, Blüten rosarot; 'Maischnee' — ein besonders guter Wachser, Blüten weiß, bester in dieser Farbe; 'Rottraut' — bildet gedrungene Polster, Blüten karminfarben; 'Temiscaming' — eine Züchtung aus Schweden mit sehr leuchtend karmin getönten Blüten, die Sorte, die am nächsten an reines Karmin herankommt, gute Fernwirkung. Erwähnt sei ferner die schöne ältere Sorte 'Vivid' mit lachsrosa Blütensternen, aber sie wächst nur in Gebieten mit feuchter Luft zufriedenstellend! Alle blühen im Mai/Juni.

Ausdauernde mittelhohe und hochwachsende Arten

Phlox-Arendsii-Hybriden sind durch Kreuzungen von P. divaricata mit Paniculata-Sorten entstanden. Die Pflanzen werden 40 bis 60 cm hoch, bilden geschlossene, straff stehende Büsche, wachsen stärker als P. divaricata, aber schwächer als P. paniculata und blühen von Juni bis in den August, also ziemlich lange. Die Blüten duften. Es gibt folgende Sorten: 'Hanna' — karminrosa, 'Hilda' — hellavendel mit rosa Auge, 'Inge' — lilarosa, und 'Susanne' — weißer Grund mit einer karkarminroten Mitte, die nach dem Rande zu heller wird; 'Anja' — leuchtend purpurrot.

Phlóx maculáta L. aus dem Osten der Vereinigten Staaten, wo die Pflanzen auf feuchten Wiesen und an Bachufern wachsen, wird bis 70 cm hoch, hat leicht behaarte, rötlich gefleckte, straffe Stengel und lanzettlich-linealische, bis 10 cm lange, zugespitzte, sitzende Blätter. Im Juni bis September erscheinen die mittelgroßen, runden Blüten, welche in bis 30 cm langen, zylindrischen Rispen stehen. Sie werden bei der

Stammform dunkelrosa, variieren aber in der Kultur in der Farbe. Durch Kreuzung von P. carolina mit dieser Art erzielte Arends 1912 eine Reihe Sorten, die sich bis heute gehalten haben und öfter gepflanzt werden sollten. Erwähnt seien: 'Alpha' – lilarosa, 'Schneelawine' – weiß; die Blütenstände sind etwas breiter.

Phlox-Paniculata-Hybriden ist der jetzt gültige Sammelname für den Großen Phlox der Gärten, ohne den man sich weder den Sommer, noch einen Garten vorstellen kann. Die Pflanzen werden 50 bis 120 cm hoch, manchmal noch stattlicher, blühen je nach Sorte im Juli bis in den September hinein, haben große Blüten oder kleinere, riesige oder mittelgroße Blütenstutzen, und das Farbenspiel umfaßt außer Gelb und reinem Blau alle denkbaren Töne zwischen Weiß und Tiefviolett. Karl Foerster unterscheidet 3 Zeitgruppen: 1. Vollflor ab 1. Julihälfte, 2. Vollflor beginnend 2. Julihälfte. 3. Vollflor beginnend Mitte bis Ende August. Es entstanden unzählige Sorten und alsbald auch der Wunsch nach Sichtung. Da immer wieder Neuheiten herauskommen, muß die Prüfung von Zeit zu Zeit wiederholt werden. Das Sortiment ist also ständig im Fluß. Von einer guten Sorte verlangt man Wüchsigkeit, Gesundheit, reichen Flor, Beständigkeit der Farben und ansprechenden Ton. Schönheit allein tut's nicht. Bedeutung hat auch die Herkunft der Sorte oder, anders ausgedrückt, wichtig sind die klimatischen Verhältnisse am Sitz des Züchters. Die von Karl Foerster in Bornim gezüchteten Sorten eignen sich besonders für Gegenden, in welchen Kontinentalklima herrscht oder auch bloß Einfluß hat. Dagegen fallen auch die besten Sorten von Züchtern, welche wie der Nestor der deutschen Phlox-Züchtung Schöllhammer in Strichen mit Seeklima arbeitet, in Gebieten mit Landklima ab. Schöllhammer züchtete am Bodensee, Pfitzer in Stuttgart, Arends in Wuppertal-Ronsdorf, Ruys in den Niederlanden. Alle diese Züchter haben ein bedeutendes Erbe hinterlassen.

Hier folgen 5 Sortenbeispiele für jede der obengenannten 3 Zeitgruppen. *Vollflorbeginn 1. Julihälfte:* 'Aida' (Pfitzer 1934) – amarantrot, 80 cm; 'Karminvorläufer' (Bornimer Staudenkulturen 1972) – dunkelamarantrot, 80 cm; 'Mia Ruys' (Ruys 1922) – reinweiß, 50 cm; 'Prospero' (Foerster 1956) – hellila, 150 cm; 'Ronsdorf' (Arends 1925) – glühend rot, 80 cm. *Vollflorbeginn 2. Julihälfte:* 'Euphorion' (Foerster 1956) – weiß mit rotem Auge, 80 cm; 'BS Feuerpyramide' (Bornimer Staudenkulturen 1975) – orangescharlach mit karminrotem Auge, 80 cm; 'BS Juliglut' (Bornimer Staudenkulturen 1975) – lachsrot, purpurrotes Auge, 80 cm; 'Landhochzeit' (Foerster 1949) – rosa mit rotem Auge, 120 cm; 'Silberlachs' (Foerster 1956) – silberlachsrosa, 100 cm. *Vollflorbeginn 1. Augusthälfte:* 'Bornimer Nachsommer' (Foerster 1951) – hellachsrosa, 120 cm; 'Orange' (Schöllhammer 1950) – orangescharlach, 90 cm; 'Schaumkrone' (Bornimer Staudenkulturen 1975) – weiß mit rotem Auge, 80 cm; 'BS Spätrosa' (Bornimer Staudenkulturen 1972) – reinrosa mit dunklem Auge, 80 cm; 'Violetta-Gloriosa' (Foerster 1956) – lilaweiß, 120 cm.

Bewertung, Verwendung, Anzucht: Die niedrigen Sorten sind wie die hohen unentbehrliche Schätze, wenn auch einige Arten wenig bekannt und daher selten zu sehen sind. Das betrifft vor allem P. amoena und P. divaricata, welche keinen kriechenden Wuchs haben. Sie passen vorzüglich in bunte Blumenbeete neben *Alyssum saxatile, Iris chamaeiris,* niedrige *Campanula* und, wenn sie nicht weiß sind, zu *Iberis* und ähnlichen Boten des Frühlings. Der Boden soll humusreich, tiefgründig, neutral bis leicht sauer und im Frühjahr frisch sein. Wenn die Pflanzen sich wohl fühlen, bedecken sie bald größere Flächen; wenn nicht, gehen sie allmählich zurück, und man muß damit rechnen, daß sie schließlich ganz verschwinden. Ursache ist meistens der Boden: nicht locker genug, wahrscheinlich kalkhaltig, Standort im Sommer zu trocken und heiß. Die Teppichphloxe, insbesondere alle Subulata-Sorten, sind weniger heikel, sie wachsen am besten an vollsonnigen Standorten mit gut durchlässigen, aber humusreichen, tiefgründigen Böden und vertragen, sowohl in die Trockenmauer als auch auf deren Krone gesetzt zu werden. Ferner eignen sie sich als Bodendecke und in buntem Nebeneinander mit andern Frühlingsblühern als Einfassung oder Kante für Beete oder Wege jeder Art. Bei schwerem Frost können ungeschützt stehende Exemplare stark abwintern, meistens jedoch erholen sie sich wieder, indem sie aus den Blattachseln vom vergangenen Jahre neu austreiben. Erwähnt sei ferner, daß P. subulata sich nicht gegen perennierende Unkräuter durchzusetzen vermag. P. stolonifera will etwas absonnig stehen und wünscht tiefgründigen, mit Lauberde und Torfmull versetzten, frischen Boden. Vermehrt wird durch Teilung und Stecklinge, aus Samen nur, wenn man neue Sorten erzielen möchte. P. amoena und P. divaricata lassen sich leicht aufteilen und ergeben, wenn bald nach der Blüte geteilt wurde, bis zum Herbst verkaufsstarken Nachwuchs. Bei P. subulata und P. stolonifera bilden die auf dem Boden liegenden Triebe leicht Wurzeln, falls die Erde mit einem Gemisch von viel Torfmull und etwas Sand bedeckt und dieses immer gut feucht gehalten wird. Im Spätsommer gräbt man aus, teilt die bewurzelten Stengel in die statthafte Zahl von Stücken auf, kann auch die Mutterpflanze selbst noch aufreißen und dreht in mäßig große Töpfe mit humusreicher Erde. Die Ergiebigkeit beim Aufteilen schwankt je nach der Sorte, dem Zustand der Pflanzen, deren Größe und ihrer Pflege stark. Man kann 4 und auch 14 Teilstücke aus einem Exemplar schneiden... die Mutterpflanzenbestände werden dabei allerdings aufgebraucht. Die jungen Pflanzen erreichen bis zum Spätherbst Verkaufsstärke. Im zeitigen Frühjahr sucht man die nötige Menge Mutterpflanzen für die Spätsommervermehrung aus und pflanzt diese bald auf ein Beet, das man mit gutem Kompost oder mürbem Mist düngen sollte. Im August beginnt der Turnus von neuem. Man kann auch aus Stecklingen vermehren, wozu man nur einige schöne Standpflanzen braucht. Es lassen sich im Spätsommer Stecklinge schneiden, auch noch im Herbst. Man steckt in Handkästen, die unten Erde und darüber eine Schicht von feinem Sand enthalten, und stellt in ein gut schließendes Frühbeet, legt Fenster auf und deckt über die Handkästen zusätzlich eine Scheibe, welche oft abzuwischen ist. Man kann die Kästen auch in ein Kalthaus schaffen, muß dort aber ebenfalls mit einer Scheibe schützen. Im Frühling soll man dann die bewurzelten Stecklinge topfen. Die durch Teilung erzielten Bestände lassen sich ebenfalls zur Vermehrung aus Stecklingen heranziehen: man stellt die Töpfe im zeitigen Frühjahr in ein Frühbeet oder Kalthaus, sie kommen bald in Trieb, und nach und nach kann man mehrere Stecklinge je Topf abschneiden. Man achte darauf, daß sich keine Blattläuse einstellen. Die Frühjahrsstecklinge werden bis zum Herbst verkaufsstark. Die halbhohen und hohen Phloxe eignen sich für Staudenpflanzungen aller Art und für bunte Blumenbeete. Sie können auch an passenden Stellen im Garten einzeln, in kleinen Gruppen oder in Reihen gepflanzt werden. Außerdem kann man sie in die Teppiche niedriger Stauden setzen, damit sie als Kontrast wirken. Der Boden soll tiefgründig, durchlässig, humus- und nährstoffreich sein. Wenn diese Eigenschaften vorhanden sind, ist es gleichgültig, ob er sandig oder mehr lehmig und schwer ist. Der hohe Staudenphlox wurde zu einer Kulturpflanze entwickelt, und er vermag nur zu befriedigen, wenn seine Ansprüche erfüllt sind. Bei Trockenheit muß man junge und erst recht alte Exemplare, die enorm viel Wasser verbrauchen, ausreichend gießen. Man zieht dazu Mulden um die Büsche und läßt diese mehrfach vollaufen, hinterher sollte man die feuchte Erde mit Torfmull bedecken, damit sie nicht verkrustet. Über Winter kann man den Einzugsbereich der Wurzeln mit verrottetem Dung oder gejauchtem Torf überziehen. Der Flor läßt sich verlängern, indem man bei jeder Pflanze etwa ein Drittel der Stengel im Juni stutzt. Es bilden sich Verzweigungen, und diese blühen meistens anschließend an den Hauptflor. Der große Staudenphlox kann bei guten Böden in voller Sonne stehen, er verträgt auch Halbschatten, wird dort aber höher und blüht um ein oder zwei Wochen später. Gefährlich ist jedoch Wurzeldruck. An zusagenden Plätzen können die Pflanzen viele Jahre stehenbleiben, sie müssen nur ständig gepflegt und von Zeit zu Zeit gedüngt werden. 10 Jahre alte Exemplare sind keineswegs überaltert, und wenn man sie selten trifft, ist daran die mangelnde Fürsorge schuld. *Phlox paniculata* und *P. maculata* duften auch, besonders gegen Abend. *P. maculata* hält sich abgeschnitten 4 Tage oder länger, ohne sehr zu streuen, während *P. paniculata* in der Regel schon am zweiten Tage einige Blüten abwirft. Man kann die Stiele, welche farblich stark wirken, also nur für kurzfristige Dekorationen verwenden. Vermehrt wird durch Teilung, Stecklinge und Wurzelschnittlinge.

Teilung ist wenig ergiebig und kommt vor allem für den Gartenfreund in Frage, bei dem die Stöcke zu groß geworden sind und sich nicht mehr verpflanzen lassen... große Exemplare sollte man niemals umsetzen. Am meisten wird durch Kopfstecklinge im Frühjahr und Frühsommer vermehrt. Man steckt in ein Vermehrungsfrühbeet. Auf die Unterlage kommt eine Schicht guter Komposterde und darauf eine etwa 5 cm hohe Schicht sandige, am besten gedämpfte Erde, die auch Torfmull enthalten soll. Man klopft gut fest und steckt direkt in dieses Substrat. Die Stecklinge muß man ständig gespannt halten, häufig spritzen und mit Schattenleinen verhindern, daß sie schlappen. Nach 4 bis 5 Wochen haben sie Wurzeln. Es wird Zeit, sie abzuhärten, auch sollte man mit einer Volldüngerlösung nachhelfen, daß sie rasch voranwachsen, und schließlich kann man auf Anzuchtbeete aufschulen. Nicht alle Sorten bringen bald und reichlich Wurzeln, es gibt große Unterschiede. Blaue Sorten z. B. sind vielfach schlecht im Bewurzeln, auch manche rot blühende Züchtungen. Normalerweise werden die Phloxstecklinge vom laufenden Frühjahr und Vorsommer bis zum Herbst des nächsten Jahres verkaufsstark. Bei den Anzuchtbeeten ist Bodenwechsel nötig. Die Vermehrung durch Wurzelschnittlinge findet seltener statt, obwohl sie im Spätherbst und Winter erfolgen kann, also in einer Zeit, wo andere Arbeiten nicht so arg drängen wie im Mai und Juni. Auch werden durch Wurzelschnittlinge keine Älchen übertragen, die heranwachsende Phloxbestände stark gefährden; sie halten sich in den grünen Stengeln und Blättern auf. Man braucht aber etwa 2 bis 2,5 Jahre alte, kräftige Mutterpflanzen. Sie müssen im Spätherbst ausgegraben werden, und man kann sie sofort verarbeiten oder zunächst so einschlagen, daß sie sich bei Frost herausholen lassen. Von den Wurzeln werden gegen 6 cm lange, stricknadelstarke Stücke geschnitten... so viele, wie die Exemplare hergeben, dann legt man die Schnittlinge flach in Handkästen in gedämpfte, sandige Erde und stellt im Kalthaus auf. Bis zum Juni haben die allermeisten Schnittlinge durchgetrieben, und man pflanzt anschließend auf Beete. In Gegenden mit milden Wintern (z. B. in den Niederlanden) werden die Schnittlinge auf Freilandbeete gelegt und mit Laub zugedeckt. Auch die Menge der Wurzelschnittlinge ist verschieden, und es sind bei den Züchtern schon schöne Sämlinge fallengelassen worden, weil die davon genommenen Wurzelschnittlinge nicht austrieben. Die Wartung der Schnittlinge erfordert viel weniger Aufmerksamkeit und tägliche Arbeit als die Wartung der Kopfstecklinge im Frühsommer. Der Ausfall ist bei beiden Vermehrungsarten gleich gering. Die Mutterpflanzen sind nach dem Abnehmen der geeigneten Wurzeln wieder einzuschlagen, und man pflanze sie im Frühjahr so zeitig als möglich auf Anzuchtbeete. Man braucht bei Vermehrung durch Wurzelschnittlinge stets einen gewissen Bestand an kräftigen Mutterpflanzen, während für Kopfstecklinge solche nicht unbedingt nötig sind, denn man kann von

Jungpflanzen Stecklinge nehmen. Aber man bekommt bei manchen Sorten zwei- bis dreimal mehr Wurzelschnittlinge als Triebspitzen für Kopfstecklinge. Diese beiden Vermehrungsarten lassen sich auch kombinieren. Das ist dann angebracht, wenn man von Neuheiten erst einmal einen nennenswerten Bestand schaffen möchte, oder bei Sorten, die ständig stark verlangt werden.

Ein weitverbreiteter, arger Schädling bei *Phlox paniculata* ist das Stockälchen, die Nematode Ditylenchus dipsaci Filip. Es sind 1 bis 1,7 mm lange Fadenwürmer. Sie dringen vom Boden aus durch die Spaltöffnungen in die Stengel und von diesen weiter in die Blätter und rufen Verdickungen, Flecke, Kräuselungen und andere Mißbildungen hervor, welche bis zum völligen Verkrüppeln des Triebes gehen können. Die ärgste Mißbildung sind ranken- oder fadenartig verschmälerte Blattspreiten. Meistens werden die befallenen Teile bleichgrün. Der Schaden kann bei starker Verseuchung des Bodens beträchtlich werden, auch indirekt, weil man von befallenen Exemplaren keine Stecklinge nehmen darf. Die Älchen vermehren sich in den Wirtspflanzen, sie legen Eier, die jungen Älchen überwintern im Boden und dringen im nächsten Frühjahr wieder in die Pflanzen. Die Bekämpfung nach dem Befall ist durch „innertherapeutische Mittel" möglich. Dies sind schwer giftige, organische Phosphorverbindungen, die verdünnt ausgegossen werden und vom Boden her in die Zellen der Pflanzen gelangen, dort die Älchen abtöten, ohne den Zellen zu schaden. Weit wichtiger jedoch ist Vorbeugen und indirekte Bekämpfung. Befallene Exemplare soll man sofort ausraufen oder wenigstens die Stengel sofort abschneiden und vernichten. Verseuchtes Gelände muß man räumen, und wenigstens 4 Jahre lang darf man keine Phloxe darauf pflanzen. Die neuen Anzuchtbeete oder Standplätze sollen weitab liegen. Nassen Boden ohne natürlichen Wasserabzug muß man immer meiden. Von befallenen Pflanzen darf man keine Stecklinge nehmen, oder wenn es nicht anders geht, muß man diese bald nach dem Austrieb schneiden und früh mit der Vermehrung beginnen, denn die Stengel sind anfangs älchenfrei. Auch ist günstig, den Stecklingen aus befallenen oder bloß verdächtigen Beständen die untersten zwei Blätter, die am ehesten verseucht sein könnten, zu nehmen, die Stecklinge dann eine halbe Stunde in +43 bis 44 °C warmes, klares Wasser zu legen, was dazu führt, daß die vorhandenen Älchen die Blätter verlassen, und zuletzt in einer schwachen Formalinlösung abzuspülen. Die Sorten sind verschieden anfällig, man nehme daher vor allem resistente. Wichtig ist auch, den Phlox gut zu ernähren, ferner bei der Vermehrung mit gedämpfter oder chemisch sterilisierter Erde zu arbeiten. Erwähnt sei schließlich, daß Älchen auch in die Früchte einwandern, man soll daher niemals Samen von befallenen Pflanzen zur Aussaat verwenden. Auch ist es nötig, die Samenstände und alle oberirdischen Teile bald nach dem Abblühen wegzuschneiden und zu verbrennen.

Phuópsis stylósa

Eine weitere, weniger häufige Krankheit ist die Kräuselkrankheit von *Phlox paniculata*. Sie wird durch Viren verursacht. Die Pflanzen bekommen stark gekräuselte oder beulige Blätter, welche überdies bräunliche bis schwärzliche, unregelmäßige Flecken aufweisen, in deren Umgebung die Blattoberfläche korkig rauh wird oder wie lackiert glänzt. Eine wirksame Bekämpfung ist leider noch unmöglich, wie bei allen Virosen. Man kann nichts tun, als die befallenen Pflanzen sofort auszuraufen und zu verbrennen. Schließlich können die Triebe durch die Schaumzikade befallen werden, wodurch sie verkrüppeln. Der Schädling ist ausgewachsen ein bis 1 cm großes Insekt, das weit springen kann. Die Larven sitzen unter einer weißen, schaumartigen Masse und stechen die jungen Triebspitzen an, um den Saft zu saugen. Man findet die Geniste häufig an Blattunterseite oder Blattwinkel, sie sehen wie Speichel aus und heißen im Volksmund „Kuckucksspucke". In leichten Fällen ist es das einfachste, die Triebe wegzuschneiden und zu verbrennen. Bei starkem Auftreten muß man den Schaum mit einem Wasserstrahl wegspritzen und nach einer Pause die Pflanzen mit Parathion-Methyl-, Dimethoat- oder Lindan-Mitteln in der vorgeschriebenen Weise behandeln.

Phuópsis · Scheinwaldmeister
Rubiaceae ♃ ○ ◐ ◉ ○ △ ♡

Im Namen stecken die Wörter phu, der arabische Name einer Baldrianart, des Theriakskrautes *(Valeriána phu)*, und das griechische opsis = ähnlich. Die Gattung hat nur eine Art:
Phuópsis stylósa (Trin.) Jacks. (syn. Crucianella stylosa Trin.) 'Purpurea' ist eine Staude mit behaarten, anfangs niederliegenden, dann aufsteigenden, vierkantigen Trieben und lanzettlichen Blättern, welche in Kränzen zu 6 bis 8 an den Stengeln stehen. Die Blumen erscheinen in rundlichen Trauben und werden purpurrosa. Sie sitzen an den Enden der zahlreichen Triebe, Florzeit Mai/Juli. Die Pflanzen werden blühend etwa 20 cm hoch.

Ph

Phillítis scolopéndrium   Phýsalis alkekéngi

Bewertung, Verwendung, Anzucht: Der Scheinwaldmeister ähnelt dem Waldmeister unsrer Wälder, und beide gehören zur gleichen Familie. *Phuopsis* ist auch wie Waldmeister zu verwenden: zur Begrünung größerer Flächen. Der Standort kann sonnig und halbschattig liegen, der Boden soll humusreich sein, etwas Trockenheit wird vertragen, kann aber bei sonnigen Plätzen dazu führen, daß die Bestände schon Ende des Hochsommers einziehen. Ferner kann man *Phuopsis* zu Einfassungen nehmen, doch dürfen keine empfindlichen Pflanzen in der unmittelbaren Nähe stehen, diese würden zugewuchert. Einmal gesetzt, können die Bestände zehn Jahre und länger an ihrem Platz bleiben, es ist nur nötig, von Zeit zu Zeit den Standort mit recht nährstoffreichem Kompost schwach zu überziehen. Vermehrt wird durch Teilung, am besten im zeitigen Frühling. Die Anzuchten sind bis Ende des Sommers verkaufsstark.

Phygélius · Fünferling
Scrophulariaceae ○ ◑ △ ∧

Im Namen stecken die griechischen Wörter phyge = Flucht und helios = Sonne; sie beziehen sich darauf, daß die Pflanzen in ihrer Heimat Südafrika häufig im Schatten anderer, größerer Gehölze wachsen. Die Gattung umfaßt nur 2 Arten, welche kleine Halbsträucher werden.
Phygélius capénsis E. Mey. wird bis 90 cm hoch und bringt reichlich sich verzweigende, unten verholzende Stengel, welche mit eirunden bis leicht herzförmigen, am Rande gekerbten, dunkelgrünen Blättern besetzt sind und in eine etwa 35 cm lange, lockere, breitpyramidale Rispe auslaufen. Die Blumen stehen je zu fünf – daher unser deutscher Name –, werden 5 cm lang, haben eine leicht gebogene Röhre mit einem schiefen, kurzen Saum und sind rosa- bis korallenrot. Ihre violetten Staubbeutel ragen aus der Röhre heraus. Der Flor beginnt im Juli und hält bis zum Herbst vor.

Bewertung, Verwendung, Anzucht: Dieser Halbstrauch aus dem Lande, dem wir die Freesien und Gladiolen verdanken, ist keine überwältigende Schönheit, aber durch den reichen, monatelangen Flor an warmen, sonnigen Plätzen recht brauchbar. Die Pflanzen sind bei uns höchstens in Gebieten mit Weinbauklima winterhart. Man kann sie an den Fuß von Trockenmauern, auf warme Hänge zwischen Gewächse mit silbrigem Laub setzen, wo sie durch ihre abweichende Farbe gut wirken. Im Herbst soll man die Exemplare ausheben, in einen Topf setzen und an einem kühlen, hellen, trockenen Platz überwintern. Im Mai pflanzt man wieder aus. Durchgehende Kultur in Töpfen ist nicht ratsam, da die Büsche zu wenig blühen. Vermehrt wird durch Stecklinge im Sommer, die man von den schönsten Pflanzen nimmt und frostfrei überwintern muß. Auch Anzucht aus Samen ist möglich: Aussaat im Juni, dann pikiert man, topft ein und überwintert. Die Samen fallen nicht sehr treu.

Phyllítis · Hirschzunge
Aspleniaceae ⚁ ◐ ● ♡

Im Namen steckt das griechische Wort phyllon = Blatt; es nimmt darauf Bezug, daß die nur andeutungsweise oder gar nicht gefiederten Wedel dieses Farns wie ein langes Blatt aussehen. Es sind terrestrische Farne mit ungeteilten oder leicht gelappten Wedeln, und die Sporenbehälter stehen in schräg zur Mittelrippe verlaufenden Linien. Die Gattung umfaßt wenige Arten, die über die ganze Erde verbreitet sind, hauptsächlich in Gebieten mit gemäßigtem Klima.
Phyllítis scolopéndrium (L.) Newm. (syn. Scolopendrium vulgare Sm., S. officinarum Sw.) tritt in der nördlichen Erdhälfte in Europa, Kleinasien, Nordamerika und Japan auf und hat ein kurzes, aufrechtes Rhizom, das wie die Basis der Wedelstiele mit kurzen Schuppen besetzt ist. Die Wedel sitzen auf kleinen Stielen, sind zungenförmig, haben ganze Ränder, welche jedoch bei den zahlreichen Kulturvarietäten auf die verschiedenste Art gekräuselt, geschlitzt oder gefranst sind. Die Wedel werden ledrig, glänzendgrün, bis 40 cm lang und auch darüber hinaus, aber nur ausnahmsweise bis 100 cm, Breite 4 bis 5 cm. Normalerweise ist der Farn bei uns wintergrün. Von den zahlreichen Sorten sei nur 'Crispa', die Wellenhirschzunge, erwähnt mit besonders auffällig gekräuselten Blatträndern, die jedoch steril sind. Dagegen ist 'Undulata' fertil, die Ränder sind weniger gewellt.

Bewertung, Verwendung, Anzucht: Die Hirschzunge ist ein sehr schöner Farn für halb- und tiefschattige Standorte. Freilich braucht er feuchten, humusreichen Boden, sonst bleibt er klein. Man kann ihn an den Rand von Schattenpartien pflanzen, wo er ins Auge fällt, kann ihn auch als lockere Bodendecke verwenden und an ausgesparten Flecken *Cimicifuga*, weiße Astilben, auch andere Farne oder Schattengräser dazwischensetzen. Vermehrt werden die Varietäten durch Blattstielenden, die Art häufig durch Sporen. Man trennt die Blattstielenden vom Rhizom ab, legt sie wie Wurzelschnittlinge waagerecht in Handkästen mit sandiger Lauberde und stellt sie bis zum Durchtreiben in ein Vermehrungsbeet mit Unterwärme. Nach einigen Monaten treiben sie aus, man muß dann kühler stellen, abhärten und im Mai in ein Frühbeet mit entsprechender Erde pikieren. Man kann sie dort zur Verkaufsstärke heranwachsen lassen oder auch im Laufe des Nachsommers eintopfen und mit Ballen absetzen. Frühestens im nächsten Frühjahr sind die ersten Pflanzen verkaufsstark. Topfpflanzen lassen sich das ganze Jahr absetzen. Sie eignen sich auch für kühle, absonnige, helle bis etwas schattige Räume als Zimmerfarne, aber warm dürfen sie nicht stehen, sonst bekommen sie bald den Befall durch Blasenfüße.

Phýsalis · Blasenkirsche, Lampionblume
Solanaceae ⚃ ○ ◐ ◑ ✕

Der Name der Pflanzen stammt aus dem Griechischen: physalis = Blase; er bezieht sich auf die blasig aufgetriebenen Früchte. Die Pflanzen sind ein- oder mehrjährige Kräuter, oft mit einem weit im Boden umherstreifenden, fleischigen Erdstamm. Sie haben aufrechte Triebe, gegenständige oder wechselständige Blätter und unscheinbare Blüten in den Blattachseln. Dafür werden bei manchen Arten die Früchte groß und ansehnlich: der stark vergrößerte Kelch umschließt zwei rote, gelbliche oder grünliche Beeren. Die Gattung umfaßt gegen 100 Arten, die in den tropischen und subtropischen Teilen von ganz Amerika auftreten. Einige Arten, bei denen die Beeren eßbar sind, werden in subtropischen Gebieten häufig angebaut, auch bei uns immer wieder einmal als „Erdkirschen" zum Anbau empfohlen. Sie haben sich nicht eingebürgert.

Phýsalis alkekéngi L. (syn. P. franchetii hort. non Mast., unter welchem Namen die Pflanzen vielfach geführt werden) ist die Lampionblume unserer Gärten. Ihre Heimat ist vielleicht Japan. Die Pflanzen breiten sich sehr rasch aus, haben aufrechte, bis 60 cm hohe Stengel und bringen im Herbst die bekannten Früchte mit der orangefarbenen Haut. Sie werden etwa 5 cm breit und etwas länger. Bei der Sorte 'Nana' sind die Pflanzen 30 cm hoch, bei 'Gigantea' etwas höher und die Ballonfrüchte größer.

Bewertung, Verwendung, Anzucht: Wenn die auffälligen Früchte nicht wären, hielte jedermann die Pflanzen für Unkraut, zumal sie beinahe queckenartig wuchern. Sie eignen sich nur für abgelegene, leere Plätze im Garten, wohin man nichts anderes setzen will, keineswegs passen sie zwischen Sommerblumen und Stauden auf bunten Beeten. Sie kommen in jedem Boden fort, können aber in sehr harten Wintern stark leiden. Der Standort kann in voller Sonne und im Halbschatten liegen. Vermehrt wird durch Aufteilen der Rhizome in etwa 10 cm lange Stücke, die man an den vorgesehenen Platz auslegt, etwa 3 cm tief. Man

Physostégia virginiána

kann auch aus Samen heranziehen, den man im Frühling in ein Saatbeet unter Glas sät und später an Ort und Stelle pflanzt. Im September ist es Zeit, die Stiele mit den Früchten abzuschneiden und in Bündeln an einem luftigen Platz zum Trocknen aufzuhängen. Die trockenen Früchte können sich lange halten, ohne ihre Farbe einzubüßen.

Physostégia · Gelenkblume, Etagenerika
Labiatae ⚃ ○ ◐ ◑ ✕ ∧

Im Namen stecken die griechischen Wörter physalis = Blase und stege = Decke; sie nehmen darauf Bezug, daß die Kelchröhre aufgeblasen-glockig wird. Es sind aufrechte, ausdauernde Kräuter mit vierkantigen Stengeln und länglichen, gezähnten Blättern, die meistens quirlständig sitzen. Sie blühen in endständigen Ähren. Die Gattung umfaßt 5 Arten, welche in Nordamerika zu Hause sind.

Physostégia virginiána (L.) Benth. aus dem Nordosten der USA sind ansehnliche, reichlich sich verzweigende Stauden, die von Juli bis September in zahlreichen, langen, dichten Ähren oder Rispen blühen. Dabei sitzen die Blumen in 4 Reihen die Stengel entlang. Die Stammart hat rosaviolette Blüten. Man verwendet aber fast nur Sorten, wie 'Bouquet Rose' – dunkelrosa, 70 cm; 'Summersnow' – 60 cm, reinweiß; 'Summerspire' – 100 cm hoch, besonders reichblühend, leuchtend dunkelrosa; 'Vivid' – ältere, noch unübertroffene Züchtung, 60 cm hoch, Blüten leuchtend weinrot in langen Ähren.

Ph

Phytolácca americána

Plagiorhégma dúbium

Plantágo niválix

Bewertung, Verwendung, Anzucht: Die Pflanzen wirken in ihrer Tracht und den vierzeilig sitzenden Blüten im ersten Augenblick etwas steif, was sich aber verliert, wenn sie größer und höher werden und sich reichlich verzweigen. Sie passen gut neben Stauden mit weißwolligem Laub, wie *Stachys, Cerastium,* ferner zu grünen, niedrigen oder auch höheren, sehr duftigen Gräsern und zu *Aster dumosus* in abweichender Farbe. Sie wachsen in jedem nicht zu leichten und etwas frischen, humusreichen Boden. Der Standort kann in voller Sonne und in lichtem Schatten liegen. Leichter Winterschutz aus Nadelstreu ist angebracht. Zu erwähnen ist auch, daß die Pflanzen Ausläufer treiben und manchmal weit umherwandern, aber sie werden nicht lästig. Die Blumen lassen sich schneiden und blühen bis zur letzten Knospe auf; die Stiele dürfen aber nicht zu lang sein. Im Garten werden sie erst im 2. oder 3. Jahr stattlich. Ihr langer, ziemlich später Flor tritt dann erst richtig hervor. Vermehrt wird durch Aufzucht von Ausläufern, die man am besten in 8-cm-Töpfe dreht. Auch Stecklingsvermehrung im Frühsommer ist möglich. Die Bestände werden bis zum nächsten Frühjahr verkaufsstark. Man sollte nur im Frühjahr pflanzen. Wenn *Physostegia* verschwinden, ist der Boden zu trocken und arm.

Phytéūma · Teufelskralle
Campanulaceae ♃ ○ ◐ △

Phyteuma ist ein altgriechischer Pflanzenname, den man bereits bei Dioskorides findet; übersetzt heißt er einfach Gewächs. Es sind ausdauernde Kräuter, vielfach mit fleischigen, rübenartigen Wurzeln, die mehrere Köpfe haben. Die Blätter der Grundrosette bekommen lange Stiele, die stengelständigen nur kurze. Die Blüten sind nicht groß, sitzen aber in häufig von ansehnlichen Hüllblättern umgebenen Ähren oder kugeligen Köpfchen. Sie werden weiß, blau, violett bis purpurn oder gelb. Die Gattung umfaßt 29 Arten, welche ausschließlich in Mittel- und Südeuropa, meistens in den Gebirgen, auftreten. Es gibt auch einige hochalpine Arten, die etwas verholzende Wurzeln und Sprosse bekommen. Sie sitzen meistens tief und fest in Felsspalten.

Phytéūma scheūchzeri All. aus dem Südteil der Alpen wächst sowohl auf Kalk als auch auf Urgestein in Höhen von 200 bis etwa 2250 m. Die Pflanzen werden 15 bis 40 cm hoch, haben einfache, aufrechte oder auch überhängende Stengel, lanzettliche bis eiförmige, gesägte oder gekerbte Blätter, welche etwas derb sind und graugrün aussehen. Die Blüten stehen in kugeligen oder kurz-eiförmigen Köpfchen beisammen, die gegen 3 cm breit werden und 20 oder mehr Blüten enthalten, Farbe tiefblau. Blütezeit von Juni bis August.

Bewertung, Verwendung, Anzucht: Die Art eignet sich für Wildstaudenpflanzungen und wirkt gut zwischen Gräsern sowie niedrigem *Hypericum*, man kann sie auch in größere Alpina setzen, nicht aber in Gesteinsfugen. Der Boden soll sandig-humos, gut durchlässig und kalkhaltig sein. Die Anzucht ist nicht schwierig und erfolgt aus Samen. Man sät in sandige, mit Grus durchsetzte Erde, die guten Abzug hat, und pikiert bald 2 bis 3 Keimlinge in lange, schmale Alpenpflanzen-Anzuchttöpfe. Diese müssen etwas absonnig in ein gut wasserdurchlässiges Material eingesenkt werden. Nach 2 Jahren pflanzt man im Frühjahr an den vorgesehenen Platz.

Phytolácca · Kermesbeere
Phytolaccaceae ♃ ○ ◐ ◓ ◑

Im Namen stecken das griechische Wort phyton = Pflanze und das neulateinische lacca = roter Lack; sie beziehen sich auf den roten Saft der Beeren. Es sind ansehnliche Stauden. Die Gattung umfaßt gegen 35 Arten, die sich oft schwer unterscheiden lassen. Das Hauptverbreitungsareal ist Nordamerika, von woher die in Südeuropa beinahe verwilderte *P. americana* bereits 1640 eingeführt wurde.

Phytolácca americána L. (syn. P. decandra L.) wird 1,5 m hoch und höher, hat rübenförmige, blaugrüne, dicke Wurzeln, rötlich angelaufene Stengel und große, eirund-ovale, zugespitzte, ganzrandige Blätter auf kurzen Stielen. Die Blüten erscheinen achselständig und sitzen in langen, etwas überhängenden Trauben. Sie sind etwa 1 cm breit, anfangs weiß, später rosa und haben 10 Staubfäden. Florzeit ist im Juni/Juli. Im Herbst folgen in geraden, straffen Kerzen zuerst rote, dann sich schwarz färbende, etwas glänzende, sehr saftreiche Beeren.

Bewertung, Verwendung, Anzucht: Die Kermesbeere ist eine zähe, mächtige Staude für Einzelstellung im Rasen und für Wildstaudenpflanzungen, freilich keine einmalige Schönheit. Da sie groß und stattlich wird, braucht sie Platz. Die schwarzen Beeren werden im Süden gern zum Färben von Wein und Zuckerzeug genommen, sie haben fast keinen Geschmack. Der Boden soll tiefgründig und nicht naß sein, im übrigen stellen die Pflanzen keine Ansprüche. Sie wachsen in voller Sonne so sicher wie im Halbschatten. In sehr harten Wintern können exponiert stehende Exemplare erfrieren oder Schäden erleiden. Vermehrt wird durch Teilung, wobei jede Wurzel ein Stück Kopf aufweisen muß, oder durch Samen. Die Pflanzen werden innerhalb einer Vegetationsperiode verkaufsstark. Man soll ziemlich junge Stücke setzen, ältere wachsen schwer wieder ein.

Piquéria → **Stévia serráta**

Plagiorhégma · Herzblattschale
Berberidaceae ⚃ ◐ ◓ △ ∧

Zu dieser Gattung gehört nur eine Art, welche bisher *Jeffersonia* eingegliedert war, zu der nun ebenfalls nur eine Art gehört, die in Nordamerika heimische Waldstaude *J. diphylla* mit zweiteiligen Blättern und einzeln über dem Laub stehenden, fast geschlossenen weißen Blüten.
Plagiorhégma dúbium Maxim. (syn. Jeffersonia dubia Benth. et Hook. f.) stammt aus Ostasien. Gattungs- und Artname gehen auf Karl Johann Maximowicz (1827–1891) zurück, Konservator am Botanischen Garten Petersburg, der die Flora der Mandschurei erforschte. Die Pflanze erinnert an unser Leberblümchen, sie wird bis 15 cm hoch und hat einen kissenförmigen Wuchs. Die Blätter werden herz-nierenförmig und sind anfangs lichtgrün, später bronzefarben bis graugrün. Die Blumen sind 2 bis 3 cm breit, schalenförmig, lavendelfarben bis zartblau. Sie sitzen auf zunächst 20 cm hohen Stielen, die sich aber allmählich strecken und zuletzt 30 cm Höhe erreichen. Sie erscheinen im April/Mai. Die Blumen vergehen bald, doch wird das durch ihre Menge wettgemacht. Später welkt das Laub ab, und es bleibt eine kahle Stelle zurück.

Bewertung, Verwendung, Anzucht: Reizende Frühlingsblumen für halbschattige Standorte mit humusreicher, etwas lehmiger, kalkfreier, frischer Erde. Sie blühen reich und können viele Jahre an ihrem Platz bleiben. Man braucht nichts weiter zu tun, als gelegentlich im Herbst mit gejauchtem Torfmull zu überziehen. Der Nachteil ist, daß ab Mitte Juli von allem nichts mehr zu sehen ist. Die Pflanzen werden in Töpfen herangezogen und brauchen wenigstens ein ganzes Jahr bis zur Verkaufsstärke. Man vermehrt durch vorsichtiges Teilen im zeitigen Frühling und aus Samen. Dieser muß sofort nach der Reife gesät werden; es dauert zwei Jahre, bis die Sämlinge verkaufsstark sind. Die Jungpflanzen überwintert man in einem kalten Kasten unter einer dünnen Reisigdecke oder schützt sie mit Nadelstreu.

Plantágo · Wegerich
Plantaginaceae ⚃ ○ ◓ △ ♡ ∧

Im Namen steckt das lateinische Wort planta = Fußsohle; es bezieht sich darauf, daß die Blätter einzelner Arten wie Fußtapfen aussehen. Bei den nordamerikanischen Indianern heißt *P. major* „Fußtritt des weißen Mannes". Die Gattung umfaßt gegen 220 Arten, welche überall auf der Erde in Gebieten mit gemäßigtem Klima auftreten. Sie werden ein- oder mehrjährige Kräuter und auch Halbsträucher. Die perennierenden Arten haben eine auf dem Boden aufliegende Blattrosette und bringen einen blattlosen Schaft mit einer langen Ähre meistens unscheinbarer Blüten. Die Samenstände sind im Winter eine beliebte Futterquelle für körnerfressende Vögel. *P. major* war schon im Altertum eine wichtige Heilpflanze und wird heute noch verwendet. Man nimmt die Blätter für Tees, preßt auch den Saft aus. Der Breitblättrige Wegerich wirkt durch seinen Gehalt an Kieselsäure harntreibend, durch den Gehalt an Bitterstoffen gleichzeitig appetitanregend, krampflösend und steigert die Sekretion. Er hilft bei Katarrhen, Blähungen, Blasenbeschwerden und bei Hautkrankheiten, der Saft dient auch zum Abgewöhnen des Rauchens. Viele Arten treten auf Unland, an Wegrändern und ähnlichen Plätzen auf und erhalten sich dort unkrautartig.
Plantágo niválís Boiss. wächst in Spanien in den Bergen der Sierra Nevada und hat etwa 10 cm lange, lanzettliche, beiderseits weiß zottig-behaarte Blätter. Sie bilden eine Rosette und sind der Schmuck der Pflanzen, die in ihrer Heimat alt werden können. Der Blütenstand ist ein länglicher Kopf, aber ohne Zierwert.

Bewertung, Verwendung, Anzucht: Der Weißwollige Wegerich ist eine Liebhaberpflanze für die Freunde alpiner Gewächse. Man setzt ihn in Alpina an einen warmen Platz in voller Sonne, der Boden soll sandiglehmig und sehr gut durchlässig sein. Der größte Feind ist Winternässe. Man kann sie durch Abdecken mit einem Stück Folie fernhalten, hat aber nicht immer Erfolg. Man kann auch in tiefe Töpfe setzen, die über Sommer ins Alpinum eingesenkt werden und im Winter in einen Frühbeetkasten unter Glas kommen. Vermehrt wird durch Samen. Man halte die Aussaaten

Pl

Platycódon grandiflórus

Pleióne bulbocodioídes

Podophýllum hexándrum

ziemlich trocken und sonnig. Sobald als möglich pikiert man in Töpfe und pflanzt schließlich an den vorgesehenen Platz. Die Anzucht dauert etwa ein Jahr.

Platycódon · Ballonblume
Campanulaceae ♃ ☉ ☽ ● ●

Der Name enthält die griechischen Wörter platys = breit und kodon = Glocke; sie beziehen sich darauf, daß die Blumen flache oder breite Glocken bilden. Es sind milchsaftführende Stauden mit einem fleischigen, rübenartigen Wurzelstock, dünnen, festen Stengeln und Glockenblumen, welche im Knospenstadium eigenartig ballonförmig aufgebauscht sind. Die Gattung enthält nur eine Art.

Platycódon grandiflórus (Jacq.) A. DC. (syn. Wahlenbergia grandiflora (Jacq.) Schrad.) stammt aus Ostasien. Die Pflanzen werden 40 bis 60 cm hoch, haben dünne, sich verästelnde oder einfache Stengel, die sich bei alten Pflanzen manchmal etwas umlegen und dann niederliegend-aufsteigend wachsen. Die Blätter bilden unten eine Rosette oder stehen in Kränzen, oben sind sie wechselständig. Sie werden länglich-lanzettlich und ungleich gezähnt, oberseits zuweilen blaugrün überlaufen. Die Blumen sind 8 cm breite, flache Glocken mit breiten, spitzen Zipfeln; sie stehen an den Enden der Triebe einzeln oder in weitläufigen Trauben. Bei der Art werden sie blau und haben feine Adern. Es gibt daneben 'Album' mit weißen Blüten und hellblauem Geäder, ferner Zwergsorten wie 'Apoyama', leuchtend violettblau, vom Berge Apoy im Norden Japans, kaum 20 cm hoch. Die Sorte 'Perlmutterschale' hat perlmutterfarbene, also bläulichrosa getönte Glocken, 60 cm. Sie alle blühen vom Juni bis August.

Bewertung, Verwendung, Anzucht: Die Ballonblume ist eine anspruchslose, dankbare Staude, welche etwas Apartes an sich hat und unsern Blick sofort auf sich zieht. Die Pflanzen können alt und stattlich werden, wachsen dann aber – wie schon bemerkt – nicht mehr straff und geschlossen aufrecht. Sie wünschen sandig-lehmigen, aber nicht armen und zu trockenen Boden, wachsen also normalerweise in jedem Garten. Der Standort kann in voller Sonne und auch im Halbschatten liegen, nicht aber direkt unter Bäumen. Gute Nachbarn sind *Potentilla* 'Gibsons Scarlet' und *P. ternata*, Sonnenröschen, niedrige Gräser, niedrige *Gypsophila*, auch Teppiche bildende *Sedum*. Vermehrt wird vor allem aus Samen, durch Teilung nur ausnahmsweise, wenn die Wurzeln zwei Rüben bilden und zwei Köpfe aufweisen. Man sät in ein Freilandsaatbeet im zeitigen Frühjahr so dünn als möglich und pflanzt später auf Anzuchtbeete in etwa 6 Reihen. Im nächsten Frühjahr sind die Bestände verkaufsstark. Am endgültigen Standort ist mit 30 cm Abstand zu pflanzen, und man setze stets mehrere Exemplare zusammen. Üble Feinde sind Wildkaninchen, welche den Austrieb abnagen.

Pleióne · Pleione
Orchidaceae ♃ ☽ ● △ ∧

Pleione ist eine Gestalt der griechischen Mythe, genau gesagt die Mutter der Plejaden. Dies sind nymphenartige Wesen, sie wurden verstirnt und erscheinen bei uns im Herbst, heißen auch Siebengestirn. Man findet sie eng beisammenstehend etwa in der Mitte zwischen Stier und Widder und dem Sternbild des Perseus. Pleionen sind Erdorchideen, die den Coelogynen nahestehen, haben aber einjährige Bulben. Man kennt bis jetzt 9 Arten. Ihre Heimat ist der Himalaja, das nördliche Indien, Tibet, Südchina, Burma und Laos. Nach Berichten der Entdecker kommen diese Pflanzen in der Baumregion von Gebirgen vor, wo auf heiße Sommer mit häufigen Regenfällen und warme Herbste niederschlagsarme, strenge Winter folgen. Die Pleionen wachsen dort vor allem am moosbedeckten Fuß der Baumstämme in sehr geringer Bodentiefe; es sind Halbepiphyten. Für uns kommt nur eine Art in Betracht.

Pleióne bulbocodioídes (Franch.) Rolfe (syn. P. limprichtii Schlechter, P. pogonioides (Rolfe) Rolfe). Das ist der älteste und daher gültige Name dieser 1911 aus China nach England eingeführten Pflanze. Die Art kommt in Taiwan, Sichuan, Hupei, Yunnan und in Tibet vor und hat bei jeder Entdeckung einen anderen Namen bekommen, insgesamt sind es 13, die nun als Synonyme angeführt werden könnten. Die Art ist sehr variationsreich. Die Unterschiede zwischen den einzelnen Vorkommen rechtfertigen vielleicht die Weiterverwendung dieser Namen zur Bezeichnung botanischer Formen dieser Pleione. In welchen Fällen hierfür die Voraussetzungen gegeben sind, müssen Botaniker entscheiden, denen alle diese Pflanzen blühend vor Augen stehen.

Die uns bekannten und in gärtnerischer Kultur befindlichen Pleionen haben 2 bis 3 cm lange, flaschenförmige Pseudobulben, die im April/Mai aus den emporgewachsenen Trieben je eine oder zwei Blüten hervorbringen. Diese werden etwa 7 cm breit, sie haben kräftig lilarosa, blaß anilinfarbig rosa, selten weiße Kelch- und Blumenblätter, eine hellere oder weiße tütenförmige Lippe, die am Rande gefranst ist und innen ziegelrote, bräunlichrosa, sepiafarbene, bei weißer Lippe gelbe, verlaufene Flecken aufweist. Zu ihrer Stabilisierung ist die Lippe gekielt; diese Rippen selbst sind gelb oder weiß.

Bewertung, Verwendung, Anzucht: Keine Freilandorchidee läßt sich mit dieser Art, deren Blüten an die Blumen von *Coelogyne* erinnern, vergleichen. Man darf also sagen, daß sie einzigartig ist. Natürlich ist sie keine Pflanze für den üblichen Garten, sondern verlangt sorgfältige Herrichtung des Standortes und einige Handreichungen. Die erste wichtige Forderung ist: kalkfreier Boden, kalkfreies Wasser; die zweite: gute Drainage! Es ist nicht unbedingt nötig, sie an den Fuß eines Baumstammes ins Moos zu pflanzen. Nötig jedoch ist Moorerde, der man ein wenig mürben Lehm und viel Sand zusetzt, auch Gesteinsgrus, aber niemals kalkhaltiges Gestein. Man kann die Pleione auch ins Beet der Moorpflanzen setzen, muß aber eine etwa 30 cm tiefe, genügend große Grube ausheben, in die man zuerst altes, sparriges, schwer verwesendes Kräuticht von Stauden oder Zweige von Sträuchern füllt, darüber eine Schicht Schotter oder Kies und zuletzt 10 bis 12 cm hoch die hergerichtete Erde. Das alles muß im Herbst geschehen. Der Standort soll etwas absonnig, doch nicht im tiefen Schatten liegen. Tropfenfall von Bäumen ist Gift! Im Frühling pflanzt man: so tief, wie die Exemplare, die meistens in Töpfen geliefert werden, gestanden haben... am besten ist, den Topf vorsichtig zu zerschlagen, um den Ballen nicht zu stören. Sobald die Pflanzen anfangen zu treiben, muß man gießen: nur mit Regen- oder kalkfreiem Teich- oder Quellwasser, während die Blüte noch stärker... eingedenk der oben beschriebenen Verhältnisse am heimatlichen Standort. Im Verlaufe des Herbstes vergilben die Blätter und fallen ab, und die Pflanze tritt in ihre Ruhezeit ein. Man muß dann eine Glasscheibe oder ein großes Stück feste Folie überlegen, denn das Gewächs soll trocken stehen, man kann auch eine Frostschutzhaube überstülpen. Im Winter schütte man mit trockener Nadelspreu an und schütze weiterhin vor Nässe. Mit den Jahren bringen gut stehende Exemplare mehrere Blumen. Vermehrt wird durch Teilung, doch sollten sich nur sehr erfahrene Pfleger damit befassen. Man kann die Art auch in Töpfen halten, die man einsenkt oder im Zimmer aufstellt. Über Winter hole man die im Freien stehenden Töpfe in einen hellen, kühlen Raum.

Podophýllum · Maiapfel, Fußblatt
Berberidaceae

Im Namen stecken die griechischen Wörter pous, podos = Fuß und phyllon = Blatt; hergeleitet ist der Name jedoch von der alten Bezeichnung Tourneforts Anapodophyllum = Entenfuß, an den die Blätter erinnern. Es sind Stauden mit einem kriechenden Erdstamm und handförmig gespaltenen, großen, schildartigen, vielfach etwas marmorierten Blättern; sie blühen zum Teil vor dem Laube. Die Gattung umfaßt 5 Arten, von welchen 1 in Nordamerika, 1 im Himalaja und 2 in Mittel- und Westchina einschließlich Formosa auftreten.

Podophýllum hexándrum Royle (P. emodi Wall. ex Hook. f. et Thoms.) aus dem Himalaja wird 35 bis 45 cm hoch, hat drei- bis fünflappige, bronzefarben bis braun marmorierte, etwa 25 bis 30 cm breite Blätter. Die Blüten erscheinen vor dem Laube im Mai, stehen endständig auf derben rötlichen Stielen und sind etwa 5 cm breit, weiß bis hellrosa; sie haben 4 bis 6 Kronlappen und 12 bis 15 Staubfäden. Die Früchte werden leuchtend rot und fast so groß wie ein Taubenei, sie erscheinen im Spätsommer. Es gibt auch eine Sorte 'Majus', welche etwa 50 cm hoch wird, die Blätter sind kräftiger marmoriert, die Blüten meistens rosa, die Früchte oft etwas größer.

Bewertung, Verwendung, Anzucht: P. hexandrum sind interessante bis seltsame Stauden für den Halbschatten... seltsam, weil sie vor dem Laub auf starken Schäften erblühen. Sie wünschen tiefgründigen, frischen Laubboden, dem man gejauchten Torfmull oder guten Kompost zusetzen soll. Passende Nachbarn sind *Tiarella*, *Alchemilla*, auch *Vinca* oder *Astilbe chinensis*. Einmal gepflanzt, können sie viele Jahre an ihrem Platz bleiben. Vermehrt durch Teilung und aus Samen. Man muß an absonnigen Plätzen kultivieren. Es dauert wenigstens ein Jahr, bis die Bestände verkaufsstark werden, meistens braucht man zwei Sommer.

Polemónium · Jakobsleiter
Polemoniaceae

Polemonium ist ein antiker Pflanzenname, von dem Plinius behauptet, er gehe auf das Wort polemos = Streit, Krieg zurück, weil sich mehrere Könige um den Ruhm stritten, die Heilkraft von *P. caeruleum* entdeckt zu haben. Was daran wahr ist, wer kann das heute noch feststellen? Es sind meistens Stauden mit manchmal kriechendem Erdstamm und frischgrünen, auch etwas behaarten, fiederteiligen Blättern. Sie

Po

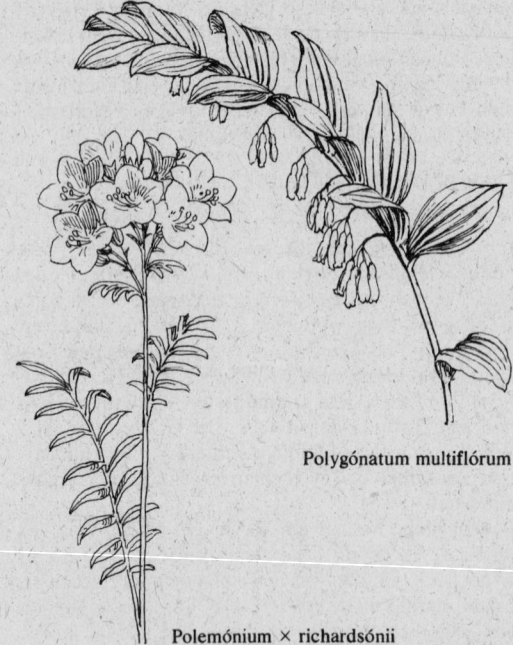

Polygónatum multiflórum

Polemónium × richardsónii

blühen in endständigen, doldentraubigen bis kopfigen Trugdolden. Die Gattung umfaßt etwa 30 Arten, die meistens im westlichen Nordamerika, ferner in Mittel- und Südeuropa auftreten; in Europa nur 2, diese aber sind auch in Asien verbreitet, sogar bis Japan. Im Altertum und Mittelalter war *P. caeruleum* eine wichtige Heilpflanze gegen mancherlei Krankheiten, heute hat es keinerlei Bedeutung mehr.

Polemónium caerúleum L. ist eine 40 bis 100 cm hoch wachsende Staude, die in der Natur auf feuchten Wiesen, in Flachmooren und in den Gebirgen an Flußufern wächst. Die Blätter bilden einen dichten Schopf, haben lange Stiele, werden bis 12 cm lang und sind gefiedert. Im Mai/Juni bringen die Büsche auf kantigen, hohlen Stengeln schmale endständige Rispen blauer Blüten mit breitglockiger Krone und orangegelben Staubfäden; die Blüten duften etwas. Die Höhe im Garten schwankt nach der Feuchtigkeit des Bodens zwischen 40 und 80 cm. Im Herbst blühen sie häufig ein zweites Mal. Außer der Stammform gibt es die var. **himalayánum** Bak. (var. grandiflorum Manning) mit Blüten, die bis 4 cm breit und tiefer lilablau werden, ferner die Sorte 'Album' mit weißen Blumen.

Polemónium réptans L. stammt aus Nordamerika, wo die Pflanzen im Osten und Mittelraum der Vereinigten Staaten in lichten Wäldern vorkommen. Sie werden 20 cm hoch und höher, haben einen kriechenden Erdstamm, eirund-längliche, bis 20 cm lange, leicht behaarte Fiederblätter und blühen in endständigen, lockeren, etwas überhängenden Trugdolden. Die Blumen werden himmelblau. Schöner in der Farbe sind 'BS-Frühlingshimmel' und 'Firmament' sowie die alten Sorten 'Blue Pearl' – perlmutterblau und 'Königssee' – tiefblau, 30 cm hoch. Sie blühen alle im Mai/Juni, manchmal bereits im April.

Polemónium × richardsónii hort. ist eine Hybride ungewisser Herkunft; vielleicht sind *P. caeruleum* und *P. reptans* ihre Eltern. Die Pflanzen werden etwa 40 cm hoch, haben hellgrünes, gefiedertes Laub und blühen in vielblumigen Trugdolden, die auf geraden, festen Stengeln stehen. Außer der blaublühenden Hybride gibt es die Sorten 'Album' mit weißen und 'Superbum' mit wesentlich größeren, blauvioletten Blumen. Sie alle blühen im April/Mai und häufig im Juli nochmals, aber schwächer.

Bewertung, Verwendung, Anzucht: Polemonium caeruleum eignet sich für Wildstaudenpflanzungen. Passende Nachbarn sind *Geum, Ranunculus,* Gräser, *Lythrum.* Die Pflanzen wachsen in jedem normalen Gartenboden, sind aber gegen zu trockene Standorte empfindlich. Sie vertragen auch Halbschatten. *P. reptans* wünscht für die Erde Zusatz von Torfmull und Lauberde und gedeiht am besten in lichtem Halbschatten, paßt auch unter locker stehende Gehölze als Bodendecke. *P. × richardsonii* kann man sowohl zu Wildstauden als auch in bunte Blumenbeete setzen. Die Blumen dieser Art sind auch aparte Schnittblumen. Obwohl sie Jahr für Jahr wiederkommen, darf man sie nicht zu lange an ihrem Platz lassen, denn sie verkahlen innen. Man muß also nach 4 bis 5 Jahren umpflanzen und erneuern. Vermehrt wird bei den Sorten und Varietäten durch Teilung vor oder nach der ersten Blüte. Auch Anzucht aus Samen ist möglich – Aussaat im Frühjahr auf ein Freilandsaatbeet –, aber die Pflanzen fallen nicht treu. Sie werden bis zum Herbst verkaufsstark.

Polygónatum · Salomonssiegel, Weißwurz
Liliaceae ♃ ◐ ● ◓ ♡

Im Namen stecken die griechischen Wörter polys = viel und gony = Knoten, Knie; sie nehmen auf die vielen Knoten des Rhizoms Bezug. Es sind mittelgroße bis stattliche, ausdauernde Kräuter mit einem weißen, dicken, fleischigen, kriechenden Wurzelstock und einfachen, oft gebogenen Stengeln, die mit gegen- oder wechselständig, auch quirlständig stehenden Blättern besetzt sind. Aus deren Achseln kommen die weißen, röhrigen, hängenden Blüten. Die Gattung umfaßt gegen 30 Arten, welche auf der nördlichen Halbkugel in Gebieten mit gemäßigtem Klima auftreten. Die Rhizome waren früher als Radix sigilli Salomonis offizinell und wurden gegen Quetschungen, Pockennarben und Entzündungen verwendet. Auch der Aberglaube hat sich ihrer bemächtigt und sie als Springwurz hingestellt, die ihrem Besitzer überall Tür und Tor öffnet.

Polygónatum commutátum (Schult. f.) A. Dietr. (syn. *P. giganteum* A. Dietr.) aus Nordamerika ist eine besonders stattliche, wüchsige Art. Die Pflanzen haben aufrechte Stengel, eirund-lanzettliche, bis 20 cm lange Blätter, und die Blüten stehen bis 10 beisammen. Sie werden 2 cm lang, sind weiß und haben grüne Tupfen am Ende. Sie sitzen an langen Stielen. Florzeit ist vom Mai bis zuweilen in den Juli. Gut stehende Exemplare bringen zahlreiche Stengel und werden 1 m hoch und höher.

Polygónatum multiflórum (L.) All. tritt in Europa und Asien bis Japan auf. Die Pflanzen werden 50 bis 90 cm hoch, haben runde, unten blattlose Stengel und wechselständige, bis 15 cm lange, oval-lanzettliche, zugespitzte Blätter, welche etwas aufwärts zeigen und unterseits graugrün sind. Die Blumen stehen einzeln oder bis 6 beisammen und sind weiß oder grünlich. Florzeit im Mai/Juni. Die Art wird schon seit dem 16. Jahrhundert in Gärten gehalten.

Polygónatum odorátum (Mill.) Druce (syn. P. officinale All.) ist das Salomonssiegel unserer Wälder und Gebüsche; bis 45 cm hoch. Die Blüten hängen einzeln oder zu zweien am leicht gebogenen Stiel; sie duften maiblumenähnlich; Mai/Juni.

Bewertung, Verwendung, Anzucht: Die Pflanzen sind sehr brauchbare Stauden für halbschattige bis schattige Partien in größeren Gärten und Parken, einzeln stehend auch für Schattenplätze im kleinen Garten. *Polygonatum* wirken vor allem durch ihr Laub. Sie wünschen tiefgründigen, humusreichen und nicht zu trocknen Boden. Stehende Nässe jedoch ist ungünstig. Besonders *P. commutatum* wird an zusagenden Standorten sehr üppig und bedeckt bald große Flächen. Andere Gewächse werden von ihm allmählich erdrückt. Man kann rein pflanzen oder in Teppiche niedrig wachsender Schattenstauden, wie *Tiarella, Saxifraga umbrosa,* auch *Astilbe chinensis, Ajuga* oder *Lamium,* einstreuen. Die Exemplare können lange an ihrem Platz bleiben und verlangen kaum Pflege. Die abgeschnittenen Stengel halten sich im Wasser über 10 Tage. Vermehrt wird durch Teilung im Frühjahr oder Herbst, indem man die Rhizome in 6 bis 10 cm lange, jeweils mit einem Auge besetzte Stücke zerschneidet. Auch Anzucht aus Samen ist möglich, es dauert aber mehrere Jahre, ehe man verkaufsstarke Bestände hat, bei Teilung nur ein Jahr. Man soll die Rhizome flach und etwa 5 cm tief legen, bei Massenpflanzung mit 30 bis 50 cm Abstand.

Polýgonum · Knöterich
Polygonaceae
☉ ♃ ○ ◐ ◑ ○ △ ǁ ♡ ○

Im Namen stecken die griechischen Wörter polys = viel und gony = Knie; sie nehmen darauf Bezug, daß die Stengel viele Knoten aufweisen, worauf auch unser deutscher Name anspielt. Es sind vereinzelt einjährige, meistens perennierende Kräuter und auch Halbsträucher und Klettersträucher von sehr verschiedener Größe und Tracht, manche Arten mit weit umherstreifenden Rhizomen. Die Blüten stehen in Scheinähren, Scheintrauben oder achselständigen Knäueln. Die Gattung umfaßt gegen 150 Arten, welche über die ganze Erde verstreut auftreten. Davon sind einige Kosmopoliten. Die meisten wachsen in Gebieten mit gemäßigtem Klima. Mehrere Arten waren früher hoch angesehene Heilkräuter; heute wird nur noch der Vogelknöterich, *P. aviculare,* offizinell verwendet. Er wirkt günstig auf den Verdauungsapparat, ist auch harntreibend.

Einjährige Arten

Polýgonum orientále L. stammt aus Ostindien, tritt aber auch in China und Japan wild auf. Die Pflanzen werden stattliche, sich reichlich verzweigende, etwa 150 cm hohe, auch höhere Büsche. Sie sind an allen Teilen seidig behaart. Die Blätter stehen wechselständig, werden eirund-länglich, sind zugespitzt. Die Büsche blühen in langen, lockeren, etwas nickenden, vielblumigen Trauben, und die Blumen werden bei der Stammart rosa. Daneben gibt es die Sorten 'Album' mit weißen Blütenständen, 'Rubrum' mit karminroten Blumen, 'Variegatum' mit gelblichweiß gefleckten Blättern. Auch 'Rubin' ist zu erwähnen, die Pflanzen werden etwa 1 m hoch und haben besonders lange Ähren lebhaft rubinroter Blumen. Sie alle blühen von Juli bis zum Herbst.

Bewertung, Verwendung, Anzucht: Dieser Knöterich wirkt vor allem durch sein Laub, ist also weniger eine Blüten- als eine Blattpflanze. Er eignet sich gut als Einsprengsel in größere oder kleine Beete mit Einjahrsblumen. Der Boden soll nahrhaft und nicht zu trocken sein; wenn die Exemplare hungern oder dürsten, werden sie bald unansehnlich und zu Schandflecken. Die Art verträgt auch Halbschatten. Man kann im Herbst an den vorgesehenen Platz säen und im Frühjahr auf 30 bis 50 cm Abstand ausdünnen, oder man sät im Frühjahr in ein Frühbeet und pflanzt dann, wohin man sie haben will. Die hochwerdenden Formen verkahlen unten leicht, man muß sie also hinter oder zwischen Arten setzen, bzw. halbhohe Sommerblumen vorpflanzen, welche „den Fuß bis zum Knie" verbergen.

Ausdauernde niedrig bleibende Arten

Polýgonum affine D. Don stammt aus dem Himalaja und wird blühend bis 25 cm hoch. Die Pflanzen haben einen kriechenden, verholzenden Erdstamm, der dichte Schöpfe grundständiger, häufig wintergrüner, lanzettlicher Blätter treibt. Die Blüten sind klein, sitzen aber in dichten, aufrechten Ähren und werden rosa. Bei 'Superbum' sind die Blütenkerzen länger, bei 'Darjeeling Red' werden sie rosarot, 10 cm lang, die ganze Pflanze erreicht nur 15 bis 20 cm Höhe. Alle blühen vom Juni/Juli bis tief in den Herbst hinein, und dann färbt sich noch die Blattmasse leuchtend rot bis rotbraun.

Po

Polýgonum affíne Polýgonum polystáchyum Polypódium vulgáre

Polýgonum macrophýllum D. Don (syn. P. sphaerostachyum Meissn.) stammt aus dem Himalaja und wird etwa 30 cm hoch, zuweilen bis 50 cm. Die Pflanzen haben breit-lanzettliche, am Ende abgestumpfte Blätter, die in Rosetten stehen und dunkelgrün sind. Die Blüten erscheinen in dichten, 3 bis 6 cm langen, etwa 2 cm breiten zylindrischen Ähren und werden blutrot. Die Farbe hält sich sehr lange, Florzeit geht vom Juni bis zum Herbst. Auch diese Art soll im Winter geschützt werden.

Polýgonum vacciniifólium Meissn. stammt aus dem Himalaja, wo die Pflanzen in 3000 m Höhe weite Flächen bedecken. Sie sind niederliegend wachsende Halbsträucher mit zahlreichen Stengeln, die sich reichlich verzweigen und oft durcheinanderwachsen; auch sie treiben laufend Wurzeln. Die Blätter werden dunkelgrün, derb, etwa 2 cm lang, und jeder Zweig bringt im Hochsommer auf kurzen Stengeln eine etwa 5 cm lange, dichte, aber schmale Ähre dunkel- bis lebhaft rosaroter Blütchen. Sie behalten ihre Farbe lange. Die Art ist bei uns nicht überall winterhart und muß gut geschützt werden. Sicherheitshalber setzt man im Spätsommer eine Anzahl von abgetrennten, bewurzelten Zweigen in Töpfe und überwintert diese unter Glas.

Ausdauernde mittelhohe und hohe Arten

Polýgonum amplexicáule D. Don, der Kerzenknöterich aus dem Himalaja, wächst bis 100 cm hoch. Die Triebe verholzen in ihrer Basis. Blätter stengelumfassend, eiförmig bis lanzettlich. Die Pflanzen bekommen relativ große Blüten, die in langen gestielten Ähren beisammenstehen; Flor von August bis Oktober. Bei der Art werden sie leuchtendrot, bei 'Album' weiß, bei 'Atropurpureum' tiefrot. Es ist eine schöne Art.

Polýgonum bistórta L. ist unser Wiesenknöterich, den man fast überall auf der nördlichen Halbkugel auf fetten Wiesen antreffen kann. Die Pflanzen werden 30 bis 80 cm hoch, haben einen dicken, gedrehten Wurzelstock und eirund-längliche, lang zugespitzte, am Ansatz herzförmige, unterseits blaugrüne Blätter. Die Blüten stehen auf dünnen, aber festen Stengeln in endständigen Ähren und sind rosa. Der Flor beginnt im Mai/Juni und hält bis zum August an.

Polýgonum polystáchyum Wall. ex Meissn. aus dem Himalaja wird bis brusthoch und bildet dichte, kräftige Büsche. Die Blätter sind länglich-spitz. Die langen, sich reichlich verzweigenden, endständigen Rispen bringen weiße, leicht rosa angehauchte Blüten, welche angenehm duften. Die Pflanzen blühen im Herbst und sind dadurch wert, daß wir sie beachten. Auch halten sich die Blumen abgeschnitten lange.

Polýgonum seríceum Pall. aus Sibirien wird gegen 1 m hoch, bildet ebenfalls dichte, kompakte Büsche und hat bis 15 cm lange, länglich-eirunde Blätter, die unterseits blaugrün werden. Die Blüten erscheinen in achsel- und endständigen Trauben oder Rispen und sind weiß. Florzeit ist im Juli/August.

Polýgonum weyríchii Fr. Schmidt stammt aus Japan und kommt auch auf Sachalin vor. Die Pflanzen werden gegen 1 m hoch, haben eirunde, zugespitzte, bis 30 cm lange Blätter, die oben dunkelgrün sind, unten weiß-befilzt. Auch die obere Hälfte der Stengel ist weißlich-rauh-behaart. Die Blüten erscheinen in großen, end-, manchmal auch achselständigen Rispen und werden cremeweiß. Die Pflanzen blühen im Juli/August.

Bewertung, Verwendung, Anzucht: Von den niedrig bleibenden Arten ist *P. affine* ein wirklicher Gartenschatz. Es ist hart, anspruchslos und eignet sich als Bodendecke, für den Steingarten, zum Bekleiden von Hängen und Böschungen, für breite Fugen, für die Krone von Trockenmauern und ebenso für die Fugen von Plattenwegen und Treppen. Es verträgt kargen

Boden und wächst in der Sonne wie im Halbschatten. Auch sind die Pflanzen winterhart und lassen sich durch Teilung leicht vermehren. Die andern aufgeführten niedrigen Arten stellen dagegen einige Ansprüche. *P. macrophyllum* braucht volle Sonne, wünscht humusreichen, frischen Boden und ist gegen große Trockenheit im Sommer empfindlich. *P. vacciniifolium* braucht leicht sauren Boden, der aus Lehm, Sand und Moorerde bestehen muß, auch sollte man es nicht in Süd-, sondern in Ostlagen pflanzen. Da alle drei nicht totsicher winterhart sind, muß man in jedem Spätsommer einige Ausläufer oder bewurzelte Triebe in Töpfe bringen und diese unter Glas überwintern. Das Eintopfen von jungen bewurzelten Trieben ist auch die einfachste Vermehrung, da bei manchen Arten der Samen unregelmäßig aufläuft. Die jungen Bestände müssen unter Glas überwintert werden. An den endgültigen Standort soll man nur im Frühjahr setzen. Alle niedrigen Arten sind für Steingärten, als Bodendecke und zum Einfassen von Beeten geeignet. Die hoch wachsenden passen in Wildstaudenpflanzungen, auch in größere Steingärten und auf Plätze am Rande zwischen Garten und Wildnis. Sie wachsen in jedem normalen Boden, er darf jedoch nicht zu trocken sein... aber auch nicht zu kräftig, sonst wuchern sie und können lästig werden. Eine Ausnahme ist *P. weyrichii*, weil es große Trockenheit verträgt und auch bei starkem Wurzeldruck von Bäumen nicht versagt. *P. polystachyum* und *P. weyrichii* vertragen auch Halbschatten, und alle sehen immer ordentlich und beinahe gepflegt aus. Man kann sie also einzeln in kleine und kleinste Stadtgärten am Hause nehmen, weil sie gesund, zuverlässig und anspruchslos sind. *P. polystachyum* setze man aber für sich, diese Art wuchert und verdrängt andere Pflanzen. *P. weyrichii* wächst auch in einer dünnen Erdschicht, selbst wenn darunter nichts als blanke Asche ist! Vermehrt wird durch Teilung im Frühjahr so zeitig als möglich. Die Bestände werden bis zum Herbst verkaufsstark.

Polypódium · Tüpfelfarn
Polypodiaceae ♃ ◐ ● △ ♡

Im Namen stecken die griechischen Wörter polys = viel und pous, podos = Fuß; man findet den Namen bereits bei Theophrast, der auch einen Farn damit bezeichnete. Die Ableitung ist unsicher... vielleicht wurden die Fiedern mit Füßen verglichen. Es ist eine gegen 300 Arten starke Gattung, welche Erd-, Felsenbewohner und viele Epiphyten enthält. Sie ist über die ganze Erde verbreitet, kommt jedoch in den Tropen zu ihrer größten Entfaltung. In der gemäßigten Zone treten nur wenige Arten auf. Nicht wenige tropische Arten werden als Zimmerpflanzen verwendet, unser heimisches *P. vulgare* war im Mittelalter eine hochgeschätzte Heilpflanze und wird auch heute noch offizinell genutzt. Man verwendet den Wurzelstock, welcher Gerbstoff, Glyzyrrhizin, reichlich Schleim, Zucker, Fett und Harz enthält, gegen Erkrankungen der Luftwege. Seine Wirkstoffe sollen auch harntreibend sein und besonders bei Gicht und Leberleiden guttun.

Polypódium vulgáre L., Engelsüß, tritt fast auf der ganzen Erde in Gebieten mit gemäßigtem Klima auf. Die Pflanzen haben einen kriechenden Erdstamm, welcher mit hellbraunen Schuppen besetzt ist. Die Wedel sind gestielt, werden 25 bis 40 cm lang, 5 bis 15 cm breit, in ihrer Form länglich-oval, nach dem Ende zu fiederspaltig; die Wedel hängen leicht über. Sie sind derb, oberseits tief-, unterseits heller grün, in der Regel wintergrün. Die Pflanzen wachsen an schattigen oder halbschattigen Plätzen aller Art: Felswänden, Geröllhängen, dunklen Bachufern, aber gelegentlich auch in sandiger Heide, wo sie sonnig und verhältnismäßig trocken stehen. Es gibt eine Anzahl Sorten, bei welchen die Fiederung reicher ist; so 'Cambricum', 1743 in Wales, England, gefunden, die Fiedern sind tief eingeschnitten und überlappen sich gegenseitig; cv. 'Cornubiense' aus Cornwall mit stark gefiederten Blättern. Diese Sorten werden nicht groß.

Bewertung, Verwendung, Anzucht: P. vulgare hat wie alle Farne seine Reize, die aber zarter Natur sind. Es wünscht guten, nicht zu trockenen Boden und steht im Binnenland besser im Halbschatten oder schattig als in voller Sonne. Man kann es als Bodendecke und in schattigen Steingartenpartien verwenden. Die Erdschicht braucht nicht sehr stark zu sein. Es gedeiht daher auch auf steinigem Untergrund. Die Sorten sind etwas anspruchsvoller, sie möchten geschützt stehen und tiefgründigen Boden haben, wachsen auch verhältnismäßig langsam. Vermehrt wird bei der Stammform durch Sporen, sonst durch Teilung... es dauert lange, ehe man zu ansehnlichen Beständen kommt.

Polýstichum · Schildfarn
Aspidiaceae ♃ ◐ ● ♡ ✕

Im Namen stecken die griechischen Wörter polys = viel und stichos = Reihe; sie beziehen sich darauf, daß die Wedel viele, also eine lange Reihe von Fiedern aufweisen. Die Pflanzen haben einen kurzen, beschuppten Erdstamm, und ihre Wedel bilden dichte Rosetten. Die Gattung umfaßt gegen 225 Arten, von welchen aber manche vielleicht nur Formen sind. Sie sind über die ganze Erde verbreitet, unter den Arten gibt es eine Anzahl richtiger Kosmopoliten.

Polýstichum acrostichoídes (Michx.) Schott aus Nordamerika hat langgestielte, immergrüne Wedel, die bis 50 cm lang und länger werden, sich umlegen, so daß der Farn einen ausgebreiteten Wuchs hat und die Pflanzen nur etwa 20 cm hoch werden. Die Blätter sind einfach gefiedert und sehen sehr schön aus. In Nordamerika schneidet man sie im Winter und verwendet sie als Tischdekoration der Weihnachtstafel, weshalb die Art deutsch Weihnachtsfarn heißt. Man sollte etwas geschützt pflanzen.

Po

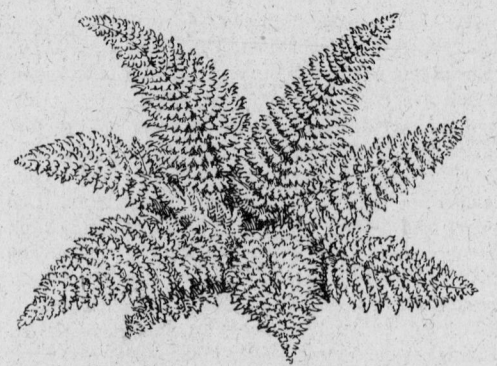
Polýstichum setíferum 'Plumosum Densum'

Portuláca grandiflóra

Potentílla álba

Polýstichum aculeátum (L.) Roth (syn. P. lobatum (Huds.) Chevall.), der Harte Schildfarn, wächst in Buchen- und Eichenwäldern, also in mittlerem bis tiefem Schatten. Er wird bis 80 cm hoch und hat sehr schön geschnittene, derb-ledrige, glänzend-grüne Wedel, die sich an Mauern oder über Steine legen, als wollten sie uns ihr Filigran zeigen. Wenn der Farn dicht steht, steigen die Blätter steil aufwärts.
Polýstichum anguláre → **P. setíferum**
Polýstichum lonchítis (L.) Roth, der Lanzenfarn, ist in Asien, Amerika und Europa verbreitet und hat schmale, zungenförmige bis lanzettliche Wedel. Sie sind wintergrün, derb-ledrig, dicht einfach-gefiedert, so daß die Fiedern oft ineinander übergreifen. Der Farn wird bis 60 cm hoch, dem Standort paßt er sich sehr gut an, und man findet ihn in der freien Natur in den verschiedensten Böden, an Flußufern, in Schluchten, unter Sträuchern und Bäumen und auch auf felsigem Untergrund.
Polýstichum setíferum (Forsk.) Woynar (syn. P. angulare (Kit. ex Willd.) K. B. Presl), der Schildfarn, wächst fast auf der ganzen Welt in schattigen, feuchten Wäldern. Die Pflanzen haben wintergrüne, verhältnismäßig weiche, doppelt-gefiederte Wedel und werden bis 80 cm hoch. Die Art ist seltener in Kultur als ihre Sorten, deren es eine große Zahl gibt. Diese haben sehr feine und vielfach geteilte oder eingeschnittene Fiedern, und Karl Foerster hat sie mit Recht Filigranfarne genannt. Erwähnt seien: 'Proliferum', der Brutfiligranfarn, mit schmalen Wedeln, Fiedern locker stehend, fein zerteilt; 'Plumosum Densum', der Flaumfederfarn – breite hellgrüne Wedel, überaus zierlich gefiedert, eine besonders schöne Sorte; 'Wollastonii' – häufige, schön gefiederte Sorte und kräftig wachsend.

Bewertung, Verwendung, Anzucht: Alle aufgeführten Arten sind höchst brauchbare Farne, die lieber im Schatten und Halbschatten wachsen als sonnig... es kann vorkommen, daß sie in voller Sonne völlig versagen. Der Boden soll humusreich und frisch sein. Alle eignen sich für größere und kleinere Gärten, am schönsten wirken dort die Sorten von P. setiferum. Man kann durch Sporen, die Sorten aber nur durch Teilung und durch die Brutknöllchen der Wedel vermehren. Am besten ist es, die mit Knöllchen besetzten Fiedern im Herbst, ehe es anfängt zu frieren, mit einem Stück Wedelstengel als Fuß abzuschneiden und in Handkästen oder Schalen in ein Gemisch von Sand und Torfmull zu stecken. Man stellt die Kästen in ein warmes Gewächshaus mit etwa +20°C und hält feucht. Sobald die Knöllchen ausgetrieben haben, pikiert man und pflanzt schließlich auf Freilandanzuchtbeete. Sie sollen absonnig liegen, der Erde ist gejauchter Torfmull und etwas neutraler Kompost zuzusetzen. Es dauert aber bis zum übernächsten Frühjahr, ehe die Bestände verkaufsstark geworden sind.

Portuláca · Portulakröschen
Portulacaceae ○ ○ ◐ ◐ △

Portulaca ist ein altrömischer Pflanzenname, dessen Bedeutung und Herleitung unsicher sind. Die Pflanzen werden niederliegend wachsende, etwas sukkulente Kräuter mit fleischigen Trieben und Blättern und vielfach auffälligen Blüten, die endständig erscheinen und einzeln oder in Wickeln beisammenstehen. Die Gattung umfaßt über 100 Arten, welche vor allem in den Tropen und Subtropen auftreten, meistens in warmen, mehr oder weniger trockenen Gebieten, aber nicht in Wüsten. Als Gartenpflanze hat nur Wert:
Portuláca grandiflóra Hook. aus Argentinien und Brasilien. Sie hat reich sich verzweigende, am Boden liegende Stengel und stielrunde Blätter. Die zahlreichen großen Blüten bekommen lebhafte Farben. Bei der Stammform werden sie karmin- bis purpurrot, im Grunde weiß. Sie öffnen sich nur bei vollem Sonnenschein. Es entstanden zahlreiche Kulturvarietäten mit weißen, rosa getönten, meistens gestreiften oder getupften, auch gefüllten Blüten, ferner gibt es schwefel- und goldgelb blühende Exemplare. Früher wurden die meisten nach Farben gezogen und auch so angeboten, heute beschränkt man sich auf Mischungen aller vorhandenen Tönungen. Eine schöne Sorte ist aber 'Roter Findling' – wahrscheinlich eine Tetraploide mit besonders großen, scharlachroten, halbgefüllten Blüten. Diese Züchtung fällt aus Samen treu.

Bewertung, Verwendung, Anzucht: Es sind ganz reizende Sommerblumen; man nimmt es hin, daß die Blüten sich nur bei Sonnenschein öffnen; denn dann sind es oft so viele, daß sie uns für die Zeit, wo sie geschlossen bleiben, vollauf entschädigen. Sie wünschen einen recht sonnigen, warmen Standort und gut durchlässigen, trocknen Boden, der nicht nährstoffreich sein darf. Man dünge niemals und versuche auch nicht, den Boden durch Einbringen von Kompost zu verbessern. Die Portulakröschen passen auf und in Trockenmauern, sie eignen sich für Steingärten, Fugen von Treppen und Plattenwegen. Großblumige und die Sorte 'Roter Findling' lassen sich auch in breite Schalen oder Töpfe setzen und als Hängepflanzen verwenden, die an einen sonnigen, aber nicht zu heißen Platz gehören. Man kann an Ort und Stelle säen, sehr dünn, denn der Samen ist sehr fein, und deckt nicht ab, sondern Anklopfen genügt. Aussaat an Ort und Stelle ab Ende April. Man kann auch ab Anfang März in einem Gewächshaus in Handkästen und im April in ein kaltes Frühbeet aussäen und pikiert alsbald in kleine Töpfe, aus denen man schließlich mit etwa 15 cm Abständen auspflanzt. Wünscht man das Portulakröschen für Ampeln oder breite Schalen, pikiere man mehrere Sämlinge am Rand der Töpfe entlang und setze notfalls noch einmal in größere Töpfe um. Die Anzuchten sollten nur wenig, also vorsichtig gegossen werden. In nassen Jahren mißraten die Bestände leicht, falls sie nicht mager stehen und guten Wasserabzug haben. Die gefülltblühenden Pflanzen oder besonders schön und groß blühende Exemplare lassen sich im Hochsommer durch Stecklinge vermehren. Man steckt gleich in kleine Töpfe mit sandiger Erde und überwintert hell, sehr kühl und trocken. Nach dem Frühjahr zu topft man um und pflanzt schließlich an den vorgesehenen Platz. In sehr milden Gegenden oder an besonders geschützten Plätzen erhält sich *P. grandiflora* manchmal jahrelang durch Selbstaussaat.

Potentílla · Fingerkraut, Fingerstrauch
Rosaceae 2 ○ ◐ ◑ ◔ △ ❘ ♡ ⬡

Im Namen steckt das lateinische Wort potentia = Macht; es nimmt darauf Bezug, daß eine weit verbreitete Art als sicheres Mittel gegen Zahnschmerzen galt, also über diese „Macht" hatte. Das Genus umfaßt gegen 300 Arten, die meistens auf der nördlichen Halbkugel vor allem in Gebieten mit gemäßigtem Klima auftreten. Es sind ein- oder mehrjährige Kräuter und Halbsträucher bis Sträucher von verschiedenster Tracht. Sie haben gefingerte oder unpaarig gefiederte Blätter und blühen in Trugdolden oder Doldensträußen, auch einzeln achselständig, und die Blumen werden weiß, gelb oder rot. Einzelne Arten waren im Altertum hochgeschätzte Heilpflanzen, wie das Gänse-Fingerkraut, *P. anserina*, welches infolge seines hohen Gerbstoffgehaltes gegen Darmleiden und Erkrankungen anderer Organe des Leibes hilft und schon in grauer Vorzeit auch zur Behandlung ent-

Potentílla aūrea

zündeter Augen verwendet wurde. Ebenso wurde *P. tormentilla*, die Blutwurz oder Tormentille der alten medizinischen Schriftsteller, bereits von Dioskorides und Plinius sehr gerühmt. Sie wird heute bei verschiedenen Darm- und Munderkrankungen verwendet.

Niedrig bleibende Arten

Potentílla álba L. tritt in Mitteleuropa, auf dem Balkan und auch im Kaukasus auf, und ist eine Staude. Die Pflanzen werden etwa 10 cm hoch, haben 5teilige Blätter, deren Einzelblättchen lanzettlich sind, nach der Spitze zu anliegend sägezähnig. Die Blüten werden 2 bis 3 cm breit, stehen bis fünf in lockeren Doldensträußen, ihre Farbe ist reinweiß. Die Art blüht von Mai bis August, sie will etwas absonnig stehen.
Potentílla ambígua Camb. stammt aus dem Himalaja und hat rasenartigen Wuchs mit niederliegend-ansteigenden Stengeln, unten verholzt sie zuweilen; die Blättchen sind 3zählig. Die Blüten werden etwa 2,5 cm breit und sind lebhaft gelb. Die Pflanzen wachsen bis 10 cm hoch und blühen im Juli/August, also verhältnismäßig spät.
Potentílla aurea L. tritt in vielen Gebirgen Europas und Kleinasiens auf und wird 10 bis 25 cm hoch. Die Pflanzen haben einen kräftigen Erdstamm und 5zählige, glänzendgrüne Blätter mit eirund-lanzettlichen, gezackten Blättchen, unterseits auf den Nerven leicht seidig behaart. Die Blumen sind leuchtend goldgelb und stehen in wenigblütigen Dolden. Der Flor beginnt im Juni und währt etwa 2 Monate. Bei der Sorte 'Goldklumpen' ist die Zahl der Blüten viel größer. Bei ssp. **chrysocráspeda** (Lehm.) Nym. (syn. P. ternata K. Koch), der „golden gesäumten", sind die Blätter nicht 5-, sondern 3zählig gefingert. Blumen in kurzen Doldensträußen, lebhaft gelb. 'Aurantiaca', 10 cm hoch, blüht reicher als die Art, 'Rathboneana', halbgefüllt, blüht goldgelb.
Potentílla fragifórmis Willd. tritt in Nord- und Nordostasien auf und wird bis 20 cm hoch. Die Pflanzen haben große, langgestielte, 3zählige Blätter mit länglich-ovalen, grobgekerbten Lappen. Sie sind im Austrieb silbrig behaart, später werden sie graugrün, aber die Unterseiten und die Stengel behalten ihren weißen, zottigen Haarschmuck. Die Blumen werden groß, goldgelb und sitzen auf langen Stielen.

Po

Potentílla atrosanguínea

Potentílla neumanniána Rchb. (syn. P. tabernaemontani Aschers., P. verna auct. non L.) tritt in Europa an vielen Stellen auf. Die Pflanzen werden gegen 10 cm hoch, haben 5- bis 7zählige, derbe Blätter, die Blättchen sind umgekehrt-eirund, gezähnt, oberseits glänzend, unterseits und am Rande behaart. Die Blumen sind goldgelb und erscheinen im Frühling. Es gibt auch eine 'Nana', welche nur 5 cm hoch wird und sehr lange blüht.
Potentílla × tonguéi Baxter ist eine Hybride, deren Eltern *P. nepalensis* und *P. anglica* sind. Die Pflanzen werden gegen 10 cm hoch, haben 5zählige, dunkelgrüne Blätter und blühen im Juli/August mit aprikosenfarbenen, bis 2 cm breiten Blumen, die ein karminrotes Auge haben.

Mittelhoch wachsende Arten

Potentílla argéntea L., das Silber-Fingerkraut, heimisch auf Wegrändern, sandigen Fluren und Trockenrasen, bildet graue Rosetten, deren Blättchen am Rande zurückgerollt sind, die Unterseite ist weißfilzig. Etwa 20 cm hoch, Blütenstiele 30 cm. Die Art blüht im Juni/Juli goldgelb, 'Sanguinea' dunkelrot!
Potentílla atrosanguínea Lodd. ex D. Don stammt aus Nepal und wächst niederliegend-aufsteigend. Die Pflanzen werden 30 bis 50 cm hoch, haben gestielte, 3- bis 5zählige, oberseits frischgrüne, unterseits etwas behaarte Blätter, und auch die Stengel und Stiele sind dünn behaart. Die Blüten erscheinen in vielblumigen, lockeren Dolden und werden leuchtend rot, Breite bis 5 cm. Man kultiviert aber nur die Sorte 'Gibsons Scarlet' — Blumen glühend scharlachrot, Florzeit Juni/Juli.
Potentílla fruticósa L. ist ein bis 100 cm hohes, reichlich verzweigendes Sträuchlein, das bei freiem Stand runde, dichte Büsche bildet. Die Blätter sind unpaarig gefiedert oder auch 5zählig, klein, hell- oder dunkel- bis blaugrün, und die Blüten erscheinen einzeln aus den Blattachseln oder in endständigen Doldentrauben. Es gibt eine Reihe Varietäten von den verschiedenen Standorten und mehrere Sorten. Erwähnt seien: var. **rígida** Wolf (syn. var. arbuscula hort.) mit flach ausgebreitetem Wuchs, bis 4 cm langen, blaugrünen Blättchen und etwa 4 cm breiten, gelben Blumen, die von Mai bis manchmal in den Herbst hinein reichlich und unermüdlich erscheinen, Höhe bis 50 cm; 'Veitchii' (syn. var. veitchii Bean, P. veitchii Wils.) — aus China — wird bis 1,2 m hoch, hat silbrig behaarte, unterseits blaugrüne Blätter und große reinweiße Blumen; 'Farreri' — breitbuschiger Wuchs, Blüten groß, goldgelb, die Blätter sind zierlicher als bei anderen Sorten oder Varietäten, bis 1 m hoch; 'Jackman' — bis 80 cm hoch, Blüten goldgelb, überaus reichblühend; 'Jolina' — ähnlich var. *rigida,* aber kräftiger gelb; 'Rheinsberg' — bis 80 cm hoch, Blüten leuchtend kanariengelb, sehr groß, von Mai bis Oktober; 'Goldkissen' — nur 30 cm hoch, kissenförmiger Wuchs, kanariengelb; 'Grönland' — bis 50 cm hoch, reinweiße Blüten, bläulich schimmerndes Laub.
Potentilla-Hybriden ist der jetzt übliche Name für alle Sorten, die durch Kreuzung von *P. argyrophylla* mit *P. atrosanguinea* und anderen entstanden sind. Die Pflanzen werden 40 bis 60 cm hoch, wachsen — nicht immer — aufrecht und bringen in vielblumigen Doldentrauben große Blumen von verschiedener Farbe, auch halbgefüllte. Es sind Stauden. Das Sortiment enthält vor allem englische Züchtungen, die bei uns aber nicht recht befriedigen. Gut sind jedoch 'Pluie d'Or', gelb, und die Mischung gefüllt blühender Sorten.
Potentílla nepalénsis Hook. stammt aus dem Westhimalaja und ist nur in Sorten in Kultur. Die Pflanzen werden 30 bis 50 cm hoch, haben kurzgestielte, 3zählige, dunkelgrüne Blätter und treiben zahlreiche aufrechte, sich reichlich verästelnde Stengel, die rötlich behaart sind. Die Blumen erscheinen in Trauben und werden bis 4 cm breit. Florzeit ist der Sommer, die Blüte kann sich bis zum Herbst hinziehen. Wichtig sind die Sorten 'Miss Willmott' — mit kirschrosa Blumen und dunklerem Auge, sehr reich und unermüdlich blühend, 'Roxana' — Blüten lachsorange mit feinen dunklen Adern und 'Flammenspiel' — gelb und rot.
Potentílla récta L. ist von Europa bis Sibirien anzutreffen, aber nur die cv. 'Warrenii' hat Gartenwert. Die Pflanzen werden bis 60 cm hoch und noch höher, wachsen stramm aufrecht, haben bis 10 cm lange, meistens 5zählige, oberseits hellgrüne, unten behaarte Blätter und bringen reichlich sich verzweigende Stengel. Die Blüten werden gegen 2 cm breit und sind leuchtend gelb. Sie erscheinen vom Juni an den ganzen Sommer über in unbeschreiblicher Fülle.

Bewertung, Verwendung, Anzucht: Die niedrig bleibenden Arten eignen sich für Steingärten, *P. aurea* und *P. neumanniana* auch für Beeteinfassungen und die meisten überdies als Unterpflanzung unter Hochstammrosen. Den grünlaubigen Arten kann man Polsterstauden mit grauem oder braunem Laub als

Nachbarn geben. Zu den silbriglaubigen passen grüne oder braune Teppiche, auch großrosettige Sempervivum. Sie wachsen bis auf einige Ausnahmen leicht und in jedem normalen Gartenboden. Er darf nicht zu nährstoffreich und auch nicht naß, ebensowenig flach sein. Die meisten wünschen volle Sonne, vertragen aber auch etwas Streuschatten, nicht jedoch *P. alba*, welche nur halbschattig stehen will. Man vermehrt aus Samen und durch Teilung. Bei den Samenträgern ist zu beachten, daß sich mehrere niedrige Arten verwandtschaftlich sehr nahestehen und leicht artfremden Pollen annehmen, was dann keine echte Nachkommenschaft ergibt. Man muß die Samenträger also gut trennen. Die günstigste Aussaatzeit ist das Frühjahr. Man säe in ein Saatbeet unter Glas oder in Handkästen und muß zunächst pikieren. Häufig werden die niedrigen Arten in Töpfen kultiviert. Sät man zur rechten Zeit, werden die Bestände bis zum Herbst verkaufsstark. Man kann auch durch Teilung vermehren, wozu man die Mutterpflanzen aus der laufenden Anzucht nimmt oder aber sie auf besonderen Beeten mit humusreicher, gut mit Torf durchsetzter Erde heranzieht. Solche besonders gehegten Exemplare sind stärker teilbar. Im allgemeinen ist die Ergiebigkeit beim Teilen mittelgroß, sie liegt zwischen 3 und 5 Teilpflanzen.

Der Fingerstrauch, *P. fruticosa*, eignet sich gut für Alpina, er paßt auf den Scheitel von Trockenmauern oder einzeln stehend in Teppiche von Polsterstauden, 'Jolina' ist für die Bepflanzung großer Flächen besonders geeignet. Vermehrt wird durch weiche Stecklinge im Frühsommer, später topft man zunächst ein und schult im nächsten Frühjahr auf.

Von den übrigen höher wachsenden Arten ist *P. atrosanguinea* 'Gibsons Scarlet' ein richtiger Gartensegen. Die Pflanzen blühen lange, und der Gegensatz zwischen den glühendroten Blumen und dem grünen Laube entzückt uns immer wieder. Es ist angebracht, die Art an einen geschützten Platz zu pflanzen oder über Winter mit Nadelstreu und etwas Reisig zu bedecken. Vermehrt wird durch Teilung und Aufzucht von grundständigen Nebentrieben. Man schneidet im Frühjahr mit etwas Wurzelansatz ab und steckt in kleine Töpfe mit sandig-lehmiger Erde, bei Verwendung von Wuchsmitteln geht die Bewurzelung sicher und verhältnismäßig rasch vor sich. Später pflanzt man auf Anzuchtbeete. Im ganzen läßt sich diese Sorte, die viel verlangt wird, nicht sehr zügig vermehren. Man braucht stets mindestens zweijährige Bestände für das Teilen, muß also, um alljährlich vermehren zu können, zwei Sätze haben, von denen einer an der Reihe ist, während der zweite zuwachsen soll. Auch braucht man für jeden Satz eine ganze Anzahl Exemplare. 'Gibsons Scarlet' eignet sich für Staudenbeete aller Art, will aber kräftigen, humusreichen, tiefgründigen Boden. Gute Nachbarn sind *Stachys byzantina*, *Salvia* × *superba*, weiße und zartrosa Phloxe, auch hellblaue Rittersporne, *Rudbeckia fulgida* var. *sullivantii*, Kriechstauden mit blaugrünem, braunem oder weiß-filzigem Laub, zwischen oder hinter die man sie pflanzt. Die andern mittelhohen und höheren Arten passen gut zu grau- bis blaugrünen Gräsern, in bunte Blumenbeete, in Wildstaudenpflanzungen. Man kann sie einzeln oder auch in großen Flächen verwenden. Sie lassen sich durch Teilung, aber noch einfacher aus Samen vermehren. Man sät im Frühjahr dünn in ein kaltes Frühbeet und pflanzt dann auf Anzuchtbeete. Im Herbst sind die Bestände verkaufsstark. Am endgültigen Standort setze man auf 30 cm Abstand. Der Platz soll in voller Sonne liegen, als Boden ist jeder normale Gartenboden recht.

Prímula · Primel
Primulaceae

♃ ○ ◐ ● ◐ ◑ ◒ △ ∥ ≈ ✕ ∧

Im Namen steckt das lateinische Wort primulus, die Verkleinerungsform von primus = der Erste, es heißt also übersetzt etwa Kleiner Erstling. Die Pflanzen erhielten diesen Namen, weil eine Reihe Arten zu unsern bekanntesten Frühlingsboten gehören. Die Gattung umfaßt gegen 550 Arten, welche teils in den Bergen, teils auf feuchten Wiesen auftreten und in Blütenfarbe, Wuchs, Blütezeit, im Bau und in der Form der Blätter große Unterschiede aufweisen. Alle sind Stauden, doch nur manche sind langlebig. Ihre Hauptverbreitungsareale sind Europa sowie Mittel- und Westasien, einzelne treten auch in Amerika auf. Die meisten Arten kommen für den normalen Garten nicht in Betracht, vor allem die aus den Hochgebirgen nicht. Aber es bleiben noch genügend übrig. Über manche Arten ließe sich eine lange Geschichte schreiben, und es gibt viele Bücher über Primeln. Eine Art ist bei uns auch eine Heilpflanze: *Primula veris* (früher *P. officinalis*). Die Pflanzen haben eiförmige bis längliche, in der Jugend am Rande zurückgerollte Blätter und kleine, gelbe, wohlriechende Blüten mit einem rotgelben Fleck am Schlunde der Blumenröhre. Die Blüten, die Blätter und die Wurzeln werden genutzt, und sie helfen bei Erkrankungen der Atmungsorgane. Der Name „Himmelschlüssel" für unsre heimischen Arten findet sich bereits im Althochdeutschen, während der Name „Schlüsselblume" erst im 16. Jahrhundert auftaucht. Er bezieht sich darauf, daß die Kronröhre als das Ende eines Hohlschlüssels angesehen werden kann ... und mit diesem Schlüsselchen wird das Himmelreich des Frühlingsflors aufgeschlossen. Die Gattung wird in 19 Sektionen eingeteilt, gültig ist jetzt der von W. W. Smith und George Forrest aufgestellte Schlüssel. Dabei geben die Faltung der jungen Blätter, die Form der Krone, die Blätter mit ihren Einzelheiten, Kahlheit oder Bemehlung der Pflanzen, die Form der Blütenstände (kugelig, in Ähren) und weitere größere oder kleine Unterschiede den Ausschlag. Für die Praxis haben diese Einzelheiten, ja selbst die Sektionen wenig zu bedeuten. Wir gehen daher hier nicht auf sie ein, sondern richten uns nach augenfälligeren Merkmalen und kommen auf 5 Gruppen.

Pr

Prímula júliae   Prímula mínima   Prímula vulgáris   Prímula vulgáris 'Alba Plena'

Kissen- oder Polsterprimeln

Damit sind Arten gemeint, deren Blüten meistens einzeln auf ziemlich kurzen Stielchen stehen, und zwar aus dem Laub hervorsehen, nicht aber hoch darüber hinausragen. Wichtige Arten sind:

Prímula acaúlis → **P. vulgáris**
Prímula júliae Kusn. (Sekt. Vernales) stammt aus dem Kaukasus, tritt auch in Kleinasien auf. Die Art wurde um 1900 gefunden. Die Pflanzen haben einen kriechenden Wurzelstock, und die Blätter bilden lose Rosetten, die Büsche breiten sich nach allen Seiten aus und können an zusagenden Plätzen mit der Zeit Flächen von einem halben Quadratmeter bedecken. Die Blätter sind klein, herzförmig-eirund, ihre Stielchen rot gestreift. Im April bedecken sich die Polster über und über mit kleinen, dunkel- bis blauvioletten Blüten, die einzeln auf den Stielchen sitzen, Samen wird selten angesetzt. *P. juliae* wurde vielfach zu Kreuzungen mit *P. vulgaris* benutzt, und es entstanden die
Primula-Juliae-Hybriden (früherer Name, der auch heute noch häufig verwendet wird, *P. × pruhoniciana* hort., syn. *P. × helenae* hort., *P. × juliana* hort.). Die Pflanzen werden bis 10 cm hoch, bilden runde, sich etwas ausbreitende Polster und blühen im April/Mai, an feuchten, absonnigen Standorten noch darüber hinaus. Im vollen Flor verschwindet das Laub unter der Fülle der Blumen. Im Laufe der Jahre entstanden viele Sorten, es kommen auch immer wieder welche hinzu. Erwähnt seien: 'Corinna' – rahmweiß mit orangegelbem Auge; 'Frühlingsglut' – glutrot; 'Frühlingssonne' – reingelb; 'Frühlingszauber' – lilarot; 'Ostergruß' – bläulich purpurrot; 'Purpurkissen' – purpurviolett; 'Schneeriesin' – reinweiß.
Prímula × margótae C. Schn. (syn. *P. verwanii* hort.) stammt aus Kreuzungen von *P. juliae* und *P. elatior* und kann daher auch zu den Juliae-Hybriden gezählt werden. Die Blätter erinnern an das kleinere, kurze Laub von *P. juliae*, die Blüten sitzen auf dünnen, glatten Stengeln und bilden einen lockeren Schirm. Man kann sie auch pflücken. Es entstanden im Laufe der Jahre immer wieder Sorten, aber nur wenige setzten sich durch und fanden weite Verbreitung. Erwähnt seien: 'Helga' – Blüten hellgelb, 'Garden Delight' – orangerosa, und 'Gartenglück' – purpurviolett mit gelbem Auge, die wüchsigste der Reihe. Die Blütenschirme fallen im Laufe des Flors etwas auseinander, was die einheitliche Farbwirkung leicht stört.
Prímula mínima L. (Sekt. Chamaecallis) mit dem hübschen Volksnamen „Hab mich lieb" wächst im Riesengebirge, in den Ostalpen, Zentralkarpaten und auf dem Balkan, geht westwärts nur bis zum Brenner und fehlt in der Schweiz. Die Pflanzen stehen in humusreichen, kalkarmen, frischen Böden und in Höhen zwischen 1200 und 3000 m. Sie wachsen rasig, haben keilförmige, ledrige, oben gerade abgeschnittene, aber mit groben Sägezähnchen besetzte Blätter und blühen im Mai/Juni. Die Blümchen werden bis 3 cm breit, sitzen auf kurzen Stielchen, die Krone sieht durch Einschnitte sternförmig aus, die Blütenfarbe ist leuchtend rosarot, nach und nach verblaßt sie. Die Art läßt sich hier halten, wenn man an absonnige bis halbschattige Plätze pflanzt. Ihr Boden soll aus kalkfreier, stark verrotteter Rasenerde, der man guten neutralen Kompost zusetzt, bestehen. Unter das Ganze mische man gehacktes Sphagnum. Die Luft und das Erdreich sollen frisch sein.
Prímula vulgáris Huds. (syn. *P. acaulis* (L.) Hill), die Stengellose Primel, ist als Art kaum in Kultur. Was heute als Stengellose Primel in Gärten wächst, sind die Früchte einer langen Kultur (seit etwa dem Jahre 1500 in Gärten Frankreichs).
Die Pflanzen bilden runde, kissen- bis polsterförmige Büschlein mit einer Rosette verkehrt-eiförmiger bis verkehrt-lanzettlicher, stärker geaderter Blätter. Sie blühen im Frühjahr mit großen, häufig etwas geäugten Blumen in den verschiedensten Farben: Weiß, Hell- oder Goldgelb, allerlei Rot oder Rosa und Hell- bis Dunkelblau. Sie wirken in vollem Flor weithin und gehören zu den beliebtesten Frühlingsblumen. Es gibt eine Reihe von Rassen oder Zuchten, von welchen hier nur die Potsdamer Riesen – der Standardtypus der Acaulis-Primel – genannt seien.
Ferner gibt es eine Reihe Sorten, welche nicht sehr große, aber zahlreiche, meistens besonders getönte Blumen mit kleinem Auge bringen, oder es fehlt völlig wie bei 'Betty Green' – tief leuchtendrot, später mehr violett; aber sie wachsen nicht besonders gut. In Holland und England, wo Seeklima herrscht, gedeihen sie besser als in Mitteleuropa. Weiterhin gibt es gefüllt blühende *Primula vulgaris* in den Sorten 'Alba Plena'

– weiß gefüllt, 'Croussei' – purpurn bis purpurviolett, 'Sulphurea Plena' – schwefelgelb gefüllt, und 'Arthur Dumoulin' – lilarosa gefüllt. Sie sind hübsch, doch nur Pflanzen für Liebhaber, im Laufe des Flors werden die Stielchen länger, und die Blüten sinken bei Regen um. Schließlich sei die ssp. **sibthórpii** (Hoffmgg.) W. W. Smith et Forr., die Karnevalsprimel, erwähnt (syn. P. sibthorpii Hoffmgg.) Diese Unterart tritt in Kleinasien bis Iran auf und blüht häufig bereits im Februar mit kleinen, aber vielen lilarosa, auch weißen und dunkler getönten, jedoch niemals gelben Blüten. Sie eignet sich nicht für Kulturbeete, sondern wächst bei uns nur in lockeren, kurzen, etwas vermoosten, frischen Rasen auf Sandböden und erhält sich an zusagenden Plätzen durch ständige Selbstaussaat. Wir lassen sie verwildern.

Bewertung, Verwendung, Anzucht: Die aufgeführten Arten sind bis auf P. minima in vielen Gärten anzutreffen, und immer wieder freut man sich, wenn man sie blühen sieht. Sie wünschen alle frischen, humusreichen, nicht zu leichten Boden und über Sommer einen absonnigen Platz, der nicht völlig trocken wird. Darauf wird nicht überall geachtet, und infolge zu hoher Wärme und zu starker Trockenheit von Juli bis September leiden die Bestände. Vermehrt werden *P. juliae,* die *Juliae-Hybriden* und *P.* × *margotae* durch Teilung nach der Blüte. Man kann stark aufreißen und pikiert zunächst in einen kalten Kasten, beschattet ständig, hält feucht und pflanzt später auf absonnig gelegene Anzuchtbeete. Die Pflanzen werden bis zum Herbst verkaufsstark. Am endgültigen Standort hält *P. juliae* bei zusagendem Boden und ausreichender Frische vier bis fünf Jahre aus, dann muß man aufnehmen, den Platz neu herrichten und kann dann wieder besetzen. Günstig ist, die Polster über Winter leicht mit gejauchtem Torfmull oder gutem Kompost zu überziehen. Die Hybriden müssen früher geteilt werden, es sei denn, sie stehen an völlig zusagenden Plätzen. *Primula vulgaris* wird durch Samen vermehrt. Man kann im Herbst in Handkästen säen, stellt sie an einen geschützten, absonnigen Platz, läßt sie einschneien und einfrieren und holt sie im Februar in ein Gewächshaus. Die Samen keimen sofort und sehr gut. Sobald als möglich pikiert man, hält anfangs im Haus, räumt später in kalte Kästen und pflanzt schließlich auf Anzuchtbeete. Man kann auch im Frühjahr in einen kalten Kasten säen, läßt bis zur Pflanzstärke heranwachsen und setzt dann ohne Pikieren auf die Anzuchtbeete. Der Ertrag ist aber bei Herbstaussaat größer, und die Pflanzen sind viel kräftiger. Die Blüte läßt sich etwas verfrühen, indem man die Pflanzen aushebt und in einem Kasten oder in Töpfen ins Kalthaus räumt. Im Garten halten sie sich nur wenige Jahre, auch wenn man nach dem Flor umsetzt. Was sie an Blütengröße und Schönheit der Farben gewonnen haben, verloren sie an Lebensdauer. Sie sind ausgesprochene Kulturpflanzen geworden, und ständige Neuanzucht ist nötig. Die gefülltblühenden Formen

Prímula auricula   Prímula elátior

lassen sich nicht aus Samen, sondern nur durch Teilung vermehren. Man braucht lange Zeit, bis man auf ansehnliche Bestände kommt. Auch sie wollen nährstoffreichen, frischen Boden und absonnige Standorte.

Doldenprimeln

Ihre Blätter bilden Rosetten, die Blüten erscheinen auf Schäften oder Stengeln, die bis 20 cm hoch werden, und stehen in vielblumigen, einseitswendigen bis runden Dolden.

Prímula auricula L. (Sekt. Auricula), die Alpenaurikel, wächst im Schwarzwald, in den Alpen, Apenninen und in den Westkarpaten auf Kalkboden in Alpenmatten und steigt bis 2100 m. Die Pflanzen haben rundliche bis verkehrt-eiförmige, fleischige, ganzrandige oder gezähnelte, deutlich knorpelrandige Blätter. Ihr Blütenstengel wird bis 10 cm lang und bringt bis 10 etwas duftende gelbe, höchstens 1,8 cm breite Blumen. Die Abschnitte sind oft bis zur Mitte eingeschnitten. Der Flor fällt in die Zeit von April bis Juni. Diese Art gehört zu den Eltern der Gartenaurikeln, die *P.* × *pubescens* heißen, siehe dort. *P. auricula,* von der hier die Rede ist, wünscht kalkhaltigen, mit Kalkschotter durchsetzten Lehm- oder Rasenboden, in Kulturboden gehen die Exemplare bald zugrunde. Der Standort soll nicht in voller Sonne liegen. Ost- und Ostsüdostlage ist am günstigsten. Man kann sie in Felsfugen und Trockenmauern setzen, aber auch auf ebene oder leicht abschüssige Plätze des Steingartens. Man bekommt nur echten Nachwuchs, wenn im Garten und auch in den Nachbargärten keine Gartenaurikeln stehen. Die Alpenaurikeln werden nicht so prächtig wie diese, aber sie sind Naturschönheiten.

Prímula elátior (L.) Hill (Sekt. Vernales) ist die wohl am meisten in den Gärten verbreitete Art. Die Pflanzen wachsen in ganz Europa wild, nördlich von Dänemark und Südschweden begrenzt, ferner im Kaukasus und weiter in Iran, im Altai und Ural. Man findet sie in der freien Natur auf feuchten Wiesen, an Ge-

Pr

Prímula farinósa

Prímula margináta

Prímula × pubéscens

Prímula rósea 'Grandiflora'

büschrändern, in lichten Wäldern mit frischem Boden, in voller Sonne nur ausnahmsweise. Sie haben eiförmige bis elliptische, an der Spitze abgerundete, mindestens am Rande gerunzelte Blätter mit gekerbtem, gezähntem oder ausgebissenem Saum. Die Blüten stehen bis 10 oder wenig mehr auf dünnen Stengeln in einseitswendigen Dolden beisammen. Sie nicken etwas, färben sich schwefelgelb und duften nicht, der Kronsaum ist relativ klein. Es ist dies die Art, die sich tatsächlich gut zum Verwildern eignet. Man siedelt die Pflanzen am einfachsten durch Aussaat an den vorgesehenen Platz an. Da das Verbreitungsareal so weit ist, gibt es eine Reihe von Unterarten, doch haben sie keinen großen Gartenwert. Wichtiger sind die **Elatior-Hybriden,** welche durch lange Züchtung entstanden. Sie bekommen bis 4 cm breite, wohlriechende Blüten, die in üppigen, nahezu halbkugelförmigen Dolden auf festen und kräftigen, bis 20 cm hohen Stengeln sitzen. Das Farbenspiel umfaßt außer Weiß gelbe, orange, rote bis kastanienbraune Töne und neuerdings auch Rosa und Blau. Dabei haben die Blüten stets ein auffälliges gelbes Auge. Florzeit ist im April und Mai. Es gibt verschiedene Rassen und spezielle Zuchten. Die Pflanzen fallen ziemlich echt aus Samen. Zuchtziele sind Langstieligkeit und Großblütigkeit.
In Katalogen werden sie als Samenmischungen angeboten, z. B. als 'Grandiflora', 'Gigantea', 'Erfurter Riesen', 'Pazifik-Riesen', letztere auch als Blaue Farben, Rote Farben, Gelbe Farben und Weiß. Außerdem gibt es Farbensorten wie 'Alba', 'Aurea', goldgelb; 'Goldrand', braun mit gelbem Saum; 'Lutea', gelb; 'Oga', karminpurpurrot ohne Auge.
Prímula farinósa L. (Sekt. Farinosae) wächst in ganz Europa und Nordasien bis zu den Küsten des Pazifischen Ozeans, südlich bis zum Altai, kommt aber weder in China noch im Himalaja vor. Sie tritt in Sümpfen auf und feuchten Wiesen auf, die Kalkgestein als Untergrund haben. Es ist die am weitesten auf Erden verbreitete Primel! Die Blätter sind länglich-eirund bis elliptisch, bis 10 cm lang, fein gezähnt und auch ganzrandig, oberseits glatt, dunkelgrün, unterseits weiß oder gelblich bemehlt. Die Blüten sind bis 1,5 cm breit, stehen in vielblumigen Schirmen auf 6 bis 20 cm hohen Schäften, die Deckblätter sind vergrößert und wie die Kelche bemehlt. Die Blumen werden lila, manchmal hell-, aber auch tiefer violett; sie erscheinen im Mai/Juni. Die Art wünscht einen kühlen, mit Torfmull versetzten, humosen Boden und sonnige bis absonnige Standorte; ihr ärgster Feind ist starke Winternässe. Die Pflanzen sind auch nicht sehr langlebig, müssen also immer wieder ersetzt werden. Die Anzucht aus Samen macht aber wenig Mühe.
Prímula frondósa Janka (Sekt. Farinosae) ist der vorher aufgeführten Art recht ähnlich, aber die Unterseite der Blätter und die spitzen Kelchblätter sind stets bemehlt. Ihre Heimat ist Nordthrazien, wo die Pflanzen an schattigen, feuchten Felsen und Felshängen auftreten. Sie blühen im Mai mit lilarosa bis rötlichpurpurnen Blüten. Diese stehen bis zu 30 in Schirmen beisammen auf Schäften, die bis 12 cm hoch werden. Die Blätter sind länglich-eiförmig bis spatelförmig. Die Pflanzen sind recht lebenskräftig. Sie wünschen etwas anmoorigen Lehmboden, der frisch sein muß, und halbschattige Standorte. Man kann leicht durch Teilung und aus Samen vermehren. Die jungen Sämlinge blühen meistens bereits im ersten Jahre.
Prímula littoniána → P. viálii
Prímula margináta Curt. (Sekt. Auricula) steht den Aurikeln nahe und wächst in den See- und Cottischen Alpen auf Kalk. Die Pflanzen haben einen derben Erdstamm, der bis 10 cm aus dem Boden wachsen kann und oft teilweise verholzt. Die Blätter sind derb, 3 bis 10 cm lang, bis 2 cm breit, länglich und stets regelmäßig tief gezähnt. Die Blüten stehen bis 20 in einer Dolde auf Schäften, die bis 12 cm hoch werden. Sie sind hellblau bis rosalila, bis 25 mm breit und erscheinen im März/April. Die Art ist nicht schwierig zu halten. Sie wünscht sandig-lehmigen, gut abgelagerten Boden und gedeiht am besten auf leicht geneigten Flächen, in welche Steine eingebaut sind, wächst auch

in breiten Felsspalten leicht. Man setze in nördliche oder östliche Lagen, die aber schattenfrei sein sollen. Mit der Zeit wachsen die Büsche weit aus dem Boden heraus; man soll sie dann mit Rasenerde anschütten oder herausnehmen und teilen. Sie lassen sich aber auch aus Samen leicht heranziehen.

Prímula polyneura Franch. (Sekt. Cortusoides) (syn. P. lichiangensis Forrest, P. veitchii Duthie) wächst in Mittelchina und angrenzenden Gebieten in den Bergen in Höhen von 2300 bis 4300 m. Die Art ist recht variabel. Die Pflanzen haben 6 bis 12 cm große, im Umriß eiförmige, weiche, wenig oder stark flaumig behaarte Blätter mit 7 bis 11 Lappen. Die Blätter sitzen auf dünn oder dick rauh behaarten, bis 6 cm langen Stengeln und bilden schöne Rosetten. Im Mai/Juni erscheinen auf ebenfalls behaarten, bis 20 cm hohen Schäften die in Quirlen stehenden Blüten, meistens in einem oder 2 bis 3 sich dicht folgenden Quirlen. Die Blumen werden bis 2 cm breit, hell- bis lebhaft rosa, auch karmin- bis purpurfarben und haben am Eingang der Kronröhre ein kleines gelbes bis gelbgrünes Auge. Durch Kreuzung mit *P. saxatilis* entstand die Hybride 'La Lorraine' = 'Lothringen' mit lebhaft karminrosa getönten, bis 4 cm breiten Blüten. Die Pflanzen wünschen mit Lauberde versetzten Lehmboden, absonnige Standorte und frische, aber nicht nasse Erde. Im Winter sollte man mit Reisig schützen. Man kann leicht aus Samen und durch Teilung vermehren. Die Art und die Hybride werden viel zuwenig verwendet. An zusagenden Standorten bilden sie bald große Kolonien.

Prímula × pubéscens Jacq. (Sekt. Auricula) ist die Gartenaurikel, welche durch Kreuzung von *P. auricula* mit *P. hirsuta* und weiteren Arten entstand. Die Pflanzen werden stattlicher als ihre Eltern, haben größere Blüten, das Farbenspiel ist reicher. Sie sind schon seit Jahrhunderten beliebte Gartenzierden und waren zwischen 1750 und 1850 der Gegenstand einer weitverbreiteten Liebhaberei, welche vor allem in England, Belgien und Deutschland blühte. Es gab damals eine Unzahl von Sorten, und jede Abweichung galt für erhaltenswert. Es entstanden Vereinigungen, man veranstaltete Ausstellungen, und eine Reihe wunderhübscher, mit handkolorierten Kupferstichen ausgestatteter Bücher kam heraus. Die Bestände wurden in Töpfen gehalten, über Sommer standen sie halbschattig auf Stellagen, das sind treppenförmige Gerüste, im Winter räumte man sie in kalte Frühbeete. Heute ist das alles vorbei; doch hat sich die Einteilung aus jenen Jahren erhalten, wie wir auch von den Leistungen der längst verblichenen Züchter zehren. Man unterschied und unterscheidet heute noch folgende 4 Gruppen: 1. Gewöhnliche Gartenaurikeln – sie haben einfarbige Blüten und meistens ein mattweißes Auge, sind wüchsig und sehr dauerhaft. 2. Luiker Aurikeln – es sind Nachkommen der zuerst in Lüttich gezüchteten Typen mit unbemehlten Blüten, welche außer dem gelblichen bis gelbgrünen Auge noch eine oder zwei Farben aufweisen, die Hauptfarbe wird nach dem Auge zu dunkler, sticht also scharf von diesem ab, die Blumen sind sehr groß. 3. Englische Aurikeln – die Blumen sind leicht bemehlt und haben ein weißes Auge, das bis weit an den Kronrand reicht, so daß dieser zuweilen wie gestreift erscheint, auch weisen die Blüten oft noch eine zweite Farbe auf. 4. Gefüllte Aurikeln – sie waren früher häufig zu sehen und wurden am höchsten bewertet; heute findet man sie kaum noch, sie wachsen zu langsam, sind auch etwas heikel, man hält sie am besten in Töpfen. Das Farbenspiel reicht von kalkigem Weiß über fahles und kräftiges Gelb bis zum Samtbraun, es gibt violette, purpurne bis zum Schwarzpurpurrot reichende, ins zarte Lila und auch nach Rosa gehende Tönungen, sogar Karminrosa. Sie fallen aber selbst bei schärfster Auslese und Isolierung nicht echt. Aurikeln wachsen in kräftigen, frischen Böden am besten, sie wünschen leichte Beschattung, denn bei voller Sonne im Hochsommer leiden sie sehr, und es gibt in trockenen Jahren große Verluste. Ob es sich lohnt, besonders schön blühende Exemplare durch Teilung zu vermehren, als Sorten zu kultivieren und in den Handel zu bringen, läßt sich schwer entscheiden. Versuche wurden auch in der neueren Zeit häufig gemacht. Wichtig ist außer schöner Farbe, großen Blüten, guter Haltung vor allem kräftiger Wuchs, also große Ergiebigkeit beim Teilen... genau gesagt: Alle 2 Jahre muß man aus jeder Mutterpflanze wenigstens 5 bis 6 bewurzelte Stücke schneiden können. Mastkultur, um diese Zahl zu erhöhen, wäre völlig sinnwidrig... die Pflanzen würden aufgeschwemmt und gegen Trockenheit oder Frost sehr empfindlich. Der Liebhaber dagegen, der nicht zu rechnen braucht, kann sich durch einfache Teilung allmählich einen schönen Bestand besonders erlesener Aurikeln schaffen. Man kann auch im Hochsommer nicht zu starke Köpfe abschneiden und in entsprechend große Töpfe mit sandig-lehmiger Erde stecken und sie unter Glas aufstellen, doch darf es im Kasten nicht zu heiß werden... vielleicht läßt sich durch Wuchsstoffpulver die Bewurzelung beschleunigen. Im Handel sind einige Sorten der 1. Gruppe wie 'Blauer Prinz', blau; 'Gelber Prinz', gelb; 'Christine', altrosa; 'Rufus', rotbraun mit gelbem Auge.

Prímula rósea Royle (Sekt. Farinosae) ist die Rosenprimel und in ihrer leuchtenden Farbe einzigartig. Die Art stammt aus dem Nordwesthimalaja, tritt auch in Kaschmir und Afghanistan auf und wächst in der freien Natur in Höhen von 2700 bis 4000 m auf sumpfigen Wiesen, an Bachufern oder in Mulden und Schluchten mit dicker Erdschicht nahe der Grenze des ewigen Schnees, dessen Schmelzwasser die Fluren ständig feucht hält. Sie wünscht also feuchten, humusreichen, am besten lehmigen Boden. Die Blätter erscheinen erst nach dem Flor, der zeitig in den März/April fällt. Die Blumen sitzen auf kurzen oder längeren Schäften in einer 4- bis 12blütigen Dolde und werden lebhaft korallenrosa. Nach dem Abblühen streckt sich der Stengel und wird bis 30 cm hoch und höher, auch die Blätter sind dann entwickelt. Sie werden bis 20 cm

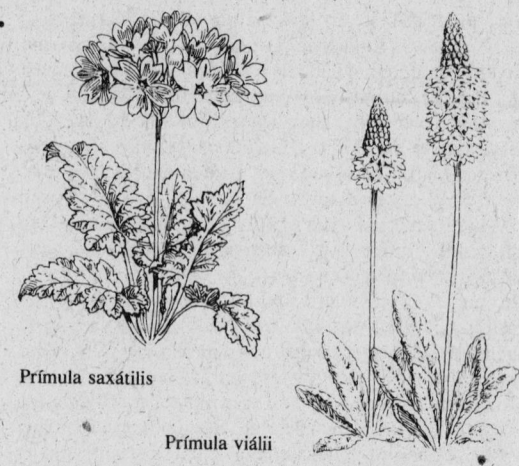

Prímula saxátilis

Prímula viálii

lang und bis 4 cm breit, sind anfangs eiförmig, zuletzt verkehrt-lanzettlich, fein gezähnelt oder gekerbt und ganz ohne Mehl. Man hat seit je versucht, die Länge der Stengel und auch die Blüten zu vergrößern. Die Ergebnisse sind cv. 'Grandiflora' — in allen Teilen größer, besonders jedoch mit größeren Blüten, karminrosa, und die Gigas-Mischung. Daß die Pflanzen feuchten Standort und schweren humusreichen Boden wünschen, war bereits erwähnt worden. An solchen Standorten vertragen sie volle Sonne. Sie können mehrere Jahre an ihrem Platz bleiben, breiten sich aber nicht sehr aus, sondern bringen nur mehrere Köpfe und in günstigen Fällen gegen 1 Dutzend Blütenschäfte. Es wird nur aus Samen vermehrt. Mehrmaliges Umsetzen blühfähiger Exemplare ist nicht ratsam.

Prímula saxátilis Komar. (Sekt. Cortusoides) (syn. *P. cortusoides* hort. non L.) tritt in der Mandschurei und in Korea auf. Die Pflanzen ähneln *P. cortusoides* sehr, diese haben aber so lange Blütenstielchen, wie der Kelch lang ist. *P. saxatilis* hat dagegen derbe, schwach behaarte, 5 bis 8 cm lange, eirunde, tief gelappte Blätter, die auf langen Stielen sitzen und wie bei allen Arten dieser Sektion schöne Rosetten bilden. Die Blüten werden gegen 2 cm breit und stehen in vielblumigen Dolden beisammen, welche auf Schäften thronen, deren Länge bis 20 cm beträgt. Florzeit ist im April/Mai. Die Blumen sind hell- oder tiefer purpurrosa und haben ein kleines gelbgrünes Auge. Auch diese Art wünscht etwas absonnigen Standort und reichlich mit Lauberde und Torfmull versetzten frischen Boden. Man kann durch Teilung und aus Samen vermehren. Die Anzucht ist leicht, trotzdem wird die Art viel zuwenig verwendet. Sie ist absolut winterhart, verträgt nur große Nässe im Winter schlecht.

Prímula siebóldii E. Morr. (Sekt. Cortusoides) stammt aus Japan, tritt auch in Korea, in der Mandschurei, im Amurgebiet und in Transbaikalien auf. Die Pflanzen haben einen kriechenden Wurzelstock und eiförmige bis länglich-eirunde, an der Basis herzförmig eingezogene, behaarte, bis 10 cm lange, gestielte Blätter. Die Blüten stehen in 3- bis 10blütigen Dolden, welche auf unten rauh behaarten, oben oft kahlen, bis 20 cm hohen Schäften sitzen. Die Blumen werden bis 3 cm breit und leuchtend rosa. Es entstanden eine Reihe Sorten, wie 'Daphnis' — Blüten groß, lebhaft rosarot; 'Gartendirektor Steffen' — leuchtendrosa, sehr großblütig; 'Miss Nelly Barnard' — karminrot; 'Polly' — rosa, sehr wüchsig und früh in Flor kommend; 'Queen of the Whites' — reinweiß; 'Robert Herold' — rosaviolett. Alle haben ein weißes Auge, das groß oder auch ziemlich klein sein kann. Die Pflanzen blühen im Mai/Juni und werfen bald danach das Laub ab. Es sind wunderschöne Primeln, die früher viel verwendet wurden, heute jedoch sieht man sie leider kaum noch. Sie wünschen mit Lauberde und Torfmull durchsetzte, humusreiche, lockere, nicht zu schwere Erde und einen absonnigen, vor Winden geschützten Standort. An zusagenden Plätzen bilden sie mit der Zeit ansehnliche Kolonien. Man kann durch Teilung der Rhizome und aus Samen vermehren.

Prímula viálii Delav. ex Franch. (Sekt. Muscarioides) (syn. *P. littoniana* Forrest) ist die eigenartigste Primel der ganzen Gattung. Die Pflanzen wachsen auf feuchten Wiesen, am Rande von Dickichten und selbst an ziemlich trocknen Plätzen in den chinesischen Provinzen Yunnan und Sichuan. Sie haben bis 25 cm lange, breit-lanzettliche Blätter mit einem geflügelten Stiel, mit unregelmäßig gezähntem Rand und mit Behaarung auf beiden Seiten. Der Blütenschaft wird bis 50 cm hoch, ist unten fast kahl, nach oben zu bepudert und trägt eine 5 bis 15 cm lange und längere, dichte, vielblumige Ähre. Die Blüten duften und hängen aufgeblüht halb nach unten. Der Kelch der noch geschlossenen Blumen, die sich von unten nach oben öffnen, ist leuchtendrot, wodurch der noch knospige Teil des Blütenstandes leuchtendkarminrot aussieht, die Blumen selbst sind hellviolett, innen lichter getönt. Die Ähre erinnert an den Blütenstand von Orchis, weshalb die Art auch „Orchideenprimel" heißt. Die Pflanzen wünschen einen Boden, der aus Rasenerde, Torfmull und scharfem Flußsand besteht. Im Sommer wollen sie feucht, im Winter trocken stehen. Man muß sie also in eine gut drainierte Mulde setzen, in welche man im Sommer ständig Wasser rinnen läßt. Der Standort kann in lichtem Schatten liegen oder an Nordseiten. Über Winter decke man mit Kiefernnadeln ab. Der Flor fällt in die Monate Juni/Juli, im Frühling treiben die Stöcke ziemlich spät aus. Die Art ist bei uns häufig nur zweijährig und stirbt vielfach nach dem Flor ab, doch gibt es auch Ausnahmen. Vorsorglich sollte man immer Nachwuchs heranziehen, damit diese eigenartige, prächtige Primel nicht ausgeht. An zusagenden Plätzen erhält sie sich durch Selbstaussaat.

Bewertung, Verwendung, Anzucht: Die Gruppe der Doldenprimeln umfaßt recht verschiedenartige Pflanzen aus mehreren, z.T. weit entfernten Sektionen. Einige sind allgemein bekannt und gelten bei uns als die Primeln schlechthin, andere sind nur für Liebhaber und Fachleute ein Begriff. Manche verdienen häufiger verwendet zu werden als bisher, einzelne sind reizende Gewächse für Liebhaber. Es ist keine Art darunter, die in voller Sonne gut gedeiht, an den Boden stellen sie verschiedene Ansprüche. Die Vermehrung ist nirgends schwierig, die Verwendung vielseitig.

Am allerbekanntesten von allen Arten sind die Aurikeln und die Elatior-Primeln. Sie eignen sich beinahe für jeden Garten, in dem es nicht zu trocken ist und wo es ein absonniges Plätzchen gibt. Man kann sie für Frühlingsblumenbeete, im Steingarten, vor Sträuchern und für den lichten Schatten von Bäumen verwenden, Aurikeln auch als Einfassung. *Primula elatior* ist ferner für Frühlingssträußchen wichtig und läßt sich etwas verfrühen... aber nur durch Licht und Sonnenwärme, nicht durch Heizen. Man kann in kalten Blocks oder kalten Kästen verfrühen. Für den Anfang braucht man Sämlinge aus besten Zuchten, die von Aussaaten im Spätherbst oder im zeitigen Frühjahr unter Glas stammen und über Sommer durch sorgfältige Kultur zu starken Pflanzen herangewachsen sind. Im Spätherbst werden sie in den Block oder Kasten gepflanzt, und gegen Ende März beginnt der Flor. Für Kästen sollte man vorsorglich eine Behelfsheizung parat halten, um bei einem verspäteten Kälteeinbruch die ausgetriebenen Bestände vor Schaden bewahren zu können. Die Fenster sollen gegen Ende Januar auf die Kästen gelegt werden... Doppelkästen sind günstiger als einfache. Dabei ist es unerläßlich, die blühenden Bestände zu prüfen, ob sich nicht etwa Exemplare mit Mißfarben, zu kleinen Blumen, zu schwachem Stiel, zu geringer Zahl von Stengeln darunter befinden, die man ausmerzen muß. Im April/Mai sind die Primeln aufzunehmen, zu teilen und auf Anzuchtbeete zu pflanzen. Im nächsten Herbst beginnt der Turnus von neuem. Bestände aus Teilung sehen zwar nicht so üppig aus, bringen aber mehr Stiele je Pflanze. Im Haus und in den Kästen ist vorsichtig zu wässern; gießt man zu stark, so faulen die Primeln. Aurikeln lassen sich nicht verfrühen und bringen auch nicht so viele Stengel je Exemplar, daß man sie mit Erfolg zur Gewinnung von Schnittblumen kultivieren kann. Beide Arten werden, wenn man nicht besonders schöne Exemplare durch Teilung vermehren will, aus Samen herangezogen. Man sät wie bei den Vulgaris-Primeln im Spätherbst in Handkästen, läßt den Frost einwirken, holt dann etwa Mitte Februar in ein Gewächshaus, pikiert dann und pflanzt schließlich auf die Anzuchtbeete. Man kann aber auch im Januar/Februar in Kästen säen, die Keimung ist genauso gut, und die Bestände holen die aus Herbstsaat stammenden ein. Die Anzuchtbeete sollen etwas absonnig liegen und in bester Tracht stehen. Es ist sehr nützlich, nach dem Pflanzen die Erde mit gejauchtem Torfmull zu bedecken. Das hält den Boden kühl, wie die Primeln es lieben, und verhindert auch das Verkrusten. Für den Pflanzenverkauf sind Sämlinge günstiger als aus Teilung stammende Bestände.

Primula rosea eignet sich für feuchte Stellen, die man auch künstlich entstehen lassen kann, indem man Mulden schafft und in diese ständig Wasser rieseln läßt. Sie gedeihen auch an Teich- und Bachrändern ohne weiteres. Der Flor läßt aber nach drei Jahren immer mehr nach, man muß sie also durch neue Exemplare ersetzen. Aufteilen hilft nicht, ist auch meistens unrationell. Leider werden die Rosenprimeln nur selten an die richtigen Plätze gesetzt; fast überall stehen sie zu trocken und heiß und gehen dann über Sommer unweigerlich zugrunde. Man kann sie auch im Frühling in Schalen und Töpfe pflanzen, etwa zu Hyazinthen, Vulgaris- oder Elatior-Primeln. Die Gigas-Mischung eignet sich für die Schnittblumengewinnung, doch braucht man dazu junge, sehr gut kultivierte Bestände, die genügend und lange Stengel treiben... man pflanze in kalte Kästen und lege Ende Januar Fenster auf. Die Vermehrung erfolgt durch Samen, welche auch bei den Sorten und Rassen ziemlich treu fallen. Die erfolgreichste Methode ist Aussaat sofort nach der Reife: also im Juli oder August. Man kann in Handkästen oder in ein kaltes Frühbeet säen in nicht zu leichte Erde, halte ständig feucht... übersprühe öfter. Der Samen ist sehr fein; man decke ihn nicht ab, sondern klopfe die Saatflächen vorsichtig fest. Die Kästen sollen anfangs halbhell stehen. Ob man bald pikiert oder dies bis zum Frühjahr aufschiebt, ist ohne große Bedeutung. In der Regel werden die noch im gleichen Spätsommer in Handkästen verstopften Bestände üppiger. Die Kästen sollen über Winter an einen geschützten Platz kommen. Abdecken ist nicht nötig. Wenn die Pflanzen im Frühjahr weit genug ausgetrieben haben, setzt man sie auf die Kulturbeete. Diese sollen absonnig liegen, und die Erde ist durch das Einbringen von gejauchtem Torfmull oder altem Rinderdung zu verbessern, bei Trockenheit soll man wässern. Im zweiten Frühjahr bringen die Büsche den ersten Vollflor. Man kann auch gegen Ende des Jahres aussäen und selbstverständlich die Saatkästen dem Frost aussetzen. Der Erfolg ist nicht so sicher wie bei Aussaat sofort nach der Reife. Wer selbst Samen zieht, muß genau aufpassen, daß die Kapseln nicht aufspringen, sonst ist ihr Inhalt verloren. Man erntet, wenn die Stengel anfangen zu vergilben oder wenn die Kapseln gelblichbraun werden.

Primula auricula und *P. marginata* werden wie Aurikeln aus Samen herangezogen; in kleinen Mengen auch durch Teilung. Man sät im Herbst oder Frühjahr aus, pikiert und setzt schließlich auf die Anzuchtbeete. Diese sollen keinen Dünger erhalten, auch soll man weder Torfmull noch Kompost einarbeiten. Entsprechendes gilt für *P. farinosa* und *P. frondosa*, von denen die zweite bei ausreichenden Mutterpflanzenbeständen am einfachsten durch Teilung nach dem Flor vermehrt werden kann... aus stärkeren Exemplaren gewinnt man 4 bis 5 Jungpflanzen.

P. polyneura, *P. saxatilis* und *P. sieboldii* eignen sich für halbschattige Gartenteile mit frischem Boden, der nicht zu schwer sein darf und dem man Lauberde und

Pr

Prímula denticuláta

Prímula bulleyána

Prímula japónica

Torfmull zusetzen muß. Ihre Blüten haben nicht so leuchtende Farben wie die von *P. rosea, P. elatior* und *P. vulgaris*... man sollte sie also so setzen, daß man sie nahe vor Augen hat; auch ist günstig, stets in Kolonien zu pflanzen. Bei *P. sieboldii* kommt hinzu, daß sie bald nach dem Flor einziehen, es entsteht ein kahler Fleck. Schön wirken sie in Teppichen von Polster- oder Kriechstauden mit dunklem Laub; *Ajuga reptans* 'Atropurpurea', *Vinca minor, Omphalodes*... man muß diese nur von Zeit zu Zeit im Umkreis der Primel etwas zurückdämmen. *P. saxatilis* läßt sich auch als Topfpflanze verwenden. Man topft im Spätsommer ein, überwintert in einem kalten Kasten und kann ab Mitte Januar in ein Kalthaus holen, wo die Büsche bei + 6 bis 8 °C stehen sollen... nach wenigen Wochen beginnen sie zu blühen. Das Verfrühen ist auch bei *P. sieboldii* möglich. Vermehrt wird durch Teilung und aus Samen. Dieser muß im Vorwinter gesät und dem Frost ausgesetzt werden, sonst keimt er gar nicht oder sehr unregelmäßig. Sieboldii-Sorten lassen sich nur durch Teilung vermehren. Man hebt die Rhizome im Spätherbst aus, schichtet sie in Handkästen in sandige Laub-Torfmull-Erde, hält feucht, aber nicht naß und räumt in ein Kalthaus. Im Februar stellt man etwas wärmer, und wenn die Wurzeln anfangen durchzutreiben, schneidet man sie in so viele – nicht zu kleine – Stücke, wie es Augen gibt, legt wieder in Kästen, stellt diese aber kühl und topft später ein oder härtet ab und pflanzt auf Anzuchtbeete. *P. sieboldii* wird auch häufig in einem kalten Frühbeet kultiviert. Die Vermehrung ist nicht sehr ergiebig, man braucht zum Teilen zwei- bis dreijährige Rhizome, muß also für jedes Jahr einen Posten Mutterpflanzen schaffen. Die Blumen lassen sich auch schneiden und sind etwas sehr Apartes. *P. vialii* läßt sich leicht aus Samen vermehren. Günstig ist, die Pflanzen schon früh an ihren endgültigen Standort zu setzen und ihnen im ersten und vielleicht auch noch im zweiten Jahre sofort nach dem Erscheinen den Blütenschaft zu nehmen. Sie werden dann im nächsten Frühsommer um so üppiger blühen.

Kugelprimeln (Sekt. Denticulatae)

Diese Primeln blühen mit kugelförmigen Blütenständen auf festen Schäften. Die Gruppe umfaßt nur wenige Arten.

Prímula denticuláta Smith stammt aus Mittel- und Westasien, wo die Pflanzen in vielen Gebieten auftreten und vor allem auf Alpenmatten in Höhen von 2300 bis 4300 m Höhe zu finden sind. Sie haben eine Rosette anfangs kurzer, nach dem Flor bis 20 cm langer, lanzettlicher Blätter, deren Rand oft zurückgeschlagen ist und die manchmal flaumig dünn behaart, manchmal gelblich bemehlt sind. Der Blütenkopf sitzt auf einem festen Schaft, welcher anfangs sehr kurz ist, sich während des Flors und der Samenbildung streckt und bis 30 cm lang werden kann. Die Blüten sind klein und stehen auf kurzen Stielchen, sie bilden die bekannten bunten Kugeln. Sie werden lichtlila und erscheinen schon früh im März/April... oft zur gleichen Zeit wie bei *P. rosea*. Es gibt auch eine Sorte 'Alba' mit weißen Blüten. Wichtiger jedoch ist 'Cachemiriana'. Die Pflanzen dieser Sorte sind an allen grünen Teilen leicht bemehlt, die Blätter erscheinen zugleich mit den Blumenkugeln und sind kaum geädert. Diese Sorte bringt ins Rosa und Karminrosa spielende Blüten, während richtiges Karmin oder Purpurkarminrot bisher nicht erreicht wurden. Es gibt mehrere Sorten, in welchen diese Tönung besonders gut hervortritt; erwähnt seien 'Enzett Rubinball', rubinrot, und die Mischung 'Dunkle Farben'.

Bewertung, Verwendung, Anzucht: Auch Kugelprimeln sind so häufig zu sehen, daß es nicht nötig ist, sie ausführlich zu schildern und zu rühmen. Sie eignen sich für Primelecken, für halbschattige Partien im Garten als Vor- und Zwischenpflanzung, gedeihen auch am Rande von Becken oder Wasserläufen. Der Flor ist kurz, und es bleibt nach wenigen Wochen nur das stattliche Laub übrig. Die Pflanzen wollen kräftigen, frischen Boden und können, wenn dieser ausreichend feucht ist, auch in voller Sonne stehen...

sonst ist absonniger Standort nötig. Vermehrt wird durch Samen, aus dem sich bei zeitiger Aussat im Januar/Februar bis zum nächsten Frühjahr verkaufsstarke Bestände entwickeln. Leider überwiegen meistens die blassen Töne. Aber einigermaßen echt fallende Rassen oder Typen mit tiefvioletten oder karminrosa Blüten lassen sich durchaus erreichen. Es dauert nur eine Reihe von Generationen; die Bestände müssen immer aufs neue geprüft und selektiert werden. Dabei ist nötig, die Anzuchten an einem ziemlich sonnigen Platz unterzubringen, weil sich im Sonnenschein am besten zeigt, ob die Töne wirklich dunkel sind und wie sie sich halten. Die Sorten und Einzelexemplare mit besonders lebhaften Farben lassen sich auch durch Wurzelschnittlinge vermehren. Man nimmt im Spätherbst die Pflanzen auf, reißt die längsten und dicksten Wurzeln mit einem scharfen Ruck nach oben an ihrer Ansatzstelle ab, schneidet sie in etwa 5 cm lange Stücke und legt diese in Handkästen oder in ein Frühbeet. Die Erde soll sandig-lehmig sein, man füge eine Prise kohlensauren Kalk bei und lege flach in Reihen aus, zuletzt deckt man etwa 1 cm hoch ab. Die Kästen gehören in ein Kalthaus, sie dürfen nicht austrocknen; im Frühjahr räume man sie ins Freie an einen absonnigen, geschützten Platz. Schon bald oder im Laufe des Frühsommers treiben die Wurzelstücke aus und setzen 1 bis 5 Jungpflanzen an. Man darf diese zunächst nicht abtrennen, sondern muß bis weit in den Sommer hinein warten. Erst dann haben sie genügend Wurzeln und lassen sich pikieren oder auf Anzuchtbeete breitpflanzen. Man kann die Jungpflanzen aber auch bis zum nächsten Frühjahr an den Wurzeln lassen und erst dann pflanzen. Statt in Handkästen kann man sie auch in einen kalten Kasten legen und die Nachkommen dort lassen, bis sie Pflanzstärke erreicht haben. Das dauert wenigstens bis zum zweiten Frühling. Dem steht gegenüber, daß man von kräftigen Mutterpflanzen 10 bis 20 Nachkömmlinge gewinnen kann, die mit ihren lebhaften Blütenfarben den Durchschnitt übertreffen.

Etagenprimeln (Sekt. Candelabra)

Sie haben große, oft dünne Blätter, die Blüten stehen auf dünnen, aber festen Stengeln in mehreren Quirlen. Die Sektion umfaßt 29 Arten; Heimat: alpine Regionen im SW-China.

Prímula beesiána Forrest wächst in Höhen von 2200 bis 2600 m auf feuchten Wiesen und an Bachrändern oder Gräben. Die Pflanzen haben eiförmig-längliche, bis 40 cm lange, große Rosetten bildende, am Rande gezahnte Blätter und blühen im Juni/Juli auf Schäften, welche bis 60 cm hoch werden und viele Etagen etwa 2 cm breiter, purpur- oder karminrosafarbener Blüten mit gelbem Auge tragen.

Primula-Bullesiana-Hybriden (syn. P. × bullesiana Bees), die Terrakotta-Primeln, sind durch Kreuzungen von *P. beesiana* und *P. bulleyana* entstanden. Sie gleichen in der Tracht ihren Eltern völlig, aber die Blüten färben sich rosa bis lachsfarben, orange, verschieden rot, lila und violett. Es gibt mehrere Rassen wie die Ipswich- und die Moerheim-Hybriden, bei jeder herrscht eine Farbskala vor.

Prímula bulleyána Forrest ähnelt *P. beesiana* stark, hat aber orangegelbe Blüten, und die Mittelrippe der Blätter ist rot angelaufen. Höhe bis 100 cm, Blütezeit wie bei den vorgenannten Primeln.

Prímula japónica A. Gray ist die einzige Art außerhalb des Hauptverbreitungsareals. Die Pflanzen wachsen in Japan in feuchten, schattigen Gebirgstälern. Sie haben spatelförmige bis eiförmig-längliche Blätter, die bis 20 cm lang und bis 8 cm breit werden. Die Schäfte mit den Quirlen sind kräftig, Höhe etwa 40 cm. Die Blumen werden 2 cm breit und leuchtend purpurrot, Mai/Juni. Auch diese Art wurde zu Kreuzungen verwendet und hat auf die Hybriden vor allem ihre Wuchsfreudigkeit übertragen.

Prímula pulverulénta Duthie hat länglich-spatelförmige Blätter und wird 50 bis 80 cm hoch. Der Blütenschaft ist dicht silberweiß gepudert, und die Blüten stehen in Quirlen, welche bis 25 cm Breite erreichen. Die Blumen sind dunkelrot bis violett-purpurn und haben ein dunkles oder orangefarbenes Auge, sie werden bis 3 cm breit. Die Art blüht im Mai/Juni, also als erste der Etagenprimeln. Auch sie wurde mehrfach zu Kreuzungen verwendet, die unter Phantasienamen in den Handel gebracht wurden, so die Lisadell-Hybriden. *P. pulverulenta* gedeiht an Bach- und Teichrändern am besten, sie braucht humosen, etwas lehmigen, sehr nährstoffreichen Boden.

Bewertung, Verwendung, Anzucht: Etagenprimeln sind mit der Fülle ihrer Blüten und den pagodenartigen Blütenständen recht apart, wirken aber nur, wenn sie in Massen beisammenstehen! Einige Exemplare reichen nicht, es möchten wenigstens anderthalb Dutzend sein, am besten ist es, wenn man für jede Art wenigstens einen Quadratmeter zur Verfügung hat. Der Boden soll frisch, lieber noch richtig feucht sein, doch muß man die Standorte gut drainieren, denn im Winter wollen die Pflanzen trocken stehen. Das kostet bei großen Anlagen viel Arbeit. Hat man keinen Wasserlauf, kann man kleinere oder größere Mulden anlegen und in diese die Etagenprimeln setzen. Wenn man *P. pulverulenta* und die übrigen Arten oder Hybriden verwendet, kann sich der Flor der Anlage über 2 Monate erstrecken. Man pflanze nicht ganz bunt durcheinander, sondern in Farbflecken. An zusagenden Plätzen erhalten und verbreiten sich diese Primeln durch Samenwurf von selbst. In die Erde arbeite man Rinderdung oder Rasenerde ein. Es ist nötig, die Flächen von Zeit zu Zeit im Winter mit gejauchtem Torfmull nachzudüngen. Vermehrt wird aus Samen oder durch Teilung, was sich aber nur für besonders schön – feurig und groß – blühende Stöcke empfiehlt. Das Teilen ist nicht sehr ergiebig. Die Anzucht aus Samen ist einfach, aber man muß im Spätherbst aussäen und über Winter dem Frost aussetzen, ohne Frosteinwir-

Pr

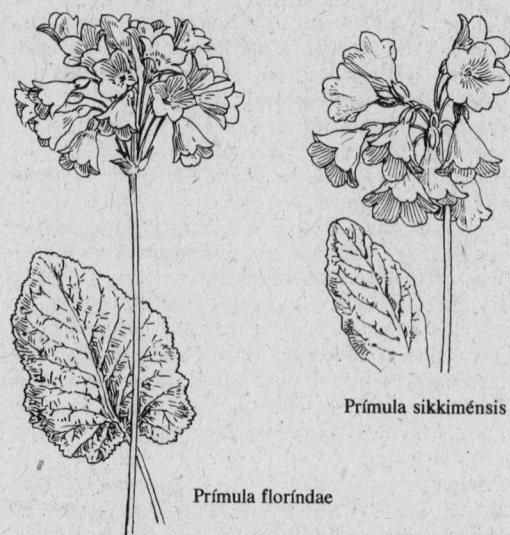

Prímula sikkiménsis

Prímula floríndae

kung keimt der Samen nicht! Dann holt man die Kästen in ein Gewächshaus, pikiert und pflanzt später auf Beete. Die so behandelten Bestände werden bis zum Herbst verkaufsstark. Sät man in ein kaltes Frühbeet und verstopft nicht, dauert die Anzucht wenigstens bis zum Frühjahr des nächsten Jahres.

Glockenprimeln (Sekt. Sikkimensis)

Die Pflanzen bilden schöne Blattrosetten, ihre Blüten stehen auf verschieden hohen Schäften und nicken oder hängen.

Prímula alpícola Stapf (syn. P. microdonta var. alpicola [Stapf] W. W. Sm.) stammt aus Südosttibet, wo die Pflanzen in Höhen von 3700 bis 4600 m in feuchten Alpenmatten und an sumpfigen Stellen vorkommen, häufig an beschatteten Plätzen. Sie haben elliptische bis länglich-elliptische, bis 30 cm lange und 8 cm breite, oberseits matte, unterseits stark mit Drüsen besetzte Blätter und bringen bis 50 cm hohe Blütenschäfte, welche nach der Spitze zu leicht bemehlt sind. Die Blüten stehen in Quirlen, von denen aber höchstens 4 je Schaft erscheinen. Die Blumen sind glockig, 2,5 cm breit und werden bei der Stammart cremefarben bis gelb. Daneben gibt es die Form 'Violacea' mit purpurnen bis violetten Blüten. P. alpicola blühen im Mai/Juni und wünschen halbschattige Standorte und im Sommer viel Wasser, im Winter müssen sie trockener stehen. An den Boden stellen sie keine Ansprüche.

Prímula floríndae Ward aus Tibet hat große, herzförmige, glänzende Blätter, die auf kräftigen Stielen sitzen und fast so breit wie lang sind. Die Blüten stehen auf Schäften, welche bis 100 cm hoch und höher werden und in der Regel nur eine Dolde tragen, die 20 bis 80 Blumen enthält. Diese werden offen bis 2,5 cm breit, sitzen auf bemehlten, bis 10 cm langen Stielen und sind lebhaft hellgelb. Sie duften köstlich. Die Blütezeit ist sehr spät von Juli bis Anfang September.

Neben der Art gibt es eine ockerbraune Auslese mit bräunlichen Blumen. P. florindae ist eine sehr lebenskräftige, durable Art. Sie wünscht humusreichen, tiefgründigen, frischen Boden und halbschattigen Standort. Sie verträgt auch volle Sonne, doch muß dann der Standort richtig feucht sein.

Prímula sikkiménsis Hook. wächst im Süden Tibets in Höhen von 3500 bis 5000 m auf nassen Wiesen oder in sumpfigem Gelände. Sie hat elliptische bis längliche Blätter, welche (mit Stiel) bis 30 cm lang werden und schöne Rosetten bilden. Die Blütenstengel erreichen bis 70 cm Höhe, sind oben etwas bemehlt und tragen vielblumige Dolden nickender bis hängender, mehr trichter- als glockenförmiger Blüten. Sie werden gelb, manchmal auch cremefarben und duften. Blütezeit ist im Juni/Juli. Außer der Art gibt es die var. **pudibúnda** W. W. Smith, welche eine Zwergform ist und höchstens 30 cm hoch wird, auch kleinere Blumen bringt.

Bewertung, Verwendung, Anzucht: Die wichtigste und schönste Art dieser Gruppe ist *Primula florindae*, weil sie spät blüht, kräftig wächst und lange ausdauert... wenn sie den richtigen Platz erhält! Auch sie braucht guten, tiefgründigen, sandig-lehmigen, feuchten Boden ebenso wie die anderen Arten der Gruppe. Alle wirken am besten, wenn man sie in Kolonien anpflanzt. P. sikkimensis var. pudibunda paßt in den Steingarten, die übrigen Arten eignen sich für halbschattige, feuchte Plätze im Garten. Man kann sie zwischen niedrige, nicht wuchernde Stauden für absonnige Plätze setzen. Alle werden an zusagenden Standorten stattlich und halten aus; sie verschwinden nicht, lassen auch nicht bald nach, wie dies andere Primeln leider häufig tun. Vermehrt wird durch Samen, Teilung ist wenig ergiebig. Man muß die Aussaaten unbedingt dem Frost aussetzen, also Anfang Dezember säen, sonst läuft nicht ein Korn auf. Das ist ein „Kunstgriff der Natur", den wir beachten müssen. Wenn die Samen, die infolge des späten Flors spät reifen, sofort aufliefen, kämen sie mit der Keimung und den Anfängen ihrer Entfaltung direkt in den Winter, und die jungen Pflänzchen gingen dabei zugrunde. Anders ist es, wenn sie erst auflaufen, nachdem der Frost auf sie einwirkte, also vorbei ist. Es ist günstig, in Handkästen zu säen und diese im Februar/März ins Gewächshaus zu holen, dann keimt der Samen sofort. Später pikiert man und pflanzt schließlich auf Anzuchtbeete aus. Bei dieser Methode werden die Bestände bis zum Herbst verkaufsstark.

Prunélla · Braunelle
Labiatae ♃ ○ ◐ ◐ ◐ △ ‖ ○

Das Wort Prunella — es wird auch Brunella geschrieben — ist eine Latinisierung des altdeutschen Wortes brun = braun, auch Bräune; es bezieht sich darauf, daß Abkochungen von Blättern früher Mittel gegen Halsbräune (Diphtherie) waren. Heute geht man mit einem Serum gegen die Krankheit an. Es sind niedrige Stauden, deren Grundblätter eine Rosette bilden. Sie blühen in kurzen, gedrängten, endständigen Ähren mit quirlig stehenden Blüten. Die Gattung umfaßt 5 Arten, welche in der gemäßigten Zone und in den Tropen in den oberen Teilen der Gebirge weit verbreitet sind. Eine sehr formenreiche Art ist *P. vulgaris*, die Kleine Braunelle, sie tritt häufig im Rasen als Unkraut auf und kann sich so ausbreiten, daß von den Gräsern nur noch wenig übrigbleibt.

Prunélla grandiflóra (L.) Scholler (syn. *P. vulgaris* var. *grandiflora* L.) ist die Große Braunelle. Die Pflanzen haben eirunde, 5 bis 8 cm lange, ganzrandige Blätter, die zunächst eine Rosette bilden, an den Stengeln stehen sie gegenständig. Die Stengel sind wie bei vielen Labiaten vierkantig. Insgesamt werden die Büsche 15 bis 30 cm hoch. Im Juni bis August blühen sie mit kopfigen, bis 3 cm langen Scheinähren, die Blumen sind bei der Stammart violett. Daneben gibt es die Sorten 'Alba' — weißblühend; 'Coccinea' — niedriger mit kräftig purpurrosa Blüten; und 'Rubra' mit dunkelrosa Blumen.

Prunélla × webbiána Paul entstammt wahrscheinlich einer Kreuzung von *P. grandiflora* mit *P. hastifolia*. Die Blätter sind schwach gezähnt, werden kürzer als bei *P. grandiflora*, dafür hat die Hybride größere blauviolette Blumen. Es gibt auch eine Sorte 'Rosea' mit rosa Blüten. Die Pflanzen sind gegen 20 cm hoch und blühen ebenfalls im Sommer.

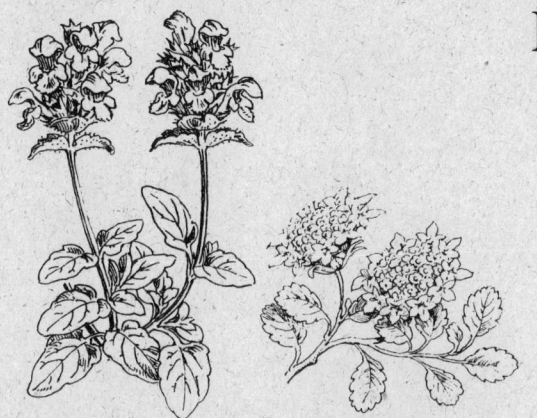

Prunélla grandiflóra   Pterocéphalus perénnis

Bewertung, Verwendung, Anzucht: Braunellen sind keine Prunkstücke, aber brauchbar als sichere, dauerhafte Bodendecke, zu deren Gunsten auch noch spricht, daß die Pflanzen lange und reichlich blühen. Sie wachsen in jedem normalen Gartenboden, sofern dieser nicht extrem trocken ist. Sie stehen bei etwas trockenen Standorten am besten halbschattig, bei frischen Böden vertragen sie volle Sonne. Man kann sie auch als Einfassung und Unterpflanzung für Hochstammrosen verwenden, ferner für den Steingarten. Vermehrt wird durch Teilung im Frühjahr, also vor der Blüte. Die Bestände werden bis zum Herbst verkaufsstark.

Pterocéphalus · Alpenskabiose
Dipsacaceae ♃ ○ ◐ △ ♡

Im Namen stecken die griechischen Wörter pteron = Flügel und kephale = Kopf; sie beziehen sich darauf, daß der Kelch mit stark fedrigen Grannen besetzt ist und der Blütenboden wie bei allen Arten der Gattung in seiner Form an eine Schädel- oder Kopfdecke erinnert. Die Gattung umfaßt gegen 20 Arten, die vor allem im Mittelmeerraum auftreten und sich von dort aus bis nach Mittelasien ausgebreitet haben. Es sind niedrige Stauden oder Halbsträucher; Gartenwert hat aber nur eine Art.

Pterocéphalus perénnis Coult. ssp. *perénnis* (syn. *P. parnassi* Spreng.) stammt aus Griechenland, wo die Pflanzen an sonnigen, trocknen Plätzen in Geröll und auch in Felsritzen und -nischen auftreten. Sie werden 5 bis 10 cm hoch und bilden dichte Polster. Sie haben niederliegende, eng belaubte Stengel und spatelförmige, wellig gekerbte, gegenständig sitzende Blätter, welche wie die sonstigen grünen Teile der Pflanzen dicht seidig behaart sind. Die Blumen bilden große, flache Köpfe und werden lilarosa bis rosa. Sie erscheinen im Juli/August.

Bewertung, Verwendung, Anzucht: Die Alpenskabiose ist eine Pflanze für Liebhaber. Sie zieht durch die seidenfilzige Behaarung und die großen Blumen unsern Blick auf sich, ist aber schwer zu erhalten. Sie wünscht sehr warmen, sonnigen und vor allem trockenen Standort. Man setze sie in eine Erde, die aus grobem Sand, Kalkgesteinsbrocken und mürber Rasenerde besteht. Gegen Nässe sind die Büsche sehr empfindlich, und dies im Sommer nicht weniger als im Winter. Man muß sie daher so plazieren, daß das Wasser von ihnen wegläuft, auch mit einem kleinen Felsstück ihren Wurzelhals vor Nässe schützen. In nassen Jahren ist alle Vorsorge meistens vergeblich. Man kann fragen, ob es überhaupt Sinn hat, solche Gewächse anzupflanzen. Darauf ist zu erwidern, daß sie zur xerophytischen Flora gehören, die uns wie alles sonst auf der Erde in ihrer Gesamtheit und ebenso in den Einzelheiten interessiert. Vermehrt wird aus Samen und durch Teilung. Man kultiviert gern in Töpfen und soll nur im Frühling pflanzen.

Ptilostémon · Elfenbeindistel
Compositae ⊙ ⊙ ♃ ○ ◐ △ ♡

Diese vor einigen Jahren neu begründete Gattung distelartiger Gewächse geht auf Comte Alexandre Henri Gabriel de Cassini (1781—1832) zurück, einen Pariser Botaniker, dessen Spezialgebiet die Familie *Compositae* war. Der Gattungsname besagt, daß die Staubblätter gefiedert sind, weist also getreu dem Lin-

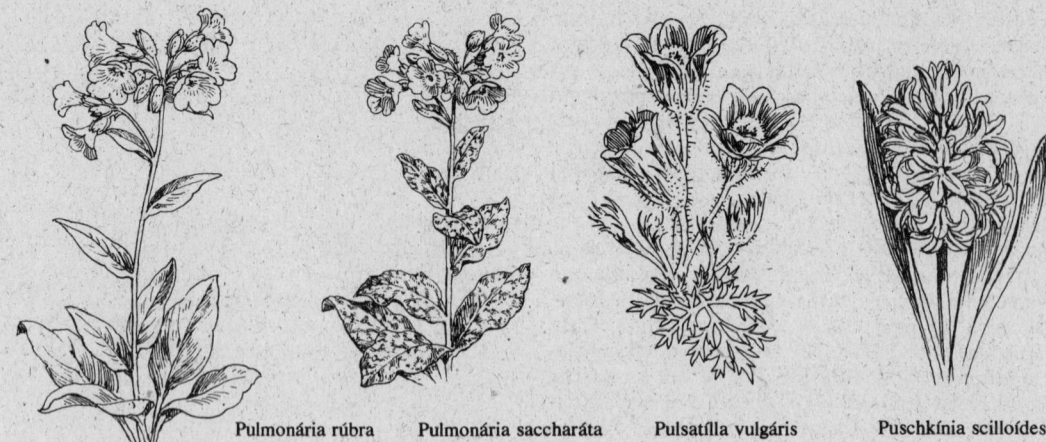

Pulmonária rúbra Pulmonária saccharáta Pulsatílla vulgáris Puschkínia scilloídes

néischen System auf ein morphologisches Unterscheidungsmerkmal gegenüber anderen Gattungen hin. Zur Gattung gehören zwei Arten, deren Zierwert schon seit Jahrhunderten genutzt wird.

Ptilostémon áfer (Jacq.) Greuter (syn. Cirsium afrum (Jacq.) Fisch., C. diacanthum DC., Chamaepeuce diacantha DC.), die Afrikanische Elfenbeindistel, deren natürliches Verbreitungsgebiet sich allerdings nur über Kleinasien und die Balkanhalbinsel erstreckt, ist eine Bienne, die im Jahr der Aussaat eine strahlige Rosette schmaler, oberseits glänzend grüner, unterseits weißfilziger Blätter von filigranartigem Aussehen bildet. Die Haupt- und Seitennerven der Blätter enden in paarweise stehenden Dornen, diese sind wie die Hauptnerven zuerst silberweiß, später elfenbeingelb. Als Rosette überwintert, blüht die Pflanze im Juli/August; die Blüten stehen in Doldentrauben auf dünnem, etwa 70 bis 100 cm hohem Schaft. Mit der Samenreife stirbt die Pflanze ab.

Ptilostémon casábonae (L.) Greuter (syn. Cirsium casabonae (L.) DC., Chamaepeuce casabonae (L.) DC.) aus Südfrankreich und Italien – der Artname ist ein lateinischer Ortsname – wird auch Fischgrätendistel genannt, womit die bizarre Gestalt der dunkelgrünen, unterseits silberweißen Blätter treffend charakterisiert ist. Die Adern sind gelb und enden in gelbbraunen Dornen, die meist zu dreien stehen. Der Flor ist ohne Zierwert, Juli/August.

Bewertung, Verwendung, Anzucht: Die dekorativen Blattrosetten machen den Schmuckwert dieser Pflanzen aus. Sie kommen vor dunklem Gestein wirkungsvoll zur Geltung. Man setzt sie auf sonnige Hänge, in größere Steingärten oder in Gruppen zu *Yucca*, Freilandkakteen und anderen exotisch wirkenden Gewächsen für trockene, sonnige Plätze. Anzucht durch Aussaat in April/Mai/Juni. Die Sämlinge werden in kleine Töpfe pikiert und schließlich trocken und mäßig warm unter Glas überwintert, oder es wird zeitig im Frühjahr unter Glas ausgesät. Im Mai wird wegen der Pfahlwurzel mit Ballen ausgepflanzt. Man kann auch an Ort und Stelle säen, erreicht dann aber keine stark entwickelten Pflanzen. Samen erntet man selbst, er bleibt 5 Jahre keimfähig und geht nach 2 bis 3 Wochen auf.

Pulmonária · Lungenkraut
Boraginaceae

Im Namen steckt das lateinische Wort pulmo = Lunge; es weist darauf hin, daß die Blätter als Mittel gegen Lungenleiden genommen wurden. *Pulmonaria* sind Stauden mit kriechenden, dicken, sich oft verzweigenden Wurzeln und mit länglichen Blättern, die in Rosetten stehen. Die Blüten erscheinen in endständigen, zweispaltigen Trugdolden. Die Gattung umfaßt 10 Arten und tritt in Europa und Asien in Gebieten mit gemäßigtem Klima auf.

Pulmonária angustifólia L. wächst in sämtlichen Gebirgen Europas, auch im Norden, in den unteren und mittleren Höhen, und wird 20 bis 30 cm hoch. Die Blätter sind nicht gefleckt, aber wie der Stengel rauh behaart, und der Blütenstand besteht aus mehreren dichten Wickeln mit klebrig behaarten Stielen. Die Blumen erscheinen im April/Mai und sind zuerst karminrot, später werden sie tief himmelblau. Es gibt daneben die Sorten 'Lactiflora' mit weißen Blumen und 'Azurea' mit Blüten, die von Anfang an enzianblau sind und sich im Ton wenig ändern.

Pulmonária rúbra Schott aus Ungarn wird 25 bis 30 cm hoch, und die ganze Pflanze ist weich behaart. Die Grundblätter sind gestielt, breitlanzettlich, hellgrün, ohne Flecken. Die an den Blütenstengeln sitzenden werden schmaler und haben keinen Stiel. Die Blumen sind ziegelrot, und die Kronröhre ist innen behaart. Die Art blüht manchmal bereits gegen Ende März, häufiger im April/Mai.

Pulmonária saccharáta Mill. wird gegen 30 cm hoch, die ganze Pflanze ist rauh behaart. Ihre Blätter sind oval-lanzettlich und weisen deutliche weiße Flecke auf, die meistens durch Streifen miteinander verbunden sind. Die Blumen werden anfangs rot, später violett. Es gibt davon eine Sorte 'Mrs. Moon', bei welcher die Flecke silberweiß sind und nicht miteinander zusammenhängen; die Blüten werden lilarot und ändern ihre Farbe erst kurz vor dem Verblühen.

Bewertung, Verwendung, Anzucht: Pulmonarien wollen einen lockeren, mit Humus durchsetzten, frischen Boden und halbschattige Lage. Besonders die Arten P. *angustifolia* und P. *saccharata* bedecken die Erde bis in den Herbst mit einem schönen bunten Teppich... bei der ersten Art ist das Grün durch die fast enzianblauen Blüten gesprenkelt, bei der zweiten durch die Marmorierung des Laubes. P. *rubra* wächst nicht so rasch zu dichten Polstern heran. Wichtig ist humusreicher und frischer Boden, sonst werfen die Bestände ihr Laub bereits im Hochsommer oder noch vorher ab... und man kommt um das, was den Gartenwert der Pflanzen ausmacht. Einmal gesetzt, können die Pflanzen, wenn sie günstige Wachstumsverhältnisse haben, viele Jahre an ihrem Standort verbleiben. Von Zeit zu Zeit überziehe man die Fläche im Winter mit Düngetorf. Die Sorte 'Mrs. Moon' mit ihren silbrigbunten Blättern paßt auch gut in die unmittelbare Nähe von Wohnhäusern oder von Sitzplätzen, denn die Büsche sehen ordentlich aus, und unser Auge ruht gern auf ihnen. Vermehrt wird durch Teilung im Frühjahr, die Anzuchten werden bis zum Herbst verkaufsstark.

Pulsatílla · Kuhschelle, Küchenschelle
Ranunculaceae ○ ◐ △

Niedrige Stauden, die manche Botaniker zu den Anemonen stellen, mit denen sie eng verwandt sind. Sie stehen den Gebirgsanemonen nahe, also auch *Anemone narcissiflora,* dem Berghähnlein. Die Pulsatillen findet man auf trockenen Standorten, auf Magerrasen, in Heiden und Kiefernwäldern der Ebene, aber auch auf Bergwiesen. Sie haben eine rübenförmige Wurzel und grundständige, langgestielte, meist fiedrige bis zerteilte, dicht behaarte Blätter. Die Blütenfarben sind Violett, Blau, Gelb und Weiß. Der Gattungsname ist schon bei dem Italiener Mattioli (Mitte 16. Jahrhundert) zu finden; lat. pulsare = schlagen. Von den 8 zur Gattung gehörenden Arten kommen für unsere Gärten nur 2 in Frage, die übrigen sind zwar schön, aber sehr empfindlich.

Pulsatílla hálleri ssp. **slávica** (G. Reuss) Zamels (syn. Anemone slavica (G. Reuss) Hayek) aus den Karpaten, auch in der Tatra auftretend, hat besonders stark behaarte Knospen, breitfiedrige Blätter, und die bis 8,5 cm breiten Blüten erscheinen sehr früh. Sie werden rötlich hellviolett. Schön und wertvoll!

Pulsatílla vulgáris Mill. (syn. Anemone pulsatilla L.), nur auf Europa beschränkt, auf Wiesen und Hängen auftretend, mit hellvioletten, glockigen Blumen, die sich zum Schluß weit öffnen. Die Pflanzen sind nur wenig behaart. Außer der Stammform gibt es zahlreiche Sorten; es seien erwähnt: 'Amoena' mit großen, rötlich-violetten Glocken, oft bereits im März in Flor kommend; 'Atrosanguinea' – feinzerteilte Blätter, Blumen schwärzlichrot, nickend, auch oft ab März blühend; 'Grandis' ist besonders großblumig, Blumen violett, Blütezeit April/Mai, 'Mrs. van der Elst' – Blüten zartrosa; 'Rubra' mit roten Blüten; 'Röde Klokke' – tiefrot und 'Weißer Schwan'.

Bewertung, Verwendung, Anzucht: Pulsatillen eignen sich für freiliegende Flächen mit humosem, auch mit Steinen durchsetztem, dennoch tiefgründigem Boden, der nicht zu trocken, aber ebensowenig naß sein darf. Man kann sie in Heidegärten und in bunte Blumenbeete nehmen, als Nachbarn eignen sich niedrige Gräser, weißer Polsterphlox, Sedum-Arten, die Teppiche bilden. Es ist günstig, die Arten in Tuffs zu pflanzen, nicht einzeln und verstreut.

Die Arten lassen sich nur durch Samen vermehren. Sie werden auch häufig in Töpfen gezogen, die aber tief sein müssen. Im Freiland stehende Bestände sollen nur im Frühjahr verpflanzt und verschickt werden, und man lasse sie nicht sehr groß werden: die Pflanzen haben Pfahlwurzeln, die das Verletzen schlecht vertragen, was aber beim Verpflanzen großer Exemplare unweigerlich geschieht. Die Samen soll man sich selbst ziehen und gleich nach der Reife aussäen, sonst dauert es ein ganzes Jahr, ehe sie auflaufen. Sie haben Flughaare und werden vom Winde leicht weggeblasen, man muß also zeitig genug ernten (etwa, wenn die Fruchtstände anfangen zu federn).

Puschkínia · Puschkinie
Liliaceae △ ○ ◐ ◑ △

Die Pflanzen wurden von dem Petersburger Naturwissenschaftler Johannes M. F. Adams (1780–1838) zu Ehren des russischen Chemikers, Geologen und Pflanzensammlers A. A. Mussin-Puschkin († 1805) benannt. Es sind Zwiebelgewächse, deren 2 Arten im Kaukasus und in Kleinasien auftreten. Sie haben bis 2 cm breite, weiße Zwiebeln mit einer graubraunen Haut, welche später abfällt. Die Blätter sind bis 15 cm lang und etwa 1,5 cm breit, riemenförmig. Die Blüten stehen auf Schäften, deren Länge bis 15 cm beträgt, und bilden eine dichte Traube. Sie werden porzellanblau, bis 2 cm breit und sind sternförmig-glockig.

Puschkínia scilloídes Adams aus dem Norden des Verbreitungsareals ist die wichtigste Art, aber man kultiviert nur die var. **libanótica** (Zucc.) Boiss., in allen Teilen ansehnlicher als die Stammform, und die Farbe ist lichtblau. Es gibt auch eine Form 'Alba' mit weißen Blumen. Beide erinnern stark an Scilla, die zur gleichen Familie gehören, die Kronzipfel stehen jedoch etwas mehr zur Seite. Die Pflanzen blühen im April/Mai.

Bewertung, Verwendung, Anzucht: Puschkinia sind wie die *Scilla* reizende Frühlingsblümchen, die keine Ansprüche stellen und sich durch Selbstaussaat im ganzen Garten verbreiten können. Man setze sie vor Sträucher und auch dazwischen, wenn diese nicht zu eng stehen und den Boden nicht zu arg durchwurzeln. Auch für den Steingarten eignen sich *Puschkinia* und als Unterpflanzung von *Tulipa kaufmanniana*. Der Boden soll humusreich und im Frühling frisch sein, im Sommer etwas trockener werden. Einmal angesiedelt, sind die Pflanzen bald heimisch. Wichtig ist, im Herbst unter den Sträuchern das Laub nicht fein säuberlich fortzuharken. Wenn man scharf rechelt, reißt man den auflaufenden Nachwuchs mit aus dem Boden und bringt sich selbst um zukünftige Frühlingsfreuden. Die ersten Zwiebeln muß man natürlich anschaffen. Zeit zum Legen ist der Herbst, Tiefe etwa 5 cm. Vermehrt wird durch Aufzucht von Brutzwiebeln und aus Samen. Man muß den Samen sammeln, er fällt leicht aus. Man sät sofort in Rillen, 6 bis 7 Reihen aufs Normalbeet, deckt über Winter mit Düngetorf oder verrottetem Stalldung dünn ab, wässert im Frühling öfter und gibt auch schwache Dunggüsse, wenn die Blätter hart geworden sind. Je länger man diese erhält, um so größer ist der Zuwachs der Zwiebelchen. Sie sind in der Regel nach der 2. Vegetationsperiode blühstark. Man nimmt sie dann im Juli auf und bewahrt sie in einem luftigen, kühlen Raum auf, bis es Zeit zum Legen ist.

Pyréthrum → **Chrysánthemum**

Q

Quámoclit · Sternwinde
Convolvulaceae ☉ ○ ◐ ∧

Im Namen stecken die griechischen Wörter kyamos = Bohne und klitos = niedrig; sie beziehen sich darauf, daß die Pflanzen wie die Stangenbohnen einen windenden Wuchs haben, aber viel kleiner sind die Sternwinden nicht, sondern nur zierlicher. Die Gattung umfaßt gegen 10 Arten, welche alle im tropischen Amerika und in Ostindien vorkommen und windende Kletterpflanzen sind. Die Benennung ist etwas verworren, fast alle Arten haben mehrere botanische Namen.

Quámoclit coccínea (L.) Moench (syn. Ipomoea coccinea L.) kommt in Mexiko und Arizona vor. Die Pflanzen haben dünne Triebe, herzförmige, zugespitzte Blätter, welche wechselständig stehen, und werden 3 bis 5 m hoch. Ihre Blüten sind langröhrig, haben einen weißen Schlund, und die Kronlappen werden bei der Stammart scharlachrot. Daneben gibt es die var. **luteóla** House, mit orange- bis goldgelben Blüten, und die var. **hederifólia** House (syn. Ipomoea hederifolia L.). Diese hat dreilappige Blätter, die an das Laub des Efeus erinnern, und größere, rote Blumen. Die Varietäten sind schöner als die Art, doch bleibt diese etwas länger in Flor. Die Blüten stehen zu drei und mehr an langen, weit aus dem Laub herausragenden Stielen und erscheinen von Juli an bis in den September hinein. Alle sind Gartenblumen seit etwa 1770. Im Jahre 1923 konnte eine aus Samen echt fallende Hybride von **Q. coccínea** und **Q. vulgáris** gezüchtet werden: **Q. × sloteri** House.

Quámoclit lobáta (Cerv.) House (syn. Mina lobata Cerv.) stammt aus Mexiko und ist dort ein ausdauernder Kletterstrauch. Hier ist ihr der Winter zu rauh, und wir behandeln die Pflanzen als Annuelle. Sie werden gegen 6 m hoch, haben große, herzförmige, aber in drei Lappen gespaltene Blätter, von welchen der Mittellappen ziemlich lang ist und die beiden andern abgespreizt nach den Seiten ragen. Sie blühen in gegabelten, einseitswendigen, bis 40 cm langen Wickeln. Die Blumen sind eigenartig sack- oder beutelförmig aufgeblasen, etwas breitgedrückt, und die Kronröhre hat nur einen schmalen Saum. In der Knospe sind die Blüten lebhaft rot, später werden sie orange und schließlich gelblichweiß. Die Pflanzen kommen im Juli in Flor und blühen bis Herbstanfang.

Quámoclit vulgáris Choisy (syn. Q. pinnata Bojer, Ipomoea quamoclit L.), aus dem tropischen Amerika, schon 1629 in England, ist eine zierlichere und auch etwas empfindlichere Art, aber zugleich die hübscheste. Die Pflanzen haben dünne Triebe, werden bis 2,5 m hoch, meistens jedoch nur 2 m, und haben bis zur Mittelrippe fiedrig geschnittene Blätter mit schmallinealischen Zipfeln. Sie bringen überreichlich Blumen, welche aber nicht groß werden, und je Stiel sitzt nur eine... jedoch die Masse der leuchtend roten Blüten vor dem grünen Hintergrund der Blätter gleicht das alles aus. Es gibt auch die Sorten 'Alba' mit weißen und 'Rosea' mit rosafarbenen Blumen, sie wirken aber nicht so lebhaft wie die Art. Auch *Q. vulgaris* blüht von Juli bis etwa Mitte oder Ende September.

Bewertung, Verwendung, Anzucht: Quamoclit coccinea eignet sich zum Begrünen von Lauben, Zäunen, Spalieren, und man kann sie auch über Sträucher und Hänge hinlaufen lassen. Die Art *Q. lobata* wird größer und wächst kräftiger; sie eignet sich für die gleichen Zwecke, aber Zaun und Laube können höher und breiter sein, auch kann sie in kurzer Zeit frei stehende Grüne Wände bilden und so den Sitzplatz oder irgendeinen Gartenteil vor Sicht schützen oder

Quámoclit vulgáris

absondern. Q. vulgaris schließlich eignet sich am besten für Balkonkästen, als Ampelpflanze und für größere Kübel, in welchen man ihr ein Spalier oder eine Pyramide aus Stäben zum Anhalten bieten muß. Sie wünscht einen warmen, geschützten Platz und etwas sandige, kalkhaltige, nicht zu nährstoffreiche, humose Erde. Die andern Arten sind anspruchslos, sie gedeihen in jedem normalen Gartenboden, brauchen nur einen sonnigen Standort und bei voller Entfaltung viel Wasser. Man sät im März in einem Gewächshaus aus, pikiert in Töpfe und steckt bald einen Stab bei, damit die Triebe Halt finden. Vielleicht ist es nötig, nochmals umzupflanzen, damit die Exémplare flott voranwachsen und nicht stocken. Auch muß man mehrmals auseinanderrücken, um zu verhindern, daß sie ineinandergeraten. Nach Mitte Mai schließlich setzt man an den vorgesehenen Standort; bei Reihenpflanzung soll der Abstand 75 cm betragen.

R

Ramónda · Ramonda, Felsenteller
Gesneriaceae ♃ ◐ ● ◉ △ ♡

Die Pflanzen wurden zur Erinnerung an L. F. E. Ramond de Carbonnières (1753–1827) benannt, einen französischen Botaniker, der besonders die Flora der Pyrenäen studierte und teilweise wirklich poetische Schilderungen von ihr schrieb. Es sind dicht auf dem Boden aufsitzende Rosettenstauden mit wintergrünen, behaarten Blättern und blauen, rosa oder weißen Blüten. Sie sind zusammen mit *Haberlea* und *Jankaea* die letzten Relikte einer früher in Europa, heute in den Tropen und Subtropen sehr mannigfaltig auftretenden Familie, die manche schöne Gattung enthält. Bekannte Gesneriazeen sind *Achimenes, Columnea, Saintpaulia* und *Sinningia*, die Gloxinie. Die Gattung *Ramonda* umfaßt 3 Arten, von welchen eine in den Pyrenäen, die anderen auf dem Balkan vorkommen.

Ramónda mycóni (L.) Rchb. (syn. R. pyrenaica Pers.) bildet bis 20 cm breite Rosetten und hat eirund-elliptische, 7 bis 8 cm lange und bis 5 cm breite, kurzgestielte Blätter mit einer runzeligen, spärlich behaarten dunkelgrünen Oberseite und einer dicht langzottig befilzten Unterseite. Die Pflanzen bringen auf Stengeln, welche bis 10 cm Länge erreichen, 1 bis 5 violettblaue Blumen. Die Blüten werden bis 2,5 cm breit und weisen weit zur Seite reichende, getrennte Kronzipfel auf. Sie nicken etwas, ihre Staubgefäße sind gelb. Es gibt auch Kulturvarietäten mit weißen und rosa Blüten, diese sind die schönsten. Florzeit Ende Mai bis Juli, je nach Standort.

Ramónda natháliae Panč. et Petr. (syn. R. serbica var. nathaliae [Panč. et Petr.] hort.) tritt vor allem in Zentralmazedonien auf, wo man sie an schattigen Flecken an Felswänden und in Gesteinsritzen finden kann. Die Pflanzen sind etwas kleiner als ihre Verwandten aus den Pyrenäen, die Blätter werden breit-eirund und dunkelgrün, glänzen oberseits etwas, weisen dort nur wenige Haare auf, sind dafür unterseits dicht braunzottig behaart. Die Blüten sind nicht 5zählig, wie bei den anderen Arten, sondern 4zählig, haben also 4 Kronlappen. Sie werden lavendelblau und sind flach ausgebreitet, im Zentrum haben sie einen organgegelben Ring. Es gibt ebenfalls Formen mit weißen und rosa Blumen. Florzeit ist im Mai, etwa 3 Wochen vor *R. myconi*. Zwischen beiden gibt es eine Hybride **R × régis-ferdinandi** Kellerer mit tiefgrünen Blättern und verhältnismäßig großen, violetten Blüten, die einen orangefarbenen Ring haben. Sie ist aber eine große Seltenheit.

Bewertung, Verwendung, Anzucht: Im ganzen sind Ramonda genau wie Haberlea Pflanzen für erfahrene Liebhaber. Sie wünschen unbedingt einen absonnigen Platz und wollen in Gesteinsfugen stehen... sei es im Steingarten oder in der Trockenmauer. Die Fugen können senkrecht oder auch schräg verlaufen. Der Boden soll aus einer Mischung von mürbem Lehm, Torfmull, altem Humus, einer Prise Kalk und darunter geschüttetem feinem Grus von Kalkgestein bestehen. Der Standort soll in der Weise feucht sein, daß die Steine schwitzen oder Wasser auf sie tropft, wodurch

Ra

Ramónda mycóni

Ramónda natháliae

Ranúnculus asiáticus

Ranúnculus ácris

die Luft angefeuchtet wird. An zusagenden Plätzen, die nach Norden oder Nordosten zeigen müssen, verbreiten sich Ramonda durch Selbstaussaat, und in der Wildnis gibt es Stellen, wo sie zu Hunderten zu finden sind. Im Winter muß die Nässe von den Blättern abrinnen können, sonst faulen sie. Vermehrt wird aus Samen und durch Blattstecklinge. Der Samen ist sehr fein. Man sät in Handkästen mit sandiger Lauberde, der auch etwas Torfmull zugesetzt wird, drückt den Samen nur an und bedeckt ihn nicht. Später pikiert man in Kästen mit einer starken Scherbeneinlage und pflanzt schließlich in Töpfe, die ebenfalls eine dicke Schicht Scherben aufweisen sollen. Will man aus Blattstecklingen vermehren, ist ein ausreichender Bestand von Mutterpflanzen nötig, die im Steingarten oder in der Trockenmauer stehen können. Im Frühjahr schneidet man die Blätter samt Stielen an deren Basis ab und steckt sie schräg in ein Gemisch von Sand und Torfmull... am besten in Handkästen. Man räumt in ein Frühbeet, hält geschlossen und sorgt für feuchte Luft, ohne die Blätter mehr als gelegentlich zu benetzen. Später topft man ein. Die Anzucht dauert immer zwei Vegetationsperioden, ganz gleich, ob man aus Samen oder durch Blattstecklinge vermehrt.

Ranúnculus · Hahnenfuß, Ranunkel
Ranunculaceae   ♃ △ ○ ◐ △ ≈ ✕ ∧

Im Namen steckt das lateinische Wort rana = Frosch; es bezieht sich darauf, daß eine Reihe Arten wie die Frösche im Wasser leben. Es sind Stauden oder einjährige Kräuter, die teilweise auf dem Lande wachsen, teils halb und auch völlig untergetaucht im Wasser auftreten. Die Gattung umfaßt gegen 800 Arten: sie sind über die ganze Erde verbreitet, auch in den Tropen, wo die Pflanzen in den Höhen der Gebirge vorkommen, also außerhalb von warmem Klima.

△ **Ranúnculus asiáticus** L., die Ranunkel, hat büschelig-knollige, fleischige Wurzelstöcke, die wie *Anemone blanda* trocken gehandelt werden und Klauen heißen. Die ganze Pflanze ist zottig behaart. Die unteren Blätter erscheinen auf Stielen, sind 3zählig mit keilförmigen bis rundlichen, oft dreilappigen Abschnitten. Die Stengelblätter haben keinen Stiel. Die Blüten erscheinen endständig und werden 4 bis 7 cm breit, in Kultur sind nur gefüllte Formen in mancherlei Farben. Es entstanden mehrere Rassen, von welchen die wichtigsten die Persischen und die Türkischen Ranunkeln sind. Die Persischen sind stark gefüllt, und die Farbenskala geht von Rosa und Rot über Orange nach Gelb bis Weiß. Die Türkischen werden etwas größer und wachsen stärker, sie bringen halb oder völlig gefüllte Blüten. Ferner gibt es die Päonienblütigen Ranunkeln mit halbkugeligen Blüten, welche an die Blumen von gefüllten Päonien erinnern.

Bewertung, Verwendung, Anzucht: Die Art ist in Mitteleuropa nicht winterhart, wird aber im zeitigen Frühjahr als Schnittblume in großer Menge aus dem Süden in europäische Großstädte eingeführt, und die farbenstrotzenden Blütenkugeln werden dort gern gekauft. Man kann die Klauen auch in den Garten pflanzen oder zur Gewinnung von Schnittblumen in kalte Kästen oder kalte Blocks legen. Das soll im Herbst geschehen; Tiefe 5 cm, Abstand 8 bis 10 cm, die Klauen nach unten. Anschließend muß man gut mit trockenem Laub bedecken, falls man bei Frost nicht heizen kann. Ranunkeln sind empfindlicher als Anemonen. Im Februar soll man das Laub entfernen, im Laufe des März/April kann der Flor einsetzen. Während des Triebes muß man gut wässern, auch gelegentlich düngen. Stirbt das Laub ab, nimmt man die Klauen auf, läßt sie einige Tage abtrocknen und bewahrt sie bis zum erneuten Legen kühl und luftig auf. Man kann auch im Frühjahr legen und braucht dann keinen Schutz. Am besten legt man in Farben. Der Boden soll nahrhaft und humusreich sein, Sandboden ist untunlich. Der Flor währt immer nicht sehr lange. Diese Ranunkeln sind keine Gartenzierden, sondern Schnittblumen. Man soll ziemlich knospig ernten, bald ins Wasser stellen und vorher den Stiel lang anschneiden. Vermehrt wird aus Samen. Bei uns erreichen die Klauen nur ausnahmsweise die Größe wie in den Hauptanbaugebieten, wo sie innerhalb einer Vegeta-

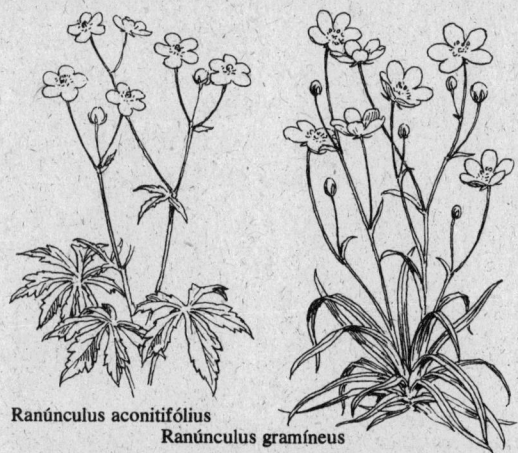

Ranúnculus aconitifólius
Ranúnculus gramíneus

tionsperiode zu Blühstärke heranwachsen. Für die Kultur ist tiefgründiger, humusreicher, gut gedüngter Boden mit hohem Grundwasserstand nötig... wie man ihn bei uns selten, in den Niederlanden aber häufig findet. Auch währt dort infolge des Seeklimas die Vegetationszeit länger.

Ausdauernde Arten

Ranúnculus ácris L. ist die Butterblume der Wiesen und ein in der Welt weitverbreitetes Gewächs, von welchem als Gartenpflanze nur die gefülltblühende Sorte 'Multiplex' in Betracht kommt. Die Pflanzen haben aufrechte Stengel und handförmig-fünfteilige Blätter. Die Blumen sind knöpfchenartig dicht gefüllt, Farbe goldgelb; sie heißen deshalb deutsch Goldknöpfchen, auch Goldranunkel. Sie blühen von Mai an, je nach dem Standort manchmal bis zum Herbst.
Ranúnculus aconitifólius L., die Silberranunkel, wächst in den Gebirgen Mitteleuropas und wird gegen 60 bis 100 cm hoch. Die Pflanzen haben lange, etwas fleischige Wurzeln, bringen mehrere Stengel, die sich verzweigen, ihre Blätter sind handförmig, drei- bis siebenteilig mit ungeteilten bis dreispaltigen Zipfeln, am Rande eingeschnitten gesägt. Die Blüten werden etwa 2 cm breit, weiß. Sie erscheinen im Mai/Juni, an feuchten, halbschattigen Standorten auch noch im Juli/August.
Es gibt auch eine cv. 'Pleniflorus' mit vollkommen gefüllten, sterilen Blüten; die Pflanzen werden aber nur 40 cm hoch, die Blumen halten sich ziemlich lange.
Ranúnculus gramíneus L. aus dem Mittelmeergebiet hat aufrechte, linealische bis lanzettliche, ungeteilte, sitzende Blätter und blüht mit 2 bis 3 cm breiten, anfangs hell-, später tiefgelben Blumen, die zu 1 bis 4 auf den Stengeln sitzen. Die Pflanzen werden 20 bis 30 cm hoch und blühen im April/Mai. Nach dem Flor ziehen sie ein.

Bewertung, Verwendung, Anzucht: Ranunculus gramineus eignet sich fürs Alpinum und wirkt erst, wenn die Exemplare mehrere Köpfe bilden. Sie wünschen lehmigen, aber gut durchlässigen Boden, sind gegen Kalk empfindlich und brauchen im Winter eine Decke aus trockener Nadelstreu, über die man ein Stück Folie breitet. Der Standort kann sonnig bis halbschattig sein. Die Art läßt sich leicht durch Teilung oder aus Samen vermehren, man kultiviert sie gern in Töpfen. Die anderen Arten eignen sich für bunte Blumenbeete und den Wildstaudengarten, auch für den Rand von Wasserbecken. Sie wachsen in jedem normalen Gartenboden, der nicht zu trocken wird. Man vermehrt die gefüllten Formen durch Teilung, die einfachblühenden aus Samen. Die Teilungsergiebigkeit ist nur bei zweijährigen und älteren Exemplaren ausreichend, bei jungen Beständen bekommt man im Durchschnitt zu wenig Nachwuchs. Für die laufende Anzucht braucht man alljährlich zweijährige Pflanzen, muß also mit zwei Sätzen arbeiten. Verkaufsstärke erreichen die Anzuchten bei Teilung im zeitigen Frühjahr innerhalb einer Vegetationsperiode.

Raōúlia · Schafsteppich, Silbermatte
Compositae ♃ ○ ☾ △ ♡ ∧

Die Pflanzen wurden zu Ehren des französischen Arztes und Botanikers Edouard Raoul (1815–1852) benannt, der in Neuseeland, wo die Gattung auftritt, Pflanzen sammelte und sie später beschrieb. Es sind rasenförmig wachsende Stauden, vielfach mit grau- bis silbrig-filzigem Laub und wenig ansehnlichen Blüten. Die Gattung umfaßt gegen 20 Arten, welche in Neuseeland, 1 oder 2 auch in Australien und Tasmanien wild wachsen.
Raōúlia hōōkeri Allan (syn. R. australis Hook. f. 1853, non 1846) aus Neuseeland, wo die Pflanzen vom Seestrand bis 1600 m Höhe vorkommen. Sie bilden 3 bis 4 cm hohe, dichte Rasen. Die Stengel liegen flach auf dem Boden, werden bis 15 cm lang, verzweigen sich reichlich und schlagen auch immer neue Wurzeln. Die Blätter stehen locker oder dachziegelartig dicht, sind etwa 3 bis 4 mm lang, länglich-verkehrt bis eiförmig und auf beiden Seiten – je nach der Trockenheit am Standort – wenig oder stark weiß befilzt. Die Blüten werden sehr klein und fallen wenig auf.
Raōúlia lutéscens Beauverd (syn. R. subsericea hort. non Hook. f.) stammt ebenfalls aus Neuseeland, wächst flechtenartig und breitet sich weit aus. Die Pflanzen werden 2 bis 3 cm hoch und haben graues Laub. Die Blüten werden gegen 8 mm breit und erscheinen im Juli/August. Da sie gelblich sind und nur kurze und wenige Strahlenblüten haben, fallen sie wenig auf.

Bewertung, Verwendung, Anzucht: Es sind hübsche Polsterpflanzen, deren graues bis silbrigweißes Laub eine gute Farbwirkung hat, besonders wenn man Gewächse mit tiefgrünem, braunem oder rötlichem Laub als Nachbarn verwendet. Aber sie vertragen selbst im Sommer und erst recht im Winter Nässe schlecht und verfaulen, wenn es zu lange regnet. Auch

Re

Reséda odoráta

Rhéum alexándrae

Rícinus commúnis

sind sie nicht ganz winterhart und erfrieren bei −15 °C. Der Standort muß in voller Sonne liegen, der Boden humusreich sein und am besten aus sandigem Lehm bestehen. Unerläßlich ist, den Standort gut zu drainieren und die Erddecke nur wenige Zentimeter hoch aufzubringen. Über Winter muß man eine Scheibe oder ein Stück Folie überlegen, was sich auch bei längerem Regen im Sommer empfiehlt. Am härtesten ist *R. hookeri*. Vermehrt wird durch Teilung im Frühjahr. Man kultiviert in Töpfchen und stellt in einem kalten Frühbeet auf, damit man bei ungünstiger Witterung sofort Fenster zum Schutz auflegen kann.

Reséda · Reseda
Resedaceae ☉ ○ ◐ ✕

Im Namen steckt das lateinische Wort resedare = heilen, wieder beruhigen; es bezieht sich darauf, daß die Pflanzen als Heilmittel gegen Krämpfe verwendet wurden, nach Plinius waren sie auch ein Beschwörungsmittel. Es sind ein- bis mehrjährige Kräuter mit einfachen oder fiederteiligen Blättern, die im Grunde häufig 2 zähnchenförmige Niederblätter aufweisen. Die Blüten stehen in dichten, anfangs gedrungenen, später sich streckenden Trauben beisammen. Sie sind wenig auffällig gefärbt, verströmen jedoch einen starken, weithin dringenden süßen Duft. Die Gattung umfaßt gegen 50 Arten, welche vor allem im Mittelmeergebiet auftreten. Die für uns wichtigste Art *R. odorata* wurde bereits im alten Ägypten verwendet: Man legte getrocknete Büschel in die Grabkammern. Nach Mitteleuropa kam diese Art erst 1752; sie kam über Frankreich nach Deutschland. Von Paris aus verbreitete sich die Pflanze auch in die übrigen europäischen Länder und wurde bald wegen des ambrosischen Duftes ein Allerweltsliebling. Man zog die Reseden im Garten und hielt sie auch in Töpfen auf der Fensterbank. In einem alten Führer von London heißt es sogar, daß gewisse Straßen im Sommer wegen des dort herrschenden Resedaduftes besuchenswert seien. **Reséda odoráta** L. wächst in der Cyrenaika in Felsspalten und auf grasigen Abhängen. Die Pflanzen sind ein- und auch zweijährig, 15 bis 40 cm hoch, und sie haben grünliche Blüten, die den bekannten Resedaduft verströmen. In Kultur sind nur die Kulturvarietäten, welche durch ihre Größe, die Form der Büsche und die Farbe der Staubbeutel voneinander abweichen. Sehen diese z. B. rot aus, so wirkt der ganze Blütenstand rötlich. Alte Sorten sind 'Goliath' – große Blütenstände mit tiefroten Staubbeuteln, und 'Machet Rubin' mit kupferfarbenen Blütenständen.

Bewertung, Verwendung, Anzucht: Zum Lobe der Reseda braucht nichts mehr gesagt zu werden, wer kennt sie nicht und liebt nicht ihren Duft? Es ist eine weitverbreitete Gartenblume, die man auch in Töpfen halten und im Winter und Frühjahr blühend haben kann. Am stärksten duftet sie, wenn die Sonne auf die Blüten fällt. Man säe an Ort und Stelle: etwa ab Mitte April, wenn die Erde bereits etwas erwärmt ist. Nach dem Auflaufen muß man gut auf Erdflöhe achten, die viel Schaden anrichten können. Sobald man welche bemerkt, muß man sie mit Lindan oder Parathionmethyl bekämpfen. Wichtig ist ferner, die Pflanzen bald nach dem Auflaufen schwach mit Stickstoff zu düngen, damit sie kräftig werden und dem Ansturm der Erdflöhe besser widerstehen können. Überhaupt wünscht Reseda gut gedüngten, humusreichen Boden in alter Tracht. Während des Sommers ist Düngung mit aufgelöstem Geflügelmist günstig. Man verzieht auf 15 bis 20 cm Abstand. Der Standort kann in voller Sonne und in leichtem Halbschatten liegen. Nässe ist ungünstig. Man kann den Samen auch in Prisen von wenigen Korn in kleine Töpfe streuen, stellt in ein kaltes Frühbeet, gibt viel Luft und pflanzt schließlich an den vorgesehenen Platz. Dieses Verfahren empfiehlt sich besonders dort, wo man einzelne Resedabüsche als Duftspender in bunte Blumenbeete einstreuen möchte.

Rhéum · Rhabarber
Polygonaceae ♃ ○ ◐ ◑ ♡

Der lateinische Name leitet sich von der griechischen Bezeichnung rheon her, wie der Rhabarber bereits bei Dioskorides heißt. Wahrscheinlich hat Dioskorides damit *R. rhaponticum* gemeint, welches bereits im Altertum bekannt war. Die Herleitung des Namens Rhabarber, den wir übernommen haben, ist umstritten. Es soll die Bezeichnung Rha, Rau, Rawa = früherer Name der Wolga darin stecken, von wo die Wurzeln bereits in der Frühzeit nach Mittel- und Südeuropa kamen. Einzelne Arten waren nämlich schon im Altertum berühmte Heilpflanzen, insbesondere *R. palmatum* und dessen Varietäten. Lange Zeit verwendete man nur die aus Zentralasien eingeführten Wurzeln, heute wird dieser offizinell wichtigste Rhabarber auch bei uns angebaut. Er ist, in größeren Mengen genommen, ein sehr mildes und sicheres Abführmittel, da die wirksamen Stoffe die Peristaltik des Dickdarmes anregen; in kleinen Dosen dagegen wirkt er stopfend. In China war die Wirkung schon vor etwa 5000 Jahren bekannt. Rheum sind robuste Stauden mit einem dicken, fleischigen bis verholzenden Erdstamm und kräftigen Wurzeln. Die Blätter werden groß, sie sind ganzrandig oder gelappt, und die Blüten stehen büschelig in Trauben oder Rispen. Die Heimat der Gattung ist Zentralasien mit Ausstrahlungen nach verschiedenen Richtungen. Von allgemeinem Nutzen ist der Speiserhabarber, dessen fleischige Stiele uns im Frühling das erste frische Kompott liefern, zu welchem man nur reichlich Zucker braucht. Unser Gartenrhabarber ist aber keine ursprüngliche Art, sondern durch Kreuzung entstanden; die Hybriden werden als Sorten gehandelt.
Rhéum alexándrae Batal., der Königsrhabarber, treibt zuerst einen oder mehrere schopfartige Rosetten herzförmiger bis eirunder, nicht sehr großer Blätter von tief dunkelgrüner Farbe. Den Schmuck bilden die Blütenschäfte. Sie sind von unten bis zur Spitze mit großen, blattartigen, strohgelben Hochblättern besetzt, die schräg nach unten ragen und den Stengel locker umgeben. Die Pflanzen werden 1 bis 1,5 m hoch und blühen im Juni. Zur Samenreife fallen die Hochblätter ab.
Rhéum palmátum L. ist eine sehr stattliche Art, welche im Juni blüht und bis 2,5 m hoch wird. Die Blätter werden im Durchmesser bis 1 m groß, sie sind im Umriß eirund, am Fuße herzförmig eingezogen, haben tief eingeschnittene Lappen. Die Blütenrispe ist lang und schmal, die Blütenhülle ist purpurn, die Blüten selbst sind weiß. Bei der var. **tangúticum** Maxim., dem Kronrhabarber, sind die Blätter stärker fiederförmig geteilt, die Lappen tiefer eingeschnitten, die Blüten werden rot, und die Äste der Rispe sind näher an den Stengel gerückt. Die Pflanzen blühen im Mai.
Rhéum rhabárbarum L. (syn. *R. undulatum* L.), der Krause Rhabarber, wird bis 1,5 m hoch, hat herzförmige bis eirunde Blätter mit ganzen Rändern, doch sind diese gewellt. Die Blätter sind graugrün und oft leicht flaumig behaart. Die Blüten werden grünweiß und stehen in einer Rispe mit beinahe gleichlangen, aufrechten Ästen, Flor im Juni. Diese Art ist ein Elternteil des Speiserhabarbers.

Bewertung, Verwendung, Anzucht: Die schönste Art ist *R. alexandrae*, sie eignet sich auch für kleine Gärten. Die andern werden stattlicher und manchmal wuchtig. Man kann sie in Wildstaudengärten zwischen mittelhohe und niedrige Arten setzen, ferner wirken sie gut am Rande von Wasserbecken, Bächen oder Rinnsalen und Teichen. Je größer diese sind, um so mehr sollte man die Möglichkeit, stattliche Rheum unterzubringen, nützen. Der Boden soll tiefgründig, humusreich und feucht sein. An zusagenden Plätzen können die Pflanzen viele Jahre stehenbleiben, es ist jedoch günstig, sie nach dem Einwachsen im Frühjahr alljährlich flüssig zu düngen. Vermehrt wird durch Teilung im Herbst oder Frühling, auch aus Samen. Da Rheum leicht bastardiert, müssen die Samenträger der verschiedenen Arten weit voneinander entfernt stehen. Die Anzucht ist einfach, zum Teilen braucht man kräftige, 2 bis 4 Jahre alte Mutterpflanzen.

Rícinus · Wunderbaum
Euphorbiaceae ⊙ ○ ◐ ◑ ♡

Über die Herkunft des Namens gibt es mehrere Lesarten. Einmal soll darin das lateinische ricinus = Holzbock, Zecke stecken, weil die Samen wie orientalische Zecken aussehen; oder er ist von rikinos, einem griechischen Pflanzennamen herzuleiten, vielleicht aber auch von dem hebräischen Wort rikar, das rund bedeutet und sich auf die Form der Samen bezöge. Die Gattung ist monotypisch, doch sehr reich an Variationen. Als Heimat wird das tropische Afrika angesehen, was aber nicht ganz sicher ist. Heute baut man die Pflanzen in vielen Teilen der Tropen und Subtropen zur Gewinnung von Öl an. Die Samen des Wunderbaumes enthalten 20 % Schale und 80 % Kern, welcher zu 50 bis 60 % aus fettem Öl besteht. Die Samen selbst sind giftig durch ein eiweißartiges Ferment, das Rizin. Die Wirkung dieses Giftes tritt erst nach mehreren Stunden ein und äußert sich durch Lähmung der Atmungs- und Gefäßnerven. Rizinusöl wird jedoch entgiftet und ist dann ein mildes und sicheres Abführmittel, das nur unangenehm ölig schmeckt.
Rícinus commúnis L. wird in den Tropen in kurzer Zeit ein bis 13 Meter hoher Baum und hat wechselständig sitzende, lang gestielte, große, handförmig gelappte, oft glänzende und verschieden gefärbte Blätter. In weniger warmen Strichen werden die Pflanzen üppige, mehrtriebige Sträucher.
Die Blüten sitzen in großen Rispen an den Zweigenden, und zwar unten die männlichen, oben die weiblichen. Die Staubfäden teilen sich häufig viele Male, und man hat schon Blüten mit 1000 Staubbeuteln gefunden. Der Samen ist bis 2 cm lang, etwa 12 mm breit und 4 bis 8 mm dick, die Schale ist marmoriert. Die Sorten sind

Ro

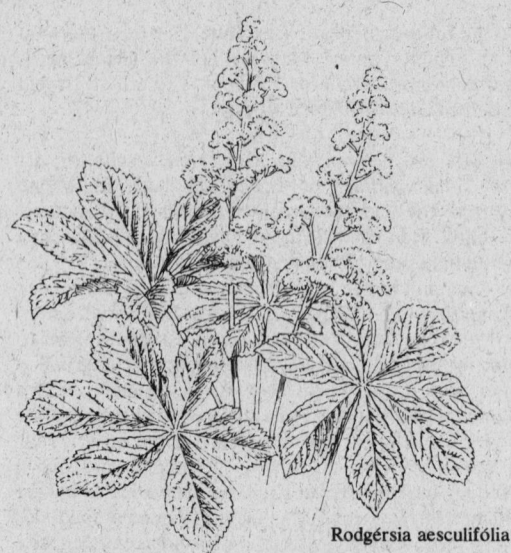

Rodgérsia aesculifólia

Rodgérsia podophýlla

durch den Wuchs sowie die Form und Farbe der Blätter verschieden. Manchmal sind Stengel und Laub rötlich, manchmal grau angehaucht oder violett überlaufen, auch blaugrün; bei einigen ist der Rand der Blätter stark gewellt.

Bewertung, Verwendung, Anzucht: Der Wunderbaum sieht recht exotisch aus und paßt daher nicht überallhin. Man kann ihn in kleinen Hausgärten als imposanten Strauchersatz verwenden, ferner in große Blumenbeete einzeln oder in Gruppen von zwei, drei Exemplaren einfügen, wo er Unterbrechung und Kontrast bildet. Auch zu Beeten oder Gruppen von *Canna* paßt er, zumal diese ebenfalls aus den Tropen stammen. Er ist ein kräftiger Zehrer und braucht sehr humusreichen, tiefgründigen Boden und zur Triebzeit viel Wasser. Günstig ist, am zukünftigen Standort eine tiefe Grube auszuheben, in diese Pferdemist zu füllen und ihn anzutreten, damit er sich erwärmt, dann überzieht man mit nährstoffreicher Komposterde und pflanzt. Solche Büsche werden auch hier in warmen Sommern bis 3 m hoch, blühen sogar. Man kann *Ricinus* auch in größere Kübel pflanzen und im Freien zur Dekoration verwenden. Man sät im März im Warmhaus aus, pflanzt dann in kleine Töpfe, die anfangs ebenfalls warm stehen müssen. Später härtet man ab und setzt nach Mitte Mai an den vorgesehenen Platz. Man kann auch Mitte Mai an Ort und Stelle säen. Die Bestände bleiben dann natürlich ziemlich klein, aber man braucht sie ja oft gar nicht riesig. Der Samen darf nur 2 cm tief in den Boden kommen.

Rodgérsia · Schaublatt, Rodgersie
Saxifragaceae ♃ ○ ◐ ◑ ○ ♡

Die Pflanzen wurden nach dem Admiral der amerikanischen Marine John Rodgers (1812–1882) benannt, der Leiter der Expedition nach China war, auf welcher *R. podophylla* entdeckt wurde. Es sind stattliche Stauden mit einem schuppigen Erdstamm und großen, handförmig gefiederten oder zusammengesetzten Blättern und kleinen Blüten in vielblumigen, zusammengesetzten Rispen. Die Heimat der Gattung ist Mittelchina mit Ausstrahlungen nach Korea und Japan.

Rodgérsia aesculifólia Batal. aus Mittelchina, wo sie in den Bergen bis 2900 m hoch steigt, wird bis 1,5 m hoch. Die Pflanzen haben große, 5- bis 7zählige Blätter, welche an das Laub der Roßkastanien erinnern, die Abschnitte werden bis 25 cm lang. Stiele und Stengel der Pflanze und die Blattadern sind mit braunen Haaren bedeckt, die Blätter frischgrün. Die Blumen sind weiß. Der Blütenstand erscheint im Juni/Juli und ist aus steifen Doldentrauben zusammengesetzt.

Rodgérsia pinnáta Franch. ist vor allem in Yunnan häufig zu finden, wo die Pflanzen in Kiefernwäldern in Höhen von 3000 bis 3900 m auftreten. Sie werden bis 120 cm hoch. Die handförmig gefiederten Blätter sind 5- bis 9zählig; die mittleren Blättchen sitzen auf einem eigenen Stiel und ragen somit aus dem Kreise der übrigen auffällig heraus. Der Blütenstand ist stark verzweigt, die Blumen sind fleischfarben, die Kelchblätter an der Außenseite rosa. Es gibt auch die Sorten 'Alba' mit weißen Blüten, und 'Superba' – ihre Pflanzen bleiben gedrungener, die Blütenstände sind dichter und die Blumen kräftig rosa. Alle blühen im Juli/August.

Rodgérsia podophýlla A. Gray, Korea, auch in Japan auftretend, wird bis 1 m hoch und hat bandförmigfünfteilige, am Rande deutlich gesägte Blätter, die bis 25 cm lang werden, aber etwas zierlicher sind als bei den vorher aufgeführten Arten. Die Blüten werden weiß und stehen in länglichen, sich verzweigenden Rispen, Blütezeit Juli/August.

Rodgérsia sambucifólia Hemsl. aus Zentralasien wächst in Yunnan in Kiefernwäldern 2800 bis 3300 m hoch und im südlichen Sichuan in Höhen von 3200 Metern und wird bis 1 m hoch. Die Blätter sind 3- bis 5paarig gefiedert und erinnern an das Laub des Holunders, die Blättchen stehen gegenständig und sind länglich-lanzettlich. Der Blütenstand wird nicht sehr groß, ist dichtgedrängt und im Umriß kugelig bis eiförmig, Blütenfarbe weiß. Florzeit ist im Sommer.

Rodgérsia tabuláris → **Astilboídes**

Bewertung, Verwendung, Anzucht: Rodgersien sind höchst wirkungsvolle Pflanzen, die sowohl durch imposantes Laubwerk als auch durch die Blütenstände immer wieder unsre Aufmerksamkeit erregen. Es dauert freilich drei, vier Jahre, bis sie ansehnlich geworden sind. Am besten kommen sie zur Wirkung, wenn sie zwischen niedrigen bis mittelhohen Stauden stehen, wo sie dominieren. Sie wünschen kräftigen, tiefgründigen, humusreichen und frischen Boden, sonst bleiben sie kärglich. Schön wirken sie auch an Rändern von Wasserbecken oder Flußläufen und Rinnsalen, aber sie dürfen nicht überflutet werden, weil sie dadurch eingehen. Man kann sie jahrzehntelang an ihrem Platz lassen, wenn dieser den Pflanzen zusagt und sie gut gedeihen. Sie vertragen Beschattung, können aber auch in voller Sonne stehen, falls der Boden frisch und kräftig ist. Vermehrt wird durch Teilung im Frühjahr, aber man kommt damit nicht weit. Günstiger ist, durch Wurzelschnittlinge zu vermehren, die man im Spätherbst schneidet, in Handkästen legt, im Kalthaus überwintert und nach dem Austreiben zunächst in Torftöpfe pflanzt und mit diesen schließlich auf die Anzuchtbeete setzt. Zur Entnahme der nötigen Wurzeln braucht man stattliche Exemplare von einigen Jahren. Man kann auch durch Samen vermehren. Die Samenträger müssen gut getrennt stehen, sonst gibt es Bastarde. Man sät im Herbst in Handkästen, läßt den Frost einwirken, pikiert dann und pflanzt nach dem Erstarken breit. Die Anzucht aus Samen dauert zwei Jahre, denn anfangs wachsen die Pflanzen langsam. Wurzelschnittlinge werden in einer Vegetationsperiode verkaufsstark.

Romúlea · Romulie
Iridaceae ◊ ○ ◐ ◑ ∧

Die Pflanzen wurden nach Romulus benannt, der Sage nach einer der Gründer Roms. Es sind Zwiebelgewächse, die *Crocus* nahestehen, sich von diesen aber dadurch unterscheiden, daß die Blüte auf einem Stiel sitzt und nicht wie bei *Crocus* direkt der Knolle entspringt und eine sehr lange Röhre hat. Die Gattung umfaßt gegen 70 Arten, von denen eine Reihe im Mittelmeergebiet, die meisten jedoch in tropischen Gebieten Afrikas und im Kaplande auftreten. Für uns kommen nur Arten aus Südeuropa in Betracht.

Romúlea bulbocódium (L.) Sebast. et Mauri. Sie tritt in Südfrankreich auf und kommt im März/April in Flor. Die Knolle hat eine dünne, braune Schale, die Blätter sind gegen 15 cm lang, schmal, gefurcht, oberseits lebhaft grün, unten heller. Die Blüten haben im Grunde 2 Hochblätter; sie werden hellviolett, an der Basis gelb, der Schlund ist behaart, und der Griffel mit seiner sechsstrahligen Narbe überragt die Staubfäden.

Romúlea clusiána (Lange) Nym. stammt von der Iberischen Halbinsel, hat 15 bis 30 cm lange Blätter, und der Stengel, auf dem die Blüten thronen, ist meistens an seiner Basis geteilt. Die Blüten erscheinen im Februar/März und werden am Grunde orangegelb, dann weiß und nach dem Saum zu violett.

Bewertung, Verwendung, Anzucht: Es sind hübsche Gewächse, die *Crocus* sehr ähneln, aber leider nicht deren Winterhärte besitzen. Man legt im Herbst an einen sehr geschützten, warmen Platz. Es ist unbedingt guter Winterschutz nötig, der jedoch in sehr kaltem Winter nicht genügt. Man sollte deshalb in Töpfen halten, die im Keller überwintern, und im Frühling an den gewünschten Platz einsenken. Vermehrt wird aus Brutzwiebeln.

Rósa · Rose, Gartenrose
Rosaceae ○ ◐ ◑ △ ∥ ♡ ✕ ◯

Der Name Rosa oder Rose geht auf wrodon, das altpersische Wort für diese Pflanzen, zurück. Daraus wurde im Äolischen, einem griechischen Dialekt, brodon, das sich zu rhodon und im Lateinischen schließlich zu rosa entwickelte. Rosen sind in der Regel laubabwerfende, aufrechte oder kletternde Sträucher mit Stacheln. Sie haben meistens unpaarig gefiederte Blätter mit Nebenblättchen und blühen endständig an kurzen Trieben, einzeln oder in Doldentrauben. Die Gattung umfaßt gegen 200 Arten – bei manchen ist der Status umstritten – und tritt auf der nördlichen Halbkugel in Gebieten mit gemäßigtem Klima auf. Südwärts reicht ihr Verbreitungsareal in Nordamerika bis Nordmexiko, in Afrika bis Äthiopien und in Asien bis zum Südhange des Himalaja, überdies treten auf den Philippinen mehrere Arten auf. Als Urheimat gelten die Gebirge Mittel- und Südwestasiens; auch stammen viele Kulturrosen aus diesen Bezirken. Die Rosen sind – wie bekannt – seit dem Altertum hoch geschätzt. Sie gelten als Blumen der Liebe und des Lebensgenusses, aber auch des Todes. Es gibt unzählige Gedichte und Gleichnisse, deren Gegenstand die Rose ist, auch unzählige Bücher... sie machen eine Bibliothek für sich aus. Es ist hier nicht der Ort, auf die Geschichte dieser Blumen näher einzugehen, die viele romanhafte und romantische Zuge aufweist. Die ersten Rosengärten dürfte es in Persien gegeben haben. Von dort kamen die Rosen nach Ägypten und Griechenland, von da aus nach Rom und dann nach Mitteleuropa, wo es aber auch schon einheimische Arten gab. Den Ehrentitel „Königin der Blumen" erhielt die Rose von der griechischen Dichterin Sappho, doch schon vorher wurde sie in einem eleusinischen Hymnus auf Demeter verherrlicht. Homer nennt die Göttin der Morgenröte rosenfingrig

Ro

und berichtet von rosenumkränzten Waffen und von Rosenöl, mit welchem Aphrodite den Leichnam Hektors salbte, der einer ihrer Lieblinge war. Herodot, der Weltreisende der Antike, schreibt, daß die Babylonier die Rosenkultur von den Persern übernommen haben, und er schildert auch die Rosengärten des Königs Midas von Thrazien. Nach Ägypten kamen die Rosen verhältnismäßig spät, sie werden zum ersten Male auf Hieroglyphen aus der Zeit Ramses' II. (1348–1281 v. u. Z.) erwähnt. Berühmt waren ferner die Rosengärten von Schiras, die Hafis glühend preist. Nach Italien kam die Rosenkultur durch griechische Kolonisten, und sie gelangte bald zu großer Blüte. Zur Kaiserzeit wurden dort Rosen in einer Art von Gewächshäusern gehalten und lieferten selbst im Winter Blumen. Damals bezog Rom auch ganze Schiffsladungen Rosen aus Ägypten. Die Kaiserzeit war eine Periode von unvorstellbarem Rosenluxus. Die Fußböden der Gasträume wurden hoch mit Rosenblättern bedeckt, man stopfte diese in die Ruhekissen, und die Zechenden wie die Tänzerinnen, Flötenspielerinnen und die weinschenkenden Knaben trugen Rosenkränze auf den Häuptern.

Natürlich blieb nicht aus, daß den Rosen ein überirdischer, mythischer Ursprung untergeschoben wurde. Nach einer griechischen Sage sind die Rosen Überbleibsel des ersten Morgenrots auf Erden, während Anakreon sagt, daß sie zugleich mit Aphrodite dem Meeresschaume entsprossen seien. Dann wieder heißt es, sie seien von Flora, der Göttin der Blumen und Schutzherrin der Gärtner und Gärten, geschaffen worden. Weiterhin wird berichtet, sie entstammten dem Blute des Attis, ferner des Adonis und auch dem Blute der Nachtigall, welche eine Rose zu stürmisch umarmt und sich dabei tödlich verletzt habe. Die Rosen seien ursprünglich weiß gewesen, aber durch das Blut der Venus, die sich den Finger an einem Dorn ritzte, rot geworden. An die Stelle der römischen Göttin trat später die Muttergottes. Bei den Mohammedanern entsprangen die Rosen den Blut- und Schweißtropfen des Propheten, und Busbecq, der Gesandte Kaiser Maximilians am Hofe des Sultans, berichtet in seinen Briefen aus dem Orient, daß kein gläubiger Moslem ein Rosenblatt am Boden liegenläßt, sondern es aufhebt und aufbewahrt. Im Rom der Kaiserzeit wurde der 11. Mai als dies rosae festgesetzt, aber die Rosalien waren kein Freuden-, sondern eine Art Totenfest oder Allerseelentag, wie wir heute sagen würden. Bei uns wurde daraus das Pfingstfest, welches in Italien jetzt noch Pasqua rosa heißt. Bei den Serben, Slowenen und Ukrainern wiederum hat der Dies rosae sich in das Naturfest Rusalija verwandelt, und es gibt dafür einen eignen weiblichen Dämon Rusalki. Erwähnt sei schließlich noch, daß im Altertum die weiße Rose das Wahrzeichen der Verschwiegenheit war. Bei Gastmählern hängte man einzelne weiße Rosen oder Sträuße davon an die Decke, um die Teilnehmer daran zu erinnern, daß sie die in Weinlaune vorgebrachten und vernommenen Histörchen, sub rosa erzählt, für sich behalten sollten. Die weiße Rose bildete daher auch das Attribut des Harpokrates, des Gottes und Hüters des Schweigens. Sie war ihm einst von Cupido, dem Schützer der Liebenden und der Liebeleien, verehrt worden, denn wer ist mehr auf Verschwiegenheit angewiesen als die heimlich Verbundenen?

Ihre große, allgemeine Beliebtheit verdankt die Rose der Fülle, dem Ebenmaß, der Größe und Farbe, der Mannigfaltigkeit ihrer Blumen... und ihrem Duft! In der Mystik ist sie als das Symbol des Pentagramms, also des Fünfsternes und Fünfecks, wichtig. Auch offizinell haben einige Arten Bedeutung, insbesondere alle, welche reichlich Hagebutten ansetzen. Diese sind der Fructus Cinosbati der Arzneibücher; das Fruchtfleisch und die kernigen Samen werden getrennt genutzt. Die Kerne gebrauchte man bei Grieß- und Steinbeschwerden. Das Fruchtfleisch wird zu Tees genommen oder auch unvermischt angewendet: bei Katarrhen, Keuchhusten, Harnleiden, Darmbeschwerden und bei akuten Entzündungen der Nieren oder des Nierenbeckens. Ferner bereitet man aus dem Fruchtfleisch mit Hilfe von Weinhefe einen Obstwein, der im Geschmack an süßen Südwein herankommt. Ein weiteres Produkt ist Hagebuttenmus, eine Art Marmelade. Diese Art der Verwendung ist schon sehr alt. Man hat in den Überresten der Pfahlbauten vom Bodensee und von Schweizer Seen viele Kerne gefunden und darf daraus schließen, daß dort Hagebuttenmus verzehrt wurde. Groß ist auch der Gehalt an Vitaminen, vor allem an Vitamin C und überdies an Vitamin K.

Sehr alt und weit verbreitet ist die Verwendung der Rosenblüten als Duftspender und Duftquelle. Die Blüten mehrerer Arten, vor allem von R. damascena 'Trigintipetala', enthalten ein köstlich duftendes Öl, das sich gewinnen läßt. Im Altertum entzog man es indirekt durch Vermischen der Rosenblütenblätter mit Fett und Öl, ein Verfahren, das Enfleurage heißt und auch heute noch bei einzelnen duftenden Blumen üblich ist... z. B. bei Philadelphus. Ferner wurden die Blütenblätter in Honig, Wein und Essig gegeben und Rosenwein, Rosenessig und Rosenhonig hergestellt, welche zur Schönheitspflege, als Heil- und Erfrischungsmittel üblich waren, außerdem als Nervinum, mildes Purgans und als Mittel gegen Augenentzündungen. Heute wird das Rosenöl durch Destillation gewonnen, die wahrscheinlich im Ursprungslande der Rosenkultur erfunden worden ist, doch weiß man darüber wenig. Bekannt ist nur, daß es im 8. und 9. Jahrhundert unsrer Zeitrechnung in der damaligen persischen Provinz Farsistan riesige Felder mit Rosen gab zum alleinigen Zwecke der Rosenölgewinnung. In der ersten Hälfte des 9. Jahrhunderts wurden von dort nach Bagdad jährlich 30 000 Flaschen destilliertes Rosenwasser geschickt und von diesem Zentrum aus in alle Welt exportiert: nach China, Indien, Arabien, Nordafrika und Spanien. Um 1700 nahm man in Bulgarien den Anbau von Rosen zur Gewinnung von Oelum Rosae auf, und Bulgarien ist heute das Land mit den umfangreichsten Kulturen. Sie befinden sich

ie bis 2 m hohe *Rudbeckia nitida* 'Herbstsonne', 1906 vermutlich als Arthybride entstanden, gehört zu den besten Herbststauden. Ihre ungenblüten sind bogenförmig zurückgeschlagen, Karl Foerster nannte sie Fallschirm-Rudbeckie. Die verzweigten Blütentriebe stehen st und senkrecht, während die dahinter herabhängenden Weidenzweige im Winde spielen, ein schönes Motiv für Uferpartien im Park.

Teehybride 'Roter Stern'

Teehybride 'Virgo'

Teehybride 'Adagio'

Kletterrose 'Golden Showers'

Teehybride 'Gloria Dei'

Teehybride 'Alte Liebe'

Durch Kreuzung und Auslese unter Einbeziehung von Arten aus China und Indien sind in Europa seit dem ersten Viertel des 19. Jahrhunderts Rosen gezüchtet worden, aus denen schließlich unsere heutigen Sorten hervorgingen. Im Jahre 1867 entstand 'La France', die

Teehybride 'Goldenes Prag'

Floribundarose 'Variant'

Floribundarose 'Papagena'

Floribundarose 'Odette'

Polyanthahybride 'Masquerade'

Polyanthahybride 'Aladin'

erste Teehybride, seit 1920 gibt es Polyantha-Hybriden, seit 1935 Floribundarosen und Kletterrosen (Wichuriana-Hybriden) seit 1901. Zum Sortiment gehören außerdem die Strauchrosen, deren Züchtung um 1900 mit den Lambertiana-Hybriden begann.

Kaktusdahlie 'Elkeling'

Halskrausendahlie 'Don Lorenzo'

Schmuckdahlie 'Opalfeuer'

Pompondahlie 'Rotball'

Kaktusdahlie 'Berliner Chic'

Schmuckdahlie 'Enzett Dolli'

Dahlien aus dem umfangreichen Sortiment. Dieses bietet reichblühende wetterfeste Sorten für jeden Zweck in den charakteristischen Blumenformen, in vielen Farben und Farbnuancen. Die Resistenz ist unterschiedlich.

'BS-Schaumkrone' 'Feuerspiegel'

'Lachsjuwel' 'Nachbars Neid'

'Karminvorläufer' 'Bornimer Nachsommer'

Die *Phlox-Paniculata-Hybriden* erfüllen die Monate Juli und August mit Farbe und Duft. Karl Foerster hat die meisten gezüchtet und ihnen treffende Namen gegeben... wer vergißt je die rosa, rotgeäugte 'Landhochzeit'?

Yucca filamentosa

Asphodeline lutea

Carlina acaulis ssp. simplex

Dictamnus albus

Eryngium alpinum

Aster farreri 'Berggarten-Zwerg'

Drei Stauden, die im Frühsommer blühen, *Asphodeline*, *Aster farreri* und der heimische *Dictamnus*, stehen hier Spätsommerblühern gegenüber Von diesen sind *Carlina* und *Eryngium* für Steingärten wertvoll.

Aster novi-belgii 'Korallenkuppel'

Chrysanthemum arcticum

Anemone hupehensis 'Septembercharm'

Crocus kotschyanus

Colchicum autumnale 'Plenum'

Colchicum-Hybride 'Waterlily'

Beispiele für im September/Oktober blühende Stauden und Knollengewächse, von denen *Colchicum* heimisch ist. Wie dieses bringen auch die übrigen farbige Leuchten in den herbstlichen Garten und Steingarten.

Das Pampasgras, *Cortaderia selloana*, bietet als Solitär einen herrlichen Anblick, verlangt aber guten Boden, volle Sonne, Winterschutz. Fritz Sello (1789–1831), ein Potsdamer Gärtner, fand es bei Montevideo.

im Gebiet von Kasanlik und umfaßten 1956 gegen 3000 ha, heute jedoch weit mehr. Ein Hektar bringt etwa 3 Millionen Blüten, die rund 4000 kg Blütenblätter enthalten, und aus diesen wird ungefähr 1 kg reines Rosenöl gewonnen. Die Blumen müssen früh zwischen 5 und 9 Uhr allesamt mit der Hand gepflückt werden, dann kommen sie so schnell als möglich in die Fabriken und werden mit Hilfe von Wasser destilliert. Alle Blütenblätter und die Zellen des Fruchtknotens enthalten, ziemlich gleichmäßig verteilt, den Wirkstoff, aber seine Konzentration schwankt: je wärmer es wird, um so mehr verdunstet er, in älteren Blumen wird der Gehalt immer geringer. Die Hauptbestandteile sind Phenyläthylalkohol, Citronellol und Geraniol. Deren Anteil schwankt nach den Herkünften und je nach der Witterung. Daher duftet Rosenöl jedes Jahr etwas anders, wie überhaupt die Rosen nicht nur nach Rosen duften, sondern auch an den Duft von Hyazinthen, Jasmin, Maiglöckchen, Reseda, Veilchen, Kampfer, Zimt und Moschus erinnern und nach Äpfeln, Melonen, Aprikosen oder Himbeeren duften können. Man unterscheidet den Duft der Teerosen, der rosa und der roten Rosen, und für jede Art von Duft gibt es Sorten, an welchen er besonders rein auftritt. 'Vogue' duftet besonders nach Veilchen, von 'Liebesglut' heißt es, daß sie klar nach roten Rosen duftet. Läßt sich aber so etwas überhaupt feststellen, und wie verfährt man dabei? Man ist auf die menschliche Nase, auf die Empfindsamkeit des Geruchssinns angewiesen, auf das Gedächtnis für Gerüche, denn der Geruch und seine Eigenheiten, seine Stärke, sein besonderes Aroma lassen sich weder messen noch wiegen, noch nach Atomen zählen oder in der Retorte zerlegen! Aber es gibt große Unterschiede unter den Menschen: manche haben eine sehr feine Nase und andere ... nun sagen wir eine taube. Die Nase ist beim zivilisierten Menschen fast überhaupt nicht an der bewußten Auseinandersetzung mit der Umwelt beteiligt, das besorgen hauptsächlich Auge und Ohr ... doch sind „Geruchsempfindungen oft von entscheidendem Einfluß auf die unbewußten Regionen des menschlichen Trieblebens, auf das körperliche und seelische Wohlbefinden und das gegenseitige Verhältnis der Menschen, insbesondere der beiden Geschlechter". So heißt es jedenfalls in Gildemeisters „Handbuch der ätherischen Öle". Es steht noch darin, daß das Geruchsvermögen sich bei Kindern, Frauen und Männern verhalte wie die Zahlen 5:70:900..., daß also die Männer die besten Nasen hätten, doch findet man hinter dieser Neunhundert in Klammern ein Fragezeichen. Dagegen ist es eine unbestreitbare Tatsache, daß in den Laboratorien der großen Parfümfabriken, wo die Wohlgerüche für alle Welt kreiert werden, nur Männer arbeiten, wie auch Männer die Wein- und Teeproben vornehmen ... bis dato. Über den Riechakt selbst gibt es 24 Theorien, die einander widersprechen und von denen keine – bis heute – damit rechnen darf, daß sie allgemein akzeptiert wird. Ebenso schwierig ist die Beschreibung der Düfte. Für ihre Kennzeichnung hat man sich die Begriffe aus den verschiedensten Lebensbereichen zusammengeholt, doch sind sie nichts als recht vage Vergleiche. Es gibt feine und schwere Düfte ... aber wiegt ein Duft? Es gibt blumigen, bouquethaften, flüchtigen, müden, starken, schwebenden, verhauchenden Duft und noch viele, viele Düfte ... natürlich auch zusammengesetzte, die sich sogar entfalten können. Aufs Ganze gesehen, müssen wir sagen, daß es angenehme und abscheuliche Düfte gibt und daß uns unsre Welt ohne Düfte nicht vorstellbar ist. Geht es etwa ohne Parfüms ... die ja extra hergestellt werden? Nein, man will Wohlgerüche um sich verbreiten und damit Sympathien erwecken. Dieses Verlangen scheint dem Menschen angeboren zu sein, es ist also ein Urphänomen, um mit Goethe zu sprechen. Auch er kannte die geheime Macht des Rosenduftes und hat, an Suleika gewandt, im Westöstlichen Diwan gedichtet:

„Dir mit Wohlgeruch zu kosen,
deine Freuden zu erhöhn,
knospend müssen tausend Rosen
erst in Gluten untergehn."

Schon Dioskorides erwähnt, daß das Rosenöl gern verfälscht, mit minderwertigen Substanzen versetzt und verschnitten wurde. Heute kommt das selten vor, denn man kann es synthetisch herstellen. Der Duft des künstlichen Rosenöls ist schwer vom Wohlgeruch des natürlichen zu unterscheiden. Es wird nicht wie die Anilinfarben aus Teer erzeugt, sondern seine Bestandteile sind wie beim echten Rosenöl Geraniol, Citronellol und Phenyläthylalkohol, nur löst man die beiden ersten aus Pflanzen, in welchen sie reichlicher auftreten als in Rosenblüten und sich auch leichter gewinnen lassen. Übrigens wird das echte Rosenöl aus Kasanlik heute in zahlreichen Fällen als Heilmittel verwendet; bei Gallensteinen, Zahnerkrankungen, allgemeinen Entzündungen und als Beruhigungsmittel. Aus getrockneten Blütenblättern stellt man ein Pulver her, das als Wurmmittel für Kinder wichtig ist.

Die Rosen im Garten

Fast in jedem Garten, an dem man vorüberkommt, stehen Rosen. Sie sind wohl die am meisten verbreitete Zierpflanze. Es gibt die verschiedensten Typen, Wüchsformen und eine Unzahl von Sorten, zu welchen alljährlich Neuzüchtungen kommen. Züchter sitzen in fast allen Ländern mit gemäßigtem Klima. Aus praktischen Gründen werden in Büchern und Katalogen wie so manche andern Blumen auch die Rosen in Klassen eingeteilt, da eine Aufgliederung nach Verwandtschaften für den täglichen Hausgebrauch viel zu umständlich und weitläufig wäre. Eine Vorschrift für die Reihenfolge der Klassen gibt es nicht. In der folgenden Darstellung der Klassen können nur bei einigen eine kleine Anzahl von Sorten aufgeführt werden. Alle guten Züchtungen zu erwähnen, ist aus mancherlei Gründen unmöglich. Das Sortiment ändert sich ständig, unser Buch kann darauf nicht eingehen.

Ro

Kletterrose 'Chaplin's Pink Climber'

Kletterrose 'New Dawn'

Kletterrosen

Kletterrosen haben lange Triebe, die nicht straff aufrecht wachsen, sondern sich neigen, und dies um so stärker, je mehr Zweige sie aufweisen. Man kann sie auf freie Flächen pflanzen, dann liegen die Triebe mit ihrem Ende auf dem Boden auf, oder man läßt sie über Mauerbrüstungen und Böschungen herabhängen. Im allgemeinen aber pflanzt man sie an Zäune, Spaliere, Hauswände, Lauben, Rosenbogen, Pergolen, Rosensäulen und heftet sie an diese an. Man nehme dazu niemals Bindfaden oder Draht: Diese schneiden leicht ins anfangs noch sehr weiche Holz, und die Triebe brechen oder bekommen eine anfällige Stelle. Man soll nur mit Bindeweiden befestigen und auch ziemlich locker, damit die Ruten etwas Spielraum haben. Kletterrosen brauchen Platz, bei Reihenpflanzungen sollte man allerwenigstens 2 m, besser jedoch 3 m Abstand lassen und bei den starkwüchsigen Sorten noch mehr. Sie werden zwischen 2,5 und 6 m hoch und mit den Jahren noch weit höher. Es gibt an manchen Orten einzelne Exemplare, die mehrere Jahrzehnte alt sind und zweigeschossige Häuser bis zur Dachrinne bewachsen haben. Schneiden soll man sie wenig. Man entferne vor allem abgestorbenes Holz und in der Jugend die überalterten Triebe. Von alten Rosen sollte man am besten nur totes Holz entfernen. Die jungen Triebe, welche rutenförmig aus dem Boden schießen, soll man auslichten, wenn es zu viele sind. Man nimmt dann die schwächsten direkt am Boden fort.

Je nach der Sorte blühen Kletterrosen einmal, zweimal oder fast den ganzen Sommer bis zum Herbst. Die Blüten können einzeln oder zu wenigen auf langen oder kürzeren Stielen und auch in verschieden großen Büscheln stehen. Es gibt einfach und gefüllt blühende Sorten. Manche ähneln in der Knospe und in ihrer Form den Teerosen, vor allem die Climbing-Sorten von Edelrosen, wie 'Climbing Orange Triumph'. Man kann die Blumen solcher Rosen schneiden und in eine Vase stellen. Die Frosthärte ist verschieden. Sie hängt auch vom Standort und vom lokalen Klima ab, ferner von der Ernährung. Vernachlässigte Stöcke und exponiert stehende Exemplare erfrieren rascher und leichter als gepflegte Kletterrosen. Wir nennen zu jeder Farbe eine bewährte Sorte als Beispiel: 'Schwarzer Samt', dunkelrot, 'Gruß an Heidelberg', rot, 'Dorothy Perkins', rosa, 'New Dawn', hellrosa, 'Golden Showers', gelb, 'Long John Silver', weiß. In alten Gärten und Parken findet man noch manche ältere, von Baumschulen kaum noch vermehrte Sorte in schönen und trotz Mehltauanfälligkeit gesunden Exemplaren. Das liegt gewiß an der Gunst des Standortes. Hier seien nur ein paar dieser alten Sorten genannt: 'Gruß an Zabern', weiß, gefüllt, 'Raubritter', rosarot, 'Chaplin's Pink Climber', rosa, und die rahmweiße, innen gelbe 'Albéric Barbier' wegen ihres Teerosenduftes.

Strauch- und Wildrosen

Bei diesen Rosen zieht uns weder die einzelne edle Blume an wie bei den Teehybriden noch der Strauß wie bei den Polyantharosen oder den Floribundas, sondern die ganze Pflanze, wie sie dasteht und blüht, spricht zu uns. Diese Rosen lassen sich nicht beetweise pflanzen, auch eignen sie sich nicht als Decksträucher. Am schönsten wirken sie, wenn sie frei stehen, etwa im Rasen oder zwischen mäßig hohen Stauden. Sie sind noch am meisten von allen Rosen Kinder der freien Natur oder wirken so. Vielfach blühen sie am alten Holze, zu schneiden braucht man sie eigentlich überhaupt nicht; man muß höchstens überalterte Triebe und tote Zweige herausnehmen. Es sind Arten und Sorten, ihre Mannigfaltigkeit ist groß. Manche duften köstlich, manche bringen reichlich Hagebutten, oft große oder merkwürdig geformte, auch schön gefärbte. Zu ihren Vorzügen gehören große Winterhärte, teilweise überreicher Flor, sehr frühe Blüte – vor allen anderen Rosen! – und schöne Herbstfärbung des Laubes. Sie sind auch weniger krankheitsanfällig als die übrigen Rosen. Leider werden sie viel zu wenig gepflanzt, obwohl es wunderschöne Sorten gibt. Ein Busch kann den Garten verklären, völlig verändern, vollkommen machen! Im

Kletterrose 'Raubritter' Rósa centifólia 'Muscosa' Rósa hugónis

folgenden werden einige Strauchrosensorten genannt: 'Abraxas', leuchtend rot, 'Elmshorn', hellrot, 'Neiße', rosa, 'Fortissimo', scharlachrot, 'Omul', gelb, 'Schneewittchen', weiß. Zum Sortiment gehören außerdem einige Rosen, die zwei Farben oder Farbübergänge zeigen: 'Firlefanz', die gelb aufblüht und danach in Rot übergeht, 'Erfurt', hellrot mit gelblich weißer Mitte, 'Arabella', innen karminrot mit gelber Mitte, außen gelb. Ferner gibt es Sorten mit eigentümlichem Glanz wie 'Conrad Ferdinand Meyer', deren rosa Blüten silbrig glänzen.
Von Wildrosen, deren Arten, Varietäten und Sorten werden wie Strauchrosen folgende verwendet:
Rósa aciculáris Lindl. 'Pike's Peak' – rot mit gelber Mitte, Blüten etwa 5 cm breit, duftend, die Hagebutten sind birnenförmig bis rundlich, bis 150 cm hoch, winterhart.
Rósa × álba L. ist schon seit langem in Kultur, gelegentlich findet man sie noch in alten Bauerngärten. Es gibt eine Reihe Sorten. Hingewiesen sei nur auf 'Maiden's Blush' – hellrosa, ballförmige Blüte, 130 cm, einmal blühend, und 'Suaveolens' – Blumen reinweiß, halb bis stark gefüllt, köstlich duftend, bis 300 cm hoch, nur einmal, aber überreich blühend.
Rósa centifólia L. war schon den Alten bekannt, sie stammt aus dem Kaukasus; die schönsten ihrer Sorten sind 'Major' – bis 100 cm hoch, Blüten in Kugelform, die lange beibehalten wird, Stiele länger als bei den andern Zentifolien, angenehm duftend, rosa gefüllt, Flor Juni bis August, etwa 100 cm hoch; und 'Muscosa' – die Moosrose, Blütenstiele und Kelch weisen Drüsen auf, durch welche sie moosartig aussehen. Es sind Rosen (erste Schrift über Moosrosen 1597) mit dicht gefüllten, geschlossenen rosa Blumenkugeln, es gibt davon auch eine Reihe Sorten, Höhe bis 150 cm.
Rósa × damascéna Mill. stammt aus Kleinasien und wird bis 250 cm hoch, vielleicht ist sie keine echte Art, sondern eine Hybride. Die Blumen werden rosa und duften köstlich.
Ihre Sorte 'Trigintipetala' ist die wichtigste Rose für die Gewinnung des Rosenöls. Die Blüten sind gefüllt und duften.

Rósa foétida 'Bicolor', die Türkische Rose, im 16. Jahrh. entstandene Mutation, hat Blüten, die innen orangerot, außen goldgelb sind, ungefüllt, unangenehmer Duft, 1,3 m.
Rósa gállica L., die Essigrose, aus Mittel- und Südwesteuropa bildet bis 2 m hohe Sträucher und hat einfache, rosa bis rote, etwa 6 cm breite, duftende Blüten, eine schöne Steigerung ist die üppig blühende, bis 2 m hohe 'Scharlachglut' – Blumen leuchtend scharlach.
Rósa hugónis Hemsl. stammt aus Mittelchina und hat einfache gelbe Blüten, die bereits im Mai erscheinen, nach Honig duftend, etwa 2 m hoch, winterhart.
Rósa moyésii Hemsl. et Wils. aus Nordchina wird bis 2 m hoch, manchmal noch darüber hinaus, die Blüten stehen zu mehreren und werden dunkelrot, einfach, die Früchte sind eigenartig krugförmig, haben einen deutlichen Hals und werden bis 6 cm lang, dunkelorangerot. Die Art wurde mehrfach zu Kreuzungen verwendet, auch gibt es einzelne schöne Sämlinge, wie 'Sealing Wax' – Blüten groß, karminrosa, sehr reich fruchtend, Fruchtfarbe lackrot.
Rósa omeiénsis Rolfe aus Zentralchina hat besonders große Stacheln, die ihr den Namen „Stacheldrahtrose" eingebracht haben. Die Blumen sind weiß, nicht sehr groß; am schönsten wirkt die forma **pteracántha** (Franch.) Rehd. et Wils., deren Stacheln größer sind und sehr dicht stehen, bis 3 m hoch.
Rósa pimpinellifólia L. (syn. R. spinosissima L. p. p.) ist die Dünenrose und heißt auch Bibernellrose, eine sehr veränderliche Art, in der freien Natur ein kaum meterhoher, viele Ausläufer treibender Strauch mit dünnen Zweigen. Man verwendet heute aber nur die Züchtungen, deren es eine Menge gibt, welche zu den schönsten und liebenswertesten Strauchrosen gehören. Wir führen hier nur an; 'Claus Groth' – lachsrosa, halbgefüllt, sehr schön duftend, reichblühend, bis 1 m hoch; 'Frühlingsschnee' – buschig, milchweiß, öfter blühend, duftend, bis 1 m; 'Frühlingsgold' – halbgefüllt und einfache, goldgelbe Blüten, ohne Duft, sehr früh; 2 m; 'Frühlingsanfang' – dicht buschig, bis 3 m hoch, milchweiße, einfache Blüten, duftend ... es gibt noch weitere Sorten dieser „Frühlingsklasse".

Ro

Rósa pimpinellifólia 'Frühlingsduft'   Rósa rugósa 'Conrad Ferdinand Meyer'

Rósa rubinósa L. (syn. R. eglanteria L. p. p.) ist die Zaunrose und Weinrose, Wuchs dicht buschig, man nimmt heute nur noch die Züchtungen, deren es eine Reihe gibt; erwähnt seien 'Fritz Nobis' – Blüten gelblichrosa und 'Rosenwunder' – Blumen rosarot, halbgefüllt, sehr großblumig... beide werden bis 150 cm hoch oder etwas darüber.

Rósa rugósa Thunb. aus Nordchina, Korea und Japan blüht von Juni bis oft in den Herbst und hat große, einfache oder halbgefüllte Blüten, es gibt zahlreiche Kultivare und Sorten, manche sind schon alt; erwähnt seien hier vor allem die Strauchrose 'Conrad Ferdinand Meyer' – Blüten gefüllt, silbrigrosa, duftend, bis 300 cm, winterhart, und 'Rosa à Parfum de l' Hay', gefüllt, karminrot, duftend, 170 cm, sehr reichblühend.

Rósa xánthina Lindl., die Goldrose, stammt wie *R. hugonis* aus China und ist vielleicht ein sehr alter Kultivar; die Pflanzen werden bis 150 cm hoch und haben einzeln stehende, bis 4 oder 5 cm breite, halbgefüllte goldgelbe Blumen. Flor im Mai/Juni.

Polyantha-Rosen
(Polyantha-Gruppe und Polyantha-Hybriden-Gruppe)

Polyanthus heißt vielblumig, und tatsächlich bringen diese Rosen ihre Blumen in vielblütigen Doldenrispen. Die Sorten entstammen ursprünglich Kreuzungen von *Rosa multiflora* und *R. chinensis*. Außerdem hat man auch Sorten aus anderen Klassen eingekreuzt; einzelne Züchtungen haben lange und ziemlich verwickelte Stammbäume. Polyantharosen werden 35 bis 80 cm hoch, als ältere, wenig beschnittene Büsche bis brusthoch. Es gibt Hunderte von Sorten. Man muß 2 Typen unterscheiden: 1. die eigentlichen **Polyanthen** und 2. die **Polyantha-Hybriden.** Polyanthen haben kleine oder nur mäßig große, häufig gefüllte Blumen, die zu vielen in großen, rispigen Dolden beisammenstehen. Die Polyantha-Hybriden bringen ausgesprochen große, vielfach einfache oder nur wenig gefüllte, voll aufgeblüht ziemlich breite und flache, manchmal am Rande gewellte, aber nicht sehr viele Blumen in flachen Dolden. Hauptfarben bei beiden Typen sind Weiß, Gelb, Rosa und Rot, dazu Orange. Bunte oder Farbsorten gibt es bis jetzt nicht viele, aber das kann sich ändern. Man nimmt sie vor allem für Beete, wenig für Töpfe und Schnitt... oder dies nur ausnahmsweise. Sie sollen durch ihre Farben, durch die Menge der Blüten, als Busch und Gemeinschaft wirken... nicht auf die einzelnen Blumen, auf die Form ihrer Knospen, auf delikate Details kommt es an. Man sieht sie nicht als Individuum, sondern als Menge. Die Züchtungen müssen wüchsig und gesund sein, auch einigermaßen robust gegen ungünstige Verhältnisse. Sie sollen reich und lange, ohne ausgedehnte Pausen, blühen. Sie müssen ihre Farbe tadellos halten, desgleichen ansehnliches Laub aufweisen, das erst spät im Herbst abgeworfen wird. Die Pflanzen sollen sich gut putzen, d. h., die verblühten Blumen sollen laufend von allein ausfallen.

Polyantharosen sind nicht völlig winterhart. Sie werden hauptsächlich als Buschrosen gepflanzt. Über Winter soll man anhäufeln, in sehr offenen Lagen zudem leicht mit Reisig bedecken. Es ist unbedingt nötig, sie ausreichend zu ernähren, damit sie reich blühen und immer im Wachstum bleiben. Zu schneiden braucht man wenig: man nehme nur schwaches und totes Holz fort. Bei der Standweite sind Sortenunterschiede zu beachten. Man soll sie auf großen Beeten niemals zu dicht pflanzen, etwa um bereits im ersten Jahr geschlossene Flächen zu erhalten. 40 cm Abstand ist die unterste Grenze, besser sind 50 cm, die stark wachsenden Sorten brauchen mehr. Dichter Stand erschwert und verteuert auch die laufende Bearbeitung.

Das Sortiment besteht zum größeren Teil aus bodenständigen Sorten, welche meist besser sind als solche aus anderem Klima. Es ist umfangreich; die Sorten können daher nicht im einzelnen beschrieben werden, dafür gibt es auch spezielle Literatur. Hier sind sie jedoch nach Eigenschaften zusammengestellt, die für ihre Verwendung wichtig sind. Zunächst die Farben: *Dunkelrot blühen* 'Chatter', 'Elbeglut', 'Oberbürgermeister Boock', 'Pillnitzer Marcellina', 'Schloß Moritzburg', 'Tantaus Überraschung'. *Rot blühen* 'Aladin', 'Alain', 'Aspekt', 'Dick Koster', 'Fanal', 'Feuerreiter', 'Karl Weinhausen', 'Orange Triumph', 'Pinal', 'Suleika'. *Rosa blühen* 'Frau Astrid Späth', 'Gabrielle Privat', 'Jutta'. *Orangerot blühen* 'Bern-

Ro

Polyantha-Hybride 'Orange Triumph'

Floribunda-Rose

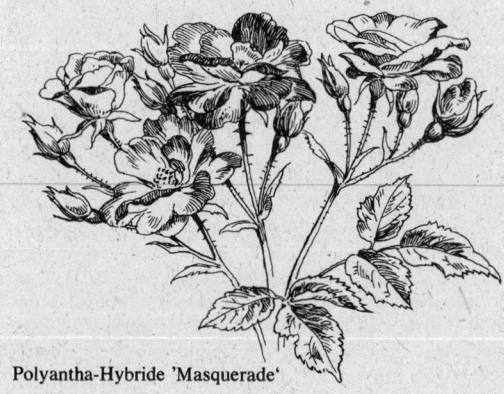

Polyantha-Hybride 'Masquerade'

stein', 'Brennpunkt', 'Izetka Spreezauber', 'Mädi', 'Opus', 'Revolution', 'Salmon Perfection'. *Orange blühen* 'Charme', 'Margo Koster', 'Start'. *Gelb blühen* 'Goldilocks', 'Goldteppich'. *Weiß blühen* 'Geschwister Scholl', 'Irene', 'Schneewittchen'. Einige Sorten zeigen *zwei Farben oder Farbübergänge*: 'Fashion' — lachsrosa mit gelblicher Mitte, 'Masquerade' — goldgelb bis rot, 'Mosaik' — lachsrot mit gelber Mitte, 'Natalie' — anfangs gelb, später rot, 'N. L. Chrestensen' — orangerosa, später rot, 'Petito' — gelb mit orangerotem Rand, 'Romanze' — rosa mit weißer Mitte.
Die meisten Sorten wachsen *buschig*. In die Breite gehen dabei (Höhe in cm): 'Alain' (70), 'Charme' (80), 'Frensham' (100), 'Goldilocks' (60), 'Jutta' (80), 'Masquerade' (80), 'Opus' (70), 'Orange Triumph' (80), 'Pinal' (70), 'Salmon Perfection' (70). *Aufrecht wachsen:* 'Brennpunkt' (80), 'Elbegold' (100), 'Feuerreiter' (120), 'Frensham' (100), 'Karl Weinhausen' (100), 'N. L. Chrestensen' (80), 'Pilurett' (60), 'Schloß Moritzburg' (60), 'Tantaus Überraschung' (80). Als *Strauchrosen* können verwendet werden: 'Feuerreiter' (120), 'Karl Weinhausen' (100). *Nicht höher als 50 cm wachsen:* 'Chatter', 'Dick Coster', 'Gabrielle Privat',

'Goldteppich', 'Izetka Spreezauber', 'Mädi', 'Romanze'. Für *Pflanzgefäße* ist 'Gabrielle Privat' besonders geeignet, für die *Flächenbepflanzung* 'iga Erfurt'. *Stark duften:* 'Bernstein', 'Charme', 'Irene', 'Romanze', 'Start', 'Ulrike'. Die Sorte 'Elbegold' bringt besonders reichen *Fruchtschmuck*.

Floribunda-Rosen
(Floribunda-Gruppe und Floribunda-Grandiflora-Gruppe)

Floribundus heißt reichblühend, und die Floribundarosen sind durch Kreuzungen von Edel- und Polyantharosen entstanden. Von den Edelrosen haben sie den schönen Bau und die reichere Füllung, den Duft und teilweise die Farben mitbekommen, von den Polyanthen die Wüchsigkeit und Gesundheit, die Triebkraft und die Menge der Blüten geerbt. Die Blumen sind fast Edelrosen. Sie erscheinen in größeren oder kleineren Büscheln, und dies fast den ganzen Sommer hindurch mit nur kurzen Pausen. Die Floribunda-Grandiflora-Gruppe umfaßt Sorten, deren Blüten den Teehybriden gleichen. Manchmal stehen sie einzeln auf langen Stielen, manchmal in großen Büscheln beisammen und bilden förmlich Buketts. Die erste Sorte dieses neuen Typus war die 'Elizabeth-Rose', welche 1955 herauskam und sofort bei Kennern und Laien großes Aufsehen erregte. Sie hat hellrosa Teehybriden-Blumen, ist sehr gesund und wüchsig, wird bis 120 cm hoch, blüht reich und beinahe ununterbrochen. 'Elizabeth-Rose' braucht nicht geschnitten zu werden, sie wird vielmehr noch üppiger, wenn man sich beschränkt. Dann bildet sie an zusagenden Plätzen leicht einen großen Busch und läßt sich auch zu einer „Hecke von Edelrosen" gestalten. Wenig später (1956) kamen die 'Brennende Liebe' und weitere Sorten hinzu. 1968 folgte 'Izetka Köpenicker Sommer', 1969 'Goldener Reiter', 1972 'Daniela'. Man hat den Eindruck, daß mit diesen Rosen eine neue Entwicklung begonnen hat.
Im gegenwärtigen Sortiment überwiegen natürlich die roten Farben. *Dunkelrot blühen:* 'Effekt', 'Garnette', 'Lilli', 'Rote Csàrdàs', 'Samptosa', 'Wiener Blut', *Rosa:* 'Carol', 'Elizabeth-Rose', 'Daniela', 'Odette'. *Orangerot:* 'Blickfang', 'Feurio', 'Julischka', 'Meteor', 'Pilurett', 'Rodeo', 'Roko-Rose Altenburg', 'Spartan'. *Gelb:* 'Goldener Reiter', 'Izetka Köpenicker Sommer',

Ro

Floribunda-Grandiflora 'Elizabeth Rose'

Floribunda-Grandiflora 'Brennende Liebe'

'Stern der Freundschaft'. *Weiß:* 'Weißes Meer'. *Zwei Farben oder Farbübergänge* weisen auf: 'Galina' — lachsrosa mit gelber Mitte, 'Sommerlachen' — orange, in Rosa übergehend, 'Papagena' — gelb, zum Rand hin rot, 'Präsent' — innen orange, außen goldgelb, 'Variant' — zunächst lachsrosa, später rot. *Große Blüten* haben: 'Blickfang', 'Daniela', 'Effekt', 'Elizabeth-Rose', 'Julischka', 'Papagena', 'Rodeo', 'Roko-Rose Altenburg', 'Rote Csàrdàs', 'Spartan', 'Variant'. *Der Duft ist ausgeprägt bei:* 'Daniela', 'Goldener Reiter', 'Goldteppich', 'Rote Csàrdàs', 'Spartan', 'Variant', 'Wiener Blut'. *Aufrecht wachsen:* 'Elizabeth-Rose', 'Goldener Reiter', 'Roko-Rose Altenburg', 'Rote Csàrdàs', 'Samptosa'. *Nicht höher als 50 cm werden:* 'Feurio', 'Meteor', 'Stern der Freundschaft', 'Sommerlachen'. *Höher als 100 cm (bis 120) werden:* 'Elizabeth-Rose', 'Roko-Rose Altenburg', 'Samptosa'. Die Sorte 'Lilli' — feurig rot, 70 cm, wirkt in die Ferne.

Teehybriden
(Gruppe der Gartenrosen, sogenannte Edelrosen)

Jedermann weiß, welche Rosen gemeint sind. Es sind die gefüllten Rosen mit den früher ballförmigen, jetzt schlanken, langen Knospen, die allmählich erblühen, wobei die Blumenblätter nacheinander abrollen. Schließlich ist die Blüte voll offen, und auch dann entzückt sie uns durch die schöne Anordnung. Die Blüten stehen einzeln auf längeren Stielen, die sich auch manchmal verzweigen. Das Laub ist nicht einheitlich: weder die Zahl, noch die Form und Größe der Fiederblätter sind uniform, sondern recht mannigfaltig, wozu noch die unterschiedliche Färbung des Laubes tritt. In älteren Büchern werden sie nach ihrer Herkunft aufgeführt. Heute jedoch kann man die Teehybriden, Pernetiana- und Remontantrosen nicht mehr auseinanderhalten. Im Laufe der Züchtungsgeschichte wurden die verschiedenen Abkömmlinge so mannigfaltig und unübersehbar miteinander gekreuzt, daß es oft Sorten gibt, die man als Teehybriden und als Pernetianarosen führen müßte. Der Begriff Teehybriden soll nach heutiger Auffassung als historischer Begriff erhalten bleiben und für alle diese Rosen stehen. Die Begriffe Gartenrosen und Edelrosen verwirren, denn sie sind nicht eindeutig und sollten deshalb fallen.

Teehybriden sind mehr als die andern Klassen Gegenstand der Rosenliebhaberei, welche weit über die Erde verbreitet ist, und sie gehört zu den liebenswertesten Liebhabereien. Die ihr frönen, sind oft sehr beschlagen, haben natürlich ihre ganz speziellen Lieblinge und sind sehr kritisch. Wenn man sich mit ihnen unterhält, wird einem bald klar, daß die Urteile über Rosen und Rosenneuheiten von den mannigfachsten Vorstellungen und Wünschen beeinflußt werden. Man erkennt auch, daß es eine Sorte, die alle Wünsche erfüllt, nicht gibt, wohl nie geben wird und nicht geben kann... absolute Vollkommenheit ist ein Ideal, das sich nicht erreichen läßt. Die Erzeuger von Schnittrosen zum Beispiel brauchen Sorten, deren Pflanzen sicher eine ziemlich hohe Zahl von tadellosen Blumen auf langen Trieben bringen. Die Stiele sollen wenige, am besten überhaupt keine Stacheln aufweisen, weil das Entfernen zusätzlich Arbeit macht und die Stacheln beim Ernten stören. Natürlich müssen die Sorten eine ansprechende Farbe haben, die sich auch gut hält. Die Knospe muß schön sein und nicht zu bald aufgehen, auch die erblühte Rose soll gut wirken, die Blüten müssen angenehm und lange duften. Sie dürfen nicht hängen (was es bei vielen schönen Sorten gibt), jeder Stiel soll nur eine einzige Blume bringen, sich also nicht verzweigen, damit man nicht ausbrechen muß. Die Sorten müssen schönes Laub haben, gesund sein, die verschiedenen Blütezeiten sollen ohne lange Zwischenpausen einander folgen, die Sorten müssen sich zu jeder Jahreszeit zum Blühen bringen lassen. In der Fachwelt gibt es den Ausdruck *Schnittrosenwuchs*. Man meint damit Sorten, deren Triebe fast gerade aufwärts wachsen, so daß die Pflanzen wenig Platz einnehmen und eng gesetzt werden können, was mehr Blüten je Quadratmeter ergibt. Wichtig sind ferner Sorten, die gut unter Glas blühen. Man sieht also: Es wird viel verlangt. Keine der aufgeführten Eigenschaften darf völlig fehlen. Es gilt z. B. als Manko, daß die großartige 'Gloria Dei', welche so kräftig wächst und viele große, schöne Blumen bringt, apartes Laub hat und völlig gesund bleibt... kaum duftet. Es gibt Liebhaber, die sie aus diesem Grund nicht mögen.

Die Züchtung ist äußerst rege, und alljährlich kommen Neuheiten heraus. Alle werden gepriesen, und jede hat Vorzüge, aber die Erfahrung lehrt, daß große Fortschritte selten sind. Es gibt viele Wiederholungen und Doubletten mit nur geringen Unterschieden. Manche Rosen erhielten auf den Prüfungen, die sie durchlaufen haben, in Ausstellungen hohe Auszeichnungen und selbst mehrmals an verschiedenen Orten Goldene Medaillen oder die höchsten Trophäen... dennoch versagen sie im eigenen Garten. So wie es keine Rose gibt, die allen Liebhabern gefällt, so gibt es keine, die überall gleich gut wächst, gibt es kein totsicheres Rosenklima. Der Boden, das Wetter, die Lage haben viel Einfluß. Es ist ein großer Unterschied, ob eine Sorte in der Nähe von Wasserflächen steht oder in einem Gelände, das weitab von Seen und Flüssen liegt, ob sie im Talgrunde oder auf den Höhen wächst, ob sie in leichten oder in schweren Boden gepflanzt wird. Es gibt Rosen, die an warmen Plätzen besonders gut wachsen, und andere, die bei viel Wärme versagen. Selbst der Duft kann sich verändern. Wenn man auch die Ursachen kennt, so ist es selten möglich, sie zu beseitigen.

Die Sortimente verändern sich tatsächlich ständig und rasch. Sie können nur einen gewissen Umfang haben, und wenn man Neuheiten aufnimmt, muß man alte Sorten streichen. Sie enthalten „ganz alte Rosen", ältere Rosen, neuere, neueste und die letztjährigen Rosennovitäten. Es gibt heute noch einige Sorten, die schon 60 Jahre alt und älter sind, ihre Zahl wird aber unaufhaltsam kleiner, während die „Weltrosen" zahlreicher werden. „Weltrosen" sind Sorten, die überall sehr großen Anklang gefunden haben: etwa 'Gloria Dei', 'Virgo', 'Sutter's Gold'. Die „ganz alten Rosen" haben ihre Vorzüge und ihre Fehler, doch nimmt man diese hin, wie man eine kleine, etwas merkwürdige Angewohnheit eines geliebten Menschen als verzeihliche, belanglose Schwäche gern erträgt. Von diesen alten findet man bei Rosenfreunden vor allem noch folgende: 'Mme Caroline Testout' – eine bald 90jährige Teehybride mit „molligen" Blüten und dicken, runden Knospen, die völlig verschieden sind von der Schlankheit einer 'Virgo'-Knospe; die 'Testout' blüht reich, ist winterhart, duftet und ähnelt in der Farbe der einst förmlich vergötterten 'La France'. Sogar eine bald hundertundvierzigjährige ist noch bei Liebhabern zu finden: 'Souvenir de la Malmaison', eine Bourbonrose aus dem Jahre 1843 – zart rosa, große Blumen, reich blühend und mit einem eigenartig zarten Duft. Selbst die 'La France', welche aus dem Jahre 1867 stammt, eine füllige Blume ist und einen wunderbaren Duft hat, den nur wenige Rosen aufweisen, veredelt man noch, obwohl sie Fehler hat und obgleich es gegen zwei Dutzend Verbesserungen gibt.

Ferner stammen noch aus dem 19. Jahrhundert: 'Ulrich Brunner fils' – kräftig rot, stark wachsend, köstlich duftend, und 'Merveille de Lyon' – blendend weiß, stark duftend, gesund im Laub... beide sind Remontantrosen des Jahrganges 1882; 'Mrs. John Laing' – 1887, große, seidigrosa Blumen, wundervoll duftend; 'Kaiserin Auguste Viktoria' – vom Jahre 1891, eine der berühmtesten weißen Rosen, Blumen mit einem gelblichgrünen Anhauch, bei sorgsamer Pflege immer wieder eine Freude und in mancher Hinsicht heute noch unübertroffen. Im gegenwärtigen Sortiment überwiegt der Anteil roter, rosa und orangeroter Sorten gegenüber allen übrigen Farben. An zweiter Stelle folgen aber die zwei- und gemischtfarbigen Sorten und erst danach die gelben und schließlich wenige weiße. Die Anzahl der zwei- und

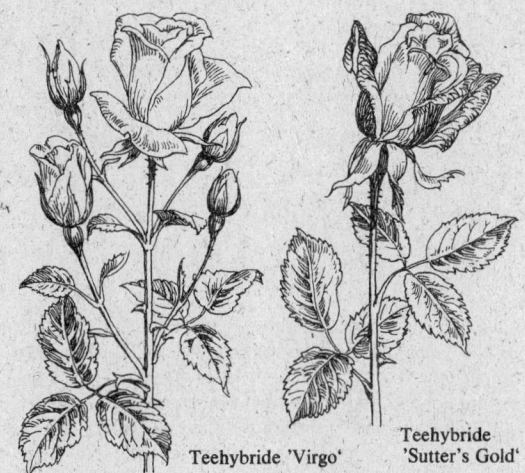

Teehybride 'Virgo'
Teehybride 'Sutter's Gold'

gemischtfarbigen Sorten ist also erheblich größer als bisher. Viele dieser Sorten sind ausgesprochene Liebhabersorten, etwa 'Sultane', die innen rot und außen gelb ist, oder 'Apart', deren Farben im Sonnenlicht kräftiger werden. Buntheit und Veränderlichkeit machen diese Sorten begehrt.

Im Sortiment sind auch Sorten, die *für den Garten nicht empfohlen* werden können; sie haben nur für den Rosenanbau unter Glas Bedeutung. Zu diesen Sorten gehören: 'Better Times', 'Duisberg', 'Perle von Aalsmeer'; 'Red Better Times', 'Rote Rapture', 'Super Star', 'Velvet Times'. *Mehltauanfällig* sind 'Chrysler Imperial', 'Crimson Glory', 'Josephine Bruce', 'Liliane', 'Soliman', 'Vandal', 'Virgo'. *Sternrußtau* tritt bei 'Rakete' häufiger auf als bei anderen, weniger empfindlichen Sorten.

Mehr als die Hälfte aller Sorten des Sortiments duften. Von den 50 Gartenrosen haben 27 einen ausgeprägten Duft. Zu diesen *Duftrosen* gehören: 'Abu', 'Apollo', 'Baccara', 'Capistrano', 'Chrysler Imperial', 'Crimson Glory', 'Dezent', 'Dr. F. Debat', 'Goldenes Prag', 'Josephine Bruce', 'Kasbek', 'Liliane', 'Marcelle Gret', 'Michéle Meilland', 'Nadja', 'New Yorker', 'Ovation', 'Permoser', 'Professor Knöll', 'Rakete', 'Salzaperle', 'Salzaquelle', 'Sultane', 'Sutters Gold', 'Texas Centennial', 'Undine', 'Virgo'.

Dunkelrot blühende Sorten sind: 'Carola', 'Chrysler Imperial', 'Josephine Bruce', 'Karneolrose', 'Liliane', 'New Yorker', 'Soliman', 'Undine'. *Rot blühen:* 'Baccara', 'Ena Harkness', 'Izetka Spreeathen', 'Karl Herbst', 'Montezuma', 'Nadja', 'Professor Knöll', 'Rakete', 'Roter Stern', 'Tallyho', 'Texas Centennial', 'Volcano'. *Rosa blühen:* 'Abu', 'Ballet', 'Capistrano', 'Dr. F. Debat', 'Katrin', 'Komet', 'Michéle Meilland', 'Ovation', 'Salzaperle'. *Orange:* 'Souvenir de Jacques Verschuren', kupferorangegelb. *Gelb blühen:* 'Apollo', 'Poiana', 'Marcelle Gret', 'Spek's Yellow'. *Weiß blühen:* 'Dezent', 'Kasbek', 'Virgo'. Als „blaue" Rose wird die aus Langensalza stammende Sorte 'Salzaquelle' eingeordnet, sie blüht hellila.

Ro

Zwergrose

Zwei Farben oder Farbübergänge weisen auf: 'Alte Liebe' – lachsrot, zur Mitte hin gelblich; 'Apart' – gelb mit rotem Rand; 'Beauté' – lachsorange mit karminrotem Schimmer; 'Coronado' – innen orangerot, außen gelb; 'Desi' – gelb, rötlich geflammt; 'Gloria Dei' – hellgelb, mit roten Spuren, die im Verlauf der Blüte schwinden; 'Goldenes Prag' – gelb mit roten Streifen, die schwinden; 'Permoser' – vom breiten roten Rand nach der Mitte zu rosa, gelb und schließlich weiß; 'Serenade' – korallenorangegelb; 'Sultane' – innen rot, außen gelb; 'Sutter's Gold' – goldgelb mit rot; 'Vandal' – kupfer- bis lachsrot.

Teehybriden sind nicht winterhart, man muß sie durch Anhäufeln schützen. Beim Pflanzen berücksichtige man den Wuchscharakter. Sorten mit Schnittrosenwuchs und schwach wachsende sollten 35 bis 40 cm voneinander entfernt gesetzt werden. Starke Wachser wie 'Gloria Dei' brauchen wenigstens 50 cm Abstand, besser noch sind 60 cm.

Wüchsige Teehybriden können auch in Gruppen von drei für sich stehen oder völlig solitär; man darf sie dann aber nicht stark schneiden.

Zwergrosen

Sie sind aus *Rosa chinensis* 'Minima' und niedrigen Polyantharosen, und zwar durch Kreuzungen beider entstanden. De Ruiter brachte 1955 die Sorten 'Sleepy', rosa mit weißer Mitte, und 'Sneezy', rosa, heraus. Beide werden kaum 20 cm hoch, wachsen aber in die Breite. Kordes brachte etwa zur gleichen Zeit die bis 30 cm hoch wachsenden 'Zwergkönig' und 'Zwergkönigin' auf den Markt, rot und rosa blühend. Im Jahre 1976 ist das Sortiment durch zwei Dresdener Neuzüchtungen bereichert worden: 'Minirot' und 'Minirosa'; beide 20 bis 30 cm hoch, die Blüten in der Mitte weiß. Man kann Zwergrosen für Beete nehmen, aber auch Tröge und andere Gefäße damit bepflanzen.

Über Hochstammrosen

Über den Wert der Rosen ist kein Wort nötig, für die Anwendung wurden bei den Klassen bereits Hinweise gegeben. Doch ist noch einiges über die Hochstammrosen zu sagen, welche keine Klasse für sich sind. Außer den Strauchrosen können Sorten aus den verschiedensten Klassen auf Stämme veredelt werden. Neben den Teehybriden, die am häufigsten auf Hochstämme kommen, werden verschiedene Kletterrosen-Sorten auf Stämme veredelt, wofür man man aber besonders hohe Sorten nimmt. Ferner bringt man Polyanthen und Floribunden und selbst Zwergrosen auf Hochstämme. Hochstämme werden immer noch gepflanzt, obwohl sie verhältnismäßig viel Arbeit machen und gewisse Ansprüche stellen. Einzelne Gartenarchitekten und Naturfreunde wenden gegen die Hochstämme ein, daß sie naturwidrig, unnatürlich seien. Das stimmt, aber das Veredeln ist auch eine Erfindung der Menschen, und die ganze Züchtung, wie sie heute betrieben wird, ist durch und durch künstlich. Auf Hochstämme veredelte Rosen sind nobler in der Form, oft sind auch die Farben intensiver und klarer. Der Vorteil der Hochstammrosen für uns Menschen ist, daß die Blüten etwa in Augen- und Nasenhöhe stehen. Man braucht sich nicht zu bücken, sondern vermag die Blumen ohne weiteres aus nächster Nähe zu betrachten, und die Nase kann leicht von Blüte zu Blüte wandern. Natürlich eignen sich nur reichblühende schöne Rosen für Hochstämme, und es ist günstig, wenn sie auch duften.

Alle Teehybriden und verschiedene weitere werden veredelt, ebenso die Hochstammrosen, aber in Kronenhöhe. Zuerst schult man die Unterlagen auf, dann zieht man die Stämme heran, indem man nur den stärksten Trieb wachsen läßt und die übrigen wegnimmt. Wenn die gewünschte Höhe und die nötige Festigkeit erreicht sind, kann man schließlich veredeln. Dies geschieht wie bei Buschrosen im Sommer oder zu Herbstanfang. Man setzt stets 2 bis 3 Augen ein, entweder einander gegenüberstehend oder mit 120° Abstand. Die Augen dürfen nicht in gleicher Höhe sitzen, sondern müssen treppenartig ansteigend eingesetzt werden, damit die T-Schnitte nicht zusammentreffen. Es gibt verschiedene, quasi genormte Stammhöhen. Hochstämme sind 100 bis 120 cm hoch, Mittelstämme 75 bis 100 cm, Halbstämme 50 bis 75 cm. Auch Kletterrosen werden veredelt. Sie heißen dann, weil die Ranken von der Höhe herabhängen, Hänge- oder Trauerrosen; die vorgeschriebene Höhe ist 140 bis 160 cm. Zwergstämme entstehen bei 35 bis 50 cm Veredlungshöhe, sie sehen vor allem in Töpfen gut aus, für den Garten nimmt man meistens Normal- und Halbstämme. Die Anzucht von Hochstammrosen dauert länger als die von Buschrosen, erfordert besondere Hilfsmittel, wie gespannte Drähte zum Anheften der Stämmchen, und das Einwintern ist umständlicher. Viele Liebhaber veredeln ihre Hochstämme selbst und holen sich die nötigen Unterlagen zuweilen von einem Feldrand, denn *Rosa canina*, die am häufigsten als Unterlage genommen wird, wächst bei uns stellenweise wild. In den Rosenschulen veredelt man zugekaufte Wildlinge, welche aus Spezialbetrieben stammen, die bestimmte Auslesen und Sorten der *Rosa canina* verwenden. Die Stämme müssen jung und wüchsig sein, gesund und ohne Wunden. In der Regel sind sie nicht kerzengerade, sondern kommen in leichter Krümmung aus der Erde.

Beim Aufschulen setze man die Ruten so, daß die Krümmung bei allen Stöcken in einer Linie liegt, und pflanze die Wurzel etwas schief, wodurch man erreicht, daß der Stamm annähernd senkrecht aufsteigt und sich erst oben neigt. Das Veredeln selbst wird im Abschnitt „Die Anzucht der Rosen" beschrieben.
Kronen sind empfindlicher als Büsche und brauchen guten Winterschutz. Am einfachsten und sichersten ist es, sie über Winter einzugraben, aber leider läßt sich das nicht immer und überall durchführen. Zwerg- und Halbstämme lassen sich höchstens in den ersten Jahren biegen, später brechen sie ab. Ebenso kann man ältere Stämme nicht mehr eingraben, da sie sich nicht mehr biegen. Sie werden genau wie die Stämme von Bäumen mit den Jahren im Umfang stärker und sind von einer gewissen Dicke an so fest, daß es widersinnig wäre, sie niederlegen zu wollen. Ferner soll man Kronen niemals in schwere, nasse Böden eingraben, sie ersticken dort über Winter leicht, und damit wird auch der Stamm wertlos. Das Niederbiegen ist eine „Kunst". Man muß behutsam und vernünftig vorgehen. Am besten macht sich's zu zweit: einer biegt nieder, der andere hebt das Loch für die Krone aus oder hält die Hölzchen bereit, die man so in den Boden schlägt, daß die Krone festgehakt wird. Wer niederlegt, setzt einen Fuß dicht an die Basis des Stammes und biegt diesen allmählich zur Erde, wobei er den Stamm mit einer Hand kurz unter der Krone faßt, mit der andern etwa die Stammitte ergreift und leise ziehend und drückend nachhilft.
Zum Festhaken werden stabile Astgabeln von Fliederbüschen oder Weiden verwendet, die es überall gibt. Man schneidet sie mit der Baumschere so zu, daß sie ein „V" bilden, dessen einer Holm länger ist und in den Boden kommt. In fest gepflockte Kronen schütte man vorsichtig Erde. Zuletzt deckt man dachziegelartig mit dünnen Erdschollen ab. Man soll diese nicht festklopfen, sondern nur leicht anschlagen. Die Luft darf nicht völlig abgeschnitten werden, sonst erstickt die Krone. In nassen und schweren Böden soll man die Kronen nur niederhaken, also außerhalb der Erde lassen, muß sie aber gut mit lockerer Erde anfüllen und mit Fichtenreisig abdecken. Das sollte auch mit Hochstammrosen geschehen, die im Rasen stehen; man steche keine Rasensoden aus, um die Kronen eingraben zu können. Die Stämme müssen mit Reisig eingebunden werden. Sie würden im Frühjahr leicht Schaden leiden, wenn man es unterläßt: tagsüber ist es schön und warm, nachts klar und bitterkalt, das gibt unweigerlich Frostschäden. Die Stämme sollen in der Richtung ihrer natürlichen Krümmung niedergebogen werden. Die Veredlungsstellen gehören mit in die Erde oder unter den Reisigschutz.
Große Kronen und alte Stämme, die sich nicht mehr niederlegen und eingraben lassen, kann man nur zusammenziehen und mit Reisig einhüllen, wozu volle, größere Zweige nötig sind. Man kann auch Stroh in die Kronen schieben. Völlig falsch ist es, Folienbeutel über die Kronen zu ziehen. Das sieht nicht nur abscheulich aus, es ist gefährlich! Bei Sonnenschein erwärmt sich die Luft innerhalb des Beutels stark, und die Augen fangen an zu treiben, obwohl es draußen noch kalt ist und die Wurzeln nicht arbeiten. Die Folge ist, daß die jungen Triebe bald vertrocknen.
Wo man eine große Zahl Kronen einzubinden hat, wird es viel Zeit kosten, aber man sollte weniger auf die Uhr sehen, sondern vor allem auf sorgfältige Arbeit achten. Zehn oder zwanzig Jahre alte und noch ältere Kronen sind Wertstücke, und man hat die Pflicht, alles aufs beste zu erledigen, was zu ihrer Erhaltung nötig ist.
Im Laufe des März oder Anfang April – je nach Witterung – deckt man ab oder nimmt die Kronen aus dem Boden und heftet sie bald wieder an ihren Pfahl.
Alle Kronen, auch die großen auf dicken Stämmen, brauchen eine feste Stütze. Man nimmt dazu Pfähle. Sie sollen weit in den Boden reichen, damit alles sicher steht. Man schlägt die Pfähle vor dem Pflanzen ein, am besten nach der Schnur. Über Winter kann man sie, sofern die Kronen sich noch niederlegen lassen, herausnehmen und im Trocknen aufbewahren. Sie halten dann länger. Damit man sie im Frühling wieder an die richtige Stelle einschlägt, stecke man einen Stab in das alte Loch. Auf diese Weise beugt man vor: treibt man nämlich den Pfahl an einem falschen Fleck ein, kann man Wurzeln verletzen. Das sollte man unbedingt vermeiden. Die Pfähle halten besser, wenn man sie unten mit Holzkohlenteer oder einem ungefährlichen Imprägnierungsmittel streicht oder tränkt. Steinkohlenteer ist schädlich. Oben streicht man sie häufig grün oder weiß, weil es freundlich aussieht. Für große Kronen eignen sich als Stützen am besten Eisenrohre mit geringem Durchmesser, da sie nicht so rasch morsch werden wie Holzpfähle. Die Stützen müssen wenigstens 10 cm weit in die Krone hineinragen, nicht jedoch darüber hinaus, es würde stören. Man binde die Rose so weit oben fest, daß die Bindeweide oberhalb der Veredlungsstelle sitzt! Anstelle von Weiden kann man mit Folie umgebenen Draht nehmen, doch ist es unerläßlich, von Zeit zu Zeit zu prüfen, ob die Folie nicht etwa abgesprungen ist und der blanke Draht an der Rinde reibt. Das müßte man sofort abstellen. Den Stamm selbst binde man nicht an – etwa in der Mitte –, denn wenn sich einmal die Bindung in der Krone löst und es regnet stark oder stürmt, wird die Krone manchmal plötzlich zur Seite gedrückt und kann direkt über der Bindung in der Mitte des Stammes wegbrechen.
Man soll Hochstämmen wenigstens 1 m Abstand geben. Sie möchten so frei stehen, daß Luft und Licht alle Teile der Krone treffen. Über Unterpflanzungen gehen die Meinungen auseinander. Unvorteilhaft ist es, Hochstämme zwischen Buschrosen zu setzen. Man hat da Schwierigkeiten mit dem Niederlegen, und die laufende Pflege wird umständlicher. Ein bescheidener Teppich jedoch von Einjahrsblumen oder Stauden sieht besser aus und ist natürlicher als kahler Boden. Auch verschwinden die abgefallenen Blumenblätter im Grün oder im Flor anderer Pflanzen und stören nicht

so wie auf blanker Erde. Natürlich darf man als Unterwuchs nur Annuelle oder Stauden verwenden, die sich rasch heranziehen, leicht ersetzen lassen und in Tracht, Blütenfarben oder Tönung des Laubes mit den Rosen und ihren Farben harmonieren. Zu weißen Sorten wäre ein Untergrund mit weiß blühenden *Lobularia maritima* oder Stauden, die weißes bis silbergraues Laub bekommen, falsch; doch passen beide zu roten, lebhaft rosa oder feurig gelben Rosen. Man soll Hochstammrosen so unterbringen, daß man an sie herantreten kann. Stehen sie im Rasen, sind Trittwege nötig, die zu ihnen führen.

Die Kronen dürfen nicht besonders stark geschnitten werden. Natürlich muß man alles dürre und schwache Holz entfernen, desgleichen alle Triebe herausnehmen, die nach innen wachsen. Kronen sollen immer locker und luftig aussehen. Man schneide auf drei, vier Augen, besonders nicht im Sommer. So starker Rückschnitt ergibt zwar lange, kräftige Triebe, wie man sie bei Schnittrosen braucht und auch bekommt, doch sind Hochstammrosen nicht zur Schnittblumengewinnung da, auch nicht ausnahmsweise. Für Kronen sind kürzere Stiele und viele Blumen das Rechte. Auch dauert es bei starkem Schnitt länger, bis die neuen Triebe herangewachsen sind, und bis dahin blühen die Kronen nicht. Sie sollen auch nicht aus wenigen Hauptästen bestehen, denen man nur ein paar Seitenzweige läßt. Je mehr gesundes Nebenholz sie aufweisen, um so reicher blühen sie. Nur bei älteren Kronen, die zu lang geworden sind oder innen kahl werden, soll man stärker schneiden und kann notfalls ins alte Holz gehen, um die Krone zu verjüngen. Das soll aber allmählich erfolgen.

Man schneide grundsätzlich im Frühjahr, nicht im Herbst. Es schadet nicht, wenn beim Eingraben oder Einpacken über Winter die Spitzen herausragen und Frost bekommen; sie müssen im Frühjahr sowieso fallen. Zum Verheilen der Schnittwunden brauchen Rosen eine gewisse Wärme, die im Herbst und Winter fehlt ... daher soll man nur im Frühjahr schneiden! Über Sommer muß man jedoch laufend die Triebe entfernen, welche in die Krone hineinwachsen, Wildtriebe wegschneiden und abgeblühte Blumen fortnehmen. Sie würden stören und brächten vielleicht Samen. Man schneide die Stiele abgeblühter Rosen bis auf das nächste gesunde Auge zurück, das nach außen zeigen muß.

Ansprüche und Pflege der Rosen im allgemeinen

Der Boden

Rosen wachsen in jedem tiefgründigen, nicht zu trocknen Boden. In der Regel ist es nötig, ihn zu verbessern, wie das sonst auch geschieht. Kalte, sehr schwere, nasse, flachgründige und saure Böden dagegen eignen sich nicht für Rosen. Es taucht natürlich die Frage auf, ob man solche Böden herrichten kann, damit sie den Rosen zusagen. Das läßt sich nur von Fall zu Fall entscheiden. Je größer die Fläche, je ungeeigneter der Boden, um so größer ist der nötige Aufwand. Auch muß man abwägen, ob die Verbesserungen anhalten oder zurückgehen werden. Saurer Boden läßt sich durch starkes Kalken umstimmen. Man kann auch eine starke Schicht Erde abgraben und durch leicht alkalischen Boden ersetzen, doch wird dieser ständig von der sauren Erde ringsum verändert. Von solch extremen Fällen jedoch abgesehen, kann man die Böden meistens ohne große Kosten und Mühen verbessern. In sandige Böden soll man gut verrotteten Stalldünger oder nährstoffreichen Kompost, vermischt mit Düngetorf und mürber Rasenerde oder mildem Lehm, einarbeiten. Schwerer Boden läßt sich durch Torf und Kompost geschmeidiger machen. Wichtig ist der Kalkgehalt. Rosen wünschen Boden mit der pH-Zahl 6 bis 7, höher nicht. Die eingebrachten Materialien müssen gut verteilt werden. Da Rosen meistens auf Canina-Unterlagen stehen und diese lange Wurzeln bilden, muß das zukünftige Rosenland tief gelockert werden: am besten ist, zwei Spatenstiche tief zu rigolen. Die unterste Schicht grabe man bloß um, und man kann mit etwa 300 g Thomasphosphat auf 10 m^2 auf Vorrat düngen. Stalldünger darf nur in die oberste Schicht kommen, auf 10 m^2 etwa ein Zentner, er soll gut verrottet sein. Die Beete soll man im Sommer herrichten und sie anschließend mit Torf, gemähtem Gras oder ähnlichem Material bedecken, damit der Boden frisch bleibt. Im Herbst kann man dann pflanzen. Auf frisch rigoltes Gelände darf man nicht pflanzen, es setzt sich noch, nimmt aber die Rosen dabei nicht mit, so daß diese schließlich zu hoch stehen.

Der Standort

Rosen stammen aus Gebieten mit viel Sonnenschein und wollen unbedingt sonnig stehen. Nur einige wenige Wildrosen vertragen etwas Streuschatten, aber auch sie werden in voller Sonne am schönsten. Für alle übrigen Rosen jedoch ist selbst geringe Beschattung abträglich. Sie blühen schlechter, das Holz reift nicht richtig aus, und die Pflanzen erfrieren daher leichter. Wichtig ist ferner reine Luft. Rosen, die in rauchigen Gebieten stehen, haben es schwer. In Gartenhöfe und andere eingeschlossene Gärten gehören sie nur dann, wenn der Wind Zutritt hat.

Das Pflanzen

Die beste Pflanzzeit ist der Herbst. Die Rosen wurzeln dann bald und werden in ihrer Entwicklung nicht gestört, was bei Frühjahrspflanzung eintritt. Vielfach treffen die Rosen per Bahn als Eil- oder Expreßgut ein. Man öffne die Ballots so bald als möglich, aber nur an einem windstillen, absonnigen Platz, nehme die Rosen heraus und setze sie sogleich. Der nötige Plan war schon bei der Bestellung fertig. Kann man nicht sofort pflanzen, muß man die Rosen einschlagen oder wenigstens mit Torfmull oder Erde bedecken. Dabei dürfen keine Luftlöcher bleiben, insbesondere müssen die

Wurzeln vollkommen geschützt sein. Rosenwurzeln sind sehr empfindlich, und ihre Rinde leidet schnell Schaden, wenn sie trocken wird. Vor dem Pflanzen schneide man die Wurzeln je nach ihrer Länge um ein Drittel oder bis zur Hälfte kürzer, die Triebe jedoch nicht... es sei denn, sie sind übermäßig lang. Man darf sie erst im Frühjahr richtig schneiden. Im ersten Jahre setze man die Triebe auf 3 bis 4 Augen zurück. Die Wurzeln soll man mit einer scharfen Hippe kürzen, für die Triebe sind gute Rosenscheren das richtige Schneidgerät. Es ist nicht nötig, die Wurzeln nach dem Kürzen in einen Lehmbrei zu tauchen, dem etwas Rinderkot zugesetzt wurde, ...aber es ist kein Fehler, bei Frühjahrspflanzung sogar ein Vorteil. Beim Pflanzen bringe man die Wurzeln unbedingt senkrecht in die Erde, sie dürfen sich an keiner Stelle nach oben verbiegen. Ob man nun ein Loch gräbt oder in den Spalt pflanzt, den man mit dem Spaten entlang einer Schnur sticht, bleibt sich gleich. In den Spalt pflanzen erspart Zeit. Nach dem Setzen muß man sofort antreten, wobei man die Rosen festhält, damit sie nicht nach unten rutschen. Festtreten ist nötig, weil nur dann die Erde die Wurzeln von allen Seiten fest umgibt. Die Veredlungsstelle von Buschrosen soll 3 bis 4 cm tiefer in den Boden kommen, als sie vorher gestanden hat. Schließlich häufelt man etwas an. Zu gießen braucht man nur, wenn der Boden sehr trocken ist. Naht der Winter, häufelt man höher an und deckt mit Reisig oder – falls es keines gibt – mit trocknem Torf, der etwa 10 cm hoch liegen soll. Unerläßlich ist, größere Erdbrocken zu zerkleinern.

Muß man im Frühjahr pflanzen, was sich nicht immer vermeiden läßt, ist besondere Sorgfalt nötig. Man soll rasch arbeiten und die Rosen, ihr Holz und ihre Wurzeln vor dem An- oder Austrocknen bewahren. Nur saftige, unversehrte Wurzeln und frisches Holz beginnen zu treiben. Es ist im Frühjahr nötig, nach dem Pflanzen alsbald gründlich anzugießen. Die Triebe schneide man auf 2 bis 3 Augen zurück und häufle an, es braucht nichts herauszuragen. Sobald die Augen durchkommen, zieht man an einem trüben oder regnerischen Tage die Erde wieder ab. Hochstammrosen gräbt man für eine Woche ein, als wollte man sie niederlegen, und an einem sonnenlosen, diesigen Tage nimmt man sie aus der Erde. Kletterrosen sollen etwas tiefer gesetzt werden, als sie gestanden haben. Die Triebe lege man flach auf die Erde und decke sie mit Torf oder Reisig ab, nicht mit Erde. Im Frühling schneide man sie auf etwa ein Drittel ihrer Länge zurück. Pflanzt man Kletterrosen im Frühjahr, sind die Triebe auf etwa 25 cm lange Stücke zurückzusetzen.

Der Schnitt

Vor allem veredelte Rosen müssen geschnitten werden, denn nur dadurch bekommen die Büsche und Kronen Form, Größe und gutes Aussehen. Bereits bei der Besprechung der verschiedenen Klassen wurde angegeben, ob ihre Sorten viel oder wenig geschnitten werden sollen. Allgemein ist dazu noch folgendes zu sagen. Wenn man stark oder „kurz" (wie es in der Fachsprache heißt) schneidet, so daß nur wenige Augen stehenbleiben, bilden die Büsche nur wenige, aber lange und häufig auch kräftige Triebe, welche große, schöne, jedoch nicht viele Blumen bringen. Solche Stiele und Triebe sind für die Schnittblumengewinnung unerläßlich. Schneidet man ständig so und beginnt in jedem Frühling wieder mit einer kurzen Pflanze, ist es nötig, die Rosen besonders gut zu ernähren und notfalls auch zu wässern, damit sie den alljährlichen Verlust von Holz und damit von gespeicherten Nährstoffen etwas ausgleichen können. Gartenrosen dagegen sollte man nicht so kurz schneiden, ebensowenig die Beetrosen. Man setze sie auf etwa die Hälfte der Trieblängen zurück. Nur von Zeit zu Zeit - je nach der Wuchskraft der Sorten alle 3 bis 5 Jahre - soll man ins alte Holz zurückgehen und verjüngen, sonst werden die Büsche allmählich Besen. Selbstverständlich muß man abgängiges und schwaches Holz entfernen, wann immer man es antrifft.

Die laufende Pflege

Will man reich und schön blühende Rosen, muß man sie pflegen. Unterläßt man es, hat man selbst den Schaden, und auf die Dauer leiden die Rosen und gehen vielleicht sogar ein. Sorgsame Pflege dagegen lockt alle ihre Eigenschaften hervor und vermag sie zu höchster Vollendung zu steigern. Wichtig ist wie bei allen Gartenblumen, den Boden unkrautfrei zu halten und häufig zu lockern, damit Luft und Wärme eindringen können. Man darf ihn auch über Sommer mit Torfstreu oder geschnittenem Gras bedecken, das hält ihn frisch und mürbe... nur sieht Gras nicht immer gut aus. Weiterhin schneide man laufend alle abgeblühten Blumen fort, und zwar, wie bereits angeführt, bis auf das nächste gesunde, nach außen weisende Auge. Rosen brauchen im Garten keinen Samen zu bilden, er nützt ihnen und uns nichts, er zehrt nur an den Pflanzen. Bei Trockenheit soll man ausgiebig wässern, aber nicht mit einem Regner! Man lasse das Wasser mit schwachem Druck aus dem Schlauch laufen und binde um das Mundstück einen Lappen oder einen Sack, damit der Strahl nicht schwemmt. Man kann auch mit Lanzen wässern, dies ist vor allem bei alten Stöcken nötig, deren Wurzeln tief gehen. Die günstigste Wassermenge für Rosen sind jährliche Niederschläge von 700 bis 800 Millimeter... also weit mehr als wir in Mitteleuropa haben. Meistens läßt man es bei dem bewenden, was vom Himmel fällt. Wässert man zusätzlich, dann wird man erst gewahr, was ausreichende Wasserversorgung ausmacht: Der Flor nimmt um wenigstens ein Viertel zu, die Büsche wachsen üppig und treiben kräftig, sie sehen gesünder aus. Natürlich muß man auch düngen, denn „Wasser allein tut's nicht". Im ersten und zweiten Jahre nach dem Pflanzen braucht man nicht zu düngen, denn die Rosen sind noch klein, und ihr Bedarf ist gering. Später ist Regelmäßigkeit nötig. Man düngt mit Mineraldünger, der ausgestreut wird. Günstig sind: kurz vor dem Abhäufeln im Frühling auf 10 m^2 gegen 500 g Thomasmehl, 700 bis 800 g Kaliumsulfat (das absolut chlorfrei ist) und etwa 150 g Magnesiumsulfat, die beim Abhäufeln ohne weiteres mit in den Boden gelangen. 2 Wochen später gebe man 200 g Kalkammonsalpeter, auf die gleiche Fläche gerechnet. Oder aber man streut gegen 1 kg Volldünger vor dem Abhäufeln, die zusätzliche Gabe von Kalkammonsalpeter ist dann nicht nötig. Im allgemeinen brauchen Rosen vor allem Kali und Phosphorsäure. Stickstoff darf nie überwiegen, obwohl er üppig aussehende Bestände hervorzaubert. Doch der Augenschein trügt: Mit Stickstoff gemästete Rosen sind sehr frostempfindlich und krankheitsanfällig. Haben sie jedoch hellgrünes Laub, dürfte es an Stickstoff mangeln, und man gebe dann auf 10 m^2 etwa 300 g Stickstoffdünger, aber nur bis gegen Ende Juli. Nötig ist ferner, den Rosen gegen Ende August oder Anfang September nochmals Superphosphat und chlorfreies Kali zu geben... ungefähr je 300 g auf 10 m^2. Beide fördern das Ausreifen des Holzes sehr und stärken die Winterfestigkeit. Hochstammrosen sollen bei lockerem Stand die Hälfte bis zwei Drittel der aufgeführten Menge erhalten. Wichtig ist überdies, daß man vom 3. oder 4. Standjahre an, wenn die Rosen gut zuwachsen, regelmäßig düngt und kein Jahr überspringt.

Über Rosengärten, Rosenbeete und Mischpflanzungen mit Rosen

Beinahe in jedem Land mit ausgedehnten Rosenkulturen und auch anderswo gibt es Rosarien, also Gärten oder Parke, in welchen die Rosen überwiegen. Einige enthalten fast nur Rosen. Größe, Umfang und Gliederung der Sortimente sind so verschieden, daß es keine zwei Rosarien gibt, die sich stark ähneln. Einzelne erinnern an Museen, und uns überkommt jene feierliche oder melancholische Stimmung, die uns in manchen Sammlungen befällt. Das widerfährt uns vor allem in Rosarien, die fast nur Rosen aufweisen und unter diesen besonders viele alte, sozusagen historische Sorten, welche heutzutage fast niemand mehr kennt, die niemand mehr veredelt und die es vielleicht nirgendwo auf Erden noch einmal gibt. Die Züchter dieser Rosen sind allesamt tot, und man wüßte am Ende nicht einmal, daß sie überhaupt gelebt haben, wenn einzelne ihrer Sorten nicht vor uns stünden. Ein Rosengarten von heute sieht anders aus und wirkt belebend. Man findet alte Sorten nur ausnahmsweise, als liebenswürdiges Kuriosum etwa. Die Neuheiten dominieren, überholte Sorten werden ständig gegen bessere ausgetauscht, und man pflanzt nach modernen Vorstellungen. Man findet außer Rosen zahlreiche Stauden, Koniferen, Sträucher und selbst Sommerblumen... die Rosen sind keine Welt für sich. Den Boden kann man z. B. mit *Sedum hybridum* 'Immergrünchen', *Sedum spurium* 'Album Superbum', *Herniaria glabra*, *Antennaria parvifolia*, *Thymus villosus*, *Stachys byzantina* bepflanzen. Ferner passen zu Rosen: *Campanula carpatica* und *C. carpatica* var. *turbinata*, *Iberis sempervirens* 'Zwergschneeflocke', *Inula ensifolia*, *Nepeta* × *faassenii*, *Salvia* × *superba* 'Ostfriesland' und auch hohe Stauden-Delphinium. Als geeignete Gräser haben sich erwiesen: *Festuca cinerea*, *Koeleria macrantha* und einzeln stehend *Pennisetum alopecuroides*, *Panicum virgatum* und *Helictotrichon sempervirens*. Die Stauden wirken besonders bei kleinen Gruppen von Rosen, die man wenig schneidet.

Rosen in Töpfen, Kübeln oder breiten Schalen

Schon bei den Römern der Antike wurden Rosen in Kübel gepflanzt, die an passenden Stellen des Atriums standen. Im Süden findet man das heute noch, obwohl jetzt andere Häuser gebaut werden. Man stellt die Kübel oder Töpfe im Hof, auf Treppenabsätzen und an Sitzplätzen auf. Bei uns wäre es auch möglich, nur findet man es leider kaum. Es sind verhältnismäßig große Gefäße nötig mit einer Tiefe von wenigstens 40 cm. Natürlich sollen sie „gut" aussehen: Form, Proportionen und Material müssen völlig einwandfrei sein. Tatsächlich gibt es geeignete, ansprechende Gefäße... daran also mangelt es nicht! Die Gefäße sollen Abzugslöcher haben. Man füllt sie mit einer Erdmischung aus guter, unkrautfreier Komposterde, Rasenerde, Düngetorf mit Zusatz von etwas Kalk und Volldünger. Man kann auch ein Torf-Lehm-Gemisch verwenden. Je nach der Form und Größe der Kübel bepflanzt man sie mit Zwerg- oder niedrigen bis mittelhohen Polyantharosen, auch reichblühende Edelrosen und selbst immerblühende Kletterrosen sind geeignet. Die Gefäße gehören an Plätze, wo man sie ständig vor Augen hat. An den Rand von kleinen Wasserbecken passen sie ebenfalls, in deren Fluten die Blüten sich spiegeln. Wichtig ist, daß die Pflanzen viel Luft bekommen. Während des Wachstums soll man etwa alle 14 Tage oder noch öfter mit einem stickstoffarmen Volldünger gießen. Die größte Sorge hat man bei uns mit dem Überwintern. Die Kübel oder Schalen gehören in der kalten Jahreszeit in einen trockenen, einigermaßen hellen, sehr kühlen Raum, denn sie können nicht im Freien bleiben. Der von allen Seiten eindringende Frost würde unweigerlich die Rosen vernichten und in harten Wintern überdies die Gefäße sprengen. Je größer diese sind, um so mehr Mühe macht es, sie an geschützte Plätze zu transportieren. Aber man sollte nicht dadurch ausweichen, daß man auf große Kübel oder Schalen und ihre Rosen einfach verzichtet.

Die Anzucht von Rosen

Viele Wildrosen und alle Rosenunterlagen werden bei uns durch Samen vermehrt. Einzelne Unterlagen lassen sich auch aus Stecklingen heranziehen, doch ist das hier nicht üblich und nicht zu empfehlen. In der

Regel erfolgt die Anzucht der Unterlagen in Spezialbetrieben, und die Rosenschulen kaufen die aufschulstarken Sämlinge von dort. Als Unterlagen verwendet man verschiedene Typen von *Rosa canina*, für Polyantharosen gelegentlich auch *Rosa multiflora*, doch gehen die Meinungen über deren Wert auseinander.

Rosensorten aller Klassen lassen sich durch Stecklinge vermehren, meistens jedoch werden sie veredelt. Es ist die sicherste Vermehrungsart. Man kauft die Unterlagen im Spätherbst, schlägt sie über Winter sorgfältig ein und schult im Frühjahr so zeitig als möglich auf. Am vorteilhaftesten sind Unterlagen mit einem Wurzelhalsdurchmesser von 4 bis 6 mm, in nährstoffreichen Böden genügen auch 2,5 bis 4 mm starke. Die über 6 mm hinausgehenden Unterlagen nimmt man meistens zur Anzucht von Stämmen und pflanzt sie für sich. Es wird in Reihen aufgeschult, innerhalb derselben mit etwa 20 cm Abstand; die Reihen nicht weniger als 60 cm voneinander entfernt, bei Hochstämmen mindestens 1 m. Der Wurzelhals darf *nicht* in die Erde kommen, sondern muß herausragen, aber es ist unerläßlich, sofort nach dem Pflanzen anzuhäufeln, damit die Rinde geschützt wird und nicht verhärtet; denn man kann mit Erfolg nur in geschmeidige Rinde veredeln. Im allgemeinen geschieht dies im Juli/August. In den Rosenschulen arbeiten meistens drei Kräfte zusammen und bilden eine Veredlerkolonne oder -brigade. Einer zieht die Erde ab, der zweite schneidet die Augen und setzt sie ein, der dritte verbindet. Das Veredeln zerfällt in mehrere Abschnitte: 1. Man zieht die Erde von den Unterlagen ab und reibt den Wurzelhals mit einem weichen Lappen sauber. Dann wird 2. auf der Windseite der bekannte T-Schnitt ausgeführt, dessen Kopfbalken gerade oder schräg liegen kann. Man braucht dazu ein scharfes Okuliermesser und darf nur in die Rinde schneiden, nicht auch ins Holz der Unterlage. Der senkrechte Schnitt soll gegen 3 cm lang sein. Nun klappt man 3. die Flügel unter dem Querbalken mit dem Rücken des Okuliermessers auf und schiebt 4. vorsichtig das Auge ein. Dann werden 5. die Flügel in die alte Lage gebracht und zugleich 6. kürzt man das Stück Rinde über dem Auge so weit ein, daß es mit dem Querbalken abschneidet. Schließlich wird 7. verbunden und 8. endlich wieder angehäufelt. Zum Verbinden nimmt man breiten, flachen, in passende Stücke zurechtgeschnittenen Bast, der anzufeuchten und absolut vor Schmutz zu schützen ist. Man fängt kurz unterhalb des Längsschnittes an zu wickeln und windet in Spiralen nach oben, wobei die Bastfäden sich mit den Rändern decken müssen, das Auge soll frei bleiben. Der Bast muß bis über den Querbalken reichen. Die letzte Spirale endigt in einer Schlaufe, die sich festziehen läßt. Statt Bast kann man auch Kunstbast, Garn oder Schnellverbinder verwenden.

Die nötigen Augen entnimmt man den Reisern, die man beim Veredeln mit sich führt. Man muß die Reiser vorher schneiden, kann sie sich auch von anderen Rosenfreunden geben oder sich schicken lassen. Das Schneiden der Reiser erfordert ebenfalls Sorgfalt. Man nehme nur gesunde, kräftige Triebe, die ausgereift sein müssen. Bei Teehybriden soll die Blume am Ende vollerblüht sein, und die Stacheln müssen sich leicht lösen lassen. Bei Polyantharosen schneide man die Reiser, wenn die ersten Blüten eines Büschels sich zu öffnen beginnen. Die obersten Teile der Triebe und die obersten Augen sind aber meistens nicht ganz ausgereift, was sich nicht vermeiden läßt. Diese Augen verwende man nicht, denn sie werden bald schwarz und ergeben keine Veredlung. Ob ein Reis ausgereift ist, kann man leicht feststellen, indem man ein Stück über dem letzten Auge das Holz quer durchschneidet: ist sein Mark fest und weiß oder gelblichweiß, dann ist es ausgereift und brauchbar... ist es weich und sehr saftreich, eignet es sich nicht, und man muß weiter nach unten gehen. Natürlich hängt das Ausreifen von der Witterung ab. In sehr nassen und kühlen Jahren reifen die Triebe schlecht aus, in sehr trockenen hingegen rasch, und das Holz wird hart, ohne daß die Augen in den Blattachseln der Blätter ausgereift sind. Die Reiser sollen nur Holz vom jährigen Austrieb umfassen. Sie sind meistens 30 bis 40 cm lang. Man schneidet sofort die Blätter ab, läßt aber ein 2,5 bis 4 cm langes Stück vom Stiel stehen, bündelt die Reiser, etikettiert und zieht sie rasch durch Wasser, schlägt sie schließlich in feuchte Tücher oder Folie ein und legt das Bündel in einen Kasten oder trägt es an einen kühlen Platz... also in den Schatten der Laube oder in den Keller. Größere Mengen Reiser sind am besten in einer Kühlzelle oder im Kühlhaus aufgehoben. Vor dem Veredeln putzt man zunächst die Reiser, indem man die Stacheln wegschneidet – nicht abbricht, um Verletzungen der Rinde zu vermeiden – und auch die Nebenblätter an den Stielen fortnimmt. Man putzt nicht auf dem Felde, sondern in einem Arbeitsraume, in dem es kühl ist. Das Schneiden der Augen dagegen erfolgt während des Veredelns. Das Reis liegt in der linken Hand so, daß man nur das Auge vor sich hat, welches entnommen werden soll. Man schneidet es von unten nach oben samt der Rinde und einer Schicht Holz heraus, wobei unten eine 2 bis 3 cm lange Zunge stehen bleiben muß, oberhalb des Auges braucht diese nur gegen 1,5 cm lang zu sein. Nachdem man den Schnitt ausgeführt hat, faßt man mit Daumen und Zeigefinger der Hand, die das Reis hält, den Stumpf des Blattstiels und bekommt damit das Auge zu packen. Man legt das Reis ab und entfernt, indem man das Auge umdreht, das hinter der Rinde mit ausgeschnittene Stück Holz des Triebes. Dann setzt man das Auge in den T-Schnitt am Wurzelhals ein. Alles muß rasch und sorgfältig geschehen. Bei Regenwetter darf man nicht veredeln, es würde Wasser in den Spalt dringen und die innige Verbindung von Reis und Unterlage gefährden oder völlig verhindern. Auch bei Sturm soll man nicht veredeln, um das Eindringen von Staub zu verhüten, der wie Wasser wirkt. Entscheidend ist, daß die am Auge belassene Rinde in ihrer Länge und Breite völlig auf dem blanken, absolut unversehrten Holz der Unterlage aufliegt... nur so verwachsen beide sicher! Natürlich muß man auch gewissenhaft verbinden. Anschließend häufle man sofort wieder an, um den Befall durch die Okuliermade zu verhindern, welche die Augen ausfrißt und damit die Veredlung wertlos macht.

Wenn nach 2 Wochen der Rest des Blattstieles vergilbt und das Auge anfängt zu schwellen, ist die Veredlung gelungen. Man kann das Bindematerial vorsichtig aufschneiden, was bei Garn unerläßlich ist, kann es auch lassen, denn vielfach verwittert es bis zum nächsten Frühjahr. Im Spätherbst muß man stärker anhäufeln, die Veredlungen sollen wenigstens 15 cm hoch mit Erde bedeckt in den Winter gehen. Im Frühjahr ist die Erde wieder abzuziehen. Dann muß man auch sofort die Wildkrone wegschneiden. Man schneidet kurz oberhalb der Augen schräg durch den Wurzelhals. Schlägt die Unterlage aus, sind die Wildtriebe sofort zu entfernen, denn sie beeinträchtigen die Entwicklung des Edelreises. Man kann die Wildkrone auch schon im Herbst abwerfen, die Augen treiben dann im Frühling stürmisch durch, aber in schweren Wintern gibt es dabei nicht selten große Ausfälle.

So wie beschrieben, wird in fast allen Rosenschulen veredelt. Man nennt es, weil das Auge schlafend in den Winter geht und erst im nächsten Frühling den Trieb bringt, „auf schlafendes Auge" veredeln. Liebhaber veredeln überdies auch „auf treibendes Auge". Man veredelt nicht im August, sondern im Juni und nimmt die Augen vom ersten Austrieb der Rosen. Das Veredeln wird wie üblich ausgeführt, doch blühen die eingesetzten Augen bereits im Spätsommer, man lernt also neue Sorten um ein halbes Jahr früher kennen. Man darf den jungen Trieb aber nicht einkürzen, sondern muß ihn ungestört wachsen lassen. Das Anhäufeln für den Winter soll besonders vorsichtig geschehen, denn die noch junge und empfindliche Veredlung bricht leicht aus.

Anzucht von Hochstammrosen

Die für Hochstammrosen benötigten Stämme kann man vom Feldrain holen, wenn dort welche wachsen; man kann sie in einer Baumschule kaufen, und man kann sie selbst heranziehen. Dafür darf man nur starke Wildlinge nehmen und schult sie in Reihen auf. Gesammelte Wildlinge haben meistens den Nachteil, daß ihre Wurzeln sich wenig verzweigen. Die Wildlinge müssen so tief in die Erde kommen, daß der Wurzelhals im Boden steckt. Das erspart das Anhäufeln. Über Sommer soll man wie üblich den Boden lockern und die Bestände unkrautfrei halten. Schneiden soll man nichts, auch im 2. Jahre nicht. Man dünge jedoch im Frühling dieses 2. Jahres reichlich, gern wird dazu Jauche genommen. Infolge der Düngung bilden die Wildlinge bis 2 m lange Ruten. Im Herbst hebt man aus, läßt nur den stärksten, schönsten Trieb stehen und kürzt alle übrigen auf fingerlange Zapfen. Hat die Rute, welche man stehen läßt, bereits Seitenzweige, kürzt man auch diese. Dann schlägt man die zukünftigen Stämme ein und überdeckt sie locker mit Erde oder bringt sie in einen Überwinterungsraum, den es in jeder Rosenschule gibt. Im Laufe des Winters oder ganz zeitig im Frühjahr sind die Stämme zu putzen. Man säubert den Wurzelhals von den vorhandenen Augen, die man mit einem Lappen wegreibt, schneidet oder sägt sämtliche Zapfen und Reste von Seitentrieben weg und kürzt auch die Wurzeln. Es sollen glatte, saubere Wunden entstehen, die leicht abheilen. Die Zweige oberhalb der Stammhöhe jedoch lasse man stehen, sie bilden eine Zugkrone. Dann schlägt man die aufschulfertigen Stämme wieder ein oder pflanzt sie sofort auf. Dies geschieht – wie bereits erwähnt – in Reihen, innerhalb derselben mit 20 cm Abstand, die Reihen gegen 1 m entfernt. Während des Sommers erscheinen an den zukünftigen Stämmen laufend junge Seitentriebe, die man bei schwachen Ruten stehenlassen soll, denn sie kräftigen diese. Bei starken jedoch entfernt man sie, indem man sie entweder mit der Hand abstreift, die natürlich durch einen festen Lederhandschuh geschützt sein muß, oder die jungen Austriebe auf Astring wegschneidet. Aus dem Wurzelhals hervorbrechende Schößlinge muß man unbedingt entfernen. Die Triebe der Wildkrone dagegen läßt man stehen und stutzt sie nur. Im Laufe des Sommers soll der zukünftige Stamm von sämtlichen Seitentrieben gereinigt werden, so daß er völlig glatt ist. Man soll mit dieser Zurichtung etwa 2 Wochen vor der geplanten Veredlung fertig sein, damit die Stämme Zeit haben, alle durch das Abtrennen von Blättern eintretenden Wachstumsschwankungen oder -stockungen zu überwinden. Der Stamm muß, wenn man veredelt, in gutem Wuchs sein. Das Veredeln selbst geht genau wie bei Buschrosen vor sich. Nötig ist, das Auge nach dem Verbinden sofort mit Parathion-Methyl einzustäuben, um den Befall durch die Okuliermade zu unterbinden. Häufig wird die Veredlung durch eine Papiermanschette geschützt; auch in Rosenschulen tut man das. Zeigt sich, daß das Auge angewachsen ist, nimmt man die Manschette ab und schneidet die Wildkrone „blind". Man läßt von ihr nur eine kleine Gabel übrig und entfernt kurz oberhalb der Veredlung ringsum die Rinde in einem gegen 2 cm breiten Streifen: das Holz verdorrt dadurch. Bis zum Herbst hat man nichts weiter zu tun, als den Boden sauberzuhalten und zu lockern, ferner alle aus dem Wurzelhals kommenden Schosser zu entfernen und auch die aus dem Stamm noch erscheinenden Seitenzweige auf Astring wegzunehmen. Das soll sorgfältig mit einem Messer ausgeführt werden. Im Spätherbst sind die Stämme niederzulegen, und man bedeckt sie über Winter mit Erde. In den Rosenschulen geschieht das durch Anpflügen. Man legt die Stämme in einer Richtung um und bindet sie, damit sie fest liegen, laufend aneinander, am besten am Wurzelhals. Im nächsten Frühjahr holt man sie aus der Erde und heftet sie an Pfähle oder man spannt Draht, an welchem sie „aufgehängt" werden. Das gelingt leicht, wenn man von der Wildkrone die erwähnte Gabel hat stehen lassen, um deren Basis man den Faden schlingt. Natürlich kann man auch Hochstämme auf treibendes Auge veredeln. Der blinde Zapfen soll dabei gegen 15 cm lang sein.

Das Pinzieren

Es ist die letzte wichtige Arbeit bei der Anzucht von Rosenveredlungen. Den Austrieb von Veredlungen auf treibendes Auge soll man im gleichen Jahre nicht pinzieren oder stutzen, wie es auf deutsch heißt. Er soll wachsen und kann auch blühen. Wenn man kürzte, würde man die Augen, die in den Blattachseln sitzen, zum Austreiben anregen, und das Edelreis würde mit zu weichen, jungen Verzweigungen in den Winter gehen ... es gäbe schwere Ausfälle! Man hefte aber bei Hochstämmen den jungen Austrieb behutsam an den 15 cm langen blinden Zapfen, damit ihn der Sturm nicht ausbricht. Veredlungen auf schlafendes Auge dagegen, die erst im Frühjahr treiben, muß man stutzen, wenn der Durchtrieb etwa fingerlang geworden ist, also über dem 4. oder 5. Auge. Man pinziere jedoch nur die starken Stengel, die schwachen nicht. Auch Sorten, die sich von selbst gut verzweigen, braucht man nicht zu pinzieren. Ebenso ist es bei Polyantharosen überflüssig, doch sollte man diesen kurz vor dem Flor den Blütenstand nehmen. Er wird in der Regel für den jungen Trieb zu schwer, und dieser bricht bei Wind oder heftigem Regen an der Veredlungsstelle leicht aus.

Man kann alle Rosen auch durch Stecklinge vermehren. Dazu sind Frühbeete nötig, die gut schließen sollen. Auch muß man sie von unten her beheizen. Bis zur Bewurzelung sind die Stecklinge in der üblichen Weise zu spritzen und zu schattieren, später muß man die Fenster wegnehmen und die Anzuchten abhärten. Die Pflanzen sind nach wenigen Wochen „fertig", und man braucht keine Unterlagen heranzuziehen, spart auch das Veredeln. Man muß für große Anzuchten nur viele Triebspitzen zur Verfügung haben. Dennoch werden Rosen nur ausnahmsweise aus Stecklingen vermehrt, weil die wurzelechten Pflanzen hart sind und unsre Winter nicht überstehen. Üblich ist aber die Vermehrung von Zwergrosen durch Stecklinge. Man steckt 3 bis 4 Spitzen gleich in einen Zehner-Topf, wo sie bald Wurzeln schlagen. Über Winter sollen die Töpfe fast frostfrei stehen, gegen Frühjahr topft man um und hat bald voll garnierte Pflanzen.

Über „geschützte" Rosen

Nicht wenige Züchter lassen ihre Rosenneuheiten patentieren oder warenzeichenrechtlich schützen. Wer solche Sorten vermehren und verkaufen will, bedarf einer Lizenz, für welche Gebühren zu entrichten sind. Wer keine hat, darf nicht veredeln, auch nicht für den „Hausgebrauch". Das mag manchen Liebhaber hart ankommen, der seinen Stolz darein setzt, so viele neue Sorten als möglich zu haben und selbst heranzuziehen. Die Patentierung und der Namenschutz ähneln in ihrem Wesen dem Patentschutz für Erfindungen und Konstruktionen und dem Warenzeichen- oder Namenschutz für Markenartikel. Die Lizenzen können sich auf einzelne Länder erstrecken oder weltweit sein. Die Schutzfrist beträgt in der Regel 12 Jahre; danach werden die Sorten „frei".

Rosenkrankheiten

Auch die Rosen haben Feinde. Sie werden von pilzlichen Schädlingen befallen und von verschiedenen Tieren heimgesucht.

Pilzliche Krankheiten

1. *Echter Mehltau.* Bei befallenen Pflanzen sind die Blattoberseiten, die Stiele der Blätter und Blüten, deren Kelche und die Rinde der Stengel mit einem weißen Belag überzogen. Die Blätter können ihre Arbeit nicht mehr verrichten, und die Blumen blühen nicht auf. Erreger ist der Pilz Sphaerotheca pannosa var. rosae. Die Sorten sind verschieden anfällig, viele Neuheiten ziemlich resistent. Feuchtwarme Witterung, Lichtmangel (Beschattung!), eingeschlossener Standort, zu sandiger oder kalter Boden und schroffer Wetterumschlag begünstigen die Ausbreitung und den Befall; Kalkmangel und Stickstoffüberdüngung desgleichen. Überdüngung und Wahl eines falschen Standortes sind Fehler, die man vermeiden kann, gegen den Einfluß der Witterung sind wir machtlos. Die Pilze überwintern mit Hilfe kleiner, dunkler Gehäuse an den befallenen Pflanzen und breiten sich im Frühjahr bei steigender Wärme aus. Man kann gegen sie nur im Spätherbst, Winter oder Vorfrühling angehen, indem man Schwefel, Benomyl oder Zineb und Schwefel als Kombinationspräparat anwendet (bercema-Zineb-Schwefel). Auch wässere man Rosen niemals mit einem Regner, denn auf Blättern und Stengeln bleiben Tropfen hängen, die verdunsten, wenn die Sonne auf sie trifft, und es entsteht im kleinen Bereich jene feuchtwarme Luft, welche die Ausbreitung des Befalles begünstigt.

2. *Falscher Mehltau* (Peronospora sparsa). Er tritt vor allem bei Rosen unter Glas, aber auch im Freilande auf. Der weißliche, mehlige Belag sitzt auf den Blattunterseiten, was natürlich die Bekämpfung erschwert. Es gibt stark und wenig anfällige Sorten. Wie beim Echten Mehltau begünstigen Stickstoffüberdüngung und zu enger Stand die Ausbreitung. Man bekämpft, indem man die Bestände mit Kupferoxychlorid (Spritz-Cupral 45) vor der Blüte spritzt, ferner kommt Zineb (bercema-Zineb 90) mit Netzmittel in Frage. Man schneide auch befallene Triebspitzen sofort ab und verbrenne sie.

3. *Sternrußtau.* Das ist die gefährlichste Krankheit. Im Spätsommer und Herbst bilden sich auf den Blättern zuerst vereinzelt, dann immer mehr größere oder

kleinere, stumpfbraune bis schwärzliche Flecken mit strahlig gefransten Rändern. Sie können auch auf der Rinde von jungen Triebteilen auftreten, und man findet sie dort besonders bei weichholzigen Sorten. Die erkrankten Blätter vergilben und fallen ab... dies manchmal in solcher Menge, daß der Boden unter den Büschen mit Laub völlig bedeckt ist und die Triebe kein Blättchen mehr aufweisen. Das ist natürlich eine schwere Störung der Pflanzen, die wichtige Organe vorzeitig eingebüßt haben. Oft bilden die Exemplare Nottriebe, was sie weiter schwächt, denn diese sind so weich, daß sie im Winter erfrieren. Die Krankheit wird durch den Pilz Marssonina rosae hervorgerufen, der an den abgefallenen Blättern, aber auch am Holz der Büsche überwintert. Nasse Witterung begünstigt den Befall und die Ausbreitung. Die Krankheit tritt an vernachlässigten Beständen stärker auf als an gut gepflegten. Auch sind die Sorten verschieden anfällig, einzelne wie z. B. 'Gloria Dei' fast nicht. Man kann also den Sternrußtau indirekt durch die Wahl resistenter Sorten bekämpfen, ferner durch gute Ernährung und schließlich durch das Wegschneiden der befallenen Triebspitzen. Nötig ist, das abgefallene Laub peinlich aufzusammeln und zu verbrennen. Man wendet Zineb und Schwefel als Kombinationspräparat (bercema-Zineb-Schwefel) an und bekämpft damit gleichzeitig den Echten Mehltau. Man kann auch mit Benomyl oder Captan spritzen; Captan wirkt aber nicht gegen den Echten Mehltau.

Tierische Schädlinge

Die häufigsten sind Blattläuse, Zikaden, Rote Spinne, der Kleine Rosenlaubkäfer, Blattwespenlarven. Man bekämpft sie zusammen mit Zineb, Carbaryl und Dicofol als Kombinationspräparat (bercema-Akafunin). Die Blattläuse werden von diesem Präparat nicht miterfaßt, sie können mit Parathion-Methyl (Wofatox) bekämpft werden.
Gelbsucht schließlich ist eine Mangelkrankheit. Die Blätter verfärben sich gelb und arbeiten schlecht, die Büsche blühen zu wenig. Die Ursache ist entweder zu saurer oder zu kalkhaltiger Boden. Man vermeide solchen Boden, wenn es irgend geht. Ist er zu kalkreich, soll man mehrmals Eisenchelat anwenden. Dieses Eisensalz der Äthylendiamintetraessigsäure wird vom Boden nicht, von den Pflanzen aber leicht aufgenommen. Ist der Boden zu sauer, hilft nur Kalk, doch wirkt dieser erst mit der Zeit.

Roscōea · Ingwerorchidee
Zingiberaceae

Roscōea cautleoídes   Roscōea purpúrea

Die Pflanzen wurden nach William Roscoe benannt (1753–1831), einem englischen Botaniker. Er begründete 1802 den Botanischen Garten Liverpool und schrieb über die Ingwergewächse und verwandte Familien. *Roscoea* sind Stauden mit einem Büschel fleischiger Wurzeln und meistens schwertförmigen, blaugrünen Blättern. Ihre Blüten erscheinen in einer endständigen, zweiseitigen Ähre. In ihrer Tracht erinnern sie beim ersten Anblick etwas an Gladiolen, denen sie in der Systematik auch nahe stehen. Sie bilden aber keine Zwiebeln. Die Gattung umfaßt gegen 15 Arten, welche in Zentralchina und im Himalaja auftreten.

Roscōea alpína Royle aus Kaschmir und Nepal wird 10 bis 20 cm hoch; die Blätter bilden fast eine Rosette, sind lanzettlich bis linealisch und bis 12 cm lang. Die Blüten sitzen auf einem kurzen Stengel einzeln oder zu 2 beisammen, sie werden gegen 3,5 cm lang, dunkelpurpurn mit gelblichgrüner Röhre und zweispaltiger Lippe. Die Art blüht im Juli/August.

Roscōea cautleoídes Gagnep. wächst in Nordwestyunnan auf hochgelegenen Alpenweiden und wird 25 bis 40 cm hoch. Die sitzenden, linealisch-lanzettlichen Blätter erscheinen gleichzeitig mit den Blüten. Diese stehen zu 4 bis 7 beisammen, sind bis 7 cm lang, hellschwefelgelb. Florzeit ist im Juli/August. Es gibt davon eine Sorte 'August Beauty' – ihre Blüten werden bis 10 cm lang und erscheinen erst im August.

Roscōea humeána Balf. f. et W. W. Sm. hat ziemlich breite Blätter, gedrungenen Wuchs und große, violettrote Blüten mit einer 10 cm langen Röhre. Die Blumen erscheinen bis zu 8 in Ähren im Mai/Juni.

Roscōea purpúrea J. E. Sm. aus Sikkim wird 10 bis 30 cm hoch, die Stengel weisen 4 bis 5 sitzende Blätter auf und bringen eine kurze, kopfige Ähre mit tief purpurnen Blüten. Die Art ist kaum in Kultur, statt ihrer kann man meistens die var. **procéra** (Lindl.) Wall. antreffen, welche in allen Teilen größer ist, auch größere Blüten aufweist. Die Pflanzen blühen im August/September.

Rosmarínus officinális

Bewertung, Verwendung, Anzucht: Roscoea sind schöne, wenn auch etwas eigenartige und anspruchsvolle Gewächse. Da sie in höheren Lagen der Gebirge Asiens vorkommen, ist es am besten, sie in Alpina und Steingärten zu setzen. Sie wünschen humusreichen, lehmigen, tiefgründigen und gut drainierten Boden, der nicht zu trocken werden darf ... man muß also notfalls wässern. Der Standort soll absonnig bis halbschattig liegen. Über Winter muß man unbedingt hoch mit trockener Nadelstreu schützen. Besser noch ist, die Gewächse – außer an besonders geschützten, warmen Plätzen – im Herbst mit guten Ballen auszuheben, an einem kühlen, frischen, aber luftigen Ort in Torfmull eingeschlagen zu überwintern und im Frühjahr wieder auszupflanzen. Auch in Töpfen kann man sie halten, die im Sommer im Freien einzusenken sind. Die Wurzeln wollen etwa 10 cm tief im Boden stecken. Die Pflanzen treiben im Frühling ziemlich spät aus, selten vor Mitte Mai. Man braucht nicht gleich zu befürchten, daß sie verschwunden sind, wenn sie sich nicht mit den andern Blumen regen. Vermehrt wird aus Samen. Er soll noch im Herbst in Kästen ausgesät werden, die man in ein Kalthaus stellt. Später wird pikiert und in Töpfen gehalten. Die Bestände blühen vielfach bereits im zweiten Jahre. An zusagenden Standorten können sich Roscoea sogar durch Samenwurf selbst vermehren.

Rosmarínus · Rosmarin
Labiatae ○ ◐ ◑ △ ∧

Die Herkunft des Namens ist unsicher. Bereits Dioskorides kannte ihn, doch bezeichnete er damit andere Pflanzen. Es könnten darin die griechischen Wörter rhops myrinos = „wohlriechender Strauch" stecken, da Rosmarin tatsächlich angenehm duftet.

Die Gattung enthält nur eine Art, welche im Mittelmeerraum weit verbreitet auftritt: *Rosmarinus officinalis.* Von Spanien über Südfrankreich und Italien geht sein Verbreitungsareal bis an die Küsten Kleinasiens, und ebenso findet man ihn in Nordafrika. Nach Mitteleuropa haben ihn vielleicht bereits die Römer gebracht, sonst die Benediktiner. Er ist bei uns jedoch nicht winterhart. Die kleinen hellvioletten oder weißen Blüten enthalten reichlich Honig, und schon Columella rühmte den Rosmarin als Honigspender. Es heißt, daß der Honig von Narbonne und Mahon sein köstliches Aroma dem Rosmarin verdankt, welcher dort in großen Mengen wild wächst. Bekannt ist ferner, daß die Schafe das Laub gierig fressen und daß das Fleisch von Tieren, die auf Rosmarintriften weiden, herzhaft schmeckt und eine Spezialität einzelner Schlemmerlokale bildet. Rosmarin wurde schon im Altertum als Heilpflanze geschätzt. Man nutzt die Blätter und die frischen Blüten, aus denen das Oleum Rosmarini gewonnen wird. Die wirksamen Bestandteile des Öls sind Terpene, die Blätter enthalten Gerbsäure und Bitterstoffe. Rosmarinaufguß hilft bei den verschiedensten Störungen des Verdauungsapparates, ist ein harntreibendes und lösendes Mittel. Das Öl wird zur Herstellung von Kölnisch Wasser und von Rosmarinkampfer genommen. Rosmarinöl war sogar das erste ätherische Öl, das mit Hilfe von Alkohol gewonnen wurde. Arnold von Villanova hat es um 1300 hergestellt, und es war als „Oleum mirabile" hochgeschätzt. Im Alten Rom gehörte Rosmarin zu den Kräutern, die der Venus heilig waren. Er vertritt heute in manchen Teilen Bayerns und Österreichs die Myrte, mit der Braut und Bräutigam zur Hochzeit geschmückt werden.

Rosmarínus officinális L. ist ein reichlich sich verzweigender Kleinstrauch von etwas sparrigem Wuchs. In seiner Heimat wird er bis 2 m hoch und viele Jahre alt. Die Triebe sind in der Jugend vierkantig, später verholzen sie, wobei die Kanten sich abflachen. Die Blätter sitzen kreuzweise gegenständig, werden schmal und lang, oberseits glänzen sie, unten weisen sie einen Filz auf, die Ränder sind zurückgebogen. In den oberen Teilen der Büsche erscheinen aus fast allen Blattwinkeln im Frühjahr und Vorsommer 5- bis 10blütige Scheintrauben kleiner, aber weithin duftender Blümchen, die weiß oder hellviolett werden.

Bewertung, Verwendung, Anzucht: Rosmarin gehörte bis weit ins 19. Jahrhundert hinein zum eisernen Bestande von Bauerngärten. In den Landstädten konnte man ihn häufig als Topfpflanze finden ... in den Alpen ist das heute noch so. Er dürfte das der allgemeinen Wertschätzung verdanken, die ihm im Altertum und Mittelalter zuteil wurde. Ähnlich wie Lavendel und Thymian duftet Rosmarin kräftig aromatisch. Zweiglein von Rosmarin nimmt man auch gern zu Soßen und Gewürzsträußchen. Über Sommer können die Exemplare in den Garten gepflanzt werden: an einen sonnigen Platz in nahrhaften, durchlässigen Boden, an

Ru

Rudbéckia hírta 'Meine Freude'

Rudbéckia hírta 'Herbstwald'

Rudbéckia fúlgida 'Goldsturm'

eine Stelle, wo man oft vorüberkommt und den Duft genießen kann. Bereits Ende August aber muß man wieder eintopfen, damit die Büsche sich erneut an die Töpfe gewöhnen. Zu spät getopfte Bestände leiden im Winter sehr! Man räume sie an einen hellen, kühlen, luftigen Standort, z. B. in eine verglaste Veranda. Bei starkem Frost muß man sie natürlich an einen geschützteren Platz bringen. Man kann die Pflanzen aber auch über Sommer in den Töpfen oder kleinen Kübeln lassen. Die Erde soll aus mürbem Lehm, etwas Komposterde und reichlich Sand bestehen, auch gute Gartenerde ist geeignet. Vermehrt wird durch Stecklinge im Hochsommer. Man steckt sie in Handkästen, welche ohne Unterwärme in ein Frühbeet zu stellen sind. Im Winter holt man die Anzuchten in ein Kalthaus. Im Frühjahr schließlich pflanzt man auf Beete, damit die Büsche sich bald zu kräftigen, ansehnlichen Exemplaren entwickeln. In Töpfen kultiviert, wachsen sie etwas zu langsam.

Rúbus · Brombeere, Himbeere
Rosaceae 4 ○ ◐ ○ △ ♡

Rubus ist ein alter lateinischer Pflanzenname für einige Brombeeren. Die Gattung umfaßt gegen 400 Arten, welche außer in sehr trockenen und heißen Gebieten in allen Erdteilen auftreten, teilweise sogar innerhalb des Polarkreises. Es sind Kräuter oder Sträucher, die niederliegend oder klimmend wachsen, einzelne Arten auch aufrecht, vielfach weisen sie Stacheln auf. Sie haben einfache oder gelappte Blätter und blühen in end- oder achselständigen Doldentrauben mit weißen, rosa oder purpurnen Blüten. Die Beere ist eine Sammelfrucht. Große Bedeutung haben R. idaeus, L., die Himbeere, R. frondosus (Torr.) Bigel., die Brombeere, welche beide vorzüglich schmeckende, auch zur Saft- und Marmeladebereitung geeignete Früchte bringen, und an ihrer Stelle in Finnland und Nordnorwegen R. chamaemorus L., die Molte-, Torf- oder Kranichsbeere, welche jedoch keine Kulturpflanze ist. Die Früchte der Himbeeren sind getrocknet als Tee ein schweißtreibendes Mittel, und die Blätter wirken leicht adstringierend. Das Laub der Brombeeren ist wegen des Gehaltes an Gerbstoffen bei leichten Durchfällen heilkräftig und wird vielen Kräutertees beigefügt. Fermentierte Brombeerblätter ergeben einen aromatisch schmeckenden, leicht belebenden Tee und werden als – freilich schwacher! – Ersatz für Chinesischen oder Indischen Tee verwendet, wenn dieser fehlt. Einige Rubus-Arten sind recht brauchbare Ziersträucher, sonst kommt für uns nur die folgende Art in Betracht.

Rúbus árcticus L., die Aakerbeere, wächst in Skandinavien und ist eine strauchige, unbewehrte Pflanze, welche 10 bis 20 cm hoch wird und im Frühjahr mit großen, roten Blüten unsern Blick auf sich zieht. Die himbeerähnlichen Früchte reifen bei uns nicht aus, sondern nur oberhalb des 65. Breitengrades. Sie sollen köstlich schmecken.

Bewertung, Verwendung, Anzucht: R. arcticus bildet an zusagenden Plätzen eine dichte Bodendecke. Er wünscht humusreiche, frische, aber unbedingt kalkfreie Erde und einen kühlen Standort, jedoch volle Sonne. Solche Plätze gibt es bei uns selten, aber es gibt welche, ... und man weiß oft nicht, was für Pflanzen sich dafür eignen. Die Aakerbeere ist eine! Man pflanzt im Frühjahr und kann die Bestände sich selbst überlassen. Wenn ihnen der Standort zusagt, breiten sie sich allein überallhin aus. Allerdings wirken sie nur in Mengen oder größeren Flächen; als Unterbrechung kann man Moorbirken und Moorweiden, auch Ginster dazwischen setzen. In unsern Gebirgen wird man am ehesten Partien finden, die man mit diesem Gewächs besiedeln sollte. Es kann eine Szenerie von schwermütiger Schönheit entstehen.

Rudbéckia · Rudbeckie, Sonnenhut
Compositae ☉ 4 ○ ◐ ○ ○ ✕ ○

Die Pflanzen wurden zu Ehren des schwedischen Botanikers Olaf Rudbeck (1660–1740) benannt, der ein Lehrer Linnés war. Es sind einjährige oder ausdauernde Kräuter von verschiedener Tracht mit mittelgroßen bis großen Blüten, deren Mitte kegelförmig oder zylindrisch gewölbt ist. Die Strahlen- oder Rand-

Rudbéckia laciniáta 'Goldquelle'

Rudbéckia nítida 'Herbstsonne'

blüten sind geschlechtslos. Die Gattung umfaßt gegen 40 Arten, welche allesamt in Nordamerika heimisch sind. Einzelne wurden bereits im 17. Jahrhundert in Frankreich und England, später überall in Europa in Gärten gehalten. Sie kamen als Samen zusammen mit *Aconitum* von Kanada, und der englische Botaniker Cornutus nannte sie 1635 Aconitum helianthemum canadense.

Einjährige Arten

Rudbéckia hírta L. ist in Nordamerika weit verbreitet und tritt stellenweise unkrautartig auf. Gartenwert haben nur Kulturvarietäten von var. *pulcherrima*. Die weitaus beste ist 'Meine Freude', eine der brauchbarsten Sommerblumen und absolut zuverlässig. Sie hat spatelförmige tiefgrüne Blätter, und ihre Blütenstengel verzweigen sich mehrfach, daher bilden die Pflanzen in vollem Flor einen großen, geschlossenen Farbfleck. Die Blumen werden 10 cm breit und breiter, sie haben einen dunklen Mittelknopf und um diesen herum rein goldgelbe, dicht stehende Zungenblüten. Sie bilden förmlich einen Stern. Die Sorte wird gegen 60 cm hoch. Var. **pulchérrima** Farw. (syn. R. bicolor Nutt.) wird 35 bis 50 cm hoch und bildet zunächst einen üppigen Schopf von Blättern, aus deren Gewimmel später die einzelnen endständig sitzenden Blüten erscheinen. Sie sind bei der Varietät gelb und haben einen kleinen, beinahe halbkugelförmigen Knopf im Zentrum. Es entstanden eine Reihe Sorten oder Mischungen, welche größere Blumen bringen, und die Randblüten haben braune oder dunkelrote Streifen, Zonen, Bänder oder Strahlen. Eine solche Mischung ist 'Herbstwald' – wie der Name sagt, in den bunten Tönen eines Herbstwaldes, etwa 60 cm hoch. Erwähnt sei ferner 'Sonnenuntergang' – 70 cm hoch, die Randblüten sind goldgelb und haben ein braunrotes Band. Es gibt auch tetraploide Züchtungen, ihre Blumen werden gegen 10 cm breit.

Bewertung, Verwendung, Anzucht: Rudbeckia 'Meine Freude' ist eine höchst brauchbare Sommerblume für bunte Beete aller Art. Man kann sie einstreuen und auch in Massen verwenden. Die Pflanzen blühen lange und reich. *Rudbeckia hirta* var. *pulcherrima* wächst etwas gespreizter und ergibt keine einheitlichen Farbflecken; auch sind die Töne der Blumen außer dem Gelb, das man auch antrifft, ohne Leuchtkraft. Man soll sie daher nicht in Massen pflanzen, sondern nur in kleinen Horsten in bunte Rabatten einstreuen, wobei man sie unbedingt neben leuchtend gelbe oder weiße Blumen setzen sollte. Man sät in der ersten Aprilhälfte in ein halbwarmes Frühbeet, dünnt notfalls etwas aus und setzt später mit etwa 25 bis 30 cm Abstand an den endgültigen Standort. Will man besonders kräftige Exemplare, muß man pikieren oder in Torftöpfe pflanzen. Der Flor beginnt im Laufe des Juli und hält bis fast zum Frost an. Die Blumen lassen sich schneiden, man muß aber vor dem Einstellen in die Vasen die Stiele nachschneiden und kurz in kochendes Wasser tauchen... sonst schlappen sie.

Ausdauernde Arten

Rudbéckia fúlgida Ait. wächst im Osten des Kontinents und ist dort weit verbreitet. Man findet die Pflanzen sowohl in trockenen, steinigen Waldlichtungen als auch an sumpfigen Stellen und im Walde. Die Art wird nicht verwendet, sondern die var. **sulliväntii** (Boynton et Beadle) Cronq. (syn. R. sullivantii Boynton et Beadle), und von ihr kultiviert man nur die Sorte 'Goldsturm'. Sie hat spatelig lanzettliche, scharf gezähnte, nur wenig behaarte Blätter und blüht überreich mit großen, goldgelben Sternblumen, die einen dunklen Knopf aufweisen. In vollem Flor im August/September bilden die Pflanzen einen geschlossenen Blütenteppich und wirken weithin, Höhe 50 bis 60 cm. **Rudbéckia laciniáta** L. wächst an feuchten Plätzen und wird bis 2 m hoch, aber man pflanzt nur die 1894 in Europa wild gefundene Sorte 'Goldball'. Sie hat runde, weitläufig mit gelappten Blättern besetzte Stengel, welche sich oben verzweigen und rein goldgelbe, gefüllte Blumen bringen. 'Goldball' ist weit verbreitet und in vielen Gärten zu sehen, sie blüht von Ende Juli bis in den September hinein, mit den Jahren wird der Busch riesig. 1951 kam eine niedrigere Ausgabe heraus: 'Goldquelle' – wird nur 80 cm hoch, steht straff aufrecht und fällt nicht um. Die großen, goldgelben, gefüllten Blumen erscheinen ab August, der Flor kann sich bis in den Oktober hinziehen.

Rudbéckia nítida Nutt. tritt im Süden Nordamerikas an feuchten und etwas schattigen Plätzen auf und wird etwa 120 cm hoch. Die Pflanzen haben gerade aufsteigende Stengel, die sich nur oben verzweigen. Die Blätter sind eirund-lanzettlich, ganzrandig oder wenig gezähnt und glänzen nicht. Farbe schön hellgrün. Auch von dieser Art werden nur Sorten verwendet, es gibt zwei: 'Herbstsonne' und den 'Goldschirm' Karl Foersters. Beide sind etwa 2 m hoch und haben einfache, reingelbe Blumen mit grüngelber, kegelförmiger Mitte, die Zungenblüten hängen etwas nach unten, bei jeder Sorte auf eine andere Art. Florzeit ist im August/September. Die Pflanzen wollen frischen Boden und vertragen auch etwas Halbschatten.

Rudbéckia purpúrea → **Echinácea**

Bewertung, Verwendung, Anzucht: Die meisten Stauden-Rudbeckien sind so bekannt und weit verbreitet, daß es überflüssig ist, sie zu loben! Alle sind verhältnismäßig anspruchslos und wachsen in jedem Gartenboden. Bei 'Goldsturm' ist volle Sonne nötig. Die andern vertragen auch Halbschatten. Die Erde soll frisch sein, also nicht zu trocken. Größere Exemplare muß man unbedingt reichlich wässern. Dagegen ist Winternässe bei *R. nitida* abträglich. Man kann alle Arten in bunte Blumenbeete einfügen, sie auch einzeln zwischen niedrige Stauden setzen, desgleichen vor Gehölze oder in den Rasen. Sie passen auch in Wildstaudenpflanzungen. Alle werden mit den Jahren riesig und nehmen große Flächen ein; man kann sie auch lange ungestört an ihrem Platz lassen. Die Blumen eignen sich gut zum Schnitt, denn sie halten sich sehr lange, von *R. laciniata* und *R. nitida* wenigstens 10 Tage. Vermehrt wird hauptsächlich durch Teilung. Bei den Sorten wäre Aussaat sowieso nicht möglich, denn sie fallen aus Samen nicht echt. Wenn man im Frühjahr teilt, bekommt man bei *R. laciniata* und *R. nitida* bis zum Herbst verkaufsstarke Bestände. Bei der Teilung von 'Goldsturm' soll man nur die Ausläufer pflanzen, welche in einem Blattschopf endigen, nicht die inneren Teile, die im vergangenen Jahr geblüht haben. Am ergiebigsten sind mehrjährige Mutterpflanzen aus weitem Stand.

Rúta · Raute
Rutaceae ⚥ ○ ☾ ☾ ♡

Ruta ist ein alter lateinischer Pflanzenname, den man bei Ovid, Cicero und Columella antrifft; Dioskorides und Theophrast jedoch haben für die Rauten einen ganz anderen Namen gebraucht. Die Herleitung des Namens ist dunkel. Rauten sind Kräuter oder Halbsträucher mit stark aromatisch riechenden, meistens einfach oder mehrfach zusammengesetzten Blättern und endständigen Scheindolden oder Rispen. Die Gattung umfaßt gegen 60 Arten, ihr Verbreitungsareal reicht von den Kanarischen Inseln bis nach Ost- und Südostasien. In Mitteleuropa sind sie nicht heimisch, sondern sie wurden eingeführt, und manchmal kann man *R. graveolens* in Weinbergen verwildert antreffen. Wie viele andere stark duftende Gewächse haben auch die Rauten früh die menschliche Aufmerksamkeit auf sich gelenkt und sind seit grauer Vorzeit berühmte Heilkräuter, insbesondere die Weinraute, *R. graveolens*, über welche es auch eine Menge Sagen gibt. Man gebraucht das Laub als Tee und zieht aus den Blättern und Blüten das Oleum Rutae aus; daraus stellt man das Rautenöl her. Raute hilft bei Verdauungsstörungen, mangelhafter Durchblutung des Verdauungsapparates, ist krampflösend und hat großen Einfluß auf die Organe des kleinen Beckens. In der Medizin des Mittelalters gehört die Weinraute zu den großen Universalmitteln; Tabernaemontanus z. B. füllt $8^{1}/_{2}$ Folioseiten mit Aufzählung der Anwendungsmöglichkeiten. Heute wird Raute nur selten gebraucht, zumal sie nicht ungefährlich ist. In den Alpen nimmt man gern ein Zweiglein der Raute mit in die „Riechsträußchen", die außerdem Lavendel, Rosmarin, Wermut und Eberraute enthalten. Erwähnt sei aber noch, daß zur Familie der Rutaceae auch alle Citrus-Arten gehören, also die Zitronen, Apfelsinen, Bergamotten, Pomeranzen und Pampelmusen ... bekannte und höchst wertvolle Südfrüchte.

Rúta graveólens L. ist eine Halbstaude mit holzigen Wurzeln und schiefem, ästigem Erdstamm. Sie hat kahle, hellgrüne Sprosse, einen aufrechten, bis 50 cm hohen Stengel und 5 bis 10 cm lange, unpaarig gefiederte Blätter mit 1 bis 3 fiederspaltigen Fiedern. Das Laub ist etwas fleischig und gelblich-, manchmal auch bläulichgrün. Die in einer Trugdolde erscheinenden Blumen haben lebhaft grünlichgelbe Kronblätter. Florzeit ist von Juni bis August. In Kultur ist fast nur var. **vulgáris** Willk. (syn. *R. hortensis* Mill.). Sie ist eine mediterrane Felsenpflanze und braucht einen sehr warmen Standort.

Rúta patavína → **Haplophýllum**

Bewertung, Verwendung, Anzucht: Rauten sind vor allem Duftspender, die Weinraute ist überdies eine beliebte Futterpflanze für die Raupen des Schwalbenschwanzes, des schönsten und größten Schmetterlings Mitteleuropas. Schon um diese Tiere anzulocken, damit sie sich in unserm Garten aufhalten und vielleicht sogar heimisch werden, sollte man *R. graveolens* pflanzen. Sie paßt gut zu Yucca, Anthericum, Wollthymian und braucht kalkhaltigen, sandig-lehmigen Boden und trockenen, recht warmen Standort. Man vermehrt aus Samen, pikiert bald in tiefe Töpfe und pflanzt auch bald an den endgültigen Standort. In sehr kalten Wintern erfrieren die Pflanzen. Da sie aber viel Samen produzieren, der häufig von selbst aufläuft, braucht man das Erfrieren nicht tragisch zu nehmen.

S

Sagína · Sternmoos
Caryophyllaceae ♃ ○ ◐ ◓ ◑ △ ∥ ♡

Der Name stammt aus dem Lateinischen, das Wort sagina bedeutet „Mast": *Spergula arvensis*, die früher Sagina spergula (de l'Obel) hieß, wurde zur Schweinemast verwendet. Unsere *Sagina* ist jedoch keine Futterpflanze. Es sind einjährige oder ausdauernde, meistens niedrige Kräuter von dichtem oder lockerem polsterartigem Wuchs und kleinen, oft unscheinbaren Blüten. Die Gattung umfaßt gegen 30 Arten, die vor allem auf der nördlichen Erdhälfte in Gebieten mit gemäßigtem und kühlem Klima auftreten. Gartenwert hat nur eine Art.
Sagína subuláta (Sw.) K. B. Presl (syn. *S. pilifera* hort.) ist eine Staude, wird 3 bis 5 cm hoch und bildet dichte, rasenartige Polster. Im Juni/Juli erscheinen zahlreiche einzeln stehende weiße Blümchen. Es gibt auch eine cv. 'Aurea' mit gelbgrünem Laub.

Bewertung, Verwendung, Anzucht: Sternmoos, wie die Pflanzen deutsch heißen, obwohl sie alles andere als ein Moos sind, kann man bei uns häufig als Bodenteppich finden: auf Gräbern, im Steingarten, zwischen Trittplatten, als Rasenersatz und auch als Einfassung. Die Polster werden in etwas sandigen, frischen Böden am schönsten, sie vertragen Sonne und auch leichte Beschattung. An ungünstigen Standorten und in sehr trockenen Jahren brennen sie von innen her aus. Man muß sie dann erneuern. An zusagenden Plätzen, die ausreichend feucht sind, können sie viele Jahre alt werden. Bei größeren Flächen ist es nötig, die Polster mit Trittbrettern mehrmals im Jahre festzutreten, sonst wachsen sie hoch, lösen sich dabei vom Boden und vertrocknen oder bekommen tote Stellen. Die Sorte 'Aurea' färbt sich nur in voller Sonne gut aus und braucht unbedingt frischen Boden. In vielen Katalogen steht, daß man Sagina als Überwuchs für Blumenzwiebeln wählen kann. Diese müssen aber sehr kräftig wachsen, zarte Arten setzen sich nicht leicht durch. Vermehrt wird durch Teilung, wobei man die Pflanzen in 4 bis 5 cm breite Büschel aufreißt und so tief in den Boden drückt, daß sie mit der Erde abschließen. Man pflanze nicht die großen Platten, wie man sie beim Gärtner bekommt, sondern reiße sie auf. Die Pflanzen wachsen bei zusagender Witterung in wenigen Wochen zusammen und bilden bald die gewünschte grüne Fläche. Man kann bis in den Sommer hinein teilen und aufpflanzen.

Sagittária · Pfeilkraut
Alismataceae ♃ ○ ◑ ◐ ≈

Sagittária sagittifólia

Im Namen der Pflanzen steckt das lateinische Wort sagitta = Pfeil; es bezieht sich auf die pfeilförmigen Blätter. *Sagittaria* sind Wasserpflanzen, und die Gattung umfaßt gegen 30 Arten, die in gemäßigten und auch tropischen Gebieten der Erde auftreten. Einige Arten eignen sich sehr gut für Aquarien. Winterhart ist bei uns nur *S. sagittifolia* mit ihren Sorten.
Sagittária sagittifólia L. ist in Europa und Asien in Sümpfen und ruhigen Gewässern zu finden. Die Pflanzen haben runde oder ovale, etwa 1,5 cm breite Knollen und bringen verschieden geformte Blätter. Die untergetauchten werden bandförmig, 10 bis 80 cm lang und 4 bis 15 cm breit, nach ihnen treiben die Exemplare einige Schwimmblätter, und erst wenn diese da sind, kommen die typischen pfeilförmigen, halb ins Wasser getauchten oder völlig herausragenden Blätter, nach welchen die Pflanzen ihren Namen erhalten haben. Im Sommer folgt der Flor. Auf 20 bis 100 cm hohen Blütenschäften stehen lange Trauben weißer Blüten mit einem braunroten Fleck am Grunde jedes Kronblattes. Die Pflanzen sind einhäusig, die männlichen Blüten werden bis 2,5 cm breit, die weißlichen nur 1,5 cm. Außer der Art gibt es einige Sorten: 'Leucopetala' mit reinweißen Blumen und 'Plena' mit gefüllten reinweißen Blüten.

Bewertung, Verwendung, Anzucht: Das Pfeilkraut belebt Teichränder und Wasserbecken und spiegelt sich im Wasser. Man vermehrt aus den Nebenknollen und Tochterknollen am Ende der Ausläufer und kann auch aus Samen heranziehen. Sofort nach der Reife säe man in Schalen, die von unten her feucht stehen müssen. Beim Pflanzen ist so tief zu setzen, daß der Wurzelhals im Wasser steckt. Ausgewachsen vertragen die Pfeilkräuter bis 50 cm Wassertiefe. Am besten gedeihen sie in einem lehmig-schlammigen Boden.

Salpiglóssis · Trompetenzunge, Brokatblume
Solanaceae ⊙ ○ ◑ ◐ ✕

Im Namen stecken die griechischen Wörter salpinx = Trompete und glossa = Zunge; sie beziehen sich auf die Form der Blumen. Die Pflanzen sind einjährige,

Sa

Salpiglóssis sinuáta — Sálvia coccínea

Sálvia pátens

Sálvia spléndens

aufrecht wachsende, weich behaarte Kräuter mit großen bunten Blüten. Die Gattung umfaßt 8 Arten, die in Chile zu Hause sind.

Salpiglóssis sinuáta Ruiz et Pav. ist die einzige Art, die wir kultivieren. Die Pflanzen werden 60 bis 80 cm hoch, verästeln sich wenig und blühen von Juli bis August mit großen, entfernt an die Blüten von Petunien erinnernden Blüten. Die Blumen haben eine Grundfarbe: Weiß, Hellgelb, verschieden Rosa bis Rot, Violett oder Hellbraun und werden durch anders getönte Federn, Adern oder Streifen verziert. Dazu kommt noch das samtartige Aussehen der Blüten. Vielfach ist auch das Innere des langen Schlundes hell und geadert. Es gibt zahlreiche Sorten. Besonders schön ist die Superbissima-Mischung — die Pflanzen werden 60 cm hoch und bringen einen kräftigen Mitteltrieb, der besonders große, manchmal fabelhaft bunte Blumen trägt.

Bewertung, Verwendung, Anzucht: Der samtige Ton und die bunten Farben der großen Blüten ziehen die Blicke sofort auf sich, dennoch gehören die Trompetenzungen nicht zu den allerwichtigsten Sommerblumen... sie blühen nicht lange genug. Pflanzt man sie auf Beete, so fallen sie trotz ihrer Schönheit nicht sofort auf, weil ihre Farben gemischt sind und nicht in die Ferne dringen. Man muß sie stets in Gruppen pflanzen und so setzen, daß man ihr Farbenspiel vom Wege aus erkennen kann. Auch lassen sich die Stengel schneiden, doch vertragen die Blumen langen Transport schlecht. Man sät im März in einen kalten Kasten und pflanzt später an den vorgesehenen Platz. Man kann auch an Ort und Stelle säen und dann auf etwa 20 cm Abstand ausdünnen. Die Pflanzen wollen einen warmen Standort, volle Sonne, humosen, guten Boden und ausreichende Ernährung, bei Trockenheit auch Wassergaben. Sehr trockene oder nasse Lagen eignen sich für Trompetenzunge nicht.

Sálvia · Salbei
Labiatae ⊙ ⊙ ♃ △ ◯ ◐ ◑ ◯

Im Namen steckt das lateinische Wort salvus = gesund; als Salvia bezeichneten Plinius und andere die heilkräftige Art *S. officinalis*. Salvien sind ein- und mehrjährige Kräuter, Halbsträucher und in den Tropen auch Sträucher. Sie haben netznervige, sehr verschieden geformte Blätter, verzweigen sich meistens reichlich, und die Blüten stehen in Scheinquirlen in einfachen oder verzweigten, dichten oder unterbrochenen Scheinähren und Scheintrauben beisammen. Die Gattung ist mit ihren mehr als 700 Arten die größte der Familie. Die meisten Arten treten in den Tropen und Subtropen beider Erdhälften auf, viele im Mittelmeergebiet, während nur uns wenige einheimisch sind. *S. officinalis* ist eine alte Heilpflanze. Man verwendet ihre Blätter, welche aromatisch duften und auch so schmecken. Sie helfen bei Störungen des Verdauungsapparates, äußerlich bei Entzündungen der Mund- und Rachenhöhle sowie schwammigem Zahnfleisch; das Salbeiöl wird Mundspülwässern zugesetzt.

Ein- und zweijährige Arten

Sálvia aethíopis L. (syn. S. lanata Moench, Sclarea aethiopis (L.) Mill.), die Wollsalbei, stammt aus der Mediterraneïs und ist eine zweijährige Art, die 60 bis 100 cm hoch wird und an allen grünen Pflanzenteilen dicht weißwollig behaart ist. Die Stengel verzweigen sich bereits von unten an und bilden eine stattliche, pyramidale Rispe. Die Blüten sind weiß, Florzeit ist im Frühsommer.

Sálvia argéntea L. (syn. S. candidissima Guss.), die Silberblattsalbei, wird bis 70 cm hoch und tritt in Südeuropa auf. Die Pflanzen sind ebenfalls weißwollig behaart, ihre eirunden Blätter bilden eine geschlossene

Rosette, die dicht auf dem Boden aufliegt. Der Blütenstand verzweigt sich; er ist klebrig behaart. Die Blüten werden weiß. Florzeit im Hochsommer. Auch diese Art ist zweijährig.

Sálvia carduácea Benth., die Distelsalbei, wächst in Kalifornien wild, vor allem in trocknen Strichen. Die Pflanzen bilden eine etwa 25 cm breite Rosette gezackter, mit Stacheln ausgerüsteter Blätter und treiben einen Stengel, der eine etwas gestauchte, sich verzweigende Rispe mit lavendelblauen Blüten bringt. An allen grünen Teilen sind die Gewächse mit Haaren bedeckt und sehen deshalb graugrün aus. Die Art ist hier zweijährig.

Sálvia coccínea Juss, die Scharlachrote Salbei, tritt in Mittelamerika und im Süden der Vereinigten Staaten auf und ist dort eine Staude oder ein Halbstrauch. Bei uns behandelt man sie als Einjahrsblume. Sie wird hier bis 60 cm hoch, bildet aufrechte, sich reichlich verzweigende Büsche und ist an allen grünen Teilen behaart, doch nicht so dicht, daß ein weißer Filz entsteht. Die Blüten erscheinen von Juli an und stehen in langen, rutenförmigen Trauben, die Blumenquirle sitzen etwa 15 mm voneinander entfernt. Die Blüten werden 2,5 cm lang, sind aber schmal und bilden nicht wie bei *S. splendens* seinen geschlossenen Farbfleck, sind also in keiner Weise ein Ersatz für diese. Es gibt auch eine var. **pseudococcínea** (Jacq.) Nichols., welche der Stammart sehr ähnelt, nur werden die Büsche schlank, wachsen bis 150 cm Höhe und bringen kleinere Blumen.

Sálvia farinácea Benth. aus Texas, die Mehlige Salbei, ist an allen grünen Teilen grauweiß behaart, mit der Zeit jedoch verkahlt sie unten. Die Blumen sitzen in dichten, vielblumigen Quirlen beisammen und bilden lange, häufig unterbrochene Ähren. Die Oberlippe der Blüten ist klein, die Unterlippe dagegen sehr ansehnlich, Farbe dunkellila mit weißem Fleck im Zentrum. Die Pflanzen werden 50 bis 60 cm hoch und bilden geschlossene Büsche, die Florzeit reicht je nach der Aussaat und Vorkultur vom Mai bis zum Herbst. Man nimmt heute die Art nicht mehr, sondern nur noch Sorten, wie 'Dunkelblau' – Blüten größer, das Weiß ist fast verschwunden, daher ist der Gesamteindruck einheitlicher, und 'Gruppenblau' = 'Blue Bedder' – gedrungener im Wuchs, Farbe fast enzianblau. *S. farinacea* ist eine Einjahrsblume.

Sálvia involucráta Cav. aus Mittelamerika wächst bei uns bis 1 m hoch und wird hier wie viele Salvien aus der Neuen Welt nur einjährig gezogen. Die Pflanzen bilden von unten an sich verzweigende, längliche Büsche, haben entfernt stehende eirunde Blätter und blühen in ährenförmigen Trauben, die anfangs kurz sind, sich aber im Laufe des Flors strecken. Die Deckblätter sind groß und fallen sofort auf, Farbe rosenrot, die Blumen werden rot. Die Pflanzen blühen im Sommer bis zum Herbst.

Sálvia pátens Cav. stammt aus Mexiko, wo die Pflanzen in den Bergen vorkommen. Sie haben einen knolligen Wurzelstock und aufrechte, bis 80 cm hohe Triebe, welche in langen Blütentrauben endigen. Die Blätter sind eirund bis dreieckig, wie alle grünen Teile leicht behaart. Die Blumen werden 5 cm lang und länger und sind wunderbar enzian- oder ultramarinblau... leider fallen sie leicht ab, doch kommen immer neue nach. Außer der Art gibt es cv. 'Nana', welche nur 35 cm hoch wird, und die Sorten 'Cambridge Blue' – mit mittelblauen Blüten, und 'Roggli', deren Ähren mehr und größere Blumen bringen, so daß die Büsche voller blühen. Man soll die Knollen im Herbst wie Dahlien ausheben, aber in Torf eingeschlagen überwintern, im nächsten Jahr kann man sie dann wieder verwenden.

Sálvia sclárea L. ist eine zweijährige Art aus dem Mittelmeergebiet. Die Pflanzen werden bis 1 m hoch und sind an allen grünen Teilen filzig behaart. Sie bilden zunächst eine schöne Rosette herzförmiger bis eirunder, runzeliger Blätter und treiben im Juni/Juli einen steifen Stengel mit sich verzweigenden Scheinähren. Die Blüten sind hellviolett und haben eine große, sichelförmige Oberlippe. Die Pflanzen duften harzig-aromatisch. Die Art war früher als Heilpflanze hoch geschätzt und wurde überdies zum Schönen von Wein verwendet, weil ihre Blätter ein nach Muskateller schmeckendes Öl enthalten.

Sálvia spléndens Sello ex Nees stammt aus Brasilien, wo die Pflanzen in Regenwäldern auftreten. Die Stammart ist nicht in Kultur, sondern nur Sorten, von welchen es eine ganze Reihe gibt. Sie unterscheiden sich in Höhe und Breite, ferner in den Farben der Blüten. Die Pflanzen werden bei uns 35 bis 50 cm hoch, verzweigen sich reichlich, haben etwa eirunde, bis 10 cm lange, zugespitzte Blätter und blühen mit Trauben, die bis 10 cm lang werden. Die Blumen sind glockenförmig, Farbe scharlachrot. 'Feuerzauber' ist die brauchbarste Sorte, sie wird nur 25 cm hoch, wächst gedrungen, blüht reich und früh. Die Sorte 'Feuerfunke' hat dieselben Eigenschaften. Es gibt auch eine lachsrot blühende Sorte und weißblühende. *S. splendens* ist die Feuersalbei, die man in öffentlichen Anlagen in großen Mengen finden kann. Ihr Vorteil ist, daß sie bei nicht zu ungünstiger Witterung von Juli bis zum Frost unermüdlich und sicher blüht.

Sálvia verbascifólia M. B. aus dem Kaukasus wird in der Heimat eine Staude, hier nur eine Zweijahrspflanze. Auch diese Art bildet zunächst eine dicht an den Boden geschmiegte, ornamentale Rosette und hat weißfilziges Laub. Die Blätter werden herzförmig bis eirund und sind unregelmäßig grob gekerbt. Die Pflanzen blühen mit einer stattlichen, pyramidalen Rispe, die klebrig behaart ist. Die Blumen sind weiß und stehen zu vier bis sechs in Quirlen. Der Flor fällt in den Hochsommer.

Sálvia víridis L. (syn. *S. horminum* L.), die Buntschopfsalbei, ist eine Annuelle. Sie stammt aus Südeuropa und wird 30 bis 60 cm hoch. Die Pflanzen bilden länglich-ovale Büsche, sie haben eiförmig-elliptische Blätter und kleine Blüten, doch sind deren Deckblätter nicht nur sehr groß, sondern auch verschieden bunt... sie bilden den eigentlichen Schmuck der Pflanze. Die Deckblätter werden weiß, bräunlichviolett und purpurn. Am besten ist, mit Sorten zu arbeiten. Es gibt: 'Königsblau' – 70 cm hoch, und 'Oxford Blue' – 50 cm hoch, bei beiden werden die Deckblätter mittelblau; ferner 'Purple Topped' – Deckblätter purpurkarmin, und 'Pink Sunday' – hellvioleett bis rosa, in der Farbwirkung am auffälligsten.

Bewertung, Verwendung, Anzucht: Salvia aethiopis, S. argentea, S. carduacea, S. sclarea und *S. verbascifolia* sind als Xerophyten eine Gruppe für sich, überdies alle zweijährig. Sie eignen sich sehr gut für Wildstaudenpflanzungen, Heidegärten und für Gärten oder Plätze mit trocknem Boden und sonniger Lage. Sie wirken wie viele Xerophyten durch ihre von Wärme, Sonne und Wassermangel beeinflußte und ausgeprägte Gestalt. Man sät sie im Sommer auf ein Saatbeet, pikiert dann und pflanzt so bald als möglich an den vorgesehenen Standort. Der Boden soll trocken, kalkhaltig und nicht zu leicht sein.

S. farinacea und *S. viridis* wachsen in jedem Gartenboden und brauchen Sonne. Man kann sie in bunte Blumenbeete einfügen, auch zu Strauchrosen als Nachbarn setzen. Gut wirken sie neben *S. splendens*, wenn man zugleich noch graulaubige Gewächse wie *Senecio bicolor* dazu nimmt. Man sät im April in ein Frühbeet und pflanzt nach Mitte Mai an den vorgesehenen Platz, Abstand etwa 20 cm. *S. farinacea* kann man auch gleich an Ort und Stelle säen.

Salvia splendens und die ihr ähnelnden Arten verlangen eine regelrechte Kultur. Man sät im Februar bei +16 bis 20 °C aus, pikiert zunächst, dann topft man ein – Töpfe nicht zu klein – und pflanzt nach Mitte Mai an den vorgesehenen Platz. Je größer man die Anzuchttöpfe nimmt – 8 oder 11 cm –, um so ansehnlicher werden die Jungpflanzen, um so mehr Platz braucht man für die Anzucht... um so weiter aber kann man sie auf den Beeten auseinanderpflanzen. *Salvia splendens* wird häufig in Massen gepflanzt, teils einheitlich, teils in Einfassungen etwa von weißen Petunien oder *Helichrysum petiolare* oder mit tuffweise eingesprengten Sommerblumen von stark abstechender Tracht, wie *Cosmos, Datura, Coreopsis, Nicotiana*, welche die einheitlich rote Fläche unterbrechen. *S. coccinea* und *S. involucrata* eignen sich für bunte Blumenrabatten, in die man sie in kleinen Horsten einstreut. Natürlich eignet sich die Feuersalbei auch für breite Schalen. Alle gedeihen in jedem normalen Gartenboden, der nicht zu arm, nicht zu naß und nicht zu trocken ist. *Salvia splendens* sollte nach dem Anwachsen eine schwache Volldüngergabe bekommen. Unerläßlich ist ein vollsonniger und warmer Standort.

Salvia patens ist ein Außenseiter... sowohl wegen der großen Blüten und ihrer wunderbar blauen Farbe als auch wegen des knolligen Wurzelstockes. Man konnte sie früher häufig sehen, jetzt leider selten. Die Pflanzen wünschen normalen, kräftigen, durchlässigen Gartenboden, volle Sonne und warmen Standort. Sie eignen sich als Einsprengsel in bunte Beete, und man kann sie auch für sich auf Streifen setzen, muß ihnen nur eine passende Einfassung oder Zwischenfassung geben. Dafür eignen sich sehr gut *Lobularia maritima* mit weißen Blüten, weißlaubige Pflanzen, wie *Senecio bicolor* 'Rauhreif', *Helichrysum petiolare, Sideritis candicans*, ferner Zwergtagetes mit hellgelben Blüten und *Verbena peruviana*. Vermehrt wird in kleinen Mengen durch Teilung und Stecklinge im Frühjahr, bei großem Bedarf aus Samen. Man sät im Februar in ein halbwarmes Frühbeet und pikiert auf ein Anzuchtbeet, wo die Bestände im August/September schon einen Flor bringen. Nach den ersten Frösten muß man – wie bereits erwähnt – ausgraben, in Torfmull einbetten und bei etwa +5 °C überwintern. Im nächsten Frühjahr kann man im April wieder auspflanzen. Schönere und früher blühende Bestände bekommt man, wenn man die Knollen im Februar in Töpfe legt und diese später in einem halbwarmen Kasten hält, bis man auspflanzen kann.

Ausdauernde Arten

Sálvia jurisícii Koš. aus Mazedonien wird 30 bis 40 cm hoch und ist eine zierliche Pflanze. Die Blätter sind schmal-fiederschnittig und graufilzig behaart. Der Blütenstand bildet eine schmal-pyramidale Rispe. Die Blumen werden hellviolett bis mittelblau. Der Flor dauert sehr lange: von etwa Mitte Mai bis in den September.

Sálvia officinális L. ist die alte offizinelle Gartensalbei, von der es eine Reihe Unterarten und Sorten gibt. Die Pflanzen werden etwa 60 cm hoch, bilden dichte Büsche, haben graugrüne, filzige Blätter und blühen in schmalen Scheinähren. Die Blüten sind lila, auch weiß, und die Quirle sitzen dicht beisammen. Wichtiger als die Art sind 'Aurea' mit goldgelben Blättern und 'Purpurascens' mit rötlichpurpurnem Laub. Es gibt auch Sorten mit weißmarmorierten Blättern, doch sind sie recht empfindlich und wenig fürs Freiland geeignet. Die Sorten brauchen guten Winterschutz.

Sálvia × supérba Stapf ist eine Hybride unbekannter Herkunft, sie ähnelt der gärtnerisch bedeutungslosen *S. nemorosa* stark, wird ihr auch zugeordnet, blüht jedoch üppiger, und die Blumen leuchten stärker. Die Pflanzen bilden 40 bis 75 cm hohe, vom Boden aus sich verzweigende Büsche mit vierkantigen, schwach behaarten Stengeln und bis 8 cm langen, länglichen bis lanzettlichen, etwas runzeligen Blättern. Die Ähren werden sehr lang und sind schmal, verzweigen sich an ihrer Basis und bringen eine Masse leuchtend violetter Blüten. Florzeit sind die Monate Juni bis August, die Deckblätter werden violettbraun und behalten ihre Farbe auch noch, wenn die Blüten längst ausgefallen sind. Es gibt eine Anzahl Sorten, aus denen 'Ostfriesland' durch den langen Flor und den geschlossenen Wuchs hervorragt. Sie wird 50 cm hoch. Die Foerstersche Züchtung 'Mainacht' kommt sehr zeitig in Blüte.

Bewertung, Verwendung, Anzucht: S. *jurisicii* ist durch ihren späten und langen Flor wertvoll. Man kann sie für Wildstaudenpflanzungen und für den Steingarten nehmen. Der Boden soll kalkhaltig, nicht zu leicht, trocken und gut durchlässig sein... fehlt eine dieser Eigenschaften, gedeiht die Art nicht befriedigend. Die buntlaubigen Formen von S. *officinalis* eignen sich für Wildstaudenpflanzungen, wo sie als Kontrast gegen Blau- und Graugrün, auch gegen Braun gut aussehen. Die Pflanzen verlangen ebenfalls kräftigen, ziemlich trocknen Boden, sonnigen, warmen Standort und im Winter guten Schutz aus Nadelstreu. *Salvia* × *superba* ist ein Farbenschatz! Die Blüten bilden zur Florzeit weithin leuchtende Flächen und sind Bienen- und Schmetterlingsmagneten. Auch diese Art wünscht tiefgründigen, durchlässigen, trocknen Boden und volle Sonne. Die Pflanzen können viele Jahre an ihrem Platz bleiben und bedürfen keiner Nachhilfe mit Dünger oder Wasser. Sie eignen sich für Wildstauden- und Heidegärten, als Bodendecke, als Einsprengsel in Teppiche von Polsterstauden, als Nachbarn von allen niedrigen Gräsern, für bunte Staudenbeete und selbst für größere Kübel, die man im Garten aufstellt.

S. jurisicii wird aus Samen vermehrt: Aussaat im Hochsommer auf ein Freilandsaatbeet, Auspflanzen im Frühjahr, die Pflanzen werden bis zum Herbst verkaufsstark. Man kann auch im Frühjahr unter Glas säen und bekommt bis zum Herbst ebenfalls verkaufsstarke Bestände. *S. officinalis* und *S.* × *superba* lassen sich nur durch Stecklinge vermehren, die geschnitten werden müssen, wenn die Spitzen eben fingerlang und etwas hart geworden sind. Man steckt in ein gut schließendes Frühbeet und sorgt für gespannte Luft. Nach 4 bis 5 Wochen haben die Stecklinge Wurzeln. Man lüfte dann, gebe eine schwache flüssige Startdüngung und pflanze später auf Anzuchtbeete. Die Bestände werden bis zum Frühjahr verkaufsstark. Im Garten setze man nicht zu große Exemplare, sondern junge: Sie wachsen viel leichter an und flotter weiter.

Sanguinária · Blutwurz
Papaveraceae ♃ ◐ ● ◯

Im Namen steckt das lateinische Wort sanguis = Blut; es bezieht sich darauf, daß die Pflanzen – wie viele Papaveraceae – einen Milchsaft in den Blättern führen. Er sieht hier gelbrot aus. Die Gattung umfaßt nur eine Art, die im Osten der Vereinigten Staaten und Kanadas in lichten Wäldern auftritt.

Sanguinária canadénsis L. hat einen fingerdicken, kriechenden Erdstamm und bringt im Frühjahr einzeln erscheinende, grundständige, gestielte Blätter. Sie sind herz-nierenförmig, handförmig gelappt, oberseits blaugrün, unterseits silbrig angelaufen. Die Blüten ähneln den Blumen unserer Waldanemonen, sie werden gegen 3 cm breit, sind durchsichtig weiß und enthalten zahlreiche orangefarbene Staubblätter. Die Blumen

Sanguinária canadénsis

sitzen einzeln auf Stielen, die bis 20 cm lang werden, und erscheinen zusammen mit oder kurz vor dem Laube. Sie vergehen rasch, und auch das Laub verschwindet bald wieder. Die Pflanzen breiten sich von selbst durch den kriechenden Wurzelstock aus und werden 10 bis 20 cm hoch. Besser als die Art sind 'Multiplex' mit gefüllten und 'Plena' mit halbvollen Blüten. Bei beiden halten sich die Blumen länger und fallen mehr auf.

Bewertung, Verwendung, Anzucht: Es sind Stauden für absonnige und beschattete Plätze mit tiefgründigem, humusreichem, leicht saurem Boden. Da sie im Juni abwelken, kommen sie als wirksame Bodendecke nicht in Betracht. Man kann sie zwischen Waldgräser und Waldfarne, die sauren Boden wünschen, einstreuen. Diese entwickeln sich meistens langsam und erreichen erst im Hochsommer und Herbst ihre volle Größe und Schönheit. Ein Frühlingsgewächs wie Blutwurz kann also willkommen sein. Vermehrt wird durch Teilung nach dem Abwelken. Man kultiviert in Töpfen und pflanzt aus diesen im Frühling an die vorgesehenen Plätze. Anzucht aus Samen ist auch möglich, die Sämlinge blühen im 3. Jahre.

Sanícula · Sanikel
Umbelliferae ♃ ◐ ● ◯ ◯

Im Namen steckt das lateinische Wort sanare = heilen; es bezieht sich auf die (angeblich) schier unerschöpfliche Heilkraft der Pflanzen, die bei den Naturforschern der Alten aber nicht erwähnt wird. Für die Wertschätzung zeugt auch der deutsche Pflanzenname „Heil allen Schaden", welcher aber auch für andere Pflanzen gebräuchlich war. Es sind ausdauernde Kräuter mit einem kurzen, knorrigen bis rübigen Wurzelstock und handförmig gespaltenen oder gelappten Blättern und kleinen, einfachen Dolden, welche aber trugdoldig oder rispig angeordnet sind. Die Gattung umfaßt 40 fast über die ganze Erde verbreitete Arten, sie fehlt nur in Australien und in den arktischen Gebieten. Das Hauptverbreitungsareal liegt im westlichen Nordamerika. In den Tropen findet man die Pflanzen in den höheren Lagen der Gebirge. In Europa kommt bloß eine Art vor. Im Mittelalter galt sie als Heilmittel gegen unzählige Krankheiten, heute wird sie immerhin noch wegen ihres Gehaltes an Sa-

Sa

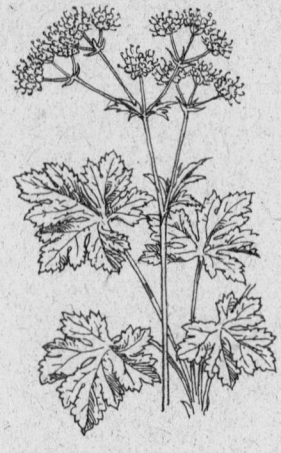
Sanícula europaea

Santolína chamaecyparíssus ssp. chamaecyparíssus

Santolína chamaecyparíssus ssp. tomentósa

Sanvitália procúmbens 'Ligulosa'

ponin bei Brust-, Magen- und Darmleiden als schleimlösendes Mittel angewendet. In Amerika haben *S. canadensis* und *S. marylandica* Bedeutung; sie werden als Schweiß- und Fiebermittel gebraucht und sind auch in der Tiermedizin beliebt.

Sanícula europaea L. wächst bei uns in Laub- und auch Mischwäldern und ist eine kahle, 20 bis 30 cm hohe Staude. Die Wurzeln treiben meistens nur einen Stengel und mehrere grundständige, auf langen Stielen sitzende Blätter. Diese sind im Umriß etwa kreisrund, fünf- bis siebenteilig gelappt und die Lappen grob gekerbt. Die Blumen stehen endständig in köpfchenartigen Dolden und werden weiß, auch rötlich. Sie sind klein, wirken aber wie bei allen Umbelliferen durch die Menge und die Anordnung. Flor ist im Mai bis Juli.

Bewertung, Verwendung, Anzucht: Sanikel ist kein Prunkstück der Natur, sondern nur eine höchst brauchbare Pflanze für beschattete Plätze und wächst selbst unter großen Bäumen und Sträuchern noch einigermaßen gut... wenn der Boden humusreich und nicht allzu trocken ist. Man verwendet die Pflanzen viel zu selten. Vermehrt wird aus Samen. Aussaat im Frühling, dann aufschulen oder in tiefe Töpfe pflanzen und bald an den vorgesehenen Platz setzen. Die Bestände werden bei zeitiger Aussaat bis zum Spätsommer verkaufsstark. Man kann auch im Herbst säen und aus dem Saatbeet im Frühling unter die Bäume pflanzen.

Santolína · Heiligenkraut
Compositae   ○ ◐ △ ‖ ♡ ∧

Die Herleitung des Namens ist dunkel, ebenso der Sinn des deutschen Namens. Es sind kleine Sträucher mit dicht sitzendem, aromatisch duftendem Laub. Die Blüten stehen in kugelförmigen Köpfen. Die Gattung umfaßt 8 Arten und ist im Mittelmeergebiet verbreitet. **Santolína chamaecyparíssus** L. Die ssp. **chamaecyparíssus** tritt im Westen des Verbreitungsareals und auch in Dalmatien auf. Es sind bis 50 cm hohe, reich sich verzweigende Halbsträucher mit 1 bis 4 cm langen, kammartig gefiederten, silbriggrau behaarten Blättern. Die Blütenköpfchen werden 1,5 bis 2 cm breit und stehen einzeln weit über dem Laube, Farbe gelb. Die Pflanzen blühen im Juli/August, sie werden bei uns meistens gegen 30 cm hoch. Bei der ssp. **tomentósa** (Pers.) Arcang. ist das Laub dichter behaart, und die Pflanzen sehen weißlichgrau aus. Ssp. × **lindávica** Sünderm. ist durch Kreuzung beider Unterarten entstanden. Die Pflanzen haben graugrünes Laub und blühen sehr reich mit gelblichen Blumenköpfen.
Santolína rosmarinifólia L. (syn. *S. viridis* Willd.) aus Südfrankreich hat grünes Laub und wächst etwas niederliegend-aufstrebend. Die Blüten werden gelb.

Bewertung, Verwendung, Anzucht: S. chamaecyparíssus wird gern für Einfassungen genommen und läßt sich mit der Schere leicht in Form halten, Höhe der Hecke 10 bis 20 cm. Solche Hecken findet man um Beete von Hochstamm- und Buschrosen, auch auf Gräbern. Ferner eignen sich alle Arten für Steingärten oder als Einsprengsel in Teppiche niedriger Stauden. Sie brauchen einen sonnigen, warmen Standort mit gutem Wasserabzug. Nichts schadet ihnen mehr als Bodennässe, besonders im Winter. *Santolina* gehört überhaupt nicht zu den bei uns absolut frostsicheren Pflanzen. Das schränkt ihre Verwendbarkeit ein, denn in kalten, offenen Lagen muß man auf sie verzichten. Vermehrt wird im Hochsommer durch Stecklinge, die man in Handkästen steckt und unter gut schließenden Frühbeetfenstern bewurzeln läßt. Über Winter gehört der Nachwuchs in ein Kalthaus. Im Frühjahr schult man auf, besser noch man kultiviert in Töpfen. Die Anzuchten erreichen bis zum Herbst Verkaufsstärke. Es ist günstig, nur im Frühling zu pflanzen.

Sanvitália · Sanvitalie
Compositae ☉ ○ ◐ △ ‖

Die Pflanzen wurden – wahrscheinlich – nach dem italienischen Botaniker Sanvitali benannt († 1767). Es sind niedrige Kräuter mit steifen, gegenständigen, ganzrandigen Blättern und zahlreichen kleinen Blumen, welche Scheiben- und Strahlenblüten aufweisen. Die Gattung umfaßt 8 Arten. Sie treten im Süden der Vereinigten Staaten und in Mittelamerika auf. Gartenwert hat vor allem
Sanvitália procúmbens Lam. aus Mexiko. Die Pflanzen wachsen niederliegend und breiten sich nach allen Seiten aus, da die Stengel sich mannigfach verzweigen. Sie weisen eiförmig bis länglich-ovale Blätter auf und bringen endständig zahlreiche kurzgestielte Körbchen. Die Blumen haben eine dunkle Scheibe und gelbe bis orangegelbe Strahlenblüten. Bei 'Gelb' ist dieser Kontrast besonders ausgeprägt. Ferner gibt es 'Ligulosa' mit gefüllten, einfarbig goldgelben Blumen und die Sorte 'Orange Glory' mit leuchtend orangegelben, ebenfalls gefüllten Blüten. Die Pflanzen werden 8 bis 10 cm hoch und blühen von Juli bis tief in den September hinein.

Bewertung, Verwendung, Anzucht: Sanvitalia sind sehr gut brauchbare Sommerblumen für Einfassungen; auch als Bodendecke und für Steingärten, für leicht geneigte sonnige Böschungen und für den Kopf von Trockenmauern eignen sie sich vorzüglich. Sie wünschen einen vollsonnigen Standort und – wie alle Pflanzen aus Mittelamerika – durchlässigen Boden: dann blühen sie auch unermüdlich. Man kann Anfang April in ein Frühbeet säen und nach Mitte Mai an den vorgesehenen Platz auspflanzen. Wenn man bald geschlossene Flächen haben möchte, muß man zunächst in Torf- oder Tontöpfe pikieren. So entstehen starke Bestände zum Setzen; Abstand 20 cm. Man kann aber auch im Mai direkt an den vorgesehenen Platz säen und muß dann ausdünnen. Der Flor beginnt etwa 3 bis 4 Wochen später.

Saponária · Seifenkraut
Caryophyllaceae ☉ ♃ ○ ◐ ◑ △ ‖

Im Namen steckt das lateinische Wort sapo = Seife; es bezieht sich darauf, daß die zerstoßenen Wurzeln und das Kraut einiger Arten, in Wasser gerieben, wie Seife schäumen und auch reinigen. Es sind verschieden hohe ein- oder mehrjährige Kräuter, die teils an *Gypsophila*, teils an *Silene* erinnern. Die Gattung umfaßt gegen 30 Arten, welche vor allem in der Mediterranëis auftreten, darüber hinaus in Mitteleuropa und in den gemäßigten Teilen Asiens. Eine Reihe von Arten sind Nachtfalterblumen und duften besonders gegen Abend stark. Der Nektar wird wie bei Nelken in der 22 mm langen Kelchröhre abgesondert. Als Bestäuber wirken Liguster- und Windenschwärmer, Taubenschwänzchen und verschiedene Eulen. Die meisten Tagfalter und die Honigbienen haben einen zu kurzen Rüssel und können den Nektar nicht erreichen.

Einjährige Arten

Saponária calábrica Guss. tritt in Süditalien, Dalmatien und Griechenland auf und wird ein bis 20 cm hohes Kräutlein mit zahlreichen niederliegenden Stengeln, die sich häufig verzweigen. Sie bilden kleine, runde Polster und blühen auf kurzen Stielen mit lockeren Dolden oder Rispen. Die Kronblätter sind fast kreisrund, die Blumen lebhaft rosa. In vollem Flor bilden die Büsche ein einziges Blütenpolster, aber die Schönheit hält sich nur einige Wochen. Es gibt die Sorten 'Alba' mit weißen Blumen, 'Compacta' – die Pflanzen werden nur 10 cm hoch, Blüten weiß oder rosa, und 'Scarlett Queen' mit leuchtend karminroten Blumen.

Bewertung, Verwendung, Anzucht: Dieses Seifenkraut ist eine hübsche Sommerblume, die man viel zu selten sieht. Man kann sie für bunte Beete nehmen, ebenso an leere Stellen im Steingarten setzen und auf den Kopf von Trockenmauern. Der Standort muß in voller Sonne liegen, der Boden eher trocken als feucht, eher schwer als leicht sein, Pflege ist nicht nötig. Man kann im Herbst säen und bekommt dann einen Flor im Mai/Juni, oder man sät im April, und die Pflanzen blühen etwa nach 10 Wochen. Es ist Saat an Ort und Stelle oder in kleine Töpfe üblich, die man später an den vorgesehenen Platz setzt. Regelrecht verpflanzen lassen sie sich nur als ganz junge Exemplare, man muß aber auch dann mit Ausfall rechnen. Nach dem Auflaufen dünne man auf etwa 15 cm Abstand aus.

Ausdauernde Arten

Saponária caespitósa DC. stammt aus den Pyrenäen und ist eine niedrige Art. Die Pflanzen bilden bis 8 cm hohe, runde Polster, die kleinen, schmalen Blätter stehen in Rosetten beisammen, und die Blüten erscheinen in gedrängten Trugdolden. Sie werden rosa, Florzeit im Juli/August.
Saponária ocymoídes L. aus dem südwestlichen Mittelmeergebiet, östlich bis zu den Karawanken auftretend, ist eine kräftig wachsende, polsterbildende Pflanze, welche 10 bis 30 cm hoch wird.
In der freien Natur findet man sie auf felsigen, sonnigen Abhängen, auf Geröllhalden, vor allem auf Kalkböden. Sie hat dünne, niederliegend-aufsteigende, reichlich sich verzweigende Stengel und verkehrteiförmige bis spatelige, tiefgrüne Blätter. Die Pflanzen blühen überreich mit nicht sehr großen, leuchtend rosa Blumen. Florzeit ist im Mai/Juni; manchmal gibt es im August/September einen kleinen Nachflor. In Kultur ist außer der Art die Sorte 'Splendens' mit größeren, lebhaft rosaroten Blüten, doch ist sie nicht überall winterfest; überdies die Sorte 'Karminkönigin' – mit karminrosa, sehr weithin leuchtenden Blüten, sie blüht im August ein zweites Mal. Es gibt auch eine 'Al-

Sa

Saponária × olivána

biflora' mit weißen Blüten, diese wirkt aber bei weitem nicht so stark wie die rotblühende Sorte.

Saponária officinális L. tritt in Mittel- und Südeuropa und überdies in Asien bis Japan auf. Sie bildet kahle, aufrechte Kräuter mit kräftigem, weitkriechendem Erdstamm und aus gebogenem Grunde aufsteigenden Stengeln. Die Höhe schwankt je nach dem Boden am Standorte zwischen 20 und 80 cm. Die Pflanzen haben elliptische bis länglich-lanzettliche, bis 10 cm lange, hellgrüne, leicht glänzende Blätter und blühen in ebensträußigen Büscheln. Bei der Art, die aber selten in Kultur ist, werden die Blumen rosa bis fleischfarben. Für Gärten nimmt man nur 'Plena' mit gefüllten Blüten und 'Alba Plena' mit weißen, gefüllten Blumen; die gefüllten Blüten halten sich viel länger als die einfachen. Florzeit ist ab Juni bis manchmal Ende August.

Saponária × olivána Wocke ist durch Kreuzung von *S. caespitosa* und *S. pumila* (einer heiklen Art) entstanden und bildet feste, tiefgrüne Polster. Im Juni/Juli erscheinen zahlreiche, bis 2 cm breite, rosarote Blümchen auf kurzen Stielchen. Es ist eine sehr schöne Pflanze.

Bewertung, Verwendung, Anzucht: S. officinalis ist keine Prachtstaude, aber anspruchslos und hat durch den langen und reichen Flor einen gewissen Wert. Man nimmt sie für Wildstauden- und Heidegärten. Die Pflanzen vertragen trockenen und auch feuchten Standort. Sie brauchen keinerlei Pflege, und man kann sie viele Jahre an ihrem Platz lassen. Die Blumen halten sich abgeschnitten gegen 10 Tage und sehen in bunten Sträußen gut aus. Die andern Arten eignen sich für Alpina, als Einfassung und für Trockenmauern, *S. ocymoides* auch als Bodendecke. Sie wachsen in jedem normalen Gartenland, das durchlässig ist. Der Standort muß nur in voller Sonne liegen. Man vermehrt durch Teilung im Frühjahr, aus Samen und Stecklingen im Hochsommer. Die Pflanzen werden innerhalb einer Vegetationsperiode verkaufsstark.

Saturéja · Bohnenkraut, Pfefferkraut, Kölle
Labiatae

Das Bohnenkraut kommt im Mittelmeergebiet, in Südosteuropa und bis zum Iran hin wild vor. Es sind ein- oder mehrjährige Kräuter und auch Halbsträucher mit stengelständigen Blättern. Sie blühen in wenigblütigen Scheinquirlen, welche aus den Blattachseln hervorbrechen. Schon in der griechischen und in der altrömischen Küche wurde Bohnenkraut als Speisegewürz verwendet. Der Name kann von lat. saturare = sättigen abgeleitet werden, vielleicht aber auch von dem griechischen Pflanzennamen satyrion, den Dioskorides für eine Pflanze gebrauchte, die als Arznei und Aphrodisiakum Verwendung fand, der also Naturkräfte zugeschrieben wurden, wie sie den Satyrn eigen waren, jenen Dämonen, die den Bacchus auf seinen Zügen begleiteten. Tatsächlich ist das Bohnenkraut reich an Gerb- und Bitterstoffen sowie an ätherischen Ölen, eine Kombination von Inhaltsstoffen, die dafür sorgte, daß sich die Menschen des würzigen Krautes zu allen Zeiten bedienten. Bei uns wird sowohl das einjährige Bohnenkraut (*Satureja hortensis* L.) als auch das Winterbohnenkraut gartenmäßig angebaut. Von beiden Arten gibt es Sorten. Das Kraut wird kurz vor und während der Blütezeit geschnitten und frisch oder getrocknet auf den Markt gebracht. Als Gartenschmuckpflanze ist nur das Winterbohnenkraut geeignet.

Saturéja montána L., das Winter-, Stauden- oder Bergbohnenkraut, wächst in der Natur vor allem auf Kalkgestein, das sich stark erwärmt. Es sind sehr ästige, bis 40 cm hohe und auch höhere Halb- oder Zwergsträucher mit kräftiger Pfahlwurzel und aufsteigenden oder aufrechten Stengeln, sie ähneln dem Rosmarin. Die Blätter werden bis 3 cm lang, sind lineal-lanzettlich und duften. Die Blüten sind rosa bis violett, auch weiß und erscheinen einzeln oder in einseitswendigen Rispen. Sie enthalten reichlich Nektar, daher werden die Büsche ständig von Schmetterlingen und Bienen umschwärmt. Florzeit ist von Juli bis manchmal in den Oktober hinein, also sehr lang; dazu in der zweiten Jahreshälfte, in der es im Steingarten wenig Blumen gibt. Die Art ist recht variabel. In den Gärten wird vor allem ssp. *illýrica* Nym. (syn. *S. subspicata* Bartl. ex Vis., *S. pygmaea* Sieb. ex Vis.) angepflanzt, die vom nördlichen Balkan stammt. Sie zeigt einen mehr niederliegenden Wuchs. Das trifft aber nur für die Haupttriebe zu; die kurzen Nebentriebe stehen aufrecht. Auf den sonnigen Karstflächen ihrer Heimat erreichen diese Zwergsträucher nur 15 cm Höhe. Die für den Anbau gezüchtete Sorte 'Erfurter Niederliegendes Winter-Bohnenkraut' ist von ssp. *illyrica* abgeleitet worden. Sie kann ebenfalls für Zierzwecke verwendet werden und hat eine Lebensdauer von etwa 5 Jahren.

Bewertung, Verwendung, Anzucht: S. montana ist wegen ihres langen und verhältnismäßig späten Flors ein Schatz für Steingärten und Trockenmauern. Man kann sie auch in flache Teppiche von Polsterstauden einstreuen und als Einfassung benutzen... dafür am besten die ssp. *illyrica*. Die Pflanzen sind bei uns winterhart. Sie wollen jedoch einen Standort in voller Sonne, und der Boden muß durchlässig, kalkhaltig und arm sein... in nährstoffreichen Böden werden die

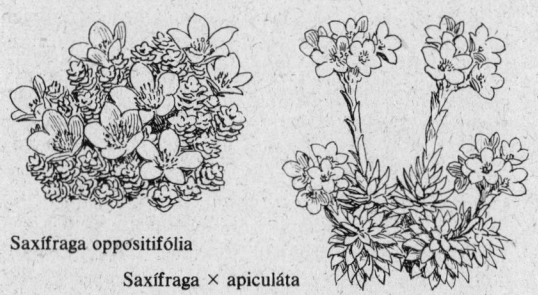
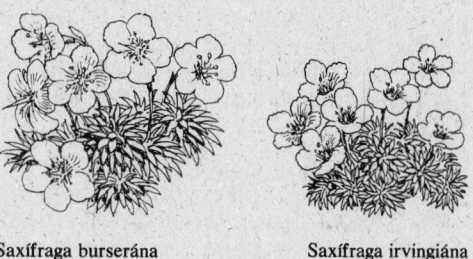

Saxífraga oppositifólia
Saxífraga × apiculáta
Saxífraga bureserána
Saxífraga irvingiána

Büsche feist und erfrieren leicht. Man vermehrt aus Samen, durch Teilen, was aber wenig ergiebig ist, und aus Stecklingen im Frühsommer. Man kann in tiefen Töpfen kultivieren, unbedingt nötig ist es nicht ... nur bequem für den Absatz und das Pflanzen an den endgültigen Standort. Die Bestände werden bei zeitiger Aussaat und aus Stecklingen bis zum Herbst verkaufsstark.

Saxífraga · Steinbrech
Saxifragaceae

♇ ○ ◐ ● ◔ ◑ ◓ △ ∥ ♡

Im Namen stecken die lateinischen Wörter saxum = Fels und frangere = brechen; sie beziehen sich darauf, daß viele Arten auf Felsen wachsen und diese scheinbar zerklüften können. Die Gattung umfaßt gegen 200 Arten und ist über die gemäßigte und kalte Zone beider Erdhälften verbreitet. Eine große Anzahl selbst weitverbreiteter Arten stellen an Boden, Klima und Pflanzengesellschaft ganz bestimmte Ansprüche, dagegen gibt es nur wenige völlig gesellschaftsvage Arten. Die allermeisten Steinbrech-Arten wachsen in Gebirgen, teilweise steigen sie bis an die Grenzen des ewigen Schnees, und ihr Bau entspricht den Bedingungen des Standortes, seinen Unwirtlichkeiten in oft wunderbar anmutender Weise. Wer studieren will, mit wie wenigen, aber in den Einzelheiten höchst mannigfachen Einrichtungen sich die Pflanzen ihrer Umwelt anpassen, der braucht sich nur mit den Saxifragen zu beschäftigen. Er wird bald erkennen, daß diese Pflanzen „Helden der Ausdauer" sind. Die Gattung wird taxonomisch in 11 Sektionen eingeteilt, auf die wir uns im folgenden stützen.

Sektion *Porphyrion*

Es sind immergrüne, rasig wachsende Pflanzen mit kleinen, lederartigen, übers Kreuz gegenständigen Blättern und verhältnismäßig großen, roten, sitzenden oder auf kurzen Stielen erscheinenden Blüten. Die gärtnerisch wichtigste Art der sowohl zirkumpolar als auch in den Hochgebirgen Europas auftretenden Sektion ist.
Saxífraga oppositifólia L. var. **latína** Terr., welche in den Apeninnen vorkommt. Die Pflanzen werden 3 bis 4 cm hoch und blühen im März mit großen, weinroten Blumen. Diese Varietät ist weniger heikel als die übrigen. Als Sorte ist 'Dr. Jenken' zu empfehlen, purpurrot.

Ansprüche, Anzucht: Sie wünschen kühlen Standort und stets frischen, aber sehr gut durchlässigen Boden, alte Komposterde ohne pflanzliche Überreste, dazu Torfmull, sehr viel quarzigen Sand und auch kleinen Schotter, mit denen man eine steinige Fläche etwa 5 cm hoch bedeckt. Die Erde muß ständig aus einer Flasche berieselt werden. Man vermehrt durch Teilung, indem man die Polster aufreißt und in Schalen pikiert, die bis zur Hälfte mit Kies ausgefüllt sind, als Erde die Mischung wie vorstehend ohne feinen Schotter. Während der Anzucht soll man ständig einnebeln, nicht unter Glas bringen, aber leicht beschatten.

Sektion *Kabschia*

Die Pflanzen haben kleine Rosetten mit nur wenige Millimeter großen starren, pfriemigen oder nadelspitzen Blättchen, die bei manchen Arten Kalk ausscheiden. Sie blühen in kleinen Scheindolden und auch einzeln stehend auf kurzen Stielchen, welche aus den Rosetten hervorsprießen. Diese sterben nach der Blüte nicht ab. Die Blumen werden weiß, verschieden gelb, selten rosa, Florzeit sehr früh oder früh. Die Sektion enthält viele Arten, sie kommen vor allem in den europäischen, auch in den kleinasiatischen Gebirgen, meistens in größeren Höhen vor, wo die Pflanzen feste und zähe Kugelpolster bilden. Es entstanden überdies in der Kultur zahlreiche Hybriden. Manche Arten sind kalkhold, andere kalkempfindlich. Die Hybriden sind fast alle bodenvag. Es seien folgende Arten und Hybriden aufgeführt:
Saxífraga × apiculáta Engl. blüht als eine der ersten, 7 bis 10 cm hoch werdend. Die Blumen stehen in kleinen Köpfen beisammen und werden hellgelb. Es gibt auch eine Sorte 'Alba' mit weißen Blüten.
Saxífraga bureserána L. tritt in den Ostalpen auf Kalkgestein auf und bildet feste graugrüne Kugelpolster mit dreikantigen, spitzen Blättern. Die Blüten stehen einzeln und werden weiß, Gesamthöhe der Pflänzchen rund 5 cm. Es gibt eine Reihe von Sorten, wie 'Lutea'

Sa — Blumen lichtgelb; 'Major' – alle Teile, besonders die Blüten größer, 'Magna' mit noch größeren Blumen.

Saxífraga ferdinándi-cobúrgii Kell. et Sünderm. vom Balkan bildet walzenförmige, dicht beblätterte Rosetten, die graublau aussehen. Sie blüht im April/Mai mit 2 bis 7 dunkelgelben Blüten, welche auf sich verzweigenden Stengelchen sitzen. Die Pflanzen werden 4 bis 6 cm hoch, die Art ist kalkhold.

Saxífraga irvingiána Engl. et Irmsch. (syn. S. obristii var. irv. Engl. et Irmsch.) hat graugrüne Polster und rosa Blüten, die Pflänzchen werden 3 bis 6 cm hoch und blühen im April/Mai.

Saxífraga juniperifólia Adams (syn. S. juniperina M. B.) aus dem Kaukasus bildet rasenartige Polster, hat stechend spitze, tiefdunkelgrüne Blätter wie bei Juniperus und blüht in Trauben mit 2 bis 8 Blumen, Farbe gelb, Blütezeit April. Ssp. **sáncta** (Griseb.) D. A. Webb (syn. S. sancta Griseb.) mit breiten Kugelpolstern. Blüten zitronengelb, im Mai.

Saxífraga margináta Sternb. tritt in den Abruzzen und auf dem Balkan auf. Sie bildet 5 bis 8 cm hohe Kugelpolster, hat spatelige bis ovale, blaugrüne Blättchen und blüht in kleinen Doldentrauben mit weißen Blumen. Es gibt mehrere Abarten, von welchen var. **margináta** Engl. et Irmsch. mit größeren Blüten und var. **rocheliána** (Sternb.) Engl. et Irmsch., mit größeren Blättern und kräftiger wachsend, aufgeführt seien.

Saxífraga scárdica Griseb. (syn. S. sartorii Heldr.) aus Griechenland hat stark verzweigte Grundstämmchen. Diese sind dachziegelartig mit starren Blättchen besetzt, welche am Ende der Triebe kleine Rosetten bilden. Der Blütenstand erscheint auf 5 bis 8 cm hohen Stengeln, ist doldenrispig und enthält 4 bis 12 weiße Blümchen. Die Art blüht im Mai.

Kabschia-Engleria-Hybriden gibt es in großer Zahl und Mannigfaltigkeit. Manche ähneln einander sehr. Hier seien folgende aufgeführt: × **bóydii** Dewar. – Polster dunkelblaugrün, Blüten gelb, 5 cm hoch; × **elisabéthae** Sünderm. – dunkelgrüne, pfriemige Blätter mit 5 bis 7 Grübchen am Rande, Blüten schwefelgelb mit braunem Kelch, 5 bis 8 cm hoch, im März/April blühend; × **háagii** Suenderm. – sehr gedrungen wachsend, bis 5 cm hoch, dunkelgrüne, pfriemige Blätter, 5 bis 8 mm lang, Blütenstengel 6 bis 10 cm hoch, Blumen goldgelb, Flor im April; × **hoerhámmeri** hort. – sehr gedrungene Kugelpolster bildend, Blüten klein, hellrosa an rotem Schaft, April, Blütenschaft bis 10 cm hoch; 'Myra' – kleine, blaugrüne Polster und rosa Blumen, 5 bis 8 cm, April; × **paulínae** Suenderm. – zwergige, graugrüne Polster und große hellgelbe Blüten im April/Mai, Polster bis 5 cm, blühend etwa 10 cm hoch; × **púngens** Suenderm. – sehr stachelige, grüne Polster und gelbe Blümchen im April, 5 cm hoch werdend; × **salomónii** Suenderm. – blaugrüne Polster, 5 cm hoch werdend, Kelch und Stengel rotbraun, große weiße Blüten im April/Mai; × **suendermánnii** Kell. – 10 bis 15 mm breite breite Rosetten, blaugrüne, pfriemige Blättchen, grüne, dicht beblätterte Blütenstiele, 2 bis 4 dunkelrosa, bis 10 mm breite Blumen, Florzeit April.

Ansprüche, Anzucht: Alle aufgeführten Arten und Hybriden, überhaupt alle Angehörigen der Sektion sind ausgesprochene Liebhaberpflanzen! Sie verlangen besonders hergerichtete Standorte und besondere Erde. Sie gedeihen am besten in etwas absonniger Lage: Ost- und Nordostrichtung, aber nicht beschattet! Man pflanze sie in Fels- und Gesteinsfugen und nur ausnahmsweise in Schotter. Als Erde nehme man ein Gemisch von $1/3$ alter Humuserde (Kompost- und Lauberde) und zusammen $2/3$ Sand, Kalkgesteins-, Granit- oder Basaltgrus. Die Pflanzen werden in der Regel in Töpfen kultiviert und auch in diesen geliefert. Man feuchte den Ballen vor dem Setzen gut an, richte die Spalte her, schiebe das Exemplar hinein und verkeile es mit Felsstücken so, daß es festsitzt und auch die Erde nicht herausgespült werden kann, eine komplizierte Arbeit. Man kann in senkrechte und waagerechte Spalten pflanzen; oberhalb und unterhalb, bzw. rechts und links ebenfalls mit Erde füllen. Zuletzt stopft man diese mit Hilfe eines Stäbchens mit Wasser- oder Plattenmoos fest. Die Erde soll „handfeucht" sein. Statt in Spalten oder Fugen kann man alle Arten auch in Tuffstein pflanzen, in den sich die nötigen Löcher oder Gruben leicht schlagen lassen. Günstig ist, wenn in unmittelbarer Nähe der Bestände eine Wasserfläche frische, feuchte Luft schafft. Winternässe vertragen sie alle nicht. An zusagenden Plätzen können die Pflanzen viele Jahre alt werden. Sind sie eingewachsen, kann man sie nicht mehr versetzen.

Die reinen Arten lassen sich aus Samen vermehren. Er ist sehr fein und soll bald nach dem Reifen in Handkästen mit sehr sandiger Humuserde und guter Drainage gesät werden. Die Kästen gehören an einen kühlen, absonnigen Platz. Damit die Erde nicht austrocknet und die Oberfläche nicht verkrustet, soll man die Saatgefäße mit feingehacktem Moos, Glimmergrus oder nicht zu feinem Quarzsand bedecken. Die Samen gehen fast ausnahmslos erst im nächsten Jahre auf. Später pikiert man in die gleiche Erde und pflanzt schließlich in 4er- oder 5er-Töpfchen. Man senke diese in ein Gemisch von Torfmull und feinem Schotter und neble den Bestand öfter ein. Man kann auch durch Teilung und aus Stecklingen vermehren. Zum Teilen braucht man starke Pflanzen, die auf besonderen Mutterbeeten herangezogen werden müssen. Man verwendet gern ein kaltes Frühbeet, hebt die Erde 15 bis 18 cm tief aus, füllt 10 bis 12 cm hoch feinen Schotter auf und bringt auf diesen die übliche Erde. Das Mutterpflanzenbeet muß absonnig liegen und häufig eingenebelt werden. Durch Teilen vermehrt man aber selten, weil es wenig ergiebig ist und man für größere laufende Anzuchten große Mengen Mutterpflanzen braucht, deren Heranzucht selbst Jahre dauert. Auch für Vermehrung durch Stecklinge sind Bestände auf Mutterbeeten am günstigsten. Dabei ist der folgende „Kniff" möglich: Nach dem Abblühen setzt man über die einzelnen Exemplare einen Blumentopf, die Triebchen strecken sich nach dem Licht, das durch das Abzugsloch eindringt, und werden dadurch länger und handlicher. Vorher übersprüht man noch, damit im Innern feuchte Luft entsteht. Nach einer Woche ist der gewünschte Erfolg eingetreten, man muß die Töpfe entfernen und fängt am besten auch gleich an, Stecklinge zu schneiden. Dabei kniet man nieder, klemmt sich nach Möglichkeit eine Uhrmacherlupe vors Auge und gebraucht zum Abschneiden ein ganz scharfes, spitzes Messer. Man schneidet (relativ!) mittelgroße Rosetten, die nicht geblüht haben, an ihrer Basis ab, legt sie zunächst in einen Topf oder einen Kasten zwischen angefeuchtetes Papier oder Tuch, schneidet später unten die braunen Reste abgestorbener Blättchen ab. Man packt sie mit einer Pinzette, deren Backen gepolstert sind, und zum Schneiden benütze man eine halbierte Rasierklinge mit Handgriff. Dann steckt man in Tonschalen oder Töpfe (nicht in Holzkästen) in Sand, dem etwas feingesiebter Torfmull und ein wenig Erde zuzufügen sind. Unten auf den Boden gehört eine dicke Schicht Schotter. Schließlich gießt man gründlich an und räumt in einen kalten Kasten oder in ein Alpinenhaus, deckt dicht mit Folie ab, legt auf den Kasten Fenster und gibt tagsüber milden Schatten. Unterwärme ist nicht nötig, aber man übersprühe die Kastenwände häufig, um kühle Luft zu schaffen. Etwa Ende August kann man die Folie entfernen und die Anzuchten allmählich an die natürliche Luft gewöhnen. Auf diese Weise werden auch alle Hybriden erfolgreich vermehrt. Die Anzucht dauert gegen 2 Jahre.

Sektion *Engleria*

Die Arten bilden flach auf dem Erdreich aufliegende, meistens breite Rosetten, deren flache, spatelige bis zungenförmige, oft knorpelrandige Blätter kalkausscheidende Grübchen haben. Die Rosetten treiben, wenn sie ausgewachsen sind, dicke, meistens dicht beblätterte Schäfte, die einen häufig stattlichen, vielblumigen, traubigen, aufrechten oder auch nickenden Blütenstand tragen. Die Blümchen werden weiß oder gelb. Die Pflanzen blühen teils bereits im März/April, teils erst im Mai/Juni. Nach dem Flor sterben die Rosetten, welche Blütenstiele gebracht haben, ab.
Saxifraga grisebáchii Deg. et Dörfl. aus Mazedonien bildet bis 8 cm breite Rosetten mit graugrünen Blättern und blüht im April mit purpurnen Blümchen, die auf beblätterten, bis 15 cm hohen Stengeln in einer vielblumigen Traube erscheinen.
Saxifraga luteovíridis Schott et Kotschy (syn. S. corymbosa Boiss.) aus den Karpaten bildet bis 5 cm breite Rosetten, die sich flach an den Boden anschmiegen. Die Rosettenblätter sind spatel- bis zungenförmig, haben 7 bis 12 Kalkgrübchen und sind unterseits violett angehaucht. Der Blütenschaft wird bis 15 cm hoch. Er ist dicht mit drüsigbehaarten Blättern besetzt und trägt eine Rispe oder Scheindolde gelblichgrüner oder hellgelber, glockenförmiger Blümchen, Flor im Mai/Juni.

Saxifraga média Gouan ist in den Pyrenäen zu Hause. Sie hat bis 3,5 cm breite Rosetten aus bläulichen, am Grunde rötlichen, spateligen bis zungenförmigen Blättern mit einer stumpfen Spitze und 7 bis 12 Grübchen. Die Stengel werden bis 12 cm hoch, und die Blumen erscheinen im Mai/Juni, sie werden rosarot.
Saxifraga porophýlla Bertol. aus dem Mittelmeergebiet, wo die Art an den verschiedensten Stellen auftritt, bildet nur kleine Rosetten, die jedoch häufig in großer Menge beisammenstehen. Die länglich-spateligen Blätter sind blaugrün, stachelspitzig oder linealisch, sie haben 5 bis 10 Grübchen. Der Blütenstand ist eine Traube, die Blumen werden purpurfarben, blühend erreichen die Pflanzen bis 12 cm Höhe. Flor im April/Mai.
Saxifraga stribrnýi (Velen.) Podp. kommt in Bulgarien wild vor. Sie bildet bis 6 cm breite Rosetten aus länglich-spateligen, stachel-spitzigen Blättern mit 6 bis 12 Grübchen. Der aufrechte Stengel ist dicht mit drüsenhaarigen Blättern besetzt. Die Blüten sind rot und ziemlich groß, Florzeit März/April, der Blütenstand ist reich verzweigt.

Ansprüche, Anzucht: Die Arten auch dieser Sektion sind schwierig zu halten, also Pflanzen für erfahrene Liebhaber! Sie wünschen die gleichen Standorte wie die Arten der vorher aufgeführten Kabschias: Ost- bis Nordostlage, Felsspalten oder künstlich geschaffene Fugen, durchlässige, mit Schotter versetzte, humusreiche Erde. Man vermehrt aus Samen. Leichter ist es, Tochterrosetten abzutrennen und in Töpfen heranzuziehen.

Sektion *Euaizoonia*

Die Pflanzen bilden oft Teppiche aus Rosetten von verschiedenster Größe mit spatel- oder zungenförmigen Blättern, die mehr oder wenig kalkig bekrustet sind. Sie blühen in oft ansehnlichen Rispen oder Ähren, Blumen klein, vielfach weiß. Die Rosetten sterben nach der Blüte ab, doch bilden die Pflanzen meistens zahlreiche Kindel, auch blühen niemals sämtliche Rosetten eines Exemplars. Man findet sie in Katalogen häufig als „Großrosettige, rispenblütige Saxifraga". Die Sektion enthält eine Menge Arten, einzelne mit vielen Unterarten.
Saxifraga callósa Sm. ssp. callósa (syn. S. lingulata Bell.) tritt vor allem in Südwesteuropa auf und bildet lockere Rasen aus Rosetten, die bis 20 cm breit sind. Diese haben sehr schmale, bis 10 cm lange, blaugraue Blätter. Der Blütenstand wird 20 cm hoch und ist eine schmale Rispe mit weißen, bei 'Superba' rot punktierten, bis 8 mm breiten Blumen, Florzeit Juni.
Saxifraga cotylédon L. aus den Alpen, ferner in den Pyrenäen, in Norwegen und auf Island vorkommend, wächst in der freien Natur nur auf Urgestein, doch vertragen die Pflanzen auch leicht kalkhaltigen Boden. Sie bilden lose Polster locker stehender, breiter Rosetten aus 6 cm langen und noch längeren, breitlinea-

Sa

Saxífraga cotylédon

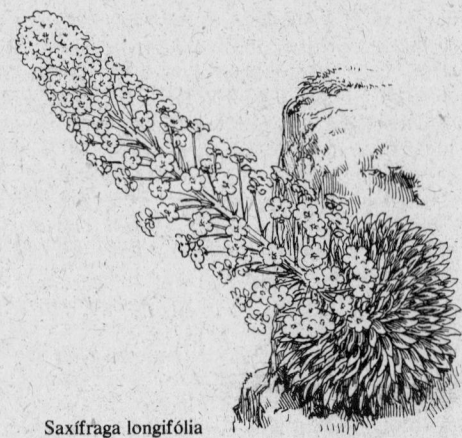
Saxífraga longifólia

lischen, feingezähnten Blättern mit knorpeligem Rand. Die Pflanzen blühen in vielblumigen, bis 60 cm hohen, im Umriß pyramidalen, bogig sich verästelnden Rispen und haben weiße Blüten. Es ist eine imponierende Art, von der es auch mehrere Abarten und Sorten gibt.
Var. **pyramidális** (Lapeyr.) Ser. bringt etwas kürzere, dafür breitere Rispen, 'Caterhamensis' wird bis 90 cm hoch, die Rosetten sind besonders groß, die Blütenblätter am Ansatz rot punktiert.
Saxífraga crustáta Vest aus den Ostalpen, auch auf dem Balkan auftretend, bildet flache, bis 20 cm breite Rosetten und hat linealisch-zungenförmige Blätter, die am Rande schwach gezähnt sind und Kalkgrübchen aufweisen, nach ihrer Basis zu sind sie rotviolett überlaufen. Der Blütenstand jedoch wird nur 20 cm hoch, die Blümchen sind weiß und bekommen manchmal purpurne Pünktchen, Flor im Mai/Juni.
Saxífraga hóstii Tausch stammt aus dem südlichen Teil der Kalkalpen und bildet überall bald ansehnliche Rosettenpolster. Die Blätter sind linealisch-zungenförmig, gezähnt, dunkelgrün, nach der Basis zu rötlich überlaufen. Der Blütenstand verästelt sich reichlich und trägt weiße, purpurn punktierte Blümchen, ist aber nicht so imposant wie bei *S. cotyledon*. In voller Entfaltung werden die Exemplare bis 40 cm hoch, Blütezeit Mai/Juni.
Die ssp. **hóstii** (var. altissima Engl. et Irmsch.) hat größere Blätter und wird bis 60 cm hoch, bei der ssp. **rhaética** Br.-Blanq. sind die Blätter sehr schmal und endigen in einer scharfen Spitze, am Grunde weinrot überlaufen.
Saxífraga longifólia Lapeyr. aus den Pyrenäen gilt als die Königin der Saxifraga. Die Pflanzen bilden dichte, feste, radial-symmetrische Rosetten und haben schmale, linealisch-zungenförmige, blaugrüne Blätter. Ihre Blütenrispen werden bis 50 cm hoch, sind konisch-zylindrisch und verzweigen sich reichlich. Die Blüten sind weiß, gelegentlich rot punktiert, Florzeit von Juni an, sehr lange blühend. Aber die Pflanzen setzen keine Nebenrosetten an, daher bleibt von ihnen nach der Blüte nichts übrig. Man muß sie also immer wieder neu setzen und ständig für Nachwuchs sorgen. In vollem Flor sehen gute Exemplare herrlich aus! Die Art gedeiht am besten in schmalen Fugen von Kalksteinfelsen und wünscht einen absonnigen Standort. Die Anzucht dauert lange, da die Pflanzen langsam wachsen und erst nach vier bis fünf Jahren blühen. Man kultiviert in Töpfen im „Raritätenkabinett". Für die Samengewinnung ist wichtig, die Samenträger ganz isoliert zu pflanzen, damit man echten Samen bekommt... Steinbreche bastardieren sehr leicht und fallen dann nicht treu. Die Art ist ein Gewächs für Liebhaber und geduldige Naturen.
Saxífraga paniculáta Mill. (syn. S. aizoon Jacq.) ist fast ein Kosmopolit, denn man findet die Art beinahe in ganz Europa einschließlich Balkan und Skandinavien und überdies in den arktischen Teilen Nordamerikas. Die Rosetten treten gesellig auf und bilden flache Polster. Die Blätter sind hellgraugrün bis bläulichgrün, breitlinealisch, scharf gezähnt. Die Rosetten werden bis 5 cm hoch. Der Blütenstand, welcher auf einem dünnen roten oder gelben Stengel sitzt, wird etwa 25 cm hoch, Flor im Mai/Juni. Es gibt eine Reihe Unterarten, die teils niedriger wachsen, teils gelbliche, zartrosa oder rot getupfte Blümchen bekommen und größere oder kleinere Rosetten bilden, sowie davon Sorten wie 'Rosea' und 'Altissima', silberweiß.

Ansprüche, Anzucht: Die Arten der Sektion sind bis auf *S. longifolia* leicht zu ziehen und stellen kaum Ansprüche. Sie eignen sich für Steingärten und Trockenmauern, auch für Heidegärten und Gräber, und man kann sie flächig pflanzen. Sie wünschen sandiglehmigen, gut durchlässigen Boden. Sie können sonnig und im Halbschatten stehen und bilden dort manchmal riesige Polster, blühen aber meistens nicht so reich wie in voller Sonne. Für *S. cotyledon* soll die Erde nährstoffreich sein, dann werden die Bestände üppig. Man kann diese Art auch als Topfgewächs kultivieren: starke Tochterrosetten werden in einem kalten Kasten

Saxifraga paniculáta

Saxifraga-Arendsii-Hybride

oder auf Beeten in 6 Reihen aufgeschult. Man soll die Pflanzen gut ernähren! Im Herbst topft man ein, überwintert in einem kalten Kasten, bei großer Kälte sollte man Fenster auflegen, und von März an kann man in einem hellen, luftigen Kalthaus zum Blühen aufstellen. Die Art läßt sich auch aus Samen heranziehen, die jungen Pflanzen sind im 3. Jahre blühstark. Alle weiteren Arten der Sektion – mit Ausnahme von S. longifolia – lassen sich durch Teilung oder Aufzucht von Nebenrosetten leicht und fast jederzeit vermehren. Man kultiviert teils auf Beeten, teils in Töpfen. Am endgültigen Standort können die Bestände viele Jahre bleiben. Die abgeblühten Rosetten entferne man laufend, sonst entstehen dort kahle Stellen. Der Reiz dieser Saxifraga liegt in der Mannigfaltigkeit der Rosetten, der Blattformen und Blütenstände.

Sektion *Dactyloides*

Die Arten heißen deutsch Moossteinbrech oder Moosartige Saxifraga. Sie bilden niedrige Teppiche und haben dichte oder etwas lockere Rosetten mit grünen, weichen Blättern, welche manchmal fiedrig gelappt sind. Die Blüten sitzen einzeln oder zu mehreren auf kurzen oder längeren, dünnen Stengeln, sind glocken- bis becherförmig, stehen aufrecht und werden weiß, weißlichgelb, rosa oder rot. Es gibt fruchtbare und sterile Rosetten, und diese sterben nach dem Flor nicht ab. Die Pflanzen bilden Nebensprosse und auch dicht unter der Erdoberfläche umherdringende Ausläufer. Sie wünschen humusreichen, durchlässigen, frischen Boden und leiden bei Trockenheit oder Prallsonne.

Saxifraga cespitósa L. ist nicht in Kultur, sondern nur die durch Kreuzungen mit *S. rosacea* Moench (syn. S. decipiens Ehrh.) und andern Arten entstandenen Sorten, welche jetzt unter dem Sammelnamen **Saxifraga-Arendsii-Hybriden** (syn. S. × arendsii Engl.) gehen. Die Pflanzen bilden duftige, geschlossene Polster, die sich aus zahllosen Rosettchen zusammensetzen, und blühen überreich im Mai/Juni. Es gibt eine ganze Reihe Sorten, von welchen wir hier nur anführen: 'Blütenteppich' – Blumen karminrosa, frühe Sorte, bis 15 cm hoch; 'Purpurmantel' – purpurrosa, 20 cm; 'Rosakönigin' – rein rosa, schöner Ton, 15 cm hoch; 'Schneeteppich' – reinweiß, sehr reichblühend, Blumen sehr groß, 20 cm hoch; 'Schwefelblüte' – Blüten mittelgroß, schwefelgelb, später heller, 15 cm; 'Triumph' – rubinrot, sehr lebhafter Ton, 15 cm, nicht so stark wachsend wie die andern.

Saxifraga hypnoídes L. ist der eigentliche Moossteinbrech. Die Pflanzen bilden lockere Rasen aus kleinen Rosetten mit roten Grundstengeln und haben in den Blattachseln kleine Blattknospen, die anfangs spinnwebartig behaart sind, was sich später verliert. Die Blättchen werden frischgrün, glänzen schwach, haben 3 bis 5 Lappen und sind etwas fleischig. Die Blüten werden 1,5 bis 2 cm breit, weiß und stehen zu 3 bis 9 und mehr in lockeren Rispen. Die Art wünscht keinen Kalk! Sie blüht im Mai/Juni und ist ohne Flor nur wenige Zentimeter hoch. Es gibt hiervon Varietäten, die in Höhe und Größe der Rosetten voneinander abweichen, sich aber dennoch recht ähnlich sehen. Erwähnt sei nur var. **spathuláta** Haw. mit ausgesprochen spatelförmigen Blättern; die Pflanzen bilden selbst in sehr tiefem Schatten noch dichte, wintergrüne Teppiche. Die Blüten werden weiß, Flor im Mai.

Saxifraga muscoídes All. aus den Zentralalpen bildet feste, nur wenige Zentimeter hohe Polster mit dachziegelartig beblätterten Rosettchen. Die Blüten sind weiß und stehen je 1 bis 3 auf etwa 10 cm hohen Stengelchen. 'Findling' mit dunkelgrünen, festen Polstern ist widerstandsfähiger und blüht reicher; 'Elegantissima' blüht rosa. Flor im Mai/Juni.

Saxifraga trifurcáta Schrad. aus den Pyrenäen bildet lockerrasige Teppiche und hat eine moosig-frischgrüne, feine Belaubung. Der Blütenstand ist eine rispige Dolde und enthält zahlreiche weiße Blumen, er erscheint im Mai/Juni. Im Flor werden die Pflanzen etwa 20 cm hoch, ohne Blumen bis 10 cm. *S. trifurcata* gedeihen auch an sonnigen Standorten.

Ansprüche, Anzucht: Die Moosartigen Saxifragen eignen sich für Steingärten zur Bodenbegrünung und als Einfassung. Sie wachsen leicht, wenn sie absonnig stehen und den richtigen Boden haben. Die Erde muß humusreich, durchlässig und – wie schon oben erwähnt – frisch sein. In schweren Böden und solchen, die im Sommer stark austrocknen oder hart werden, brennen die Polster aus, und man hat im Herbst nichts als kümmerliche Reste. An zusagenden Standorten dagegen halten die Pflanzen lange aus und bilden allmählich große, geschlossene Teppiche. Es ist aber nötig, diese im Spätherbst dünn mit feingesiebtem Düngetorf zu überstreuen. So erhalten die Polster immer wieder Nahrung. Manche Arten sind nicht gerade kalkempfindlich, wachsen jedoch in leicht sauren Böden besser. Vermehrt wird durch Teilung oder Stecklinge. Man schneidet die Rosetten an ihrer Basis

Sa

Saxífraga granuláta

Saxífraga umbrósa

Saxífraga cortusifólia var. fortúnei

ab und pikiert sie in Handkästen mit Sand, Torfmull und einer Unterlage von sandiger Komposterde, stellt sie in ein Frühbeet, dessen Fenster dicht schließen, und hält die Luft gespannt. Später muß man abhärten und kann noch im Herbst eintopfen, darf damit aber auch bis zum Frühjahr warten. Die beste Vermehrungszeit ist bald nach der Blüte oder im Herbst. Man topft in 7- oder 8-cm-Töpfe in sandige Komposterde oder ein Gemisch von Torfmull, Lauberde und etwas Komposterde, dazu ausreichend Sand. Manche Arendsii-Hybriden, wie 'Purpurmantel', sind so durchgezüchtet, daß sie aus Samen rein vermehrt werden können.

Sektion *Saxífraga* (syn. Nephrophyllum)

Davon ist nur eine Art zu erwähnen:
Saxífraga granuláta L. Die Pflanzen wachsen in ganz Europa auf trockenen Wiesen, Weiden oder Dämmen und bilden am Wurzelstock zahlreiche Brutknöllchen. Sie haben gestielte, nierenförmige, tief gekerbte oder gelappte Grundblätter und blühen auf Stengeln, die bis 40 cm hoch werden, in Trugdolden. Die Blumen sind milchweiß, sie erscheinen im Mai/Juni. Gartenwert hat vor allem 'Plena' mit levkojenartigen Blütenständen, die sich auch als Schnittblumen eignen.

Ansprüche, Anzucht: Die Art kann man als Bodendecke für Wildstaudengärten in trockener Lage verwenden, sie verbreitet sich leicht von selbst durch ihre Brutknöllchen, läßt sich auch durch diese vermehren.

Sektion *Robertsonia*

Die Pflanzen haben wintergrüne, ledrige Blätter, ihre Blüten erscheinen in Rispen, die bis 20 cm hoch werden, die Blumen sind klein. Sie treiben Ausläufer und bilden bald geschlossene Teppiche. Sie wünschen halbschattige bis schattige Standorte.
Saxífraga cuneifólia L. tritt in fast allen Gebirgen Südeuropas auf, von den Pyrenäen bis zu den Ostkarpaten. Die Pflanzen haben keilförmige, oberseits tiefgrüne und glänzende, unterseits violette, lederartige, derbe Blätter und bilden bald dichte Polsterteppiche. Sie blühen im Juni bis August mit weißen Blütchen, die in Rispen beisammenstehen und auf 15 bis 20 cm hohen Stielchen sitzen. Der Blätterteppich wird 6 bis 8 cm hoch.
Saxífraga × géum L. (S. hirsuta × S. umbrosa) tritt in den Gebirgen der Iberischen Halbinsel auf und hat Rosetten langgestielter, rundlicher, am Rande regelmäßig gekerbter oder grob gezähnter, beiderseits behaarter Blätter, die tief dunkelgrün werden. Der Blütenstand wird bis 40 cm hoch, verzweigt sich aber nur wenig. Die Blümchen sind weiß und bekommen gelbliche oder rötliche Pünktchen, Florzeit Juni bis August.
Saxífraga umbrósa L., das Porzellanblümchen, stammt aus Südwesteuropa und hat dichte, bis 12 cm breite Rosetten spatelförmiger Blätter mit geflügeltem Stiel. Die Blätter sind lederartig, tiefgrün, matt oder stärker glänzend, unterseits purpurfarben überlaufen. Die Blütenrispen stehen auf blattlosen, dünnen Stengeln. Die Blümchen sind klein, weiß, in der Mitte purpurfarben, am Grunde haben sie gelbe Pünktchen; Florzeit ebenfalls Juni bis August. Die Polster werden 6 bis 10 cm, die Blütenstände bis 30 cm hoch. Außer der Art gibt es Sorten wie 'Serratifolia' – mit länglicheren, tief gezackten Blättern; 'Variegata' – mit weißlichgelb gefleckten Blättern, und 'Elliot's Variety' – mit rosa Blümchen, die Rispen werden nur 20 cm hoch. Hellrosa blüht auch 'Aureopunctata', Blätter außerdem gelbgepunktet.

Ansprüche, Anzucht: Alle 3 Arten sind als Bodendecke für Schattenpartien gut geeignet und bilden bald dichte Teppiche. Sie gedeihen auch im Halbschatten, in voller Sonne dagegen kümmern sie. Der Boden soll frisch sein und nicht zu schwer; am besten ist humusreiche Erde, die Torfmull, Lauberde und etwas mürben Lehm enthält. Einmal angewachsen, können die Bestände viele Jahre an ihrem Platz bleiben. Man vermehrt durch Teilung und kultiviert teils auf Anzuchtbeeten, teils in 8-cm-Töpfen. Die Anzuchten sind innerhalb einer Vegetationsperiode verkaufsstark.

Sektion *Diptera*

Die Pflanzen haben auf längeren Stielen stehende, lockere Rosetten bildende Blätter, und die Kronblätter der Blüten sind ungleich groß. Zur Sektion gehört S. *stolonifera* Meerb. (syn. S. sarmentosa L. f.), der Judenbart, eine beliebte Zimmerpflanze. Es gibt davon Auslesen, die an geschützten Standorten im Freien gedeihen.

Saxífraga cortusifólia Sieb. et. Zucc. stammt aus Ostasien und hat rundlich-nierenförmige, am Rande gebuchtete Blätter auf langen Stielen. Die Blätter sind rotbraun behaart. Die Blüten stehen in rispigen Dolden, welche im Umriß länglich-dreieckig sind. Die Pflanzen blühen im Herbst. Schöner und auch häufiger anzutreffen ist die var. **fortúnei** (Hook.) Maxim., in allen Teilen größer, Blätter bis 10 cm breit, oberseits leicht glänzend, Farbe bronzegrün bis braun, unterseits purpurfarben, schön in der Form. Die Varietät ist winterhärter. Die Blümchen haben 2 große und 3 kleine Kronblätter, sind weiß und erscheinen im September/Oktober; im Flor 30 cm hoch.

Ansprüche, Anzucht: Diese Pflanzen wollen absonnige bis halbschattige Standorte und humusreichen Boden, dem man etwas mürben Lehm zusetzen sollte ... in reiner Laub- und Mistbeeterde wachsen sie weniger freudig. Der Boden muß frisch sein. Mit dem späten Flor und dem zierenden Laub sind Art und Varietät ein Kleinod für den Garten, denn welche niedrigen Schattenstauden blühen gleich spät und sehen gleich gut, ja wunderhübsch aus? Wenn das Laub abgestorben ist, sollte man – vorsichtshalber! – mit Nadelstreu bedecken. Die Pflanzen sind dauerhaft, aber sie wachsen langsamer als andere Saxifraga, man braucht also lange, ehe man zu ansehnlichen Beständen kommt. Sie lassen sich nur durch Teilung vermehren, denn infolge des späten Flors setzen sie kaum Samen an, und dieser wird nicht reif. Zum Verkauf werden die Pflanzen in Töpfen kultiviert. Man braucht einen großen Bestand an Mutterpflanzen und kann mit Erfolg nur alle 2 bis 3 Jahre aufteilen ... es sind also mehrere Jahrgänge an Mutterpflanzen nötig.

Bewertung, Verwendung, Anzucht allgemein: Saxifraga sind unentbehrlich! Die Mannigfaltigkeit ist

Scabiósa atropurpúrea

sehr groß, obwohl alle Pflanzen aus Blättern, Rosetten und Blütenständen bestehen. Aber wieviele Unterschiede gibt es bei diesen. Die Gattung enthält viele Arten, welche nur der Liebhaber fortbringen kann. Die Neigung zur Bastardierung zwischen verschiedenen Arten ist groß. Sektionshybriden dagegen sind nicht bekannt geworden. Die nötigen Einzelangaben über Wert, Ansprüche, Verwendungsmöglichkeiten und Vermehrung sind bei den Sektionen aufgeführt.

Scabiósa · Skabiose
Dipsacaceae ☉ ♃ ○ ◐ ◑ △ ✕ ○

Im Namen steckt das lateinische Wort scabies = Krätze, Grind; es bezieht sich darauf, daß die Pflanzen früher als Heilmittel gegen diese Krankheiten verwendet wurden. Es sind ein- oder mehrjährige Kräuter, deren Wurzeln bei einzelnen Arten mehr oder weniger verholzen. Die Blüten stehen in endständigen, kugeligen Köpfchen, die von einer oder zwei Reihen freier Hüllblätter umgeben sind. Es gibt rund 80 Arten: Sie treten vor allem im Mittelmeergebiet, außerdem in Mitteleuropa, Asien und Afrika auf.

Einjährige Arten

Scabiósa atropurpúrea L. bildet aufrechte, schwachbehaarte, bis 80 cm hohe, reichlich sich verzweigende Büsche. Die Blumen sitzen auf langen Stielen, und der Blütenboden ist anfangs fast kugelrund, später streckt er sich. Bei der Stammform werden die Blumen samtig dunkelpurpurn, nur die Griffelästchen bleiben weiß, die Blüten duften leicht nach Moschus. Die Art ist nicht in Kultur. Man verwendet nur Sorten mit gefüllten Blumen. Ihr Farbenspiel reicht von Weiß über Rosa und Scharlach bis Tiefdunkelpurpurrot; daneben gibt es heller oder intensiver blau blühende Sorten, ferner mehrfarbige, also bunte. Dem Wuchs nach unterscheidet man: 1. hochwachsende, 80 bis 100 cm hoch; 2. mittelhohe, etwa 50 bis 60 cm hoch; 3. niedrige, Höhe 35 bis 45 cm. Die Pflanzen blühen reich, Florzeit Juli bis September. Sobald sie viel Samen angesetzt haben, läßt die Blüte nach und hört schließlich völlig auf. Die Samenbaubetriebe ziehen sie teils in Spezialmischungen, teils in Farben oder Einzelsorten. Die Blüten werden bis 5 cm breit.

Bewertung, Verwendung, Anzucht: Die aufgeführte Art ist eine alte Gartenblume und schon seit Jahr-

Sc

Scabiósa caucásica — Schizanthus-Wisetonensis-Hybride

hunderten in Kultur. Die Pflanzen wachsen in jedem normalen Boden, der etwas Kalk enthalten soll. Sie wünschen volle Sonne. Man kann ab Mitte April an Ort und Stelle säen und muß dann nur sorgfältig ausdünnen: die hochwachsenden Typen auf 30 bis 35 cm Abstand, die niedrigen auf 25 cm Entfernung. An Ort und Stelle gesäte Bestände blühen erst ab August und bleiben in allen Teilen kleiner. Besser ist daher, im März recht weitläufig in ein halbwarmes Frühbeet zu säen und ab Anfang Mai an den vorgesehenen Platz auszupflanzen. Die Bestände vertragen leichten Frost, man braucht also nicht bis nach den Spätfrösten mit dem Pflanzen zu warten. Selbst ausgewachsene Exemplare lassen sich versetzen, man muß sie nur vorher gut einschlämmen, damit sie Ballen halten. Man verwendet sie in kleinen Horsten für bunte Blumenrabatten. Die Blumen lassen sich auch schneiden und halten etwa 6 Tage; man muß recht knospig schneiden: sobald die Einzelblüte anfangen sich zu öffnen. Durch Auspflücken der Samenköpfe läßt sich der Flor etwas verlängern.

Ausdauernde Arten

Scabiósa caucásica M. B. stammt aus dem Kaukasus und wird 50 bis 80 cm hoch. Sie ist eine zäh ausdauernde Pflanze mit einem lockeren Schopf länglich-lanzettlicher Grundblätter und bringt auf wenig-beblätterten Stengeln bis 8 cm breite, flache Blumenköpfe. Sie haben große blütenblattartige Hüllblätter, Florzeit Juli/August... zuweilen schon von Mitte Juni an. Manchmal bringen sie auch im Herbst eine Nachblüte. Es gibt eine Reihe Sorten, wie 'Miss Willmott' — besonders große, schön gebaute, reinweiße Blüten in großer Zahl treibend; 'Clive Greaves' — hellviolette, große Blumen, sehr reichblühend, beliebte Sorte zur Gewinnung von Schnittblumen; 'Blauer Atlas' — tief blauviolett, sehr kräftiger Ton; 'BS-Blausiegel' — lavendelblau. Wichtig wäre es, diese Sorten so durchzuzüchten, daß sie völlig echt aus Samen fallen... kein unmögliches Ziel. Bei 'Miss Willmott' ist es erreicht. Außer den Sorten gibt es im Handel Sämlings-Mischungen, die Pflanzen verschiedenen Blaus bringen.

Scabiósa graminifólia L., von den Pyrenäen über Südfrankreich bis zum Balkan verbreitet, wächst auf Kalkschutt und wird 20 bis 40 cm hoch. Die Pflanzen haben einen derben, leicht verholzenden Wurzelstock, sind an allen grünen Teilen seidig behaart, die Blätter grasartig, die Blütenköpfe flach. Die Blumen werden lila und verhältnismäßig groß, Florzeit ist der Sommer.

Scabiósa lúcida Vill. aus Südwesteuropa, auch in Illyrien und in den Karpaten zu finden, wird 20 bis 30 cm hoch und bildet zunächst eine lockere Rosette eiförmiger bis rhombischer Blätter, später folgen die sich vor allem in ihren oberen Teilen verzweigenden Stengel. Die Blumen werden rotlila, Florzeit ist von Juli bis September.

Scabiósa ochroléuca L. tritt in Mitteleuropa, auf dem Balkan und überdies in Sibirien auf. Die Pflanzen wachsen an trockenen Plätzen — auf grasigen Hängen, Hügeln, in Steppen —, werden gegen 60 cm hoch und sind zuweilen nur zweijährig. Sie haben leierförmige, grob fiederlappige bis doppeltgefiederte Blätter, welche mit weichen Haaren bedeckt sind. Die Blütenköpfe sind flach, die Blumen hellgelb, die Köpfe werden nicht sehr groß, erscheinen aber reichlich. Florzeit von Ende Juni bis in den September hinein.

Bewertung, Verwendung, Anzucht: Die schönste und wichtigste Art ist *S. caucasica*, seit etwa 170 Jahren eine beliebte Gartenstaude. Sie eignet sich für bunte Blumenbeete, auch für Wildstaudengärten, ebenso für kleine Gärten von der Größe eines Höfchens, denn die Pflanzen sehen immer „ordentlich" aus. Erwähnt sei jedoch, daß die Blumen, auch die weißen von 'Miss Willmott", nicht weithin leuchten, daß *S. caucasica* also nicht zu den „Farbstauden" gehört. Die Blüten eignen sich gut zur Schnittblumengewinnung, und das sanfte Violett erzeugt den Eindruck von Morgendämmerung und Stille, gut dazu passen die Blumen von *Coreopsis grandiflora*, Sorten, die goldgelb blühen, wie die alte 'Badengold'. Man soll schneiden, wenn die Randblüten sich entfaltet haben. Die Blumen halten sich etwa eine Woche. Die Pflanzen wachsen in jedem normalen Gartenboden, der nicht sauer und naß ist. Sie können mehrere Jahre an ihrem Platz bleiben; je nach der Güte des Bodens müssen sie nach 3 bis 6 Jahren aufgenommen und geteilt werden. Bei sorgfältiger Düngung kann man sie auch 8 oder 10 Jahre am gleichen Platz lassen. Für die Gewinnung von Schnittblumen pflanzt man 3 Reihen aufs Normalbeet und kann 3, auch 4 Jahre gute Erträge erzielen, wenn man über Winter das Beet mit Rinderdung oder gejauchtem Torfmull bedeckt. Von den übrigen Arten eignet sich *S. graminifolia* für Steingärten und Trockenmauern, sie paßt auch in Teppiche niedriger Stauden, die durch die Farbe ihres Laubes wirken; die andern beiden Arten nimmt man für Wildstaudenpflanzungen, Böschungen und Hänge. Sie wünschen sonnigen Standort und sandig-lehmigen, trockenen, kalkhaltigen Boden. Man kann sie leicht aus Samen vermehren, besonders lebhaft blau oder rosa blühende Exemplare auch durch Teilung im Frühling nach dem Durchtrieb der ersten Blätter.

Die Teilung ist nicht sehr ergiebig, man braucht zweijährige Bestände. Auch *S. caucasica* wird aus Samen, der nicht ganz treu fällt, und durch Teilung vermehrt... hier ist die vegetative Vermehrung ebenfalls nicht sehr ergiebig. Man kann bei zweijährigen Mutterpflanzen mit 3 bis 6 Teilstücken rechnen. Diese sollen so viel wie möglich vom Erdstamm behalten: Je größer dieser ist, um so eher bekommt man verkaufsstarke Bestände. Im allgemeinen werden die Anzuchten innerhalb einer Vegetationsperiode verkaufsstark. Mit Sämlingen erreicht man bei Aussaat im Frühling dieses Ziel in der gleichen Zeit.

Schizánthus · Spaltblume
Solanaceae ☉ ○ ◐ ◑

Im Namen stecken die griechischen Wörter schizein = spalten und anthos = Blume; sie beziehen sich darauf, daß die Ober- und Unterlippen der Blüten gespalten sind. Die Pflanzen werden einjährige, aufrechte, wenig oder stärker drüsig-behaarte Kräuter, die sich reichlich verzweigen und reich blühen. Die Blätter sind meistens hellgrün, fiederschnittig, die Teile nochmals gefiedert oder gezähnt. Die Gattung umfaßt etwa 11 Arten, welche in Chile wild auftreten. Die ersten Arten wurden vor rund 170 Jahren nach Europa eingeführt und waren lange Zeit nur Blumen für Liebhaber. Neuerdings befaßt man sich stärker mit den Spaltblumen, und die Züchter haben einige wertvolle Sorten oder Rassen erzielt.

Schizánthus grahámii Gill. aus den chilenischen Anden wird bis 60 cm hoch und bildet steife, reichlich sich verzweigende Büsche, die weniger behaart sind als bei den andern Arten. Sie haben mittelgroße, purpurrosa Blüten, welche an den zahlreichen letzten Verzweigungen end-, manchmal auch achselständig erscheinen. Die Oberlippe ist kurz, die Unterlippe länger und fällt durch einen rautenförmigen oder auch länglich-lanzettlichen Mittellappen auf: Er ist gelb bis orange gefleckt und von purpurfarbenen Strichen durchzogen. Außer der Art gibt es die Sorten 'Albus' mit vorwiegend weißen, 'Carmineus' mit kräftig karminrosa und 'Lilacinus' mit lila getönten Blumen. Florzeit je nach Aussaat von Juni an oder im Hochsommer.

Schizánthus pinnátus Ruiz et Pav. wird bis 45 cm hoch, doch gibt es auch niedrig bleibende Sorten. Alle diese Pflanzen sind fein behaart und bauen sich lockerer auf als bei der vorher aufgeführten Art. Die Blüten sitzen in Ähren oder Trauben und erscheinen sehr zahlreich. Die Oberlippe ist kräftig gefärbt, weist einen kappen- oder tutenförmigen, zweilappigen Mittelabschnitt auf und sichelförmige Seitenlappen in Violett; die Unterlippe ist in drei Lappen gespalten, heller im Ton und nach dem Grunde zu purpurfarben gefleckt. Auch von dieser Art gibt es eine weißblühende und andere Sorten. Die Blütezeit hängt vom Aussaattermin ab.

Schizanthus-Wisetonensis-Hybriden (syn. S. × wisetonensis Low) ist der jetzt übliche Sammelname für die Sorten, die durch Kreuzungen von *S. grahamii* und *S. pinnatus* entstanden. Die Pflanzen bilden 30 bis 80 cm hohe, pyramidale Büsche und sind zur Hauptblüte völlig mit Blumen bedeckt, so daß man kein Laub mehr sieht. Die Blumen sind groß und haben einen Hauptfarbton mit mannigfachen Abweichungen, und überdies sind sie auf die verschiedenste Weise gemustert. Es wurden Sorten gezüchtet, die bestimmte Tönungen aufweisen, wie 'Brillant' – leuchtend karmin, bis 40 cm hoch werdend; 'Roter Herold' – 30 bis 45 cm hoch, besonders große, scharlach-karminfarbene Blumen. Ferner gibt es Spezialmischungen in besonderen Farben oder mit zwergigem Wuchs wie 'Zwerg-Bukett' – nur 20 bis 25 cm hoch werdend, Blumen in allen denkbaren Tönungen. Die Pflanzen blühen je nach dem Aussaattermin.

Bewertung, Verwendung, Anzucht: Schizanthus eignen sich mehr für Töpfe und große Schalen als für bunte Blumenbeete. Sie wünschen gehaltvolle, durchlässige Erde und sonnigen Standort. Bei trockener, heißer Witterung im Sommer leiden sie sehr: Sie verblühen zu rasch, und die Farben bleichen aus. Das gilt für alle Arten, besonders jedoch für die Wisetonensis-Hybriden. Gut geraten sie in Gegenden mit Seeklima, in Alpennähe oder in der Einflußsphäre großer Wälder. Sie haben dort die feuchte Luft wie in den Anden Chiles und reichlich Tau. Am üppigsten werden die Pflanzen, wenn man im August/September aussät, dann zu 2 bis 4 in gehaltvolle, nicht zu leichte Erde in 10- bis 12-cm-Töpfe pikiert, im Kalthaus so kühl wie möglich überwintert und im Frühjahr in 20- bis 30-cm-Töpfe oder breite Schalen verpflanzt. Man muß schon bald Stäbe für den Haupttrieb beistecken und läßt die Bestände in einem sehr luftigen Kalthaus oder im Frühbeet unter hochgelegten Fenstern in Flor kommen. Es ist unerläßlich, die Bestände so an die frische Luft zu gewöhnen, daß sie das Aufstellen der Schalen oder großen Töpfe im Freien ohne jede Störung vertragen. Man kann sie auf Terrassen aufstellen, auf Sitzplätzen oder Treppen- und Mauerbrüstungen, aber in voller Sonne und vor Zug geschützt. Der Flor läßt sich durch Düngung mit phosphorreichem Volldünger verstärken und verlängern. Die aus Herbstaussaat stammenden Exemplare fangen im Laufe des Mai an zu blühen. Man kann auch im Februar aussäen, dann pikiert man ebenfalls zu zwei bis vier in 10er-Töpfe und pflanzt später in Schalen oder 18er- bis 25er-Töpfe um. Die Pflanzen werden nicht so stattlich wie bei Aussaat im Hochsommer und blühen von Ende Juni oder Anfang Juli an. Im ganzen ist es eine Kultur, die Arbeit macht; auch die laufende Pflege muß sorgfältig sein... also fast eine Liebhaberei. Wer aber schöne Spaltblumen gesehen hat, der weiß, daß sie den Aufwand lohnen. Die anderen

Sc

Scílla bifólia
Scílla hispánica
Scílla sibírica

erwähnten Spaltblumen werden nicht so prächtig. Man sät sie im zeitigen Frühjahr aus, pikiert einzeln in Töpfe und pflanzt auf bunte Beete.

Scílla · Blaustern
Liliaceae △ ○ ◐ ◑ ◒ ✕ ∧

Skilla ist die altgriechische Bezeichnung für die Meerzwiebel, die wir heute *Urginea* nennen, doch wurde *Scilla* von Linné als Name für die Gattung gewählt, welche deutsch Blaustern heißt. *Scilla* sind ausdauernde, kleine bis mittelgroße Zwiebelgewächse. Sie haben grundständige, linealische bis riemige Blätter und sternförmige oder glockige, in Trauben beisammenstehende Blüten. Die Blumen werden blau, rosa bis purpurfarben und auch weiß, es gibt Herbst- und Frühjahrsblüher. Die Gattung umfaßt gegen 90 Arten, sie treten in Süd-, vereinzelt auch in Mitteleuropa auf, weiterhin in Kleinasien, in Nord- und Südafrika und in Südamerika vor allem in Peru und Chile. Die Arten aus Südafrika und Peru sind bei uns nicht winterhart, sondern schöne Topfgewächse fürs Zimmer.

Scílla autumnális L. aus Nordafrika und Südeuropa hat fast stielrunde, oberseits rinnige Blätter und blüht im Herbst mit weißlichrosa Blütensternen. Diese stehen zu 3 bis 6 und mehr in einer dichten Traube auf Stengeln, die bis 10 cm hoch werden.

Scílla bifólia L., der Zweiblättrige Blaustern, ist in Südeuropa einschließlich Frankreich und im Orient weit verbreitet. Die Zwiebeln werden bis 2 cm breit, sind eirund, weiß. Die Blätter, in der Regel nur zwei, sind schmal, linealisch-lanzettlich und haben eine stumpfe, manchmal zurückgerollte Spitze. Die Blüten erreichen 2 cm im Durchmesser, stehen zu 3 bis 10 in lockeren Trauben auf Stengeln, deren Länge bis 20 cm beträgt. Sie sind sternförmig, ihre Farbe tief himmelblau, sie duften. Florzeit ist im März/April. Die Art ist seit dem 16. Jahrhundert in den Gärten heimisch. Außerdem gibt es Sorten, die bisher als Varietäten geführt worden sind: 'Alba' mit weißen und 'Rosea' = 'Carnea' mit rosa Blüten. Var. **taurícola** Regel aus Kleinasien wächst relativ üppig, kommt früh in Flor und hat intensiv blaue Blüten.

Scílla hispánica Mill. (syn. S. campanulata Ait., Endymion hispanicus [Mill.] Chouard) wächst auf der Iberischen Halbinsel und ist seit etwa 1600 in Mitteleuropa eine beliebte Gartenpflanze. Sie hat bis 7 cm breite, platte Zwiebeln, bringt 5 bis 7 bis 30 cm lange, gegen 2,5 cm breite, spitz-lanzettliche Blätter und blüht im Mai/Juni auf Schäften, die bis 30 cm hoch sind. Die Blumen werden breit glockenförmig, hängen etwas; stehen bis zu 15 in Trauben. Bei der Art sind sie violettblau, in der Kultur entstanden zahlreiche Sorten, von welchen hier aufgeführt seien: 'Blue Bird' — sehr früh, auf langen Stielchen, auch zum Schnitt geeignet, tief reinblau; 'Dainty Maid' — dunkelrosa; 'Excelsior' — große, tiefblaue Glocken an langen Schäften; 'La Grandesse' — reinweiß; 'Myosotis' — beinahe vergißmeinnichtblau, neu, wunderschöne Farbe; 'Rosabella' — starke Schäfte, sehr früh in Flor, hellrosa, große Blumen; 'Skyblue' — tief himmelblau, spät blühend; 'Withe Triumphator' — reinweiße, große Glocken, starke, mit vielen Blumen besetzte Schäfte.

Scílla mischtschenkoána Grossh. (syn. S. tubergeniana Hoog) wurde 1928 von einem Konsul, der sich für die Pflanzenwelt des Landes interessierte, in Täbris im nordwestlichen Iran gefunden und S. tubergeniana Hoog genannt, aber schon vorher hatte sie A. A. Grossheim (1888–1948) zu Ehren eines Landsmannes benannt; deshalb der Namenswechsel. Sie hat bis 3 cm breite Zwiebeln, 3 bis 5 linealische, schmale Blätter und bringt je Zwiebel mehrere etwa 15 cm lange Blütenschäfte. Die Blumen werden sternförmig, sitzen bis zu 4 an jedem Schaft, ihre Farbe ist leuchtend hellviolett mit einem dunkleren Streifen auf jedem Blütenblatt. Die Art blüht als erste von allen, oft bereits im Februar, und es schadet nicht, wenn der Flor nochmals einschneit.

Scílla non-scrípta (L.) Hoffmgg. et Link (syn. S. nutans Sm., Endymion non-scriptus [L.] Garcke), das Hasenglöckchen, tritt von Spanien bis England auf, wächst auch in Ostfriesland wild. Die Pflanzen haben runde gelbgrüne, bis 5 cm breite Zwiebeln, welche auch Ausläufer treiben. Die Blätter sind schmal, gerinnt, dunkelgrün und werden nicht so lang wie der Schaft hoch. Die Blüten erscheinen im Mai, manchmal bereits im letzten Drittel des April. Sie sind röhrigglockig, stehen in einseitswendigen, etwas nickenden Trauben, duften schwach und werden bei der Stammform blauviolett. Auch diese Art ist seit mehreren Jahrhunderten eine Gartenpflanze, und es entstanden außer einer weiß- und einer rosablühenden verschiedene weitere Sorten, wie 'Blush Queen' — hellrosa blühend, und 'Delight' — tiefblaue Blumen, sehr starker Wachser und lange Schäfte.

Scílla praténsis Waldst. et. Kit. wächst auf dem Balkan und hat kleine, eirunde Zwiebeln. Die Pflanzen bringen 3 bis 6 Blätter, die bis 1 cm breit und etwa 20 cm lang werden. Ihre Blüten stehen bis 30 in einer dichten, aufrechten Traube, sind glockenförmig und violettblau mit dunkleren Streifchen. Die Art blüht im April bis Juni und kommt als letzte in Flor.

Scílla sibírica Andr. stammt nicht aus Sibirien, wie man nach der Artbezeichnung annehmen könnte, sondern tritt auf dem Balkan, in Kleinasien, im Kaukasus und in der übrigen südlichen bis mittleren UdSSR auf. Die Pflanzen haben runde, bis 3 cm breite Zwiebeln und bringen 2 bis 4 linealische, etwa 1 cm breite Blätter, welche in ihrem unteren Teil die Blütenschäfte scheidig umgeben. Die Blumen erscheinen auf Schäften, die bis 20 cm hoch werden, und stehen zu 2 bis 3 beisammen, sind glöckchenförmig, nicken leicht und werden sehr leuchtend tiefhimmelblau... fast funkelndblau. Sie erscheinen im März bis April. Außer der Stammform gibt es die cv. 'Alba' mit weißen, aber nicht so wirkungsvollen Blüten und die var. taūrica Arnott — welche kräftiger wächst, früher in Flor kommt und etwas intensiveres Blau hat. Ferner ist die triploide Sorte 'Spring Beauty' zu erwähnen: Sie weist größere Blüten auf, treibt längere Blumenschäfte und blüht besonders leuchtend blau... es ist das feurigste Blau von allen.

Bewertung, Verwendung, Anzucht: Die im Frühjahr blühenden Arten gehören zu den liebenswürdigsten Frühlingsboten. Sie sind anspruchslos, doch nicht so winterhart, daß sie völlig ohne Schutz bleiben sollten. Sie eignen sich für Steingärten und als Unterwuchs von Bäumen und Sträuchern, die aber nicht zu eng stehen und zu dicht sein dürfen. Durch den natürlichen Laubfall erhalten sie dort auch den nötigen Winterschutz, man darf also nicht im Spätherbst das Laub fortrechen. *S. hispanica* und *S. non-scripta* vertragen sogar den Wurzeldruck größerer Bäume. Man kann sie z. B. im Kew Garden in London fast unter jedem alten Laubbaum so dicht stehend finden, daß sie eine blaue, weiße oder rosa Fläche bilden. Gerade *S. hispanica* sollte so häufig wie möglich gesetzt werden. Die Blumen lassen sich schneiden und halten sich lange. An den Boden stellen sie keine besonderen Ansprüche, er darf im Frühjahr nicht zu trocken, im Herbst und Winter nicht zu naß und allgemein nicht kalt und schwer sein. Die Arten vermehren sich, sobald die Zwiebeln eingewurzelt sind und die Pflanzen sich wohlfühlen, durch Selbstaussaat von allein. Man darf natürlich nicht sämtliche Blumen pflücken und die heranwachsenden Sämlinge nicht stören oder vernichten, indem man das Laub fortharkt oder unter Bäumen und Sträuchern hackt oder gar umgräbt. Sorten lassen sich nur durch Brutzwiebeln vermehren, die reichlich angesetzt werden. Man nimmt sie nach dem völligen Absterben des Laubes auf, trennt die Brut ab und legt im August bis Oktober neu. Wie die Lilien haben die Blausternchen keine Schutzhaut aus trockenen Schalen und leiden, wenn sie lange an der Luft liegen. Man muß sie also nach dem Ausgraben und Sortieren sogleich in angefeuchteten Sand oder Torfmull betten. Man lege je nach Größe der Bulben 6 bis 10 cm tief und etwa 10 cm weit auseinander. *S. mischtschenkoana* eignet sich auch gut für Töpfe, die man im Januar zwischen die Doppelfenster stellen kann, sie müssen jedoch vollkommen durchgewurzelt sein. *S. autumnalis* hat Wert, weil sie zu einer Zeit blüht, in der es unter den Sträuchern fast keine Blumen mehr gibt; man muß sie in Mengen pflanzen, damit sie zur Geltung kommt.

Die Anzucht ist auch in den Ländern, wo Scilla in großen Massen erzeugt werden, eine Nebenkultur. Man zieht sie gern an der Nordseite von Hecken oder auf Beeten zwischen Sträuchern. Die Arten werden durch Brutzwiebeln und aus Samen vermehrt, den man selbst heranziehen und ernten muß. Man sät noch im gleichen Herbst in Rillen mit 10 cm Abstand aus, deckt mit Torfmull ab, entfernt diesen im Frühling; die Zwiebeln sind im zweiten Herbst blühstark. Zur Erzielung großer Zwiebeln von *S. hispanica* düngt man reichlich vor und auch noch etwas nach dem Flor. Die Hauptarbeit macht das Legen und Roden der Anzuchten. Man sortiert in mehrere Größen, auch beim Legen. Die Blütenstände werden wie die Tulpenblumen ausgebrochen, es sei denn, man wünscht Samen.

Scírpus · Simse
Cyperaceae

Scirpus ist ein altrömischer Pflanzenname, und man bezeichnete früher damit die gleichen Gewächse wie heute. Es sind Gräser von ganz verschiedener Tracht und Größe. Sie haben stielrunde, stengelähnliche oder flache Blätter und seiten- oder endständige Infloreszenzen mit einzelnen oder wenigen büscheligen oder doldigen Ährchen. Die Gattung ist gegen 200 Arten stark, die einjährig sind oder ausdauernd. Man findet sie in fast allen Teilen der Erde.

Scírpus lacústris L., die See- oder Teichsimse, ist ein Kosmopolit und wächst an den Rändern und auch an tieferen Stellen von langsam fließenden Gewässern, Teichen und Seen... aufs feste Land geht sie nur ausnahmsweise. Die Pflanzen werden 2 bis 3 m hoch,

Sc

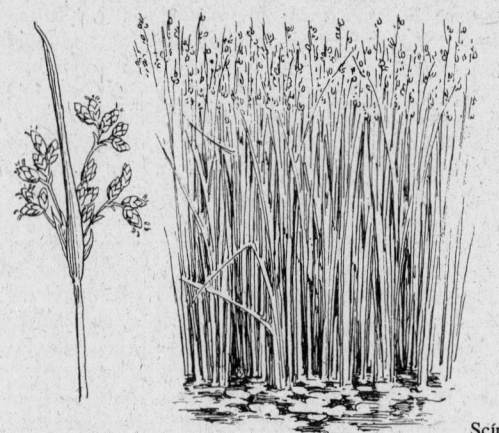

Scírpus lacústris   Scírpus tabernaemontáni 'Zebrinus'

haben stielrunde, grasgrüne Stengel und unten braun bis purpurfarben überlaufene Blattscheiden, die oberen sind grasgrün. Die Ährchen werden kopfig, etwa 1 cm lang und sitzen auf Ästchen, deren Länge bis 7 cm beträgt; sie schweben beinahe über der Masse der Stengel und Halme. Die getrockneten Halme werden zu Flechtwerk verarbeitet und auch als Packmaterial genutzt.
Scírpus tabernaemontáni C. C. Gmel. wird nur in der 1881 aus Japan eingeführten Sorte 'Zebrinus' (syn. Juncus zebrinus hort.) mit abwechselnd grün und weiß geringelten Halmen verwendet. Die Pflanzen werden 80 cm hoch, die Blüten sind unscheinbar. Man hat die Halme mit den Borsten von Stachelschweinen verglichen, was nicht daneben trifft.

Bewertung, Verwendung, Anzucht: Beide Arten, vor allem *S. lacustris*, eignen sich zur Begrünung von großen Teich- und Seeufern, die man bepflanzen will. Haben sie einmal Wurzeln gefaßt, bekommt man sie nur wieder los, wenn das Gewässer vollkommen trockengelegt wird, also normalerweise niemals. Wünscht man sie in Wasserbassins, wo sie durch ihre Mächtigkeit gut wirken können, ist es unerläßlich, sie in feste Kübel aus Holz, Stein oder Metall zu pflanzen und diese ins Wasser zu setzen. Die Erde soll kräftig sein. Im Grunde ausgepflanzt, würden sie in Bälde das ganze Becken ausfüllen und alle andern Wasserpflanzen verdrängen. Schön ist auch das Spiel der Blätter im Spiegel des Wassers. Die Pflanzen sind absolut winterhart. Vermehrt wird durch Teilung.

Scutellária · Helmkraut
Labiatae ⚘ ○ ◐ △ ‖

Der Name wurde zuerst von den Botanikern des Mittelalters Cortusa und Bauhin gebraucht. Es steckt eins der beiden lateinischen Wörter scutellum = Schild oder scutella = Schüsselchen darin. Scutellum würde sich auf das schuppenförmige Schild auf der Rückseite des Kelches beziehen, scutella auf dessen schüsselähnliche Form. Der Kelch hat zwei breite Lippen, die wie ein Schildchen aussehen. *Scutellaria* sind ein- und mehrjährige Kräuter, auch Halbsträucher mit meistens aufrechtem Wuchs und eiförmigen bis lanzettlichen, gestielten, ganzrandigen oder gekerbten Blättern. Sie blühen in einseitswendigen Scheintrauben oder in Ähren. Die Gattung umfaßt gegen 180 Arten, welche über die ganze Erde verbreitet auftreten, am stärksten in den Tropen und in den gemäßigten Zonen. Einige tropische Arten sind ansehnliche Gewächshaus- und Zimmerpflanzen.
Scutellária alpína L. tritt in Südeuropa, auf dem Balkan, in der südlichen und mittleren Sowjetunion und weiter ostwärts in Südsibirien bis Turkestan und bis zum Altai auf. Man findet die Stauden vor allem auf Kalkböden. Sie werden 15 bis 20 cm hoch, ihre Stengel wachsen niederliegend-aufstrebend und verholzen unten leicht. Sie haben gegenständig sitzende, herzförmige, schwach behaarte Blätter. Die Blüten erscheinen in rundlichen Scheinähren von Mai bis Juli, sie sind violett und haben eine weiße Unterlippe. Es gibt auch Varietäten und Sorten mit weißen oder rosa Blumen, var. **lupulína** (L.) Boiss. blüht gelb.
Scutellária baicalénsis Georgi (syn. S. macrantha Fisch.) stammt aus Ostasien und wird bis 60 cm hoch. Die Pflanzen haben purpurrot angelaufene, kantige Stengel und lanzettliche, kahle, ganzrandige Blätter. Ihre Blüten stehen in endständigen, langen oder kürzeren Trauben und werden dunkelblau bis violett. Ihre Unterlippe ist heller, und die Kronröhre ist stark erweitert, Blütezeit im Hochsommer. 'Coelestina' hat hellblaue Blüten in langen Trauben, im Ton etwas lieblicher.
Scutellária orientális L. tritt in Griechenland und Kleinasien bis nach Iran auf und bildet niederliegend-aufsteigende Stengel, die unten verholzen und Wurzeln schlagen. Auf diese Weise wachsen sich die Exemplare leicht zu breiten, geschlossenen Matten aus. Die Pflanzen werden 10 bis 20 cm hoch, haben silbriggraues Laub, eiförmige bis länglich-elliptische, eingeschnitten-gezähnte Blätter, und ihre Blüten ste-

Scutellária baicalénsis

Scutellária orientális

Sédum álbum

hen in dichten vierzeiligen Ähren. Sie sind gelb, haben eine lange Kronröhre, im Verblühen werden sie bräunlich, Florzeit von Juni bis zum Herbst. Die Art braucht in rauhen Lagen unbedingt Winterschutz.

Scutellária scordifólia Fisch. hat an den Wurzeln dichtsitzende, rundliche Knöllchen, die an eine Schnur von Perlen erinnern. Die Pflanzen werden bis 20 cm hoch, haben in den unteren Teilen rötlich angelaufene Stengel und herzförmige, graugrüne Blättchen. Die Blüten werden nicht sehr groß, erscheinen aber massenhaft in kurzen, sich oft an der Basis verästelnden Ährchen. Sie sind violett in einem verhältnismäßig leuchtenden Ton. Blütezeit ist im Juli/August, manchmal noch länger.

Bewertung, Verwendung, Anzucht: Die niedrigen Arten eignen sich für Stein- und Heidegärten, *S. orientalis* auch für Trockenmauern. Die höher wachsende *S. baicalensis* paßt in bunte Blumenbeete, zu Wildstauden, in Heidegärten und auf den Kopf von Trokkenmauern, auch in größere Alpina. Alle wünschen sonnigen Standort und wachsen in jedem normalen Gartenboden. Sie haben einen verhältnismäßig späten Flor, vom Hochsommer bis zum Herbst. Das ist wichtig, weil um diese Zeit im Steingarten und auf Trockenmauern nicht mehr viel blüht. Man kann leicht durch Teilung und Samen vermehren, *S. scordifolia* auch durch die Brutknöllchen, die man zu 2 bis 3 in kleine Töpfe legt. Die Bestände werden bei Frühjahrssaat oder -teilung bis zum Herbst verkaufsstark. An ihrem endgültigen Standort halten sie lange aus und erfreuen uns immer wieder, ohne daß man viel zu pflegen braucht. Aber sie versagen, wenn andere Pflanzen sie überwachsen.

Sédum · Fetthenne
Crassulaceae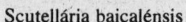

Im Namen steckt das lateinische sedere = sitzen und im übertragenen Sinne niedriger Wuchs. Tatsächlich sind die meisten Arten niedrig. Alte Autoren berichten, daß man Sedum auf Dächer pflanzte, um den Blitz abzuhalten. Den Pflanzen wurde also die gleiche Wirkung wie dem Sempervivum zugeschrieben. Natürlich ist das Aberglaube. *Sedum* sind ein- und mehrjährige Kräuter und auch Halbsträucher von verschiedenster Tracht und Größe. Sie haben gegen-, wechsel- und quirlständige Blätter, die am Stengel entlang sitzen und nur ausnahmsweise Rosetten bilden. Die Blätter sind in Größe, Form und Farbe sehr unterschiedlich. Der Wuchs der Pflanzen ist aufrecht oder niederliegend, rasenbildend und auch hängend. Die Blüten werden weiß, gelb, rosa bis rot und vereinzelt auch bläulich. Sie erscheinen meistens in Trugdolden. Die Gattung umfaßt gegen 500 Arten, welche bis auf wenige Ausnahmen auf der nördlichen Erdhälfte vorkommen. In den Gebirgen Mexikos gibt es stark sukkulente Arten, die bei uns nicht winterhart sind und als Topfpflanzen gehalten werden. Wie von Saxifraga kann man auch von Sedum sagen, daß sie im Steingarten, überhaupt in den Gärten ganz unentbehrlich sind. Sie stellen geringere Ansprüche als viele Steinbrecharten.

Sédum ácre L., der Mauerpfeffer, wächst in fast ganz Europa, in Nordafrika, in Nord- und Mittelasien bis zum Altai auf trockenen, sonnigen Flecken. Die Pflanzen haben rasigen Wuchs und werden 5 bis 10 cm hoch. Ihre zahlreichen Stengel sind dicht mit kleinen, eiförmigen Blättern besetzt, die Triebe sehen walzenförmig aus. Die Blätter sind kräftig grün, die Blüten goldgelb, Blütezeit Juni bis Juli und noch darüber hinaus.

Sédum álbum L. tritt in Europa, Nordafrika und Westasien auf. Es gibt davon zahlreiche Abarten und Lokalformen. Die Pflanzen werden 10 bis 20 cm hoch und bilden dichte Polster. Die zahlreichen Triebe sind mit 10 bis 15 mm langen, linealisch-walzenförmigen, waagerecht abstehenden Blättern dicht besetzt. Sie werden grasgrün, auch rötlich angelaufen. Die Blumen stehen in lockeren, bis 7 cm breiten Blütenrispen und sind weiß. Ihre Knospen haben einen lila Anflug. Die Art blüht im Juni/Juli. An Sorten seien angeführt:

Se

Sédum kamtscháticum

Sédum kamtscháticum var. middendorfiánum

Sédum siebóldii

'Coral Carpet' – verfärbt sich im Herbst lebhaft korallenrosa und hält diese Tönung bis tief in den Winter, 5 cm hoch werdend; 'Chloroticum' – sehr niedrig wachsend, Laub gelbgrün; 'Murale' – Blätter und Stengel sind rotbraun, die Blüten werden rosa, bildet dichte, dauerhafte Teppiche.

Sédum anacámpseros L. kommt in den Pyrenäen, im Südteil der Alpen, im Apennin wild vor und wird 10 bis 20 cm hoch. Die Pflanzen haben einen spindelförmigen Wurzelstock, und die Stengel wachsen niederliegend, nur an den Enden etwas aufsteigend. Die Blätter sind umgekehrt eirund, grün bis blaugrün, an den Enden der Triebe herzförmig, sie weisen rote Ränder auf. Die Blüten stehen in kugelrunden oder bis 4 cm breiten Dolden und werden trüb purpurfarben, Blütezeit im Sommer.

Sédum cautícolum Praeg. stammt aus Japan und hat etwas rübige Wurzeln. Die Stengel liegen am Boden oder bilden dichte Rosetten. Die Pflanzen haben fleischige, blaugraue, bereifte, rundlich-spatelige Blätter, die etwa 2,5 cm lang und 1,8 cm breit werden und zwei Zähnchen an jeder Seite aufweisen. Die Blütenköpfe sitzen an den Enden der Stengel und sind karminrosa. Sie erscheinen von Juli bis September. Durch Kreuzung mit *S. telephium* entstand *S. cautícolum* 'Robustum', das in allen Teilen größer ist und kräftiger wächst, rote Blüten.

Sédum cyáneum Rud. (syn. S. pluricaule Kudo) aus Japan und Sachalin treibt bis 8 cm lange, liegende, nur selten sich teilende Stengel und hat hellblaugrüne, rötlich angelaufene Blätter. Die Blumen erscheinen in kopfigen, bis 4 cm langen Trauben an den Enden der Triebe und werden lebhaft karminrosa, Florzeit August und September. Bei der Züchtung 'Rosenteppich' sind Laub und Blüten intensiver getönt. Die Art ist nicht wintergrün.

Sédum dasyphýllum L. tritt in Mittel-, West- und Südeuropa sowie in Nordafrika auf. Die Pflanzen bilden dichte, bis 10 cm hohe Rasen und haben liegende bis aufsteigende Stengel und dicke, ei- bis walzenförmige, blaugrün bereifte Blätter. Die Blüten stehen in lockeren Rispen und sind weiß und rosa, Blütezeit Juni bis August. Var. **suendermánnii** Praeg. kommt nur in Spanien wild vor, ist an allen grünen Teilen dicht behaart; die Blätter sind fast kugelrund; die Blüten werden größer, Flor im August/September. Wenn man die Pflanzen derb berührt, fallen leicht die Blätter ab, und diese schlagen Wurzeln.

Sédum ewérsii Ledeb. aus Asien, wo die Pflanzen in Afghanistan und im Westhimalaja auftreten, wird bis 15 cm hoch und hat kurze, stark nickende oder liegende Stengel. Die Blätter sitzen gegenständig, sind eirund bis länglich-eirund, kurz gestielt bis stengelumfassend und werden hellblaugrün. Die Art ist nicht wintergrün. Die Pflanzen blühen in halbkugelförmigen dichten Trauben, die Blumen werden purpurrosa. Florzeit ist der Sommer. Bei der var. **homophýllum** Praeg. bleiben die Triebe gedrungener, und die Blumen sind intensiver rot.

Sédum floríferum Praeg. ähnelt *S. kamtschaticum*, bleibt aber kürzer und bildet gedrungene, dichte Polster. Die Art blüht gelb und ist immergrün, die Sorte 'Gold' blüht schön goldgelb.

Sédum forsteránum Sm. tritt fast überall in Europa auf. Die Pflanzen werden 12 bis 20 cm hoch, haben kriechende Stengel, die sich reichlich verästeln, wobei die Ästchen aufrecht wachsen. Sie sind in engen Spiralen mit linealisch-pfriemigen Blättern besetzt, welche an der Oberseite deutlich abgeflacht sind, und werden im Sommer blaugrau-grün, im Winter rötlich. Die Blüten erscheinen in Dolden, deren Breite bis 5 cm beträgt, und sind gelb, Florzeit Juni bis August. Bei ssp. **élegans** (Lej.) E. F. Warb. (syn. S. rupestre L.) sind die Blätter hechtgraublau. Die Art wird häufig mit *S. reflexum* zusammengeworfen, doch gibt es deutliche Unterschiede... unsere Beschreibung erwähnt sie.

Sédum hýbridum L. aus Sibirien, auch in Turkestan zu Hause, wird bis 20 cm hoch und wächst niederliegend-aufstrebend. Die Blätter sitzen wechselständig, werden lanzettlich und haben eine abgerundete Spitze, am Rande sind sie grob gesägt oder gebuchtet, Farbe frischgrün. Die Blumen erscheinen in breiten Dolden, sie werden gelb, Florzeit Juni bis August. *S. hybridum* ist wintergrün und eine gute Polsterstaude für Gräber und kleine oder große Flächen. Diese Art wird auch Immergrünchen genannt.

Sédum kamtscháticum Fisch. et Mey. aus Nordostasien wird eiförmig bis breit-spatelig, dunkelgrün. Die Blumen stehen in lockeren, bis 7 cm breiten Schirmen

Sédum spectábile

und sind orangegelb, Florzeit Juni bis September. Es gibt eine Sorte 'Variegatum', ihre Blätter haben am Rande einen gelbweißen Saum. Sie ist nicht so wüchsig wie die grüne Art. Var. **middendorfiánum** (Maxim.) T. B. Clausen (syn. S. middendorfianum Maxim.) wird 10 bis 20 cm hoch und wächst aufrecht. Die Blätter werden bis 5 cm lang, lineal-lanzettlich und sind tief- bis braungrün, die Blüten gelb. Sie stehen in bis 6 cm breiten Trugdolden, werden selbst etwa 1,5 cm breit und erscheinen im August/September.
Sédum lýdium Boiss. aus Kleinasien wird 3 bis 5 cm hoch. Die Pflanzen haben zahlreiche, dichtbeblätterte Stengel mit etwa 5 mm langen, linealischen Blättchen von hellgraugrüner Farbe. Die Blümchen erscheinen in Trugdolden, sie stehen sehr dicht, Blütezeit im Juni/Juli.
Sédum oregánum Nutt. (syn. S. obtusatum hort.) aus dem Westen Nordamerikas wird 5 bis 10 cm hoch, hat kriechenden Wuchs, rötlich angelaufene Stengel und dicke, breit-spatelförmige, an der Spitze stumpfe Blätter von dunkelgrüner Farbe, leicht glänzend. Die Blumen sind gelb und erscheinen im Hochsommer und Herbst in flachen Dolden.
Sédum refléxum L. (syn. S. rupestre ssp. reflexum [L.] Hegi et Schmid), Tripmadam, die Salatwürze, tritt in Mittel- und Nordeuropa auf, wird 10 bis 25 cm hoch und hat niederliegende Stengel, die sich vielfach verzweigen. Die Blätter sind länglich-pfriemig, rund und an der Oberseite nicht abgeflacht wie bei S. rupestre. In Kultur ist vor allem 'Cristatum' mit hahnenkammartig verbreiterten oder verbänderten Stengelenden. Die Pflanzen blühen von Juni bis August mit gelben Blumen.
Sédum selskiánum Regel et Maack (syn. S. aizoon ssp. selskianum [Regel et Maack] Froed.) wächst bis 15 cm hoch, hat unverzweigte Stengel und spatelförmige bis eirunde, 1,5 cm lange, frischgrüne Blätter. Die Blüten werden lebhaft gelb und stehen in dichten Schirmen beisammen; Flor im Sommer.
Sédum sexanguláre L. (syn. S. boloniense Loisel., S. mite Gilib.) ähnelt S. acre und bildet 5 bis 8 cm hohe, dichte Polster, die Blätter stehen in 6 Reihen an den Stengeln, werden 6 mm lang, sind linealisch, stielrund, am Ende abgestumpft. Die Blüten erscheinen im Juli/August und werden goldgelb.
Sédum siebóldii Sweet stammt aus Japan und ist dort eine alte Kulturpflanze. Die Exemplare treiben bis 25 cm lange, am Boden liegende, ziemlich steife, nur selten verzweigte Stengel, die rötlich angelaufen sind. Die Blätter erscheinen zu zwei bis vier in Quirlen, sind fleischig, breitspatelig und blaugrün mit einem roten, gekerbten oder eckig gezähnten Rand. Die Blüten werden nicht groß, stehen aber in kugeligen Trugdolden beisammen. Farbe hellrosa, Florzeit ist der Herbst. 'Mediovariegatum' hat einen gelben Fleck auf jedem Blatt.
Sédum spathulifólium Hook. ist im Nordwesten der Vereinigten Staaten und in Kanada beheimatet. Es hat niederliegende, dicke Triebe und fleischige, spatelförmige, abgestumpfte Blätter, welche kleine, aber nicht völlig geschlossene Rosetten bilden. Die Blätter sind graugrün, im Herbst färben sie sich rot. Als Flor bringen die Pflanzen im Juni etwa 4 cm breite, gabelästige Trugdolden mit goldgelben Blumen. 'Purpureum' hat purpurkarminfarben getöntes Laub und die Sorte 'Cape Blanco' – wüchsig, silbrigweiße, bemehlte Rosetten, länger blühend. Die Art und die Sorten brauchen leicht sauren Boden!
Sédum spectábile Bor. ist aus China eingeführt worden und dort seit langem eine Kulturpflanze. Es wird 30 bis 50 cm hoch, wächst straff aufrecht, hat bis fingerdicke, fleischige Stengel und beinahe sitzende, bis 12 cm breite, breit-eiförmige Blätter, die ebenfalls fleischig und hellblaugrün gefärbt sind. Die Blüten erscheinen in endständigen, vielblumigen, bis 20 cm breiten, flachen Schirmen und werden rosa mit violettem Schimmer. Florzeit ist der Hochsommer und Herbstanfang. An Sorten gibt es: 'Brillant' = 'Atropurpureum' – Blütenköpfe noch etwas breiter werden, Farbe karminrosa; 'Carmen' – Blüten kräftiger im Ton, also dunkelkarminrosa; 'Septemberglut' – relativ spät in Flor kommend; 'Magdeburg' – karminrot.
Sédum spúrium M. B. aus dem Kaukasus, in Mitteleuropa häufig als Gartenflüchtling verwildert, wächst niederliegend-aufsteigend, wobei die den Boden berührenden Stengelteile leicht Wurzeln schlagen, so daß die Pflanzen das Erdreich polsterartig bedecken. Die Blätter sitzen in Abständen von 6 bis 12 mm in Spiralen den Stengel entlang, werden verkehrt-eirund und bis 3,5 cm breit, an den Enden der Triebe rücken sie zu kleinen Rosetten zusammen. Die Polster sind 8 bis 15 cm hoch, das Laub ist dunkel- bis braungrün. Die Blüten erscheinen in breiten Dolden und werden bei der Stammform purpurrosa, Blütezeit Juni bis August. Es gibt zahlreiche Sorten, von denen hier als beste aufgeführt seien: 'Album Superbum' – Laub hellgrün, Blüten weiß, sehr dichte und dauerhafte Polster bildend, aber nicht reich blühend; 'Purpurteppich' – Laub purpurbraun, Blüten karmin; 'Schorbuser Blut' – Laub bräunlichkarmin, Blumen purpurkarmin; 'Roseum Superbum' mit lebhaft reinrosa getönten Blüten; 'Salmoneum Superbum' mit fleischfarbenen Blumen; 'Coccineum' – malvenrosa über hellgrünem Laub.
Sédum teléphium L. tritt von Europa bis Sibirien auf,

Se wächst an trockenen Plätzen im Gebirge und auch in der Ebene. Die Pflanzen werden bis 50 cm hoch und haben aufrechte Stengel, die sich auch etwas verzweigen. Die Blätter erscheinen gegen-, wechsel- und auch quirlständig. Sie werden verkehrt länglich-eirund, 6 bis 8 cm lang, an den oberen Teilen der Pflanzen kleiner und schmaler, Farbe hellgrün. Die Blüten stehen in gewölbten, bis 10 cm breiten Schirmen und sind purpurrot, Blütezeit ab August bis zum Herbst. Bei der Sorte 'Herbstfreude' sind die Blütenstände breiter und die Blumen bräunlichrot. Die Sorte ist sehr standfest.

Bewertung, Verwendung, Anzucht: Sedum sind höchst brauchbare, in vielen Fällen unersetzliche Stauden, und es gibt für sie zahlreiche Verwendungsmöglichkeiten. *S. spectabile* eignet sich für bunte Blumenrabatten aller Art, zum Einfassen großer Beete, für große Alpina, wo die Pflanzen bei gutem Boden und ausreichend Platz mit den Jahren mächtig werden können. Es paßt ferner für große Schalen und Töpfe, die man auf Gräber, ans Fenster oder im Garten an den Sitzplatz stellt; man läßt die Exemplare auf Beeten heranwachsen und setzt sie in der Knospe oder blühend in die gewünschten Gefäße. *S. sieboldii* wird in der grünen und bunten Form gern als Ampelpflanze genommen, desgleichen für Balkonkästen und als Topfpflanze fürs Fensterbrett oder für den Wandkübel... die Pflanzen können im Freien und in hellen, luftigen Veranden, Treppenhäusern oder an ähnlichen Plätzen stehen, nur große Wärme ist ungünstig. Man kultiviert dieses Sedum gern in Töpfen, 9- bis 14-cm-Töpfe sind richtig. Außerdem braucht man sandige, humusreiche Erde, der etwas Rasenerde zugesetzt werden soll. Die Anzucht bis zu stattlichen Exemplaren dauert 6 bis 10 Monate, und man kann die Bestände lange haben.

Von den anderen Sedum eignen sich *S. spurium, S. floriferum* und *S. hybridum* vor allem als Bodendecke und absolut zuverlässiger Rasenersatz. Sie bekommen nicht wie manche andere Arten früher oder später Löcher, brennen nicht aus, sondern sind völlig dauerhaft. Man kann sie auch in den Steingarten pflanzen und als Einfassung verwenden. Als Kante eignen sich ferner *S. cauticolum, S. cyaneum, S. ewersii, S. lydium, S. reflexum* und *S. sieboldii*... je nach dem Wuchs werden es geschlossene Kanten, die man nach der Schnur gerade halten kann, oder lockere, bei denen sich aus einem Zentrum nach allen Seiten Triebe neigen... etwa wie bei *S. cauticolum.* Im allgemeinen halten sich solche Einfassungen vier bis sechs Jahre, dann muß man sie erneuern, wozu man die vorhandenen Bestände verwenden kann. Es gibt aber auch Kanten, die zwölf Jahre und länger ihren Dienst tun, wie es auch Sedum-Teppiche aus den oben aufgeführten Arten gibt, welche viele Jahre ihre Schönheit behalten haben. Sedum wachsen in jedem normalen Gartenland und nehmen auch mit geringem Boden vorlieb. Sie sollen jedoch weder zu nährstoffreich stehen, damit sie nicht feist und ungeschlacht werden, noch zu dürftig, damit sie nicht klein bleiben oder gar kümmern. Alle Arten wünschen volle Sonne, vertragen aber auch etwas Halbschatten, nur werden dort die Polster lockerer und die Bestände höher. *S. sieboldii, S. spectabile* und *S. telephium* geraten in etwas lehmhaltigen Böden am besten. *S. spathulifolium* braucht leicht sauren Boden, in normalem Boden muß man am Standort reichlich Torfmull einbringen. Vermehrt wird vor allem durch Teilung und Stecklinge. Man kann auch durch Samen vermehren, doch bekommt man dabei kaum völlig einheitliche Bestände. Man teilt in der Regel im Frühjahr bis Vorsommer und zieht auf Beeten heran oder auch in Töpfen. Die Bestände werden im allgemeinen bis zum Herbstanfang verkaufsstark. Vor allem werden *S. cauticolum, S. sieboldii, S. spathulifolium* und die wichtigsten Teppichbildner gern in Töpfen kultiviert. Das macht zwar mehr Arbeit als die Aufzucht im freien Lande, doch braucht man weniger Mutterpflanzen und spart Zeit beim Herausnehmen und beim Verpacken zum Versand. Man nimmt 7- bis 8-cm-Töpfe. Bei *Sedum spurium* und allen andern Arten, deren Stengel feine Wurzeln treiben, pikiert man einfach 3 bis 5 etwa 5 cm lange Triebspitzen in die Töpfe, so daß nur die Rosette eben herausragt. Dann räumt man sofort an den Platz, an dem man die Töpfe aufstellen will, und hält feucht, indem man täglich einige Male einnebelt oder überbraust. Nach 3 bis 5 Wochen haben die Stecklinge reichlich Wurzeln gebildet: Von nun an hält man ziemlich trocken, um das Durchwurzeln der Töpfe zu fördern. Man kann diese Sedum auf die geschilderte Weise auch im Garten ansiedeln. Man pikiert große, ausgereifte Triebspitzen mit 5 bis 7 cm Abstand direkt ins Land, das natürlich sorgfältig hergerichtet werden muß, hält einige Wochen feucht und bekommt schließlich einen sauberen, dichten Teppich.

S. sieboldii läßt sich ergiebig nur durch Blattstecklinge vermehren. Es sind vollentwickelte, wüchsige Triebe nötig, von denen man alle ausgewachsenen Blätter mit einem kleinen Stück Stengel schneidet und sie dann dicht in Töpfe oder Schalen in sandige Erde steckt. Die beste Zeit ist der Vorsommer und Sommer. Über Winter gehören die Töpfe oder Kästen in ein Kalthaus, im Laufe des nächsten Frühjahrs pikiert man die Jungpflanzen zunächst in ein Frühbeet, und später setzt man sie entweder in Töpfe oder noch ein Jahr auf ein Anzuchtbeet zum Erstarken. Auch die Form mit gelbbunten Blättern läßt sich auf diese Weise vermehren, es dauert nur etwas länger, bis die Bestände stattlich werden.

Sempervívum · Dachwurz, Hauswurz
Crassulaceae

Im Namen stecken die lateinischen Wörter semper = immer und vivum = lebendig; sie beziehen sich darauf, daß die Pflanzen sehr genügsam und widerstandsfähig sind und durch die vielen Tochterrosetten, die sie treiben, ein langes Leben haben. Sie bilden aus-

Sempervívum arachnoídeum

Sempervívum marmóreum

dauernde, kugelige, geschlossene oder sternförmig ausgebreitete Rosetten und haben fleischige Blätter von verschiedener Form und Färbung. Die Blüten erscheinen auf ebenfalls fleischigen, dachziegelartig beblätterten Schäften, die sich aus dem Innern der Rosetten erheben. Nach dem Flor sterben diese ab, doch haben sie bis dahin zahlreiche Tochterrosetten gebildet. Die Blüten sind strahlig, sechs- bis vielzählig. Sie werden weiß, gelb bis gelbgrün und rosa bis karmin, die Blütenfarben leuchten nicht, sondern sind stumpf, manchmal auch trüb. Die Blumen stehen in gedrungenen, im Grunde meistens dreiteiligen Wickeln beisammen. Es wird reichlich Samen gebildet, der staubfein ist und den der Wind weit trägt. Dazu kommt die Vermehrung durch Nebenrosetten, welche häufig von selbst abfallen und fortrollen oder gleichfalls vom Winde transportiert werden. Die Gattung umfaßt gegen 45 Arten, von denen einzelne sehr formenreich und schwer zu unterscheiden sind; überdies gibt es eine Reihe Züchtungen und in den Gärten wie in der freien Natur zahlreiche Bastarde, denn Sempervivum nehmen leicht den Pollen anderer Arten an. Das Verbreitungsareal umfaßt Südeuropa samt Spanien und dem Balkan, darüber hinaus tritt die Gattung in Nordafrika im Atlas und nach Osten zu in Iran und in der UdSSR vom Kaukasus bis zum Norden des Landes auf. Die Benennung ist sehr verworren. Sempervivum waren bereits den Alten bekannt, doch hießen sie bei Theophrast und Dioskorides *aizoum* = Großes Sedum, man hielt sie also für Angehörige dieser Gattung. In alten Zeiten und im Mittelalter schätzte man den Saft der fleischigen Blätter als Mittel gegen Brandwunden. Ferner gilt die Hauswurz als Schutz vor Blitzschlag. Man pflanzte in der Frühzeit die Rosetten gern auf Dachfirste und Mauerkronen, die damals aus gestampftem oder wenig gebranntem Lehm oder aus Steinen mit Lehm als Mörtel aufgeführt und durch die Wurzeln der Sempervivum etwas zusammengehalten wurden. Schlug der Blitz ein, so zeigte sich, daß die Rosetten kaum Schaden erlitten. Daraus entstand der Aberglaube, Sempervivum auf dem Dache schützten das Haus vor dem Blitz! Karl der Große ordnete in seinem Capitulare de Villis ausdrücklich den Anbau der Pflanzen an, weil sie gegen den Blitzschlag hülfen! Im folgenden werden die wichtigen und schönen Arten, einige bedeutende Hybriden und beliebte Sorten genannt.

Sempervívum arachnoídeum L., die Spinnweben-Hauswurz, von den Pyrenäen bis zu den Karpaten verbreitet, Felsspaltenpflanze, seit Anfang des 17. Jahrhunderts in Kultur, hat 5 cm breite, halb offene, feste Rosetten. Die Blätter sind grün bis rötlich, die Blattspitzen durch Haare miteinander verbunden, so daß die Pflanzen wie übersponnen erscheinen. Blüten dunkelrosa im Juli. Var. **glabréscens** hat eiförmige Rosetten mit mehr lockerem Haargewebe, ssp. **tomentósum** (Lehm. et Schnittsp.) Schinz et Thell. (syn. S. laggeri Schott) abgeflachte Rosetten und dichteres Haar. Die Sorten 'Hookeri' und 'Minus' zeigen kräftige Farbenkontraste.

Sempervívum borísii Degen et Urumov. ähnelt *S. ciliosum*, jedoch sind die Randwimpern länger, und an den Blattspitzen stehen sie pinselartig gehäuft. Blüte grünlichgelb. Aus Bulgarien.

Sempervívum × calcarátum, eine Hybride unbekannten Ursprungs, an der wahrscheinlich *S. tectorum* beteiligt ist, mit blaugrünen oder purpurrot überlaufenen blaugrünen, an der Basis dunkel weinroten, glatten Blättern. Der Blütenstand wird 20 cm lang und bis 15 cm breit; Blüte mattrot, Kronblätter fein gezeichnet, Juli. Eines der schönsten Sempervivum.

Sempervívum ciliósum Craib hat graugrüne, geschlossen ballförmige Rosetten mit langen Randwimpern. Blüte im Juli, 2 bis 3 cm breit, fahlgelb. Vorkommen in Bulgarien und Jugoslawien. 'Mali Hat' ist eine Zwergsorte mit zierlichen rötlichen Rosetten und gelben Blüten.

Sempervívum × fúnckii F. Braune (?), Funcks Hauslauch, schon 1832 in Deutschland kultiviert, wahrscheinlich aus zwei Kreuzungen (*S. arachnoideum × S. montanum) × S. tectorum* entstanden. Blattränder lang bewimpert, Blüte im Juli, rosa mit purpurrotem Mittelstreifen auf jedem Kronblatt.

Sempervívum heufféllii → **Jovibárba heufféllii**

Sempervívum marmóreum Griseb. (syn. S. schlehanii Schott) hat flache, bis 10 cm breite, blaugrüne, meist rot überlaufene Blätter. Diese sind in der Jugend kurz behaart, später kahl. Kronblätter rot oder rosa und mit hellerem Rand. Südost- und Osteuropa.

Sempervívum montánum L., eine sehr variable Art in Hochgebirgen Europas. Sie bildet etwa 5 cm breite dunkelgrüne Rosetten kaum bewimperter Blätter. Der Pflanzensaft riecht unangenehm. Die Pflanze bildet dichte Polster. Blüten bläulichpurpurrot im Juni/August.

Sempervívum tectórum L., die Hauswurz, aus den Gebirgen Europas weit verbreitet, schon im 9. Jahrh. in Kultur. Rosetten flach, bis 30 cm breit, kahl, Blatt-

Se

Sempervívum transcaucásicum

Sempervívum zelébori

Sempervívum-Hybride

spitzen rötlich, Blütentrieb bis 30 cm hoch, Blüte purpurrot und heller. 'Glaucum' blüht rosa, 'Triste' dunkelrosa bei bräunlicher Rosette. Bei 'Giganteum' ist die Rosette oliv-, bei 'Robustum' blaugrün und bei 'Violaceum' bläulicholivgrün.

Sempervívum transcaucásicum Muirh. (S. globiferum auct. non L. nec Curt.) wächst im Kaukasus. Die Rosetten sind grün bis gelblichgrün und mit dichtem Flaum bedeckt, sie werden bis 10 cm breit und sind dann ziemlich offen. Die kugelrunden Tochterrosetten lösen sich leicht und können durch Tiere oder durch Windstoß verbreitet werden. Blüte grünlichgelb im Juni.

Sempervívum zelébori Schott (syn. S. ruthenicum Schnittsp. et Lehm.), in Bulgarien und Rumänien auf Kalkfelsen, hat 5 bis 6 cm breite, fast samtig behaarte hell- oder weißlichgrüne Rosetten. Die äußeren Blätter sind – nicht immer – rötlich überlaufen. Blüten reingelb, im Grunde rötlich, Juni/Juli.

Sempervívum-Hybriden. Unter diesem Sammelnamen werden durch Kreuzungen entstandene Sorten zusammengefaßt, deren Hauptwert in der intensiven Färbung und dem schönen Bau der Rosetten liegt. Es seien Beispiele aufgeführt: 'Alpha' – hellbraun, etwas silbern behaart, Blumen rosa; 'Beta' – tiefbraune Rosetten, Blüten dunkelrosa; 'Gamma' – beinahe schwarzbraune, mittelgroße Rosetten und rot blühend; 'Othello' – 12 cm breite, rubinrote, mittelgroße Rosetten und rosa Blumen; 'Silberkarneol' – grün mit silberfarbenen Blattspitzen; 'Topas' – dunkelrot, in der Farbe von Granatschmuck, Blüten karminrot; 'Ural-Turmalin' – braungrüne, wie bronziert wirkende, mittelgroße Rosetten und rosa Blüten.

Bewertung, Verwendung, Anzucht: Sempervívum sind beliebte, bekannte Stauden für Steingärten und Trockenmauern; auch für Einfassungen und Schalen oder Tröge nimmt man sie gern. Ihr Reiz liegt in der Anspruchslosigkeit und der großen Mannigfaltigkeit der Farben und Rosettenformen. Die Blütenstände ziehen unseren Blick ebenfalls auf sich, denn sie wirken wie kleine Türme, die mit Blumen bestückt sind. Sie wünschen volle Sonne, vertragen aber auch leichten Streuschatten. An den Boden stellen sie keine Anforderungen, doch brauchen die Arten mit großen Rosetten gehaltreiche Erde, sonst erreichen sie nicht ihre volle Schönheit und Größe. Bei der Anzucht und in Trögen oder Schalen ist ebenfalls gute, mit etwas Volldünger versetzte Erde nötig: Nur so erhält man gut ausgeformte, ansehnliche Exemplare. Als Nachbarn und Mitbewohner in Schalen und Trögen oder Blumenkästen, die vor dem Fenster stehen sollen, kommen vor allem weitere Xerophyten in Betracht: Sedum-Arten, niedrige *Anthemis, Artemisia, Umbilicus, Rosularia, Festuca, Minuartia* und ähnliche. Im Freien gedeihen *Sempervívum* in Mauerfugen und Felsritzen, selbst an exponierten Stellen, und können alt und stattlich werden. Sie verdrängen alle zarteren Gewächse. Vermehrt wird durch Aufzucht von Nebenrosetten, die man zunächst in Handkästen pikiert, auch wenn sie noch keine Wurzeln haben. Später pflanzt man auf Beete oder in Töpfe. Die Bestände werden meistens innerhalb einer Vegetationsperiode verkaufsstark. Anzucht aus Samen ist bei reinen Arten möglich, doch muß man diese streng isoliert halten, um Kreuzbefruchtungen zu verhüten. Wenn man ganz sicher gehen will, sondert man mit Gazehauben ab.

Senécio · Greiskraut
Compositae ☉ ♃ ○ ◐ ● △ ❘ ♡ ✕

Im Namen steckt das lateinische Wort senex = Greis; es bezieht sich vielleicht darauf, daß die weißen Pappushaare sehr zeitig sichtbar werden, oder aber darauf, daß nach dem Ausfallen der Früchte der nackte, leere Blütenboden übrigbleibt und an einen kahlen Kopf erinnert, wie er bei Greisen häufig zu sehen ist. Es sind ein- oder mehrjährige Kräuter, auch Sträucher oder Bäume von mannigfachster Tracht und verschieden geformten, in der Regel gegenständig sitzenden Blättern. Die Gattung umfaßt gegen 1300 Arten und ist damit nach *Astragalus* die artenreichste unter den Blütenpflanzen. *Senecio* sind über die ganze Erde verstreut, viele Arten treten jedoch nur in kleinen, eng umgrenzten Gebieten auf. Mehrere Hundert gibt es in Südafrika, wo auch sukkulente *Senecio* vorkommen. Die auffälligsten Mitglieder der Gattung finden sich in den Gebirgen Ostafrikas. Sie bilden Bäume mit einem ungegliederten Stamm, und ihre Äste tragen große Blattrosetten; eine dieser Arten heißt bei den Afrikanern Gespensterbaum. Auch einige offizinelle und stark giftige Arten enthält die Gattung, doch kommen sie nur in Südafrika und Mittelamerika vor. Untersuchungen haben ergeben, daß 5 Chromosomen oder ein Mehrfaches davon die Grundzahl sind; man findet 5 Chromosomen bei vielen Angehörigen der Alten Welt, die deshalb für die Heimat des Genus gehalten wird. Gärtnerisch kann man zwischen annuellen, aus-

Senécio élegans

dauernden und nicht staudig wachsenden, aber winterharten Arten unterscheiden.

Einjährige Arten

Senécio élegans L. stammt aus Südafrika und ist dort oft zwei- und mehrjährig, wir verwenden die Pflanzen nur als Annuelle. Sie werden 30 bis 50 cm hoch und bilden aufrechte, reichlich sich verästelnde Büsche, deren Stengel, zum Teil auch die Blätter, weich und leicht klebrig behaart sind. Die Blätter sitzen auf Stielen, werden 5 bis 8 cm lang und sind in ihrer Form sehr variabel: länglich-leierförmig, fiedrig-geteilt oder gelappt. Die Blumen erscheinen in Doldentrauben, sie haben eine gelbe Scheibe und einen Kranz von Zungenblüten. Für Gärten eignen sich jedoch nur die gefülltblühenden Sorten, vor allem 'Ligulosus' (syn. S. elegans var. ligulosus Voss). Das Farbenspiel umfaßt außer Gelb alle Töne von Weiß über Rot bis Violett. Es gibt auch eine niedrige Sorte 'Nanus', bei welcher die Pflanzen nur 25 cm hoch werden.

Bewertung, Verwendung, Anzucht: Es sind hübsche Sommerblumen, die früher häufig angepflanzt wurden, jetzt aber sieht man sie bei uns kaum noch. Sie eignen sich für bunte Blumenbeete, die niedrigen auch als Einfassung; abgeschnitten halten sich die Blumen ebenfalls gut und wirken selbst bei Licht. Ein Nachteil ist jedoch, daß der Flor nur gegen 6 Wochen währt, wenn man aber vorsichtig zurückschneidet, gibt es eine schöne, ansehnliche Nachblüte. Der Boden soll nährstoffreich und leicht alkalisch sein. Bei Trockenheit muß man wässern. Man kann an Ort und Stelle säen und hat später auf etwa 20 cm Abstand auszudünnen. Günstiger ist, Anfang April in ein Frühbeet auszusäen, zu pikieren oder in Torftöpfe zu pflanzen und nach Mitte Mai an den vorgesehenen Platz zu setzen... solche Bestände werden üppiger und blühen reicher. Bei der Vorkultur ist streng darauf zu achten, daß sich keine Blattläuse einstellen, da diese viel Schaden anrichten.

Ausdauernde Arten

Senécio abrotanifólius L. stammt aus den Alpen von Piemont und tritt bis zum Balkan, überdies auch in Bayern auf. Die Pflanzen stehen auf steinigem, offenem Gelände an den verschiedensten Plätzen: auf Waldblößen, mageren Matten, auf Felshängen und in der Zwergstrauchheide. Sie haben einen kriechenden Wurzelstock, werden 15 bis 40 cm hoch und wachsen niederliegend-aufsteigend, vor allem mit den Blütenständen. Die Blätter sind glänzend-dunkelgrün und doppelt bis dreifach gefiedert. Die Blumen erscheinen zu 3 bis 5 und mehr in Doldentrauben. Die Blüten werden 3 bis 4 cm breit, haben eine orangegelbe Scheibe und intensiver getönte Randblüten, Florzeit im Sommer von Mitte bis Ende Juni. In voller Blüte bilden die Büsche einen weithin leuchtenden Farbfleck. Bei ssp. **abrotanifólius** (syn. ssp. tiroliensis [Kerner] Gams) sind die Blüten leuchtend orangerot, aber diese Stauden sind heikel... sie wünschen kalkfreien Boden.

Senécio adonidifólius Loisel. stammt aus dem Südwesten Europas und ist eine rasenbildende Art. Die Pflanzen werden 15 bis 25 cm hoch, wachsen niederliegend-aufstrebend, wobei die auf dem Boden aufliegenden Stengelteile Wurzeln schlagen... daher der polsterbildende Wuchs. Die Blüten erscheinen in dichten Rispen und werden goldgelb mit etwas dunkler getönter Scheibe. Auch diese Art blüht im Sommer.

Senécio incánus L. stammt aus den Westalpen und tritt auch in den Apenninen auf. Man findet die Pflanzen auf Urgestein in Gesteinsgrus, Trocken- und Pionierrasen und ähnlichen Plätzen, meistens wachsen sie gesellig. Sie werden 5 bis 10 cm hoch und haben grau- bis silberweiß behaartes Laub, auch die Stengel sind filzig. Die Pflanzen bilden eine Rosette länglich-eiförmiger Blätter, am Stengel sitzen nur einzelne, kleine Blättchen. Die Blüten erscheinen in einer flachen Dolde und werden lebhaft gelb, Florzeit ist der Sommer. Die ssp. **carniólicus** Willd. wird auch als Art S. carniólicus Willd., welche auf Kalkboden wächst, geführt. Beide sind Liebhaberpflanzen, die einen mageren, reichlich mit Steinen und Grus durchsetzten Humusboden wünschen und durch Winternässe leicht zugrunde gerichtet werden.

Senécio clivórum, S. héssei und weitere → **Ligulária**

Bewertung, Verwendung, Anzucht: Die schönste Art ist S. abrotanifolius, da sie leicht gedeiht, nur geringe Ansprüche stellt, dennoch überreich blüht und trotz des niederliegend-aufstrebenden Wuchses ordentlich aussieht. Sie eignet sich für den großen Steingarten, für die Kronen von Trockenmauern und für den Heide- oder Wildstaudengarten. Es ist jeder normale Boden recht, er darf nur nicht zu feucht und soll einigermaßen durchlässig sein. Der Standort soll in voller Sonne liegen. S. adonidifolius wird nicht so üppig, blüht weniger reich, eignet sich aber als Bodendecke. Auch diese Art will durchlässigen Humus-

Se

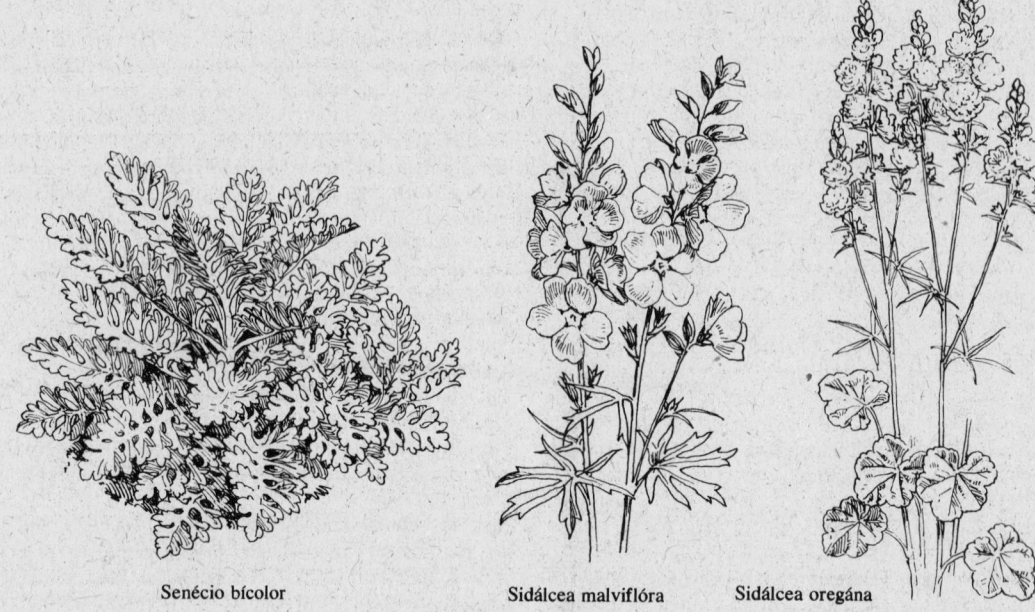

Senécio bícolor   Sidálcea malviflóra   Sidálcea oregána

boden und sonnige Lage. *S. incanus* ist eine Liebhaberpflanze, bei der uns das weißfilzige Laub und dessen Kontrast zu den lebhaft gelben Blütenbüscheln reizt. Sie will Urgestein, *S. carniolicus* braucht Kalkschotter. Günstige Standorte sind kleine Geröllfelder in voller Sonne. Man vermehrt durch Samen, die beiden erstgenannten Arten auch durch Teilung. Einmal gepflanzt, können sie viele Jahre an ihrem Platz bleiben. Die Anzucht macht keinerlei Schwierigkeiten, die Bestände werden innerhalb einer Vegetationsperiode verkaufsstark. *S. incanus* wird bis zum Auspflanzen in Töpfen kultiviert.

Nicht winterharte Arten

Die wichtigste Art ist *Senecio cruentus* DC., die Cinerarie, welche im Frühjahr als Topfgewächs blüht. Sie wird hier aber nicht behandelt, eben weil sie eine Topfblume ist. Es sei nur aufgeführt
Senécio bícolor (Willd.) Tod. (S. cineraria DC., Cineraria maritima L.), die Silberblattcinerarie. Die Pflanze tritt im Mittelmeergebiet auf und ist dort eine Staude und auch ein Halbstrauch. Sie bildet aufrechte, sich verzweigende Büsche und hat bis 15 cm lange, fiederteilige, dicht weißfilzige Blätter. Diese sind der Schmuck der Pflanzen. Im August/September erscheinen kleine reingelbe Blumenköpfe, sie stehen in rispigen Doldentrauben. Es gibt mehrere Sorten: 'Diamant' – bis 60 cm hoch werdend; 'Rauhreif' – heller, bis 30 cm hoch, sehr effektvoll; 'Silberzwerg' – bis 20 cm hoch, zierlicher und in allen Teilen kleiner bleibend.

Bewertung, Verwendung, Anzucht: Die Silberblattcinerarie ist eine höchst brauchbare Blattpflanze für bunte Blumenbeete, denn das Grau des Laubes verbindet und trennt auf unübertreffliche Weise die verschiedensten Farben. Man nimmt sie deshalb gern für größere Beete, die dicht mit lebhaft blühenden Sommerblumen oder krautartigen Gewächsen, wie rosa, roten, blauen oder bunten Petunien, *Salvia splendens, Ageratum, Heliotropium, Calceolaria integrifolia* oder *Tagetes* bepflanzt sind, und setzt sie zwischen diese in schmalen oder breiten Streifen. Auch für Einfassungen und breite Schalen, die man im Freien aufstellt, eignet sich *Senecio bicolor* sehr gut. Man säe im März in Handkästen, pikiere oder topfe in etwas lehmige Erde und pflanze nach Mitte Mai an den vorgesehenen Platz. Er soll in voller Sonne liegen, der Boden darf nicht zu nährstoffreich sein. Man kann auch im August durch Stecklinge vermehren, die man getopft im Kalthaus hell und trocken überwintern muß. Im Frühjahr lassen sich nochmals Stecklinge schneiden. Zur Samengewinnung nehme man überwinterte Bestände, die bei uns sicher Samen bringen.

Sidálcea · Präriemalve, Doppelmalve
Malvaceae ♄ ○ ◐ ◑ ◻

Im Namen stecken die griechischen Wörter sida = griechischer Name für eine Malvengattung und alcea = Malve; beide geben an, daß die Pflanzen Malvengewächse sind. Sie stammen aus Nordamerika und treten dort im Westen in etwa 35 Arten auf. Es sind perennierende, aufrechte, ansehnliche Kräuter, vielfach an allen grünen Teilen kurz-flaumig behaart, mit gelappten oder geteilten Blättern und roten, rosa oder weißen Blüten in dichten, langen oder kürzeren Trauben oder Ähren.

Sidálcea cándida A. Gray aus den Rocky Mountains wird gegen 80 cm hoch und hat im Umriß kreisrunde, gebuchtete oder gelappte, frischgrüne Blätter. Die Stengelblätter sind 5- bis 7teilig, die Einzelteile lanzettlich. Die Blumen werden weiß, bis 7 cm breit, und haben blaue oder purpurfarbene Staubbeutel. Der Flor fällt in die Monate Juli bis September. Die Blumen stehen in kurzen Trauben beisammen.

Sidálcea malviflóra (DC.) A. Gray wird 80 bis 150 cm hoch. Die straff aufrecht wachsenden Stengel sind nur schwach behaart, und die Blätter werden etwa handtellergroß und sind unten eingeschnitten gekerbt, am Stengel 5teilig eingeschnitten. Man kultiviert nur Sorten, deren es eine Menge gibt.

Sidálcea oregána (Nutt. ex Torr. et A. Gray) A. Gray wird 80 bis 120 cm hoch. Die unteren Blätter sind bis 10 cm breit, nierenförmig, die oberen 5- bis 7teilig mit schmalen, ganzrandigen Lappen. Sie blühen mit rosaroten, bis 4 cm breiten Blumen, die in langen, schmalen, ährenförmigen Trauben erscheinen; Florzeit Juli/September.

Bewertung, Verwendung, Anzucht: Die Doppelmalven sind hübsche, zur Florzeit recht wirkungsvolle Pflanzen, die bei uns leider nur ausnahmsweise mehrere Jahre alt werden. In der Regel gehen sie nach dem zweiten Jahr zurück und verschwinden dann oft völlig. In England, dessen Klima milder ist, werden sie üppig und auch viele Jahre alt; sie gehören dort zu den beliebtesten Stauden, und die Züchtung ist rege ... alle Sorten sind englischen Ursprungs. Sie wünschen humusreichen, neutralen bis leicht sauren, tiefgründigen Boden und brauchen im Sommer ausreichend Wasser, sonst vergilbt das Laub. Der Standort muß in voller Sonne liegen. Im Winter sind stehende Nässe und starke Kälte gefährlich. Die Arten vermehrt man leicht durch Aussaaten, die Sorten durch Teilung im Frühling. Die Anzuchten werden bis zum Herbst verkaufsstark. Man sollte nur im Frühjahr versenden und pflanzen. *Sidalcea* passen gut in bunte Blumenrabatten. Wirkungsvolle Nachbarn sind niedrige *Solidago*, *Rudbeckia* 'Goldsturm', sommerblühende *Veronica*, *Scabiosa caucasica* und *Coreopsis verticillata*.

Siderítis · Gliedkraut
Labiatae ☉ ○ ◐ ◑ ‖ ♡

Im Namen steckt das griechische Wort sideros = Eisen. Mit Siderítis bezeichneten die antiken Autoren, z. B. Dioskorides, Pflanzen, welche Hieb- und Stichwunden heilen sollten. Die dem Genus *Marrubium* nahestehende Gattung umfaßt gegen 60 Arten, die ein- oder mehrjährige Kräuter und Halbsträucher werden. Sie haben meistens behaarte, zuweilen weißfilzige Blätter von länglicher Form und blühen in Quirlen stehend in langen, endständigen Scheinähren. Die Mehrzahl der Arten wächst im Mittelmeergebiet.

Siderítis cándicans Ait. stammt von den Kanarischen Inseln und hat etwa fingerlange, ovale bis länglicheirunde, dicht befilzte Blätter, welche den Schmuck der Pflanzen bilden. Die Blüten stehen bis zu zehn in Kreisen den Blütenstand hinauf und werden gelb, sie fallen wenig auf, Florzeit ist der Hochsommer und Herbst.

Bewertung, Verwendung, Anzucht: Die Art ist bei uns vor allem als weißfilzige Blattpflanze auf bunten Blumenbeeten zu sehen, auch als Einfassung für Blumenstreifen und Rosenbeete geeignet, desgleichen als Unterpflanzung für Hochstammrosen. Das grauweiße Laub trennt und bindet die verschiedensten Farben und schafft Harmonie und Einheit. Man sät im März unter Glas aus, pikiert so bald als möglich und pflanzt in Töpfe oder setzt nach Mitte Mai an den vorgesehenen Platz. Er soll in voller Sonne liegen. An den Boden stellen die Pflanzen keine Ansprüche. Man kann auch im Hochsommer durch Stecklinge vermehren, die im Kalthaus zu überwintern sind.

Siléne · Leimkraut
Caryophyllaceae
☉ ♃ ○ ◐ ● ◑ △ ‖ ♡ ✗

Silene ist ein griechischer Pflanzenname, dessen Herkunft und Bedeutung unsicher sind. Die Pflanzen werden ein- oder mehrjährige Kräuter, einzelne auch Halbsträucher, ihr Aussehen und ihre Tracht sind sehr verschieden. Die Gattung umfaßt gegen 400 Arten, welche über die ganze Erde verstreut auftreten, doch liegt das Verbreitungs- und wohl auch das Entstehungszentrum der Gattung im Mittelmeergebiet.

Einjährige Arten

Siléne armería L., das Morgenröschen, tritt wild in Südeuropa und einigen Teilen Mitteleuropas auf. Es bildet kahle, 30 bis 50 cm hohe Büsche mit einfachen oder sich verzweigenden Stengeln und spatel- bis länglich-eiförmigen graugrünen Blättern. Die Blüten erscheinen in doldentraubigen bis gabelig-verzweigten Trugdolden, werden bis 3 cm breit und sind lebhaft karminrot. Je nach der Aussaat blühen die Bestände im Juni oder von Juli bis Mitte August.

Siléne cœli-rósa (L.) Godr. (syn. Viscaria oculata Lindl.), das Himmelsröschen, stammt aus der Mediterranëis und ist ein zierliches, 20 bis 40 cm hohes Kraut mit gabelig-rispig sich verzweigenden Stengeln und schmalen Blättern, die an das Laub des Leins erinnern. Die Blüten werden 2 bis 3 cm breit und sitzen in endständigen, kurzen Trugdolden, doch blühen die Pflanzen sehr reich. Es gibt die verschiedensten Tönungen von Rosa und Rot, daneben Lila und auch Weiß. Die Blumen sind teller- bis leicht trichterförmig. Bei der Sorte 'Nana' werden die Pflanzen nur 20 cm

Si

Siléne coéli-rósa 'Nana'

Siléne alpéstris

Siléne scháfta

hoch, und die Blumen haben meist ein dunkles Auge... daher der synonyme Sortenname 'Oculata Nana'.

Der Flor fällt je nach der Aussaat in die Monate Mai/Juni und Juli oder nur in den Hochsommer.

Siléne péndula L. wird 15 bis 25 cm hoch und hat niederliegend-aufsteigenden Wuchs. Die Blätter sind länglich-lanzettlich bis spatelförmig, und die gegen 3 cm breiten Blüten stehen endständig in traubigen Wickeln. Sie werden bei der Stammform rosenrot. In der Kultur entstanden zahlreiche Sorten, welche teils rotangelaufene Stengel und dunkle Blätter haben, teils gefüllt blühen und niedrig bleiben. Die niedrigen Sorten sind besonders wichtig, da sie blühend geschlossene Farbflecken bilden, die weithin leuchten. Erwähnt sei 'Zwergkönigin' — magentarot, gefüllt. Auch einige mittelhohe Sorten, wie 'Alba' — weiß, 'Juwel' — lachsrosa gefüllt, und 'Ruberrima' — purpurrosa gefüllt, verdienen, häufiger gepflanzt zu werden. Sie blühen je nach der Aussaat von Mai oder Juli an.

Bewertung, Verwendung, Anzucht: Die schönste und wichtigste Art ist S. pendula, doch stehen ihr die andern nur wenig nach. Am besten ist es, sie farben- oder sortenrein zu verwenden, in Gemischen stört das Weiß leicht den Gesamteindruck. Sie eignen sich für bunte Blumenbeete und können auch allein in größeren Mengen für Blumenstreifen oder Flächen genommen werden. Im allgemeinen pflanzt man sie viel zuwenig. Selbst für Töpfe und breite Schalen eignet sich mindestens S. pendula, von den andern Arten nur die niedrig bleibenden Sorten. S. armeria und S. coeli-rosa kann man im Frühling in ein kaltes Frühbeet aussäen und später mit 15 bis 20 cm Abstand an den vorgesehenen Platz pflanzen: Der Flor beginnt dann zehn Wochen nach der Aussaat. Man kann aber auch gleich an Ort und Stelle säen und muß dann ausdünnen: Diese Bestände blühen etwa von Ende Juni an. Selbst im Herbst läßt sich säen, doch ist das außer bei S. pendula nicht üblich.

Der endgültige Standort soll in voller Sonne liegen, der Boden humusreich, kalkhaltig und eher etwas trocken als feucht oder gar naß sein... Nässe ist der größte Feind aller Silenen. Läßt der Flor nach, so schneide man behutsam zurück. Meistens bekommt man eine reiche Nachblüte, besonders bei S. armeria und S. coeli-rosa.

Ausdauernde Arten

Siléne alpéstris Jacq. (syn. Heliosperma alpestre [Jacq.] Rchb.) aus den südöstlichen Kalkalpen wird 10 bis 15 cm hoch und treibt zahlreiche aufrechte, gabelästige Stengel. Die Blätter werden dick, lanzettlich, glänzendgrün, 3 bis 6 mm breit, bis 4 cm lang. Die Blüten sitzen auf langen Stielchen und sind etwa 1,2 cm breit. Außer der Art gibt es eine Sorte 'Plena' mit gefüllten Blümchen und 'Rosea' mit rosa Blüten. Alle haben an den Stengeln und unterhalb der Blumen kleine klebrige Ringe. Die Pflanzen blühen ab Juni bis weit in den August.

Siléne dioíca (L. emend. Mill.) Clairv. (syn. Lychnis dioica L., Melandrium dioicum Coss. et Germ.), die Rote Waldnelke, ist in Europa weit verbreitet, nordwärts bis zu den Faröern, und kommt überdies in Nordafrika, Turkestan und bis Sibirien vor. Die Pflanzen treten auf nahrhaften Wiesen, an Waldrändern, Auen, an Bachufern und im Gebirge zwischen Legföhren auf. Sie sind Stauden mit länglich-eirunden Blättern und aufrechten, etwas schlaffen Stengeln, Höhe 40 bis 100 cm und noch höher, wenn sie zwischen andern Gewächsen bedrängt stehen. Alle Teile sind zottig behaart. Die Blumen werden rosarot, bis 2 cm breit, sie stehen in wenigblütigen, zweigabeligen Trugdolden. Die Art ist nicht in Kultur, nur 'Roseum Plenum' mit dichtgefüllten, kräftig rosa Blüten. Sie wird bereits 1580 als Gartenzierde erwähnt. Der Flor beginnt im April/Mai und kann bis zum August andauern.

Siléne marítima (Hornem.) With. ist eine graugrün belaubte, bis 25 cm hohe Pflanze mit reichlich sich teilendem, leicht verholzendem Wurzelstock und lokker-rasigem Wuchs. Die Blätter werden linealischlanzettlich und haben glatte oder gekerbte oder knorpelige Ränder. Die Blumen stehen einzeln oder bis zu vier auf dünnen Stielchen gut über dem Laube. Sie werden bis 2,5 cm breit und haben einen aufgeblasenen Kelch, Farbe weiß bis grünlichweiß. Es gibt auch eine Sorte 'Plena' mit etwas größeren, gefüllten, nur einzeln stehenden Blumen und die Sorte 'Weißkehlchen' mit

reinweißen Blümchen in großer Zahl und lange blühend. Der Flor beginnt im Juni und dauert bis weit in den August hinein.
Siléne scháfta S. G. Gmel. ex Hohen. stammt aus dem Kaukasus und bildet bis 10 cm hohe, lockere Rasen. Die Pflanzen haben kleine, verkehrt-eirunde bis längliche, hellgrüne Blätter und bringen 2 cm breite, rosa Blümchen, welche einzeln oder in verästelnden und sich streckenden Trugdolden erscheinen. Florzeit ist der Hochsommer bis Frühherbst. Bei 'Splendens' werden die Blüten größer, blühen die Pflanzen reicher und wachsen auch kräftiger.

Bewertung, Verwendung, Anzucht: S. schafta eignet sich für Steingärten und Alpina, gelegentlich kann man sie auch als Beeteinfassung sehen. Die Pflanzen wünschen durchlässigen Boden, der neutral oder leicht alkalisch sein möchte; sie wachsen also in jedem normalen Gartenland. Der Standort kann in voller Sonne und auch etwas absonnig liegen. *Silene maritima* wird gern als Einfassung verwendet und paßt auch in den Wildstaudengarten, wo man sie in Teppiche niedriger Perennen als Kontrast oder Unterbrechung einstreut. Beide Arten können an zusagenden Plätzen lange aushalten und stattlich werden; stehen sie aber zu feucht, kümmern sie oder verschwinden völlig. Damit die Büsche innen keine Löcher oder braune Flecken bekommen, was sehr leicht geschieht, schneide man sie etwa alle zwei, drei Jahre etwas zurück, sie treiben dann in der Mitte wieder durch. *S. maritima* 'Weißkehlchen' läßt sich auch als Einfassung für Sommerblumenbeete verwenden; man muß sie aber spätestens alle drei Jahre aufnehmen, teilen und frisch setzen. Vermehrt wird *S. schafta* aus Samen — Aussaat im Frühjahr bis Sommer —, *S. maritima* ebenfalls, die gefüllte Form und die erwähnte Züchtung dagegen nur durch Teilung. Die Anzucht ist einfach, und man bekommt die Pflanzen innerhalb einer Vegetationsperiode verkaufsstark.
S. dioica eignet sich für Wildgärten, auch in feuchte Wiesen kann man sie einstreuen. Überdies gehört sie in jede Sammlung einheimischer Gartengewächse. Der Boden soll frisch und kräftig sein, der Standort in voller Sonne liegen. Wenn die Exemplare zusagende Verhältnisse haben, werden sie alt, und mit der Zeit bedecken sie fast einen Quadratmeter. Vermehrt wird durch Teilung im Frühjahr, die Bestände sind im Herbst verkaufsstark. *S. alpestris* sind reizende, im Winter kahle Stauden für Steingärten, Trockenmauern und ähnliche Plätze, auch für Einfassungen. Der Boden muß alkalisch sein, locker, humusreich und nicht zu trocken. Für heiße, brandige Stellen sind die Pflanzen nicht geeignet! Sie können im Halbschatten und in voller Sonne stehen, erwähnenswert als besonderer Vorzug ist der lange Flor. Man kann durch Samen und durch Teilung leicht vermehren, die gefüllte Form auch durch Stecklinge. Die Pflanzen werden innerhalb einer Vegetationsperiode verkaufsstark, man kultiviert sie gern in Töpfen.

Si

Sílphium perfoliátum

Sílphium · Kompaßpflanze
Compositae ♃ ○ ◐ ●

Silphion hieß bei den alten Griechen eine geschätzte Heil- und Gemüsepflanze aus der Kyrenaika — es war eine Umbellifere; ihr Name wurde von Linné auf diese Gattung übertragen... aus welchem Grunde, ist unbekannt. *Silphium* sind ansehnliche Stauden mit festen, aufrechten, oft hohlen Stengeln und derben, verschieden geformten Blättern. Sie blühen in endständigen Sträußen mit sonnenrosenähnlichen Scheibenblüten. Einzelne Arten enthalten ein Harz, das ein Bestandteil des Weihrauches ist. *S. laciniatum* ist der Prototyp einer Kompaßpflanze. Ihre Blätter stehen in ihrer Längsrichtung genau von Norden nach Süden und werden von Jägern bei bedecktem Himmel als — absolut zuverlässiger! — Kompaß genutzt. Die Gattung umfaßt gegen 30 Arten, welche in Nord- und Südamerika, einzelne auch in Mittelamerika auftreten.
Sílphium perfoliátum L., aus Nordamerika, wird bis 2 m hoch, hat vierkantige, oben sich verzweigende Stengel und etwa handgroße, zugespitzt-eiförmige, gebuchtet-gezähnte, beiderseits rauhe Blätter. Sie stehen gegenständig und sind am Stengel becherartig zusammengewachsen, weshalb die Art auch Becherpflanze heißt. Sie gehört nicht zu den Arten, die als Kompaß dienen können. Die Blumen werden bis 8 cm breit, sind gelb und erscheinen vom Hochsommer bis zum Herbst in vielblütigen Sträußen.

Bewertung, Verwendung, Anzucht: Die Becherpflanze ist eine imposante, zäh ausdauernde Staude, doch eignet sie sich wegen ihrer Wucht nicht für kleine Gärten. Sie paßt in Parke und im Garten an Plätze, die in die freie Landschaft übergehen. Dort wirkt sie als Abdeckung und Abgrenzung. Sie wünscht volle Sonne und wird nur bei nährstoffreichem, tiefgründigem, nicht zu trockenem Boden ansehnlich. Man kann leicht durch Teilung und aus Samen vermehren, der Bedarf ist normalerweise gering.

Si

Sisyrínchium angustifólium

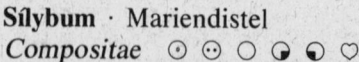

Sílybum mariánum

Sílybum · Mariendistel
Compositae ☉ ☉ ○ ◐ ◑ ♡

Dioskorides bezeichnet eine Distelart als silybon, ob es sich um ein Mitglied unsrer heutigen Gattung handelt, ist ungewiß. Es sind ein- oder zweijährige, distelartige, stattliche, stark bewehrte Kräuter mit großen Blättern, vielblumigen Blütenständen und großen Blütenkörben purpurvioletter Blumen. Die Gattung umfaßt nur 2 Arten: *S. eburneum*, welches stärker bestachelt ist und in Spanien und Algerien auftritt, und *S. marianum*, das in ganz Südeuropa bis nach Iran und der südlichen Sowjetunion vorkommt und oft große Flächen bedeckt. Die Art wurde in viele Teile der Welt verschleppt und ist in Australien und in den Pampas Südamerikas zu einem sehr lästigen Unkraut geworden. Sie war im Altertum und Mittelalter eine wichtige Heilpflanze. Die Samen enthalten Öl, Eiweiß, Gerb- und Bitterstoffe und waren als Mittel gegen Brust- und Milzbeschwerden, Gallensteinleiden und bei chronischer Gelbsucht geschätzt. Neuerdings hat man auf die Samen als Droge zurückgegriffen.

Sílybum mariánum (L.) Gaertn. wird 60 bis 150 cm hoch, hat eine spindelförmige Wurzel und einen aufrechten Stengel, der sich nur oben verzweigt. Die Blätter sind derb, im Umriß länglich-elliptisch. Sie haben buchtige Lappen und laufen in eine scharfe Spitze aus, auch die Lappen sind bedornt; Farbe glänzendgrün mit weißen Flecken längs der Adern. Die Pflanzen bilden, wenn sie gehäuft stehen, mit ihren zahllosen Dornen eine undurchdringliche Wand. Die Blumen erscheinen im August.

Bewertung, Verwendung, Anzucht: Die Mariendisteln sehen in voller Entwicklung imposant aus; man nimmt sie als große Blattpflanzen für Blumenbeete und Rabatten, in die man sie in kleinen Horsten einfügt. Ferner kann man mit ihnen einjährige Hecken schaffen, welche mindestens von Mitte Mai bis in den September als Umzäunung brauchbar sind. Man soll an Ort und Stelle säen: Entweder steckt man einige Körner an den vorgesehenen Platz oder sät bei Hecken zwei Reihen mit der Sämaschine und dünnt auf etwa 35 cm Abstände aus. An den Boden stellen die Pflanzen keine Ansprüche, nutzen diesen jedoch stark aus. Nässe ist ungünstig, sonniger Standort nötig. Verpflanzen lassen sich die Mariendisteln auch als junge Exemplare nicht. Wenn irgend möglich, entferne man die abgeblühten Köpfe, um Samenwurf zu unterbinden, mit dem der Garten überschwemmt werden kann. Man sät bereits im Herbst oder erst im Laufe des Frühjahrs aus. Je früher dies geschieht, um so üppiger werden die Bestände.

Sisyrínchium · Binsenlilie
Iridaceae ♃ ○ ◐ △

Sisyrinchium war bei den alten Griechen der Name für ein Zwiebelgewächs und wurde von Linné für diese Gattung genommen. Die Pflanzen haben einen kurzen Erdstamm und wie manche Iris-Arten büschelige Wurzeln. Die Blätter sind grundständig und wie bei Iris oder Gladiolen schwertförmig und schmal, bei einzelnen Arten stielrund. Die Blüten sind breitglockig, sie haben einen verschieden langen Schlund und stehen meistens zu mehreren in end- oder seitenständigen Scheiden. Die Gattung umfaßt gegen 70 Arten, die in Nord- und Südamerika in Gebieten mit gemäßigtem Klima auftreten.

Sisyrínchium angustifólium Mill. (syn. *S. gramineum* Lam.) wird 15 bis 25 cm hoch, die Blätter sind etwa 1,5 cm breit, und die Blumen erscheinen auf sich verzweigenden Stengeln. Sie sind tiefviolett und werden 1 cm breit. Der Flor fällt in den Mai/Juni.

Smilacína stelláta

Sisyrínchium bermudiána L. wird gegen 20 cm hoch und blüht im Juni/Juli mit kleinen dunkelblauen Blüten, die einen gelben Schlund haben.
Sisyrínchium striátum Sm. aus Chile ist 40 bis 60 cm hoch und hat schmale, graugrüne Blätter in bodenständigen Büscheln. Die Blumen werden 2,5 bis 3,5 cm breit, Farbe hellgelb mit dunkleren Streifen, die aber wenig auffallen. Sie stehen an straffen, bis 60 cm langen Stengeln dicht beisammen und bilden einen weithin sichtbaren, ährigen Blütenstand. Der Flor beginnt Mitte Juni und kann sich mehrere Wochen hinziehen.

Bewertung, Verwendung, Anzucht: Die wichtigste und schönste Art ist *S. striatum,* denn ältere Büsche treiben bis 10 Blütenschäfte und locken den Besucher des Gartens unwiderstehlich schon von weither. Die Pflanzen fallen auch dadurch auf, daß ihr Laub ordentlich aussieht und nicht krank wird oder vergilbt wie bei Gladiolen und manchen Iris. Es ist eine wirklich großartige Staude! Sie weicht durch den reichen Flor und ihre Größe völlig von den andern, niedrig bleibenden Arten ab, die eigentlich nur botanischen Wert haben. Sie eignet sich für bunte Staudenbeete, paßt auch in den Wildstaudengarten und ganz besonders gut zu *Iris germanica,* indem sie indirekt deren Blütezeit verlängert. Die niedrigen Arten gehören ins Alpinum. Sie wollen guten, durchlässigen Boden und einen warmen, sonnigen Standort. Sie sind völlig winterhart, besonders das schöne *S. striatum.* Man kann durch Teilung und aus Samen vermehren. Die Anzucht macht keine Schwierigkeiten und dauert etwa ein Jahr. Am endgültigen Standort sollte man die Büsche lange ungestört lassen, dann werden sie immer üppiger.

Smilacína · Schattenblume
Liliaceae ♃ ◐ ● ◓ ♡

Smilax ist der griechische Name für eine Liliacee und wurde von Linné für diese Gattung gewählt. *Smilacina* sind Stauden mit kriechendem, teils dünnem, teils kräftigem Wurzelstock. Ihre aufrechten, schräg in die Höhe wachsenden Stengel sind in der ganzen Länge wechselständig mit länglichen bis lanzettlichen, etwa 20 cm langen Blättern besetzt und endigen in einem rispigen oder traubigen Blütenstand mit zahlreichen kleinen Blumen. In der Tracht erinnern sie an das bei uns heimische Salomonssiegel, dessen Blüten aber den ganzen Stengel entlang sitzen und – im Gegensatz zu *Smilacina* – hängen. Die Gattung umfaßt gegen 20 Arten, welche in Süd- und Mittelamerika und im gemäßigten Asien an feuchten, meistens auch schattigen Stellen auftreten.

Smilacína stelláta (L.) Desf. stammt aus Nordamerika und wird 30 bis 60 cm hoch. Die Pflanzen haben sitzende, längliche Blätter und blühen im Mai in bis 20blumigen Trauben mit kleinen, weißen Blüten. Auffälliger jedoch sind wegen ihrer dunkelroten Farbe die kugeligen Beeren, die von August an die Pflanzen schmücken.

Bewertung, Verwendung, Anzucht: S. stellata ist die einzige Art, die man hier gelegentlich antreffen kann. Sie wünscht tiefgründigen, frischen, leicht sauren Boden, wächst unter Bäumen, auch unter großen Rhododendron-Büschen, und begrünt den Boden. Darin liegt ihr Wert. Sie sollte mehr verwendet werden. Man kann durch Teilung im Frühling und aus Samen vermehren, Teilung ist ergiebiger und braucht weniger Zeit. Einmal angesiedelt, können die Bestände viele Jahre sich selbst überlassen bleiben.

Soldanélla · Alpenglöckchen, Troddelblume
Primulaceae ♃ ○ ◐ ◓ △

Im Namen der Gattung, der sich zum ersten Male bei Clusius findet, steckt das mittellateinische Wort solidus = kleine römische Geldmünze; es dürfte sich auf die runden, festen Blätter beziehen. Soldanellen sind niedrige Stauden mit schief ansteigendem oder kriechendem Erdstamm und grundständigen, gestielten, derben Blättchen. Sie blühen mit roten oder rötlichlila, gelegentlich auch weißen, glockigen bis trichterförmigen Blumen, die einzeln oder in kleinen Dolden auf blätterlosen Stengeln thronen. Sie gehören zu den auffälligsten Frühlings- oder Vorsommerblumen der Alpen und kommen unmittelbar nach der Schneeschmelze in Flor. Gelegentlich durchstoßen die Blüten sogar die dünn gewordene Schneedecke des Winters und blühen scheinbar aus dem Eise heraus. Die Gattung umfaßt 6 teilweise schwer unterscheidbare Arten und einige Unterarten. Sie treten vor allem in den Alpen auf, manche überdies in den Pyrenäen, Apenninen und auf dem Balkan. Einzelne Arten kann man häufig auf Urgestein, andere oft auf Kalkböden finden; daneben gibt es bodenvage Soldanellen.

Soldanélla alpína L., in den Alpen, vereinzelt auch in den Pyrenäen und in Dalmatien auftretend, wird 6 bis 12 cm hoch und bringt lila getönte, am Rande gefranste Glöckchenblumen, die bis zu 3 auf kleinen Schäften stehen. Florzeit ist im April/Mai.

So

Soldanélla alpína

Soldanélla montána

Solidago-Hybride 'Strahlenkrone'

Soldanélla montána Willd. wächst von den Pyrenäen bis zum Balkan in Gebieten, wo es lichten Wald gibt. Die Pflanzen werden bis 20 cm hoch, haben rundlich-nierenförmige, 2,5 bis 6 cm breite, am Rande entfernt gekerbte Blätter mit tiefer Stengelbucht. Die leicht nickenden, bis zur Mitte geschlitzten Blumenglöckchen stehen bis zu 6 auf etwa 20 cm hohen Schäften. Sie werden blauviolett, gelegentlich auch weiß. Die Art findet sich vor allem auf kalkarmen, humusreichen Böden und steigt selten über 1600 m hoch, Blütezeit April/Mai.

Bewertung, Verwendung, Anzucht: S. montana gedeiht und blüht auch im Tieflande gut, die andern Arten wachsen weniger freudig und kommen nur gelegentlich in Flor. Man setze in ein Alpinum in eine breite Felsfuge oder in ein kleines Geröllfeld und gebe ihnen eine Erde, die aus Nadel-, etwas Rasenerde und viel Sand bestehen soll. Den Standort wünschen sie absonnig bis halbschattig. Wichtig ist, daß im Frühjahr der Boden ständig von Wasser getränkt wird: Es soll das Schmelzwasser ersetzen, das am natürlichen Standort vorhanden ist. Durch gute Schotterung und geneigte Lage des Standortes muß das Wasser abfließen können, denn stehende Nässe ist gefährlich. *S. alpina* wünscht ähnlichen Boden und absonnigen Platz, blüht jedoch wenig. An ihnen zusagenden Plätzen soll man die Pflanzen sich selbst überlassen: Sie können alt und stattlich werden. Einzig nötig ist, sie vor Unkraut zu bewahren. Vermehren kann man leicht aus Samen, den man selbst erntet. Er muß im Herbst gesät werden und über Winter Frost bekommen. Im nächsten Frühjahr erscheinen die ersten Blättchen, man pikiert dann in Handschalen und pflanzt später oder erst im nächsten Frühling in kleine Töpfe. Die Anzucht dauert zwei Sommer. Man kann auch durch Teilen vermehren, doch ist dies wenig ergiebig.

Solidágo · Goldrute
Compositae   ♃ ◐ ◑ ◉ ◉ ◉ ✗ ○

Im Namen steckt entweder das lateinische Wort solidare = befestigen oder das Doppelwort solidus agere = gesund machen, fest machen, heilen; sie beziehen sich darauf, daß einzelne Arten früher als Heil- und Wundmittel hoch geschätzt waren. Man verwendete sie bei Nieren- und Blasenleiden, Wassersucht und Steinbeschwerden als beruhigende, treibende und lösende Medizin. Neuerdings beachtet man Solidago wieder als Heilpflanze und braucht sie als Mittel gegen Nierenschrumpfung. Wichtig ist ihr Gehalt an Saponin, er soll bei *S. virgaurea* am größten sein. Goldruten sind ausdauernde Kräuter mit einfachen, festen Stengeln und länglich-lanzettlichen, ganzen, am Rande zuweilen gesägten Blättern, die wechselständig die Stengel bedecken. Die Blüten bleiben klein, doch stehen sie in großer Zahl in endständigen Rispen, Trauben oder Trugdolden beisammen. Sie werden gold- bis hellgelb. Die Gattung umfaßt gegen 130 Arten, von welchen die meisten in Nordamerika zu Hause sind, einige auch in Europa und Asien. Früher pflanzte man vor allem Arten, heute dominieren in den Sortimenten die Züchtungen.

Solidágo cútleri Fern. (syn. *S. brachystachys* hort.) stammt aus Nordamerika, wo sie von New York an nordwärts in den höheren Lagen der Gebirge vorkommt. Sie bildet verzweigte, 20 bis 25 cm hohe Büsche, ist fast oder völlig kahl, die bis 8 cm langen Blättchen sind spatelförmig, und die Blüten erscheinen in zahlreichen, kurzen Doldentrauben. Florzeit vom Spätsommer bis in den Herbst. 'Robusta' wächst viel besser und hat größeren Wert.

Solidágo graminifólia (L.) Salisb. stammt aus dem Osten Nordamerikas, wo die Pflanzen vor allem auf feuchten Plätzen auftreten. Sie werden 60 bis 120 cm

Sparaxis-Tricolor-Hybride

hoch, haben dünne, aber feste, rispig sich verzweigende Stengel und linealisch-lanzettliche sitzende Blätter. Die Blüten erscheinen in kleinen Büscheln und bilden Doldenrispen, Florzeit vom Spätsommer bis Herbst. **S. caesia** L. und **S. riddéllii** Frank ähneln dieser Art, über ihren Wert gehen die Meinungen auseinander.

Solidago-Hybriden ist der jetzt legitime Sammelname für die zahlreichen Züchtungen, die alle von mehreren Arten abstammen. Sie entstanden in den letzten 25 Jahren und sind teilweise erstaunliche Verbesserungen. Ein besonders erfolgreicher Züchter war Karl Foerster, daneben der Engländer Walkden. Als Beispiele seien aufgeführt: 'Golden Mosa' – englische Sorte mit gelbgrünem Laub und ziemlich großen Blüten, welche in kegeligen, reichlich verzweigten Rispen beisammenstehen... die Blütenstände erinnern an die Blumenbüschel der Mimosen, bis 80 cm hoch, Flor im Juli/August; 'Golden Shower' – eine Schwestersorte der vorigen, welche etwas früher blüht und noch mehr an Mimosen gemahnt, Foerster sagte, daß sie seit Jahrzehnten das größte züchterische Ereignis bei Solidago ist; 'Goldfichte' – mannshoch, gewaltige Büsche bildend, Farbe lebhaft goldgelb, Flor im August/September; 'Strahlenkrone' – breite, strahlige Rispen, fast eine geschlossene Blütenfläche bildend, 60 cm hoch, nicht wuchernd, die schönste Sorte!

Solidágo virgáurea L. ist in ganz Europa verbreitet, daneben in Nord- und Westasien häufig und tritt auch in Nordafrika auf. Es gibt eine Reihe Unterarten und Varietäten. Die Art wird häufig zu einem gefährlichen Unkraut, da die Büsche viel Samen ansetzen, den der Wind überallhin verbreitet. Für den Garten hat vor allem die Sorte 'Praecox' Wert, weil sie bereits ab Mitte Juni blühen kann und nur 60 cm hoch wächst. Der Blütenstand ist nicht sehr groß.

Bewertung, Verwendung, Anzucht: Goldruten kann man in vielen Gärten antreffen, meistens jedoch nur aus Samen aufgewachsene Exemplare. Die Pflanzen stellen keine Ansprüche, ihre Blütenstände lassen sich schneiden und halten mehrere Tage. Die Solidago vertragen Sonne und auch Halbschatten, sie wachsen in jedem Boden, selbst auf Ödland, ebenso jedoch an Bachrändern. Gefährlich können sie durch ihren Samenwurf werden; sie nehmen bald den halben Garten ein und verdrängen zartere Arten. Das läßt sich nur verhindern, indem man die abgeblühten Rispen sofort abschneidet und vernichtet. Vermehrt wird durch Teilung und Stecklinge, selbst bei den Arten, obwohl man diese auch aus Samen vermehren könnte. Man tut es nicht, weil Solidago stark spielt, die Nachkommen also zu wenig einheitlich ausfallen. Es ist nötig, früh zu teilen, wenn man bis zum Herbst verkaufsstarke Bestände haben will. Teilt man im Vorsommer oder Sommer, kommen die gestutzten Pflanzen zu langsam wieder in Trieb und werden bestenfalls im nächsten Frühling verkaufsstark. Am endgültigen Standort können Solidago viele Jahre bleiben. Die Gartensorten wünschen guten Boden und bei Trockenheit ausreichend Wasser, erst dann werden sie üppig und schön.

× **Solidáster** Wehrh. entstand durch Kreuzung von Solidago und Aster ptarmicoides. Es gibt nur die Art **lúteus** (Everett) M. L. Green. Die Pflanzen werden gegen 60 cm hoch, sie haben schmal-linealische Blätter; die zahlreichen Blüten sind hellgelb und stehen in reichverzweigten Sträußen, Flor im Juli/September. Es ist keine Pflanze für Staudenrabatten, da die Stengel sich nicht tragen, wertvoll jedoch als Schnittblume. *Solidaster* will guten Boden und sonnige Lage, darf nicht zu trocken stehen.

Sparáxis · Fransenschwertel
Iridaceae △ ○ ◐ △ ✕ ∧

Im Namen steckt das griechische Wort sparassein = zerreißen; es bezieht sich darauf, daß die häutigen Blütenscheiden wie aufgerissen aussehen, wenn die Blumen hervorgetreten sind. Sparaxis sind Zwiebelgewächse mit kleinen, gegen 2 cm breiten, meistens runden Knollen, wenigen band- oder schwertförmigen, straff aufrechten oder gebogenen Blättern und trichterförmigen Blüten mit 6 abstehenden Abschnitten. Die Blüten erscheinen einzeln oder bis zu 6 auf festen Stengeln; sie sind rot, orange, gelb, lila oder weiß, meistens mehrfarbig. Die Gattung umfaßt gegen 6 Arten, die jedoch schwer zu unterscheiden und vielleicht nur Unterarten einer einzigen Art sind. Ihre Heimat ist Südafrika.

Sparáxis trícolor (Curt.) Ker-Gawl. (syn. Ixia tricolor Curt.) wird 30 bis 50 cm hoch, hat aufrechte, schwertförmige, gegen 10 mm breite Blätter und blüht mit wechselständig und entfernt stehenden, bis 5 cm breiten Blumen. Diese haben einen gelben Schlund mit schwarzen oder dunklen Flecken und weit nach den

Sp

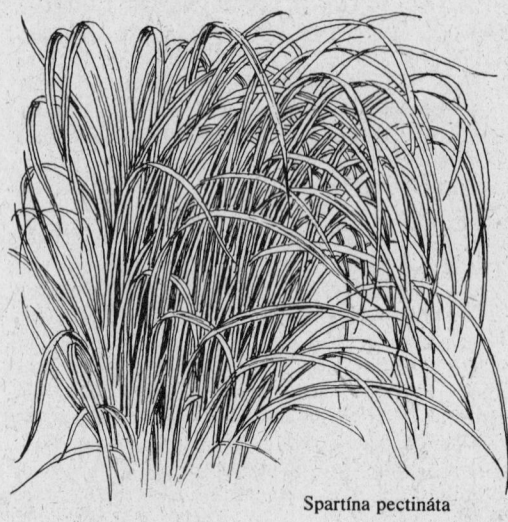

Spartína pectináta

Seiten ragende Abschnitte. Man verwendet die Art selbst nicht mehr, sondern die von ihr abstammenden **Sparaxis-Tricolor-Hybriden.** Diese bringen etwas größere Blüten, und ihr Farbenspiel reicht von Gelb über Orange bis Scharlachrot, geht dann nach Lila und Violett... die Farben leuchten stark, und die Bestände fallen uns sofort auf. Blütezeit ist im Juni.

Bewertung, Verwendung, Anzucht: Es sind wunderhübsche, durch den frühen Flor und die lebhaften Farben wertvolle Zwiebelgewächse, aber bei uns – wie Gladiolen, *Acidanthera, Ixia* und *Streptanthera* – nicht winterhart. Man soll die Zwiebeln im Spätherbst legen, entweder in Schalen oder Töpfe oder ins freie Land an einen sehr geschützten Platz mit gutem Boden und guter Dränage. Man legt 6 bis 7 cm tief in Horsten von 6 bis 20 Stück, Abstand 6 cm. Die Töpfe kommen in ein kaltes Frühbeet oder auf dem Balkon in eine Kiste. Sobald es kalt wird, muß man mit einer wenigstens 15 cm starken Decke aus trockenem Laub schützen. Im Frühling ist diese allmählich zu entfernen, völlig jedoch erst, wenn keine Fröste mehr drohen. Die Töpfe kann man ins Zimmer holen, wo sie hell stehen sollen, aber kühl. Man kann sie auch in den Garten einsenken. Bei Trockenheit ist zu wässern. Nach dem Flor läßt man das Laub absterben, dann nimmt man die Knollen aus der Erde und hebt sie bis zur nächsten Pflanzzeit trocken und luftig bei etwa +8 °C auf. Vermehrt wird durch Nebenknollen, doch ist der Erfolg bei uns gering und unsicher. Man kann schon froh sein, wenn man seinen Bestand zu erhalten vermag. Aus diesem Grunde sind *Sparaxis* Gewächse für Liebhaber.

Spartína · Schlickgras, Besengras
Gramineae ♃ ○ ◐ ◐ ○ ♡

Im Namen steckt das griechische Wort sparte = Band, Strick; es nimmt darauf Bezug, daß die Blätter Fasern enthalten. Es sind ausdauernde, teilweise wuchernde Gräser von oft mächtigem, aufrechtem Wuchs mit sich biegenden Blättern. Die Blütenstände ragen aus der Laubmasse heraus, und die Ähren werden teils ansehnlich, teils bleiben sie klein. Die Gattung umfaßt gegen 16 Arten, die an feuchten Plätzen auftreten, oft in Mooren, ferner an den Ufern des Meeres; dort findet man sie auch in salzhaltigen Böden. Sie kommen an den Küsten Europas, Nord- und Südafrika und in vielen Gebieten Mittel- und Nordamerikas vor. Gartenwert hat nur
Spartína pectináta Link (syn. Spartina michauxiana Hitchc.) in der Kulturvarietät 'Aureomarginata', das Goldbandleistengras. Die Büsche werden bis 150 cm hoch, die Blätter sind schmal und weitfallend gebogen. Sie weisen an den Rändern schmale gelbe Streifen auf. Die Blüten erscheinen in großen Ähren, sehen aber nicht besonders apart aus, sie werden braun, Florzeit Hochsommer bis Herbstanfang.

Bewertung, Verwendung, Anzucht: Das Goldbandleistengras ist eine wirkungsvolle Pflanze für Wildstauden- und Heidegärten, auch eignet es sich als Einzelstück in Blumenrabatten, wo Unterbrechung oder besondere Abwechslung nötig sind. Die Stöcke vertragen trockenen und feuchten Boden, Sonne und Halbschatten. Sie wirken erst nach drei, vier Jahren, wenn sie eine gewisse Größe erreicht haben... man muß ihnen also etwas Zeit lassen und darf nicht zu rasch über sie urteilen. Sie wuchern kaum, höchstens an nassen Standorten. Vermehrt wird im Frühling durch Teilen. Die Anzucht ist nicht schwierig.

Speculária → **Legousia**

Sprekélia · Jakobslilie
Amaryllidaceae △ ○ ◐ △ ∧

Die Pflanzen wurden zu Ehren von J. H. von Sprekelsen (gest. 1764) benannt, einem Hamburger Ratssekretär, der ein großer Pflanzenfreund und Förderer botanischer Studien war. Die Gattung ist nur eine Art stark.
Sprekélia formosíssima (L.) Herb. ist ein Zwiebelgewächs und stammt aus Mittelamerika. Es wurde bereits 1593 nach Deutschland gebracht. Die Pflanzen haben schwärzliche, vereinzelt mit roten Strichen gezeichnete, etwa 5 cm große, runde Zwiebeln mit langem Hals und 3 bis 6 linealische, gegen 2 cm breite und 40 cm lange tiefgrüne Blätter. Die Blüten erscheinen vor oder zusammen mit dem Laub, sie stehen auf hohlen, rötlich angelaufenen, etwas plattgedrückten, bis 30 cm hohen Schäften und werden tiefkarminfarben. Sie haben eine eigenartige Form, werden bis

Sprekélia formosíssima

Stáchys byzantína

Stáchys grandiflóra

12 cm lang und erinnern in ihrer Gestalt an das Ordenskreuz der Ritter von St. Jakob von Calatrava (ältester spanischer Ritterorden)... daher auch unser deutscher Name Jakobslilie. Der Flor fällt bei Exemplaren, die im Freiland stehen, in den Mai/Juni.

Bewertung, Verwendung, Anzucht: Sprekelia ist eine Pflanze mit besonders geformten, ansehnlichen Blüten, die jeden fesseln, der sie sieht. Früher hat man sie nur als Topfgewächs gehalten, doch hat sich gezeigt, daß sie im Freien besser gedeiht und reicher blüht... aber sie ist nicht winterhart. Man lege die Zwiebeln im April an einen sehr geschützten Platz mit guter Dränage und humusreichen Boden. Besonders günstig ist ein Terrassenbeet. Man kann auch eintopfen und später in den Garten auspflanzen. Legetiefe oder Pflanztiefe etwa 8 cm, die Spitzen der langen Hälse sollen gerade noch herausragen. Man setze stets 3 oder mehr Zwiebeln zusammen. Günstig ist, Hornspäne und Knochenmehl in den Boden einzubringen. Man kann auch flüssig düngen, aber erst, wenn die Blätter erschienen sind und sich voll entwickelt haben. Wichtig ist, dafür zu sorgen, daß diese erhalten bleiben, denn sie ernähren die im Boden steckende Zwiebel. Je größer und kräftiger die Blätter werden, um so starker fallen die Zwiebeln aus, und um so reicher und sicherer blühen sie, auch werden mehr Tochterzwiebeln angesetzt. Vor dem Frost, also nicht zu zeitig, sind die Zwiebeln auszugraben. In Sand gebettet, sollen sie völlig trocken bei +15 bis 20 °C überwintert werden. Vermehrt wird durch Brutzwiebeln, die man im Frühjahr vor dem Legen vorsichtig abtrennt und zunächst in Töpfen oder in einem Frühbeet kultiviert. Man kann aber auch ins Freiland in die Nähe der Mutterbulben legen. Nach 3 bis 4 Jahren sind die jungen Bestände blühstark. Man soll die Tochterzwiebeln nicht an der Mutter lassen, da sie von ihr zehren. Im ganzen ist *Sprekelia* eine schöne Liebhaberpflanze, die keine großen Mühen erfordert und keine Schwierigkeiten macht.

Stáchys · Ziest
Labiatae ♃ ○ ◐ ◕ ◑ △ ∥ ♡ ✕

Der Name entstammt dem Griechischen, wo stachys Ähre bedeutet; er bezieht sich darauf, daß die Blütenstände bei manchen Arten Ähren oder Scheinähren bilden. Bereits Dioskorides gebrauchte die Bezeichnung für einzelne im Mittelmeergebiet vorkommende Arten. *Stachys* sind ein- oder mehrjährige, kahl bleibende oder auch seidig-zottig behaarte Kräuter oder Halbsträucher und Sträucher mit verschieden geformten Blättern und großen oder kleineren, vielfach in Scheinähren stehenden Blüten. Die Gattung umfaßt gegen 200 Arten und ist vor allem in Gebieten mit gemäßigtem Klima verbreitet. Die strauchigen Arten treten in den Subtropen auf. Innerhalb der Familie der Labiaten ist *Stachys* die drittgrößte Gattung und erscheint besonders artenreich in Chile, im Kapgebiet und in der Mediterraneïs einschließlich des Orients. Nach Hegi ist der Name männlich. Er wird aber meistens weiblich behandelt; ferner trennen einzelne Autoren verschiedene Arten ab und führen sie als *Betonica*.

Stáchys byzantína K. Koch (syn. S. lanata Jacq. non Crantz, S. olympica auct. vix Poir.), deutsche Namen Eselsohren und Wollziest, wächst auf dem Balkan, auf der Krim und in Kleinasien.
Sie ist eine Staude mit dicht weißwollig behaarten Blättern. Diese sind kurz gestielt, breit-lanzettlich bis länglich-oval, ganzrandig und bilden den Schmuck der Pflanzen. Die Blütenschäfte sind weiß befilzt, vierkantig, und die Blüten werden rosa, fallen aber wenig auf. Sie stehen in Scheinquirlen, die zu einer dichten, nicht sehr langen Ähre zusammengedrängt sind. Florzeit ist von Juli bis September. Die Pflanzen wachsen so, daß sie den Boden völlig bedecken und bald stattliche Polster bilden. Sie werden 10 bis 25 cm hoch.
Stáchys grandiflóra (Stev. ex Willd.) Benth. (syn. Betonica grandiflora Stev. ex Willd.) stammt aus Kleinasien und tritt auch im Kaukasus auf. Die Pflanzen

St

Sternbérgia lútea   Stévia eupatória

Stípa barbáta

sind Stauden, werden 30 bis 50 cm hoch und bilden aufrechte, kräftige Büsche, die an allen grünen Teilen schwach behaart sind. Sie haben langgestielte, eirundherzförmige, etwa 10 cm breite Blätter mit unregelmäßig grob gekerbtem Rand und blühen in dichten, endständigen Scheinähren. Die Blumen werden etwa 4 cm lang und sind bei der Stammart lilarosa, Florzeit Juni bis August. Es gibt ferner die Sorten 'Alba' mit weißen Blüten und 'Superba' – in allen Teilen größer, vor allem jedoch die Blüten leuchtend rosa bis purpurrosa.

Stáchys nívea (Stev.) Benth. (syn. Betonica nivea Stev.) tritt vor allem im Kaukasus auf und ist eine 20 bis 30 cm hohe, ebenfalls stark befilzte Staude mit stumpf-lanzettlichen, grob gekerbten, stark runzeligen Blättern. Die Blüten werden groß und sind weiß oder rosa, sie stehen in lockeren Quirlen und bilden eine weithin auffallende Scheinähre. Blütezeit ist im Hochsommer.

Bewertung, Verwendung, Anzucht: S. grandiflora, von Karl Foerster sehr anschaulich Riesentaubnessel genannt, ist eine äußerst brauchbare, ziemlich anspruchslose Staude für bunte Blumenbeete oder für Wildstaudengärten, läßt sich auch einzeln in Teppiche von niedrigen Perennen einstreuen und sieht immer sauber und freundlich aus, auch ohne Flor. Sie gerät in humusreichen, frischen Böden am besten, verträgt Sonne und auch etwas Halbschatten. Als Nachbarn eignen sich niedrig bleibende *Solidago*, *Rudbeckia fulgida* var. *sullivantii*, im Halbschatten *Alchemilla* und *Tiarella*. Die Blumen lassen sich schneiden und halten gut eine Woche. S. byzantina ist eine bekannte Einfassungsstaude und wird auch gern als Bodendecke verwendet. Sie wächst stark, wünscht sandigen, humosen, gut durchlässigen Boden und wird um so kürzer und weißer, je sonniger sie steht und je ärmer der Boden ist. Starke Nässe im Winter kann Fäulnis verursachen. Die Blüten zieren wenig und stören den Gesamteindruck der weichwolligen Teppiche, man sollte die Infloreszenzen abschneiden. S. nivea will ähnlich stehen, ist aber gegen Nässe empfindlicher, der Boden soll steinig sein, der Standort muß in voller Sonne liegen. Man nimmt die Art gern für Steingärten und Alpina; als Einfassung kommt sie nur für Gärten in warmer Lage in Betracht, auch soll der Boden recht durchlässig sein. Alle Arten lassen sich aus Samen vermehren, doch kommt man mit Teilung im Frühjahr rascher zum Ziele. Es ist günstig, die Arten mit weißwolligem Laub in Töpfen zu kultivieren. Sie bilden dann Bestände, welche sich leicht aufnehmen lassen, und brauchen viel weniger Platz als auf Beeten aufgeschult. Beste Zeit für das Teilen ist der Frühsommer, kurz ehe der Flor einsetzt. Die Anzuchten werden bis zum Herbst verkaufsstark.

Státice → Limónium

Sternbérgia · Sternbergie, Goldkrokus, Gewitterblume
Amaryllidaceae   △ ○ ◐ ◑ △ ∧

Die Pflanzen wurden zu Ehren des böhmischen Botanikers Kaspar Graf von Sternberg (1761–1838) benannt, der auch als Autor von Pflanzenbeschreibungen Bedeutung erlangte. Es sind Zwiebelgewächse mit trichterförmigen Blüten, die eine lange Röhre und schrägstehende, ovale bis lanzettliche Abschnitte haben. Sie blühen im Herbst, eine Art auch im Frühling. Ihr Laub erscheint im Herbst oder im Frühsommer. Die Gattung umfaßt 5 Arten: Sie treten vor allem im Mittelmeergebiet und in Osteuropa auf.

Sternbérgia fischeránа Roem. aus Kaschmir blüht im Frühjahr mit leuchtend gelben Blumen. Das grasartige Laub, welches bis 30 cm lang und 15 mm breit wird, erscheint nach der Blüte.

Sternbérgia lútea (L.) Ker-Gawl. ex Schult. f. ist im gesamten Mittelmeergebiet anzutreffen. Die Pflanzen haben bis 5 cm breite, birnenförmige Zwiebeln mit schwärzlicher Schale und treiben zugleich mit den Blüten im September/Oktober 5 bis 8 riemenförmige, etwa 30 cm lange Blätter. Ihre Blüten erscheinen einzeln, selten paarweise. Sie ähneln den Blumen von Crocus und werden lebhaft gelb. Die Pflanzen sind 8 bis 12 cm hoch.

Bewertung, Verwendung, Anzucht: Weil lebhaftblühende, niedrige Gewächse im Herbst bei uns kaum vorkommen, ist *S. lutea* eine schöne Bereicherung für den Garten. Aber sie stellt gewisse Ansprüche. Man muß dafür sorgen, daß die Blätter über Winter nicht zugrunde gehen, sondern erhalten bleiben! Das sagt sich leicht, läßt sich aber nicht ohne weiteres erreichen. Voraussetzung ist, daß die Zwiebeln an einen warmen, sehr gut geschützten Platz kommen und ihr Laub über Winter mit trockenen Nadeln locker abgedeckt wird. Bei großer Kälte ist über das Ganze noch ein Stück Folie zu legen. Die Pflanzen wünschen volle Sonne und humusreichen, sandig-lehmigen, gut durchlässigen Boden; er muß leicht alkalisch sein. Man lege im August etwa 10 cm tief, wenn möglich in kleinen Horsten. Geeignete Standorte wird man im Steingarten finden und auf Trockenmauern. Passende Nachbarn sind feine Gräser, Colchicum, Zwergmispeln. Wichtig ist gute Dränage! Alle drei oder vier Jahre soll man die Bestände aufnehmen, den Platz neu herrichten und wieder legen. Man kann die Zwiebeln auch in Töpfen halten, die man zur Blütezeit im Garten an geeigneten Plätzen eingräbt und, wenn Frost droht, in ein Kalthaus räumt, um sie frostfrei zu überwintern. Solche Bestände blühen sicherer als ausgepflanzte. Auch *S. fischerana* will einen sehr warmen, sonnigen Standort und sandig-lehmigen, gut dränierten Boden. Vermehrt wird vor allem durch Abnehmen der Tochterzwiebelchen im Sommer, ehe man frisch legt. Auch Anzucht aus Samen ist möglich, doch brauchen die jungen Pflänzchen vier bis fünf und auch noch mehr Jahre, bis sie blühstark geworden sind. Im ganzen ist *Sternbergia* ein Gewächs für Liebhaber, es macht jedoch keine große Mühe.

Stévia · Stevie
Compositae   ☉ ○ ◐

Die Pflanzen wurden zu Ehren von Professor Pedro Juan Esteve benannt, einem spanischen Botaniker, der 1566 in Valencia verstarb. Es sind aufrechte Kräuter oder Halbsträucher mit verschieden geformten Blättern, und sie blühen in dichten Doldentrauben oder regelmäßigen und auch unregelmäßigen end- und seitenständigen Rispen. Die Gattung umfaßt über 100 Arten, die in den wärmeren Teilen Amerikas auftreten. Sie sind dort vielfach Stauden. Einige Arten werden zur Gattung *Piqueria* gestellt.

Stévia eupatória Willd. aus Mexiko bildet bis 60 cm hohe, etwas sparrige Büsche, hat lanzettliche, fast stiellose Blätter und blüht von August an in lockeren Doldentrauben. Die Blumen werden purpurrot und haben eine fleischfarbene Scheibe.

Stévia serráta hort. non. Cav., jetzt **Piquéria trinérva** (Jacq.) Cav., Haïti, Mexiko, wird bei uns 15 bis 60 cm hoch und gelegentlich noch größer. Die Pflanzen haben lanzettliche, gesägte Blätter mit kurzen Stielen und sind vor allem an den Stengeln behaart. Ihre Blüten werden weiß bis hellrosa und stehen zu wenigen in lockeren Rispen.

Bewertung, Verwendung, Anzucht: Stevien sind bei uns Sommerblumen, die man sehr selten sehen wird. Sie blühen im Spätsommer bis Herbst, setzen daher hier nur ausnahmsweise Samen an. In dem späten Flor liegt ihr Wert. Sie eignen sich für bunte Blumenbeete, eine Gefahr liegt aber darin, daß die übrigen Arten schon aufhören zu blühen, wenn die Stevien eben damit anfangen. Man sät zeitig im März in Handkästen aus, pikiert in ein Frühbeet oder in Torftöpfe und pflanzt nach Mitte Mai an den vorgesehenen Platz. Der Standort soll in voller Sonne liegen und der Boden nahrhaft und gut durchlässig sein.

Stípa · Pfriemengras, Federgras
Gramineae   ♃ ○ ◐ ◐ ♡ ∧ —

Im Namen steckt das griechische Wort style = Werg, Flachs; es bezieht sich darauf, daß *S. tenacissima*, das Espartogras, als Füllmaterial und zu Flechtwerk verwendet wird. Die Gattung umfaßt gegen 100 Arten, welche in den Tropen und in den gemäßigten Zonen der Erde weit verbreitet sind. In der Hauptsache werden es ausdauernde, ansehnliche Gräser mit schmalen, bei vielen Arten zusammengefalteten Blättern und ausgebreiteter Rispe mit großen, in der Regel einblütigen Ähren. Die Grannen einiger Arten sind stark hygroskopisch und werden gern als Wetteranzeiger verwendet. In Nordamerika bilden Stipa-Arten den Hauptbestandteil der Präriegräser. Die Benennung ist verworren.

Stípa barbáta Desf., zwischen Mittelmeer und Syrischer Wüste, hat elegant sich biegendes Laub und sehr schmale, lange Blütenstände mit langen Grannen, die stark behaart sind. Die Pflanzen werden 40 bis 80 cm hoch und wirken auch ohne Blütenstiele gut. Karl Foerster gab ihr den Namen Reiherfedergras, eine Bezeichnung, wie sie treffender nicht gefunden werden kann.

Stípa calamagróstis → **Achnatherum**

Stípa capilláta L. tritt oft in großen Beständen in Südeuropa, stellenweise in Mitteleuropa, weiterhin im Süden der Sowjetunion einschließlich Kaukasus, in Kleinasien bis Iran und in Sibirien auf. Die Pflanzen werden 40 bis 100 cm hoch, bilden dichte Horste, haben graugrüne, schmale Blätter und bringen sehr lange Blütenstände mit fadenförmigen Rispenästen und bis 20 cm langen Grannen, die zuweilen verschlungen oder zusammengedreht sind.

Stípa gigantéa Lag. stammt aus Spanien, ist eine bis 1,5 m hohe Staude mit innen weich behaarten, bis 25 cm langen Blättern und lockeren, 30 bis 60 cm langen Rispen, die entfernt an Fahnen oder Bänder erinnern. Blütezeit wie bei allen Arten im Sommer bis Herbstanfang.

Stípa pennáta L. hat den reizenden deutschen Namen Mädchenhaargras. Die Pflanzen werden 40 bis 100 cm hoch und bilden mit der Zeit dichte Horste. Die Blütenstände haben federartige, behaarte, bis 30 cm lange Grannen. Die Rispen hängen über, und die

St

Stípa gigantéa Stokésia laévis Sýmphytum grandiflórum Sýnthyris␣selláta

Grannenhaare spreizen sich allmählich federartig ab. Die Art kommt in trockeneren Gebieten vor, häufig an steinigen Plätzen. Sie tritt auch in den Alpen an warmen Stellen auf und steigt in Piemont bis 2200 m hoch. Die Art ist veränderlich, und es gibt eine Reihe Unterarten.

Bewertung, Verwendung, Anzucht: Es sind schöne Gräser, die durch den Fall ihrer Blätter und die ansehnlichen Blütenstände Aufmerksamkeit erwecken. Man kann sie gut im Heide- und Wildstaudengarten verwenden, und sie bilden die natürliche Ergänzung zu allen Stauden aus steppenhaften Landschaften. Sie wollen kalkhaltigen, trockenen, durchlässigen Boden, der steinig und sandig sein kann. Nässe und schwere Böden vertragen sie nicht. Man vermehrt durch Teilen, was unbedingt im Frühjahr bald nach dem Durchtrieb geschehen muß und wozu sich mit Erfolg nur jüngere Exemplare verwenden lassen. Häufiger wird durch Samen vermehrt: Aussaat April bis Juni in Saatkästen oder in ein Saatbeet in recht sandige Erde und nur mäßig feucht halten. Der Samen keimt manchmal nach wenigen Wochen, manchmal unregelmäßig und erst im nächsten Frühjahr. Am endgültigen Standort können die Büsche sehr alt werden, sie erreichen ihre normale Größe und Schönheit niemals bereits in den ersten Jahren.

Stokésia · Kornblumenaster
Compositae ♃ ○ ◐ ◑ △ ∧

Die Pflanzen wurden zu Ehren des Botanikers Jonathan Stokes (1755–1831) aus Chesterfield benannt. Die Gattung umfaßt nur eine Art. Sie stammt aus Nordamerika, wo man sie im Süden und Südosten (Florida, Louisiana, Süd-Carolina) häufig wild antrifft. **Stokésia laévis** (Hill) Greene (syn. S. cyanea L'Hérit.) wird bis 40 cm hoch, ist eine Staude, die sich reichlich verzweigt, die Stengel bekommen nach den Spitzen zu eine dichte Behaarung. Die Blätter sind kahl, länglich-lanzettlich bis zugespitzt-eirund, am Grunde dornig gewimpert. Die Pflanzen blühen in endständigen, wenig-blumigen Doldenrispen, die Blumen werden bis 10 cm breit, ihre Randblüten haben 5 Zipfel und erinnern etwas an Kornblumen. Die Farbe schwankt; normalerweise ist sie hellviolett, doch treten in größeren Aussaaten von selbst Exemplare mit reinweißen bis fast hellblauen Blüten auf. Florzeit von Juli bis in den September hinein.

Bewertung, Verwendung, Anzucht: Stokesia sind recht brauchbare Stauden für bunte Blumenbeete und eignen sich auch als Einsprengsel in Teppiche niedriger Stauden, desgleichen für große Steingärten und Alpina, in welche sie durch ihren späten Flor Farbe bringen, wenn ringsum das meiste schon verblüht ist. Sie wünschen unbedingt einen geschützten, warmen Standort und sandig-lehmigen, nährstoffreichen, sehr gut dränierten Boden! Nässe, besonders im Winter, ist gefährlich. Je wärmer und geschützter sie stehen, um so besser reift der überwinternde Teil und auch der Samen aus. Über Winter soll man mit Nadelstreu abdecken und darüber noch ein Stück Folie legen. Man lasse 4 bis 6 Jahre unberührt wachsen; wenn die Exemplare im Trieb nicht schwächer werden, noch länger. Pflanzzeit nur im Frühling! Vermehrt wird im kleinen durch Teilung, bei größerem Bedarf durch Wurzelschnittlinge im Spätherbst oder durch Samen. Er keimt willig, und bei zeitiger Aussaat auf warmem Fuß werden die Bestände bis zum nächsten Frühjahr verkaufsstark. Man kann die Blumen schneiden, sie sind aber keine Schnittblumen für den Markt.

Sýmphytum · Beinwell
Boraginaceae ♃ ○ ◐ ◑ ◐ ♡ ○

Im Namen steckt das griechische Wort symphýein = zusammenwachsen; mit dem abgeleiteten Begriff symphyton meinte man im Altertum Gewächse, welche gegen Knochenbrüche angewendet wurden. Es sind ausdauernde, manchmal große Kräuter mit einfachem bis fleischigem, ausnahmsweise auch knolligem Wurzelstock, meistens aufrecht wachsend, rauh oder weicher behaart, mit vielfach grundständigen Blättern, die Stengelblätter erscheinen gegen- oder wechselständig. Die Blüten stehen in einfach- oder doppeltzweispaltigen Trugdolden oder einfachen Trauben. Sie werden gelb, weiß, blau oder purpurfarben. Die Gattung umfaßt gegen 25 Arten, welche in Nordafrika, Westasien und Europa auftreten; als Ursprungsareal werden die Gebirge um das Schwarze Meer angesehen. Große Bedeutung hatte im Altertum und Mittelalter *S. officinale* als Heilmittel gegen Knochenbrüche und innerliche Blutungen verschiedenster Art. Man hat die Pflanze neuerdings wieder aufgegriffen, gründlich untersucht und gefunden, daß durch ihren Gehalt an Schleimstoffen, Zucker, Harz, Gummi und Gerbstoffen, wozu noch geringe Mengen von Cholin, Asparagin, Symphito-Cynoglossin und Alantoin kommen, tatsächlich überraschende Heilerfolge bei Verletzungen der Knochenhaut, des Knochengewebes, bei Kniegelenkentzündungen und Beingeschwüren erreicht werden können. Es heißt, die Extrakte förderten besonders die Kallusbildung.

Sýmphytum grandiflórum DC. wird 20 bis 30 cm hoch, hat einen vieltriebigen Wurzelstock und spitzeiförmige, im Grunde herzförmige, rauhbehaarte Blätter auf langen Stielen. Die Blüten werden gelb, erscheinen aber sehr spärlich und haben keinerlei Schmuckwert.

Sýmphytum officinále L., welches von Westeuropa bis nach Sibirien verbreitet ist, wird 50 bis 100 cm hoch, hat spindelförmige, schwarze Wurzeln, aufrechte Stengel und eirund-lanzettliche, bis 20 cm lange Blätter mit geflügeltem Stiel. Die Blumen werden trübviolett oder gelblichweiß; sie sind glockig und hängen. Die Art hat keinerlei Gartenwert, nur 'Argenteum' mit weißmarmorierten Blättern.

Bewertung, Verwendung, Anzucht: S. grandiflorum wächst von Natur aus an schattigen Plätzen und will auch im Garten und in den Anlagen so stehen. Es bedeckt weithin und dicht den Boden, ist also ein Teppichbildner. Das Erdreich soll humusreich und frisch sein; lehmiger Boden ist günstiger als sandiger. Die Blüten haben keinen Schmuckwert. Auch die buntblättrige Sorte von *S. officinale* ist eine bodendeckende Pflanze, muß aber in voller Sonne stehen und braucht humusreichen, recht frischen Boden. Einmal gepflanzt, können die Bestände viele Jahre an ihrem Platz bleiben. Im Winter soll man gelegentlich den Standort mit gedüngter Torfstreu abdecken, um den Pflanzen neue Nahrung zuzuführen. Vermehrt wird durch Teilung. Sie ist leichter als Anzucht aus Samen, welche bei der weißbunt-beblätterten Form von *S. officinale* gar nicht in Betracht kommt. Die Bestände werden bei Teilung im Frühsommer bis zum Herbst verkaufsstark.

Sýnthyris · Synthyris
Scrophulariaceae ♃ ◐ ● ◉

Im Namen stecken die griechischen Wörter syn = gemeinsam und thyra = Klappe; sie beziehen sich darauf, daß die Deckel der Samenkapseln zusammenhängen. Es sind Stauden mit einem dicken Erdstamm. Sie werden 15 bis 25 cm hoch und haben meistens grundständige, bis 7 cm breite, nierenförmige, am Rande scharf gezähnte Blätter. Sie blühen in endständigen dichten Ähren oder Trauben. Die Gattung umfaßt gegen 15 Arten und steht *Wulfenia* sehr nahe. *Synthyris* tritt nur im Nordwesten der Vereinigten Staaten und teilweise im angrenzenden Kanada auf. Man findet sie meistens in Nadelwäldern und in deren unmittelbarer Nähe.

Sýnthyris stelláta Pennel (syn. *S. reniformis* hort. non Benth.) wird bis 20 cm hoch, und die Blätter sind am Grunde eingebuchtet gelappt, die Lappen scharf gezähnt, die Blattfläche ist glänzendgrün, glatt, das Laub etwas lederartig. Der Blütenstand ist kurz, aber kräftig und in seinen unteren Partien mit sitzenden runden Blättern versehen. Die Blüten werden etwa 7 mm breit, glockenförmig, nickend, blau, die Staubfäden ragen heraus. Die Blumen stehen in gedrängten, im Umriß dreieckigen Trauben beisammen und erscheinen von März bis Mai.

Bewertung, Verwendung, Anzucht: Synthyris ist eine nette Frühlingsstaude, die späterhin als Bodendecke wirkt. Sie wünscht absonnigen, humusreichen, frischen Standort und Erde mit viel Torfmull oder Walderde. Einmal angesiedelt, kann man sie viele Jahre haben, und sie breiten sich von selbst durch Zuwachs aus. Samenwurf kommt selten vor. Man vermehrt durch Teilung im Frühling. Aussaaten sind nur möglich, wenn man selbst Samen erntet. Diese laufen aber langsam und ungleich auf.

T

Chrysanthemenblütige Tagetes   Nelkenblütige Tagetes   Tagetes-Erecta-Hybride   Tagetes-Patula-Hybride

Tagétes · Studentenblume
Compositae ☉ ○ ◐ ● ╎ ✕

Die Pflanzen wurden nach dem etruskischen Halbgotte Tages benannt, einem Enkel des Jupiter; er war wegen seiner Schönheit berühmt und soll die Etrusker die Kunst der Weissagung gelehrt haben. Die Pflanzen stammen aus Amerika, wo sie in den wärmeren Gebieten in etwa 30 Arten auftreten. Es sind reichlich sich verästelnde, niedrige bis höhere, aufrechte Kräuter, deren Blätter in der Regel fiedrig geteilt sind. Das Laub riecht bei den meisten Arten streng. Die Blütenkörbchen sitzen einzeln auf langen Stielen oder auch in dichten Doldentrauben. Sie werden gelb bis orange und haben häufig braunrote Zonen, Streifen, Bänder oder Flecken. Einige Arten wurden bereits in Mexiko in den Gärten gehalten, als Cortez dort landete.

Tagetes-Erecta-Hybriden sind Kreuzungen und Sorten von *T. erecta* L. Die Pflanzen werden 50 bis 80 cm hoch und bilden reichlich sich verzweigende Büsche mit wechsel- oder gegenständig erscheinenden, hellgrünen, fiederschnittigen Blättern. Die Blüten werden bis 10 cm breit. Es entstanden im Lauf der Kultur zahlreiche Sorten, welche allesamt gefüllt blühen, doch tauchen in den Aussaaten auch bester Herkünfte stets einige Exemplare mit beinahe einfachen oder nur halbvollen Blüten auf. Die Blumen haben bei den sogenannten Chrysanthemenblütigen schmale, lange, nach innen gekrümmte Zungen und erinnern täuschend an die Blumenbälle von großblütigen *Chrysanthemum indicum*. Bei den Nelkenblütigen Sorten sind die Zungenblüten breiter, am Rande oft gewellt oder gezackt, so daß man an das Blütenblatt einer Chabaudnelke denken könnte. Der typische Tagetesgeruch tritt bei den neuen Sorten nicht mehr auf; die Blüten duften nicht unangenehm nach würzigem Honig. Der Flor dauert von Juli/August bis in den Herbst, wenn dieser warm und sonnig ist. Leuchtende Blütenfarben haben 'Goldschmied' — goldgelb, 'Orangeprinz' — tieforange, 'Zitronenprinz' — zitronengelb. Alle sind als Schnittblumen geeignet.

Tagetes-Patula-Hybriden sind Sorten, an deren Entstehung *T. patula* L. beteiligt ist. Die Pflanzen werden 20 bis 50 cm hoch und bilden reichlich verästelte, ausgebreitet wachsende Büsche. Die Stengel sind braunrot bis braunviolett angelaufen, die Blätter sitzen gegen- oder wechselständig, sie sind fiederschnittig, die Blütenköpfchen werden 4 bis 6 cm breit. Es gibt folgende Gruppen:

Nana-Plena mit niedrigen gefüllt blühenden Sorten wie 'Goldköpfchen' — goldgelb, dunkelrote Manschette, 20 cm; 'Chrysantha Gelb' — reingelb, 15 cm; 'Carmen' — rotbraun, orangegelber Rand; 'Bolero' — mahagonirot, goldgelb gefleckt; 'Del Sol' — hellgelb, kastanienrot gefleckt, 30 cm; und *Nana* mit niedrigen einfach blühenden Sorten wie 'Ehrenkreuz' — goldgelb, braun gefleckt; 'Monetta' — dunkelgelb, braun gefleckt, beide bis 10 cm. Die Pflanzen blühen bereits als junge Exemplare, also im Juni, machen aber nach dem Auspflanzen eine kurze oder auch längere Pause.

Tagétes tenuifólia Cav. (syn. *T. signata* Bartl.) wird 50 bis 70 cm hoch und bildet sehr dichte Büsche. Die Pflanzen sind in allen Teilen viel zierlicher als die Patula-Hybriden, und die Blütenköpfchen werden nur etwa 15 mm breit, doch blühen die Büsche überreich. In der Kultur verwendet man nur Zwergsorten, wie 'Ursula' — orange, oder 'Lulu' — hellgelb. Beide werden 15 bis 25 cm hoch.

Bewertung, Verwendung, Anzucht: Tagetes sind die am reichsten und zugleich am längsten blühenden Sommerblumen. Sie eignen sich für bunte Blumenbeete, für Schalen, Balkonkästen und Töpfe, auch für Mooswände; die hohen Sorten für Blumenschnitt und zum Füllen großer, dekorativer Vasen, die niedrigen auch für Gräber. Man kann sie in kleinen Posten als Einsprengsel, aber auch in Mengen pflanzen. Wichtig ist dabei, die passenden Nachbarn zu wählen, die geeigneten Sorten zu nehmen und harmonische Bilder zu

Telékia speciósa

schaffen, in denen Größe und Form, Gewicht und Kraft der verschiedenen Farben ein schönes Ganzes ergeben. Große Flächen leuchtend orangefarbener Tagetes z. B. sind meistens gefährlich, da sie derartig dominieren, daß alle übrigen Gewächse schwer gegen sie aufkommen. Dagegen sind Sorten mit gelben Blüten weniger auffällig. Heikel ist auch Braun, wenn es zu massiert genommen wird: es ist eine düstere Farbe und läßt sich nur mit viel Weiß aufhellen, was aber das Gleichgewicht der Pflanzung nicht stören darf. Die Anzucht macht wenig Schwierigkeiten. Man sät in der ersten Aprilhälfte in ein halbwarmes Frühbeet und setzt nach Mitte Mai an den vorgesehenen Platz. Man kann auch in Handkästen säen und später in Handkästen pikieren und aus diesen verkaufen oder auspflanzen. Statt in Handkästen kann man in Töpfe aus Ton oder Torf pikieren und erhält zum Verkauf oder für die Beete bereits stärker entwickelte Posten mit einem Ballen... man braucht dann weniger, um eine bestimmte Fläche zu füllen. Für Töpfe, die vor das Fenster gestellt werden sollen, pikiert man 3 Sämlinge in 11er- oder 12er-Töpfe und muß während der Anzucht mehrfach mit einem Volldünger nachhelfen, um vollgarnierte Töpfe zu bekommen. Nach dem Herbst zu wird das Aussehen der Bestände durch die Menge der anfangs dunkelbraunen, später grauen Samenkapseln beeinträchtigt. Dagegen hilft nur das Ausknipsen der Kapseln. Es ist aber bei großen Flächen eine langwierige Arbeit und läuft ins Geld.

Telékia · Telekie
Compositae ♃ ○ ◐ ◔ ◔

Die Pflanzen wurden nach dem ungarischen Grafen Teleki de Szék benannt, der ein Förderer des Botanikers J.C.G. Baumgarten († 1843 in Schäfsburg, Siebenbürgen) war. Die Gattung enthält nur eine Art:
Telékia speciósa (Schreb.) Baumg. (syn. Buphthalmum speciosum Schreb.). Sie tritt in Südosteuropa und in Kleinasien auf, hat einen walzenförmigen Wurzelstock, kräftige, aufrechte, oft braunrot angelaufene Stengel und große, oberseits kahle, unten auf den Adern feinbehaarte, breit 3eckige bis herzförmige, am Rande grob gesägte Blätter. Die Blüten erscheinen endständig in Trauben, ihre Zungenblüten sind feinstrahlig, Farbe durchgehend gelb; Flor Juni bis August. Höhe der Exemplare bis 2 m.
Telékia speciosíssima (L.) Less. (syn. Buphthalmum speciosissimum L.), in den Trienter Alpen, zwischen Lugano und Gardasee, endemisch auftretend, hat breitherzförmige, kahle, fast lederartige Blätter und blüht im Sommer mit etwa 6 cm breiten, goldgelben Blumen. Die Pflanzen werden 20 bis 40 cm hoch.

Bewertung, Verwendung, Anzucht: Die Art *Telekia speciosissima* ist eine Pflanze für Steingärten und wünscht trockenen, vollsonnigen Standort, wächst auch in trockenen Geröllfeldern; je trockener der Boden, um so kürzer bleiben die Pflanzen, und um so schöner wirken sie. *Telekia speciosa* sind sehr imposante Wildstauden für etwas halbschattige Standorte mit frischem Boden. Sie können sehr lange an ihrem Platz verbleiben. Für den Garten kommen sie nur selten in Betracht. Vermehrt wird durch Teilung.

Téllima · Falsche Alraunwurzel
Saxifragaceae ♃ ◐ ◔ ♡

Der Name ist das Anagramm von Mitella, dem Namen einer Gattung, der die Falsche Alraunwurzel sehr nahesteht. Die Gattung *Tellima* umfaßt nur eine Art.
Téllima grandiflóra (Pursh) Dougl. ex Lindl. stammt aus dem Westen Nordamerikas, wo die Pflanzen am Meeresstrande von Alaska bis Kalifornien auftreten. Sie werden 30 bis 50 cm hoch, sind an allen grünen Teilen behaart und haben auf langen Stielen in Rosettenbüscheln beisammenstehende, rundlich-herzförmige Blätter. An ihrem Fuß bilden sich im Laufe des Sommers kleine Rosetten, welche im Herbst leicht abfallen und im nächsten Frühjahr Wurzeln schlagen. Die Blüten sind grün, haben einen aufgeblasenen Kelch und stehen in schmalen Rispen beisammen. Bei der Sorte 'Rubra' wachsen die Pflanzen gedrungener, sind die Laubblätter rötlich angelaufen, und die Blüten werden gelblich bis hellgrün. Florzeit ist im Mai/Juni.

Bewertung, Verwendung, Anzucht: Tellima eignet sich sehr gut als Bodendecke unter locker stehenden Laubbäumen. Sie wünscht einen halbschattigen bis schattigen Standort und frischen, reichlich mit Lauberde durchsetzten Boden. Sind die Bestände eingewachsen, können sie viele Jahre ihren Dienst tun. Man soll nur von Zeit zu Zeit im Winter den Standort mit gedüngter Torfstreu überziehen, um eine langsam fließende Nährstoffquelle zu bieten. Vermehrt wird durch Teilung, vor allem aber durch Aufzucht der jungen Rosetten. Man braucht dazu einen ansehnlichen Bestand stattlicher Mutterpflanzen. Die Nachzucht wird bis zum Herbst verkaufsstark.

Te

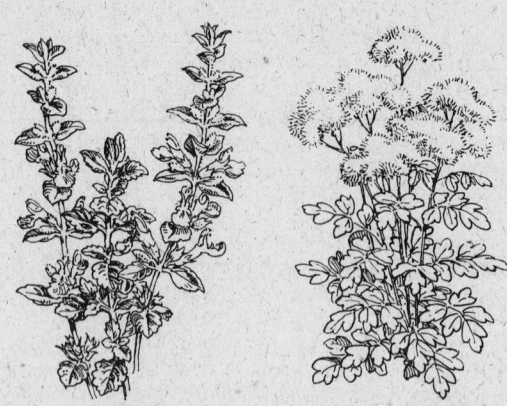

Teucrium chamaedrys   Thalictrum aquilegifolium

Teucrium · Gamander
Labiatae   ○ ◐ ◑ △

Die Herkunft des Namens, den man schon bei Dioskorides findet, ist unsicher. Teucrium sind meistens ausdauernde Kräuter oder Halb- und Kleinsträucher, die vielfach stark duften. Sie bilden aufrechte, reichverzweigte Büsche, haben kleine, verschieden geformte Blätter und blühen in Ähren, Trauben oder kleinen Köpfchen. Die Blumen stehen quirlartig, aber immer nur zu wenigen, sie kommen vielfach aus den Achseln der Hochblätter oder Blätter, welche die Blütenstände aufweisen. Die Gattung umfaßt gegen 100 Arten; sie kommen in fast allen Teilen der Erde in Gebieten mit gemäßigtem bis subtropischem Klima vor. *T. marum*, das Katzenkraut, auch Amberkraut, *T. chamaedrys* und *T. scordium* waren im Altertum hochgeschätzte Heilpflanzen, die vor allem gegen Magenschwäche und Halsleiden verwendet wurden.

Teucrium chamaedrys L. ist ein bis 30 cm hohes Sträuchlein mit aufrechten oder ansteigenden Stengeln und immergrünen, bis 2 cm langen, eiförmigen, grobgekerbten Blättern. Die Blüten sind purpurfarben. Sie erscheinen in den Blattachseln im oberen Teil der Triebe. Die Art treibt keine Ausläufer und wächst in der freien Natur – vor allem in Südeuropa – auf sonnigen, trockenen Plätzen vorwiegend auf Kalkgestein. Es gibt auch eine Sorte 'Albiflorum' mit weißen Blüten.

Bewertung, Verwendung, Anzucht: T. chamaedrys wird schon seit dem Ende des 16. Jahrhunderts in den Gärten gehalten und besonders als Einfassung für Beete oder kleine Quartiere verwendet. Man kann es auch in Stein-, Heide- und Gräsergärten setzen und frei wachsen lassen. Als Einfassung wird Teucrium geschnitten, und es läßt sich sehr streng in Form halten. Die Pflanzen sind freilich bei uns nicht völlig winterhart, man muß also gewärtig sein, daß sie in sehr schweren Wintern erfrieren. Aber sie lassen sich leicht ersetzen, denn sie wachsen rascher als Buxbaum, sind auch viel leichter zu vermehren. Ihr Standort soll in voller Sonne liegen, der Boden humusreich, doch nicht fett sein. Nässe im Winter ist gefährlich. Vermehrt wird durch Stecklinge im Laufe des Sommers. Man steckt in Handkästen oder Frühbeete, überwintert darin und pflanzt im nächsten Frühjahr auf Anzuchtbeete. Bis zum Herbst sind die Nachzuchten verkaufsstark, doch sollte man sie entweder spätestens Ende August oder erst im nächsten Frühling an den vorgesehenen Platz versetzen.

Thalíctrum · Wiesenraute
Ranunculaceae   ♃ ○ ◐ ◑ ◑ ♡

Man findet den Namen bereits bei Dioskorides, doch ist unbekannt, welche Pflanze er damit meinte. Es sind meistens ansehnlich werdende Stauden mit mehrfach gefiederten Blättern, und ihre Blüten stehen in einfachen oder zusammengesetzten Trauben oder Rispen oft in großer Menge beisammen. Die Blütenstände ragen weit aus dem Laube hervor. Die Gattung umfaßt gegen 250 Arten, welche in der gemäßigten und subtropischen Zone auftreten, vor allem in Asien, Europa und Nordamerika. Die wenigen in den tropischen Teilen Afrikas und Südamerikas vorkommenden Arten wachsen in mittleren und höheren Lagen der Gebirge, also außerhalb des tropischen Klimas.

Thalictrum aquilegifolium L. hat ihren Artnamen von den Blättern, die stark an das Laub der Aquilegien erinnern. Die Pflanzen werden bis 150 cm hoch, und ihre Blüten erscheinen in teilweise sehr großen, stets dicht gedrängten Trugdolden. Die Blumenblätter sind unscheinbar und fallen auch ziemlich frühzeitig ab, es bleiben aber zahlreiche, zierliche Staubfäden übrig, die man für die eigentliche Blüte hält, was aber ein Irrtum ist. Die Staubfäden sind rosalila bis purpurrosa. Es gibt überdies Exemplare in den Aussaaten, bei denen sie gelb werden. Ferner entstanden Kultivare mit weißen Staubfäden und lebhaft violetten. Bei diesen Pflanzen sind auch die Stengel violett angelaufen. Florzeit ist ab Mitte Mai bis in den Juli hinein.

Thalictrum dipterocarpum Franch. aus Westchina ist eine Staude, welche bei uns nicht sehr alt wird, sich aber an zusagenden Plätzen durch Samenwurf erhält und verbreitet. Die Pflanzen haben eine nur wenig verzweigte, nicht unbedingt gerade Pfahlwurzel; sie treiben zunächst einen lockeren Schopf im Umriß dreieckiger, dreimal 3teiliger Blätter, deren Blättchen rundlich sind, im Grunde eng herzförmig, oberseits hellgrün, unterseits oft blaugrün. Die Stengel werden bis 80 cm hoch, an geeigneten Standorten aber auch bis mannshoch; sie sind locker mit immer kleiner werdenden Blättern besetzt und endigen in einer Hauptrispe und manchmal dazu noch in Nebenrispen. Diese werden im Umriß schmal-pyramidal und bringen locker stehend etwa 1 cm breite Blumen mit rosavioletten Blütenblättern, die nicht abfallen wie bei andern Arten und zudem größer sind als die Staubfäden. Außer der

Stammform gibt es Sorten. 'Album' mit weißen Blumen und hellgrünem Laub und 'Hewitt's Double' mit vollkommen gefüllten Blüten, die sich lange halten. Blütezeit dieser Art und ihrer Formen ist im Juni bis August.

Thalíctrum flávum ssp. **glaūcum** (Desf.) Batt. (syn. T. speciosissimum L.) findet sich in den Pyrenäen bis zur Westschweiz an Plätzen mit frischem Humusboden. Die Pflanzen werden 100 bis 200 cm hoch und sind an allen grünen Teilen blau- oder graugrün überlaufen. Die Blätter sind fünffach oder doppelt gefiedert und die Blättchen eirund mit drei gezahnten Lappen. Die Blumen werden hellgelb und erscheinen in großen Rispen, Florzeit Juni bis August. Die Sorte 'Illuminator' hat mehrköpfige Rispen, und die Blumen werden zitronengelb.

Thalíctrum foētidum L. tritt in Europa auf trockenen Rainen auf, hat einen etwas kriechenden Wurzelstock und aufrechte, sich verzweigende, 30 bis 50 cm hohe Stengel, die meistens drüsig behaart sind, manchmal aber auch kahl. Die Blätter sind 3- bis 4fach gefiedert, und die Blättchen werden gelb und stehen in recht lockeren, sich häufig verzweigenden Rispen. Blütezeit von Juni bis August.

Bewertung, Verwendung, Anzucht: T. aquilegifolium und *T. flavum* ssp. *glaucum* sind anspruchslose Arten für frischen, tiefgründigen Humusboden, sie vertragen Sonne und Halbschatten, dürfen aber nicht heiß stehen. Auf trockenen Böden kommt nur *T. foetidum* fort. Das schöne *T. dipterocarpum* braucht tiefgründigen, durchlässigen, frischen Humusboden, der leicht sauer sein soll, und etwas beschatteten Standort, doch soll der Schatten von hohen Bäumen kommen. Wo sich die Bestände wohl fühlen, werden sie üppig und breiten sich leicht aus. Vermehrt wird durch Teilung und aus Samen. Man säe im Frühjahr aus, lasse die Sämlinge erstarken und setze sie dann auf Anzuchtbeete. Die Pflanzen werden bis zum nächsten Frühling verkaufsstark. Am endgültigen Standort können *T. aquilegifolium, T. flavum* ssp. *glaucum* und *T. foetidum* alt werden, sofern sie zusagende Verhältnisse haben. Die andern Arten sind nicht langlebig, aber leicht in der Anzucht. Sie lassen sich also ohne weiteres ersetzen, wenn sie wegbleiben. Die Blütenstände eignen sich auch zum Blumenschnitt.

Thelespérma · Warzensame
Compositae ☉ ○ ◐ ◐ ✕

Im Namen stecken die griechischen Wörter thele = Brustwarze und sperma = Samen; sie beziehen sich darauf, daß die Samen in ihrer Form an eine Brustwarze erinnern. Es sind kahle Kräuter oder Halbsträucher mit schmalen Blättern, und ihre Blüten ähneln den Körbchen von *Coreopsis*. *Thelesperma* sind aber nicht so hart wie diese. Die Gattung umfaßt 10 Arten und ist in Nordamerika und im außertropischen Südamerika zu Hause. Früher hießen die Pflanzen *Cosmidium*.

Thelespérma burridgeánum (Regel) Blake (syn. Cosmidium burridgeanum Regel) gilt als Hybride, deren Eltern die folgend aufgeführte Art und *Coreopsis tinctoria* sein sollen. Es sind 50 bis 80 cm hohe, aufrechte, reichlich sich verzweigende Kräuter mit einfach fiederteiligen Blättern aus linealisch-pfriemigen Blättchen. Die Blumen erscheinen einzeln auf langen Stielen, werden 4 bis 5 cm breit, die Zungenblüten sind länglich-oval mit drei Zähnchen am oberen Rande, Farbe lebhaft gelb bis orange, am Ansatz braun gefleckt. Die Scheibe ist purpurbraun. Die Bestände blühen von Juli bis Ende August oder etwas darüber hinaus.

Thelespérma trífidum (Poir.) Britt., in seiner Heimat vielfach zweijährig, wird bei uns als Annuelle behandelt. Die Büsche verästeln sich locker und werden 30 bis 70 cm hoch. Sie haben doppelt gefiederte Blätter mit fadenförmigen Zipfeln; an den oberen Partien der Pflanzen sind die Blätter 3- bis 5teilig. Die Blumen werden 3 bis 4 cm breit, haben goldgelbe Zungenblüten und eine braune bis purpurfarbene Scheibe. Der Flor fällt in die Monate Juli bis Anfang September, bei zweijährigen Beständen beginnt er im Mai.

Bewertung, Verwendung, Anzucht: Thelesperma ähnelt *Coreopsis* so sehr, daß man es leicht mit dieser verwechselt. Man kann es für bunte Blumenbeete verwenden, auch lassen sich die Blumen schneiden. Man sät im April in einen halbwarmen oder kalten Kasten und pflanzt später an den vorgesehenen Platz mit 25 cm Abständen. Man kann auch in Ton- oder Torftöpfe pikieren, die Bestände werden dann früher blühen. Man kann aber auch in der ersten Maihälfte an Ort und Stelle säen und muß später ausdünnen. Der Standort soll in voller Sonne liegen, an den Boden stellen die Pflanzen keine Ansprüche, jeder Gartenboden sagt ihnen zu.

Thermópsis · Fuchsbohne
Leguminosae ⚁ ○ ◐ ○

Im Namen stecken die griechischen Wörter thermos = Lupine und opsis = ähnlich aussehend; sie beziehen sich darauf, daß die Pflanzen an Lupinen erinnern, wenn man sie zum ersten Male vor sich hat. Es sind derbe Stauden mit tiefdringenden, zähen Wurzeln, wechselständigen, meistens 3zähligen, gestielten Blättern und end- oder seitenständigen, verschieden langen Trauben. Sie bilden aber nicht so geschlossene Blütenstände wie die Lupinen. Die Gattung umfaßt gegen 20 Arten, welche in Nordamerika, Ostsibirien und im Himalaja zu Hause sind.

Thermópsis fabácea (Pall.) DC. tritt in Nordamerika und Sibirien auf und bildet 40 bis 60 cm hohe Büsche. Sie haben langgestielte, dreizählige Blätter mit blaugrünen, bis 7 cm langen, länglich-eiförmigen, behaarten Blättchen. Die Blüten werden hellgelb, haben

Th

Thermópsis fabáceą   Thunbérgia aláta

eine runde Fahne und stehen in seitenständigen, nicht sehr langen Trauben. Blütezeit ist von Mai/Juni bis Juli.

Bewertung, Verwendung, Anzucht: Die Fuchsbohne ist eine Wildstaude für Gräser-, Heide- und Wildstaudengärten. Sie erreicht nicht entfernt die Schönheit der verwandten Lupinen, ist aber viel lebenskräftiger als diese. Sie kann viele Jahre alt werden. Der Standort muß in voller Sonne liegen; an den Boden stellen die Pflanzen keine Ansprüche, nur Nässe vertragen sie schlecht. Trockenheit dagegen beeinträchtigt die Bestände kaum. Vermehrung ist nur durch Samen möglich, den man sofort nach der Reife oder im Herbst auf ein Saatbeet im Freien säen soll. Er muß durchfrieren, läuft aber auch dann etwas unregelmäßig auf. Später setzt man auf Anzuchtbeete und bald danach an den vorgesehenen Standort. Ältere, selbst stärkere junge Exemplare lassen sich nicht verpflanzen, denn sie wachsen nicht wieder ein.

Thunbérgia · Thunbergie
Acanthaceae ☉ ○ ◐ ◑

Die Pflanzen wurden zu Ehren des schwedischen Botanikers Karl Per Thunberg benannt (1743 bis 1828), der Nachfolger von Linné und Rudbeck auf dem Lehrstuhl für Botanik in Upsala war. Thunbergien sind ein- und mehrjährige Kräuter oder Sträucher, von welchen die meisten einen langwindenden Wuchs haben. Die Blätter sind verschieden geformt, die Blüten werden weiß, gelb, purpurfarben oder blau und erscheinen einzeln oder in Trauben endständig oder in den Blattachseln. Die Gattung umfaßt gegen 100 Arten, welche in Mittel- und Südafrika, auf Madagaskar und in Asien in wärmeren Teilen auftreten. Es gibt eine Reihe von Arten, die sich für Warmhäuser zum Auspflanzen eignen, für die Allgemeinheit aber keinerlei Bedeutung haben.

Thunbérgia aláta Bojer ex Sims aus Südafrika wird 1,5 bis 2 m hoch und ist an allen grünen Teilen weichzottig behaart. Die Blätter sind eiförmig, am Grunde herz- oder pfeilförmig und werden bis 7 cm lang. Die Blüten sind trichterförmig, haben 5 runde, ansehnliche Kronabschnitte und erscheinen einzeln auf langen, achselständigen Stielen. Die Farben schwanken von Weiß über Hellgelb bis Orange. Teils haben die Blüten am Schlundanfang einen kreisrunden schwarzen Fleck, teils fehlt dieser. Blütezeit ist bei zeitiger Aussaat von Juni bis in den Herbst. Deutsch heißt die Art Schwarzäugige Susanne.

Thunbérgia frágrans Roxb. aus Indien wird bei uns etwa 1,5 m hoch, hat lanzettliche, auch dreieckig-eiförmige Blätter, welche bis 7 cm lang und etwa halb so breit werden; am Grunde herzförmig eingezogen und am Rande leicht ausgeschweift sind. Die Blumen erscheinen einzeln oder paarweise in den Blattachseln, werden weiß und duften angenehm. Sie sind bis 5 cm breit und fallen auf. Die Pflanzen blühen im Sommer.

Bewertung, Verwendung, Anzucht: Thunbergien sind reizende, etwas zarte, ziemlich wärmebedürftige Schlinger für Blumenkästen oder Ampeln. Man kann sie auch in tiefe Schalen pflanzen und Stäbe beistecken, die oben zusammenlaufen. Auf diese Weise bekommt man eine Blumenpyramide für Sitzplätze und ähnliche Standorte. Sie müssen aber zugfrei stehen. Der Boden soll leicht alkalisch sein. In kühlen und nassen Sommern mißraten die Pflanzen, denn für das Gedeihen ist – wie bereits erwähnt – viel Wärme nötig. Ferner brauchen die Bestände Gitter, Netze oder Fäden, an denen die Triebe hochklettern können. Man sät im März im Warmhaus in Handkästen oder in ein gepacktes Frühbeet, pikiert dann in Töpfe, pflanzt noch einmal um und setzt schließlich nach Mitte Mai an den vorgesehenen Platz. Man muß schon frühzeitig Stäbe geben, kann auch einmal stutzen, um buschigere Bestände zu erhalten. Wichtig ist, laufend auseinanderzurücken, sonst wachsen die Stengel ineinander. Man kann auch Ende August aussäen und muß dann aber im Kalthaus hell überwintern; solche Posten blühen früher und werden üppiger. Samenbau erfolgt am besten mit Exemplaren aus Spätsommersaat, die zudem unter Glas gehalten werden. Pflanzt man in Reihen, so soll der Abstand 40 bis 50 cm betragen.

Thýmus · Thymian, Quendel
Labiatae ⚄ ○ ◐ ◑ △ ⏐ ♡ ○ ∧

Thymos ist ein altgriechischer Pflanzenname, den man bereits bei Dioskorides und Theophrast finden kann. Wahrscheinlich stammt er aus dem Altägyptischen, wo die zur Leichenwaschung verwendeten Thymus- und Zizyphora-Arten tham hießen. Es sind aromatische Halb- und Kleinsträucher mit kleinen, kreuzweisgegenständigen, drüsig punktierten Blättern und oft von kriechendem, dichte Polster bildendem Wuchs. Sie haben röhrig-glockige Blüten, die in seiten- oder endständigen Scheinwirteln sitzen. Die Gattung umfaßt gegen 50 Arten, doch gehen die Ansichten über den Status einzelner Thymiane auseinander, und manche Autoren kommen auf etwa 35 Arten. Die Gattung ist über ganz Eurasien verbreitet und findet sich von Südgrönland und Kamtschatka bis Äthiopien, Nordafrika und auf den Kanarischen Inseln. *T. vulgaris* war bis weit ins Mittelalter hinein eine wichtige Heilpflanze, sie ist es noch. Ihr wirksamster Stoff ist das Thymol. Es wirkt bakterizid und hilft bei Keuchhusten, Verschleimungen, infektiösen Erkrankungen des Verdauungsapparates und auch der Lunge, des Nierenbeckens und der Blase. Ferner wird Thymol Einreibepräparaten zugesetzt. Man stellt es auch synthetisch her. Erwähnt sei schließlich, daß die getrockneten und gerebelten Blätter als Gewürze zu Fleischspeisen und Würsten genommen werden. Die Nomenklatur ist sehr verworren, die vollständige Bearbeitung der Gattung steht noch aus; Teilergebnisse widersprechen sich nicht selten.

Thýmus × citriodórus (Pers.) Schreb. ist ein in der freien Natur entstandener Bastard, dessen Eltern *T. pulegioídes* und *T. vulgaris* sein dürften. Er bildet bis 25 cm hohe, reichlich sich verästelnde Zwergsträucher und duftet lebhaft nach Zitrone. Die Pflanzen haben dünne, aufrechte, holzige Stengel, 5 bis 8 mm lange, eirunde, kahle oder schwach behaarte Blättchen und blühen in Scheinähren, die sich während des Flors strecken. Die Blümchen werden lichtrosa, sie erscheinen im Juli/August. Es gibt eine Reihe Sorten mit buntem Laub, wie 'Argenteus' mit weißgerandeten Blättern, hierher gehört auch die Sorte 'Silver Queen' – Blätter tiefer grün, der Saum glitzernd weiß; 'Aureus' – Blätter gelbbunt gerandet, und 'Golden Duwarsky' – lebhafter gelbbunt, Blüten zartlila, die Büsche werden nur bis 15 cm hoch.

Thýmus doerfleri Ronn. aus Albanien und Jugoslawien bildet bis 5 cm hohe Teppiche mit langen, sich vielfach verzweigenden Trieben und ist an allen Teilen schwach behaart, so daß die Pflanzen graugrün aussehen. Die Blüten erscheinen in kugeligen Scheinähren, die gut aus dem Laube herausragen. Sie werden rosa, und die Florzeit ist im Mai/Juni. Die Sorten 'Chintz' und 'Bressingham Seedling' wachsen etwas kräftiger, werden bis 8 cm hoch und blühen sehr reich mit leuchtend rosa Blümchen.

Thýmus praécox Opiz var. **pseudolanuginósus** Ronniger et Jalas (syn. *T. lanuginosus* hort. non Mill.) bildet weit sich ausbreitende Teppiche und ist so reichlich behaart, daß die Pflanzen silbergrau aussehen. Sie werden bis 5 cm hoch, haben bis 5 mm lange, ovale Blättchen und blühen nur spärlich. Die Blümchen sind hellrosa und erscheinen im Juni.

Thýmus serpýllum L., der Feldthymian oder Quendel, wächst in ganz Europa und darüber hinaus in Nordchina und Sibirien, am Himalaja, wo die Pflanzen bis 4500 m steigen, in Grönland und in verschiedenen Teilen Nordamerikas auf trockenen Plätzen. Der Boden kann kalkhaltig und auch sauer sein, das ist ohne Bedeutung. Die Art bildet dichte Polster. Ihre Blätter sind klein, behaart und werden fast rund, aber auch linealisch. Sie sind dunkelgrün, zuweilen mit einem Anflug von Grau. Die Blüten stehen in kopfigen Ähren, die ziemlich lang sein können, und werden hellbis purpurrosa oder weiß. Die Art umfaßt infolge ihres riesigen Verbreitungsareals zahlreiche Varietäten, welche sich schwer unterscheiden lassen und je nach der Herkunft bei uns völlig winterhart oder empfindlich sind. Es gibt folgende Gartensorten: 'Albus' – weiß blühend; 'Carneus' – rosa; 'Coccineus' – karminrosa; 'Purpurteppich' – leuchtend weinrote Blüten (geht auch als Sorte von *T. rotundifolius*). Sofern sie von in Mitteleuropa wild wachsenden Vorkommen stammen, sind sie alle winterhart; wachsen die Eltern in südlicher liegenden Gebieten, ist ihre Winterhärte geringer. Die Pflanzen blühen von Juni bis August.

Thýmus villósus L. aus Portugal bildet bis 8 cm hohe, sich weit ausdehnende Polster. Die Blättchen sind linealisch und wie die Stengel grau behaart. Die Blütchen erscheinen in eiförmigen Ährchen, welche zwischen den Blümchen weich behaarte Blätter aufweisen; Blütenfarbe Karmin, aber hier nur wenig blühend. Die Polster sind graugrün.

Thýmus vulgáris L. ist ein kleiner, stark duftender Halbstrauch, der im Süden unsres Erdteils in Macchien und Felsenheiden auftritt. Die Büsche verzweigen sich vielfach, haben 5 bis 15 mm lange, etwa eirunde, am Rande eingerollte Blätter, die oben kahl, unterseits dicht befilzt sind. Die Blumen werden hellviolett bis beinahe weiß und sitzen in blattachsel- oder endständigen Quirlen oder in kleinen Ähren. Blütezeit ist von Juni bis September. Außer der Art gibt es eine Sorte 'Compactus', die ganz gedrungen wächst, und eine Sorte 'Golden Dwarf' mit gelblichem Laub.

Bewertung, Verwendung, Anzucht: *T. × citriodórus* und *T. vulgaris* sind bei uns nicht todsicher winterhart, aber selbst bei sehr hartem und langem Frost bleiben Exemplare, die geschützt stehen und sich eingewöhnt haben, übrig. *T. serpýllum* und *T. villósus* dagegen sind, sofern die Formen und Sorten von hiesigen Vorkommen abstammen, absolut winterhart. Alle wünschen einen sonnigen Standort, sandige, etwas magere Erde und wollen trocken stehen. Ist die Erde zu nährstoffreich und der Standort nicht trocken genug, werden die Polster zu üppig und gehen eher zugrunde als auf geringeren Böden. *T. praecox* var. *pseudolanuginósus* und *T. villósus* sind kräftige Wachser und überziehen nicht nur Felsen, sondern auch alle zarten Gewächse, auf die sie treffen... also Vorsicht! Die beiden Arten eignen sich auch nicht gut als Überpflanzung für Zwiebelgewächse, da sie zu dichte Polster bilden, die zu wenig Niederschläge und Nährstoffe bis zu den Zwiebeln gelangen lassen. *T. serpyllum* ist als Decke über Blumenzwiebeln geeigneter. Die polsterbildenden Arten werden als Bodendecke und Rasenersatz genommen, sie passen ferner in und auf Trockenmauern und in Alpina.

Ti

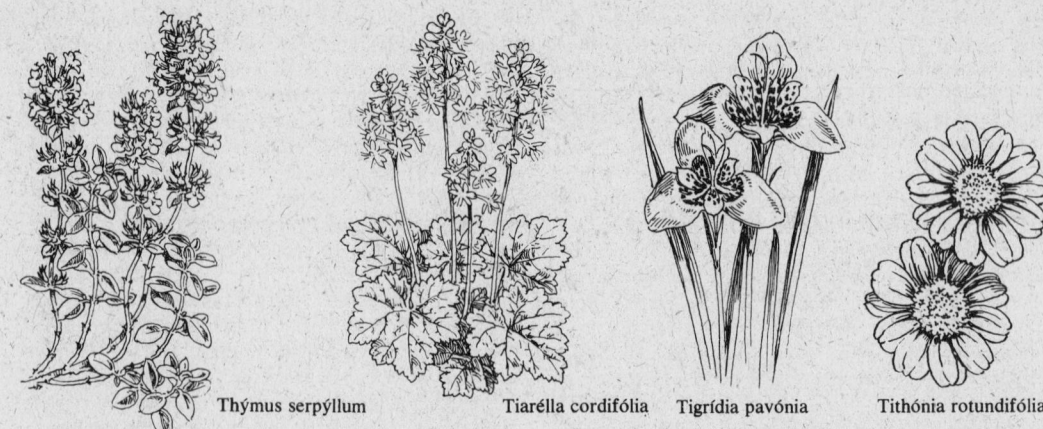

Thýmus serpýllum   Tiarélla cordifólia   Tigrídia pavónia   Tithónia rotundifólia

Nimmt man sie für große Flächen als Bodendecke, so muß man von vornherein die Möglichkeit von Verunkrautung einrechnen oder diese zu vermindern trachten. Das Ausjäten oder Ausstechen der Unkräuter ist unerläßlich und kostet viel Handarbeit! Auch muß die Fläche vor dem Bepflanzen von allen schlummernden Unkrautsamen befreit werden. In die Teppiche lassen sich zahlreiche Stauden oder Zwergsträucher einfügen, die wie *Thymus* sonnig und trocken stehen wollen und keinen nährstoffreichen Boden brauchen. Vermehrt wird durch Teilung, die strauchigen Arten hält man gern in Töpfen. Geeignete Zeiten für das Teilen sind Frühjahr und Sommer bis etwa Mitte Juli. *T. vulgaris* läßt sich auch aus Samen heranziehen. Man säe im April in ein halbwarmes Frühbeet oder in Handkästen, pikiere und setze nach Mitte Mai an den vorgesehenen Platz.

Tiarélla · Schaumblüte
Saxifragaceae   ♃ ◐ ● ◑ ♡

Im Namen steckt das lateinische Wort tiara = Papstkrone, tiarella ist seine Verkleinerungsform; es bezieht sich auf die Form der Blüten. *Tiarella* sind aufrecht wachsende Stauden, deren auf langen Stielen sitzende, handförmig gelappte oder geteilte Blätter grundständige Rosetten bilden. Ihre Blumen bleiben klein, sind weiß oder rosa angehaucht und stehen in einfachen oder aus Wickeln zusammengesetzten Trauben. Die Gattung umfaßt gegen 7 Arten, welche in Nordamerika und Ostasien auftreten.
Tiarélla cordifólia L. wächst im Westteil Nordamerikas in lichten Wäldern, hat einen kriechenden Erdstamm und herzförmige, oft fünflappige, etwas eckig wirkende, leicht behaarte Blätter. Die Blüten erscheinen auf dünnen Schäften in sehr vielblumigen Trauben, Florzeit Mai/Juni. Die Pflanzen werden gegen 20 cm hoch und breiten sich durch Ausläufer aus. Seit 1731 in Kultur.
Tiarélla whérryi Lakela stammt aus dem Südosten der Vereinigten Staaten; E. T. Wherry (geb. 1904) war Prof. der Botanik in Philadelphia. Sie bildet keine Ausläufer, hat ei- bis herzförmige, dreilappige Blätter, welche sich im Herbst rötlich färben. Die Blütenschäfte sind 20 bis 35 cm hoch und bringen zahlreiche weiße oder rosa angehauchte, kleine Blümchen, die in einfachen, aber vielfach sehr dichten Trauben erscheinen. Schwach duftend.
Bewertung, Verwendung, Anzucht: Tiarella sind sehr brauchbare und durch die zierlichen Blütenstände anmutig wirkende Gewächse für absonnige bis schattige Plätze. *T. cordifolia* vermag mit der Zeit große Flächen zu bedecken, da sie Ausläufer treibt. Sie wünscht tiefgründigen, humusreichen, frischen Boden... an trockenen Stellen kümmert sie. *T. wherryi* dagegen verträgt etwas Trockenheit! Das ist ein großer Vorzug, dem freilich als Nachteil gegenübersteht, daß die Art sich nicht von selbst ausdehnt. Vermehrt wird durch Teilung, durch Ausläufer und durch Samen, den man aber selbst ernten muß, Anzucht nur an absonnigen Plätzen. Sie dauert aus Samen länger, ist aber viel ergiebiger. Man kultiviert gern in Töpfen. Am endgültigen Standort können die Bestände viele Jahre verbleiben, es ist nur nötig, alle paar Jahre den Standplatz mit Düngetorf zu überziehen, damit frische Nährstoffe in den Boden gelangen.

Tigrídia · Tigerblume, Pfauenlilie
Iridaceae   △ ○ ◑ ● ∧

Im Namen steckt das lateinische Wort tigris = Tiger; es bezieht sich auf das tigerartige Muster in der Höhlung der Blumen, *Tigridia* sind Zwiebelgewächse mit schuppigen Zwiebeln. Sie haben wenige grundständige und 2 bis 3 stengelumfassende, schmale bis schwertförmige Blätter. Die Pflanzen bringen auffällige Blüten, die einzeln oder zu wenigen an end- oder achselständigen Blütenschäften erscheinen. Die Gattung umfaßt gegen 12 Arten, welche in Mittelamerika, Chile und Peru auftreten. Die für uns allein wichtige *T. pavónia* wurde bereits im 16. Jahrhundert nach Europa gebracht, und die Pflanzen sind sowohl von Francisco Hernandez als auch von de l'Obel geschildert worden. Die Azteken kultivierten sie seit langem und nannten das Gewächs Ocolóxochitl. Die Wurzeln sollen als Mittel gegen Fieber und Darmbeschwerden verwendet worden sein. An feuchten Plätzen treten Pfauenlilien in Mexiko oft in riesigen Mengen auf; einzelne Reisende hielten sie von ferne für Kolonien unbekannter Tulpenarten.

Tigrídia pavónia (L. f.) Ker-Gawl. ist die einzige Art, welche hier als Gartenpflanze Bedeutung erlangt hat. Sie wird 25 bis 45 cm hoch, die schuppigen, eiförmigen Zwiebeln bringen nur wenige, bis 3 cm breite, schwertförmige Blätter, und die Blüten stehen einzeln oder bis zu 4 am Schaft und blühen nacheinander auf, doch hält sich jede nur einen Tag. Sie öffnen sich am Vormittag, und am Spätnachmittag ist ihre Schönheit bereits vorbei. Die Blumen werden 10 bis 15 cm breit, sie sind schalenförmig mit einer Art Mulde im Grunde, und die 3 äußeren Blütenblätter (genau Blütenhüllblätter) werden sehr groß. Sie sind bis zum oberen Rand der Schale auf hellem Grunde gelb oder purpurfarben getigert und von da ab verschieden getönt: rosa, gelb, weiß, creme, purpurrot. Auch glänzen die Abschnitte, als seien sie lackiert. Die Zwiebeln blühen nicht alle zur gleichen Zeit, insgesamt kann der Flor von Mitte Juli bis Ende August und noch darüber hinaus anhalten. Es entstanden eine große Zahl von Sorten, vielfach pflanzt man jedoch Mischungen von Sämlingen. Die Zwiebeln sind bei uns nicht winterhart.

Bewertung, Verwendung, Anzucht: Die Blumen sind ein farbliches Kleinod und leuchten weithin. Es ist schade, daß sie so rasch vergehen. Man begegnet diesem Nachteil, indem man stets Horste von Tigridia legt. Sie sollen im April/Mai etwa 8 bis 10 cm tief in die Erde kommen, Abstand 10 bis 12 cm. Der Boden muß nahrhaft und durchlässig, der Standort warm sein und geschützt liegen. Bei Trockenheit wässere man. Im Laufe des Oktobers holt man die Zwiebeln aus der Erde, läßt sie zunächst gut abtrocknen, putzt sie dann und gibt sie in Kästen, in welchen sie – in trockenen Sand gebettet – frostfrei und luftig überwintert werden. Im Garten ist ihr Platz das bunte Blumenbeet, die Krone von Trockenmauern, selbst in den Gräsergarten passen sie. Vermehrt wird durch Aufzucht der Brutzwiebeln und aus Samen. Die Brutzwiebeln und auch die Sämlinge blühen bestimmt im 2. Jahre, manchmal bereits im ersten. Man sät im Frühling in Schalen oder auf geschützte Saatbeete. Man kann auch in ein kaltes Frühbeet säen, pikiert später in ein solches und kommt so am raschesten zu Beständen. Die heranwachsenden Sämlinge sollten mehrmals gedüngt werden, aber nur bis etwa Mitte August. Zusammengefaßt kann man sagen, daß die Anzucht keine große Arbeit macht und nicht mit Schwierigkeiten verknüpft ist.

Tithónia · Tithonie
Compositae ☉ ○ ◐ ◑

Die Pflanzen wurden nach dem Troerkönig Tithonos genannt, einem Geliebten der Göttin der Morgenröte Eos; ihrer Verbindung entstammt der berühmte Äthiopierkönig Memnon. Tithonien sind stattliche, einjährige Kräuter. Sie haben verschieden geformte Blätter und ansehnliche Blüten mit großer gelber Mittelscheibe und breiten Zungenblüten, die gelb oder rot werden. Die Gattung umfaßt gegen 10 Arten, welche in Mittelamerika und auf den Antillen auftreten.

Tithónia rotundifólia (Mill.) S. F. Blake (syn. T. speciosa [Hook.] Griseb.) aus Mexiko wird bei uns 100 bis 150 cm, in der Heimat bis 3 m hoch. Die Pflanzen sind leicht behaart, die Stengel manchmal dunkelrot überlaufen. Die Blätter werden bis 30 cm lang, sitzen auf Stielen, deren Länge bis 10 cm beträgt, und sind herzförmig, dreilappig oder auch ganz, am Rande gekerbt, oberseits rauh, unterseits seidig behaart. Die Blütenköpfe sitzen auf langen Stielen und werden 5 bis 8 cm, gelegentlich auch 10 cm breit. Sie haben eine breite goldgelbe Scheibe, und die Zungenblüten am Rande sind scharlachrot, auf der Rückseite orange; gehandelt wird die Sorte 'Fackel', orange. Die Pflanzen blühen bei uns ab Ende Juli oder Mitte August bis in den Herbst hinein, aber nicht sehr reich.

Bewertung, Verwendung, Anzucht: Die Blumen erinnern an einfache Dahlien, sind jedoch nicht so haltbar, haben auch weniger Substanz; ferner blühen Tithonien nicht reichlich. An den Pflanzen überwiegt das Grün der Laubmasse auch zur Zeit des Flors. Dennoch sollten die Pflanzen häufiger verwendet werden, als dies geschieht. Sie eignen sich sehr gut als Einsprengsel in Sommerblumenbeete, wo sie durch ihr Grün und ihre Tracht Abwechslung und Gegensätze schaffen können. Der Standort soll warm sein und in voller Sonne liegen, der Boden nahrhaft. Feuchter Standort ist abträglich. Man sät im April in einen halbwarmen Kasten und pflanzt nach Mitte Mai an den vorgesehenen Platz mit 30 bis 50 cm Abstand. Man kann auch im März im Gewächshaus aussäen und pikiert in Torf- oder 8-cm-Tontöpfe; die Bestände werden stattlicher und blühen etwas früher. Die Blumen lassen sich schneiden, sie wirken eleganter als einfache Dahlien.

Tolmíea · Tolmiea
Saxifragaceae ♃ ◐ ● ◑ ♡

Benannt wurde diese Gattung, zu der nur eine einzige Art gehört, von Dr. John Torrey und Asa Gray, zwei bedeutende Botaniker, die in den Jahren 1838 bis 1843 gemeinsam eine Flora von Nordamerika herausbrachten. Mit dem Gattungsnamen ehrten sie Dr. William Fraser Tolmie (gest. 1886), der 1832 als Chirurg in der damals Kanada beherrschenden Hudson's Bay Company in Fort Vancouver an der Pazifikküste tätig war und dort Pflanzen sammelte. Der Artname erinnert an Archibald Menzies (1754–1824), Botaniker und Schiffsarzt, der Kapitän George Vancouver auf dessen Reise zur Erforschung der Nordwestküste Amerikas (1790 bis 1795) begleitete. Frederick Traugott Pursh (1774–1820) hat die Art benannt, er ordnete sie aber

To

Tólpis barbáta

zur Gattung *Tiarella*, nannte sie also Tiarella menziesii Pursh. Der Gärtner und Botaniker Pursh hieß ursprünglich Friedrich Pursch und stammte aus Großenhain im damaligen Königreich Sachsen. Er sammelte von 1799 bis 1811 in englischem Auftrag Pflanzen in Nordamerika, lebte seit 1808 ständig dort und gab 1814 eine „Flora Americae Septentrionalis", die erste Flora des nördlichen Amerikas, heraus. Art- und Gattungsname sowie die Namen der drei Autoren erinnern also an Pionierleistungen bei der Erforschung der Natur des nordamerikanischen Westens.

Tolmíea menziésii (Pursh) Torr. et A. Gray gehört zur Bodenflora feuchtkühler Misch- und Koniferenwälder in dem Küstengebirge, das sich von Nordkalifornien bis Alaska am Pazifik hinzieht, und kommt dort als immergrüne Staude bis in 2000 m Höhe vor. Sie ist mit *Tiarella* nahe verwandt, hat wie *T. cordifolia* einen kriechenden Wurzelstock und ähnliches Laub: anfangs rundlich, später herzförmig, gelappt, Mittellappen länger als die übrigen, beiderseits behaart, Rand unregelmäßig doppelt gesägt, etwa 10 cm breit, 15 cm lang, Blattstiel bis 20 cm lang. Wo dieser in die Spreite übergeht, befindet sich eine Adventivknospe (f. **gemmífera** Engl.), aus der sich im Laufe der Vegetationszeit eine Jungpflanze entwickelt, welche zunächst als ein helles Blättchen, bald aber als frischgrüne Blattrosette dem dunkleren Mutter- oder Brutblatt aufsitzt und Wurzeln schlägt, wenn dieses infolge der Last der jungen Pflanze zu Boden sinkt und der Erde aufliegt. So entsteht um jede freistehende Pflanze bald ein Kranz von Jungpflanzen. Dieses eigentümliche Bild vegetativer Vermehrung hat zu Bezeichungen Anlaß gegeben wie „Mutter und Kind", „Kind auf Mutters Schoß", „Henne und Kücken", „Hukkepack", „Youth-on-age", „Thousand Mothers". Die Blütentriebe werden bis 30 cm hoch und sind mit schmalen Blättern wechselständig besetzt, die Blüten selbst stehen nickend in lockeren einseitswendigen Trauben. Die Kronenblätter sind fadenförmig und so weit zurückgeschlagen, daß die 3 roten Antheren frei herausragen, dennoch ist das Grünbraun der Blüten ohne Schmuckwirkung; Blütezeit Mai/Juni.

Bewertung, Verwendung, Anzucht: Tolmiea sind wintergrüne Wildstauden für halbschattige und schattige Plätze in Naturgärten und Parken mit humosem, lockerem Boden, in welchem sie aber nicht tief wurzeln. Sie lieben eine feuchte Atmosphäre, überdauern aber auch Trockenperioden. Die Pflanzen vermehren sich bei uns vegetativ und breiten sich den Boden deckend aus, wuchern aber nicht. Die winterliche Schneelast drückt die Blätter zu Boden, so daß die Adventivknospen und Jungpflanzen, die in allen Entwicklungsstadien überwintern, mit der Erwärmung des Erdreichs im Frühjahr leicht Wurzeln schlagen können. Die Jungpflanzenbildung wird auch durch mäßiges Überstreuen des Bestandes mit Komposterde gefördert. Man kann Pflanzen auch in Töpfen oder Schalen unter Glas oder am Fenster überwintern, muß sie aber kühl halten; ihrer eigentümlichen Vermehrung wegen werden sie von Pflanzenfreunden gern am Zimmerfenster gehalten. Goethe wäre der Tolmiea — wenn er sie gekannt hätte — gewiß „leidenschaftlich zugetan" gewesen und hätte in ihr ebenso wie in seinem Bryophyllum calycinum „ein hübsches Bild und Gleichnis", ein Symbol des Lebens gesehen.

Tólpis · Tolpis
Compositae   ☉ ○ ◐ ◉

Der Name Tolpis stammt von Michel Adanson (1727–1806), französischer Botaniker, und hat vermutlich keine besondere Bedeutung, wie die meisten von Adanson gebildeten Namen. Vielleicht ging Adanson von *Crepis* aus, dem Namen einer nahe verwandten Gattung; *Crepis* ist schon bei Theophrastos Pflanzenname. Die Pflanzen werden aufrechte oder aufstrebend wachsende, ein- oder mehrjährige Kräuter mit sich verzweigenden Stengeln und länglichen Blättern. Die Blüten haben eine dunkle Scheibe und gelbe oder weiße Zungenblüten. Die Gattung umfaßt gegen 18 Arten, welche im Mittelmeergebiet auftreten und sich bis auf die Kanarischen Inseln und Azoren ausgebreitet haben.

Tólpis barbáta (L.) Gaertn. (syn. Crepis barbata L.) tritt in Südeuropa und Nordafrika auf und bildet aufrechte, bis 75 cm hohe, weiche, behaarte Büsche mit ästigen Stengeln. Die Blätter sind unten länglich-spatelförmig, am Rande gezähnt oder buchtiggezähnt, oben an der Pflanze werden sie linealisch, und meistens ist der Rand glatt. Die Blütenköpfe sind von sparrig abstehenden Hochblättern umgeben, die Blumen werden gegen 5 cm breit und sitzen endständig auf dünnen Stielen. Um die kleine braune, manchmal auch gelbe Scheibe steht ein geschlossener Kranz hellgelber Strahlenblüten... entfernt erinnern sie an *Coreopsis*. Der Flor beginnt im Juli und zieht sich meistens bis weit in den September hin.

Bewertung, Verwendung, Anzucht: Es sind hübsche, reich blühende Annuelle für bunte Beete. Man kann sie auch in Massen pflanzen und mit abweichend gefärbten Sommerblumen einfassen. Sie wirken wie Wildpflanzen und sollten häufiger verwendet werden. Zu rühmen ist die Anspruchslosigkeit. Jeder normale

Gartenboden sagt ihnen zu; er sollte vor der Bestellung gekalkt werden. Nässe vertragen die Pflanzen nicht, volle Sonne und Wärme tun ihnen gut. Man sät im April in Reihen an Ort und Stelle und dünnt auf 20 bis 25 cm Abstände aus. Auch in kleine Töpfe kann man säen und aus diesen auspflanzen. Ferner kann man in große Schalen säen, dünnt dann etwas aus und läßt wachsen, wie es den Pflanzen gefällt, sie werden am Rande hängen.

Tradescantia-Andersoniana-Hybride

Trachystémon · Rauhling
Boraginaceae ♃ ◐ ◔

Im Namen stecken die griechischen Wörter trachys = rauh und stemon = Staubfaden; sie beziehen sich auf die Staubfäden, die eine rauhe Oberfläche haben. Trachystemon sind aufrechte, sich reichlich verzweigende Stauden mit fleischigem Wurzelstock. Sie treiben Ausläufer, haben große, langgestielte, grundständige Blätter und blühen in reichblütigen Trugdolden mit weißen, rosa oder blauen, röhrigglockigen Blumen, deren Kronzipfel etwas zurückgerollt sind. Die Gattung ist 2 Arten stark und tritt in Südosteuropa und Kleinasien auf.

Trachystémon orientális (L.) G. Don (syn. Borago orientalis L.) wird bis 40 cm hoch, hat große, herzförmige, striegelhaarig-behaarte Blätter, die auf langen Stielen sitzen. Die Blüten werden himmel- bis purpurblau, ihre Farbe wechselt von Hell nach Dunkel. Die Blumen stehen in vielblütigen, lockeren Rispen, Florzeit ist das Frühjahr.

Bewertung, Verwendung, Anzucht: Der Rauhling eignet sich als Unter- und Zwischenpflanzung für Laubholzpartien und lockere Haine. Er bedeckt dort den Boden und wirkt im Frühling durch die Menge der blauen Blumen. Er braucht aber tiefgründigen, frischen Boden und verträgt sogar größere Nässe. An trockenen Standorten würde er versagen. Man kann leicht durch Teilung vermehren. Die Anzuchten werden innerhalb eines Sommers verkaufsstark. Am endgültigen Platz können die Bestände viele Jahre bleiben, ohne daß man etwas anderes zu tun braucht, als alle paar Winter den Standort mit Düngetorf zu überziehen.

Tradescántia · Dreimasterblume
Commelinaceae ♃ ○ ◐ ◔ ≈

Die Gattung wurde zur Erinnerung an J. Tradescant benannt, einen erfolgreichen englischen Gärtner, der 1638 verstarb. Dreimasterblumen sind aufrecht oder niederliegend wachsende Stauden mit kleinen oder großen Blüten. Diese stehen in dichten Blütensträußen beisammen, welche von Hochblättern umgeben sind. Die Gattung umfaßt gegen 30 Arten; sie stammen aus dem tropischen und gemäßigten Nordamerika. Einzelne Arten sind beliebte Zimmerpflanzen mit grünen oder bunten Blättern.

Tradescantia-Andersoniana-Hybriden ist der jetzt übliche Name für die früher im Gartenbau als *T. virginiana* gehenden Pflanzen. Sie sind allesamt durch Kreuzungen mehrerer Arten entstanden, während die von Linné beschriebene Art nicht mehr in Kultur ist. Sie werden 30 bis 80 cm hohe, mit den Jahren sehr breite Stauden mit schilfartigem Laub, dessen Blätter in der Mitte gefaltet sind, und blühen in endständigen Büscheltrauben, Florzeit von Juni bis zuweilen in den September hinein. Man verwendet heute Sorten wie 'BS-Eva' – weiß, 'Bärbel' – hellblau, 'Rosi' – rosa, 'Karin' – karminrot, 'BS-Marianne' – dunkelviolett.

Bewertung, Verwendung, Anzucht: Es sind zäh ausdauernde, ziemlich anspruchslose Stauden, die frischen Boden brauchen und selbst etwas feuchte Standorte vertragen. Sie werden dann üppig, bleiben lange grün und blühen unermüdlich. Stehen sie zu trocken und heiß, bekommen die Büsche bald vergilbendes Laub. Dann sehen sie ärmlich aus, und der Flor ist kurz und kann niemanden befriedigen. Aber auch an günstigen Standorten überwiegt farblich das Grün der Blattmassen, und die Blumen werden nach der ziemlich kurzen Blüte der einzelnen Blumen grau, was den Eindruck stören kann... erst bei stattlichen Exemplaren tritt dieser Fehler zurück. Dreimasterblumen eignen sich für bunte Rabatten und wirken an Rändern von Wasserbecken und Rinnsalen besonders gut. Sie vertragen auch Halbschatten. Geeignete Nachbarn sind *Trollius chinensis*, *Hemerocallis*, die zur gleichen Zeit blühen, *Lythrum*, *Cimicifuga*, *Hosta* mit bunten Blättern. Die Tradeskantien können viele Jahre an ihrem Platz bleiben. Mit der Zeit werden sie meterbreit. Vermehrt wird durch Teilung im Frühjahr, die man jedoch nicht zu lange hinausschieben darf, denn die Pflanzen vertragen es schlecht, wenn man ihnen zu viel Laub nimmt. Die heranwachsenden Bestände möchten öfter gewässert werden. An den endgültigen Standort setze man im Frühling oder sehr zeitig im Herbst; zu spätes Pflanzen führt oft zu Verlusten.

Tricýrtis · Krötenlilie
Liliaceae ♃ ◐ ● ◔

Im Namen stecken die griechischen Wörter treis, tria = drei und kyrtos = höckerig; sie beziehen sich auf die

Tricýrtis macrópoda   Tríllium grandiflórum   Tríllium séssile

drei sackartigen Ausbuchtungen der Blütenblätter des äußeren Hüllblattkreises, in ihnen sitzen die Honigdrüsen. Krötenlilien sind Stauden mit einem kurzen, wenig kriechenden Erdstamm, aufrechten beblätterten Stengeln und eirunden bis länglichen, sitzenden oder stengelumfassenden Blättern und end- oder achselständigen großen, innen oft getigerten Blüten. Die Gattung umfaßt gegen 10 Arten, die in Ostasien auftreten.

Tricýrtis hírta (Thunb.) Hook. aus Japan wächst in Wäldern, die nicht zu schattig sind. Die Stengel werden 50 bis 100 cm hoch und höher und sind dicht abstehend-behaart. Die Blätter sitzen wechselständig, werden lanzettlich, sind regelmäßig blasig genervt. Die Blüten sitzen in endständigen oder achselständigen Trauben zu 6 bis 15 beisammen. Sie sind gegen 3 cm breit, Blütenfarbe weiß oder weißlich-lila, purpur-, violett- oder bräunlich getigert oder gefleckt, stellenweise auch etwas geflammt. Sie blühen von oben nach unten auf, Florzeit ist im Spätsommer bis Herbst.

Tricýrtis macrópoda Miq. ist in China und Japan beheimatet und wird 40 bis 100 cm hoch. Die Blätter sind länglichoval und laufen in eine lange Spitze aus. Die Blüten werden gegen 2 cm breit, bilden anfangs fast eine Glocke, breiten sich aber später weit aus. Sie sind gelb und weisen zahlreiche sehr feine braune bis purpurfarbene Punkte auf, die auf den drei inneren Perianthblättern zuweilen zu größeren Flecken zusammenlaufen. Blütezeit ist der Frühherbst.

Bewertung, Verwendung, Anzucht: Tricyrtis sind wegen ihrer eigenartigen, ein wenig an Tigerlilien und einzelne Orchideenblüten erinnernden Blumen interessante Gewächse. Freilich fallen die Blüten nicht sehr auf, man muß sich schon nach ihnen bücken! Die Pflanzen wünschen geschützten, absonnigen bis schattigen Standort und tiefgründigen, humusreichen Boden, der aber nicht zu leicht sein darf... also aus Lauberde, Torfmull, Sand und Rasenerde bestehen muß. Natürlich soll der Boden auch frisch sein. Die Pflanzen passen also als Unterwuchs unter Bäume. Einmal angesiedelt, können sie viele Jahre alt werden, und man hat nichts weiter zu tun, als den Platz von Zeit zu Zeit mit gedüngtem Torf zu überziehen. Vermehrt wird durch Kopfstecklinge im Frühjahr; damit man mehr schneiden kann, entspitze man den Trieb, sobald er etwa 10 cm hoch geworden ist. Die bewurzelten Stecklinge sollte man in Töpfen weiterkultivieren, sie werden bis zum nächsten Frühjahr verkaufsstark. Auch aus Samen, den man selbst sammeln muß, kann man vermehren. Aussaat noch im Herbst. Die Sämlinge blühen meistens im 2. Jahre nach der Aussaat.

Trifólium · Klee
Leguminosae 2 ○ ◐ ◑ ▮ ♡ ○

Im Namen stecken die lateinischen Wörter tres, tria = drei und folium = Blatt; sie beziehen sich auf die 3zähligen Laubblätter. Es sind ein- oder mehrjährige Kräuter, die aufrecht oder niederliegend-aufstrebend wachsen, und ihre Blüten, die klein bleiben, erscheinen in end- oder achselständigen Trauben, Köpfchen oder Dolden. Die Blüten enthalten reichlich Honig; viele Kleearten sind wertvolle Futterpflanzen. Die Gattung umfaßt gegen 300 Arten, die fast in der ganzen Welt in Gebieten mit gemäßigtem und auch subtropischem Klima auftreten. Gartenwert hat nur

Trifólium répens L. 'Purpureum'. Der Rotblättrige Weißklee ist eine Staude mit oft 50 cm langen, am Boden hinkriechenden Stengeln. Die Art hat sehr viele Varietäten gebildet, die konstant bleiben. Die oben aufgeführte bekommt 4 Blättchen, jedes mit einem braunen Fleck, manchmal sind die Blätter völlig braun, die Blütenköpfe weiß. Die Pflanzen werden etwa 10 cm hoch.

Bewertung, Verwendung, Anzucht: Der Rotblättrige Weißklee ist eine bodendeckende Pflanze, welche sonnig und trocken stehen kann. Man nimmt sie zu Einfassungen und als Bodendecke für Hänge und Böschungen. Man kann sie in kleinen und auch in großen Flächen anpflanzen und in die breiten Teppiche die verschiedensten Gräser oder Stauden einstreuen, deren Ansprüche ähnlich sind... etwa *Salvia* × *superba*, *Genista*, *Campanula rapunculoides*,

Tróllius chinénsis

Stachys und weitere. Einmal gepflanzt, halten die Bestände viele Jahre aus. Vermehrt wird durch die Ausläufer. Man pikiert sie in kleine Töpfe und zieht sie darin heran. Die Aufzucht dauert nur 3 bis 4 Monate.

Tríllium · Dreiblatt, Waldlilie
Liliaceae ♃ ◐ ● ◓ ✗ ∧

Im Namen steckt das lateinische Wort trilix = dreifädig; es bezieht sich darauf, daß fast alle Teile der Pflanzen zu dreien vorhanden sind: drei Blätter, drei große Blütenblätter, die Frucht oft dreirippig. Es sind Stauden mit einem knolligen, kurzen, etwas kriechenden Wurzelstock, der auch in den Boden hineinwächst, und einfachen aufrechten Stengeln, die drei quirlig angeordnete, sitzende oder gestielte, meistens große Blätter bringen. Diesen folgen die sitzenden oder gestielten Blüten mit den drei auffälligen inneren Perigonabschnitten. Die Blüten werden weiß, rotbraun, violett, trübgelb und selbst grün. Die Gattung umfaßt gegen 30 Arten und ist in Nordamerika und Asien außerhalb der tropischen Teile verbreitet. Alle Arten blühen im Frühling.

Tríllium catesbáëi Elliott (syn. *T. stylosum* Nutt.) aus Nordamerika (USA) wird bis 50 cm hoch, die Blätter sind länglich-eiförmig und an beiden Enden verschmälert. Die Pflanzen bringen etwa 8 cm breite, ansehnliche Blüten, die leicht nicken und rosarot werden.

Tríllium eréctum L. aus dem Osten Nordamerikas wird 30 bis 40 cm hoch, hat rhombisch-eiförmige Blätter, die breiter sind als lang, und aufrechte oder leicht nickende, gestielte braunrote bis grünlichrote Blüten, etwa 4 cm breit. Sie riechen unangenehm. Schöner ist 'Album' mit weißen Blüten und gelben Knospen.

Tríllium grandiflórum (Michx.) Salisb. aus dem Nordosten der Vereinigten Staaten wird ebenfalls 30 bis 40 cm hoch, hat eirunde, zugespitzte Blätter und anfangs aufrechte, später etwas nickende, bis 8 cm breite weiße Blumen.

Tríllium séssile L. wird 20 bis 30 cm hoch und hat bis 15 cm lange, rundlich-ovale, gefleckte Blätter und sitzende, stark riechende, etwa 4 cm breite, rotbraune Blumen, deren 3 innere Blütenblätter schmal und spitz sind und schräg nach oben ragen. Es gibt von dieser Art noch die var. **califórnicum** Wats. (heißt bei einzelnen Autoren *T. chloropetalum* [Torr.] Howell), welche höher wird und weiße, am Ansatz violett angelaufene, bis 10 cm lange Blumen bringt; ferner die Sorte 'Snow Queen' – Blüten cremeweiß.

Bewertung, Verwendung, Anzucht: Die Waldlilien sind interessante, oft prächtige Stauden für halbschattige bis schattige Plätze und brauchen tiefgründigen, frischen, gut durchlässigen Laubwaldboden. Man muß ihn aus Laub- und Rasenerde nebst Sand herrichten. An manchen Plätzen halten sie lange aus, an andern verschwinden sie nach einigen Jahren... warum ist unbekannt, wahrscheinlich liegt es an der Beschaffenheit des Bodens. *T. grandiflorum* ist auch eine schöne Schnittblume und läßt sich sogar treiben. Man pflanzt dazu die Bestände in ein kaltes Frühbeet und legt im März Fenster auf, kann aber die Rhizome auch im Herbst in Handkästen legen und im Kalthaus abtreiben. Beste Pflanzzeit, auch im Garten, ist der Spätsommer bis Herbstanfang. Im ersten Jahre sollte man leicht mit Nadelstreu abdecken. Vermehrt wird durch Teilung und Samen. Die jungen Bestände werden im zweiten Jahre blühstark, Sämlinge etwa 5 Jahre nach der Aussaat. Man kultiviert sie gelegentlich in Töpfen, was beim Pflanzen sehr vorteilhaft ist. Im ganzen sind die Waldlilien reizende Gewächse für Liebhaber.

Tróllius · Trollblume
Ranunculaceae ♃ ○ ◓ ◐ ≈ ✗

Der Name ist wahrscheinlich dem älteren Deutsch entnommen, wo die Pflanzen z. B. Rolla, Trolldara, Rolleblume hießen. Es sind ausdauernde Kräuter mit starkem Wurzelfilz, grund- und stengelständigen, handförmig gespaltenen oder gelappten Blättern und aufrechten Stengeln, die sich verzweigen und endständig große gelbe bis orangefarbene, kugel- oder schalenförmige Blüten bringen. Die Gattung umfaßt nahezu 30 Arten, welche auf der nördlichen Halbkugel in Gebieten mit gemäßigtem und kaltem Klima auftreten. *T. europaeus* wird noch bei 71° nördlicher Breite angetroffen. Wichtig sind die Kulturformen und einige aus Ostasien stammende Arten.

Tróllius chinénsis Bunge (syn. *T. ledebourii* hort. non Rchb.) aus Nordostchina wird 60 bis 90 cm hoch, hat nicht sehr tief geteilte Blätter, und die Blüten bilden keine geschlossenen Kugeln, sondern offene, etwa 4 bis 5 cm breite Schalen. Sie haben 10 bis 12 Blütenblätter und etwa 20 Honigblatter, Farbe orange mit einem Schimmer von Braun. Die Stiele verzweigen sich reichlicher als bei den Gartensorten, Blüte Ende Mai bis in den Juli hinein. Die Sorte 'Golden Queen' hat etwas größere, lebhaft orange getönte Blumen.

Tróllius europǽus L. ist in fast ganz Europa verbreitet und findet sich vor allem auf feuchten Wiesen. Die Pflanzen haben 5spaltige Blätter mit gezähnten, tief eingeschnittenen Abschnitten und meistens einzeln

Tr

Tróllius europaeus

Tropaeolum-Hybride der Majus-Gruppe

stehende, bis 5 cm breite, ballförmige Blüten, sie werden hell- bis kräftig gelb, Florzeit im Mai/Juni, die Stengel sind gegen 50 cm hoch. T. europaeus ist vor allem zum Verwildern geeignet und paßt gut an Bach- und Flußufer.

Trollius-Hybriden (syn. T. × cultorum Bergm.) ist der Sammelname für die in der Kultur entstandenen zahlreichen Sorten. Eltern sind T. asiaticus, T. europaeus und andere Arten. Sie haben tief geteilte, am Rande geschlitzte Blätter und bringen auf hohlen, aber festen, aufrechten Stengeln, die sich mehrfach teilen, zahlreiche bis 7 cm breite und manchmal noch größere kugelige Blüten in Gelb, Goldgelb und Orange, einzelne Sorten auch in Alabastergelb. Die Pflanzen werden 40 bis 60 cm hoch. Das Sortiment enthält bodenständige Sorten und solche englischen Ursprungs. Wir führen als Beispiele an: 'Frühester von Allen' — gelb, nicht sehr großblumig, aber die erste Sorte, die in Flor kommt; 'Frühlingsbote' — großblumig, orange, reichblühend, ziemlich früh; 'Lemon Queen' — hellzitronengelb, geschlossene Blüten; 'Meteor' — dunkelorangegelb; 'Orange Globe' — orangegelb.

Tróllius yunnanénsis (Franch.) Ulbr. (syn. T. pumilus var. yunnanensis Franch.) aus Westchina wird 30 bis 50 cm hoch, hat im Umriß runde Blätter mit 5 Lappen. Die Blütenstengel weisen nur zwei kleine Blätter auf, und die Blumen sind nicht kugel-, sondern breitschalenförmig. Sie stehen einzeln oder bis 3 beisammen, werden gegen 5 cm breit und sind lebhaft gelb gefärbt, nicht orange. Die Pflanzen blühen im Juni/Juli und wirken zierlicher als unsre Trollblumen.

Bewertung, Verwendung, Anzucht: Trollius sind allgemein geschätzte, farbenfrohe Frühlingsstauden, wenn sie auch mit ihrem Flor im Mai/Juni nicht zu den allerersten gehören. Sie eignen sich für bunte Blumenbeete, für feuchte und leicht sumpfige Stellen im Garten und Park, für die Ränder von Teichen und Wasserläufen oder die Umgebung von Wasserbecken. Die Blumen werden auch gern geschnitten, obwohl sie nicht lange halten, doch blühen die Nebenknospen noch auf. Trollius können verfrüht werden, damit man früher schneiden kann. Man setzt sie gegen Anfang März Ballen an Ballen auf Erdbeete oder Tische von Kalthäusern und gibt wenig Wärme; geeignete Sorten sind 'Frühester von Allen' und 'Frühlingsbote'. Trollius wollen unbedingt einen frischen bis feuchten, humusreichen Boden; je mehr Nässe dieser aufweist, um so sonniger dürfen sie stehen. Sie vertragen auch Halbschatten, nicht aber den Wurzeldruck von Gehölzen. Heiße Standorte und trockenes Erdreich sind tödlich, die Pflanzen gehen unweigerlich zugrunde. An zusagenden Plätzen dagegen können sie riesig werden, man muß nur jedes zweite oder dritte Jahr im Winter Düngetorf geben oder flüssig düngen, sonst läßt der Flor nach! Trollius gehört zu den Zehrern unter den Stauden. Vermehrt wird aus Samen; die Sorten teilt man. T. chinensis 'Golden Queen' fällt auch aus Samen echt. Man sät im Herbst in Handkästen oder auf Freilandsaatbeete und läßt über Winter den Frost einwirken, ohne den die Samen nicht oder nur spärlich keimen. Handkästen kann man im Frühling ins Kalthaus holen, wo die Trollblumen bald reichlich auflaufen, dann pikiert man und pflanzt später auf Anzuchtbeete. Die jungen Bestände werden innerhalb einer Vegetationsperiode nur ausnahmsweise verkaufsstark. Gartensorten lassen sich am ergiebigsten kurz nach dem Austrieb teilen. Man kann topfen oder gleich auf Anzuchtbeete setzen. Topft man, so ist es möglich, sehr scharf zu teilen. Auch diese Bestände werden nur bei sorgfältiger Pflege — viel wässern, mehrmals düngen — bis zum nächsten Frühjahr verkaufsstark.

Tropaéolum · Kapuzinerkresse
Tropaeolaceae ☉ ♃ △ ◐ ◑ ◯ ❘ ♡

Der Name stammt aus dem Lateinischen und bedeutet „kleine Trophäe", er bezieht sich auf die helmförmige Blütenkrone. Es sind einjährige oder ausdauernde, weit sich verästelnde, saftreiche, meistens kletternde Kräuter mit schildförmigen oder gelappten Blättern und ansehnlichen Blüten, die auf längeren oder kurzen Stielen aus den Blattachseln hervorbrechen. Bei vielen

Tropaeolum-Hybride, gefüllt

Arten haben die Blumen einen Sporn. Die Gattung umfaßt gegen 50 Arten, welche in Südamerika zu Hause sind, einzelne wurden schon im Mittelalter nach Europa gebracht.

Einjährige Arten

Tropaeolum-Hybriden ist der Sammelname für die Züchtungen der Einjährigen Kresse. Sie entstanden durch Kreuzungen von *T. majus* und *T. peltophorum*. Es gibt 2 Gruppen. Die **Majus-Gruppe** umfaßt Sorten mit rankenden oder am Boden hinlaufenden, bis 3 m langen Trieben. Diese Hybriden haben größere Blüten als *T. majus*, und das Farbenspiel ist reicher. Es geht von Reingelb und Orange über Zinnober und Karmin bis fast zum Purpurrot... sämtliche Töne leuchten stark, so bei der goldgelben 'Luteum' und der blutroten 'Brillant'. 'Schwarzer Prinz' hat samtig schwarzrote Blüten. Es gibt auch gefülltblühende: die Goldglanz-Hybriden aus Nordamerika. Auch die Farbe des Laubes variiert: Es kann hellgrün bis fast braun sein. Die zweite Gruppe, die **Majus-Nanum-Gruppe**, in Katalogen auch als *T. nanum*, als *T. majus* var. *pygmaeum* und als 'Tom Thumb' geführt, umfaßt die sog. Zwergkresse-Sorten. Diese Pflanzen laufen nicht, sondern bilden runde Büsche, die verschieden hoch werden können und wie die Sorten mit langen, am Boden entlang laufenden oder auch kletternden Trieben verschieden gelb bis rot, einfach und gefüllt blühen und grünes bis bräunliches Laub haben. Schöne Farben haben 'Goldgelb', 'König der Zwerge', scharlachrot, 'Vesuvius', lachsrosa, 'Kaiserin von Indien', dunkelblutrot.

Tropaeolum mínus L. ist in allen Teilen kleiner, bildet nur bis 60 cm lange Triebe. Man nimmt es heute nicht mehr, doch hat die Art bei der Züchtung der Majus-Nanum-Gruppe Bedeutung gehabt. Sie wurde als erste Kapuzinerkresse bereits 1570 nach Europa eingeführt.

Tropaeolum peltóphorum Benth. (syn. *T. lobbianum* Veitch) ist in seiner Heimat, den Gebirgen Kolumbiens und Ekuadors, eine Staude oder ein Halbstrauch und blüht das ganze Jahr hindurch, hier wird es als annuell behandelt. Die Pflanzen wachsen kräftig und klettern bis 4 m hoch, haben im Umriß schildförmige, kreisrunde, schwach gebuchtete oder gelappte Blätter und feurigrote Blüten mit rotem Sporn, dessen Spitze blaßgrün wird. Auch von dieser Art gibt es Sorten, die rot, orange oder gelb blühen und dunkel getöntes Laub aufweisen. Früher konnte man sie häufig sehen, heute gehören sie zu den selten gewordenen Gewächsen.

Tropaeolum peregrínum L. (syn. *T. canariense* hort. ex Lindl. et T. Moore) wird bis 4 m hoch und verzweigt sich reichlich. Die Blätter sind im Umriß kreisrund bis herz- und auch nierenförmig, unterseits blaugrün, oberseits lebhaft grün und haben fünf bis sieben verkehrt-eirunde, ganzrandige oder schwach gekerbte Lappen, die häufig in einer Stachelspitze endigen. Die Blumen erscheinen sehr zahlreich, sind nicht besonders groß und werden gelb. Die drei unteren Blütenblätter sind schmal, oft gefranst, die beiden oberen werden viel größer und sind auffällig zerschlitzt, der Sporn ist hakenförmig umgebogen. Diese Art blüht wie alle Kapuzinerkressen von Juli bis zum Frost, sie verträgt Halbschatten und blüht auch dort reichlich.

Ausdauernde Arten

♃ **Tropaeolum speciósum** Poepp. et Endl. hat fleischige, ausdauernde Wurzeln, 5- bis 6teilige Blätter mit länglichen Lappen, an der Unterseite behaart, und bis 4 cm große, leuchtend rote, sehr auffällige Blüten. Die Pflanzen blühen von Juli bis September.

△ **Tropaeolum tuberósum** Ruiz et Pav. aus Peru und Bolivien hat gelbe, rotmarmorierte Knollen, die bei den Bewohnern der Hochanden ein wichtiges Nahrungsmittel sind, weshalb die Art dort angebaut wird. Die Pflanzen klettern bis 3 m hoch, haben blaurot angelaufene Stengel und rundlich-herzförmige, 5lappige Blätter. Die Blüten bleiben klein, sitzen auf langen Stielen und bekommen einen langen Sporn. Kelch und Sporn sind rot, die Blumenblätter gelb, zuweilen ebenfalls rot. Florzeit ist der Hochsommer und Herbstanfang.

Bewertung, Verwendung, Anzucht: Die Hybriden der Majus-Gruppe eignen sich zum Bekleiden von Spalieren, Mauern mit Gerüsten, Lauben und Veranden, man kann sie auch als Bodendecke benutzen, Böschungen herablaufen lassen oder in Kübeln und Schalen pflanzen, wo die Triebe bis zum Boden herunterwachsen. Sie bilden beim Klettern aber keine dichten, geschlossenen Wände, die Schutz gegen Wind und Sicht bieten. Die Hybriden der Majus-Nanum-Gruppe passen als Einsprengsel in bunte Beete, auf Trockenmauern, in Blumenkästen und große, flache Kübel, auf die man herabblickt. Sie eignen sich auch als Einfassung von Beeten aller Art, die andern Pflanzen sollten aber dann wenigstens 50 cm hoch werden. Man kann die Blumen auch schneiden. Der Boden soll sandig-lehmig, humusreich, aber nicht zu nährstoffreich sein, sonst gehen die Pflanzen zu sehr ins Laub und blühen schlecht. Die Erde darf aber ebensowenig arm sein, sonst vergilben die älteren Blätter zu rasch, und die Exemplare verkahlen. Der Standort muß in voller Sonne liegen. Man kann im April einzeln oder wenige Korn in Töpfe säen und pflanzt nach Mitte Mai an den vorgesehenen Platz. Oder man sät in der ersten Maihälfte an Ort und Stelle und muß später ausdünnen. Es sei ausdrücklich erwähnt, daß die Kresse sehr frostempfindlich ist und schon bei einem halben Grad unter Null anfriert. Der Zauber dieser Gewächse liegt in der Leuchtkraft der Blüten, die wie ein Feuer funkeln. Das gleiche gilt von *T. peltophorum*, auch bei der Anzucht. *T. peregrinum* dagegen bleibt in allen Teilen zierlicher und eignet sich ebenfalls für Lauben, Gerüste und Mauern, überdies noch zum Bekleiden von Bäumen, weniger aber für Blumenkübel und Balkonkästen. Die Art verträgt Sonne und Halbschatten und ist dadurch besonders wertvoll. Man sät wie die Kapuzinerkresse im April in Töpfe und pflanzt nach Mitte Mai an den vorgesehenen Platz.

Die ausdauernden Arten wollen leicht sauren, recht durchlässigen Boden und absonnigen Standort, die Triebe von *T. tuberosum* soll man anbinden. Man kann die Knollen im Winter im Boden lassen, muß dann aber sehr gut mit trockener Nadelstreu bedecken. Oder man nimmt sie aus der Erde und überwintert sie wie Dahlien, es ist aber nötig, sie mit Torfmull zu bedecken. Im Frühjahr teilt man, kultiviert in Töpfen vor und pflanzt nach Mitte Mai aus. Vermehrt wird aus Samen und durch Stecklinge im Frühjahr, die man gleich in kleine Töpfe steckt, zunächst geschlossen hält und nach der Bewurzelung allmählich abhärtet. Man kann ferner junge Triebe niederlegen und flach mit Erde bedecken, die Spitze muß aber herausragen: in den Blattachseln bilden sich Brutknollen.

Túlipa · Tulpe
Liliaceae △ ○ ◐ ◑ ✕ ∧

Unsre Bezeichnung Tulpe geht auf das lateinische Wort tulipa zurück und dieses auf das persische Dulbend = Turban. Die Pflanzen wurden bei den Persern so genannt. Es sind bekanntlich Zwiebelgewächse mit eng übereinanderliegenden fleischigen Schuppen, die einem Zwiebelboden entspringen und von einer dunklen bis gelblichen häutigen Schale geschützt werden. Durch die Blüte werden die Zwiebeln völlig erschöpft und gehen zugrunde, doch bilden sie in den nach außen sitzenden Achseln der Zwiebelschalen und am Zwiebelboden Ersatzzwiebeln. Ihre Zahl schwankt je nach der Größe der Mutterzwiebel und variiert auch bei den verschiedenen Sorten... im Durchschnitt rechnet man bei den Gartentulpen mit drei. Die Ersatzzwiebeln werden kultiviert und sind nach 2 bis 3 Jahren blühstark. Jede Zwiebel bringt nur einen Blütenstengel, der bei den meisten Sorten nur eine Blume trägt. Es gibt aber sowohl bei den Wild- als auch bei den Gartentulpen Ausnahmen. Die Blüten haben je 3 Perigonblätter in 2 Kreisen, 6 Staubgefäße und eine 3lappige Narbe; der Fruchtknoten und die aus ihm sich bildende Samenkapsel sind 3fächrig. Fast alle Tulpen blühen im Frühling, im Laufe des Vorsommers stirbt ihr Laub ab. Das Farbenspiel reicht von Weiß über Creme bis Goldgelb und fast Orange, von hellstem bis zu feurigstem Rosa, Zinnober bis Karmin und Purpurrot, weiterhin bis Violett. Blaue Tulpen gibt es nicht, doch tritt diese Farbe neben Schwarz und Grün als Fleck, Zone oder Schimmer auf. Die Blüten werden ei- und schalenförmig, ferner becherförmig, voll geöffnet manchmal sternartig. Die Blütenblätter haben ein zugespitztes oder ein abgerundetes Ende. Die Gattung *Tulipa* umfaßt gegen 150 Arten; früher nahm man an, es seien etwa 300. Zytologische Untersuchungen haben ergeben, daß manche Tulpe, die man für eine Art hielt, nur die Polyploide einer Art ist. Chromosomenzahl aller Arten der Gesneriana-Gruppe, aus der unsere Gartensorten entwickelt wurden, ist $2n = 24$. Manche modernen Züchtungen, wie die Darwin-Hybrid-Tulpen, sind triploid. Dies kommt bei keiner Wildart vor, doch gibt es unter ihnen Arten mit der Zahl $2n = 48$. Unsere *Tulipa sylvestris* ist eine tetraploide Form der ebenfalls in Europa heimischen *T. australis*; *T. turkestanica*, eine Tetraploide von *T. biflora*, und *T. praecox* ist eine triploide Form von *T. oculis-solis*. Artenbastarde sind bei *Tulipa* in der freien Natur viel seltener als die Vermehrung der Chromosomensätze. In der Züchtung ist es umgekehrt, denn dort dominieren bei den Neuheiten unsrer Zeit die Kreuzungen, auch unter Arten. Als Heimat der Gattung sehen wir heute Zentralasien an, also Iran und Turkestan, von wo aus die Tulpen im Osten bis nach Sibirien, China und Japan drangen und im Westen bis ans Mittelmeer.

Die Tulpen waren bereits bei den Persern beliebte Gartenblumen. Auf vielen Miniaturen findet man sie abgebildet. Um 1000 u. Z. wurden sie von den Türken übernommen, und um 1500 gab es bei diesen schon eine Reihe von Sorten. In den Sultansgärten von Konstantinopel standen riesige Mengen von Tulpen, und dort hat sie auch Busbecq gesehen, der Gesandter Ferdinands I. von Österreich am Hofe des Großkalifen war. Er und sein Leibarzt sandten Samen und Zwiebeln nach Wien, wo Clusius sie betreute. Als dieser 1593 nach Leiden ging, nahm er Zwiebeln mit. Sie bildeten den Grundstock für den Tulpenanbau in Holland. Schon vorher jedoch waren über Venedig Zwiebeln nach Augsburg gelangt, wo im 15. und bis zum 17. Jahrhundert die bedeutendsten Bankiers Mitteleuropas saßen. Bereits 1559 blühten Tulpen zum ersten Male im Garten des Patriziers Herwart und 1565 in den Gärten der Fugger. Bei Herwart und Fugger lernte sie Konrad Gesner kennen. In den Niederlanden ist der Boden in einzelnen Teilen des Landes für den Tulpenanbau wie geschaffen. Er weist einen hohen Grundwasserstand auf, ist durchlässig, humusreich und erwärmt sich rasch. Die von Clusius mitgebrach-

Einfache Frühe Tulpe   Gefüllte Frühe Tulpe

ten Zwiebeln wuchsen leicht, und die Pflanzen wurden stattlich, üppiger als in Wien und Augsburg. Auch entstanden ohne besondere Mühen eine lange Reihe Neuheiten. Der geeignete Boden und das angemessene Klima waren „die materielle Basis" für die Entwicklung der Tulpen-, überhaupt der Blumenzwiebelkulturen in den Niederlanden, auch des Tulpenschwindels. Er begann um 1625 und erreichte zwischen 1634 und 1637 seinen Höhepunkt. Für 3 Zwiebeln der Neuheit 'Semper Augustus' wurde 1636 der riesige Betrag von 30 000 Gulden bezahlt und für eine einzige Zwiebel der Sorte 'Admiral van Enkhuizen' sogar 11 500 Gulden... also Unsummen. Während des Tulpenschwindels waren neue Sorten ein begehrter Artikel, für den jeder Betrag gezahlt wurde. Neuheiten galten als Kapital und Kostbarkeit. Jeder wollte welche haben, und eine allgemeine Verwirrung der Geister riß ein. Merkwürdig ist jedoch, daß eine Blume, eine Zierpflanze solch einen Wirbel hervorzurufen vermochte. 1637 griff die Regierung ein und bemühte sich, den Unfug durch Gesetze zu beenden; es gab schwere wirtschaftliche Erschütterungen. Der Tulpenanbau selbst, die Züchtung, die allgemeine Wertschätzung dieser Orientalin wurden davon jedoch kaum betroffen. Im 18. Jahrhundert entstanden herrliche Tafelwerke über Tulpen, die heute noch zu den Prunkstücken der botanischen Illustrationskunst gehören. Die Niederlande sind auch heute noch das Zentrum des Blumenzwiebelanbaues, doch gibt es seit 1920 in verschiedenen Ländern ebenfalls größere oder kleinere Kulturen.

Wie die Narzissen sind auch die Tulpen in Klassen eingeteilt. Es gibt deren z. Z. insgesamt fünfzehn. Davon gehören 11 zu den Garten- und 4 zu den Wildtulpen. Letztere werden in den Katalogen auch als Botanische Tulpen angeführt.

Gartentulpen

Man versteht darunter alle in Gärten und beim Anbau entstandenen Sorten und Formen. Linné hielt sie für Abkömmlinge von *Tulipa gesnerana*, deren Urform es nicht mehr gibt. Die Züchtung ist heute noch rege. 1948 wurden 33, 1951 sogar 224 Neuheiten herausgebracht, darunter auch zahlreiche Sporte. Alle Tulpensorten werden durch die Tulpen-Nomenklatur-Kommission registriert und zugelassen. Sie wurde von der Royal Horticultural Society in London und der Koninklijke Algemeen Vereniging voor Bloembollencultuur in Haarlem gegründet. Von Zeit zu Zeit gibt man Internationale Register über die Klassifikation der Tulpen und ihre Namen heraus. Das holländische Standort-Sortiment umfaßt reichlich 300 Sorten, insgesamt jedoch werden etwa 1600 angebaut und vermehrt. Die 11 Klassen der Gartentulpen sind in 3 Zeitgruppen zusammengefaßt.

1. Gruppe: *Frühblühende Tulpen*

Klasse I: *Einfache Frühe Tulpen*. Sie haben mittelgroße Blüten, die auf relativ kräftigen, bis 30 oder 35 cm hohen Stengeln sitzen. Sie sind für den Blumenfreund und den Gärtner sehr wichtig. Im Freien blühen sie in der ersten Aprilhälfte oder bald danach. Sie eignen sich für bunte Beete, und man kann sie auch massenweise auf Beete, Streifen oder große Parterres setzen. Infolge des frühen Flors verblühen sie nicht so rasch wie die freilich viel größeren Maitulpen, denn das Wetter ist während des Flors noch kühl. Man kann sie für sich verwenden oder in Stiefmütterchen einstreuen bzw. mit Stiefmütterchen einfassen. Es ist üblich, sie sortenrein zu setzen und nicht in Mischungen. Man muß bedenken, daß sie nach nur 4 Wochen anfangen zu verblühen. Im Gartenbau werden sie für Töpfe und zum Schnitt verwendet. Die Treiberei der frühesten Sorten kann Anfang Dezember beginnen. Die Zwiebeln müssen gut bewurzelt sein, die Triebe etwa 5 cm hoch, und die Knospen der Blüten müssen sich bereits außerhalb der Zwiebel befinden. Diese frühen Sätze sind dunkel zu halten und brauchen +20 bis 25 °C. Sie sollen feuchte Luft haben, und die Erde darf nicht austrocknen. Nach etwa 8 Tagen, wenn die Knospen den ersten Blattknoten durchwachsen haben, räume man die Posten ins Helle, und die Temperatur soll auf 18 bis 20 °C gesenkt werden, beim Erblühen auf 15 °C. Die Tulpen sind in 15 bis 18 Tagen fertig. Man pflanzt sie in Töpfe, häufiger aber werden sie geschnitten und als farbenfrohe, haltbare Schnittblumen angeboten. Sorten für diese früheste Treiberei sind 'Brilliant Star', 'Fred Moore', 'Mon Trésor'. Die Temperatur soll während des Treibens so wenig als möglich schwanken. Die meisten Sorten kommen etwas später in Flor und lassen sich von Mitte oder Ende Januar an treiben; man braucht aber nur +18 °C und muß nicht dunkel aufstellen. Innerhalb dieser Klasse sind zahlreiche Sporte aufgetreten. 'Prinz von Österreich' (orangescharlach) hat 'General de Wet' (orange) und 'Prins Carneval' (gelb, rot geflammt) hervorgebracht; von 'La Reine' gibt es die Sporte 'Calypso', 'Hermann Schlegel', 'Prosperity' und weitere. Im Sortiment sind so bekannte Sorten wie 'Brilliant Star', 'Ursa Minor', 'Conleur Cardinal'.

Klasse II: *Gefüllte Frühe Tulpen*. Die Pflanzen wachsen kräftig, werden bis 30 cm hoch und haben in vollem Flor bis 10 cm breite Blumen, die sich vor allem bei hellem Sonnenschein weit öffnen. Sie blühen wie die Einfachen-Frühen im Freien in der ersten Aprilhälfte,

  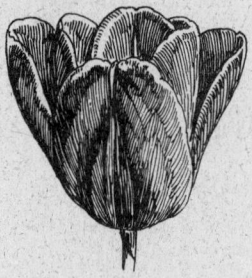 

Mendel-Tulpe Triumph-Tulpe Darwin-Hybrid-Tulpe Darwin-Tulpe

und die meisten Sorten lassen sich von Ende Januar an ohne große Schwierigkeiten treiben. Man nimmt sie vor allem für Töpfe, ferner zur Schnittblumengewinnung und im Garten für Beete. Im Freien leiden die großen Blumen bei Regen leicht, und sie werden auch so schwer, daß sie sich neigen. Einzelne Sorten sind schon lange in Kultur: 'Murillo' seit 1860 – diese Sorte hat auch viele Sporte hervorgebracht, z. B. 'Peach Blossom', die noch zum Sortiment gehört.

2. Gruppe: *Mittelfrühe Tulpen*

Klasse III: *Mendel-Tulpen.* Diese Tulpen entstanden durch Kreuzung von Duc-van-Tol- und Darwin-Sorten. Die Versuche begannen 1909, Züchter war vor allem E. H. Krelage & Sohn, die ersten Sorten kamen 1921 heraus. Die Pflanzen werden 30 bis 50 cm hoch und blühen im Freien gegen Ende April. Sie haben große Blüten mit runden oder nur andeutungsweise flach zugespitzten Blumenblättern, der Stiel ist aber nicht so fest wie bei den Darwin-Sorten. Das Farbenspiel umfaßt vor allem rosa und rote, auch weiß geflammte oder gestreifte Sorten. Gelb ist selten. Die meisten Sorten lassen sich von Ende Januar an treiben und als Schnittblumen verwenden, z. B. 'Krelages Triumph', karmesinrot.

Klasse IV: *Triumph-Tulpen.* Auch diese Tulpen gingen aus Kreuzungen hervor, ihre Eltern sind Darwin-Tulpen und Einfache Frühe Tulpen. Sie werden 45 cm hoch und darüber hinaus, wachsen kräftiger als die Mendel-Tulpen, denen sie im Flor folgen, haben auch festere Stiele. Ihre Blüten werden beinahe so groß wie bei den Darwin-Sorten. Im Freiland kommen sie etwa 14 Tage vor diesen in Blüte, anschließend an die Mendel-Tulpen. Das Farbenspiel ist reicher, die Töne sind oft kräftiger, die Substanz der ganzen Pflanzen ist stärker. Man kann sie beet- oder horstweise in den Garten setzen, im Gartenbau werden sie zur Gewinnung von Schnittblumen verwendet. Einzelne Sorten wie 'Edith Eddy' und 'Emmy Peek' lassen sich bereits Anfang Dezember zum Treiben aufstellen, die meisten nicht vor Ende Januar oder Anfang Februar. Für die frühe Treiberei braucht man gekühlte Zwiebeln. Zum Treiben ist feuchte Luft günstig, als Wärme sind +18 °C nötig, Treibdauer im Februar gegen 3 Wochen.

Klasse V: *Darwin-Hybrid-Tulpen.* Diese Tulpen sind durch Kreuzungen verschiedener Darwin-Sorten mit *Tulipa fosterana* gezüchtet worden. Sie haben sehr große, oft riesige Blüten als Erbteil von *Tulipa fosterana*, blühen auch wie diese selbst vor den Darwin-Tulpen. Die Stiele sind kräftig, die Pflanzen werden 30 bis 70 cm hoch, sie beginnen gegen Ende April mit dem Flor. Die Züchtungstätigkeit ist rege, und ständig kommen neue Sorten heraus. Bekannte ältere Sorten sind vor allem 'Canopius' – glühend zinnober mit schwarzer Zone im Innern; 'Dover' – karminrot mit blauschwarzem Basalfleck, im Garten die erste; 'Oxford' – leuchtend scharlach, im Grunde gelb, kräftiger Wuchs; und 'Red Matador' – feuerrot, gelber Innenfleck mit schwarzen Zacken. Sie eignen sich für den Garten, auch für den Steingarten, sind jedoch so auffällig, daß man sie in kleinen Kolonien, in Massen nur ganz ausnahmsweise verwenden soll. Sie eignen sich auch zum Treiben und bringen sehr stattliche Schnittblumen.

3. Gruppe: *Spätblühende Tulpen*

Klasse VI: *Darwin-Tulpen.* Dies sind sehr wichtige und beliebte Tulpen, und alljährlich werden große Mengen kultiviert und verbraucht, auch kommen immer noch Neuheiten heraus. Sie entstammen alten „Modertulpen", weichen aber von diesen durch die klaren Farben, durch die großen, festen, im Umriß fast eckigen Blumen, die auf straffen Stielen stehen, ab. Es gibt weiße, gelbe, rosa bis rote, purpurne, hell- und dunkelviolette, braune bis nahezu schwarze Darwin-Tulpen. Die dunklen Farben werden selten gepflanzt. Darwin-Tulpen wachsen 50 bis 70 cm hoch und blühen je nach der Witterung Anfang Mai auf oder erst Ende des ersten Maidrittels. Sie eignen sich für den Garten, für Massenpflanzungen in öffentlichen Anlagen und Ausstellungen, liefern gute, beliebte Schnittblumen und lassen sich treiben, wenigstens eine Reihe Sorten. Für früheste Treiberei nimmt man 'William Pitt', 'Red Pitt' und für den Garten 'Sweet Harmony', zi-

Lilienblütige Tulpe

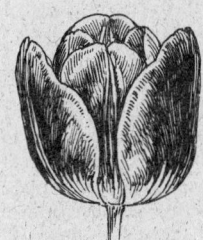
Einfache Späte Tulpe

Rembrandt-Tulpe

Papagei-Tulpe

tronengelb. Man kann sie schon Mitte Dezember treiben, braucht aber gekühlte Zwiebeln. In etwa 4 Wochen sind die Posten in voller Blüte. Bei unsachgemäßer Behandlung gibt es beträchtliche Ausfälle, daher ist nötig, die Hinweise auf die Treibfähigkeit und deren Termine genau zu beachten. Sobald die Blumen Farbe zeigen, soll man die Pflanzen kühl halten, damit feste Stiele und eine gute Ausfärbung zustande kommen. Eine Reihe von Darwin-Tulpen eignen sich nur für Treiberei im kalten Kasten.

Manche Sorten haben als Sporte die Crispa-Tulpen hervorgebracht. Die Ränder der Blütenblätter sind zierlich und etwas unregelmäßig gefranst bis gezackt. Als Beispiel seien 'Swan Wings' in Weiß, 'Maja' in Gelb und 'Sundew' in Rot genannt.

Klasse VII: *Lilienblütige Tulpen.* Dies ist eine später aufgestellte Klasse, früher zählte man die Sorten zu den Garten-Tulpen. Sie haben bis 50 cm lange, manchmal nicht sehr stabile Stengel, und ihre Blüten fallen durch die schmalen, in eine lange Spitze auslaufenden Kronblätter auf. Sie wirken sehr elegant, und die Blumen erinnern in der Tat an Lilienblüten. Das Sortiment wächst und umfaßt heute alle bei Gartentulpen vorkommenden Farben. Einige Sorten eignen sich auch fürs Treiben. Die meisten Lilienblütigen Tulpen werden zur Gewinnung von Schnittblumen verwendet. Im Garten müssen sie geschützt stehen, damit der Wind sie nicht umlegen kann. Eine gute Gartensorte ist 'Sunpoint', primelgelb.

Klasse VIII: *Einfache Späte Tulpen* (Cottage-Tulpen, Garten-Tulpen, Mai-Tulpen). Sie blühen in unsern Gärten im Mai, meistens von Ende des ersten Drittels an. Höhe der Stengel, Größe und Form der Blüten sind nicht einheitlich, sondern es gibt zahlreiche größere oder kleinere Unterschiede. Die Länge des Flors hängt von der Witterung ab: Ist es kühl, blühen Mai-Tulpen lange. Sie eignen sich für bunte Beete und Rabatten, aber auch zur Schnittblumengewinnung, z. B. 'Golden Harvest', gelb. Höhe 45 bis 60 cm.

Klasse IX: *Rembrandt-Tulpen.* In dieser Klasse sind heute mehrere vereinigt, die man früher trennte: die Breeder, die alten Rembrandt-Tulpen und ähnliche. Ihr Hauptkennzeichen sind die Streifen, Flecken, Federmuster in Purpur, Rosa, Rot, Bronze oder Braun auf einem roten, weißen oder gelben Untergrund. Im allgemeinen wachsen sie nicht sehr kräftig, haben auch relativ dünne Stiele, welche die Blüten aber aufrecht zu tragen vermögen. Ebenso bilden sie keine so großen Zwiebeln wie etwa die Darwin-Tulpen. Die Farben sind apart, wirken jedoch nicht weit in die Ferne. Im ganzen sind es Tulpen für Liebhaber, und ihre Bedeutung für die gärtnerische Produktion ist nicht groß. Die Muster der Blüten werden durch Viren hervorgerufen und vererben sich über die Zwiebeln. In Flor kommen sie etwa in der zweiten Maihälfte.

Klasse X: *Papagei-Tulpen.* Die Papagei-Tulpen haben große Blumen mit eingeschnittenen, gefransten und gekerbten Rändern und vielfach mehrfarbige Blüten. Die abweichenden Töne treten als Punkte, Zonen und Flammen auf. Auch sie sind durch Virusbefall entstanden, und jede neue Sorte ist die „Broken-Ausgabe" einer vorhandenen Züchtung, durch Kreuzung kann man sie nicht züchten. Schon im 17. Jahrhundert tauchten die ersten Papagei-Tulpen auf, sie hatten jedoch nur bis 25 cm hohe, ziemlich schwache Stiele, waren auch nicht sehr wüchsig, und man hatte nicht viel von ihnen... mißlich war vor allem, daß die schweren Blumen sich nicht trugen. Noch heute werden einzelne der alten Sorten vermehrt. Dann tauchte im Jahre 1900 in einem Felde mit der Darwin-Tulpe 'Clara Butt' von selbst plötzlich eine typische Papagei-Tulpe auf. Sie hatte verhältnismäßig straffe Stiele und doppelt so breite Blumen wie 'Clara Butt', die Blüten hatten einen weißen Grund, rosarote Zeichnungen und Zonen, an den Rändern waren sie stark gefranst und gezackt und an der Außenseite grün überlaufen. Die Neuheit bekam den Namen 'Fantasie', und sie war die erste Papagei-Tulpe mit einem hohen, festen Stiel, 60 cm hoch, sie gehört noch immer zum Sortiment. Seither sind immer wieder solche „Sporte" von Darwin-Tulpen oder andern späten Tulpen aufgetaucht, auch kommen laufend neue hinzu, und das Sortiment umfaßt heute gegen 100 Züchtungen dieses Typs. Sie werden vor allem als Schnittblumen verwendet, ein-

Tu

Späte Gefüllte Tulpe

zelne lassen sich sogar von Mitte bis Ende Februar antreiben oder in breite Töpfe und Schalen setzen und blühend ins Zimmer stellen, z. B. 'Karel Doorman' – Sport der Triumph-Tulpe 'Alberio' mit sehr großen, kirschroten, gelb geflammten Blüten. Auch in der Vase sind die Blumen für die Stiele etwas zu schwer, man kann dies aber durch geschicktes Einstellen mindern. Im Garten hat man mit den meisten Papagei-Tulpen oft Kummer, denn bei Wind und Regen sinken sie um. Je nach der Sorte, von der sie abstammen, blühen die Papagei-Tulpen in der ersten Maihälfte oder etwas später.

Klasse XI: *Späte Gefüllte Tulpen.* Auch bei dieser Klasse läßt sich aus der Bezeichnung schließen, was es für Tulpen sind: gefülltblühende Garten- oder Cottage-Tulpen. Sie heißen auch Päonien-Tulpen. Sie haben feste Stiele, kommen von Mitte Mai an in Flor und werden 40 bis 60 cm hoch. Voll aufgeblüht sind sie sehr breite, stark gefüllte Blumen. Manche sind Sporte. Das Farbenspiel umfaßt Rosa, Rot, Gelb und Weiß in den verschiedensten Abstufungen, auch mehrfarbige Sorten gibt es. Über den Wert gehen die Meinungen auseinander. Sie sind wegen der Größe und Schwere der Blumen gegen Wind und Regen empfindlich, auch leiden die Blüten durch viel Nässe und bekommen braune Spitzen oder Flecke. Man muß sie an ganz windstille Plätze setzen. Die Blumen lassen sich schneiden und wirken im Zimmer meistens besser als im Garten, obwohl sie sich nicht selbst tragen, sondern hängen.

Bewertung, Verwendung, Anzucht: Zum Ruhme und Lobe der Gartentulpen vermögen wir nichts hinzuzufügen. Hafis hat sie gepriesen, Brockes hat ihnen eines seiner etwas rührseligen, erbaulichen Gedichte gewidmet, Goethe erwähnt sie im West-östlichen Diwan, in Shakespeares Dramen werden sie genannt, und in einem flämischen Liedchen heißt es:
„Rosen, Veilchen, Tulipan,
Die soll'n in jedem Garten stahn."
Tulpen sind weitverbreitete, unentbehrliche und unersetzliche Frühlingsblumen, die Farbe in den Garten bringen. Sie gedeihen in jedem normalen Boden, am besten in sandig-lehmigem. Der Boden darf nur nicht sauer sein, ja es ist günstig, die Plätze oder Beete vor dem Legen der Tulpen leicht zu kalken. Tulpen wünschen volle Sonne, vertragen aber auch für wenige Stunden des Tages lichten Halb- oder Streuschatten. Doch reifen die Zwiebeln an beschatteten Standorten langsamer aus, und das Laub stirbt später ab. Von der Natur aus treten die Eltern der Gartentulpen in Gebieten auf, die viel Regen haben, der aber plötzlich endet. Auf die Wochen voll von himmlischem Naß folgt ein trockener und heißer langer Sommer, der so glühend ist, daß die Tulpen und viele Gewächse ringsum ihr Laub abwerfen und sich in ihre Knollen und Bulben zurückziehen, um eine Art Schlaf zu halten. Für uns heißt das, Tulpen wünschen im Frühling Feuchtigkeit, im Sommer müssen sie trocken stehen, damit sie abreifen. Unser Klima erfüllt diese Forderungen einigermaßen, aber nicht immer und überall. In vielen Stadtgärten ist es im Frühling zu trocken, manchmal ist der Sommer bei uns zu feucht und kühl. Dem läßt sich nur entgegenwirken, indem man die Beete oder Flecken mit Tulpen im Frühling wässert und die Tulpen nach dem Vergilben des Laubes aus dem Boden nimmt und auf einem Lager abreifen läßt. Günstig, ja unerläßlich ist überdies im Frühjahr, wenn die Tulpen sich entfalten und ihre Blätter voll arbeiten, etwas Volldünger zu streuen... also noch vor der Blüte, später nicht! Man stellt ihnen damit zusätzlich Nahrung bereit. Gelegt wird im Herbst, am besten im September/Oktober. Legt man später, bilden die Zwiebeln nicht genügend Wurzeln und holen dies im Frühjahr nach, aber auf Kosten des Flors und der Ersatzzwiebeln. Man soll das Beet schon einige Tage vor dem Legen graben und herrichten, damit es sich etwas setzen kann. Man lege 8 bis 10 cm tief... je nach der Größe der Zwiebeln. Grundsätzlich sollen diese doppelt so tief in die Erde kommen, wie sie selbst hoch sind. Wenn der Spätsommer und der Herbst sehr trocken sind, sollte man die Zwiebeln nach dem Legen gründlich angießen.

Winterschutz ist überflüssig, doch überziehe man die Beete oder Horste etwa 2 cm hoch mit Torfmull. Er hat die Aufgabe, das Verkrusten der Erdoberfläche zu verhindern und hält die Winterfeuchtigkeit im Boden zurück. Die Abstände beim Legen sollen 12 bis 15 cm weit sein, nicht enger. Es sieht abscheulich aus, wenn die voll geöffneten Blumen im Sonnenschein aneinanderstoßen, was bei zu kleinen Abständen unweigerlich geschieht. Die Torfdecke ist notfalls im Frühling sogleich nach dem Erscheinen der ersten Spitzen zu erneuern. Sind die Tulpen abgeblüht, so ist der Blütenstiel über dem letzten Laubblatt zu entfernen. Die Ausbildung von Samen, für den wir kaum Verwendung haben, würde die Zwiebel zu stark beanspruchen, und es entstünden nur kleine Ersatzzwiebeln. Erst wenn das Laub völlig vergilbt ist, darf es entfernt werden, indem man es aus dem Boden zieht... es vorher abzuschneiden wäre widernatürlich. Denn die Blätter ernähren die Ersatz- und Brutzwiebeln. Stehen Tulpen auf Beeten, die geräumt werden müssen, weil neue Blumen gepflanzt werden, soll man die Tulpen samt Laub und Brut vorsichtig ausheben und an einem sonnigen, trocknen Platz zum Nachreifen einschlagen. Später putzt man. Dann werden die Zwiebeln an einem luftigen, kühlen Platz locker liegend aufbewahrt, bis es wieder Zeit ist, sie zu legen. Wenn möglich, soll man Tulpen nicht wieder dorthin bringen, wo sie im vorigen Jahre gestanden haben. Läßt sich das nicht vermeiden, ist es günstig, entweder die Erde auszuwechseln oder mit einem Bodenentseuchungsmittel zu behandeln. Die meisten sind etwa 1 Woche vor dem Legen anzuwenden.

Zur Pflege gehört ferner die Gesunderhaltung der Bestände, richtiger gesagt, die Ausmerzung kranker Exemplare. Wenn die Blüten gelbe oder weiße Streifen bekommen, sind sie von einem Virus befallen. Es kann durch Blattläuse auf andere Tulpen übertragen werden. Das läßt sich nur verhindern, indem die befallenen Exemplare sofort mit einem Handspaten samt Erde und Zwiebel ausgehoben und verbrannt werden, überdies muß man nachsehen, ob die Bestände verlaust sind. Ist dies der Fall, soll man sofort mit Blattlausvertilgungsmitteln eingreifen.

Tulpen werden vielfach zur Schnittblumengewinnung angebaut, auch zu diesem Zwecke getrieben. Auf die Treiberei kann hier nicht eingegangen werden. Schneidet man von den Beständen im Garten oder im Freiland, so soll dies früh geschehen, da sich am Morgen geschnittene Blumen länger halten als tagsüber geholte. Man schneide mit einem scharfen Messer und lasse mindestens zwei gut entwickelte Blätter stehen, damit die Zwiebeln weiter ernährt werden.

Eine Frage, die häufig gestellt wird, ist, wie lange Tulpen im Garten an ihrem Platz stehenbleiben können, ohne daß sie im Flor sehr nachlassen oder ganz aufhören. Dafür gibt es keine Regeln, denn die Ausdauer der Bestände hängt von vielen Umständen ab, die man nicht alle beeinflussen kann. In armen Böden werden die Tulpen bald nachlassen und schließlich völlig verschwinden... aus Nahrungsmangel! Will man Dauerbestände, ist es unerläßlich, vor dem Legen unterhalb der Zwiebeln ausreichend alten Mist oder Düngetorf einzubringen. Oben soll man nach dem Austrieb im Frühjahr einen Volldünger streuen. Wurzeldruck, auch von Gras, setzt den Zwiebeln indirekt zu, denn Luft, Nahrung und Wasser werden ihnen von andern Gewächsen entzogen. Ein gefährlicher Feind sind Mäuse, welche die Zwiebeln benagen und den Austrieb abfressen. Man kann sie nur fern halten, indem man die Tulpen vor dem Legen in Mennigpulver wälzt, das stark giftig ist. Auch sollte man, wenn man Mäusegänge in der Nähe der Horste entdeckt, Giftweizen ausstreuen. Lassen die Tulpen im Flor nach, grabe man sie im Hochsommer aus, sortiere die Zwiebeln in große und kleine, erneuere am Standort den Boden und lege die großen wieder. Auch die kleinen lassen sich verwenden. Man muß sie an einen Platz für sich, auf ein Gartenbeet, je nach ihrer Größe, auslegen, laufend düngen und pflegen und in den ersten beiden Jahren die Blüten kurz über dem letzten Blatt fortschneiden, sobald sie Farbe zeigen.

Túlipa kaufmanniána

Kaufmanniana-Hybride

Ob sich das lohnt, ist fraglich, es dauert immerhin zwei bis drei Jahre, ehe sie ihre Blühstärke erreichen.

Wildtulpen

Dies sind Arten, wie sie in der Natur wachsen, vereinzelt auch Hybriden, in welchen aber die botanische Substanz vorherrscht. Sie weichen in Größe, Laub und Blüten vielfach von den Gartentulpen ab, ferner sind häufig ihre Zwiebeln relativ klein. Sie stellen etwas Besonderes dar, und man kann sie nicht mit den Gartentulpen in eine Reihe stellen.
In der Klassifikation werden 4 Gruppen innerhalb der Wildtulpen unterschieden.

Klasse XII: *Kaufmanniana-Tulpen und -Hybriden.*
Túlipa kaufmanniána Regel stammt aus Turkestan, ist aber viel härter und dauert auch bei uns länger aus als alle andern Arten aus Zentralasien. Sie blüht bereits im März, wird 10 bis 20 cm hoch, hat 3 bis 4 breitlanzettliche, blaugrüne Blätter und breitglockige, in voller Sonne sternförmig sich ausbreitende Blüten. Diese waren bei den ersten gesammelten Zwiebeln dunkelgelb und rahmweiß, außen rot überlaufen, manchmal mit einem kräftigen gelben Fußfleck und gelben Staubgefäßen. Anfangs sind die Blumenblätter schmal, dann werden sie breiter. Da sich die Blüten beim geringsten Sonnenstrahl öffnen, wie man dieses bei Seerosen finden kann, heißen *T. kaufmanniana* auch Seerosen-Tulpen. Die Art ist in der Natur sehr variabel, und man hat zahlreiche Sorten auslesen können. Sie werden manchmal nur 10 cm hoch, selten höher als 25 cm, verschieden weißlichgelb bis lebhaft gelb und lachsrosa mit größerem oder kleinerem, ganz verschieden getöntem Mittelfleck, auch das Rot auf der Außenseite variiert. Ferner gibt es die Kaufmanniana-Hybriden, welche durch Kreuzung von *T. kaufmanniana* und *T. greigii* entstanden sind. Die Pflanzen haben große Blumen, und diese sind intensiver gefärbt, auch bunter, es gibt sogar rote Sorten wie 'Alfred Cortot'. Die Mannigfaltigkeit ist erstaunlich. *T. kaufmanniana* und die Kaufmanniana-Hybriden sind wunderschön und unersetzlich, hart und ausdauernd. Sie wünschen sandig-lehmigen, nährstoffreichen, gut drainierten Boden. Nur Winternässe beeinträchtigt die Bestände, die durch Brutzwiebeln von selbst zunehmen.

Tu

Túlipa fosterána

Túlipa batalínii

Túlipa biflóra

Túlipa clusiána

Klasse XIII: *Tulipa fosterana und Fosterana-Hybriden.*

Túlipa fosterána Hoog ex Irving stammt aus Zentralasien und wurde 1905 von Sammlern entdeckt, die für Tubergen reisten. Die Pflanzen haben etwa 5 cm breite, zugespitzte, rotbraune Zwiebeln, deren Haut viele silbrige Haare aufweist. Sie bekommen 3 bis 4 kräftige, lanzettliche, bis 20 cm lange und halb so breite Blätter, graugrün, am Rande rot gesäumt. Die Blüten werden bis 15 cm lang und sitzen auf 20 bis 35 cm hohen, festen Stielen. Sie sind leuchtend scharlachrot, haben innen einen schwarzen, gelb gesäumten Fleck und schwarze Staubgefäße, die sehr groß werden, aber auf kurzen Fäden sitzen. Die Pflanzen blühen sehr früh, meistens schon Anfang April. Es gibt eine Reihe Sorten: 'Red Emperor' = 'Mme. Lefeber' = 'Roter Kaiser' – bis 40 cm hoch, Blumen noch etwas größer als bei der Art, glühender im Ton; 'Defiance' – Blumenblätter am Rande abgestumpft, zinnober mit reingelbem Innenfleck; 'Princeps' wird nur 20 cm hoch und blüht am spätesten von allen; 'Flaming Youth' – Blüten orangescharlach. Bei manchen Züchtungen haben die Blätter braune Striche.

Klasse XIV: *Tulipa greigii und Greigii-Hybriden.*

Túlipa greigii Regel stammt aus Turkestan, also aus dem Genzentrum der Gattung. Sie ist schön und großblumig, wurde 1872 von Regel entdeckt. Sie hat gegen 3 cm breite, rotbraune, zugespitzte Zwiebeln und wird 20 bis 30 cm hoch, der Stengel ist flaumig behaart. Die Blätter sind am Rande gewellt, lanzettförmig, knorpelrandig und mit länglichen braunen Flecken getüpfelt. Die Blüten werden groß, breitglockig, purpur- bis scharlachrot mit einem schwarzen, gelbgeranderten Basalfleck, die Staubgefäße sind schwarz. *T. greigii* blüht im April. Sie will warm stehen, braucht gute Drainage und im Sommer Wärme und Trockenheit, damit die Zwiebeln gut ausreifen. Man muß sie also notfalls mit einer Glasglocke oder mit einem Stück Folie bedecken. Nicht ganz so empfindlich und anspruchsvoll sind die Sorten. Genannt seien davon: 'Red Riding Hood' – eine Hauptsorte, Blüten leuchtend scharlachrot, Laub auffällig braun gestreift, 20 cm hoch, Flor spät; 'Pandour' – hellgelb, karmin geflammt; 'Fiesta' – etwa 35 cm hoch, sehr große, scharlachrote Blumen bringend, und 'Romantik', deren Blumen einen schmalen, gelben Rand bekommen. Die Hybriden haben teilweise sehr große Zwiebeln. Regel nannte *T. greigii* die „Königin der Wildtulpen".

Klasse XV: *Alle sonstigen Wildtulpen.*

Wir führen die wichtigsten für den Garten geeigneten Arten in alphabetischer Reihenfolge auf.

Túlipa batalínii Regel stammt aus Turkestan, wo sie 1867 entdeckt wurde. Sie ist eine kleine, zierliche Tulpe mit runden, gegen 2 cm breiten Zwiebeln und schmalen, in einer Rosette erscheinenden, blaugrünen Blättchen. Im April/Mai blüht sie auf etwa 10 cm hohen Stielen mit schmalen, hellgelben Blüten, deren äußere Perigonblätter zugespitzt und außen grün angelaufen sind, die inneren sind dagegen abgestumpft, die Staubgefäße werden gelb. Durch Kreuzung dieser Art mit der nahestehenden rot blühenden *T. linifolia* entstand die Sorte 'Bronce Charm' – bronze- bis aprikosenfarbene Blüten.

Túlipa biflóra Pall. stammt aus Osteuropa, wo die Art in der südlichen Sowjetunion auftritt und von dort bis Sibirien verbreitet ist. Auch sie ist klein und zierlich. Die Zwiebeln sind lang und schmal, bis 1 cm breit, sie treiben im März/April 3 bis 5 schmale, bronzegrüne, schlaff auf der Erde liegende Blätter und blühen auf etwa 15 cm hohen Stielen mit 3 bis 5 grünlichweißen, manchmal lila angehauchten Blumen. Die Blüten breiten sich bei voller Sonne sternförmig aus und haben am Grunde jedes Blütenblattes einen kleinen gelben Fleck; die Staubbeutel sind gelb.

Túlipa clusiána DC., die Damentulpe, stammt aus Iran und tritt auch im angrenzenden Irak und in Afghanistan auf, ist aber seit über 300 Jahren im Mittelmeerraum verwildert. Clusius führte sie 1611 als Gartenblume an. Die Zwiebeln werden kastanienbraun, bis 2,5 cm breit und treiben Ausläufer, an deren Ende Brut erscheint. Die Blätter sind graugrün, aufrecht, schmallinealisch oder riemenförmig, 20 bis 35 cm lang. Die Blüten werden 2,5 bis 3,5 cm lang, glockigtrichterförmig, später breiten sie sich sternförmig aus, Blütenfarbe innen weiß, außen violett oder rot mit weißen

Túlipa eichleri — Túlipa linifólia — Túlipa praestans — Túlipa sylvéstris

Kanten. Die 3 äußeren Blumenblätter sind zugespitzt-lanzettlich, die 3 inneren abgestumpft und etwas kürzer, die Staubbeutel und der Pollen purpurfarben. Die Art blüht im April. Man muß die Zwiebeln etwa 15 cm tief legen, sie wollen einen sehr gut drainierten Standort. Leider dauert die Damentulpe bei uns selten aus, der Winter ist ihr zu feucht. Die Blumen lassen sich als Schnittblumen verwenden und sind besonders apart.
Túlipa didiéri Jord. ist eine der „Neo-Tulpen". Das sind vor allem in Südeuropa im vorigen Jahrhundert aufgefundene Tulpen, die vielfach nur auf kleinen Arealen auftreten und für verwilderte Gartenflüchtlinge gehalten werden müssen; sie gehören zur Gruppe der Gesnerianae. T. didieri hat bis 2,5 cm breite, eirunde Zwiebeln, 4 lanzettliche blaugrüne Blätter mit gewelltem Rand, und auf 30 bis 50 cm hohen Stengeln bringt sie 5 bis 6 cm lange, glockenförmige, wohlriechende, scharlachrote, zuweilen etwas braun angelaufene Blumen, innen haben sie einen tiefgrünen oder schwarzen Fleck mit gelbem Rand. Die Staubgefäße sind schwarz, die Art blüht im Mai, sie wurde in Savoyen auf Äckern gefunden und war früher dort sehr häufig.

Túlipa eichleri Regel wurde 1872 in der Nähe von Baku gefunden. Sie ist eine sehr schöne Art, aber anspruchsvoll: Sie will einen warmen, geschützten Standort und muß im Sommer gut ausreifen können, darf im Winter nicht zu naß stehen. Die Pflanzen haben verhältnismäßig große, bis 6 cm breite Zwiebeln und graugrüne, lineal-lanzettliche Blätter, die länger als der Stengel werden. Sie blühen mit glockenförmigen, voll geöffnet bis 20 cm breiten Blumen, deren elliptisch-lanzettliche, in eine lange Spitze auslaufende Blütenblätter sich am Ende etwas einrollen. Blütenfarbe leuchtend tiefrot mit einem diamantschwarzen, glänzenden, gelbgesäumten Fleck im Innern. Die Staubgefäße sind schwarz. Die Blumen sehen förmlich elegant aus. T. eichleri wird 30 bis 40 cm hoch und blüht im April. Die Sorte 'Excelsa' hat größere Blumen, wird etwas höher und wächst williger als die Stammform, auch fehlt auf der Außenseite der Blütenblätter der graue Anhauch, welcher beim Typus häufig vorkommt.
Túlipa hágeri Heldr. ist in Kleinasien und Griechenland anzutreffen. Sie hat eirunde, 2 bis 3 cm breite, zugespitzte, rotbraune Zwiebeln und 4 bis 5 Blätter, welche eine Rosette bilden und einen rot angelaufenen Rand haben. Die Blumen erscheinen auf Stielen, die bis 15 cm lang sind. Sie werden etwa 5 cm breit und öffnen sich bei Sonnenschein weit, Farbe innen kupfrig, außen grün überlaufen oder mit einem breiten grünen Streifen versehen, der Fußfleck im Innern ist gelb, Staubgefäße tief dunkelbraun bis schwarzrot. Die Pflanzen blühen im April/Mai und sind sehr durabel. Schöner ist die Sorte 'Splendens' — sie hat meistens mehrere Blumen je Stiel, diese werden größer und leuchtend kupferbronzefarben.

Túlipa kolpakowskiána Regel stammt aus Ostturkestan, wo man sie in der Karakum-Steppe im Umkreis des Aralsees finden kann. Sie hat schiefe, etwa 2,5 cm breite, matt bronzefarbene Zwiebeln und 2 bis 4 schmale, am Rande knorpelige, gewellte Blätter und blüht mit anfangs glockigen, später sternförmig gespreizten, gegen 5 cm breiten Blumen. Sie sind innen gelb, außen orange überlaufen oder gefleckt, die Staubfäden gelb. Der Stengel wird bis 20 cm hoch, Flor gegen Ende April/Anfang Mai. Manchmal sitzen 2 Blumen am Stengel. Die Art ist ausdauernd, aber gegen Winternässe empfindlich.
Túlipa linifólia Regel aus Turkestan hat eirunde, etwa 2 cm breite Zwiebeln und schmale, gewellte, rot gerandete Blätter, die auf dem Boden liegen, also nicht aufrecht stehen. Die Blumen erscheinen im April/Mai, werden 3 bis 4 cm breit, breitglockig, heller oder tiefer rot mit schwarzem Fußfleck. Der Blütenstiel ist rot angelaufen. Sie blüht Jahr für Jahr.
Túlipa marjoléttii Perr. et Song. ist wie T. didieri eine „Neo-Tulpe" aus Südfrankreich. Sie wird 25 bis 35 cm hoch, hat lanzettliche bis linealische, am Rande leicht gewellte Blätter und bis 6 cm große, anfangs hellgelbe, später fast weiße, scharlach geflammte Blumen mit einem schwarzblauen Fußfleck und hellgelben Staubgefäßen, Flor im Mai. Die Pflanzen sind hart und setzen auch reichlich Brut an. Man kann die Blumen schneiden

Túlipa praestans Th. Hoog stammt aus Mittelasien und wurde erst 1901 im Altai entdeckt, tritt auch im Pamir

Tu

Túlipa tárda

auf. Die Pflanzen haben ovale, etwa 3 cm breite und breitere, zugespitzte Zwiebeln mit stumpfbronzefarbener Schale. Sie bekommen 4 bis 6 blaugrüne, längliche Blätter mit V-förmigem Kiel und behaarter Rückseite. Der Stengel wird 20 bis 30 cm hoch und trägt 2 bis 4 glockige, etwa 6 cm lange, feurig orangerote Blumen mit purpurnen Staubgefäßen, ohne Fußfleck. Die Art blüht im April und fällt durch die glühende Farbe sofort auf. Es gibt mehrere Sorten: 'Füsilier' – etwa 30 cm hoch, sie hat bis 5 Blüten, hellscharlachrot; und 'Tubergens Varietät' – etwas niedriger im Wuchs, meistens mit 3 Blüten je Stengel. T. praestans ist dauerhaft und hart. Ihre Farbe wirkt weithin und ist einzig in ihrem Feuer. Man darf sie nicht in Massen pflanzen.

Túlipa spréngeri Bak. aus Armenien hat eirunde, gegen 3 cm breite Zwiebeln mit dunkelbrauner Schale. Sie bekommt 4 bis 6 linealisch-lanzettliche, flache Blätter und bringt auf 30 bis 40 cm hohen Stengeln einfarbig scharlachrote, nur gelegentlich schmal grünlichgerandete, breit-glockenförmige, etwa 6 cm lange, später sternförmige Blüten mit gelben Staubgefäßen. Die Art blüht spät, nach den Darwin- und Cottage-Tulpen! Sie samt sich sogar selbst aus. Eine Tulpe, die fast niemand kennt, die aber viel häufiger gepflanzt werden sollte.

Túlipa stelláta Hook. aus Mittelasien, wo die Art in Afghanistan und im Westhimalaja auftritt, ähnelt der Damentulpe sehr. Sie hat bis 2 cm breite, runde Zwiebeln mit einer dunkelbraunen Schale und 3 bis 5 schmale, blaugrüne, manchmal am Rande gewellte Blätter. Die Blüten erscheinen auf 15 bis 30 cm hohen Stengeln, sind sind glockig und öffnen sich bei voller Sonne sternförmig, sie werden gelb, an der Außenseite rot überlaufen. Die 3 äußeren Blütenblätter sind kürzer und schmaler als die inneren, Flor im April.

Túlipa sylvéstris L., die Weinbergstulpe, ist die einzige Art, welche im südlichen Mitteleuropa wild auftritt. Sie wird 30 bis 40 cm hoch und hat nickende Knospen, die sich bei voller Sonne öffnen. Die Blumen sind innen gelb, außen grünlich und duften nach Veilchen. T. sylvestris treibt zahlreiche Ausläufer und kann im Garten lästig werden, blüht auch zu selten reich; April/Mai.

Túlipa tárda Stapf (syn. T. dasystemon hort. non Regel) stammt aus Ostturkestan und hat 2 cm breite und auch breitere Zwiebeln mit orangebrauner Schale. Die Blätter bilden meist eine Rosette, es erscheinen 2 bis 7, sie sind bis 12 cm lang und 2 cm breit. Der Stengel wird 10 bis 15 cm hoch, bleibt also verhältnismäßig niedrig, er trägt mehrere kurz gestielte, sternförmige Blüten. Sie sind gelb, haben aber auf jedem Blütenblatt eine große weiße Spitze, die Außenseite wird grau mit Grün und manchmal auch etwas rot überlaufen, die Staubgefäße sind gelb. Die Art blüht im April/Mai, ist sehr dauerhaft und bildet mit den vielen Brutzwiebeln bald ansehnliche Horste. Man soll etwa 10 cm tief legen.

Túlipa tubergeniána Th. Hoog aus Mittelasien gehört zur Gruppe Eichleres. Die Pflanzen haben ovale, bis 4 cm breite Zwiebeln, die kurz zugespitzt sind und deren Schale rotbraun ist. Sie bringen 4 bis 5 blaugrüne, aufrechte, länglich-elliptische Blätter mit einer V-förmigen Falte am Fuß und auf Stengeln, welche bis 30 cm hoch werden, große, dunkelrote Blumen. Die äußeren Blütenblätter sind spitz, am Ende etwas zurückgeschlagen, die inneren werden breiter und haben eine kurze, gleichsam angesetzte Spitze. Der Fußfleck ist schwarz und hat gelbe Leisten an den Seiten, die Staubbeutel sind dunkel. Blütezeit ist im April. Die Art ist nicht so prächtig wie T. fosterana; sehr schön aber die mit einer Darwin-Tulpe erzielte Hybride 'Candidate' – wüchsig, große Blüten, feurigrot mit großem, schwarzem Fußfleck, etwas später blühend, eine sehr zuverlässige Tulpe, die man auch auf bunte Beete im Garten setzen und schneiden kann.

Bewertung, Verwendung, Anzucht: Die Wildtulpen sind nicht weniger schön und in ihrer Art genauso wichtig wie die Gartentulpen. In ihrer Tracht sind sie mannigfaltiger, im Farbenspiel eintöniger, bei einzelnen ist die Tönung sehr glühend und von großer Fernwirkung und wird von keiner Gartensorte erreicht, geschweige denn übertroffen. Eine Ausnahme bildet nur die Mai-Tulpe 'Advance', doch ist diese eine Hybride, an der *Tulipa greigii* beteiligt ist. Groß ist auch die Verschiedenheit der Blütenformen und der Blumenblätter. Einzelne Arten stellen Ansprüche: sie wollen so stehen, daß ihre Zwiebeln im Sommer gut ausreifen können. Die besonders empfindlichen wie die schöne T. lanata wurden in unsrer Liste gleich ausgelassen sowie manche andere, auch die violett blühende T. pulchella aus Iran, die in großer Höhe auf dem Monte Elwend gleich nach der Schneeschmelze blüht.

Wildtulpen sind mehr oder weniger Dauerpflanzen, man soll sie an Plätze setzen, wo sie lange bleiben und einwachsen können. Das gilt auch für die Arten, welche im Sommer völlig trocken stehen möchten; es wird vorgeschlagen, sie alljährlich aus dem Boden zu nehmen und im Herbst neu zu legen, aber das ist nicht mehr als ein fataler Ausweg. Gern setzt man die Wildtulpen ins Alpinum oder in besondere Beete, die wüchsigen Arten kann man auch neben andere Blumenzwiebeln bringen... aber alle müssen ungestört bleiben. Einzelne setzen an zusagenden Standorten Samen oder reichlich Brut an und vermehren sich selbst. Wichtig sind gute Drainage, viel Humus im Boden unterhalb der Zwiebel und bei den stattlichen Arten mäßige Düngung mit einem Volldünger in der ersten Zeit der Entwicklung. In stark sandigen Böden sollen Humus und eingebrachter verrotteter Dünger in die Schicht oberhalb der Zwiebeln kommen; unterhalb der Zwiebeln würden sie zu stark ausgewaschen und blieben ohne Wirkung. In der Regel findet man die Zwiebeln nicht an dem Platz wieder, wohin man sie gelegt hat, sie stecken meistens tiefer: sie haben selbst mit Hilfe von Stolonen die Tiefe aufgesucht, die ihnen am günstigsten ist. Im allgemeinen legt man 10 bis 15 cm tief, der Boden soll sandig-lehmig sein. Samenbildung schwächt die Zwiebeln, doch läßt sich dem durch Düngung abhelfen, falls man Samen braucht. Man lege im Herbst, am besten bis Mitte Oktober. Der Boden darf nicht sauer, er sollte leicht alkalisch sein. Vermehren kann man durch Brutzwiebeln und aus Samen. Gartenfreunde befassen sich damit aber kaum. Tulpenanbau ist eine Spezialkultur.

Túnica → **Petrorhágia**

Týpha · Rohrkolben
Typhaceae ♃ ○ ◐ ◑ ≈

Týpha latifólia

Man findet den Namen bereits bei Theophrast, der damit verschiedene Typha-Arten bezeichnete; vielleicht steckt darin das Wort typhein = rauchen, qualmen... es könnte sich darauf beziehen, daß die Stengel als Brennmaterial verwendet wurden. Es sind meistens ansehnliche Sumpf- und Wasserpflanzen mit einer kräftigen, kriechenden Grundachse, aufrechten Stengeln und linealischen, auf dem Rücken flachen Blättern. Die Blüten sind klein und stehen in kolben- oder walzenförmigen Ähren oder Scheinähren. Die Gattung umfaßt gegen 15 Arten, welche über die ganze Erde verbreitet sind.
Týpha angustifólia L. ist eine einheimische Art, die 1 bis 1,5 m hoch wird und 4 bis 9 mm breite Blätter hat. Die Kolben sind kastanienbraun und werden gegen 1,5 cm dick. Sie erscheinen im Juli/August.
Týpha latifólia L. ist in ganz Europa zu finden und wird bis 2,5 m hoch. Die Blätter sind graugrün, schwertförmig, bis 1 m lang und 2,5 bis 4 cm breit. Der Kolben ist zuletzt schwarzbraun, er enthält nur noch die weiblichen Blüten, da die oberhalb sitzenden männlichen Blüten abfallen. Auch diese Art blüht im Hochsommer.
Týpha mínima Funck tritt ebenfalls in Europa auf und wird 50 bis 70 cm hoch. Die Blätter der Laubtriebe sind sehr schmal. Der weibliche Kolben ist länglich-eiförmig. Die Art blüht oft bereits Ende Mai und im Juni.

Bewertung, Verwendung, Anzucht: Typha sind dekorative Wasserpflanzen, eignen sich auch für Bach- und Teichufer und selbst für sumpfige Stellen im Garten und Park. Sie wachsen kräftig, besonders *T. latifolia*, und nehmen bald viel Platz ein. Sie können auch zartere Gewächse verdrängen. Es ist also abzuwägen, ob man sie pflanzen soll oder auf sie verzichten muß. Haben sie sich einmal eingenistet, wird man sie schwer wieder los! Sie wachsen in jedem Boden, Trockenheit wird für kurze Zeit vertragen. Man vermehrt durch Teilung im Frühjahr oder aus Samen. Aussaat im Frühling in Schalen oder Töpfe oder auf ein Freilandbeet mit kräftiger Erde, das ständig feucht gehalten werden muß. Die Keimlinge erscheinen bald, und man sollte die jungen Pflanzen noch im Laufe des Sommers oder spätestens im nächsten Frühjahr an den vorgesehenen Platz setzen.

U

Ursínia anethoídes   Uvulária grandiflóra

Ursínia · Ursinie
Compositae ☉ ○ ◐ ◑ ✄

Die Pflanzen wurden nach dem Regensburger Geistlichen Johannes H. Ursinus (1608–1666) benannt, der eine Art Dendrologie verfaßt hat, das Arboretum Biblicum. Ursinien sind zierliche ein- und mehrjährige Kräuter oder Halbsträucher mit großen, reizenden Blüten; manche Arten duften aromatisch. Die Gattung umfaßt gegen 60 Arten und tritt nur in Südafrika auf.
Ursínia anethoídes (DC.) N. E. Br. bildet kahle oder nur sehr wenig behaarte, reichlich sich verzweigende Büsche mit etwa 3,5 cm langen, fein-fiederschnittigen Blättern. Sie bringt auf festen, weit aus dem Laube ragenden Stielchen etwa 5 cm breite Blütenköpfe. Diese haben eine dunkle Scheibe und einen dichten Ring leuchtend orangefarbener Zungenblüten mit einem roten oder purpurfarbenen Punkt am Fuße jedes Blütenblattes. Die Pflanzen werden 25 bis 50 cm hoch, blühen sehr reich und lange, von Juni bis in den September. Zu erwähnen ist ferner, daß sich die Blumen auch an trüben Tagen öffnen und bis in den Abend hinein offen bleiben, während sich die andern Arten nur bei Sonne öffnen.
Ursínia speciósa DC. wird 30 bis 40 cm hoch, bildet reichlich sich verzweigende Büsche und bringt auf etwa 8 cm langen Stielen bis 4 cm breite Blumen. In der Knospe nicken sie, richten sich dann aber auf. Ihre Scheibe ist gelb, und die Strahlenblüten werden hellgelb in einem sehr angenehmen Ton. Es gibt auch eine Sorte 'Albida', bei welcher die Scheibenblüten fast weiß sind. Die Pflanzen blühen vom Juli bis zum September, die Blumen öffnen sich nur bei Sonnenschein.
Ursínia versícolor N. E. Br. (syn. U. pulchra N. E. Br.) wird 30 bis 50 cm hoch, hat sehr zierliches Laub mit linealischen Zipfeln und bringt auf langen, dünnen Stielen etwa 5 cm breite Blumenköpfe. Die Scheibenblüten sind purpurfarben bis bräunlich, die Zungenblüten lebhaft gelb mit einem kleinen dunklen Fußfleck. Auch diese Art blüht von Juli bis September.

Bewertung, Verwendung, Anzucht: Ursinia heißen in Südafrika Jewels of the Field, also Juwelen des Feldes, und sie verdienen diesen Namen wahrhaftig. Sie sind wunderhübsche Sommerblumen, die leicht wachsen und geringe Ansprüche stellen. Ein kleines Manko ist, daß sie bis auf U. anethoides nur bei Sonnenschein ihre Blumen entfalten, aber diesen Zug findet man ja bei vielen Südafrikanerinnen. Man kann sie für bunte Beete nehmen und auch in Töpfe oder breite, flache Schalen setzen, die man auf Sitzplätzen aufstellt. Der Boden soll durchlässig und kräftig sein. Am Standort ist volle Sonne unerläßlich. Man kann Mitte April oder später an den vorgesehenen Platz säen und muß dann auf etwa 20 cm Abstände ausdünnen. Man kann auch in ein halbwarmes Frühbeet säen, pikiert in Torftöpfe und pflanzt samt diesen später aus. Solche Bestände werden viel üppiger und blühen reicher. Die Blumen von U. anethoides sind auch aparte Schnittblumen. Man schneide ziemlich knospig.

Uvulária · Trauerglocke
Liliaceae ♃ ◐ ● ◑ ♡

Im Namen steckt das lateinische Wort uvula, das kleine Traube bedeutet. Es nimmt auf den traubenförmigen Blütenstand Bezug. *Uvularia* sind Stauden mit einem kräftigen, häufig kriechenden Erdstamm und aufrechten, beblätterten Stengeln, an deren Enden im Frühling meistens gelbe, hängende Blüten erscheinen. Sie ähneln in ihrer Tracht etwas dem Salomonssiegel. Die Gattung umfaßt 5 Arten, welche im Osten der Vereinigten Staaten auftreten.
Uvulária grandiflóra Sm. wird 30 bis 50 cm hoch und hat oben sich verzweigende Stengel und eirund-lanzettliche, zugespitzte, stengelumfassende, etwa fingerlange Blätter, die wunderbar frischgrün sind. Die Blüten erscheinen aus den Achseln der mittleren und oben sitzenden Blätter. Sie werden bis 4 cm lang, schmal, stehen einzeln oder zu wenigen beisammen, gestreckt-glockenförmig, Farbe gelb, im Innern mit einem orange Streifen auf jedem Blumenblatt. Die Blüten erscheinen im April und weitere bis Juni.
Uvulária perfoliáta Sm. wird ähnlich hoch, hat aber blaugrünes Laub, die Blätter sind oval, kurz zugespitzt. Sie bekommt etwas kürzere hellgelbe Blüten.

Bewertung, Verwendung, Anzucht: Uvularia sind Gewächse für absonnige Standorte, und sie brauchen tiefgründigen, leicht anmoorigen, frischen Boden. Man muß also notfalls Torfmull oder Heideerde einarbeiten. Die Pflanzen zieren durch ihr Laub, die Blüten fallen weniger auf, man kann *Uvularia* als Bodendecke verwenden. Stehen sie ausreichend feucht, hält sich das Laub lange; ist der Standort zu trocken, vergilbt es bereits im Sommer. Im ganzen sind die Trauerglocken Liebhaberpflanzen, die absonnige Plätze verschönen. Man soll sie lange an ihrem Fleck lassen. Vermehrt wird durch Teilung im Spätsommer. Man setzt die Teilstücke in mäßig große Töpfe und kultiviert darin. Bis zum nächsten Spätsommer sind sie verkaufsstark.

V

Venídium · Venidie
Compositae ☉ ○ ◐

Die Bedeutung des Namens ist unbekannt, vielleicht steckt darin das lat. vena = Ader oder Rippe im Hinblick auf die gerippten Früchte. Es werden ein- oder mehrjährige Kräuter, deren grüne Teile wenig oder stark behaart sind. Sie blühen mit großen, meist orange Blüten. Die Gattung umfaßt gegen 20 Arten, welche alle in Südafrika auftreten.

Venídium decúrrens Less. (syn. *V. calendulaceum* hort.) wird 40 bis 60 cm hoch und ist in Südafrika eine Staude, hier behandelt man es als Einjahrsblume. Die Pflanzen haben niederliegend-aufsteigende Stengel, leierförmige, weißfilzige Blätter, die oben allmählich fast verkahlen. Die Blüten erscheinen auf langen Stielen aus den Blattachseln und werden rund 4 cm breit. Sie haben eine dunkle Scheibe und leuchtend gelbe Zungenblüten, Flor von Juli an, manchmal bis zum Herbst.

Venídium fastuósum Stapf ist eine annuelle Art, die breite Büsche bildet und sich vielfach verzweigt. Die unteren Blätter sind leierförmig und fiederschnittig, die weiter oben erscheinenden werden linealisch bis lanzettlich, sie sind nicht so tief geteilt. Alle grünen Teile bedeckt ein spinnwebartiger Filz. Die Blüten werden bis 10 cm breit und stehen auf langen Stielen, Farbe goldgelb bis tieforange, jedes Zungenblatt hat einen dunklen Fußfleck. Die Scheiben sind bräunlichpurpurfarben. Blütezeit von Juli bis September.

× **Venídioarctótis suttónii** Sut. ist eine Hybride aus *Venidium* und *Arctotis*. Die Pflanzen wachsen niederliegend-aufstrebend und gehen in die Breite, sie erinnern etwas an Gazanien, werden aber bis 30 cm hoch. Die Blumen sind etwa 8 cm breit, haben so lange Zungenblüten wie *Venidium* und eine kleine Scheibe wie *Arctotis*. Die Zungenblüten werden gelb, orange, lachsfarben, ihr Farbenspiel reicht auch bis Weiß und Rosa. Der Flor fällt in den Sommer.

Bewertung, Verwendung, Anzucht: Es sind prächtige Sommerblumen, aber die Blüten öffnen sich nur bei vollem Sonnenschein, auch vertragen die Pflanzen nasses Wetter nicht. In feuchten, kühlen, sonnenlosen Sommern versagen sie völlig. Da niemand genau weiß,

Venídium fastuósum

wie das Wetter wird, muß man mit dergleichen rechnen. *Venidium* eignen sich für bunte Blumenbeete, auch für leere Stellen im Steingarten und selbst für leicht geneigte Böschungen. Der Boden soll kräftig, nicht zu leicht, aber höchst durchlässig sein, der Standort in voller Sonne liegen. Nässe ist schädlich. Man erhält schöne Exemplare, wenn der Boden tief mit grobem Schotter durchsetzt wird und die Pflanzen an einem Platz stehen, an dem sich die Wärme fängt... also vor einer Südwand, auf einem nach Süden abfallenden Hang, mit großen Steinen im Rücken und an den Seiten. Die Anzucht erfolgt aus Samen. Man kann nach Anfang Mai direkt an den vorgesehenen Platz säen und muß später notfalls ausdünnen. Vorteilhafter ist, in ein Frühbeet zu säen, dann in Töpfe zu pikieren und schließlich auszupflanzen.

Verátrum · Germer
Liliaceae ♃ ○ ◐ ◑ ♡

Veratrum ist bei Plinius der Name einer Pflanze, die auch Helleborus hieß, und *Veratrum nigrum* wurde im Mittelalter bei verschiedenen Autoren auch Weiße Nießwurz genannt. Doch sind *Helleborus* und *Veratrum* Mitglieder zweier Pflanzenfamilien, die auch nicht entfernt zusammenhängen. *Veratrum* werden stattliche Stauden mit einem starken Erdstamm, aufrechten Stengeln, von unten an dicht besetzt mit gro-

Ve

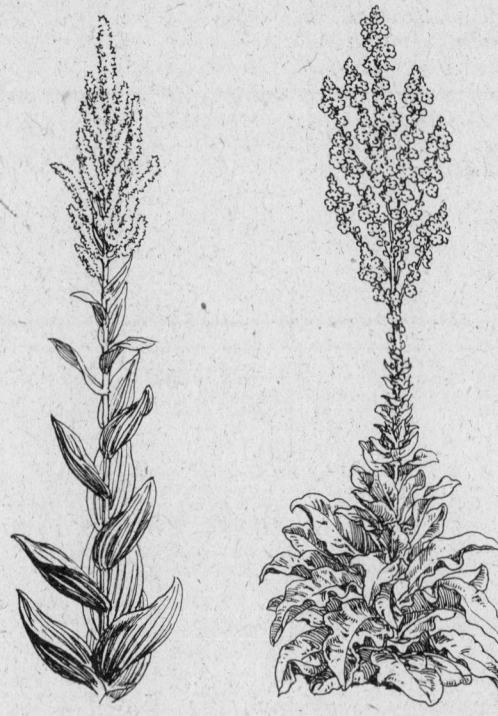

Verátrum califórnicum   Verbáscum olýmpicum

ßen, breitovalen, zugespitzten, auffällig faltig-genervten Blättern und mit vielen Blüten in einer imposanten, aus zahlreichen Trauben zusammengesetzten Rispe. Die Gattung umfaßt rund 45 Arten, von welchen nur 2 in Europa wild wachsen, die anderen treten in Nordostasien und Nordamerika auf. Aus den Wurzeln von *V. album* wird die Droge Rhizoma veratri gewonnen. Man stellt daraus die Tinctura Veratri her. Ihre Hauptbestandteile sind die Alkaloide Jervin und Veratriodin, die sogar in schwersten Fällen von Diarrhoe helfen. Selbst bei Kranken, deren Reaktionskraft des Körpers fast erloschen scheint, vermag der Weiße Germer die Organe wieder zu beleben. Wo Germer auf Weidewiesen steht, meidet ihn das Vieh, und im Garten ist es nötig, Kinder davon fernzuhalten.

Verátrum álbum L. tritt in Europa und Ostasien auf. Man findet den Weißen Germer vor allem auf feuchten Wiesen, auf Flachmooren, meistens in den alpinen und subalpinen Regionen der Gebirge. Die Pflanzen werden 50 bis 150 cm hoch, die Blätter unten breit-oval, oben lanzettlich, unterseits sind sie flaumig befilzt. Der Blütenstand wird 30 bis 70 cm lang und besteht aus ährigen Trauben. Die Blumen sind weiß, gelblich oder auch grünlich und 8 bis 15 mm breit, Blütezeit im Juli/August.

Verátrum califórnicum Durand tritt im Westen der Vereinigten Staaten auf und wird gut 2 m hoch und noch darüber hinaus. Die Blüten sind weiß, der Blütenstand ist sehr groß, so daß er überwiegt. Die Art duftet köstlich und stark.

Verátrum nígrum L. wächst in Europa und Asien und wird etwa 1 m hoch. Die Blüten sind schwarzpurpurfarben und duften nach angegangenem Obst. Die Art blüht gleich den anderen im Hochsommer.

Bewertung, Verwendung, Anzucht: Veratrum californicum ist die schönste Art und bildet mit den Jahren höchst imposante Pflanzen. Es paßt zwischen niedrige und bis etwa 40 cm hohe Stauden und Gräser als stark abweichender Kontrast oder als Einsprengsel, ferner eignet es sich für den Rand von Becken und Wasserläufen, in denen sich die Exemplare spiegeln. Die beiden andern Arten kommen für gleiche Stellen, ferner für große Alpina und Hochstaudenpflanzungen in Betracht. Obwohl ihre Blüten trübe und dunkle Farben haben, fallen auch diese Germer durch ihre Tracht auf. Sie kommen uns eigenartig urwüchsig vor. Sie wünschen tiefgründigen, frischen, guten bis sehr guten Boden und versagen an trockenen Standorten. Man kann sie halbschattig setzen, aber sie gedeihen auch in voller Sonne. Der Boden muß nur feucht und nährstoffreich genug sein. Die Pflanzen können viele Jahre alt werden, doch nutzen sie den Boden stark aus. Sollen sie in Wuchs und Schönheit nicht nachlassen, muß man sie vom 5. oder 6. Standjahre an regelmäßig düngen, indem man den Platz mit stark gedüngtem Torfmull belegt. Es dauert wenigstens 4 Jahre, ehe die Exemplare annähernd ihre volle Größe erreichen. Vermehrt wird durch Teilung im Herbst, aber man braucht dazu wüchsige, nicht zu alte Bestände. Man kann auch aus Samen heranziehen. Er muß im Herbst gesät werden und keimt im Frühling. Bis zum ersten Flor vergehen 4 bis 6 Jahre. Die Sämlinge werden gern in tiefen Töpfen kultiviert. Sie sollen schon als junge Pflanzen an den zukünftigen Standort gesetzt werden.

Verbáscum · Königskerze
Scrophulariaceae ☉ ◐ ◑ ◐ ◯ ♡

Verbascum ist ein Pflanzenname, den bereits Plinius gebrauchte, seine Ableitung ist unsicher. *Verbascum* sind aufrechte, vielfach stattliche, meistens zweijährige, selten ausdauernde Kräuter. Viele Arten haben eine wollige, filzige oder zottige Behaarung. Die Blüten sind ausgebreitet-radförmig, gelegentlich auch glockig. Sie stehen in endständigen, langen, einfachen oder verzweigten Trauben oder Ähren und werden gelb, braun, purpurfarben bis violett und selten sogar weiß. Die Gattung umfaßt gegen 250 Arten, die in Europa und vom Mittelmeerraum her ausstrahlend bis Mittelasien auftreten. Viele Arten sind xerophil. Die Blüten von *V. densiflorum* sind ein Bestandteil des Brusttees, eines bekannten Hausmittels bei Husten, entzündlichen Erkrankungen der Luftwege und Verschleimungen.

Verbáscum bombycíferum Boiss. (syn. V. lagurus hort. non Fisch. et Mey.) wurde unlängst am Monte Brussa in Kleinasien wiederentdeckt. Es kam zunächst als V. 'Broussa' in den Handel, hieß auch V. lagurus hort; der angeführte Name ist aber der gültige. Es wird bis mannshoch, hat dicht befilzte, weißsilbrige Blätter und einen Blütenstand mit einer langen Achse, die sich im unteren Teil steif verzweigt. Die Trauben sind ebenfalls dicht seidig behaart, die Blüten sitzen in Knäueln, Farbe schwefelgelb, Flor im Juni/August. Danach sterben die Pflanzen ab. Durch die weiche, dichte Behaarung und die Tracht sind sie äußerst wirksam.

Verbascum-Hybriden ist der jetzt übliche Sammelname für Pflanzen, die durch Kreuzungen verschiedener Arten entstanden sind. Sie werden 1 bis 1,2 m hoch, haben ovale, an beiden Enden zugespitzte, grüne, oft gerunzelte Blätter und reichlich sich verzweigende, schlanke Blütenstände. Die Blumen sind sehr verschieden gefärbt. Es kommen immer wieder neue Sorten heraus, ihre Züchter sitzen fast alle in England. Aufgeführt seien: 'Cotswold Queen' – bis 150 cm hoch, Blumen bronze- oder bernsteinfarben; 'Pink Domino' – bis 100 cm hoch, Blüten rosa mit bronzefarbenem Schimmer, Ton nicht sehr leuchtend; 'Harkness' – schwefelgelb.

Verbáscum longifólium Ten. var. **pannósum** (Vis.) Murb. (auch als V. pannosum in Katalogen geführt) tritt auf dem Balkan häufig auf und wächst an trockenen, steinigen Plätzen. Die Pflanzen werden 70 bis 120 cm hoch, haben sehr große, graufilzige Rosetten und goldgelbe, etwa 3 cm breite Blüten in reichlich sich verzweigenden, rund 30 cm langen, bis 9 cm breiten Ähren. Die Staubfäden sind violett behaart. Die Art ist hier zweijährig und blüht im Hochsommer. Ihre Blattrosetten werden besonders ansehnlich.

Verbáscum nígrum L. ist in ganz Europa verbreitet. Die Pflanzen werden 60 bis 100 cm hoch und haben kantige, rot angelaufene Stengel. Ihre Blätter sind eirund-länglich, unten gestielt, oben fast sitzend, am Rande gekerbt, dunkelgrün, oberseits nur wenig behaart, unterseits graufilzig. Die Blumen werden bis 2 cm breit, Blütenfarbe gelb mit einem roten Herzfleck, sie stehen meistens zu dreien beisammen, die Ähren sind lang, sie bringen kaum oder nur einzelne, am Grunde entspringende Äste. Die Art ist zweijährig und blüht von Juni an. Sie wächst schlanker als die meisten anderen Arten, wirkt also zierlicher.

Verbáscum olýmpicum Boiss. stammt vom Bithynischen Olymp in Nordwest-Kleinasien und bildet zunächst eine große, grundständige Rosette eilanzettlicher, ganzrandiger Blätter, die dicht grau befilzt sind. Im zweiten oder dritten Jahre blühen die Exemplare mit einer großen, vielfach sich verzweigenden traubigen Rispe. Blühend wird die Pflanze 1,5 bis 2 m hoch. Auch die Rispe ist graufilzig behaart, und die Blüten werden gelb, bis 3 cm breit; Blütezeit im Hochsommer. Die Art kann 2 bis 3 Jahre alt werden, manchmal hält man sie für eine Staude.

Verbáscum phoeníceum L. tritt in Nord- und Osteuropa, aber auch im Süden unsres Erdteils, in der südlichen UdSSR und in Westasien auf. Die Pflanzen sind meistens zwei-, manchmal auch mehrjährig. Sie werden 60 bis 100 cm hoch, haben eine an den Boden geschmiegte Rosette eiförmiger, gestielter, dunkelgrüner, nur spärlich behaarter Blätter und blühen in einer Traube, die sich nur wenig verästelt. Die Blumen sind violett in verschiedenen Tönungen, Florzeit im Frühling bis Sommeranfang.

Bewertung, Verwendung, Anzucht: Königskerzen sind sehr dekorative Stauden, die sich leicht selbst aussamen. Sie brauchen Platz oder einen Hintergrund, vor dem sie wirken, der sie gleichsam hervorhebt. Die Blattrosetten sind oft genauso schön wie die Blütenstände. Leider ist keine einzige Art lange ausdauernd... kann es wohl auch bei der Mächtigkeit der Pflanzen und ihrer verhältnismäßig raschen Entwicklung nicht sein. Die meisten Arten blühen bereits im 2. Jahre. Sie wünschen sonnige Standorte, vertragen aber auch vorübergehende leichte Beschattung. Sie wachsen in nahezu jedem Boden, nur in feuchtem nicht. Man kann die Arten in bunte Blumenbeete als Solitär einfügen, in größere Alpina, in Staudenwiesen setzen und auch im kleinen Garten als imposanteste Pflanze verwenden. In Parken wirken sie einzeln und auch in größeren Kolonien. Man vermehrt die Arten aus Samen, die Hybriden durch Wurzelschnittlinge. Da *Verbascum* sehr leicht bastardieren, müssen die Samenträger verschiedener Arten weit voneinander entfernt stehen. Man sät im Frühling bis Frühsommer aus, pflanzt auf Anzuchtbeete und von diesen entweder im Frühherbst oder im nächsten Frühjahr an den vorgesehenen Platz, kann aber auch aus dem Saatbeet an Ort und Stelle versetzen. Die Wurzelschnittlinge sollen im Spätherbst in Handkästen gelegt werden. Über Winter hält man sie im Kalthaus, nach dem Austreiben topft man in 8-cm-Töpfe und pflanzt später mit Ballen aus. Wenn man die Blütenstiele sofort nach dem Abblühen herunterschneidet, bestocken sich die Hybriden ausreichend und kommen im nächsten Jahre wieder. Unterläßt man diesen Handgriff, können sie eingehen.

Verbéna · Verbene, Eisenkraut
Verbenaceae ☉ ○ ◐ ○ ♡

Verbena hieß bei den Römern die heutige Art *V. officinalis,* man findet sie bei Vergil und Plinius erwähnt; die Ableitung des Namens ist dunkel. Verbenen sind ein- oder mehrjährige Kräuter und Halbsträucher mit niederliegend-aufsteigenden oder aufrechten Stengeln, gegenständigen oder quirl- und wechselständigen, verschieden geformten Blättern. Sie blühen mit kleinen Blumen, die aber in dicht gedrängten Ähren, Rispen oder Dolden beisammenstehen und oft sehr lebhafte Farben haben. Die Gattung umfaßt gegen 200 Arten. Sie treten vor allem in Amerika auf, nur *V. officinalis* findet sich in Südeuropa als ein alter Kulturbegleiter unbekannter Herkunft. Plinius berichtet, daß im Altertum keine Pflanze

Ve

Verbéna bonariénsis

Verbéna-Hybride

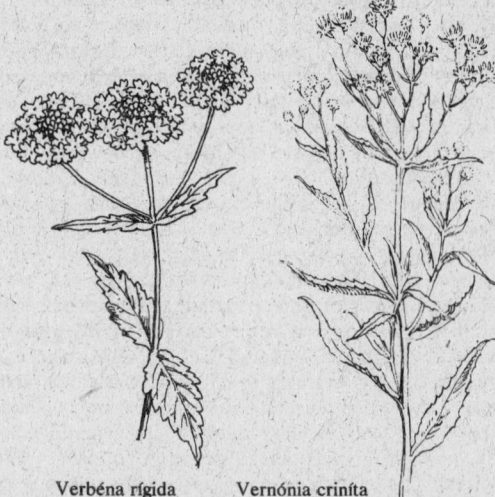
Verbéna rígida   Vernónia criníta

berühmter gewesen sei, im alten Ägypten hieß sie „Träne der Isis", wir nennen sie Eisenkraut. Sie galt als das beste Heilmittel bei Wunden durch eiserne Waffen und wurde von den Hippokratikern gegen Unfruchtbarkeit und Blasensteine empfohlen. Noch heute gehört sie in Griechenland zu den Glück verheißenden Pflanzen. Erwähnt sei schließlich, daß zur Familie der Verbenaceae *Tectona grandis* zählt, ein sehr stattlicher Baum, dessen äußerst haltbares und schönes Holz als Teakholz im Schiffsbau der Segelschiffszeiten bedeutsam war und in unserem Jahrhundert als Möbelholz eine Art Renaissance erlebt. Die meisten Verbenen, die wir kultivieren, sind in ihrer Heimat Sträucher oder Stauden, doch ist ihnen unser Winter zu hart und naß. Sie werden hier daher als Annuelle behandelt.

Verbéna bonariénsis L. tritt in fast ganz Amerika auf und ist dort eine Staude. Die Pflanzen wachsen aufrecht, haben vierkantige, behaarte Stengel und werden 50 bis 100 cm hoch und noch höher. Die Blätter sind länglich, nicht sehr groß, zugespitzt mit gezacktem Rand, runzelig, am Rande leicht zurückgerollt. Die Art blüht in endständigen, schirmförmigen Doldenähren, die im Verlaufe des Flors weiterwachsen und einen zylindrischen Zapfen bilden. Die Blumen sind intensiv lila, in ihrem Ton steckt viel Rot. Die Pflanzen blühen hier von Mitte Juni bis zum Frost.

Verbéna canadénsis (L.) Britt. (syn. V. aubletia Jacq.) kommt im Südosten der Vereinigten Staaten wild vor und ist dort eine Staude, wird aber bei uns einjährig kultiviert. Die Pflanzen wachsen bis 40 cm hoch, verästeln sich von Grund an reichlich und bilden eine Menge aufstrebender Stengel. Die Blätter sind eirund bis länglich-eirund, eingeschnitten gelappt oder gezähnt, manchmal auch tief dreispaltig und haben einen geflügelten Stiel, Länge 3 bis 7 cm. Die Blumen stehen in 2 cm breiten, anfangs kopfigen, später etwas gewölbten Ähren und werden rötlichpurpurn, Florzeit von Juli bis Oktober. Es gibt auch eine cv. 'Compacta', welche dichte Büsche bildet, sehr reich blüht und den Boden völlig bedeckt.

Verbena-Hybriden ist der jetzt legitime Sammelname für Gartenverbenen, die durch Kreuzungen mehrerer Arten entstanden sind und früher V. × hybrida Voss hießen. Sie werden bis 45 cm hoch, haben 6 bis 10 cm breite, vielblumige Dolden in den verschiedensten Farben. An allen grünen Teilen sind sie mit grauen Haaren bedeckt und haben eiförmig-längliche, abgestumpfte, gezähnte oder am Grunde gelappte Blätter. Es gibt 2 Gruppen, die Grandiflora-Verbenen, welche aufrecht wachsen und bis 40 cm hoch werden, und die Compacta-Verbenen, die bis 25 cm hoch werden, sie wachsen niederliegend-aufsteigend. Es gibt einfarbige und geäugte Sorten, und das Farbenspiel umfaßt Weiß, Rosa, Feuerrot bis Karmin, Hellblau bis Tiefviolett. Von beiden Gruppen werden heute Mischungen der schönsten Sorten angeboten. Diese Verbenen blühen von Juli bis Ende September.

Verbéna peruviána (L.) Britt. (syn. V. chamaedryfolia Juss.) stammt aus Südamerika, wo die Pflanzen von Peru bis Bolivien, in Brasilien und Argentinien verbreitet sind. Sie werden 10 bis 15 cm hoch, haben einen reichlich gabelig sich verzweigenden Wuchs, bei welchem die Stengel auf dem Boden aufliegen, nur die Spitzen der kleinen Zweige richten sich auf. Die Blätter sind eirund-länglich, gekerbt bis eingeschnittengesägt und oben behaart. Die Pflanzen blühen in endständigen, 2 bis 3 cm breiten Doldenköpfchen, die sich im Laufe des Flors etwas strecken, die Blumen werden feuerrot, ohne Auge. Der Flor beginnt in der zweiten Hälfte des Juni und zieht sich bis zum Herbst hin. Die Art gehört zu den Eltern der Gartenverbenen, ist aber auch selbst schön, vor allem besticht die glühend rote, einheitliche Farbe der Blüten und der teppichartige Wuchs der Pflanzen.

Verbéna rígida Spreng. (syn. V. venosa Gill. et Hook.)

tritt in Nord-, Mittel- und in Südamerika auf und wird 25 bis 40 cm hoch. Die Pflanzen wachsen aufrecht, haben steife, vierkantige Stengel und oval-längliche, ungleich gesägte, oberseits runzelige Blätter. Die Blüten erscheinen in zuerst doldenförmigen, später sich streckenden Ähren, die in der Regel zu dreien beisammenstehen und gleich hoch werden. Farbe der Blumen dunkellila. Es gibt auch eine Sorte 'Alba' mit weißen und 'Lilacina' mit etwas intensiver getönten, leuchtenden Blüten. Die Pflanzen blühen vom Juni bis zum Herbst. Im Weinbauklima ist *V. rigida* unter einer Decke von Fichtenreisig winterhart.

Verbéna ténera Spreng. (syn. *V. pulchella* Sw.) aus Brasilien, auch in Argentinien und Uruguay heimisch, wächst niederliegend, und die auf dem Boden aufliegenden Stengel schlagen leicht Wurzeln, so daß die Pflanzen Teppiche bilden. Diese sind sehr dicht, frisch- oder tiefgrün bis graugrün – je nach dem Standort. Insgesamt werden die Bestände 10 bis 15 cm hoch, in milden Gebieten bis 25 cm. Die gegenständigen Blätter werden bis 4 cm lang, eirund-länglich, tief, oft fiederförmig eingeschnitten, und die linealischen Lappen sind am Rand etwas gebogen. Die Blüten stehen in anfangs kopfigen, später sich streckenden Ähren, deren Breite bis 4 cm beträgt. Sie erscheinen in großer Menge, Blütenfarbe rosiglila, doch überwiegt im Gesamteindruck das Grün des Laubes. Es ist gleichsam mit lila Tupfen gemustert.

Bewertung, Verwendung, Anzucht: Alle Arten eignen sich sehr gut für bunte Beete, und man kann sie in kleinen Horsten einstreuen oder in großen Flächen pflanzen. Dafür kommen besonders *V. canadensis*, *V. peruviana* und *V. rigida* in Betracht. *V. tenera* dagegen ist eine vorzügliche Bodendecke und kann auch als Unterpflanzung für Hochstammrosen oder Lantana-Stämme verwendet werden. Die Verbena-Hybriden nimmt man ebenfalls für bunte Beete oder pflanzt sie als Einfassung und auch in größeren Flächen, doch ist zu bedenken, daß bei den Pflanzen lange das Grün des Laubes überwiegt oder stark hervortritt. Zu den Sommerblumen, die weithin leuchtende bunte Flächen ergeben, gehören Verbena-Hybriden also nicht. *V. canadensis* und *V. rigida* dagegen bilden kräftige Farbflecken. Die Blumen der Grandiflora-Verbenen kann man auch schneiden; sie sehen als Tafelschmuck wunderhübsch aus. Viele Verbenen lassen sich aus Samen leicht heranziehen. *V. peruviana* und *V. tenera* werden meistens durch Stecklinge vermehrt und als Jungpflanzen – ähnlich wie Ageratum-Sorten – vertrieben... ihr Samen reift bei uns schlecht. Man hat dann freilich die Last der Überwinterung und ist gezwungen, ständig Mutterpflanzenbestände zu halten. Man kann im Laufe der Zeit besonders feurig und reich blühende Klone selektieren. Die anderen Arten sät man im März in Handkästen, die zunächst warm stehen müssen, oder in ein Frühbeet mit Unterwärme. Die Samen keimen nicht ganz gleichmäßig, sondern nach und nach. Auch sei erwähnt, daß der Samen von Verbenen sich nur 2 Jahre hält, dann wird er taub und läuft nicht mehr auf. Die Sämlinge pikiert man in Handkästen oder in kleine Töpfe... am besten in Torftöpfe und stellt sie in einem Kasten auf, der anfangs Unterwärme haben sollte. Man darf nicht zu eng aufstellen, sonst drücken sich die heranwachsenden Bestände in die Höhe. Muß man durch Stecklinge vermehren, so mache man einen Satz im Hoch- bis Anfang Spätsommer und von diesem im Frühling die Hauptmenge der benötigten Pflanzen. Die Töpfe mit den überwinternden Exemplaren sollen nicht sehr groß sein, aber man senke sie in Sand oder Torf ein. Nach Mitte Mai wird an den vorgesehenen Platz gebracht. *V. rigida* kann man gleich an den gewünschten Platz säen, bei großen Flächen mit der Kleinsämaschine in Reihen. Bei gut keimfähigem Samen, den man vorsichtshalber etwas dick säen sollte, bekommt man dichte Flächen, die bald anfangen zu blühen und ziemlich niedrig bleiben.

Vernónia · Vernonie
Compositae   ♃ ○ ◐ ≈ ○

Die Pflanzen wurden zu Ehren von William Vernon († 1711) benannt, einem englischen Botaniker, der Teile des nordamerikanischen Kontinentes bereist hat. Es sind Stauden, die den gleichfalls aus Nordamerika stammenden Herbstastern ähneln. Die Blumen haben aber keine gelben, sondern rötliche Scheiben, und alle Blüten eines Korbes sind fruchtbar. Die Gattung umfaßt gegen 500 Arten, von welchen 9 oder 10 in den wärmeren oder tropischen Teilen der Neuen Welt auftreten, die anderen in Gebieten mit gemäßigtem Klima. In Europa fehlen sie völlig. Die ölhaltigen Früchte von *V. anthelmintica* aus Indien werden dort innerlich gegen Eingeweidewürmer angewendet, das Kraut äußerlich gegen Läuse und andere Schmarotzer.

Vernónia crinita Raf. wächst im Süden und in den Mittelstaaten der USA an feuchten Stellen in Buchenwäldern oder am Rande von Gewässern. Die Pflanzen werden 2 m hoch und höher, wachsen straff aufrecht. Sie haben bis 15 cm lange, schmale, lanzettliche Blätter, 8 bis 20 mm breit, sitzend, glattrandig oder fein gezähnt. Sie blühen im Herbst mit schmalen oder breiten, flachen oder sich etwas streckenden Trugdolden oder Rispen. Die Blüten sind purpurfarben, die Scheibe ist dunkel.

Vernónia noveboracénsis (L.) Michx. tritt von Massachusetts bis Mississippi auf Marschböden und auf feuchten Waldblößen auf, am häufigsten in der Nähe der Küsten. Sie erreicht 120 bis 200 cm Höhe, die Stengel sind kahl bis schwach behaart, und die linealischen bis lanzettlichen Blätter werden 10 bis 20 cm lang, 2 bis 5 cm breit. Sie haben eine lange Spitze, gesägte oder auch ganze Ränder, ihre Oberseite ist rauh, die Unterseite etwas filzig. Die Blüten erscheinen im August/September in einer lockeren, breiten Trugdolde oder Dolde und sind violett bis purpurfarben.

Ve

Verónica spicáta   Verónica subséssilis   Verónica prostráta 'Pallida'

Bewertung, Verwendung, Anzucht: Diese Staude ist bei uns nur wenig bekannt. Sie eignet sich für Plätze mit feuchtem bis nassem Boden, auch für den Rand von Gewässern, und verträgt vorübergehend Trockenheit. Der Standort soll in voller Sonne liegen. Man kann die Exemplare viele Jahre sich selbst überlassen, sie werden allmählich mächtig wie die Rauhblattastern. Züchterisch wurden sie bisher nicht bearbeitet. Vermehrt wird durch Teilung oder Stecklinge, auch aus Samen. Die Anzucht macht keine Schwierigkeiten, und innerhalb einer Vegetationsperiode werden die Bestände verkaufsstark.

Verónica · Ehrenpreis
Scrophulariaceae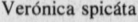

Die Herleitung des Namens ist unsicher. Es heißt, daß die Pflanzen zu Ehren der Heiligen Veronika benannt seien. Es sind ein- und mehrjährige Kräuter oder Halbsträucher von verschiedener Tracht, die 5 cm hoch werden können und den Boden polsterartig überspinnen oder 2 m Höhe erreichen. Sie blühen in end- oder achselständigen Trauben. Die Hauptfarbe ist Blau, daneben gibt es weiß, rosa bis purpurfarben blühende Arten. Die Gattung umfaßt gegen 150 Arten, die in vielen Teilen der Erde in Gebieten mit gemäßigtem und auch kaltem Klima vorkommen. Eine lange Reihe von Arten tritt in den Gebirgen auf. *V. beccabunga,* die Bachbunge, und *V. officinalis* sind Heilkräuter, die bei Verschleimungen der Luftwege helfen.

Verónica arména Boiss. et Huet aus Armenien, wo die Pflanzen in den Bergen vorkommen, wird 5 bis 10 cm hoch. Die Blätter sitzen gegenständig, sind grün, tief eingeschnitten und kahl oder schwach behaart. Die Blüten werden blauviolett und haben dunkle Adern, sie erscheinen in blattachselständigen, vielblumigen Trauben im Juni bis August. Die Art wünscht sonnigen Standort und durchlässigen, etwas armen Boden. Es gibt auch eine cv. 'Rosea' mit rosa Blümchen, die dunkle Adern haben, daher wirkt ihre Farbe etwas getrübt. Die Pflanzen bilden dichte Polster.

Verónica austríaca L. ssp. **teūcrium** (L.) D. A. Webb (syn. V. teucrium L.) wächst in Süd- und Mitteleuropa in Auen, am Rande von Wäldern und Gebüschen wild und wird rund 40 cm hoch. Die Pflanzen haben einen etwas kriechenden Wurzelstock und zahlreiche dünne, aber aufrechte Stengel und zugespitzt-eiförmige, scharfgesägte Blätter. Die Blüten erscheinen zahlreich in lockeren Trauben, die aus den Blattachseln hervorkommen, Florzeit Mai bis Juli. Man verwendet heute aber nur noch Sorten, von welchen aufgeführt seien: 'Knallblau' – leuchtend enzianblau, die Rispen sind länger als bei den andern Sorten, daher auch länger in Flor; 'True Blue' – stärker wachsend, tiefblau. Die Art ist wüchsig und anspruchslos.

Verónica fruticulósa L. stammt aus den Pyrenäen. Die Pflanzen erreichen 10 bis 20 cm Höhe, wachsen niederliegend-aufsteigend, haben unten verholzende Stengel und einen holzigen Wurzelstock. Die Blätter stehen gegenständig, sind bis 1,5 cm lang, länglich oder elliptisch, derb, beinahe lederartig und glänzen. Die Blüten erscheinen einzeln oder in kurzen Trauben, werden bis 1 cm breit, Farbe rosa mit dunkleren Adern, Florzeit Juni/Juli. Diese Art stellt keine besonderen Ansprüche.

Verónica gentianoídes Vahl tritt in Kleinasien und im Kaukasus auf und wächst auf feuchten Weiden und an Rändern von Sümpfen. Die Pflanzen werden 30 bis 40 cm hoch, haben breit-lanzettliche, 5 bis 15 cm lange, ganzrandige Blätter, die etwas dick sind und glänzen. Die Blüten erscheinen in vielblütigen, längeren Trauben, welche auf beblätterten Stengeln sitzen. Die Blumen sind hellblau, dunkel geadert, Florzeit im späten Frühling. Ferner gibt es eine Sorte 'Pallida' mit weißen, hellblau geaderten Blüten und 'Variegata', deren Blätter weiß gefleckt sind. *V. gentianoides* wünscht halbschattigen Standort und frischen bis etwas feuchten, kühlen Boden.

Verónica longifólia L. wächst in Süd- und Mitteleuropa meistens auf nassen Wiesen, an Ufern und Gräben und wird bis 1,2 m hoch. Die Stengel stehen straff aufrecht und verzweigen sich nur oben etwas, so daß sie mehrere Blütenrispen tragen, die aus den Blattachseln kommen oder endständig erscheinen. Die Blätter werden bis 15 cm lang, lanzettlich, am Rande glatt oder gezähnt. Die Blütenstände sind lange Ähren. Die Farbe der Blumen ist mittelblau, der Flor fällt in den Sommer. Außer der Art, die sich leicht durch Samen vermehren läßt, gibt es folgende Foerster-Züchtungen: 'Blauriesin' — sehr starkwüchsig und gesund; 'Schneeriesin' — weiße Ähren.

Verónica orientális Mill. stammt, wie die Artbezeichnung andeutet, aus Kleinasien, wo die Pflanzen an steinigen, trocknen Plätzen auftreten. Sie werden etwa 10 bis 20 cm hoch, wachsen polsterartig mit niederliegend-aufsteigenden Stengeln. Die Blätter sind 1,5 bis 3 cm lang, keilförmig bis länglich-lanzettlich, die unteren eingeschnitten gezähnt, die oberen meistens ganzrandig. Aus den oberen Blattachseln kommen zahlreiche kurze, lockere Trauben mit kleineren blauen bis rosa getönten Blümchen. Blütezeit ist im Juni bis August. Die Art stellt geringe Ansprüche, sie will sonnig und trocken stehen, gut wächst sie auf Böschungen und Hängen.

Verónica prostráta L. (syn. *V. rupestris* hort.) ist in Mittel- und Südeuropa und in Asien bis Sibirien zu Hause. Man begegnet ihr auf sonnigen Lehnen, im lichten Gebüsch, auf Waldblößen. Die Pflanzen wachsen kriechend, und nur die letzten Zweige und die Blütenähren ragen in die Höhe. Insgesamt werden sie 10 bis 20 cm hoch, die Blätter sind länglich-rund, am Rande grob gekerbt, sie werden bis 25 mm lang. Die Blumen erscheinen in langgestielten, kegelförmigen Trauben. Die Pflanzen blühen sehr reich und bilden im Flor eine einzige Farbfläche. Bei der Art sind die Blumen leuchtend mittelblau.

Außer ihr gibt es die Sorten 'Alba' mit weißen, 'Pallida' mit bläulichweißen und 'Rosea' mit rosa getönten Blumen. Sie blühen alle im Mai/Juni und stellen an Boden und Standort keine Ansprüche.

Verónica spicáta L. ist ebenfalls in ganz Europa verbreitet und wächst vor allem auf trockenen Wiesen, in Heiden, auf Böschungen. Die Pflanzen werden 30 bis 40 cm hoch, haben eirund-längliche oder abgestumpft-lanzettliche, sitzende Blätter, die am Rand grob gekerbt und leicht behaart oder kahl sind. Die Blüten sind blauviolett und sitzen in schmalen, spitzen, sich nur wenig verzweigenden ährigen Trauben. Florzeit ist im Sommer bis Herbstanfang. Außer der Art gibt es Kulturvarietäten. Wir führen an: 'Erica' — dunkelrosa, etwa 30 cm hoch; 'Heideröschen' — leuchtend rosa; 'BS-Spitzentraum' — mittelblau, und 'Romiley Purple' — leuchtend purpurviolett.

Verónica subséssilis (Miq.) Carr. (*V. longifolia* var. *subsessilis* Miq.) ähnelt *V. longifolia*, wächst aber gedrungener, hat größere, breitere, dunkelgrüne, etwas steife Blätter und bringt eine unten breite, lange und sehr dichte Ähre mit tiefdunkelblauen Blümchen. Diese Pflanze stammt aus Japan, sie ist hier nicht immer völlig winterhart, auch älchenanfällig, aber sehr schön! Höhe bis 50 cm.

Verónica surculósa Boiss. et Bal. aus Kleinasien bildet bis 8 cm hohe, dichte Matten. Die ganze Pflanze ist grau behaart. Ihre Blätter sind klein, rundlich-elliptisch und am Rande tief grob gekerbt. Die Blüten erscheinen in aufrechten, bis 7 cm langen Trauben und werden blau oder kräftig rosa, dann aber mit weißem Saum; Flor von Mai bis Juli. Die Art ist anspruchslos und eignet sich für Steingärten, wo sie sonnig und trocken stehen will. Manchmal säen sich die Pflanzen von selbst aus.

Verónica virgínica L. (syn. Veronicastrum virginicum (L.) Farw., Leptandra virginica (L.) Nutt.) stammt aus dem Osten der Vereinigten Staaten, wo die Pflanzen auf feuchten Plätzen wachsen. Sie werden 100 bis 150 cm hoch und auch noch höher, haben aufrechte, feste Stengel, und die bis 15 cm langen, lanzettförmigen, zugespitzten, feingezackten Blätter stehen in Kränzen zu 4 bis 6 beisammen. Die Blüten erscheinen in aufrechten Trauben, die end- und blattachselständig sitzen. Die Pflanzen blühen sehr reich, die Blumen sind hellblau, ihre Staubgefäße ragen weit heraus, was sehr auffällt. Es gibt auch eine Sorte 'Alba' mit weißen Blütenähren. Blütezeit ist von Juni bis August. Die Art ist hier völlig winterhart, sie wünscht aber etwas frischen, tiefgründigen Boden, der auch humusreich sein soll; sie kann in voller Sonne und etwas beschattet stehen. Es sind imposante Pflanzen, die man bei uns viel zu selten sieht. Die Blumen halten sich abgeschnitten mehrere Tage.

Bewertung, Verwendung, Anzucht: Die beiden hochwachsenden Arten *V. longifolia* mit ihren Sorten und *V. virginica* eignen sich für bunte Blumenbeete und passen in Horsten zwischen niedrige und eben mittel-

Vi

Vínca minor

hohe Stauden, ferner an Ränder von kleinen Gewässern oder Becken. Man kann sie sogar in Massen pflanzen, muß dann aber Stauden mit gelben oder weißen Blumen als Nachbarn und Ergänzung hinzufügen... sie sollen entweder niedriger oder viel höher sein. Was für Boden sie wünschen, ist bei den Arten oben erwähnt. Die bis 40 cm hohen Arten eignen sich ebenfalls für Blumenbeete, daneben für Steingärten, für Wildstauden-, Gräser- und Heidegärten, in die man sie in größeren Mengen oder nur vereinzelt in kleinen Horsten einstreut. Die niedrig bleibenden, rasig wachsenden Arten eignen sich ebenfalls für Steingärten, ferner als Bodendecke und einzelne auch für Gräber oder Einfassungen. Die meisten stellen keine oder geringe Ansprüche. Als Nachbarn wünschen sie Gewächse mit abweichend gefärbtem Laub und Arten, die gelb oder weiß, orange und rosa blühen, selbst rot blühende können zu ihnen passen. Nach dem Flor sollte man, sofern es sich ermöglichen läßt, die Blütenstände mit der Grasschere abschneiden. Fast alle lassen sich durch Aussaaten vermehren, doch fallen die Nachkommen nicht ganz treu, der Samen von V. gentianoides ist selten zu haben. Es wird also in der Regel geteilt... bei den Sorten oder Farbauslesen ist keine andere Vermehrungsart möglich. Man teile vor der Blüte. V. subsessilis läßt sich nur durch Stecklinge im Mai vermehren. Die Bestände werden bis zum Herbst verkaufsstark.

Vínca · Immergrün
Apocynaceae ♃ ⦿ ● ⦾ ⦿ △ ┃ ♡

Die Pflanzen hießen bei Plinius vinca pervinca, daraus wurde durch Abkürzung unser Vinca; wahrscheinlich steckt das lateinische Wort vincire darin, es dürfte sich auf den kriechenden, auch windenden Wuchs beziehen, wenngleich die Pflanzen mehr auf dem Boden hinlaufen. Es sind ausdauernde Kräuter, vereinzelt auch Halbsträucher. Die Stauden bringen lange, am Boden liegende Triebe, die aus den Blattwinkeln leicht Wurzeln schlagen. Sie haben immergrüne, etwas lederige, glänzende, gegenständig sitzende Blätter. Die Blumen erscheinen in den Blattachseln, ihre Krone ist ansehnlich, tellerartig, Blütenfarbe blau, weiß oder rot. Die Gattung umfaßt 12 Arten, welche teils in Europa und im Mittelmeergebiet, teils in den Tropen und in Ostasien auftreten. Die im südlichen Mitteleuropa heimische Vinca minor ist vor allem in den Alpen und Voralpen eine sehr volkstümliche Pflanze und wurde mit vielen Bräuchen und Ereignissen verknüpft. Aus ihren Ranken werden Brautkränze und auch Kränze für verstorbene Kinder gewunden; ferner haben sie für heiratsfähige Mädchen die verschiedensten Bedeutungen. Im nördlichen Mitteleuropa tritt diese Art als Neophyt auf.

Vínca májor L., das Große Immergrün, bringt meterlange Triebe, die zunächst aufrecht wachsen und erst später hängen oder sich auf den Boden senken. Die Blätter werden bis 5 cm lang, etwa 2 cm breit, oval-lanzettlich, zuweilen am Ansatz herzförmig, lederartig derb, die jungen Blätter glänzen wie lackiert. Die Blüten sind 4 cm breit, hellblau, sie erscheinen im April/Mai. Außer der Art gibt es die Sorte 'Variegata' mit weiß und gelb marmorierten Blättern. Die Art ist in Weinbaugebieten beinahe völlig winterhart, sonst nur ausnahmsweise. Man sollte sie deshalb in Mitteleuropa im Kalthaus überwintern.

Vínca mínor L. wird 10 bis 15 cm hoch und hat lange, am Boden hinlaufende, sich häufig verzweigende Triebe und länglich-elliptische oder eirunde Blätter, die leicht glänzen. Die Blumen sind bei der Art hell- bis mittelblau, sie werden 2 cm breit oder breiter und haben eine etwa 1 cm lange Röhre. Außer der Art gibt es die Sorten 'Alba' mit weißen, 'Rubra' mit purpurnen und 'Rubra Plena' mit purpurnen, gefüllten Blüten, ferner 'Grüner Teppich' – Laub frischgrün und dicht, und 'Bowles Variety' mit relativ großen, leuchtend mittelblauen Blüten, welche sehr zahlreich erscheinen.

Bewertung, Verwendung, Anzucht: Vinca major wird bei uns vor allem als Ampelpflanze verwendet und wirkt durch ihre langen, geschmeidigen Triebe... am besten sehen starke Exemplare aus, die viele Stengel treiben. Man kann die Art auch für Blumenkästen und große Kübel oder Schalen nehmen. *Vinca minor* ist eine Pflanze zum Bekleiden des Erdreichs. Sie blüht im Frühling, wünscht frischen, kräftigen Boden und gedeiht in voller Sonne nicht ganz so freudig wie in Halbschatten und Schatten. Sie wächst selbst unter Bäumen, nur muß die Erde kräftig und frisch sein: Lauberde und Rasenerde sowie gedüngter Torf oder Hornspäne sind ideal. *Vinca minor* ist als Bodendecke sehr beliebt, man findet sie auch auf Gräbern und kann sie ferner zu Einfassungen verwenden. Vermehrt wird entweder durch Aufteilung der Ranken, sobald diese genügend Wurzeln geschlagen haben, oder durch Stecklinge. Man nimmt dazu die Triebspitzen, die man von den Teppichen schneiden kann, und stört dabei nicht deren Wachstum. Dafür ist aber eine größere Fläche als Mutterquartier nötig. Man schneidet im Spätsommer die fest gewordenen Spitzen, steckt mehrere in 8- oder 9-cm-Töpfe, bringt diese in ein gut schließendes Frühbeet und hält gespannt. Im nächsten Frühling sind die Töpfe fertig und können versandt oder gepflanzt werden. Es ist viel günstiger, Topfballen-Vinca zu pflanzen als Rankenstücke: Man braucht keinen Ausfall zu befürchten und kann viel weiter setzen... mit Abstand von etwa 35 cm.

Víola · Veilchen, Stiefmütterchen
Violaceae ☉ ⊙ ♃ ○ ◐ ◑ ◉ ∥ ✕ ⋀

Viola ist ein altrömischer Pflanzenname, den man bei Vergil, Plinius und andern Autoren findet. Er dürfte ein Diminutiv des altgriechischen ion und früheren vion sein, einer Bezeichnung, die bereits Homer und Pindar gebrauchten. Das Veilchen war bei den Griechen der Antike auch schon eine sehr beliebte, ja gefeierte Blume. Iopoklos = veilchengeflochten hießen dunkelgelockte Frauen, und Pindar nannte Athen iostephanos = veilchenbekränzt. Unser Wort Veilchen ist aus dem Lateinischen entlehnt. Die Pflanzen sind kahle oder behaarte, in der großen Mehrzahl perennierende Kräuter, gelegentlich auch Halbsträucher, mit wechsel- oder grundständigen, ei- oder herzförmigen, gestielten Blättern, und ihre Blüten erscheinen einzeln oder nur ausnahmsweise zu zweien auf verschieden langen Stielen aus den Achseln der Laubblätter. Die Blumen sind fünfzählig, das unterste Blumenblatt ist oft größer und schöner gefärbt als die andern und häufig am Grunde zu einem Sporn ausgezogen, der Honig birgt. Einzelne Arten duften köstlich, andere sind fast geruchlos. Die Gattung ist gegen 400 Arten stark, enthält darüber hinaus noch zahlreiche Unterarten und Variationen. Sie treten in der nördlichen gemäßigten Zone, in sehr eigenartiger Gestalt – zum Teil als Sukkulenten – in den Anden Südamerikas, ferner in den subtropischen Teilen Amerikas, Afrikas, weiterhin in Australien und Neuseeland auf. Sie sind also beinahe Kosmopoliten. Die Menge der Arten wird in zwei Typen aufgeteilt: den Veilchentyp und den Stiefmütterchentyp. Von den Veilchen hat *Viola odorata* große Bedeutung, denn sie wird zur Gewinnung und Herstellung des Veilchenparfüms angebaut. Dem synthetisch erzeugten Ionon muß zur vollen Entfaltung des Duftes etwas natürliches Veilchenparfüm zugesetzt werden. Veilchenpomade gab es bereits im Altertum. Die Blüten wurden in heißes Fett geworfen, dann entfernt und durch neue ersetzt, bis das Fett gesättigt war. Dieses Verfahren, das Mazeration heißt, übt man heute noch. Daneben gibt es die kalte Extraktion mit Hilfe von Petroläther. Der charakteristische, wonnige Duft tritt erst bei starker Verdünnung des gewonnenen Öles auf. Früher wurde *Viola odorata* auch als Heilpflanze bei Katarrhen, ausbrechendem Fieber, Angina und als schweißtreibendes Mittel verwendet. Heute ist man davon abgekommen, aber vielleicht nur vorübergehend. Im folgenden werden die Veilchen in 3 Gruppen behandelt: Gartenstiefmütterchen, Duftveilchen, sonstige Viola-Arten.

Viola-Wittrockiana-Hybriden

Garten-Stiefmütterchen

Viola-Wittrockiana-Hybriden ist der nunmehr gültige Sammelname für die Gartenstiefmütterchen, die früher *V*. × *wittrockiana* Gams und vorher *V. tricolor* var. *maxima* hort. hießen. Die echte *Viola tricolor* L. ist eine ein- oder mehrjährige Pflanze mit kleinen weißen, gelben oder rosa angelaufenen Blüten, deren drei untere Kronblätter dunkle Nektarstriche aufweisen und das unterste dazu noch ein gelbes Saftmal. Man kann sie heute noch auf Feldern als Unkraut finden. Sie gehört neben *V. altaica* und *V. lutea* zu den Eltern unsres Gartenstiefmütterchens, welches also eine Hybride ist ... und zwar eine polyploide. Das Gartenstiefmütterchen ist so bekannt, daß sich eine Schilderung erübrigt. Es gibt verschiedene Klassen und zahlreiche Sorten. Besonders wichtig sind die frühblühenden Klassen, wie die Pirnaer Stiefmütterchen und die Hiemalis-Sorten der Kataloge. Sie zeichnen sich durch große Winterfestigkeit und sehr frühen Flor aus. Wenn im März die Sonne wärmer scheint, öffnen die Büsche ihre ersten Blüten. Anschließend beginnen die Frühen Riesen und Riesen-Vorboten mit ihrem Flor. Sie haben ziemlich große Blumen in meistens reinen Farben. Nicht weniger beliebt bei Gartenfreunden sind auch die später blühenden, riesenblumigen Stiefmütterchen, deren Blüten oft wunderbar bunt werden. Verschiedene Züchter bearbeiten diese Klasse. Ihre Rassen erhielten Bezeichnungen wie: Rogglis Riesen, Schweizer Riesen, Triumph der Riesen, Engelmann's Riesen (eine englische Zucht), Orchideenblütige Riesen und andere. Sie blühen länger als die Hiemalis-Sorten, die Blumen sind viel größer, leiden aber durch Regen.

Bewertung, Verwendung, Anzucht: Stiefmütterchen sind beinahe die ersten Blumen des Jahres und wohl die wichtigsten des Frühlingsflors im Garten und in Grünanlagen. Sie blühen farbenfroh und fallen uns schon von weitem auf. Alljährlich werden sie in großen Mengen gepflanzt. Sie eignen sich aber auch für den kleinsten Garten, in den schon wenige Büsche Leben und Stimmung bringen. Man setzt sie ferner viel auf Gräber und selbst in Blumenkästen und breite Schalen. Schöne Ergänzungen sind eingestreute Darwin-Tulpen, Goldlack und *Erysimum* × *allionii*. Man kann auch Stiefmütterchen, Bellis und Vergiß-

Vi

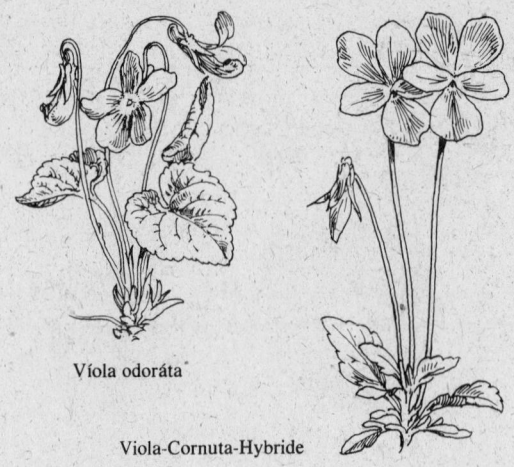

Víola odoráta

Viola-Cornuta-Hybride

meinnicht in kleinem Korn bunt durcheinanderpflanzen. Wittrockiana-Hybriden wünschen guten, in alter Tracht stehenden, neutralen oder leicht sauren Boden und brauchen unbedingt volle Sonne. Schon bei leichter, vorübergehender Beschattung werden sie lang und tragen sich nicht, sondern fallen um und werden unansehnlich. Vermehrt wird durch Aussaat im ersten oder zweiten Drittel des Juli. Man sät in kalte Kästen in humose, mit Torfmull versetzte Erde, die gedämpft sein sollte. Saatmenge je Normalfenster 4 bis 5 Gramm. Bis zum Auflaufen muß man Schatten geben, nach dem Keimen sofort volles Licht. Im Laufe des August pflanzt man auf die Anzuchtbeete, in der Regel 6 oder 7 Reihen, innerhalb der Reihen mit etwa 17 cm Abstand. Man setze nur völlig gesunde, kräftige, buschige Exemplare. Die häufigsten Krankheiten sind Fußkrankheit der Sämlinge und Gelbwerden, Kümmern und Absterben beim Heranwachsen. Die Fußkrankheit tritt bei frischem Dünger im Boden stärker auf als bei abgelagerter Erde. Gegen das Gelbwerden, die sog. Eisenchlorose, hilft Gießen mit verdünnter Jauche, der man auf 100 l immer 15 g Eisenvitriol oder Eisenchelat zusetzt. Die großblumigen Sorten brauchen am endgültigen Standort einen recht humusreichen Boden, nur dann blühen sie lange und erreichen die volle Blütengröße. Die Anzuchtbeete sollen geschützt liegen, damit die Bestände im Frühling so zeitig wie möglich in Flor kommen. In sehr kalten Wintern können Teile der Anzuchten erfrieren, besonders wenn sie exponiert stehen. In offenen, ungeschützten Lagen ist es daher angebracht, vorsorglich dünn mit Reisig zu schützen, was den Anbau aber verteuert. Am reichsten und längsten blühen Stiefmütterchen, welche vom Saatbeet an den endgültigen Standort gepflanzt werden. Aber das ist nicht immer möglich. Meistens werden sie im Frühling von den Anzuchtbeeten verkauft oder auf die Gräber, in die Anlagen gesetzt, also aus dem Boden geholt und gestört. Die Dauer des Flors hängt stark von der Witterung ab: Ist das Frühjahr kühl und der anschließende Sommeranfang auch und noch regnerisch dazu, blühen die Pflanzen bis weit in den Juni hinein und noch länger. Bei jedem neuen Regen bringen sie frische Knospen und offene Blumen. Ist der Frühling trocken und heiß, hält der Flor nur wenige Wochen an, und die Bestände haben kleine Blüten, die rasch vergehen. Das läßt sich kaum ändern.

Duftveilchen

Víola odoráta L., das Wohlriechende Veilchen, trat ursprünglich im Mittelmeergebiet und in den atlantischen Randgebieten Europas auf, hat sich aber über ganz Europa verbreitet und wurde als Gartenpflanze in die übrigen Erdteile eingeführt. Die Pflanzen haben einen kurzen, dicken, weichen Erdstamm und treiben Ausläufer, die meistens erst im 2. Jahre blühen. Die Blätter haben 1 bis 6 cm lange, häufig etwas geflügelte Stiele, sind rundlich-nieren- bis breit-eiförmig, fein gekerbt am Rande, hell- bis tiefgrün. Die Blüten werden 1,2 bis 2 cm lang und sitzen einzeln auf dünnen Stielen, die nach dem Flor schlaff werden. Die Blumen sind tiefblau, es gibt auch ins Rötliche spielende Sorten. Die Blütezeit liegt im März/April. In der Natur findet man Veilchen allenthalben wild. Sie stehen am Fuße nicht zu dichter Hecken, an Wald- und Bachrändern und treten meistens gesellig auf. Vielfach sind sie gartenflüchtig geworden. Goethe hat Veilchen in der Umgebung von Weimar ausgesät... eine sehr menschenfreundliche Tat. Der Flor hängt von der Tageslänge ab. Im Sommer mit seinen langen Tagen bilden die Pflanzen große Blätter, treiben Ausläufer und entwickeln unscheinbare, kleistogame Blüten, die Samen ansetzen. Im Frühling und Herbst mit ihren kurzen Tagen bilden die Veilchen nur kurze Blattrosetten, die Blüten werden groß und ragen über das Laub hinaus; sie sind chasmogam. In Kultur sind die Veilchen bereits seit dem Altertum. Es entstanden zahlreiche Sorten. Die wichtigste ist heute die altbekannte 'Charlotte' — tiefdunkelviolett, großblumig, zum Treiben geeignet, fällt echt aus Samen. Außerdem seien erwähnt 'Triumph' — mit besonders großen Blüten, fast wie bei Hornveilchen, 'Rubra' — rot, und 'Albiflora' — weiß.

Bewertung, Verwendung, Anzucht: Das Veilchen gehört mit Rosen und Lilien zu den volkstümlichsten Blumen und wurde von Pindar bis Goethe unzählige Male besungen. Bei den Griechen war es eine Totenblume. Es war der Persephone geweiht, und man bestreute verstorbene Jungfrauen bei der Aufbahrung mit Veilchenblüten. Dreijährige Knaben schmückte man bei Festen mit Veilchengewinden, da sie die gefährlichen Zeiten der Kinderkrankheiten überstanden hatten. Die Bacchanten banden Veilchensträuße an ihre Thyrsosstäbe, und die Bilder der Hausgötter wurden mit Veilchengebinden geschmückt. Eine der Töchter des Atlas verwandelte sich in ein Veilchen, als sie sich vor Apollo verbergen wollte. In Persien wurde das Veilchen für den Propheten der Rosen gehalten, und arabische Dichter verglichen es mit den Augen der Geliebten. Mohammed selbst sagt, daß es in seiner Herrlichkeit dem Paradiese gleiche. Um 1225 erschien der Veilchenroman, „Roman de la Violette", von Gerbert de Montreuil; auf ihm beruht Webers Oper „Euryanthe", und auch im „Dekamerone" und in Shakespeares „Cymbeline" ist der Sagenstoff verwendet.

Man kann nicht sagen, daß uns die Veilchen ins Auge fallen, sondern sie schmeicheln unserer Nase. Bevor man sie erblickt, nimmt man ihren Duft wahr. Veilchen breiten sich von selbst aus: durch Ausläufer und durch Samen. Dieser wird von Ameisen verschleppt, des Samenmantels wegen. Sämlinge tauchen daher an allen möglichen Plätzen auf, selbst dort, wohin man sie nicht setzen kann. Sie wünschen nicht zu flachgründigen, frischen, kräftigen Boden und blühen in sehr tiefem Schatten weniger reich als an absonnigen bis halbschattigen Plätzen. Sie wachsen auch unter Sträuchern, wenn diese nicht zu dicht stehen. An zusagenden Plätzen sind sie dauerhaft, von allein verschwinden sie nicht. Im Winter soll man die Flächen gelegentlich mit fetter Komposterde, vermischt mit gejauchtem Torf, überziehen. Einem Garten ohne Veilchen fehlt etwas! Die Blüten werden gern gepflückt, und Veilchen werden zur Gewinnung von Schnittblumen auch kultiviert. Man vermehrt sie durch Samen und durch Teilung oder Ausläufer... dies aber nur bei Sorten. Vielfach bezieht man die Sämlinge aus Spezialbetrieben, denn die Anzucht ist mit Schwierigkeiten verknüpft. Der Samen wird dort gewonnen und muß nach dem Pflücken sofort in Sand gebettet werden, sonst trocknet er ein, und es dauert ein volles Jahr, ehe er keimt. Im Spätherbst sät man in kalte Kästen oder auf Freilandsaatbeete, pikiert im Frühling und pflanzt im Juni/Juli auf die Anzuchtquartiere oder verschickt die Jungware. Der Samen keimt nur bei niedrigen Temperaturen, Aussaaten im Hochsommer oder Frühherbst sind zwecklos. Rißlinge und Ausläufer pikiert man im Frühsommer in kalte Kästen, gibt reichlich Schatten und spritzt häufig, später pflanzt man sie wie Sämlinge auf Anzuchtbeete. Man setzt in der Regel 5 Reihen auf ein Normalbeet und in der Reihe mit etwa 20 cm Abständen. Der Boden soll kräftig und etwas schwer sein, am günstigsten ist lehmiger. Auch soll er frisch sein und die Luft feucht; ferner wünschen die Veilchen Schatten vor der vollen Mittagssonne. Sie sind also in der Kultur etwas anspruchsvoll! Man kann die Beete im Spätherbst überbauen, um aus dem Stand die Blumen zu pflücken, kann aber auch in kalte Kästen einschlagen, aus denen man sie vor Anfang Januar an satzweise ins Gewächshaus zum Verfrühen holt. Man setzt sie Ballen an Ballen, es sind zunächst +5 bis 8 °C nötig. Kommen die Knospen hervor, gibt man bei sonnigem Wetter, das wichtig ist, bis 12 °C. Im Winter dauert es vier Wochen bis zum Flor, später nur noch 14 Tage. Hohe Wärme ist abträglich, die Büsche treiben dabei bloß Blätter. Man braucht aber Blätter für die Sträußchen. Um sie zu erhalten, soll man anfangs eine Reihe Ballen in größerer Wärme aufstellen. Später läßt man einige stehen, da nach der Blumenernte das Laub kräftig durchtreibt. Man kann auch in Töpfe setzen und diese aufstellen, um sie blühend zu verkaufen. Man topft im September/Oktober ein, hält bis zum Durchwurzeln unter Glas, später wieder frei und luftig. In kalten Kästen oder in Blocks stehende Bestände kommen etwa Mitte Februar in Blüte. Leider kostet das Pflükken viel Handarbeit, was sich auch nicht abstellen läßt.

Sonstige Viola

Víola cornúta L., das Hornveilchen, stammt aus den Pyrenäen und bildet mit der Zeit breite Polster, die 10 bis 25 cm hoch werden. Die Pflanzen haben einen reich verzweigten, kriechenden Wurzelstock, treiben zahlreiche länglich-eiförmige Blätter und dreieckig-eiförmige Nebenblätter, welche am Rande grob gesägt sind. Die Blumen werden 3 bis 5 cm lang, sind lila bis dunkelviolett, haben ein kleines gelbes Auge, und der Sporn wird dreimal so lang wie die Kelchanhängsel. Florzeit ist von Mai bis September; doch blühen die Büsche nur anfangs über und über, später folgen nur vereinzelt oder in kleinen Mengen Blumen. Die Art selbst ist nicht in Kultur, sondern die unter dem Sammelnamen **Viola-Cornuta-Hybriden** gehenden Züchtungen. Sie entstammen Kreuzungen von *V. cornuta* und *Viola-Wittrockiana-Hybriden*. Es gibt eine große Anzahl Sorten, vor allem englischer Herkunft, aber nur wenige sind in Mitteleuropa wirklich winterhart. Es seien aufgeführt: 'Altona' – cremegelb, etwas empfindlich; 'Blaues Wunder' – leuchtend blau mit violettem Schimmer und sehr lange blühend; 'Germania' – schon gegen 50 Jahre alte, noch unübertroffene Sorte mit verhältnismäßig großen, tiefblauvioletten Blumen, etwa 15 cm hoch werdend; 'G. Wermig' – etwas größere Blüten als unsre Gartenveilchen, Farbe fast wie diese, auf hohen Stielen sitzend, sehr reich blühend, war bis etwa 1920 eine Sorte, die zur Gewinnung von Schnittblumen viel angebaut wurde; 'Hansa' – ähnlich der vorigen, Blumen etwas größer, ebenfalls zum Schnitt gern angebaut; 'W. H. Woodgate' – fast stiefmütterchengroße Blüten, tiefviolettblau. Sie alle haben im Mai/Juni ihren Hauptflor, auf den nach einer Pause eine bescheidene Nachblüte folgt.

Víola grácilis Sibth. et Smith wächst auf dem Balkan und in Kleinasien wild und steht *V. cornuta* nahe. Die Pflanzen bleiben niedriger und bilden dichte Polster. Sie haben eirund-längliche Blätter und bis zum Grunde fiederteilige Nebenblätter mit linealischen Zipfeln, von welchen der mittelste größer ist. Die Blüten erinnern an die Blumen von *V. odorata*, sind violett oder gelb, und ihr Sporn ist zwei- bis dreimal so lang wie die Kelchanhängsel. Die Blütezeit beginnt im Mai und kann sich mit abgeschwächtem Flor bis in den August hinziehen. Auch hier ist die Art kaum in Kultur, son-

Vi

Víola grácilis   Vitaliana primuliflóra

dern es werden Sorten angebaut, welche aus Kreuzungen von *V. cornuta* und *V. gracilis* hervorgegangen sind. Die wichtigste ist 'Lord Nelson' – Blumen tiefviolett.

Víola labradórica Schrank stammt aus Nordamerika und wird 10 bis 15 cm hoch. Die Blätter sind rund und haben eine herzförmige Einbuchtung am Stengelansatz, die Nebenblätter sind linealisch. Die Blumen erscheinen im April/Mai und werden porzellanblau. Manche Pflanzen blühen reich, andere nur spärlich. Wichtiger ist, daß die Blätter auf dunkelgrünem Grunde purpurviolett überlaufen sind, eine Tönung, die sich auch hält. Dieses dunkle Laub ist ein sehr wirkungsvoller Unter- und Hintergrund für die Blüten von Zwiebelgewächsen oder Stauden, welche gleich *V. labradorica* im Halbschatten wachsen. Die Blüten duften nicht.

Víola palmáta L. kommt aus dem Osten Nordamerikas, wo sie in Laubwäldern auftritt. Die Pflanzen haben 5- bis 11lappige Blätter, die Lappen sind bis zur Mitte der Blätter eingeschnitten und die Mittellappen viel länger als die Seitenlappen. Die Blüten werden lila und erscheinen im Mai/Juni. Die ganze Pflanze wird 30 bis 40 cm hoch. Ihr Hauptschmuck ist das tief gelappte Laub. Die Art soll halbschattig bis schattig stehen.

Víola sorória Willd. (syn. *V. papilionacea* Pursh), das Pfingstveilchen, findet man im Osten Nordamerikas in lichten Hainen und Gebüschen an feuchten Plätzen. Es hat ei- bis nierenförmige, bis 7 cm lange, am Rande gesägte Blätter. Die Blüten stehen einzeln auf Stielen, die kürzer sind als das Laub. Sie werden violett, sind groß, das oberste Kronblatt ist weiß und hat violette Streifchen, die Mitte wird gelbgrün bis weißlich. Die Pflanzen blühen im April/Mai und erreichen 15 bis 20 cm Höhe.

Bewertung, Verwendung, Anzucht: Die wichtigsten Veilchen dieser Gruppe sind die Cornuta-Hybriden und *V. gracilis*. Sie blühen reich und sind anspruchslos: Sie kommen in jedem Gartenboden fort. Nur feuchter Lehmboden ist untunlich, da die Pflanzen darin zu mastig werden und leicht auswintern. Der Standort muß in voller Sonne liegen, Nässe ist ungünstig. Über Winter sollte man mit Fichtenreisig schützen. In sehr kalten Wintern erfrieren exponiert stehende Bestände trotzdem. Sie passen zu allen Frühlings- und Vorsommerstauden, wie *Alyssum saxatile, Iberis, Phlox subulata,* halbhohen *Iris, Phlox divaricata, Achillea* und weiteren. Die andern drei sind bodendeckende Stauden für absonnige und halbschattige Plätze, sie wachsen auch unter Bäumen, sofern diese nicht zu dicht stehen, so daß es im Sommer fast kein Licht mehr gibt. Sie wünschen frischen, humosen Boden. Man kann durch Teilung vermehren, einfacher ist Anzucht aus Samen, den man aber selbst ernten muß. Bei Aussaat im Frühling werden die Bestände bis zum Herbst verkaufsstark. Die *Cornuta-Hybriden* und *V. gracilis* lassen sich nur durch Teilung und durch Stecklinge vermehren. Man kann vor dem Hauptflor im Frühling und nach dem Hauptflor im Sommer teilen, muß dann aber zunächst die Pflanzen um etwa zwei Drittel zurückschneiden, damit sie kräftig durchtreiben. Ist dies geschehen, kann geteilt werden ... je nach der Stärke der Mutterpflanzen in 2 bis 5 Stücke. Man teile aber nicht zu scharf. Bei sehr heißem Wetter gibt es auf den Anzuchtbeeten gelegentlich Ausfälle. Im Frühjahr braucht man Ausfälle nicht zu befürchten, man bekommt aber nicht so viele Teilstücke. Häufig werden die Teilpflanzen auch erst in ein Frühbeet pikiert und, nachdem sie schon eine gewisse Stärke erreicht haben, auf die Anzuchtbeete gesetzt. Durch Stecklinge läßt sich im Nachsommer und Herbst vermehren. Es eignen sich nur die Spitzen junger Triebe, die keine Blütenknospen aufweisen dürfen. Man steckt in Handkästen in ein Gemisch von Sand, Torfmull und etwas Lauberde, hält unter Glas gespannt und härtet später ab. Über Winter müssen die Jungpflanzen in einen kalten Kasten kommen, man deckt vorsichtig mit Reisig ab, und bei großer Kälte legt man noch Fenster auf. Im nächsten Frühjahr pflanzt man auf Anzuchtbeete. Die klein- und mittelblumigen Sorten wachsen aus Stecklingen leichter als die großblumigen, sind auch im Winter weniger empfindlich. Alle Arten der Veilchen werden häufig von Wurzelälchen befallen: Es bilden sich Knoten an den Wurzeln, deren Funktion dadurch gestört wird. Der Befall erfolgt vom Boden her, und der Schaden kann beträchtlich sein, manchmal fallen große Teile der Anzuchten den Älchen zum Opfer. Man muß den Boden wechseln und darf nur durch gesunde Stecklinge vermehren. Eine weitere gefährliche Krankheit ist die Rosettenkrankheit. Die Pflanzen bilden infolge starker Stauchung keine normalen, sondern rosettig verkürzte Triebe und wachsen schlechter, schließlich gehen sie ein. Erreger ist der Beta-Virus 1. Direkte Bekämpfung ist leider unmöglich. Man soll solche Exemplare sofort ausmerzen und verbrennen, vorsorglich muß man gegen Blattläuse angehen, die den Virus breitschleppen. Auch bei dieser Krankheit kann es schwere Ausfälle geben.

Vitaliána · Goldprimel
Primulaceae 2 ○ ◐ △

Zu dieser neu benannten Gattung gehört nur eine Art, *V. primuliflora*, die in den mittleren und südlichen Alpen, in den Pyrenäen und im mittleren Apennin auf eng begrenzten Gebieten vorkommt. Diese Pflanze nimmt eine Mittelstellung zwischen *Primula* und *Androsace* ein und stammt vermutlich aus der tertiären Flora. So ist es erklärlich, daß ihre Einordnung und Benennung schwierig war und wiederholt geändert werden mußte. Bis vor wenigen Jahren hieß sie *Douglasia* Lindl. (L.) Hook. f. ex Pax. Denn Pax und Knuth, zwei deutsche Botaniker, die für Englers „Pflanzenreich" die Familie *Primulaceae* bearbeiteten – die Arbeit erschien 1905 –, stellten die Goldprimel irrtümlich zu der amerikanischen Gattung *Douglasia*. Im vorigen Jahrhundert wurde die Goldprimel *Gregoria*, nach dem französischen Botaniker J. Gregoire, dem Verfasser des „Hortus pharmaceuticus Lutetianus" (1638), und *Aretia*, nach dem Schweizer Aretius (1505–1574), einem der ersten Erforscher der Alpenflora, benannt. Der Gattungsname *Vitaliana*, der bisher wiederholt als Artname verwendet worden war, ehrt den Italiener Vitalio Donati (1717–1763), der 1750 in Venedig eine Naturgeschichte des Adriatischen Meeres herausgab, in welcher ein Anhang die Beschreibung unserer Pflanze durch seinen Mitbürger und Freund Lionardo Sesler (gest. 1785) enthält, er nannte sie *Vitaliana*.

Vitaliána primiflóra Bertol. ist ein 5 cm hohes, dichte Polster bildendes, zierliches Gewächs. Die Grundachse der Pflanze ist mehrköpfig. Die Laubblättchen sind lanzettlich und bilden, dachziegelartig angeordnet, kleine Rosetten, die dicht beieinanderstehen. Aus einer Rosette kommen bis 5 Blütenstielchen. Die Pflanzen blühen im zeitigen Frühling, in den Bergen meistens erst im Mai. Sie wachsen dort in steinigen, kalkarmen, zur Blütezeit mit Wasser gesättigten Böden, aber auch an Felswänden. Alle grünen Teile sind mit Sternhaaren bedeckt. Bei ssp. **cinérea** (Sünderm.) J. K. Fergus. und ssp. **praetutiána** (Buser ex Sünderm.) J. K. Fergus., der Abruzzen-Goldprimel, stehen die goldgelben Blüten über fast grauem Polster.

Bewertung, Verwendung, Anzucht: Die Goldprimel ist eine hübsche Pflanze für Steingärten und Alpina, sie blüht reich und zieht dann unsere Aufmerksamkeit auf sich. Die Pflanzen wollen sonnig stehen und wünschen gut durchlässigen Humusboden, der nicht trocken sein darf. Vermehrt wird durch Teilung, nach einem Jahr sind die Pflanzen verkaufsstark.

W

Waldsteínia · Waldsteinie
Rosaceae 2 ◐ ● ◑ ♡

Die Pflanzen wurden zu Ehren von Franz Adam von Waldstein-Wartenberg (1759–1823) benannt, einem österreichischen Botaniker, der zusammen mit Pál Kitaibel das grundlegende Werk über Ungarns Flora „Descriptiones et icones plantarum rariorum Hungariae" (1799–1812) herausgebracht hat. Es sind meistens kriechende Stauden, deren ganze oder gelappte oder in Blättchen aufgeteilte Blätter in Rosetten stehen. Ihre Blüten erscheinen zu wenigen auf leicht nickenden Stengeln; sie sind gelb und erinnern an die Blüten der Erdbeeren. Die Gattung umfaßt 5 Arten, die in Europa, Asien und Amerika auftreten.

Waldsteínia geoídes Willd. kommt in Ungarn und auf dem Balkan, auch in Kleinasien vor und ist eine Art, die einen kurzen, nur wenig kriechenden Wurzelstock hat und keine Ausläufer treibt. Sie hat ungeteilte, herznierenförmige Blätter mit 5 Lappen und deutlich hervortretendem Geäder. Die Blumen erscheinen im April/Mai. Die Stengel bringen bis 9 Blumen, die 2 bis 3 cm breit sind. Die Pflanzen werden 15 bis 25 cm hoch.

Waldsteínia ternáta (Steph.) Fritsch ist in Katalogen vielfach noch mit den alten Namen *W. sibirica* oder *W. trifolia* bezeichnet. Die Pflanzen treiben oberirdische Ausläufer. Sie haben dreiteilige, am Rande sitzende Blätter, die wintergrün bleiben, die Blättchen sind verkehrt eirund. Die Blumen werden gegen 15 mm breit und erscheinen an nickenden, achselständigen Stengeln. Florzeit ist im April/Mai. Die Art bildet dichte Teppiche und wird 15 bis 25 cm hoch. Sie tritt auf sonnigen Wiesen, auf Hängen, in Heiden zwischen Moosen wachsend auf, und man findet sie von Japan bis herüber zu den Seealpen.

Bewertung, Verwendung, Anzucht: Beide Arten sind sehr harte Stauden für absonnige und auch schattige Plätze, sie wachsen noch unter Bäumen. *W. ternata* ist die härtere Art, sie verträgt selbst Tropfenfall. Der Boden darf aber nicht zu flachgründig und zu arm sein. Guter Waldhumusboden, der etwas frisch und einigermaßen tiefgründig ist, sagt ihnen besonders zu. *W. geoides* bildet lockere Bestände, *W. ternata* bedeckt mit ihren Ausläufern den Boden dicht und vollständig. Man kann beide viele Jahre an ihrem Platz lassen. Damit sie nicht hungern, sollte man den Stand-

Wa

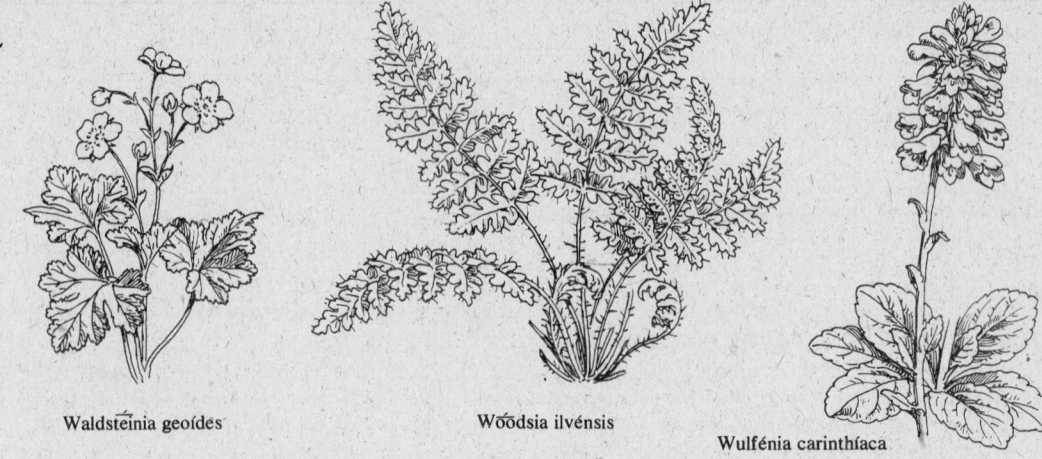

Waldsteinia geoídes Woódsia ilvénsis Wulfénia carinthíaca

ort alle paar Jahre im Winter mit Düngetorf überziehen. Man kann durch Teilung leicht vermehren, desgleichen aus Samen. Die Anzucht macht keine Schwierigkeiten. Innerhalb einer Vegetationsperiode bekommt man die Nachzucht verkaufsstark. Gelegentlich werden die Arten in Töpfen kultiviert, es ist aber nicht unbedingt nötig. W. ternata läßt sich rascher und leichter als W. geoides vermehren und wächst schneller und sicherer an als Asarum. Sie wird heute nicht selten in großen Mengen verwendet.

Woódsia · Wimperfarn
Woodsiaceae ♃ ☾ △ ♡

Die Gattung wurde nach John Woods (1776 bis 1864) benannt, einem englischen Botaniker, dessen Hauptwerk „The tourist's flora" (1850) lange sehr verbreitet war und hoch geschätzt wurde. Die Gattung umfaßt gegen 40 Arten. Es sind meistens niedrige, zierliche Farne, die in Gebieten mit kaltem bis gemäßigtem Klima auftreten, teils auf der nördlichen Erdhälfte, teils in den Anden Argentiniens. Charakteristisch sind die vielen wimperartigen Haare, welche die Sori umschließen.

Woódsia ilvénsis (L.) R. Br. findet sich in fast allen Gebirgen der nördlichen Erdhälfte in Gebieten mit gemäßigtem und kaltem Klima. Die Pflanzen haben ein kräftiges, vielköpfiges Rhizom, rostbraune Blattstiele und bis 20 cm lange, lanzettliche Wedel. Sie werden braun- bis bronzegrün und haben auf jeder Seite der Stiele nahezu gleich lange, länglich-ovale Fiedern.

Woódsia obtúsa (Spreng.) Torrey tritt in der Neuen Welt auf; man kann diesem Farn vom nördlichsten Nordamerika bis Peru begegnen. Er wird 30 bis 50 cm hoch und hat doppelt-gefiederte oder dreifachfiederspaltige Wedel, die hellgrün bleiben.

Bewertung, Verwendung, Anzucht: Beide Arten sieht man bei uns selten, am ehesten in botanischen Gärten. Sie eignen sich vor allem für kleinere Alpina, da sie nicht wuchern und auch als ältere Exemplare zierlich bleiben. Sie wünschen frischen, aber durchlässigen Boden. Günstig ist, sie zwischen größere Steine oder in Fugen zu setzen, deren Kühle ihnen behagt. Sie können bei genügender Frische des Standortes in voller Sonne stehen, tiefer Schatten durch Gehölze ist wenig zuträglich. Vermehrt wird durch Teilung und aus Sporen.

Wulfénia · Wulfenie, Kuhtritt
Scrophulariaceae ♃ ◐ ● ◑ △ ♡

Die Pflanze wurde zur Erinnerung an den Botaniker Franz Xaver von Wulfen (1728–1805) benannt, der sich um die Erforschung der Pflanzenwelt der österreichischen Alpenländer, besonders Kärntens, hoch verdient gemacht hat. *Wulfenia* sind Stauden mit einem dicken Erdstamm und meistens in Rosetten erscheinenden, kurz oder länger gestielten und verkehrt-eiförmigen Blättern. Ihre Blüten stehen einzeln in den Blattachseln oder in Trauben oder Ähren endständig auf kleinen Schäften. Die Gattung umfaßt gegen 8 Arten, die teils in den Gebirgen Mittel- und Osteuropas, teils in Westasien und im Himalaja auftreten und dies meistens in eng umgrenzten, nur mäßig großen Gebieten. Möglich ist, daß diese verstreuten, kleinen Vorkommen die Überreste eines großen und weitreichenden Areals sind, welches die Gattung einst bewohnt hat.

Wulfénia baldáccii Degen tritt in Albanien auf und hat breit-elliptische bis schmal verkehrt-eiförmige Blätter, die bis 10 cm lang werden und am Rande tief gekerbt oder gezähnt oder beinahe gelappt sind. Der Blütenschaft wird bis 15 cm hoch. Er trägt eine lockere, wenigblütige, bis 5 cm lange Ähre lilablauer Blumen. Die Pflanzen blühen im Juni/Juli.

Wulfénia carinthíaca Jacq. findet man in den Gailtaler Alpen in Kärnten und Jugoslawien auf feuchten Gebirgswiesen mit Kalkgestein als Untergrund. Die Pflanzen werden 25 bis 30 cm hoch, haben verkehrt-eiförmige, doppelt-gekerbte oder gezackte, glänzendgrüne Blätter, die stattliche Rosetten bilden. Die Blumen stehen auf Schäften, welche bis 50 cm Höhe erreichen, in dichten, einseitswendigen Trauben von etwa 10 cm Länge. Sie werden blau mit einem Anflug von Violett, Florzeit ist im Juli/August.

Bewertung, Verwendung, Anzucht: Wulfenien sind hübsche Stauden fürs Alpinum, sie stellen aber gewisse Ansprüche. Sie wünschen lockeren, humusreichen, leicht alkalischen Boden, der mit Gesteinsbrocken durchsetzt sein soll. Sie wollen absonnig stehen und brauchen im Sommer Feuchtigkeit in der Erde und feuchte Luft, im Winter dagegen müssen sie trocken stehen. Das läßt sich nicht ohne weiteres schaffen. Günstig ist, sie in Felsfugen zu setzen, die leicht geneigt verlaufen. Sie kommen also hauptsächlich für Liebhaber der Alpenflora in Betracht, die besondere Zurichtungen für einzelne Pflanzen nicht scheuen. Ein großer Vorzug ist der späte Flor beider Arten. Vermehrt wird durch Teilung und aus Samen. Den Samen muß man selbst ernten, da es ihn kaum zu kaufen gibt. Für Teilung braucht man einen ziemlich ansehnlichen Bestand von Mutterpflanzen, denn mehr als drei neue Stücke gibt ein wüchsiges Exemplar kaum her. In der Regel kultiviert man in Töpfen. Der Bedarf ist mäßig; die Bestände werden innerhalb einer Vegetationsperiode verkaufsstark.

X

Xanthísma · Xanthisme
Compositae

Im Namen steckt das griechische Wort xanthos = gelb; es bezieht sich auf die gelben Blumen. Die Gattung umfaßt 2 Arten, welche ein- oder zweijährige, aufrechte Kräuter werden. Sie wachsen im Südwesten der Vereinigten Staaten wild. In Kultur ist nur
Xanthísma texánum Dougl. (Centauridium drummondii Torr. et Gray) aus Texas. Sie bildet 40 bis 80 cm hohe, aufrechte, sich verzweigende, aber nicht stark in die Breite wachsende Kräuter mit lanzettförmigen, ganzrandigen oder vereinzelt gezähnten, wechsel-, aber auch gegenständigen Blättern und hellgelben Blumen. Diese stehen einzeln auf dünnen Stielen, die über das Laub hinausragen, werden gegen 5 cm breit und haben eine kleine, gelbe Scheibe. Der Flor beginnt im Laufe des Juni und kann bis in den September anhalten. Die Pflanzen blühen reich.

Bewertung, Verwendung, Anzucht: Es sind anspruchslose Sommerblumen, welche man in bunte Rabatten einstreuen oder in Massen verwenden kann. Sie wünschen volle Sonne und gut durchlässigen, eher etwas leichten als schweren Boden. Es ist angebracht, sie nicht an windige Stellen zu setzen, sonst fallen die Büsche um. Ihr Gelb ist nicht so grell wie bei den meisten Tagetes, man kann *Xanthisma* deshalb gut mit blauen und auch feuerigroten Sommerblumen zusammenbringen. Nässe und Kälte behagen ihnen nicht, und in verregneten kühlen Sommern mißraten sie. Die Blumen lassen sich auch schneiden. Man sät im Laufe des Aprils an Ort und Stelle und muß später auf etwa 20 cm Abstand ausdünnen. Man kann aber auch in ein Frühbeet säen und recht bald in Torftöpfe pikieren. Mit diesen pflanzt man an den vorgesehenen Platz. Bemerkt sei ausdrücklich, daß die Art länger in Flor bleibt als viele andere Sommerblumen.

Xeránthemum · Papierblume
Compositae

Im Namen stecken die griechischen Wörter xeros = trocken und anthos = Blume; sie beziehen sich auf die trockenen, häutigen, an Papier erinnernden Hüllblätter der Blüten. Es sind annuelle, aufrechte Kräuter mit wechselständigen, schmalen Blättern, und die Blütenkörbe erscheinen endständig auf dünnen Stengeln. Die Gattung umfaßt gegen 6 Arten, welche im Mittelmeergebiet und im Orient wild auftreten. Gartenwert hat nur:
Xeránthemum ánnuum L. aus Südeuropa. Es wird 30 bis reichlich 100 cm hoch und ist an allen grünen Teilen anliegend grau behaart. Die Stengel tragen nur im unteren Teile Blätter, oben ragen sie rutenartig über das Laub hinaus. Die Blüten stehen in halbkugeligen bis eiförmigen Köpfchen. In Kultur ist bloß 'Plenum' mit zahlreichen Hüllblättchen, die auch ziemlich groß werden. Die Hüllblätter sind rosa oder weiß, sie wirken wie Blumenblätter. Florzeit ist von Juli bis zum Sommerende.

Bewertung, Verwendung, Anzucht: Die Papierblume ist eine Trockenblume, ihre Blüten lassen sich trocknen und halten sich dann sehr lange. Sie eignen sich auch für Blumenbeete im Garten und in Anlagen, bleiben freilich in ihrer Wirkung hinter Arten mit einer geschlossenen Blütendecke zurück: *Tagetes, Ageratum, Godetia, Coreopsis* und weiteren. Die Köpfchen soll man schneiden, sobald sie eben aufgeblüht sind.

Xeránthemum ánnuum

Man bündle und lasse an einem luftigen Platz, der absonnig liegen muß, trocknen. Auch beizen kann man die Blumen, sie behalten dadurch ihre Farbe länger und werden intensiver im Ton. Wenn man sie in eine Lösung von einem Teil Salzsäure und zehn bis zwölf Teilen Wasser taucht, bekommt man scharlachrote Blumen, doch muß man sie sofort nach dem Pflücken tauchen und etwas in der Lösung bewegen, damit die Köpfe in allen Teilen getroffen werden, dann schleudert man die überschüssige Flüssigkeit heraus und hängt die Blumen zum Trocknen auf. Taucht man in eine Lösung, die 10 % Salpetersäure enthält, werden die Köpfchen karminrot. Als Standort wünschen die Papierblumen einen sonnigen, warmen Platz. Der Boden soll durchlässig, eher etwas trocken als feucht oder gar naß sein; er sei aber nicht zu arm. Man sät entweder Ende April/Anfang Mai an den vorgesehenen Platz und dünnt später auf 20 cm Abstände aus, oder man sät in der 2. Aprilhälfte in ein halbwarmes Frühbeet und pflanzt nach Erstarken mit 25 cm Entfernung aus. In nassen, kalten Sommern erreichen die Bestände nicht ihre volle Schönheit, und der Ertrag an Blumen ist ungenügend.

Y

Yúcca · Palmlilie
Agavaceae ♃ ○ ◐ ♡ ✗ ∧

Yucca ist der mittelamerikanische Name der Manihot-Art *M. esculenta*, welche einer ganz andern Pflanzenfamilie, den Wolfsmilchgewächsen, angehört; er wurde jedoch irrtümlich für unsre Gattung genommen und hat sich nun so eingebürgert, daß man es nicht mehr ändern möchte. *Yucca* sind ausdauernde Pflanzen mit derben, steifen Blättern, die einen dichten Schopf bilden, und sie blühen in großen Rispen, manche Arten auch in Trauben. Die Blumen sind ansehnlich, glockig und hängen. Sie werden von einer kleinen weißen Motte bestäubt, die im Heimatlande sehr verbreitet ist, bei uns jedoch fehlt. Deshalb setzen Palmlilien hier selten Samen an, doch kann man mit besten Ergebnissen künstlich befruchten. Meistens verzweigen sich die Pflanzen nach dem Flor gabelig; an der Zahl der Verzweigungen läßt sich das Alter ablesen. Die Gattung umfaßt gegen 30 Arten, sie tritt im Süden Nordamerikas und in Mittelamerika auf. Yucca sind Xerophyten, einige Arten werden auch angebaut, weil ihre Blätter Fasern enthalten. Die Fasern verarbeitet man zu Tauen und anderen Seilerwaren. Im Süden Mexikos sind Yucca zusammen mit Kakteen Charakterpflanzen der Landschaft. Fürs Freiland eignen sich in Mitteleuropa nur einzelne Arten.

Yúcca filamentósa L. (syn. Y. angustifolia hort. non Pursh) aus dem Süden der Vereinigten Staaten bildet nur kurze Stämme, der Erdstamm steckt ganz im Boden. Die Blätter sind steif, schwertförmig, dunkelgrün mit blauem Anhauch, sie werden 30 bis 60 cm lang, 3 bis 10 cm breit und laufen in eine Spitze aus, die gelegentlich sehr scharf ist. Die Ränder sind weiß und mit Fäden besetzt, die sich leicht ablösen. Der rispige Blütenstand wird 120 bis 250 cm hoch. Unten ist sein Schaft mit kurzen, anliegenden Blättern besetzt. Er verästelt sich reichlich und kann sehr stattlich werden. Die Blumen sind bis 7 cm lang, weiß, außen etwas grünlich angelaufen. Sie duften stark, besonders gegen Abend. Florzeit ist im Sommer bis Herbst. Es gibt eine Reihe Variationen, von denen manche vielleicht durch Kreuzung entstanden sind. Erwähnt sei hier nur cv. 'Elegantissima' – etwas ausgeglichener in der Tracht, die Blütenstände sind auffallend symmetrisch gebaut, sie werden auch üppiger, und die Pflanzen wachsen kräftiger.

Yúcca fláccida Haw. wächst im Südosten und Süden der Vereinigten Staaten und ähnelt der vorigen Art stark, beide werden oft verwechselt. Die Blätter sind aber weniger straff, die äußeren zurückgebogen, die Blütenhüllblätter werden breit, dabei sind sie kürzer als bei *Y. filamentosa*.

Yúcca gláuca Nutt. (syn. Y. angustifolia Pursh) wächst im Mittelwesten des nordamerikanischen Kontinents

Yu

Yúcca filamentósa

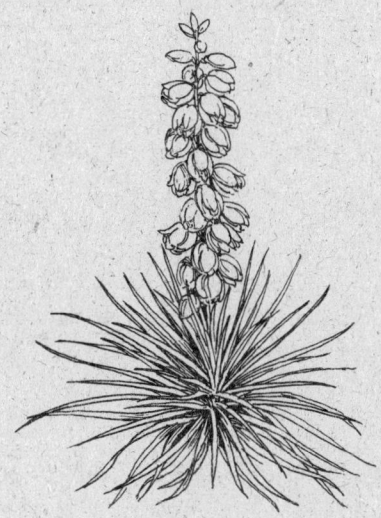

Yúcca glaúca

und hat einen kurzen, aber niederliegenden Stamm und dichte Rosetten steifer, bis 90 cm langer, graugrüner, gelegentlich sich leicht wölbender Blätter, die am Rande feine Fäden absplittern. Die Blütentraube wird 1 bis 2 m hoch, sie ist kahl und schlank, nur selten verästelt, aber die Blüten stehen bis fast zum Grunde herunter. Sie werden grünlichweiß, rund- bis länglichkugelig. Florzeit von Hochsommer bis Herbst.

Bewertung, Verwendung, Anzucht: Yucca sind sehr ornamentale Stauden, vor allem wenn sie üppig blühen. Ehe dies eintritt, vergehen einige Jahre; man muß also etwas Geduld mit ihnen haben. Die Pflanzen sind bei uns winterhart, doch sollte man den Erdstamm mit Nadelstreu anschütten. Man kann ins Freie auspflanzen, hält aber auch in Töpfen und Kübeln, allerdings wachsen sie darin langsamer und blühen später. Der Boden soll leicht alkalisch, durchlässig und kräftig sein. Für Töpfe ist ein Gemisch von Rasenerde, etwas Lehm, Mistbeeterde und Sand nötig. Günstig wirkt sich aus, wenn man die Gefäße mit Rinderdung abdeckt. Über Winter müssen sie in einen hellen Schuppen kommen und dort eben frostfrei gehalten werden. Kälte schadet nicht den Pflanzen selbst, sondern den Gefäßen, die leicht zerspringen. Im Garten kommen Yucca auf Blumenrabatten, in Gruppen in den Rasen, oder man bringt sie als Solitäre in Teppiche von Polsterstauden, so daß sie dominieren. Sie wollen volle Sonne, im Schatten blühen sie nicht. Die Pflanzen können alt und stattlich werden, man muß sie aber, wenn sie einige Jahre an ihrem Platz stehen, laufend düngen: flüssig im Frühsommer oder durch Abdecken der Flächen mit Düngetorf über Winter. Unterläßt man das, blühen die Büsche schlecht, denn sie haben kein weit umherstreichendes Wurzelwerk, das sich die Nahrung zusammenholt. Ältere Exemplare lassen sich verpflanzen, man muß jedoch sehr tief graben und alle Verletzungen des Erdstammes vermeiden. Die verpflanzten Stöcke brauchen einige Jahre, ehe sie den Eingriff überwunden haben. Vermehrt wird durch Teilen, wozu man für größere Anzuchten eine Menge Mutterpflanzen benötigt, denn man kann nicht alljährlich neu teilen und bekommt von den Mutterpflanzen auch niemals viele Teilpflanzen. Man teilt im Sommer und setzt die Stücke in Töpfe, sie sind gegen Herbstende des folgenden Jahres verkaufsstark. Für größeren Bedarf ist es nötig, künstlich zu befruchten oder sich Samen zu beschaffen und durch Aussaaten zu vermehren. Man sät in Handkästen oder Schalen, der Samen läuft – wenn er frisch ist – nach einem Monat auf. Später pikiert man und setzt schließlich in Töpfe. Die Blütenstiele werden auch geschnitten und sind Prunkstücke; man schneide nicht zu früh, wenigstens die Hälfte der Glocken soll offen sein.

Z

Zaluziánskya capénsis   Zaluziánskya villósa   Zauschnéria califórnica   Zéa máys 'Variegata'

Zaluziánskya · Sternbalsam
Scrophulariaceae ☉ ○ ◐ ◑

Die Gattung wurde nach Adam Zaluziansky von Zaluzian (1558–1613), einem böhmischen Arzt und Schriftsteller, benannt. Es sind ein- oder mehrjährige Kräuter und auch Halbsträucher mit röhrenförmigen Blüten, die einen ausgebreiteten Saum haben und gegen Abend stark zu duften beginnen, denn die Pflanzen sind Noctifloren. Die Gattung umfaßt gegen 40 Arten und ist in Südafrika heimisch.

Zaluziánskya capénsis (Benth.) Walp. (syn. Nycterinia capensis Benth.) ist ein Halbstrauch, wird aber bei uns einjährig kultiviert. Die Pflanzen werden 20 bis 50 cm hoch, die jungen Triebe sind behaart, die Blätter unten lanzettlich, im oberen Teile der Exemplare linealisch. Die Blüten erscheinen in Ähren, sie haben eine etwa 3 cm lange Röhre, und die Kronzipfel bilden einen Stern, die Blumen sind weiß, am Schlund der Kronröhre grünlich, auf der Rückseite der Blütenblätter purpurfarben bis violettbraun. Der Duft ist stark und angenehm. Der Flor beginnt im Juli und hält bis zum Herbst an, sofern das Wetter ihn begünstigt.

Zaluziánskya villósa (Thunb.) F. W. Schmidt (syn. Nycterinia selaginoides [Thunb.] Benth.) wird bis 30 cm hoch und ist eine annuelle Art. Die Pflanzen sind an allen grünen Teilen weich behaart und verästeln sich von Grund an. Unten sitzen die Blätter wechselständig und sind verkehrt-eirund, gestielt; oben sitzen sie oft gegenständig, die Stiele werden kürzer, und die Blätter sind länglich-spatelförmig. Die Blüten erscheinen teils in den Achseln der oberen Blätter, teils endständig in Ähren, die sich im Verlaufe des Flors strecken. Sie werden weiß, blaurot oder rosarot und haben eine kleine gelbe bis orange Mitte. Die Art blüht ebenfalls erst gegen Abend auf und duftet stark. Flor von Juli bis September.

Bewertung, Verwendung, Anzucht: Diese mit *Nemesia*, *Penstemon*, *Mimulus* und *Linaria* verwandten Pflanzen sind farblich kleine Prunkstücke. Sie erfreuen uns mehr durch ihren starken, angenehmen Duft, und seinetwegen sollte man sie anpflanzen. Es lohnt sich! Man setze sie in die Nähe von Lauben oder Sitzplätzen, kann sie auch in Töpfen halten, die man außen auf das Fensterbrett stellt, oder in größeren Schalen für die Terrasse vor dem Hause. Man sät von Ende März an ins Frühbeet und pflanzt nach Mitte Mai an den vorgesehenen Platz. Man kann auch im September säen, topft dann ein und überwintert im Kalthaus in kleinen Töpfen recht hell, kühl und einigermaßen trocken. Der Standort soll in voller Sonne liegen; der Boden möchte kräftig sein, aber lieber etwas trocken als feucht.

Zauschnéria · Kolibritrompete
Onagraceae ○ ◐ ◑ △ ♡ ∧

Die Pflanzen wurden zur Erinnerung an J. B. Josef Zauschner (1737–1799) benannt, einen Naturwissenschaftler, der in Prag gewirkt hat. Es sind im Grunde verholzende Kräuter oder auch Halbsträucher, die in ihrer Tracht an Fuchsien erinnern, aber viel zierlicher werden. Die Gattung umfaßt nur wenige Arten und tritt im Westen Nordamerikas auf.

Zauschnéria califórnica Presl wird 20 bis 40 cm hoch und wächst niederliegend-aufsteigend, an der Basis verholzen die Triebe, die grünen Teile der Büsche sind zart behaart. Die Blätter werden länglich-lanzettlich, 2 bis 4 cm lang, am Rande glatt oder entfernt gesägt, in der Breite variieren sie. Die Blüten sind leuchtend scharlachrot, sie haben eine lange Kronröhre und vier elliptische, am Ende gespaltene Zipfel. Sie erscheinen endständig in Trauben. In vollem Flor sehen die Büsche wunderhübsch aus; sie blühen von Juli bis in den Oktober hinein.

Bewertung, Verwendung, Anzucht: Die Kolibritrompete ist ein reizendes Pflänzchen für Alpina, Steinbeete und auch für Trockenmauern, aber sie stellt Ansprüche. Die Pflanzen brauchen unbedingt gute Drainage. Man muß ein etwa 35 cm tiefes Loch ausheben und halb mit Geröll oder Schlacken füllen, darauf erst die Erde geben, welche humusreich und durchlässig sein soll. Ferner muß man über Winter etwa handhoch mit Nadelstreu oder trockenem Torf anfüllen und darüber ein Stück Folie legen, um die Nässe abzuhalten. So geschützt, vertragen die Büsche bis −25°C. Wertvoll sind sie durch ihren späten und langen Flor. Vorsichtshalber sollte man aber stets einige Exemplare in einem Kalthaus oder in einem kühlen Raum überwintern. Im Garten wollen sie geschützt und in voller Sonne stehen. Am leichtesten läßt sich durch Stecklinge im Frühling vermehren. Man kultiviert in Töpfen und darf nur im Frühjahr auspflanzen.

Zéa · Mais
Gramineae ☉ ○ ◐ ◑ ♡

Zea ist der altgriechische Name einer Getreideart. Er wurde auf diese Gattung übertragen. Sie hat nur eine Art, welche aber zahlreiche Formen umfaßt und überdies viele Züchtungen, neuerdings auch Heterosis-Sorten. Bereits die Azteken und vor ihnen sicher auch schon die Ureinwohner Mexikos haben dieses überaus ertragreiche Gras kultiviert. Eine Wildform wurde bisher nicht gefunden. Der Mais kam 1493 nach Europa und gehört jetzt auch in unserem Erdteil zu den wichtigen Feldfrüchten. Mais ist bekanntlich ein bis 2 m hohes Gras, das mehrere Stengel treiben kann und breite, bandförmige überhängende Blätter hat. Die Blüten sind geschlechtlich, männliche und weibliche stehen aber an der gleichen Pflanze. In der Landwirtschaft wird Mais teils als Grünfutter angebaut, teils siliert, aber man baut ihn auch wegen des Körnerertrags an. Einige Formen lassen sich im Garten als Ziergewächse verwenden.

Zéa máys L. 'Gracillima' (syn. *Zea gracillima* hort., *Z. minima* hort.) wird 70 bis 90 cm hoch, bildet jedoch mit ihren vielen Stengeln einen ziemlich breiten Busch. Die Kolben sind etwa fingerlang und gegen 25 mm breit. Da die Pflanzen bei uns spät in Blüte kommen, reifen die Kolben manchmal nicht aus.

Zéa máys 'Variegata' wird gut brusthoch und höher und hat kräftige, dicke Stengel. Die Blätter sind am Rande gewellt und drehen sich auch zuweilen; wichtiger ist, daß sie silberweiße Streifen und Bänder bekommen, aber erst mit dem 5. Blatt beginnend. Es gibt auch die Sorte 'Quadricolor', bei welcher die Blätter außer weißen und grünen noch violette und rosa Streifen oder Flecken bekommen. Bei 'Amero' enthalten die Kolben dunkle und verschieden hellgefärbte Körner, die Kolben lassen sich getrocknet als Dekoration verwenden, indem man sie z. B. zusammen mit Zierkürbissen in Schalen zur Schau aufstellt.

Bewertung, Verwendung, Anzucht: Die aufgeführten Sorten sind Dekorationspflanzen, die man in größere bunte Blumenbeete als Unterbrechung oder Gegensatz einstreut. Man kann sie auch in Reihen säen oder pflanzen und als Abgrenzung oder lebende Hecke verwenden. Dazu eignen sich auch die Sorten, welche man in der Landwirtschaft anbaut. Mais ist ein kräftiger Zehrer. Man soll das Land bereits im Herbst herrichten, dabei Kompost einbringen und tief lockern. Man sät Anfang Mai in Stufen oder Reihen gleich an Ort und Stelle und muß später auf 35 cm Abstand oder noch weitläufiger ausdünnen. Oder man legt im April etwa 2 Korn in Töpfe und pflanzt aus diesen nach Mitte Mai aus. Während des Wachstums sollte man bei Trockenheit wässern und auch einige Male düngen, am besten mit einem Volldünger.

Zigadénus · Jochlilie
Liliaceae ♃ ○ ◐ ◑ ✕

Im Namen stecken die griechischen Wörter zygon = Joch und aden = Drüse; sie beziehen sich darauf, daß die Honigdrüsen paarweise, an die Bogen eines Joches erinnernd, beisammenstehen. Die Gattung umfaßt etwa 18 Arten, die in Nordamerika und Asien auftreten. Die Pflanzen haben einen zwiebelförmigen oder rhizombildenden Erdstamm, bringen eine Rosette oder Schöpfe schmaler, linealischer Blätter und blühen in Ähren oder Trauben. Die Blumen werden weiß bis cremefarben, manchmal haben sie dunkle Streifen. Der Name wurde früher auch Zygadenus geschrieben.

Zigadénus élegans Pursh hat einen rhizomartigen Erdstamm und bringt nicht sehr viele lanzettliche, bis 30 cm lange, blaugrüne Blätter. Auf Schäften, die bis 80 cm hoch sind, erscheinen zahlreiche weiße, sternförmige Blüten mit einem grünlichen Mittelfleck. Außen sind die Blumen grünlich überlaufen. Die Blütenstände verzweigen sich reichlich, Florzeit im Juni bis August.

Bewertung, Verwendung, Anzucht: Die Jochlilien sind nichts Außerordentliches wie etwa die *Eremurus*, welche zur gleichen Familie gehören. Ihr Wert liegt darin, daß sie auf Stellen mit feuchtem Boden gedeihen und verhältnismäßig spät blühen. Auch lassen sich die Schäfte schneiden und sind recht aparte Schnittblumen. Man kann sie für sich pflanzen oder zwischen Stauden setzen, die ebenfalls feucht stehen wollen: zu *Trollius*, Etagenprimeln oder *Caltha palu-*

Zi

Zínnia angustifólia

Zínnia angustifólia 'Perserteppich'

Dahlienblütige Zinnie

Scabiosenblütige Zinnie

stris. Sie vertragen Sonne und Halbschatten und sind bei uns völlig winterhart. Man soll sie lange an ihrem Platz lassen. Vermehrt wird aus Samen und bei geringem Bedarf durch Teilung. Man verpflanze nur im Frühling. Im ganzen sind es Pflanzen für Liebhaber; außer daß sie an feuchte Plätze gehören, stellen sie keine besonderen Ansprüche.

Zínnia · Zinnie
Compositae ☉ ○ ◐ ◑ ‖ ✂

Die Gattung wurde nach dem Professor der Medizin Johann Gottfried Zinn (1727–1759) benannt, der in Göttingen wirkte und schon als junger Wissenschaftler sehr berühmt war. Zinnien sind ein- oder mehrjährige Kräuter oder Halbsträucher mit ganzrandigen, sitzenden Blättern und endständigen, ansehnlichen Blütenkörben in lebhaften Farben. Die Gattung umfaßt gegen 15 Arten, die im Süden der Vereinigten Staaten und in Mexiko wild vorkommen. Einzelne Arten wurden bereits von den Azteken kultiviert, und es gab schon so etwas wie Gartensorten. Nach Europa kamen sie erst 1796. Die ersten gefülltblühenden Typen sollen in Indien aufgetaucht sein und von da aus ihren Weg in die übrige Welt genommen haben, seit 1836 kann man sie in den Katalogen großer europäischer Samenzüchter finden. Sie wurden immer mehr vervollkommnet. Die Führung in der Züchtung liegt heute in Nordamerika. Das ist verständlich, denn in Mitteleuropa reift der Samen nur in besonders günstigen Jahren richtig aus. Man baut jedoch jetzt Samen mit großem Erfolg in Südosteuropa.

Zínnia angustifólia H. B. K. (syn. *Z. haageana* Regel) wird 30 bis 40 cm hoch und bildet in die Breite gehende, dichte Büsche. Die Blätter sind sitzend, bis 6 cm lang und etwa halb so breit, lanzettlich mit breiter Basis, kurz rauh behaart, von 5 Rippen durchzogen. Die Blütenköpfe werden gegen 5 cm breit, die Randblüten bilden einen dichten Kranz und sind braun mit verschieden breitem goldgelbem Saum, die Scheibe innen ist dunkel- bis schwarzbraun. In Kultur sind nur Mischungen, bei welchen die Scheibenblüten ebenfalls lange Zungen aufweisen, so daß die Blumen gefüllt aussehen. Solche Mischungen heißen z. B. 'Glorienschein' und 'Perserteppich' – der gelbe Rand ist verschieden getönt, läuft auch in Zungen oder Zacken aus, die Füllung ist sehr variabel, und dadurch entsteht der Eindruck von Vielfalt und buntem Gemisch. Die Pflanzen blühen von Juli bis Oktober unermüdlich und sehr reich.

Zínnia élegans Jacq. aus Mexiko ist die bekannteste und in vielen Gärten verbreitete Art, die Gartenzinnie. Die Pflanzen werden 30 bis 100 cm hoch, haben steife Stengel und wachsen etwas gespreizt, bilden aber frei stehend geschlossene Büsche. Die sitzenden, stengelumfassenden Blätter sind eirund mit längerer oder auch kurz angesetzter Spitze, sie fühlen sich rauh an. Die Blüten ragen aus der Laubmasse heraus und sitzen auf festen Stielen von wechselnder Länge, die Körbchen werden 5 bis 12 und selbst 14 cm breit. Blütezeit ist von Juli bis gegen Ende September. Es gibt eine Reihe Gruppen, die sich durch die Art der Blütenfüllung, die Höhe der Pflanzen und den Beginn der Blüte unterscheiden. Genannt seien drei wichtige Gruppen: *Dahlienblütige Zinnien* – bis 90 cm hoch, robust, Blüten bis 15 cm breit, locker gebaut, Zungen löffelartig gebogen. Bekannte Sorten sind 'Attraktion', hellscharlachrot, 'Canary Bird', schwefelgelb, 'Crimson Monarch', purpurrot, 'Golden State', orange, 'Purple Prince', violett. *Kalifornische Riesen* – bis 100 cm hoch, Blüten bis 16 cm breit, flach, Zungen liegen dachziegelartig. Sorten in etwa 12 verschiedenen Farben, sie werden als Mischung gehandelt. *Praecox-Zinnien* – 50 cm hoch, Blüten bis 8 cm breit, sehr früh, 6 bis 8 Wochen nach der Aussaat. Sorten in verschiedenen Farben, z. B. 'Fiesta', dunkelrot, 'Gipsy', leuchtend orangescharlach, 'Lachskirschrot', kirschrot, 'Pinky', rosa.

Bewertung, Verwendung, Anzucht: Die Art *Zinnia angustifolia* ist eine wertvolle und anspruchslose Sommerblume, die sich für bunte Beete und für Einfassungen eignet; man kann auch einzelne Pflanzen in den Steingarten setzen und in Wildstaudenpflanzungen einstreuen, wenn Lücken gefüllt werden sollen. Sie passen gut zu Pflanzen, die weiß oder blau blühen, und auch zu gelbblühenden, wenn die Blumen nicht zu groß werden, also etwa in Teppiche von *Sanvitalia*.

Zinnia elegans wird ebenfalls gern in bunte Beete gepflanzt, aber die Exemplare kommen erst im Laufe des Sommers in Flor, und die Blumen bilden keine geschlossenen Farbflächen. Sie wirken jedoch durch ihre Größe, und es ist nötig, die abgeblühten Köpfe laufend herauszuschneiden. Das fördert zugleich das Aufblühen der nächsten Knospen. Ferner werden verschiedene Zinnien zur Schnittblumengewinnung angebaut. Man kann nur aus Samen heranziehen. Praecox-Zinnien, die man unter Glas pflanzen will, säe man Anfang März oder später aus, es ist unbedingt Unterwärme nötig. Für Freilandbestände aller Gruppen ist die 2. Aprilhälfte der beste Termin zur Aussaat. Die Aussaaterde soll humusreich und locker sein. Nach dem Auflaufen halte man eher etwas trocken als feucht, denn junge Zinnien sind für Fußkrankheiten anfällig. Bis zum Keimen kann das Frühbeet geschlossen bleiben oder darf nur wenig Luft erhalten. Zinnien wünschen zum Auflaufen viel Wärme. An den endgültigen Standort im Freien setze man sie nicht vor dem 20. Mai, da Zinnien sehr frostempfindlich sind. Der Standort soll geschützt und in voller Sonne liegen, auch recht warm sein. Schöne Bestände bekommt man nur, wenn die Erde humusreich ist und wenn man einige Male mit einem Volldünger nachhilft; auch Wässern ist unerläßlich, falls es lange trocken ist. Nur bei sorgfältiger Kultur kann man viele und große Blumen ernten.

Man darf nicht zu früh schneiden; die Blumen müssen sich voll entfaltet haben. Sie blühen nicht wie *Calendula officinalis* und *Chrysanthemum carinatum* im Wasser weiter auf.

Verwendete Literatur

de L'Aigle, Alma: Begegnung mit Rosen, Stuttgart 1958
Anderson, E. B.: Dwarf Bulbs for the Rock Garden, London 1959
Arbeiten der Zentralstelle für Sortenwesen, Nossen ab 1960
Arbeitsgemeinschaft „Staudensichtung", Weihenstephan ab 1955

Bailey, L. H.: The Standard Cyclopedia of Horticulture, New York 1953
Barth-Weinhausen: Die Kultur der Blumenzwiebeln und Knollen, Berlin · Hamburg 1954
Berry, G. H.: Gentians in the Garden, London 1951
Bloom, A.: Hardy Perennials, London 1957
Boerner, F.: Blütengehölze für Garten und Park, Darmstadt 1961
Boerner, F.: Taschenwörterbuch der botanischen Pflanzennamen, Berlin · Hamburg 1951
Boom, B. K./Ruys, J. D.: Flora der gekweekte kruidachtige Gewassen, Wageningen 1970
Booth, Ch. O.: An Encyclopaedia of Annual and Biennal Garden Plants, London 1957
Bowles, E. A.: A Handbook of Crocus and Colchicum for Gardeners, London 1952
British Iris Society: Yearbook, London ab 1955
Buchmüller-Wartmann: Blütenkalender, St. Gallen 1954

Cave, L.: The Iris, London 1951
Chittenden, F. J. (Editor): The Royal Horticultural Society Dictionary of Gardening, Oxford 1951, Supplement (ed. by P. M. Synge) 1969
Classified List and International Register of Daffodil Names, London 1968
Classified List and International Register of Tulip Names, Haarlem 1969
Clay, S.: The Present-Day Rock Garden, London-Edinburgh 1937
Crook, H. C.: Campanulas, London · New York 1951

Deutsche Iris- und Liliengesellschaft: Jahrbücher und Nachrichtenblätter, Leonberg ab 1958
Diehls, L.: Pflanzengeographie, Berlin 1948

Encke, F./Buchheim, G./Seybold, S.: Zander – Handwörterbuch der Pflanzennamen, 12. Aufl., Berlin 1980
Encke, F.: Sommerblumen, Stuttgart 1961

Fabri, R.: Bodenkunde, München 1950
Feldmaier, C.: Die neuen Lilien, Stuttgart 1967

Foerster, K.: Das Blumenzwiebelbuch, Berlin · Bern o. J.
Foerster, K.: Der Steingarten der sieben Jahreszeiten, Radebeul 1963
Foerster, K.: Einzug der Gräser und Farne in die Gärten, Leipzig · Radebeul 1978
Foerster, K.: Neuer Glanz des Gartenjahres, Radebeul 1953
Fosler, G. M./Kamp, J. R.: Daylilies for every Garden, Illionis 1959

Gaganow, P. G.: Staudenphlox, Berlin 1961

Haenchen, E. und F.: Das neue Rosenbuch, Berlin 1980
Hall, A. D.: The Genus Tulipa, London 1940
Hansen-Stahl: Unser Garten III, Seine bunte Staudenwelt, München 1963
Harder, Firbas, Schumacher, von Denffer: Lehrbuch der Botanik, Jena 1962
Hay, R.: Annuals, London 1950
Hegi, G.: Alpenflora, München 1955
Hegi, G.: Illustrierte Flora von Mitteleuropa, München 1931
Hills, D.: Propagation of Alpines, London 1950

Ingwersen, W.: Wild Flowers in the Garden, London 1951
International Lily Register 1969, London 1969

Jefferson, M. J./Brown: The Daffodil, London 1951
Jelitto, L.: Die Freilandprimeln, Stuttgart 1939
Jelitto/Schacht: Die Freiland-Schmuckstauden, Stuttgart 1963 u. 1966

Kluge: Etymologisches Wörterbuch, Berlin 1960
Kordes, W.: Rosen, Hannover 1958

Maatsch, R.: Pareys Illustriertes Gartenbaulexikon, Berlin Hamburg 1956
Mansfield, C. T.: Annuals in Color and Cultivation, London 1949
Matzner, E.: Das Steingartenbuch, Berlin 1965
Meyer, H. K.: Gefährten des Gartenjahres, Berlin Hamburg 1960
Meyer, H. K.: Stauden im Schatten, Hannover 1957
Ministerie van Landbouw en Visserij: Tuinbow Gids, Den Haag ab 1958
Müller, E. W.: Pflanzenschutz bei Blumen und Zierpflanzen, Berlin 1974

Mütze, W.: Stauden, Nordhausen a. Harz 1936
Munz, P. A./Keck, D. D.: A California Flora, Berkeley and Los Angeles 1963

Nes, H. van: Iris im Garten, München 1967
Neporoshny, G. D.: Gladiolus, Berlin 1953

Pape, H.: Krankheiten und Schädlinge der Zierpflanzen, Berlin Hamburg 1955
Pareys Blumengärtnerei, Berlin Hamburg 1960
Perry, F.: The Herbaceous Border, London New York 1951
Perry, F.: Water Gardening, London 1947
Peters, P./Roemer, W.: Wasserbecken im Garten, München 1960

Randolph, L. F.: Garden-Irises, San Louis, Miss. 1959
Rikli, M.: Das Pflanzenkleid der Mittelmeerländer, Bern 1943–1948
Rockwell, E. F./Grayson, E. C.: The Complete Book of Annuals, New York 1955
Rockwell, E. F., Grayson, E. and de Graff, Jan: The Complete Book of Lilies, New York 1961
Rothmaler, W.: Exkursionsflora, Gefäßpflanzen, Berlin 1972
Rupprecht, H.: Treiben und Verfrühen von Blütengehölzen, Radebeul 1961
Ruys: Die Stauden, Erlenbach-Zürich 1951

Saakov, S. G.: Wild- und Gartenrosen, Berlin 1976
Saliwski, L. L.: Lilien, Berlin 1955
Schacht, W.: Blumenzwiebeln im Garten und Heim, Stuttgart 1955
Schacht, W.: Der Steingarten und seine Welt, Stuttgart 1953
Scheerer, O.: Rosen in unserem Garten, München 1969
Schiller, H.: Die Verwendung der Pflanzen im Garten, Berlin Hamburg 1959
Schimper, A. F. W./von Faber, F. C.: Pflanzengeographie, Jena 1935

Schubert, R./Wagner, G.: Pflanzennamen und botanische Fachwörter, Radebeul 1975
Seyffert, W.: Stauden für dekorative Gestaltung und Schnittblumengewinnung, Berlin 1969
Seyffert, W.: Stauden für Natur- und Steingärten, Berlin 1970
Seyffert, W.: Sommerblumen, Berlin 1975
Shewell, W. E./Cooper: The ABC of Bulbs and Corms, London 1951
Silva Tarouca, E. Graf/Schneider, C.: Unsre Freilandstauden, Wien Leipzig 1934
Steffen, A.: Unsre Lilien im Garten, Berlin Hamburg 1955
Stocker, O.: Grundriß der Botanik, Berlin Göttingen Heidelberg 1953
Stopp, F.: Gebirgspflanzen, Leipzig 1953
Symons-Jeune, B. H.: Natural Rock Gardening, London 1955

Tantau, M./Weinhausen, K.: Die Rose, Ludwigsburg 1950
Troll, W.: Allgemeine Botanik, Stuttgart 1959

Vogt, A.: Ausdauernde Pflanzen im Garten, Erlenbach Zürich 1957

Walter, H.: Die Vegetation der Erde in öko-physiologischer Betrachtung, Band 1 Jena 1964, Band 2 Jena 1968
Wehrhahn, H. R.: Die Gartenstauden, Berlin 1931
Werner, Cl. F.: Wortelemente lateinisch-griechischer Fachausdrücke, Leipzig 1961
Wilkie, D.: Gentians, London 1936
Woessner, D.: Buch der Rosen, Frauenfeld 1951
Woodcock, H. D./Coutts, J.: Lilies, London 1935

Zentralstelle für Sortenwesen der DDR: Sortenliste für Zierpflanzen, Teil Annuelle Arten... Knollen- und Zwiebelgewächse 1979/80, Berlin 1979 sowie 1981/82, Berlin 1981, Teil Stauden und Ziergehölze 1977/80, Berlin 1977

Bildnachweis

Archiv Neumann Verlag, Leipzig·Radebeul: S. 234 (6); 338 (5); 339 (1); 343 (2); 476 (2); 476 (1, 4 und 5)

Michael Barthel, Sayda: S. 100 (3)

Otfried Birnbaum, Halle-Süd: S. 98 (1); 99 (2); 100 (4 und 5); 343 (4)

Fritz Dölling, Berlin: S. 236 (5); 237 (1); 238 (5); 474 (1, 4 und 5); 475 (1); 477 (2 und 3); 478 (5)

Dr. Ekkehard Haenchen, Cossebaude: S. 474 (3 und 6); 475 (2 bis 6)

Dr. Udo Jacob, Dresden-Hellerau: S. 98 (3 und 6); 100 (6); 101 (6); 102 (5); 104 (1); 234 (3); 240 (6); 474 (5 und 6)

Fred-Walter Könecke, Stendal: S. 238 (5); 240 (1 und 2)

Rosemarie Leutert, Leipzig: S. 98 (5); 100 (2); 101 (2 bis 4); 102 (1); 103 (2 bis 5); 104 (2); 235 (2, 3 und 5); 237 (2, 4 und 5); 238 (1, 2, 3, 4 und 6); 239 (1, 2 und 5); 337; 338 (6); 339 (2 bis 6); 340 (1 bis 3); 341 (1 bis 4); 477 (4); 478 (3 und 4); 479 (2, 4 bis 6)

Heinz Otto, Berlin: S. 340 (4)

Günter Pätzold, Wurzen: S. 101 (1); 102 (3); 338 (1 und 2)

Jürgen Röth, Halle: S. 235 (3 und 6); 343 (1, 3, 5 und 6)

Karl Sauer, Marquardt: S. 235 (1); 480

Christel Schwalbe, Neukieritzsch: S. 97; 98 (2 und 4); 99 (1, 3 bis 6); 101 (5); 102 (2, 4 und 6); 103 (1 und 6); 240 (5); 338 (3 und 4); 474 (2)

VEB Erfurter Blumensamen, Erfurt: S. 233; 234 (1); 342; 344; 476 (3)

Alfred Weinreich, Wolmirstedt: S. 234 (2); 236 (1, 3, 4 und 6); 237 (3 und 6); 239 (3, 4 und 6); 240 (3 und 4); 473; 477 (1); 478 (1, 2 und 6); 479 (1 und 3)

Tassilo Wengel, Zepernick: S. 100 (1); 234 (3 und 4); 236 (2); 476 (2)

Register

Die gültigen wissenschaftlichen Pflanzennamen sind kursiv gesetzt. Kursive Seitenangaben weisen auf die hauptsächliche Beschreibung der Pflanzen hin und stehen an erster Stelle. Ein Sternchen (*) gibt die Textabbildung und zwei Sternchen (**) geben das Farbbild an.

Aakerbeere 498
Abelmosch 109
Abelmoschus 109 94
– manihot 109
Abronia 109 95 107
– fragrans 109
– umbellata *109* 110*
– – 'Grandiflora' 109
Abstände 44
Acaena 110 10 17 41 76
– buchananii *110* 54 55
– glaucophylla 110
– magellanica *110* 54 55
– microphylla 110* 54 55
– novae-zelandiae 110
Acantholimon 110 10 17 29 33 41 48 53
– glumaceum 111*
– olivieri 111*
– venustum 111
Acanthus 111 18 19 33 48 73 75
– balcanicus *111* 112* 15
– dioscoridis var. perringii *111* 13
– longifolius 111
– mollis *111* 15 40
– perringii 111
– spinosus *111* 112* 15 40
Acaulis-Primel 452
Achillea 112 29
– ageratifolia *112* 10 17
– – ssp. aizoon 112
– – var. serbica 112
– argentea 112
– atrata *112* 10 17 34
– aurea 112
– chrysocoma *112* 10 17 18
– clavennae *112* 10 17 18
– clypeolata *113* 13 18 25
– eupatorium 113
– filipendulina *113* 112* 15 23 64 65
– – 'Coronation Gold' *113* 13
– Hybriden *113* 13
– × kellereri 112* 10 17 18

– millefolium *113** 13 22 50 62
– ptarmica *113** 13 22 31 50 63 64
– serbica *112* 10 17
– umbellata *112* 10 17 18
Achnatherum 113
– calamagrostis *113* 20
Acidanthera 114 78
– bicolor var. murielae 114* 102**
Acinos 115 114* 10 17
– alpinus *115* 114* 62
Ackergauchheil 128
Aconitum 115 23 31 48 64 70 73
– × arendsii *115* 15
– carmichaelii *115* 114*
– – 'Parkers Varietät' *115* 16
– – var. wilsonii *115* 15
– fischeri *115* 15
– hemsleyanum *115* 38
– lycoctonum 116
– napellus *115* 114* 15
– paniculatum *116* 15
– volubile *116* 38
– vulparia *116* 15 38
Acroclinium roseum 297
Actaea 116 13 38 48
– alba 116
– pachypoda *116*
– rubra 117
– spicata *117* 116* 25
Adenophora 117 25 39
– liliifolia *117** 15
– potaninii *117* 15
Adiantum 117
– pedatum *117* 116* 21 35
Adonis 118 10 33 48
– aestivalis *118* 105
– aleppica *118*
– amurensis *118** 100**
– annua *118* 105
– autumnalis 118
– vernalis *118** 100** 61 62 70 73
Adonisröschen 118
Aetheopappus pulcherrimus 176
Aethionema 119 10 30 33 48 76
– grandiflorum *119* 118*
– × warleyense 119
Afrikanische Elfenbeindistel 462
Afrikanische Goldblume 227
Ageratum 119 91 93 94 107
– houstonianum *119**
– mexicanum 119

Agrimonia eupatoria 62
Agrostemma 120 105
– githago *120**
– gracilis 120
Agrostis 120
– calamagrostis 113
– elegans 121
– nebulosa 120
Aira 121
– caerulea 392
– capillaris 121
– cespitosa 121
– elegantissima 121
Ajuga 121 10
– genevensis *121* 120* 30 62
– pyramidalis 121
– reptans *121* 17 38 63
Akanthus 111
Akelei 135
Alant 316 317
Alcea 121
– ficifolia *122* 120* 27 94
– rosea *122* 27
– Rosea-Hybriden *122* 120*
Alchemilla 122 17 18 38 48
– alpina *123* 35
– mollis 123
– vulgaris 123
– – var. acutiloba 123
– xanthochlora *123* 122* 13
Allegheny-Malven 122
Allermannsharnisch 279
Allium 123 80
– aflatunense 123
– albopilosum 123
– atropurpureum 123
– azureum 123
– caeruleum 123
– christophii *123* 103**
– flavum *123* 80
– giganteum *123* 103**
– karataviense *123* 122* 103** 79
– moly *123* 122* 103** 79
– narcissiflorum *123* 122* 80
– oreophilum *124* 122* 103** 80
– ostrowskianum 124
– pedemontanum 123
– stipitatum *124* 80
Alonsoa 124 107
– linearis 124
– warscewiczii 124
Alopecurus 125
– pratensis *125* 124* 19
Alpenaster 146
Alpenaurikel 453
Alpendistel 252
Alpenglöckchen 533

Alpenmohn 420
Alpenskabiose 461
Alpensteinquendel 115
Alpenveilchen 207
Alpenvergißmeinnicht 396
Alpina 55
Alstroemeria 125 13 22 40 48 78
– aurantiaca *125* 124* 103** 15 31 64
– – var. aurea 125
– haemantha *125* 124*
– ligtu 125
– pelegrina 125
– pulchella 125
– versicolor 125
Alter der Stauden 47
Althaea 121
– ficifolia 122
– rosea 122
Alyssum 126 10 30
– maritimum 375
– moellendorfianum 126
– montanum *126* 61
– saxatile *126** 22 53 76
– – 'Plenum' *126* 76
Amaranthus 126 107
– caudatus *126**
– gangeticus 127
– hybridus 126
– paniculatus 127
– tricolor 127
Amberboa 127
– moschata *127* 91
Amberkraut 544
Ammobium 127 92 107
– alatum *127* 126*
Amoenas 324
Amselblümle 265
Amsonia 128 13 22 48
– tabernaemontana *128** 25
– salicifolia 128
Anacyclus 128 10
– depressus *128** 30
Anagallis 128
– arvensis *128** 105
– – var. coerulea 128
– monelli 129
– – ssp. collina *129*
– – ssp. hortensis *129*
– – ssp. linifolia *129* 107
Anaphalis 129 61
– margaritacea *129** 13 30
– triplinervis *129* 10 18 30 34
Anchusa 129
– azurea *129** 15 23 40 48 70 75
– – 'Royal Blue' *129* 13 40
– capensis *130* 107

591

- cespitosa 129 10 48
- italica 129
- myosotidiflora 161
- officinalis 62
- Andenpolster 154
- Androsace 130 10 19 48 76
- carnea 130* 35
- – ssp. brigantiaca 130 35
- – ssp. laggeri 130 35
- – var. halleri 130 35
- lactea 130 34
- primuloides 131 34 53
- sarmentosa 131 34
- villosa 131 34
- – var. arachnoidea 131
- Anemone 131 73
- angulosa 300
- apennina 131 130* 10
- blanda 131 10 35
- canadensis 131 10 25 39 48
- coronaria 133* 78
- Frühlingsblüher des Laubwaldes 131
- × fulgens 133 78
- Gebirgsanemonen 132
- hepatica 299
- Herbstanemonen 132
- Hortensis-Gruppe 133
- hupehensis 132* 13 24 31 38 40 75
- – 'Septembercharm' 479**
- japonica var. hupehensis 132
- Japonica-Hybriden 132* 15 24 31 35 38 40 75 76
- – 'Heinrich' 132 13
- narcissiflora 132* 10 33 48
- nemorosa 131 130* 10 25 39 48
- pennsylvanica 131
- pulsatilla 463
- ranunculoides 131 132* 10
- slavica 463
- sylvestris 131 10 25 32 38 39 48 64
- umbellata 132
- vitifolia 132 15 24 31 39 40 48 75 76
- Anemonenblütige Dahlien 212
- Angießen 43 44
- Angleichung 9
- Anmutkörbchen 179
- Anpassung 9
- Antennaria 133 10 17 30 48 61
- alpina 133
- aprica 133
- dioica 133* 54
- parvifolia 133 54
- Anthemis 133
- biebersteiniana 133
- marschalliana 133 10 30

- tinctoria 134 13 23 48 62 64
- Anthericum 134 30 48
- liliago 134 13 22 25 61 62
- liliastrum 422
- ramosum 134* 13 25
- Antirrhinum 134 92 93 107
- majus 134 91
- – Kulturvarietäten 135*
- Apios 135
- americana 135 33
- Aquilegia 135 22 31 48 64 73
- akitensis 136
- alpina 136
- caerulea 136 13 70
- canadensis 136 134* 13
- chrysantha 136 15
- einseleana 136
- flabellata 136
- Hybriden 136
- skinneri 136 13
- vulgaris 136 13
- Arabis 136 17 19 22 41 53
- albida 137
- × arendsii 137 31 48
- caucasica 137 48 78
- – 'Plena' 136* 64 66
- ferdinandi-coburgi 137 78
- procurrens 137
- Aralia 137 50
- cordata 137 15 16
- edulis 137
- racemosa 137 15 16
- – var. sachaliensis 137
- Arctostaphylos uva-ursi 61
- Arctotis 137 95 107
- breviscapa 137 136*
- Hybriden 137
- Arenaria 138 17 30
- grandiflora 138*
- purpurascens 138
- tetraquetra 138 48
- Argemone 138 107
- alba 138
- albiflora 138*
- mexicana 138*
- platyceras 138
- – var. hunnemannii 138
- Armeria 139
- cespitosa 139
- juniperifolia 139 138* 10 19 76
- maritima 139 138* 10 19 20 61
- – 'Düsseldorfer Stolz' 234**
- Arnebia 139
- cornuta 139 138*
- echioides 139
- pulchra 139 138* 10 30 33 75 107
- Arnica 140
- chamissonis 140 13
- longifolia 140 10
- sachalinensis 140 10
- Arnika 140

- Aronstab 141
- Arrhenatherum 140
- elatius ssp. bulbosum 'Variegatum' 140* 19
- Artemisia 140 30 48 107
- gmelinii 141 94
- lactiflora 141 13 15 25
- ludoviciana 141 60
- – 'Silberkönigin' 141 140*
- nitida 141 10 17
- sacrorum 141
- schmidtiana 141 10 18 60
- – 'Nana' 53
- scoparia 141 94
- Arum 141 38 48
- italicum 141
- maculatum 141 140*
- Aruncus 142 22 23 31 48
- dioicus 142* 15 16 25 39 64
- sylvestris 142
- Asarina 142 95
- antirrhiniflora 142
- barclaiana 142
- erubescens 142
- scandens 143 142*
- Asarum 143
- europaeum 143* 10 25 39 41 48
- Asclepias 143
- tuberosa 143 144* 13 23 30 48
- Asparagus 144 31 48 73
- filicinus 144 15 40
- officinalis 144
- – var. pseudoscaber 144
- – 'Spitzenschleier' 144
- verticillatus 144
- Asperula 145
- gussonii 145
- nitida 145
- odorata 268
- Asphodeline 145 30 48
- lutea 145 144* 478** 15
- Asphodelus luteus 145
- Asplenium 145
- ruta-muraria 145 21 33
- trichomanes 145 144* 21
- Aster 145
- acris 147
- × alpellus 146 10 22
- alpinus 146* 10 22 64 70
- amellus 146* 13 23 33 62 64 70
- andersonii 146 48
- bergeranus 259
- cordifolius 147 15 24
- dumosus 147 146*
- Dumosus-Hybriden 147 10 13 24
- ericoides 147 15 24
- farreri 146 10 22
- – 'Berggarten' 64
- – 'Berggarten-Zwerg' 478**
- × frikartii 147 15 23
- lateriflorus 147 15

- novae-angliae 147* 15 24 64
- novi-belgii 147* 13 15 24 64 70
- – 'Korallenkuppel' 479**
- ptarmicoides 535
- sedifolius 147 13 61
- subcaeruleus 146
- tongolensis 146 10 22 64
- – 'Wartburgstern' 146
- yunnanensis 146 10 48
- Aster 145
- Alpenaster 146
- Bergaster 146
- Frühlingsastern 146
- Glattblattaster 147
- Herbstastern 147
- Rauhblattaster 147
- Schleieraster 147
- Sommeraster 164
- Sommer-Staudenastern 146
- Winterastern 185
- Astilbe 148 31 70
- – × arendsii 149
- Arendsii-Hybriden 149 148* 237** 13 15 22 23 39 48 64
- – – 'Hildegard' 237**
- chinensis var. pumila 149 148* 11 17 25 39
- – – var. taquetii 'Superba' 149
- – – 'Spätsommer' 237**
- japonica 149 13 22 64 66
- Japonica-Hybriden 149
- simplicifolia 149 11 39
- Simplicifolia-Hybriden 149
- thunbergii 149 15 39 48
- Astilboides 150 19 31
- tabularis 150* 26
- Astragalus 150 11 19 30 48 78
- angustifolius 150*
- monspessulanus 150
- sempervirens 151
- Astrantia 151 18
- major 151 150* 13 25 33 39 63
- minor 151 11 35 39
- Athamanta 151 18 33 48
- cretensis 151 152* 11
- turbith ssp. haynaldii 151 13
- Athyrium 152
- filix-femina 152* 21 41
- – f. erosum minus 152
- – f. fieldae 152
- – f. multifidum 152
- – f. sagittato-lunulatum 152
- Aubrieta 152 11 17 22 30 33 48 53 70 76
- deltoidea 152
- – var. graeca 152
- – var. microphylla 152

– – var. *tauricola* 152
– *Hybriden* 152 153*
– *tauricola* 152
Aufkalken 33
Augenwurz 151
Aurikel 453
Australisches
   Lampenputzergras 423
Auswintern 48
Avena 153
– *candida* 295
– *sempervirens* 295
– *sterilis* 153
Avenella 153
– *flexuosa* 153 152* 19
Azidität des Bodens 33
Azorella 154 11 39 48
– *glebaria* 154
– *trifurcata* 154* 18 76

Baby-Gladiolen 279
Bachnelkenwurz 277
Baeria 345
– *chrysostoma* 345
Ball-Dahlien 212
Ballonblume 442
Ballonrebe 173
Balsamina hortensis 314
Balsamine 314
Bambushirse 418
Bandgras *(Phalaris)* 430
Bandgras, Knollen-
   (Arrhenatherum) 140
Bandgras, Weißbuntes
   (Dactylis) 211
Barbata-Elatior-Gruppe 325
Barbata-Media-Gruppe 325
Barbata-Nana-Gruppe 325
Barbarea vulgaris 63
Bärenohr 137
Bartfaden 424
Bartiris 323
Bartnelke 219
Bartonia aurea 388
Bärwurz 388
Baumpäonien 416
Bayerischer Eisenhut 116
Becherglocke 117
Becherpflanze 531
Begonia 154
– – Knollenbegonien-Hybri-
   den 155 154* 78
– – Semperflorens-Hybriden
   155 93 107
– ×tuberhybrida 155
Beifuß 140
Beinwell 540
Bellis 156
– *perennis* 156* 27 91 92 93
   108
Bergaster 146
Bergbohnenkraut 508
Bergenia 157 11 18 39 48
– *cordifolia* 157 156*
– *crassifolia* 157
– *delavayi* 157
– *Hybriden* 157

– *purpurascens* 157
– *stracheyi* 157*
Berghähnchen 132
Bertramsgarbe 113
Berufkraut 249
Besengras 536
Besenheide 165
Besen-Radmelde 334
Betonica grandiflora 537
– *nivea* 538
Bibernellrose 483
Bienenfreund 429
Bienennährpflanzen 69
Bienne 27
Binsenlilie 532
Bipartita-Hybriden 371
Bisamblume 127
Bisamflockenblume 127
Bisampappel 129
Bischofsmützchen 392
Bitterblatt 258
Bitterwurz 351
Blasenkirsche 439
Blattmohn 419
Blattstauden 18
Blaublattfunkie 306 307
Blaublattfunkien (Gruppe)
   306
Blaudolde 225
Blauer Riesenstrandhafer
   244
Blaues Lieschen 258
Blauglöckchen 388
Blaukissen 152
Blaulauch 123
Blauraute 427
Blaustern 518
Blaustrahlhafer 295
Blechnum 158
– *penna-marina* 158 21 40
– *spicant* 158* 21
Bleichsucht 34
Bleiwurz 179
Bletia hyacinthina 158
Bletilla 158 39 40 41 48
– *striata* 158* 13
Blumenbachia lateritia 163
Blumenrohr 170
Blutströpfchen *(Anagallis
   arvensis)* 128
Blutströpfchen *(Dianthus
   deltoides)* 222
Blütenbuschbalsaminen 315
Blütenstauden 21
– des Frühlings 21
– des Herbstes 24
– des Hochsommers 23
– des Vorsommers 22
Blutweiderich 381
Blutwurz *(Potentilla
   tormentilla)* 449
Blutwurz *(Sanguinaria)* 505
Bocconia cordata 381
Bodenansprüche 28
Bodenflora in Wald und
   Grünanlage 37 38
Bodenlockerung 45

Bohne 431
Bohnenkraut 508
Boltonia 159 15 50
– *asteroides* 159
– – var. *latisquama* 159 25
– *glastifolia* 159
Borago orientalis 551
Boykinia 159 38 48
– *aconitifolia* 159 158* 13
– *tellimoides* 159 13 18
Brachycome 159 105
– *iberidifolia* 159*
Brandkraut 432
Braunelle 460
Braut im Haar 404
Breitwedel-Dornfarn 232
Brennende Liebe 378
Brennwinde 163
Briza 160
– *gracilis* 160
– *maxima* 160
– *media* 160* 19
– *minor* 160
– *rubra* 160
Brokatblume 501
Brombeere 498
Bronzeblatt 267
Browallia 160 107
– *grandiflora* 160*
– *viscosa* 161
Bruchkraut 301
Bruckenthalia spiculifolia
   61
Brunella 460
Brunnera 161
– *macrophylla* 161 160* 13
   31 38 48 75
Buglossoides 161
– *purpurocaerulea* 161* 11
   25 38 39 50 76
Bulbocodium 162
– *vernum* 162* 80
Bunte Margerite 183
Buntschopfsalbei 503
Buphthalmum 162 23 48
– *salicifolium* 162* 25 31
– *speciosissimum* 543
– *speciosum* 543
Büschelglockenblume 168
Büschelschön 429
Buschlack 179
Buschmalve 348
Buschwindröschen 131
Butterblume 467

Cajophora 163 95
– *lateritia* 163
Calamintha alpina 115
Calandrinia 163
– *umbellata* 163
Calceolaria 163
– *polyrrhiza* 163 162* 11 17
   32 35 39
Calendula 164 92 93 105
– *officinalis* 164*
– – 'Pacific Schönheit
   Tieforange' 344**

Callistephus 164 93 107
– *chinensis* 165 164 91
– – Prinzeßaster 'Erfordia'
   342**
Calluna 165
– *vulgaris* 166 164* 30 35 48
   61
Caltha 166 32
– *holubyi* 166
– *palustris* 166 11 13 26 48
– – 'Plena' 234**
– *polypetala* 166
Calystegia 167
– *pellita* 167 166*
– – 'Plena' 167
– *pubescens* 167
Camassia 167 78 80
– *cusickii* 167
– *esculenta* 167
– *fraseri* 167
– *quamash* 167 166*
– *scilloides* 167
Campanula 167 73
– *alliariifolia* 63
– *carpatica* 169* 11 22 53 70
   76
– – 'Kobold' 235**
– – var. *turbinata* 169 76
– *cochleariifolia* 169* 11
– *garganica* 169* 11 17 22
   48 53 76
– *glomerata* 168* 13 62 64
– *grandis* 169
– *lactiflora* 168 15 48
– *latifolia* 168* 39 25 15 48
   61
– *latiloba* 169
– *medium* 168* 344** 27 91
   93 94
– *patula* 63
– *persicifolia* 168* 13 22 32
   48 64 70
– – ssp. *sessiliflora* 169
   168*
– *portenschlagiana* 169* 11
   17 22 48 53 76
– *poscharskyana* 169 11 17
   22 48 53 70 76
– – 'E. H. Frost' 235**
– *pusilla* 169
– *rapunculoides* 63
Campernellen 399
Canna 170 78
– ×*generalis* 170
– Indica-Hybriden 170*
Cannabis 171 94
– gigantea var. chinensis
   171
– *sativa* 171 170*
– – 'Gigantea' 171
Cardamine 172 11
– *heptaphylla* 172 38
– *pratensis* 172 32 63
– *trifolia* 172* 39
Cardiospermum 173 95
– *halicacabum* 173 172*
Carduus 173

593

- arabicus 173
- personatus 63
- pycnocephalus 173
Carex 173 61
- baldensis 173 19
- firma 173 19
- fraseri 173 19 35
- grayi 173 172* 20
- japonica 174
- maxima 174
- morrowii 174 20
- pendula 174 172* 20
- sylvatica 174 20
Carlina 174 11 18 33 61
- acanthifolia 174 28
- acaulis 174* 30 48 73
- - ssp. simplex 174 478** 65
- - var. caulescens 174
Catananche 175
- caerulea 175 174* 13 28 30 33 48 64
Celosia 175 107
- argentea 175
- - var. cristata 175 174* 343** 93
- - var. plumosa 175 174* 93 94
Centaurea 175 22 91 105
- americana 176
- cyanus 176
- dealbata 176 13 30 48 64 75
- macrocephala 176 15 48 64 70
- montana 176* 13 30 65 70 75
- moschata 127
- pulcherrima 176* 13 30 48 61 65
- stoebe 62
Centauridium drummondii 581
Centaurium 177 11
- pulchellum 177 176* 32 63 95
- - var. diffusa 177
- scilloides 177 32 35
Centranthus 177 22 23 30 48 105
- macrosiphon 177
- ruber 177 13 25
Cerastium 178 11 18 30 48 53
- arvense 'Compactum' 178*
- biebersteinii 178
- grandiflorum 178
- tomentosum 178 61
- - var. columnae 178
Ceratostigma 179 40
- plumbaginoides 179 178* 11 76
- willmottianum 179 15 76
Chabaud-Nelke 220
Chamaenerion fleischeri 244
Chamaepeuce casabonae 462

- diacantha 462
Charieis 179 105
- heterophylla 179 178*
Chartersche Malven 122
Cheiranthus 179 91
- ×allionii 254
- cheiri 179 178* 92 93 94 108
- maritimus 383
Chelone 180
- barbata 425
- lyonii 181 13 35 40
- obliqua 181 180* 13 35 39 40
Chiastophyllum 181
- oppositifolium 181 180* 11 17 73
Chilenische Glockenwinde 405
China-Nelke 220
Chinaschilf 391
Chineser Nelke 220
Chionodoxa 181 10 79
- luciliae 181 180* 98**
- sardensis 181 180*
- siehei 181
- tmolusii 181
Christophskraut 116
Christrose 297
Chrysantheme 182
Chrysanthemenblütige Tagetes 542
Chrysanthemum 182 11 91
- arcticum 183 182* 479** 76
- carinarium 183
- carinatum 182* 107
- coccineum 183 182* 13 21 22 65 67 70
- coronarium 182 107
- Indicum-Hybriden 185 184* 13 15 24
- inodorum 384
- Koreanum-Hybriden 185 15 24
- leucanthemum 186 13 22 65 70
- maximum 186* 13 15 22 23 33 65 70
- - 'Septemberschnee' 236**
- multicaule 182 94
- parthenium 182
- roseum 183
- rubellum 185
- segetum 183 182* 107
- ×spectabile 183
- zawadskii var. latilobum 185 15 24 65
Chrysogonum 187
- virginianum 187
Chrysopsis 187 11
- villosa 'Rutteri' 187 30
Cimicifuga 187 15 18 25 32 39 48
- acerina 188 186*
- cordifolia 188

- dahurica 188
- japonica 188
- racemosa 188
- - var. cordifolia 188 237**
- simplex 188
Cineraria maritima 528
Cirsium 188
- afrum 462
- altissimum 188 28
- casabonae 462
- diacanthum 462
- helenioides 63
- rivulare 189 188* 15 26 35 50 63
- tuberosum 63
Clarkia 189 91 105
- breweri 189 95
- concinna 189 95
- elegans 189
- pulchella 189 343**
- unguiculata 189 188*
Clematis 189
- ×bonstedtii 'Crepuscule' 189
- heracleifolia 189 15 40
- - var. davidiana 190
- integrifolia 190 188* 15 32 40
- recta 190* 15 25 33 48 65
- tubulosa 189
Cleome 190 91 107
- gigantea 190
- pungens 190
- spinosa 190*
Cnidium dubium 63
Cobaea 191 95
- scandens 191 190*
Codonopsis 191 25 39
- clematidea 191 190* 15
- ovata 191 13
Coix 191
- lacryma-jobi 191
Colchicum 192 79 80
- agrippinum 192
- autumnale 192 63 80
- - 'Plenum' 192 479**
- bornmuelleri 192*
- bulbocodium 162
- byzantinum 193 192*
- - var. cilicicum 193
- haussknechtii 193
- latifolium 193
- sibthorpii 193
- speciosum 193 192
- - 'Waterlily' 193 479**
- variegatum 193
Collinsia 194 95 105
- bicolor 194
- grandiflora 194
- heterophylla 194*
- verna 194
Collomia 194 105
- cavanillesii 194
Convallaria 195
- bifolia 382
- majalis 195 194* 11 18 39

48 65 66
Convolvulus 195 105
- nil 431
- tricolor 195 194* 93
Corbularia 196
- bulbocodium 196 98** 80
Coreopsis 196 91 93 105 107
- atkinsoniana 196
- basalis 196*
- cardaminifolia 197
- drummondii 196
- grandiflora 197 196* 15 22 23 48 65 70
- lanceolata 197 13 22 48 62 65
- rosea 197 48
- - 'Nana' 197 11
- stillmanii 197
- tripteris 197 16
- verticillata 197 13
Cornus 198 17 39 48
- canadensis 198 11 35
- suecica 198* 11 35
Coronaria flos-jovis 378
- tomentosa 378
Coronilla 198 34 48
- coronata 198 13 30
- vaginalis 199 30
- varia 199 198* 15 25 62
Cortaderia 199
- selloana 199 198* 480** 20 65
Cortusa 199
- matthioli 200* 11 34 39
Corydalis 200 11 49
- cava 200 11 49
- cheilanthifolia 200 39
- lutea 200* 53 76
- ochroleuca 200 39 76
- scouleri 200 18 25 39
Cosmidium 545
- burridgeanum 545
Cosmos 201 91 94 107
- bipinnatus 201 200*
- sulphureus 201
Cottage-Tulpen 559
Cotula 201
- squalida 201 200* 11 18 32 50 54
Cotyledon oppositifolia 181
Crambe 202
- maritima 202* 16 23
Crepis barbata 550
Crinum 202 40 78
- bulbispermum 202 13
- ×powellii 203 202* 13
Crocosmia 203 78
- ×crocosmiiflora 203 202*
- masonorum 203
Crocus 203
- ancyrensis 204
- angustifolius 204 80
- aureus 205
- balansae 205
- biflorus 205 80
- - var. alexandri 205
- byzantinus 204* 79

- chrysanthus 205 79
- - 'Blue Pearl' 98**
- etruscus 205
- flavus 205 204* 80
- - 'Großer Gelber' 205 98**
- fleischeri 205
- imperati 205 80
- - var. albiflos 205
- iridiflorus 204
- kotschyanus 204 479** 79
- laevigatus 204
- neapolitanus 205 204* 79
- - 'Remembrance' 205
- pulchellus 204
- sativus 204 79
- sieberi 205 80
- speciosus 204* 79
- susianus 204
- tommasinianus 205 79
- vernus 205
- - var. neapolitanus 205
- zonatus 204
Crucianella stylosa 437
Cucurbita 207 96
- pepo 207 206*
Currania 207
- dryopteris 207
- robertiana 207 21
Cuthbertson-Lathyrus 346
Cyclamen 207 79 80
- abchasicum 208
- atkinsii 208
- coum 207 208*
- - ssp. alpinum 208
- - ssp. caucasicum 208
- - ssp. coum 207
- - ssp. hiemale 207
- europaeum auct. non L. 208
- europaeum var. caucasicum 208
- hederifolium 208* 70
- hiemale 208
- ibericum 208
- linearifolium 208
- neapolitanum 208
- orbiculatum 208
- purpurascens 208*
- vernum 207
Cymbalaria 208
- hepaticifolia 208 11 48 53
- muralis 209 11 48 53 76
- - 'Globosa' 209 76
- pallida 209 208* 11 33 76
Cynoglossum 209 105
- amabile 209*
Cypripedium 209 32 39 49
- calceolus var. calceolus 210* 13 34
- calceolus var. pubescens 210* 35
- parviflorum 210 11
- pubescens 210
- reginae 210* 13 35
- spectabile 210
Cytisus scoparius 61

Dachwurz 524
Dactylis 211
- glomerata 'Variegata' 211 20
Dahlia 211 78
- Hybriden 211 212* 213* 476* 78
- - einfachblühende 211
- - halbgefüllte 211
- - gefülltblühende 212
- - Klassen 211 212* 213*
Damascener Rose 483
Damentulpe 562
Darwin-Hybrid-Tulpen 558
Datura 214
- fastuosa 214
- - 'Plena' 214*
- innoxia 214
- metel 214*
- meteloides 214
Delphinium 215 92
- ajacis 215 105
- cashmerianum 216 13
- cardiopedalum 215
- consolida 215 105
- grandiflorum 216 217* 13
- Hybriden 216 15 16 22 23 65 70 73
- - Belladonna-Gruppe 217* 13
- - - 'Piccolo' 217 236**
- - Elatum-Gruppe 217 216*
- - Pacific-Gruppe 217 48
- sulphureum 216
- verdunense 215 105
- zalil 216 13 30 41 73
Dentaria heptaphylla 172 17
Deschampsia 219
- cespitosa 219 218* 20
- flexuosa 153
Dianthus 219 11 33 62
- × allwoodii 221
- arenarius 221 220* 25 30 49 61 62
- barbatus 219 218* 344** 27
- caesius 222
- carthusianorum 221 220* 62
- caryophyllus 220* 107
- chinensis 220* 343** 107
- cruentus 221 26
- deltoides 222 18 30 35 49 60 61 62 70
- gratianopolitanus 222* 18 22 30 49 53 62 70
- - 'BS-Rosenlicht' 222 235**
- hungaricus 222
- microlepis 222
- petraeus 222 53
- plumarius 222* 13 18 22 49 53 65
- spiculifolius 222
- superbus 223 13 48
- sylvestris 223

- - ssp. sylvestris 223
Diascia 223 107
- barberae 223 222*
Dicentra 224 35
- eximia 224* 11 25 39 49
- formosa 224 11 18 39 49
- spectabilis 224* 13 23 32 49 67 70 73
Dictamnus 225 71
- albus 225 224* 478** 15 18 25 30 33 49
- - var. caucasicus 225
- fraxinella 225
Didiscus 225
- caeruleus 225 224*
Digitalis 226 15
- ambigua 226
- ferruginea 226 26 48
- grandiflora 226* 26 48
- lutea 226 25 27 48 •
- purpurea 227 226* 25 27 65
- - 'Excelsior-Hybriden' 227
Dimorphotheca 227 95 107
- aurantiaca 227
- pluvialis 227
- sinuata 227 226*
- - 'Tetra Goliath' 227 342** 92
Diopogon heuffelii 332
Diphylleia 227
- cymosa 227
Diptam 225 288
Distel 173
Distelsalbei 503
Dodecatheon 228 11 23 38 73 76
- jeffreyi 228
- × lemoinei 228
- meadia 228
Doldenprimeln 453
Dolichos 228 105
- lablab 228 96
Donarsbart 332
Doppelmalve 528
Doronicum 229
- caucasicum 229
- columnae 229 13
- cordatum 229
- cordifolium 229
- orientale 229 228* 11 22 65 67 71
- pardalianches 229 13 39
- plantagineum 229 228* 13 23
- - 'Excelsum' 229 15 65
Dorotheanthus 229 94 95 107
- bellidiformis 229 228* 342** 94
- gramineus 229
- oculatus 230
Dost 411
Dotterblume 166
Douglasia vitaliana 579
Draba 230 11 30 33 76

- bruniifolia 230*
- dedeana 230
- dicranoides 230
- haynaldii 230
- repens 230
- rigida 230*
- sibirica 230
Drachenkopf 231
Drachenmaul 305
Dracocephalum 231 105
- moldavica 231 230*
- ruyschiana 231 11 26 32
Drahtschmiele 153
Dreiblatt 553
Dreiblattspiere 279
Dreimasterblume 551
Dryas 231 17 35 49 73 76
- octopetala 231 230*
- × suendermannii 231
Dryopteris 232
- austriaca 232* 21
- borreri 232
- cristata 232 21
- dilatata 232
- filix-mas 232* 21
- linnaeana 207
- paleacea 232
- pseudo-mas 232 21
- robertiana 207
Duftrosen 487
Duftsteinrich 375
Dünenrose 483
Düngen 45
Dunggüsse 45
Dunkelkeimer 72 73
Duplex-Dahlien 212

Eberwurz 174
Eccremocarpus 241
- scaber 241* 96
Echinacea 241 15
- angustifolia 241
- purpurea 241* 24 71
- - 'Rubinstern' 242 236**
Echinops 242 15 18 23 65
- giganteus 243
- humilis 243 242* 65
- ritro 243 50 65
- sphaerocephalus 243 242* 16 28
Echioides longiflorum 139
Echium 243 105
- vulgare 243 242*
Echte Kamille 384
Edeldistel 252
Edelgladiolen 279
Edelpäonien 415
Edelraute 140
Edelrosen 485
Edelweiß 349
Edelweißmargerite 186
Ehrenpreis 572
Eibisch 303
Eichenfarn 207
Einjahrsblumen 88
- als Bodendecke 94
- Ansprüche 89

595

- Anzucht 96
- Aussaat 96
- für absonnige bis halbschattige Plätze 95
- für Balkonkästen, Schalen, Töpfe 92
- für geschlossene Pflanzungen 90
- für Hecken 94
- für Schnittblumengewinnung 91
- für sehr heiße Plätze 94 95
- kletternde 95
- Pflege 98
- Verwendung 90

Einjähriger Sommerphlox 433
Einjahrsphlox 433
Eisenhut 115
Eisenkraut 569
Elfenbeindistel *(Eryngium giganteum)* 253
Elfenbeindistel *(Ptilostemon)* 461
Elfenblume 244
Elymus 243
- *arenarius* 243 20
- *giganteus* 243 242* 20
- – 'Glaucus' 243
Empetrum nigrum 61
Endymion hispanicus 518
- non-scriptus 518
Engelsüß 447
Englische Aurikeln 455
Entenfuß 443
Enzian 272
Epilobium 244 40
- *angustifolium* 62
- *fleischeri* 244*
- *purpuratum* 244 17 50 54
Epimedium 244 11 18 25 39 40 42 49
- *perralderanum* 245 244* 18
- × *rubrum* 245
- × *versicolor* 245
- × *youngianum* 245
Eranthis 245 49
- *cilicica* 245 80
- *hyemalis* 245 244* 99** 73 79
- × *tubergenii* 245
Eremurus 246 23 40 65
- *bungei* 246
- *elwesii* 246 16
- *himalaicus* 246* 15
- × *isabellinus* 246 15
- *robustus* 246 16 71
- *stenophyllus* 246 13
- – var. *bungei* 246
- × *tubergenii* 246 15
Erdbirne *(Apios)* 135
Erdbirne *(Helianthus tuberosus)* 293
Erdkirsche 439

Erica 247
- *carnea* 248
- *cinerea* 248 61
- *erigena* 248
- *herbacea* 248* 33 49 60
- *mediterranea* auct. non L. 248
- *mediterranea* L. 248
- *purpurascens* 248
- *tetralix* 248* 35 61
- *vagans* 248 61
Erigeron 249 22 49
- *aurantiacus* 249 11 30 48
- *Hybriden* 250 248* 65
- *speciosus* 249 13 62
Eriogonum 250 11 18 30
- *flavum* 250
- *umbellatum* 250*
Eriophyllum 251 41
- *lanatum* 251 250* 11 30
- *wallacei* 251
Erneuern von Staudenpflanzungen 47
Erodium 251 11 30
- *chamaedryoides* 251
- *manescavii* 251 30
- *reichardii* 251 19
Eryngium 252 18 23 30 65 73 75
- *alpinum* 252* 478** 13
- *amethystinum* 252 15
- *bourgatii* 252 13
- *giganteum* 253 252* 28 48
- *hybridum* 253
- *maritimum* 253* 13
- × *oliveranum* 253 13
- *planum* 253 15 61
- – 'Blauer Zwerg' 253 13
- – var. *caelestinum* 253
- *yuccifolium* 253 15 32
- × *zabelii* 253 15
Erysimum 254 105
- × *allionii* 254* 27
- *helveticum* 254* 11 30 33
- *perovskianum* 254 28
- *pulchellum* 254 11 30 33
- *pumilum* 254
Erythraea massonii 177
- *pulchella* 177
Erythronium 255 35 39 41 78 79
- *dens-canis* 255 254* 98**
- *grandiflorum* 255
- *hartwegii* 255
- *multiscapoideum* 255
- *revolutum* 255 254*
- *tuolumnense* 255
Erzblatt 426
Eschscholzia 255 105
- *caespitosa* 256
- *californica* 256* 343**
- *tenuifolia* 256
Eseldistel 409
Eselsohren 537
Essigrose 483
Etagenerika 439
Etagenprimeln 459

Eucharidium 189
Eupatorium 256
- *cannabinum* 257 256* 15 23 25 26 32
- *purpureum* 257 16
Euphorbia 257
- *capitulata* 258* 11
- *epithymoides* 258
- *heterophylla* 257
- *marginata* 257 92 105
- *myrsinites* 258* 11 18 48
- *palustris* 258 15 26
- *polychroma* 258* 13 22 30 49 67
- *variegata* 257
Euphrasia officinalis 63
Exacum 258
- *affine* 258
- – 'Atrocoeruleum' 258*

Fackellilie 332
Fackelträger 163
Falsche Alraunwurzel 543
Färberginster 271
Färberkamille 134
Farne 20
Federborstengras 423
Federbusch-Celosie 175
Federgras 539
Federmohn *(Macleaya)* 381
Federmohn *(Papaver somniferum,* Schlitzmohn) 419
Federnelke 222
Feigenkaktus 410
Feinstrahl 249
Felberich 379
Feldrittersporn 215
Feldthymian 547
Felicia 259
- *bergerana* 259 260*
Felsenblümchen 230
Felsennelke 427
Felsenteller 465
Festuca 259
- *amethystina* 260* 20 61
- *cinerea* 260* 19 61
- *crinum-ursi* 260
- *glauca* 260
- *pumila* 260 19 34
- *scoparia* 260 19 61
Fetthenne 521
Feuerbohne 431
Feuersalbei 503
Fiederpolster 201
Filigrandolde 151
Filigranfarn 448
Filipendula 260 23 49
- *hexapetala* 261
- *purpurea* 261 13 26 32
- *rubra* 261 15 26 32
- – 'Pygmaea' 261 11
- *ulmaria* 261* 15 26 32 63 65
- *vulgaris* 261* 11 18 30 62 65
Fingerhut 226

Fingerkraut 449
Fingerstrauch 449
Fioringras 120
Flammenblume 433
Flaumfederfarn 448
Fleißiges Lieschen 315
Flockenblume 175
Floribunda-Grandiflora-Gruppe 485
Floribunda-Rosen 485
Flügelginster 271
Fransenschwertel 535
Frauenfarn 152
Frauenschuh 209
Frauenspiegel 349
Freilandgloxinie 315
Fritillaria 261 79
- *acmopetala* 261
- *camtschatcensis* 261
- *imperialis* 262*
- *meleagris* 262* 98** 63
- – var. *praecox* 262
- *pallidiflora* 262* 80
Frühblühende Tulpen 557
Frühlingsanemonen 131
Frühlingsastern 146
Frühlingsblüher 21
Frühlingsgoldfunkie 306
Frühlingskrokus 205
Frühlingslichtblume 162
Frühlingsplatterbse 346
Fuchsbohne 545
Fuchsia 263
- *Hybriden* 264 263*
- *macrostemma* 264
- *magellanica* 264 41
- *thymifolia* 264 41
Fuchsie 263
Fuchsschwanz 126
Fuchsschwanzgras 125
Fugenbepflanzung 54
Funcks Hauslauch 525
Fünferling 438
Funkie 305
- Blaublattfunkie 307
- Frühlingsgoldfunkie 306
- Grüne Riesenfunkie 306
- Lanzenfunkie 306
- Lilienfunkie 306 307
- Riesen-Weißblattfunkie 306
- Weißblattfunkie 306
Fußblatt 443

Gaillardia 265 13 23 48 65 92 105
- *aristata* 62
- *amblyodon* 265
- *bicolor* 265
- *Hybriden* 265* 11 71
- *picta* 265
- *pulchella* 265
- – var. *picta* 265
Galanthus 265
- *elwesii* 266* 99**
- – var. *globosus* 266
- *globosus* 266

- nivalis 266* 99** 79
- plicatus 266
Galax 267
- aphylla 267
- urceolata 267 266* 13 25 35 38
Galega 267 23 49
- officinalis 267 266* 16 26
Galeobdolon luteum 336* 11 39
Galium 268
- boreale 63
- odoratum 268* 18 25 39
- palustre 63
- rubrum 268 25 61
- uliginosum 63
Galtonia 268
- candicans 268* 102** 78 79
Gamander 544
Gamolepis 269 95 107
- tagetes 269
Gänse-Fingerkraut 449
Gänsekresse 136
Garbe 112
Gartenaurikel 455
Gartenbalsamine 314
Gartenfuchsien 264
Gartenhortensie 310
Gartenhyazinthe 310
Gartenmargeriten 186
Gartenmohn 421
Gartennelke 220
Gartenrittersporn 216
- Belladonna-Gruppe 217
- Elatum-Gruppe 217
- Pacific-Gruppe 217
Gartenrose 471 481
Gartensalbei 504
Gartenstiefmütterchen 575
Gartentulpen 557
Gartenverbenen 570
Gartenvergißmeinnicht 396
Gauchheil 128
Gauklerblume 389
Gaura 269 107
- coccinea 269
- lindheimeri 269
Gazania 269 107
- Hybriden 270*
- longiscapa 270
- pavonia 270
- rigens 270
- uniflora 270
Gebirgsanemonen 132
Gebirgshängenelke 220
Gedenkemein 408
Gefüllte Aurikeln 455
Geißbart 142
Geißraute 267
Gelbes Ageratum 375
Gelbsucht 34
Gelenkblume 439
Gemskresse 309
Gemswurz 229
Genista 271 19 30 76
- hispanica 271 270* 61

- horrida 61
- lydia 271 49
- radiata 271* 61
- sagittalis 271* 49 61
- spathulata 271
- sylvestris var. pungens 61
- tinctoria 271* 49
Genistella sagittalis 271
Gentiana 272 32
- acaulis 272 11 33 65 71 73
-- var. alpina 273
- alpina 273 35
- asclepiadea 272* 235** 13 49 71 73
- clusii 273 272* 34
- cruciata 273 272* 11 49 76
- dahurica 273 13
- dinarica 273 33
- × doeringiana 273 11
- farreri 273* 11 35 76
- lagodechiana 274
- lutea 273 13 26 34 49 63 71
- × macaulayi 273 11 35
- sceptrum 274 11
- septemfida 274* 49 71
-- var. cordifolia 274
-- var. hascombensis 274 65
-- var. lagodechiana 274
- sino-ornata 274* 11 17 24 35 65 73 76
Geophyten 9
Georgine 211
Geranium 276 53
- cinereum var. subcaulescens 277
- dalmaticum 276* 11 61 76
- endressii 276 11
- grandiflorum 276
- lancastriense 276
- macrorrhizum 276 11 13 25
-- 'Balkanum' 276
- meeboldii 276
-- 'Johnson's Varietät' 276* 13
- palustre 63
- platypetalum 276 * 13 23 26 49 63
- sanguineum 276 11 63
-- var. prostratum 276
- subcaulescens 277 276* 11 76
-- 'Splendens' 234**
Germer 567
Geröllnelke 222
Gerste 305
Geum 277 22 65
- chiloense 277 13 41
- coccineum 277 11 13 71
- Hybriden 277* 13
- rivale 277 13 35 39 63
- sibiricum 277
Gewitterblume 538
Gilbweiderich 379
Gilia 278 105
- achilleifolia 278
- capitata 278

- laciniata 278
- tricolor 278
Gillenia 279
- trifoliata 279 278* 16 25 39 49
Ginster 271
Gladiole 279
Gladiolus 279 78
- communis 63
- × haarlemensis 280
- Hybriden 279 280*
- palustris 63
- primulinus 280
Glanzgras 430
Glattblattaster 147
Glatthafer 140
Glechoma 281
Glecoma 281
- hederacea 281* 11 17 25 39 49
-- 'Variegata' 282 68
Gliedkraut 529
Globularia 282 11 41
- cordifolia 282* 34
- nudicaulis 282 33
- trichosantha 282
Glöckel 199
Glockenblume 167
Glockenheide 247 248
Glockenkraut 191
Glockenprimeln 460
Glockenrebe 191
Glockenwinde 191
Gloriosa 283 78
- rothschildiana 283 282* 102
- simplex 283
Glücksklee 413
Glyceria 283
- aquatica 283
- maxima 'Variegata' 283 282* 20 26 27
- spectabilis 283
Glycine apios 135
Gnaphalium lanatum 294
Godetia 283 92 93 105
- amoena 284*
- grandiflora 284
- whitneyi 284
Goldährengras 114
Goldaster 187
Goldball 499
Goldbandleistengras 536
Goldbandlilie 357
Goldfunkien 306
Goldknöpfchen 467
Goldkolben 352
Goldkörbchen 187
Goldkrokus 538
Goldlack 179
Goldnessel 336
Goldprimel 579
Goldranunkel 467
Goldrose 484
Goldrute 534
Goldschein 187
Goldschuppenfarn 232

Goldwindröschen 131
Goldwurz 145
Gomphrena 284 92
- aurantiaca 284
- globosa 284*
- haageana 284
Goniolimon tataricum 370* 11 65 92 107
Götterblume 228
Granatnelke 220
Gräser 19
Graslilie 134
Grasnelke 139
Grauheide 248
Greigii-Hybriden 562
Greigii-Tulpen 562
Greiskraut (Ligularia) 352
Greiskraut (Senecio) 526
Grenadinnelke 220
Große Braunelle 461
Großes Immergrün 574
Grünblattfunkien 306
Grüne Riesenfunkie 306
Grünweißblättrige Funkien 306
Gundelrebe 281
Gundermann 281
Gunnera 285 16 19 32 41
- brasiliensis 285
- chilensis 285
- manicata 285 284*
- scabra 285
- tinctoria 285
Günsel 121
Gurkenblättrige Sonnenblume 292
Gymnocarpium 207
- dryopteris 207
- robertianum 207
Gypsophila 285 30
- cerastioides 286 11 49
- elegans 286* 92 105
- × monstrosa 286 11
- muralis 286
- paniculata 286 16 65 71
-- 'Nana Plena' 286 13 65
-- 'Rosenschleier' 287 286*
- repens 286* 11 33 49 53
- × suendermannii 286 11 33

Haarfarn 117
Haargerste 243
Hab mich lieb 452
Haberlea 287 11 18 33 38 39 49 53
- rhodopensis 288* 235**
Habichtskraut 303
Hafer 153
Hagebutten 472
Hahnenfuß 466
Hahnenkamm 175
Hainfreund 402
Hainschönchen 402
Hakenlilie 202
Halskrausen-Dahlien 212
Hanf 171
Hängefruchtranke 241

Haplophyllum 288 11
— *patavinum* 288* 53
Harter Schildfarn 448
Hartheu 311
Hartriegel 198
Haselwurz 143
Hasenglöckchen 518
Hasenschwanzgras 335
Hauswurz 524 525
Hebe 289 11
— *armstrongii* 289
— *hectoris* 289 288*
— *pinguifolia* 289
Heddewigs-Nelken 221
Heide (Standort) 29
Heidegärten 60
Heidekraut 165
Heidenelke 222
Heil allen Schaden 505
Heiligenkraut 506
Helenium 289
— *bigelovii* 289 13 22 49 65
— — 'Superbum' 289 288*
— *hoopesii* 289 13 22 26 65 71
— *Hybriden* 289 288* 290* 13 16 23 24 65
— — 'Blütentisch' 289 236**
— — 'Crimson Beauty' 289 290*
— — 'Moerheim Beauty' 289 290*
— — 'Sonnenwunder' 289 288*
Helianthemum 290 11 22 30 42 61 76
— *apenninum* 290*
— *canum* 34
— *Hybriden* 291 290*
— *italicum* ssp. *alpestre* 291
— *lunulatum* 291
— *oelandicum* ssp. *alpestre* 'Serpyllifolium' 291*
Helianthus 291 92 94 105
— *annuus* 291 292*
— *argophyllus* 292
— *atrorubens* 293 16 24 41 48 65
— *debilis* ssp. *cucumerifolius* 292
— — 'Herbstschönheit' 292 344**
— *decapetalus* 293 292* 16 23 49 65
— — 'Capenock Star' 293 292*
— — 'Morgensonne' 293 292*
— *orgyalis* 293
— *rigidus* 293 16 23 49 63 65
— *salicifolius* 293 16 19 49
— *scaberrimus* 293
— *sparsifolius* 293
— *tuberosus* 293 16
Helichrysum 294 92 107
— *bracteatum* 294*
— *petiolare* 294
— *petiolatum* 294
598 *Helictotrichon* 295

— *sempervirens* 295 294* 20
Heliopsis 295
— *helianthoides* var. *scabra* 295 294* 13 16 23 49 63 65
Heliosperma alpestre 530
Heliotrop 296
Heliotropium 296 107
— *arborescens* 296
— *corymbosum* 296
Helipterum 297 92 107
— *humboldtianum* 297
— *manglesii* 297 296*
— *roseum* 297 296*
— *sandfordii* 297
Helleborus 297 42 49
— *Hybriden* 297 296* 13 39 73
— *niger* 297 296* 11 33 39 65 71 73
— — ssp. *macranthus* 298
— — var. *altifolius* 298 13
— — var. *maximus* 298
— — var. *praecox* 298
Helmbohne 228
Helmkraut 520
Hemerocallis 298 22 32 39 49 65
— *aurantiaca* 298* 13
— *citrina* 299 298* 16
— *dumortieri* 299 13
— *flava* 299
— *fulva* 299 298* 16
— *Hybriden* 299 340** 341** 13 23
— *lilio-asphodelus* 299 16
— *middendorffii* 299 13
— *sieboldii* 299
Henne und Kücken 550
Hepatica 299
— *nobilis* 299 11 32 39 49
— *transsylvanica* 300 11 39 49 100*
Heracleum 300 16 18 19 32
— *lanatum* 300*
— *mantegazzianum* 300 28
— *maximum* 300
Herbstanemonen 132
Herbstastern 147
Herbstblüher 24
Herbstfeuerröschen 118
Herbstzeitlose 192
Herkuleskraut 300
Herniaria 301 11 18 30 49 54 61
— *glabra* 301 300*
— *hirsuta* 301
Herzblattschale 441
Herzblume 224
Hesperis 301
— *matronalis* 301 300* 9 13 22 33 48
— — 'Alba Plena' 301 65 67
Heuchera 302 18 22 32 33 39 42 65 73
— *Hybriden* 302 13
— *sanguinea* 302* 13 71

× *Heucherella* 303
— *tiarelloides* 303 302* 11 13 39
Hibiscus 303 94 105
— *manihot* 109
— *moscheutos* 303 26 41
— *trionum* 303 302*
Hieracium 303 11 30 49 61
— *aurantiacum* 304 302* 26
— *bombycinum* 304
— × *rubrum* 304 17
— *umbellatum* 63
— *villosum* 304*
Himbeere 498
Himmelschlüssel 451
Himmelsröschen 529
Hiobstränengras 191
Hippuris 304
— *vulgaris* 304* 27
Hirschgeweih-Dahlien 212
Hirschzunge 438
Hirse 417
Hochsommerblüher 23
Hochstammrosen 488 494
Hohe Bartiris 323 324
Höher Zwergiris 323
Hoher Staudenphlox 435
Hopfen 308
Hordeum 305
— *jubatum* 305 304*
Horminum 305
— *pyrenaicum* 305 304* 11 33 39 49
Hornkraut 178
Hornsauerklee 413
Hornveilchen 577
Hortensie 310
Hosta 305 18 32 39 49
— *albo-marginata* 306
— *coerulea* 307
— *crispula* 306
— *decorata* 306 13
— *elata* 306
— *fortunei* 306* 13
— — 'Albopicta Aurea' 306
— — var. *gigantea* 306
— — var. *marginato-alba* 306
— — var. *robusta* 307
— — *glauca* 307
— — var. *fortunei* 306
— *japonica* 306
— — *albo-marginata* 306
— *lancifolia* 306* 11
— — var. *albo-marginata* 306
— *plantaginea* 306 13 41 65
— *sieboldiana* 307* 13
— — var. *elegans* 307
— *sieboldii* 306
— *undulata* 307 11 68
— *ventricosa* 307 14
Houstonia 307 11 35 39 48
— *caerulea* 307 76
— *serpyllifolia* 308* 76
Humulus 308 96
— *japonicus* 308
— *lupulus* 'Aureus' 308*
— *scandens* 308

Humusdecke 45 46
Hundskamille 133
Hundszahn 255
Hundszunge 209
Hungerblümchen 230
Hunnemannia 308 95 107
— *fumariifolia* 309 308*
Hutchinsia 309 11 34 48
— *alpina* 309 308* 76
Hyacinthella azurea 395
Hyacinthus 309 80
— *azureus* 395
— *campanulatus* 518
— *candicans* 268
— *orientalis* 310*
Hyazinthe 309
Hydrangea 310
— *hortensis belzonnii* 310
— *macrophylla* 310*
— — f. *coerulea* 310
— — f. *mariesii* 311
— — f. *otaksa* 310
— — f. *veitchii* 311
Hylomecon 311
— *japonica* 311 11 35 39 49
Hypericum 311 11
— *calycinum* 311 18 39 41 76
— *grandiflorum* 311
— *olympicum* 311 76
— — 'Citrinum' 311 76
— *polyphyllum* 311 30 61 76
Hyssopus 312
— *officinalis* 312* 14 33 41 42
— — var. *decussatus* 312
— — var. *latifolius* 312

Iberis 313 11 33 42 92 93 105
— *amara* 313*
— — var. *coronaria* 313
— *saxatilis* 313 30
— *sempervirens* 313* 30 49 71
— *umbellata* 313
Igelkopf 421
Igelpolster 110
Immerblühende Staudenrabatte 52
Immergrün 574
Impatiens 314 107
— *balsamina* 314* 93
— *glandulifera* 315 94
— *holstii* 315
— *roylei* 315
— *sultani* 315
— *wallerana* 315 314* 93 94 95
Incarvillea 315 22 41 73
— *delavayi* 315 14 71
— *grandiflora* 315
— *mairei* 315 314* 11
Indianernessel 393
Ingwerorchidee 496
Inkalilie 125
Intermedias 323
Inula 316 49
— *afghanica* 317

- britannica 63
- ensifolia 316* 11 30
- - 'Compacta' 317 22
- germanica 63
- helenium 317 16 25
- hirta 317 11 26 61 63 65
- magnifica 317 16
Ionopsidium 317 105
- acaule 317 316* 93
Ipomoea 317 96
- coccinea 464
- hederacea 431
- nil 431
- purpurea 431
- quamoclit 464
- rubrocaerulea 317
- tricolor 317 316*
- - 'Blauer Himmel' 318
- - var. praecox 318
- violacea 317
Iris 318* 319* 41 48 73 78 80
- alata 320
- anglica 321
- aphylla 323
- aucheri 320 11
- bakerana 319
- Bartiris 323 238** 239**
- bornmuelleri 319
- brevicaulis 330
- bucharica 320* 14
- bulleyana 326 14 49
- chamaeiris 323 49
- chrysographes 326 14 26 49
- ×chrysophor 326 11 26 49
- cristata 322* 11
- danfordiae 319
- Englische Iris 321
- forrestii 326 14 26 49
- fulva 330 14 26 27 49
- - 'Dorothea K. Williamson' 330 240**
- germanica 323 322* 14 16 30 65
- - Barbata-Elatior-Gruppe 325 238** 239**
  Niedrige Hohe Bartiris 323
- - - Staudenrabatten-Iris 323
- - - Hohe Bartiris 324
- - Barbata-Media-Gruppe 325 22 30
- - - Intermediates 323
- - Barbata-Nana-Gruppe 325
- - - Miniatur-Iris 323
- - - Höhere Zwergiris 323
- gigantea 327
- gracilipes 322 11
- graeberana 320
- graminea 327 11 49
- gueldenstaedtiana 328
- halophila 328 14
- hispanica 321

- histrio 319
- - var. antilibanensis 319
- histrioides 319*
- - 'Major' 319
- ×hollandica 321
- Hollandica-Hybriden 321
- - 'Wedgewood' 321
- hoogiana 322 14
- Japanische 328
- kaempferi 328* 240** 14 22 23 26 41 65
- korolkowii 323 322* 240** 14
- laevigata 329 14 26 27
- Louisiana - 330
- magnifica 320 14
- ×monaurea 327 16 49 65
- monnieri 327 16 65
- ×monspur 327 16 49 65
- ochroleuca 327
- orientalis 327
- - 'Gigantea' 327 240**
- pallida 323
- - 'Variegata' 323
- Pflaumen - 327
- planifolia 320
- pseudacorus 329 27 49
- pumila 323 22 30
- Pumila-Hybriden 323 11 22
- Regeliocyclus-Hybriden 323
- reticulata 319*
- sanguinea 327 14 26 32
- sibirica 326 14 16 22 26 32 49 65
- - 'My Love' 327 240**
- sindjarensis 320
- sisyrinchium 318
- spuria 327* 14 16 22 32 49
- - var. halophila 328
- stolonifera 323 14
- Tiroler 323
- variegata 323
- versicolor 329 240**
- wilsonii 326 14
- xiphioides 321 32
- xiphium 321* 30
  Zwergiris 323
Islandmohn 419
Ixialilie 331
Ixiolirion 331 30 79
- montanum 331
- tataricum 331 330*

Japanische Iris 328 329
Japanischer Waldmohn 311
Jakobsleiter 443
Jakobslilie 536
Jasione 331
- laevis 331 14 30 49
- perennis 331
Jeffersonia dubia 440
Jochlilie 585
Johanniskraut 311
Jonquillen 399
Jovibarba 332 18

- heuffelii 332*
- sobolifera 332
Juncus zebrinus 520
Jungfer im Grünen 404
Junkerlilie 145
Jupiterblume 378

Kaiserkrone 261
Kaisernelken 221
Kaktusdahlien 212
Kalifornischer Goldmohn 255
Kalkanzeiger 33
Kalkboden 32
kalkfliehende Pflanzen 32
kalkholde Pflanzen 32
kalkliebende Pflanzen 32
kalkstete Pflanzen 32
Kälteschutz 40
Kamellien-Balsaminen 315
Kapkörbchen 227
Kappenmohn 255
Kapuzinerkresse 554
Kardendistel (Carduus) 173
Kardendistel (Morina) 393
Karnevalsprimel 453
Kartäusernelke 221
Katzenkraut (Teucrium marum) 544 402
Katzenmelisse (Nepeta cataria) 402
Katzenminze (Nepeta) 402
Katzenpfötchen 133
Kaufmanniana-Hybriden 561
Kaufmanniana-Tulpen 561
Kaukasusvergißmeinnicht 161
Kegelblume 241
Kermesbeere 440
Kerzenknöterich 446
Kiebitzblume 262
Kirengeshoma 332
- palmata 332* 14 16 18 38 49
Klatschmohn 419
Kleopatranadel 246
Kletterrosen 482
Knäuelgras 211
Kniphofia 333 23 41 65 73
- alooides 333
- galpinii 333
- Hybriden 333 14 16
- uvaria 333 332* 16
Knolle (Begriff) 77
Knollenbandgras 140
Knollenbegonien 155
Knollengeophyten 9
Knotenblume 350
Knöterich 445
Kochia 334 93 94 107
- scoparia 334
- - 'Childsii' 334
- - 'Trichophylla' 334*
Koeleria 334
- glauca 334* 61
Kohlrauschia saxifraga 427

Kokardenblume 265
Kolibritrompete 584
Kollinsie 194
Kollomie 194
Kompaßpflanze 531
Königsfarn 412
Königskerze 568
Königsrhabarber 469
Kornblume 176
Kornblumenaster 540
Kornrade 120
Kosmee 201
Krallenwinde 191
Kranichsbeere 498
Kratzdistel 188
Krause Malve 384
Krauser Rhabarber 469
Kresse 554
Krokus 203
Kronenanemone 133
Kronwicke 198
Krötenlilie 551
Küchenschelle 463
Kugelamarant 284
Kugelblume 282
Kugeldistel 242
Kugelpolster 9
Kugelprimeln 458
Kuhschelle 463
Kuhtritt 580
Kürbis 207
Kurzschopf 159

Labkraut 268
Lack 179
Lagurus 335
- ovatus 335*
Lamarckia 335
- aurea 335*
Lamarckgras 335
Lamiastrum galeobdolon 336
Lamium 336 11 17 50
- galeobdolon 336*
- maculatum 336
Lampenputzergras 423
Lampionblume 439
Landnelke 220
Lantana 336 107
- camara 336
- Camara-Hybriden 336
Lanzenfarn 448
Lanzenfunkie 306
Lasiagrostis calamagrostis 114
Lasthenia 345 103
- chrysostoma 345 95
Lasthenie 345
Lathyrus 345 105
- latifolius 346 23 32 49 71
- odoratus 346* 92 96
- - Spencer-Wicke 346
- - Cuthbertson-Wicke 346*
- vernus 346* 14 25 34 38
Laubbeseitigung und Folgen 37 38

599

Lauch 123
laufende Pflege 45
Laugenblume 201
Lavandula 347 30 32 41
– angustifolia 347* 14 65
– – 'Hidcote Blue' 347 11
– – var. delphinensis 347
– officinalis 347
– vera 347
Lavatera 348 94
– thuringiaca 348* 49
– trimestris 348* 105
Lavendel 347
Layia 348 95 105
– calliglossa 349
– chrysanthemoides 349
– elegans 349
– glandulosa 349
– platyglossa 349
Leberbalsam 119
Leberblümchen 299
Legousia 349
– speculum-veneris 349
– – var. procumbens 349
Leimkraut 529
Lein 372
Leinkraut 371
Leontopodium 349 11 33
– alpinum 350* 30 48 53 65 71
– himalayanum 350
– palibinianum 350
– sibiricum 350
– souliei 350
– stracheyi 350
Leptandra virginica 573
Lerchenfeldia 153
Lerchensporn 200
Leucanthemum vulgare 186
Leucojum 350
– aestivum 350
– vernum 350* 99** 79
Levkoje 385
Lewisia 351 11 35 41
– cotyledon 351 350* 18
– Hybriden 351
Liatris 351 23 65
– pycnostachya 351
– scariosa 351 14
– spicata 352* 14
Lichtkeimer 72 73
Lichtnelke 377
Liebhaberpflanzen 46
Ligularia 352 23 32 49
– clivorum 352 26
– dentata 352* 16 26 71
– ×hessei 353 16 26
– przewalskii 353 16 26 65 71
– wilsoniana 353 352* 16 26
Lilie 353
Lilienanzucht 354
– aus Brutzwiebeln 367
– aus Samen 366
– aus Zwiebelschuppen 367
– durch Blattstecklinge 368
Lilienarten 354

– Becherlilien 357
– Brennende Lilie 359
– Feuerlilien 357
– Goldbandlilie 357
– Herring-Lilie 358
– Japanische Prachtlilie 362
– Kanada-Lilie 359
– Königslilie 355
– Korallenlilie 362
– Korea-Lilie 358
– Krainer Lilie 359
– Madonnenlilie 354
– Nanking-Lilie 357
– Pantherlilie 361
– Safranlilie 358
– Schalenlilie 357
– Scharlachtürkenbund 359
– Tigerlilie 363
– Türkenbundlilie 358
– Trompetenlilien 364
– Weiße Lilie 354
Lilienhybriden 363
– Amerikanische 364
– Asiatische 364
– Candidum-Hybriden 364
– Imperiale-Hybriden 355
– Longiflorum-Hybriden 364
– Martagon-Hybriden 364
– Oriental-Hybriden 365
– Trompetenlilien 364
– Sonstige Hybriden 365
Lilienpflanzzeit 365
Lilienpflege 366
Lilienschweif 246
Lilienvermehrung 366
Lilium 353 78
– amabile 358
– aurantiacum 358
– auratum 357 356* 80
– – var. platyphyllum 357
– – var. virginale 357
– Aurelianense-Hybriden 360
– bulbiferum 357 358** 339** 364
– – ssp. croceum 358 79 80
– californicum 361
– callosum 360 364
– canadense 359 80
– – var. coccineum 359
– – var. superbum 359
– candidum 354* 79
– carniolicum 359
– cernuum 364
– chalcedonicum 360 79 80
– – var. maculatum 360
– concolor 358
– – var. sinicum 358
– – var. partheneion 358
– croceum 358
– × dalhansonii 360
– dalmaticum 361
– davidii 359 358*
– – var. willmottiae 359 337**
– Davidii-Hybriden 359

– formosanum 355
– hansonii 360 79
– Hansonii-Hybriden 360
– harrisianum 362
– henryi 360 339** 80
– ×hollandicum 358 364
– Imperiale-Hybriden 355 356 79
– lancifolium (L. tigrinum) 363 362* 79
– – var. flaviflorum 363
– – var. fortunei 363
– leichtlinii var. maximowiczii 361
– longiflorum 364
– longiflorum var. formosanum 355
– maculatum 364
– × marhan 360
– martagon 361 360* 338** 79 80
– – 'Album' 338**
– – var. cattaniae 361
– monadelphum 361* 80
– – var. szovitsianum 361
– × paraboldtii 'Shuksan' 362
– pardalinum 361* 339** 79 80
– – var. angustifolium 362
– pardalinum var. giganteum 362
– ×parkmannii 357
– philadelphicum 364
– pumilum 362 80
– regale 355 354* 338** 80
– rubellum 356 364 365
– sargentiae 356*
– speciosum 262* 339* 79 80
– Speciosum-Hybriden 363 365
– – 'Black Beauty' 365 339**
– – 'Festivalflamme' 338**
– – 'Golden Splendor' 339**
– – 'Red Bird' 338**
– superbum 362
– szovitsianum 361
– tenuifolium 362
– ×testaceum 357
– tigrinum 363
– Tigrinum-Hybriden 363 338**
Lilium-Sektionen 354
– Sektion Archelirion 357
– Sektion Lilium (Leucolilium) 354
– Sektion Martagon 358
– Sektion Pseudolirion 357
Limnanthes 369 105
– douglasii 369*
Limonium 369 92 107
– bellidifolium 370 11
– bonduellei 370
– latifolium 370 11 65

– sinuatum 370
– suworowii 370
– tataricum (Goniolomon) 370* 11 65 92 107
Linaria 371 11 105
– alpina 371 370* 76
– bipartita 371
– Bipartita-Hybriden 371
– dalmatica 371
– genistifolia ssp. dalmatica 371 63
– incarnata 371
– maroccana 371
– reticulata 371
– vulgaris 63
Lindelofia 372 41
– longiflora 372
Linum 372 105
– austriacum 63
– flavum 373 48 63
– – 'Compactum' 373 235** 11
– grandiflorum 372
– narbonense 373 372* 14 30 71
– perenne 373 14 26 30
Lithospermum purpurocaeruleum 161
Lobelia 373
– erinus 373 372* 93 94 107
– fulgens 374
– siphilitica 347 16 23 26
Lobularia 375 105
– maritima 375 93 95
– – var. benthamii 375 374*
Lonas 375 107
– annua 375 374* 92
– inodora 375
Lotus uliginosus 63
Louisiana-Iris 330
Löwenmaul 134
Luiker Aurikeln 455
Lunaria 375
– annua 375 374* 92
– rediviva 376
Lungenkraut 462
Lupine 376
Lupinus 376 92 95 105
– cruckshanksii 376
– Einjährige Hybriden 376*
– hartwegii 376
– mutabilis 376
– – var. cruckshanksii 376
– nanus 376
– perennis 377 14 26 30
– polyphyllus 377 376*
– Polyphyllus-Hybriden 377 14 16 23 35 48 65 71 73
– – 'Kastellan' 233**
– subcarnosus 376
Lychnis 377 73 93
– Arkwrightii-Hybriden 378 27
– chalcedonica 378* 14 23 65 71
– coronaria 378
– dioica 530

- *flos-cuculi* 63
- *flos-jovis* 378 14 26 30
- ×haageana 378
- Haageana-Hybriden 378 27
- *viscaria* 378 14 22 63
- – 'Plena' 378* 65
- *Lysichitum* 379 26 49
- *americanum* 379
- *camtschatcense* 379
- *Lysimachia* 379 32 50
- *clethroides* 380* 14 23
- *nummularia* 380* 11 17 38 53 55
- *punctata* 380* 237** 16 23 25
- *vulgaris* 63
- *Lythrum* 381 22 23 26 32
- *salicaria* 381 380* 16 63
- *virgatum* 381 14

Macchia 29
Macleaya 381 16 19 49
- *cordata* 381 382* 65
Mädchenauge 196
Mädchenhaargras 539
Mädesüß 260
Mähnengerste 305
Maianthemum 382
- *bifolium* 392* 11 39
Maiapfel 443
Maiglöckchen 195
Mais 585
Mai-Tulpen 559
Malcolmia 383 105
- *bicolor* 383
- *maritima* 383
Malope 383 94 105
- *trifida* 383 382* 343**
Malva 383 94 105
- *crispa* 384
- *moschata* 383 382*
- *sylvestris* 383
- – ssp. *mauritiana* 383
- *verticillata* 384
Malve (Alcea) 121
Malve (Malva) 383
Mammutblatt 285
Mandelröschen 189
Mannsschild 130
Mannstreu 252
Margerite 186
- Bunte Margerite 183
- Edelweißmargerite 186
- Frühlingsmargerite 186
- Gartenmargerite 186
Mariendistel 532
Marienglockenblume 168
Märzbecher 350
Maßliebchen 156
Matricaria 384 92 105
- *caucasica* 384
- *eximia* 182
- *oreades* 384 11 18 30 54 61 76
- *inodora* 384
- *maritima* ssp. *inodora* 384

- *perforata* 384*
- *tchihatchewii* 384
Matteuccia 385
- *pensylvanica* 385 384* 21
- *struthiopteris* 385 21
Matthiola 385 92 107
- *incana* 385 384* 386* 92 93
- – 'Quedlinburger Allgefüllte' 386 342**
Mauermiere 422
Mauerpfeffer 521
Mauerraute 145
Mauer-Zimbelkraut 209
Maurandya 142 143
Meconopsis 386 32 39 95
- *betonicifolia* 387 386* 14
- *cambrica* 387 11 73
- *integrifolia* 387 386* 28
- *robusta* 387 28
Meerkohl 202
Meerlavendel 369
Mehlige Salbei 503
Meier 145
Meister 145
Melandrium album 63
- *dioicum* 530
Mendel-Tulpen 558
Mentha 387
- *requienii* 387 12 41 48
Mentzelia 387 105
- *lindleyi* 387 388* 95
Mertensia 388 12 33
- *primuloides* 388 39
- *virginica* 388*
Mesembryanthemum 95
Meum 388
- *athamanticum* 388* 12 33 49
Mexikomohn 308
Mignondahlien 211
Milchstern 411
Milzfarn 145
Mimulus 389 23 32 41 93 95 107
- *cardinalis* 389 26 48
- *cupreus* 389 26 48
- *guttatus* 389 12 26
- Hybriden 389 388*
- *luteus* 389 26 48
- × *tigrinus* 389
Mina lobata 464
Miniatur-Iris 323
Minuartia 390 12 53
- *graminifolia* 390 18 30 49
- *laricifolia* 390* 17 30 35 49
- *verna* 390
Minze 387
Mirabilis 391
- *jalapa* 391 390* 107
Miscanthus 391 337**
- *sacchariflorus* 391 390* 20
- – 'Sommerfeder' 391
- *sinensis* 391 20
- – 'Gracillimus' 391 20

- – 'Strictus' 391
Mitella 392 35 39 49
- *caulescens* 392 12 17
- *pentandra* 392 12 17
Mittagsblume 229
Mittelfrühe Tulpen 558
Modellieren des Geländes 56
Mohn 418
Molinia 392
- *arundinacea* 392 20
- *caerulea* 392* 20
Moltebeere 498
Moltkia 393
- *petraea* 393 392* 12 30 41 42
Monarda 393
- Hybriden 393 392* 16 23 49 65
Monokarpe Stauden 27
Montbretia crocosmiiflora 203
Montbretie 203
Moorfarn 232
Moorheide 248
Moorpflanzenbeet 35
Moosphlox 434
Moosrose 483
Moossteinbrech 513
Morgenröschen 529
Morgensternsegge 174
Morina 393
- *longifolia* 393 394* 14 16 18 30
Moschuseibisch 109
Moschusflockenblume 127
Muehlenbeckia 394
- *axillaris* 394 12 17 54
Mummel 405
Muscari 394
- *armeniacum* 395 80
- *aucheri* 395
- *azurea* 395 394*
- – var. *amphibolis* 395
- *botryoides* 395 394* 80
- *comosum* 395 80
- *latifolium* 395 394*
- *racemosum* 395 80
- *tubergenianum* 395
Mutation 9
Mutterkraut 384
Mutter und Kind 550
Myosotis 396 32 92 108
- alpestris hort. 396
- *alpestris* F. W. Schmidt 396 12
- *cespitosa* 396
- *palustris* 396 12 27 32 35 65
- – 'Thüringen' 396
- *rupicola* 396
- *scorpioides* 396
- *sylvatica* 396* 32 92
- – ssp. alpestris 396

Nabelkraut 209
Nachtkerze 407

Nachtviole 301
Nagelkraut 422
Narcissus 397 79 80
- *bulbocodium* 196
- *cyclamineus* 399 80
- × *johnstonii* 400*
- *jonquilla* 399 80
- *juncifolius* 400
- *lobularis* 400
- *minor* 400 80
- *nanus* 400
- *poeticus* 399 400*
- *pseudonarcissus* 398*
- – 'King Alfred' 398
- *tazetta* 399 80
- *triandrus* 399* 81
Narzisse 397
- Alpenveilchennarzisse 399
- Campernellen 399
- Doppelnasen 397
- Orchideenblütige 400
- Osterglocken 398
- Papillon-Narzisse 400
- Rosa Narzisse 398
- Stern-Narzisse 399
- Zwergnarzisse 400
Narzissen-Klassen 398
- Cyclamineus-Hybriden 399
- Dichternarzissen 399 400*
- Gefüllte Narzissen 399*
- Großkronige oder Schalennarzissen 398*
- Jonquillen-Narzissen 399
- Kurzkronige oder Tellernarzissen 398*
- Tazetten und Poetaznarzissen 399
- Triandrus-Hybriden 399*
- Trompetennarzissen 398*
- Wildnarzissen und deren Abarten 400*
- Sonstige 400
Narzissenanemone 132
Narzissenlauch 123
Natternkopf 243
Nebelgras 120
Nelke 219
Nelken-Balsaminen 315
Nelkenblütige Tagetes 542
Nelkenköpfchen 427
Nelkenwurz 277
Nemesia 401 93 107
- Hybriden 401*
- – 'Triumph-Mischung' 401 342**
- *strumosa* 402
- *sutonii* 401
- *versicolor* 402*
Nemophila 402 95 105
- *insignis* 402
- *menziesii* 402*
Neo-Tulpen 563
Nepeta 402 30 49 53
- × *faassenii* 403 402* 14 26
- *grandiflora* 403 14

601

- mussinii hort. 403
- mussinii Spreng. 403 12 26
Nicotiana 403 107
- alata 403 95
- × sanderae 404 402*
Niedrige Hohe Bartiris 323
Nieswurz 297
Nigella 404 92 105
- damascena 404*
Nizzaer-Kind-Nelke 220
Nolana 405
- acuminata 405 404*
- lanceolata 405
Nordhang 35 36
Nuphar 405 27 49
- lutea 405 404*
Nycterinia capensis 584
- selaginoides 584
Nymphaea 405 27 49
- alba 405 406*
- Hybriden 406*
- odorata 406
- tetragona 406
- tuberosa 406

Ochsenauge 162
Ochsenzunge 129
Odontites vulgaris 63
Oenothera 407
- biennis 63
- drummondii 407
- erythrosepala 408
- fruticosa var. youngii 408
- lamarckiana 408
- missouriensis 408* 12 30 53 71
- perennis 408 12
- pumila 408
- tetragona 408* 14 23 26 65
Ölrose 472
Omphalodes 408 12
- verna 409 408* 17 38
Oncobreds 322 325
Onoclea 409
- sensibilis 409* 21
Onopordum 409
- tauricum 409* 28
- virens 409
- viscosum 409
Opuntia 410 12 19 30 33 41 42 49
- camanchica 410
- compressa 410
- fragilis 410
- - var. brachyarthra 410
- - var. denudata 410
- humifusa 410*
- missouriensis 410
- phaeacantha 410
- - var. camanchica 410
- - var. mojavensis 410
- - var. pallida 410
- - var. piercei 410
- polyacantha 410
- rafinesquei 410

- rhodantha 410
- tortispina 410
- - var. cymochila 410
Orchideenprimel 456
Origanum 411
- vulgare 411 30 39 49
- - 'Compactum' 411 12
Ornithogalum 411
- thyrsoides 411 78
- umbellatum 411* 79
Orobus vernus 346
Osmunda 412
- cinnamomea 413 21
- claytoniana 413 412* 21
- regalis 413 412* 21
Oxalis 413 41 78
- acetosella 413* 12 35
- adenophylla 413 80
- corniculata 413
- deppei 413
- enneaphylla 413 12
- lasiandra 414 12
- magellanica 414 12

Pachysandra 414
- terminalis 414 415* 12 18 25 39 49
Padua-Raute 288
Paeonia 414 32
- albiflora 415
- chinensis 415
- decora 416
- delavayi 415 16 49
- Lactiflora-Hybriden 415* 16 22 49 65 68
- × lemoinei 416
- lobata 416
- mlokosewitschii 415 14 49
- officinalis 415 22 33 49 65
- peregrina 416 49
- smouthii 416 14
- Suffruticosa-Hybriden 416 16 22 49 65
- tenuifolia 416 14 49 65
- veitchii 416 14 49
- wittmanniana 416 14
- Wittmanniana-Hybriden 416
Palmlilie 582
Pampasgras 199
Panicum 417
- capillare 417
- clandestinum 418
- virgatum 418* 20
Pantoffelblume 163
Päonienblütige Ranunkeln 466
Päonienmohn 419
Papagei-Tulpen 559
Papaver 418 92 105
- alpinum 420
- burseri 420* 12 28 34 48 71 73 76
- glaucum 419
- kerneri 420 12 76
- nudicaule 419 14 27 65 71 73

- orientale 420* 236** 14 16 23 65 71 75
- - 'Olympia' 421 420*
- pavoninum 419
- pyrenaicum 420
- rhaeticum 420 12 76
- rhoeas 419 418* 344**
- sendtneri 420 12 76
- somniferum 419*
Papierblume 581
Papierknöpfchen 127
Paradisea 421
- liliastrum 422 14 23 49
- - 'Major' 422 421*
Paradieslilie 421
Paronychia 422 12 18 30 41
- capitata 422
- kapela 422
- - ssp. serpyllifolia 422 49 54 55
Pedicularis sylvatica 63
Peltiphyllum 423
- peltatum 423 422* 337** 14 19 27 32 39 49
Peltoboykinia tellimoides 159 14
Pennisetum 423
- alopecuroides 423 422* 20
- compressum 423
- japonicum 423
- purpurascens 423
- rueppellii 423
- setaceum 424
- villosum 424
Penstemon 424 41 48 92
- alpinus 425 12
- barbatus 425 14 22
- - var. torreyi 425
- Barbatus-Hybriden 425 424* 65 107
- caespitosus 425 424* 65 107
- campanulatus 425 14
- gentianoides 424
- glaber var. alpinus 425
- hallii 425 12
- hartwegii 424
- Hybriden 424* 14 23 69
- menziesii 425 12
- newberryi 425 12
Perilla 426 107
- frutescens 'Nankinensis' 426* 94
Perlfarn 409
Perlkörbchen 129
Perlpfötchen 129
Pernetianarosen 486
Perovskia 427 19 30
- atriplicifolia 427 426* 16
Persische Ranunkeln 466
Petrorhagia 427
- saxifraga 427 426* 12 17 30 41 48 76
Petunia 427 93 94 107
- Hybriden 428*
Petunien-Gruppen 428
- Fimbriata 428*

- Fimbriata-Nana 428*
- Hängepetunien 429
- Grandiflora 428*
- Grandiflora-Nana 428*
- Multiflora-Nana 428*
- Nana-Compacta-Flore-Pleno 428*
- Superbissima 428*
- Superbissima-Flore-Pleno 429
- Superbissima-Nana 428*
Pfauenlilie 548
Pfauenmohn 419
Pfauenradfarn 117
Pfefferkraut 508
Pfeifengras 392
Pfeilkraut 501
Pfennigkraut 380
Pferdeminze 393
Pfingstnelke 222
Pfingstrose 414
Pfingstrose der Bauerngärten 415
Pfirsichblättrige Glockenblume 168
Pflanzenabstände 44
Pflanzplan 51
Pflanzung und Pflege der Stauden 42
Pflanzzeiten 44
Pflaumen-Iris 327
Pfriemengras 539
Phacelia 429 105
- campanularia 429*
- minor 429*
- tanacetifolia 429
- whitlavia 429
Phalaris 430
- arundinacea 430
- - 'Picta' 430* 20
- - 'Luteo-picta' 430
- canariensis 430
Pharbitis 431 96
- hederacea 431
- hispida 431
- nil 431
- purpurea 431 430*
Phaseolus 431 105
- coccineus 431 430* 96
- multiflorus 431
Phlomis 432
- herba-venti 432 12 30
- russeliana 432* 16 26 49
- viscosa 432
Phlox 433 32 35
- amoena 434 12 18
- Arendsii-Hybriden 434 14 22 23
- canadensis 434
- divaricata 434 12 22 49 65 68
- douglasii 434 12 18 22
- drummondii 433 432* 92 107
- - 'Cuspidata' 433
- maculata 434 14 23 49 65
- Paniculata-Hybriden 435

14 16 23 24 65 71 73 75
– – 'Bornimer
 Nachsommer' *435* 477**
– – 'BS-Schaumkrone' *435*
 477**
– – 'Feuerspiegel' 477**
– – 'Lachsjuwel' 477**
– – 'Karminvorläufer' *435*
 477**
– – 'Nachbars Neid' 477**
– reptans 434
– setacea 434
– stolonifera *434* 12 18 39
 49
– subulata *434* 12 18 22 53
Phuopsis 437
– stylosa 'Purpurea' *437**
 12 18 39
Phygelius 438
– capensis *438* 16
Phyllitis 438
– scolopendrium *438** 21
– – 'Crispa' *438* 21
– – 'Undulata' *438* 21
Physalis *439* 50
– alkekengi *439* 438* 14 65
– franchetii 439
Physostegia *439* 23 32 48
– virginiana *439** 14 16
pH-Wert 33
Phyteuma 440
– nigrum 63
– scheuchzeri *440* 14 33
– spicatum 63
Phytolacca 440
– americana *440** 16 26 49
– decandra 440
Pimpinella anisum 63
Piqueria trinerva 539
Plagiorhegma *441* 12 19 35
– dubium *441* 440* 100**
Planschbecken 58
Plantago 441
– nivalis *441* 440* 76
Plattenwege 54
Platterbse 345
Platycodon *442* 71
– grandiflorus *442** 14 23
Pleione *442* 12
– bulbocodioides *442** 39
– limprichtii 442
– pogonioides 442
Plumbago larpentae 179
Poa glauca 334
Podophyllum 443
– emodi 443
– hexandrum *443* 442* 14
 39 49
Podsol 34
Polemonium *443* 32
– caeruleum *444* 14 26 63
 73
– – var. himalayanum 444
– – var. grandiflorum 444
– reptans *444* 12 35
– × richardsonii *444** 22 65
Polsterglockenblume 169

Polstersegge 173
Polsterstauden 17 46
Polsterstaudenpflege 46
Polsterstrauch 394
Polyantha-Hybriden 484
Polyantha-Rosen 484
Polygonatum *444* 14 27 39
– commutatum *444* 16 25
– giganteum 444
– multiflorum *445* 444* 25
– odoratum 445
– officinale 445
Polygonum 445
– affine *445* 446* 12 17 30
 50 53 76
– amplexicaule 446
– bistorta *446* 14 25 63 76
– macrophyllum *446* 12 32
– orientale *445* 105
– polystachyum *446* 16 26
 49 75
– sericeum *446* 16 26 50
– sphaerostachyum 446
– vacciniifolium *446* 12 17
 32 48
– weyrichii *446* 16 19 25 26
 50
Polypodium 447
– vulgare *447* 446* 21
Polystichum 447
– acrostichoides *447* 21
– aculeatum 448
– angulare 448
– lobatum 448
– lonchitis *448* 21
– setiferum *448* 21
– – 'Plumosum Densum'
 448* 21
Pompon-Dahlien 212
Portulaca *448* 94 95 107
– grandiflora *448**
– – 'Roter Findling' 448
Portulakröschen 448
Porzellanblümchen 514
Porzellansternchen 307
Potentilla 449
– alba *449* 448* 12
– ambigua *449* 12
– argentea *450* 63
– atrosanguinea *450** 14 23
– – 'Gibsons Scarlet' 450
– aurea *449** 12 61
– – 'Rathboneana' 449
– – ssp. chrysocraspeda 449
– fragiformis *449* 12
– fruticosa *450* 14 19 49
– – var. rigida 450
– – var. arbuscula 450
– – var. veitchii 450
– heptophylla 63
– Hybriden *450* 14 23
– nepalensis *450* 14 26
– neumanniana *450* 12 76
– recta 'Warrenii' *450* 14 23
 26 63
– tabernaemontani 450
– ternata 449

– × tonguei *450* 12
– verna 450
– veitchii 450
Prachtkerze 269
Prachtnelke 223
Prachtscharte 351
Prachtspiere 148
Präriekerze 167
Präriemalve 528
Primel 451
Primula *451* 12 22 23 32 38
 73
– acaulis *452* 73
– alpicola *460* 39
– auricula *453** 34
– beesiana *459* 27 71
– × bullesiana 459
– Bullesiana-Hybriden *459*
 27
– bulleyana *459** 27
– cordifolia 456
– denticulata *458* 71
– – 'Cachemiriana' 458
– elatior *453** 22 65 68 71
 73
– farinosa *454** 48
– florindae *460** 14 23 27 65
 73
– frondosa 454
– × helenae 452
– japonica *459* 458* 27 71
– juliae *452** 22
– Juliae-Hybriden *452* 22 48
– × juliana 452
– lichiangensis 455
– littoniana 456
– marginata *454**
– × margotae 452
– microdonta var. alpicola
 460
– minima *452* 35
– polyneura *455* 39
– – 'La Lorraine' 455
– × pruhoniciana 452
– × pubescens *455* 454* 19
 22 65 71 73
– pulverulenta 459
– rosea *455* 27 65 71 73
– – 'Grandiflora' *456**
– saxatilis *456** 35 39
– sibthorpii 453
– sieboldii *456* 234** 35 39
 73
– sikkimensis *460**
– – var. pudibunda 460
– veitchii 455
– veris 451
– verwanii 452
– vialii *456** 28 33 48 65 71
– vulgaris *452** 22 48 68 71
– – 'Alba Plena' *452**
– – Hybrida-Mischung
 234**
– – 'Grandiflora Riesen
 Selekta' 234**
– – ssp. sibthorpii 453
Prophetenblume 139

Prunella *460* 17 32 50 63
– grandiflora *461** 12 22 23
 26 63
– vulgaris var. grandiflora
 461
– × webbiana *461* 12 53
Prunkbohne 431
Prunkwinde *(Ipomoea)* 317
Prunkwinde *(Pharbitis)* 431
Pterocephalus 461
– parnassi 461
– perennis ssp. perennis
 461* 12 33 53
Ptilostemon 461
– afer 462
– casabonae 462
Pulmonaria *462* 12 38
– angustifolia *462* 25
– rubra *462** 25
– saccharata *462* 237**
– – 'Mrs. Moon' *462**
Pulsatilla *463* 73
– halleri ssp. slavica *463*
 100** 12
– pratensis 63
– vulgaris *463* 462* 12 30 34
 49 61 63 71
Purpurbohne 228
Purpurglöckchen 302
Puschkinia 463
– scilloides *463* 79
– – var. libanotica *463* 462*
 99**
Pyrethrum 183
Pyrethrum roseum 183
Pyrola urceolata 267

Quamoclit *464* 96
– coccinea 464
– lobata 464
– pinnata 464
– × sloteri 464
– vulgaris *464* 465*
Quendel 546

Rabatten 52
Ramonda *465* 12 19 38 39
 42 49 53
– myconi *465* 466*
– nathaliae *465* 466
– × regis-ferdinandi 465
– serbica var. nathaliae 465
Ranunculus 466
– acris *467* 466* 14 32 63
– – 'Multiplex' *467* 22
– aconitifolius *467** 14 39
– asiaticus *466** 102** 78
– gramineus *467** 12
Ranunkel 466
Rasselblume 175
Rauhblattaster 147
Rauhgras 113
Rauhling 551
Raute 500
Reflecting Pool 58
Regeliocyclus-Hybriden *323*
 322

603

Regenwasser 58
Reifrocknarzisse 196
Reiherschnabel 251
Rembrandt-Tulpen 559
Remontantnelken 220
Remontantrosen 486
Reseda 468 105
– *odorata 468** 92 93
Rhabarber 469
Rheum 469 16 19 32 49
– *alexandrae 469 468**
– *palmatum 469* 16
– – var. *tanguticum 469*
– *rhabarbarum 469*
– *undulatum 469*
Rhizomgeophyten 9
Rhodanthe manglesii 297
Ricinus 469 107
– *communis 469 468** 94
Riedgras 173
Riesenhanf 171
Riesenhyazinthe 268
Riesenpfeifengras 392
Riesentaubnessel 537 538
Riesen-Weißrandfunkie 306
Ringelblume 164
Ringkörbchen 128
Rippenfarn 158
Rispenfarn 412
Rittersporn 215
Rodgersia 470 16 19 32 39 49 75
– *aesculifolia 470** 237**
– *pinnata 470*
– *podophylla 470**
– *sambucifolia 470*
– tabularis 150
Röhrichtes Straußgras 114
Rohrkolben 565
Rohrkolbenhirse 423
Romulea 471
– *bulbocodium 471*
– *clusiana 471*
Romulie 471
Rosa 471 34 41
– *acicularis* 'Pike's Peak' 483
– × *alba 483*
– – 'Maiden's Blush' 483
– *centifolia 483*
– – 'Muscosa' *483**
– × *damascena 483*
– eglanteria 484
– *foetida* 'Bicolor' *483*
– *gallica* 483
– *hugonis 483**
– *moyesii 483*
– *omeiensis 483*
– – f. *pteracantha 483*
– *pimpinellifolia 483*
– – 'Frühlingsduft' *484**
– *rubiginosa 484*
– *rugosa 484*
– – 'Conrad Ferdinand Meyer' *484**
– spinosissima 483
– *xanthina 484*

Roscoea 469 39 65
– *alpina 496* 12
– *cautleoides 496** 14
– *humeana 496* 14
– *purpurea 496** 12
– – var. *procera 496*
Rose 471
Rosenanzucht 492
Rosenbalsaminen 315
Rosenduft 472 481
Rosen-Gruppen 482
– Floribunda *485**
– – 'Brennende Liebe' *485 486**
– – 'Elizabeth-Rose' *485 486**
– – 'Odette' *485* 475**
– – 'Papagena' *486* 475**
– – 'Variant' *486* 475**
– Kletterrosen *482*
– – 'Chaplin's Pink Climber' *482**
– – 'Golden Showers' *482* 474**
– – 'New Dawn *482**
– – 'Raubritter' *483**
– Polyantha *484*
– – 'Aladin' *484* 475**
– – 'Masquerade' *485** 475**
– – 'Orange Triumph' *485**
– Strauch- und Wildrosen *482 483**
– – 'Abraxas' *483*
– – 'Erfurt' *483*
– – 'Conrad Ferdinand Meyer' *483 484**
– Teehybriden *486*
– – 'AlteLiebe' *488* 474**
– – 'Adagio' *474***
– – 'Gloria Dei' *487* 474**
– – 'Goldenes Prag' *487* 475**
– – 'Roter Stern' *487* 474**
– – 'Sutter's Gold' *487**
– – 'Virgo' *487** 474**
– Zwergrosen *488*
Rosenkrankheiten 495
Rosenlauch 124
Rosenöl 472
Rosenpflanzungen 492
Rosenpflege 490 491
Rosenprimel 455
Rosenschädlinge 496
Rosenverwendung 492
Rosen zur Schnittblumengewinnung 486
Rosettenpolster 154
Rosettenstauden 9
Rosmarin 497
Rosmarinus 497
– *officinalis 497** 42
Rotblättriger Weißklee 552
Rote Miere 128
Rubus 498
– *arcticus 498* 12 17 35

Rudbeckia 498 23 32 92
– angustifolia 241
– bicolor 499
– *fulgida 499* 14 26 49
– – var. *sullivantii* 'Goldsturm' *499* 69
– *hirta 499* 107
– – var. *pulcherrima 499*
– – – 'Meine Freude' *499 498** 94
– – – 'Herbstwald' *499 498**
– *laciniata 499* 24 26 49 50 65
– – 'Goldball' *499* 16
– – 'Goldquelle' *500 499** 14
– *nitida 500*
– – 'Herbstsonne' *500 499** 473**
– – 'Juligold' 236**
– *purpurea* 241 65
– sullivantii 499
Ruhmeskrone 283
Ruprechtsfarn 207
Ruta 500 30 34 41
– *graveolens 500* 14
– – var. *vulgaris 500*
– hortensis 500
– patavina 288
Rutenhirse 418
Rutenweiderich 381

Safran 203
Saftkrieche 109
Sagina 501 12
– pilifera 501
– *subulata 501* 18 32 55
Sagittaria 501 27
– *sagittifolia 501**
Salbei 502
Salomonssiegel 444
Salpiglossis 501 92
– *sinuata 502**
Salvia 502 94 95
– *aethiopis 502* 28 95
– *argentea 502* 28
– candidissima 502
– *carduacea 503* 28 95 105
– *coccinea 503* 502* 107
– – var. *pseudococcinea 503*
– *farinacea 503*
– *horminium 503*
– *involucrata 503*
– *jurisicii 504* 14 26 30 63
– lanata 502
– *officinalis 504* 14 26 49
– *patens 503* 502* 42 78 107
– pratensis 63
– *sclarea 503* 28
– *splendens 503* 502* 93
– – 'Feuerzauber' *503* 342**
– × *superba 504* 14 22 23 26 30 49 61
– *verbascifolia 503*

– *viridis 503* 105
Sammetgras 335
Sandglöckchen 331
Sandkraut 138
Sandnelke 221
Sandverbene 109
Sanguinaria 505 35 38
– *canadensis 505** 100** 12
Sanguisorba officinalis 63
Sanicula 505
– *europaea 505* 506* 12 39 49
Sanikel 505
Sankt-Bernhard-Lilie 421
Santolina 506 14 19 30 41
– *chamaecyparissus 506* 76
– – ssp. *chamaecyparissus 506** 76
– – ssp. × *lindavica 506* 76
– – ssp. *tomentosa 506** 76
– *rosmarinifolia 506* 76
– viridis 506
Sanvitalia 507 95 105
– *procumens 507*
– – 'Ligulosa' *507* 506*
Saponaria 507 105
– *caespitosa 507* 12
– *calabrica 507*
– *ocymoides 507* 12 17 22 34 49 53
– *officinalis 508* 14 23 26 50
– × *olivana 508** 12
Satureja 508 34
– alpina 115
– *montana 508* 14
– – ssp. *illyrica 508* 12
– pygmaea 508
– subspicata 508
Sauerklee 413
Säuregrad des Bodens 33 34
Saxifraga 509 12 32 34 38 73 76
– aizoon 512
– × *apiculata 509**
– × arendsii 513
– *Arendsii-Hybriden 513** 22
– *burserana 509*
– *callosa* ssp. *callosa 511* 53
– *cespitosa 513* 18 32
– *cortusifolia 515* 19 38 49
– – var. *fortunei 515* 514*
– *corymbosa 511*
– *cotyledon 511* 512* 19 53 68 69
– – var. *pyramidalis 512*
– *crustata 512* 53
– *cuneifolia 514* 18 35 38
– *ferdinandi-coburgi 510*
– × *geum 514* 18 35 38
– *granulata 514** 30 49
– *grisebachii 511*
– *hostii 512* 53
– – ssp. *hostii 512*
– – ssp. *rhaetica 512*
– – var. *altissima 512*

– *hypnoides* 513 18 32 35
– – var. *spathulata* 513 39
– *irvingiana* 510 509*
– *juniperifolia* 510
– – ssp. *sancta* 510
– *juniperina* 510
– *Kabschia-Engleria-Hybriden* 510 22
– – × *boydii* 510
– – × *elisabethae* 510
– – × *haagii* 510
– – × *hoerhammeri* 510
– – 'Myra' 510
– – × *paulinae* 510
– – × *pungens* 510
– – × *salomonii* 510
– – × *suendermannii* 510
– *lingulata* 511
– *longifolia* 512* 19 28
– *luteoviridis* 511
– *marginata* 510
– – var. *marginata* 510
– – var. *rocheliana* 510
– *media* 511
– *muscoides* 513 18 32 35
– – 'Findling' 513
– *obristii* var. *irvingiana* 510
– *oppositifolia* var. *latina* 509 22
– – 'Dr. Jenken' 509
– *paniculata* 512 513* 19 30 49 53 71
– *peltata* 423
– *porophylla* 511
– *sancta* 510
– *sartorii* 510
– *scardica* 510
– *stribrnyi* 511
– *trifurcata* 513 18 32 35
– *umbrosa* 514* 18 35 38 39 49 53 55
– – 'Variegata' 514
Scabiosa 515
– *atropurpurea* 515* 92 107
– *canescens* 63
– *caucasica* 516* 14 16 23 65
– *graminifolia* 516 12 30 34
– *lucida* 516 12 30
– *ochroleuca* 516 14 26 30
Schachbrettblume 262
Schafgarbe 112
Schafsteppich 467
Scharlachfuchsie 264
Scharlachrote Salbei 503
Schattenblume (Maianthemum) 382
Schattenblume (Smilacina) 533
Schaublatt 470
Schaumblüte 548
Schaumkraut 172
Scheinaster 159
Scheinkalla 379
Scheinmohn 386
Scheinveilchen 371
Scheinwaldmeister 437

Schellenblume 117
Schiefblatt 154
Schildblatt 423
Schildblume 180
Schildfarn 447
Schillergras 334
Schirmblatt 227
Schizanthus 517 107
– *grahamii* 517
– *pinnatus* 517
– × *wisetonensis* 517
– *Wisetonensis-Hybriden* 517 516*
Schlafmohn 419
Schleieraster 147
Schleierkraut 285
Schleifenblume 313
Schlickgras 536
Schlitzmohn 419
Schlüsselblume 451
Schmiele 219
Schmielenhafer 121
Schmuck-Dahlien 212
Schmuckkörbchen 201
Schneeglöckchen 265
Schneeheide 247
Schneeruhm 181
Schneestolz 181
Schnittblumengewinnung 63
Schöngesicht 196
Schönranke 241
Schöterich 254
Schottische Malven 122
Schutz vor Kälte 40
Schutz vor Sonne und Wind 41
Schutz vor zuviel Winternässe 41
Schwaden 283
Schwalbenwurzenzian 273
Schwarzäugige Susanne 546
Schwarzkümmel 404
Schwarznessel 426
Schweinebrot 207
Schwerkeimer 72
Schwertlilie 318
Schwingel 259
Scilla 518 78 79
– *autumnalis* 518
– *bifolia* 518*
– – var. *tauricola* 518
– *campanulata* 518
– *hispanica* 518*
– *mischtschenkoana* 518
– *non-scripta* 518
– *nutans* 518
– *pratensis* 519
– *sibirica* 519 518* 99**
– *tubergeniana* 518
Scirpus 519 35
– *lacustris* 519 520* 20 27
– *tabernaemontani* 'Zebrinus' 520* 20 27
Scolopendrium officinarum 483
– *vulgare* 483

Scutellaria 520 41 49
– *alpina* 520 12
– – var. *lupulina* 520
– *baicalensis* 520 521* 14 26
– *macrantha* 520
– *orientalis* 520 521* 12 30
– *scordifolia* 521 12 53 76
Sedum 521 12 53 73
– *acre* 61
– *aizoon* ssp. *selskianum* 523
– *album* 521* 17
– *anacampseros* 522 17 39 49
– *boloniense* 523
– *cauticolum* 522 19 76
– *cyaneum* 522
– *dasyphyllum* 522
– – var. *suendermannii* 522
– *ewersii* 522 49
– – var. *homophyllum* 522
– *floriferum* 522 18 49
– *forsteranum* 522 17
– – ssp. *elegans* 522
– *hybridum* 522 18 30 50 69
– *kamtschaticum* 522 30
– – var. *middendorfianum* 522*
– *lydium* 523 17
– *middendorfianum* 523
– *mite* 523
– *obtusatum* 523
– *oreganum* 523 76
– *pluricaule* 522
– *reflexum* 523 522* 49
– – 'Cristatum' 523
– *rupestre* 522
– – ssp. *reflexum* 523
– *selskianum* 523
– *sexangulare* 523
– *sieboldii* 523 522* 19 50 68 69 76
– *spathulifolium* 523 35 76
– *spectabile* 523* 14 19 23 30 50
– *spurium* 523 50 69
– – 'Album Superbum' 523 18 50
– *telephium* 523 14 19 24 30 50
Seefeder 158
Seerose 405
Seerosenbecken 58 59
Seerosen-Tulpen 561
Seerosen-Dahlien 212
Seesimse 519
Seetanne 304
Segge 173
Seidenpflanze 143
Seifenkraut 507
Semperflorens-Begonien 155
Sempervivum 524 12 19 28 30 50 53 73
– *arachnoideum* 525* 35
– – var. *glabrescens* 525
– – var. *tomentosum* 525
– *borisii* 525

– × *calcaratum* 525
– *ciliosum* 525
– × *funckii* 525
– *globiferum* 525
– *heuffelii* 332
– *Hybriden* 526*
– *laggeri* 525
– *marmoreum* 525*
– *montanum* 525 35
– *ruthenicum* 256
– *schlehanii* 525
– *tectorum* 525
– – 'Glaucum' 526
– *transcaucasicum* 526
– *zelebori* 526*
Senecio 526
– *abrotanifolius* 527 12 26 30 50
– – ssp. *abrotanifolius* 527
– – ssp. *tiroliensis* 527
– *adonidifolius* 527 12 30
– *bicolor* 528* 94 95 107
– *carniolicus* 527
– *cineraria* 528
– *clivorum* 352
– *elegans* 527*
– – 'Ligulosus' 527
– – var. *ligulosus* 527
– *hessei* 353
– *incanus* 527 12 35
– – ssp. *carniolicus* 527 34
Sidalcea 528 24 32 35 65
– *candida* 528 16
– *malviflora* 528* 16
– *oregana* 528*
Sideritis 529 107
– *candicans* 529 95
Siegwurz 279
Silberährengras 114
Silberblattcinerarie 528
Silberblattsalbei 502
Silber-Fingerkraut 450
Silberkerze 187
Silberling 375
Silbermatte 467
Silberrunkel 467
Silberwurz 231
Silene 529 93
– *alba* 63
– *alpestris* 530* 12 34 50 53 76
– *armeria* 529
– *chlorantha* 63
– *coeli-rosa* 529 530*
– – 'Nana' (Oculata Nana) 529
– *dioica* 530 14 16 26 32 76
– *maritima* 530 12 30 50 76
– *pendula* 530
– *schafta* 531 530* 12 71 76
Silphium 531 75
– *perfoliatum* 531* 16 50
Silybum 532 105
– *marianum* 532* 94
Simse 519
Sisyrinchium 532
– *angustifolium* 532* 12

- *bermudianum* 533 12
- *gramineum* 532
- *striatum* 533 14 22 50 65
- Skabiose 515
- *Smilacina* 533
- *stellata* 533* 14 35 38 50
- *Soldanella* 533 12 32 73
- *alpina* 533 534* 76
- *montana* 534*
- *Solidago* 534 50 65
- *brachystachys* 534
- *caesia* 535
- *cutleri* 534 12
- *graminifolia* 534 16 25 30
- Hybriden 535 14 16 24
- *–* 'Golden Mosa' 535
- *–* 'Golden Shower' 535
- *–* 'Strahlenkrone' 535 534*
- *riddellii* 535
- *virgaurea* 535 14 24 25 30 63
- *–* 'Praecox' 535
- × *Solidaster* 535
- Solitärpflanzen 51
- Sommeraster 164
- Sommer-Staudenastern 146
- Sommerazalee 283
- Sommerblumen = Einjahrsblumen 88
- Sommerblumen als Füllsel 57
- Sommer-Blutströpfchen 118
- Sommerhyazinthe 268
- Sommermalve 383
- Sommertürchen 350
- Sommerwald 36 37
- Sonnenauge 295
- Sonnenblume 291
- Sonnenbraut 289
- Sonnenflügel 297
- Sonnenhut (*Echinacea*) 241
- Sonnenhut (*Rudbeckia*) 498
- Sonnenröschen 290
- Sonnenwende 296
- Spaltblume 517
- *Sparaxis* 535 78
- *tricolor* 535
- *Tricolor-Hybriden* 536 535*
- Spargel 144
- *Spartina* 536
- *michauxiana* 536
- *pectinata* 'Aureomarginata' 536* 20
- Spätblühende Tulpen 558
- Specularia 349
- Spencer-Lathyrus 346
- Spinnenpflanze 190
- Spinnweben-Hauswurz 525
- Spiraea trifoliata 279
- *ulmaria* 261
- Spornblume 177
- *Sprekelia* 536 78
- *formosissima* 536 537* 102**

606 Stacheldrahtrose 483

- Stachelmohn 138
- Stachelnüßchen 110
- *Stachys* 527
- *byzantina* 537 12 18 19 30 50 53 69
- *grandiflora* 527* 14 22 24 25 26 50 65
- *lanata* 537
- *nivea* 538 12
- *olympica* 537
- *recta* 63
- Standortansprüche 28
- Standorteigenschaften 28
- absonnig 35
- frisch 31
- halbschattig 36
- kalkhaltig 32
- sauer 34
- schattig 36
- trocken 28
- Stangenlack 179
- Statice 369
- Staude (Begriff) 9
- Stauden (Allgemeines) 9
- Staudengliederung nach charakteristischen Merkmalen 10 16
- Blattstauden 18
- – eigentliche Blattstauden 18
- Farne 20
- – Gräser 19
- Blütenstauden 21
- – des Frühlings 21
- – des Herbstes 24
- – des Hochsommers 23
- – des Vorsommers 22
- Polsterstauden 17
- – , die wintergrün bleiben 17
- – , die bald einziehen 18
- Sumpfstauden 26
- Wasserpflanzen (Wasserstauden) 26
- Wildstauden 24
- – für Gehölzränder 25
- – für sonnige, offene Plätze 25
- Staudengliederung nach der Höhe 10
- hohe Stauden 15
- mittelhohe 12
- niedrige 10
- Staudengliederung nach der Lebensdauer 48
- kurzlebige Stauden 48
- – , die leicht auswintern 48
- langlebige Stauden 48
- – , die wuchern 50
- Staudengliederung nach den Standortverhältnissen 28
- Stauden für absonnigen Standort 35
- Stauden für Standort mit frischem Boden 31
- Stauden für halbschattigen und schattigen Standort 36
- – – für halbschattige 38
- – – Schattenstauden 38
- – – – , die bald nach der Blüte einziehen 39
- – – – , die besonders dauerhaft sind 39
- – – – , die wintergrün bleiben 39
- Stauden für kalkhaltigen Boden 32
- – – Stauden, die neutralen bis leicht alkalischen Boden brauchen 33
- – – Stauden, die kalkhaltigen Boden bekommen müssen 34
- Stauden für sauren Boden 34
- – – Stauden, die sauren Boden wünschen 35
- – – Stauden, die kalkempfindlich sind und keinen sauren Boden brauchen 35
- Staudengliederung nach dem Verwendungszweck (Hinweise und Listen) 55 ff.
- Alpina 55 56
- Bienenernährung 69
- Balkonbepflanzung 68
- Grabbepflanzung 68
- Heidegärten 60 61
- Plattenwege und Treppen 54
- Schnittblumengewinnung 63
- Staudenwiesen 62
- Steinbeete 57
- Topfblumenanzucht 68
- Treiben und Verfrühen 66
- Trockenblumengewinnung 65
- Trockenmauern 52
- Troggärten 57
- Wasserbecken 58
- Wildstaudengärten 60 61
- Staudenimmortelle 129
- Staudenpflanzung (Technik) 42 ff.
- Staudenpflanzung (Gestaltung) 51 ff.
- Staudenrabatte 52
- Staudenrabatten-Iris 323
- Staudensichtung 9
- Staudenvermehrung 69
- Stechapfel 214
- Stechnelke 110
- Steinbeete 57
- Steinbrech 509
- Steinfeder 145
- Steinkraut 126
- Steinnelke 223
- Steinquendel 115
- Steintäschel 119
- Steintröge für Alpina 57
- *Stellaria graminea* 63
- Stengellose Primel 452
- Stengelloser Enzian 272
- Steppenkerze 246
- Sternbalsam 584
- *Sternbergia* 538 80 81
- *fischerana* 538
- *lutea* 538*
- Sterndolde 151
- Sterngladiole 114
- Sternmoos 501
- Stern-Narzisse 399
- Sternphlox 433
- Stern von Bethlehem 411
- Sternwinde 464
- *Stevia* 539 107
- *eupatoria* 539 538*
- *serrata* 539
- Stiefmütterchen 575
- *Stipa* 539 61
- *barbata* 539 538* 20
- *calamagrostis* 114
- *capillata* 539 20
- *gigantea* 539 540* 20
- *pennata* 539 20
- Stockmalve 121
- Stockrose 121
- *Stokesia* 540 48
- *cyanea* 540
- *laevis* 540* 14 24 30 41
- Storchschnabel 276
- Stranddistel 253
- Strauchrosen 482
- Strauchveronika 289
- Straußfarn 385
- Straußgras 120
- Straußhyazinthe 395
- Streifenfarn 145
- Strohblume 294
- Struthiopteris 385
- *germanica* 385
- *pensylvanica* 385
- Studentenblume 542
- Stundeneibisch 303
- Sturmhut 115
- *Stylophorum japonicum* 311
- Sumpfblume 369
- Sumpfdotterblume 166
- Sumpfeibisch 303
- Sumpfstauden 26
- Sumpfvergißmeinnicht 396
- Sumpfwolfsmilch 258
- *Symphytum* 540 50 75
- *grandiflorum* 541 540* 12 17 25 39
- *officinale* 541 14 32
- *Synthyris* 541 39
- *reniformis* 541
- *stellata* 541 540* 12

- Tabak 403
- Tafelblatt 150
- *Tagetes* 542 92 107
- *erecta* 542
- *Erecta-Hybriden* 542* 94

– – Chrysanthemenblütige
542*
– – Nelkenblütige 542*
– Patula-Hybriden 542* 93
94
– signata 542
– tenuifolia 542
Taglilie 298
Talerblumen 186
Tannenwedel 304
Taubnessel 336
Tausendgüldenkraut 177
Tausendschönchen 156
Teehybriden 485
Teichsimse 519
Telekia 543 24 32 50
– speciosa 543* 16
– speciosissima 543 12 30
34
Tellima 543
– grandiflora 543 14 17 25
38 50
Teucrium 544 41
– chamaedrys 544* 12 30 34
– marum 544
– scordium 544
Teufelskralle 440
Thalictrum 544
– aquilegifolium 544* 16 22
32 65
– dipterocarpum 544 14 16
32 35 39 48 65 71 73
– flavum ssp. glaucum 545
16 19 24 32 63
– foetidum 545 14 30
– lucidum 63
– minus 63
– speciosissimum 545
Thelesperma 545 107
– burridgeanum 545
– trifidum 545
Thermopsis 545
– fabacea 545 546* 14 26 30
50
Thunbergia 546 96
– alata 546*
– fragrans 546
Thüringische Buschmalve
348
Thymian 546
Thymus 546 12 18
– ×citriodorus 547 48
– doerfleri 547
– lanuginosus 547
– praecox var.
pseudolanuginosus 547 30
48
– serpyllum 547 548* 30 54
61
– villosus 547 30 61
– vulgaris 547 48
Tiarella 548 12 50
– cordifolia 548* 17 35 39
– wherryi 548 25 38
Tigerblume 548
Tigridia 548 78
– pavonia 549 548* 102**

Tiroler Iris 323
Tithonia 549 107
– rotundifolia 549 548*
– speciosa 549
Tomiea 549 12 18 25 38
– menziesii 550
– – f. gemmifera 550
Tolpis 550 105
– barbata 550*
Topfchornelke 220
Topinambur 293
Torf 34
Torf als Bodenbedeckung
45 46
Torfbeere 498
Tormentille 449
Trachystemon 551
– orientalis 551 14 39
Tradescantia 551 32
– Andersoniana-Hybriden
551* 14
Tragant 150
Traubenhyazinthe 394
Trauerglocke 566
Tränengras 191
Treppen 54
Trichterfarn 385
Trichterwinde
(Convolvulus) 195
Trichterwinde (Pharbitis)
431
Tricyrtis 551 35 38 41 50
– hirta 552 14
– macropoda 552* 14
Trifolium 552
– pratense 63
– repens 'Purpureum' 552
12 17
– spadiceum 63
Trift 29
Trillium 553 38
– catesbaei 553 14
– chloropetalum 553
– erectum 553 14
– – 'Album' 553
– grandiflorum 553 552* 14
65
– sessile 553 552* 14
– – var. californicum 553
– stylosum 553
Tripmadam 523
Tritoma 333
Triumph-Tulpen 558
Trockenblumen 65
Trockenmauer 52 29
Troddelblume 533
Troggärtchen 57
Trollblume 553
Trollius 553 22 32 50 71 73
– chinensis 553* 14
– – 'Golden Queen' 553
– × cultorum 553
– europaeus 553 554* 14 27
63
– Hybriden 554 14 27 63 65
68
– ledebourii 553

– pumilus var. yunnanensis
554
– yunnanensis 554 14 65
Trompetenzunge 501
Tropaeolum 554 92 93 94 95
105
– canariense 555
– Hybriden 555
– – Majus-Gruppe 555 554*
343** 96
– – Majus-Nanum-Gruppe
555
– lobbianum 555
– majus var. pygmaeum 555
– minus 555
– nanum 555
– peltophorum 555
– peregrinum 555 96
– speciosum 555 39 41
– tuberosum 555 41
Tulipa 556 80
– batalinii 562* 81
– biflora 562*
– clusiana 562*
– dasystemon 564
– didieri 563
– eichleri 563* 81
– fosterana 562*
– – 'Cantata' 101**
– Fosterana-Hybriden 562
– gesnerana 557
– greigii 562
– Greigii-Hybriden 562
– hageri 563 81
– kaufmanniana 561* 101**
– Kaufmanniana-Hybriden
561*
– – 'Corona' 101**
– kolpakowskiana 563
– linifolia 563*
– marjolettii 563
– praestans 563* 81
– – 'Füsilier' 564 101**
– sprengeri 564 101**
– stellata 564
– sylvestris 564 563* 79
– tarda 564* 101** 81
– tubergeniana 564
– – 'Candidate' 564
Tulpen-Gruppen
(Gartentulpen) 557
– Frühblühende 557
– Mittelfrühe 558
– Spätblühende 558
Tulpen-Klassen 557
– Darwin-Hybrid-Tulpen
558* 97**
– Darwin-Tulpen 558*
– Einfache Frühe 557*
104**
– Einfache Späte 559*
– Gefüllte Frühe 557*
– Gefüllte Späte 560*
– Lilienblütige 559*
– Mendel-Tulpen 558*
– Papagei-Tulpen 559*
– Rembrandt-Tulpen 559*

– Triumph-Tulpen 558*
– Tulipa fosterana und
Fosterana-Hybriden 562*
– Tulipa greigii und
Greigii-Hybriden 562
– Tulipa kaufmanniana und
Kaufmanniana-Hybriden
561*
– Wildtulpen, sonstige 562*
Tulpen-Mohn 419
Tundra 34
Tunica saxifraga 427
Tüpfelfarn 447
Türkische Melisse 231
Türkische Ranunkeln 466
Türkische Rose 483
Türkischer Drachenkopf 231
Typha 565 27 50
– angustifolia 565
– latifolia 565*
– minima 565

Uchtblume 162
Uferkratzdistel 189
Umlegen von
Staudenpflanzungen 47
Umlegen (Technik) 51
Ursinia 566 95 107
– anethoides 566*
– pulchra 566
– speciosa 566
– versicolor 566
Uvularia 566 35 39
– grandiflora 566* 15
– perfoliata 566 15

Valeriana dioica 63
– officinalis 63
vegetative Vermehrung 47
Veilchen 575
× Venidioarctotis suttonii
567
Venidium 567 107
– calendulaceum 567
– decurrens 567
– fastuosum 567* 95
Venushaar 117
Venusnabel 209
Venusspiegel 349
Veratrum 567 24 32 50
– album 568 26
– californicum 568*
– nigrum 568 26
Verbascum 568 19 24 26 30
73
– bombyciferum 568 16 28
– Hybriden 569 16
– lagurus 568
– longifolium var.
pannosum 569 16 28
– nigrum 569 15 28
– olympicum 569 568* 16
61 71
– pannosum 569
– phoeniceum 569 16 63
Verbena 569
– aubletia 570

– *bonariensis* 570*
– *canadensis* 570
– *chamaedryfolia* 570
– *Hybriden* 570* 75 93
– – 'Compacta' 570
– – 'Grandiflora' 570
– *officinalis* 569
– *peruviana* 570 95
– *pulchella* 570
– *rigida* 570* 105
– *tenera* 571 95
– *venosa* 570
Vergißmeinnicht 396
Vermehrung der Stauden 69
– aus Samen 69
– durch Absenken 75
– durch Stecklinge 74
– durch Teilen 73
– durch Wurzelschnittlinge 74
Vermehrung der Zwiebel- und Knollengewächse 86
Vernonia 571 16 27 32
– *crinita* 571 570*
– *noveboracensis* 571
Veronica 572
– *armena* 572 12
– *austriaca* ssp. *teucrium* 572 22 50
– *fruticulosa* 572 12 34 50
– *gentianoides* 573 15 32 50
– *longifolia* 573 15 24 26 63
– – var. *subsessilis* 573
– *officinalis* 63
– *prostrata* 573 12 17 22 61
– – 'Pallida' 573 572*
– *rupestris* 573
– *spicata* 573 572* 15 30 50 61 63
– *subsessilis* 573 572* 50
– *surculosa* 573
– *teucrium* 572
– *virginica* 573 16 22 24 50
Veronicastrum virginicum 573
Verpflanzen von Stauden 47
– von Zwiebel- und Knollengewächsen 85
Vexiernelke 378
Vinca 574
– *major* 574
– *minor* 574* 18 25 32 35 39 76
Viola 575 12
– *altaica* 575
– *cornuta* 577 65 71 73
– *Cornuta-Hybriden* 577 576* 22 32 41 48
– *gracilis* 577 578* 22 32 65
– – 'Lord Nelson' 578

– *labradorica* 578 17 25 38 50
– *lutea* 575
– *odorata* 576* 17 32 39 65 71
– *palmata* 578 38
– *papilionacea* 578
– *sororia* 578
– *stagnina* 63
– *tricolor* 575 63
– – var. maxima 575
– *uliginosa* 63
– × *wittrockiana* 575
– *Wittrockiana-Hybriden* 575* 92 93 94 108
– – 'Erfurter Frühblühende Riesen' 344**
Viscaria oculata 529
– *vulgaris* 378
Vitaliana 579 32 34
– *primuliflora* 579 578* 12 18 76
– – ssp. *cinerea* 579
– – ssp. *praetutiana* 579

Wachsglocke 332
Wahlenbergia grandiflora 442
Waldanemone 131
Waldboden 36 37
Walddickblatt 181
Waldglockenblume 168
Waldlilie 553
Waldmeister 268
Waldrebe 189
Wald-Sauerklee 413
Waldschnittlauch 153
Waldsegge 174
Waldsteinia 579 50
– *geoides* 579 580* 38
– *sibirica* 579
– *ternata* 579 17 25 39
– *trifolia* 579
Walzenwolfsmilch 258
Wandelröschen 336
Wasserbecken 58
Wasserdost 256
Wässern 47
Wasserpflanzen 27
Wasserrose 405
Warzensame 545
Wegerich 441
Weidenröschen 244
Weiderich 381
Weihnachtsfarn 447
Weinbergstulpe 564
Weinrose 484
Weißblattfunkie 306
Weißbuntes Bandgras 211
Weißer Germer 568
Weißer Speik 112

Weißwolliger Wegerich 441
Weißwurz 444
Wellenhirschzunge 438
Wetterdistel 174
Wicke 345
Widerstoß 369
Wiener Zwergnelke 220
Wiesen-Fuchsschwanz 125
Wiesenhafer 295
Wiesenknöterich 446
Wiesenraute 544
Wiesenschaumkraut 172
Wildcyclamen 207
Wildlevkoje 383
Wildrosen 482
Wildstauden 24
Wildstaudengärten 60
Wildtulpen 561
Wimperfarn 580
Winde (*Convolvulus*) 195
Winde (*Pharbitis*) 431
Windröschen 131
Winterastern 185
Winterbohnenkraut 508
Wintergrüne Stauden 17 18 39
Winterling 245
Wohlriechendes Veilchen 576
Wohlriechende Wicke 345
Wohlverleih 140
Wolfsbohne 376
Wolfsmilch 257
Wollblatt 251
Wollknöterich 250
Wollsalbei 502
Wollziest 537
Woodsia 580
– *ilvensis* 580* 21
– *obtusa* 580 21
Wucherblume 182
Wuchernde Stauden 50
Wuchshöhe 10
Wulfenia 580 34 39
– *baldaccii* 580
– *carinthiaca* 580* 15
Wunderbaum 469
Wurmfarn 232
Wüstengoldaster 251
Wurzelschnitt 43

Xanthisma 581
– *texanum* 581
Xeranthemum 581 107
– *annuum* 581 582* 92

Ysop 312
Yucca 582 19 24 50 65
– *angustifolia* hort. 582
– *angustifolia* Pursh 582
– *filamentosa* 582 583*

478**
– *flaccida* 582
– *glauca* 582 583*

Zahnlilie 255
Zaluzianskya 584
– *capensis* 584* 107
– *villosa* 584* 107
Zaunrose 484
Zaunwinde 167
Zauschneria 584
– *californica* 584* 15 30 41
Zea 585
– *gracillima* 585
   mays 'Gracillima' 585 94
– – 'Variegata' 585 584*
– *minima* 585
Zeigerpflanzen 32 33 34
Zeitlose 192
Zentifolie 483
Zierkürbis 207
Ziest 537
Zigadenus 585
– *elegans* 585 15
Zimbelkraut 208
Zimtfarn 413
Zinnia 586 92 93 107
– *angustifolia* 586*
– – 'Perserteppich' 586*
– *elegans* 586
– – Dahlienblütige Zinnien 586*
– – Kalifornische Riesen 586
– – Praecox-Zinnien 586
– – Skabiosenblütige Zinnien 586*
– *haageana* 586
Zweiblättriger Blaustern 518
Zwergastilbe 149
Zwergbalsamine 315
Zwergglockenblume 169
Zwergmargerite 128
Zwergkresse 555
Zwergminze 387
Zwergrosen 488
Zwiebel (Begriff) 77
Zwiebelgeophyten 9
Zwiebel- und Knollengewächse 77
– Ansprüche 79 80
– Aufnehmen und Neulegen 85
– Begriffe 77
– Pflege 84
– Vermehrung 86
– Verwendung in Garten und Grünanlage 82
– Verwildern 83
– Winterschutz 78
Zymbelkraut 208